Für Walter Olivier und Deniz Braun

Olivier / Braun

Komponistinnen aus 800 Jahren

Sequentia

Wir danken:

Frau Marga Böcher, Alsfeld

dem Ministerium für Stadtentwicklung, Kultur und Sport des Landes Nordrhein-Westfalen, Düsseldorf,

und der Stiftung Kunst und Kultur des Landes Nordrhein-Westfalen, Düsseldorf,

für die finanzielle Unterstützung dieses Buchprojektes.

Olivier, Antje; Braun, Sevgi
Komponistinnen aus 800 Jahren

Originalausgabe
1. Auflage März 1996

© 1996 Sequentia-Verlag
Redaktion: Antje Olivier, Sevgi Braun
Texterfassung: Hendrik Lücke, Alexander Klaus
Redaktionelle Mitarbeit: Oliver Humberg, Nastenka Kruschel, Susanne Noske
Umschlaggestaltung: Giuseppe Casciani
Repro und EBV: Computer Grafik Uwe Schlichting
Druck: Druckzentrum Sutter & Partner GmbH, Essen
ISBN 3-931984-00-1

Alle Rechte vorbehalten / All international rights reserved.
Das Werk einschließlich aller seiner Teile ist urheberrechtlich geschützt.
Jede Verwertung außerhalb der engen Grenzen des Urheberrechtsgesetzes ist ohne Zustimmung des Verlages unzulässig und strafbar. Das gilt insbesondere für Vervielfältigungen, Übersetzungen, Mikroverfilmungen und die Einspeicherung und Verarbeitung in elektronischen Systemen.

Vorwort

Zur Rezeptionsgeschichte von Komponistinnen

Kein Tag vergeht, an dem nicht irgendwo in der Welt, in einem Konzertsaal, in einer Rundfunksendung, in privatem oder öffentlichem Raum Musik von Komponistinnen gespielt wird. Es ist nicht übertrieben, von einer Flut von Veröffentlichungen zu sprechen, die als Notendrucke, Buch-Publikationen oder Tonträger in vielen Ländern auf den Markt gelangen. Musik von Frauen ist nicht länger musica rara; sie gehört vielerorts zur Musikszene dazu wie die Musik von Männern. Einen breiten Raum nehmen dabei die zeitgenössischen Komponistinnen ein, die sich nicht länger – wie ihre Vorgängerinnen in 700 Jahren – verschweigen oder verniedlichen lassen, als epigonal oder dilletantisch aburteilen lassen. Sie gehören zu Avantgarde-Veranstaltungen mit großer Selbstverständlichkeit dazu; ja vieles, was in der Neuen Musik als revolutionär, als erneuernd gilt, stammt von Frauen. Allein die Opernszenerie des späten 20. Jahrhunderts könnte das beweisen.

Nach 15 Jahren Frauen-Musik-Forschung, deren Entwicklung ich in Deutschland entscheidend miterleben und mitgestalten durfte, ist kein Anlaß mehr zu einem großen Lamento über die Verdrängung der Frau aus der Musik. Wissen sollten die Leser natürlich davon, und es gibt genug Veröffentlichungen (s. Buchliste am Ende), welche die sozialgeschichtlichen Voraussetzungen für die marginale Existenz von Frauen in der männlich geprägten Musikgeschichte nachweisen. Ich setze bei vielen Lesern und Benutzern unseres Buches dieses Wissen voraus und darf mich hier aller ideologischen Beweisführungen enthalten. Daß auch das Auffinden von Tausenden und Abertausenden von Kompositionen von Tonschöpferinnen in allen Erdteilen für manchen Dirigenten oder Musiker kein Anlaß zum Umdenken ist, mag uns hier nicht interessieren. Für viele von uns, die vor Jahren besonders in Deutschland vor einer anfänglich wahrlich betonierten und nicht reflektionsfähigen Musikszene standen, ist viel erreicht worden. Und diese Forschungsergebnisse wollen wir allen unseren Lesern weiterreichen.

Zu diesem Buch

Als ich 1981 von Elke Mascha Blankenburg, der Gründerin und damaligen Leiterin des Internationalen Arbeitskreises Frau und Musik (Köln) das Archiv in Düsseldorf übernahm, waren wir in Deutschland die einzigen, die sich dieses Themas angenommen haben. In den Niederlanden hatte schon die Musikschriftstellerin und Pianistin Ro van Hessen mit ihren Forschungsarbeiten begonnen, in den USA hatten sich Frauen im Rahmen der International League of Women Composers zusammengeschlossen: Doch eine wußte nicht von den Plänen der anderen. Mittlerweile gibt es Kongresse, Festivals, Workshops, Treffen, einen echten musikwissenschaftlichen Austausch untereinander. Die Festivals in Heidelberg (seit 1985), in Kassel (seit 1987) und in Unna (seit 1987) dokumentieren allein in Deutschland eine nicht zu übersehende Musikszene, die neben der etablierten

Musikszene ihren Platz eingenommen hat. Die Gründung von Musikverlagen, die allein Musik von Frauen drucken (Furore-Verlag, Kassel; Frauenmusik-Vertrieb, Unna; Edition Donna, Unna; Musikversand Salto, Kassel) zeigen allein im kommerziellen Bereich die steigende Nachfrage an. Und endlich haben auch große und renommierte Verlage in Deutschland und im europäischen Ausland gemerkt, daß man mit Musik von Frauen auch Aufmerksamkeit erregen kann. So sind wenigstens die bekanntesten Komponistinnen mittlerweile „unter Vertrag" und müssen nicht mehr allzu sehr um die Multiplikation ihrer Werke fürchten.

Was unsere Forschungsarbeit in diesen vergangenen 15 Jahren am meisten behindert hat, war die Tatsache, gänzlich ohne Nachschlagewerke, ohne gute Sekundärliteratur arbeiten zu müssen. Kaum jemand war im Besitz der ersten literarischen Versuche, Musik von Frauen lexikalisch aufzuschreiben: Otto Ebel 1910 oder gar Mary Wurm, englische Komponistin und Musikschriftstellerin aus Southampton, die in den ersten Jahren dieses Jahrhunderts Hunderte an Komponistinnen mit Werkverzeichnis (1915) aufgelistet hatte und deren Aufzeichnungen bis heute verschwunden sind (ihr Nachlaß befindet sich in der Stadtbibliothek München). Große bibliographische Werke wie Fétis „Biographie universelle des musiciens et bibliographie générale de la musique" (1835–1865), mit 50 bzw. 100 Komponistinnen sind für den Musiker des 20. Jahrhunderts unpopuläre Publikationen. Auch Carlo Schmidls „Dizionario universale dei musicisti" (1887) mit 90 Komponistinnen-Eintragungen oder Eitners „Biographisch-bibliographisches Quellen-Lexikon" von 1900 gehören nicht zu unserer Standard-Literatur, wollte man sich kurz und informativ über Komponistinnen informieren.

Erst die Veröffentlichung von Sophie Drinker „Die Frau in der Musik" (deutsche Fassung 1955) brachte erste lexikalische Lichtblicke in das Dunkle der Frauen-Musikgeschichte. Dann waren es die Publikationen der zweiten Frauen-Bewegung, die das Thema kräftig vorantrieben: in Deutschland Eva Rieger und Eva Weissweiler, Danielle Roster, Freia Hoffmann, Beatrix Borchard u.a., in den USA Diane Peacock Jezic, Jane Bowers, Judith Tick, Christine Ammer, Jane Weine LePage und andere, in Italien Patricia Adkins Chiti, in Brasilien Cleide da Silva Nilceia Baroncelli und in den USA Aaron I. Cohen mit seiner wertvollen Enzyklopädie der Komponistinnen mit mehr als 4000 Namen; diese Liste ist nicht vollständig.

Mancher Leser mag vielleicht in diesem Buch musikästhetische und analytische Einschätzungen und Wertungen vermissen. Genau dies wollen wir – im Gegensatz zu männlichen Fachkollegen und Musikkritikern des 19. und 20. Jahrhunderts – vermeiden. Jede Wertung ist gleichzeitig eine Einengung, eine qualitative Begrenzung. Wir trauen unsern Lesern vielmehr zu, daß sie die betreffende Komponistin aufgrund ihrer Biographie und ihres Werkverzeichnisses wohl einordnen können. Neugierig machen auf das noch nicht Gehörte, auf das Unbekannte: das ist unsere erklärte Absicht. Die oft in der Vergangenheit mißbrauchte Wertung jedoch überlassen wir Ihnen, verehrte Leser, selbst.

Der vorliegende Band basiert auf Daten und Fakten, die wir sieben Jahre lang im Rahmen des Europäischen Frauenmusikarchivs und der Internationalen Komponistinnen-Bibliothek, Unna, recherchiert, gesammelt und archiviert haben. Um diese Ergebnisse der Frauenforschung auch in Zukunft fortschreiben zu können, bitten wir alle Komponistinnen, die Interesse an einer Erwähnung in unserem Band haben, ihre Lebensläufe und Werkverzeichnisse sowie eine repräsentative Auswahl an Werken an uns einzuschicken. Auch unsere – nicht immer leicht getroffene Auswahl – ist jederzeit korrigierbar und zu ergänzen. Immer wieder werden auch wir überrascht von mitunter spektakulären Funden, wie es mir 1994 vergönnt war, als ich eine große mir völlig unbekannte Privatsammlung eines Thüringer Musikwissenschaftlers sichten durfte. Er, Karl-Fritz Bernhardt, Musikwissenschaftler und Kulturpolitiker der ehemaligen DDR, hatte über 40 Jahre lang mit zahlreichen Komponistinnen des 20. Jahrhunderts korrespondiert, vor allem aus den sozialistischen Ländern. Er hatte sie zum Komponieren ermutigt und bot ihnen gleichzeitig Aufführungsmöglichkeiten in Thüringen an. Seine Bemühungen in den Jahren 1940 bis 1970 sind von unschätzbarem Wert für uns, zeigen aber auch, wie schnell singuläre Forschungsarbeiten in der Anonymität verschwinden. Dank der internationalen Vernetzung, dank der zahlreichen Archiv- und Forschungsgruppen-Gründungen in zahlreichen Ländern Europas und in den USA, ist eine Eliminierung der Frauenmusik aus unserem Denken, aus unserer Geschichte nicht mehr zu befürchten. Dank gebührt allen Frauen und Männern, die mich seit Jahren mit Material versorgen, den Komponistinnen, die uns ihre Werke zusenden oder ihre Veröffentlichungen zugänglich machen, die in ehrenamtlichen oder bezahlten Positionen Frauenforschung betreiben, die uns ideel und finanziell unterstützt haben.

Wir haben uns bei den Lebensläufen und Werkverzeichnissen auf drei Quellen berufen: Angaben der Komponistin selbst, Angaben ihrer Verlage und eigene Recherchen. Daß diese oft miteinander differieren, ist nicht zu vermeiden; nicht immer sind wir darüber informiert, ob eine Komponistin z. B. ein Frühwerk aus ihrem Werkverzeichnis entfernt hat (oder nicht). Opus-Zahlen werden oft nachträglich vergeben, andere wieder eliminiert; manche Werke wechseln schnell ihren Verleger, andere nicht. Die Flut der Publikationen der jüngsten Jahre ist groß, und so mag uns auch manche ausländische Veröffentlichung nicht früh genug genannt worden sein, und nicht jeder Tonträger hat seinen Weg bis nach Unna gefunden.

Allen Benutzern dieses Handbuches möge das hier gesammelte Wissen ein Grund zur Neugierde sein und die Erkenntnis schärfen, daß Musik von Frauen neben der Musik von Männern ihren Platz in der Musikgeschichte beansprucht. „Mulier non taceat in musica".

Antje Olivier

Preface

On the Reception of Women Composers

No day passes on which, somewhere in the world, in a concert hall, in a radio broadcast, or in the private or public sphere, music from women composers is not played. It is no exaggeration to speak of a „flood" of publications, which come onto the market in many countries in the form of sheet music, books, or recordings. Music from women composers is no longer „musica rara"; in many places, it is just as much a part of the music scene as music from men, in which contemporary women composers, who no longer – as did their predecessors in the past 700 years – allow their works to be withheld from the public, their importance to be minimized, or simply to be condemned out of hand as being epigonal or dilettantish, are involved to a large degree. It is taken quite as a matter of course that they participate in avant-garde musical events. Yes, much of what is considered in the world of modern music to be revolutionary and revitalizing, originates from women. The opera scene in the late 20th Century, alone, is confirmation of this.

After 15 years' research into women's music, the development of which in Germany I have had the opportunity to follow and support, I no longer see any cause for loudly lamentating that women are driven out of music. Readers should, of course, be aware of the socio-historical reasons – and there are enough publications (cf. appended book list) which explain these – for the marginal existence of women in the male-dominated history of music. I take this awareness for granted as far as many readers and users of our book are concerned and, therefore, will refrain here from providing any ideological evidence in this regard. The fact that the discovery of thousands upon thousands of compositions from creative female geniuses all over the World does not cause many conductors or male musicians to do some re-thinking, need also not concern us here. On the part of many of us, particularly in Germany, who, years ago, were initially confronted with a veritable stone wall as far as the music scene and its inability to reflect were concerned, it can be said that much has been achieved and it is these results of our research that we now want to pass on to our readers.

On this book

When, in 1981, I took over the archives from Elke Mascha Blankenburg, the founder and then Chairperson of the International Working Committee on Women and Music in Cologne, and brought them to Düsseldorf, we were the first in Germany to address this subject. In The Netherlands, the music journalist and pianist Ro van Hessen had begun her research work; in the USA, women had joined forces within the framework of the International League of Women Composers: but none knew anything about the plans of the others. In the meantime, congresses, festivals, workshops, and meetings take place – allowing a real musicological interchange. In Germany alone, the festivals in Heidelberg (since 1985), Kassel (since 1987) and Unna (since 1987), are evidence of a music scene which has taken its place beside the established one. The setting up of publishing houses solely for the purpose of publishing music from women (Furore-Verlag, Kassel; Frauenmusik-Vertrieb, Unna; Edition Donna, Unna; Musikversand Salto, Kassel) is a reflection of the increasing demand in the commercial sphere. And large, renowned publishing houses in Germany and other European countries have finally realized that great attention is to be attracted with music from women. Consequently, at least the most well-known women composers are now „under contract" and no longer need to worry too much about the publication of their works.

What has hindered our research in these past 15 years most has been the fact that we have had to work completely without reference material or good secondary literature. Hardly anyone was in possession of the first musicological attempts to document music from women in lexicographic form: Michaelis (1888), Otto Ebel (1910), or Mary Wurm, the English composer and writer on the subject of music who, in the first decade of this century, compiled lists of hundreds of women composers, together with a catalogue of their works (1915), and whose handwritten notes still remain unfound (her unpublished works are in the Munich City Library). Large bibliographical works, like Fétis' „Biographie universelle des musiciens et bibliographie générale de la musique" (1835 and 1865), containing entries on 50 and 100 women composers, respectively, are unpopular publications among 20th Century musicians. Carlo Schmidl's „Di zionario universale dei musicisti" (1887), with entries on 90 women composers, or Eitner's „Biographisch-bibliographisches Quellen-Lexikon", published in 1900, are not part of our standard literature either, should one be looking for brief information on women composers.

Gleams of lexical light were first cast into the darkness surrounding the history of women's music only with the compilation by Sophie Drinker „Die Frau in der Musik" (German edition, 1955). It was then the publications which appeared in the course of the Second Women's Movement which pushed this subject into the limelight: in Germany, inter alia, those by Eva Rieger and Eva Weissweiler, Freia Hoffmann, Beatrix Borchard, and Danielle Roster; in the USA, by Diane Peacock Jezic, Jane Bowers, Judith Tick, Christine Ammer, Jane Weiner LePage, for example; in Italy, by Patricia Adkins Chiti; in Brazil, by Cleide da Silva Nilceia Baroncelli, and Aaron I. Cohen in the USA, with his valuable Encyclopedia of Women Composers, containing more than 4000 names. This list is not complete.

Many readers, both women and men, may, perhaps, consider that this book lacks aesthetic and analytical assessments and evaluations of music. These are precisely what we – as opposed to male professional colleagues and music critics in the 19th and 20th centuries – wanted to avoid, for any evaluation is simultaneously a constriction, a qualitative restriction. On the contrary, we believe our readers to be well capable of judging the woman composer concerned on the basis of her biography and catalogue of works. To awaken curiosity toward that which has not yet been heard – toward what is unknown, that is, indeed, our stated objective. However, we leave evaluation (which has often been misused in the past) to the readers, themselves.

The present volume is based on data and facts which we have acquired through research, collected and archived over a period of seven years within the framework of the European Women's Music Archives and the International Library of Women Composers in Unna. In order to also be able to continue documenting the results of research into women composers in future (our findings are now retrievable per database), we ask all women composers interested in being included in our volume to send us a copy of their biodata, as well as a catalogue, and representative selection, of their works. Our – not always easy to make – selection can also be corrected and supplemented. Time and again, we, too, are surprised by (almost spectacular) discoveries, such as the large private collection of a Thuringian musicologist, which was completely unknown to us and which I had the privilege of going through in 1994. He, Karl-Fritz Bernhardt, musicologist and cultural politician in the former GDR, had corresponded with numerous 20th century women composers, above all in the socialist countries, for over 40 years. He had encouraged them to compose and had simultaneously offered them opportunities of presenting their works in Thuringia. The work done by him between 1940 and 1970 is not only of inestimable value to us, but also shows how quickly independent research work by a single person can vanish into anonymity. Thanks to international networking and to the numerous archiving and research groups which have formed in many European countries and in the USA, it must no longer be feared that women's music will be eliminated from our minds or our history. We are particularly indebted to all the women and men who have been supplying us with material for many years, to the women composers who send us their works or make those which have been published accessible to us, as well as to those engaged in women's research, either in a voluntary or salaried capacity, who have supported us both morally and financially.

In compiling the biodata and catalogues of works, we have referred to three sources, namely, data provided by the composer herself, data provided by her publishers, and that resulting from our own research. The fact that this often differs cannot be avoided; we do not always know whether (or not), e.g., a composer has deleted an early work from her catalogue; opus numbers are often subsequently allocated or, on the other hand, eliminated; the publishers of many works change quickly, others do not. The flood of publications in the last few years has been enormous, so that it is possible we were not informed early enough of many foreign publications, and not every recorded work has found its way to us in Unna.

May the knowledge collected here awaken the curiosity of all users of this manual and make them more keenly aware that music from women demands a place beside that of men in music history. „Mulier non taceat in musica".

Antje Olivier
(Translation: Joyce L. Hopper, Australia/Germany)

Préface

A propos de l'histoire de la perception des femmes compositeurs

Il ne se passe pas un jour sans qu'on ne joue de la musique de femmes compositeurs dans le monde, dans une salle de concert, lors d'une émission à la radio, en public ou en privé. Il n'est pas exagéré de parler d'un flot de publications qui paraissent sur le marché dans de nombreux pays, en tant que partitions, publications de livres ou supports auditifs. La musique de femmes n'est plus musica rara; elle fait partie, tout comme celle des hommes, du milieu musical dans de nombreux endroits. Les femmes compositeurs contemporains y occupent une place importante qu'on ne peut plus passer sous silence, ni minimiser, ni juger dilettante ou épigonale. Elles font tout naturellement partie prenante des concerts d'avant-garde, et de nombreuses choses qui sont considérées comme révolutionnaires et rénovatrices dans la nouvelle musique, sont l'oeuvre de femmes. C'est ce que montre par exemple la scène de l'opéra de la fin du 20ème siècle.

Il n'y a pas lieu de se lamenter sur l'exclusion des femmes de la musique après 15 années de travail de recherche sur la musique féminine. Mais les lecteurs et les lectrices doivent en être informés, – et il y a assez de publications (cf. la liste de livres à la fin de ce manuel) qui démontrent les conditions sociohistoriques de l'existence marginale des femmes dans une histoire de la musique dominée par les hommes. Ce que je ne démontrerai pas idéologiquement, présupposant chez les lecteurs et lectrices de ce livre des connaissances là-dessus. Et nous passerons sur le fait que plus d'un chef d'orchestre ou musicien n'estime pas nécessaire de réfléchir à la découverte de milliers de compositions de créatrices musicales ni de réviser son opinion. Il y a déjà de nombreux acquis pour ceux et celles d'entre nous qui faisaient face à un milieu musical totalement fermé et incapable de réfléchir, particulièrement en Allemagne. Et nous désirons communiquer les résultats de cette recherche à tous nos lecteurs et lectrices.

A propos de ce livre

En 1981, lorsque je prenais en charge à Düsseldorf les Archives du Groupe international de travail Femme et Musique créé et dirigé alors à Cologne par Mascha Blankenburg, nous étions les seules en Allemagne à nous occuper de ce sujet. Dans les Pays-Bas, l'écrivaine musicale et la pianiste Ro van Hessen avait commencé ses travaux de recherche, aux Etats-Unis, les femmes s'étaient regroupées au sein de l'International League of Women Composers: Mais ni les unes ni les autres n'étaient au courant de leurs projets respectifs. Entre temps il y a eu des congrès, des festivals, des ateliers de travail et des rencontres, un vrai échange entre musicologues. Rien qu'en Allemagne, les festivals de Heidelberg (depuis 1985), de Kassel (depuis 1987) et d'Unna (depuis 1987) documentent un milieu musical qu'on ne peut plus ignorer et qui s'est installé à côté de l'establishment musical. La fondation de maisons d'édition de musique qui impriment uniquement des partitions de femmes (Edition Furore à Kassel, Edition Frauenmusik à Unna, Edition Donna à Unna, expédition Musikversand Salto à Kassel) manifeste la demande croissante rien que dans le secteur commercial. De grandes maisons d'édition de musique renommées en Allemagne et dans les pays européens ont enfin compris qu'on peut aairer l'attention sur la musique de femmes. C'est ainsi que les femmes compositeurs les plus connues ont entre temps des contrats et ne doivent plus craindre pour la diffusion de leurs oeuvres.

Ce qui a le plus gêné notre travail de recherche les quinze dernières années, c'est le fait d'avoir dû travailler sans ouvrage de référence ou ayant trait au sujet. Presque personne ne possédait les premiers essais d'établir un lexique de la musique de femmes: Michaelis en 1888, Otto Ebel en 1910 ni même Mary Wurm, une femme compositeur et écrivain musical de Southampton qui au début de ce siècle avait établi une liste de quelques centaines de femmes compositeurs et de leurs oeuvres (1915), et dont les notes ont disparu (ses oeuvres posthumes se trouvent dans la Bibliothèque de la Ville de Munich). De grands ouvrages bibliographiques, tels que la 'Biographie universelle des musiciens et bibliographie générale de la musique' de Fétis (1835–1865), comprenant de cinquante à cent femmes compositeurs ne sont pas des publications prisées par les musicologues du 20ème siècle. De même le „Dizionario universale dei musicisti" de Carlo Schmidt (1887) avec l'annotation de quelques 90 femmes compositeurs pas plus que le Lexique de références „Biographisch-bibliographisches Quellen-Lexikon" de 1900 ne font partie des ouvrages de base, lorsqu'on désire s'informer rapidement sur les femmes compositeurs.

C'est l'inventaire „La femme dans la musique" de Sophie Drinker (version allemande de 1955) qui les premiers a mis de la lumière dans l'histoire de la musique des femmes. Ce sont ensuite les publications du deuxième mouvement féministe qui ont bien fait avancer: en Allemagne entre autres Eva Rieger et Eva Weissweiler, Freia Hoffmann et Beatrix Borchard, aux Etats-Unis Diane Peacock Jezie, Jane Bowers, Judith Tick, Christine Ammer, Jane Weiner LePage entre autres, en Italie Patricia Adkins Chiti, au Brésil Cleide da Silva Nilceia Baroncelli, et Aaron I. Cohen aux Etats-Unis, auteur d'une précieuse Encyclopédie de plus de 4000 femmes compositeurs. Cette liste n'est pas complète.

Ce présent ouvrage se fonde sur des dates et des faits qui ont fait l'objet de sept années de recherche, de collecte, de mise en archives dans le cadre des Archives musicales européennes des Femmes et de la Bibliothèque de femmes compositeurs à Unna. Afin de poursuivre les résultats de cette recherche féministe (il est entre temps possible d'obtenir ceux-ci par banque de données), nous prions toutes les femmes compositeurs qui désirent être mentionnées dans ce dictionnaire de bien vouloir nous envoyer leurs biographies, le répertoire de leurs oeuvres ainsi qu'un choix représentatif de ces oeuvres. En effet, il est possible de corriger et de compléter notre choix qui n'a d'ailleurs pas toujours été facile. Nous sommes toujours surprises par des découvertes presque spectaculaires; ainsi j'ai eu le privilège en 1994 de pouvoir consulter une collection privée importante et presque inconnue, celle d'un musicologue de Thuringe. Karl-Fritz Bernhardt, musicoloque et responsable culturel dans l'ancienne RDA a, pendant plus de 40 années, tenu une correspondance avec de nombreuses femmes compositeurs du 20ème siècle, en particulier provenant des pays socialistes. Il les avait encouragés à composer et leur avait en même temps proposé des concerts en Thuringe. Ses efforts dans les années allant de 1940 à 1970 ont pour nous une valeur inestimable et montrent également que les travaux de recherche sortant des normes sont vite condamnés à l'anonymat. Grâce aux réseaux internationaux et grâce à la fondation de nombreuses archives et groupes de recherche, il n'est plus possible d'effacer la musique de femmes de nos têtes ni de notre histoire. Je tiens à remercier tous ceux et toutes celles qui pendant des années nous ont fourni des informations, envoyé leurs oeuvres ou donné accès à leurs publications, qui font un travail de recherche féministe en tant que bénévoles ou que salariées, et qui nous ont fait part de leurs suggestions et accordé leur soutien financier.

Pour les biographies et les oeuvres, nous nous référons à trois sources: les coordonnées de la femme compositeur elle-même, les données de la maison d'édition et nos recherches personnelles. Celles-ci diffèrent souvent entre elles, c'est inévitable; en effet nous ne sommes pas toujours informées si une femme compositeur a par exemple rayé ou non de ses oeuvres une oeuvre de jeunesse. D'autre part les numéros des Opus sont souvent indiqués ultérieurement ou même supprimés. Certains ouvrages changent d'èditeurs. Le flot de publications ces dernières années est important, si bien que plus d'une publication provenant de l'étranger n'a pu nous parvenir à temps; de même, plus d'un support auditif n'a pu se frayer la voie jusqu'à Unna.

Nous souhaitons que les connaissances réunies ici inciteront les personnes amenées à utiliser ce manuel à la curiosité et au jugement que la musique de femmes revendique sa place à côté de la musique des hommes dans l'histoire de la musique. „Mulier non taceat in musica."

Antje Olivier
(Traduction: Florence Hervé, France/Allemagne)

Otto Ebels Publikation „Les Femmes Compositeurs de Musique", Paris 1910, war die erste Veröffentlichung zum Thema Frau und Musik in diesem Jahrhundert

Abejo, M. Rosalina
(1922-1991)

Die einzige uns bekannte philippinische Komponistin, Dirigentin und Pianistin ist Rosalina M. Abejo. Sie wurde am 13. Juli 1922 in Tagoloan, Oriental Misamis auf den Philippinen geboren. Ihr Musikstudium begann sie am Lourdes College, am St. Scholasticas College und an der berühmten Frauen-Universität in Manila, wo sie 1957 ihren Master Degree erlangte. Dann ging sie in die USA, um an der Eastman School of Music, der Labunski School of Composition in Ohio und der Catholic University of America in Washington, D.C. weiterzustudieren. Von 1968 bis 1970 belegte sie auch das Fach Dirigieren bei F. Mahler und F. Ferrara und war Klavierschülerin von J. Echaniz und Rosa Mellignani in Rom. Ein kurzer Studienaufenthalt in Paris bei Nadia Boulanger ergänzte ihre Ausbildung. Nach ihrer Lehrtätigkeit in ihrem Heimatland verließ sie 1977 die Philippinen. Als Nonne des Order of the Virgin Mary (Philippinen) wechselte sie die Kommunität und trat den International Sisters for Christian Community in den USA bei. In Fremont, Kalifornien, wurde sie musikalische Leiterin der Holy Spirit Church, und Sister Abejo war die erste Nonne, welche die päpstliche Erlaubnis erhielt zu dirigieren und ein Sinfonieorchester zu leiten. Lehrtätigkeit an der Kansas University und am St. Pius Seminar in Kentucky und die Wahl zur Präsidentin der philippinischen Foundation of Performing Arts in America (1980) sind Stationen ihrer musikalischen Karriere. Auf den Philippinen hatte sie zwei Sinfonieorchester (das Cagayan de Oro City Sinfonieorchester und das Davao City Sinfonieorchester) gegründet. Daß sie in den USA am Pult großer Orchester gestanden hat, ist uns nicht bekannt. Sister Abejo verstarb am 13. Juli 1991 in Fremont in Kalifornien und hinterließ ein umfangreiches Werkverzeichnis von rund 300 Kompositionen.

KAMMERMUSIK
„Liturgische Serenade" für Streicher und Bläser
Drei Streichquartette (1949-54)
Drei Stücke für Violine und Klavier (1959)
„Akademisches Festival-Quartett" (1966)
Klavierquintett (1966)
Oktett für Streicher und Blechbläser (1970)
„Maranaw trail" für zwei Marimbas, Klavier und Schlagzeug (1971)
Oktett für Bläser und Schlagzeug (1972)
"Strings on the dignity of man" (1979)
„Dithyrambic Strings for the General" (1982)

ORCHESTERMUSIK
Sieben Sinfonien (1955-81)
13 Variationen für zwei Klaviere und Orchester (1957)
„Valle de los caidos", Rhapsody (1964)
„A Filipino in Paris", Humoreske für Orchester (1964)
Drei Konzerte für Klavier und Orchester
Marimba-Konzert „Imelda"
Märsche für Orchester
„Grand Pontifical March for Pope Paul VI."
„Vespers in a convent garden", symphonische Suite in vier Sätzen (1957)
Sinfonietta für Orgel und Streicher (1970)
„The Trilogy of Man" (1971)
Konzert für Gitarre und Orchester „Recuerdos de Manila" (1972)
„Ode to a statesman" (1973)
„Ouvertüre 1081" für Orchester (1974)
„Dalawang Pusong Dakila" für Orchester (1975)
„Love for the native land", Choral-Sinfonie (1979)

VOKALMUSIK
„Mother song", Liederzyklus (1951)
„Woman" für Sopran und Orchester
„Larawan ng Isang Babae" für Sopran und Orchester (1965)
„Panahon", Liederzyklus für Stimme und Orchester (1969)
„Buahy" (Leben) für Sopran und Orchester (1969)
„Faith Healing" für Bariton, Bläser, Schlagzeug und Streicher (1973)
weitere geistliche Lieder in verschiedenen Besetzungen

CHORMUSIK
Advent Kantate (1957)
„The Conversion of King Humabon", Kantate (1967)
„Redemption Oratorium" (1969)
„Pag-ibig sa tinubuang bavan" für Chor und Orchester (1974)
Lieder und Chöre zu Weihnachten

Lieder und Gesänge für den Gottesdienst
Philippinische Volkslieder in Chorsätzen
Rund 100 Hymnen für gemischten Chor
Rund 20 Messen für den Gottesdienst

DISKOGRAPHIE

„La filipina 'Imelda'" / „The guerilla symphony". Philippine Symphony Orchestra, Ltg. R. Abejo. California, Rosalina Abejo Records
„Larawan song cycle" / „Leyte chimes" / „Malacanang Gardens" / „Manila memories". Philippine Symphony Orchestra, Ltg. R. Abejo. California, Rosalina Abejo Records
„Ode to a statesman" / „Ouverture 1081". Philippine Symphony Orchestra, Ltg. R. Abejo. California, Rosalina Abejo Records

Adajewskaja, Ella Georgijewna (geb. Schultz)
(1846-1926)

Die deutsch-baltische Pianistin und Komponistin wurde am 10. Februar 1846 in St. Petersburg geboren. Den ersten Musikunterricht erhielt sie von ihrer Mutter, die selbst Klavierlehrerin war. Mit 15 hatte sie ihren ersten öffentlichen Erfolg auf dem Podium; es folgten Konzertreisen nach England, Frankreich, Deutschland und in die Niederlande. Von 1864 bis 1869 besuchte sie das kurz zuvor gegründete Konservatorium in Petersburg und wurde Schülerin von Adolf Henselt, Anton Rubinstein (Instrumentation), Nikolai I. Zaremba (Komposition) und A. S. Faminzin. Um 1870 begann sie größere Chorwerke für den Zarenhof zu schreiben. Es folgten zwei Opern, von denen eine die Leibeigenschaft in Rußland thematisiert. Die Aufführung wird verhindert. Die Komponistin legt sich für weitere Aufführungen das männliche Pseudonym Adajewski zu, das sie lebenslang beibehalten wird. Nach den erfolglosen Opernprojekten verläßt sie Rußland und geht mit ihrer Schwester und deren Kindern nach Venedig, wo sie den erhofften Erfolg als Komponistin und später auch Musikschriftstellerin genießt. Ihre Forschungsarbeiten nehmen einen breiten Raum ein und umfassen alt-griechische Musik, orthodoxe Musik und slawonischen Volksgesang. Darüber hinaus berichtet sie über das zeitgenössische Musikleben als Mitarbeiterin der Rivista Musicale Italiana. Zwischen 1903 und 1907 entstehen ihre berühmten „24 Präludien" für Klavier, die sämtliche Dur- und Molltonarten umfassen. 1911 verläßt Ella Adajewski Venedig, um zu Baronin von Loe nach Neuwied, Rhein, zu fahren. Dort verbringt sie die letzten 15 Jahre ihres Lebens, erlebt noch einige Herausgaben eigener Werke in Deutschland und die Aufführungen ihrer „Griechischen Sonate" für Klarinette und Klavier mit Elly Ney am Klavier (Köln 1913). Sie stirbt im Alter von 80 Jahren am 29. Juli 1926 in Bonn.

KLAVIERMUSIK

Drei Rondos nach Gedichten von Herzog Charles d'Orléans (1880)
„Air rococo" für Klavier, Köln, Tischer & Jagenberg 1914
„Schönheitszauber", Serenade für Klavier, Köln,. Tischer & Jagenberg 1913
Diverse Präludien für Klavier

KAMMERMUSIK

„Griechische Sonate" für Klarinette und Klavier (1880), Köln, Tischer & Jagenberg 1913

VOKALMUSIK

„Horazische Ode" für Sopran/Bariton und Klavier
24 Präludien für Gesang und Klavier nach Texten von Benno Geiger (1903-1907), Leipzig, Kahnt Nachf. 1912
Vier Lieder für Gesang und Klavier
Duette für Gesang und Klavier

CHORMUSIK

Choräle für den russisch-orthodoxen Gottesdienst
Liturgische Gesänge für den russisch-orthodoxen Gottesdienst
Kantate für gemischten Chor (1870)
„Yolka", Kantate für gemischten Chor (1870)

BÜHNENMUSIK

„The Boyars Daughter" (1873)
„The dawn of freedom" (1877)
„Solomonida Saburova" (o. Dat.)

BIBLIOGRAPHIE

Adajewskaja, Ella: Über die Beziehungen der slawischen Lieder zur alt-griechischen Musik. Venedig 1883
Adajewskaja, Ella: Chansons et airs de danse de Rescia. Petersburg 1895

Adajewskaja, Ella: Die Kirchenlieder des Orients. Turin 1901
Bernandt, G. B. / Jampolski, I. M.: Kto pisal o muzike, Moskau 1971-89
Gaidoz, H.: Mademoiselle E de Schoultz-Adaievsky. In: Melusine, Paris 1912
Boretzki-Iwanow, M.: Schoultz-Adajewskaja. In: Muzikal'noje obrazovanije, Moskau 1926
Kraack, E.: Ella von Schultz-Adaiewsky. In: Zeitschrift für Musik, 1926
Schultz, Georg v.: Briefe eines baltischen Idealisten an seine Mutter (1833-1875), Leipzig, 1934
Hüsken, Renate: Ella Adaiewski. In: Programmheft zum Konzert, Kulturforum Kempen / Niederrhein, Dezember 1993
Hüsken, Renate: Ella Adajewski, Köln, vorauss. 1996 (Diss.)

D'Agnesi Pinottini, Maria Teresa (1720-1795)

Ihre Arien und Gesänge wurden in Wien und Dresden öfter gesungen als in ihrem Heimatland Italien. Dort ist Maria Teresa d'Agnesi am 17. Oktober 1729 in Mailand geboren; ihr erster Musikunterricht beschränkte sich auf den häuslichen Bereich, doch muß sie – gemessen an der Qualität ihrer späterern Opern – auch ein Musikstudium am Mailänder Konservatorium absolviert haben. Maria Teresa war eine hochbegabte Cembalospielerin und Sängerin und begleitete sich – wie damals üblich – selbst auf dem Instrument. Ihr musikalisches Talent kam in ihren Bühnenwerken zur Geltung, und ihre erste Arbeit „Il restauro d'Arcadia" hatte 1747 in Mailand großen Erfolg. Sie schrieb für das Mailänder Hoftheater Vokalwerke, Sonaten und Fantasien für Cembalo und Instrumentalkonzerte. 1752 heiratete Maria Teresa Antonio Pinottini. Ihre Oper „Ciro in Armenia" von 1753 entstand auf ein eigenes Libretto. 1766 wurde ihre Oper „Insubria consolata" zu Ehren der Fürstin Beatrice d'Este und des Erzherzogs Ferdinand aufgeführt. Maria Teresa d'Agnesi gehört zu den wenigen Frauen, deren Porträt in der Mailänder Scala ausgestellt ist. Ihre Instrumentalmusik ist in den 90er Jahren wiederentdeckt worden; nun stehen noch ihre Opern zur Wiederaufführung an.

CEMBALO- / KLAVIERMUSIK
„Concerto per il cembalo"
Sonata in G für Cemablo (1766), Leipzig, Breitkopf
Allegro/Presto für Cembalo
Zwei Fantasien für Cembalo
„Allemande militare" und „Menuetto grazioso" für Cembalo, in: Thesaurus musicus", 1962
Menuett für Klavier (1766), Hamburg, Bock

KAMMERMUSIK
Vier Concerti für Cembalo, zwei Violinen und Baß (1766)

VOKALMUSIK
12 Arien für Sopran, zwei Violinen, Viola, Basso continuo (1767)
Aria „Still, stille Mann" für zwei Stimmen und Cembalo (o. D.)

BÜHNENMUSIK
„Il restauro d'Arcadia", Pastoral-Kantate nach G. Riviera (1747) (verloren)
„Ciro in Armenia", Drama in drei Akten, eigenes Libretto (1753)
„La Sofonisba", Drama in drei Akten nach G. F. Zanetti (1765)
„L'Insubria consolata", Drama in zwei Akten nach eigenem Libretto (1766)
„Nitocri", Drama in drei Akten nach A. Zeno (1771)
„Il re pastore", Drama in drei Akten nach P. Metastasio (1756)
„Ulisse in Campania", Serenade in zwei Akten, eigenes Libretto (o. D.)

BIBLIOGRAPHIE
Brosses, C. de: Lettres historiques et critiques sur l'Italie, Paris 1798
Anzoletti, L.: Maria Gaetana Agnesi, Mailand 1900
Barblan, G.: Il teatro musicale in Milano: il settecento. In: Storia di Milano 1959
Brook, B. S.: The Breitkopf Thematic Catalogue, New York 1966
de Jong, C.: The life and keyboard works of Maria Teresa d'Agnesi, Diss. Minnesota 1978
Britten, Carolyn: List of works of Maria Teresa d'Agnesi, Uni Wisconsin 1995
Kendrick, R. L.: Maria Teresa Agnesi – an introduction to her works, Cambridge 1996 (USA)

Aleotti, Vittoria oder Raffaela
(1570-1646)

Die italienische Komponistin und Organistin Raffaela Aleotti wurde um das Jahr 1570 in Ferrara geboren und war die Tochter des Hof-Architekten Giovanni Battista Aleotti. Ihren ersten Musikunterricht in Gesang und Cembalospiel (sowie Komposition) erhielt sie von Alessandro Milleville und Ercole Pasquini, die als Hauslehrer engagiert wurden. Im Jahre 1590 trat sie in das Augustiner-Kloster von Ferrara ein, und 1593 wurde sie dort Chorleiterin, später auch Priorin. Es wird angenommen, daß man ihr im Kloster den Namen Vittoria gab; hingegen galten Vittoria und Raffaela – und dies auch in Veröffentlichungen des Verlages Broude Brothers, New York – bislang als die Namen zweier verschiedener Personen, bzw. zweier Schwestern. Vittoria Aleotti schrieb mehrere Madrigale, die allesamt auf Texte von G. B. Guarini verfaßt sind. Im Gegensatz zu diesen weltlichen Madrigalen aus den Jahren 1591 bis 1593 sind die späteren Werke geistlichen Inhalts und als „Sacrae cantiones" bekannt, wodurch sich auf ihre Zugehörigkeit zum Kloster schließen läßt. Ein Teil ihrer 5-, 7-, 8- und 10-stimmigen Chorwerke wurde bereits 1593 in Venedig gedruckt. Raffaela/Vittoria Aleotti starb um 1646 in Ferrara.

CHORMUSIK

„Di pallide viole", Madrigal für fünf Stimmen. In: Giardino de musici ferraresi, Venedig, Vincenti 1591

„Ghirlanda de madrigali a quattro voci", Venedig, Vincenti 1593. In: Nine centuries of music by women, New York 1983 / daraus: „Baciai per haver vita" / „Hor che la vaga Aurora", New York, Broude Brothers

„Sacrae cantiones quinque, septem, octo et decem vocibus decantande", Venedig 1593. In: Nine centuries of music by women, New York 1983, daraus: „Ascendus Christus, in altum" / „Facta est cum angelo", New York, Broude Brothers

BIBLIOGRAPHIE

Sardi G. / Faustini A.: Libro delle historie ferrarese. Ferrara 1646

Bowers, J.: The emergence of women composers in Italy 1560-1700. In: Women making music, the Western art tradition, Illinois, Chicago 1986

Carruthers-Clement, C.A.: The madrigals and motets of Vittoria (Raffaela) Aleotti, Kent State Uni, 1982

Alexander, Leni
(* 1924)

Drei der renommiertesten Musiker Frankreichs kann sie zu ihren Lehrern rechnen (Messiaen, Boulez, Leibowitz). Leni Alexander, geboren am 8. Juni 1924, ist deutscher Abstammung und stammt aus Breslau. 1939 wandert sie mit ihrer Familie nach Santiago de Chile aus, wo sie ein Musikstudium (Klavier, Cello) und ein Kompositionsstudium aufnimmt. Gleichzeitig belegt sie Kurse in Psychologie, beschäftigt sich mit Musik-Therapie für behinderte Kinder und absolviert ihr Examen als Montessori-Lehrerin. Am Konservatorium von Santiago wird sie Schülerin von Free Focke und trifft 1953 dann Pierre Boulez, der Kurse in Chile gab. 1954 erhält sie ein Stipendium der französischen Regierung und besucht das Pariser Konservatorium, um bei Olivier Messiaen (Analyse) und bei René Leibowitz (Komposition) zu studieren. 1955 arbeitet sie mit Bruno Maderna in Venedig. 1959 erhält sie von Dimitri Mitropoulos den Auftrag für ein großes Orchesterwerk, und sie schreibt eine Ballettmusik für das Metropolitan Opera House in New York. Die Komponistin vertritt ihr Land 1960 beim Festival der Neuen Musik in Köln mit ihrer Kantate „De la mort au matin"; im gleichen Jahr nimmt sie an den Darmstädter Ferienkursen für Neue Musik teil. Zwischen 1963 und 1968 unternimmt sie mehrere Europareisen, produziert Radiosendungen mit Neuer Musik und arbeitet mit Goethe-Instituten zusammen. Ein Guggenheim-Stipendium ermöglicht ihr erneut einen Paris-Aufenthalt; sie kooperiert mit dem französischen Sender Radio France. Ende der 70er Jahre fährt sie nach San Francisco und realisiert gemeinsame Projekte mit Paul Harris; außerdem gibt sie Musikkurse in Kalifornien und schreibt Ballettmusik über einen Kafka-Stoff. Weitere Radio-Produktionen in Frankreich, Deutschland und Spanien folgten. Immer wieder pendelt sie zwischen Chile, Frankreich und

Deutschland. Neben ihrer kompositorischen Tätigkeit ist Leni Alexander an der Herausgabe der Encyclopédie sur la musique du XIX. siècle (Paris, Leduc) beteiligt.

KLAVIERMUSIK

Suite für Klavier (1950)
„El Circo", Suite Infantil für Klavier (1951)
„Mandala", acht Stücke für Klavier (1961)
„Adras" für zwei Klaviere (1968)
„Adras" für zwei Klaviere (1976)

KAMMERMUSIK

Sonate für Violine und Klavier (1951)
Trio für Flöte, Klarinette und Fagott (1952)
Streichquartett (1957)
„Time and consummation", Kammerkonzert für neun Instrumente, Pauken und Schlagzeug (1962)
„Mocolecomusic", Musik für Klarinette (1972)
„Meralo" für Gitarre solo (1974)
„Sous le quotidien, décelez l'inexplicable", für zwei Klaviere und zwei Schlagzeuger (1979)
„Los Disparates" (nach einem Gemälde von Goya) für Klarinette in B, Bratsche, Vibraphon und Harfe (1981)

ORCHESTERMUSIK

„Musica para Orquesta" (1951)
„5 Epigramme" (1953)
„Sinfonia Triptico" (1954)
„Divertimento Ritmico" (1954)
„Equinoccio" (1962)
„Aconteceres" für 29 Instrumente (1963)
„Aulicio" (1968)
„...ils sont perdus dans l'espace étoilé..." (1974)
„...et le vent fera toujours disparaître les nuages sombres..." für Streichorchester (1975)

VOKALMUSIK

Sechs Lieder für Bariton und Klavier (1949)
Drei Lieder für Mezzosopran und Orchester (1952)
„Impressions", vier Lieder für Sopran und Klavier (1953)
„Tres Cantos Liricos" für Mezzosopran und Klavier (1954)
„Tessimenti", Kantate für Sopran, Alt und Instrumentalensemble (1963)
„Par quoi? – A quoi? Pour quoi?" für Mezzosopran, neun Instrumente, Kinderstimmen (vom Band) und elektronische Klänge (1970)
„Maramoh" für Mezzosopran und sechs Instrumente (1972)
„Est-ce donc si doux cette vie?" für Frauenstimme, Sprecher und Instrumentalensemble (1987)

CHORMUSIK

„From Death to Morning", Kantate für Bariton, Frauenchor und kleines Orchester (1960)
„... mettre en question ...", Kantate für 16 Solostimmen (a cappella) und Band (ca. 1981)

BÜHNENMUSIK

„Music for the Teatro de Mimos", Musik für Pantomime (1955)
„Soon We Shall Be One", Ballettmusik für Englischhorn und Klarinette (1959)
„Manos Creadoras", Musik für den gleichlautenden chilenischen Film (1961)
„The Three Faces of the Moon", Ballettmusik (1966)
„... a false alarm on the nightbell once answered – it cannot be made good, not ever...", Ballettmusik (1979)

BIBLIOGRAPHIE

Montero, L. M.: La revista musical chilena y los compositores nacionales del presente siglo: una bibliografia. In: Revista musical chilena, Santiago 1985
Hamm, Wolfgang: Porträt der Komponistin Leni Alexander. In: Neuland, Bd. 4, Bergisch-Gladbach 1984

Alexandra, Liana Moraru
(* 1947)

Die Komponistin stammt aus Bukarest, wo sie am 27. Mai 1947 geboren wurde. Sie studierte Komposition am Bukarester Konservatorium bei Tudor Ciortea und Tiberiu Olah. In ihrer Studienzeit erhielt sie das Stipendium „George Enescu", seit 1971 ist sie Assistentin am Lehrstuhl für Komposition des Konservatoriums Ciprian Porumbescu, Bukarest und lehrt Instrumentation und Formenanalyse. 1973 beteiligte sich Liana Alexandra an Internationalen Musikkursen in Weimar, später auch an den Kursen für Neue Musik in Darmstadt (1974 und 1978), wo sie Xenakis, Stockhausen, Halffter und Lachenmann traf. 1971 und 1975 erhielt sie den Preis der Rumänischen Komponisten-Union. 1979 gewann sie den 1. Preis beim Internationalen Kompositionswettbewerb „Carl Maria von Weber" in Dresden; gleichzeitig wurde sie für das einwöchige internationale Musikseminar der „Gaudeamus"-Stiftung in Bilthoven, Holland, ausgewählt. Die Komponistin, die auch regen Anteil am musikalischen Geschehen außerhalb Rumäniens nimmt, wurde beim GEDOK-Wettbewerb in Mannheim und beim Internationalen Komponistinnen-Festival in Unna, Westfalen, ausgezeichnet. Sie lebt und arbeitet als Dozentin und Komponistin in Bukarest.

ORGEL- / KLAVIERMUSIK

Sonate für Klavier (1967)
13 Variationen für Klavier (1968)
„Consonances III" für Orgel (1979), München, edition modern
„Consonances V" für Orgel (1980), München, edition modern

KAMMERMUSIK

Streichquartett (1967)
Zweites Streichquartett (1968)
Fünf Miniaturen für Bläserquintett und Schlagzeug (1970)
„Musik" op. 2 für Klarinette, Harfe und Schlagzeug (1972)
Sonate op. 3 für Flöte (1973)
„Lyrische Sequenzen" op. 4 für Klarinette, Trompete, Klavier (1974)
„Collagen" für Blechbläserquintett op. 12 (1977)
„Incantations II" für Violine, Viola, Cello, Klarinette und Klavier op. 17 (1978)
„Consonances I" op. 18 fur vier Posaunen (1978)
„Consonances II" op. 18 f. Klarinette und Klavier (1979)
„Consonances IV" op. 18 für Klarinette und Tonband (1980), München, edition modern
„Imagini interupte" op. 26 für Bläserquintett (1983)
„Quasi cadenza" op. 27 für Violine (1983)

ORCHESTERMUSIK

Sieben Sinfonien:
Nr. 1 op. 1 (1971)
Nr. 2 op. 16 (1978)
Nr. 3 op. 24 (1981)
Nr. 4 op. 28 (1984)
Nr. 5 (1985)
Nr. 6 (1989)
Nr. 7 (1993)
Klarinettenkonzert op. 6 (1974)
„Resonanzen" für Klavier und Orchester (1974)
„Concertante Musik" op. 10 für Soloinstrument und Orchester (1975)
„2 Images" für Orchester op. 20 (1978)
Concerto für Orchester op. 23 für Viola, Flöte und Kammerorchester (1980)
„Jerusalim", symphonisches Poème (1991)

VOKALMUSIK

„Nostalgie et joie", zwei Sequenzen für Sopran und Kammerorchester (1976)
„Incantations I" op. 17 für Mezzosopran, Flöte, Cembalo und Schlagzeug (1978)

CHORMUSIK

„Pour la paix", Kantate für gemischten Chor, Sprecher, Tonband und Schlagzeug op. 8 (1974)
„Deux chansons contre la mort" für gemischten Chor und Schlagzeug op. 9 (1975)
„Aux portes de la nostalgie", Kantate für Frauenchor und Orchester (1971)
„Pays-terre, pays-idée", Kantate für gemischten Chor und Orchester op. 14 (1977)
„Lauda" op. 15, Kantate für gemischten Chor und Orchester (1977)
„2 Images" f. Kinderchor und Orchester op. 19 (1978)
„Sun and moon" op. 23, Ballade für gemischten Chor (1981)

BIBLIOGRAPHIE

Cosma, V.: Muzicieni din Romania, Bukarest 1989
Alexandra, Liana: Harmonische Verflechtung 1.000-jähriger Folklore. In: Komponistinnen-Festivals, Dokumentation, Heidelberg 1989

DISKOGRAPHIE

„Colaje Pentru Cvintet de Alamuri". Armonia Quintett. Bukarest, Electrecord Recording
„Sonata Pentru Flaut Solo". Voicu Vasinca, Flöte. Bukarest, Electrecord Recording
„Incantati II" für Klarinette, Klavier, Violine, Viola, Cello. Bukarest, Electrecord Recording

Ali-Zadeh, Frangis
(* 1947)

Typisch für ihre Musik ist die gekonnte Verbindung zwischen zeitgenössischen Techniken mit der Musik ihrer Heimat Aserbaidschan. Geboren wurde die Komponistin Frangis Ali-Zadeh in Baku am 29. Mai 1947. Am dortigen Konservatorium studierte sie Klavier bei U. Khalilow (1970) und danach Komposition bei Kara Karajew, einem Schüler von Schostakowitsch. Nach dem Examen wurde sie von 1973 bis 1976 Karajews Assistentin in Baku. 1977 wurde sie Dozentin am Konservatorium von Baku. 1980 gewann sie den Preis der Komponistenunion Aserbaidschan. Als Pianistin setzte sich Frangis

Ali-Zadeh engagiert für die Werke anderer Avantgarde. Komponisten wie Messiaen, Cage, Crumb, aber auch für die Vertreter der 12-Ton-Musik Schönbergs und Weberns ein und spielte ihre Werke. Die Komponistin hat für die verschiedensten Besetzungen geschrieben – Vokalmusik, Kammermusik – und verfaßte 1985 eine Rock-Oper. Mit ihrem Cellostück „Habil-sajahy" hat sie die europäische Musiköffentlichkeit erfolgreich auf sich aufmerksam gemacht. Auch hier mischt sie aserbaidschanische Techniken mit avantgardistischen Elementen. Ihr jüngstes Werk ist ein Streichquartett, eine Auftragskomposition für das Kronos-Quartett. Die Komponistin lebt und arbeitet heute in Mersin, Türkei.

ORGEL- / KLAVIERMUSIK
Klaviersonate „In memoriam Alban Berg" Nr. 1 (1970)
Fantasie für Orgel (1982)
Musik für Klavier (1989)
Klaviersonate Nr. 2 (1990)

KAMMERMUSIK
Streichquartett (1974)
„Zu den Kindertotenliedern", in memoriam G. Mahler für Klarinette, Violine und Schlagzeug (1977)
„Habil-sajahy" (im Stil von Habil) für Violoncello und präpariertes Klavier (1979)
„Dialogie I" für Streichquartett (1988)
„Dialogie II" für Streichquartett und Holzbläserquintett (1989)
„Crossing I" für Klarinette, Vibraphon/Celesta (1991)
„Peresechenija" (Crossing II, Kreuzungen) für Kammerensemble (1992)
„Mugam-sajahy" für Streichquartett und Synthesizer / Tonband (1993, Uraufführung durch das Kronos-Quartett)
Fantasie für Gitarre solo (Christopher Jäggin gewidmet) (1994)
Streichquartett Nr. 3 (1995, Auftragskomposition des Kronos-Quartett)

ORCHESTERMUSIK
Konzert für Klavier und Orchester (1972)
Sinfonie (1976)
„Trauermusik in memoriam Kara Karajew", Konzert für Kammerorchester (1986)

VOKALMUSIK
„Drei Aquarelle" (Texte: N. Rafibeili) für Stimme, Flöte und präpariertes Klavier (1987)
„Aus japanischer Poesie" (Text: Takuboku), Vokalzyklus für Stimme, Flöte und Klavier / Vibraphon / Celesta (1990)

CHORMUSIK
„Lieder über die Heimat" („Pesni o Rodine") (Text: Nabi Hasri), Oratorium für drei Solostimmen, Chor und Orchester (1978)
„Ode" (Text: Dawud Nassib) für Chor und Orchester (1980)

BÜHNENMUSIK
„Legenda o belom vsadnike" („Legende vom weißen Reiter"), Rockoper nach Volkstexten (1985)
„Bos besik" („Die leere Wiege"), Ballett in zwei Akten (1993)

Alle Werke bei: Sikorski, Hamburg

BIBLIOGRAPHIE
Frangis Ali-Sade. In: Komponistinnen-Festival, Dokumentation, Heidelberg 1989

DISKOGRAPHIE
„Habil-sajahy" für Cello und präpariertes Klavier (mit Werken von Gubaidulina und Sergejewa). Reimund Korupp, Cello; Frangis Ali-Zadeh, Klavier. In: Russische Komponistinnen des 20. Jahrhunderts, Ambitus Schallplatten

Allen, Judith Shatin
(* 1949)

Die Komponistin verwendet elektronische und traditionelle Mittel gleichberechtigt nebeneinander in ihrer Musik. Judith Shatin Allen, geboren am 21. November 1949 in Boston, gehört zu den wichtigsten Vertreterinnen ihrer Generation in den USA. Sie begann ihr Musikstudium am Douglas College und setzte es als Stipendiatin an der Juilliard School und der Princeton University fort. Unter ihren Lehrern befanden sich Milton Babbitt, Otto Luening, Jacob Druckman, J. K. Randall, Peter Westergaard und Gunther Schuller (Tanglewood). Als Komponistin war sie erfolgreich und erhielt alleine viermal das Stipendium des National Endowment for the Arts. 1971 kam der Julia Charlie Prize hinzu, 1973 gewann sie den Abram Ellstein Award und 1974/75 ein Stipendium für Tanglewood. Danach arbeitete Judith Shatin Allen als Assistentin von H. S. Howe an der Juilliard School; 1977 wurde sie Dozentin an der Princeton University und 1979 Professorin für Kontrapunkt, Analyse und Musiktheorie an der University of Virginia. Dort leitet sie heute das Virginia Center for Computer Music. 1989 wurde sie schließlich Vorsitzende der American Women Composers. Ihr Werkverzeichnis umfaßt Kammermusik, Elektronische Musik, Orchestermusik und zwei Opern. Die Komponistin lebt und arbeitet in Charlottesville, Virginia.

ORGEL- / KLAVIERMUSIK
„Postlude" für Orgel (1975)
„Scirocco" für Klavier (1981)
„Sphinx" für Klavier (1982)
„Widdershins" für Klavier (1983)

KAMMERMUSIK
„Passages" für Viola
„Limericks" für Flöte
„Rhymes" für Trompete, Posaune und Schlagzeug
„Tombeau des morts" für Viola, Cello, Kontrabaß, Harfe und Klavier
„When the moon of wild flowers is full" für Flöte und Cello (1973)
„Wind songs" für Holzbläserquintett (1975)
„Partials" für Harfe (1976)
„Nightshades" für Cello und Klavier (1977/79)
„Quatrain" für Violine, Viola, Klarinette und Baßklarinette (1979)
„Lost angels" für Trompete, Fagott und Klavier (1979)
„Constellations" für Streichquartett (1979)
„Study in black" für Flöte und Schlagzeug (1981)
„Sursum corda" für Cello (1981)
„L'étude du cœur" für Viola solo (1983)
„Werther" für Flöte, Klarinette, Klavier, Violine und Cello (1983)
„Glyph" für Viola und Klavier (1984)
„Ignoto numine" für Violine, Cello, Klavier (1986)
„Monument in brass" für Blechbläserquintett (1986)
„View from the mount Nebo" für Violine, Cello und Klavier (1986)
„Doxa" für Viola und Klavier (1989)
„Gabriel's Wing" für Flöte und Klavier (1989)
„Round 3" für Posaune (1989)
„Secret ground" für Flöte, Klarinette, Violine und Cello (1990)
„1492" für Klavier und Schlagzeug (1992)

ORCHESTERMUSIK
„Chrysalis" für Orchester (1973)
„A toutes les heures" (1974)
„Arche" für Viola und Orchester (1976)
„Aura" für Orchester (1982)
„The Passion of St. Cecilia" für Klavier und Orchester (1983/84)
„Ruah" für Flöte und Kammerorchester (1985)
„Piping the earth" für Orchester (1990)
„Stringing the bow" für Orchester (1991)

VOKALMUSIK
„Grave music" für Sopran, Streichtrio, Kontrabaß und Schlagzeug
„Wedding music" für Sopran und Viola / Englischhorn
„Love song" für Sopran und Englischhorn (1978)
„Soundscreams" (1981)
„Achmatowa Songs" für Mezzosopran, Flöte, Klarinette, Violine, Cello und Klavier (1982)
„Carreño" für Mezzosopran und Klavier (1987)
„Marvellous pursuits" für vier Stimmen und Klavier (1987)

CHORMUSIK
Psalm 23 für gemischten Chor und Orgel (1978)
„We bring you peace" für gemischten Chor (1990)
„Hark my love" für gemischten Chor und Klavier (1991)

BÜHNENMUSIK
„Job", Oper / Oratorium für 10 Sänger und Klavier (1978/79)
„Follies and fancies", Kammeroper für fünf Stimmen und Klavier oder Kammerensemble (1981)

ELEKTRONISCHE MUSIK
„Music for emergence" (1988)
„Hearing things" für elektronisch verstärkte Violine, MIDI keyboard, Computer, elektronische Instrumente (1989)
„Three summers heat" für Mezzosopran und Tonband (1989)
„Spinnerets" für Sopran, Schauspielerin, Keyboard und Tonband (1990)
„Tenebrae super faciem abyssi" (1990)
„Kairos" für Flöte und Computer (1991)

Zahlreiche Werke der Komponistin sind bei Arsis Press, Washington, Peters, New York und bei der American Composers Alliance verlegt.

BIBLIOGRAPHIE
Zaimont, J. L. / Famera, K.: Contemporary concert music by women. Westport 1981
Keller, J. M.: Teresa Carreño returns to the stage. In: Piano Quarterly, 1990

DISKOGRAPHIE

„Wind songs" für Holzbläserquintett. Clarion Wind Quintett. Opus One Records, Greenville
Klaviertrio „Ignoto numine". The Monticello Trio. New York, CRI Recordings

Alotin, Yardena
(1930-1994)

Neben Tsippi Fleischer ist sie eine der wenigen zeitgenössischen israelischen Komponistinnen, die über die Grenzen ihres Landes hinaus bekannt wurden. Yardena Alotin, geboren am 19. Oktober 1930 in Tel Aviv, studierte zu Beginn ihrer Laufbahn bei Leo Kestenberg am Musiklehrer–Kolleg ihrer Heimatstadt, später an der israelischen Musikakademie (1950-52). 1952 erhielt sie den Nissimov-Preis für Komposition. In den Jahren 1975 und 1976 war sie composer-in-residence an der Bar Ilan Universität, wo ihre Cellosonate entstand. Ihre große Kantate für Chor a cappella von 1956 ist ihrem Lehrer Kestenberg gewidmet und wurde oft bei Festivals geistlicher Musik aufgeführt (u.a. in Israel und in Perugia, Italien). Die Stadt Tel Aviv gab 1984 bei ihr ein Werk zum 75. Geburtstag der Stadt in Auftrag („Festive Song"). Für den berühmten irischen Flötisten James Galway schrieb sie ein Flötenstück „Yefei Nof" (1978); darüber hinaus schuf sie zahlreiche Werke für die Jugend und Unterrichts-Literatur. Yardena Alotin, die auch mehrfach bei Festivals und Zusammenkünften europäischer und amerikanischer Komponistinnen zugegen war, verstarb am 4. Oktober 1994 in Tel Aviv. Ihre Werke sind zum Teil über das Israel Music Institute und den Schirmer-Verlag erhältlich.

KLAVIERMUSIK

Suite für Klavier
Sonatine für Klavier
Präludium, Intermezzo und Variationen für Klavier
„Passacaglia on a Bukharian theme", Tel Aviv, Merkaz Letarbut-Verlag 1964
Sechs Klavierstücke für Kinder, Tel Aviv, Israel Music Institute 1966
Drei Präludien für Klavier, Tel Aviv, Israel Music Institute 1978

KAMMERMUSIK

Cellosonate (1976), Tel Aviv, Israel Music Institute
Fuge für Streichtrio
Duette für zwei Violinen, Tel Aviv, Israel Music Institute
Streichquartett
Sonatine für Flöte und Klavier, Tel Aviv, Israel Music Institute
„Yefei Nof" für Flöte solo (1978), Tel Aviv, Israel Music Institute
Sonate für Violine und Klavier, Tel Aviv, Israel Music Institute 1975
Klaviertrio, New York, Schirmer 1983

ORCHESTERMUSIK

„The painful exile" für Gesang und Orchester (1958)

VOKALMUSIK

„Songs of the stream", Tel Aviv, Merkaz Letarbut-Verlag 1964
Acht Lieder für Kinder, Tel Aviv, Merkaz Letarbut-Verlag

CHORMUSIK

„Cantata" für Chor a cappella, Tel Aviv, Merkaz Letarbut-Verlag 1959
„Hinei ma tov", Tel Aviv, Merkaz Letarbut-Verlag 1966
„Yefei Nof", Tel Aviv, Merkaz Letarbut-Verlag 1971
„Shir-Hag" (Festive Song), Tel Aviv, Israel Music Institute 1984

Alvear, Maria de
(* 1960)

Performance-Künstlerin, Sängerin, Komponistin und Aktionskünstlerin: das alles ist Maria de Alvear, die in Madrid, Spanien, geboren wurde. Nach dem Abitur im Jahre 1978 kam sie nach Deutschland, dem Heimatland ihrer Mutter. An der Kölner Musikhochschule studierte sie Chorleitung und Komposition und war sechs Jahre lang Assistentin von Maurizio Kagel (Köln), bevor sie 1986 ihr Examen machte. Seit 1989 arbeitet sie auch als Malerin und Bildhauerin. In Düsseldorf war sie Mitbegründerin der Neuen-Musik-Reihe „Neue Töne". 1992 erhielt Maria de Alvear das Bernd Alois Zimmermann Stipendium der Stadt Köln; im gleichen Jahr kam bei Hat Art Records in der Schweiz ihre erste CD heraus mit dem Titel „En Amor Duro". Die

Komponistin hat mit dem Westdeutschen Rundfunk Köln zahlreiche Hörspiele produziert; daneben reist sie in viele Länder, um ihre Performances zu realisieren. Ihre Musik läßt sich nicht auf eine Stilrichtung festlegen, und sie fühlt sich im Jazz genauso zu Hause wie in der Neuen Musik. Maria de Alvear hat bislang in zahlreichen deutschen Städten, in Madrid, New York, Connecticut, Venedig, Helsinki, Stockholm und in Island konzertiert. Sie lebt und arbeitet in Köln. Ihr Ziel ist nach eigenen Aussagen die Schaffung einer Sprache, die jeder Note eine verantwortungsvolle Einheit zuerkennt. Maria de Alvear: „A composer is a person 'especialista espiritual'".

KLAVIERMUSIK
„Five pieces" für Klavier
„El premio", Klavierkonzert Nr. 4 (1990)
„En amor duro", Klavierzyklus (1991)

KAMMERMUSIK
„Dos Melodias Mejaras" für Cello und Klavier (1974)
„Hier und Dort" für Cello und Klavier (1978)
„Molto espressivo" für zwei Violinen und Klavier (1979)
Thema und Variationen für Violine und Klavier (1979)
„Conversation I" für Klavier, zwei Kontrabässe und Schlagwerk (1980)
„Noches II" für vier Tänzer, Klavier, Kontrabaß und zwei Schlagzeuger (1986)
„Purisimo" für Ensemble (1992)
„Soles" für Septett (1994)
„Aguas" für Quintett (1994)
„El arbol del norte" für Posaune und Klavier (1992)

ORCHESTERMUSIK
„Denonen", Ouvertüre für Orchester (1974)
Erstes Konzert für Klavier und Orchester (1974)
„Kaktushölle", Violinkonzert für Sologeige, Violine, Bratsche, Trompete, Horn, Pauken und Vibraphon (1985)
„Hilos de oro", Ritual für Violine und Orchester (1991)
„Energia blanca" für Streichorchester (1993)
„Agua dulce" für Oboe, Violine und großes Orchester (1994)

VOKALMUSIK
„Andalusisches Quartett" für zwei Sängerinnen und zwei Celli
„5 Morgensternlieder" für Gesang und Klavier (1979)
„Cancion" für Sopran, Flöte und Klavier (1980)
„Ich lösche das Licht" für drei Sängerinnen und drei Posaunen (1980)
„Llanto" für drei Sängerinnen, drei Klaviere und drei Schlagzeuger (1980)
„Pianissimo" für Streicher und Gesang (1981)
„Cantos de oracion" für Stimme und Tonband (1982)
„Cantos de liturgia" für Stimme und Tonband (1982)
„Diva" für Gesang und Schlagzeug (1983)
Drei Studien für Cello und Gesang (1984)
„Prähistorische Landschaften I" für Streichquartett und Stimme (1985)
„SEXO" für Stimme und großes Orchester (for Basel Sinfonietta) (1992)
„Luces" für Stimme und Orchester (1992)
„Vagina" für Stimme und großes Ensemble (1995)

CHORMUSIK
Drei Studien für Cello und Gesang (1984)
„Angeles I" für Chor und Kammerorchester (1984)
„Angeles II" für Chor, Sopran, Kammerorchester und E-Gitarre (1985)
„Misa libre" für Orchester, Solisten und Chor (1989)
„En Esperitu de rosas", acht Rituale für verschiedene Musiker und Chor (1991/92)
„Altamira", Ritual für Chor, verschiedene Instrumente, Soli und Video (1992)

TONBAND / VIDEO / HÖRSPIEL
„El Greco" (1983)
„Passion I" (1983)
„Abgesehen von" (1983)
„Und die Erde hörte", Hörspiel (1989)
„Raices", Multi-Media-Installation (1994)
„Neandertal I" für Gesang und Tonbänder (1986)
„Neandertal II" für Gesang, Darsteller, zwei Schlagzeuger und Tonband

BÜHNENMUSIK
„El circulo" – opera corta

BIBLIOGRAPHIE
Schmalbrock, Beate: Komponistinnen unserer Zeit. Düsseldorf, 1986
Büchter-Römer, Ute: New Vocal Jazz. Untersuchungen zur zeitgenössischen Musik mit der Stimme (Berberian, Newton, Lee, Dudziak, Joao, de Alvear. Diss. Duisburg 1986 / Frankfurt / New York, Peter Lang 1991
„Ein Hirsch in der Musik", Kunstfreiheit contra Tierschutz. In: Fermate, Köln 1995

DISKOGRAPHIE
„En Amor Duro", Klavierzyklus. Hildegard Kleeb, Klavier. Hat Art Records, Schweiz

Alves de Sousa, Berta Cándida
(* 1906)

Sie ist Komponistin, Pianistin und Musikkritikerin und gehört zu den bekanntesten Musikerinnen in Portugal. Berta Cándida Alves de Sousa wurde am 8. April 1906 in Lüttich, Belgien, geboren. Nachdem sie mit ihrer Familie in ihre portugiesische Heimat zurückgekehrt war, studierte sie bei M. de Sá, Lucien Lambert, Lelio Costa und Claudio Carneyro am Konservatorium in Oporto Klavier und Komposition. Von 1927 bis 1929 setzte sie ihr Studium in Paris bei Wilhelm Backhaus und Theodore Szanto (Klavier) fort und studierte Komposition bei Georges Migot. Bei Clemens Krauss in Berlin belegte sie das Fach Dirigieren, und bei Alfred Cortot (Klavier) und Edgar Willems (Musikpädagogik) und F. de Freitas Branco (Dirigat) war sie in Lissabon eingeschrieben. Im Jahre 1941 erhielt sie den Moreira de Sá Kompositionspreis ihres Landes; 1946 begann sie mit ihrer Lehrtätigkeit am Konservatorium von Oporto, eine Tätigkeit, die sie bis zu ihrer Pensionierung innehatte. Daneben schrieb sie jahrelang Beiträge für die Zeitung „Primeiro de Janeiro". In ihrem Werk lehnt sie sich u.a. an die bekannte Klang-Symmetrie von Correia de Oliviera an (s. Simetria sonore, Oporto 1969). Ihre Werke wurden nicht nur in Portugal, sondern auch in anderen europäischen Ländern aufgeführt.

KLAVIERMUSIK
„Transparencias" (1947)
„Tres preludios" (1953)
„Duolo" für Klavier (1963)
„Esbogo elegiaco" für zwei Klaviere (1974)
„Toccata modal" für zwei Klaviere (1974)
„Fauna em musica", acht Stücke für Kinder (1976)

KAMMERMUSIK
Präludium und Fuge für drei Celli
Poeme für Cello und Klavier
Variationen „sobre una cantiga alentejana", Trios (1950)
Variationen über ein Thema der Algarve für Cello und Klavier (1956)
Thema und Variationen für zwei Celli und Klavier (1964)
„Cantilena" für Violine und Klavier (1964)
Duett für Cello und Klavier (1965)
Variationen über ein Thema von Beira Baixa für Cello und Klavier (1967)

ORCHESTERMUSIK
„O jovem rei", Suite nach Oscar Wilde für Orchester (1934)
„Danca exotica" für Orchester (1935)
„Vasco da Gamba", symphonische Dichtung (1936)
„Pavana" für Orchester (1943)
Bolero (1951)
„Tremor de terra" (1952)
„Porto heroico", Marsch (1951)
„Canto lamatico" (1953)
„Cancao marinha" (1965)
„A riverere i stelle" (1966)
„Scherzo-marcha" (1969)

VOKALMUSIK
„Salve Regina" für zwei Stimmen (1932)
Volkslieder in der Bearbeitung für Stimme und Klavier (1937)
„Ave Maria" für vier Stimmen (1946)
„Pai nosso" für drei Männerstimmen (1946)
„A noite" für Stimme und Orchester (1946)
„Eia mater, fons amoris" für drei Stimmen, Streichorchester und Harfe (1950)
„Cancao Marinha" (Text: T. de Pascoais) für Stimme und Orchester (1958)

CHORMUSIK
„Virgens que andais" für gemischten Chor a cappella
„Silencio" für drei Frauenstimmen a cappella
„Stabat mater" für gemischten Chor
„Salve Regina" für Frauenchor (1932)
„Jovem rei" für Frauenchor und Sinfonieorchester (1932)
„Ave Maria" für Frauenchor (1946)
„Pai nosso" für Männerchor (1946)
Nocturno für gemischten Chor a cappella (1947)
„Rosa da Alexandria" für gemischten Chor a cappella (1947)
„Desejo" für gemischten Chor a cappella (1948)
„Eia mater fons amoris" für Frauenchor (1950)
„Sonho" für gemischten Chor a cappella (1956)
„A rivedere i stelle" für gemischten Chor und Orchester (1966)
„Mas porem a que cuidados" für gemischten Chor a cappella (1971)

BÜHNENMUSIK
„João Landim", Bühnenmusik (ca. 1950)
„Bailado oriental", Ballett (1954)
„Ker Keb", Ballett (1954)

BIBLIOGAPHIE
Oliviera, Correia de: Simetrica Sonora. Oporto 1969

Amalie, Marie Auguste Friederike, Prinzessin von Sachsen
(1794-1870)

Als Sängerin, Cembalistin, Librettistin, Komponistin und Schriftstellerin gehört sie zu den Frauen, die durch Leben am Hofe deutscher Fürsten geprägt, meist eine umfassende Bildung erhielten. Amalie von Sachsen wurde am 10. August 1794 als Tochter von Prinz Maximilian in Dresden geboren und war die Schwester von König Johann von Sachsen. Ersten Klavierunterricht erhielt sie in Schloß Pillnitz bei Dresden durch Joseph Schuster, Gesangsunterricht von Vincenzo Rastrelli und Johann Miksch. Als Musiktheorielehrer sind uns Franz Anton Schubert und Carl Maria von Weber bekannt. Inspiriert durch die vitale Opern-Szenerie am Hofe (die von Italien stark beeinflußt wurde), schuf auch sie Opern vorwiegend mit italienischen Titeln. Nach 1833 haben ihre Bühnenwerke mehr den Charakter einer „musikalischen Posse" und karikieren oft das Leben am Dresdner Hof. Diese Werke schrieb sie unter dem Pseudonym Amalie Serena (Amalie Heiter). Daneben verfaßte sie Schauspieltexte, wie „Der Krönungstag", „Mesru" oder „Lüge und „Wahrheit"; als Cembalistin und Sängerin trat sie des öfteren am Dresdner Hof auf. Ihre Opern erlebten in Dresden mehrere Aufführungen; ob ihre geistliche Musik auch dort gesungen wurde, ist uns nicht bekannt. Amalie, Prinzessin von Sachsen, verstarb am 18. September 1870 auf ihrem Schloß in Dresden. Ein Teil ihrer Werke gilt als verschollen; die wichtigsten Kompositionen liegen in der Sächsischen Landesbibliothek in Dresden.

KLAVIERMUSIK
Variationen für Klavier
Ouvertüre zur Oper „La fedelta alla prova" für Klavier zu vier Händen (Arr.: Marschner)

KAMMERMUSIK
Streichquartett in drei Sätzen

CHORMUSIK
Stabat mater für gemischten Chor
Magnificat für gemischten Chor
„Litania lauretana" für gemischten Chor
„Tantum ergo" für gemischten Chor
Ave Maria für gemischten Chor
(Entstehungsdaten unbekannt)

BÜHNENMUSIK
Ballettmusik (verloren) (ca. 1812)
„La forza dell'amor", Oper (o. D.)
„Una donna", Oper (1813/16)
„Le nozze funeste", Oper (1816)
„Le tre cinture", Oper (1817)
„Il prigioniero", Oper (1818)
„L'Americana", Oper (1820)
„Elvira", Oper (1821)
„Elisa ed Ernesti", Oper (1823)
„La fedelta alla prova" (1826)
„Die vier Stufen des weiblichen Lebens", Melodrama (1827)
„Der Kanonenschuß", musikalische Posse (1828)
„Vechhiezza e Gioventu", musikalische Posse (1828)
„Il figlio perduto", Oper (1831)
„Il marchesino", musikalische Posse (1833)
„Die Siegesfahne", musikalische Posse (1834)
„La casa disabilititata", musikalische Posse (1835)

BIBLIOGRAPHIE
Boerner-Sandrini, M.: Erinnerungen einer alten Dresdenerin, Dresden 1873
Fürstenau, M.: Die musikalischen Beschäftigungen der Prinzessin Amalie, Dresden 1874
Waldmüller, R.: Aus den Memoiren einer Fürstentochter, 1883
Schmid, Otto: Das sächsische Königshaus in selbstschöpferischer musikalischer Betätigung. Leipzig, Breitkopf & Härtel 1900

Anderson, Beth (Barbara Elizabeth)
(* 1950)

Sie komponierte für multi-media Besetzung, notiert zeitweise ihre Werke graphisch und schreibt für die Bühne: Beth Anderson ist Komponistin, Schriftstellerin und Verlegerin in einer Person. Sie wurde am 3. Januar 1950 in Lexington, Kentucky, geboren und studierte an der Universität von Kentucky bei Larry Austin, John Cage und Richard Swift. Am Mills College in Oakland war sie Schülerin von Robert Ashley und Terry Riley. Nach ihrem Examen 1974 schrieb sie ihr großes Oratorium „Joan" für das Cabrillo Music Festival. Neben ihrer kompositorischen Arbeit ist sie auch schriftstellerisch tätig und komponiert vorwiegend auf eigene Texte. Nach ihrem Umzug nach New York wurde sie Mitarbeiterin der Zeitschrift „Ear Magazine" und schrieb für die „Soho Weekly News", „Heresis" und „Intermedia". Einige Jahre begleitete sie die Tänzer der renommierten Martha Graham School of Dance und des American Dance Studio in New York. Beth Anderson hat eine beachtliche Werkliste aufzuweisen, darunter Kammermusik, Klaviermusik, Vokalmusik, experimentelle Musik und Bühnenmusik.

KLAVIERMUSIK

„Skate Suite" (1980)
„Quilt Music" (1982)
„Manos inquietas" für ein bis drei Klaviere (1982)
„Taking sides" (1983)
„Belgian Tango" (1984)

KAMMERMUSIK

„Preparation for the dominant" für Flöte, Violine, Okarina (1979)
„Lullaby of the eighth ancestor" für Flöte und Klavier (1980)
„Dream" für Flöte, Cello und Klavier (1980)
„Skaters Suite" für vier Instrumente (1980) (auch Klavierfassung)
„Pennyroyal Swale" für Streichquartett (1985)
„Rosemary Swale" für Streichquartett (1986)
„Brass Swale" für Blechbläserquartett (1989)
„Saturday, Sunday Swale" für Blechbläserquintett (1991)

ORCHESTERMUSIK

Orchesterouvertüre (1981)
„Revelation" für Orchester (1981) / für Kammerorchester (1984)
Suite für Bläser und Schlagzeug (1981)

VOKALMUSIK

„Incline thine ear to me" für Gesang (1975)
„Woman Rite" für Gesang (1972)
„Text-Sound pieces" für zwei Stimmen (1973)
„A day" für Gesang (1967)
„The people rumble louder" für Stimme (1975)
„I can't stand it" für Stimme und Schlagzeug (1975)
„Black / White" für Gesang (1976)
„Yes Sir" für Stimme (1978)
„Beauty runs faster" (1978)

CHORMUSIK

„Joan", Oratorium (1974)

ELEKTRONISCHE MUSIK

„Tulip Clause" für Kammerensemble und Tonband (1973)
„Tower of power" für Orgel und Tonband (1973)
„Good bye Bridget Bardot or Hello Charlotte Moorman" für Stimme und Tonband (1974)
„They did it" für Klavier und Tonband (1976)
„Ode" für Tonband (1976)
„Joan" für Tonband (1977)
„German Swale" für Tonband (1990)

MULTI-MEDIA

„Music for Charlemagne Palestine", graph. Partitur, zwei Streichorchester, zwei Licht-Techniker (1973)
„Peachy Keen-O" für Orgel, E-Gitarre, Vibraphon, Schlagzeug, Stimmen, Tänzer, Licht, Tonband (1978)

Werke: über American Composers Alliance, New York

Anderson, Laurie
(* 1947)

Aufgewachsen in dem kleinen Ort Wayne bei Chicago, spielte sie bereits mit fünf Jahren Geige im 'Familien-Orchester'. Heute steht sie mit diesem Instrument vor Tausenden von Zuschauern und zersägt einen Eisblock als „späte Rache" an das Geigenspiel. Laurie Anderson, geboren am 5. Juli 1947, ist heute eine der populärsten Avantgarde-Künstlerinnen der USA. Mit ihrem minimal-sound, per Computer, Stimme oder Geige vermittelt, hat sie – ob live oder im Video – auch breites Massenpublikum erreicht. Zunächst studierte sie visuelle Kunst und Kunstgeschichte am Barnard College und an der Columbia University in New York City. Anschließend unterrichtete sie Kunstgeschichte, entwarf Kunstobjekte, schrieb Rezensionen über Kunst und produzierte Filme und Videos zu sozialkritischen Themen. Immer mehr wandte sie sich jedoch von der Kunst ab und schloß sich der Performance-Bewegung, die in den USA Mitte der 70er Jahre blühte, an. Ihre erste Performance gab sie unter dem Titel „Automotive" 1972, ein „Konzert" für Autohupen. 1982 brachte sie ihr mehrstündiges Mammutwerk „United States I-IV" auf die Bühne, das sich in Multi-Media-Manier mit dem Alltagsleben der USA auseinandersetzt. Zahlreiche

Tourneen durch die USA und durch Europa folgten. Ihr Song „O Superman" erreichte die Charts, es folgten so bekannte Titel wie „Mister Heartbreak" und „Big Science". In ihrem musikalischen Selbstportrait „Home of a brave" wird sie selbst im Film ausführlich dargestellt. Laurie Anderson, die für ihre „one-woman-shows" einen riesigen elektronischen und personellen Apparat benötigt, reflektiert soziale, feministische und politische Themen mit großem Engagement und baut sie in ihre Musik ein. Ihr typisches Instrument, neben ihrer eigenen Stimme, ist eine eigens für sie gebaute Geige, die elektronisch verstärkt wird. Sie ist Amerikas populärtse Performance-Frau und lebt heute in New York. Fast sämtliche Titel ihrer Musik sind auf Schallplatte eingespielt oder als Videofilm erhältlich.

PERFORMANCES / EXPERIMENTELLE MUSIK

„Duets on ice" (1972)
„Automotive" (1972)
„As if", Performance (1974)
„For instants", Performance (1976)
„Ethics is the aesthetics of the few(ture)", Performance mit Tonband (1976)
„Duet for violin and door (jamb)", Performance für Stimme, Harmonizer, Violine und Kontaktmikrophone (1977)
„Zenós arrow" für „tape bow violin" und Diapositive (1977)
„Film / Songs in 24/24 time", Performance (1977)
„Narrative song" für Stimme und Audiotape (1977)
„Songs for line / Songs for waves", Performance (1977)
„Thats not the way I heard it" (1977)
„New York social life" (1977)
„Time to go" (1977)
„The handphone table", Klangobjekte (1978)
„Like a stream", Performance (1978)
„Americans on the move", Performance (1979)
„Dark dogs, American Dreams", Foto-Text-Serie (1979)
„Suspended sentences" (1979)
„United States, Part II" für Performer und fünf Rockmusiker in 12 Teilen (1980)
„It's cold outside" für Sprecher, Bilder und Orchester (1981)
„Born, never asked" für Sprecher, Bilder und Orchester (1981)
„United States, Part I-IV", Performance in 78 Teilen (1982)
„Mister Heartbreak, seven songs" (1984)
„Set and reset", Tanz-Performance (1984)
„Natural history" (1986)
„Empty Places" (1989)
„Voices from the beyond" (1991)
„Halcion Days, stories from the nerve Bible" (1992)
„O Superman" / „Walk the dog"
„It's not the bullet that kills"
„If you can't talk about it"
„Walking and falling"

FILMMUSIK

„Swimming to Cambodia" (1987)
„Home of a brave" (1989)
„Monster in a box" (1991)

BIBLIOGRAPHIE

„The self in Arts". Notes from a talk delivered at the CAA convention, January 1978 / Los Angeles Institute of Contemporary Art, 1978
Keller, Hans: Laurie Anderson, in: Sounds, 1981
Bachauer, W.: Laurie Anderson (Sendemanuskript), RIAS Berlin 1982
Rockwell, J.: Women composers, performance art and the perills of fashion: Laurie Anderson, in: All American Music, Composition in the late 20th century, New York, 1983
Oehlschlägel, R.: Female structuralist performancemaker - Versuch über L. Anderson, in: Neuland, Bd. IV, 1984
Summer. M. / Burch, K.: The guests go to supper, Oakland 1986
Anderson, Laurie: Postcard book, New York 1990
Schober, Ingeborg: Anderson Märchen. In: Zeitmagazin, Hamburg 1990
Anderson, Laurie: Empty places, New York 1991
Mc Clary, S.: Laurie Anderson. In: Feminine Endings, Music, gender and sexuality, Minneapolis 1991
Howell, J.: Laurie Anderson, New York, Thunders Mouth, 1992
Laurie Anderson: Americans on the move. In: Solo, Berlin, Merve (o.D.)

DISKOGRAPHIE

„New York Social Life" / „Time to Go". Laurie Anderson, Scott Johnson. Arch Records
„Mister Heartbreak, seven songs". „Big science" / „Born, never asked" / „Example" / „O Supermann" / „Walking and falling" / „Let X=X" / „From the air". Laurie Anderson mit Ensemble. Warner Bros. Records
„Two songs for tape bow violin" / „Is anybody home" / „It's not the bullet". Edition Block (gelbe Musik), Berlin
„Closed Circuit" / „Dr. Miller" / „Drums" / „For

electronic dogs" / „Structuralist film making". Laurie Anderson und Ensemble, Giorno Poetry, New York
„It's not the bullet that kills". Holly Solomon Gallery Records, New York
„New Music for electronic and recorded media". Arch Records
„Big Science". Stimme und elektronische Instrumente. Warner Bros.
„Bright Red". Stimme und elektronisches Instrumentarium. Warner Bros.
„Puppet Motel". Voyager Records
„Strange Angels". Stimme und elektronisches Instrumentarium. Warner Bros.
„United States Live". Stimme und elektronisches Instrumentarium. Warner Bros.

Anderson, Ruth
(* 1928)

Die amerikanische Komponistin und Computer-Spezialistin ist eine der Pionierinnen auf dem Gebiet der Computermusik ihres Landes. Sie wurde am 21. März 1928 in Kalispell, Montana, geboren. Ihr Musikstudium begann sie an der Universität in Washington und erwarb dort 1949 den B. A. (Bachelor of Arts) im Fach Flöte und 1951 den M. A. (Master of Arts) im Fach Komposition. Sie setzte ihre Studien u.a. an der Music Academy of the West und dem Mannes College of Music fort. 1951, 1959 und 1960 war sie Kompositionsschülerin von D. Milhaud. Von 1958 bis 1959 ermöglichte ihr ein Stipendium den Studienaufenthalt bei Nadia Bolanger in Fontainebleau. Sie war die erste Frau, die 1962 zum Studium der Musikalischen Analyse an der Princeton University Graduate School zugelassen wurde. Seit 1966 beschäftigte sie sich vorwiegend mit dem Studium der Elektronischen Musik. Von 1969 bis 1988 leitete sie das des Hunter College Electronic Music Studio in New York, das sie selbst entworfen und eingerichtet hatte. Daneben schuf sie Orchester- und Chorarrangements für die Fernsehgesellschaft NBC und das Lincoln Theater. Für ihre kompositorische Arbeit wurde Ruth Anderson vielfach ausgezeichnet, u.a. mit dem Huntington Hartford Grant (1951), zwei Fulbright-Stipendien (1958-1960) und dem Princeton University Graduate Grant (1962-62). Im Laufe ihres Lebens beschäftigte sie sich auch mit dem Zen-Buddhismus, was sich in ihrem Stück „Centering" von 1979 widerspiegelt. Ruth Anderson lebt und arbeitet in New York.

KLAVIERMUSIK
Fuge für Klavier (1948)

KAMMERMUSIK
Sonate für Flöte und Klavier (1951)
Sonatine für Flöte und Klavier (1951)
Prelude und Allegro für Holzblasinstrumente (1952)
„Fantasy" für Klarinette, Cello und Klavier (1954)

ORCHESTERMUSIK
Zwei Sätze für Streicher, New York, American Composers Ed. 1979
Zwei Stücke für Streicher, New York, American Composers Ed. 1979
Streichersuite (1951)
Sinfonie für kleines Orchester (1952)

VOKALMUSIK
„Impressionen" für Sopran, Flöte und Streichquartett (1950)
„Sonnet" für Tenor und Klavier (1951)
„To a young child" für Kontra-Alt und Klavier (1952)

CHORMUSIK
Weihnachts-Oratorium
„Feather Song" für Chor, New York, Warner Bros. 1958
„Carol of Peace" für gemischten Chor, New York, Warner Bros. 1958
„Lamp of Liberty" für Frauenchor, New York, Schirmer 1959
Motette, 13. Psalm, New York, Boosey & Hawkes 1960
„The Holey Carol" für gemischten Chor, New York, Schirmer 1960
„Morning Prayer" für gemischten Chor, New York, Boosey & Hawkes 1960

ELEKTRONISCHE MUSIK
„Ma Belle", Tonband-Collage
„Studien 1, 2, 3" für Tonband (1970)
„Conversations" für Tonband (1974)
„SUM" (State of the Union Message), New York, American Composers Ed. 1974
„Naming" (1975)
„Sound environment" (1975)

„A long sound" (1976)
„Sound portraits I-II" (1977)
„Silent sound" (1978)
„Greetings from the right hemisphere" (1979)
„The pregnant dream", New York, American Composers Ed. 1979
„Dump" für zweikanaliges Tonband, New York, American Composers Ed. 1979
„Sappho", New York, American Composers Ed. 1979
„I come out of sleep" (L. Bogan) (1979)
„Communications" (1980)
„Time and Tempo" (1984)
„Resolutions" (1984)
„Hearing as though" (1990-91)

PERFORMANCE

„Centering" für Tänzer, vier Beobachter, biofeedback Elektronik (1979)
Die Werke sind u.a. bei Warner Bros., Schirmer und der American Composers Edition verlegt.

DISKOGRAPHIE

„SUM", State of the Union Message, Collage mit TV-Spots. Opus One, Greenville / USA

Andrée, Elfrida
(1841-1929)

Die schwedische Komponistin war die erste Frau ihres Landes, der man als Dirigentin ein Orchester anvertraute und die als Organistin und Kirchenmusikerin angestellt wurde. Sie ist am 19. Februar 1841 in Visby geboren und erhielt auch dort ihren ersten Musikunterricht bei ihrem Vater. Ihre Schwester ist die später als Opernsängerin berühmte Frederike Stenhammar. 1855 ging Elfrida Andrée nach Stockholm und absolvierte als erste Frau Schwedens ihr Kantoren-Examen. Nach 1860 studierte sie Komposition bei Ludwig Norman und bei Niels Wilhelm Gade in Kopenhagen. Sie kämpfte dafür, als Frau eine Organistenstelle zu bekommen und hatte Erfolg. Sie wurde 1867 Organistin an der Kathedrale von Göteborg; eine Stelle, die sie bis zu ihrem Tode innehatte. In ihrem Amt brachte sie zahlreiche eigene und fremde Chorwerke zur Aufführung. 1879 nahm die Schwedische Akademie der Künste sie als Mitglied auf; 1894 erhielt ihre zweite Orgelsinfonie einen Preis in Brüssel. Ihre Chorballade „Snörfrid" von 1879 wurde oft in Schweden aufgeführt, und auch ihre Kammermusik setzte sich allmählich durch. Elfrida Andrée starb am 11. Januar 1929 in Göteborg. Sie hat der neuen Generation an Komponistinnen in ihrem Land unschätzbare Pionierdienste geleistet.

ORGEL- / KLAVIERMUSIK

„Marionetternas Marsch" für Klavier
Orgelsinfonie für Orgel solo, New York, Schirmer
Andante G-dur für Orgel, Slite, Wessmans Musikförlag
Larghetto c-moll für Orgel, Slite, Wessmans Musikförlag
Sonate in A-dur op. 3, Kopenhagen, Hansen 1873
„Tonbilder" op. 4, Kopenhagen, Hansen 1873
„5 smärre Tonbilder" für Klavier op. 7 (1880)

KAMMERMUSIK

Sonate Es-dur für Violine und Klavier (1872)
Streichquartett d-moll (1887)
Allegro molto aus dem Quintett e-moll
Trio c-moll (1860)
Streichquartett A-dur (1861)
Klavierquartett (1865)
Quintett e-moll, Stockholm, Hirsch 1865
Sonate in B-dur für Violine und Klavier (1872)
Drei Romanzen für Violine und Klavier (1872)
Trio g-moll, Stockholm, Musikaliska Konstfoereningen 1887
Zwei Romanzen für Violine und Klavier (1884)

ORCHESTERMUSIK

Sinfonie C-dur (1869)
Konzertouvertüre in D (1873)
Sinfonie a-moll (1893)
Zwei Suiten aus der „Fritjof-Saga"

VOKALMUSIK

„Templet" für Gesang und Klavier/Orgel (1871)
„Skogsraet" für Stimme und Klavier (Text: Rydberg) (1878)
Drei Lieder für Gesang und Klavier op. 8 (1881)
Verschiedene Volkslieder für Gesang und Klavier

CHORMUSIK

„Snöfrid" (Text: Rydberg) für Soli, gemischten Chor und Orchester (1879)
„Ur Drömlif" (Text: Rydberg) für Chor a cappella (1882)
Schwedische Messe Nr. 1 (1902)
Schwedische Messe Nr. 2 (1903)
Psalm 20 für gemischten Chor (1908)
Psalm 56 für gemischten Chor (1921)

BÜHNENMUSIK
„Die Fritjof-Saga" (Selma Lagerlöf) (1899), unvollendete Oper

BIBLIOGRAPHIE
Stuart, E. M.: Elfrida Andrée, Stockholm 1925
Scholander-Hedlund, M.: Elfrida Andrée, ein Pionier, Hertha 1929
Stenhammar, E.: Frederika Stenhammar, Uppsala 1958
Lönn, A.: Elfrida Andrée, die erste Organistin Schwedens, Katrineholm 1971
Öhrström, E.: Middle class women playing music in 19th century Sweden, Göteborg 1987

DISKOGRAPHIE
Allegro molto vivace aus dem Quintett e-moll. Vieuxtemps String Quartett. Gemini Hall
Orgelsinfonie in b. GAM Records

Anna Amalia, Herzogin von Sachsen-Weimar
(1739-1807)

Als Begründerin des Weimarer „Musenhofes" ist sie in die deutsche Geschichte eingegangen: Anna Amalia, geboren am 24. Oktober 1739 in Wolfenbüttel als Tochter des Herzogs Karl von Braunschweig und seiner Gattin Philippine Charlotte, einer Schwester von Friedrich II von Preußen. Von der Mutter erbte sie die Vorliebe für Philosophie und Theater. Ertsen Musikunterricht erhielt sie vom Hofmusiker Ernst Wilhelm Wolf, der später Hofkapellmeister in Weimar wurde. Anna Amalia hatte zuvor, gerade 16jährig, Herzog August Konstantin von Sachsen Weimar geheiratet und war als Fürstin in Weimar eingeführt worden. Zwei Jahre nach der Eheschließung starb der junge Herzog, und Anna Amalia mußte die Regierungsgeschäfte übernehmen, bis zur Thronbesteigung ihres Sohnes, des späteren Großherzogs Karl August. In Weimar greift die Herzogin mutig in das kulturelle Leben ein, gründet Schulen und Bibliotheken, beruft Schauspieler und Musiker an den Hof und läßt die Bürger unentgeltlich ins Theater gehen. Sie benennt Wieland als Hauslehrer für ihren Sohn, wird von Goethe hoch geachtet, dessen Schauspiel „Erwin und Elmire" sie 1776 vertont. Nach der Thronbesteigung ihres Sohnes kann die Herzogin sich ganz ihren musikalischen und schriftstellerischen Neigungen hingeben. Sie komponiert, dichtet, übersetzt ins Italienische, Französische, Englische, Lateinische und Griechische. Sie veranlaßt die Herausgabe des „Tiefurter Journals", an dem alle Künstler des Musenhofes mitarbeiten. Die Weimarer „Tafelrunden" und „Freitagsgesellschaften" versammeln alle künstlerischen Kräfte zu regelmäßigen Zusammenkünften. Als Komponistin hat sie auf einer Italienreise Gelegenheit, Paisiello kennenzulernen und sich künstlerisch inspirieren zu lassen. Sie verfaßt ein Divertimento für Klavier, Klarintte, Viola und Cello, ein Cembalokonzert, ein Klavierquartett, eine Partita für Orchester sowie geistliche Chormusik. Ihre klugen Ansichten über Musik schreibt sie in den „Gedanken über die Musik" nieder, die heute im Staatsarchiv Weimar liegen. Anna Amalia von Sachsen-Weimar starb am 10. April 1807 in Weimar. Goethes Nachruf charakterisiert sie zutreffend: Erhabenes verehrend, Schönes geniessend, Gutes wirkend.

KAMMERMUSIK
Divertimento für Klavier, Klarinette, Viola, Cello, Weimar, Ambrosius & Zahn / Winthertur 1992
Zwei Sonatinen für Klavier oder Cembalo, zwei Hörner, zwei Flöten, zwei Violinen, Viola, Fagott, Kontrabaß
Concerto für 12 Instrumente und obligates Cembalo, Köln, Tonger 1995
Klavierquartett mit Klarinette

ORCHESTERMUSIK
Sinfonie
Partita für Streicher und Blasinstrumente

VOKALMUSIK
„Se perdesti la Germania, cavatina" für Mezzosopran und Orchester
„Duetti di Azima e Diamantine e di Rosalba e Ubaldo"
„Auf dem Lande" für Tenor und Klavier
„Sie scheinen zu spielen" für Tenor und Klavier
„Sieh mich Heiliger" für Sopran und Klavier

CHORMUSIK
Oratorium (1758)
„Alma Redemptoris" für vier Stimmen und Orchester
„Salve Regina" für vier Stimmen und Orchester
„Regina coeli" für vier Stimmen und Orchester

BÜHNENMUSIK

„Erwin und Elmire" (Text: J. W. von Goethe) mit Ouvertüre, 20 Gesangsnummern und Entreacte-Musik (1776); Bearbeitung Max Friedländer, Leipzig, C. F. W. Stegh's Musikalienhandlung 1921
„Jahrmarktsfest zu Plundersweilen" (1778)
„Die Zigeuner", ein Walddrama

BIBLIOGRAPHIE

Bode, W.: Amalia Herzogin von Weimar, Berlin 1908
Münnich, R.: Aus der Musikalienhandlung der Weimarer Landesbibliothek, Nachlaß der Anna Amalia, Festschrift der Landesbibliothek, Jena 1941
Heuschele, O.: Herzogin Anna Amalia, München 1947
Skonietzki, Kurt: Wegbereiterin des klassischen Weimar. Zum 150. Todestag von Anna Amalia, in: Thüringer Neueste Nachrichten, 1957
Huschke, Wolfram: Anna Amalia und die Musik ihrer Zeit. Wolfenbütteler Beiträge. Aus den Schätzen der Herzog August Bibliothek (Hrsg.: Paul Raabe), Wiesbaden, Harrassowitz, 1994

DISKOGRAPHIE

Divertimento für Klavier und Streicher. Rosario Marciano, Klavier, Wiener Kammerorchester, Ltg. Kurt Rapf. Fono Münster
Konzert für 12 Instrumente und Cembalo obligato, dto. Fono Münster
„Erwin und Elmire" (Auswahl). Berenice Bramson, Sopran; Instrumentalbegleitung. Gemini Hall

Anna Amalie, Prinzessin von Preussen
(1723-1787)

Sie war die jüngste Schwester von Friedrich dem Großen und von Wilhelmine, der späteren Kurfürstin in Bayreuth (s. Wilhelmine von Bayreuth). Anna Amalie von Preußen wurde am 9. November 1723 in Berlin geboren. Ersten Musikunterricht erhielt sie durch den Domorganisten Gottlieb Hayne; mit 21 Jahren begann sie zu komponieren und noch mit 30 Jahren erlernte sie das Violin- und Orgelspiel. Der Bach-Schüler Philipp Kirnberger unterrichtete sie ab 1758 in Komposition und Kontrapunkt. 1755 ernannte man sie zur fürstlichen Äbtissin von Quedlinburg. Für einen Ball am Hofe komponierte sie 1756 eine eigene kleine Orchestermusik, die sie selbst zur Aufführung brachte. Daneben schrieb sie Sonaten, Choräle, Regimentsmärsche und Lieder. Berühmt geworden ist Anna Amalie von Preußen jedoch mehr als Stifterin und Begründerin der sogenannten „Amalien-Bibliothek", die sie um das Jahr 1735 in Berlin, Unter den Linden, einrichtete. Die Sammlung, einer der bedeutendsten Musiksammlungen jener Zeit, umfaßt zahlreiche Manuskripte und Editionen von Johann Sebastian Bach, Werke der Bach-Söhne sowie Werke von Corelli, Händel, Lully, Palestrina und Pergolesi. Auch die Urschrift der Brandenburgischen Konzerte befand sich in ihrer Sammlung, die heute zum größten Teil von der Staatsbibliothek Stiftung Preußischer Kulturbesitz in Berlin verwaltet wird. Es bleibt außer Zweifel, daß nur ihrer großzügigen Sammlertätigkeit die unbeschädigte Existenz so mancher Barock-Kompositionen zu verdanken ist. Anna Amalie von Preußen starb am 30. März 1787 in Berlin; sie hat zeitlebens das königliche Schloß kaum verlassen.

KAMMERMUSIK

Sonate F-dur für Flöte und Cembalo (1771), Berlin, Vieweg 1928 / Gräfelfing, Thomi-Berg / daraus: Adagio, in: Historical anthology of music by women, Indianapolis 1987
Sonate B-dur für Flöte und Cembalo (Transkritpion der F-dur Sonate) (1771), Winterthur, Amadeus 1988
Triosonate D-dur, Berlin, Vieweg 1928 und 1989 / Gräfelfing, Thomi-Berg 1989
Allegro für zwei Violinen und Basso continuo, in: „Die Kunst des reinen Satzes", Hildesheim, Kirnberger 1968
Zweistimmige Fuge für Violine und Bratsche (1776)
„Marsch für das Regiment des Grafen Lottum" (1776)
„Marsch für das Regiment Bülow" (1767)
„Marsch für das Regiment von Saldern" (1768)
„Marsch für das Regiment von Moellendorff" (1778)
alle: für drei Trompeten, zwei Oboen und Fagott, auch Version für Streichquartett oder Streichorchester, Berlin, Vieweg 1927

ORCHESTERMUSIK

Vier Regimentsmärsche, Fassung für Streichorchester, Berlin, Vieweg 1927

VOKALMUSIK

„Serenata per l'arrivo della Regine Madre a Charlottenburgo per la prima volta" (1774)

Vier Lieder, u.a. Texte von Gleim (1776 und 1778)
„Seufzer eines Ehemannes" für Stimme und Basso continuo (1776)
„Dir folgen meine Tränen nach 'Miss Fanny Wilkes'" (1777)
Duetto für Sopran und Alt zu Oper „Dido" von Metastasio (1780)
„Freue dich, o meine Seel" für Gesang und Basso continuo (1778)
„Der Bruder und die Schwester" für Gesang und Basso continuo (1778)
Fünfstimmiger Zirkelkanon für Stimmen und Basso continuo (1779)
„Auf, tapfere Krieger" für Gesang und Basso continuo (1780)

> *„Der Gluck nach meinem Sinne, wird nimmermehr für einen habilen Mann in der Komposition passieren können. Er hat gar keine Invention, 2. ein schlechte, elende Melodie und 3. keinen Akzent, keine Expression, es gleicht sich alles. Weit entfernt von Graun und Hasse, dagegen +++ [sic] sehr ähnlich. Die Intrade sollte eine Art Ouvertüre sein, aber der gute Mann liebt die Imitationes nicht, er hat recht, sie sind mühsam. Hingegen findet er mehr Vergnügen an die Transpositionen. Sie ist nicht ganz zu verwerfen, denn wenn ein Takt oft wiederholt wird, behält ihn der Zuhörer desto leichter, es scheint aber auch, als wenn es Mangel der Gedanken wäre. Endlich und überhaupt ist die ganze Oper sehr miserabel, aber es ist der neue Gusto, der sehr viele Anhänger hat. Indeß dank ich ihm, daß er sie mir geschickt hat. Durch anderer Fehler lernt man die seinigen kennen. Sei er doch so gut, und verschaffe er mir die Worte von der ganzen Opera, aber was die Noten anbetrifft, bin ich noch nicht weise genug, sie schön zu finden."*
>
> Aus einem Brief der Amalie von Preußen, in dem sie sich über Christoph Willibald Gluck äußert, in: Hohenzollern-Jahrbuch 1910 (Komponistinnen in Berlin, 1987)

CHORMUSIK

„Der Tod Jesu", Kantate nach K. W. Ramler (ca. 1760) / Teile daraus in: Die Kunst des reinen Satzes, Hildesheim, Kirnberger 1968
„Jesu, meine Freude" figurierter Choral (1778)
Mess-Choräle (1778)
10 vierstimmige Choräle (1780), darin: „Du, dessen Augen flossen" / „Sein Odem ist Schwach"
„An den Schöpfer" (1780)
„Schlachtgesang" (Text: Ramler), Berlin 1915

BIBLIOGRAPHIE

Köpke, Fr. C.: Geschichte der Bibliothek des Joachimsthaler Gymnasiums, Berlin 1831
Eitner, R.: Katalog der Musikaliensammlung des Joachimsthalschen Gymnsaiums zu Berlin, Berlin 1884
Kranel, R.: Original-Briefe Friedrich II, des Prinzen Heinrich und der Prinzessin Amalie von Preußen. In: Forschungen zur Brandenburgischen und Preußischen Geschichte, Berlin 1900
Sachs, C.: Prinzessin Amalie von Preußen als Musikerin, Hohenzollern-Jahrbuch, Berlin 1910
Bose, Fritz: Anna Amalie von Preußen und Johann Philipp Kirnberger. In: Musikforschung, Berlin 1957
Blechschmidt, Eva-Renate: Die Amalien-Bibliothek, Berliner Studien zu Musikwissenschaft, Berlin 1965
Jaenecke, Joachim: Musikhandschriften und Musikdrucke aus dem Besitz der Anna Amalie von Preußen, Berlin 1976
Drescher, Bettina: Anna Amalie von Preußen, Biographische Notiz und Werkverzeichnis. In: Komponistinnen in Berlin, Berlin 1987
Löhr, E. E.: Das Werk der Prinzessin von Preußen, Anna Amalie. Diss Uni Freiburg 1996

DISKOGRAPHIE

Drei Regimentsmärsche, New York. Gemini Hall
Sonate F-dur für Flöte und Basso continuo. Elisabeth Weinzierl, Flöte; Eva Schieferstein, Cembalo. In: Flötenmusik in Sanssouci, Freiburg, Christophorus

Ansink, Caroline
(* 1959)

Caroline Ansink, geboren am 8. August 1959 in Amsterdam, gehört zur jungen Generation der Komponistinnen in den Niederlanden, welche die Musiktradition ihres Landes in der zweiten Hälfte dieses Jahrhunderts fortführen. Sie begann ihre musikalische Karriere am Konservatorium von Utrecht und studierte Flöte bei Pieter Odé, Abbie de Quant und Komposition bei Alex

Manassen und J. Straesser. Mit 19 Jahren, im Jahre 1978, schrieb sie ihr opus 1, „Ismael", für Sopran, Flöte, Violine und Cello. Als Komponistin gewann sie etliche Preise, darunter 1985 den Preis der GEDOK Mannheim für „Shades of Silence", 1988 den Preis Cappella Civica Trieste für das Orgelstück „Pyrrhus", 1989 für dasselbe Werk den GEDOK-Preis in Mannheim, im gleichen Jahr einen Preis der Ungarischen Komponisten-Union für ihr Klaviertrio „Skopos". Im Jahre 1990 war sie Preisträgerin des Amsterdam Fonds für „Night and Day" für Orchester und für ihr Werk „Zeitenschrunde" für Chor, Flöte, Klarinette, Trompete und Posaune. Schließlich gewann sie 1992 den Chard Composers Wettbewerb mit ihrem Streichquartett „Brezze". Die Komponistin schreibt für die verschiedensten Besetzungen; die meisten Werke von ihr sind bei Donemus, Amsterdam, verlegt. Sie lebt und arbeitet in Amsterdam.

ORGEL- / KLAVIERMUSIK
Piano-Etüden (1980)
„Greener Grass" für Klavier (1987)
„Pyrrhus" für Orgel (1988)
„Sisyphus" für Orgel (1994)

KAMMERMUSIK
„Storms" für Flöte/Altflöte und drei Gitarren (1980)
„Trois danses" für Flöte und Klavier (1981)
„Eclats" für zwei Flöten (1983)
„Goden en Afgoden" für Flöte/Altflöte/Piccolo und Viola/Violine (1983)
„Shades of Silence" für Streichquartett (1984)
„Masks off!" für Cello und Klavier (1985)
„Stylish Struggle" für Flöte, Violine, Viola, Cello, Harfe (1985)
„Surviving Spirit" für Violine (1986)
„The Greed of growth" für Baßklarinette und Perkussion (1987)
„Consequences" für Violine (1988)
„Skopos" für Violine, Cello und Klavier (1988)
„Con Zelo" für Saxophonquartett (1989)
„Etudes in samenspel" für Flöte oder Violine, Cello und Klavier (1989)
„Brezze" für Streichquartett (1989)
„Kymata" für Flöte, Viola und Gitarre (1989)
„Luna" für Flöte, Cello und Klavier (1990)
„Climbing" für Flöte, Violine, Viola und Harfe (1990)
„Quartetto" fü vier Blockflöten (1990)
„Heaven won't be big enough" für Flöte und Bambuso Sonoro (1990)
„Oh beminnelijk litteken" für Blechbläser, Flöte und Bandoneon (1991)
„Waves" für Saxophonquartett (1991)
„Fireflies" für Flöte und Harfe (1991)
„Elegia" für Violine, Baßklarinette und Klavier (1992)
„Somerset Sketches" für Flöte, Klarinette, Fagott und Streichquartett (1992)
„Melting Buddha" für Blockflötenquartett (1992)
„Water under the bridge" für Cello und Klavier (1994)

ORCHESTERMUSIK
Konzert für Violine und Orchester (1986)
„Night and Day" für Kammerorchester (1988)
„Bundespresseball-Walzer" (1993)

VOKALMUSIK
„Ismael" für Sopran, Flöte, Violine und Cello (1978)
„Carmen Rusticum" für Sopran, Flöte, Oboe, Klarinette, Horn, Fagott, Violine, Viola, Cello, Kontrabaß (1979)
„Chanson pour la mémoire d'un amitié" für Sopran, Flöte, Oboe, Klarinette, Horn, Fagott, Violine, Viola, Cello und Kontrabaß (1980)
„Je rêve" für Sopran, Flöte, Oboe, Klarinette, Fagott, Horn, Violine, Viola, Cello, Kontrabaß (1980)
„Requiem" für Sopran, Flöte und Streichquartett (1980)
„Quatre chansons" für Sopran, Flöte, Oboe, Klarinette, Fagott, Horn, Violine, Viola, Cello, Kontrabaß (1982)
„Al prisionero" für Mezzosopran und Klavier (1982)
„Brandelli" fü Alt und Baß, Englischhorn, Fagott, Klavier, Pauken und Perkussion (1991)
„Negen Liederen" für zwei Soprane, Alt, Tenor und Baß (1992)
„Waser on Lsjun" für Sopran und Klavier (1995)
„Liebe Monstren" für Baßquerflöte, Sopran und Streichorchester (1995)
„Van aap tot zet" für Erzähler und Blockflötenquartett (1991)

CHORMUSIK
„Psalm 22" für Oboe, Englischhorn, Baßklarinette und gemischten Chor (1987)
„Zeitenschrunde" für Flöte, Klarinette, Trompete, Posaune und gemischten Chor (1989)
„Psaume" für Flöte, Englischhorn, Baßklarinette und gemischten Chor (1993)
„To a thousand murdered girls" für Oboe, Englischhorn, Baßklarinette, Fagott, Perkussion, Streichqurartett und gemischten Chor (1993)

DISKOGRAPHIE
„Waves" für Saxophonquartett. Erasmus WVH, Niederlande

„O beminnelijk litteken" für Blechbläser, Flöte und Bandoneon. Erasmus WVH, Niederlande

Archer, Violet, Balestreri
(* 1913)

Neben Jean Coulthard ist sie die populärste und produktivste kanadische Komponistin und Musikpädagogin. Violet Archer wurde am 24. April 1913 in Montreal geboren und stammt von italienischen Eltern, die 1912 nach Kanada auswanderten. An der McGill University von Montreal begann sie mit den Fächern Klavier und Komposition bei Douglas Clarke und Claude Champagne. 1942 ging sie nach New York und wurde Schülerin von Bela Bartok, anschließend Schülerin von Paul Hindemith (1947-49) an der Yale School of Music. Ihren Master of Music absolvierte sie mit „summa cum laude" im Jahre 1949. Danach unterrichtete Violet Archer u.a. am North Texas State College, an der Cornell University, an der Universität von Oklahoma und schließlich in ihrem Heimatland an der Universität von Alberta. Dort wurde sie Professorin für Komposition und Musiktheorie und lehrte von 1962 bis 1978. Nach ihrer Emeritierung arbeitete sie weiterhin als freie Komponistin und Pädagogin.

Unter den zahlreichen Preisen und Ehrungen seien hier die wichtigsten genannt: Stipendien von Quebec (1947-49), das Charles-Ditson-Stipendium, Yale (1947-49), der Woods-Chandler-Kompositionspreis 1949, eine lobende „Citation for distinguished service in music" der Yale University in 1968, die Auszeichnung „Women in the Arts" in Edmonton 1976, die Queens Jubilee Silver Medal in 1978, die Mitgliedschaft in der Accademia Tiberina in Rom 1979, „Composer of the Year" des Canadian Music Council (1984), die Ehrendoktorwürde der McGill University (1971), die Ehrendoktorwürde der University of Windsor, Kanada, (1986) und der Universität von Calgary (1989), ein eigenes Festival im Jahre 1985, das allein ihrem musikalischen Schaffen gewidmet war und schließlich die Benennung einer großen Bibliothek, der Violet Archer Library des Canadian Music Center (1987). Die Komponistin hat weit über 300 Werke geschrieben, die von Klaviermusik, über Vokalmusik bis hin zum großen Orchesterstück und zur Oper reichen. Sie lebt und arbeitet in Alberta, Kanada.

ORGEL- / KLAVIERMUSIK

Chorale, Prelude „Aeterna Christi munera" für Orgel (1940)
Sonatina für Orgel (1944), Toronto, Chanteclair
Sonatina Nr. 1 (1945)
„Three scenes" (1945), Toronto, Berandol
Sonatina Nr. 2 (1946), Ontario, Boosey & Hawkes
„Birthday fugue à la Weinberger" für zwei Klaviere (1946)
Fantasy für Klavier (1947)
„Three sketches" für zwei Klaviere (1947), Waterloo, Waterloo
„Three chorale preludes" für Orgel (1948)
„Chorale prelude" für Orgel „Dominus regit me" (1948)
„Henlein, chorale prelude" für Orgel (1948)
„Two choral preludes" für Orgel (1948), New York, Peer
Rondo (1955), New York, Peer
Suite (1948)
„Ten folk songs" für Klavier zu vier Händen (1953), Toronto, Berandol
„Themes and variations" (1963), Waterloo, Waterloo
Prelude und Allegro (1955)
Sonate (1945/57)
„Minute music for small hands" (1957), New York, Peer
„Eleven short pieces" (1960), New York, Peer
„Four little studies" (1963)
Thema und Variationen (1963), Waterloo, Waterloo
„Three miniatures" (1963), Waterloo, Waterloo
„Black and white" (1971)
„O worship the king" Choralimprovisation für Orgel (1967)
„Improvisations" (1968)
„Three inventions" (1974)
„Six preludes" (1976), Waterloo, Waterloo
Vier Bagatellen (1977)
Prelude and little fantasy für Orgel (1978)
„8 little canons" (1978)
„Four contrapunctal moods" (1978), Alberta, Oil City Press
„Here and now" (1980), Toronto, Caveat
Sonatine Nr. 3 (1973), Waterloo, Waterloo
Sonata Nr. 2 (1979), Ontario, Berandol
„4 vignettes" für Klavier zu vier Händen (1984)
„Two Canadian folk songs" für junge Pianisten (1991)

KAMMERMUSIK

Streichquartett Nr. 1 (1940)
Fantasy für Violine und Klavier (1946)
Sonata für Flöte, Klarinette und Klavier (1944)
Suite für Violine und Cello (1948)
Suite für Klarinette und Fagott (1948)
Divertimento für Oboe, Fagott und Klarinette (1949), Needham, Needham
Streichquartett Nr. 2 (1949)
„Fantasy in the form if a passacaglia" für vier Hörner, drei Trompeten und drei Posaunen und Pauke (1951)
Prelude und Allegro für Violine und Klavier (1954), Toronto, Berandol
Streichtrio Nr. 1 (1953)
Klaviertrio (1954)
„Three duets" für zwei Violinen (1955), New York, Peer
Sonate für Violinen und Klavier (1956)
Sonate für Cello und Klavier (1956)
Divertimento Nr. 2 für Oboe, Violine und Cello (1957)
Klaviertrio Nr. 2 (1957), Waterloo, Waterloo
Streichtrio Nr. 2 (1961)
Divertimento für Blechbläserquintett (1963), Toronto, Berandol
Sonate für Horn und Klavier (1965), Toronto, Berandol
Suite für vier Violinen (1971)
„Little Suite" für Trompete und Klavier (1975), Willowdale, Manitou
Vier Duette für Violine und Cello (1979)
Sonate für Klarinette und Klavier (1970), Waterloo, Waterloo
Sonate für Altsaxophon und Klavier (1972), Waterloo, Waterloo
Sonate für Oboe und Klavier (1973), Toronto, Berandol
„A simple tune" für Sopranblockflöte und Klavier (1975)
Suite für Soloflöte (1975), Needham, Needham
Sonate für Viola, Cello und Klavier (1976)
Sonatina für Oboe und Klavier (1976), Needham, Needham
Sonatina für Fagott und Klavier (1978)
Sonatina für Klarinette und Klavier (1978), Needham, Needham
„Fantasy on Blanche comme la neige" für Gitarre (1978)
„Four duets" für Violine und Cello (1979)
Divertimento für Saxophonquartett (1979), Needham, Needham
Sonate für Fagott und Klavier (1980), Needham, Needham
„12 Miniaturen" für Violine und Klavier (1981), Waterloo, Waterloo
Capriccio für Cello und Klavier (1981)
Sonate für Cello solo (1981)
Streichquartett Nr. 3 (1981)
„Statements" für Flöte (1982)
„Soliloquies" für Klarinette in B oder A (1982)
„Celebration" für Blechbläserquintett (1983)
„Signatures" für zwei Flöten (1984)
„Sketch" für Violine, Cello und Klavier (1984)
„6 Miniaturen" (1984), Waterloo, Waterloo
Divertimento für Klavier, zwei Violinen, Viola, Cello und Cembalo (1985)
„One fifth on four" für Kammerensemble (1990)

ORCHESTERMUSIK

„Poem" für Orchester (1940), Toronto, Berandol
„Scherzo sinfonico" (1940), Toronto, Berandol
„Britannia ouverture" (1941)
„Fantasia concertante" für Soloklarinette, Flöte, Oboe und Streichorchester (1941), Toronto, Berandol
Fantasia für Klarinette und Streichorchester (1942), Toronto, Canadian Music Centre
Symphony Nr. 1 (1945), Toronto, Berandol 1961
„Fantasy on a ground" (1946), Toronto, Berandol
„Fanfare und passacaglia" (1949), Toronto, Berandol 1964
Concertino für Klarinette (1946, überarb. 1956), Toronto, Berandol
Concerto für Klavier und Orchester (1956), Toronto, Berandol
Divertimento (1957), Toronto, Berandol 1968
Concerto für Violine und Orchester (1959), Toronto, Berandol
„Three sketches" (1961), Toronto, Berandol 1966
„Prelude - incantation" für Orchester (1964), Toronto, Ricordi
Suite für Streichorchester (1968)
Sinfonietta (1968), Toronto, Berandol
Divertimento für Klavier und Streicher (1985)

VOKALMUSIK

„Separation" für mittlere Stimme und Klavier (1949)
„Cradle song" (Text: Amy Bisset) für Mezzo und Klavier (1950), Oakville, Harmuse
„Three biblical songs" für Mezzo und Klavier (1950)
23. Psalm für mittlere Stimme und Klavier (1952), Toronto, Berandol
„Four Canadian folk songs" für Mezzo und Klavier (1958)
„Two songs" für Mezzo und Klarinette (Text: W. Blake) (1958)
42. Psalm für mittlere Stimme und Klavier (1958)
„Someone" für Mezzosopran und Klavier (Text: W. de la Mare) (1949/59), Waterloo, Waterloo

„Life in a prairie shack" für Sopran und Klavier (1966)
„Three folk songs of old Manitoba" für mittlere Stimme und Klavier (1966)
„Harvest" für Sopran und Klavier (1967)
„Gold sun" (Text: Dorothy Livesay) für Kontraalt und Klavier (1971)
„Green rain" (Text: Dorothy Livesay) für Mezzo und Klavier (1971)
„My hands" (Text: Dorothy Livesay) für Mezzo und Klavier (1971)
„Daffodills" (Text: W. Wordsworth) für Mezzo und Klavier (1972)
„1. Corinthians 13" für Mezzo und Klavier (1976)
„Plainsong" (Text: Dorothy Livesay) für Sopran und Klavier (1977)
„Together and apart" (Text: Patricia Elliot) für Mezzo und Klavier (1978)
„Two songs" für Mezzosopran und Klavier (Text: Mary Longworth) (1978)
„Northern Landscape" (Text: A. J. M. Smith) für Sopran / Mezzo / Bariton und Klavier (1978)
„Season songs" (Text: A Burinot und emmy Bissett) für mittlere Stimme und Klavier (1978), Waterloo, Waterloo
„Undert the sun" (Text: A Burinot) für Sopran und Klavier (1978)
„A spring of flowers" (Text: Kuan Han Ching) für Tenor, Flöte und Klavier (1979)
„Prairie profiles" (Text: David Carter) für Bariton, Horn und Klavier (1980)
„Primeval" (Text: Frances Deusmore) für Tenor und Klavier (1980)
„Caleidoscopio" (Text: Gisella Azzi) für lyrischen Sopran und Klavier (1981)
„Birds at day break" (Text: Irving Layton) für Tenor und Klavier (1982)
„Green jade" (Text: chinesische Lyrik) für Bariton, Altflöte und Klavier (1982)
„Snippets" (Text: Sh. Ottman) für Mezzo und Klavier (1982)
„The great spirit" für Sopran und Klavier (1987)
„God sings in pleasure" für Baßklarinette und Klavier (1990)
„8 short songs for young singers" für Stimme / Chor und Klavier (1991)

CHORMUSIK

Psalm 150 für gemischten Chor und Orgel (1941), Waterloo, Waterloo
„Landscapes" für gemischten Chor (1950), Waterloo, Waterloo
„Proud horses" für gemischten Chor (1953), New York, Peer
„Songs of prayer and praise" für gemischten Chor (1953)
„Three French Canadian folk songs" für gemischten Chor (1953), Toronto, Berandol
„Two songs" für Frauenstimmen, Oboe und Klavier (1955), Toronto, Chanticlear
„Apocalypse" für Sopransolo, gemischten Chor, zwei Hörner, zwei Trompeten, zwei Posaunen und Pauke (1958)
„The souls of the righteous" (Salomons Sprüche) für Sopran / Tenor, gemischten Chor (1960)
„Introit and choral prayer" für gemischten Chor und Orgel (1961), Toronto, Berandol
„Two latin motets" für gemischten Chor (1962)
„Think, the muse" für gemischten Chor (1964)
„Paul Bunyan" für gemischten Chor und Klavier (1966)
„Centennial springtime" für gemischten Chor und Klavier (1967)
„Sweet Jesu, King of bliss" für Sopran und Alt oder gemischten Chor (1967), London, Iroquois Press
„I will lift up my eyes", Psalm 121 für gemischten Chor und Orgel (1967), Waterloo, Waterloo
„A la claire fontaine" für Frauenchor und Klavier (1968), Toronto, Berandol
„Amens for church use" für gemischten Chor und Orgel (1968-74)
„O Lord" für gemischten Chor und Orgel (1968), Waterloo, Waterloo
„O sing unto the Lord" für Frauenchor, zwei Trompeten oder Orgel (1968), Waterloo, Waterloo
„A simple anthem", Psalm 100 für gemischten Chor und Orgel (1969)
„The glory of God", Psalm 67, für vierstimmigen Frauenchor (1971)
„Sing a new song to the Lord", Psalm 98 für gemischten Chor und Orgel (1974), Waterloo, Waterloo
„4 new Foundland songs" für vierstimmigen Männerchor (1975)
„Three sailors from Groix" für Soprane, Alt und Klavier (1975)
„Shout with joy", Psalm 100 für gemischten Chor und Orgel (1976), Waterloo, Waterloo
„Two songs of praise" für vierstimmigen Frauenchor (1978)
„To rest thee" für gemischten Chor (1981), Oakville, Harmuse
„Psalm 145 für gemischten Chor (1981)
„Songs of summer and fall" für gemischten Chor (1982)
„Reflections" für gemischten Chor (1983)
„The cat and the moon" für gemischten Chor (1983)
98. Psalm für gemischten Chor (1989)
„Offertory acclamations" für zwei gemischte Chöre (1989)

BÜHNENMUSIK / FILMMUSIK

"Sganarelle", Drama in einem Akt nach Molière für 9 Solostimmen, Schlagzeug und Streicher (1973), Toronto, Berandol

"Someone cares", Kulturfilm der Uni Alberta, Musik für Saxophon, Posaune, Schlagzeug und Klavier (1976)

"Whatsoever things are true", Kulturfilm der Uni Alberta, Musik für Trompete, Violine, Schlagzeug und Klavier (1980)

"The meal", Drama in einem Akt für Solostimme, Schlagzeug und Streicher (1983)

ELEKTRONISCHE MUSIK

"Epsiodes" (1973), Cavan, Banff Music

BIBLIOGRAPHIE

"Alberta and its Folklore", Canadian Music Society Bulletin, 1967

Hunier, H. D.: The choral music of Violet Archer, Iowa, 1980

Hicks, G.: Our cultural heritage, Violet Archer. In: Encore, 1982

Brown, J.: An interview with Canadian composer Violet Archer. In: Prairie Sound, 1985

Proctor, G. A.. Notes on Violet Archer. In: Musical Canada, 1988

Reid, J.: An interview with Violet Archer. In: Prairie Sound, 1990

Hartig, L.: Violet Archer - a Bio-Bibliography, Westport, CT 1991

DISKOGRAPHIE

"Caleidoscopio". R. Roslak, Sopran; W. Aide, Klavier. Centrediscs

Improvisations für Klavier. Antonin Kubalek, Klavier, Melbourne SMLP

"Landscapes". Festival Singers of Canada, Ltg. Elmer Iseler, CBC Canadian Collection

"Northern Landscape". Phyllis Mailing, Mezzo; W. Aide, Klavier. Centrediscs, Kanada

Sinfonietta. CBC Vancouver Chamber Orchestra, Ltg. John Avison, CBC Canadian Collection

Sonata für Altsaxophon und Klavier. Paul Brodie, Saxophon; George Brough, Klavier, Radio Canada, RCI

Sonata für Klarinette und Klavier. James Campbell, Klarinette; Gloria Saarinen, Klavier, Radio Canada RCI

Sonata für Horn und Klavier. Pierre Del Vescovo, Horn; Armas Maiste, Klavier. Radio Canada RCI

"Three French Canadian folksongs". Montreal Bach Choir, Ltg. George Little. Vox Turnabout

"Three Sketches" für Orchester. CBC Winnipeg Orchestra, Ltg. Eric Wild. CBC Canadian SM

Klaviertrio Nr. 2. Halifax Trio. Radio Canada RCI

"Moods" für Klarinette und Alt-Saxophon / Thema und Variationen über "La Haut" für Klavier. Centrediscs, Kanada

Arrieu, Claude
(Pseudonym: Luise Marie Simon)
(1903-1990)

Kaum eine französische Komponistin hat so viel für die Bühne, das Kino und den Rundfunk geschrieben wie Claude Arrieu. Sie wurde am 30. September 1903 in Paris geboren und begann ihr Musikstudium am Pariser Konservatorium als Schülerin von Noel Gallon, Georges Caussade, Marguerite Long, Jean Roger-Ducasse und Paul Dukas. Im Jahre 1932 erhielt sie ihren großen Kompositionspreis, dem viele weitere Auszeichnungen folgten, wie der Prix Ambroise Thomas, der Prix Lepaulle und der Prix de Gouy d'Arsy". Seit 1946 arbeitete sie für den französischen Rundfunk, komponierte und produzierte Musiksendungen. 1947 gab der französische Staat ihr den Auftrag zur komischen Oper "Les Deux Rendez-vous". 1949 gewann ihr Radiostück mit Musik "Frédéric Général" den Prix d'Italia. Sie schrieb im Laufe ihrer musikalischen Karriere 14 Opern, große Orchester- und Chorwerke sowie Klavier- und Kammermusik. Claude Arrieu, die unter dem Pseudonym Luise Marie Simon auftrat und publizierte, starb am 7. März 1990 in Paris. Fast alle ihre Werke sind verlegt, u.a. bei Amphion, Billaudot, Editions Françaises de Musique, Heugel, Leduc und Ricordi.

CEMBALO- / KLAVIERMUSIK

"Tendresse"

Toccata für Klavier oder Cembalo

"Marche, étude, choral", Paris, Heugel 1929

"Musique pour piano", Paris, Salabert 1939

"La boîte à malice", acht Klavierstücke, Paris, Lemoine 1939

"Prélude, forlane et gigue", Paris, Enoch 1940

Caprice, Paris, Enoch 1945

"Suite pour Mélodyne" für Klavier zu vier Händen, Paris, Amphion 1946

Drei Improvisationen, Paris, Amphion 1948

Vier Konzertetüden, Paris, Ricordi 1954

"Lectures", acht Klavierstücke, Paris, Billaudot 1968

"Lectures", Paris, Billaudot 1977

KAMMERMUSIK

Sonatine für Querflöte und Klavier, Paris, Amphion 1946
Sonate für Geige und Klavier, Paris, Leduc 1948
Bläserquintett in C-dur, Paris, Billaudot 1953
Trio für Oboe, Klarinette und Fagott, Paris, Amphion 1957
Trio für Klavier, Geige und Cello, Paris, Amphion 1957
Concerto für Bläserquintett und Klavier oder Streicher, Paris, Ricordi 1962
Blechbläserquintett (1962)
Duo für zwei Flöten, Paris, Amphion 1964
„Cinq mouvements" für Klavierquartett, Paris, Billaudot 1964
„Klarinetten-Quintett Nr. 1 (1964), Paris, Billaudot
Konzertstück für Trompete und Klavier, Paris, Amphion 1964
„Dixtuor" für Blasinstrumente, Paris, Billaudot 1967
Prélude und Scherzo für Klavier und Cello, Paris, Amhpion 1967
Capriccio für Klarinette und Klavier, Paris, Amphion 1970
Zwei Stücke für Streichquintett, Harfe, Klarinette und Klavier (1970), Paris, Billaudot
Suite für Oboe, Klarinette und Fagott (1980), Paris, Billaudot
Suite für Flöte, Oboe, Klarinette und Fagott (1980), Paris, Billaudot
„L'Etourdi" für Trompete und Klavier (1979), Paris, Billaudot
„Manu militari" für Trompete und Klavier (1979)
„Rêverie" für Trompete und Klavier (1979)
Klarinetten-Quintett Nr. 2 (1984), Paris, Billaudot
Impromptu II für Oboe und Klavier (1985), Paris, Billaudot
„Retour au village" für Trompete und Klavier (1986)

ORCHESTERMUSIK

Klavierkonzert (1932)
Partita für Orchester, Paris, Amphion 1934
„La boîte à malice" für Orchester (1934)
„La conquête de l'Algérie" (1935)
Concerto für zwei Klaviere und Orchester, Paris, Billaudot 1938
Konzert D-dur für Violine und Orchester, Paris, Amphion 1938
Sinfonie in c-moll (1940)
Divertissement (1946)
Konzert für Flöte und Orchester, Paris, Amphion 1946
Konzert Nr. 2 für Violine und Orchester, Paris, Heugel 1949
„Menuet vif" für Orchester (1956), Paris, Billaudot
„Tarantelle" für Orchester (1956), Paris, Billaudot
Streichersuite, Paris, Ricordi 1959
„Jeux" für Orchester (1961), Paris, Billaudot
„Suite funambulesque" (1961), Paris, Billaudot
„Les jongleurs" (1962), Paris, Billaudot
„Scherzo valse" (1962), Paris, Billaudot
Concerto für Bläserquintett und Streicher, Paris, Ricordi 1962
Concerto für Trompeten und Streicher, Paris, Amphion 1965

VOKALMUSIK

„Der Sommer" für Stimmen, Sopransolo und Klavier, Paris, Lemoine 1932
„Chanson de Marianne" für Sopran / Bariton und Klavier (1947)
„Attributs" für Sopran und Klavier (1947), Paris, Billaudot
„A traduire en esthnien" für Gesang und Klavier (1947), Paris, Billaudot
„Rue des Ormeaux" für Gesang und Klavier (1953), Paris, Billaudot
Über 50 Lieder auf Texte von Schaeffer, Giraudoux, Mallarmé, Cocteau u.a.

CHORMUSIK

Requiem für Chor a cappella
„Ballade pour la paix de Charles d'Orléans" für Soli, Chor und Orchester
„L'eau vive" für gemischten Chor
„Cantate de sept poèmes d'amour en guerre", Kantate für Sopran, Baß und Orchester, Paris, Billaudot 1946
„Noël de neige" für Chor (1946)
Oratorium „Mystère de Noël" für Soli, Chor und Orchester (1951)
„Rondeaux de Clément Marot" für dreistimmigen Chor (1957), Paris, Billaudot
„Dix chansons, Folklore de France" für einstimmigen Chor, Flöte, Oboe, Klarinette, Streicher und Schlagzeug (1957), Paris, Billaudot

BÜHNENMUSIK

„Noé", Oper in drei Akten (1932), Paris, Billaudot
„Cadet-Roussel", Oper in fünf Akten, Paris, Ricordi 1938
„Fête galante", Ballettmusik (1947), Paris, Billaudot
„Les deux rendez-vous", komische Oper in einem Akt (1948)
„Die Prinzessin von Babylon", Opera buffa, Paris, Amphion 1953
„Le chapeau à musique", Kinderoper in zwei Akten (1953), Paris, Billaudot
„La cabine téléphonique", Opera buffa in einem Akt (1958), Paris, Billaudot

„Cymbéline", Oper in zwei Akten (1958), Paris, Billaudot
„Commedia umana", Ballett nach Boccaccio (1960), Paris, Billaudot
„Zarathustra", lyrische Tragödie in fünf Akten (1964)
„Balthazar", Opera buffa in einem Akt, (1966), unvollendet
„Comédie italienne ou Divertimento", Opera buffa in einem Akt (1966), Paris, Billaudot
„La Statue", Ballettmusik (1968), Paris, Billaudot
„Un clavier pour un autre", Opera buffa (1969-70)
„Barbérine", Bühnenmusik in drei Akten nach A. de Musset (1972)
„Les amours de Don Perlimpin et Belise en son jardin", lyrischer Spiel nach F. Garcia Lorca (1980)

RADIO/TV

„Illustrations musicales", darunter:
„Peter Pan" nach Claude-André Puget (1948)
„Poètes de Paris" nach J. Follain (1953)
„Salavın" nach G. Duhamel (1954)
„Jonathan Swift" (1954)
„Le monstre Turquin" nach Goldoni" (1954)
„La Perruche" nach J. Grimod (1957)
„Mon cœur dans les Highlande nach Sorayan" (1957)
„Tous les bruits sont dans la nature" nach A. Lanoux (1957)
„Cornélius" nach B. Hecht (1957)
„Flore et blancheflore" nach F. Dumayet (1961)
„La belle au bois" nach J. Supervielle (1962)
„Nouvelles pastorales" nach Henri Héraut (1962)
„Le huron" nach J. Cosmos / Votaire (1963)
„L'écureuil du Bois Bourru" nach Maurice Genevoix (1963)
„La pantoufle perdue" nach Lucien Jacques (1966)
„L'anniversaire" nach Ribemont-Dessaigne (1968)
„Le pique-nique nach Jacques Perret (1968)
„L'aventure de Walter Schnapps" nach Maupassant (1969)
„L'aura d'Olga" nach P. Schaeffer

BIBLIOGRAPHIE

Claude Arrieu, Werkkatalog des Verlages Billaudot, Paris 1990

Grazyna Bacewicz. Foto: Archiv

DISKOGRAPHIE

„Cinq mouvements" für Klavierquartett (1964). Quatuor des clarinets de Paris. Calliope und Quatuor Lutèce; Cybelia Records
„Brave homme" / „Chanson de la côte" / „L'orgue". Chant du Monde, Paris
„Chanson de la patience". BAM Disc AZ, Paris
„Chanson de Perlimpin". Catherine Sauvage. Philips
Trio pour pipeaux. A. Berge, M. Eue, J. Burel. Erato
Blechbläserquintett C-dur. Oiseau-Lyre / Decca / Crystal Records
„Trois chansons de Charlos Cros". Chant du Monde

Bacewicz, Grazyna
(1909-1969)

Als Komponistin sowie als Geigerin war Grazyna Bacewicz gleichermaßen populär. Am 5. Februar 1909 in Lodz geboren, erhielt sie bereits mit zehn Jahren am dortigen Konservatorium Violin- und Klavierunterricht. Nach bestandener Abiturprüfung setzte sie 1928 ihr Studium am Warschauer Konservatorium fort: K. Sikorski wurde ihr Kompositionslehrer. Nachdem Grazyna Bacewicz 1932 ihre Diplome für Violine und Komposition erhalten hatte, ging sie nach Paris, um ihre Kompositionsstudien bei Nadia Boulanger fortzusetzen. Gleichzeitig vollendete sie ihr Geigenspiel bei André Touret und Carl Flesch. 1935 nahm sie am Wieniawski-Violinwettbewerb in Warschau teil und wurde dort mit einem Sonderpreis ausgezeichnet, während Ginette Neveu und David Oistrach den ersten beziehungsweise zweiten Preis errangen. Bis zum Ausbruch des Zweiten Weltkrieges war sie bereits eine bekannte und gefeierte Violinvirtuosin und Komponistin. Schon 1934 hatte sie in Warschau ihren ersten Konzertauftritt mit eigenen Kompositionen; ein weiterer folgte 1939 in Paris. Seit 1955 widmete sie sich ausschließlich dem Komponieren, wobei Musik für Streichinstrumente durch ihre langjährige Praxis als Geigerin stets eine vorrangige Rolle in ihrem Œuvre einnahm.

Grazyna Bacewicz lehrte von 1934 bis 1935 und 1945 Harmonie und Kontrapunkt am Konservatorium in Lodz; von 1966 bis zu ihrem Tod in Warschau. Sie war Jury-Mitglied bei vielen Musikwettbewerben in ihrer Heimat sowie im Ausland (in Frankreich, Belgien, Rußland und Ungarn) und wurde für ihre Kompositionen mit zahlreichen Preisen ausgezeichnet: so 1949 für ihr Klavierkonzert beim Internationalen Chopin-Wettbewerb in Warschau, 1951 und 1956 für ihre Streichquartette Nr. 4 und 5 in Lüttich, 1960 bei der UNESCO für die Musik für Streicher, Trompeten und Schlagzeug in Paris und 1966 für ihr Violinkonzert Nr. 7 in Brüssel.

Neben ihrer kompositorischen Arbeit schrieb sie Romane, Erzählungen und autobiographische Anekdoten, die zum Teil in ihrem Heimatland veröffentlicht wurden. Grazyna Bacewicz starb als die bislang populärste und produktivste Komponistin Polens am 17. Januar 1969 in Warschau.

ORGEL- / KLAVIERMUSIK

Verschiedene Präludien (1921, 1941)
Sonatina für Klavier (1934)
„Esquisse" für Orgel, Paris, Leduc
Krakowiak Koncertowy (1949)
Zwei Klaviersonaten (1949, 1953), Krakau, PWM
Rondino (1954)
Zehn Konzertetüden, Krakau, PWM 1958
Kleines Triptychon, Krakau, PWM 1965
Kindersuite, Krakau, PWM 1966
Sonatina (1955), Krakau, PWM 1977

KAMMERMUSIK

Vier Sonaten für Violine solo (1929 / 1941 / 1958)
„Caprice" für Violine und Klavier (1932)
„Caprice" für Violine und Klavier (1934)
Zwei Bläserquintette für Flöte, Oboe, Klarinette, Posaune und Horn (1933/1952)
Trio für Oboe, Violine und Cello (1935)
Sonata für Oboe und Klavier (1937)
Streichquartette Nr. 1 und 2 (1938, 1943)
Andante sostenuto für Violine, Cello und Orgel, Krakau, PWM 1945
Sonata da camera Nr. 1 für Violine und Klavier (1945), Krakau, PWM 1951
„Wiwat" für Klarinette und Streichquartett (1946)
Sonaten für Violine und Klavier Nr. 2 und 3 (1946, 1947)
Trio für Oboe, Klarinette und Posaune (1948)
Streichquartett Nr. 3, Krakau. PWM 1948
Leichte Stücke für Klarinette in C und Klavier, Krakau, PWM 1950
„Oberek" für Violine und Klavier Nr. 1 (1949)
Streichquartett Nr. 4 (1950), Liège, Tyssens 1962

Zwei Klavierquintette (1952/1965)
„Oberek" für Violine und Klavier Nr. 2 (1952)
Sonaten für Violine und Klavier Nr. 4 und 5, Krakau, PWM 1954, 1965
Humoreske für Violine und Klavier, Krakau, PWM 1959
Quartett für vier Violoncelli (1964), Krakau, PWM 1965
Streichquartette Nr. 5-7, Krakau, PWM 1964/65
„Incrustations" für Horn und Kammerensemble (1965), Krakau, PWM 1970
Vier polnische Capricen für Violine solo (1968)
Quartett für vier Violinen, Krakau, PWM 1973
Trio für Oboe, Harfe und Schlagzeug, Krakau, PWM 1973
Leichte Stücke für Violine und Klavier, Krakau, PWM 1983/88
Kaprys Polski für Cello solo, Krakau, PWM 1995
Diverse Transkriptionen für Violine

ORCHESTERMUSIK
Sinfonietta für Kammerorchester (1929)
Sinfonietta für Orchester (1932)
Sinfonietta für Streichorchester (1935)
Violinkonzert Nr. 1 (1937)
Ouvertüre (1943), Krakau, PWM 1947
„Mazur" (1944)
Violinkonzert Nr. 2 (1945)
Sinfonie für Streichorchester (1946)
„Pod strzechna", Suite (1946)
Introduction und Caprice (1947)
Violinkonzert Nr. 3 (1948)
„Szkice ludowe" (1948)
Konzert für Streichorchester (1948)
„Oberek" (1949)
Konzert für Klavier und Orchester, Krakau, PWM 1949
Suite of Polish Dances (1950)
Sinfonie Nr. 2 (1950)
Krakowiak (1950)
Violinkonzert Nr. 4 (1951)
Erstes Cellokonzert (1951)
Violinkonzert Nr. 5 (1954)
Sinfonie Nr. 3, Krakau, PWM 1954
Sinfonie Nr. 4, Krakau, PWM 1955
Violinkonzert Nr. 6 (1957)
Musik für Streicher, fünf Trompeten und Schlagzeug (1958), Krakau, PWM 1960
Partita, Krakau, PWM 1959
Variations, Krakau, PWM 1960
Konzert für großes Orchester (1962)
Violinkonzert Nr. 7 (1965)
Musica sinfonica in tre movimenti (1965), Krakau, PWM 1966
„Contradizione" für Kammerorchester (1967), Krakau, PWM 1967
Divertimento für Streichorchester, Krakau, PWM 1968
Konzert für zwei Klaviere und Orchester (1966), Krakau, PWM 1968
„In una parte" (1967), Krakau, PWM 1969
„Rapsodia polska" für Streichorchester (1969)
Konzert für Viola und Orchester (1968), Mailand, Curci 1970
Konzert für Streichorchester, Krakau, PWM 1974
„Pensieri notturni", Krakau, PWM 1984

VOKALMUSIK
„De profundis", Kantate für Soli, Chor und Orchester (1932)
Drei Gesänge für Tenor und Orchester (1938)
„Olympische Kantate" (1948)
Kantate nach dem Drama „Acropolis" für gemischten Chor und Orchester (1964)
Lieder für Singstimme und Klavier (u. a. auf Texte polnischer Dichter und R. Tagore)

BÜHNENMUSIK
„Der Bauer als König", Ballett (1953)
„Die Abenteuer von König Arthur", Komische Oper (1959)
„Esik in Ostende, Ballett (1964)
„Pozadanie" („Begierde") (Libretto von Pablo Picasso), Ballett in drei Akten (1968), Krakau, PWM 1973
weitere Bühnenmusiken

BIBLIOGRAPHIE
Kisielewski, St.: Grazyna Bacewicz und ihre Zeit. Krakau, PWM 1964 (60 S. mit Abb., polnisch)
Kisielewski, St: Musik zwischen den Epochen. Krakau, PWM 1966 (polnisch)
Lück, Hartmut: Grazyna Bacewicz. In: „Neuland" (Hrsg. Herbert Henck), Bergisch-Gladbach 1984
Maciejewski, B.M.: Twelve Polish composers. Kapitel 4 über Grazyna Bacewicz, London, Allegro Press 1976
Rosen, Judith: Grazyna Bacewicz, her life & and works. Friends of Polish Music, Los Angeles/USA, University of Southern California 1984
Thomas, A.: Grazyna Bacewicz: Chamber and Orchestral Music. Los Angeles 1985
Shafer, Sharon Guertin: The Contribution of Grazyna Bacewicz (1909-1969) to Polish Music. New York, Lewiston 1992
LePage, Jane Weiner: Women composers, conductors and musicians of the 20th century. I. Scarecrow 1980-88

DISKOGRAPHIE

Kleines Tritptychon für Klavier. In: „Die Frau als Komponistin", Rosario Marciano, Klavier. WienKultur / Pichler, Wien.

Konzert Nr. 7 für Violine und Orchester. Roman Lasocki, Violine, Polnisches Radio-Orchester, Karol Stryja, Ltg. Polskie Nagrania Muza, Polen.

Music for strings, trumpets and percussion (Warschauer Herbst 1959). Warschauer Nationalphilharmonie. Polskie Nagrania Muza, Polen.

Sonate Nr. 2 für Klavier. In: „Faszination Frauenmusik" (Vol. 1), Daniela Steinbach, Klavier. Pallas, Diepholz.

Sonate für Violine solo / Vier Violincapricen / Polnische Caprice / Zweite Caprice für Violine. Jenny Abel, Violine Podium, Karlsruhe.

Sonate Nr. 2 für Violine solo (1958). Robert Szreder, Violine. Pavane Records, Brüssel.

Streichquartett Nr. 4 (1950) / Streichquartett Nr. 6 (1959) / Streichquartett Nr. 7 (1965). Fanny-Mendelssohn-Quartett. Troubadisc, München.

Streichquartette Nr. 4 und Nr. 7 / Klavierquintett Nr. 1. Olympia Records.

Divertimento for strings / Pensieri Notturni / Viola-Konzert / Konzert für zwei Klaviere und Orchester. Olympia Records.

Concerto für Violine und Orchester Nr. 7. Olympia Records, Washington.

Quartett für vier Celli. Opus One, New York.

Violinsonate Nr. 4. Centaur Records/Disco Center und Ambitus/Fono, Münster

10 Konzertetüden für Klavier / Kleines Triptychon für Klavier. Virginia Eskin, Klavier. Musical Heritage Series.

Oberek Nr. 2 für Violine und Klavier. In: „Encore", Midori, Violine. Sony Classics.

Sinfonie Nr. 3 / Konzert für Streichorchester. Staatsphilharmonie Krakau, Ltg. Roland Bader. Koch-Schwann, München

Bach, Maria
(1896-1978)

Als Maria Bach am 11. März 1896 in Wien geboren wurde, konnte ihre Familie bereits auf eine lange musikalische Tradition zurückblicken. Es soll aus ihr auch einst Johann Sebastian Bach hervorgegangen sein. Ihre Eltern, die Mutter eine gefeierte Konzertsängerin und der Vater ein Geiger, legten den Grundstein für ihre musikalische Entwicklung. Von dem sechsten Lebensjahr an besuchte Maria Bach die Grimm-Klavierschule in Baden bei Wien und konnte dort bereits fünf der von der Schule ausgesetzten Preise gewinnen. Mit vierzehn Jahren entschied sie sich, ihre musikalische Ausbildung durch Violinunterricht bei A. Rose zu erweitern, gab diesen jedoch nach zwei Jahren auf, um sich fortan völlig auf ihr Klavierspiel konzentrieren zu können. P. de Conne, selbst ein bekannter Pianist, wurde ihr Lehrer. 1919 begann sie als eine der ersten Studentinnen an der Wiener Musikakademie ihr Studium der Komposition bei J. Marx und der Instrumentation bei I. Boutnikoff. Ihre erste Anerkennung als Komponistin erhielt sie 1924 in Wien mit ihren „Narrenliedern", ein von ihr 1921 verfaßter Gesangsyklus für hohe Stimme und Orchester bzw. Klavier auf Texte von Otto Julius Bierbaum. Hingegen hatte sie bereits mit neunzehn Jahren mit ihrem Klavierstück „Flohtanz" die Aufmerksamkeit der Wiener Musikkritik auf sich gezogen.

1962 gewann sie den „Premio Internacionale para Compositores Buenos Aires" und erhielt eine Goldmedaille sowie die Auszeichnung erster Klasse für ihr Streichquartett Nr. 1, das sie 1935 geschrieben hatte. 1940 errang sie in den USA einen großen Erfolg mit ihrer Orchestersuite „Silhouetten". Als nach dem Krieg ihre Popularität deutlich nachließ, komponierte sie dennoch unbeirrt weiter und wurde schließlich mit einem Professorentitel belohnt. Maria Bach starb am 26. Februar 1978 in Wien.

KLAVIERMUSIK

„Heimweh" (1929)
„Flohtanz" (1929)
Etüde (1930)
„Idylle" (1930)
Capriccio (1930)
„Tänze aus dem Ballett" (1943)
„Frühlingsstudie" (1943)
„Sirenen" (1944)
„Seguedilla" (1944)
„Holztanz" (1957)
„Caravelle" (1957)
„Glockenspiel" (1957)
Drei Skizzen (o.D.)

KAMMERMUSIK

Sonate für Cello solo (1922)
Sonate für Cello und Klavier (1924)
Klavierquintett (1924), Wien, Doblinger 1930
Klagegebet für Cello und Klavier (1926)
Streichquartett Nr. 1 (1935)
Streichquintett (1935)
Klavierquartett (1936)
Streichquartett Nr. 2 (1937)

ORCHESTERMUSIK

„Silhouetten" symphonische Suite (1938)
Klavierkonzert (1940)
Vier Orchesterstücke (1941)
Chaconne und Tanz (1941)
Trauermarsch für Streicher und Schlagzeug (1968)

VOKALMUSIK

Diverse Orchesterlieder für Bariton / Baß und Orchester
„Narrenlieder", Gesangszyklus auf Texte von Otto Julius Bierbaum für hohe Stimme und Orchester / Klavier (1921)
„Bitten" für Singstimme, Cello und Klavier (1922)
Lieder auf Texte von Rainer Maria Rilke (1925/26)
Gustav-Falke-Lieder
Ricarda-Huch-Lieder
Fünf Lieder auf Texte von Wildgans, Hebbel, Hartlieb und Bierbaum (1925-28)
Drei Lieder auf Texte von Knut Hamsun und Anton Wildgans für hohe Stimme und Orchester / Klavier (1929)
Sechs Lieder auf Texte von Christian Morgenstern (1929)
„Der einsame Christus" für Singstimme, Cello und Klavier (1929), Wien, Doblinger
„Japanischer Frühling" für Tenor/ Sopran (1930)
„Arabische Nächte", Gesangszyklus für Singstimme und Orchester (1931)
„Und die Sonne geht auf" für Singstimme, Cello und Klavier (1932)
Drei Ritornelle für Violine, vier Stimmen und Orchester (1932)
Vier Lieder auf Texte von C. v. Pichler (1939)
Drei Lieder auf Texte von Therese Lanjus (1939)
Zwei Lieder auf eigene Texte (1939)
Lied auf einen Text von Th. Storm (1939)
„Abends", Lied von Th. Storm (1939)
Lied auf einen Text von J. v. Eyck (1940)
Zwei Lieder auf Texte von A. Puschkin (1940)
Zwei Lieder auf Texte von Georg Trakl (1940, 1944)
Fünf Lieder des Hafis, persische Lyrik aus dem 14. Jahrh. für Singstimme, Cello und Orchester / Klavier (1941)
Zwei Lieder auf Texte von Josef Weinheber (1944)
„Das Marienleben" für Streicher, Baß und Orchester (1952)
Acht Lieder für Sopran / Tenor und Orchester (1952)
„An den Gekreuzigten", Kantate für Sopran, Baß und Orchester (1967)
„Impressioni italiani" für Baß und Orchester (1969)
Altdeutsche Lieder für Sopran / Baß und Streicher (1969)

CHORMUSIK

„Stratosfera" für Chor und Orchester (1939)

BÜHNENMUSIK

Ballettsuite (1938)
„Bengele"; Ballett (1938)

BIBLIOGRAPHIE

Eiselmair, Gerda M.: „Die männliche Gilde sehe sich vor. Maria Bach - Leben und Werk einer österreichischen Komponistin." In: E. Ostleitner u. Simek (Hrsg.), Musik-Schriften „Frauentöne", Nr. 2, Wien 1993/94 (in Vorbereitung), mit komplettem Werkverzeichnis und CD.

Backer-Grøndahl, Agathe Ursula
(1847-1907)

Die norwegische Musikerin wurde am 1. Dezember 1847 in Holmestrand geboren. Ihren ersten Musikunterricht erhielt sie von W. Christiania. Später studierte sie Klavier bei O. Winter-Hjelm und H. Kjerulf, Musiktheorie bei L. M. Lindeman. Von 1865 bis 1867 setzte sie ihr Klavier- und Kompositionsstudium bei Theodor Kullak und Würst in Berlin fort. Für kurze Zeit gehörte sie auch zu den Schülern von Hans v. Bülow in Florenz und Franz Liszt in Weimar (1871-1873). Mit einundzwanzig Jahren debütierte sie als Pianistin und stand am Anfang ihrer Karriere als die führende Konzertpianistin Norwegens, die auch in ganz Europa bekannt wurde. George Bernard Shaw verglich ihr Talent als Pianistin mit dem Clara Schumanns. 1875 heiratete sie O. A. Grøndahl, einen Gesangslehrer, Dirigenten und Komponisten. In einem Gespräch mit G. B. Shaw äußerte sie, daß sie vorwiegend an langen Dezemberabenden zum Komponieren komme, da sie die übrige Zeit mit Hausarbeit, der Betreuung ihrer beiden Söhne, dem Klavierspiel und dem Musikunterricht zubringen müsse. Dennoch umfaßt ihr Lebenswerk eine Anzahl von ca. 250 Kompositionen. Agathe Backer-Grøndahl starb am 16. Juni 1907 in Ormoja bei Oslo.

KLAVIERMUSIK

Norwegische Volkslieder und Tänze (Arrangements für Klavier)
Erste Konzertetüde op. 11, 1 (1881), Paris, Enoch
Drei Klavierstücke op. 15
Vier Skizzen op. 19 für Klavier (1886), Kristiania, Warmuths Musikforlag
Suite op. 20 für Klavier, Kristiania, Warmuths Musikforlag
Serenade op. 21
Drei Konzertetüden op. 22 (1888)
Fantasiestücke op. 36, Heft 1, Oslo, Norsk Musikforlag 1942
Fantasiestücke op. 36, Heft 2, Kristiania, Brodrene Hals's Musikforlag
daraus: Walzer op. 36, 1, New York, Fischer
Serenade für Klavier op. 37
Ungarische Klavierstücke op. 38 (1896)
Fantasiestücke op. 39, Heft 1 und 2, Oslo, Norsk Musikforlag 1945
„J. Blaafjellet", Suite op. 44 (1897)
Fantasiestücke op. 45 (1903)
daraus: „Summervise", Oslo, Norsk Musikforlag
Drei Konzertetüden op. 47
„Huldreslatt" für Klavier, Oslo, Norsk Musikforlag 1942
Drei Klavierstücke op. 53
Drei Fantasiestücke op. 55
Zwei Konzertetüden op. 57
Zwei Konzertetüden op. 58
Sechs Klavierstücke op. 59 (1903)
Prélude et Grand Menuet op. 61
Fünf Fantasiestücke op. 63 (1904)
Zwei Salonstücke op. 64 (1904)
Sechs Fantasiestücke op. 66 (1905)
Zwei Klavierstücke op. 68 (1907)
Drei Klavierstücke op. 69 (1907)
Agathe-Backer-Grøndahl-Album: Auswahl der beliebtesten Kompositionen für Klavier (1887)

VOKALMUSIK

Diverse Zyklen für Singstimme und Klavier, darunter:
Drei Lieder op. 1
Fünf Lieder op. 2
Fünf Lieder op. 3
Sieben Lieder op. 4 (Texte: Goethe, Heine, Geibel)
Vier Lieder op. 5 (Texte: Topelius)
Sechs Lieder op. 6
Vier Lieder op. 7 (1876, Texte: H. Hertz)
Fünf Lieder op. 8 (1877)
Sechs Lieder op. 9
Vier Lieder op. 10 (Texte: u. a. Heine)
Vier Lieder op. 12 (1882)
Fünf Lieder op. 13 (1881)
Sechs deutsche Lieder op. 14 (1881, Texte: Heine, Geibel)
Sechs Lieder op. 16 (1884)
Acht Lieder op. 17 (Texte: H. Drachmann)
Sieben Lieder op. 18 (1886, Texte: E. von der Recke)
Fünf Lieder op. 23 (1888)
Sechs Lieder op. 26 (1890, Texte: H. Drachmann)
Sechs Lieder op. 27 (1890)
„Chant des noces" op. 28 (1890)

Zehn Lieder op. 29 (1892, Texte: W. Krag)
Zehn Lieder op. 31 (1894, Texte: W. Krag)
Nordische Volksweisen (Sopran) op. 34
Duette für Sopran und Bariton op. 40 (1897)
Fünf Lieder für Gesang und Klavier op. 41 (T. Krag) 1897
Gesangs-Zyklus op. 42 (A. Jynge) 1897
Lieder für Bariton oder Mezzosopran op. 43,2 (1897)
20 Lieder für Bariton oder Mezzosopran op. 43,2 (1897)
Fünf Lieder op. 46 (W. Krag) (1898)
Acht Lieder für Sopran (A. Jynge) op. 50 (1900)

12 Volksweisen für Mezzosopran oder Bariton op. 51 (1902)
Acht Lieder (A. Jynge) op. 52
„Sydover", sechs Lieder, op. 54
„Ahasverus", sechs Lieder (B. S. Ingemann) op. 56 (1902)
Sechs deutsche Liebeslieder aus der Jugend op. 60 (1903)
Vier Lieder (H. Heine) op. 65 (1904)
Sieben Lieder für Frauenstimmen op. 67a (1905)
Drei Lieder für Gesang und Klavier op. 67b (1905)
Sechs Lieder für Gesang und Klavier op. 67c (1906)
Endnu et Streif kun af Sol (Somerset) op. 70 (1907)
„One more glimpse" op. 70

CHORMUSIK
„Lobe meine Seele", Hymne (1967)
Alle genannten Werke sind gedruckt und befinden sich in der Uni-Bibliothek, Oslo

DISKOGRAPHIE
Klavierstücke op. 11, 15, 36, 39, 44, 45, 57, 58. Liv Glaser, Klavier. Polydor A/S Oslo
Ungdomssang op. 36/Visnet op. 39. Rosario Marciano, Klavier. Fono Münster
Fünf Lieder op. 31, Text: W. Krag. Tuula Nienstedt, Alt; Uwe Wegner, Klavier. Musica Viva, Hamburg
Lieder für Gesang und Klavier op. 1, 3, 16, 23, 43, 46, 52, 56. Kari Frisell, Sopran; Liv Glaser, Klavier. Norwegian Cultural Council
Etüden für Klavier. In: Konzertetüden und Tokkaten des 19. / 20. Jahrh., Christine Harnisch, Klavier. Aurophon.

Backes, Lotte
(1901-1990)

Die deutsche Pianistin, Organistin und Komponistin, die am 2. Mai 1901 in Köln geboren wurde, erhielt ihren ersten Musikunterricht durch ihre Mutter, die selbst aus einer musikalischen Familie stammte und einige Kompositionen geschrieben hat. Später studierte Lotte Backes Klavier und Orgel am Straßburger und Düsseldorfer Konservatorium. Von 1935 bis 1938 absolvierte sie ein Kompositionsstudium an der Akademie der Künste in Berlin, das ihr als Stipendium für ihre frühen Lied- und Klavierkompositionen gewährt wurde. Dort besuchte sie die Meisterklasse von G. Schumann und M. Trapp. Im Zweiten Weltkrieg gingen alle bis 1945 entstandenen Werke verloren, darunter Lieder, Chorwerke, Instrumentalmusik und eine Sinfonie. Ab 1949 schuf Lotte Backes Lieder, Chorwerke, Oratorien, Kammermusik, Klavier- und Orgelmusik, womit sie internationale Beachtung fand. Sie starb am 12. Mai 1990.

ORGEL- / KLAVIERMUSIK
Suite für Klavier (1947)
„Ländliche Miniaturen" für Klavier (1948)
Konzertstück (1953)
Concertino für zwei Klaviere
Impressionen für Klavier (1956)
Fantasie (1958)
Drei Orgelfantasien (1958, 1963, 1964), Leipzig, Breitkopf & Härtel 1966
Fantasia „De ascensione Domini", Wilhelmshaven, Heinrichshofen 1973
„Episodio"
Prelude und Toccata, London, Novello & Co. 1945
Cappricio, Berlin, Celesta 1959
„Meditationen", Berlin, Celesta 1959
„Veni Creator", Berlin, Celesta 1959
Partita „Erschienen ist" (1961)
Toccata II und III, Charl. N.C. / USA, Brodt Music 1960 / 1963
Prelude und Fuge, Charl. N. C. / USA, Brodt Music 1960 / 1963
Improvisation über ein Orgelthema, London, Novello & Co. 1964
Zwei Orgelstücke, Wilhelmshaven, Heinrichshofen 1973
„In sacratissima nocte", Leipzig, Deutscher Verlag für Musik 1968 / Wilhelmshaven, Heinrichshofen 1980
Introduction & Passacaglia, Wilhelmshaven, Heinrichshofen 1973
Partita „Wie mein Gott will", Wilhelmshaven, Heinrichshofen 1973
Toccata ritmica für Orgel (1970), Wilhelmshaven, Heinrichshofen 1973
Partita „Dein Lob", Wilhelmshaven, Heinrichshofen 1973
„Mysterium Dei", Wilhelmshaven, Heinrichshofen 1973
„De invocatione spiritus sancti", Wilhelmshaven, Heinrichshofen 1973
„Impressioni divertimenti", Wilhelmshaven, Heinrichshofen 1980
„La Grande Finale" für Orgel, Wilhelmshaven, Heinrichshofen 1980

KAMMERMUSIK

Serenade für Violine und Harfe (1955), Berlin, Bote & Bock
Spielmusik für Oboe und Klavier (1958), Wilhelmshaven, Heinrichshofen
Concertante für Violoncello und Klavier (1966)
Konzert für Violine und Orgel (1970)
Sonate für Trompete und Orgel (1972)
Intermezzo für Harfe (1972)
Stücke für Violoncello
Movimenti Improvisati für Harfe und Perkussion (1973)
Ballade für Flöte, Harfe und Klavier (1974), Wilhelmshaven, Heinrichshofen 1977
Episode für Posaune und Orgel (1972), Wilhelmshaven, Heinrichshofen

VOKAL- / CHORMUSIK

Drei Lieder für Singstimme (Texte: Th. Storm)
„Die Liebenden" für Soli und Chor (1947)
Messe für Chor (1947)
Te Deum für Chor (1948)
Psalm 24 für gemischten Chor und Orgel (1949)
Requiem für Chor (1949)
Hymne und Wiederkehr für Tenor, Chor und Blasinstrumente (1950)
Ave Maria für Chor a cappella (1951)
„Das Lied vom Sturmvogel" für Männerchor (Text: Gorki) (1951)
„Domus mea" für Chor a cappella (1951)
„O salutaris" für Chor a cappella (1951)
„O Sacrum Convivium" für Chor a cappella (1951)
Fünf Motetten für vierstimmigen Chor a cappella
„Laudate Dominum" für Singstimme und Chor (1952)
„Ad te Domine" für Singstimme und Orgel (1952)
„Confiteor tibi Domine" für Singstimme und Orgel (1952)
„Die letzte Vision", Oratorium (1953)
Psalm 47 für Frauenchor und Orgel (1953)
Psalm 100 für Frauenchor und Orgel (1957)
„Blume, Baum, Vogel" für Männerchor (Texte: H. Hesse) (1958)
„Der Gerechte freut sich" (1959)
„Die Himmel rühmen" (1959)
„Voll der Barmherzigkeit" (1959)
Psalm 8 für Singstimme und Orgel (1960)
Psalm 67 für Singstimme und Orgel (1961)
„De ascencione Domini" (1961)
„Et repleti sunt omnes spiritu sancto" (1963)
„Et spiritus Dei ferebatur super aquas" (1963)
„In tempore adventus" (1967)
„In sacratissima nocte" (1967)
„De invocatione spiritus sancti" (1968)

BIBLIOGRAPHIE

Lotte Backes. In: „Komponistinnen in Berlin". Eine Dokumentation, Musikfrauen, Berlin 1987

DISKOGRAPHIE

Capriccio / Chromatische Fantasie / Et repleti sunt omnes spiritu sancto / Improvisationen über ein Originalthema / Introduktion und Passacaglia / Mysterium Dei. Helmut Plattner (Orgel). Mixtur-Schallplatte, Berlin

Ballou, Esther Williamson (1915-1973)

Esther Williamson Ballou, amerikanische Pianistin, Komponistin und Musikpädagogin startete ihre musikalische Karriere mit äußerst jungen Jahren: Geboren am 17. Juli 1915 in Elmira, New York, begann sie bereits mit vier Jahren Klavier zu spielen; mit zehn Jahren konzertierte sie mit dem Elmira Symphony Orchestra. Ihr Musikstudium absolvierte sie am Bennington College in Vermont, am Mills College in Oakland sowie an der Juilliard School of Music in New York. Zu ihren Lehrern zählten unter anderen Otto Luening und Bernard Wagenaar (Komposition) und J. DeGray (Klavier). Von 1943 bis 1950 gehörte sie dem Lehrkörper der Juilliard School of Music an und arbeitete mit W. Riegger zusammen. Nach ihrer Heirat im Jahre 1950 ging sie nach Washington und lehrte dort zusätzlich an der American University. Esther Ballou schrieb zahlreiche Orchester-, Kammermusik- und Vokalwerke sowie Klaviermusik. Als Pianistin gastierte sie in den USA, in Japan und Europa. Sie wurde unter anderem mit dem Mc Dowell Fellowship ausgezeichnet; das Hood College verlieh ihr die Ehrendoktorwürde. Esther Ballou starb am 12. März 1973 in Chichester, England.

ORGEL- / KLAVIERMUSIK

Toccata für Klavier
Tanzsuite für Klavier (1937)
„Country dances" (1937)
Preludes für Klavier (1939)
Zwei Sonatinen für Klavier, New York, American Composers Alliance 1941 / 1964
„Brown orchids" (1942)
Sonaten für zwei Klaviere, New York, Merrymount

Music 1949
„Beguine" für Klavier (acht Hände) 1950
„Music for the theatre" für zwei Klaviere (1952)
Klaviersonate (1955)
Galliard, American Composers Alliance 1956
Gigue, New York, American Composers Alliance 1956
Sonate für zwei Klaviere, New York, American Composers Alliance 1959
Variationen, Scherzo und Fuge, New York, American Composers Alliance 1959
Passacaglia und Toccata für Orgel, New York, American Composers Alliance 1962
„Eleven piano pieces", New York, American Composers Alliance 1962
„For Art Nagle on his birthday" (1968)

KAMMERMUSIK

Nocturne für Streichquartett (1937)
„In Blues Tempo" für Klarinette und Klavier (1937)
„Lament" für Cello und Klavier, New York, American Composers Alliance
Fantasia brevis für Klavier, Oboe und Streichtrio, New York, American Composers Alliance 1952
Suite für Cello und Klavier, New York, American Composers Alliance 1952
„A plaintive note" für Cello und Klavier, New York, American Composers Alliance 1952
Trio für Violine, Cello und Klavier, New York, American Composers Alliance 1956
„Suite for ten wind instruments", New York, American Composers Alliance 1957
Divertimento für Streichqaurtett, New York, American Composers Alliance 1958
Sextett für Blechbläser und Klavier, New York, American Composers Alliance 1962
Capriccio für Violine und Klavier, New York, American Composers Alliance 1963.
Dialog für Klavier, Oboe und Gitarre (1966)
Elegy für Cello solo (1969), New York, American Composers Alliance
„Prism" für Streichtrio (1969), New York, American Composers Alliance
Romanze für Klavier und Violine (1969)

ORCHESTERMUSIK

Intermezzo für drei Trompeten und Streichorchester, New York, American Composers Alliance 1942
Intermezzo für Orchester, New York, American Composers Alliance 1943
Klavierkonzert Nr. 1 (1945)
Prelude and Allegro für Klavier und Streicher, New York, American Composers Alliance 1952
Concertino op. 1 für Oboe und Streicher, New York, American Composers Alliance 1953
Music for string orchestra and piano (1957)
„In memoriam" für Oboe und Streicher, New York, American Composers Alliance 1962
Adagio für Fagott und Streicher, New York, American Composers Alliance 1962
Konzertstück für Viola und Streicher, New York, American Composers Alliance 1962
Klavierkonzert Nr. 2, New York, American Composers Alliance 1965
Konzert für Gitarre und Kammerorchester, New York, American Composers Alliance 1966

VOKALMUSIK

„What if a much" für Sopran, Bariton, Baß und Holzbläserquintett, New York, American Composers Alliance 1959
„Street scenes" für Sopran und Klavier, New York, American Composers Alliance 1960
„Early American portrait" für Sopran und Kammerensemble, New York, American Composers Alliance 1961
„Bride" für Sopran und Orgel, New York, American Composers Alliance 1963

CHORMUSIK

„A babe is born" für gemischten Chor (1959)
„May the words of my mouth" für gemischten Chor (1965)
„Beatitudes" für Chor und Orgel, New York, American Composers Alliance
„Bag of tricks" für gemischten Chor und Klavier (1956)
„The sun comes" für zwei Soprane, Alt und Chor, New York, American Composers Alliance 1966
„Hear us" für gemischten Chor, Blechbläser und Schlagzeug (1967)

BÜHNENMUSIK

„A passing word" für Oboe, Cello und Klavier (1960)
„Tree of sins" für Singstimme und Klavier

BIBLIOGRAPHIE

Ringenwald, R. D.: The music of Esther Williamson Ballou. Diss., Washington 1960
Heintze, J. R.: Esther Williamson Ballou. A Bio-Bibliography, New York 1987

Bandara, Linda
(geb. Leber, verh. Hofland)
(1881-1960)

Die Komponistin wurde am 15. Mai 1881 als Linda Leber in Kendal bei Semarang auf der Insel Java als Kind österreichischer Eltern geboren. Die Mutter, eine Bruckner-Schülerin, übernahm schon früh die musikalische Erziehung ihrer Tochter, die bereits mit vier Jahren Bach spielte und bald darauf ihre ersten Stücke komponierte; und dies schon ganz unter dem Einfluß der javanischen Musik. Die Mutter brachte das Kind mit 14 Jahren nach Graz, wo sie am dortigen Konservatorium ihre Schülerin wurde. Voller Entsetzen über den Klang europäischer Orchester beschloß sie, den javanischen Gong in die europäische Musik einzuführen. Mit 25 Jahren kehrte sie nach Java zurück, um an javanischen Höfen über einen Zeitraum von 20 Jahren den Gamelan zu studieren, das weltberühmte kultische Instrument Indonesiens. In ihrem vielfältigen kompositorischen Schaffen – sie schrieb allein 10 Sinfonien – verwendete sie häufig javanische Gongs und Metallophone, die sie in europäischer chromatischer Skala erbauen ließ (heute im Völkerkundemuseum Wien). Neben ihren Orchesterwerken hinterließ sie Hunderte von Liedern und Kammermusik. Kein einziges ihrer Werke wurde zeitlebens gedruckt. Linda Bandara war überzeugt, „daß die javanische Musik dem absterbenden Europa neue Kraft zuführen kann". Ihre letzten Lebensjahre verbrachte sie in Wien, wo sie am 20. Juni 1960 verstarb.

KAMMERMUSIK
Detaillierte Werkauflistung nicht bekannt

ORCHESTERMUSIK
10 Sinfonien für großes Orchester (o. Dat.)
„Tropennacht" für Orchester (1910)
„Flirt" für Orchester (1910)
„Fanatica" für Orchester (1910)
„Ländliche Stimmungsbilder"
„Waldkönigs Sohn", Pantomime für Orchester (Uraufführung, Staatsoper Wien 1927)
„Lawrence of Arabia" für Orchester
„Frühlingslied", Sinfonie für Orchester (1937)
„Schwanenlied" für Orchester (1945)
„Ferne Heimat" für Orchester (1951)

VOKALMUSIK
Zahlreiche Lieder für Gesang und Klavier

BIBLIOGRAPHIE
Bernhardt, K. F.: Komponistinnen-Kartei, Suhl / Thüringen

Barberis, Mansi
(1899-1986)

Bereits mit 17 Jahren wurde die rumänische Geigerin, Sängerin, Komponistin und Musikpädagogin Mansi Barberis zum Konservatorium ihrer Geburtsstadt Iasi, in der sie am 12. März 1899 geboren wurde, zum Studium der Musiktheorie (bei Sofia Theodoreanu), Harmonielehre (bei L. Giga und G. Galinescu), Kontrapunkt (bei A. Ciolan), Gesang (bei E. Mezzetti) und Violine (bei A. Theodorini) zugelassen. 1922 setzte sie ihr Studium in Berlin bei W. Klatte und Lula Mysz-Gmeiner fort, ab 1926 in Paris bei Vincent d'Indy (Gesang und Dirigat), und bei Noel Gallon (Komposition und Orchestrierung). Bevor sie schließlich in ihre Heimat zurückkehrte, besuchte sie zur Vervollkommnung ihrer kompositorischen Begabung den Unterricht von J. Marx in Wien.

Von 1934 bis 1950 lehrte Mansi Barberis Gesang am Konservatorium in Iasi; von 1941 bis 1950 übernahm sie zusätzlich eine Opernklasse. Darüber hinaus wirkte sie zwei Jahre lang, von 1942 bis 1944, als Geigerin im Moldova Sinfonieorchester mit. 1950 kehrte sie ihrer Geburtsstadt den Rücken zu, um am Theater-Institut der rumänischen Hauptstadt (1950 bis 51) und am Bukarester Konservatorium (1951 bis 56) Gesang zu unterrichten.

Verschiedene Preise und Auszeichnungen wurden ihr für ihre kompositorischen Leistungen zuteil: 1942 gewann sie beim George-Enescu-Kompositionswettbewerb den 3. Preis, 1955 wurde ihr der Preis der Komponistenunion und 1969 der Kultur-Verdienst-Orden verliehen. Insbesondere ihrer Nähe zur rumänischen Volkskunst (vor allem in ihren Opern) verdankt Mansi Barberis ihre, über die Grenzen Rumäniens hinausreichende, außerordentliche Popularität. Sie starb am 10. Oktober 1986 in Bukarest.

KLAVIERMUSIK

„Une soirée" für Klavier (1920)
Scherzando (1939)
Suite für Klavier (auf ein folkloristisches Thema) (1949)
„Sechs Fabeln" für Klavier (1949)
Prelude (1956)
„Obsession" (1969)
Valse de concert

KAMMERMUSIK

„Par plaisanterie" für Violine und Klavier (1936)
„Filles et garçons" für Violine und Klavier (1949)
Danse für Violine und Klavier (1952)
Sonate für Violine und Klavier (1957)
Caprice für Harfe (1965)
Quartettino für Streicher (1976)
Streichquartett (1976)
„En plaisantant" für Viola und Klavier (1981)
„Danse bien mon ours Martin" für Fagott und Klavier (1982)

ORCHESTERMUSIK

„Pages symphoniques" (1930)
„Visions", symphonische Dichtung (1934)
Erste Suite, Pastorale (1936)
Erste Sinfonie (1941)
„Les épis" für Orchester (1949)
Zweite Suite (1951)
„Poème concertant" für Violine und Orchester / Klavier (1953)
Konzert in D-dur für Klavier und Orchester (1954)
Sinfonische Variationen (1971)
„Pièce concertant" für Klarinette und Orchester (1972)
„Espace" (1972)
„Trois tableaux" (1975)
„Réalisation" (1977)
„Pièce de concert" für Viola und Orchester (1981)

VOKALMUSIK / CHORMUSIK

Lieder (zu Texten von Verlaine, Lesnea, Cazimir, Boldici) für Singstimme und Klavier (1918-1951)
„La plaine" für Frauenchor (1923)
Kyrie eleison für achtstimmigen gemischten Chor (1924)
„Calin" (M. Eminescu) für vier Soli und Orchester (1947)
„Le Cochevis" (O. Cazimir) für Kinderchor und Klavier (1948)
„À la campagne" (O. Cazimir) für Kinderchor und Klavier (1948)
„Petit chien et petite chatte" (Daniela Miga) für Sprecher und Orchester (1949)
„Conte au coin du feu" (Daniela Miga) für Singstimme und Orchester (1949)
„La libération" (D. Corbea), Kantate für Singstimme und Orchester (1950)
„Mai la deal de casa noastra" (1950)
„Pintea le brave" (D. Stanca), Kantate für Baß, Chor und Orchester.
„C'est maman qui m'a envoyée cueillir du raisin", Volksdichtung für Sopran, Violine, Violoncello und Klavier (1951)
„Les ennemis succombent en masses!" (M. Eminescu) für Männerchor (1952)
„Concert in lunca" (V. Alecsandri) für Sopran und Orchester (1954)
„La chasse" (M. Dumitrescu), Ballade für Bariton und Orchester (1955)
„La dragonne" (S. Losif) für Sopran, Tenor und Orchester (1969)
„Quartet doina" (C. Cirjan) für Singstimme, Oboe, Klarinette und Harfe (1969)
„Forêt, feuille ronde" Volksdichtung für Sopran, Englischhorn, Klarinette und Klavier
Zwei Lieder (M. Eminescu) für Tenor, Bariton und Klavier
Suiten nach fünf Volksliedern für vier Singstimmen, Streichquartett, Bläserquintett und Schlagzeug (1972)
„Sur un bonjour" (O. Cazimir) für zwei Singstimmen und Streichquartett (1972)
„Pintea cel Viteaz" (D. Stanca), Kantate für Baßstimme, gemischten Chor und Orchester (1974)
„Destin de poète" (M. Eminescu), Zyklus von zehn Liedern für Singstimme und Klavier (1981)

BÜHNENMUSIK

„Printesa îndepartata", Oper in drei Akten (1946); überarbeitet 1971 unter dem neuen Titel: Domnita din departari
„A l'appareil, le Taimir" (Isaev, Galici), Bühnenstück (1948)
„Apus de soare", Oper in drei Akten (1958); überarbeitet 1968
„Kera Duduca", Fernsehoper in drei Akten (1963); überarbeitet 1970
„Caruta cu paiate", Oper in drei Akten (1981)

BIBLIOGRAPHIE

Cosma, Viorel: Mansi Barberis in: Muzicieni din Romania. Bukarest 1989.

Barnett, Carol Edith
(* 1949)

Die amerikanische Komponistin und Pianistin wurde am 23. Mai 1949 in Iowa geboren. Sie studierte Klavier, Musiktheorie und Komposition an der Minnesota University; zu ihren Lehren zählten D. Argento und P. Fetler in Komposition und B. Weiser in Klavier. Kompositionsaufträge erhielt sie durch das „Minnesota composers commissioning program" (1979 und 1982) und durch die Vereinigung der Musiklehrer, Minnesota (1981)
Ihr Werkverzeichnis umfaßt Kompositionen für Orchester, für verschiedene Kammermusikensembles sowie Vokal- und Elektronische Musik.

ORGEL- / KLAVIERMUSIK
„Dragons" für Klavier zu vier Händen, New York, Belwin Mills 1981
„Ich halte treulich still", Prelude für Orgel

KAMMERMUSIK
Sonate für Horn und Klavier (1973)
Romanza für Flöte und Klavier (1974)
Memorium für Viola und Klavier (1975)
Suite für zwei Flöten (1977)
„Alma del Payaso" für Akkordeon (1978)
„Music for Immix" für Streichquartett, zwei Trompeten, Horn, Tuba und Schlagzeug (1980)
Vier Choralmeditationen für Violine (1982)

ORCHESTERMUSIK
„Adon Olam", Variationen für Orchester (1976)
Arabesken für Orchester (1976)
„Allusions" in drei Sätzen für Orchester (1978)
„Ouverture to the midnight spectacle" für Kammerorchester (1978)
Nocturne für Kammerorchester (1980)

VOKALMUSIK
Requiem für zwei Soprane und Alt (1981)
„Voices", Liederzyklus für Sopran und Gitarre (1983)

CHORMUSIK
„Cinco poemas de Becquer" für gemischten Chor, Sprecher, Gitarre und Bambusrassel
„Hine ma tov" für gemischten Chor (1973)
„Silent Amidah" für gemischten Chor (1974)
„Meciendo", Weihnachtslied für gemischten Chor (1978)
„Adonai" für gemischten Chor (1979)

ELEKTRONISCHE MUSIK
Drei Vokalisen für gemischten Chor und Vibraphon (1976)
Suite für Vibraphon in F (1978)

Barraine, Jacqueline Elsa
(* 1910)

Das Œuvre der französischen Komponistin und Musikpädagogin Elsa Barraine umfaßt Werke beinahe aller musikalischer Gattungen; Orchester-, Chor- und Kammermusiken sowie Film- und Bühnenmusiken. Geboren am 13. Februar 1910 in Paris, wurde ihr außergewöhnliches musikalisches Talent bald erkannt, so daß sie bereits in frühester Jugend zum Conservatoire zugelassen wurde. Dort zählten unter anderen Dukas, Caussade und Gallon zu ihren Lehrern. Binnen kurzem gewann sie erste Preise in Harmonielehre (1925) und in Klavierbegleitung (1927) bei den Konservatoriums-Wettbewerben. 1928 erhielt sie mit ihrer Kantate „Herakles à Delphes" den 2. Preis bei der Ausschreibung des „Prix de Rome" und im folgenden Jahr schließlich den ersten für ihr Werk „La vierge guerrière". 1953 wurde ihr ein Lehrauftrag für musikalische Analyse am Conservatoire in Paris erteilt.

ORGEL- / KLAVIERMUSIK
Prélude pour piano, Paris, Durand
1. Prélude et fugue für Orgel, Paris, Durand 1928
2. Prélude et fugue für Orgel, Paris, Durand 1930
„La nuit dans les chemins du rêve", Paris, Enoch 1931
„Hommage à Paul Dukas" (1936)
Aria für drei Klaviere (1938)
Nocturne für Klavier (1938)
„Marché du printemps sans amour" für Klavier (1946)
„La boîte de Pandora", Paris, Billaudot 1954
Fantaisie für Klavier / Cembalo, Bryn Mawr, Presser 1961

KAMMERMUSIK
„Crépuscule et fanfare" für Horn und Klavier, Paris, Gras
„Fanfares de printemps" für Horn und Klavier, Paris, Eschig
„Suite juive" für Violine und Klavier, Paris, Schott
Andante et Allegro für Saxophon und Klavier, Paris, Salabert
„Ouvrage de dames" für Holzbläser und Streicher

„Southern Music" für Holzbläserquintett (1931)
Aria für Trompete und Klavier (1938)
Improvisation für Altsaxophon und Klavier (1947), Billaudot 1947
Variationen für Klavier und Schlagzeug, Paris, Constallat 1950 / Billaudot
„Chiens de paille" für Blechbläser, Fagott oder Ondes Martenot (1966), auch Fassung für Posaune und Klavier, Paris Salabert
„Atmosphère" für Oboe und zehn Instrumente (1966), Paris, Billaudot
„Musique rituelle" (Tibetanisches Totenbuch) für Orgel, Gongs und Xylorimba (1968)
Sérénade für Klarinette und Klavier, Paris, Gras
Improvisation für Saxophon in Es und Klavier, Paris, Billaudot

ORCHESTERMUSIK
„La mise au tombeau" für Orchester, Paris, Billaudot
„Fantaisie concertante" für Klavier und Orchester (1933)
„Trois esquisses" (1936)
Drei Sinfonien (zwei bei: Paris, Chant du Monde 1939
„Le fleuve rouge" für Orchester (1945)
„Harald Harfagar", symphonische Variationen (1945)
„Trois ridicules" (1955)
„Les jongleurs" (1959)
„Les Tziganes" (1959)

VOKALMUSIK
Diverse Gesangszyklen für Singstimme und Klavier auf Texte von Camus, Tagore, Fouché etc.

CHORMUSIK
Karfreitags-Kantate für Soli, Chor und Orchester
„Herakles in Delphi", Kantate (1928)
„Avis" für Chor und Orchester (1944)
„La Nativité" für Soli, Chor und Orchester (1951)
„Les cinq plaies" für Soli, Chor und Orchester (1952), Paris, Billaudot
„Les paysans" für Soli, Chor und Orchester, Paris, Billaudot 1958
„Christine" für Soli, Chor und Orchester, Paris, Billaudot 1959

BÜHNENMUSIK
„Le roi Bossu", Oper in einem Akt (1932)
„Le mur", Ballett (1947)
„La chanson du mal aimé", Ballett (1950)
„Claudine à l'école", Ballett (1950)
Diverse Bühnenmusiken u. a. zu Penthesilea, König Lear, Jeanne d'Arc, Madame Bovary und Elisabeth von England

RADIO-/FILMMUSIK
„La vierge guerrière" (1929)
Filmmusiken, darunter: „La flûte magique" (1947)
„Cœur d'amour épris" (1951)

BIBLIOGRAPHIE
Carré, A.: Souvenirs de théâtre. Paris 1950
Moulder, Earline: Rediscovering the organ works of Elsa Barraine. In: Women of Note. Pullman 1995

DISKOGRAPHIE
„Le marché du monde" für Singstimme und Klavier. In: „Honneur aux dames", Meta Bourgonjon, Alt; Ro van Hessen, Klavier. Stichting Famke, Leeuwarden

Barthel, Ursula
(1913-1977)

Die deutsche Komponistin, Pianistin und Chorleiterin wurde am 30. Januar 1913 in Demmin geboren. Ihren ersten Klavierunterricht erhielt sie bei ihrem Vater. 1934 verließ sie die Evangelische Kirchenmusikschule in Aschersleben als Organistin und Chorleiterin. 1949 ließ sie sich in Minden/Westfalen nieder und widmete sich ganz ihrer Arbeit als Komponistin und Chorleiterin. Sie schrieb vorwiegend Chormusik, aber auch Orchester- und Kammermusik sowie Stücke für Orgel und Klavier. Ursula Barthel starb am 22. Dezember 1977 in Minden/Westfalen.

ORGEL- / KLAVIERMUSIK
Toccata und Fuge für Orgel
Diverse Orgelpräludien
Humoresken für Klavier (1939)
Intermezzi für Klavier (1939)
Polonaisen für Klavier (1939)
Capriccios für Klavier (1939)

KAMMERMUSIK
Streichquartett „Variationen über ein altdeutsches Lied"
Sonate für Violine und Klavier
Variationen über ein eigenes Thema für drei Gamben (1937)
Concertino für Posaune und Klavier (1975)

ORCHESTERMUSIK

Variationen über ein Thema von Purcell (1961)
Suite nach Rameau für Orchester (1964)
„Westfälische Suite" für Jugendorchester (1969)
Kleine Hirtenmusik für Mandoline und Orchester (1971)
Kleines Weihnachtskonzert für Mandoline und Orchester (1972)
Kleine Tanzsuite nach Kirnberger (1973)
„An der Krippe" für Mandoline und Orchester (1973)
Tänzerische Musik (1974)
„Gruß an Amerika" für Mandoline und Orchester (1974)

CHORMUSIK

„Die Spröde" für vier gleiche Stimmen, Köln, Tonger 1965
„Heiligste Nacht" für vier gleiche Stimmen und zwei Solostimmen, Köln, Tonger 1965
„Im Frühtau zu Berge" für vier gleiche Stimmen, Köln, Tonger 1965
„Im Walde, da wachsen die Beer'n" für vier gleiche Stimmen, Köln, Tonger 1965
„Wenn die Nachtigallen schlagen" für Frauen- oder Kinderchor, Köln, Tonger 1965
„Wohlauf in Gottes schöne Welt" für Frauen- oder Kinderchor, Köln, Tonger 1965
„Der Esel" für vier gleiche Stimmen, Köln, Tonger 1967
Zwei Chöre zur Weihnacht für gleiche Stimmen: „Weihnacht" / „Auf, auf, ihr Hirten", Köln, Tonger 1967
„Horch, was kommt von draußen rein" für vier gleiche Stimmen und Soli, Köln, Tonger 1967
„Blaue Luft" für gleiche Stimmen, Köln, Tonger 1968
„Als ich einmal reiste" für vier gleiche Stimmen, Köln, Tonger 1968
„Und jetzt gang i ans Peter Brünnele" für vier gleiche Stimmen, Köln, Tonger 1968
„Zu Betlehem geboren" für Solo und Frauenchor, Köln, Tonger 1968
„Die Ameisen" für gleiche Stimmen, Köln, Tonger 1968
„Hört ihr nicht das Hörnlein blasen" für Männer- und Kinder- oder Frauenchor, Köln, Tonger 1970
Zwei Kinderchöre im Volkston: „Ein wandernder Geselle" / „Lob auf das Wasser", Berlin, Bote & Bock 1972
„Die Musik allein" für Frauenchor, Köln, Tonger 1973

Barthélemon, Cecilia Maria
(um 1770 - ca. 1840)

Die englische Komponistin, Cembalistin und Harfenistin war die Tochter von Maria Barthélemon (Mary Polly Barthélemon geb. Young), die als berühmte Sängerin in London zahlreiche Vokalwerke und Cembalomusik schuf und deren Familie bereits eine ansehnliche Zahl von Berufsmusikern hervorgebracht hat. Ihr Vater, François Hippolyte Barthélemon, ein späterer enger Freund Joseph Haydns, der 1764 aus Frankreich immigriert war, errang als Geiger, Spieler der Viola d'amore, als Dirigent und Komponist bald eine führende Position im Londoner Musikleben. Das Ehepaar Barthélemon unternahm ausgedehnte Konzertreisen, auf denen ihre um 1770 geborene Tochter sie bereits früh begleitete. Obwohl sie den ersten Kompositionsunterricht durch ihre Eltern erhielt, soll der Leipziger Organist, Pianist und Geiger Johann Samuel Schröter zu den Lehrern von Cecilia gezählt haben. Erste Auftritte, bei denen sie bald auch ihre eigenen Kompositionen spielte, hatte sie gemeinsam mit ihren Eltern; so ist beispielsweise ein Konzert vom 3. März 1779 am Haymarket belegt, bei dem die etwa Neunjährige zusammen mit der Mutter als Zwischenmusik zu den Teilen I und II des "Messias" ein italienisches Duett sang.
Cecilia Maria komponierte drei Klaviersonaten op. 1; davon eine mit Violine. Der 1791 in London veröffentlichte Band enthält eine Liste von 300 Subskribenten, darunter auch Mitglieder der Königlichen Familie. Ferner veröffentlichte sie zwei begleitete Klaviersonaten op. 2 (1792), sowie eine Joseph Haydn gewidmete Solosonate. Wie andere Komponisten ihrer Zeit verlieh sie durch programmatische Werke und entsprechende Titel ihren nationalen Gefühlen zu bedeutenden politischen Ereignissen der Zeit Ausdruck: so beispielsweise in ihrer letzten bekannten Komposition, „The Capture of the Cape of Good Hope", wo sie den Zugewinn der südafrikanischen Kapregion als Kronkolonie zu England feiert, indem sie auf musikalischem Wege minutiös die Siegesschlacht der Engländer über die Buren im Jahre 1795 illustriert. Nach ihrer Eheschlie-

ßung mit Captain E. P. Henslowe im Jahre 1796 liegen keine Veröffentlichungen mehr von ihr vor, und es ist nichts über eine etwaige weitere kompositorische Tätigkeit bekannt. Ort und Zeit ihres Todes liegen ebenso im Dunkeln. Erst in jüngster Zeit wurde Barthélemon im Zuge der Frauenmusik-Forschung wiederentdeckt und neu verlegt.

CEMBALO- / KLAVIERMUSIK

Zwei Klaviersonaten op. 1, London, Vauxhall 1791
Sonate op. 3 für Klavier oder Cembalo (Joseph Haydn gewidmet), London, Brand 1794

KAMMERMUSIK

Sonate op. 1, 2, für Klavier / Cembalo und Violinbegleitung, London, Vauxhall 1791 / Fayetteville, ClarNan 1993
Zwei Triosonaten op. 2 für Klavier / Cembalo und Violine / Flöte und Cello, London, Vauxhall 1792 / op. 2, 1 auch bei: Fayetteville, ClarNan 1993
Sonate op. 4 für Klavier / Cembalo und Violine, London, Longmans / Fayetteville, ClarNan 1993

VOKALMUSIK

„Ouverture of the Mouth of the Nile" für Singstimme und Klavier
„The capture of the Cape of Good Hope" für Singstimme und Klavier (1795)

BIBLIOGRAPHIE

Higham, C.: Francis Barthélemon. London 1896
Landon, H.C.R.: Haydn in England (1791-95). London 1976
Bydell, B.: A Dublin Musical Calendar 1700-1760. Dublin 1988

DISKOGRAPHIE

Sonate op. 1, 3. In: „Music for solo harpsichord" (mit Martinez, Gambarini etc.). Barbara Harbach, Cembalo. Kingdom Records

Bauckholt, Carola
(* 1959)

Die deutsche Komponistin wurde am 21. August 1959 in Krefeld geboren. Sie studierte von 1978 bis 1984 Komposition bei Mauricio Kagel an der Musikhochschule Köln; 1981 wurde sie seine Assistentin. 1985 war sie Mitbegründerin des Thürmchen-Verlags Köln und Mitarbeiterin der 1. acustica international des WDR in Köln. Von 1976 bis 1984 wirkte sie verantwortlich an den Inszenierungen des TAM (Theater am Marktplatz, Krefeld) mit, das Werke zeitgenössischer Autoren im Bereich von Theater, Musik und Dichtung in der BRD, Frankreich, Italien, Österreich und Holland aufführt. Sie erhielt verschiedene Förderstipendien und gewann Preise beim Wettbewerb „Junge Komponisten in Nordrhein-Westfalen" (1986) sowie beim Kompositionswettbewerb „Bernd Alois Zimmermann heute" (1987), bei den Weltmusiktagen (1987) und beim WDR-Wettbewerb (1989). Schließlich erhielt sie den ersten Preis beim Carl-Maria-von-Weber-Wettbewerb in Dresden (1992) und den Förderpreis des GEDOK-Wettbewerbs für ein Orchesterwerk (1994). 1995 erhielt sie ein Arbeitsstipendium der Stiftung Kunst und Kultur NRW. 1996 ist sie als Stipendiatin in der Villa Massimo in Rom. Ihre Werke, vorwiegend experimentelle Musik, werden von verschiedenen Rundfunkanstalten produziert und im In- und Ausland aufgeführt.

Carola Bauckholt lebt als freischaffende Komponistin in Köln.

EXPERIMENTELLE MUSIK

„Like a Rolling Stone" für Objekte „auf der schiefen Bahn" (1979)
„Lau & Tau" für zwei Männerstimmen, Okarina und Baß-Mundharmonika (1980)
„Pasah" für Filmprojektion und sieben Gedacktpfeifen, 16 Fuß (1980)
„Eure Zeichen" für sechs Spieler und Tonband (1982)
„Con espressione" (1983)
- allegretto für fünf singende Darsteller
- amoroso für zehn Lichtquellen, acht Gegenstände und ein Glas
- furioso für Trompete und fünf Geräuscherzeuger
- calmato für zwei Bratschen und fünf Raucher
- grave für darstellenden Sopran und Tonband (Gerhard Rühm, Matthäus 5, 1982)
„Im inneren Ohr" für Darstellerin und Geräusche, Tonband (1983)
„Der sechste Sinn", Essay für Sänger, Spieler und Instrumente nach dem Roman von Konrad Beyer (1983)
„Vom Zorn" für Viola solo (1984)
„Der gefaltete Blick", Kantate für zwei Stimmen und Cello (1984)
„Das klagende Leid", szenische Ballade für fünf Bandoneons, Violine, Viola, Cello, Kontrabaß,

Tuba, mehrere Spieler und Tonband (1985)
„Polizeitrieb" für zwei Schlagzeuger (1985)
Wortanfall für Sprechstimme, Kontratenor, Harfe, Gambe, Kontrabaß, zwei Hörner, Xylophon und Pauken (1986)
„Die faule Vernunft", Hörspiel für zwei Hörner, Kontrabaß, vier Schlagzeuger und zwei Stimmen (1987)
„Kurbel und Wolke" für zwei Hörner (1987)
„Zwei Trichter" für Flöte, Fagott, Trompete, Tuba, Viola, E-Gitarre und vier Schlagzeuger (1988)
„Scala mobile", 17-Ton Studie für computergesteuerte mechanische Klaviere (1988)
„Sotto voce" für Cello-Duo (1988)
Trio für zwei Celli und Klavier (1989)
Quintett in freier Besetzung (1989)
„Polsch" für Klavier (1989)
Drei Sätze für Blechbläserquintett (1989)
„Schraubdichtung" für Sprechstimme, Kontrafagott, Cello und Schlagzeug (1990) und zwei weitere Fassungen (1990-1991)
„Balsam" für Streichorchester (1990)
„Langsamer als ich dachte" für Cello, Schlagzeug und Diaprojektion (1990)
„Erinnern, vergessen" für Flöte, Klarinette, Cello, Kontrabaß und Schlagzeug (1991)
„Geräusche" für zwei Spieler (1992)
„Zopf" für Flöte, Oboe und Klarinette (1992)
„In gewohnter Umgebung II" für fünf Personen, Lichtquellen, Gegenstände, Klarinette, Cello und Klavier (1993)
„Klarinettentrio" für Klarinette, Cello und Klavier (1993)
„Maulwurf" für zwei Fagotte und Kontrafagott (mit Zuspielband) (1993)
„Luftwurzeln" für Flöte, Klarinette, Viola und Cello (1993)
„In gewohnter Umgebung III" für Video, Cello und Espérou (oder präp. Klavier oder Cymbalum) (1994)
„Pumpe" für Stimme, Akkordeon, Klavier und Licht (1994)
„Streichtrio" (1994)
„Lauschangriff" Musiktheater (Flöte, Klarinette, Violine, Viola, zwei Celli, Kontrabaß, Perkussion), Gemeinschaftskomposition mit C. J. Walter, Th. Stiegler, S. Walter und dem Thürmchen Ensemble (1994/95)
„Treibstoff" für Flöte, Klarinette, Violine, Viola, Cello, Kontrabaß, Schlagzeug und Klavier (1995)

Gemeinschaftsproduktionen mit dem Theater am Marienplatz, Krefeld (TAM)
„Fenster oder Transpathetisch" (1976)
„Offensichtlich" (1978)
„Katholische Dramaturgie" (1980)
„Es geht" (1980)

BÜHNENMUSIK
Arnold Schönberg, Pierrot Lunaire (1981)
Gerald Barry, Märchen (1981)
Hans Wüthrich, Das Glashaus (1982)
Szenen zum Italienischen Futurismus (1982)
Yuval Shaked, Der Gesang der Gesänge (1983)
Alle Werke sind im Thürmchen Verlag, Köln, verlegt.

BIBLIOGRAPHIE
Kagel, Mauricio: Das Buch der Hörspiele. Frankfurt am Main, Suhrkamp 1982

Bauer, Marion Eugenie
(1887-1955)

Marion Eugenie Bauer, geboren am 15. August 1987 in Walla Walla, gehört zu den produktivsten Komponistinnen der ersten Hälfte des 20. Jahrhunderts. Den ersten Musikunterricht erhielt sie bei ihrer ältesten Schwester, der Pianistin und Liedkomponistin Emilie Bauer. Später studierte sie Klavier und Harmonielehre bei Henry Holden Huss in New York. 1906 ging sie nach Paris zu Nadia Boulanger, bei der sie ihre Kenntnisse in Harmonielehre vertiefte und der sie im Gegenzug Englischstunden gab. 1910 verließ Marion Bauer Paris, um ihr Musikstudium in Berlin fortzusetzen. Dort studierte sie u. a. bei P. Ertel Kontrapunkt. Nach einem Zwischenaufenthalt in den USA kehrte sie jedoch nach Paris zurück und schloß ihr Musikstudium am Pariser Konservatorium ab.

Von 1926 bis 1951 lehrte Marion Bauer an der New York University und von 1940 bis 1944 ebenfalls an der Juilliard School of Music. 1951 wurde ihr vom New York College of Music die Ehrendoktorwürde für ihre Verdienste auf dem Gebiet der Musik verliehen. Sie komponierte Werke für großes Orchester sowie für Kammermusikensembles; außerdem schrieb sie zahlreiche Klavier- und Vokalwerke sowie Theatermusik. Marion Bauer starb am 9. August 1955 in South Hadley / USA.

ORGEL- / KLAVIERMUSIK
„Four piano pieces" op. 2, New York, Marks
„In the country" op. 5
„Turbolence" op. 17, New York, Marks
Drei Impressionen für Klavier (1918)
Drei kleine Präludien, New York, Schirmer 1921

Sechs Präludien op. 15, New York, Schirmer 1922
„From New Hampshire woods" op. 12, New York, Schirmer 1923
„Quietude", New York, Schirmer 1924
„Sun Splendour" (auch für zwei Klaviere) (1929)
Vier Klavierstücke op. 21, New York, Arrow Music 1930
„Dance Sonata" op. 24, New York, American Composers Alliance
Klaviersonate (1933)
„Tanzsonate" (1935)
„Aquarelle" op. 39 (1942)
„Patterns" op. 41 (1946)
„A new solfeggietto", New York, Mercury 1948
„Anagrams" op. 48
Meditation und Toccata für Orgel (1951)

KAMMERMUSIK

Pastorale op. 22,3 für Oboe und Klavier
Allegretto giocoso für elf Instrumente (1920)
Violinsonate op. 14 (1921)
Erstes Streichquartett (1925)
Fantasia quasi una sonata für Violine und Klavier, New York, Schirmer 1928
Suite für Oboe und Klarinette (1932)
Duo op. 25 für Oboe und Klarinette (1932), New York, Peters
Prélude, Improvisation, Pastorale für Oboe, Klarinette und Klavier, Frankfurt, Hinrichsen/Peters
Sonate op. 22 für Viola und Klavier (1935)
Triosonate für Flöte, Violine und Klavier (1944)
Concertino für Oboe, Klarinette und Streichquartett, New York, Arrow Music 1944
Zweite Triosonate (1951)
Holzbläser-Quintett op. 48

ORCHESTERMUSIK

„Indian Pipes" (1927)
„Sun Splendor" für Orchester (1934)
Lamento für Streichorchester (1935)
Symphonische Suite op. 34 für Streichorchester (1940)
Klavierkonzert op. 36, New York, Schirmer 1943
Präludium und Fuge op. 43 für Flöte und Streichorchester
Sinfonie op. 45 (1945-50)
„Aquarelle" für doppeltes Holzbläserensemble (1948)
„Patterns" op. 41,2 für doppeltes Holzbläserensemble (1968)

VOKALMUSIK

„Four Poems" für Sopran und Orchester, USA, Fletcher 1924
Vier Lieder für Sopran und Streichquartett (1935)
„The Harp", New York, Broadcast Music 1941
Diverse Lieder (ohne Datum)

CHORMUSIK

„The Thinker" op. 35 für gemischten Chor (1938)
„A garden is a lovesome thing" op. 28 für gemischten Chor a cappella, New York, Schirmer 1938
„China" für gemischten Chor und Orchester, New York, Fischer 1943
„At the New Year" op. 42 für gemischten Chor und Klavier, New York, Associates Music 1950

BIBLIOGRAPHIE

Ammer, C.: Unsung - a history of women in American Music. Westport, CT 1980
Goss, M.: Modern Music Makers. New York 1952
Zaimont, J. L.: M. E. Bauer in: „The Musical Woman. An international Perspective", Westport 1984 und New York 1987-91

Bauld, Alison

(* 1944)

Die australische Komponistin gehört zu den rund 40 zeitgenössischen Tonkünstlerinnen ihres Landes und wurde am 7. Mai 1944 in Sydney geboren. 1961 besuchte sie für zwei Jahre das National Institute of Dramatic Art. Dort schrieb sie Musik zu Brecht- und Shakespeare-Aufführungen. 1964 begann sie ein Musikstudium an der Universität von Sydney, welches sie 1967 mit dem Bachelor of Music abschloß. Das Sydney-Moss-Stipendium ermöglichte ihr 1969 einen zweijährigen Englandaufenthalt, wo sie ihre Studien bei Elisabeth Lutyens und H. Keller fortsetzte. G. Dudley, selbst ein australischer Komponist, ließ viele ihrer Werke im „Cockpit", einem Experimentier-Workshop, aufführen. 1971 ging sie zur York University, wo sie 1974 den Dr. phil. erlangte. Alison Bauld arbeitete mit verschiedenen großen Tanzensembles, unterstützt durch die Gulbenkian Foundation (Dance Award) für Komposition. Von 1975 bis 1978 war sie musikalische Leiterin am Laban Centre for Dance, am Goldsmiths College und an der London University. 1980 erhielt sie einen Kompositionsauftrag für Shakespeares „The Tempest"; 1981 gab die BBC ein Funkstück zu Shakespeares „Richard III" bei ihr in Auftrag. Ihre Oper „Nell" wurde 1988 beim International Opera Festival in London aufgeführt. In den 90er Jahren widmete sie sich vor allem der pädagogischen Klavierliteratur.

Alison Baulds Kompositionen wurden bisher in London, Aldeburgh, York, Edinbourgh und in zahlreichen europäischen Ländern sowie in ihrem Heimatland Australien aufgeführt und gesendet.

KLAVIERMUSIK

Klavierstück (1971), London, Novello
Konzert für Klavier und Tonband (1974), London, Novello
„Play your way" für Klavier (drei Bände) 1992

KAMMERMUSIK

Stück für Violine solo (1971)
„The Busker's Story" - für Altsaxophon, Fagott, Trompete, Viola und Kontrabaß (1978)
Monody für Soloflöte (1985)
„My own Island" für Klarinette und Klavier (1989)

VOKAL- / BÜHNENMUSIK

„Humpty Dumpty" für Tenor, Flöte und Gitarre (1972)
„Egg" für Tenor, Flöte, Cello, Schlagzeug (1973)
„Dear Emily" für Sopran und Harfe (1973)
„Mad Moll" für Sopran solo (1973)
„One Pearl I" für Sopran und Streichquartett (1973)
„One Pearl II" für Sopran, Altflöte, Streichorchester (1976)
„I loved Miss Watson" für Sopran und Klavier, mit Tonband (1977)
„Banquo's buried" für Sopran und Klavier (1982)
„Richard III" für Sopran und Streichquartett (1985)
„Once upon a time" für fünf Vokalsolisten und Kammerorchester (1986) - Radiooper
„Cry" für Sopran und Klavier (1989)
„The witches song" für Sopran (1990)
„On the afternoon of the Pigsty" für Klavier, Perkussion, Frauenstimme und Melodica (1971)
„In a dead brown land" für zwei Schauspieler, zwei Sprecher, Sopran, Tenor, Chor, Flöten, Melodica, Pfeife, Cello, Trompete und Schlagzeug (1973)
„Exiles" für vier Schauspieler, Tenor, Mezzosopran, achtstimmigen Chor, Flöte, Melodica, Schlagzeug und Streichquartett (1974)
„Inanna" für Tonband, Ballettmusik (1975)
„Nell" – Balladen-Oper (1988)

CHORMUSIK

„Van Diemen's Land" für drei Solostimmen, Sprecher und Chor a cappella (1976)
„Exult" für Kinderchor, Orgel, Blechbläserquartett (1990)

ELEKTRONISCHE MUSIK

„Withdrawal I" für gemischtes Ensemble, Schlagzeug und Tonband mit Tierstimmen (1968)
„Withdrawal II" für gemischtes Ensemble, Schlagzeug und Tonband mit Tierstimmen (1970)
Alle Werke sind bei Novello, London, verlegt.

BIBLIOGRAPHIE

Bauld, A.: Sounding a Personal Note in „Musical Times", London 1988

DISKOGRAPHIE

Konzert für Klavier und Tonband (1974), RCA, USA

Baumgarten, Chris
(* 1910)

Die deutsche Komponistin und Musikpädagogin wurde am 16. Dezember 1910 in Berlin-Zehlendorf geboren. Von 1937 bis 1941 studierte sie Komposition, Chor- und Orchesterleitung, Musiktheorie, Orgel, Klavier und Gesang an der Musikhochschule in Berlin-Charlottenburg. Anschließend arbeitete sie bis 1947 als freiberufliche Chorleiterin und Gesangslehrerin. Von 1948 bis 1961 lehrte sie am Deutschen Theaterinstitut in Weimar und ab 1953 an der Theaterhochschule in Leipzig. 1961 gründete sie ihr eigenes Studio für Gesang und Schauspiel und wirkte nach 1970 als freischaffende Musikpädagogin an deutschen und europäischen Theatern und Hochschulen. Ihr Werkverzeichnis enthält über 300 Lieder, Chansons, Bühnen- und Filmmusiken.

VOKALMUSIK

Rund 300 Lieder und Chansons nach literarischen Vorlagen (u. a. von James Krüss, E. Kästner, Sarah Kirsch, Bert Brecht, Frank Wedekind, Heinrich Heine, Hilde Domin, Wilhelm Busch)
„Chat Noir at the Alex", 27 Kompositionen zu zeitgenössischer Lyrik und politischer Satire, 1975, (nach Texten von Brecht, Krüss, Eichendorff, Ringelnatz, Heine, Busch, Grashoff u. a.)
Vertonungen im Lyrikband „Poesie und Purzelbaum" von Jo Schulz (1971)
„Hallo Du", literarische Chansons, Songs und Lieder, Leipzig, Hofmeister 1971

BÜHNEN- / FILMMUSIK
„Komödie der Irrungen" (Shakespeare)
„Turandot" (Schiller)
„Der Feigling" (Dudow)
„Haus Herzenstod" (Shaw)
„Die chinesische Nachtigall" (Andersen)
„Der eingebildete Kranke" (Molière)
„Die Farce vom Advokaten Pathelin" – „Das wundertätige Puppentheater" (Cervantes)
„Beaumarchais" (Wolf)

BIBLIOGRAPHIE
Chris Baumgarten in „Komponistinnen in Berlin", Berlin 1987
Pülkow, Hans: Das Porträt in „Union Pressedienst", 1971

DISKOGRAPHIE
„Die lasterhaften Lieder des François Villon", sechs Vertonungen. Deutsche Schallplatten VEB Litera/DDR
„Du bist mîn" - altdeutsche Liebeslieder. Deutsche Schallplatten VEB Litera/DDR
„Chat Noir am Alex", zeitgenössische Lyrik und Satire. Deutsche Schallplatten VEB Litera/DDR

Beach, Amy Marcy
(1867-1944)

Amy M. Beach, am 5. September 1867 in Henniker, New Hampshire, geboren, erhielt bereits mit vier Jahren ihren ersten Musik- und Klavierunterricht durch die eigene Mutter, die selbst Pianistin und Sängerin war. Sie entstammte einer ausgeprägt musikalischen Familie, die ihr außergewöhnliches Talent frühzeitig erkannte und förderte. Das Wunderkind spielte bereits mit sieben Jahren selbstkomponierte Walzer auf dem Klavier. Ihr phänomenales Gedächtnis ermöglichte es ihr, Bachs gesamtes „Wohltemperiertes Klavier" ohne Notenvorlage aufzuschreiben. Sie studierte in Boston Klavier und Harmonielehre bei J. W. Hill, E. Perabo und C. Baermann. 1883 debütierte sie als Pianistin in der Boston Music Hall und trat ein Jahr später als Solistin mit dem Boston Symphony Orchestra und dem Theodore Thomas Orchestra auf. Gleichsam gefeiert, begann sie ihre internationale Konzerttätigkeit, die sie in die Konzertsäle von Amerika und Europa führte. Mit 25 Jahren schrieb sie ihre Messe in E-dur, mit der sie in Boston große Erfolge feierte. 1885 heiratete sie den Arzt Dr. Beach und widmete sich von nun an hauptsächlich der Kompositionstätigkeit. Ihre „Gaelic" Sinfonie in e-moll op. 32 (1896) war die erste große Sinfonie, die jemals von einer amerikanischen Komponistin geschrieben wurde. Nach dem Tod ihres Mannes (1910) verbrachte Amy Marcy Beach einige Jahre in Europa. Anschließend kehrte sie in die USA zurück und komponierte bis zu ihrem Lebensende. 1928 erhielt sie den Master of Arts Degree der Universität von New Hampshire. Auf den Weltausstellungen von 1892 und 1933 in Chicago wurde sie mit Medaillen ausgezeichnet. Sie hinterließ Hunderte von Liedern, Chor- und Kammermusikwerken, die bis auf wenige Ausnahmen alle in Druck gingen. Amy Marcy Beach starb als eine der populärsten Komponistinnen amerikas am 27. Dezember 1944 in New York.

ORGEL- / KLAVIERMUSIK
Transkriptionen einer Richard-Strauß-Serenade für Klavier
„Dreaming", New York, Dover Public
„Fire flies", New York, Dover Public
„Bal masqué" op. 22, Boston, Schmidt 1884
„Children's album" op. 36, Boston, Schmidt 1887 / Bryn Mawr, Hildegard Publ. 1993
Vier Sketche für Klavier op. 15, Boston, Schmidt 1892
Ballade op. 6, Boston, Schmidt 1894
„Summer dreams" op. 47, Cincinnati, Church 1901
„Variations on Balkan themes" op. 60 für Klavier, Leipzig, Schmidt 1906
„Les rêves de Colombine" op. 65, französische Suite für Klavier, Boston, Schmidt 1907
Präludium und Fuge op. 81, New York, Schirmer 1918
Suite für zwei Klaviere op. 104 über irische Volksweisen, Cincinnati, Church 1921
Fantasia fugata op. 87, Pennsylvania, Presser 1923
Nocturne op. 107, Cincinnati, Church 1924
„Old Chapel in Moonlight" op. 106, Cincinnati, Church 1924
„Cradle song of the lonely mother" für Klavier op. 108, Boston, Ditson 1924
„Tyrolean Valse-Fantaisie" op. 116, New York, Ditson 1926
„From six to twelve", Suite für Klavier op. 119, Boston, Ditson 1927
„A Bit of Cairo", für Orgel (1927)

"Trois morceaux caractéristiques" op. 28, Boston, Schmidt 1932
"Out of the depths" (Psalm 130) op. 130, Boston, Schmidt 1932
Improvisationen für Klavier op. 118 und 148 (1938)
"Prelude on an old folktune" für Orgel (1943), New York, Gray Publ.
Walzer op. 30, in: „at the piano with women composers", Sherman Oaks, Alfred Publ. 1990
"Scottish Legend"op. 54, Boston, Schmidt 1903 / in: „ at the piano with women composers", Sherman Oaks, Alfred Publ. 1990
"Gavotte fantastique" op. 54, Boston, Schmidt 1903
Piano Music, Sammelband, New York, Da Capo 1982
"Children's Carnival" op. 25 für Klavier, Bryn Mawr, Hild. Publ. 1993
Collection of piano music op. 6, op. 15, op. 28, op. 54. op. 65, op. 97 (Ed. Sylvia Glickmann), Bryn Mawr, Hild. Publ. 1993
Piano Concerto op. 45, Fassung für zwei Klaviere, reprint von 1900, Bryn Mawr, Hild. Publ. 1995
"Promenade" op. 25, 1 für Klavier, (o. Dat.)

KAMMERMUSIK

"Ecstasy" op. 19 für Violine und Klavier
Romanze op. 23 für Violine und Klavier
Romanze op. 55 für Violine und Klavier, Boston, Schmidt 1893
Violinsonate a-moll op. 34, Boston, Schmidt 1898 / New York, Da Capo, 1983 / Bryn Mawr, Hild. Publ. 1993
"Invocation" für Violine und Klavier, Boston, Schmidt 1904
Thema und Variationen op. 80 für Flöte und Streichquartett, New York, Schirmer 1920
Drei Stücke für Violine und Klavier op. 40, Boston, Schmidt 1924
Zwei Lieder für Violine und Cello op. 100, Boston, Schmidt 1924
Streichquartett op. 89 (1929)
Klaviertrio op. 150, New York, Composer's Press 1939
Pastorale für Holzbläserquintett op. 151, New York, Composer's Press 1942
Klavierquintett in fis-moll op. 67, New York, Da Capo 1969
Fünf Stücke für Violine und Klavier, Bryn Mawr, Hild. Publ. 1993
Fünf Stücke für Cello und Klavier, Bryn Mawr, Hild. Publ. 1995
Barcarolle für Violine und Klavier, Bryn Mawr, Hild. Publ. 1993
"Rendez-vous" op. 120 für Violine und Klavier
Lento espressivo op. 125 für Violine und Klavier, Bryn Mawr, Hild. Publ. 1995

ORCHESTERMUSIK

Sinfonie e-moll op. 32 „Gaelic", Boston, Schmidt 1896
Klavierkonzert cis-moll op. 45, Boston, Schmidt 1899
"Festival Jubilate" op. 17 (für die Weltausstellung in Chicago 1892), Bryn Mawr, Hildegard Publ. 1995
"Eilende Wolken" op. 18 für Orchester (1892)
"Bal masqué" op. 22 für Orchester (1893)

VOKALMUSIK

Ariette für Singstimme und Klavier (1886)
"Rendez-vous" für hohe Stimme und Klavier (und obligate Violine), Boston, Ditson 1928
"Sweetheart, sigh no more" für Singstimme und Klavier (1891)
"Ecstasy" op. 19,2 für Sopran und Klavier, Leipzig, Schmidt 1892
Drei „Browning Songs" op. 44,3 für Singstimme und Klavier, Boston, Schirmer 1900
Four Songs op. 51 für Singstimme und Klavier, Leipzig, Schmidt 1903
"After the darkness dawning" op. 68 für Singstimme und Klavier, Boston, Schmidt 1909
"Mother Songs" op. 69 für Singstimme und Klavier, Leipzig, Schmidt 1910
Three songs op. 71 für Singstimme und Klavier, Leipzig, Schmidt 1910
Song op. 113 (Text: Leonarda Speyer) für Singstimme und Klavier, Boston, Ditson 1926
"Around the manger" op. 115 (Text: R. Davis) für hohe Stimme und Klavier, Boston, Ditson 1925
"Dark garden" op. 131 (Text: L. Speyer) für Singstimme und Klavier, Boston, Schmidt 1932
"I shall be brave" (Text: K. Adams) für Singstimme und Klavier, Boston, Schmidt 1932
"On a Hill", Negro lullaby für Singstimme und Klavier, Boston, Schmidt 1939

Sämtliche gedruckten Werke für Singstimme und Klavier: siehe Auflistung in der Internationalen Komponistinnen-Bibliothek Unna

CHORMUSIK

Messe in E-dur op. 5, Boston, Schmidt 1890
"The Rose of Avon Town" op. 30, weltliche Kantate für Soli, Chor und Klavier, Boston, Schmidt 1896
"Through the house give glimmering light" op. 39,3 für vier Frauenstimmen, Leipzig, Breitkopf 1897
"Sylvania" ('A wedding cantata') op. 46, weltliche Kantae für Soli, gemischten Chor und Klavier, Boston, Schmidt 1901
"A Hymn of Freedom" op. 52 für vier gemischte Stimmen und Klavier, Leipzig, Schmidt 1903
"Help us, O God" op. 50, Motette für Chor a cappella, Boston, Schmidt 1903

„Only a Song" / „One Summer Day" für Frauenstimmen, Leipzig, Schmidt 1904
„The Sea Faires" op. 59, Kantate für Frauenstimmen, Boston, Schmidt 1904
Te Deum op. 63, Boston, Schmidt 1905
Te Deum op. 84, Boston, Schmidt 1905
„Fairy Lullaby" (Shakespeare) für vier Frauenstimmen a cappella, Boston, Schmidt 1907
„The Chambered Nautilus" op. 66, weltliche Kantate für Solosopran, Chor und Orgel / Klavier, Boston, Schmidt 1907 / Bryn Mawr, Hild. Publ. 1995
„The Year's at Spring" op. 44 für vier Frauenstimmen und Klavier, Boston, Schmidt 1909
„A love" (R. Browning) op. 44 für Frauenstimmen und Klavier, Boston, Schmidt 1909
„Panama Hymne" op. 74 für gemischten Chor und Orgel / Klavier, New York, Schirmer 1915
„Peter Pan", (Text: Jessie Andrews) Gesangszyklus für Frauenstimmen und Klavier, Presser, Philadelphia 1923
„Around the manger", Carol anthem for Christmas für Frauenstimmen und Klavier / Orgel, Boston, Ditson 1929
„Christ in the Universe" op. 132 (1931)
„Hearken unto me" op. 139, Boston, Schmidt 1934
„We who sing have walked in glory" für gemischte Stimmen und Klavier, Boston, Ditson 1934
Verschiedene Anthems für Chor oder Soli, Responsorien, Psalmvertonungen etc.
(genaue Auflistung in der Internationalen Komponistinnen-Bibliothek Unna)

BÜHNENMUSIK
„Cabildo" op. 149 (1946)

BIBLIOGRAPHIE
Mrs. H. H. A. Beach: In: „Musikliterarische Blätter". Wien 1904
Ammer, C.: Unsung - a history of women in American music. New York, Greenwood Press 1980
Miles, M. S.: The Solo Piano works of Mrs H. H. A. Beach. John Hopkins Uni 1985
Peacock Jeciz, Diane: Women Composers - the lost tradition. New York, Feminist Press 1988
Block, A. F.: Dvorak, Beach and American Music. Ann Arbor 1990
Brown, J. E.: The Chamber works of A. M. C. Beach. Maryland Uni 1993 / New Jersey, Scarecrow 1994

DISKOGRAPHIE
Improvisation op. 118. In: Piano Works by Women Composers. Rosario Marciano, Klavier. Fono Münster
Thema mit Variationen op. 80. In: Music for flute and strings. Diane Gold, The Alard Quartet. Leonarda Production
Klaviertrio op. 150, Chamber Works by Women Composers, Macalester Trio. Vox SVBX
Songs op. 1, 23, 26, 44, 37, 43, 21, 51, 11, 131. In: „Songs and Violin Pieces". D'Anna Fortunato, Virgina Eskin, Joseph Silverstein. Northeastern Records
Lento espressivo / „Three pieces" op. 40 / „Ecstasy" op. 19 / „Rendez-vous" op. 120 / Romanze op. 23 für Violine und Klavier. Joseph Silverstein, Virginia Eskin. Northeastern Records
Violin-Sonate op. 34 / La Captive / Berceuse / Mazurka op. 40. Fassung für Cello und Klavier, Barry Snyder und Robert Weirich (Klavier), Pamela Frame (Cello), Koch International, München.
The Gaelic Symphony. Royal Phliharmonic Orchestra London. The Music in America, Mia Records
Streichquartett op. 79 (89) / Holzbläserquintett „Pastorale". Musical Heritage, New Jersey / USA u. a. The Crescent Quartett. Leonarda Productions
Beach: Pastorale / Barber: Summer Time. Reykjavik Wind Quintet. Chandos, London.
Music for piano: „Les rêves de Colombine" op. 65/ „Variations on Balkan themes" op. 60. Virginia Eskin, Klavier. Northeastern Records
„Invocation" für Violine und Klavier op. 55. Virginia Eskin, Klavier; Arnold Steinhardt, Violine. Northeastern Records
„From grandmother's garden" op. 97 / „Humming bird" / „By the still waters" op. 114 / „Turbulence" op. 17. Virginia Eskin, Klavier. Northeastern Records
Messe in E-dur. The Michael May Festival Chorus, Ltg. Michael May. Newport Classic

Beath, Betty
(* 1932)

Betty Beath, deren musikalische Begabung sich sehr früh zeigte, wurde am 19. November 1932 in Bundaberg, Queensland (Australien) geboren. Im Alter von drei Jahren bekam sie ihren ersten Klavierunterricht. Mit 17 Jahren hatte sie bereits zahlreiche Wettbewerbe gewonnen; zweimal wurde sie allein bei dem ABC Concerto Competition ausgezeichnet. Mit einem Musikstipendium der Queensland University kam sie zum Sydney Konservatorium und studierte bei Frank Hutchens. In den 70er Jahren reiste sie mit ihrem Mann, dem Autor und Buchillustrator David Cox, nach Indonesien. Dort betrieb sie Kulturforschungen in Java und Bali, die ihren Kompositionsstil stark beeinflußten. Betty Beath vertrat 1984 die Delegation der australischen Komponistinnen beim '3. International Congress on Women in Music' in Mexico City und gab dort mehrere Konzerte. 1987 hospitierte sie als Gastkomponistin am North Adams State College in Massachusetts (USA).

Höhepunkt ihrer Karriere war die Aufführung ihres Werkes „Songs from the Beasts' Choir" in der Carnegie Recital Hall und im Symphony Space in New York. Viele ihrer Werke wurden gedruckt, im Rundfunk gesendet und auf Schallplatte produziert. Betty Beath ist heute im Vorstand der 'International League of Women Composers'.

KLAVIERMUSIK

„Black on White", Klavierstück für die linke Hand (1983), London, Five Line Publ.
„Asmaradana" für Klavier (1988)
„Contrasts" für Klavier (1990)
„Didjeridu" für Klavier (1991)

KAMMERMUSIK

Drei Psalmen (23, 121, 150), in zwei Arrangements: 1. für hohe Stimme, Flöte, Harfe und Cello; 2. für hohe Stimme und Klavier (1981)
„Piccolo Victory, Images of Colonial Australia" für Piccolo-Flöte, Cembalo oder Klavier, Cello und Schlagstöcke (1982)
„Brisbane Waters" für Baßklarinette solo (und Tonband mit 'didjeridu'-Improvisationen ad lib.) (1986)
„Music for Gillian" für Altflöte und Klavier (1988)
„Nawang Wulan, Guardian of the earth and rice" für Altflöte und Klavier (1990)
„Mikri Thalassa" für Mandolinensemble: Mandoline, Mandola, Gitarre (1993)
„Lagu Lagu Manis" für Cello, Klavier und Schlagzeug (ad lib.) (1993)

ORCHESTERMUSIK

„Asmaradana" für tasmanisches Sinfonieorchester (1994)
„Journeys - An Indonesian Triptych" (inspiriert durch traditionelle Musik, Landschaft und Dichtung von der Insel Java) für Kammerorchester

VOKALMUSIK

„In this garden", Zyklus von fünf Liedern für mittlere Stimme und Klavier: Spinne, Schmetterlinge, Wurm, Schnecke, Spatz (1973)
„Francis" für Tenor und Klavier (1973)
„Seawatcher" für mittlere Stimme und Klavier (1973)
„In This Garden", Gesangszyklus für mittlere Stimme und Kammerorchester (1973)
„Riddles", Gesangszyklus für mittlere Stimme und Kammerorchester (1974)
„The Cry" für mittlere Stimme und Klavier (1974)
„Three Cautionery Songs" für mittlere Stimme solo (1975)
„Askesis" (Text: G. Grass) für mittlere Stimme und Klavier (1975)
„In The Carnarvan Ranges" für Sopran und Klavier (1976)
„Given The Time" für mittlere Stimme und Klavier (1978)
„Indonesian Triptych", Zyklus von drei Liedern für mittlere Stimme und Klavier: Asmaradana, Ninabobok, A Tale Before Sleep (1977)
„Songs from the Beasts' Choir", Zyklus von fünf Liedern für Sopran, Flöte und Klavier (1978)
„Poems from the Chinese", Zyklus von vier Liedern mit instrumentalen Zwischenspielen (1979)
„Nawang Wulan" für mittlere Stimme und Klavier (1980)
„Manusia Pertama Di Angkasa Luar" (First man in outer space) für Tenor und Klavier (1983)
„Yunggamurra" in zwei Arrangements: 1. für Sopran, Flöte und Cello; 2. für Sopran und Klavier (1984)
„Points in a Journey", Zyklus von fünf Liedern für Sopran, Flöte und Klavier (1987)
„An Excuse For Not Returning The Visit of A Friend" (auf Chinesische Lyrik) für Flöte, Sopran und ungestimmte Trommel (1988)
„The Bride of Byfield" für Sopran und Klavier (1988)
„River Songs", Zyklus von sieben Liedern für Sopran und Klavier (1990)
„Moon, Flowers, Man" (Text: Su Tung P'o, 1036-1101) für Flöte, Sopran und Klavier (1990)
„River Songs", Gesangszyklus für Sopran und Orchester (1992)

BÜHNENMUSIK

„The Strange Adventures of Marco Polo", Oper in einem Akt für Singstimme und Klavier / für Singstimme und Kammerorchester (1972)
„Abigail and the Bushranger", Musikalische Geschichte für Kinderstimmen, Schlagzeug und Klavierbegleitung (1974)
„Abigail and the Rainmaker", Musikalische Geschich-

te für Kinderstimmen, Schlagzeug und Klavierbegleitung (1974)
„Francis", Oper in einem Akt über Franz von Assisi (1974)
„Marco Polo", eine verkleinerte Fassung der Oper in einem Akt (1976)
„The Raja who Married an Angel", ein Musical für Kinder basierend auf einer Balinesischen Legende für Kinderstimmen, Instrumentalensemble und Klavierbegleitung (1978, bearbeitet 1982)
„Abigail and the Mythical Beast", Musikdrama für Kinderstimmen, Instrumentalensemble und Klavierbegleitung (1985)
„Abigail and the Bushranger", Oper in einem Akt für Kinder (1992)

Beecroft, Norma Marian
(* 1934)

Als Tochter eines Musikers und Pioniers der elektronischen Musik und einer Schauspielerin wurde Norma Beecroft am 11. April 1934 in Oshawa, Kanada, geboren. Ersten Klavierunterricht erhielt sie von Aladar Ecsedy. 1952-1958 studierte sie am Royal College of Music in London Klavier bei Gerdon Killburn, Komposition bei John Weinzweig und Flöte bei Keith Girard. Sie bekam 1958 ein Stipendium für Tanglewood (Aaron Copland, Lucas Foss). 1959 bis 1961 war sie in der Accademia di Santa Cecilia / Rom bei Goffredo Petrassi. Meisterkurse bei Severino Gazzeloni (Flöte) folgten. In den Jahren 1960/61 war sie Gast bei den Darmstädter Ferienkursen (u. a. Bruno Maderna) und besuchte die Klasse für Elektronische Musik von Myron Schaeffer. 1964 war sie Studentin im Columbia-Princeton-Electronic-Music-Center. Ihre erste Anstellung hatte sie bei der Columbia Broadcasting Corporation (CBC), in der sie viele Jahre als musikalische Assistentin für Neue Musik arbeitete und zahlreiche eigene Produktionen mit zeitgenössischer Musik sendete. 1956 wurde sie Präsidentin der Canadian Music Associates. 1971 wurde sie Vorsitzende der „New Music Concerts", eine Tätigkeit, die sie seit 20 Jahren innehat.

KAMMERMUSIK
„Contrast" für Oboe, Viola, Schlagzeug, Harfe und Vibraphon (1961)
Drei Pezzi brevi für Flöte und Harfe/Gitarre/Klavier, Wien, Universal Edition, 1962
„Images" für Bläserquintett (1966)
„Rasas" für Flöte, Harfe, Violine, Viola, Cello, Schlagzeug und Klavier (1968)
„Accordion Play" für Akkordeon und zwei Schlagzeuge (1989)

ORCHESTERMUSIK
„Fantasy for Strings" (1958)
„Improvisationi Concerti Nr. 1" für Flöte und Orchester (1961)
„Pièces concertantes" (1966)
„Improvisationi Concerti Nr. 2" für Orchester (1971)
„Improvisationi Concerti Nr. 3" für Flöte, zwei Pauken und Orchester (1973)
„Jeu de Bach" (1985)
„Hemispherics" (1990)
„Jeu Mozart" für Klavier, Celesta und Orchester (1991)

ELEKTRONISCHE MUSIK
„From Dreams of Brass" für Sprecher, Männerchor, Orchester und Tonband (1963)
„Rasas II" für Flöte, Harfe, Gitarre, E-Orgel, zwei Schlagzeuger und Tonband (1973-75)
„Rasas III" für vier Musiker, Sopran und Tonband (1974)
„11 & 4" für Blechbläserquintett und Tonband (1975)
„Piece for Bob" für Flöte und Tonband (1975)
„Collage '76" für Flöten, Oboe, Horn, Cello, Kontrabaß, Harfe, drei Schlagzeuger und Tonband (1976)
„Consequences" für drei Blechbläser, Klavier, Synthesizer und Tonband (1977)
„Collage '78" für Fagott, Klavier, zwei Schlagzeuger und Tonband (1978)
„Cantorum vitae" für Flöte, Cello, zwei Klaviere, Schlagzeug und Tonband (1980)
„Jeu II" für Flöte, Viola und Tonband (1985)
„Jeu III" für Viola und Tonband (1987)
„Images of Canada" für digitalen Synthesizer und Midi (1991)

BIBLIOGRAPHIE
„Miss Norma Beecroft: Well-travelled Composer". Can.Comp. 1966
Such, Peter: The suspended sounds of Norma Beecroft. In: Soundprints, Toronto 1972
Laplante, Louise: Compositeurs canadiens contemporains. Quebec 1977

Beekhuis, Hanna
(1889-1980)

Die niederländische Komponistin wurde am 24. September 1889 in Leeuwarden geboren. Den ersten Musikunterricht erteilte ihr die Mutter. Sie studierte Klavier, Kontrapunkt und Harmonielehre u. a. bei P. van Anrooy und D. Schäfer in Amsterdam. Von 1908 bis 1911 besuchte sie das Konservatorium in Köln; Uzielli und Strasser waren ihre Lehrer. Sie ergänzte ihre Kompositionsstudien bei Barblan und Schuurmann. Auf späteren Reisen nach Korsika, Nordspanien und Marokko sammelte sie musikalische Eindrücke, die sie in zahlreichen Kompositionen umsetzte. Während des 2. Weltkriegs lebte sie in der Schweiz, wo auch etliche ihrer Werke aufgeführt wurden. Sie schrieb Werke für Orchester und Kammermusik sowie Lieder und Chormusik. Die Komponistin gehört zu den Teilnehmern des Ersten Internationalen Komponistinnen Wettbewerbs, Basel 1950. Hanna Beekhuis starb am 26. Februar 1980 in Bloemendaal (Niederlande).

KAMMERMUSIK

Quintett für Flöte, Oboe, Klarinette, Horn und Fagott (1939), Amsterdam, Donemus
Elegie und Humoreske für Holzbläserquintett (1939), Amsterdam, Donemus
Sonatine für Fagott und Klavier (1948)
Rondo capriccioso für Flöte und Klavier (1948), Amsterdam, Donemus

ORCHESTERMUSIK

„Demonendans", Ballettmusik für Streicher (1930)
„Catalonia", Suite für Orchester (1937)
Fünf Miniaturen für Orchester (1937)
„Lentedans" für Orchester (1946)

VOKALMUSIK

„Les deux flûtes" für Mezzosopran, zwei Flöten und Klavier (1928), Amsterdam, Donemus
Drei Serenaden für Singstimme und Klavier / Orchester (1939), Amsterdam, Donemus
Fünf holländische Weisen für Singstimme und Orchester (1939), Amsterdam, Donemus
Nocturne für Sopran, Alt, Bariton und Klavier (1943), Amsterdam, Donemus
„Apokalyptischer Advent" für Alt (1943), Amsterdam, Donemus
Vier Kirchenlieder für Sopran, Cello und Klavier (1946), Amsterdam, Donemus
„Marc groet's morgens de dingen" (Text: Paul v. Ostayen) für Mezzosopran und Klavier (1947), Amsterdam, Donemus
„Dormeuse" für Sopran und Klavier, Amsterdam, Donemus 1947
„Der Trommler" für Singstimme und Klavier, Amsterdam, Donemus 1948
Drei Lieder für Sopran, Alt und Klavier (1949), Amsterdam, Donemus
„Kwatrijnen en nachtstilte" für Alt und Streichquartett (1950), Amsterdam, Donemus
„Cupidootje" (Text: Adama van Scheltema) für Singstimme und Klavier (1951), Amsterdam, Donemus
„Reflets du Japon" für Alt und Viola (1961), Amsterdam, Donemus
Vier Lieder für Alt und Klavier oder Streichquartett (1966), Amsterdam, Donemus
„Nachtgesang" für Mezzosopran (1968), Amsterdam, Donemus
„Berceuse presque nègre" für Sopran und Klavier, Amsterdam, Donemus
„Danse en pastorale" für Gesang, Flöte, Viola und Klavier zu vier Händen, Amsterdam, Donemus
„Five negro songs" für Gesang und Klavier, Amsterdam, Donemus
„Trois chansons nègres" für hohe Stimme und Klavier, Amsterdam, Donemus
„Verrassing" für Mezzosopran, Flöte und Klavier, Amsterdam, Donemus
Drei Lieder für Bariton und Klavier, Amsterdam, Donemus
Vier Lieder nach altholländischen Melodien für Alt und Orchester, Amsterdam, Donemus

CHORMUSIK

„Ach wat heerlijkheid" für fünf gemischte Stimmen
„Die arme Seele vor der Himmelstür" für Chor (1935)
Weihnachts-Kantate für Soli, Chor und kleines Orchester (1938)
Zwei Lieder nach Gottfried Keller für Chor (1942)
Kleine Kantate für Männerchor (1944)
Gloria für zwei Solisten, Chor und Kammerensemble (1945)
„Petite Suite" für Chor (1948)
„Dormeuse" für Sopran, Frauenchor, Klavier oder Streicher (1948)

BALLETTMUSIK

„De zeven boeren" für Sprecher und Kammerensemble (1949/65)

BIBLIOGRAPHIE
In: 7. International Congress 'Women in Music'. Festival-Programm, Utrecht 1991
In: Hessen / Metzelaer: Vrouw en muziek, Amsterdam 1986

DISKOGRAPHIE
„Cupidootje" / „Marc groet's morgens de dingen", Meta Bourgonjen, Mezzosopran; Ro van Hessen, Klavier, Stichting Famke, Leeuwarden

Bembo, Antonia
(1669-ca. 1715)

Die Familie der italienischen Sängerin und Komponistin Antonia Bembo, die um 1669 in Venedig geboren wurde, gehörte zu den nobelsten und ältesten von Venedig („nobile veneta"). Es ist anzunehmen, daß sie bei Legrenzi, dem Direktor eines der Venezianischen Konservatorien und Kapellmeister von St. Markus, Musikunterricht erhielt. Zwischen 1690 und 1695 folgte sie einem Freund nach Frankreich, wo Ludwig XIV auf ihr großes Talent als Sängerin aufmerksam wurde. Er holte sie an seinen Hof und sicherte ihren Lebensunterhalt durch eine lebenslange Pension. Damit konnte sie sich in das Kloster von Notre Dame des Bonnes Nouvelles zurückziehen und sich auf das Komponieren konzentrieren.

Bis zur Jahrhundertwende entstanden rund 40 Werke für Sopranstimmen, Violinen und Basso continuo, die sie unter dem Titel „Produzioni Armoniche" dem König widmete. Ein Chorwerk mit Streichorchesterbegleitung (Te Deum) folgte 1704/05. Antonia Bembo komponierte es zu Ehren der Herzogin von Burgund. Im Jahre 1707 vollendete sie ihre einzige Oper „L'Ercole Amante", die sie ebenfalls, wie zur damaligen Zeit üblich, Ludwig XIV widmete. Das Libretto war bereits 1662 von Cavalli anläßlich der Eheschließung Ludwigs XIV als Oper realisiert worden und hatte bei dem noch jungen König großen Anklang gefunden. Antonia Bembos Version kam nicht einmal zur Aufführung. Einer der Gründe wird die ablehnende Haltung des nun alten und kranken Königs gewesen sein, der sich kaum mehr mit der Figur des liebenden Herkules zu identifizieren vermochte.

Über die Umstände ihres späteren Lebens, Ort und Zeitpunkt ihres Todes ist nichts bekannt. Eine Sammlung ihrer Kompositionen befindet sich in der Bibliothèque Nationale in Paris.

VOKALMUSIK
„Produzioni armoniche", Sammlung von 40 Gesängen für Sopran, Violinen und Basso continuo
Arien für Singstimme und Basso continuo
Te Deum für drei Stimmen, zwei Violinen und Basso continuo (1704)
„Les sept psaumes de David" für Singstimmen, Violinen und Basso continuo (1707)
„Exaudiat te dominus" (Psalm 19) für Solostimmen und Basso continuo (1707)

CHORMUSIK
Te Deum für fünfstimmigen Chor und Orchester (1707)
Divertimento für die Geburt des Prinzen für fünf stimmigen Chor und Streicher, Flöten und Fagott

BÜHNENMUSIK
„L'Ercole Amante", Tragödie mit Musik (1707)

„Sir, Louis the Great, the Strong, the Wise, the Invincible, Highest Jove of the earth, Monarch of Monarchs, I take the liberty of dedicating the third production of my feeble efforts to Your Sacred Majesty. A Te Deum to render thanks to the Divine Majesty (and with the same means to Entreat the preservation of a Prince so Dear to Your Majesty, and to all the Court, as the Duke of Brittany) with the addition of an Exaudiat. Sir, he who gives as much as he can, gives as much as he should, and the strong passions express more with a devoute silence than with abundant Eloquence. Wherefore I take the liberty of Subscribing myself with the most Great and profound respect Your most Christian Majesty's Faithful, Eager and most Humble Servant

Antonia Bembo, Venetian Noblewoman"

BIBLIOGRAPHIE

Rokseth, Yvonnes: Antonia Bembo, Composer to Louis XIV. In: „The Musical Quarterly", London, April 1937

Adkins Chiti, Patricia: Donne in musica. Rom, Bulzoni 1982

Laini, M.: Le produzioni armoniche di Antonia Bembo. Universität Pavia, 1987

Fontijn, C. A.: Antonia Bembo, „Les goûts réunis". Duke Universität Durham, 1994

Roster, Danielle: Grenzen und Chancen einer Musikerin im Zeitalter des Sonnenkönigs. Salzburg 1991

Berberian, Catherine Anahid (Cathy)
(1925-1983)

Die amerikanische Sängerin, Schauspielerin, Musikpädagogin und Komponistin wurde am 4. Juli 1925 in Attleboro, Massachusetts, geboren. Sie besuchte die New York University und die Columbia University. Später ging sie nach Mailand und studierte am Verdi-Konservatorium Gesang bei Georgina del Vigo; sie nahm Schauspielunterricht bei H. Graf und Peter Brook. 1950 heiratete sie den Komponisten Luciano Berio, der neben anderen Komponisten (Messiaen, Henze, Maderna, Pousseur, Bussotti, Strawinski, John Cage und Milhaud) ihr Werke widmete; beispielsweise „Sequenza III". Sie besaß eine außergewöhnlich wandlungsfähige Stimme mit einem Ambitus von mehr als vier Oktaven; sie sang Belcanto, sprach, krächzte und brachte alle Geräusche hervor, die mit einer Stimme möglich sind. Ihr Repertoire reichte von Monteverdi bis Cage, von Strawinski, Debussy und Gershwin bis zu den Beatles. Sie trat in der Mailänder Scala auf, in der Royal Festival Hall und in Covent Garden in London, in Frankreich, Schweden, Deutschland und Holland. Sie war eine Pionierin der Performance-Kunst. Ihre im Jahre 1966 entstandene Komposition „Stripsody" ist eine Persiflage auf die Welt der amerikanischen Comic strips mit kleinen Szenen, Tierstimmen-Imitationen und Geräuschen verschiedenster Art. Mit ihrer Lehrtätigkeit begann Cathy Berberian 1964 an der Kölner Musikhochschule. 1965 ging sie an die Universität von Vancouver (Canada). 1971 erhielt sie einen Lehrauftrag am Konservatorium in Toronto, 1974 am Mailänder Konservatorium und der Schule der Mailänder Scala; 1975 lehrte sie an der Musikhochschule Freiburg. 1950 wurde sie mit dem Fulbright-Stipendium ausgezeichnet, und 1970 gewann sie den Wiesbadener Festival-Preis. 1972 erhielt sie den Grand Prix du Disque. Cathy Berberian starb am 6. März 1983 in Rom.

KLAVIERMUSIK

„Morsicat(h)y" für Klavier (rechte Hand), Wien, Universal Edition 1971

KAMMERMUSIK

„Stripsody" für Singstimme und Violine (1966)

VOKALMUSIK

„Awake and read Joyce" (1972)
„Anathema con VarieAzioni" (1972)

BIBLIOGRAPHIE

Edwards, J. M.: North-America since 1920. Women and Music: A History, ed. K. Pendle, Bloomington, 1991

Dame, Joke: Stimmen innerhalb der Stimme (Berio: „Sequenza III"). In: „Von der Spielfrau zur Performance-Künstlerin, Kassel, Furore 1992

DISKOGRAPHIE

Berberian, C.: „Stripsody" für Singstimme und Violine. Cathy Berberian; Bruno Canino. WERGO, Mainz

Berberian, C.: „Stripsody". Hirst, London Sinfonietta. Virgin Records

Berio, L.: Sequenza III für Stimme. Cathy Berberian, Stimme. Philips/WERGO

Monteverdi: Arien / Madrigale, u. a. Lamento d'Arianna. Cathy Berberian, Sopran. Telefunken/Decca

Bertin, Louise Angélique
(1805-1877)

Die französische Komponistin, geboren am 15. Januar 1805 in Les Roches als Tochter eines einflußreichen Pressezaren, galt bereits früh als künstlerisches Multitalent. Sie erfuhr eine Ausbildung in Malerei, Poesie und Musik. Ihr erster Gesangslehrer war F. J. Fétis, der auch ihre erste Oper „Guy Mannering" zur Aufführung brachte. Bertin schrieb vier Opern, die alle in Frankreich uraufgeführt wurden. Berlioz hatte ihr Unterstützung ihrer Opernprojekte zugesichert, doch mußte sie zeitlebens für ihre Anerkennung als Frau und Komponistin kämpfen. „Fausto", ihre dritte Oper (1831) behandelt die Gretchentragödie. Man empfand das Libretto hingegen als „zu ernst" für „weibliche Hände". Ihre letzte Oper („La Esmeralda") basiert auf einem Stoff von Victor Hugo („Notre Dame de Paris"), brachte auch nicht den gewünschten Erfolg, worauf sie sich vom Opernschaffen zurückzog. Neben ihren vier Opern, Kammer-, Orchester- und Chormusik veröffentlichte Bertin zwei Gedichtbände - „Glanes", 1842 und „Nouvelles Glanes", 1876. Sie starb am 26. April 1877 in Paris.

KAMMERMUSIK
Klaviertrio

ORCHESTERMUSIK
Fünf Kammersinfonien

CHORMUSIK
Sechs Balladen (1842)
12 Kantaten

BÜHNENMUSIK
„Guy Mannering", komische Oper nach W. Scott (1825)
„Le loup-garou", komische Oper (E. Scribe und E. Mazères) (1827)
„Fausto, opera semiseria" (J. W. v. Goethe) (1831)
„La Esmeralda" (V. Hugo) (1836)

BIBLIOGRAPHIE
Berlioz, H.: „La Esmeralda". In: „Revue et gazette musicale de Paris", 1836
Berlioz, H.: Mémoires. Paris 1870
Brenet, M.: Quatre femmes musiciennes. Paris 1894
Boneau, D.: Louise Bertin and Opera in Paris in the 1820 and 1830. Chicago University 1989

Bidart, Lycia de Biase
(* 1910)

Am 18. Februar 1910 in Vitoria, Brasilien geboren, erhielt sie ihren ersten Klavierunterricht durch Neusa França. Später studierte sie in Rio de Janeiro bei Giovanni Gianetti Komposition und bei Magda Tagliaferro Klavier. Ihr Debüt als Pianistin gab sie 1930 in Rio de Janeiro. Von 1941 bis 1945 leitete sie den Curso Santa Rosa in Lima, Peru. 1948 spielte sie ihre eigenen Werke auf einer Konzerttournee in Italien. Auch der brasilianische Rundfunk sendet ihre Werke. Die Komponistin schrieb vorwiegend Klavier- und Kammermusik. 1975 gewann sie einen Preis mit ihrer ersten Klaviersonate (Sonata ao mar) beim Internationalen Viotti-Wettbewerb. Sie gehört zu den zahlreichen Komponistinnen ihres Landes, deren Ruhm kaum bis nach Europa drang.

KLAVIERMUSIK
„O Paseio" (1943)
„Noite em Salamanca" (1950)
„Matinal" (1951)
„O caminho" (1960)
„Sonata ao mar" Nr. 1 (1961)
„Noite evocando Maurice Ravel" (1961)
„Outonale evocando Ottorino Resphigi (1961)
„Bruma evocando Claude Debussy" (1961)
„Tarde" (1967)
Andante cantabile e Allegro cantabile (1969)
„Interludio cantabile" (1969)
„Cantu breve" (1971)
„Interludios" (1971)
„Som esquisido" (1972)
„Poema ignoto" (1972)
Sonata fantasia Nr. 2 (1975)
Sonata fantasia Nr. 3 (1976)
„Cantu breve" Nr. 3 (1976)
„Prismas do dragao de sete cabecas" (1976)
„Preambulo e epigramas para tre anjos" (1976)
„Estudos" (1976)

KAMMERMUSIK
Andante e cantabile für Cello und Klavier (1932)
Andante für Orgel, Streicher und Flöte (1938)
„Missa pro Sposi" für Orgel, Flöte und Streicher (1938)
„O Largo" für Viola / Cello und Klavier (1965)
Allegretto gioso für Harfe und Klavier (1966)
„Duas rosas" für Harfe und Flöte (1966)
Elegia für Flöte, Oboe, Klarinette, Fagott und Trompete (1966)
„Cancao" für Cello und Klavier (1969)
„Serie dancas" für Flöte, Oboe, Klarinette, Fagott und Horn (1970)
„Intervalos musicales" für Flöte, Oboe, Klarinette, Horn und Klavier (1971)
„Dedicando", 11 Stücke für Flöte/ Klarinette / Horn und Harfe (1974)
„A Bailarina" für zwei Flöten (1974)
Serenade für Viola und Klavier (1974)

Sonate für Violine und Klavier (1974)
Sonate fantasia für Cello und Klavier (1974)
„Musica", vier Stücke für Harfe (1974)
„Cantos tupis" für Flöte, Klarinette und Trompete (1975)
„Dedicando", acht Stücke für Flöte, Klarinette und Horn (1975)
Trio für Violine, Horn und Klavier (1975)
Fünf Klaviertrios (1973-76)
„Pensamentos poeticos" für Klarinette, Fagott, Horn, Violine, Viola, Cello und Kontrabaß (1976)
„Evocando Maria Laach e Kreuzberg" für Orgel (1977)

ORCHESTERMUSIK

„Anchieta", symphonisches Poem (1934)
„Angelus", symphonische Episode (1934)
Interludio für Klavier und Orchester (1969)
Andante e Allegro cantabile für Klavier und Orchester (1969)
„Concerto Rio" für Klavier und Orchester (1970)
Symphonische Variationen (1970)
Symphonische Tänze (1976)
„A cathedral de Colonia" (1977)
Canto sinfonie „cidade de Colonia" (1977)
„Serie germanica" (1977)

VOKAL- / CHORMUSIK

„Canan" - symphonisches Poem für Chor und Orchester (1932)
„Panis Angelicus" für gemischten Chor a cappella (1938)
„El burro flautista" für gemischten Chor a cappella (1956)
„Rio de Janeiro" für Chor und Orchester (1969)
Lamento für gemischten Chor a cappella (1971)
„Paredao" für gemischten Chor a cappella (1974)
„Tres cantos tupis" für gemischten Chor a cappella (1975)
Poema für Tenor / Bariton und Orchester (1976)
„Canto da noite" für Kontratenor / Bariton und Orchester (1977)

BIBLIOGRAPHIE

Ministério das Relaçoes Exteriores in Brasil: Werkkatalog, 1978

Bingen, Hildegard von (1098-1179)

Die Mystikerin Hildegard von Bingen wurde im Jahre 1098 in Bemersheim bei Alzey als zehntes und letztes Kind des Grafen Hildebert und seiner

Hildegard von Bingen: Ausschnitt aus „Ordo virtutum". Salzburg, Otto Müller 1969

Gattin Mechthild geboren. Mit acht Jahren wurde sie in die Obhut des Benediktinerklosters von Disibodenberg gegeben. Dort erhielt sie von Jutta von Spanheim mystisch ausgerichteten Religionsunterricht und wurde in den gregorianischen Psalmengesang eingeführt. Nach dem Tode ihrer Meisterin Jutta (1136) wurde sie deren Nachfolgerin als Äbtissin und begann 1141 den Bau des Klosters auf dem Rupertsberg bei Bingen, in das sie 1148 übersiedelte. Von hier aus knüpfte sie Kontakte zu vielen kirchlichen und weltlichen Persönlichkeiten, zu Friedrich I. und den Päpsten Anastasius IV. und Adrian IV. Als Predigerin, Dichterin und Liedkomponistin nahm sie den Kampf gegen den moralischen Niedergang des Klerus auf. 1152 weihte der Erzbischof von Mainz die Klosterkirche in Rupertsberg. Vermutlich komponierte Hildegard von Bingen zu diesem Anlaß das Mysterienspiel „Ordo Virtutum" mit lateinischen Texten, die auch von ihr verfaßt wurden und den Reichtum ihrer bildhaften Sprache wiedergeben. Außerdem komponierte sie sieben Sequenzen für die Messe, zehn Hymnen, neunzehn Responsorien, fünfunddreißig Antiphonen und ein Kyrie, die beim liturgischen Gottesdienst gesungen wurden. Im Jahre 1177 verboten ihr die Mainzer Prälaten die musikalische Gestaltung des Klostergottesdienstes, weil sie einem sterbenden Mann, obwohl dieser in Kirchenbann stand, die letzte Ruhe auf ihrem Klostergelände gewährte. Hildegard wehrte sich erfolgreich und erreichte 1179 die Aufhebung des Verbots. Trotz ihrer schwachen körperlichen Konstitution verwirklichte Hildegard ihre außergewöhnlich vielseitigen Begabungen. Ihre Fähigkeit zu Visionen empfand sie als Geschenk Gottes. Sie war die bedeutendste weibliche Gestalt des Benediktinerordens. Ihr in zahlreichen Schriften und Codices hinterlassenes Werk umfaßt Mystik und Theologie ebenso wie Heilkunde, Medizin, Anthropologie, Kochkunst und Kunde über die Heilkraft von Edelsteinen. Fast alle diese Werke erlebten zum Ende des 20. Jahrhunderts, vor allem in Deutschland, eine ungeheure Renaissance. Auch ihre Musik wurde vielfach aufgeführt und auf Tonträgern eingespielt. Die Esoterik hat ihr und ihren Werken zu neuer und verdienter Popularität verholfen. Hildegard von Bingen starb am 17. September 1179 mit 81 Jahren in ihrem Kloster.

VOKALMUSIK

Rund 70 Hymnen, Sequenzen, Antiphonen, Responsorien
- davon ediert in alter Notation, in:
„Die Kompositionen der Hl. Hildegard", Düsseldorf, Schwann 1913
„Lieder", Salzburg, Otto Müller 1969
- Edition in heutiger Notation:
Sequences and hymns (Hrsg. C. Page), Newton Abbot 1982
Three Antiphons. Bryn Mawr, Hildegard Publ. 1995
Antiphons Nr. 9, Nr. 16, Nr. 53. Bryn Mawr, Hildegard Publ. 1995
The Ursula Antiphons. Bryn Mawr, Hildegard Publ. 1995
Songs of the Living Light. 14 Antiphons and Responsories from Scivias III. Bryn Mawr, Hildegard Publ. 1995
Songs from the Blessed Virgin Mary: Two Antiphons and two Responsories. Bryn Mawr, Hildegard Publ. 1995
Sequentia de Sancto Maximino (Columba Aspexit). Bryn Mawr, Hildegard Publ. 1995

BIBLIOGRAPHIE

1. Eigene Werke

„Scivias" (Wisse die Wege), Salzburg, Otto Müller 1954
„De operatione Dei" (Welt und Mensch), Salzburg, Otto Müller 1965
„Heilkunde. Das Buch von dem Grund und Wesen und der Heilung der Krankheiten. Salzburg, Otto Müller 1957
„Lieder" (mit Notenbeispielen), Salzburg, Otto Müller 1969
Heilkraft der Natur - Physica. Stuttgart, Herder 1993

2. Sekundärliteratur

May, J.: Die heilige Hildegard von Bingen - ein Lebensbild. Kempten und München 1911
Böckeler, M.: Aufbau und Grundgedanke des 'ordo virtutum' der Hl. Hildegard. Benediktinische Monatsschrift 1923
Ritscher, M. Immaculata: Kritischer Bericht zu Hildegard von Bingens Liedern. Salzburg, Otto Müller 1969
Drouke, P.: The composition of Hildegard of Bingen's „Symphonia". Oxford 1970
Newman, B. J.: O feminea forma. God and woman in the works of St. Hildegard. Jale University 1981
Mulder, E.: Hildegard, een vrouwenlijk genie in de late middeleeuwen. Baarn, Ambo 1982
Thornton, B.: Hildegard von Bingen aus der Sicht des Interpreten. Concerto 1984
Gronau, E.: Hildegard von Bingen - eine Biographie, Stein am Rhein. Christiania Verlag 1985
Scherer, W.: Hildegard von Bingen. Freiburg, Kore-Verlag 1987
Breindl, Ellen: Das große Gesundheitsbuch der Hl. Hildegard von Bingen. Aschaffenburg, Pattloch 1988
Pfau, M. R.: Music and text in Hildegard's Antiphons. Ithaca / New York 1988
Ders.: Hildegard von Bingen's „Symphonia armonie" - an analysis of Music Process. Story Brook. 1990
Roster, Danielle: Allein mit meiner Musik. Komponistinnen in der europäischen Musikgeschichte. Echternach, Ed. phi 1995

DISKOGRAPHIE

Gesänge der Heiligen Hildegard von Bingen. Schola der Benediktinerinnenabtei St. Hildegard, Rüdesheim-Eibingen, Ltg. Immaculata Ritscher. Psallite
Sequences and Hymns. Gothic Voices, Christopher Page. London, Hyperion Records (Teldec)

Kyrie. Schola Cantorum, Arkansas / USA. Leonarda Productions
Ordo virtutum, Spiel der Kräfte. Ensemble Sequentia, Ltg. Barbara Thornton. Harmonia Mundi / EMI Electrola
Lieder und Antiphonen. Instrumentalkreis Helga Weber. IHW Plattenversand, Hamburg
Symphoniae. Ensemble Sequentia, Ltg. Barbara Thornton. EMI, Deutsche Hamonia Mundi
Hildegard von Bingen und ihre Zeit. Schola der Benediktabtei St. Hildegard. Rüdesheim. Psallite, Kassel

Birnstein, Renate
(* 1946)

Die deutsche Komponistin, geboren am 17. November 1946 in Hamburg, erhielt bereits mit sieben Jahren ihren ersten Geigenunterricht und begann sehr bald mit eigenen kleinen Kompositionsversuchen. Ab 1959 nahm sie zusätzlich Klavierunterricht. 1966 begann sie ihr Studium an der Musikhochschule in Hamburg, an der sie die Fächer Klavier, Komposition und Musiktheorie – letzteres bei Diether de la Motte – belegte. Dort legte sie 1969 ihr Examen für Klavierpädagogik und 1973 ihr Diplom in Musiktheorie ab. Mit ihrem Streichquartett erwarb sie erstmals eine Auszeichnung beim Marler Kompositionswettbewerb 1971, und ein Jahr später erhielt sie ein Stipendium für die Darmstädter Ferienkurse für Neue Musik. Hier kam sie in Kontakt mit Stockhausen, Xenakis, Kagel, Halffter und Ligeti. 1973/74 wurde Ligeti für drei Semester ihr Kompositionslehrer. Dann brach sie ihr Studium ab und folgte ihrem eigenen kompositorischen Stil, wobei Webern, Boulez, Bach, Mozart und Monteverdi ihre musikalischen Vorbilder blieben. Von 1973 bis 1980 unterrichtete sie Musiktheorie an der Musikhochschule Lübeck. 1975 wurde sie Lehrbeauftragte an der Hamburger Musikhochschule, wo sie 1988 zur Professorin berufen wurde. Zudem ist sie Mitglied der Freien Akademie der Künste in Hamburg.

Renate Birnstein errang zahlreiche Auszeichnungen und Preise. 1974 gewann sie den Kompositionswettbewerb des Landesverbandes der Tonkünstler und Musikerzieher in Hamburg. Ein dreimonatiges Stipendium im Künstlerhaus von Boswil folgte. Den Stuttgarter Förderpreis erhielt sie 1978, das Bach-Preis-Stipendium der Stadt Hamburg im Jahre 1979. Von 1982 bis 1983 war sie als Rompreisträgerin Studiengast in der Villa Massimo. Heute lebt Renate Birnstein in Hamburg.

KLAVIERMUSIK
„Heptagon" für Klavier (1976)
„Piano music III" für Klavier (1977)
„Les pendules" für Klavier (1994)

KAMMERMUSIK
Vier Stücke für Klarinette, Posaune und Cello (1971)
„Ribambelle" für Klarinette und drei Schlagzeuger (1972)
„Ossia", Quintett für Flöte, Klarinette, Sopran, Violine und Cello (1974)
„Inter pares", Quintett für Flöte, Violine, Cello, Vibraphon und Klavier (1975)
„Idem", Sextett für Flöte, Altflöte, Klarinette, Violine, Viola und Cello (1974)
„Peram", Trio für Flöte, Gitarre und Vibraphon (1976)
Variationen für Streichtrio (1977)
Duo concertante für Cello und Baßklarinette (1980)
Streichquintett (1982)
Quasi fantasia für Gitarre solo (1983)
„Piano music II" für Klarinette und Klavier (1977/84)
„Trio in dodici parti" für Flöte, Violine und Cello (1984)
Oktett für Bläser, Streicher und zwei Schlagzeuger (1984)
„Wie ein Kondukt" für Großbaßflöte (1985)
Streichquartett (1986)
„Schattenspiele" für Großbaßflöte und Bassetthorn (1986)
Septett für Streicher, Bläser und Klavier (1988)
„Kassiopeias Lied" für Klarinette (1989)
„Kurwenal" für Cello solo (1990)
„... und aus Abend und Morgen" für Klarinette, Viola, Violoncello und drei Schlagzeuger (1993)

ORCHESTERMUSIK
„Imaginations" (1972)
„Scatola" (1978/79)
Fünf Stücke für Streichorchester (1979/80)
Sextett für sechs Ensembles (1981)
„Intrada" für Streicher (1987)

VOKALMUSIK

„In Terra" für 24 Solostimmen (1978), Hamburg, Sikorski
„Ich rufe an mit meiner Stimme", geistliches Konzert für Sopran, Alt, Baß, Violine und Orgel (1980/81)
Fünf Lieder auf Verse aus Gedichten von Annette v. Droste-Hülshoff für Sopran und Orchester (1990/92)

BIBLIOGRAPHIE

Schmalbrock, Beate: Komponistinnen unserer Zeit. Düsseldorf 1986
Schulze, B.: Renate Maria Birnstein. Portrait, Neuland Bd. 4, Berg. Gladbach 1984
Bahnemann, Dorothea: Komponistin sein, Renate Birnstein - eine komponierende Frau unserer Zeit. Hamburg 1990

Bley, Carla
(* 1938)

Die Jazz-Pianistin und Komponistin wurde am 11. Mai 1938 in Oakland / Kalifornien als Carla Borg geboren. Den ersten Musikunterricht erhielt sie durch den Vater, einem Kirchenmusiker und Klavierlehrer. Entscheidende Impulse gab ihr die Bekanntschaft mit dem Pianisten Paul Bley, ihrem späteren Ehemann, der ihr kompositorisches Talent förderte, sowie ihr Zusammentreffen mit Jimmy Giuffre und George Russel.

Mitte der 60er Jahre gründete sie mit dem Jazz-Komponisten Mike Mantler, ihrem zweiten Ehemann, das Jazz-Composers Orchestra. Sie schrieb Arrangements und Kompositionen für Charlie Hadens „Liberation Music Orchestra" (1969). Ihre frühen „Jazz-Opern" wurden international gerühmt. In den 70er und 80er Jahren komponierte sie vorwiegend für ihre eigene Band, die aus 10 Musikern bestand. Doch war sie auch als Pianistin großer Jazz-Ensembles beliebt, die in Europa ausgedehnte Tourneen unternahmen. 1979 wurde sie zur Künstlerin des Jahres ernannt. 1989 gründete sie die Big Carla Bley Band und schrieb Big Band-Arrangements für das Berlin Contemporary Jazz Orchestra. Sie erweiterte die Gruppe auf 18 Musiker und nannte sie schließlich 'Very Big Carla Bley Band'.

Die Zusammenarbeit seit 1984 mit dem Bassisten Steve Swallow, ihrem Lebensgefährten, brachte Tourneen durch Europa und Japan; Schallplatteneinspielungen folgten. Viele ihrer Kompositionen verwenden die Parodie als kompositorisches Mittel. Große Kollegen der Jazz-Szene haben ihre Werke gespielt; so beispielsweise Keith Jarret, Ursula Oppens und Frederic Rzewski. Carla Bley gehört zu den herausragenden Jazz-Pianistinnen unserer Zeit. Bis Mitte der 90er Jahre schrieb sie rund 300 Werke.

JAZZ-KOMPOSITIONEN

„Ida Lupina" (1959)
„A Genuine Tong Funeral" für Jazz-Quartett (1967)
Musik für Charlie Haden's Liberation Music Orchestra (1969)
„Escalator over the hill", Jazz-Oper für sechs Bands, Sänger, Sprecher und Chöre (1971)
„Tropic Appetites" (1973)
Klavierkonzert (1973)
„Silence" / „Dinner Music" (1976)
„Musique mécanique" I, II, III für Jazz-Band (1978)
„Coppertone" für Sextett
„Social Studies" / live (1981)
„Heavy Heart" (1984)
„I Hate to Sing" (1985)
„Continuoso", Fanfare für Houston Symphony Orchestra
„Under the Volcano", Jazz-Oper (1985)
„Romantic Notions" für Ursula Oppens
„All Fall Down" für das Contemporary Jazz Orchestra (1989)
Musik für Piano und E-Baß
„Birds of Paradise" für Violine und Jazz-Band (1990)
„Venus Flytrap" für Duke Ellington
„United States"
„Ups and Downs"
„Start"
„La Paloma" (Bearbeitung)
„Closer"
„Ictus"
und weitere Jazz-Stücke

FILMMUSIK

„Mortelle randonnée" (1985)

BIBLIOGRAPHIE

Buhles, G.: Die Jazzkomponistin Carla Bley. Kurzbiographie, Jazzforschung 1976
Primack, B.: Carla Bley: First Lady of the Avantgarde. In: Contemporary Keyboard 1979
Palmer, D.: My Dinner with Carla. In: Down Beat, 1984

Noglik, B.: Sketches of Carla. In: Motiv, 1991
Kunzler, M. (Hrsg.): Carla Bley. In: Jazz-Lexikon, Reinbek, Rowohlt 1991
Carla Bley. In: The Watt Family. Album ECM Records, München 1994

DISKOGRAPHIE

Als Band-Leader
„Songs with Legs", WATT / 26
„Big Band Theory", WATT / 25
„Go Together", WATT / 24
„The Very Big Carla Bley Band", WATT / 23
„Fleur Carnivore", WATT / 21
„Duets", WATT / 20
„Sextet", WATT / 17
„Night-Glo", WATT / 16
„Heavy Heart", WATT / 14
„I Hate to Sing", WATT / 12-1/2
„Live", WATT / 12
„Mortelle Randonnée", Phonogram
„Social Studies", WATT /11
„Musique Mécanique", WATT / 9
„European Tour 1977", WATT / 8
„Dinner Music", WATT / 6
„3/4", WATT / 3
„Topic Appetites", WATT /1
„Escalator over the Hill", JCOA

Gemeinschaftsproduktionen
mit Steve Swallow, „Swallow", XtraWATT / 6
mit Charlie Haden, „Dreamkeeper", Blue Note
mit verschiedenen Interpreten, „The Watt Works Family Album", WATT / 22
mit Steve Swallow, „Carla", XtraWATT / 2
mit verschiedenen Interpreten, „Lost In The Stars", The Music of Kurt Weill, A&M
mit verschiedenen Interpreten, „That's The Way I Feel Now", A Tribute to Thelonius Monk, A&M
mit Golden Palominos, „Drunk With Passion", Celluloid
mit Golden Palominos, „Visions of Excess", Celluloid
mit verschiedenen Interpreten, „Amarcord Nino Rota", Hannibal
mit Gary Burton, „A Genuine Tong Funeral", RCA
mit Nick Mason, „Fictitious Sports", CBS
mit Charlie Haden, „Ballad of the Fallen", ECM
mit Charlie Haden, „Liberation Music Orchestra", Impulse
mit Michael Mantler, „Something There", WATT / 13
mit Michael Mantler, „More Movies", WATT / 10
mit Michael Mantler, „Movies", WATT / 7
mit Michael Mantler, „Silence", WATT / 5
mit Michael Mantler, „The Hapless Child", WATT / 4
mit Michael Mantler, „ No Answer", WATT / 2
mit Michael Mantler, „The Jazz Composer's Orchestra", JCOA
mit Michael Mantler, „Jazz Realities", Fontana
mit Jazz Composer's Orchestra, „Communication", Fontana

Bodenstein-Hoyme, Ruth
(* 1924)

Die deutsche Komponistin wurde am 13. März 1924 in Wurzen bei Leipzig geboren. Mit neun Jahren erhielt sie den ersten Klavierunterricht. Von 1942 bis 1944 und von 1946 bis 1950 studierte sie an der Leipziger Musikhochschule im Hauptfach Klavier bei Oswin Keller und Rudolf Fischer und schloß mit dem Staatsexamen ab. Vor und während des Studiums erfuhren ihre ersten Kompositionen Förderung druch ihre Lehrer Elisabeth Knauth, M. Ludwig und P. Schenk. Nach dem Studium arbeitete Ruth Bodenstein drei Jahre lang als freischaffende Klavierpädagogin und Pianistin.
1953 wurde sie an das Dresdner Konservatorium als Lehrkraft für Klavier berufen, 1964 als Dozentin für Klavier an die Dresdner Musikhochschule, der sie von 1971 bis 1984 als Assistentin der Klavierklasse angehörte. Zwischen 1965 und 1971 absolvierte sie parallel zu ihrer Berufstätigkeit ein Kompositions-Abendstudium bei de Weiss, Komposition, und K. Loephel, Partiturspiel, das sie mit dem Abschlußexamen erfolgreich beendete. Seit 1984 arbeitet Ruth Bodenstein-Hoyme freischaffend als Komponistin, als Konzertbegleiterin und übt eine rege Vortragstätigkeit aus.
In den Jahren sozialistischer Herrschaft in der DDR fiel ihr Engagement für christliche Inhalte und ihre kompositorische Beschäftigung mit dem literarischen Werk von Albert Schweitzer auf, den sie mehrfach vertonte. Neben Ruth Zechlin, Berlin, gehörte sie zu den wenigen, über die Landesgrenzen hinaus bekannten Komponistinnen der DDR.

KLAVIERMUSIK
Sonatine in d für Klavier (1967), Leipzig, Peters
Kleiner Klavierzyklus für die Jugend (1967)
Kleiner Dresdner Klavierzyklus (1968)
Schauspielmusik zu „Tanja" (Arbusow) für Klavier (1972)

KAMMERMUSIK

Fünf Miniaturen für Violine und Viola (1963), Leipzig, Hofmeister
Blechbläserquintett (1969)
Trio für zwei Violinen und Kontrabaß, 10 Variationen über ein vietnamesisches Kinderlied (1975), Berlin, Verlag Neue Musik
Sieben Tierfabeln für Klavier und Schlagzeug (1977)
Albumblatt „In Memoriam C. M. Weber" für zwei Violinen und Violoncello (1989)

ORCHESTERMUSIK

„Im großen Garten", Suite für Orchester (1971)
„Heitere Ouvertüre" (1984)

VOKALMUSIK

Liederzyklus „Die 4 Jahreszeiten" (Texte: Becher - Deicke - Fürnberg) für Sopran und Klavier (1969)
„Gespräch mit d. Gen. Lenin" (Text: W. Majakowski) für Bariton, Sprecher, Trompete, kleine Trommel und Klavier (1970)
Liederzyklus nach Versen von G. Maurer für Mezzosopran / Sopran und Klavier (1974)
Liederzyklus „Die kleinen Weisheiten" (Texte: verschiedene Dichter) für Sopran, Alt, Tenor und Klavier (1977)
Cantata „Il Progresso semplificato" (Text: Albert Schweitzer) für Alt, Tenor, Bariton, Violine, Viola und Violoncello (1978)
„Impressionen" nach Gedichten von Ho Chi Minh für Bariton und Klavier (1981)
„Hommage à Martin Luther", Arie für Baß, Trompete und Orgel (Psalm 67, Vers 2 und 3) (1983)
„Hommage à Heinrich Schütz", Rezitativ und Arie für Bariton, obligate Violine und Orgel (nach Bibelworten) (1984)
„Epigramm" (Text: Albert Schweitzer) für Bariton und Klavier (1984)
„In Memoriam J. S. Bach und A. Schweitzer" (Texte:A. Schweitzer) für Tenor, zwei Violinen und Violoncello (1985)
„Hommage à C. M. Weber" (Text: C. M. Weber) für Tenor und Gitarre (1986)
Kleines Poem (Texte: Goethe und A. Schweitzer) für vierstimmigen Chor a cappella (1987)
„Kalender-Song" (Text: S. v. Radecki) für Sprecher und Klavier (1987)
Epigramm zur Novelle „Aus dem Leben eines Taugenichts" (Text: J. v. Eichendorff) für Tenor und Gitarre (1988)
Liederzyklus für Stimme und Klavier (Text: Rudolf Leonhardt)
Duett (Text: C. M. Weber) für zwei Baritone und Klavier (1988)
„Kleine Friedenskantate" (Text: W. Layh) für Tenor, Klarinette und Klavier (1989)

CHORMUSIK

Motette (Text: A. Schweitzer) für vierstimmigen Chor a cappella (1987)
Kantate für dreistimmigen Frauenchor a cappella (Text: R. Mager) (1989)

BIBLIOGRAPHIE

Philipp, Beate (Hrsg.): Von der Natur inspiriert. In: Komponistinnen der Neuen Musik, Kassel, Furore 1993

Bofill, Anna
(* 1944)

Die spanisch-katalanische Komponistin gehört zu den wenigen Vertreterinnen ihres Landes, die sich in der Neuen Musikszene einen Namen gemacht hat. Sie wurde am 15. April 1944 in Barcelona geboren und lebt dort als Komponistin und Architektin. Von 1960 bis 1972 studierte sie Komposition bei X. Montsalvatje, J. M. Mestres-Quadreny und J. Cercos. Gleichzeitig absolvierte sie ein Architekturstudium und promovierte 1974 an der Technical School of Architecture in Barcelona. Im gleichen Jahr begannen ihre ersten Arbeiten und Experimente mit elektroakustischer Musik im Phonos-Laboratorium Barcelona. Anläßlich eines Musikkongresses in Sitges trifft sie mit Luigi Nono, Mestres-Quadreny, Guinjoan und Ahoronian und anderen führenden Vertretern der Neuen Musik ihres Landes, zusammen. 1983 beginnt sie ihr Musikstudium bei Luigi Nono in Barcelona und übersetzt „Musique et Architecture" von Iannis Xenakis ins Katalanische. 1985 ging Anna Bofill nach Paris als Stipendiatin zu Xenakis und seinem Centre d'Etudes de Mathématique et Automates Musicales CEMAMU. Nach einer längeren Schaffenspause kehrte sie 1992 zur Musik zurück und arbeitete auf dem Gebiet der Computermusik im Phonos-Laboratorium Barcelona (mit Xavier Serra). Ihre Werke wurden in zahlreichen Städten Spaniens und Frankreichs sowie in Berlin, New York, Mexico etc. aufgeführt und bei Festivals Neuer Musik vorgestellt. Sie hat zu musikalischen und architektonischen Themen publiziert, war 10 Jahre lang Jurymitglied für den Künstlerpreis 'Joan Miró' sowie Jurymitglied für das Sitges Theater Festival. Anna Bofill ist Mitglied der 'Associacio Catalana de Compositors' und der 'International Alliance for Women in Music'.

KLAVIERMUSIK
Poema für Klavier (1974)
Suite für Cembalo (1977)
Studio per pianoforte Nr. 1 (1992)
Studio per pianoforte Nr. 2 (1992)
„En un chassaigne freres negre de mitja cua" (1983)

KAMMERMUSIK
„Esclat" für Flöte, Oboe, Klarinette, Klavier, Schlagzeug, zwei Violinen, Viola und Cello (1971)
Quartett für Gitarre, Cembalo, Klavier und Schlagzeug (1976)
„Septet de Set Sous" für Flöte, Klarinette, Gitarre, Klavier, Schlagzeug, Viola und Cello (1978)
„Suite de Tamanrasset" (1978)
„Variazioni su tre temi di Anna Bon di Venezia" für Gitarre, Violine und Cello (1995)

VOKALMUSIK
„Enigma", Lied für Sopran und Klavier (1981)
„Canço de primavera" für Mezzosopran und Gitarre (Text: M. C. Montagut) (1983)
„Mezquita" für Sopran und Klavier (Text: M. C. Montagut) (1984)

ELEKTRONISCHE MUSIK
„Espai sonor" für Tonband und Schlagzeug (1976)
Trio für Tonband, Klavier und Violine (1981)
„Punto y seguido" für elektorakustisches Tonband (1983)
„Urfaust", Szenografie und Tonband zu Goethe's Theaterstück (1983)
„Fills d'un Deu menor", Tonband für das Stück „Son of a lesser god" von Mark Medoff (1984)

Boleyn, Ann
(ca. 1507-1536)

Die englische Lautenistin, Sängerin und Komponistin wurde um 1507 geboren. Ihre Mutter stammte aus verarmten adeligen Verhältnissen und starb kurz nach Annas Geburt; ihr Vater diente dem König Heinrich VIII. in Geldgeschäften. Als Kind reiste Ann im Gefolge einer englischen Prinzessin nach Frankreich, wo sie von Margarete von Navarra in die Kunst, Literatur und Politik eingeführt wurde. Musikunterricht erhielt sie wahrscheinlich bei Henry Bredemers. Als sie 1522 nach England zurückkehrte, spielte sie Laute und sang selbstkomponierte Lieder; das heute noch sehr bekannte Lied „Greensleeves", das fälschlicherweise Heinrich VIII. zugeschrieben wird, soll sich darunter befunden haben. Als Hofdame der Königin Katharina erregte Ann die Aufmerksamkeit Heinrichs VIII., der sie 1533 in zweiter Ehe heiratete. Im selben Jahr wurde ihre Tochter Elisabeth, die spätere Königin von England, geboren. In den drei Jahren ihrer Ehe war Ann Boleyn die engste Vertraute des Königs und beeinflußte das kulturelle wie politische Geschehen. 1536 nahm man den Vorwurf der Untreue zum Anlaß, sie zum Tode zu verurteilen. Im Londoner Tower soll sie die berühmte Ballade „O death, rock me asleep" komponiert haben. Um die Thronfolge ihrer Tochter Elisabeth zu sichern, verweigerte sie die Zustimmung zur Annulierung ihrer Ehe mit Heinrich VIII. und wurde am 19. Mai 1536 in London hingerichtet.

VOKALMUSIK
„O death, rock me asleep", Madrigal für Singstimme und Fideln / Cembalo, London 1912
„O fairest maid" für Singstimme und Fideln / Cembalo
„Alas, what a wretched life", Madrigal für Solostimme und Fideln / Cembalo
„Sweet amarillis stay" für Singstimme und Fideln / Cembalo
„Greensleeves" (Ann Boleyn zugeschrieben)

BIBLIOGRAPHIE
Lowinsk, E. E.: A music book for Anne Boleyn. Toronto 1971
Haefs, Gabriele: Die Hexe auf dem Thron. In: EMMA, Köln 1986

DISKOGRAPHIE
„O death, rock me asleep". Karin Tripp, Mezzosopran; Farzaneh Navai, Harfe. In: „Die Frau als Komponistin", Wien-Kultur (Pichler, Wien)

Bolz, Harriet
(1909-1995)

Die amerikanische Komponistin wurde am 24. November 1909 in Cleveland, Ohio, geboren. Zunächst besuchte sie das Institut für Musik in Cleveland und wechselte dann zur Case Western Reserve University, die sie 1933 mit dem B.A. (Bachelor of Arts) abschloß. Den M.A. (Master of Arts) erhielt sie später an der Ohio State University. Ihr Kompositionsstudium setzte sie bei L. Sowerby und P. Creston fort. 1965 gewann sie mit ihrer Komposition „Floret", einem Klavierstück, den ersten Preis der National Federation of Music Clubs. 1968 wurde sie von der Phi Beat National Professional Fraternity für ihr Kammermusikstück „Duo Scherzando" für Trompete und Klavier ebenfalls mit dem ersten Preis ausgezeichnet: 1976, 1980 und 1983 wurde sie von der amerikanischen Liga der Schriftstellerinnen gewürdigt. Harriet Bolz lehrte Klavier und Komposition, war Chordirigentin und schrieb Abhandlungen über zeitgenössische Musik. Sie war Mitglied vieler Musikvereinigungen, wie der National League of American Pen Women und der International League of Women Composers (heute: International Alliance for Women in Music). Die Komponistin starb am 9. März 1995 in Columbus/Ohio.

ORGEL- / KLAVIERMUSIK

„Break forth in joy" (1964)
Episode für Orgel, Washington, Arsis Press 1979
„Floret" - eine Caprice für Klavier, Sierra Public. 1980 und Boston Music Company 1987
„Two profiles", Sierra Public. 1980
„Capitol pageant" für Klavier zu vier Händen, Sierra Public. 1980
„Sonic essays and fugue", Washington, Arsis Press 1984
Andante con moto für Orgel
„Capitol trilogy" für zwei Klaviere (1986)

KAMMERMUSIK

Cellosonate (1958)
Duo scherzando für Trompete und Klavier (1959)
„Polychrome patterns", Sonatine für Klarinette und Klavier (1963)
„Vis à vis", zwei kurze Stücke für Flöte, Klarinette und Fagott (1965)
„Pageant", prelude, interlude, postlude für Holzbläserquintett (1970)
„Narrative impromptu" für Harfe (1974)
„Lyric Sonata" für Streichquartett, Flöte, Klarinette und Fagott (1980)
Sonate für Streicher und Holzbläserseptett (1982)
Sonate für Klavierquartett (1983)
„Linear Trilogy" für Holzbläsertrio
„Canto Lyric" für Flöte und Klavier
„Festive fantasia" für Klarinette, Fagott und Horn. Bryn Mawr, Hild. Publ.

ORCHESTERMUSIK

Impromptu für Orchester

VOKALMUSIK

„Winds of heaven and winds of the waters" für hohe Stimme und Klavier (1960)
„Invocation" für Sopran und Streichquartett (1960)
„Ode to autumn" für Sopran und Klavier (1973)
„Splendour of the sea and splendour of the seasons" für hohe Stimme und Klavier (1974)
„Four Christmas Songs" für Sopran, Alt, Tenor, Baß und Klavier/Orgel
„How shall we speak?" für Sopran, Alt, Tenor, Baß und Klavier/Orgel
„Autumn Legend" für Sopran, Alt, Tenor, Baß, Violine, Viola, Cello und Klavier (1983)
„Such be the thought" für Sopran und Klavier

CHORMUSIK

„Carol of the flowers" für Frauenchor
„Not by words alone" für gemischten Chor
„Nowness" für Frauenchor
„That I may sing" für Frauenchor, Fox Publishing Co.
„Who am I" für Frauenchor
Madrigale für Weihnachten für Frauenchor
„Sweet Jesus" für gemischten Chor, Beckenhorst Press
„Star over Star", Kantate für Baß, Chor und Orchester (1958)
„Teach us the peace" (1972)
„Day and Dark", Kantate für Chor, Orchester und Bariton solo

Bon, Anna di Venezia
(ca. 1738-1767)

Anna Bon di Venezia ist eine derjenigen Komponistinnen, bei denen wesentliche Lebensdaten bis heute noch im Dunklen liegen. Sie soll 1738 oder 1740 als Tochter des Bologneser Künstlers Girolamo Boni und der Sängerin Rosa Ruvinetti in Venedig geboren sein. Bereits vierjährig erhielt sie Unterricht in der berühmten Musikschule 'Ospedale della Pietà' in Venedig. Im Geburtsjahr Mozarts wurde sie Hofmusikerin in Bayreuth: Sie stand, wie durch das Titelblatt ihrer ersten veröffentlichten Komposition, ihren „opera prima", den sechs Flötensonaten von 1756, belegt, als „Virtuosa di Musica di Camera" in Diensten von Friedrich, Markgraf von Brandenburg, und seiner Frau, Markgräfin Wilhelmine, der ältesten Schwester von Friedrich dem Großen. Bayreuth machten beide zu einem künstlerischen Zentrum mit einem der prachtvollsten Opernhäuser Europas. Musiker wie Franz Benda, Heinrich Graun, Johann Adolf Hasse, Johann Joachim Quantz und Philipp Emanuel Bach sind hier zu Gast gewesen. Die eminente Begabung Anna Bons muß hier den richtigen Förderkreis gefunden haben. Bereits in ihrem ersten Jahr am Hofe veröffentlichte sie die sechs Flötensonaten. Ihre letzte uns bekannte Komposition stammt von 1759 und umfaßt sechs Divertimenti für zwei Flöten und Basso continuo. Nach dem Tode der Markgräfin (1758) zog Anna Bon 1760 nach Nürnberg. 1762 ging sie mit ihren Eltern an den Hof des Fürsten von Esterhazy, an dem Joseph Haydn als Kapellmeister wirkte, und blieb dort bis 1765. 1767 soll sie in Hildburghausen bei Fürstin Ernestine Auguste als Ehefrau eines Kammer- und Opernsängers mit Namen Mongeri gelebt haben. 1794 wurde der größte Teil der Bayreuther Hofbibliothek durch ein Feuer zerstört. Wir nehmen an, daß sich darunter auch gedruckte Kompositionen oder gar Manuskripte der Künstlerin befanden.

CEMBALO- / KLAVIERMUSIK
Sechs Sonaten für Cembalo op. 2, Nürnberg, Balthasar Schmid 1757 / Düsseldorf, Ed. Donna 1991 / Bryn Mawr, Hildegard Publ. 1995

KAMMERMUSIK
Sechs Sonate da Camera op. 1 für Traversflöte und Cello / Basso continuo, Nürnberg, Balthasar Schmid 1756 / Fayetteville, ClarNan Ed. 1989 / Florenz, Studio per Ed. Scelte 1988

Sechs Divertimenti op. 3 für zwei Flöten und Basso continuo, Bryn Mawr, Hildegard Publ. 1995

BIBLIOGRAPHIE
Rostivolla, G.: L'organizazione musicale nell' 'Ospedale veneziano della Pietà' al tempo di Vivaldi. NRMI 1979

Baldauf-Berdes, J. L.: Women Musicians of Venice. Oxford, Musical Foundations 1993

DISKOGRAPHIE
Sechs Flötensonaten op. 1. Sabine Dreier, Flöte; Irene Hegen, Tafelklavier. Osnabrück, cpo classic

Sechs Sonaten für Flöte und Cembalo op. 1. Christiane Meininger, Flöte; Traud Kloft, Cembalo. Bietigheim, Bayer Records

Bond, Victoria
(* 1945)

Die amerikanische Dirigentin und Komponistin wurde am 6. Mai 1945 in Los Angeles geboren. Sie studierte an der University of Southern California Komposition und Gesang bei Ingolf Dahl und wechselte dann zur Juilliard School of Music, wo sie das Fach Dirigieren bei Jean Morel, Sixten Ehrling und Herbert von Karajan belegte und in Komposition Roger Sessions und Vincent Persichetti zu ihren Lehrern zählten. Sie war die erste Frau, die den Doktorgrad im Dirigierfach an der Juilliard School erlangte. Ihr Debüt am Pult absolvierte sie in der Alice Tully Hall in New York im Jahre 1973, anschließend dirigierte sie das Pittsburgh Symphony Orchestra und wurde Musikdirektorin des Pittsburgh Youth Orchestra und des New Amsterdam Symphony Orchestra. Ihr Europa-Debüt gab 1982 sie mit dem Irischen Orchester Radio Telefis. 1993 stand sie am Pult des Shanghai Symphony Orchestra, des Houston Symphony Orchestra und des Buffalo Symphony Orchestra. Von 1983 bis 1988 war sie musikalische Leiterin der Bel Canto Opera in New York und leitete das Albany Symphony Orchestra während seiner Jugendkonzerte.

Obwohl man sie in der Musikwelt eher als Dirigentin kennt, ist ihre Werkliste beträchtlich, und viele ihrer Werke wurden veröffentlicht. In Los Angeles komponierte sie z. B. Musik für etliche Filmstudios und für Dokumentarfilme von Jacques Cousteau. Sie schrieb Ballett- und Bühnenmusiken. Ihr Werk „Urban Bird" für Saxophon und Orchester wurde 1993 von der Women's Philharmonic San Francisco uraufgeführt.

KAMMERMUSIK

Trio für Horn, Trompete und Posaune (1969)
Canons für Klarinette und Violine (1970)
„Ménage à trois" für Flöte, Klarinette und Altsaxophon (1971)
Streichquintett (1972)
„Conversation Piece" für Viola und Vibraphon (1975)
Klaviertrio (1979)
„White on black" für Saxophon-Quartett und Instrumente (1983)
„Notes from the Underground" für Altsaxophon und Klavier (1985)
„Old New Borrowed Blues" für Percussion, Cembalo, Kontrabaß und Vibraphon (1986)
„Hot Air" für Holzbläser-Quintett (1991)
„Dreams of Flying" für Streichquartett (1994)
(Ihre Werke sind verlegt bei Broude Brothers, Th. Presser, Schirmer und Seesaw / USA)

ORCHESTERMUSIK

Elegy für Orchester (1971)
Vier Fragments (1972)
Sonata for Orchestra (1972)
„Ringing" (1976)
„Black Light" für Jazzpianist und Orchester (1988)
„Urban Bird" für Altsaxophon und Orchester (1993)

VOKALMUSIK

Aria für Sopran und Streichquartett (1970)
„Peter Quince at the piano" für Sopran und Klavier (1978)
„Margaret" für Sopran, Flöte, Violine, Cello, Klavier (1984)
„Scat II" für Sopran und Trompete (1984)

BÜHNENMUSIK

„Equinox", Ballett (1977)
„Great Galloping Gottschalk", Ballett (1981)
„The Frog Prince" nach Gebr. Grimm (1984)
„What's the point of Counterpoint", musikalische Fabel für Sprecher und Orchester (1985)
„Everyone is Good for Something" (1986)
„Molly Many Bloom", Monodrama für Sopran und Streichquartett (1991)
„Gulliver", Oper nach J. Swift (1994)

BIBLIOGRAPHIE

LePage, J. W.: Women Composers, Conductors and musicians of the 20th century. London, Scarecrow 1980
Hoffmann, J.: In Concert: Victoria Bonds Baton Revives Symphony. London, Wall Street Journal 1987

Bosmans, Henriette Hilda
(1895-1952)

Durch die eigene Mutter, die Pianistin Sara Bosmans-Benedicts, erhielt die niederländische Komponistin und Pianistin, die am 6. Dezember 1895 in Amsterdam geboren wurde, ihren ersten Klavierunterricht. Ihr Vater war Solo-Cellist des Concertgebouw Orchesters in Amsterdam. Im Alter von siebzehn Jahren schloß Henriette Bosmans ihre Ausbildung am Amsterdamer Konservatorium mit Auszeichnungen ab und begann eine Karriere als Konzerpianistin. 1920 trat sie erstmals als Komponistin in Erscheinung. Ihre Kompositionsstudien ergänzte sie 1927 bei Willem Pijper. Sie schrieb Orchester- und Kammermusik sowie Lieder (beispielsweise auf Texte von J. Prévert, P. Fort, P. Eluard). Ihre kompositorische Vorliebe galt dem Cello.
Im Zweiten Weltkrieg unterbrach sie ihre kompositorische Tätigkeit; ihr Doodenmarsch wurde 1946 mit dem Concertgebouw Orchester unter Adrian Boult uraufgeführt. Sie korrespondierte mit Benjamin Britten und begleitete den Tenor Peter Pears auf seinen Niederland-Tourneen. Ihre Werke, vor allem ihre Lieder, werden auch heute noch aufgeführt. Sie starb am 2. Juli 1952 in Amsterdam.

KAMMERMUSIK

Kadenzen zu Mozarts Violinkonzerten
Sonate für Violine und Klavier (1918)
Sonate für Cello und Klavier (1919), Amsterdam, Broekmans
Impressionen für Cello und Klavier (1926)
Klaviertrio (1921)), Amsterdam, Donemus 1952
Streichquartett (1928), Amsterdam, Donemus 1954

ORCHESTERMUSIK

Zwei Cellokonzerte (1922, 1924), Amsterdam, Donemus 1952
Poème für Cello und Orchester (1929)
Konzertstück für Flöte und Kammerorchester (1929), Amsterdam, Donemus 1952
Concertino für Klavier und Orchester (1929), Amsterdam, Donemus 1947
Konzertstück für Flöte und Orchester (1934)

VOKALMUSIK

„Drie brieven", „Copla" für Sopran, Mezzosopran und Klavier, Amsterdam, Broekmans 1950
„Daar komen de Canadezen" für Mezzosopran und Klavier
„Dit eiland", „Gebet", „In den Regen", „Een lied voor Spanje" für Mezzosopran und Klavier, Amsterdam, Broekmans
Vier Lieder auf französische Texte: „Mon rêve familier", „La comtesse Esmerée", „Le sultan", „Chansons des escargots" (1921-50), Amsterdam, Broekmans
„Teeken den hemel" für Mezzosopran und Klavier, Amsterdam, Broekmans
„Aurore" für Singstimme und Klavier, Amsterdam, Broekmans
„L'Anneau" für Singstimme und Klavier
„Complainte du petit cheval blanc", Amsterdam, Broekmans
„Je ne suis pas seul", Amsterdam, Broekmans
„Pour toi mon amour", Amsterdam, Broekmans
„Le regard éternel", Amsterdam Broekmans
„Six mélodies" für Singstimme und Klavier, Amsterdam, Broekmans
„Rondel" für Singstimme und Klavier
Lieder auf deutsche Texte, darunter: „Liebestrunken" (1927), „Der Kaiser" (1927), „Im Mondenglanz" (1933), Amsterdam, Donemus 1986
„Dix mélodies" für Singstimme und Klavier (1933-51), Amsterdam, Broekmans / Donemus 1984
„Les médisants", Amsterdam, Broekmans
Ave Maria für Singstimme und Klavier
„Belsazaar" (Text: H. Heine) für Alt und Orchester (1936), Amsterdam, Donemus 1952
„Doodenmarsch" für Sprecher und Orchester (1946)
„The artist's secret" (1948), Amsterdam, Donemus 1952
„Das macht den Menschen glücklich" (Text: H. Heine) für Singstimme und Klavier, Amsterdam, Broekmans 1951
„On ne sait rien" für Singstimme und Klavier (1951)
Verse aus „Maria Lecina" für mittlere Stimme und Klavier (1950), Amsterdam, Donemus 1954
Vier Lieder nach französischen Texten, Amsterdam, Donemus 1954

BIBLIOGRAPHIE

Wouter, Paap: De componiste Henriette Bosmans. Mens en Melodie 1947
Nancy van der Elst, Henriette Bosmans als liederen componiste. Mens en Melodie 1952
Looyestijn, Ellen: Henriette Bosmans, in: „Zes vrouwelijke componisten", Walburg 1991

DISKOGRAPHIE

Konzertstück für Flöte und Orchester / Concertino für Klavier und Orchester / Lieder nach französischen Texten. Attacca Babel, BVHaast, Amsterdam
„Liebestrunken". Meta Bourgonjen (Mezzosopran), Ro van Hessen (Klavier). Stichting Famke, Leeuwarden
„Chansons des escargots", „Complainte du petit cheval", „Een Lied voor Spanje", „Les médisants". Max von Egmond (Bariton), Cora Canne Meijer (Mezzosopran), Anne Haenen (Sopran), Thom Bollen (Klavier). CBS Records
Verse aus „Maria Lecina". In: „Zes Vrouwelijke Componisten". NM Classics, Holland

Boulanger, Lili Juliette Marie Olga (1893-1918)

Sie ist die Schwester der berühmten Kompositionslehrerin Nadia Boulanger. Lili Boulanger wurde am 21. August 1893 in eine Familie hineingeboren, die das Pariser Musikleben bereits seit dem 18. Jahrhundert nachhaltig bestimmte. Der Großvater hatte als Cellist einige Anerkennung errungen, die Großmutter wurde als Sopranistin berühmt; der Vater, Ernest Boulanger, gewann als Komponist im Jahre 1835 den bedeutenden Prix de Rome und die Mutter, Raissa, die der russischen Aristokratie entstammte, war Sängerin. Schließlich besaß auch Lilis sechs Jahre ältere Schwester Nadia eine außergewöhnliche musikalische Begabung, die sie eine weltberühmte Musikpädagogin, Dirigentin, Organistin und Komponistin werden ließ. Bereits mit drei Jahren begleitete Lili ihre Schwester zum Musikunterricht am Pariser Konservatorium. Wegen ihres schwachen Gesundheitszustandes (sie war sehr früh an einer schweren Lungenentzündung erkrankt) erhielt Lili nur unregelmäßigen Schul- und Musikunterricht. Dennoch hatte sie bereits 1901, 1904 und 1905 kleine öffentliche Auftritte als Violinistin und Pianistin. 1907 schrieb sie vier Psamvertonungen, 1908 ein „Ave maria" für Gesang und Klavier. Nachdem sie ab 1909 Kompositionsunterricht bei Georges Caussade und Paul Vidal erhielt, vernichtete sie diese ersten Kompositionen.

1912 debütierte sie als Komponistin mit dem Vokalquartett „Renouveau". Es wurde von der Musikkritik als Sensation aufgenommen. Ermutigt entschloß sich Lili, im selben Jahr am Wettbewerb um den Prix de Rome teilzunehmen. Ihre Krankheit zwang sie hingegen zur Aufgabe. Doch im Mai 1913 beteiligte sie sich erneut an dem Wettbewerb, indem sie ihre berühmte Kantate „Faust et Hélène" für Tenor, Bariton, Mezzosopran und Orchester einreichte. Sie gewann den Preis mit Überlegenheit vor allen übrigen Konkurrenten und wurde über Nacht weltberühmt.

Das mit dem Prix de Rome verbundene Stipendium für einen Aufenthalt in der Villa Medici in Rom nahm sie im März 1914 in Begleitung ihrer Mutter wahr. Mit Ausbruch des Ersten Weltkrieges 1914 und wegen ihres verschlechterten Gesundheitszustands verließ sie die Villa vorzeitig und kehrte nach Frankreich zurück. Sie komponierte kontinuierlich in dem Bewußtsein, ihr naher Tod könnte sie an der Vollendung ihrer Hauptwerke hindern. Sie beendete den bedeutenden Liederzyklus „Clairières dans le Ciel". 1916 fuhr Lili Boulanger zum zweitenmal in die Villa Medici, diesmal in Begleitung ihrer Schwester. Hier vertonte sie die beiden Psalmen: „La Terre appartient à l'Eternel" und „Ils m'ont assez opprimé". Nachdem der Arzt ihr eine Lebenschance von maximal zwei Jahren diagnostizierte, kehrte sie erschöpft nach Paris zurück, schrieb ihr bekanntes „Pie Jesu" und widmete sich ihrem letzten großen Werk, der Vertonung des Maeterlinck-Dramas „Princesse Maleine". Es blieb ein Fragment. Lili Boulanger starb am 15. März 1918 im Alter von 24 Jahren in Mézy bei Paris.

KLAVIERMUSIK

Valse in E für Klavier (1906)
Fünf Etüden für Klavier (1909)
Prélude in H für Klavier (1911), unvollendet
Prélude in Des für Klavier (1911)
Drei Etüden für Klavier (1911)
Fugue für Klavier (1912)
Zwei Etüden für Klavier zu vier Händen (1912)
Fugue für Klavier (1913)
„D'un vieux jardin" für Klavier (1914), Ricordi 1919 / New York, Schirmer 1979
„Cortège" für Klavier (1914), Ricordi 1919 / New York, Schirmer 1979
Morceau pour piano: thème et variations (1914)
„D'un jardin clair" für Klavier solo (1914), Ricordi 1919 / New York, Schirmer 1979

KAMMERMUSIK

Pièce für Violine/Flöte und Klavier (1909)
Nocturne für Violine / Flöte und Klavier (1911), Ricordi 1919 / New York, Schirmer 1979
„Cortège" für Violine / Flöte und Klavier (1914), Ricordi 1919 / New York, Schirmer 1979
Pièce für Cello und Klavier (1914)
Pièce für Oboe und Klavier (1914)
Sonate für Violine und Klavier (1916)
„D'un matin de printemps" für Violine / Flöte und Klavier (auch Fassung für Klaviertrio) (1917-1918), Durand 1922 / New York, Schirmer 1979
„D'un soir triste" für Cello und Klavier (auch Fassung für Klaviertrio) (1917-1918), New York, Schirmer 1979

ORCHESTERMUSIK

Stück für Trompete, Klavier und Orchester (1915)
Sicilienne für kleines Orchester (1916)
„Marche gaie" für kleines Orchester (1916)
Marche funèbre (1916)
„Poème symphonique" für Orchester (1916)
„D'un matin de printemps", Orchesterfassung (1918)
„D'un soir triste, Orchesterfassung (1918)

VOKALMUSIK

„La lettre de mort" für Sopran (Text: Eugène Manuel) (1904/1906)
„Ave Maria" für Stimme und Orgel (1908)
„Maia", Kantate für Sopran, Tenor, Baß und Klavier (Text: F. Beisser) (1911)
„Fredegonde", Kantate für Sopran, Tenor, Baß und Klavier (Text: Charles Morel) (1911)
„Reflets" für Sopran und Klavier / Orchester (Text: M. Maeterlinck) (1911), Paris, Ricordi 1918 / New York, Schirmer 1979
„Attente" für Sopran und Klavier (Text: M. Maeterlinck) (1912), Paris, Ricordi 1919 / New York, Schirmer 1979
„Le retour" für Mezzosopran und Klavier (Text: G. Delaquys) (1912), Paris, Ricordi 1919 / New York, Schirmer 1979
„Faust et Helène", Kantate für Mezzosopran, Tenor, Bariton und Klavier / Orchester (Goethe / Eugène Adenis) (1913), Rompreis. Klavierfassung: Ricordi 1913 / Durand 1970; Orchesterfassung: Ricordi 1920. Faust-Arie als „Harmonies du soir" für

Klaviertrio bei Durand

„Clairières dans le ciel" für Sopran oder Tenor und Klavier / Orchester (Francis Jammes, 13 Gedichte aus „Tristesses") (1914), Paris, Ricordi 1919 / Durand 1970 (überarbeitet von Nadia Boulanger)

„Dans l'immense tristesse" für Alt und Klavier (Text: Bertha Galeron de Calone) (1916), Paris, Ricordi 1919 / New York, Schirmer 1979

„La Princesse Maleine", Oper nach dem lyrischen Drama von M. Maeterlinck (1912-1918), unvollendet

„Pie Jesu" für Sopran, Streichquartett, Harfe und Orgel (1918), Durand 1922 / Fassung für Gesang und Orgel, Durand 1922

CHORMUSIK

„Apocalypse" für Soli, Chor und Orchester (1909)

„Sous bois" für gemischten Chor und Klavier (Text: P. Gille) (1911)

„Renouveau" für Sopran, Alt, Tenor, gemischten Chor und Klavier/Orchester (Text: A. Silvestre) (1911/13), Paris, Ricordi 1918 / Schirmer, New York 1979

„Soleils de septembre" für gemischten Chor und Klavier (1911)

„Les Sirènes" für Sopran, dreistimmigen Frauenchor und Klavier (Text: Ch. Grandmougin), Paris, Ricordi 1918 / New York, Schirmer 1979

„Le soir" für gemischten Chor und Klavier/Orchester (1912)

„La tempête" (Pendant la tempête) für dreistimmigen Chor und Klavier (Text: Th. Gautier) (1912)

„Soir d'été" für vierstimmigen Chor und Klavier (1912)

„La source" für vierstimmigen gemischten Chor und Klavier/Orchester (Text: Leconte de Lisle) (1912)

„La nef légère" für vierstimmigen gemischten Chor und Klavier (1912)

„Hymne au soleil" für Altsolo, gemischten Chor und Klavier/Orchester (Text: C. Delavigne) (1912), Paris, Ricordi 1918 / New York, Schirmer 1979

„Pour les funérailles d'un soldat" für Bariton, gemischten Chor und Klavier/Orchester (Text: A. Musset) (1912), Paris, Ricordi 1918 / New York, Schirmer 1979

„Soir sur la plaine" für Sopran und Tenor, gemischten Chor und Klavier/Orchester (Text: A. Samain) (1913), Paris, Ricordi 1918 / New York, Schirmer 1979

„Vieille prière bouddhique" für Tenor, gemischten Chor und Orchester (nach einem alten buddhistischen Gebet) (1914), Paris, Durand 1921/25

Psalm 24: „La terre appartient à l'Eternel" für Tenor, gemischten Chor, Orgel und Orchester (1916), Paris, Durand 1924/26

Lili und Nadia Boulanger. Foto: Fondation Internationale Nadia et Lili Boulanger, Paris

Psalm 129: „Ils m'ont assez opprimé" für Bariton oder Baß, Männerchor und Orchester (1916), Paris, Durand 1921

Psalm 130: „Du fond de l'abîme" für Alt, gemischten Chor, Orgel und Orchester (1911-17), Paris, Durand 1924/25

BIBLIOGRAPHIE

Lebeau, E.: Lili Boulanger: 1893-1918. Paris, Nationalbibliothek 1968

Rosenstiel, L.: The Life and Works of Lili Boulanger. London, University Press 1978

Kutz, T.: Lili Boulanger - eine vergessene Komponistin des Impressionismus. Aachen, Staatliche Hochschule für Musik Rheinland 1982

Spycket, J.: Nadia Boulanger. Lausanne, Payot 1987

Peacock Jeciz, D.: In: Women Composers. New York, Feminist Press 1988

Vom Schweigen befreit. Kassel, Festival-Katalog 1993

Roster, Danielle: In: „Allein mit meiner Musik". Echternach 1994

Rosenstiel, L.: Lili Boulanger, Leben und Werk. (überarbeitete Ausgabe der englischen Rosenstiel-Biographie) Hrsg. Kathrin Mosler. Bremen/Worpswede, Zeichen und Spuren 1995

DISKOGRAPHIE

„Clairières dans le Ciel".
1. Zeger Vandersteene (Tenor), Levente Kende (Klavier), Terpsichore 1982
2. Kristine Ciesinski (Sopran), Ted Taylor (Klavier), New York, Leonarda Productions
3. Eine Auswahl von vier Liedern, New York, Gemini Hall
4. „Nous nous aimerons tant" / „Du pied de mon lit". Meta Bourgonjen (Mezzosopran), Ro van Hessen (Klavier). Stichting Famke, Leeuwarden

„Du fond de l'abîme" / Psalm 24 / Psalm 129 / „Vieille prière bouddhique" / Pie Jesu. The Chorale Elisabeth Brasseur, Orchestre Lamoureux (Ltg. I. Markevitsch). Century City / USA, Everest Records

„D'un jardin clair". Eric Parkin (Klavier), New York, Unicorn-euroclass Record Distributors

„D'un matin de printemps". Katherine Hoover (Flöte), Carter Brey (Cello), Barbara Weintraub (Klavier). New York, Leonarda Productions

„D'un soir triste". Eric Parkin (Klavier), Barry Griffith (Violine), Keith Harvey (Cello). New York, Unicorn-Euroclass Record Distributors

„D'un vieux jardin". Eric Parkin (Klavier). New York, Unicorn-Euroclass Record Distributors

„Faust et Hélène". Lyne Dourian (Mezzosopran), André Mallabrera (Tenor), Michael Carey (Bariton), Monte Carlo National Opera Chor und Orchester (Ltg. I. Markevitsch), Los Angeles, Varese Saraband Records, Los Angeles

Nocturne. Katherine Hoover (Flöte), Virginia Eskin (Klavier). Leonarda Productions

„Three pieces für violin and piano". Yehudi Menuhin (Violine), Clifford Curzon (Klavier). EMI Records, England

„Pie Jesu". Gisèle Peyron (Mezzosopran), Instrumental Ensemble, New York, The Moss Music Group, Turnabout

„Pour les funérailles d'un soldat". Michael Carey (Bariton), Monte Carlo Opera Orchester (Ltg. I. Markevitsch), Varese Saraband Records, Los Angeles

Petit Concert of French Vocal Music, arrangiert und eingeleitet von Nadia Boulanger (mit Gisèle Peyron, Marie-Therese Holley, Paul Derenne, Doda Conrad). New York, The Moss Music Group, Turnabout

„Les Sirènes" / „Renouveau" / „Hymne au Soleil" / „Soir sur la Plaine" / Vier Lieder für Gesang und Klavier. Mitsuko Shirai (Sopran), Hartmut Höll (Klavier), Heidelberger Madrigalchor (Ltg.: Gerald Kegelmann). Bayer Records

Psalm 24 / „Pie Jesu" / „Du fond de l'abîme" (mit Fauré-Requiem). BBC Chor und Orchester (Ltg. Nadia Boulanger). Intaglio / Suisa

„In memoriam Lili Boulanger". Auswahl von Kammer- und Vokalmusik (mit Nadia Boulanger: Kammermusik). Emile Naoumoff (Klavier), Instrumentalsolisten. Marco Polo

Nocturne / „D'un matin de printemps" für Flöte und Klavier (mit Farrenc Trio op. 45; Manziarly: Flötentrio; Gubaidulina: „Allegro rustico"; Kate Waring: „Alapana" für Flötentrio, Meiniger Trio. Bayer Records

„Clairières dans le ciel" / „Les Sirènes" / „Renouveau" / „Hymne au soleil". New London Chamber Choir (Ltg. James Wood). Hyperion, London

Boulanger, Nadia Juliette
(1887-1979)

Die berühmteste französische Musikpädagogin dieses Jahrhunderts war Komponistin, Dirigentin und Organistin und wurde am 16. September 1887 in Paris geboren. Ihr Vater war Komponist und Professor für Violine am Pariser Konservatorium und gewann 1835 den Prix de Rome. Ihre aus der russischen Aristokratie stammende Mutter war Sängerin, und ihre sechs Jahre jüngere Schwester Lili komponierte bereits seit dem 14. Lebensjahr. Den ersten Musikunterricht erhielt Nadia von ihrer Mutter. Später studierte sie am Pariser Konservatorium bei Gabriel Fauré Komposition, bei Alexander Guilmant und Louis Vierne Orgel und bei Paul Vidal Harmonielehre. Trotz ihrer erst 21 Jahre gewann sie 1908 den zweiten Rompreis für ihre Kantate „La Sirène". Von 1909 bis 1924 war sie Assistentin in der Harmonieklasse des Pariser Konservatoriums. Lehraufträge an der Ecole Normale de Musique (1920-39) und am Amerikanischen Konservatorium in Fontainebleau, dessen Leitung sie 1950 übernahm, folgten. Außerdem trat sie im europäischen Ausland, in den Vereinigten Staaten und in Kanada als Dirigentin und Referentin auf.

Mit Ausbruch des Zweiten Weltkrieges ging Nadia Boulanger in die USA, wo sie am Wellesley College, Radcliffe College und an der Juilliard School lehrte. 1938 dirigierte sie als erste Frau das Boston Symphony Orchestra. 1946 kehrte sie nach Frankreich zurück und betreute eine Klasse für Klavierbegleitung am Pariser Konservatorium. Ihre Lehrtätigkeit brachte ihr außergewöhnlich hohe internationale Anerkennung ein. G. Gershwin, I. Markevitsch, A. Copland, J. Francaix, W. Piston, Louise Talma, G. Bacewicz, Thea Musgrave, Penderecki und viele andere namhafte Musiker und Komponisten aus aller Welt gehörten zu ihren Schülern. John Eliot Gardiner beschrieb sie folgendermaßen: „ ... ich habe nie wieder einen Musiker getroffen mit einem so breiten Repertoire und einem so tiefen Verständnis nicht nur für die Musik, sondern auch für alles drumherum, Philosophie, Religion, auch Politik!" Auch zur Wiederbelebung der französischen Renaissance-Musik und des Barock leistete sie einen wichtigen Beitrag. Als Komponistin schuf sie nach dem Tod ihrer Schwester Lili kaum noch etwas und widmete sich vielmehr der Verbreitung von Lilis Kompositionen. Der Fürst von Monaco ernannte sie zur Kapellmeisterin an der Kathedrale von Monaco. Man verlieh ihr Titel und zahlreiche Ehrendoktorwürden. Nadia Boulanger starb am 22. Oktober 1979 in Paris.

ORGEL- / KLAVIERMUSIK

„Prélude, petit canon, improvisations" für Orgel (1911)
„Pièce d'orgue sur des airs populaires flamands" (1915)
„Vers la vie nouvelle" für Klavier (1918)

KAMMERMUSIK

Elegie für Streichquintett und Bläser (1907)
Fuge für Streichquartett (1908)
„Trois pièces pour violoncelle et piano" (1913), Paris, Leduc

ORCHESTERMUSIK

Allegro für Orchester (1905)
Fantasie für Orchester (1905)
„Soleils couchants" für Streicher, Bläser und Harfen (1909)
„Rhapsodie variée" für Klavier und Orchester (1912)

VOKALMUSIK

„Ecoutez la chanson bien douce" für Singstimme und Orchester (1905)
12 mélodies für Singstimme und Klavier (1909): Elegie (Samain), Ne jure pas (Heine), Larme solitaire (Heine), Prière (Bataille), Cantique (Maeterlinck), Mélancholie (Heine), Versailles (Samain), La mer (Verlaine), Le beau navire, Heures ternes, Chanson (Delaquys), Paris, Leduc
Six mélodies für Singstimme und Klavier (1922): Au bord de la route (Mauclair), L'échange (Mauclair), Le couteau (Mauclair), J'ai frappé (Bourguignon), Chanson (Mauclair), New York, Ricordi / Da Capo Press
„Les heures claires" (Texte: E. Verhaeren) für Sopran und Klavier in Zusammenarbeit mit Raoul Pugno (1910): Le ciel s'est déplié, Avec mes sens, Vous m'avez dit, Que tes yeux clairs, C'était en juin, Chaque heure ou je songe, Roses de juin, S'il arrive jamais; New York, Da Capo Press
„La ville morte" (1911)
„Soir d'hiver" (1916)
„Lux aeterna" für Singstimme, Harfe, Violine und Cello (1918)
„Prière" für Singstimme und Klavier, Paris, Hamelle

CHORMUSIK

„Les Sirènes" für Chor oder vier Frauenstimmen und Orchester (1905)
Choralfuge (1907)
„A l'hirondelle" (1908)
„La Sirène", Kantate (für den Rompreis) (1908)
Choralfuge (1909)
„La Roussalka", Kantate für Soli und Orchester (1909)

BÜHNENMUSIK

„La ville morte" (G. d'Annunzio) (1911/12)

BIBLIOGRAPHIE

Kendall, A.: The tender tyrann Nadia Boulanger. London, Mac Donald and Janés 1976
Spycket, J.: Un diable de musicien. Lausanne, Payot 1979
Lili et Nadia Boulanger in „Revue Musicale", Paris 1982
Campbell, Don G.: Master teacher Nadia Boulanger, Pastoral Press, Washington 1984
Monsaigneon, B.: Mademoiselle: entretiens avec Nadia Boulanger. Luynes 1980 (englische Übersetzung 1985)
Rosenstiel, Leonie: Nadia Boulanger, a life in music. New York / London, Norton Press 1982
Spycket, J.: Nadia Boulanger. Lausanne, Ed. Lattes / Payot 1987
„Vom Schweigen befreit". Kassel, Festival-Katalog 1993
Roster, Danielle: In: „Allein mit meiner Musik": Echternach phi 1995

DISKOGRAPHIE

Lux aeterna für Singstimme, Harfe, Violine und Cello; Stücke für Cello und Klavier; „Le Couteau" für Singstimme und Klavier; „Vers la vie nouvelle" für Klavier. In: „In Memoriam Lili Boulanger". Emile Naoumoff (Klavier) und Ensemble. Marco Polo, Fono Münster

Fünf Lieder für Sopran und Klavier: „Les Heures claires" für Sopran und Klavier, „Vers la vie nouvelle" für Klavier, Sieben Lieder für Sopran und Klavier, drei Stücke für Cello und Klavier. Troubadisc, München

Nadia Boulanger als Dirigentin oder Klavierbegleiterin

Lili Boulanger: Psalm 24, „Pie Jesu", „Du fond de l'abîme"; Gabriel Fauré: Requiem op. 48. BBC Symphony Orchestra and Chorus (Ltg. Nadia Boulanger) (1968), Intaglio/Suisa 1991

Werke von Monteverdi, Schubert (Mondenschein), Brahms (Liebesliederwalzer op. 52). Vokal- und Instrumentalensembles (Ltg. und Klavier Nadia Boulanger) (Historische Aufnahme von 1937), Perl

Britain, Radie
(1903-1994)

Die amerikanische Komponistin und Pianistin wurde am 17. März 1903 in Amarillo, Texas, geboren. Im Alter von sieben Jahren erhielt sie Klavierunterricht am Clarendon Conservatory. Später studierte sie am American Conservatory of Music in Chicago, Illinois. Dort bestand sie die Abschlußprüfung mit Auszeichnung. 1924 ging sie nach Europa und setzte ihre Studien bei Noelte, Levy und Pembauer in München und später bei Marcel Dupré in Paris fort. Von 1930 bis 1934 lehrte sie Komposition und Harmonielehre am Girvin Institute of Music in Chicago. 1938 wurde sie Mitglied des Lehrkörpers am American Conservatory of Music in Chicago; später unterrichtete sie in Hollywood. 1945 gewann sie als erste Komponistin den Juilliard Publication-Preis für ihr Orchesterwerk „Heroic Poem". Mehr als 50 ihrer Kompositionen wurden mit nationalen und internationalen Preisen ausgezeichnet. Als Autorin von „Composer's Corner" (1978) wurde sie bekannt und veröffentlichte weitere Bücher. Das Musical Arts Conservatory in Amarillo verlieh ihr die Ehrendoktorwürde. Ihre Werke wurden zum großen Teil veröffentlicht und aufgeführt. Radie Britain starb 1994. Ihr Nachlaß befindet sich in der School of Music, Los Angeles.

KLAVIERMUSIK

„Westernsuite" (1925), München, Halbreiter
„Prelude" (1925)
„Covered Wagon" (1925)
„Grotesker Tanz" (1929)
„Enfant Suite" (1935)
„The Chateau" (auch für Violine) (1938)
„Pastorale" für zwei Klaviere (auch für Orchester) (1939)
„San Luis Rey" (1941)
„St. Francis of Assisi" (auch für Orchester) (1941)
„Geppeto's toy shop", Sammy-Birchard 1942
„The cactus rhapsody" (auch für Orchester) (1945)
„Serenate Sorrentina" (1946)
„Barcarolle" / „Goddess of inspiration" / „Dance of the clown" (1948)
„Dreams" (1948)
„Enchantement" (1949)
„Escape" (1949)
„Heel and toe" (1949)
„Torillo" (1949)
„Adoration" (1951), Calvi Music 1956
„Angel chimes" (auch für zwei Klaviere), American Music Edition 1951
„The juggler" (1951)
„Wings of silver" (1951)
„Joy" (1953)
„Mexican weaver" (1954)
„Ensenada", Brasilien, Ricordi 1956
„Le petit concerto" für Klavier zu vier Händen, Robert B. Brown 1957
Sonate für Klavier op. 17 (1958)
„Epiphyllum" (1966)
„Riding hard in Texas", 10 Stücke für Klavier (1966)
Vier Sarabanden für Klavier (1967)
„Egyptian Suite" (1969)
„Lakalani" (1970)
„Hawaiian panorama" (1971)
„Kuilimi" (1977)
„Lei of love" (1978)
„Ada Kris" (1981)
„After the Storm" (1982)
„Alaskan inner passage" (1983)
„Cotton fields"
„Kambu"
„Little per cent"
„Little spaniard"
„Silver wings"

KAMMERMUSIK

„Episches Gedicht" für Streichquartett (1927)
Streichquartett (1934)
„Chipmunks" für Holzbläser, Harfe und Schlagzeug (1940)
Phantasy für Oboe, Harfe und Klavier (1942)
„Love Song of the Taj Mahal" (1947)
„Casa del sogno" für Oboe und Klavier (auch für Violine) (1958)
„Dance grotesque" für zwei Flöten (1960)
„In the beginning" für vier Hörner (1962)
„Anima Divina" für Harfe, New York, Seesaw 1966
„Les Fameux Douze" für Violine und Cello (1966)
Pastorale für Sprecher, Oboe, Cembalo und Harfe (auch für zwei Klaviere) (1967)
„Processional" für vier Posaunen (1969)
„Recessional" für vier Posaunen (1969)
Phantasy für Holzbläsertrio, Klarinette, Oboe und Fagott (1974)
„The world does not wish for beauty" für vier Tuben (auch für gemischten Chor) (1977)
„Musical Portrait of Thomas Jefferson" für Streichquartett (1979)
„Translunar Music" Cycle für Cello und Klavier (1980)
Barcarole für acht Celli (auch für Klavier und Cello) (1981)

ORCHESTERMUSIK

Rhapsody für Klavier und Orchester (1923)
„Heroic Poem", American Music Corp. (1924)
Symphonisches Intermezzo (1928)
Prelude zu einem Drama, New York, Seesaw (1928)
Ouverture zu „Pygmalion" (1930)
„Rhapsodic Phantasy" (1931)
Nocturne für kleines Orchester (1934)
„Light" (Hommage an Thomas Edison) (1935)
„Infant Suite" für kleines Orchester (1935)
„Southern Sinfonie", Robert B. Brown 1935
„Canyon" (1939)
Pastorale (1939)
„Saturnale" (1939)
„Down" für Orchester (1939)
„Ontanagon", Skizzen für Schlagzeug, Celesta, Harfe, Streicher und Klavier, USA, Robert B. Brown 1939
Streichersuite, Robert B. Brown 1940
„St. Francis of Assisi", Robert B. Brown 1941
Phantasy für Oboe und Orchester (1942)
„We Believe" (1942)
„Jewels of Lake Tahoe" (1945)
„Red Clay" (1946)
„Umpqua Forest" (1946)
„Paint Horse and Saddle" (1947)
„Chicken in the Rough" (1947)
„Radiation" (1955)
„Cowboy Rhapsody" (1956)
„Rhapsodic Rhapsody" für Klavier und Orchester (1956)
„Minha terra", Brasilien, Ricordi 1958
„Cosmic Mist" Symphony (1962)
„Kambu" (1963)
„Pyramids of Giza" (1973)
„Cactus Rhapsodi" (1974)
„Anwar Sadat in Memoriam" für Klavier und Orchester (1981)
„Mother, a melody" (1982)
„Sea rhapsody"
„Person, lament"
„The Builders" für Orchester (auch für gemischten Chor)

VOKALMUSIK

Barcarole für Sopran, Klavier oder acht Singstimmen / Singstimme und acht Celli
„Baby I can't sleep" (1936)
„Love song of the Taj Mahal" (1947)
„Overtones" für Flöte und Singstimme (1970)
„Fulfilment" für Singstimme und Klavier (1980)
„We are the wind chimes" für Singstimme und Klavier (1981)
„Lost river" für Singstimme und Klavier (1982)
„Lotusland" für Singstimme und Klavier
„Nature ushers in the dawn"
Weitere Lieder und Gesänge

CHORMUSIK

„Noontide" (Text: Nietzsche) für Frauenchor
„Rain" (Text: L. Luther) für Frauenchor, Robert B. Brown 1935
„Fairy of spring" (Text: Butterfield) für Frauenchor (1935)
„Immortality" (Text: F. F. Miller) für Chor a cappella
„Song of the Joshua" für Frauenchor (1938)
„Twilight moon" (Text: Eberhart) für Frauenchor (1938)
„Lasso of time" (Text: Alice McKenzie) für Männerchor (1940)
„Brothers of the clouds" (Text: Kate Hammond) für Männerchor (1964)
„Little man" (Text: Wilton) für Frauenchor (1965)
„Holy lullaby" (Text: Halff) für Frauenchor (1975)

BÜHNENMUSIK

„Shepherd in the Distance", Ballettmusik (1929)
„Wheel of Life", Ballettmusik (1933)
„Ubiquity", musikalisches Drama (1937)

„Happyland", Operette (1946)
„Carillon" (1952)
„The Spider and the Butterfly", Operette für Kinder (1953)
„Kuthara", Kammeroper (1960)
„Lady in the Dark", Oper (1962)
„Kambu", Ballettmusik (1963)
„Western Testament", Oper (1964)

BIBLIOGRAPHIE

Britain, Radie: Composer's Corner. Highland Music Corporation, Hollywood 1978

LePage, Weiner Jane: Women Composers, Conductors and Musicians of the 20th Century. Vol. III, London, Scarecrow Press 1988

Bronsart, Ingeborg Starck von
(1840-1913)

Die deutsche Komponistin und Pianistin wurde am 24. August 1840 als Tochter schwedischer Eltern in St. Petersburg geboren. N. von Martinoff war der erste, der ihr musikalisches Talent erkannte und förderte. Mit zwölf Jahren begann sie zu komponieren und gab bereits Klavierkonzerte. Später setzte sie ihre Studien bei Adolf Henselt in Deutschland fort. Im Alter von achtzehn Jahren wurde sie für zwei Jahre Schülerin von Liszt in Weimar. Danach arbeitete sie als Konzertpianistin und trat in Leipzig, St. Petersburg, Paris und einigen deutschen Städten auf. 1862 heiratete sie Hans Bronsart von Schellendorff, den sie bei Liszt kennengelernt hatte. Als dieser Intendant des Königlichen Hoftheaters in Hannover wurde, untersagte man der Ehefrau öffentliche Auftritte als Pianistin. Mit ihrer Oper „Jery und Baetely", die 1873 in Leipzig veröffentlicht wurde, hatte sie großen Erfolg; sie wurde u. a. in Weimar, Berlin, Königsberg, Wiesbaden und Wien aufgeführt. Die Oper „König Hierne" erlebte 1891 an der Hofoper Berlin ihre Premiere. Ingeborg von Bronsart starb am 17. Juni 1913 in München.

KLAVIERMUSIK

Fantaisie mélancholique für Klavier
Fantasie g-moll, Leipzig, Breitkopf & Härtel
Nocturne, Petersburg, Bernard
Tarantella, Petersburg, Bernard
Valse caprice und Impromptu, Mainz, Schott
Zwei Wiegenlieder, Mainz, Schott
Zwei Klaviersonaten
Etüden, Petersburg, Bernard
Vier Klavierstücke, Mainz, Schott

KAMMERMUSIK

Nocturne op. 13 für Cello und Klavier, Leipzig, Breitkopf & Härtel
Elegie op. 14 für Cello und Klavier, Leipzig, Breitkopf & Härtel
Romanze op. 15 für Cello und Klavier, Leipzig, Breitkopf & Härtel
Romanze für Violine und Klavier, Weimar, Kühn
Fantasie op. 21 für Violine und Klavier, Leipzig, Kahnt
Fantasie für Cello und Klavier

ORCHESTERMUSIK

Klavierkonzert (1863), (Uraufführung, Hannover, Ltg. Joseph Joachim)
Kaiser-Wilhelm-Marsch für Klavier und Orchester, Berlin, Bote & Bock 1872

VOKALMUSIK

(alle für Singstimme und Klavier)
„Die Lorelei" (Heine), Mainz, Schott 1865
„Und ob der holde Tag" (1870)
Drei patriotische Lieder, Schott, Mainz 1871
Drei Lieder (Heine, O. Roquette), Hannover, Nagel
Fünf Lieder (Goethe, Platen, Rückert), Oldenburg, Schulze
Sechs Lieder op. 8, Leipzig, Kahnt 1879
„Hafisa", drei Lieder op. 9, Leipzig, Kahnt 1879
Sechs Gedichte (Bodenstedt), Leipzig, Kahnt 1879
Fünf Weihnachtslieder op. 11, Oldenburg, Schulze 1880
Sechs Gedichte op. 12 (Bodenstedt), Oldenburg, Schulze 1880
Fünf Gedichte op. 16 (Wildenbruch), Breslau, Heinauer 1882
12 Kinderreime op. 17, Leipzig, Breitkopf & Härtel 1882
Sechs Dichtungen (Lermontow), Leipzig, Kahnt 1891
Drei Dichtungen op. 22 (Cornelius), Leipzig, Kahnt 1891
Drei Dichtungen op. 23 (Goethe, Lenau), Berlin, Bote & Bock 1892
„Rappelle-toi" op. 24 (A. de Musset), Leipzig, Breitkopf & Härtel 1902
Drei Lieder op. 25 (Bodenstedt, Goethe, Heine), Leipzig, Breitkopf & Härtel 1902
„Abschied" op. 26 (Dahn), Leipzig, Breitkopf & Härtel 1903
Lieder (gewidmet La Mara) (1910)

CHORMUSIK

„Hurra Germania" (F. Freiligrath). Lied für Männerchor, Hannover, Pinkvoß 1871
„Kennst du die rote Rose nicht?" Lied für Männerchor, Berlin, Sulzer & Weimar 1873
„Osterlied" für gem. Chor, Leipzig, Schuberth 1903

OPER

„Jery und Baetely" (Goethe), Leipzig, Kahnt 1873
„Die Göttin zu Sais" (1867)
„König Hiarne" (1891)
„Die Sühne" (1909)

BIBLIOGRAPHIE

Polko, E.: Ingeborg v. Bronsart: Biographisches Skizzenblatt. In: Neue Musikzeitung 1888
Asmus, W.: Ingeborg v. Bronsart. In: Neue Musik Zeitung
La Mara: Ingeborg v. Bronsart. In: Musikalische Studienköpfe, Leipzig 1902
Morsch, A.: Ingeborg v. Bronsart. In: Gesangspädagogische Blätter, 1910
Kohut, A.: Erinnerungen an Bronsart, mit ungedruckten Briefen derselben. In: Deutsche Musiker Zeitung, 1913
Stieger, F.: Opernkomponistinnen. In: Die Musik, 1913-14

Bruzdowicz-Tittel, Joanna
(* 1943)

Joanna Bruzdowicz, geboren am 17. Mai 1943 in Warschau, wuchs in einer musikalischen Atmosphäre auf; ihr Vater war Cellist und ihre Mutter spielte Klavier. Bereits mit zwölf Jahren begann Joanna zu komponieren. Zunächst studierte sie Klavier bei Irena Protasewicz und Wanda Lisakiewicz. Am Staatlichen Konservatorium in Warschau war Sikorski ihr Kompositionslehrer. 1966 schloß sie ihr Studium ab.
Als Pianistin gab Joanna Bruzdowicz Konzerte in Polen, Belgien, Österreich und der Tschechoslowakei. Ein Stipendium der französischen Regierung ermöglichte es ihr, von 1968 bis 1970 ihre Kompositionsstudien bei Nadia Boulanger und Olivier Messiaen in Paris fortzusetzen. Sie arbeitete in der 'Groupe de Recherches Musicales' des französischen Radios und Fernsehens mit und befaßte sich mit elektronischer Musik am Pariser Konservatorium; dort war Pierre Schaeffer ihr

Joanna Bruzdowicz-Tittel. Foto: Archiv

Lehrer. Ihre beiden Opern, „In der Strafkolonie" nach Kafka und „Die Trojanerinnen" nach Euripides, wurden 1972 in Tours und 1973 in Paris uraufgeführt. Als Journalistin und Musikkritikerin hielt sie in verschiedenen Ländern Vorträge über das Musikleben in Polen, über Elektroacoustik und zeitgenössische Musik. Sie war Gründungsmitglied der „Jeunesse Musicales" Polens und der „Groupe International de Musique Electroacustique" in Paris. Sie nahm an vielen internationalen Musikfestivals teil. Ihre Werke wurden in den verschiedensten Ländern, auch in China und Mexiko, aufgeführt.
Zusammen mit ihrem Ehemann Jürgen Tittel verfaßte sie zahlreiche Fernsehfilm-Skripte, zu denen sie die Musik lieferte. Sie ist Mitarbeiterin der Elektronischen Studios der Universität Gent in Belgien und des Belgischen Rundfunks.
Seit 1975 lebt die Komponistin in Belgien und in Südfrankreich. Sie ist Präsidentin der von ihr gegründeten Frédéric-Chopin- und der Karol-Szymanowski-Gesellschaft in Belgien.

ORGEL- / CEMBALO- /KLAVIERMUSIK

„Erotiques" für Klavier (1966), Paris, Salabert
„Pehnidi" für Cembalo (1970)
„Mater polonica" für Orgel (1973), Paris, Choudens
„Esistanza" für zwei Klaviere (1973), Paris, Choudens
„Einklang" für Cembalo und Orgel (1975), Paris, Choudens
„Equivocita", musikalisches Spiel für Klavichord (1978)
„Sonate d'octobre in memoriam 16.10. 1978", Darmstadt, Tonos
Prélude et fugue für Cembalo (1980), Paris, Choudens

KAMMERMUSIK

„Esquisses" für Flöte, Viola, Cello und Klavier
Streichquartett Nr. 1, Variationen für Streichquartett (1963)
Kaiserquintett (1966)
„Per due" für Violine und Klavier (1966)
„Epigramme" für Violine solo (1966), Warschau, PWM
„Esquisses" für Flöte, Viola, Cello (1969), Paris, Choudens
„Episode" für Klavier und 13 Streicher (1973), Paris, Choudens
Quartett für Viola, Oboe, Trompete und Posaune (1975)
Trio für Klarinette, Violine und Klavier (1976)
„Fantasia hermantica" für Viola und Klavier (1979), Paris, Choudens
„Ette" für Klarinette solo, Paris, Choudens
„Tre contre tre" für Flöte, Oboe, Viola und drei Schlagzeuge (1979), Paris, Choudens
„Trio dei due mondi" für Viola, Cello und Klavier (1980), Darmstadt, Tonos
„Trio per trio", Tanzsuite für Flöte, Viola und Cembalo (1981)
„Dreams & Drums" für einen Schlagzeuger (1982)
„Oracle" für Fagott und Tonband (1982)
Streichquartett „La vita" (1983)
Streichquartett „Cantus aeternus" (1988)
Sonate Nr. 1 „Il ritorno" für Violine solo (1990)
Violinsonate „Spring in America" (1994)
Doppelkonzert für Saxophon und Jazz-Piano (1994)
Quintett für Klarinette und Streichquartett (1995)

ORCHESTERMUSIK

Impressions für zwei Klaviere und Orchester (1966)
„Suite in memoriam S. Prokofieff" (1966)
„Eclairs" (1969), Paris, Choudens
Klavierkonzert (1974), Paris, Choudens
Sinfonie für großes Orchester (1975), Paris, Choudens
Violinkonzert (1975), Paris, Ed. Radio France
„Aquae Sextiae", Suite für Blasinstrumente (1978)
Konzert für Kontrabaß und Orchester (1982)
„Four Season's Greetings" für Soloinstrument und Streicher (1988/89)
Konzert für Cello und Orchester (1994)

VOKALMUSIK

Lieder auf Texte von K. I. Galzynski
„Niobe" für Instrumentalensemble, Sopran und Sprecher (1966)
„Sketches from the Harbour" für Mezzosopran und Ensemble (1967), Krakau, PWM

CHORMUSIK

„Jour d'ici et d'ailleurs" für Chor, Vokalquartett, Sprecher und Ensemble (1971), Paris, Choudens
„A claire voix" für gemischten Chor und Instrumente (1973), Paris, Choudens
„Urbi et Orbi" (Texte: H. Hesse, Jürgen Tittel), Kantate für Tenor, Kinderchor, zwei Trompeten, zwei Posaunen, Orgel (1985)

BÜHNENMUSIK

„Die Strafkolonie", Kammeroper nach Kafka (1968)
„Die Trojanerinnen", musikalische Tragödie nach Euripides (1972)
„L'âne qui jouait de la lyre", Radio-Oper (1975)
„The gates of paradise", Musikdrama nach Jerzy Andrwejewski für 14 Instrumente und Tonband (1984)
„Clafonti's Star", Musical für Kinder (1988)
„Tides and Waves" (frz.: „La marée et les vagues") (Libretto: H. Fuers-Garcia, Jürgen Tittel), Opern-Musical (1992)
„Maisonneuve" (Libretto: Gareau du Bois), Opern-Musical (1992)

FILMMUSIK

„Le hussard sur le toit" (1969)
„Objects à reflection" (1969)
„La mort de Lord Chatterley" (1972)
„Les Cyclopes" (1972)
„Chita, je t'aime" (1974)
„La forêt d'Orléans" (1976)
„Die Geschichte eines neugierigen Vogels" (1976)
„Aussagen nach einer Verhaftung" (ZDF, 1978)
„A propos de la neige fondue" (1979)
„Tante Blandine" (1982)
„Islande" (1982)
„Un echec de Maigret" (1985)
„Sans toi ni loi" (1985)
„Stahlkammer Zürich", 12 Filme (Bavaria 1985/86)
weitere 36 Filme zwischen 1986 und 1991

TONBAND- / ELEKTRONISCHE MUSIK
„Ek-Stasis" für ein kinetisches Environment für Constantin Xenakis (mit Mimen) (1969)
„Phobos" (1969)
„Salto" für Schlagzeug und Tonband (1970)
„Epitaphe" für Cembalo und Tonband (1972), Paris, Choudens
„An der schönen blauen Donau" für zwei Klaviere und Tonband (1973)
„Homo faber", elektronische Trilogie (1971-75)
„Inner space - outer space" (1978)
„Bartokalia" (1979)
„Marlos grosso brasilieiras" für Flöte, Violine, Cembalo und Tonband (1980), Darmstadt, Tonos
„Neue Kinderszenen" (1980)
„Dum spiro spero" für Flöte und Tonband (1981)
„Para y contra" für Kontrabaß und Tonband (1981)

DISKOGRAPHIE
„Marlos Grosso Brasileiras", „Chant d'amitié" für Flöte, Violine, Cembalo und Tonband. Trio Baroque. Brüssel, Pavane Records
„Sonate d'octobre", „Erotiques" für Klavier. Aquiles delle Vigne (1), Carol Honigsberg (2), Klavier. Brüssel, Pavane Records
„Trio dei due mondi" für Violine, Cello und Klavier. In: XX. Century Music (mit Werken von Grete v. Zieritz und Elis Johuston). Marus / EMI Electrola
„Homo faber", „Dum spiro spero". Marc Grauwels, Flöte; Tonband. Brüssel, Pavane Records
1. und 2. Streichquartett. Warschauer Streichquartett. Brüssel, Pavane Records
„Tante Blandine", Violinkonzert. Krysztof Jakowicz, Violine; Philharmonisches Orchester Lodz, Ltg. A. Markowski. Brüssel, Pavane Records
Konzert für Kontrabaß und Orchester. Phliharmonisches Orchester Lodz, Ltg. A. Markowski. Brüssel, Pavane Records
Violinsonate „Il ritorno", „Epigramme" für Violine solo (mit Bacewicz). Robert Szreder, Violine. Brüssel, Pavane Records

Buchanan, Dorothy Quita
(* 1945)

Als zweite Tochter musikalische Eltern wurde Dorothy Buchanan am 28. September 1945 in Christchurch in Neuseeland geboren. Ihre Eltern waren Pianisten und ihre fünf Schwestern Sängerinnen und Instrumentalistinnen. In einer derart musikalischen Umgebung aufgewachsen, studierte sie bis 1967 Musik an der University of Canterbury. 1973 veranstaltete sie Workshops und gründete die 'Centre Sound Choral Group' und nach 1976 eine 'School of Young Christchurch Composers'. So spielt sie in Neuseeland auch als Pädagogin, Musikautorin und Musikdirektorin eine wichtige Rolle. Als Komponistin arbeitet sie intensiv mit Malern und Dichtern zusammen, und in vielen ihrer Werke läßt sie sich durch die Landschaft ihrer Heimat inspirieren. 1984 wurde Dorothy Buchanan 'Composer in residence' im Filmarchiv von Wellington und schrieb Filmmusiken zu klassischen Stummfilmen.

KLAVIERMUSIK
„Song without words" für zwei Klaviere (1978), Nota Bene
„Ninemoa and Tutanekai", Suite für Klavier (1978), Nota Bene
„Champagne and Roses" für Klavier solo (1982)
„Song for Jonathan" für Klavier solo (1984)
„From the Mountains" für Klavier solo (1991)

KAMMERMUSIK
Vier Duos für Violine und Cello (1968)
Fünf Stücke für Fagott (1968)
Streichquartett (1973)
„From the Spring" für Violine und Klavier (1991)
„Soliloquy for Two" für Violine / Cello / Klarinette und Klavier (1984)
„Farewell Music" für Violine und Klavier (1979)
Sonata für Violine und Klavier (1977)
„Night Song", „Bird Song" für Violine und Klavier (1977)
Aria und Toccata für Violine solo (1977)
„Theme and three Variations" für drei Violinen und Klavier (1977)
„Seven Interpretations" für Kammer-Septett (1979)
„Trio Sound" für Violine, Cello und Klavier (1980)
„Christmas Music" für Bläserquintett, Streichquintett, Klavier und Gitarre (1981)
„A few Melodies" für Oboe solo (1981)
„Three Cashmere Sketches" für Horn, Viola und Klavier (1982)
„Four Hillmorton Dances" für Violine, Cello und Klavier (1982)
„Three" für Violine und Klavier (1988)
„Three New Zealand" für Cello solo (1988)
„A suite of Melodies" für Cello und Orgel / Klavier (1987)
„Nine Colour Sketches for Four" für Kammerensemble (1988)
„Echoes and Reflections" für Klarinette, Cello, Violine und Gitarre (1993)

ORCHESTERMUSIK

„Scottish Folk Song Sketches" für Pfeifer und Streichorchester (1971)
Concertino für Horn / Trompete und Schulorchester (1976)
„Colours" für Kammerorchester (1976)
„How Maui snared the Sun" für Klavier, Kammerorchester und Schlagzeug (1977)
„Missa de Angelis" für Orchester (1979)
„Roadshow" für Orchester (1982)
„1920's for Strings and Things" für Streichorchester ohne Baß (1985)
Sinfonietta für Okarina / Piccoloflöte und Orchester (1989)

VOKALMUSIK

„Songs of Wind and Moon" für Sopran, Tenor und Streichorchester (1966)
„The Blossom of the Branches" (Text: Ruth Gilbert) für Sopran, Alt, Baß und Klavier (1979)
„The Blossom" für Mezzosopran und Klavier (1981)
„Six Choruses" für Mezzosopran und Orgel (1983)
„Greeting Song" für Stimme und Orchester (1983)
Fünf Lieder für Bariton, Flöte und Klavier (1984)
„Herold" (Text: Bibel) für Sopran, Alt, Tenor und Baß solo (1984)
„Five Vignettes of Women" für zwei Soprane, Alt und Flöte (1987)
„Mary Magdalene", Liederzyklus für Mezzosopran und Klarinette (1989)
„Flute Song for the Birds" für Singstimmen und Flöte (1989)
„Fragments", Liederzyklus für Singstimme, Klarinette und Cello (1992)

CHORMUSIK

Magnificat für Mezzosopran, Chor, Flöte und Blechbläser (1981)
„The Call of the River" für Soli, Chor, Sprecher und Ensemble (1990)
„Five Songs of Love and the Land" für Sopran, Klarinette und gemischten Chor (1991)

FILMMUSIK

„The Adventure of Algy" (1984)
„Queen of the Rivers (1985)
„Metropolis" (1985)
„Music für Treasures" (1989)
„Hamlet" (1991)

BÜHNENMUSIK

„The Tempest" (Shakespeare), Bühnenmusik (1983)
„Oedipus Rex" (Sophokles), Bühnenmusik (1983)
„Greenleaf", Oper (1985)
„Just Looking", Musik für Tänzer (1987)
„Library at the End of the World", Musical (1990)

Buczek (Buczkówna), Barbara (1940-1993)

Barbara Buczek, polnische Komponistin und Musikpädagogin, geboren 1940 in Krakau, erhielt ihren ersten Musikunterricht von ihrem Vater. Später nahm sie bei K. Mirski Klavierunterricht. Als Schülerin in der Klavierklasse von Maria Blinska-Riegerowa am Staatlichen Musiklyzeum in Krakau schloß sie 1959 ihre Ausbildung mit Auszeichnung ab und wechselte zur Staatlichen Musikhochschule in Krakau. Hier studierte sie bis 1965 Klavier bei L. Stefanski. Von 1968 bis 1973 war B. Schäffer ihr Kompositionslehrer. 1974 erwarb sie ihr Abschlußdiplom. Bereits 1970 erhielt sie für ihr Orchesterstück „Zwei Impressionen" während des Grzegorz Fitelberg-Kompositionswettbewerbes einen Preis; weitere Auszeichnungen in Kattowitz, Warschau, Rom und Wien folgten. Ihre Werke wurden in Konzerten und bei Festivals u. a. in Kattowitz, Warschau, Salzburg, Straßburg, Brüssel und Rom aufgeführt. Sie nahm am Internationalen Komponistinnen-Seminar in der Schweiz (1984), an den Internationalen Komponistinnen-Kongressen in Boswil (1986), in Heidelberg (1988) und in Madrid (1990) teil.

Lange Jahre war Barabara Buczek als pädagogische Mitarbeiterin der Staatlichen Musikhochschule in Krakau tätig und unterrichtete Partiturlesen, Gehörbildung, Klavier, Komposition und Kontrapunkt. Sie starb 1993 in Krakau.

KAMMERMUSIK

„Study I",Studie für Flöte solo (1968)
1. Streichquartett (1968)
Bläserquintett (1969), Wien, Ariadne
Fuge für ein Jazz-Ensemble (1969)
Stück für Flöte, Klavier und Cello (1970)
Quintett für Saxophon, Flöte, Horn, Vibraphon und Cello (1971)
Acht leichte Präludien und acht diatonische Kanons für zwei Klarinetten (1971), Krakau, PWM
„Musica per tredeci strumenti" (1971)
Sextett für Violine, Flöte, Sopran, Cello und zwei Klaviere (1974), Wien, Ariadne
Streichduodezett „Mrok płomienia" (Flammendämmerung) (1976)
„Eidos I" für Violine solo (1977)

„Eidos II" für Tuba (1977)
„Hypostasis I", Quintett für Sopran, Flöte, Vibraphon, Cello und Saxophon (1978)
„Eidos III" für Fagott (1979)
Kleines Konzert für Violine (1979)
„Unicursal Figures" für Flöte, Vibraphon und Cello (1980)
„Eidos II, Fassung für Tuba und Klavier (1984)
„Transgressio", 2. Streichquartett (1985), Krakau, PWM
„Primus Inter Pares" für Horn und sechs Instrumente (1985)
„Hypostasis II" für Streichsextett (1990)
„Hypsotasis III" für 14 Instrumente (1991)
„Les accords ésotériques" (1991)

ORCHESTERMUSIK

Drei Stücke für Kammerorchester (1968)
Klavierkonzert (1969)
„Metrafonie" für großes Orchester (1970)
zwei Impressionen für Orchester (1970)
„Labyrinth" für großes Orchester (1974)
„Anakumena", Konzert für 89 Instrumente (1974), Krakau, PWM
„Assemblage" für Altflöte und Streichorchester (1975)
„Simplex" für Soli und Orchester (1976)
Violinkonzert (1979)
„Dikolon" für Orchester (1985)
„Phantasmagories" für Kammerorchester (1989)

VOKALMUSIK

Vokalkonzert für 12 Solostimmen (1969)
„Desunion" für Sopran und Kontrabaß (1982)

BIBLIOGRAPHIE

Buczek, Barbara: In: Komponistinnen-Festival 1985-89, Heidelberg 1989

DISKOGRAPHIE

„Anakumena", Konzert für 89 Instrumente (1974). Warschau, Polskie Nagrania
„Transgressio", 2. Streichquartett (1985). Warschau, Polskie Nagrania

Caccini, Francesca, „La Cecchina" (1587-1645)

Die italienische Sängerin, Cembalistin und Komponistin wurde am 18. September 1587 in Florenz als älteste Tochter in eine berühmte Musikerfamilie hineingeboren: ihre Mutter war Hofsängerin und ihr Vater der angesehene florentinische Sänger und Komponist Giulio Caccini, der die Zeitenwende von der Renaissance zum Barock und die Begründung des Musiktheaters in Italien entscheidend mitgeprägt hat. Ebenso wie ihre jüngere Schwester Settimia (ca. 1590 bis nach 1640), gleichfalls eine gefeierte Sängerin, von der einige Kompositionen überliefert sind, erhielt sie ihren Musikunterricht durch den Vater. Sie studierte Kompostion

Francesca Caccini: Titelbild zum Erstdruck ihrer Oper „La liberazione di Ruggiero dall isola d'Alcina", Florenz 1625

und Gesang. Außerdem erlernte sie das Lauten-, Cembalo- und Gitarrenspiel. Um ihre Gesangskunst zu vollenden, studierte sie die französische, spanische und lateinische Sprache. Unter der kulturfördernden Regentschaft der Medici war es ihr möglich, ihr musikalisches Talent zu entfalten. Als Opernsängerin wurde sie unter dem Namen „La Cecchina" über die Grenzen Italiens hinaus berühmt. 1604 lud man sie und ihre Familie an den französischen Hof ein und bat sie, endgültig dort zu bleiben. Doch Ferdinand I. rief sie zurück nach Florenz und bot ihr eine feste Anstellung bei Hof. Sie akzeptierte und paßte ihr musikalisches Schaffen dem höfischen Leben an. 1607 heiratete sie den Hofsänger Signorini; im Laufe ihrer Ehe gebar sie zwei Töchter, die beide von früher Kindheit an mit den Eltern am Hof sangen. Erst 1614 begann Francesca Caccini zu komponieren - spätestens zu dieser Zeit hatte sie ein eigenes Frauenvokalensemble gegründet, welches sie selbst leitete. Nur einige ihrer Frühwerke sind bis heute erhalten. Mit der Ballett-Oper „La liberazione di Ruggiero dall'isola d'Alcina", die am 2. Februar 1625 in dem Lustschloß Poggio Imperiale zur Uraufführung gelangte, stellte sie als erste Frau in der Musikgeschichte ihr Können als Opernkomponistin in der Öffentlichkeit unter Beweis. Das Werk war im Auftrag der Christine de Medici entstanden.

1627 heiratete sie einen wohlhabenden Musikliebhaber aus Lucca und spielte dort im musikalischen Leben der Stadt eine führende Rolle. Sie erbte 1630 ein großes Vermögen, zog wieder nach Florenz und ist am Hofe zweier Großherzoginnen tätig gewesen. Sie starb sehr wahrscheinlich um das Jahr 1645 in Florenz. Viele ihrer Kompositionen gelten heute noch als verschollen.

VOKALMUSIK

„Il primo libro delle musiche" für ein bis zwei Singstimmen, 19 geistliche und weltliche Solostücke; Vier Duette für Sopran, Baß und Basso continuo, Florenz 1618 / New York, Garland 1986
„Ch'io sia fedele" für Gesang und Klavier (1629)
„Aure volanti" für zwei Soprane, Alt, Flöten und Basso continuo, New York, Broude Brothers 1977
„Dove io credea" für Sopran und Basso continuo
„Ghirlandetta amorosa", Orvieto, Fei & Ruuli 1621
„O che nuovo stupor" für Sopran, Violine und Basso continuo, Amsterdam, Broekmans
„Laudate dominum" / „Maria, dolce Maria", in „Historical anthology of music by women", Indianapolis, Indiana University Press 1987

BÜHNENMUSIK

„La stiava" (1607)
„La mascherata delle ninfe di Senna", Ballettmusik (1611)
„La Tancia" (1611)
„Il passatempo", Ballettmusik (1611)
„Il martirio di S. Agata" (1614)
„Il ballo delle Zingane", Ballettmusik (1615)
„La fiera" (1619)
„Rinaldo innamorato", Ballettmusik (1625)
„La liberazione di Ruggiero dall'isola d'Alcina", Florenz, Cecconelli 1625. Daraus: Arie des Hirten, in „Historical anthology of music by women", Indianapolis, Indiana University Press 1987

BIBLIOGRAPHIE

Fage, A. de la: La prima compositrice di opera in musica. Gazzetta musicale di Milano, 1847
Chilesotti, O.: La liberzione di Ruggiero. Gazetta musicale di Milano, 1896
Silbert, D.: Francesca Caccini. Music Quarterly, 1946
Raney, C.: Francesca Caccini. Musician to the Medici, Uni New York 1971
Bowers, J.: The emergence of women composers in Italy. In: Women making music, Chicago 1987
Peacock Jezic, D.: Francesca Caccini. The Medici Court of Florence, in: Women Composers, Feminist Press, New York 1988
Cusick, S. G.: Of Women, Music and Power. A model of Seicento Florence, Musicology and Difference, Berkeley 1993
Roster, D.: Fancesca Caccini, in: „Allein mit meiner Musik", Echternach, phi 1995

DISKOGRAPHIE

„La pastorella mia". In: La Musica (mit Arien von Settimia Caccini, Francesca Campana, etc.), New York, Leonarda Productions
„La liberazione di Ruggiero", Gesamtaufnahme des Berner Musikfestes 1990. Ltg. Stephen Stopps.
„La liberazione di Ruggiero", Ausschnitte der deutschen Erstaufführung, Köln 1980. Ltg. Elke Mascha Blankenburg.

Calame, Geneviève
(1946-1993)

Die Schweizer Komponistin wurde am 30. Dezember 1946 in Genf geboren und studierte dort bei Lotti Morel Klavier und Komposition. Ihre Klavierstudien setzte sie in Rom an der Accademia Chigiana de Siena bei Guido Agosti fort. Anregungen zum Komponieren erhielt sie von Jacques Guyonnet (ihrem späteren Mann) sowie Pierre Boulez, Henri Pousseur, Jean Claude Eloy und Hubert Howe. Die elektronische Musik war ihr Thema, und so arbeitete sie viel im 'Studio de musique contemporaine' in Genf. Nach 1975 unterrichtete sie an der Genfer

'Ecole Supérieure d'Arts Visuels'. Mit neuen audio-visuellen Projekten war sie beim Filmfestival von Locarno oder bei der Biennale in São Paulo vertreten. Ihre Werke sprengen oft die Grenzen der E-Musik. Als Musikpädagogin arbeitete sie gerne auch mit Kindern, reiste viel durch verschiedene Länder und holte sich dort Anregungen. Sie starb unerwartet nach kurzer Krankheit im Jahre 1993 in der Schweiz.

KAMMERMUSIK
„Lude" für Harfe solo (1975)
„Iral" für vier Trompeten und vier Posaunen (1975)
„Mandala" für sieben Trompeten oder sieben Frauenstimmen (1978)
„Dragon de lumière" für Oktett (1991)
„Le chant des sables" für Cello, Harfe und Schlagzeug (1993)

ORCHESTERMUSIK
„Alpha futur" für Sinfonieorchester (1976)
„Un coup de dés jamais n'abolira le hasard" für Kammerorchester (1977)
„Les Aubes d'Onomadore" für afrikanische Instrumente und Sinfonieorchester (1978)
„Je lui dis" für Kammerorchester (1980)
„Calligrammes" für Harfe und Kammerorchester (1980)
„Vent solaire" für Shakuhachi und Orchester (1989)

VOKALMUSIK
„Differentielle verticale" für Sopran und Sinfonieorchester (1974)
„Alpha futur" für Sinfonieorchester und Sopran ad libitum (1976)

ELEKTRONISCHE MUSIK
„L'oiseau du matin", elektronisches Ballett (1972)
„Mantiq al Tayr" für Flöte, Kontrabaßflöte und vier elektronische Quellen (1973)
„Le son qui fut mille" für Kinder für vier elektronische Quellen und Schlagzeug (1978)
„L'Homme miroir" für Blasorchester, Schlagzeug und vier elektronische Quellen (1979)
„Oniria" für Klavier und Tonband (1981)

AUDIO-VISUELLE WERKE
„Géométrie I, II, III" (1976)
„Le chant remémoré" für Jacques Guyonnet (1976)
„Labyrinthes Fluides" für Ausstellungen in Cannes, Buenos Aires, Gent, Filmfestival Locarno (1976), Videotape
„Et l'oeil rêve - poème visuel" mit Dias und 'environment' (elektro-akustisch) (1977)
„Tableaux video" für New York, Boston, Bonn, Rio de Janeiro, Biennale São Paulo (1977)

BIBLIOGRAPHIE
Calame, G.: A la recherche d'un mode de communication. In: Schweizer Komponistinnen, Genf, Hug 1978
Calame, G.: Base de réflexion pour l'enseignement de la musique à l'école. CO Parents 1981
Calame, G.: L'ultilisation de l'ordinateur comme instrument de créativité et nécessité d'un enseignement interdisciplinaire intègre. Genf, 1985

DISKOGRAPHIE
Sechs Werke von Geneviève Calame: „Differentielle verticale", „Alpha Futur", „Calligramms", „Océanides", „Sur la Margelle du Monde", „Vent solaire". Studio de Musique Contemporaine, Radio Suisse Romande, Lausanne, Grammont 1991

Campagne, Conny
(* 1922)

Die niederländische Komponistin, Blockflötenspielerin, Geigerin und Komponistin wurde am 26. August 1922 in Amsterdam geboren. Sie studierte Blöckflöte, Violine und Komposition bei Ferdinand Conrad, J. G. T. Lohmann und F. Buchtger. Nach ihrer Auswanderung nach Java verbrachte sie 15 Jahre auf der indonesischen Insel und geriet im Zweiten Weltkrieg in japanische Gefangenschaft. Nach dem Krieg kehrte sie 1946 in ihr Heimatland zurück und lehrte Blockflöte am Konservatorium in Den Haag. Der größte Teil ihrer Kompositionen ist gedruckt und gilt als praktikable Literatur für Musikschüler und -studenten.

KAMMERMUSIK
Streichquartett (1950)
Suite für zwei Violinen (1952)
Suite für zwei Blockflöten (Alt), Zürich, Pan 1953
Vier Stücke für Sopran- und Altblockflöte, Violine und Cello (1954-58)
Thema und Variationen für Sopranflöte und Cembalo (1956)
Quartett für Sopran-, Alt-, Tenor- und Baßflöte (1957)
„Country Dances" für Sopranblockflöte und Cembalo, Zürich, Pan 1958

Tanzbilder für Sopranflöte / Oboe und Cembalo, Wilhelmshaven, Noetzel 1958
Schülerduette für zwei Violinen (1959)
Schülerduette für Violine und Cello (1960)
Sonatine für Klarinette und Klavier (1960)
„Cantus firmus" für zwei Blockflöten (1962)
Polnische Volkstänze für Sopranflöte und Cembalo (1962)
Drei Duette für zwei Altflöten, Stuttgart, Hänssler 1963
Musik für Altflöte (1963)
Sonate für Violine (1970)
Drei Themen und Variationen für Altflöte (1974)
„Totentanz", Variationen für Renaissance-Instrumente (1970)
Trauermusik, drei Stücke für Altflöte und Viola (1978)
Osteuropäische Volkslieder, Bearbeitung für Flöte und Viola (1979)
Tanzlied aus Ungarn für Jugend-Ensemble (1982)
Thema und Variationen für Blockflöte und Violine, Lottstetten, Kunzelmann 1983
„Das Musikwerk", europäischer Volksgesang für Sopran- und Altflöte und Violine, Lottstetten, Kunzelmann 1983

ORCHESTERMUSIK

Konzert für Altflöte und Streichorchester (auch für Oboe und Streicher oder Streichquartett) (1949)
Orchestrierungen verschiedener Kirchenlieder

VOKALMUSIK

Morgenstern-Lieder für mittlere Stimme und Klavier (oder Kammerorchester / Instrumentenensemble) (1955)

CHORMUSIK

„Guido Gezelle", Zyklus für Chor, Blockflöten, Gitarren, Oboe und Klarinette (1959)
„Schütze", Zyklus für Knabenchor / Kinderchor, Streicher und Blockflöten (1975)

Canal, Marguerite
(1890-1978)

Die Rom-Preisträgerin Marguerite Canal wurde am 29. Januar 1890 in Toulouse geboren, absolvierte ihren ersten Musikunterricht am Conservatoire de Paris, errang erste Preise in Harmonielehre und Klavierbegleitung. Im Jahre 1920 gewann sie als eine der zahlreichen Frauen dieses Jahrhunderts den 'Prix de Rome' mit ihrer dramatischen Szene „Don Juan". Marguerite Canal war die erste Frau, die ein größeres Orchesterkonzert in Frankreich leitete; dies war im Palais de Glace im Jahre 1917. Nach 1919 unterrichtete sie Harmonielehre am Pariser Konservatorium. Viele ihrer Werke wurden gedruckt, manche blieben unvollendet. Die Komponistin starb am 27. Januar 1978 in der Nähe von Toulouse.

KAMMERMUSIK

Violinsonate (1922)
„Esquisses méditerranéennes" für Klavier (1930)

VOKALMUSIK

„La tête de Kenarch" für eine Singstimme und Orchester (1914)
„Un grand sommeil noir" (Text: Verlaine) (1919)
„Don Juan", szenische Kantate für Soli (Rompreis, 1920)
„Ici bas tous les lilas meurent" (Text: Prudomme) (1920)
Requiem für Soli, Chor und Orchester (1921)
„Six chansons écossaises" (1921)
„Les roses de Saadi" (Text: Valmore) (1921)
„Douceur du soir" (Text: Rodenbach) (1921)
„Au jardin de l'infante" für vier Singstimmen (1921)
„La flûte de Jade" (Text: Toussaint) (1924)
„Trois chants extraits de Cantique" (1928)
„Le bonheur est dans le pré" (1928)
„Sagesse" (Text: Verlaine) (1921)
„Sept Poèmes" (Text: Baudelaire) (1940)
„L'amour marin" (Text: Fort) (1947)
Zahlreiche unveröffentlichte Lieder

BÜHNENMUSIK

„Tlass Atka (Le pays blanc)", Oper (1922)

Candeille, Amelie Julie
(1767-1834)

Amelie Candeille gehörte zu den Frauen ihrer Zeit, die sich durch eine umfassende Begabung und ein erstaunliches Talent auszeichneten; sie war gleichzeitig mit großer Meisterschaft in den verschiedensten Disziplinen der Kunst zu Hause: sie wirkte als Komponistin, Schauspielerin, Librettistin, Instrumentalistin und Sängerin. In Paris am 31. Juli 1767 geboren, erhielt sie den ersten Musikunterricht durch ihren Vater, den Sänger und Komponistin Pierre Joseph Candeille. Schon früh begann sie als Sängerin am königlichen Hof, mit nur 14 Jahren wurde sie als Opernsängerin engagiert und sang u. a. in Glucks „Iphigenie in Aulis". Nach einem Auftritt in Piccinis „Atys" wandte sie sich dem Klavier zu und debütierte in einem der berühmten „Concerts Spirituels". Das 'Journal de Paris' attestierte ihr eine brillante Technik. Ihre Begabung als Schauspielerin stellte sie vielfach in der 'Comédie Française', bei der sie fünf Jahre lang als Ensemble-Mitglied auftrat, unter Beweis. Mit dem 'Théâtre Français' ging sie anschließend auf Tournee. Sie sang und begleitete sich selbst am Klavier, schrieb eigene Komödien mit Musik, die vom Publikum stets begeistert aufgenommen wurden. 1794 heiratete sie Nicolas Delaroche, einen Militärarzt. Candeille heiratete schließlich noch ein zweites Mal, trennte sich jedoch bald wieder, lebte schließlich von ihrem Klavierunterricht, publizierte ihre Musik, Essays und Memoiren. In England suchte sie nach der Französischen Revolution politisches Asyl und trat dort in Konzerten zusammen mit bekannten Musikern wie Cramer und Viotti auf. Wieder zurück in Frankreich, gewährte ihr Ludwig XVIII. schließlich eine Pension von 2000 Franken jährlich. Sie starb am 4. Februar 1834 in ihrer Heimatstadt Paris.

KLAVIERMUSIK
Drei Sonaten op. 1 (1786)
Duo für zwei Klaviere op. 3 (1793)
Zwei Sonaten op. 4
„Grande Sonate" op. 5 (1798)
„Nouvelle fantaisie facile et brillante" op. 13
(zahlreiche Klavierwerke sind verlorengegangen)

ORCHESTERMUSIK
Konzert für Cembalo / Klavier und Orchester op. 2 (1787)
Sinfonie concertante (1786)
Konzert für Klavier, Flöte, Horn und Orchester (1789)

VOKALMUSIK
Romances für Singstimme und Klavier op. 10 (1802)
„Morceau de musique funèbre en l'honneur de Gretry" (1813)
Drei Romanzen / Canzonette für Singstimme und Klavier op. 11

BÜHNENMUSIK
„Le couvent ou Les fruits du caractère" (1790)
„Cathérine ou La belle fermière", Komödie (1792)
„Bathilde ou Le Duc", Komödie (1793)
„La jeune Hôtesse", Komödie (1794)
„Le commissionaire", Komödie (1794)
„Ida ou L'Orpheline de Berlin", komische Oper (1807)
„Louise ou La Reconciliation" (1808)

BIBLIOGRAPHIE
Pougin, A.: Une charmeuse Julie Candeille. In: Le Menestrel, Paris 1883
Pierre, C.: Histoire du Concert Spirituel 1725 - 1790. Paris 1975
Sadie, Julie Anne: Musiciennes of the Ancien Regime. In: Women Making Music, Chicago 1987

Capuis, Matilde
(* 1913)

Die in Neapel am 1. Januar 1913 geborene Pianistin, Komponistin und Musikpädagogin begann bereits in jungen Jahren, Klavier, Orgel und Violine in Florenz und Venedig zu studieren. Erste Kompositionen schrieb sie mit nur sieben Jahren. Von 1941 bis 1943 und 1946 besuchte sie Kompositionskurse an der Accademia Chigiana in Siena. Mit dem Cellisten U. Scabia gründete sie das Duo Scabia-Capuis, das über die Grenzen Italiens hinaus bekannt wurde. Später konzertierte das Duo auch zusammen mit der Sopranistin Susanne Ghione.
Die Kompositionen von Matilde Capuis, die vom Orchesterwerk bis zum Kinderlied reichen, wurden mehrfach ausgezeichnet (u. a. mit dem 'Premio Quartetto Veneziano', 1948, mit dem ersten Preis beim 'Concorso Internazionale' in Genua, 1952, und beim Internationalen Rubinstein-Wettbewerb für Komponistinnen in Buenos Aires, 1962) und immer wieder in das Repertoire bekannter Musiker und Orchester aufgenommen. Sie erhielt einen Ruf als Professorin an das Verdi-Konservatorium in Turin. Mathilde Capuis lebt und arbeitet in Norditalien.

> „Ich finde sie [die Avantgarde] meistens eine – manchmal interessante – 'ricerca sonora' [Suche nach dem Klang]; eigentlich mehr eine Schöpfung des Wissens und der Intelligenz als ein echt empfundenes Werk. Ich empfinde keine innere Befriedigung beim Zuhören solcher Musik, es liegt keine Liebe in ihren Schwingungen."
>
> Matilde Capuis

ORGEL-/ KLAVIERMUSIK

Sieben Skizzen für Klavier, Mailand, Curci
„Corale" für Orgel (1946)
„Fiaba Armoniosa", Florenz, Forlivesi 1955
Präludium und Allegro für Orgel (1956)
Sechs Stücke für Klavier zu vier Händen, Mailand, Curci 1967
Bozetti für Klavier zu vier Händen, Mailand, Curci 1969
Sechs Präludien, Mailand, Curci 1972
Fantasia für Orgel (1974)

KAMMERMUSIK

„Raccolta di pezzi" für drei Celli, Turin, Scomegna
„Ballata" für Cello und Klavier (1956), Padua, Zanibon 1960
„Brevi pagine di musica da camera per la gioventù" für Streichtrio (1973)
Quintett für Violoncelli, Mailand, Curci 1976
Elegia für Cello und Klavier (1978)
Sonate c-moll für Cello und Klavier, Mailand, Curci 1971
Sonate d-moll für Cello und Klavier
Sonate G-dur für Cello und Klavier
2. Sonate für Cello und Klavier, Ancona, Berben 1993
3. Sonate fis-moll für Cello und Klavier, Mailand, Curci 1978
5. Sonate für Cello und Klavier
Sonate a-moll / Sonate g moll für Violine und Klavier, Mailand, Curci 1976
„Canti senza parole" für Violine solo, Mailand, Curci 1976
Cantabile und Allegro für Viola und Klavier
„Due movimenti" für Oboe und Klavier (1979)
„Suite in miniatura" für Violine, Cello und Klavier, Padua, Zanibon 1961
Streichquartette a-moll, cis-moll, d-moll, g-moll, Padua, Zanibon 1963
„Tema variato" für Cello und Klavier, Padua, Zanibon 1960

ORCHESTERMUSIK

Variazioni für Orchester (1941)
Choral für Streicher, Orgel und zwei Hörner (1942)
Ouverture für Orchester (1942)
„Dialog" für Streicher (1945)
„Leggenda per la notte di natale" für Streichorchester (1948)
Sinfonia g-moll für Orchester (1949)
„Tre movimenti" für Cello und Streichorchester (1955)
Quartett g-moll für Streicher, Padua, Zanibon 1963
„Concentus brevis" für Oboe und Streicher (1975)

VOKALMUSIK

„Trilli mattutini", Kinderlieder, Florenz, Forlivesi 1944
„La nave della vita", Ballade (1947)
„Tre liriche für Singstimme und Klavier, Florenz, Forlivesi 1970
„irgendwo will man ganz ruhig sein" für mittlere Stimme, Cello und Klavier (1970)
„8 Canti per bimbi", Mailand, Carisch 1972
„Divagazioni" für Sopran und Cello, Mailand, Curci 1978
„Dodici Liriche" für Singstimme und Klavier, Ancona, Berben 1990
„... e cade la pioggia" für Singstimme, Cello und Klavier

CHORMUSIK

„Preghiera di Gesu sul monte degli olivi" für gemischten Chor a cappella (1945)
„Pianto della Madonna", Oratorium (1945)
Cantata für Frauenchor und Orchester (1953)

BIBLIOGRAPHIE

Brosch, Renate: Außerhalb der Zeit. Portrait von Matilde Capuis, Kassel 1995

Cârneci (Cîrneci), Carmen Maria
(* 1957)

Die rumänische Komponistin, Dirigentin und Musikkritikerin wurde am 19. September 1957 in Racila, Distrikt Bacau, geboren. 1980 legte sie ihr Examen in Komposition an der Musikakademie 'Ciprian Porumbescu' in Bukarest ab. Anschließend besuchte sie dort einen Spezialkurs für Komposition und Orchesterleitung. Bereits während ihrer Studienjahre komponierte sie Kammermusik und Orchesterwerke. Für ihre „Symphonische Ouvertüre" und ihre „Nuances" für elf Bläser und Singstimme erhielt sie den Nationalen Kompositionspreis für Studierende. 1981 wurde sie beim 'Costinesti Festival' in Rumänien mit einem Preis für die beste Filmmusik ausgezeichnet. Carmen Cârnecis Kompositionen wurden zum Teil in Darmstadt (Internationale Ferienkurse für Neue Musik, 1985), Paris (Stage d'IRCAM, 1985) und Freiburg aufgeführt. Ein Stipendium des Deutschen Akademischen Austauschdienstes (DAAD) ermöglichte es ihr, ihre Studien an der Staatlichen Hochschule für Musik in Freiburg bei K. Huber fortzusetzen.

KAMMERMUSIK

„Fotografia sepia" für Geige, Cello und Klavier (1985)
„Selbstportrait" für Violine solo (1986)
„Colinda", Instrumentalstück für vier Posaunen und Schlagzeug (1986)
„Dreisprachiges Bild im Dezember" für Violine solo (1986)
„Soma", Tanz für Flöte und Schlagzeug (auch für Flöte solo) (1987)
„Trojtza" für 15 Spieler (1990)
„Une main immense" für Flöte oder Baß (1991)
„D'amore", Cantilene für Oboe solo
„Cogito ergo sum", Diktion für Cello solo
„Traversing" für fünf Schlagzeuggruppen, Blasinstrumente und Keyboards
„Doiniri" für zwei Flöten
„Doiniri" für zwei Klarinetten
„Rolls with swing", Trio für Klarinette, Cello und Klavier
Streichsextett
„Obicei" (Brauch), Szenario für Klarinette, Keyboards, Schlagzeug und Tonband

ORCHESTERMUSIK

„Alter Klang" für 14 Streicher (1988)
„Efluvium", Kammersinfonie
„Divertiso" für Streichorchester
Drei Stücke für Streichorchester
Symphonische Ouvertüre

VOKALMUSIK

„Willkommen in Bayreuth", Lied nach Gedichten von Herbert Barth für Sopran und neun Instrumentalisten (1985)
„The Mado-Songs" für Frauenstimme, Flöte in G, Englischhorn, Baßklarinette, Marimba und Vibraphon (1988)
„... que des âmes,, (Text: Annie Cohen) für sechs Frauenstimmen (1991)
„Elcred" für Frauenstimme und drei kleine Schlaginstrumente (1991)
Zwei Lieder für Mezzosopran und Klavier (Text: Magdalena Ghica)
„Nuances" für elf Holzbläser und Singstimme

CHORMUSIK

„Berg und Jahrhundert", Kantate nach Texten von Radu Cârneci

Carr-Boyd, Ann
(* 1938)

Die Eltern der australischen Komponistin Ann Carr-Boyd, geboren am 13. Juli 1938 in Sydney, waren beide professionelle Musiker und förderten die musikalische Begabung ihrer Tochter von Kindesalter an. Jedoch beschränkte sich der Unterricht keinesfalls nur auf die Musik, sondern schloß auch andere Bereiche der schönen Künste mit ein, was ihren späteren Musikstil um andere, auch außermusikalische Dimensionen bereichern sollte.

An der University of Sydney studierte sie Musik und errang daselbst im Jahr 1963 ihren Master of Arts mit Auszeichnung. Anschließend setzte sie ihr Kompositionsstudium in London bei Peter Racine Fricker und Alexander Goehr fort. In England heiratete sie Peter Murray. Nach ihrer Heirat ging sie 1967 nach Australien zurück und lehrte fortan bis 1973 an der University of Sydney. Sie widmete sich neben ihrer Tätigkeit als Komponistin der Verbreitung europäischer Musik in Australien und trug Erhebliches zum kulturellen Leben ihres Landes bei. Sie ist in Australien nicht nur als erfolgreiche Komponistin, sondern auch als Sachautorin und Rundfunk-Moderatorin bekannt. Ihr Œuvre umfaßt Klaviermusik und Auftragswerke für verschiedene Kammermusikbesetzungen.

ORGEL- / CEMBALO- / KLAVIERMUSIK

„Six Piano Pictures" für Kinder (1962), Alberts Edition
„Ten Piano Duets" (1964)
„Lullaby for Nuck" für Cembalo oder Klavier (1972), Alberts Edition
„Look at the Stars", 14 Klavierstücke mittlerer Schwierigkeit (1978), Alberts Edition
„Stars" (1978)
„Woodford Bay"(1978), Fantasie für Orgel
„Listen!" 17 Klavierstücke für Kinder (1979), Hillside Press
auch in: 'Piano Music' Vol. I, II, Sydney, Currency Press 1991
„The Bells of Sydney Harbour"(1979), festliches Stück für Orgel, Sydney, Currency Press 1991
„Suite for Veronique" für Cembalo (1982)
„Suite Veronese" für Cembalo (1985)

Prelude für Klavier (1987), in: Bicentennial Piano Album, Allans Music 1988
Thema und Variationen für Orgel (1989)
„Audley's Caterpillar Piece", Thema für Cembalo (1990)
„Perpetual Motion" für Klavier (Arrangement für Klavier von „The Bells of Sydney Harbour") (1992)
„Maladies of Love" für Klavier (1992), in: Piano Miniatures, Sydney, Red House Editions 1992

KAMMERMUSIK

Streichquartett Nr. 1 (1964)
„Patterns" für Streichquartett und Orgel (1974)
„Fanfare for Aunty in FM" für zwei Trompeten, zwei Klaviere, Militärtrommel, Baßtrommel und Becken (1974), Alberts Edition
„Combinations" für Violine, Cello und Klavier (1974)
„Music for Narjade" für Cello solo (1974)
„Nadir" für Violine und Cembalo (1975)
„Dance for Strings" für Violine und Klavier (für Kinder) (1977)
„Mandolin Music" für eine kleine Mandolinen-Gruppe: Zwei erste Stimmen, zwei zweite, zwei Mandolas, Gitarre und Baß (1980)
„Travelling" für Flötenchor, Klavier und Orgel und Bongotrommeln ad libitum (für Schulkinder) (1981)
„Fandango" für eine kleine Mandolinen-Gruppe: Zwei erste Stimmen, zwei zweite, zwei Mandolas, Gitarre und Baß (1982)
„Music for Sunday" für Flöte, Violine und Cembalo (1982)
„Australian Baroque" für ein kleine Mandolinen-Gruppe: Zwei erste Stimmen, zwei zweite, zwei Mandolas, Gitarre und Baß (1984)
„Music for an Imaginary Italian Film" für Mandolinen-Orchester und Spielzeug-Schrotflinte (1985)
„Whitsunday Moon" für zwei Blockflöten und / oder ein Holzblasinstrument und Tasteninstrument, Old chapter of ASME 1990
Fantasie für Orgel, Mandolinen und Kammerensemble (1990)
Suite für Flöte und Cembalo (1992)
Fantastic Dances für Mandolinen-Quartett und Banjo (1992)
Fantastic Dance für Violine und Klavier (1993)

ORCHESTERMUSIK

Sinfonie in drei Sätzen (1964)
„Gold" (1976)
„Festival" (1980)
„Look at the Stars", sechs kurze Klavierstücke, arrangiert für Orchester von Mike Kenny (1985)
„Fandango", Mandolinenstück, arrangiert für Orchester von Mike Kenny (1985)
Konzert für Klavier und Orchester (1990-91)

VOKALMUSIK

„Trois Leçons" für Singstimme, Cembalo und Glockenspiel (1974)
„Couperin" für Sprecher, Zimmerorgel, Cembalo und Schlagzeug (1974)
„Catch 75" für Sopran, Flöte, Gitarre, Cello, Cembalo und Schlagstöcke der australischen Ureinwohner (1975)
„Three Songs of Love" für Singstimme und Klavier / Cembalo (1975)
„The Boomerang Chocolate Cake", scherzhaftes Lied für Sopran und Cembalo (1975)
„Folk Songs 76", sieben Volkslieder arrangiert für Sopran, Flöte / Blockflöte, Gitarre, Cello, Klavier / Cembalo und Schlagzeug (1976)
„Home Thoughts from Abroad" (Text: Jean Delbridge) für Mezzosopran und barockes Kammerensemble (1987)

CHORMUSIK

„A Composition of Place" für gemischten vierstimmigen Chor und Klavierbegleitung (1977)
„A Change of Air" für zweistimmigen Kinderchor (Schulchor), Gitarrenbegleitung und Klavier, Violine, Banjo und Schlagzeug ad libitum (1982)
„The Bankstown Song", eine multikulturelle Komposition und Gemeinschaftsprojekt (1983)
„Waltzing Matilda", arrangiert für Kinderchor (Schulchor), Klavier und eine kleine Instrumentalgruppe (1987)

FILM- / FERNSEH- / RADIOMUSIK

Musik für „The Bus Trip" (Carl Zwicky) (1982)
„Images of Australia", Titel- und Zwischenmusik für die ABC / TV-Dokumentation (1986)
„ABC", Serie „Composers Australia" (1982-84), monatlich ausgestrahlt durch AM radio
„ABC", zwei Dokumentarische Programme für das Festival 'NSW women in Arts' (1982)
„2MBS-FM, The Melting Pot", 'Directions in Twentieth Century Music in Australia' (1983-85)
„2MBS-FM", Serie 'Composers of Australia', Produktion und Presentation (1985-90)

DISKOGRAPHIE

„Trois Leçons", in „Australian Songs and Ballads". Gregory Martin, Bariton; Paul Dyer, Cembalo; Michael Hall, Vibraphon. Larrikin Records
„The Bells of Sydney Harbour", in „Organ Aurora". David Kinsela, Orgel. Southern Cross Records
„Fandango" / „Mandolin Music", in „Times Remembered". Sydney Mandolins. Robert Allworth, producer, JAD Records
„Music for Imag. It. Film", in „Splendour of the Past".

Sydney Mandolins. Robert Allworth, producer, JAD Records
Drei Stücke aus „Look at the Stars" für Klavier: Sombrero Nebula, Spiral Gallery, Pluto / „Suite of Veronique" für Cembalo. Ann Carr-Boyd, Klavier (1); Nicholas Parle, Cembalo (2). In: Images of Australia, ASO
Thema und Variationen für Orgel. Lawrence Barlett, Orgel (St. Andrews Cathedral, Sydney). In: Portrait of Australian Composers, Robert Allworth, producer, JAD Records
„Lullaby for Nuck" für Cembalo / Prelude für Klavier. Nicholas Parle, Cembalo (1); Ann Carr-Boyd, Klavier (2). In: River Songs, Robert Allworth, producer, JAD Records
„Home Thoughts from Abroad", Suite für Flöte und Cembalo. Edgar Kariks, Flöte; Ann Carr-Boyd. Robert Allworth, producer, JAD Records
„Home Thoughts from Abroad" / aus „Look at the Stars" für Klavier: Saturn, Phoebe, Earth, Pulsar - Sun, Mercury. The Macquarie Baroque Players und Sue Elliot, Mezzosopran (1); Ann Carr-Boyd, Klavier. Robert Allworth, producer, JAD Records
„Mars" / „Perpetual Motion" für Klavier. Ann Carr-Boyd, Klavier. In: Poetic Nostalgia, Robert Allworth, producer, JAD Records
„Fiji Moon" für Klavier. Ann Carr-Boyd, Klavier. In: Shade of Summer, Robert Allworth, producer, JAD Records
„Fandango", „ABC Breakfast Classics with Colin Fox". Sydney Mandolins, Ltg. Adrian Hooper. Colin Fox, producer, ABC Classics
„Music for an Imaginary Italian Film". Sydney Mandolins. Robert Allworth, producer, JAD Records
Konzert für Klavier und Orchester. Sally Mays, Klavier; TSO, Ltg. Thomas. Robert Smith, producer, ABC Recording

Carreño, Maria Teresa
(1853-1917)

Teresa Carreño wurde am 22. Dezember 1853 in Carácas, Venezuela, als Enkeltochter des Komponisten J. C. Carreño geboren. Ihre erste Musikausbildung erhielt sie durch ihren Vater, der sich neben seinem Beruf als Finanzminister von Venezuela auch als Pianist betätigte. Die politischen Geschäfte des Vaters waren letztendlich auch der Grund für die baldige Auswanderung der Familie aus Venezuela im Jahre 1862 und ihr Ansiedeln in New York.

Im Anschluß an den Unterricht ihres Vaters studierte Teresa Carreño Klavier zunächst bei L. Gottschalk in Carácas, später bei Matthies in Paris und schließlich bei Anton Rubinstein in New York. 1875 begann sie zusätzlich ein Gesangsstudium bei Rudersdorff in Boston und trat fürderhin auch als Opernsängerin auf. Ihre größten Erfolge feierte sie hingegen als Pianistin: Bereits im Alter von neun Jahren konzertierte sie in der Irving Hall in New York, 1863 gab sie Klavierkonzerte zusammen mit dem Boston Philharmonic Society Orchestra und spielte vor Abraham Lincoln im Weißen Haus. Als sich die Familie im Jahre 1866 in Europa niederließ, wurde Teresa Carreño bald auch Rossini und Liszt vorgestellt, die beide ihr außergewöhnliches Talent und Können priesen. Ihre Konzerttourneen führten sie durch die USA, Europa, Skandinavien und Australien. 1899 wurde sie in Berlin zur größten Pianistin ihrer Zeit auserkoren.

Äußerst frühzeitig hatte Teresa Carreño begonnen, eigene Stücke zu komponieren, und spielte sie bereits mit zehn Jahren in ihren Konzerten. 1885 schrieb sie für die Bolivar-Feierlichkeiten in Carácas ihren „Himno a Bolivar". Außerdem betätigte sie sich als Klavierpädagogin in Berlin und wirkte bei der Herausgabe der Klavierwerke Franz Liszts mit. Ihren letzten Auftritt mit den New Yorker Philharmonikern hatte die gefeierte Pianistin im Jahre 1916, 1917 gab sie ihr letztes Rezital in Havanna. Teresa Carreño starb am 12. Juni 1917 in New York.

KLAVIERMUSIK

„Vals Gottschalk" op. 1
Caprice Polka op. 2
„Corbeille des Fleurs", Walzer op. 9, New York, Da Capo Press 1985
Konzertpolka op. 13
Fantasie über „Norma" op. 14
Ballade op. 15, New York, Da Capo Press 1985
„Plainte", Elegie Nr. 1 op. 17, New York, Da Capo Press 1985
„Partie", Elegie Nr. 2 op. 18, New York, Da Capo Press 1985
Fantasie über „L'Africaine" op. 24
„Le printemps" op. 25, New York, Da Capo Press 1985
„Un bal en rêve" op. 26
„Une revue à Prague" op. 27, New York, Da Capo

Press 1985
„Un rêve en mer" op. 28, New York, Da Capo Press 1985
Sechs Konzertetüden op. 29
„Mazurka de salon" op. 30
Scherzo caprice op. 31
„Un val en rêve" op. 32, New York, Da Capo Press 1985
„Deux esquisses italiennes" op. 33, New York, Da Capo Press 1985
„Florence" / Intermezzo scherzoso op. 34, New York, Da Capo Press 1985
„Le sommeil de l'enfant" op. 35, New York, Da Capo Press 1985
Scherzino op. 36
„Highland" op. 38, New York, Da Capo Press 1985
„La fausse note" op. 39, New York, Da Capo Press 1985
Staccato capriccieto op. 40
„Pequeño valse", New York, Da Capo Press 1985
„Valse Gayo", New York, Da Capo Press 1985
Marche funèbre (1866), Paris, Heugel
Kleiner Walzer „Mi Teresita" (1884), London, Schott
„Saludo a Carácas" (1885)
Scherzo caprice
„Le ruisseau"
„Réminiscence", Paris, Heugel
„Etude de Salon" Nr. 1, Paris, Ménestrel
Kleiner Walzer, Lippstadt, Kistner & Siegel (Tonger)

KAMMERMUSIK
Streichquartett h-moll (1895), New York, Da Capo Press 1985 / Kassel, Furore 1990

ORCHESTERMUSIK
„Petite danse Tsigane" für Orchester
Serenade für Streichorchester (1895)

CHORMUSIK
„Entiendase" für Chor (Simon Bolivar gewidmet) (1883)
„Himno a el ilustre americano" für Chor und Orchester (1886)

BIBLIOGRAPHIE
Ehrlich, H.: Berühmte Klavierspieler der Vergangenheit und Gegenwart. Leipzig 1893/98
Bülow, M. von: Hans von Bülow, Briefe und Schriften. Leipzig 1896/1908
Marquez, R.: Esbozo Biografie de Teresa Carreño. 1953
Pena, J.: Teresa Carreño. Carácas 1953
Marciano, Rosario: Teresa Carreño, un ensayo sobre su personalidad. Carácas 1966
Ders.: Teresa Carreño, compositora e pedagoga. Carácas 1971
Ders.: Biografia escolar. Carácas 1975
Ders.: Teresa Carreño, ein Leben. Kassel, Furore 1990

DISKOGRAPHIE
Intermezzo scherzoso op. 34 / „Rêverie barcarolle", „Venise" aus op. 33. Rosario Marciano, Klavier, Fono Münster

Carvalho, Dinorá (Gontijo) de (1904-1980)

Die Komponistin, Pianistin und Pädagogin wurde am 1. Juni 1904 in Uberaba, Minas Gerais (Brasilien) geboren. Ihr Vater war Musiker und schickte seine Tochter bereits im Alter von sechs Jahren zum Konservatorium von São Paulo. Dort erhielt Dinorá Klavierunterricht bei Maria Lacaz Machado, Carlino Crescenzo und Francesco Franceschini. Ihre ersten Kompositionen schrieb sie mit acht Jahren („Serenata ão Luar" und ein Nocturne für Klavier). Während einer Konzertreise in Italien und Frankreich entschied sie sich, in Europa ihre Studien bei Isidore Philipp fortzusetzen.

Nach ihrer Rückkehr nach Brasilien im Jahre 1929 vervollkommnete sie schließlich ihre Fähigkeiten, indem sie Kurse in Komposition (bei Lamberto Baldi), Harmonielehre (bei M. Braunwieser) und Dirigat (bei Ernst Mehlich) besuchte. 1939 erhielt die Komponistin einen Lehrauftrag am Konservatorium von São Paulo und gründete dort das 'Orquesta Feminina', das erste Frauenorchester in Lateinamerika. 1954 wurde ihre erfolgreiche Arbeit für die musikalische Kindererziehung mit einer Goldmedaille ausgezeichnet, und sie wurde als Kulturbeauftragte vom brasilianischen Kultusministerium nach Europa geschickt.

Dinorá de Carvalho schrieb Ballett- und Theatermusik, Musik für Orchester, Chor und Kammerensemble, viele Lieder und Klavierwerke, und erhielt für ihre Arbeiten verschiedene Auszeichnungen (1969, 1971, 1975). Sie war als erste Frau Mitglied der 'Academia Brasileira de Música'. Dinorá de Carvalho starb am 28. Februar 1980.

KLAVIERMUSIK
ca. 80 Werke, darunter:
Nocturne (1912)
„Serenata ão Luar" (1912)
Mazurka - Caprice
Ballade
Thema und 11 Variationen, Rio de Janeiro, Napoleao
„Rêverie"
„Meditaçao" (1930)
„Festa na vila" (1936)
„Valsa Nr. 1" (1944)
„O que noite bonita!" (1961)
Suite (1968)
„Première Valse" für Klavier zu vier Händen
„Quedas de Iguacu" - Sonate Nr. 1 (1975), Rio de Janeiro, Napoleao
„Epithalame" für Klavier zu vier Händen op. 12

KAMMERMUSIK
„Pobre Cega" für Violine solo
„Toada chorosa" für Flöte und Klavier
„Cantiga de ninar" für Flöte und Klavier
Streichquartett Nr. 1 (1962)
Zahlreiche Tänze und Suiten für Violine/Cello/Flöte und Klavier (1948-1969)
Streichquartett Nr. 2 (1974)
Zwei Klaviertrios (1950 / 1971)

ORCHESTERMUSIK
Vier Stücke für Klavier und Orchester (1930)
„Serenada da Saudade" für Orchester (1930)
„Sertaneja" für großes Orchester (1933)
„Noite de Sao Paolo" für Sinfonieorchester (1936)
„Fantasia", Konzert für Klavier und Orchester (1937)
„Tormenta" / „Festa do Santo Rei" / „Caiapo" für großes Orchester (1939-60)
„3 Danças brasileiras" für Klavier, Kammerorchester und Schlagzeug (1940)
„Processao de Senhor morto" für Orchester (1954)
„Contrastes" für Klavier, Kammerorchester und Schlagzeug (1969)
Klavierkonzert Nr. 2 (1972)
„Arraial em festa", symphonische Suite für Orchester

VOKALMUSIK
ca. 60 Lieder, darunter:
„Coqueiro"
„Pau Pia"
„Acalanto" (Text: C. de Campos)

CHORMUSIK
10 Chöre für SATB a capella
„Processao de cinzas em Pernambuco" für Chor (1936)
„Caramurus da Bahia" für Chor (1936)
„Angorô" (1966)
„Credo" (1966)
Psalm 23 (1970)
„Missa de profundis" für Chor, Orchester und Schlagzeug (1975)

BÜHNENMUSIK
„Escravos" (1946), Ballettmusik
„O Girassol ambicioso" (1952), Ballettmusik
„Noite de São Paulo", Fantasie in drei Akten (1936), Bühnenmusik
„Moema", einaktiges Melodrama, Bühnenmusik

BIBLIOGRAPHIE
Cernicchiaro, V.: Storia della Musica nel Brasile. Mailand 1926
Enciclopédia da música brasileira, São Paulo 1977
da Silva Baroncelli, C. N.: Mulheres Compositores. Antologie, São Paulo 1987

Casulana de Mezarii, Maddalena, La Casulana
(ca. 1540 - ca. 1583)

Die Komponistin wurde sehr wahrscheinlich 1544 in Vicenza (Provinz Siena) geboren. Sie war eine berühmte Lautenistin und Sängerin und begleitete sich selbst bei ihren Auftritten, die in Florenz, Venedig, Mailand und Verona belegt sind. Sie wurde in späteren Jahren Ehrenbürgerin ihrer Heimatstadt Vicenza. Casulana schrieb insgesamt 66 Madrigale. Das „Primo libro de madrigali a quattro voci" (Venedig 1568) ist Isabella da Medici gewidmet. 1568 traf sie den Dichter Antonio Molino, der ihr seine „Dilettevoli Madrigali" widmete, nachdem er von ihr Musikunterricht erhalten hatte. Ein anderer Poet ihrer Zeit, G. Maganza, widmete ihr eine Kanzone. Zwischen 1570 und 1582 ist kaum etwas aus ihrem Leben bekannt. Nach dieser Zeit erscheint sie als 'Signora Mezarii' auf dem Titelblatt ihres weiteren Madrigalbuches, dem „Primo libro de madrigali a cinque voci" aus dem Jahre 1583.
Casulanas Madrigale verwenden Texte von Petrarca, Tasso, Strozzi, Tansillo und eigene Gedichte. Eng am Text geführt ist ihre Musik, oft sehr chromatisch und voller Manierismen. Sie gilt allgemein als die erste Europäerin, deren Musik in Druck ging.

VOKALMUSIK

„Il primo libro di madrigali a quattro voci", Venedig, Scotto 1568 / auch in: Il madrigali di Maddalena Casulana, Florenz, Olschki 1979

„Il secondo libro di madrigali a quattro voci", Venedig, Scotto 1570

„Il primo libro di madrigali a cinque voci", Vicenza, Angelo Gardano 1583

BIBLIOGRAPHIE

Pescerelli, Beatrice: Maddalena Casulana. Universität Bologna, Florenz, Olschki 1979

Chaminade, Cécile Louise Stéphanie (1857-1944)

Die französische Pianistin, Komponistin und Dirigentin wurde am 8. August 1857 in Paris geboren. Obwohl sie von ihrer Familie, die der Seefahrertradition entstammte, nicht gefördert wurde, zeigte sie bereits früh ein außergewöhnliches musikalisches Talent, insbesondere zur Komposition. Schon mit acht Jahren schrieb sie verschiedene sakrale Werke, auf die selbst George Bizet aufmerksam wurde: dieser bewirkte, daß sie zwar nicht am Pariser Konservatorium studieren durfte, jedoch Privatunterricht (Klavier) bei Le Couppey und Godard (Harmonie und Komposition) nahm. Mit achtzehn Jahren begann sie ihre erfolgreiche Karriere als Pianistin mit einer Konzerttournee, die sie durch Frankreich und England führte. Sie spielte in ihren Konzerten stets auch eigene Werke, die wegen ihrer Kraft und Strenge zunächst für die eines Mannes gehalten wurden. Auch als Komponistin und Dirigentin zählte sie bald zum Kreis der bekannten modernen Musiker in Frankreich und England. Charles Lamoureux und Edmond Colonne führten ihre Orchesterwerke mehrfach auf. Schon 1880 wurde sie Mitglied der 'Société Nationale de Musique', durch die sie gleichfalls protegiert wurde. Ihr Flötenkonzert errang Weltruhm und gehört heute zur Standard-Literatur von Flötisten.

Mit ihrer Amerikatournee, die sie 1908 mit dem Philadelphia Orchestra unternahm, begründete sie ihre Wertschätzung als Komponistin auch in den Vereinigten Staaten.

Als Cécile Chaminade am 18. April 1944 in Monte Carlo starb, hinterließ sie ein Œuvre von ca. 350 Kompositionen, welches Orchester-, Opern- und Ballettwerke gleichermaßen umfaßt wie Kammer-, Klavier-, Orgel- und Vokalmusik. Die französische Regierung hatte ihr für ihre außergewöhnlichen musikalischen Verdienste den Orden der Ehrenlegion verliehen.

Cécile Chaminade: Titelblatt zu ihren Klavierkompositionen, Paris, Enoch

ORGEL- / KLAVIERMUSIK

„Pas des écharpes" für Klavier zu vier Händen
„Danse hindoue" für Klavier zu vier Händen
Rigaudon für Klavier zu vier Händen
„Danse pastorale" für Klavier, Paris, Enoch
„Callirhoe" für Klavier solo, Paris, Enoch
„Cortège nuptial" für Orgel, Paris, Enoch
Prélude op. 78 für Orgel, Paris, Enoch 1895
„Pièce romantique et gavotte pour piano" op. 9 für Klavier zu vier Händen, Paris, Durand
„Les noces d'argent" op. 13, kleine Fantasie für acht Hände
Intermezzo aus der 1. Orchestersuite op. 20, arrangiert für Klavier, Marseille, Carbonel
Sonate op. 21 c-moll, Paris, Enoch 1895
„Orientale" op. 22, Paris, Hamelle
„Les artistes en herbe" op. 23 für Klavier, Paris, Enoch

„Libellules" op. 24, Paris, Enoch
„Mélancolie" op. 25, 1, Paris, Constallat et Cie.
„Zingara" op. 27, London, Arcadia 1949
Etude symphonique op. 28, Paris, Enoch 1895
Sérénade op. 29, Paris, Enoch
„Air de ballet" op. 30, Paris, Enoch
Valse caprice op. 33, Paris, Enoch
Sechs Konzertetüden op. 35, Paris, Enoch 1895
„Pas des cymbales" op. 36 für Klavier zu vier Händen
„Pas des cymbales" op. 36,2, Paris, Enoch
„Danse des écharpes" op. 37, Paris; Enoch / In: „At the piano with women composers", Sherman Oaks, Alfred Publ. 1990
„Pas des amphores" op. 37,2, New York, Stern 1912
„Pierette" op. 41, Paris, Enoch
„La lisionjera" op. 50, Paris, Enoch
„La Livry" op. 51, Paris, Ricordi
„Arlequin" op. 53 für Klavier zu vier Händen, Paris, Ricordi
„Sérénade d'automne" op. 55, 4 für Klavier zu vier Händen, Paris, Enoch
„Pièces romantiques" op. 55, 6, Paris, Enoch
„Les Sylvains" op. 60, Paris, Enoch
„Valses carnevalesques" op. 73
„Pièce dans le style ancien" op. 74, Paris, Enoch 1893
„Six romances sans paroles" op. 76, Paris, Enoch 1893
„Le matin / Le soir op. 79
„Chanson napolitaine" op. 82, Paris, Enoch 1896
Ritournelle op. 83, Paris, Enoch 1896
Drei Préludes op. 84 (1 und 2) für Klavier, Paris, Enoch 1896
„Réveil" op. 87 für Klavier
„Autrefois" op. 87, 4, Paris, Enoch 1897
„Consolations" op. 87, 5, Paris, Enoch 1897
„Norwégien" op. 87, 6, Paris, Enoch 1897
Novelette für Klavier solo op. 110, Paris, Enoch 1903
Pastorale op. 114, Paris, Enoch 1904
„Sous le masque" op. 116, Paris, Enoch
„Duo symphonique" op. 117 für zwei Klaviere, Paris, Enoch
„Album des enfants - première série" op. 123, Paris, Enoch 1909
„La nef sacrée" für Orgel oder Harmonium op. 171, Paris, Enoch 1928

KAMMERMUSIK

„Six airs de ballet" für Violine und Klavier
„Pièce romantique" für Flöte solo
„Chanson espagnol" für Violine und Klavier
„Caprice de concert" für Violine und Klavier (1905)
„Nuit d'étoile" für Violine (oder Cello) und Klavier, Paris, Enoch 1910
Klaviertrio op. 11, Paris, Durand (1881)
„Trois morceaux" op. 31 für Violine und Klavier
Klaviertrio op. 34, Paris, Enoch (1887)
„Chant du nord" op. 96 für Violine und Klavier, Braunschweig, Litolff
Concertino für Flöte und Orchester op. 107; Klavierfassung

ORCHESTERMUSIK

Zwei Orchestersuiten
„Plaisirs champêtres"
Konzertstück für Klavier und Orchester op. 40, Paris, Enoch 1905
„La lisonjera" op. 50
„Six pièces romantiques" op. 55 für Klavier und Orchester, Braunschweig, Litolff
„Deux pièces" für Orchester op. 79, Paris, Enoch 1925
Concertino für Flöte und Orchester op. 107 (1902), Paris, Enoch 1902 / New York, Carl Fischer 1958 / New York, Schirmer 1960 / New York, Southern Music Company 1960

VOKALMUSIK

Mehr als 100 Lieder für Singstimme und Klavier; Duette für zwei Singstimmen und Klavier, darunter:
Melodies op. 11 für Singstimme und Klavier
„Vieille chanson" für Tenor / Sopran, Mezzosopran / Bariton und Klavier, Paris, Ménestrel
„L'anneau d'argent" für Singstimme und Klavier
„If you shouldst tell me" / „Were I gardener" für Singstimme und Klavier
„La chanson du fou", Paris, Maho
„Les amazones", dramatische Sinfonie für Singstimmen und Klavier/Orchester (1884)
„Mots d'amour" für Singstimme und Klavier, Paris, Enoch 1898
„Chanson groenlandaise" für Mezzosopran/Bariton und Klavier, Paris, Heugel
„Chanson espagnol" Nr. 3 für Baß und Klavier, Paris, Enoch
„Amour d'automne" Nr. 2 für Bariton/Mezzosopran und Klavier, Paris, Enoch
„Malgré nous" Nr. 2 für Bariton/Mezzosopran und Klavier, Paris, Enoch
Madrigal Nr. 2 für Bariton/Mezzosopran und Klavier, Paris, Enoch
„Espoir" Nr. 1 für Tenor/Sopran und Klavier, Paris, Enoch
„Chant d'amour" Nr. 1 für Tenor/Sopran und Klavier, Paris, Tellier
Ritournelle Nr. 3 für Baß/Kontraalto und Klavier, Paris, Enoch
„Sur la plage" / „Sans amour" für Baß/Kontraalto und Klavier, Paris, Enoch
„Les rêves" Nr. 2 für Bariton/Mezzosopran und

Klavier, Paris, Enoch
Messe op. 167 für Sopran, Alt und Orgel/Harmonium, Paris, Enoch
„Lettres d'amour" für Singstimme und Klavier, Paris, Enoch

CHORMUSIK

„Ronde du crépuscule" für Singstimme solo, Frauenchor und Klavier, Paris, Enoch
„Les feux de Saint-Jean" für dreistimmigen Frauenchor op. 44
„Sous l'aile blande des voiles" op. 45 für zweistimmigen Frauenchor
„Pardon breton" op. 46 für dreistimmigen Frauenchor
„Noce hongroise" op. 47 für dreistimmigen Frauenchor
„Noël des Marins" op. 48 für dreistimmigen Frauenchor
„Les filles d'Arles" op. 49 für dreistimmigen Frauenchor

BÜHNENMUSIK

„Callirhoe", Ballett-Sinfonie für großes Orchester
„La Sevillane", komische Oper in einem Akt (1882)

BIBLIOGRAPHIE

Ebel, Otto: Cécile Chaminade. In: Les Femmes compositeurs de musique, Paris, Rosier 1910
Citron, M. J.: Cécile Chaminade, a bio-bibliography. Westport 1988
Peacock Jezic, D.: Chévalière de la Légion d'Honneur. In: Women Composers, New York, Feminist Press 1988
Citron, M. J.: Women Composers and Musicians in Europe 1880-1918. Bloomington 1991
Tardiff, C.: Portrait de Cécile Chaminade. Montreal 1993

DISKOGRAPHIE

Caprice espagnol op. 67. In: Works by Women Composers, Gemini Hall
Konzertstück für Klavier und Orchester op. 40. Rosario Marciano, Klavier; Orchestre von Radio Luxemburg, L. de Froment. Fono Münster
„La lisonjera" op. 50 / „Pas des écharpes". Rosario, Marciano, Klavier. In: Piano Works by Women Composers. Fono Münster
Trio für Klavier, Violine und Cello g-moll op. 11. Macalester Trio. In: Chamber Works by Women Composers. Vox
Concertino für Flöte und Orchester op. 107. 1. James Galway, Flöte; Royal Philharmonic Orchestra, Ch. Dutoit. RCA / 2. Karl Bernhard Sebon, Flöte; Radio-Sinfonie-Orchester Berlin, U. Lajovic. Schwann VMS
Concertino op. 107 für Flöte und Klavier (Transkription). 1. Karlheinz Zöller, Flöte; Bruno Canino, Klavier. EMI / 2. Cornelia Thorspecken, Flöte; Cordula Hacke, Klavier. (mit Werken von Gubaidulina, Hoover, Fromm-Michaels) Bietigheim, Bayer Records
„Pièce dans le style ancien" op. 74 / „Six études de concert" op. 35 / „Chansons sans parole" op. 76. Laval, Klavier. EMI
„L'anneau d'argent". Meta Bourgonjen (Mezzosopran), Ro van Hessen (Klavier). Leeuwarden, Stiching Famke
„Romanza appassionata" op. 31. Virginia Eskin (Klavier), Arnold Steinhardt (Violine), Northeastern Records
Etüden op. 124 und 132 / Tokkata op. 39 / Automne op. 35. Christina Harnisch, Klavier. In: Konzertetüden und Tokkaten des 19. und 20. Jahrhunderts (mit Szymanowska, Landowska, ...). Staufen, Aurophon
Klaviermusik op. 2, 23, 29, 30, 37, 39, 41, 50, 116, 122, 164. Eric Parkin, Klavier. Colchester, Chandos
„Sérénade aux étoiles". Hans-Jörg Wegner, Flöte; Christiane Kroeker, Klavier. (mit Werken von Boehm, Doppler, Massenet, Tailleferre), Wedemark, Thorofon
Klaviermusik, Vol. I und II. Peter Jacobs, Klavier. London, Hyperion
Messe op. 167 für zwei gleiche Stimmen und Harmonium / Offertorium aus „La nef sacrée" für Harmonium / „Marche funèbre" und Pastorale aus „La nef sacrée" / „Lettres d'amour" und „Fleur jetée" für Mezzosopran und Harmonium / „Duo d'étoiles" für Sopran, Mezzosopran und Harmonium. Trio Chaminade. Bayer Records, Bietigheim
Klavierwerke/ œuvres pour piano. Madeleine Stucki, Klavier. Relief Records
Manuela plays French Flute Concertos. Manuela Wiesler, Flöte, Helsingborg Symphony Orchester, Ltg. Philippe Augin. AB BIS, Schweden
Piano Trios by Ravel, Chaminade, Saint-Saëns. Rembrandt-Trio. Dorian Records

Chance, Nancy Laird
(* 1931)

Die amerikanische Komponistin wurde am 19. März 1931 in Cincinnati (Ohio) geboren. Sie wuchs in einer sehr musikalischen Atmosphäre auf. Bereits mit achtzehn Jahren begann sie zu komponieren. Nach Abschluß der Foxcroft School in Virginia besuchte sie von 1949 bis

1950 das Bryn Mawr College und von 1959 bis 1967 die Columbia University. Dort waren Vladimir Ussachevsky, Otto Luening und Ch. Wen-Chung ihre Kompositions- und Theorielehrer. Bei L. MacKinnon und W. R. Smith studierte sie Klavier. 1971 setzte sie ihre Studien am C. W. Post College der Long Island University fort. 1973 ging sie nach Kenia und komponierte und unterrichtete dort Klavier bis 1978. In ihren späteren Kompositionen ließ sie sich sehr von westafrikanischen Trommelrhythmen und deren ungewohnter Metrik inspirieren. 1978 erhielt Nancy Chance den „ASCAP Special Award" für Komposition. Sie schrieb zahlreiche Auftragswerke für bekannte amerikanische Orchester und Ensembles (z. B.: „Planasthei", Cleveland Orchestra 1991).

KAMMERMUSIK

Duo II für Oboe und Englischhorn (1978), New York, Seesaw
„Movements" für Streichquartett, New York, AMC 1967
„Daysongs" für Altflöte und zwei Schlagzeuger, New York, Seesaw 1974
„Ritual sounds" für Bläserquintett und drei Schlagzeuger, New York, Seesaw 1975
„Ceremonial" für Schlagzeug-Quartett, New York, Seesaw 1976
„Declamation and song" für Klavier, Vibraphon, Violine und Cello, New York, Seesaw 1977
„Duo III" für Violine und Cello (1980)
„Exultation and lament" für Saxophon und Pauken (1980)
„Streichquartett Nr. 1" (1984)

ORCHESTERMUSIK

„Lyric Essay", New York, Seesaw 1972
„Liturgy" für Harfe, Celesta, vier Schlagzeuger und Streicher (1979)
„Odysseus", Suite für Orcheser (1983)
„Planasthai" für Orchester (1991)

VOKALMUSIK

Drei Rilke-Lieder für Sopran, Flöte, Englischhorn und Cello, New York, Seesaw 1967
„Eden song" für Sopran und Instrumente, New York, Seesaw 1973
„Dark songs" für Harfe, Gitarre, Klavier und Schlagzeug, New York, Seesaw 1975
Duo I für Sopran und Flöte, New York, Seesaw 1975
„Say the Good Words" für Singstimme und Synthesizer (1989)

CHORMUSIK

„Domine Deus", Motette für zwei a-cappella-Chöre, New York, Seesaw 1969
„Odysseus" für Chor und Orchester (1981-83)
„In Paradisium" für Chor und Orchester (1987)
„Last Images" für Chor, Orchester und Synthesizer (1988)
„Pie Jesu" / „Libera me" / „Hosianna" / „Benedictus" für Chor und Orchester (1990)

MULTIMEDIA-MUSIK

„Bathsabe's song" für Altsaxophon live und Tonband, Sprecher und Tänzer, New York, Seesaw 1972

BIBLIOGRAPHIE

Museum of Modern Art. Women Composers: Summergarden Concert. High Fidelity, 1975

Clarke, Rebecca
(1886-1979)

Rebecca Clarke, Komponistin und Violinistin, wurde am 27. August 1886 in Harrow, England als Tochter deutsch-amerikanischer Eltern geboren. Sie wuchs in einer musikalisch geprägten Umgebung auf und erhielt ihren ersten Violinunterricht bereits im Alter von acht Jahren. Mit sechzehn wurde sie als Violinstudentin an die Royal Academy of Music in London zugelassen und besuchte den Unterricht von H. Wessely; der Komponist P. H. Miles wurde ihr Harmonielehrer. Mit siebzehn Jahren begann sie zu komponieren. Später wechselte sie zum Royal College of Music und studierte als einzige Frau Komposition bei Ch. Stanford, Kontrapunkt bei Sir F. Bridge und Bratsche bei L. Tertis. In ihren Konzerten musizierte sie u. a. mit Casals, Thibaud, Schnabel und Rubinstein; sie war Mitglied des nur von Frauen besetzten Klavierquartetts „English Ensemble". Darüber hinaus war sie eine der ersten Frauen in London, die Mitglied im Berufsorchester „Queen's Hall Orchestra" unter der Leitung von H. Wood wurde. 1916 verließ Rebecca Clarke England und ging in die Vereinigten Staaten. Hier machte sie sich als Komponistin und Solistin einen Namen. Sie gewann 1919 den zweiten Preis des Berkshire Festivals mit ihrer Sonate für Bratsche und Klavier, die sie unter dem Pseudonym Antony Trent eingereicht hatte. Für ihr Trio für Violine, Cello und Klavier erhielt sie 1921 ebenfalls den zweiten Preis beim Coolidge Festival. Man erteilte ihr daraufhin einen Kompositionsauftrag für das Pittsfield Festival 1923. Im selben Jahr unternahm sie gemeinsam mit der Cellistin May Muklé ihre erste Welttournee. Weiterhin feierte sie anläßlich der Aufführungen ihres Klarinetten- und ihres Bratschen-Duos beim „ISCM-Festival" in Berkeley im Jahre 1942 große Erfolge. 1944 heiratete Rebecca Clarke den Pianisten und Komponisten J. Friskin, zog mit ihm nach New York und komponierte fortan nicht mehr. Sie erteilte Unterricht, produzierte Kammermusiksendungen im Rundfunk und hielt Vorträge am Chautauqua Institute. Zu ihrem neunzigsten Geburtstag ehrte sie der New Yorker Rundfunk mit einer Sendung, in der auch einige ihrer Kompositionen zu hören waren. Sie starb am 13. Oktober 1979 in New York.

KLAVIERMUSIK
„Cortège" für Klavier (1930)

KAMMERMUSIK
Violinsonate (1909)
„Danse bizarre" für zwei Violinen (1909)
„Morpheus" für Viola und Klavier (1917)
„Lullaby" für Viola und Cello (1918)
„Grotesque" für Viola und Cello (1918)
Sonate für Viola und Klavier (1919), New York, Da Capo Press
„Epilogue" für Cello und Klavier (1921)
Klaviertrio (1921), New York, Da Capo Press 1980
„Chinese Puzzle" für Violine und Klavier (1922), Oxford University Press 1925
Rhapsody für Cello und Klavier (1923)
Streichquartett (1924)
„Midsummer Moon" für Violine und Klavier (1924)
Adagio für Streichquartett (1926)
Zwei Stücke für Viola / Violine und Cello, London, Oxford University Press 1930
„Combined carols" für Streichquartett (1941)
Dumka für Violine, Viola und Klavier (1941)
Prelude, Allegro und Pastorale für Viola und Klarinette (1941)
„Passacaglia on an old English tune" für Viola und Klavier (1941/43)
Suite für Klarinette und Viola (1942)

VOKALMUSIK
24 frühe Lieder (Texte: Dehmel) (1903-11)
Zwei Lieder für zwei Singstimmen (Text: Fletcher) (1912)
Zwei Lieder (Text: Yeats) (1912), London, Winthrop Rogers 1920
„Philomela" (Text: Sidney) für Sopran, Alt, Tenor und Baß (1914)
„A Psalm of David" für Singstimme und Klavier (1920)
„Old English Songs" für Singstimme und Klavier, London, Winthrop Rogers 1923
„Three English Songs" für Singstimme und Violine, London, Winthrop Rogers 1925
„The Seal Man" für hohe Stimme und Klavier, New York, Hawkes & Son 1926 / London, Winthrop Rogers
„Sleep" (Text: Fletcher) für zwei Singstimmen und Klavier (1926)
„June Twilight" (Text: Masefield) (1926), London, Winthrop Rogers 1926
„The cherry blossom wand" (Text: Wickham) (1927/29)
„Greeting" für Singstimme und Klavier, London, Winthrop Rogers 1928
„Eight o'clock" (1928)
„A dream" (Text: Yeats) (1926), London, Winthrop Rogers 1928
Drei irische Gesänge (1924), London, Oxford University Press 1928
„Cradle Song" (Text: Blake) (1924), London, Oxford University Press 1929
„The Aspidistra" für Singstimme und Klavier, London, Chester 1930
„Tiger, tiger" (Text: Blake) (1933)
„Ave Maria" für zwei Soprane und Alt (1937)
„Daybreak" für Singstimme und Streichquartett (1940)
„The donkey" (Text: Chesterton) (1942)
„God made a tree" (Text: Kendall) (1954)
„Shi one" für Singstimme und Klavier, London, Winthrop Rogers

CHORMUSIK
Psalm für vierstimmigen gemischten Chor a cappella (1921)
„Chorus" (Text: Shelley) für drei Soprane und zwei Alt (1943)

BIBLIOGRAPHIE
Jacobs, Veronica: Rebecca Clarke. In: Viola Research Society, 1977
Johnson, Christoph: Rebecca Clarke's piano trio.

Introduction to Da Capo Press edition, 1980

Ponder, M.: Rebecca Clarke. In: British Music Society Journal, 1983

Mac Donald, C.: Rebecca Clarke's Chamber Music. In: Tempo, 1986

Richards, Deborah: Gedanken zu Rebecca Clarke. In: Neuland, Bd. 4, Bergisch Gladbach, 1983/84

Peacock, D. Jezic: Rebecca Clarke, English performer and composer. In: Women Composers, New York, Feminist Press 1988

Woodward, A. M.: Rebecca Clarke's sonata for viola and piano. Introduction to Da Capo press edition, 1990

DISKOGRAPHIE

Klaviertrio. (mit Hensel-Trio) Clementi-Trio, Köln. . Largo Records

Klaviertrio. The Rogeri-Trio. New York, Leonarda Productions

„Three dramatic songs". John Ostendorf, Baß; Shirley Seguin, Klavier. New York, Leonarda Productions

Sonate für Viola und Klavier. Virginia Eskin, Klavier; Patricia McCarthy, Viola. Northeastern Records

Prelude für Viola und Klarinette. Patricia McCarthy, Viola; Peter Hadcock, Klarinette. Northeastern Records

Zwei Stücke für Viola und Cello. Patricia McCarthy, Viola; Martha Babcock, Cello. Northeastern Records

„Passacaglia on an old English tune" für Viola und Klavier. Patricia McCarthy, Viola; Virginia Eskin, Klavier. Northeastern Records

Sonate für Cello und Klavier. Viola Mokrosch, Klavier; Eckhard Stahl, Cello. (mit Werken von Fromm-Michaels und Firsowa), Bietigheim, Bayer Records

Sonata für Cello und Klavier (1919) / „Epilogue" für Cello und Klavier. Pamela Frame (Cello), B. Snyder (Klavier). München, Koch International

Coates, Gloria
(* 1934)

Gloria Coates, am 10. Oktober 1934 in Wasau, USA, geboren, begann bereits mit zwölf Jahren zu komponieren und gewann sogleich den ersten Kompositionspreis der 'USA National Federation of Music Clubs'. Als 19jährige, im Jahre 1953, begegnete sie Alexander Tcherepnin, ihrem zukünftigen Lehrer und Förderer. Von 1956 bis 1969 war sie Studentin an der Columbia University, der Louisiana State University, der Cooper Union Art School und der Dramatic School am Goodman Theatre. A. Tcherepnin, O. Luening, J. Beeson, Helen Gunderson und K. Klaus waren ihre Kompositionslehrer. Sie erwarb den Bachelor of Arts für Theater und Musik, den Bachelor of Music für Komposition und Gesang und erhielt den Master of Music mit Auszeichnung für Komposition und Musikwissenschaft.

1969 ging sie nach München, wo sie als Schauspielerin, Sängerin und Komponistin arbeitete. Nach 1971 leitete sie die Reihe „German-American Contemporary Music" in München. Während der Internationalen Ferienkurse für Neue Musik in Darmstadt 1975 demonstrierte sie multiphone Techniken. Ihre Kompositionen, die vom Orchesterwerk bis zur Elektronischen Musik reichen, wurden vielfach ausgezeichnet, international aufgeführt und gesendet. Mit ihrem Werk „Between" war Amerika erstmals auf den Weltmusiktagen in Ost-Berlin 1979 vertreten. 1980 wurden ihre Werke „Nonett" in Rom und „Valse triste" in Warschau uraufgeführt. Seit 1975 hat Gloria Coates Lehraufträge an der University of Wisconsin, in London und in München. Meisterklassen und Seminare in Kompositionstechnik leitet sie außerdem an der Harvard University, der Brown University, in Calcutta, Bombay, Neu-Dehli und in Torun/Polen. Im Februar 1988 erhielt sie die Ehrendoktorwürde der 'Marquis Giuseppe Scicluna International University Foundation'und die 'Commemorative Medal of Honour' des 'American Biographical Institute'. Gloria Coates lebt heute in München.

KLAVIERMUSIK

„Tones in overtones, five abstractions" für Klavier (1963), München, Sonotone

„Structures" für Klavier (1972)

„Colony air" für Klavier solo (1982)

KAMMERMUSIK

„Ouverture to St. John" für Orgel und Pauke

„Glissando Quartett" (1962)

„Passacaglia fugue" für Streichquartett

Vier Streichquartette (1965-78)

„Trio for three flutes" (1967), München, Sonotone

„Mobile" für Streichquartett (1972)
Fantasie über „Wie schön leuchtet der Morgenstern" für Viola und Orgel (1975)
Variationen über „How a rose" für Orgel, Triangel, Violine und Viola (1975)
„Five pieces for four wind players" (1975), München, Sonotone
„My country is of thee" für Klavier zu vier Händen, Violine und Viola (1976)
„From a poetry album" für Harfe, Singstimme, Cello, Schlagzeug und Dias (1976)
„We have ears and hear not" für Streichquartett und Solist (1978)
„Six movements" für Streichquartett (1978)
„Valse macabre" für Cello, Klavier, Klarinette, Posaune und Schlagzeug (1980)
„Lunar Loops" für zwei Gitarren (1988)
„Lunar Loops II" für Gitarre und Schlagzeug (1988)
„Light splinters" für Flöte, Harfe und Viola (1988)
„Blue Monday" für Gitarre und Schlagzeug (1989)
„Light Splinters II" für Flöte, Harfe, Viola und Schlagzeug (1990)

ORCHESTERMUSIK

„Point Counterpoint" für Schulorchester (1973)
„Sinfonietta della notte" für Orchester (1974/80)
Sinfonie Nr. 1 „Music on open strings" für Streichorchester (1974), München, Sonotone
„Planets", drei Sätze für Orchester (1974), München, Sonotone
„Halley's comet" für Kammerorchester (1974)
„Chamber symphony" für Kammerorchester (1974)
„Implorare" für Streichorchester (1977)
Sinfonie für Streichorchester (1978/88)
„Transitions" für Kammerorchester und großes Orchester (1985)
Sinfonie Nr. 5 (1985)
Sinfonie Nr. 6 „Music in microtones" für Orchester (1986)
„Meteormarsch" für Blasorchester (1986)
Sinfonie Nr. 3 „Sinfonie nocturne" für Streicher (1976/86)
„Molton canon" für Orchester (1987)
Sinfonie Nr. 2 „Music in abstract lines" (1987)
„Missed" für Schulorchester (1987)
Sinfonie Nr. 4 „Chiaroscuro" (1990)
Sinfonie Nr. 7 (1991)

VOKALMUSIK

„Mathematical problems" für Sopran und Klavier (1963)
Drei Lieder auf Texte von Janice Rubin für Sopran und Klavier (1965)
„Voices of women in wartime" für Sopran, Violine, Viola, drei bis acht Celli, Klavier und Pauke (1973)
„Twelve transcendental songs" auf Texte von Emily Dickinson für Mezzosopran und Klavier (1967-85)
„Go the great way" (Text: Dickinson) für Sopran, Orgel/Klavier und zwei Schlagzeuger (1985)
„Sperriger Morgen" (Text: Paul Celan) für Sopran, Tuba, Cello, Kontrabaß und Schlagzeug (1989)
„Emily Dickinson Songs" für eine Singstimme und Kammerorchester (1989)
„Indian Sounds" für eine Singstimme und Kammerorchester (1992)

CHORMUSIK

Kyrie, Gloria, Toccata, Agnus Dei für Chor und Orgel
Missa brevis (1965)
„Sing unto the Lord a new song" für gemischten Chor (1965)
„The elements" für Orchester und Chor (1976)
„Fonte di Rimini" für Chor und großes Orchester (1984)
„Vita (anima della terra)" für Soli, Chor und großes Orchester (1984)
„Three mystical songs" für Chor und Orchester (1986)

BÜHNENMUSIK

„Thieves Carnival" (1961)
„Jedermann - morality play" (1961)
„Fall of the House of Usher", Oper nach E. A. Poe (1962)
„St. Joan" (1964)
„Hamlet" (1965)
„Ikarus" Ballettmusik (1975)
„Machine Men", Ballettmusik (1982)
„Women's Movement", Ballettmusik (1986)

ELEKTRONISCHE / EXPERIMENTELLE MUSIK

„Natural voice and electronic sound" (1973)
„Live electronic, voice and laser (1973)
„Neptune odyssey" (1975)
„Spring morning at Grobholzes" für drei Flöten und Tonband (1975)
Gedichte von Emily Dickinson für Singstimme und Tonband (1976)
„Ecology" I und II (1979)
„Between" für zwei Tonbänder, Schlagzeug und Singstimme (1979)
„Women's movement" für Tonband, Schlagzeug und vier Mädchen oder Kammerorchester (1986)
„Auto-Matic-Music" für 16 Autos, 15 Motorräder, drei Hupen und zehn Radios (1986)
„Fiori and the Princess" (1987)
„Fiori and the Princess II" für Flöte und Tonband (1988)
„Fiori and the Princess III" für Flöte, Tonband und Schlagzeug (1988)

FILMMUSIK

„Politik vom Notenblatt" (1981)
„Turin - die geräderte Stadt" (1983)
„Zwei Künstler: eine Ausstellung" (1983)

BIBLIOGRAPHIE

Boesman-B.; Angelika: Die Komponistin Gloria Coates - ein Portrait. Kassel, Gesamthochschule 1987
LePage, Jane Weiner: Women Composers, Conductors and Musicians of the 20th Century, Vol. III. London, Scarecrow Press 1988

DISKOGRAPHIE

„Music on open strings". Bayerisches Rundfunk-Sinfonieorchester, Ltg. Elgar Howarth. München, Pro Viva
Streichquartette Nr. 1, 2 und 4. Kronos-Quartett. München, Pro Viva
Streichquartett Nr. 3. Fanny Mendelssohn Quartett. München, Troubadisc

Colbran, Isabella
(1785-1845)

Die berühmte Primadonna der Rossini-Ära, Isabella Colbran, wurde am 2. Februar 1785 in Madrid geboren und entstammte einer musikalischen Familie. Ihr Vater war Kapellmeister am spanischen Hof und gab ihr den ersten Musikunterricht. Später studierte sie bei Francesco Pareja und nahm Gesangsunterricht bei einem der bekannten Kastraten, Girolamo Crescentini. Im Jahre 1801 ging sie nach Paris und wurde Schülerin von Cherubini. Ihre große sängerische Karriere jedoch begann in Bologna. Von 1811 bis 1821 war sie die Primadonna am Teatro San Carlo in Neapel. Im Jahre 1815 lernte sie den Komponisten Gioacchino Rossini kennen. Rossini schrieb allein 18 Opern, in denen er ihrer Stimme eine große Rolle zudachte. 1822 heirateten sie. 1829 zog sich Isabella Colbran-Rossini von der Bühne zurück, Rossini trennte sich sofort von ihr. Sie blieb bis zu ihrem Tod bei seinem Vater. Colbran schrieb - wie viele andere Primadonnen ihrer Zeit - zahlreiche Arien und Lieder, die in vier Bänden erschienen und der spanischen Königin, der Kaiserin von Rußland, dem Kastraten Crescentini oder Prinz Eugen von Beaumarchais gewidmet sind. Sie starb am 7. Oktober 1845 in Bologna. Ihre Werke sind heute wiederentdeckt worden und erfreuen sich großer Beliebtheit.

VOKALMUSIK

Fünf Arien aus „Petits Airs Italiens" nach Metastasio für Singstimme und Klavier: Benche ti sia crudel, Vorrei che almen per gioco, Per costume o mio bel nume, T'intendo si mio cor, Ch'io mai vi possa lasciar d'amare. In: „Una voce poco fa". Ovvero le musiche delle primadonne rossiniane (Hrsg. Patricia A. Chiti), Rom, Garamond 1992
„Sempre piu t'amo" für Singstimme und Klavier, in: „A Collection of Art songs by women composers" (Hrsg. Ruth Drucker), Hers Publishing 1988

BIBLIOGRAPHIE

Carpini, G.: Le rossiniane ossia Lettere musico-teatrali. Padua 1824
Chiti, Patricia Adkins: Donne in Musica. Rom, Bulzoni 1982
Chiti, Patricia Adkins: Una voce poco fa. Leben und Werk der Primadonnen der Rossini-Zeit, Rom, Garamond 1992

DISKOGRAPHIE

Aus „Petits Airs pour la Reine d'Espagne": Benche ti sia crudel / Per costume o mio del nume. Patricia A. Chiti, Mezzosopran; Gian Paolo Chiti, Klavier. In: „Una voce poco fa". Italien, Kicco Records

Crawford Seeger, Ruth
(1901-1953)

Ruth Crawford Seeger wurde am 3. Juli 1901 in East Liverpool, Ohio (USA), geboren. Sie entstammte einer Methodistenfamilie und wuchs mit ihrem um fünf Jahre älteren Bruder in ärmlichen Verhältnissen auf. Für die musikalische Entwicklung war die Mutter von entscheidender Bedeutung. Sie ließ der Tochter ab dem sechsten Lebensjahr Klavierunterricht erteilen. Später besuchte Ruth Crawford die School of Music Art in Jacksonville, Florida, und gab dort bereits selbst Klavierunterricht. Mit zwanzig Jahren schrieb sie sich am American Conservatory in Chicago ein und studierte Klavier bei H. Levy, Louise Robyn und Djane Lavoie-Herz; A. Weidig und J. Palmer lehrten sie Harmonie, Kontrapunkt, Komposition und Orchestrierung. Von 1925 bis 1929 unterrichtete sie am Elmhurst College of Music und am American Conservatory in Chicago. 1930 erhielt sie für ein Jahr als erste Frau das Guggenheim Fellowship.

Es ermöglichte ihr, ihre Studien in Paris, Berlin, München, Wien und Budapest fortzusetzen, wo sie u. a. Bartok, Berg und Ravel begegnete. Auf dieser Europareise entstand ihr berühmtes Streichquartett, eine Zwölftonarbeit.
Kurz nach ihrer Rückkehr aus Europa heiratete sie 1931 Charles Seeger, ihren damaligen Kompositionslehrer. Zusammen mit ihm wandte sie sich in zunehmendem Maße der Volksmusik zu. Sie transkribierte über tausend amerikanische Volkslieder aus dem Archiv für amerikanischen Volksgesang der Library of Congress und schuf dazu die Klavierbegleitung. 1933 repräsentierte sie die Vereinigten Staaten auf dem Internationalen Festival für zeitgenössische Musik in Amsterdam mit ihren „Three Songs" für Singstimme und Instrumente und gewann 1952 den ersten Preis der National Association for American Composers and Conductors.
Ruth Crawford Seeger starb am 20. November 1953 in Chevy Chase, U.S.A.

KLAVIERMUSIK

Hunderte von Klavierbegleitungen und Arrangements (u. a. in Zusammenarbeit mit D. Emrich) zu amerikanischen Volksliedern (13 Bände)
Neun Präludien für Klavier
Fünf Präludien, San Francisco, New Music Edition 1924 / Bryn Mawr, Hildegard Publishing 1993
„The Adventures of Tom Thumb" (1925)
Vier Präludien, San Francisco, New Music Edition 1928
Piano Studies in mixed accents, San Francisco, New Music Edition 1932
„19 American folk tunes" für Klavier (1936-38)

KAMMERMUSIK

Sonate für Violine und Klavier (1926)
Suite für Flöte, Oboe, Klarinette, Horn, Fagott und Klavier (1927), New York, Continuo Music
Quintett für vier Streicher und Klavier (1927)
Zweite Suite für Streichquartett und Klavier (1927)
Drei Sätze für Bläser und Klavier (1928)
„Four diaphonic suites" für Flöte, Oboe, zwei Klarinetten und zwei Celli (1930), New York, Continuo Music 1972
Streichquartett (1931), Marion Music
„Rissolty Rossolty" für zehn Bläser, Trommel und Streicher (1941)
Suiten für Bläserquintett (1941/1952), New York, Continuo Music

ORCHESTERMUSIK

Musik für kleines Orchester (1926), Ann Arbor 1993
Zwei Sätze für Kammerorchester (1926)

VOKALMUSIK

Fünf Lieder für Singstimme und Klavier (1929)
Zwei Ricercari für Singstimme und Klavier (1932)
Drei Lieder für Kontraalt und 17 Instrumente (1932), San Francisco, New Music Edition
„American Folksongs for Children" (1948)
„Animal Folksongs for Children" (1950)
„American Folksongs for Christmas" (1953)
„When, not if" für drei gleiche Stimmen

CHORMUSIK

Drei Gesänge „to an unkind God" für Frauenchor (1932)
„Chant" für vierstimmigen gemischten Chor a cappella, New York, Tetra Music Corp. 1971

BIBLIOGRAPHIE

Cowell, S. R.: Ruth Crawford Seeger 1901-1953. Journal of International Folk Music Council 1955
Compositores de America, Bd. 2, Union Panamericana, Washington D.C. 1956
Gaume, M. M.: Ruth Crawford Seeger, her life and works. Indiana University 1974
Pool, J.: Ruth Crawford Seeger, an introduction to her life and compositions. In: „Paid my dues" III, 1978
Le Page, Jane Weiner: Women Composers, Conductors and Musicians of the 20th Century. London, Scarecrow 1980
Jepson, Barbara: Ruth Crawford Seeger – eine Studie in gemischten Akzenten. In: Neuland Bd. IV, Bergisch Gladbach 1984
Lück, H.: Materialien zur Arbeit von Ruth Crawford Seeger. In: Neuland Bd. IV, Bergisch Gladbach 1984
Gaume, Matilda: Ruth Crawford Seeger. In: Women Making Music, Chicago, 1987
Harbach, Barbara: Ruth Crawford - musical profile. In: Women of Note quarterly", 1994

DISKOGRAPHIE

Neun Präludien für Klavier. Virginia Eskin, Klavier. Northeastern Records
„Study in mixed accents" für Klavier. Virginia Eskin, Klavier. Northeastern Records
Streichquartett. Amati-Quartett. CBS Records und Nonesuch Records.
Suite für Bläser / Sonate für Violine und Klavier / Zwei Ricercari / Prelude Nr. 1 und 9 / „Study in mixed accents" / „Diaphonic Suite" Nr. 1 und 2 / „Three Songs". Cheryl Seltzer, Joel Sachs. Musical

Heritage Society and „American Masters", CRI Records

„Lucille Field sings songs by American Women Composers" (mit Liedern von Crawford, van de Vate, Gideon, Price etc.). Cambria Records

„Premiere Performances by Boston Musica Viva": Zwei Sätze für Kammerorchester (mit Musgrave, Kammerkonzert Nr. 2). Delos Records

Preludes für Klavier / „Piano study" in „Music by Women Composers", Vol. II. Rosemary Platt, Klavier. Coronet Records

Two movements for chamber orchestra. Delos Records

Andante for strings, The Cleveland Orchestra, Ltg. Christoph von Dohnanyi. London, Decca

---

"We should not seek to become greater than others, but to discover the greatness in ourselves."

Ruth Crawford 1901-1953

Cusenza, Maria Giacchino
(1898-1979)

Als Tochter einer Musikerfamilie wurde Maria Cusenza am 12. Oktober 1898 in Palermo, Italien, geboren. Sie besuchte das Vincenzo-Bellini-Konservatorium und studierte dort bei Alice Ziffer Baragli und Mario Pilati Klavier und Komposition. Zwischen 1930 und 1942 trat sie erfolgreich als Pianistin in vielen italienischen Städten und im Rundfunk auf. Als Kammermusikerin gründete sie 1933 das Quintetto Femminile Palermitano und setzte sich mit diesem Ensemble vorwiegend für zeitgenössische Musik ein. Als Dozentin am Konservatorium von Palermo bildete sie zahlreiche junge Pianisten aus. Sie hinterließ in erster Linie Klaviermusik, die von großen italienischen Verlagen gedruckt wurden. Während ihrer Laufbahn erhielt sie zahlreiche Auszeichnungen und wurde 1957 Vizepräsidentin der „Unione Cattolica Artisti Italiani". Die Komponistin starb 1979 in Palermo.

KLAVIERMUSIK

„Esercizi tecnici per pianoforte" (Vol. 1 und 2), Mailand, Izzo 1932

Präludium und Fuge in g-moll, Mailand, Ricordi 1936

„Poemetto", Mailand, Forlivesi 1936

„Piccola Serenata", Mailand, Forlivesi 1936 / Curci 1955

„Allegretto con sussiego", Mailand, Forlivesi 1936 / Curci 1955

„Ninna, Nanna", Mailand, Carisch 1937

„Basso ostinato", Mailand, Ricordi 1938

„Umoresca", Mailand, Carisch 1939

„Tre pezzi", Mailand, Ricordi 1940

„Tre pezzi facili", Mailand, Carisch 1941

„Esercizi di lettura, divertimenti e studi per piano", Mailand, Mignani 1944 / De Marino 1948

„Cinque pezzi infantili", Mailand, Mignani 1946

„Sei personaggi in cerca di esecutori", Mailand, Curci 1948

„Due istantanee", Mailand, Carisch 1949

„Arpeggi per piano", Mailand, Curci 1951

„Tre canzoni per Mariolina", Mailand, Carisch 1953

„Studio canonico in ottave", Mailand, Ricordi 1954

„Studio Esatonico", Mailand, Ricordi 1954

„Corale e variazioni in Memoriam", Mailand, Ricordi 1955

„La canzone di giugno", Mailand, Ricordi

KAMMERMUSIK

„Aria e Danza" für Violine und Klavier, Mailand, Ricordi 1940

„Andante di Geminiani" (Transkription für Violine und Klavier), Mailand, Ricordi 1940

VOKALMUSIK

„Valentino" für Singstimme und Klavier, Mailand, Forlivesi 1937

„Il viandante" für Singstimme und Klavier, Mailand, Forlivesi 1937

„Canto notturno", Lied für Singstimme und Klavier, Mailand, Ricordi 1942

„Tantum ergo" für drei verschiedene Stimmen, Mailand, Pedrini 1953

BIBLIOGRAPHIE

Chiti, Patricia Adkins: Donne in Musica, Rom, Bulzoni 1982

Chiti, Patricia Adkins: Almanacco delle virtuose, primedonne, compositrici e musiciste d'Italia. Novara, Agostini 1991

Danzi, Maria Margarethe, (geb. Marchand)
(1768-1800)

Die deutsche Komponistin und Sängerin wurde 1768 in Frankfurt geboren. Schon früh übernahm sie Kinderrollen am Münchener Theater, an dem ihr Vater, Theobald Marchand, selbst Sänger und Schauspieler, Direktor war. Mit zehn Jahren erhielt sie Geigenunterricht von Franziska Danzi, der Schwester ihres zukünftigen Ehemannes und Ehefrau von L. A. Lebrun. (Unter dem Namen ihres Mannes wurde Franziska Danzi selbst eine bekannte Komponistin - siehe Lebrun, Franziska). Margarete Danzi hielt sich mit ihrem Bruder Heinrich einige Jahre (1781 - 1784) im Hause Leopold Mozarts in Salzburg auf, der sie in Komposition und Klavier unterrichtete. Nach der Ausbildung kehrte sie nach München zurück und wurde 1786 Sängerin an der Münchener Hofoper. Hier lernte sie auch den Dirigenten und Komponisten Franz Danzi kennen, den sie 1790 heiratete. Mit ihm unternahm sie zahlreiche Konzertreisen, die sie nach Deutschland, Österreich und Italien führten. Die hervorragende Gestaltung der weiblichen Rollen in Leopold Mozarts Opern begründete ihren Ruhm als Sängerin. 1796 wurde sie Mitglied des Deutschen Theaters München.

Mit ihren Kammermusik- und Klavierwerken machte sie sich auch als Komponistin einen Namen. Leider ist ein großer Teil ihrer Klavierkompositionen heute nicht mehr auffindbar. Margarethe Danzi starb im Alter von 32 Jahren am 11. Juni 1800 in München.

KLAVIERMUSIK
Andante mit Variationen op. 2

KAMMERMUSIK
Sonate Nr. 1 in Es-dur für Klavier mit obligater Violine, München, Falter 1800 / Giebing, Katzbichler 1967
Sonate Nr. 2 in B-dur für Klavier mit obligater Violine, München, Falter 1800 / Giebing, Katzbichler 1967
Sonate Nr. 3 in E-dur für Klavier mit obligater Violine, München, Falter 1800 / Giebing, Katzbichler 1967

BIBLIOGRAPHIE
Walter, F.: Geschichte des Theaters. Musik am Kurpfälzischen Hof, Leipzig 1898
Anderson, E. (Hrsg.): The Letters of Mozart and his Family. London 1985
Reipschläger, E.: Schubaur, Danzi und Poissl als Opernkomponisten, Rostock 1991

DISKOGRAPHIE
Sonate Nr. 1 in Es-dur. Münchener Komponistinnen der Klassik und Romantik. Werner Grobholz, Violine; Monika von Saalfeld, Klavier. Musica Bavarica

Davies, Eiluned
(20. Jahrhundert)

Die walisische Pianistin und Komponistin wurde zu Beginn des 20. Jahrhunderts in London geboren. Von 1928 bis 1938 studierte sie am Royal College of Music in London bei Kathleen Long, G. Jacob und C. H. Kitson. Später ließ sie sich von Frida Kindler als Pianistin ausbilden. 1934 begann ihre Karriere als Solopianistin in England. Sie trat u. a. mit dem BBC Symphony Orchestra, dem Liverpool Philharmonic Orchestra und dem BBC Welsh Orchestra auf. Außerdem gastierte sie in Deutschland, Holland und Spanien. Ihre frühen Kompositionen vernichtete Eiluned Davies nach dem Zweiten Weltkrieg. Erst 1957 begann sie wieder Musik zu schreiben. Die Komponistin war Musiktutorin am City Literary Institute in London (1945-1979), am Mary Ward Centre in London (1956-1979) und am Stanhope Institute in London (1960-1979). Eiluned Davies lebt in London.

KLAVIERMUSIK
„Wir lieben die Stürme", Volkslied, bearbeitet für Klavier zu sechs Händen
„Sociable pieces" für Klavier zu sechs Händen, University of Wales Press 1969
Zwei europäische Volkstänze, bearbeitet für Klavier zu sechs Händen (1974/77)
Fünf europäische Volkstänze, bearbeitet für Klavier: „La casse-noisette" / „Macedonian dance" / „Tropanka" / „Alunelul" / „Neda Brivne" (1980/84)

VOKALMUSIK
„The bells of heaven" für Sopran, Alt und Klavier (1940)
Zwei Weihnachtslieder für Sopran, Alt und Klavier (1960)

„For Ann Gregory" für Bariton und Klavier (1963)
„To Morfydd" für Bariton und Klavier (1963)
„Will you be as hard?" für Bariton und Klavier, University of College Cardiff Press (1964)
„Christmas Carol of the sea" für Sopran, Alt, Tenor, Baß (1987)
„Shells" für zwei Soprane und zwei Altstimmen
„The hallowed season" für Mezzosopran, Sopran und Kontraalt (1988)
„Emblem" für Mezzosopran (1988)
„Mushrooms" für zwei Soprane und zwei Altstimmen
„Penludium" für zwei Soprane und zwei Altstimmen

CHORMUSIK

Agnus Dei, Introitus und Kyrie für gemischten Chor
Offertorium, Sanctus für gemischten Chor
„Mice", dreistimmiger Kanon für Frauenchor (1950)
Zwei Lieder für Männerchor: „Lob des Frühlings" / „Jägerlied" (1950)
Weihnachtslied „No room at the Inn" für gemischten Chor, University of College Cardiff Press 1961
Requiem für Soli, Chor und Orchester (1969/70)
Drei Lieder für Frauenchor: „Seagull ballet" / „Schadows" / „Cygnus" (1981)
„Journey in the spring" für gemischten Chor

Degenhardt, Annette
(* 1965)

Die deutsche Gitarristin und Komponistin wurde 1965 in Mainz geboren. 1985 bis 1990 studierte sie Gitarre an der Hochschule für Musik und Darstellende Kunst in Frankfurt am Main. 1986 veröffentlichte sie ihre erste Langspielplatte unter dem Titel „Nicht eingebracht, nicht wild erfühlt" mit eigenen Kompositionen für Gitarre. 1992 erschien ihre zweite Einspielung als CD mit neuen Gitarrenkompositionen unter dem Titel „Zwischentöne", 1994 das dritte Album als CD, „Waltzing Guitar", mit 12 selbstkomponierten Walzern für Gitarre. Ihr bisheriges Œuvre umfaßt Werke für Solo-Gitarre und Gitarren-Duo. Annette Degenhardt lebt und arbeitet in Mainz-Gonsenheim.

KAMMERMUSIK / GITARRE

„Noch nicht alles verspielt" (1984)
„Farewell to Connaught" (1984)
„Leipzig '84" (1984)
„Es geht auch weiter" (1985)
„Au cimetière le Py" (1985)
„Nicht eingebracht, nicht wild erfühlt" (1985)
„To Winnie and Nelson Mandela" (1985)
„Straße der Zikaden" (1985)
„Weit ins Land" (1985)
„Leben" (1985)
„Sandino will win" (1986)
„Requiem" (1986)
„Voller Hoffnung" (1987)
„Unentschieden" (1987)
„Tombeau à Andrès Segovia" (1987)
„Und zieht dahin" (1987)
„Nachspürend" (1987)
„Marginal" (1987)
„Unstet" (1987)
„Sunrise in Clare" (1987)
„Unentschieden" (1987)
„Those days" (1988)
„An Air in Clare" (1988)
„A Double Jig for You and Me", Gitarrenduo (1989)
„Es geht eine dunkle Wolk' herein", Thema und Variationen (1988)
„Lied für Indianer" (1990)
„Zwischentöne" (1991)
„Intakt" (1991)
„Communiqué to Mark Knopfler" (1991)
„Musette mélancholique", Walzer in a-moll (1991)
„Heurige Musette", Walzer in e-moll (1992)
„Narzissen auf Spitzen", Walzer in E-dur (1992)
„Chopinesque", Walzer in a-moll (1993)
„Noch zwei Flaschen Wein", Walzer in G-dur (1993)
„Hörst Du zu, Atahualpa Yupanqui?", Walzer in G-dur (1993)
„Über einen Walzer", Walzer in e-moll (1994)
„Heidie", Walzer in D-dur (1994)
„Gebrannte Mandeln", Walzer in G-dur (1994)
„Schachteltanz im Spreizschritt", Walzer in D-dur (1994)
„Wehmut in d-moll", Walzer (1994)

BIBLIOGRAPHIE

„Zwischentöne" und „Nicht eingebracht, nicht wild erfühlt", Notenbuch zu den Tonträgern, Mainz, ANDEG
„Waltzing Guitar", Notenbuch mit ausführlichen Fingersätzen zum Tonträger, Mainz, ANDEG

DISKOGRAPHIE

„Nicht eingebracht, nicht wild erfühlt", 10 Kompositionen für die Gitarre. Annette Degenhardt, Gitarre. Mainz, Edition AD
„Zwischentöne", 12 Kompositionen für die Gitarre. Annette Degenhardt, Gitarre. Mainz, Edition AD
„Waltzing Guitar", 12 Walzern für die Gitarre. Annette Degenhardt, Gitarre. Mainz, Edition AD

Demessieux, Jeanne
(1921-1968)

Die französische Organistin, Pianistin und Komponistin wurde am 14. Februar 1921 in Montpellier geboren. 1941 schloß sie ihr Studium am Pariser Konservatorium mit Auszeichnung ab. Ihre Lehrer waren Magda Tagliaferro und Marcel Dupré. Bereits während ihres Studiums gewann sie erste Preise in Improvisation, Harmonielehre und Kontrapunkt. Von 1933 bis 1962 war Jeanne Demessieux Organistin an der Kirche Saint-Esprit in Paris. Sie konzertierte oftmals in England und überraschte ihre Hörer bei ihrem Debüt 1947 mit brillant gespielten Improvisationen über Themen, die von den kritischen Zuhörern gestellt wurden. Auch spielte sie als erste Frau in der Westminster Cathedral und der Westminster Abbey. 1948 wurde sie Professorin am Konservatorium in Lüttich, Belgien. In den USA feierte sie 1953 große Erfolge als Organistin und wurde zum Jury-Mitglied beim internationalen Organisten-Wettbewerb in Haarlem gewählt.

Jeanne Demessieux schrieb zahlreiche Orgelwerke, die zum größten Teil in Paris veröffentlicht wurden. Neben Rolande Falcinelli gilt sie als die prominenteste Dupré-Schülerin Frankreichs. Sie starb am 11. November 1968 in Paris.

ORGELMUSIK
Zwölf Choräle und Präludien, Boston, McLughlin & Reilly
„Réponse pour le temps de pâques", Paris, Durand
Zwölf Choralvorspiele über gregorianische Themen, Boston, McLaughlin & Reilly
„Rorate coeli"
Triptychon op. 7, Paris, Durand 1949
Präludium und Fuge in lydischer Tonart, Paris, Durand 1965
Te Deum op. 11, Paris, Durand 1971
„Sept méditations sur le Saint-Esprit", Paris, Durand 1972
Sechs Etüden, Paris, Bornemann 1973

KAMMERMUSIK
Ballade für Horn und Klavier, Paris, Durand 1962

ORCHESTERMUSIK
„Poème" für Orgel und Orchester op. 8, Paris, Durand 1952

CHORMUSIK
Te Deum op. 11, Paris, Durand 1971

BIBLIOGRAPHIE
Paap, W.: Jeanne Demessieux, une vie de luttes et de gloire. Mens en Melodie 24, 1969
Denis, C.: Les organistes français d'aujourd'hui: Jeanne Demessieux. In: L'orgue, 1955
Piccaud, J.: Quelques organistes français, SM 1965

DISKOGRAPHIE
Te Deum. Zimmermann, Orgel. Düsseldorf, Schwann
„Réponse pour le temps de pâques". Nicholas Kynaston, Orgel. London, Oiseau Lyre
Choralvorspiele 1 bis 12 / „Réponse pour le temps de pâques". Barber, Connoisseur
„Rorate coeli" / Te Deum. Michelle Leclerc, Düsseldorf, Motette
Six Études / Sept Méditations sur le Saint-Esprit. Maurizio Ciampi (Orgel). Mailand, Stradivarius

Desportes, Yvonne Berthe Melitta
(1907-1993)

Als Tochter des Komponisten Emile Desportes und der Malerin Bertha Troriep wurde Yvonne Desportes am 18. Juli 1907 in Cobourg geboren. Bereits früh erhielt sie Klavierunterricht bei so prominenten Lehrern wie Yvonne Lefébure und Alfred Cortot. Von 1925 bis 1932 war sie Kompositionsschülerin am Pariser Conservatoire bei J. und N. Gallon, Marcel Dupré, Maurice Emmanuel und Paul Dukas. 1932 erhielt sie den begehrten Grand Prix de Rome. Sie heiratete ein Jahr später den Bildhauer und Rom-Preisträger U. Gemignani. 1943 wurde sie Professorin am Pariser Conservatoire und lehrte dort bis 1978. Ihre Kompositionen umfassen ein weites Spektrum von der Kammer- bis zur Bühnenmusik. Die Komponistin starb am 29. Dezember 1993.

KLAVIERMUSIK
„La foire aux croutes", zwölf kleine Stücke für Klavier, Schott
„Danse d'autrefois" für Klavier, Paris, Salabert
„Idoles au Rebut", Paris, Puteaux 1980
„Potagers sous la grêle", Paris, Puteaux 1980
„Hommage à Maurice Emmanuel", Paris, Billaudot 1984

KAMMERMUSIK

„Suite italienne" für vier Flöten, San Antonio, Southern Music Company 1958
Trio für Violine, Cello und Klavier (1967)
Fantasie für Tenor, Posaune / Cello und Klavier, New York, Fischer 1970
„Autour de pan", zehn Stücke für Instrumentalensemble, Paris, Leduc, 1975
„Imagerie d'Antan" für zwei Trompeten, Horn, Posaune und Baßposaune, Paris, Billaudot 1979
„Ceux du village" für vier Klarinetten, Paris, Billaudot 1980
„Un choix difficile" für Altsaxophon und Schlagzeug (1980)
„Six danses pour syrinx" für Flöte und Gitarre, Paris, Billaudot 1980
„Timpano et xylonette" für Schlagzeug und Klavier, Paris, Billaudot 1980
„Un petit air dans le vent" für Baßposaune und Klavier, Paris, Billaudot 1980
„Des chansons dans la coulisse" für Baßposaune und Klavier, Paris, Billaudot 1980
„Les feux ardents" für Akkordeons (1981)
„Les ménétriers du ciel" für Flöte, Gitarre und Harfe (1981)
„Une batterie rechargée" für Schlagzeug und Klavier, Paris, Billaudot 1981
„Branlebas de combat" für Schlagzeug und Klavier, Paris, Billaudot 1981
„Chansons percutantes" für Schlagzeug und Klavier, Paris, Billaudot 1981
„Cocktail percutant" für Schlagzeug und Klavier, Paris, Billaudot 1981
„Le cœur battant" für Schlagzeug und Klavier, Paris, Billaudot 1981
„En ceuillant les lauriers" für Schlagzeug und Klavier, Paris, Billaudot 1981
„L'homme des cavernes" für Baßklarinette und Akkordeon (1981)
„Un méchant tambour" für Schlagzeug und Klavier, Paris, Billaudot 1981
„Un petit concert pour lutins" für Schlagzeug und Klavier, Paris, Billaudot 1981
„Le petit échiquier" für Klarinette und Klavier, Paris, Billaudot 1981
„Tambour battant" für Schlagzeug und Klavier, Paris, Billaudot 1981
„Pièce mélodique" für Posaune, Paris, Billaudot 1981
„Pièce technique" für Posaune, Paris, Billaudot 1981
„L'horloge jazzante" für Altsaxophon und Gitarre, Paris, Billaudot 1984
„Les chansons dans la coulisse" für Posaune und Klavier, Paris, Billaudot 1987
Stücke für Gitarre solo, Paris, Billaudot
„Les marionettes" für Xylophon und Klavier, Paris, Schott
„La maison abandonnée", Sextett für Saxophon, Violine, Alt, Cello, Schlagzeug und Klavier
Klavierquintett
„La naissance d'un papillon" für Klarinette solo
„La fontaine rose" für Klaviertrio
„Souvenir de Maroc" für Violine und Klavier
„Vision céleste" für Klarinette
„Les saisons" für vier Klarinetten in B, London, Boosey & Hawkes
„Ballade normande" für Horn in F, Paris, Leduc
„Caractères" für Klarinettensextett, Paris, Billaudot
„Ceux du village", 10 Quartette für Klarinetten, Paris, Billaudot
Scherzo für Altsaxophon und Klavier, Paris, Billaudot
Sicilienne und Allegro für Horn in F und Klavier, Paris, Billaudot

ORCHESTERMUSIK

Symphonische Variationen für Klavier und Orchester (1946)
„Caprice champêtre" für Violine und Orchester (1955)
„A batons rompus" für zwei Schlagzeuger und Orchester (1957)
Zwei Klavierkonzerte (1957/60)
Sinfonie Nr. 1, „Saint Gingolph") (1958)
Sinfonie Nr. 2, „Monorhythmie" (1964)
Sinfonie Nr. 3, „L'éternel féminin"

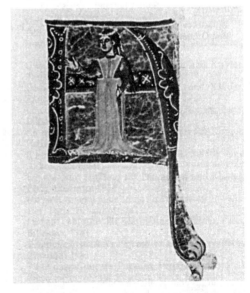

Condesa de Dia in einer alten Abbildung. Bibliothèque Nationale, Paris

„Une libellule dans les violettes" für Klarinette und Streicher (1980)
„Et on dansera" (1980)
„Si on chantait le Pitou" (1980)
„Si on chantait la Normandie" (1980)
„Hommage à la Duchesse Anne" (1980)
„Hercules et les géants", symphonische Dichtung
„Rondeau du voyageur", symphonische Dichtung
„Hommage à Maurice Emmanuel" für Orchester (oder Klavier)
„L'exploit de la coulisse" für Posaune und Orchester, Bryn Mawr, Presser

VOKALMUSIK

Sonate für Sopran, Flöte, Saxophon, Schlagzeug und Klavier (1959)
Concerto für zehn Instrumente, Schlagzeug und Gesangsquintett (1965)
„Le bon vin" für Bariton und Klavier (1980)
„La lettre T" für Bariton und Klavier (1980)
„Ambiances" für Sopran und zwei Schlagzeuger
Oktett für Vokalquartett und Streichquartett
Polka für Singstimme und Klavier, Paris, Schott
Weitere Lieder für Singstimme und Klavier

CHORMUSIK

„Une nuit dans la cour des miracles", Kantate (1945)
„Huit pièces" für gemischten Chor (1959)
„Sept poèmes abstraits" für gemischten Chor und Schlagzeug, Paris, Eschig 1962
„Discordances" für Solo, Chor und Orchester (1966)
„Et Jésu calma la tempête", Oratorium für Soli, Chor und Orchester
„Bal des onomatopées" für Chor, Flöte und Klavier
Messe de requiem für Soli, Chor und Orchester
„La paix du Christ" für Soli, Chor und Orchester

BÜHNENMUSIK

„Trifaldin", Ballett in einem Akt (1934)
„Le rossignol et l'orvet", komische Oper in einem Akt (1936)
„Les sept péchés capitaux", Ballett (1938)
„Maître Cornelius", Oper in drei Akten (1939)
„Eternel renouveau", Ballett (1942)
„La farce du carabinier", Oper (1943)
„Chanson de Mimi Pinson", Oper (1952)
„Sinfonie Ballet mécanique", Ballett in einem Akt (1961)
„Le forgeur de merveilles", Oper in vier Akten (1966)

ELEKTRONISCHE MUSIK

„The old-fashioned dolls" für Vibraphon und Klavier, Paris, Schott

BIBLIOGRAPHIE

Desportes, Y.: Initiation au language musical. Drei Bände, Paris, Billaudot 1961
Mantels, Viv: In memoriam Yvonne Desportes (1907-1993). In: ILWC Journal, 1994

Dia, Beatrice de, Condesa
(ca. 1160 - ca. 1212)

Von rund 20 Troubadour-Sängerinnen (Troubairitz) des XII. und XIII. Jahrhunderts ist Beatrice de Dia die einzige, von der uns wenige musikalische Beispiele überliefert sind. Lediglich als Namen neben der der Comtessa (oder Condesa), sind beispielsweise Almues de Castelnau, Isent de Capio, Isabella Lombarda, Clara d'Anduza, Guillelma de Rosers, Gormonda de Montpellier, etc. vermerkt.
Beatrice de Dia stammte aus einer aristokratischen Familie und wurde um 1160 in Südfrankreich geboren. Wir wissen von ihr, daß sie Guillome de Poitiers heiratete und gleichzeitig in Rambaud d'Orange verliebt war, für den sie die meisten ihrer Lieder schrieb. Ihre erste Ballade „ab ioi et ab joven m'apais" ist in einer vatikanischen Handschrift erhalten. Einer ihrer Verleger vergleicht Dia's Lieder in ihrer Zartheit mit denen der griechischen Dichterin Sappho. Ihre Dichtung „Plang" errang sogar bei einem provenzalischen Festival 1888 einen Preis und wurde auf Schallplatte eingespielt. Die Contessa verfaßte – wie alle Troubadoure ihrer Zeit – ihre Verse in alt-provençalisch. Vollständig erhalten ist uns nur ihre Ballade „A chantar", die auch von ihrer großen Liebe zu Rambaud d'Orange handelt. Beatrice de Dia starb um das Jahr 1212; nähere Einzelheiten über Ort und Zeitpunkt ihres Todes sind nicht überliefert.

VOKALMUSIK

„A chantar m'er de so", in: Europäische Liebeslieder aus acht Jahrhunderten, München, Heimeran
„Estat ai en greu cossirier"
„Fin ioi me don alegransa"
„Amics en gran consirier"
„Ab ioi et ab joven m'apais"
„Plang"

BIBLIOGRAPHIE

Schultz-Gora, O.: Die provenzalischen Dichterinnen, Leipzig 1888
Bogin, M.: The Women Troubadours, New York 1976
Neul-Bates, C.: Women in Musik, New York 1982
Coldwell, M. V.: Jongleresses and Trobairitz, in „Woman Making Music", Chicago 1986
Roster, Danielle: Nonne, Trobairitz und Spielfrauen. Die Musikerin im Mittelalter. In: „Allein mit meiner Musik", Echternach, Phi 1994

DISKOGRAPHIE

„A chantar". In: Studio der frühen Musik, München, Telefunken
„A chantar". Clementi Consort. Harmonia Mundi
„A chantar". In: Die Frau als Komponistin, Wien, Wienkultur
„A chantar". Münchener Ensemble für frühe Musik. In: Lieder der Frauenminne, Freiburg, Christophorus
„A chantar". Ensemble Hesperion. In: Lieder der Troubairitz, Köln, EMI
„A chantar". V. Ellis, S. Wishart, P. Chateauneuf, J. Denley; Gesang, Fiedel, Drehleier. In: The Sweet Look and the Loving Manner", Hyperion, Koch

Dianda, Hilda
(* 1925)

Hilda Dianda gehört zu den renommiertesten Komponistinnen Argentiniens; sie wurde am 13. April 1925 in Cordoba geboren. Ihr Studium absolvierte sie bei Honorio Siccardi, Gian Francesco Malipiero und Hermann Scherchen. 1958 kam sie nach Frankreich zu Pierre Schaeffers „Groupe de Recherches Musicales" beim französischen Rundfunk. Sie war eine der fünf Komponisten (neben John Cage, Henri Pousseur, André Boucourechliev und Dieter Schönbach), denen der italienische Rundfunk RAI sein Studio Fonologia öffnete. Mit ihren „Dos estudios en oposición" war sie die erste argentinische Komponistin, die elektronische Mittel anwendet. Als Stipendiatin kam sie zu den Darmstädter Ferienkursen für Neue Musik (1960-1963) und 1966 arbeitete sie am San Fernando College in Northridge, California. Als Dozentin an der Universidad Nacional de Cordoba in ihrem Heimatland kehrte sie nach Argentinien zurück. Nach einem mehrjährigen Aufenthalt in Deutschland ließ sie sich endgültig in ihrem Herkunftsland nieder. Nach einer siebenjährigen Schaffenspause entstand 1984 ihr Requiem und 1985 ihr Chorwerk „Cantico" nach Texten von Franz von Assisi.

Hilda Dianda ist auf zahlreichen internationalen Festivals in den USA und in Europa mit ihren Werken vertreten gewesen; vielfach wurde sie für ihre Arbeiten ausgezeichnet: so mit der italienischen Medaille für kulturelle Verdienste. Durch den französischen Staat erhielt sie den Ehrentitel eines „Chevalier de l'ordre des Palmes Académiques". Neben ihrer kompositorischen Tätigkeit publizierte Hilda Dianda verschiedene musikwissenschaftliche Werke – so den im Jahre 1966 veröffentlichten Band „La musica argentina de hoy" (Buenos Aires).

KAMMERMUSIK

„Estructuras" I-III für Cello und Klavier (1960)
„Diedros" für Flöte (1962)
Streichquartett (1963)
„Percusion" für elf Schlagzeuger (1963)
„Resonances" für fünf Hörner (1964)
Divertimento für sechs Schlagzeuger (1969)
„Celebraciones" für Cello und Schlagzeug (1974), Buenos Aires, EAC
Trio für Klarinette, Cello und Klavier (1985)
„Cadencias" für zwei Violinen und Klavier (1986)
„Paisaje" für vier Schlagzeuger (1992)
„Rituales" für Marimba (1994)

ORCHESTERMUSIK

„Nucleos" für Streicher, zwei Klaviere, Vibraphon, Xylophon und acht Schlagzeuger (1963)
„Resonancias" für drei Celli und Orchester (1966)
„Ludus" I und II für Kammerorchester (1966) („Ludus" III für Orgel, Buenos Aires, EAC)
„Impromptu" für Streicher (1970)
„Canto" für Kammerorchester (1972)
„Mitos" für Schlagzeug und Streicher (1993)

VOKAL- / CHORMUSIK

„Ritual" für Stimme und Perkussion / Klavier und Perkussion (1962)
„Resonancias 5" für zwei Chöre (1966-68)
„Requiem" für Bariton, Chor und Orchester (1984)
„Cantico" (Franz v. Assisi) für Chor und Kammerorcheser (1985)
„Canziones für Singstimme, Gitarre, Vibraphon und zwei Schlagzeuger, Buenos Aires, EAC

ELEKTRONISCHE MUSIK

„2 Estudios en oposición" (1959)
„A 7" für Cello und Tonband (1966)
„Despues el silencio" (1976)
„Encantamientos" (1984)
(Ihre Werke sind verlegt bei Ricordi Americana, Schott, Pan American Union und Ediciones Culturales Argentinas)

BIBLIOGRAPHIE

Paz, J. C.: Introduccion a la musica de nuestro tempo, Buenos Aires 1955
Paz, J. C.: Una nueva Etapa en la musica de la Argentina. In: Revista musical mexicana, 1963 In: Festival, Donaueschingen 1969, Programmheft
Arizaga, R.: Enciclopedia de la musica argentina. Buenos Aires 1971

Diemer, Emma Lou
(* 1927)

Im Alter von nur 13 Jahren schrieb Emma Lou Diemer, geboren am 24. November 1927 in Kansas City, ihre ersten Klavierkonzerte und erhielt Kompositionsunterricht bei Gardner Reat. Die Komponistin und Organistin war zudem von 1949 bis 1950 Schülerin von Richard Donovan und Paul Hindemith an der Yale University. Anschließend studierte sie Komposition am Königlichen Konservatorium in Brüssel und am Berkshire Music Center bei Ernst Toch und Roger Sessions. Emma Lou Diemer wurde 'Composer in Residence' in Arlington, bevor sie eine Professur für Musiktheorie und Komposition an der University of Maryland (1965-70) und schließlich in Santa Barbara, California (1971-91) inne hatte. In ihrer Heimatstadt Kansas City war sie jahrelang Organistin. Heute zählt sie zu den führenden Komponistinnen der 'Neuen Musik'. Ihre Werke wurden gedruckt und vielfach prämiiert.

"There was no time in my life that I didn't love music and playing the piano."

Emma Lou Diemer

ORGEL- /KLAVIERMUSIK

„Ten hymn preludes" für Orgel (1960), New York, Carl Fischer
„Seven hymn preludes" für Orgel (1965), Flammer Music
„The bells" für Klavier zu vier Händen, New York, Boosey & Hawkes 1961
„Time pictures" für Klavier, New York, Boosey & Hawkes 1962
„Sound pictures" für Klavier, New York, Boosey & Hawkes 1971
Fantasie über „O sacred head", New York, Boosey & Hawkes 1972
Toccata und Fuge für Orgel, New York, Seesaw 1976
„Pianoharpsichordorgan", New York, Seesaw 1976
„Little Toccata" für Orgel (1976)
„Declarations" für Orgel, New York, Seesaw 1976
Toccata für Klavier, Washington, Arsis Press 1979
„Encore" für Klavier, Washington, Arsis Press 1984
„Homage to Cowell, Cage, Crumb and Ezerny" für zwei Klaviere, Lauderdale, Plymouth Music 1983
„Elegy" für zwei Orgelspieler (1983)
„Homage to Ravel, Schoenberg and M. Aufderheide" für Klavier zu vier Händen (1987)
„Space Suite" für Klavier (1988)
„3 Pieces" für Klavier (1991)
Toccata für Cembalo (1992)
Fantasie für Klavier (1993)
„4 Biblical Settings" für Orgel (1993)

KAMMERMUSIK

Sextett für Klavier und Holzbläserquintett (1962)
Holzbläserquintett, New York, Boosey & Hawkes 1962
Toccata für Flötenchor, New York, Fischer 1972
Sonate für Flöte und Cembalo, New York, Southern Music 1973
„Movement" für Flöte, Oboe, Klarinette und Klavier, New York, Seesaw 1976
Klavierquartett, New York, Seesaw 1976
Sonate für Violine und Klavier, New York, Seesaw 1976
„Solo trio" für Xylophon, Vibraphon und Marimba (ein Spieler), Lauderdale, Plymouth Music 1982
„Summer of 82" für Cello und Klavier (1983)
„Déclamations" für sechs Hörner, vier Trompeten, drei Posaunen, Tuba, Pauke, Schlagzeug, New York, Southern Music
Streichquartett Nr. 1 (1987)
„There's a certain slant" für Flöte und Gitarre (1989)
„Lorely Song" für Violine, Viola und Klavier (1992)
Sextett für Flöte, Oboe, Klarinette, Violine, Cello und Klavier (1992)

ORCHESTERMUSIK

Sinfonie Nr. 1 (1953)
Sinfonie Nr. 2 (1959), New York, Seesaw
Sinfonie Nr. 3 (1961), New York, Belwin Mills
Klavierkonzert (1954)
Pavane für Streichorchester, New York, Fischer 1962
„Fairfax", Festival-Ouvertüre für Klavier und Orchester (1967), Philadelphia, Elkan-Vogel 1968
Rondo concertant, New York, Boosey & Hawkes 1972
Flötenkonzert (1977), Texas, Southern Music
Konzert für Cembalo und Orchester, New York, Seesaw 1979
Kammerkonzert für Cembalo und Kammerorchester, New York, Seesaw 1979
Violinkonzert (1983)
„Suite of Homage" (1985)
Konzertstück für Orgel und Orchester (1985)
Serenade für Streichorchester (1988)
Klavierkonzert (1991)
Konzert für Marimba (1991)

VOKALMUSIK

„Four chinese love poems" für Sopran und Harfe / Klavier, New York, Seesaw 1976
„Three mystic songs" für Sopran und Bariton, New York, Seesaw 1976
„Four poems" (Text: Alice Meynell) für Sopran und Kammerensemble, New York, Fischer 1977
„Songs of reminiscence" für Sopran und Klavier, New York, Seesaw 1981
„I will sing of your steadfast love" für hohe Stimme und Orgel (1986)
„Who can find a virtuous woman" für hohe Stimme und Klavier (1989)
„And I saw a new Heaven" für hohe Stimme, Trompete und Orgel / Klavier (1991)

CHORMUSIK

„Three madrigals" für gemischten Chor und Klavier, New York, Boosey & Hawkes 1962
„Dance, dance my heart", New York, Boosey & Hawkes 1970
„At a solemn music", New York, Boosey & Hawkes 1970
„Three madrigals" für gemischten Chor und Klavier, New York, Fischer 1972
„O to make the most jubilant song" für gemischten Chor und Klavier, New York, Fischer 1973
„Laughing Song" für gemischten Chor, Klavier und Horn (1974)
„Love is a sickness" für gemischten Chor (1974)
„The prophecy" für Frauenchor, New York, Boosey & Hawkes 1974
„Sing, o heavens" für gemischten Chor, New York, Fischer 1975
„Choruses on freedom" für gemischten Chor und Klavier, Streicher und Schlagzeug (1975)
„Three Poems" für gemischte Stimmen, Holzbläserquintett, Marimba, Vibraphon, vier Schlagzeuger, Klavier und Orgel (1976)
„California madrigals" für gemischten Chor und Klavier / Orgel (1976)
Psalm 134 für gemischten Chor, New York, Seesaw 1976
„The call" für Chor, Streicher und Schlagzeug, New York, Schirmer 1978
„From this hour, freedom" für Chor, Streicher und Schlagzeug, New York, Schirmer 1978
„Three hymn anthems" für Chor, Blechbläser, Orgel und Schlagzeug (1980)
„Three Poems" (Text: Oscar Wilde) für gemischte Stimmen und Klavier / Orgel (1984)
„Invocation" (Text: M. Sarton) für gemischte Stimmen und Orchester / Klavier (1985), New York, Fischer 1987
„The sea" für gemischte Stimmen, Flöte, Klarinette, Schlagzeug, Klavier und Streicher (1988)
„There is a morn unseen" (Text: E. Dickinson) für Sopran / Tenor, gemischten Chor, Orgel / Klavier (1991)

ELEKTRONISCHE MUSIK

Trio für Flöte, Oboe, Cembalo und Tonband (1973)
„Patchwork" für Tonband (1978)
„God is love" für Sopran, Alt, Tenor, Baß und Tonband (1982)
„Funfest" für Klavier und Tonband (1984)
„A day in the country" für Klarinette und Tonband (1984)
„The Lord's prayer" für Sopran, Alt, Tenor, Baß und Tonband (1985)
„Rite of summer" für Klavier und Tonband (1986)
„Church Rock" für Orgel und Tonband (1986)

BIBLIOGRAPHIE

LePage, J. W.: Women Composers, conductors and musicians of the 20th century. London, Scarerow 1980
Zaimont / Famera: Contemporary Music by Women Composers, Westport 1981
Brown, C. C.: Emma Lou Diemer. Composer, Performer, Educator, Church Musician. Theological Seminar, Louisville 1985
Diemer, E. L.: Women Composers as Professors of Composition. In: The musical woman, 1986
Naus, T.: The Organ Music of E. L. Diemer. Michigan State University 1991

DISKOGRAPHIE

„Declaration" für Orgel / Toccata und Fuge für Orgel. Capriccio Records
Toccata für Klavier. Rosemary Platt. Coronet Records
Klavierquartett / Trio für Flöte, Oboe, Cembalo und Tonband / Sextett für Flöte, Klarinette, Oboe, Violine, Cello und Klavier / „Summer of 82" für Cello und Klavier. Emma Lou Diemer, Klavier; Atkinson, Wilson, Orion Reords
„Encore" für Klavier. Vienna Modern Masters, Wien. / „Variations" für Klavier zu vier Händen. New York, Composers Recording

Dinescu, Violeta
(* 1953)

Violeta Dinescu. Foto: Archiv

Die Komponistin gehört zu den meistaufgeführten Tonschöpferinnen der jungen Generation. Sie wurde am 13. Juli 1953 in Bukarest geboren. Ihre musikalische Begabung wurde von ihren Eltern sehr gefördert. 1972 ermöglichte ihr das George Enescu-Stipendium Bukarest ein Studium am Porumbescu-Konservatorium in Bukarest. Sie studierte u. a. bei Myriam Marbé Komposition, bei L. Comes Kontrapunkt, bei A. Pascanu Harmonielehre, bei A. Giuleanu Musiktheorie, bei Emilia Comisel Folklore, bei A. Stroe Instrumentation und bei S. Niculescu Formenanalyse. 1978 absolvierte sie ihre Examina in Komposition und Klavier „cum laude".
Bereits 1973, 1976 und 1978 wurde Violeta Dinescu mit Preisen des Komponistenverbandes von Rumänien ausgezeichnet. Viele weitere Preise und Stipendien folgten im Laufe der Jahre; 1984 erhielt sie z. B. den ersten Preis des Internationalen Komponistenwettbewerbes in New York und ein Jahr später ein Stipendium des Landes Niedersachsen für den Künstlerhof Schreyahn. Von 1978 bis 1982 unterrichtete sie an der George Enescu-Musikschule in Bukarest. Sie ist Mitverfasserin einer mehrbändigen Veröffentlichung über Palestrina. 1984/85 wohnte sie als Stipendiatin in der Stadt Mannheim und seit 1987 Als Stadtschreiberin in der Künstlerwohnung der Stadt Baden-Baden. Sie erhielt Lehraufträge für das Frostburg State College (USA) und die Internationalen Kurse für Neue Musik in Darmstadt. Sie ist Vorstandsmitglied der International League of Women Composers und der Gesellschaft für Neue Musik in Heidelberg.

KAMMERMUSIK (SOLO-INSTRUMENTE)

„Echos I" für Klavier (1980)
„Satya I" für Violine (1981)
„Satya II" für Fagott (1981)
„Satya III" für Kontrabaß (1981)
„Parra Quitarra" für Gitarre (1981)
Improvisation für Saxophon (1982)
„Echos III" für Orgel (1982)
Prelude für Cembalo (1982)
„Immagini" für Flöte (1982)
„Intarsien" für Violoncello (1983)
Din Cimpoiu für Solo-Bratsche (1985)
„Satya IV" für Baßklarinette (1985)
„Matram" für Solo-Violine (1985)
„Cime Lointaine" für Oboe, Berlin, Bote & Bock 1990
„Für Uli" für Violine solo
„Aretrusa" für Violine solo
„Gluon" für Orgel
„Lichtwellen" für Klarinette

Violeta Dinescu: Rubato aus „Fresco" für Jugendorchester (1989)

KAMMERMUSIK

Sonate für Violine und Klavier (1975)
Arabesken für Flöte und Schlagzeug (1980)
„Elogium" für Trompete und Posaune (1982)
„Dialogo" für Flöte und Viola (1982)
Trio für Oboe, Klarinette und Fagott (1982)
Drei Miniaturen für Saxophonquartett (1982)
„Satya V", Quartett für Klarinette, Fagott, Violine und Kontrabaß (1982)
„Alternanzen" für Bläserquintett (1982)
„Aion", Sextett für Klarinette, Fagott, Violoncello, zwei Kontrabässe und Schlagzeug (1982)
„Echos II" für Klavier und Schlaginstrumente (1982)
„Atreju", Duo für Flöte und Gitarre (1983)
„Letitae" für drei Flöten und drei Violinen (1983)
„Festspielfanfare" für zwei Hörner und drei Trompeten (1983)
„Auf der Suche nach Mozart" für Kammerensemble (Flöte, Fagott, Horn, Saxophon, Violine, Harfe, Klavier / Celesta) (1983)
„Terra Lonhdana" für Flöte, Klarinette, zwei Violinen, Viola, Violoncello und Klavier (1983)
„Terra Lonhdana", Streichquartett (1984)
„Melismen" für Blockflötenquintett (1984)
„Nakris" für Saxophonquartett (1984)
„Meandre" für Baßklarinette und Orgel (1985)
„Loc Maria" für Schlagzeug und Orgel (1985)
Scherzo da Fantasia III für Violine und Cello (1985)
„Ostrov I" für vier Bratschen (1987)
„Ostrov II" für vier Klarinetten (1988)
„Kata" für Flöte und Klavier, Berlin, Bote & Bock 1990
„Wenn der Freude Thränen fliessen" für Cello und Klavier (1990)
„Quasaar Paal 2" für Cello und mutiertes Klavier
10 Scherzi da Fantasia für Streicherduos
„Figuren" für Gitarrenduo
„Fragment" für Flöte und Harfe
„Ichtys" für Violine, Cello und Klavier
„Shan-Shui" für Schlagzeug-Trio
Trio für Oboe, Klarinette in B und Fagott
„Castel del monte" für Bläserensemble
Streichquartett-Reflexionen über das Bild „Paul Celans Todesfuge" von H. W. Berret
„Tautropfen" für Klarinette und Klavier

ORCHESTERMUSIK

„Verwandlungen" für Orchester (1977)
„Anna Perenna", Orchesterstück für drei Flöten, Blechbläser, Schlagzeug und Streicher (1979)
„Memories" für Streichorchester (1980)
„Akrostichon", Klangstück für Orchester (1983)
„Joc", rumänischer Tanz für Orchester (1985)
„Map 627" für Kammerorchester (1987)

„Fresco" für Orchester und Blockflötenquintett (zwei Soprane, Alt, Tenor, Baß) (1989)
„Fresco" für Jugendorchester (1990)
„Kybalion" für Streicher

VOKALMUSIK

„Euraculos" für Mezzosopran und Klarinette (1980)
„Euraculos" (Text: Jon Caraion) für Mezzosopran und Klavier (1981)
„Amont" für Singstimme und Cembalo (1984)
„Mondnächte" (Text: Eichendorff) für Mezzosopran und Orgel (auch mit Tenorsaxophon und Vibraphon) (1985)
„Mondnächte" für eine Singstimme, Saxophon und Schlagzeug (1986)
„Zebaoth" für Baß und zwei Organisten (1986)
Concerto für eine Singstimme und Orchester (1986)
„Zebaoth", Kantate nach der Bibel für Bariton und zwei Orgeln (1986)
Drei Lieder (Text: Selma Meerbaum-Eisinger) für Sopran und Cembalo (1986)
„Quatraine" für Stingstimme (1986)
Konzert für variable Orchestergruppen mit obligatem Sopran (Text nach Homer) (1986)
„Dona nobis pacem" für Singstimme, Schlagzeug und Cello (1987)
Concertino für Singstimme und Orchester (1988)
„Dona nobis pacem" für Mezzosopran und Cello

CHORMUSIK

Ballade nach rumänischen Volksliedern (1980)
„Tamina" (Text: Delia Dorcea) (1980)
Liederland (1980)
„Latin sentences" für achtstimmigen gemischten Chor (1980)
„Verzaubere mich in einen Silbervogel" für vierstimmigen gemischten Chor und Orchester (1980)
„Das Spiel" für dreistimmigen Kinder- oder Frauenchor und Schlagzeug / Orchester (1981)
„Blumenlied" (1981)
„Arpagic" (1981)
„Lied in einer Flöte" (1981)
„In meinem Garten" (1981)
„Sonnenuntergang" (1981)
„Latin sentences" für vierstimmigen gemischten Chor (1984)
Pfingst-Oratorium für Soli, Chor und Kammerorchester (1993)
„Di primavera II" für Chor

BÜHNENMUSIK

„Hunger und Durst", Kammeroper in drei Bildern nach Eugene Ionescu, Libretto: R. Haas (1985)
„Der 35. Mai", Kinderoper nach Erich Kästner (1986),

München, Ricordi
„Der Kreisel", Ballett nach Eduard Mörikes „Die Historie von der schönen Lau" von Olaf Gööck, Tina Schneider, Gunther Volz (1984)
„Trompeten-Solo zur Abendandacht von Pil Crauer", Schauspielmusik
„Eréndira" nach Gabriel Garcia Marquez (1992), München, Ricordi
„Schachnovelle" nach Stefan Zweig (1994)

EXPERIMENTELLE MUSIK
„New Rochelle 1-7" für DX 7 Synthesizer (1985)
„Quasar Paal 2", Konzert für Computerorgel (Mutabot) und Violoncello (1985)

BIBLIOGRAPHIE
Schmalbrock, Beate: Komponistinnen unserer Zeit, Musikhochschule Düsseldorf 1986
Dinescu, Violeta: Ich fühle mich noch immer auf demselben Weg. In: Annäherungen, Bd. II, Furore, Kassel 1987

DISKOGRAPHIE
Satya I / Euraculos / Alternanzen für Bläserquintett / Scherzo da Fantasia III / Mondnacht / Echos III. Mitschnitt Komponistinnen-Festival Heidelberg 1985, cpo classic, Osnabrück
„Fresco" für Jugendorchester in „Vom Barock zur Moderne" (mit Telemann und Mozart). Junge Philharmonie Rhein-Neckar, Ltg. G. Ohnheiser. JPR, Rhein-Neckar
Violeta Dinescu - Portrait: Tautropfen für Klarinette und Klavier / Echos I für Klavier / Satya IV für Klarinette / „Wenn der Freude Thränen fliessen" für Cello und Klavier / Lichtwellen für Klarinette / „aretusa" für Violine solo / Ostrov II für Klarinettenquintett. Interpreten der GEDOK. Heidelberg 1994

Dlugoszewski, Lucia
(* 1934)

Berühmt wurde Lucia Dlugoszewski als Erfinderin unzähliger Percussions-Instrumente. Die amerikanische Pianistin, Schriftstellerin und Komponistin wurde am 16. Juni 1934 in Detroit als Kind polnischer Eltern geboren. Bereits früh begann sie eigene Gedichte und Lieder zu schreiben und erhielt ihren ersten Klavierunterricht mit sechs Jahren am Konservatorium in Detroit. Sie spielte schon als Kind in Hochschul-Konzerten Werke von Bach und eigene Kompositionen, begann dann aber ein Medizin-Studium an der Wayne State University (1946-1949), wechselte zur Kunst und kam schließlich nach New York in die Klavierklasse von Grete Sultan. Privaten Kompositionsunterricht nahm die Musikerin bei Felix Salzer und Edgar Varèse. 1947 zeichnete man sie mit dem Tompkins Literaturpreis für ihre Gedichte aus, sie gewann das Guggenheim-Stipendium und erhielt 1966 den Preis des National Institute of Arts and Letters. Sie gehörte außerdem zu den Stipendiaten des Koussevitzky-Preises (International Critic Award), und war in dieser Eigenschaft die erste Frau. Nach 1960 unterrichtete Dlugoszewski zeitweilig an der New York University und an der New School for Social Research. Daneben komponierte sie für die New School of Modern Dance und für die Erick Hawkins Dance Company und gab auch dort Unterricht. Von ihren zahlreichen Percussions-Instrumenten, die sie erfand und in ihren Kompositionen einsetzte, wurde ihr „Kupferklavier" am bekanntesten. Virgil Thomas lobte ihre Arbeiten, und Pierre Boulez führte ihr „Abyss and Caress" 1973 im New Yorker Lincoln Center auf. Das „Radical Otherness Concert" von 1991 spiegelt schon im Titel ihre Bemühungen um einen völlig neuen Klang wieder. Viele ihrer Werke wurden in den USA verlegt und aufgeführt.

KLAVIERMUSIK
Sonate Nr. 1 (1949)
Sonate Nr. 2 (1950)
Sonate Nr. 3 (1950)
„Melodic Sonata" (1950)
„Archaic timbre piano music" (1953-1956)
„Music for small centers" (1958)
„Music for the left ear" (1958)
„White interval music" für Kupfer-Klavier (1961)
„Swift music" für zwei Kupfer-Klaviere (1965)

KAMMERMUSIK
Sonate für Flöte solo (1950)
„Transparencies" für Harfe / Flöte / Streichquartett (1952)
„Suchness concert" für erfundenes Schlagzeug-Orchester (1958-1960)
„Rates of Speed in space" für Harfe und Streichquintett (1959)

„Flower music" für Streichquartett (1959)
„Delicate accidents in space" für Quintett von ungedämpften Rasseln (1959)
„Concert of man rooms and moving space" für Flöte, Klarinette, Kupfer-Klavier und vier ungedämpfte Rasseln an verschiedenen Positionen (1960)
„Archaic aggregates" für Kupfer-Klavier, Harfe, Rasseln, ungedämpfte Rasseln und Gongs (1961)
„"Percussion airplane hetero" (1965)
„Percussion flowers" (1965)
„Suchness with radiant ground" für Klarinette und Schlagzeugduo (1965)
„Beauty Music" für Klarinette, Kupfer-Klavier und Schlagzeug (1965)
„Music for the left ear in a small room" für Violine (auch für Klavier) (1965)
„Quick dichotomies" für zwei Trompeten, Klarinette und erfundenes Schlagzeug-Orchester (1965)
„Leap and fall, quick structures" für zwei Trompeten, Klarinette, zwei Violinen und Schlagzeug (1968)
„Kitetail beauty music" für Violine, Kupfer-Klavier und erfundenes Schlagzeug-Orchester (1968)
„Naked swift music" für Violine, Kupfer-Klavier und erfundenes Schlagzeug-Orchester (1968)
„Swift diamond" für Kupfer-Klavier, Trompete und erfundenes Schlagzeug (1970)
„Velocity Shells" für Kupfer-Klavier, Trompete und erfundenes Schlagzeug (1970)
„Space is a diamond" für Trompete (1970)
„Pure flight" für Streichquartett (1970)
„Naked quintet" für Bläserquintett (1970)
„Angels of the inmost heaven" für Trompeten, Posaunen und Horn (1972)
„Abyss and caress", Konzert für Trompete und 17 Instrumentalisten (1975)
„Suite from nine concerts" für Violine, Klarinette, Schlagzeug und Kupfer-Klavier
„Amor Elusive Empty August" für Holzbläser-Quintett (1979)
„Civada Terrible Freedom" (1980)
„Wilderness" für 11 Instrumente (1981)
„Radical Otherness Concert" (1991)
„Radical Quidditas for an unborn child" für 100 selbsterfundene Schlagzeuge (1991)
„Radical Narrowness Concert" (1992)
„Austere Suchness Concert (1993)

ORCHESTERMUSIK

„Orchestra Structure for the Poetry of every day sounds (1952)
„Instants in form and movement" für Kupfer-Klavier und Kammerorchester (1957)
„Four attention spans" (1964)
„Orchestral radiant ground" (1964)
„Beauty music 2" für erfundenes Schlagzeug und Kammerorchester (1965)
„Beauty music 3" für Kupfer-Klavier und Kammerorchester (1965)
„Hanging bridges" (auch für Streichquartett) (1968)
„Skylark concert, an evening of music" für Kammerorchester (1969-1970)
„Strange tenderness" für Streicher, Trompeten und Flöten (1977)
„Amor new tilting night (1978)
„Amor Elusive April Pierce" für Kammerorchester (1980)
„Startle Transparent" (1981)
„Radical Strange" (1987)
„Kireji: Spring and tender speed" für Kammerorchester

BÜHNENMUSIK

„Moving space theatre piece for everyday sounds (1949)
„Desire, theatre structure" (Text: Picasso), Theaterperformance für Stimme und Kupfer-Klavier (1952)
„Ubu Roi, for the Living Theatre" (Text: Alfred Jarry) für Orchester mit alltäglichen Geräuschen (1952)
„Openings of the eye", Ballettmusik für Flöte, Schlagzeug und Kupfer-Klavier (1952)
„Tiny Opera" (1953)
„Variations on Noguchi", Filmmusik für Stimmen und Geräusche (1953)
„Here and now with watchers", Ballettmusik für Kupfer-Klavier (1954-1957)
„Eight clear places", Ballettmusik für 100 erfundene Schlagzeuge (1958-1961)
„Women of Trachis", nach Ezra Pound's Übersetzung von Sophocles (1960)
„Guns for the trees", Filmmusik für Kammerensemble (1961)
„Geography of noon", Ballettmusik für erfundenes Schlagzeug-Orchester (1964)
„To everyone out there", Ballettmusik für Orchester (1964)
„Lords of Persia", Ballettmusik für zwei Trompeten, Klarinette und erfundenes Schlagzeug-Orchester (1965)
„Dazzle on a knife's edge", Ballettmusik für Kupfer-Klavier und Orchester (1966)
„Lords of Persia 2", Ballettmusik für Kammerorchester (1968)
„Tight rope", Ballettmusik für Kammerorchester (1968)
„Agatholon algebra", Ballettmusik für Kupfer-Klavier und Kammerorchester (1968)
„Black lake", Ballettmusik für Kupfer-Klavier und

erfundenes Schlagzeug-Orchester (1969)
„Tender theatre flight nageire", Theaterperformance für Klang und Bewegung einer Klarinette, Kupfer-Klavier und Schlagzeug-Orchester (1970)
„The Heidi Songs", Oper nach John Ashbery (1970)
„A Zen in Ryoko-In" (Ruth Stephan), Filmmusik für erfundenes Schlagzeug-Orchester (1971)
„Lords of Persia 3", Ballettmusik für Kammerorchester (1971)
„Avanti" für sieben Instrumente (1983)
„Four Attention Spans" für Klavier, Orchester, acht Instrumente und Schlagzeug (1988)
„Of Love", Ballettmusik für Bläserquintett und erfundenes Schlagzeug-Orchester

BIBLIOGRAPHIE

Dlugoszewski, L.: A new Folder. Gedichte, 1969
Dlugoszewski, L.: Notes on Music for the Dance. In: Dance Observer, 1957
Dlugoszewski, L.: What is Sound to Music?, 1973
Gagne, C.: Soundpieces, Interview mit amerikanischen Komponisten, Metuchen 1993

DISKOGRAPHIE

Tender theatre flight nageire. Composers Recordings, New York.

Donceanu, Felicia
(* 1931)

Die rumänische Komponistin wurde am 26. Januar 1931 in Bacau geboren. Von 1949 bis 1956 besuchte sie das Konservatorium in Bukarest. Sie studierte Komposition be M. Jora, Klavier bei Eugenia Ionescu, Folklore be T. Alexandru, Harmonielehre bei P. Constantinescu, Instrumentation bei Mircea Basarab und Th. Rogalski und Kontrapunkt bei N. Buicliu. Nach Beendigung ihres Studiums war sie bis 1966 musikalische Leiterin im staatlichen Musikverlag Editura Muzikala in Bukarest, die 1959 unter anderem ihre sieben Lieder „Jadis" herausbrachte. Felicia Donceanu komponierte Musik für Orchester, Klavier und Theater. Darüber hinaus schrieb sie Kammermusik- und Vokalmusikwerke.

Felicia Donceanu gewann einen Preis der rumänischen Komponisten-Vereinigung und erhielt eine lobende Erwähnung beim GEDOR-Wettbewerb in Mannheim. Erwähnenswert ist auch ihre Bühnenmusik zu Texten von Molière, Shakespeare und Thornton Wilder.

KLAVIERMUSIK

Sonatine (1958)
„Zwei Miniaturen" (1968)
„Fünf Choreographien" (1973)

KAMMERMUSIK

Sonate in d-moll für Violine und Klavier (1955)
Andante cantabile für Cello und Klavier (1959)
Trio für Oboe, Klarinette und Fagott (1960)
Concertino für Holzbläser und Schlagzeug (1968)

ORCHESTERMUSIK

Symphonische Dichtung für Orchester (1956/68)
„Piatra Craiului", e symphonische Skizzen für Orchester (1982)
„Moldavisches Echo", Suite für Streicher (1985)

VOKALMUSIK

„Jadis", sieben Lieder für Gesang und Klavier, Bukarest, Editura Muzikala 1959
„Odiniora" für Singstimme solo (1959), Bukarest, Editura Muzikala 1965
„Imagini" (1965)
„Ponti Euxini" für Sopran, Oboe, Klarinette, Harfe (1971)
Zwei Serenaden für Singstimme. Flöte und Harfe (1973)
„The Music Lesson" (1992)
„Il y a encore des roses" für Sopran, Flöten, Cello, Klavier und Schlagzeug
Lieder mit Cello- und Klavierbegleitung
Weitere Lieder für Singstimme und Klavier

CHORMUSIK

Ballade für Soli, gemischten Chor und Orchester (1966)
„Bujorul" für Soli, gemischten Chor und Orchester (1966)
„A paratori für gemischten Chor (1969)
„Grivita" für gemischten Chor und Schlagzeug (1969)
„L'oiseau bleu" für Sopran, gemischten Chor, zwei Flöten, Horn und Schlagzeug (1971)
„Monotonie" für Sopran, gemischten Chor, zwei Flöten, Horn und Schlagzeug (1971)
„Matinale" für gemischten Chor (1973)
„Decor für gemischten Chor (1973)
„Trois images" für gemischten Chor und Schlagzeug (1973)
Drei Liebeslieder für Frauenchor (1974)
„Tablouri bacoviene" für Chor a cappella, Bukarest, Editura Muzikala 1976
„Picolicomando" für gemischten Chor (1983)
„Clopotelul" für gemischten Chor (1986)
„In cautarea lui Clopotel" für gemischten Chor (1989)

BÜHNENMUSIK

„Cyrano de Bergerac" (1965)
„Measure for Measure" (1965)
„Tartuffe" (1965)
„Twelveth Night" (1964)
Bühnenmusiken zu verschiedenen rumänischen Bühnenwerken

BIBLIOGRAPHIE

Cosma, Viorel: Muzieni romani. Bukarest 1970
Sarbu, C.: Felicia Donceanu, Creatia vocal. Bukarest, Camerala 1992

DISKOGRAPHIE

„Ponit Euxini" für Oboe, Klarinette, Sopran und Harfe. Contemporan Quartett. Electrecord
„Cintind cu" / „Imagini" / „Eminesciana" für Klavier solo. Electrecord

Dring, Madeleine
(Winefride, Isabelle)
(1923-1977)

Die englische Komponistin und Schauspielerin wurde am 7. September 1923 in London geboren und begann sehr früh mit dem Violinspiel. Sie gewann ein Stipendium in der Junior School der Royal Academy of Music. Ihre Lehrer waren H. Howells, Ralph Vaughan Williams und Gordon Jacob (Komposition). W.H. Reed unterrichtete sie im Fach Violine, Lillian Gaskell in Klavier und Topliss Green in Gesang. Ihre Liebe zur Bühne erwachte früh, sodaß sie zusätzlich auch das Schauspielfach studierte. Folglich ist es verständlich, daß die meisten ihrer Werke für das Theater bestimmt sind. Sie schrieb und komponierte für Laurier Listers „Intimate Revues", sie trat auch als Fernsehschauspielerin auf und gründete zusammen mit ihrem Librettisten D. F. Aitken und der Tänzerin Felicity Andreae eine kleine Theatergruppe. Unter ihren zahlreichen Werken befinden sich auch Klavierwerke, die ihr den Beinamen „Gershwin unter den Frauen" einbrachte. Viele der Kompositionen für Oboe sind für ihren Ehemann Roger Lord geschrieben, der sie auch mit Francis Poulenc's Musik vertraut machte. Madeleine Dring verbindet pianistisches Handwerk mit unterhaltsamer Leichtigkeit und Fröhlichkeit - Prädikate, die der Musik der 40er und 50er Jahre in Europa ansonsten völlig fehlen. In den 90er Jahren erlebte sie in Europa durch die Forschungsarbeiten des Europäischen Frauenmusikarchivs Düsseldorf eine längst überfällige Renaissance. Die Komponistin starb am 26. März 1977 in London.

KLAVIERMUSIK

Tarantelle, London / Oxford University 1948
Prelude und Toccata (1948)
„Fantastic Variations" für zwei Klaviere (1948)
Sonate für zwei Klaviere (1951)
„Caribbean Dance" für zwei Klaviere (1959), London, Weinberger 1959
„American Dance", Waltz, Finale (1962), London, Arcadia 1960
„Colour Suite" (1963), London, Arcadia 1963
„West Indian Dance", London, Arcadia 1963
Vier Duette für Klavier zu vier Händen, London, Weinberger 1964
„Danza Gaya" für zwei Klaviere (1965)
„Three Dances" (1968), Lomita, Cambria 1981
„Three for two" für Klavier zu vier Händen, London, Weinberger 1970
Prelude und Toccata (1976)
„Valse française" für ein oder zwei Klaviere
„Valse finale"
„Motu perpetuo"
„Spring pastorale"
„12 pieces in form of studies"
„Italian Dance" / „Wib Waltz" / „Sarabande" / „Tango"

KAMMERMUSIK

Polka für Oboe und Klavier (oder Flöte und Klavier) (1962)
„Danza Gaya" für Oboe und Klavier (1965)
Trio für Flöte, Oboe und Klavier, London, Weinberger 1970
„Three piece suite" für Oboe und Klavier, London, Weinberger 1970
Trio für Oboe, Cembalo und Fagott
„Italian Dance" für Oboe und Klavier
Valse für Oboe und Klavier

ORCHESTERMUSIK

„Festival Scherzo" für Klavier und Streicher (1951)

VOKALMUSIK

Drei Shakespeare Songs (1949)
„Thank you, Lord" (1953)
„The pig tale" (Text: Chamisso), Duett (1963)
„Dedications", fünf Gedichte (Text: Harrick) (1967)

„5 Betjeman Songs" für Singstimme und Klavier, London, Weinberger 1980
„4 night songs" (Text: Armstrong), London, Weinberger 1985
„Love and time", (Text: Sheffield) Gesangszyklus
„Far far in the east"
„My proper bess" (Skelton)
„Bustopher Jones" (Text: Elliot) für fünf Frauenstimmen
„The lady composer"
„The sea gull of the land underwaves" für Frauenstimmen
„The vocal duettists"
35 unveröffentlichte Lieder

BÜHNENMUSIK / FILMMUSIK

„The Emperor and the Nightingale" (1941)
„Tobias and the Angel" (1946)
„Somebody is murdered", BBC (1947)
„Waiting für ITMA", Ballett, BBC TV (1947)
„The wild swans", Kinderstück (1950)
„The Fair Queen of Wu", Tanzstück, BBC TV (1951)
„The March Kings Daughter", Kinderstück (1952)
„Airs on a Shoe String", Revue (1953)
„Pay the Piper", Revue (1954)
„From here and there", Revue (1955)
„Fresh Airs", Revue (1955)
„Child's Play", Revue (1958)
„The Buskers", Bühnenmusik (1959)
„Little Laura", Cartoons, BBC TV (1960)
„The Jack Pot Question" Bühnenmusik, TV (1961)
„Four to the Bar", Revue (1961)
„The Whisperers", Bühnenmusik, TV (1961)
„The provoked Wife", Bühnenmusik (1963)
„The Lady and the Clerk", Bühnenmusik (1964)
„I can't walk where I like, can't I?", Bühnenmusik, TV (1964)
„When the wind blows", Bühnenmusik, TV (1965)
„Ellen and Edward and Henry", Bühnenmusik, TV (1966)
„Variations on a theme", Bühnenmusik, TV (1966)
„The real Princess", Ballett (Andersen) (1971)
„Cupboard Love", Oper (Aitken)
„The lover depths" (Gorki)
„A spring of love", Bühnenmusik, TV

BIBLIOGRAPHIE

Gough Matthews, M.: Madeleine Dring, RCM 1977
Twigg, V.: Madeleine Dring. London 1982
Textheft zu „Dring Dances", Lomita, Cambria Records

DISKOGRAPHIE

„Dring Dances": Three Dances / Motu perpetuo / Jig / March for the new year / Valse française / Valse finale / Italian Dance / Westindian Dance / Tarantelle / Wib Waltz / Sarabande / Tango. Louise Di Tullio, Flöte; Leigh Kaplan und Robin Patterson, Klavier. Lomita, Cambria Records
Colour Suite / American Dance / Valse française / Caribbean Dance / Danza Gaya (mit Klavierwerken von Tailleferre). Leigh Kaplan und Susan Pitts, Klavier. Lomita, Cambria Records.
„Danza gaya" für Oboe und Klavier, Unicorn-Kanchana.
Piano Music of Madeleine Dring and Germaine Tailleferre. Leigh Kaplan, Klavier. Lomita, Cambria Records.

Droste-Hülshoff, Annette Freiin von (1797-1848)

Annette Freiin von Droste-Hülshoff: Porträt der Dichterin. Foto: Archiv

Die deutsche Dichterin und Komponistin wurde am 14. Januar 1797 auf Schloß Hülshoff in Westfalen geboren. Ihr Vater war ein bekannter Geiger und machte sich auch als Komponist einen Namen. Die erste musikalische Ausbildung erhielt sie bei dem Organisten Ketteler in Hohenholte. Sie erlernte das Klavierspiel, hatte Gesangsunterricht und schrieb erste Kompositionen. Ihr Onkel Maximilian Friedrich, ebenfalls ein angesehener Komponist seiner Zeit, verfaßte eigens für sie eine Musik- und Kompositionslehre. Annette von Droste-Hülshoff komponierte nach eigener Aussage, um die Begrenzung ihrer und anderer Dichtungen durch das Wort zu überwinden und diese in der Musik zu höchster künstlerischer Entfaltung zu bringen. Sie vertonte Texte von Byron, Goethe und Brentano und beteiligte sich an der Sammlung und Erhaltung des Volksliedgutes ihrer Heimat. Ihr ist die vollständige Bearbeitung des „Lochamer Liederbuches" für eine Singstimme mit Klavierbegleitung zu verdanken, das sie 1836 ihrem Schwager, dem Freiherrn von Lassberg, widmete.

Die Oper betrachtete Annette von Droste-Hülshoff als die höchste Ausdrucksform für ihr musikalisch-dramatisches Schaffen. Als Opernentwürfe wählte sie Themen wie „Der Galeerensklave", „König Erich", „Babilon", „Die seidenen Schuhe" und „Die Wiedertäufer". Es sind jedoch nur Fragmente dieser Entwürfe erhalten geblieben. Neben Bettina von Arnim gilt sie als die einzige herausragende Doppelbegabung des 19. Jahrhunderts. Obwohl Annette von Droste-Hülshoff in der Musik ihre höchste künstlerische Verwirklichung sah, wurde sie als Dichterin berühmt. Sie starb am 24. Mai 1848 in Meersburg am Bodensee.

VOKALMUSIK

Lieder mit Pianoforte-Begleitung, Münster, Russels, 1877; darin:
Wenn ich träume / Die Meerfey / Lied der Königin Elisabeth / Graf Essex / Mein Freud möcht ich wohl mehren / Gott grüß mir die im grünen Rock / Ich habe g'meint / Daß ihr euch gegen mich so freundlich / Sie thut mir wohl gefallen / Wer nie sein Brot mit Tränen aß / Wenn die Sonne weggegangen / Indisches Brautlied / Farben sind genug / Venuswagen / Offene Tafel / Der weiße Aar / Altschottische Ballade / Hebe, hebe selbst die Hindernisse / Zigeunerlied / Reihenlied / O Wundernacht / Es steht ein Fischlein
Ausgewählte Lieder und Gesänge (Hrsg.: K. G. Fellerer), Münster, Aschendorff 1955, darin:
Der kranke Aar / An die alte Meersburg / Mein Mut ist mir betrübet gar / Wach auf mein Hort / Schön und lieb / Sonne des Schlaflosen / Treue u. a. (s. Lieder mit Pianoforte-Begleitung)

EINZELLIEDER

„Wem Gott will rechte Gunst erweisen"
„Wanderlied der Prager Studenten"
„Deine Seele ist voll Sorgen"
„Der Tannhuser"
„Zigeunerlied"
„In einem kühlen Grunde"
„Ich reise über's grüne Land"
„Wach auf mein Hort"
„All meine Gedanken"
„Mich brennt's an meinen Reiseschuhen"

OPERNENTWÜRFE

„Babilon"
„Der blinde Cherub"
„Der Galeerensklave"
„Die Wiedertäufer"
„König Erich"
„Die seidenen Schuhe"

BIBLIOGRAPHIE

Blaschke, J.: Annette von Droste-Hülshoff und ihre Beziehungen zur Musik, Neue Musikzeitung, 1902
Schulte-Kemminghausen, K.: Eine Liederhandschrift der Annette von Droste-Hülshoff, 1938
Fellerer, K. G.: Annette von Droste-Hülshoff, Lieder und Gesänge, Aschendorff, Münster 1955
Schulze-Kemminghausen, K.: Annette von Droste-Hülshoff und die nordische Literatur, Akademie-Verlag, Berlin 1958
Walter, Irmgard E.: Droste – Bilder aus ihrem Leben, Schreiber, Stuttgart 1974
Haverbusch, Aloys: Annette von Droste-Hülshoff, historisch-kritische Ausgabe, Droste-Bibliographie, Niemeyer, Tübingen 1983
Kansteiner, Armin: Annette von Droste-Hülshoff, historisch-kritische Ausgabe, Musikalien, Niemeyer, Tübingen 1986
Citron, M. J.: Women and the Lied 1775-1850. In: „Women Making Music", Bowers/Tick (Hrsg.), Chicago, 1986
„Mein Lieb Lieb lies. Briefe der Annette von Droste-Hülshoff an Elise Rüdiger". Berlin, Ullstein 1991
Schücking, L.: Annette von Droste - ein Lebensbild. Stuttgart, Koehler 1992
Berglar, P.: Droste-Hülshoff. rororo Bild-Monographie, Reinbek, Rowohlt 1992
Willson, A.: Women, Poetry and Song. Composer-Autors in German Romanticism, Indiana University 1995

DISKOGRAPHIE

„Es steht ein Fischlein in einem tiefen See", Lieder der Annette von Droste-Hülshoff. Birnauer

Kantorei, K. Reiners. Villingen, HGBS-Studio
Vier Lieder für Bariton und Klavier, W. Schöne, R. Rauter. Fono Münster
12 Lieder mit Pianoforte-Begleitung (Texte: Byron, Brentano, Goethe, Droste, etc.). Janice Harper, Sopran; Robert Smith, Bariton; Armin Kansteiner, Klavier. Enger, KFW Schallplatten

Dziewulska, Maria Amelia
(* 1909)

Maria Amelia Dziewulska gehört zu den polnischen Komponisten ihrer Generation, die das Musikleben der ersten Hälfte des Jahrhunderts geprägt haben. Sie wurde am 1. Juni 1909 (im selben Jahren wie Grazyna Bacewicz) in Warschau geboren, studierte am Konservatorium ihrer Heimatstadt bei Sikorski (1928-33) und Kazimierz und lehrte später an der Staatlichen Musikhochschule in Krakau (1935-66) sowie in Warschau (1966-76). Dort erhielt sie 1967 einen Lehrstuhl für Komposition. Mehrfach wurde sie für ihre Musik ausgezeichnet, insbesondere für ihre Kompositionen für Kinder. Sie hat immer wieder Themen polnischer Volksmusik in ihren Werken verarbeitet und schuf zahlreiche Arrangements alter Musik. Nahezu alle ihrer Kompositionen sind bei PWM, Krakau/Warschau, verlegt.

ORGEL- /KLAVIERMUSIK
Drei Präludien (1955)
Kanon (1967)
Präludien für Orgel (1968)
„Meetings", fünf Stücke für Orgel (1968)
Inventionen für Klavier, Krakau, PWM
Kinderstücke
Volkslieder für Klavier zu zwei oder vier Händen
„Rencontres" für Orgel, Krakau, PWM

KAMMERMUSIK
Zwei Streichquartette (1960)
„Stravaganza" für Klarinette, Violine, Viola, zwei Celli und zwei Tam-Tam (1966)
Flötenduette (1970)
Tänze und Lieder für zwei Violinen
Melodien für Violine und Klavier

ORCHESTERMUSIK
Volkstänze für Kinderinstrumente (1947)
Partita für Schulorchester (1957)
Sinfonietta für kleines Orchester (1967)

VOKALMUSIK / CHORMUSIK
„Messe in honorem Sc. Vincenti" für gemischten Chor und Holzbläser oder Orgel (1958)
Volkslieder für Gesang und Klavier
Chöre für gemischten Chor und Instrumente
Chöre a cappella

BÜHNENMUSIK
Kompositionen für Puppentheater

Eckhardt-Gramatté, Sophie-Carmen
(1899-1974)

Die kanadische Komponistin wurde am 8. Januar 1899 in Moskau geboren. Ihre Mutter war Pianistin und hatte bei A. und N. Rubinstein studiert. Sie unterrichtete zwanzig Jahre lang Tolstois Kinder in den Fächern Musik und Französisch. Von ihr erhielt Sophie-Carmen den ersten Klavierunterricht. Ihre früheste Kindheit verbrachte Sophie-Carmen in England. Im Alter von fünf Jahren nahm ihre Mutter sie mit nach Paris. Dort komponierte sie mit sechs Jahren ihre ersten kleinen Klavierstücke, die 1980/81 unter dem Titel „From my childhood" veröffentlicht wurden. Ab 1908 besuchte Sophie-Carmen das Pariser Konservatorium und gab bereits zwei Jahre später Konzerte in Paris, Genf und Berlin. Klavier und Violine beherrschte sie gleichermaßen.

1914 zog sie mit ihrer Mutter nach Berlin. Dort erfuhr sie durch die einflußreiche Geigerin und Musikpädagogin Suzanne Joachim-Chaigneau eine entscheidende Förderung, indem diese ihr ein Studium bei Hubermann ermöglichte. 1920 heiratete sie den Maler W. Gramatté, mit dem sie 1924 nach Spanien ging. Dort traf sie unter anderen Strawinsky, Strauss und Casals, mit dem sie freundschaftlich verbunden blieb. Sie komponierte ihr erstes Klavierkonzert und begleitete E. Fischer als Pianistin auf mehreren Konzertreisen. 1928 erhielt sie ein Engagement durch L. Stokowski für einige Konzerte mit dem Philadelphia Symphony Orchestra in Amerika.

Nach dem Tode ihres Mannes im Jahre 1929 kehrte Sophie-Carmen Gramatté nach Europa zurück und arbeitete ausschließlich als Komponistin. Um ihre Kompositionsstudien zu vollenden, besuchte sie 1930 die Meisterklasse von M. Trapp an der Preußischen Akademie in Berlin. Mit ihrem zweiten Ehemann, dem Kunstkritiker F. Eckhart, den sie 1934 geheiratet hatte, ließ sie sich 1939 in Wien nieder. Hier feierte sie ihre ersten großen Erfolge als Komponistin; 1950 wurde ihr von der österreichischen Regierung ein Kompositionspreis verliehen. 1953 wanderte Sophie-Carmen Eckhart-Gramatté nach Winnipeg (Kanada) aus, wo sie ihre endgültige Annerkennung als Komponistin fand. Für ihre Orchesterwerke wurde sie mit zahlreichen Preisen ausgezeichnet und erhielt 1970 die Ehrendoktorwürde der Brandon University. Im selben Jahr ernannte die österreichische Regierung sie zur Professorin. Von 1953 bis zu ihrem Tode unterrichtete sie Klavier und Violine an der Hochschule in Winnipeg und entwickelte eine eigene Klaviertechnik. Ihre Werke wurden in den Vereinigten Staaten von Amerika, Kanada, Österreich und Deutschland aufgeführt und gesendet. 1974 widmete ihr das Kanadische Fernsehen eine zweistündige Sendung. Nach ihrem Tode wurde ein Komponisten-Wettbewerb ins Leben gerufen, der ihren Namen trägt. Das Gesamtwerk der Komponistin befindet sich heute im Besitz der Musikhochschule Heidelberg-Mannheim. Sophie-Carmen Eckhart-Gramatté starb am 2. Dezember 1974 während einer Europareise in Stuttgart.

KLAVIERMUSIK

„Danse de nègre", Berlin, Simrock 1924
Klaviersonate, Berlin, Simrock 1924
Sechs Klaviersonaten (1924-1950)
Sechs Capricen (1932-37)
Passacaglia und Fuge für zwei Klaviere (1937)
Konzertetüde für Klavier
„Markantes Stück" für zwei Klaviere
„La petite danseuse à la corde"
Russische Tänze

KAMMERMUSIK

Zwei Suiten für Solovioline, Berlin, Simrock 1924
Zehn Capricen für Solovioline (1924-34), Canadian Music Centre
Concerto für Solovioline, Canadian Music Centre 1925
„Berceuse" für Flöte und Klavier (1925) und andere Flötenstücke mit Klavierbegleitung
Suite für Violine solo, Paris, Eschig 1929
Drei Streichquartette (1938 / 1943 / 1964)
Holzbläser-Quartett, Canadian Music Centre 1946
Duo concertante für Cello und Klavier, Canadian Music Centre 1947
Trio für Oboe, Klarinette und Fagott (1947)
Duo concertante für Flöte und Klavier, Canadian Music Centre 1956
Holzbläser-Quintett, Canadian Music Centre 1963
Nonett für Bläser und Streicher (1966)
Trio für Flöte, Klarinette und Fagott, Canadian Music Centre 1967
Klaviertrio, Canadian Music Centre 1967
Fanfare für acht Blechbläser (1971)
„Paganini arrangements"
„Der Geiger" für Violine und Klavier
Violincapricen für Violine und Klavier

ORCHESTERMUSIK

Passacaglia und Fuge für Orchester (1937)
Molto sostenuto für Streicher (1938)
Sinfonie Nr. 1 in C (1939)
Capriccio concertante für Orchester (1940)
„Markantes Stück" für Klavier, obligates Klavier und Orchester (1946/50)
Concertino für Streicher (1947)
Tripelkonzert für Trompete, Klarinette, Fagott, Streicher und Pauken (1949)
Konzert für Fagott und Orchester, Canadian Music Centre 1950
Violinkonzert, Canadian Music Centre 1952
Konzert für Orchester, Canadian Music Centre 1954
Sinfonie Nr. 2 (Manitoba-Sinfonie) (1969)
Symphony Concerto für Trompete und Orchester (1974)
„Weihebild" für Orchester
„Tanzbild" für Orchester
Acht Capricen für Violine und Orchester
„Skelettenspiel" aus „Kosmische Nachtvision" für Orchester
„Procession funèbre" - symphonisches Gedicht für Orchester
Konzertstück für Cello und Orchester
„Der träumende Knabe", Ouvertüre
Drei Klavierkonzerte

BIBLIOGRAPHIE

Eckhardt-Gramatté, Sophie-Carmen: A portrait in „Musicanada". 1969
Smith, M. E.: The works for cello by Eckhardt-Gramatté. Western Ontario 1978
Harry, I.: Sophie-Carmen Eckhardt-Gramatté's Life Story, Adventures, Crisis and Achievements. In: Canadian Composer, 1983

Eckhardt, Ferdinand: Music from within. A biography of the composer Sophie-Carmen Eckhardt-Gramatté. University of Manitoba Press 1985

Eiríksdóttir, Karólína
(* 1951)

Die Komponistin und Musikpädagogin ist eine der bekanntesten Musikerinnen Islands und wurde am 10. Januar 1951 in Reykjavik geboren. Nach ihrer Ausbildung als Musiklehrerin am Reykjavik College of Music ging sie in die USA und studierte dort bis 1978 Komposition und Musikwissenschaft an der Michigan University; u. a. bei William Albright. Anschließend kehrte sie nach Island zurück und unterrichtet an den Musikschulen in Reykjavik und Kopavogur. Außerdem arbeitet sie aktiv im Isländischen Musik-Zentrum mit.

Ihre Werke umfassen Kammer-, Orchester- und Vokalmusik, deren musikalische Sprache sich durch äußerste Sparsamkeit der Mittel auszeichnen. „In vultu solis" für Violine solo zählt zu den meistaufgeführten Werken der Komponistin. Einige ihrer Kompositionen sind auf Schallplatte eingespielt.

CEMBALO- / KLAVIERMUSIK
„Glingur Fyrir" für Klavier zu vier Händen (1973)
„A kind of Rondo" (1984)
Rhapsody für Klavier (1986)
„Finger travels" (1986)
„Spring Verse" für Cembalo (1991)

KAMMERMUSIK
„IVP" für Flöte, Violine und Cello (1977)
„Fragments" für Flöte, Oboe, Klarinette, Horn, Harfe, Schlagzeug und Streicher (1979)
„In vultu solis" für Violine solo (1980)
„Ylir" für Fagott, Horn, Trompete, Posaune, zwei Violinen, Viola, Cello und Cembalo (1981)
„The blue maid", (Puppentheater) für Klarinette, Violine und Klavier (1983)
„Six movements" für Streichquartett (1983)
Trio für Violine, Cello und Klavier (1987)
„Hringhenda" für Klarinette (1989)
„Whence this calm?" für Gitarre (1990)
„Mutanza" für Bläserquintett und Cembalo (1991)
„Renku" für Klarinette in B, Violine, Cello und Klavier (1992)
„Scottish dompe" für Tonband (1992)
„Play" für zwei Flöten (1993)
Impromptu für Flöte (1994)
„Jolalog" für zwei Hörner, drei Trompeten, drei Posaunen und Tuba

ORCHESTERMUSIK
„Notes" für Orchester (1978)
„Sonans" für Orchester (1981)
Fünf Stücke für Kammerorchester (Bläserquintett und Streicher) (1983)
Sinfonietta für Orchester (1985)
Rhapsody in C für Kammerorchester (1990)
„Klifur" für Orchester (1991)
„Three paragraphs" (1993)
Concerto für Klarinette und Orchester (1994)

VOKALMUSIK
„Six Poems from the Japanese" für Mezzosopran, Flöte und Cello (1977)
„Some days" für Sopran, Flöte, Klarinette, Cello und Klavier (1982)
„Land possessed by poems" für Bariton und Klavier (1987) Stockholm, Ed. Reimers 1988
„Some days" für Sopran, Flöte, Klarinette in B, Cello, Gitarre und Cembalo (1991)
„Na carenza" für Mezzosopran, Oboe und Viola (1993)
„Frabaera, Baera" (isländische Hymne) arrangiert für Sopran, Viola da Gamba und Cembalo (1994)
Monolog aus der Oper „Nagon har jag sett" für Sopran, Streicher, Flöte, Oboe, Klarinette, Fagott, Horn und Schlagzeug (1994)

CHORMUSIK
Zwei Miniaturen für gemischten Chor (1983)
„Winter" für gemischten Chor (1991)

BÜHNENMUSIK
„Someone I have seen", Kammeroper für Sopran, Mezzosopran, Tenor, Bariton und Orchester (Text / Libretto: Marie Louise Ramnefalk) (1988)

BIBLIOGRAPHIE
Bergendahl, G.: Karólína Eiríksdóttir. In: Nordic Sounds, März 1986

DISKOGRAPHIE
„Renku". Ymir Ensemble. In: „Music for Iceland and Japan. ITM Reykjavik
Karólína Eiríksdóttir - Portrait: Sinfonietta / In vultu solis / Trio / Rhapsody / Fimm lög / Ljodnamuland / Nagon har jag sett. Dies Caniculares Festival Orchestra. ITM, Island
In vultu solis für Violine solo. In: Violin Music from Island, G. Gudmundsdottir, Violine. ITM, Island

Erding, Susanne
(* 1955)

Die deutsche Komponistin wurde am 16. November 1955 in Schwäbisch Hall geboren. Nach dem Abitur studierte sie bis 1979 Klavier und Komposition bei Milko Kelemen an der Musikhochschule Stuttgart. Während dieser Zeit legte sie 1977 das Staatsexamen in den Fächern Anglistik, Amerikanistik und Dramentheorie an der Universität Stuttgart ab. Sie nahm an Sommerkursen zu neuer englischer Literatur und Lyrik in Oxford und Cambridge teil. Außerdem war sie Gaststudentin an der Yale-University in New Haven/USA (1976) und an der Université de Montreal in Kanada (1978). Seit 1979 hat Susanne Erding einen Lehrauftrag für Hörerziehung und Analysen Neuer Musik an der Musikhochschule Stuttgart. Von 1980 bis 1981 besuchte sie die Kompositionsklasse von D. Acker an der Musikhochschule München. Anschließend nahm sie an einem Kompositionsseminar in Buenos Aires/Argentinien teil. Dort ergänzte sie 1985 ihre Studien in Komposition und Ästhetik bei A. B. Rattenbach.

Für ihre Komposition „El sueño" für Flöte, Klarinette und Gitarre erhielt Susanne Erding 1981 den Förderpreis der Stadt Stuttgart. 1982 und 1983 folgten Stipendien der Kunststiftung Baden-Württemberg sowie andere Auszeichnungen. 1985 gewann sie mit ihrem Streichquartett „Ausweg" den Internationalen Kompositionswettbewerb Carl Maria von Weber in Dresden. 1986 wurde ihre Oper „Joy" mit großem Erfolg in Kiel uraufgeführt. 1987 ging sie als Villa-Massimo-Preisträgerin nach Rom. Susanne Erding ist oft als Komponistin bei Kursen der „Jeunesses Musicales" in Weikersheim gefragt und wurde 1993 künstlerische Leiterin des Komponistinnen-Wettbewerbs in Unna/Westfalen. Sie lebt und arbeitet in Schwäbisch Hall und in Südspanien.

ORGEL- / KLAVIERMUSIK

„Chillan" für Klavier
Klaviersonate (1982)
„Cadeau cosmique" (1982)
„Hommage to the City of Dresden" für Orgel (1985)
„Hommage à Schubert" (1994)

KAMMERMUSIK

„Shiroi Hana", Klaviertrio (1980)
„Grotesques arabesques" für Cello und Klavier (1980)
„El sueño" für Flöte, Klarinette und Gitarre (1981)
„Rotor" für vier Bratschen (1982)
„Jeux de sons", Cellosolo für Michael Gross (1982)
„El sueño" für Flöte, Bratsche, und Gitarre (1983)
Moment musical für Flöte, Gitarre und Pantomime (1983)
„Ausweg" für Klarinette und Streichquartett (1984/85)
„Eine Brücke zwischen gestern und morgen" für Flöte solo / Klarinette solo (1985)
„Variations sérieuses", Saxophonquartett (1985)
„Aragonesa" für zwölf Celli (1987)
„Delirio" für Tuba solo (1987)
„Labirinto del sole" für Gitarre solo (1987)
„Work in progress" für Blechbläser (1987)
„Gioielli rubati" für gemischtes Ensemble (1987)
„Blumen und Blut" für Cello solo (1988)
„Maske und Kristall II", Duo für Violine und Klavier (1991)
„Maske und Kristall V" für Schlagzeug solo (1992)
„Maske und Kristall VI", Duo für Flöte und Gitarre (1992)
„Maske und Kristall XI", Quintett für zwei Blockflöten, Viola da Gamba, Chitarrone und Cembalo (1993)
„Spuren" für zwei Klarinetten und Fagott

ORCHESTERMUSIK

„Yellan", Adagio und Scherzo für großes Orchester (1981)
Konzert für Cello und zwei Orchestergruppen (1983)
„Modi giocosi", zwei Sätze für Kinderorchester (1985)
„Event" für großes Orchester (1985)
„Kassandra" für großes Orchester (1987)
„Modi giocosi" für Jugendorchester (1990)
„Il visconte dimezzato" für zwei Orchestergruppen (1991)
„Hommage à Telemann" für großes Orchester (1994)

VOKALMUSIK

„Pirotizgo" für Mezzosopran solo (1978)
„Moritaten I-III" für Mezzosopran und Klavier/Gitarre (1982)
„Spuren im Spiegellicht" (Text: H. Kromer) für Bariton solo, Klarinette, Horn und Streichtrio (1985)
„Initialien" für Sopran/Mezzosopran und Klavier (1986)
„Meeresstille" für Singstimme und Klavier (1987)
„Kein Ort nirgends" (Text: W. Bauer) für Mezzosopran und Klavier (1987)

„Maske und Kristall III" für Mezzosopran, Flöte, Cello und Klavier (1992)
„Maske und Kristall VII" für Sprechstimme, Flöte und Schlagzeug (1992)
„Maske und Kristall X" für Mezzosopran und Gitarre (1993)
„Maske und Kristall XII", Duo für Sprechstimme und Gitarre (1994)
„Okteondo" für fünf Frauenstimmen nach Indianernamen
„Spuren im Spiegellicht" für Bariton/Mezzosopran solo

CHORMUSIK
„La mia isola vera" für Bariton solo, gemischten Doppelchor und großes Orchester (1984)
„Fröhliche Wehmut" (Texte: S. Kierkegaard, P. Swiridoff) für gemischten Doppelchor (1990)

BÜHNENMUSIK
„Yellan", Ballett (Choreographie: Pierre Wyss) (1981)
„Klaviersuite", Ballett (1982)
„Joy", Kammeroper (Libretto: Roy Kift) für zwölf Instrumentalisten und sechs Sänger (1985)
„Die wundersame Geschichte des Peter Schlemihl", Oper (1991)
„Stumme Marionettenoper" (nach A. Chamisso / Libretto: Claus-Michael Trapp) für Streichtrio (1992)
„Fille-Fleure", Choreographie
„Der Schneemann" (Libretto: Walter Jens), Oper für 12 Solisten, Chor und großes Orchester (1990)

BIBLIOGRAPHIE
Richter, Andrea: Frau und Musik. Susanne Erding, Doris Hays, Myriam Marbé, drei zeitgenössische Komponistinnen, Detmold 1985

Ernst, Siegrid
(* 1929)

Viele Jahre als Vorsitzende des Internationalen Arbeitskreises 'Frau und Musik' (heute mit Sitz in Kassel) machten ihren Namen im In- und Ausland bekannt. Die deutsche Komponistin, Pianistin und Pädagogin wurde am 3. März 1929 in Ludwigshafen geboren. Mit sieben Jahren erhielt sie ihren ersten Musikunterricht. Später studierte sie in Heidelberg, Mannheim, Frankfurt und Wien Klavier bei E. Rehberg, A. Leopolder und R. Hauser und Komposition bei G. Frommel. Sie nahm an den Darmstädter Ferienkursen unter Stockhausen und Ligeti teil. Nach ihrem Hochschulexamen trat sie als Pianistin mit verschiedenen Orchestern auch im Rundfunk auf und spielte in zunehmendem Maße auch eigene Kompositionen. 1981 erhielt sie ein Stipendium der Cité Internationale des Arts in Paris. Im gleichen Jahr wurde sie Vorsitzende des Internationalen Arbeitskreises Frau und Musik, dessen Mitbegründerin sie ist. In dieser Eigenschaft war sie maßgeblich am Congress on Women in Music beteiligt, der im Juni 1988 erstmals in der Bundesrepublik Deutschland stattfand. Seit 1968 ist sie als Dozentin in den Fächern Klavier, Musiktheorie und Komposition tätig. Zunächst lehrte sie an den Musikhochschulen Heidelberg und Mannheim, später am Konservatorium in Bremen, wo sie auch ein Studio für Neue Musik aufbaute.

1989 erhielt sie den Professorentitel h. c. der Internationalen University of Human Studies, Florida. Ihre Mitarbeit gilt weiterhin dem Deutschen Musikrat, dem Landesrundfunkrat, dem Deutschen Komponisten-Verband und dem Arbeitskreis Bremer Komponisten. Ihre Kammermusikwerke, aber auch die Chormusik und ihre Improvisationsstücke wurden im In- und Ausland aufgeführt. Siegrid Ernst lebt und arbeitet heute in Bremen.

ORGEL- / KLAVIERMUSIK
Fantasie und Toccata für Klavier (1954)
Kleine Sonate (1963)
„Quattro mani dentroe fuore" (1975)
„Spiel mit Pedal und Registern" für Orgel (1980)

KAMMERMUSIK
Streichtrio (1955)
Sextett für Holzbläser (1956)
Konzertantes Duo (1966)
„Mutabile" für drei Spieler mit elf Blockflöten (1977)
„Wege" für Singstimme, Saxophon, Cello und Klangsäule (1988)
Konzertantes Duo für Blockflöten und Schlagzeug (1991)
„E staremo freschi!" für Tenorsaxophon solo (1992)

ORCHESTERMUSIK
Variationen für großes Orchester (1965)
„Wohin" für drei Gruppen (Streichquartett, Orgel,

Streichorchester) nach Texten von Ingeborg Bachmann (1972)
„Bacchanal und Huldigung" für Orchester (1983)
„Facetten" für Orchester (1984)
Drei Stücke für Orchester (Instrumentierung der Kleinen Suite für Klavier) (1984)
„Recitativo appassionat e salto" für Streichorchester (1985)
„Jaga und der kleine Mann mit der Flöte", Orchestersuite nach der Kinderoper (1993)
„Triade" für 10 Instrumentalisten oder Kammerorchester (1993/94)

VOKALMUSIK

Sieben Miniaturen nach japanischen Haikus für tiefe Singstimme, Viola / Cello und Klavier (1961)
„Kleine Hand in meiner Hand", zwölf Lieder für Sopran und Klavier (auch als „Sechs Lieder für Mezzosopran und Klavier") (1966)
„Wohin..." für drei Gruppen (Alt mit Streichquartett / Baß mit Orgel / Chor mit Streichern (1972)
„Kreisgerade", Musikalische Szene für Singstimme, Saxophon, Cello, Klangsäule und Tanz-Performance mit Texten von Isolde Loock (1991)
„Hommage" für Sopran, Oboe, Posaune, Schlagzeug und Orgel (1992)
„Wie singt uns Sprache, was spricht Musik", Hör- und Mitmachspiel für Singstimme, Klarinette, Cello und Schlagzeug (1992)

CHORMUSIK

„Damit es anders anfängt zwischen uns allen" (Text: Hilde Domin) für Chor und Orgel (1982)
„15 neue Weisen von A- und andren Meisen" für Kinderchor und Instrumente unter Einbeziehung des Publikums (1983)

BÜHNENMUSIK

„Jaga und der kleine Mann mit der Flöte", Kinderoper nach einer Erzählung von Irina Korschunow (1990)

Falcinelli, Rolande
(* 1920)

Rolande Falcinelli ist die jüngste Organistin, die jemals an der Kathedrale Sacré-Cœur in Paris tätig war. Die französische Komponistin, Organistin und Musikpädagogin wurde am 18. Februar 1920 in Paris geboren und erhielt bereits im Alter von nur fünf Jahren Klavierunterricht. Ihr Musikstudium absolvierte sie bei H. Busser am Pariser Konservatorium. In Harmonielehre, Fuge und Klavierbegleitung gewann sie dort erste Preise.

1942 wurde sie als Schülerin von Marcel Dupré mit dem ersten Preis für Orgel und Improvisation ausgezeichnet. Im selben Jahr wurde ihr, nur 22jährig, der zweite Preis des Prix de Rome zuerkannt. Außerdem war sie die erste Frau, die den Prix Rossini gewann. 1945, gerade 25jährig, erhielt Rolande Falcinelli einen Ruf als Organistin nach Sacré Cœur. Darüber hinaus unterrichtete sie am Amerikanischen Konservatorium in Fontainebleau und an der Ecole Normale de Musique. 1955 wurde sie Nachfolgerin von Marcel Dupré am Pariser Konservatorium in den Fächern Orgel und Improvisation. Ihr kompositorisches Schaffen reicht von zahlreichen Orgelwerken bis hin zur Orchester-, Ballett- und Opernmusik.

ORGELMUSIK

Salve regina, Paris, Bornemann 1969
„Litanies, rondel et fugue" op. 11, Paris, Bornemann
„Epigraphe funèbre" op. 21
„Petit Livre de prières" op. 24, Paris, Bornemann
„Poèmes-études" op. 26
„Cinq chorales" op. 28, Paris, Bornemann
„Rosa mystica" op. 29, Paris, Schola Cantorum
„Poème" op. 31
„Prélude à l'Introit de la Messe" op. 34, Paris, Schola Cantorum
„Cor Jesu sacratissimum" op. 36, Paris, Ed. Mus. Transatlantiques 1966
„Messe pour la fête de Christ-Roi" op. 38, Paris, Schola Cantorum
„Prophétie" op. 42, Paris, Ed. Mus. Transatlantiques 1975
„Esquisses symphoniques en forme de variations" op. 45
„Variations-études sur une berceuse" op. 48
„Mathvani" op. 50, Paris, Bornemann
„Miniatures personnes" op. 52
Chorale prélude Nr. 2
„Communion pour la fête du Christ-Roi"
Cortège funèbre (Schola Cantorum)
„Elévation pour la Messe de Notre Seigneur Jésus-Christ-Roi"
„Initiation à l'orgue", Paris, Bornemann
„Prélude à l'introit de la Messe du Sacré-Cœur de Jésus"
Transkription des Musikalischen Opfers von J.S. Bach, Paris, Schott

CEMBALO- / KLAVIERMUSIK

„Jeux d'un biquet" op. 30
„Harmonies et lignes" op. 32, Paris, Leduc
„Mémorial" für Cembalo/Klavier op. 35
„Résonances", acht Klavierstücke op. 40

„Pochades" op. 44
„Résonances romantiques" op. 54 für Cembalo
Inventionen op. 58 für Cembalo, Paris, Ed. Ouvrières

KAMMERMUSIK

„Krishna-Gopala", Variationen für Flöte solo, Paris, Leduc
Suite für Violine und Klavier op. 6
Streichquartett op. 9
„Nocturne féerique" für Orgel, zwei Klaviere, zwei Harfen, Celesta und Schlagzeug op. 23
„Berceuse" für Fagott oder Cello und Klavier op. 33, Paris, Leduc
„Chant de peine et de lutte" für Geige und Orgel op. 53, Paris, Ed. Mus. Transatlantiques

ORCHESTERMUSIK

„Soleil couchant" für Orchester
„Choral et variations sur le Kyrie" op. 12 für Orgel und Orchester
„D'un âne" op. 15 für Klavier und Orchester
„Mausolée" op. 47 zu Ehren von Marcel Dupré für Orgel und Orchester

VOKALMUSIK

Drei Melodien op. 1
Zwei Lieder op. 2 für Sopran und Tenor
Acht Volkslieder op. 4
Drei Melodien op. 5
„Soleil couchant" op. 7 für Gesang und Klavier
„Petit livre de prières" op. 24, Paris, Bornemann
„Prélude et fugue sur le nom de J. S. Bach" op. 27 für Singstimme und Klavier / Cembalo
„Quatre motets à la vierge" op. 37 für Singstimme und Orgel
„Affinités sécrètes" op. 49
„Quatrains d'Omar Khayyam" op. 51 für Singstimme und Streichquartett
„Trois chants profanes" op. 55 für Singstimme und Orgel
„Quand sonnera la glas" op. 62 für Singstimme und Orgel (1968)
Psalm XIII op. 63 für Bariton und Orgel (1978)
„Paustier" op. 65 für Sopran und Orchester (1980)

CHORMUSIK

„La Messiada" op. 10 für Soli, Chor und Orchester (Prix Rossini)
„Cavalier" op. 13 für gemischten Chor und Orchester
„Ophelia" op. 16 für Frauenstimmen und Orchester
„Danse de nymphes" op. 19 für Frauenstimmen und Orchester
„Messe de Saint-Dominique" op. 25 für gemischten Chor a cappella

BÜHNENMUSIK

„Pygmalion Délivre" op. 14, Oper
„Ikarus" op. 17, Oper
„Louise de la Miséricorde" op. 20, Oper
„Cecca, la bohémienne ensorcelée" op. 22, Ballett in einem Akt

BIBLIOGRAPHIE

Anthologie des maîtres classiques de l'orgue. In: Ecole de la technique moderne de l'orgue, Paris, Bornemann

Faltis, Evelyn
(1890-1937)

Aus böhmischer Familie stammend, wurde Evelyn Faltis am 20. Februar 1890 in Trautenau geboren. Die großbürgerlichen Eltern, der Vater war ein Industrieller, schickten sie zur Erziehung in den Convent d'Assomption nach Paris. Später studierte sie an der Wiener Musikakademie bei Robert Fuchs und Eusebius Mandyczewski und in Dresden bei Felix Draeseke und Eduard Reus. Ihre „Phantastische Sinfonie" op. 2a gewann einen Kompositionspreis. 1914 kam Evelyn Faltis, die schon früh eine große Wagnerliebhaberin war, als erste weibliche Solo-Korrepetitorin an das Festspielhaus in Bayreuth. Die gleiche Funktion übte sie ab 1924 auch in der Städtischen Oper Berlin aus.

Ihre Werkliste ist nicht sehr umfangreich; dennoch wurden viele ihrer Kompositionen gedruckt und aufgeführt. Ihr letzter Wille, zwei Jahre vor ihrem Tode formuliert, auf dem Friedhof von Bayreuth begraben zu werden, wurde erfüllt. Evelyn Faltis starb am 13. Mai 1937 in Wien und wurde nach Bayreuth überführt.

ORGELMUSIK

Fantasie und Doppelfuge mit „Dies irae" für Orgel op. 12, Berlin, Ries & Erler 1922

KAMMERMUSIK

Trio op. 4 in g-moll für Violine, Cello und Klavier, Berlin, Ries & Erler
Adagio op. 5 für Violine und Klavier, Berlin, Ries & Erler
Sonate op. 6 in d-moll, Berlin, Ries & Erler
Streichquartett op. 13a

ORCHESTERMUSIK
„Phantastische Sinfonie" op. 2a für Orchester
„Hamlet", symphonische Dichtung op. 2b für Orchester

VOKALMUSIK
Sechs Lieder für Singstimme und Klavier, Leipzig, Siegel 1913
Lieder op. 7 für Singstimme und Klavier, Berlin, Ries & Erler 1921
Lieder op. 8 für Singstimme und Klavier, Berlin, Ries & Erler 1921
Lieder op. 10 für Singstimme und Klavier, Berlin, Ries & Erler 1921
Sechs Zigeunerlieder für Singstimme und Klavier, Berlin, Ries & Erler 1921
Zwei Lieder op. 14 für Singstimme und Klavier, Berlin, Ries & Erler 1931
„Lieder fernen Gedenkens" op. posth. für Singstimme und Klavier (1939), Berlin, Ries & Erler

CHORMUSIK
„Anrufung: Welche Wege soll ich schreiten?" op. 9 (Text: H. Ossenbach) für achtstimmigen gemischten Chor, Berlin, Ries & Erler 1929

BIBLIOGRAPHIE
Biographische Notizen und Werkverzeichnis, in: „Komponistinnen in Berlin", Berlin 1987

Farrell, Eibhlis
(* 1953)

Auf der irischen Insel gibt es im 20. Jahrhundert ein reges musikalisches Leben: Wertvolle Beiträge dazu leistet auch die Komponistin Eibhlis Farrell. Am 27. Juli 1953 in Rostrevor, Irland, geboren, erhielt sie schon früh Klavierunterricht an der örtlichen Klosterschule und erlernte das Spiel auf der irischen Fidel; erste Kompositionen schuf sie bereits in ihrer Schulzeit und begann anschließend ein Musikstudium an der Queen's University in Belfast, welches sie mit dem akademischen Grad eines 'Bachelor of Music' absolvierte. Nach Studien an der Bristol University bei Raymond Warren, die sie mit einem 'Master of Music' abschloß, erhielt sie eine Stelle als Assistentin am College of Music in Dublin. Diese Tätigkeit unterbrach sie für einen Zeitraum von zwei Jahren, um mit einem Promotionsstipendium an der Rutgers University in New Jersey, USA, in der Kompositionsklasse von Charles Wuorinen, ihre Ausbildung abzurunden. Eibhlis Farrell gehört im eigenen Land zu den meist gespielten Komponistinnen. Ihr Chorwerk „A garland for the President" wurde 1995 zu Ehren der irischen Präsidentin aufgeführt. Viele ihrer meist einsätzigen Werke leben durch rhythmische oder polyrhythmische Originalität, gepaart mit einem ausgeprägten Sinn für Textur und Melodie. Reichhaltige Inspirationsquellen sind ihr die englische und amerikanische zeitgenössische Musik, die frühe Barockmusik und irisches Volksgut.

Die junge Generation von Komponistinnen Irlands, zu der auch Frauen wie Rhona Clarke, Marian Ingoldsby, Denise Kelly, Jane O'Leary und Joan Trimble gehören, ist ein vitaler Beitrag zur europäischen Musikszene.

ORGEL- / KLAVIERMUSIK
„Study" für Orgel solo (1985)
„Play" für Orgel solo (1985)
„Dancing" für Orgel solo (1988)
„Time drops" für Klavier (1989)
„4 pieces for Martin" (1991)
„Four Variations on a Fortieth Birthday" für Klavier (1991)

KAMMERMUSIK
„Garden Furniture Suite" für Flöte, Violine, Cello und Schlagzeug (1972)
„Five trifles" für Oboe und Klavier (1976)
Streichquartett Nr. 1 (1977)
Rhapsody für Fagott und Cembalo (1977)
„Elegy" für Viola und Klavier (1977)
Sonatina für Klarinette und Klavier (1977)
Klaviertrio (1978)
„Quadralogue" für Bläserquartett (1981)
„Musings", vier Studien für Violine solo (1982)
„Procession" für Flöte, Englischhorn, Violine und Viola (1986)
„Diversions" für Flöte, Violine, Cello und Cembalo (1986)
„Conversation" für Cello und Violine (1988)
„Candles on a birthday cake" für Klarinette und Klavier (1989)
„Quintalogue", fünf Sätze für Blechbläserquintett (1989)
„Canson" für Violine und Klavier (1991)
„Orpheus sings" für Violine und Gitarre (1991)
„Earthshine" für Harfe (1992)

„Arioso" für Altsaxophon (1994)
„Estampie" für Violine (1994)
„Penelope Weaving" für Viola solo (1994)
„Skyshapes" für Flöte solo (1994)
„Stillsong" für Cello solo (1994)

ORCHESTERMUSIK

„Interventions" für Streichorchester (1975)
„A day at the races or an afternoon flutter" für Orchester (1976)
„Popcorn ouverture" für Orchester (1977)
„Threnody" für Orchester (Streicher und Schlagzeug) (1979)
„Romanza" für Soloflöte und Orchester (1980)
Concerto grosso für Streichorchester (1988)
Sinfonia für Orchester (1990)
„Soundshock" für Bläserorchester und Schlagzeug (1992)

VOKALMUSIK

„Spaghetti", eine Minikrikomödie in fünf Akten für Singstimmen, Violine, Cello (1973)
„A song of winter" (auf alt-irische Texte) für Sopransolo und Orchester (1974)
„Two poems of Catull" für Sopran, Violine, Viola und Klavier (1975)
„Cantata for Christmas" (Text: anonym) für Bariton- / Baßsolo und Orchester (1975)
„Eleven Celtic Epigrams" für Sopransolo und Orchester (1976)
„Now is a Moveable Feast" (Text: Anne Hartigan) für Sopran, Violine, Cello, Gitarre und Schlagzeug (1979)
„Songs of Death" (Text: Anne Hartigan) für Mezzosopran und Klavier (1980)
„Three Feminist Lovesongs" für Bariton und Klavier (1987)
„Venus turned" (Text: Anne Hartigan) für Bariton und Klavier (1987)
„Five songs for children" für Mezzosopran und Klavier (1988)
„Christmaslogue" für Alto und Solovioline (1989)
„Windfalls" (Text: Seamus Heaney) für Solosopran, Flöte, Cello, Violine, Irische Harfe und Schlagzeug (1990)
„Love Song of Isabella and Elias Cairel" (Text: 12. Jahrhundert) für Mezzosopran, Oboe, Viola und Glockenspiel (1992)
„The silken bed" (Text: Nuala ni Dhomhonaill) für Mezzosopran, Violine, Cello und Cembalo (1993)
„Sweet was the song" für Sopran und Klavier (1993)
„The Rose" für Sopran und Klavier (1994)

CHORMUSIK

„Two medieval carols" für Sopran, Alt, Tenor und Baß a cappella (1976)
„Two Songs" für vierstimmigen gemischten Chor a cappella (1976)
„Mass" für zwei Soprane, zwei Alt, zwei Tenöre, zwei Bässe und gemischten Chor (1977)
„Lullaby Jesus" für Sopran und fünfstimmigen gemischten Chor a cappella (1977)
„Moods" für fünfstimmigen gemischten Chor (1978)
„Three madrigals" für vierstimmigen gemischten Chor a cappella (1978)
„A garland for the President" für fünfstimmigen gemischten Chor und Solosopran (1990/91)
„Exaudi Voces" für Sopran, Alt, Tenor und Baß und vierstimmige gemischten Chor (1991)
„Exultet", Oratorium für Solosopran, Solotenor, gemischten Chor und Orchester (1991)
„Exaudi Voces" für Sopran, Alt, Tenor und Baß und gemischten Chor (1992)

EXPERIMENTELLE MUSIK

„Euphoria x" für Sprecher, Kuhglocken, Staubsauger und Publikum (1973)

BÜHNENMUSIK

„Oscar Fractalinus" (1995), Oper

Farrenc, Louise
(geb. Jeanne-Louise Dumont)
(1804-1875)

Louise Farrenc gehört zu den prominentesten Komponistinnen des 19. Jahrhunderts in Frankreich. Sie wurde am 31. Mai 1804 in Paris geboren und wuchs in einer sehr musischen Umgebung auf. Ihren ersten Klavierunterricht erhielt sie im Alter von sechs Jahren von ihrer Tante Anne-Elisabeth Cécile Soria. Später setzte sie ihre Ausbildung bei Ignaz Moscheles und J. Hummel fort. Mit fünfzehn Jahren besuchte sie das Pariser Konservatorium und studierte Kompostion und Instrumentation bei Anton Reicha. 1821 heiratete sie den Flötisten, Musikalienhändler und Komponisten Aristide Farrenc; 1825 setzte sie ihre Studien fort. Zusammen mit ihrem Mann gab sie das 23 Bände umfassende Werk „Trésor des pianistes" heraus, das einen Überblick über die Geschichte des Klavierspiels vermittelt und seitdem zur Standardliteratur gehört. 1826 wurde ihre Tochter Victorine Louise geboren, die selbst eine bekannte Pianistin und Komponistin wurde, jedoch früh an Tuberkulose starb. Aristide Farrenc gab die ersten Kompositionen, die seine Frau bis 1840 geschrieben hatte, heraus und machte damit die Öffentlichkeit auf sie aufmerksam. Schumann betonte das kompositorische Talent der Louise Farrenc bereits 1836 in einer Rezension, nachdem er ihr Klavierstück „Air russe varié" gehört hatte.

1842 erhielt Louise Farrenc eine Professur für Klavier am Pariser Konservatorium, die sie bis 1873, also mehr als drei Jahrzehnte, innehatte. 1861 und 1869 verliehen ihr die Preisrichter der Académie des Beaux Arts den Prix Chartier für ihre Sinfonien. Nach dem Tode ihrer Tochter (1959) und ihres Mannes (1860) verlor sie ihren kompositorischen Elan und konzentrierte sich auf die Vollendung der 23 Bände des „Trésor des pianistes", von denen erst acht erschienen waren. Sie starb am 15. September 1875 in Paris. Ihre Werke galten lange Zeit als verschollen, liegen jedoch vollständig in der Bibliothèque Nationale in Paris und werden u. a. von der Kölner Dirigentin Elke Mascha Blankenburg und der Bremer Musikwissenschaftlerin Freia Hoffmann in jüngster Zeit wieder mehrfach in Deutschland aufgearbeitet und aufgeführt.

KLAVIERMUSIK

Klaviervariationen über Opernthemen op. 2, 4, 5, 6, 7, 8, 9, 10, 11
Klaviervariationen über „une galopade favorite" op. 12 (1833)
Rondo brillante (über ein Rossini-Thema) op. 13 (1833), Paris, Aulagnier
„Les italiennes" op. 14 (1835)
„Air russe varié" op. 17 (1835)
„La sylphide" op. 18 (1836)
„Souvenir des Huguenots" op. 19 (1837), Paris, Lemoine
„Les jours heureux" op. 21 (1837)
Variationen op. 25 (1838)
30 Etudes op. 26 (1839)
„Hymne russe varié" op. 27 (1839)
„Variations sur un thème allemand" op. 28 (1839)
Variationen op. 29 (1839)
„20 Etudes de moyenne difficulté" (1855)
„12 Etudes brillantes" op. 41 (1858)
„Mélodie" op. 43 (1858)
Scherzo op. 47 (1858)
„Valse brillante" op. 48 (1859)
Nocturne op. 49 (1863)
„25 Etudes faciles" op. 50 (1859-62)
„Le trésor des pianistes" (ed.) Paris 1861-74
Impromptu, in: Frauen komponieren, Mainz, Schott 1985

KAMMERMUSIK

Stücke für Flöte und Klavier
Serenade für Violine und Klavier, Paris, Fromont
„Variations sur un air suisse" op. 20 für Violine und Klavier
Klavierquintett op. 30, Wien, Hofmeister 1842 / Bryn Mawr, Hildegard Publ. 1995
Klavierquintett op. 31, Paris, Farrenc 1844
Trio Nr. 1 in Es-dur (Klaviertrio) op. 33 (1855), Paris, Leduc
Trio Nr. 2 in d-moll (Klaviertrio) op. 34 (1855)
Erste Violinsonate op. 37, Paris, Leduc 1848
Nonett in Es-dur für Holzbläser und Streicher op. 38 (auch in Quintett-Fassung) (1849)
Zweite Violinsonate op. 39, Paris, Leduc
Sextett op. 40 für Bläser und Klavier (auch Streichquartett und Kontrabaß) (1852)
Trio in Es-dur op. 44 für Klarinette/Violine, Cello und Klavier (1861)
Cello-Sonate op. 46 (1861)
Trio in e-moll op. 45 für Flöte/Violine, Cello und Klavier (1862), New York, Da Capo 1979

ORCHESTERMUSIK

Erste Orchesterouvertüre op. 23 (1834)
Zweite Orchesterouvertüre op. 24 (1834)
Große Fantasie und Variationen op. 25 für Klavier und Orchester (oder Klavierquartett)
Erste Sinfonie in c-moll op. 32 (1841)
Zweite Sinfonie in D-dur op. 35 (1845)
Dritte Sinfonie in g-moll op. 36 (1847-1849)
Klavierkonzert in h-moll

BIBLIOGRAPHIE

Louise Farrenc, a revival. In: Musical Heritage Review (o. D.)
Marmontel, A.: Les pianistes célèbres. Paris 1888
Vattier, G.: Une famille d'Artistes. Paris 1890
Brenet, M.: Quatre femmes musiciennes. In: L'Art, 1894
Friedland, B.: Louise Farrenc, composer, performer, scholar. In: Musical Quarterly Bd. 60, 1974, UMI 1980
Chapuzzeau, Bettina: Kompositionstalent bei Frauen unter Berücksichtigung von Leben und Werk Louise Farrencs. Hannover 1985

Heitmann, Chr.: Untersuchungen zur Kammermusik von Louise Farrenc, Universität Bonn 1994

DISKOGRAPHIE

Scherzo aus dem Klavierquintett op. 31. In: Works by women composers, Gemini Hall
Klavierquintett Nr. 1 / Klavierquintett Nr. 2. Linos Ensemble (mit Konstanze Eickhorst, Klavier). Osnabrück, CPO
Trio e-moll op. 45. Katherine Hoover, Carter Brey, Barbara Weintraub. Leonarda Productions
Trio op. 45 für Flöte, Cello und Klavier. Trio Cantabile. Thorofon
Trio op. 45 für Flöte, Cello und Klavier. Meininger Trio. Bietigheim, Bayer Records
Nonett op. 38. Consortium Classicum. Rheinfelden, Schweiz, Divox.
Nonett op. 38. The Bronx Arts Ensemble. New York, Leonarda Productions
Trio op. 34 für Violine, Cello und Klavier (mit dem Klaviertrio von LeBeau). Clara-Wieck-Trio. Bietigheim, Bayer Records

Fine, Vivian

(* 1913)

Als Mitbegründerin der American Composers Alliance ist Vivian Fine in der Szene der zeitgenössischen Musik bekannt. Sie wurde am 28. September 1913 in Chicago, USA, geboren und studierte Klavier bei einem Schüler Alexander Skrjabins, Lavoie-Herz, sowie Komposition bei Ruth Crawford und Adolf Weidig. Nach ihrem Umzug nach New York wurde sie Studentin von Abby Whiteside und Roger Sessions. Von 1945 bis 1948 unterrichtete sie an der New Yorker Universität, am Bennington College in Vermont (1964-88) sowie an der Juilliard School of Music. Als musikalische Leiterin der Rothschild-Foundation fungierte sie 1953 bis 1960. Vivian Fines kompositorisches Schaffen wurde stets von zahlreichen Ehrungen begleitet: Dollard Award (1966), Ford Foundation Price (1970), American Institute of Arts and Letters (1979), ein Guggenheim Stipendium und schließlich ein Stipendium der Rockefeller Stiftung. Viele ihrer Kompositionen sind Bühnen-Auftragswerke, darunter ein Ballett für die große Choreographin Martha Graham und das „Drama for Orchestra" für das San Francisco Symphony Orchestra, das für den Pulitzer-Preis nominiert wurde.

KLAVIERMUSIK

Vier polyphone Stücke (1931-32), ACA (American Composers Alliance) / Catamount 1974
Fünf Prelude (1939-41), ACA / Catamount
Suite in Es-dur (1940), ACA / Catamount 1972
„Rhapsody on a Russian folk song" (1944), ACA
Sinfonia und Fugato (1952), New York, Lawson-Gould 1963
„Small sad sparrow" (1963)
Vier Stücke (1966)
„Momenti" (1978)
„Double Variations" (1982)

KAMMERMUSIK

Solo für Oboe (1929), ACA / Catamount 1974
Streichtrio (1930), ACA / Catamount 1974
Vier Stücke für zwei Flöten (1930), ACA / Catamount 1974
Divertimento (1933), ACA
Lyrisches Stück für Cello und Klavier (1937), ACA
Sonatine für Oboe und Klavier (auch für Violine / Cello und Klavier) (1939)
Drei Stücke für Violine und Klavier (1940), ACA
Suite für Oboe und Klavier (Award der Music Guild, 1943)
Capriccio für Oboe und Streichtrio (1946), ACA
„Second Solo" für Oboe (1947), ACA / Catamount 1972
Divertimento für Cello und Schlagzeug (1951), ACA / Catamount 1972
Sonate für Violine und Klavier (1952), ACA, Catamount
Variationen für Harfe (1953)
Komposition für Streichquartett (1954), ACA
Streichquartett (1957), ACA / Catamount 1972
Duo für Flöte und Viola (1961), C. Fischer 1976
Drei Stücke für Flöte, Fagott und Harfe (1961)
Fantasie für Cello und Klavier (1962), Catamount 1972
„Melos" für Kontrabaß (1964)
„Song for Persephone" für Viola (1964), Catamount 1972
„Dreamspace" für Schlagzeugensemble, drei Flöten, Cello und Klavier (1964)
Concertino für Klavier und Schlagzeugensemble (1965), Catamount
Kammerkonzert für Cello und sechs Instrumente (1966)
Quintett für Streichtrio, Trompete und Harfe (1967), Catamount
„Second prophet-bird" für Flöte (1972), Catamount 1973

„Three Buddhist evocations" für Violine und Klavier, Catamount 1977
Bläserquartett (1978), Catamount
„Nightingales" für Flöte, Oboe, Violine, zwei Violen und Kontrabaß (1979)
Musik für Flöte, Oboe und Cello, Catamount 1980
Klaviertrio (1980)
„Lieder" für Viola und Klavier (1980)
Quintett für Oboe, Klarinette, Violine, Cello und Klavier (1984)
Trio für Violine, Cello und Klavier
„Teisho" für Violine und Klavier
„The flicker" für Flöte solo

ORCHESTERMUSIK

Prelude und „Elegiac Song" für Streichorchester / Streichquartett (1937), ACA
„Race of life" (1937), ACA
„Dance Suite" (1938)
Concertante für Klavier und Orchester (1944), New York, ACA
Konzert für Klavier, Streicher und Schlagzeug für einen Spieler (1972), Shaftsbuy / Catamount 1973
„Drama" (1982)
„Poetic fires - from the Greeks" für Klavier und Orchester (1984)

VOKALMUSIK

Vier Lieder (Anonym, R. Herrick, J. Joyce) für Mezzosopran, Violine, Viola und Cello, San Francisco, New Music 1933
Fünf Lieder (Anonym, E. Dickinson, J. Joyce, J. Keats, Whitman) für Mezzosopran (1933-1941), ACA
„Four Elizabethan Songs" (J. Donne, J. Lyly, W. Shakespeare, P. Sidney) für Sopran (1937-1941), ACA / Catamount 1972
„Tragic exodus" für Baß und Klavier (1939), ACA
„Epigram and Epitaph" (W. Jones, H. Wotton) für Mezzosopran (1941), ACA
„Songs of our time" (B. Brecht, J. Wittlin) für Sopran (1943), ACA
„Great Wall of China" (Kafka), New York, New Musik 1947/48
„A guide to the life expectancy of a rose" (S. R. Tilley) für Sopran, Tenor, Flöte, Violine, Klarinette, Cello und Harfe / Klavier, ACA / Catamount 1972
„The confession" (Racine) für Sopran, Flöte, Violine, Viola, Cello und Klavier (1963), Catamount 1972
„Two Neruda Poems" für Singstimme und Klavier (1971), Catamount 1972
„Romantic Ode" (1976)
„She weeps over Rahoon" für Singstimme und Klavier
„The nigthingale" für Singstimme und Schlagzeug
„For a bust of Erik Satie", Messe für Sopran, Mezzosopran, Erzähler und sechs Instrumente

CHORMUSIK

„Sonnet to a Cat" (J. Keats) für gemischten Chor (1934), ACA
„Passionate shepherd to his love and her reply" (C. Marlowe and W. Raleigh) für Frauenchor a cappella (1938), ACA
„Cherry-ripe" (T. Campion) für gemischten Chor und Klavier (1947), ACA
„Valediction" (J. Donne) für Sopran, Tenor, gemischten Chor und 10 Instrumente (1959)
„Three multilined textures", Kantate (1960)
„Morning" (Thoreau) für Erzähler, gemischten Chor und Orgel/Klavier (1962), Catamount 1972
„Epitaph" für gemischten Chor und Orchester (1967), Catamount 1972
„Paean", Kantate für Tenor, Erzähler, Frauenchor und Bläserensemble (1969)
„Sounds of a nightingale" für Sopran, gemischten Chor und Kammerorchester (1971)
„Teisho" für acht Solisten/kleinen Chor und Streichorchester (1975), Catamount
Cantata für Mezzosopran, Bariton, Erzähler, Chor und Orchester (1975)
„Meeting for equal rights - 1866", Kantate für Sopran, Baß, Chor, Pauke und Schlagzeug

BÜHNENMUSIK

„The race of life" für Klavier und Schlagzeug / Orchester (1937/38)
„Opus 51" für Klavier und Schlagzeug, Ballett (1938-40)
„They too are exiles" für Klavier und Schlagzeug, Ballett (1940)
„Dollars and Cents", Bühnenmusik für Singstimmen und Klavier (1941)
„Alcestis" für Orchester, Ballett (1960)
„My son, my enemy", Ballett (1965)
„The women in the garden", Kammeroper (1978)

BIBLIOGRAPHIE

Riegger, W.: The music of Vivian Fine, ACAB 1958
Hertelendy, P.: Four great women - in opera. In: Oakland Tribune, 1978
Ammer, C.: Unsung - a history of women in American Music. Westport 1980
LePage, J. W.: Women Composers, Conductors and Musicians of the 20th century. London, Scarecrow 1983

Finzi, Graciane
(* 1945)

Am 10. Juli 1945 wurde die französische Komponistin in Casablanca, Marokko, geboren. Ihre musikalische Erziehung begann sehr früh; mit zehn Jahren kam sie an das Konservatorium in Casablanca. Anschließend studierte sie am Conservatoire National Supérieur de Musique in Paris: Klavier bei Joseph Benvenuti, Komposition bei Tony Aubin, Harmonie bei Henri Challan, Partiturlesen bei Elsa Barraine, Kontrapunkt bei Marcel Bitch und Fuge bei Yvonne Desportes. In Harmonielehre (1962), Kontrapunkt und Fuge (1964) und Komposition (1969) erhielt sie jeweils erste Konservatoriumspreise. Darüber wurde sie in den Fächern Klavier, Partiturlesen, Musikgeschichte und Musiktheorie ausgezeichnet. Zwischen 1975 und 1980 übernahm Graciane Finzi die künstlerische Leitung des Musikfestivals 'La Défense' in Frankreich und kehrte 1979 als Professorin an das Pariser Konservatorium zurück. Sie erhielt 1982 den 'Grand Prix de la Promotion Symphonique' (SACEM) und 1989 den 'Prix Georges Enescu' (SACEM).

CEMBALO- / ORGEL- / KLAVIERMUSIK
Prelude und Finale (1969)
„Profil sonore" für Cembalo (1970)
„Schema sonore" (1972)
„Toujours plus" für Cembalo / Orgel (1974)
„Orchestra" für zwei Orgeln / Orgel zu vier Händen (1986)

KAMMERMUSIK
Sonate für Violine und Klavier (1969)
„Structure Contraste" für Viola und Klavier (1972)
„Structure sonore" für Cello und Klavier (1972)
„Songes" für zwei Klaviere, Schlagzeug und Kontrabaß (1974)
Klaviertrio (1975), Paris, Durand 1990
„Libre-parcours" für vier Gitarren (1975)
„De l'un à l'autre" für Saxophon / Klarinette und Klavier, Paris, Leduc 1977
„Paroxysme" für Klarinette (1978), Paris, Billaudot
„5 Séquences" für Saxophonquartett (1983), Paris, Billaudot
„Rythmes et son" für Harfe, Paris, Transanatlantiques 1983
Quartett Nr. 1 für Streichquartett/Klavier (1984)
„Non si muove" für Gitarre (1986), Paris, Durand
Quartett Nr. 2 für Oboe, Englischhorn, Fagott und Cembalo (1989)
„Juxtapositions" für 12 Streicher (1989)
„Phobie" für Violine solo (1989), Paris, Durand
„Ainsi la vie" für Viola (1990)
„Engrenage" für Holzbläserquintett (1992)
„9 mn 30" für Baßklarinette und Cello, Paris, Durand 1994

ORCHESTERMUSIK
Sinfonie für Streichorchester und Schlagzeug (1967)
„Edifice", Konzert für Violine und Orchester (1978)
„il était tant de fois", Konzert für Cello und Streichorchester (1979)
„De la terre", Konzert für Klarinette und Streichorchester (1979)
Konzert für zwei Violinen und Orchester (1981)
„Soleil vert" für großes Orchester (1984)
„Cadenza" für Fagott und Orchester (1988), Paris, Durand
Konzert für Flöte, Harfe und Orchester (1990)
„Sud" für Orchester (1992)

VOKALMUSIK
„Poème" (R. Tagore) für Mezzosopran und Streichquartett (1968)
„Ertnoc" für Sprecher und Orchester (1972)
„Processus" für Singstimme, Flöte, Cello und Klavier (1972)
„Songs" (1975)
„Univers de lumière" für Sopran, Sprecher, Streichquintett, Klarinette, Cembalo, Klavier, Akkordeon, Gitarre (1991)
„La robe de l'univers" für Baßbariton und Klavier, Paris, Durand 1994

BÜHNENMUSIK
„Avis de recherche" (Text: J. P. Lemelte) für zwei Solostimmen, Sprecher, zwei Klarinetten und drei Celli (1981)
„il était trois fois" (Text: Levy) für sechs Solostimmen, Violine, Viola, Cello, Kontrabaß, Klavier und Tonband (1984)
„Pauvre assassin", Oper in zwei Akten nach P. Kohout für 11 Solostimmen, Schauspieler und Orchester (1991)

Firsowa, Elena
(* 1950)

Die russische Komponistin wurde 21. März 1950 als Tochter eines Atomphysikers in Leningrad geboren. Von 1966 bis 1975 studierte sie in Moskau Komposition bei Alexander Pirumow, Instrumentation bei N. Rakow und Musikanalyse bei Juri Cholopow. Ihre Kompositionen bewegen sich vorwiegend in symphonischen und kammermusikalischen Formen und sind eng mit der Poesie Ossip Mandelstams verbunden. Die Werke Elena Firsowas wurden auch in Westeuropa (beispielsweise in Berlin, Hamburg, London, Paris, Venedig, Bonn, Köln) aufgeführt. 1981 komponierte sie im Auftrag des Zweiten Deutschen Fernsehens das Streichquartett „Misterioso - in Memoriam Igor Strawinsky". Elena Firsowa ist mit dem Komponisten D. Smirnow verheiratet. Nach der Auflösung der Sowjetunion verließ Firsowa, der zuvor stets eine Ausreise verweigert war, ihr Land und ließ sich mit ihrer Familie in London nieder. Kurze Zeit lehrte sie in Cambridge und Dartington und ist heute an der Keele University tätig. Neben Gubaidulina und Ustwolskaja gehört sie zu den russischen Komponistinnen, die in den 90er Jahren auf großes Interesse im Westen stießen.

Elena Firsowa: Foto: Archiv

KLAVIERMUSIK
„Two polyphonic pieces" für Klavier (1966)
Klaviersonate op. 35 (1986)
„Elegy" op. 21 (1979), Moskau, Muzyka Publishers
„Invention à two" für Klavier (1966), Moskau, Muzyka Publishers

KAMMERMUSIK
Scherzo op. 1 für Flöte, Oboe, Klarinette, Fagott und Klavier (1967), Moskau, Sovetsky Kompozitor Publishers
Suite op. 2 für Viola solo (1967), Moskau, Sovetsky Kompozitor Publishers
„Legend" für Horn und Klavier (1967), Sovetsky Kompozitor Publishers
Zwei Stücke für Violine und Klavier (1968), Moskau, Sovetsky Kompozitor Publishers
Streichquartett Nr. 1 op. 4 (1970), Moskau, Sovetsky Kompozitor Publishers
Sonate op. 5 für Cello und Klavier (1971), Moskau, Sovetsky Kompozitor Publishers
Klaviertrio op. 8 (1972)
Streichquartett Nr. 2 op. 11 (1974)
Capriccio op. 15 für Flöte und Saxophonquartett (1976)
Zwei Inventionen für Flöte solo (1977), Moskau, Sovetsky Kompozitor Publishers / in: Flute works by Soviet Composers, Hamburg, Sikorski
„Misterioso", Streichquartett Nr. 3 in Memoriam Igor Strawinsky (1980), Hamburg, Sikorski
Drei Stücke für Horn und Klavier (1980), Moskau, Sovetsky Kompozitor Publishers
„Sphinx" für Harfe solo (1982)
„Frühlings-Sonate" für Flöte und Klavier (1982), Moskau, Sovetsky Kompozitor Publishers
„Mysteria" op. 30 für Orgel und Schlagzeug (1984)
Fantasie op. 32 für Violine solo (1985), Hamburg, Sikorski
„Music for twelve" op. 34 (1986)
„Amoroso", Streichquartett (1989)
„Odyssey" op. 44 für Kammerensemble (1989)
„Monolog" op. 41 für Fagott (1989)
„Verdehr"-Terzett op. 45 (1990)
„Far away" op. 48 für Saxophonquartett (1991)
„Meditation in the Japanese Garden" op. 54 für Flöte, Viola und Klavier (1991)
„You and I" op. 55 für Cello und Klavier (1992)
„Vigilia" op. 57 für Violine und Klavier (1992)
„Lagrimoso", Streichquartett op. 58 (1992)

„Lagrimoso", Streichquartett op. 58 (1992)
„Otzvuki" op. 59 für Flöte und Gitarre / Harfe (1992)
„Starry Flute" op. 56 für Flöte (1992)
„Phantom" op. 61 für vier Violinen (1993)
„Die Dämonen der Nacht" op. 62 für Cello und Klavier (1993)
„Crucifixion" op. 63 für Cello und Bajan / Orgel (1993)
„Hymne an den Frühling" op. 64 für Klavier (1993)
„Monolog" op. 65 für Saxophon (1993)

ORCHESTERMUSIK

Fünf Stücke op. 6 (1971)
Kammermusik op. 9 (1973)
Cellokonzert Nr. 1 op. 10 (1973)
„Stanzas" op. 13 (1975)
Violinkonzert Nr. 1 op. 14 (1976)
„Postlude" op. 18 für Harfe und Orchester (1977)
Kammerkonzert Nr. 1 op. 19 für Flöte und Streicher (1978), Moskau, Sovetsky Kompozitor Publishers
Violinkonzert Nr. 2 op. 29 (1983)
Kammerkonzert Nr. 3 op. 33 für Klavier und Orchester (1985)
„Herbstmusik" op. 39 für Kammerorchester (1988)
„Nostalgia" op. 42 (1989)
„Cassandra" op. 60 (1992)

> *"Das Komponieren ist für mich mühevoll, es ist fast immer ein quälender, ja schmerzhafter Prozess."*
>
> Elena Firsowa, in: „Kamele Anzeiger"

VOKALMUSIK

„Three romances on poems by Boris Pasternak" für Singstimme und Klavier (1967)
„Creation", Gesangszyklus für Singstimme und Klavier (1967)
„Three romances on poems by Vladimir Mayaskovsky" für Singstimme und Klavier (1969)
„Autumn songs" op. 12 für Singstimme und Klavier (1974)
„Petrarcas sonnets" op. 17 für Singstimme und Ensemble (1976)
„Night" op. 20 für Singstimme und Saxophon-Quartett (Text: B. Pasternak) (1978)
„Tristia" op. 22 für Singstimme und Kammerorchester (Text: Mandelstam) (1979)
„Three poems by Ossip Mandelstam" op. 23 (1980)
„Shakespeare's sonnets" op. 25 für Singstimme und Orgel (1981)
„The stone" op. 28 für Singstimme und Orchester (Text: Mandelstam) (1983)
„Earthly Life" op. 31 für Sopran und Kammerensemble (Text: Mandelstam) (1984), London, Boosey & Hawkes
„Forest walks" op. 36, Kantate für Sopran und Kammerensemble (Text: Mandelstam) (1987)
„Der Traum" op. 39a (Text: Boris Pasternak) für Mezzosopran und Klavier (1988)
„Stygian Song" op. 43 für Sopran, Oboe, Schlagzeug und Klavier (1989)
„7 Haikus" op. 47 (Text: M. Basyo) für Sopran und Lyra (1991)
„Sea shell" op. 49 für Sopran, Klarinette, Viola, Cello und Kontrabaß (1991)
„Whirlpool" op. 50 für Singstimme, Flöte, Schlagzeug (1991)
„Secret Way" op. 52 für Singstimme und Orchester
„Distance" op. 53 für Singstimme und Streichquartett (1992)

CHORMUSIK

The bell" für gemischten Chor (1976)
„Three poems by Ossip Mandelstam" op. 3 für gemischten Kammerchor (1970)
„Augury" (W. Blake) für Chor und Orchester (1988)

BÜHNENMUSIK

„Feast in plague time" op. 7, Kammeroper nach Puschkin (1972)
„The Nightingale and the rose" op. 46, Kammeroper nach Rossetti und O. Wilde (1991/94)

FILMMUSIK

„Hermitage: The art of ancient Greece" (1979)
„Hermitage: The art of ancient Rome" (1979)
„Hermitage: The art of middle ages" (1979)

ARRANGEMENTS

„L'Ecume des jours" (Denissov) (1980)
Zwischenspiel aus dem Ballett „The age of gold" für Flöte und Klavier (1980), Moskau, Sovetsky Kompozitor Publishers
(alle Werke, wenn nicht anders angegeben, bei Sikorski in Hamburg)

BIBLIOGRAPHIE

Elena Firsowa, in: Komponistinnen-Dokumentation", Heidelberg 1989
Porwoll, T.: Die alternative Komponisten-Generation in Moskau. In: Sowjetische Musik im Licht der Perestroika, Laaber 1990
Brand, B.: Elena Firsowa. In: Klangportraits, Musikfrauen e. V., Berlin 1993

DISKOGRAPHIE

„Cassandra" für Orchester op. 60. BIS Records
Kammerkonzert für Flöte und Streicher. A. Korniev, Flöte; Staatliches Sinfonieorchester der UDSSR, Ltg. V. Verbitzki. Melodia Eurodisc
„Sonate" op. 5 für Cello und Klavier. Bietigheim, Bayer Records
„Night" op. 20 für Sopran und Saxophon-Quartett, Erasmus Records

Fleischer, Tsippi
(* 1946)

Tsippi Fleischer wurde 20. Mai 1946 in Haifa (Israel) geboren. Sie wuchs in einer in kultureller Hinsicht pluralistischen Umgebung auf und lernte schon als Kind neben ihrer Muttersprache auch Arabisch. 1965 bis 1967 absolvierte sie das Seminar für Musikerziehung in Tel Aviv. Sie studierte 1966 bis 1973 an der Universität Tel Aviv, 1968 bis 1969 an der Musikakademie Rubin in Jerusalem, 1971 bis 1974 an der New University, 1977 bis 1987 an der Bar-Ilan University in den Fächern Musiktheorie, Hebräisch, Arabische Sprache und Literatur, Musikerziehung und Komposition. Sidai, Sheriff, Rodan und Alexander waren ihre Lehrer. Ihren ersten akademischen Grad erhielt sie in Geschichte des Nahen Ostens und in Hebräisch. Ihre Dissertation schrieb sie über Luigi Cherubini. Seit 1966 unterrichtet Tsippi Fleischer am Lehrer-Seminar und am Levinsky College in Tel Aviv und von 1976 bis 1986 an der Universität Tel Aviv und an der Bar-Han-Universität. Seit 1988 ist sie Dozentin am Hebrew Union College in Jerusalem. Sie hat sich bereits in ihren Studienzeiten intensiv mit den Wurzeln orientalischer Musik auseinandergesetzt und entwickelte Dialogformen zwischen Komponisten, Musikern und Zuhörern. Darüber hinaus entwarf sie grenz-überschreitende pädagogische Konzepte, die Araber und Israelis miteinander verbinden. Sie verwendet in ihren Werken gerne arabische Poesie und gibt ihr eine neue musikalische Gestalt in avantgardistischer Musik. „Girl-Butterfly-Girl", ein Gesangszyklus, kann in drei Sprachen aufgeführt werden. 1989 vertrat sie Israel beim 'UNESCO International Rostrum for Composers' mit ihrer Komposition „In the mountains of Armenia". Tsippi Fleischer lebt und arbeitet in Haifa.

KAMMERMUSIK

„Resuscitation", fünf Miniaturen für Cello (1980)
„To the fruit of my land", Suite für Gitarre solo (1981)
„Ten fragments" für Klarinette, Oboe und Fagott (1984)
„In chromatic Mood" für Klavier und Kontakt-Mikrophon (1986)

ORCHESTERMUSIK

"A girl named Limonad", symphonische Dichtung (1977)

VOKALMUSIK

„Girl-Butterfly-Girl", vier Lieder für Sopran/Tenor und Instrumentenensemble (drei Versionen: englisch, arabisch, hebräisch) (1977)
„Ballad of the expected Death in Cairo" für Tenor, drei Violinen und Klavier (1987)
„The Gown of Night", Collage mit Stimmen von Beduinenkindern (1987)

CHORMUSIK

„The clock wants to sleep" für Kinder- oder Frauenchor (1980)
„Scenes of Israel", sechs Madrigale für gemischten Chor (1981-83)
„Lamentation" (Text: Else Lasker-Schüler) für Sopran, Frauenchor, zwei Harfen und Schlagzeug (1985)
„In the mountains of Armenia" für armenische Mädchen, Sprecher und Klarinette (Tonband) (1989)
„Like two branches" Kantate für Kammerchor, Oboen, Psalter, Cello und Drums (1989)
„Oratorio in memoriam of the expulsation of the Jews from Spain" für gemischten Chor, Gitarren- und Mandolinenensemble und Orchester (1991)

BÜHNENMUSIK

„Alei Kinor", Musical (1975)
„Myth - Iron and Wood", Ballettmusik für Singstimme, Flöte und Tonband (1985)

BIBLIOGRAPHIE

Straughn, G.: Profile: Tsippi Fleischer. In: ILWC-Journal, 1992

DISKOGRAPHIE

Tsippi Fleischer - Vocal Music: Lamentation / The gown of the night / In the mountains of Armenia / The clock wants to sleep / Girl-Butterfly-Girl / Scenes of Israel. Cilla Grossmeyer, Sopran; u. a. The National Choir Rinat; u. a., MFT, opus one, Tel Aviv.
Art Music settings of arabic poetry: Credo / Ballad of the expected Death in Cairo / Girl-Butterfly-Girl /

Like two branches. Israel Kibbuz Chor; The Cameran Singers; u. a. verschiedene Instrumentalensembles. München, Koch/Schwann.

Oratorium 1492 - 1992, in: „Music from six continents" (mit Werken von van de Vate, Tanner, Shaffer). Haifa Symphony Orchestra; Israel National Choir, Ltg. S. Sperber. Wien, Vienna Modern Masters.

Fontyn, Jacqueline
(* 1930)

Die belgische Komponistin wurde am 27. Dezember 1930 in Antwerpen geboren. Im Alter von fünf Jahren erhielt sie Klavierunterricht bei I. Bolotine. Später studierte sie Klavier bei M. Maas, Harmonielehre, Kontrapunkt und Komposition bei Marcel Quinet in Brüssel und in Wien bei Max Deutsch. Ihre Diplome erwarb sie an der 'Chapelle Musicale Reine Elisabeth' in der Nähe von Brüssel. Mit ihren Kompositionen gewann Jacqueline Fontyn viele nationale und internationale Preise. 1957 erhielt sie die Silbermedaille des Internationalen Kompositionswettbewerbs in Moskau, 1959 den Rompreis, 1961 und 1966 den ersten Preis des GEDOK-Kompositionswettbewerbs in Mannheim; weitere Preise gewann sie in den USA (1965) und Kanada (Halifax 1973). 1987 gewann sie den 'Prix Musical International Arthur Honegger'; 1988 erhielt sie eine Förderung der Koussevitzky-Foundation.

Von 1970 bis 1991 war Jacqueline Fontyn Professorin für Komposition am Königlichen Konservatorium in Brüssel. Außerdem lehrte sie an der Georgetown University, der American University und der Maryland University in Washington und war als Musikpädagogin in Baltimore, Los Angeles, Kairo, Seoul, Antwerpen und Tel Aviv tätig. Die Komponistin gründete den gemischten Chor „Le Tympan" in Antwerpen, den sie sieben Jahre lang leitete; zwei Jahre dirigierte sie das Symphonische Orchester der Katholischen Universität von Louvain-la-Neuve in Belgien. Die meisten ihrer zahlreichen Werke – insbesondere die großen Formen – wurden im In- und Ausland aufgeführt und mit Preisen ausgezeichnet. Jacqueline Fontyn lebt heute in Limelette, Belgien, ist Mitglied der „Académie Royale des Sciences, des Lettres et des Beaux-Arts" und wurde von König Baudoin kurz vor seinem Tod 1994 zur Baronin ernannt.

Baronne Jacqueline Fontyn. Foto: Archiv

CEMBALO- / KLAVIERMUSIK

Capriccio für Klavier (1954), Leuven, POM
Ballade für Klavier (1964), Leuven, POM
„Mosaici" für Klavier, Berlin, Bote & Bock 1965
„Spirales" für zwei Klaviere, New York, Peer International 1971
„Der Gong" für Klavier; New York, Peer International 1980
„Bulles", sechs kurze Stücke für Klavier, Paris, Salabert 1980
„Aura" für Klavier, New York, Peer International 1982
„Shadows" für Cembalo, POM, Belgien 1991

KAMMERMUSIK

„Fougères" für Viola und Harfe / Altsaxophon und Harfe, Paris, Salabert
Fünf Mosaike für Holzbläserquintett, New York, Schirmer
„Mosaico" für Klarinetten-Quartett, Berlin, Bote & Bock
„Mime 1" für Flöte und Klavier / Harfe (1980),

Berlin, Bote & Bock
„Mime 2" für Klarinette und Klavier / Harfe (1982), Berlin, Bote & Bock
„Mime 3" für Altsaxophon und Klavier,Berlin (1983), Bote & Bock
„Mime 4" für Flöte und Harfe, Berlin, Bote & Bock
„Mime 5" für Klarinette und Harfe, Berlin, Bote & Bock
„Danceries" für Violine und Klavier, New York, Schirmer 1953
Klaviertrio (1956), Leuven, POM
Sieben kleine Stücke für Rohrflötenquartett, New York, Schirmer 1956
„Disgressions" für Cello und Klavier (1964)
„Mosaiques" für Klarinette und Klavier, Berlin, Bote & Bock 1965
„Musica a quattro", Paris, Choudens 1966
Nonett für Bläser und Streicher (1969), Leuven, POM
„Dialogues" für Alsaxophon und Klavier, Paris, Choudens 1969
„Filigrane" für Flöte und Harfe, Paris, Jobert 1969, Leuven, POM
„Strophes" für Violine und Klavier, Paris, Choudens 1970
„Six climats" für Cello und Klavier, New York, Schirmer 1972
Intermezzo für Harfe, Leuven, POM
„Agami" für Trompete und Klavier, Choudens
„Horizons", fünf Bilder für Streichquartett (1977), Leuven, POM
„Zones" für Flöte, Klarinette, Cello, Schlagzeug und Klavier (1979), Leuven, POM
„Analecta" für zwei Violinen, Paris, Salabert 1981
„Controverse" für Baßklarinette oder Tenorsaxophon und Schlagzeug, Berlin, Bote & Bock 1984
Fougères für Bratsche und Harfe (1981), Leuven, POM
Fougères für Altsaxophon und Harfe (1982), Leuven, POM
„Zephyr" für Fagott und Klavier, Berlin, Bote & Bock 1984
„Either – or" für Streichquartett (1984), Leuven, POM
„Cheminement" für neun Instrumentalisten (1986), Berlin, Bote & Bock
„La devinière" für Violine und Klavier (1988), Leuven, POM
„Compagnon de la nuit" für Oboe und Klavier (1989)
„Polissonnerie" für Schlagzeug und Klavier (1991)
„Cesare" für Flöte, Violine, Viola, Cello und Harfe (1993)
„Scurochiaro" für Flöte, Klarinette, Fagott, Klavier, Violine, Cello, Kontrabaß (1989), Leuven, POM

ORCHESTERMUSIK

Divertimento für Streichorchester (1957), Leuven, POM
„Mouvements concertants" für zwei Klaviere und Streicher (1957), New York, Seesaw
„Deux estampies" für Pauken, Schlagzeug, Celesta, Harfe, Klavier und Streicher (1961), Leuven, POM
„Disgressions" für Cello und Kammerorchester (1962), New York, Seesaw
„Six ébauches" für Orchester (1963), Paris, Jobert
„Disgressions" für Kammerorchester (1964), New York, Seesaw
„Galaxie" für Kammerorchester (1965), Leuven, POM
Concerto für Klavier und Orchester (1967), Leuven, POM
Concerto für Violine und Orchester (1967), Leuven, POM
„Colloque" für Holzbläserquintett und Streicher (1970), New York, Seesaw
„Pour 11 archets", New York, Schirmer 1971
„Evoluon" für Orchester (1972), Leuven, POM
„Per archi" für Streichorchester (1975), Leuven, POM
„Frises" für großes Orchester (1975), Leuven, POM
„Frises II" für Sinfonieorchester (1976), Leuven, POM
Violinkonzert (1975), Leuven, POM
„Halo" für Harfe und 16 Instrumente oder Kammerorchester, Berlin, Bote & Bock 1978
„Quatre sites" für Orchester (1977), Leuven, POM
„Creneaux" für Jugendorchester (1982)
„Creneaux" für Sinfonieorchester (1982), Leuven, POM
„Arachne" für Orchester (1983), Leuven, POM
„In the Green Shade" für Orchester (1988), Leuven, POM
Klavierkonzert „Rêverie et turbulence" (1989)
Violakonzert „A l'orée du songe" (1990)
Cellokonzert „Colinda" für Orchester (1991), Leuven, POM
„Aratoro" für Blasorchester (1992)
„On a Landscape by Turner" (1992)

VOKALMUSIK

„Pro and antiverbs" für Sopran und Cello (1984), Leuven, POM
„Deux rondels de Charles d'Orleans" für Sopran/ Mezzosopran und Klavier (1956), Leuven, POM
„Ephémères" für Mezzosopran und elf Instrumente (1979), Leuven, POM
„Ephémères" für Mezzosopran und Orchester (1979), Leuven, POM
„Alba" für Sopran und fünf Instrumente (1981), Leuven, POM

„Rosa, rosae" für Sopran, Kontaalt, Klarinette, Violine, Harfe und Klavier (1986), Leuven, POM
„Ku soko" für Sopran/Mezzosopran und Klavier (1990)
Sieben Galgenlieder (Text: Morgenstern) für Sopran, Oboe, Cello und Klavier (1994), Leuven, POM

CHORMUSIK
„Het was een maghet", Weihnachtschoral für Chor a cappella (1955), Leuven, POM
„Psalmus tertius" für Bariton, Chor und Orchester (1959), Leuven, POM
Madrigale e Canzone für Chor a cappella (1968), Leuven, POM
„Rose des sables" für Mezzosopran, Sprecher, Frauenchor und Orchester (1993), Leuven, POM

BÜHNENMUSIK
„Piedigrotta", Ballettmusik in fünf Akten (1958), Leuven, POM

BIBLIOGRAPHIE
Coppens, I: Pour une approche de l'œuvre de Jacqueline Fontyn, Louvain, 1988
Brand, B.: Jacqueline Fontyn. In: Klangportraits, Berlin 1991
Beimel, Th.: HALO. Erkundungen über ein Werk von Jacqueline Fontyn. Düsseldorf, Tokkata 1991
Nies, Chr.: Jacqueline Fontyn. In: „Komponistinnen und ihr Werk", Kassel 1992

DISKOGRAPHIE
„Dialogues" für Saxophon und Klavier. Daneels, Mercks. Bruxelles, Alpha
„Spirales" für zwei Klaviere. Duo Birguer/Marcelle. Bruxelles, Alpha
„Het was een maghet uitvercoren". Ensemble vocal de Bruxelles. Bruxelles, Alpha
„Frises" für Orchester. Great Symphonic Band of the Belgian Guides, N. Nozy. Terpsichore, N. V. Phonic
Ballade / Bulles / Aura / Le gong / Capriccio / Mosaici. Robert Groslot, Klavier. Terpsichore, N. V. Phonic
Kammermusik mit Harfe: Halo / Filigrane / Fougères / Mimi 1. Visser, Waardenburg, Nagae-Ceschina. London Sinfonietta, R. Zollmann. Terpsichore, N. V. Phonic
Trio für Violine, Cello und Klavier. Bruxelles, Alpha
Mouvements concertants für zwei Klaviere und Streicher. Bruxelles, Alpha
„Psalmus Tertius" für Bariton, Chor und Orchester. A. Klora, Philharmonie d'Anvers, Ltg. L. Gras. Bruxelles, Alpha
„Six ébauches". Orchestre National de Belgique, Ltg. D. Sternefeld. Bruxelles, Alpha
„Zephyr" für Fagott und Klavier. Thorofon Schallplatten
Psalmus Tertius. A. Klora, Bariton, Königlich Philharmonisches Orchester Antwerpen. Cultura
Suite aus „Piedigrotta". Königlich Philharmonisches Orchester. Cultura
Violinkonzert. Michail Bezverchny und das Belgische National-Orchester, Ltg. Georges Octors. DDG Records
Mosaiques. M. Ancion, Klarinette, G. Dumoulin, Klavier. Cultura
Pro & Antiverbes. Doroty Dorwo, Sopran, Aage Kvalbein, Cello. SIMAX Records

Fowler, Jennifer
(* 1939)

Jennifer Fowler, geboren am 14. April 1939 in Burnbury in West-Australien, gehört zur vielversprechenden mittleren Generation von KomponistInnen Australiens. Sie begann ihre Musikstudien zunächst an der University of Perth, ging aber 1968 mit einem Auslandsstipendium nach Holland und studierte dort an der Universität Utrecht elektronische Musik. Seit 1969 lebt sie als freischaffende Komponistin in London. Jennifer Fowler wurde mehrfach ausgezeichnet und erhielt zahlreiche Preise: u. a. für „Hours of the Day" den Preis der Kunstakademie Berlin im Jahre 1970, den Radcliffe Award of Great Britain 1971 und für ihr Streichquintett „Ravelation" den 1. Preis des Internationalen Komponistinnen-Wettbewerbs in Mannheim 1975. Ihre Werke wurden vielfach gedruckt -so beispielsweise bei der Universal Edition in Wien-, im Rundfunk gesendet und bei zahlreichen Festivals – wie in Helsinki, Brüssel, Hong Kong, Sydney, London, Atlanta, Alaska und Neuseeland – aufgeführt.

KLAVIERMUSIK
„Piece for an opera house" für ein oder zwei Klaviere, Wien, Universal Edition 1973
„Music for Piano" (1980)
„Piece for E.L." (zu Elisabeth Lutyens 75. Geburtstag, 1981)

KAMMERMUSIK
Streichquartett (1967)
„Ravelation", Streichquintett, Wien, Universal Edition 1971
„Chimes, Fractured", für zwei Flöten, zwei Klarinet-

ten, zwei Fagotte, Orgel, Dudelsack und Schlagzeug (1971)
„The arrows of Saint Sebastian II" für Baßklarinette, Cello und Tonband (1981)
„Invocation to the veiled mysteries" für Flöte, Klarinette, Fagott, Violine, Cello und Klavier (1982)
„Line spun with stars" für Violine / Flöte, Cello und Klavier (1982)
„Echoes from an antique land" für fünf Schlagzeuger (1983)
„Threaded Stars" für Harfe (1983)
„Blow flute" für Soloflöte (1983)
„Echoes from an antique land" für Flöte, Klarinette, Klavier und Kontrabaß (1983)
„Echoes from an antique land" für fünf bis zehn Instrumente (1986)
„Between silence and the word", Bläserquintett (1987)
„Lament für Barock-Oboe und Baß-Viole/Cello (1987)
„Restless dust" für Viola, Cello, Kontrabaß (1988)
„Restless dust" für Cello und Klavier (1988)
„We call to you" für Flöte, Englischhorn, Cello, Schlagzeug und zwei Posaunen (1988)
„Reeds, reflections" für Oboe, Violine, Viola, Cello (1990)

ORCHESTERMUSIK

„Look on this Oedipus" für Orchester (1973), Wien, Universal Edition
„Chant with garlands" (1974), Wien, Universal Edition
„Ring out the changes" für Streicher und Glocken (1978)
„Plainsong" für Streicher (1992)

VOKALMUSIK

„Hours of the day" für vier Mezzosoprane, zwei Oboen, zwei Klarinetten (1968)
„Voice of the shades" für Sopran, Oboe/Klarinette, Violine/Flöte oder Trompete/Klarinette, Oboe und Violine (1977)
„Tell out, my soul", Magnificat für Sopran, Cello und Klavier (1980/84)
„Letter from Haworth" für Mezzosopran, Klarinette, Cello und Klavier (1984)
„And ever shall be", vier Songs für Mezzosopran, Flöte, Oboe, Klarinette, Posaune, Violine, Cello und Schlagzeug (1989)

CHORMUSIK

„Veni sancte spiritus, veni creator", Wien, Universal Edition 1979
„When David heard", für Chor und Klavier (1982)

„Australia sends greetings to Alaska" für Sopran, Alt und Klavier (1992)
„Let's stop work" für zwei gleiche Stimmen, drei gleiche Stimmen und Klavier

BIBLIOGRAPHIE

Fowler, J.: My own ears. In: New Music Articles, 1985
Fowler, J.: Credo. In: Sounds Australian Journal, 1992

DISKOGRAPHIE

Blow Flute / Answer Echoes in Antique Lands. VOX Australis VAST

Fox, Erica
(* 1936)

Erika Fox, geboren am 3. Oktober 1936 in Wien, ist heute eine der bekanntesten Komponistinnen Großbritanniens. Mit drei Jahren kam sie als Kind österreichischer Einwanderer nach England. Sie gewann ein Stipendium des Royal College of Music und studierte Komposition bei Bernard Stevens, und später bei Jeremy Dale Roberts, der sie als Komponistin sehr förderte. Harrison Birtwistle in der Dartington Summer School war der letzte auf dem Pfad der musikalischen Wegbereiter in ihrer Laufbahn.

Im Centre for Young Musicians, Pimlico, unterrichtete sie ebenso wie in der Menuhin School, wo sie als Korrepetitorin arbeitete. Ihre „Litany for Strings" dirigierte sie schließlich in der Queen Elizabeth Hall und beim Cheltenham Festival. Erica Fox belegte Komposition in der Guildhall School of Music and Drama und schrieb die ersten Theatermusiken. Nach einem Drama-Workshop der BBC wandte sie sich dem Theater zu und schrieb ihre erste Oper. 1983 gewann sie den Finzi Preis mit ihrem Quartett „Kaleidoscope". Ihre Bühnenmusiken „The Bet" und die Kammeroper „The Dancer Hotoke" (Libretto: Ruth Fainlight) wurden mehrfach aufgeführt; das letztere Werk wurde für den Olivier Award vorgeschlagen. Erica Fox' Werke basieren vielfach auf Elementen der chassidischen Kultur: eine Oper, auf einer chassidischen Erzählung basierend, ist derzeit in Arbeit sowie ein Bühnenwerk über die italienische Malerin Artemisia Gentileschi.

KLAVIERMUSIK

„Exercise" für zwei Klaviere (1974)
„To Veronica" (1976)
„On visiting Strawinsky's Grave at San Michele" (1988)

KAMMERMUSIK

„In memoriam Martin Luther King" für Cello und Oboe (1969)
„Directions" für Klarinette und Mimenspiel (1970)
Serenade für Klavier und Tonband (1971)
„In memoriam Igor Strawinsky" für Bläserquintett, Klavier und Schlagzeug (1971)
„Round" für 14 Solostreicher (acht Violinen, drei Violen, zwei Celli und einen Kontrabaß (1972)
„Lamentation for four" für zwei Celli, Schlagzeug und zwei Spieler (1973)
„Octet for two" für Cello, Klavier und Tonband (1977)
„Omega Serenade" für vier Gitarren und Tonband (1978)
„Douganescu" für Violine und Klavier (1979)
„Paths where the mourners tread" für Bläser und Streicher (1980)
„Epitaph for Cathy" für Baßklarinette, drei Gongs und drei Trommeln (1980)
„SHHS in Perpetuum Mobile" für Klavier, zwei Flöten, zwei Violinen, zwei Celli und Wood block (1981)
„Pas de deux" für Violine und Kontrabaß (1981)
„Spirals" für Fagott und Kontrafagott (1982)
„Movement" für Streichsextett (1982)
„SHIR" für Bläser, Klavier und Streicher (1983)
„Kaleidoscope" für Flöte, Harfe, Vibraphon und Cello (1983)
„Quasi una Cadenza" für Horn, Klarinette und Klavier (1983)
„Nicks Lament" für Sologitarre (1984)
„Rivka's Fiddle" für Soloviola (1986)
„Dreaming" für Altflöte/Piccolo und Gitarre (1987)
„Hungary Rhapsody" für Flöte, Oboe, Klarinette, Baßklarinette, Trompete und Klavier (1989)
„Litany for Strings" für Violinen, Violen und Celli

ORCHESTERMUSIK

„Cocytus" für Orchester (1973)
„Osen Shomat" für kleines Orchester (36 Spieler) (1985)
Klavierkonzert (1995)

VOKALMUSIK

„Eight songs from Cavafy" für Mezzosopran, Flöte, Oboe, Fagott, Violine und Klavier (1968)
„Improvisation on 6 notes" für Sopran, Flöte und Gitarre (1971)
„Nine Lessons from Isaiah", Streichquartett und Baßstimme (1970)
„Voices" für Sopran, Mezzosopran, Contratenor und Bariton (1976)
„Jeder Engel ist schrecklich" für Sopran, Bariton, Klarinette, Horn, Tenorposaune, Baßposaune und Streichquartett (1976)
„Frühling ist wiedergekommen" für Mezzosopran und Klavier (1988)
„Letters and notes" für Sopran, Viola, Cello und Klarinette (1995)
„Sibyls" für Mezzosopran, Violine, Viola, Cello und Horn (1995)

BÜHNENMUSIK

„The Slaughterer", Kammeroper in neun Szenen (1975)
„The Bet" für Sprecher und Puppen, Kammerensemble, Frauen- und Männerstimmen (1990)
„The Dancer Hotoke" (Libretto: R. Fainlight), Kammeroper (1991)

Fromm-Michaels, Ilse
(1888-1986)

Die Pfitzner-Schülerin Ilse Fromm-Michaels wurde am 30. Dezember 1888 in Hamburg geboren. Im Alter von fünf Jahren erhielt sie ihren ersten Klavierunterricht, und mit acht Jahren komponierte sie ihre erste Polka. Bereits als Dreizehnjährige schrieb sie sich an der Königlichen Hochschule für Musik in Berlin ein. Bis 1908 besuchte sie das Stern'sche Konservatorium in Berlin, wo sie gemeinsam mit Otto Klemperer bei Hans Pfitzner Komposition und bei J. Kwast Klavier studierte. 1911 setzte sie ihre Studien an der Kölner Musikhochschule bei Friedberg (Klavier) und Steinbach (Komposition) fort. 1915 beendete sie ihre Ausbildung in Köln und widmete sich hauptsächlich ihrer pianistischen Laufbahn. Ihre Kompositionen, die zu dieser Zeit entstanden, waren deshalb vorwiegend für das Klavier bestimmt. Als Pianistin konzertierte sie mit den berühmtesten Musikern ihrer Zeit, wie Otto Klemperer, Eugen Jochum, Wilhelm Furtwängler und Arnold Schönberg. 1915 heiratete die Musikerin den Juristen W. Michaels. 1922 wurde ihr Sohn Jost Michaels, der heute zu den bekanntesten Klarinettisten zählt, geboren. Im Jahre 1933 begann für Ilse Fromm-Michaels und ihre Familie eine schwere Zeit, da ihr Mann Jude war. Er mußte aus dem Staatsdienst ausscheiden, und sie erhielt als

Komponistin und Pianistin Arbeitsverbot. Dennoch schrieb sie 1944 für ihren Sohn die „Musica larga" für Streichquartett und Klarinette, die teilweise die Züge einer Trauermusik trägt.
Nach dem Zweiten Weltkrieg und dem Tod ihres Mannes (1946) war ihr kompositorischer Elan weitgehend gebrochen. 1949 vollendete sie ihr letztes Werk, einen Liederzyklus nach einem Gedicht von Rilke. Die Komponistin, äußerst selbstkritisch gegenüber ihren Werken, zog verschiedene Werke vor einer Veröffentlichung wieder zurück. 1957 wurde Ilse Fromm-Michaels Professorin für Klavier an der Hamburger Musikhochschule. Die Stadt zeichnete sie später mit der Brahms-Medaille aus. 1961 gewann sie mit ihrer Sinfonie in c-moll den ersten Preis beim Internationalen Kompositionswettbewerb der GEDOK. Die Komponistin starb mit 97 Jahren am 22. Januar 1986 in einem Seniorenheim in Detmold.

ORGEL- / KLAVIERMUSIK

20 Kadenzen zu Klavierkonzerten von Wolfgang Amadeus Mozart, Hamburg, Sikorski
„Vier Puppen" op. 4 für Klavier/Kammerensemble (1908), Berlin, Ries & Erler
Acht Skizzen op. 5 für Klavier (1908), Berlin, Ries & Erler
Sonate e-moll op. 6 (1917), Berlin, Ries & Erler
„Walzerreigen" op. 7 (1917), Berlin, Ries & Erler
Variationen über ein eigenes Thema op. 8 (1919), Berlin, Ries & Erler
Langsamer Walzer, in: „Frauen komponieren", Mainz, Schott 1985
Passacaglia op. 16 für Klavier / Orgel, Kassel, Merseburger

KAMMERMUSIK

Stimmungen eines Faun op. 11 für Klarinette solo, Köln, Tischer & Jagenberg
Sinfonie in C für Streichquartett
Violinsonate (1929)
Suite e-moll op. 15 für Cello solo (1931), Hamburg, Sikorski 1978
„Musica larga" für Streichquartett und Klarinette / für Streichorchester und Klarinette (1944), Hamburg, Sikorski 1958
„Vier Puppen" op. 4 für Flöte, Oboe, Klarinette, Horn und Fagott, Berlin, Ries & Erler 1984

ORCHESTERMUSIK

Sinfonie in C op. 19 (1938), Berlin, Ries & Erler
Passacaglia f-moll op. 16 (auch für Klarinette und Orgel) (1932), Berlin, Ries & Erler

VOKALMUSIK

Kanons zu drei Stimmen
Fünf Lieder nach Texten aus „Des Knaben Wunderhorn" op. 9a, Berlin, Ries & Erler
„Vier winzige Wunderhornlieder" op. 9b für Gesang und Klavier (1921), Berlin, Ries & Erler
Drei Rilke-Gesänge für Bariton und Klavier / Orchester, Hamburg, Sikorski 1978

CHORMUSIK

„Marien-Passion in acht Teilen für Chor, Kammerorchester, drei Trompeten und Orgel (1932/33), Hamburg, Sikorski

BIBLIOGRAPHIE

Italiaander, R.: Komponistinnen sind selten gleichberechtigt. In: Die Welt, 1984
Bierbaum, A.: Gedenksendung Ilse Fromm-Michaels, Südwest-Funk Baden-Baden, 1986 (Sendemanuskript)
Brand, B.: Ilse Fromm-Michaels. In: Komponistinnen in Berlin, Berlin 1987
Lessing, K.: Ich kann die Dame wärmstens empfehlen. In: Komponistinnen Dokumentation, Heidelberg 1989
Nies, Chr.: Ilse Fromm-Michaels - ein musikalisches Portrait. In: Komponistinnen und ihr Werk, Kassel 1992
Neitzel, A.: Ilse Fromm-Michaels. Portrait einer Komponistin im soziologischen und kompositorischen Kontext, Uni Münster 1994

DISKOGRAPHIE

Acht Skizzen op. 5 für Klavier. In: Der ferne Spiegel (mit Werken von Chaminade, Gubaidulina, Hoover etc.). Cordula Hacke, Klavier. Bietigheim, Bayer
Variationen über ein eigenes Thema op. 8 für Klavier / Suite op. 15 für Violoncello. Viola Mokrosch, Klavier; Eckhard Stahl, Violoncello. Bietigheim, Bayer

> „Fräulein Ilse Fromm ist mir als sehr gute Pianistin von hervorragenden musikalischen Qualitäten bestens bekannt, ich kann die junge Dame wärmstens empfehlen."
>
> Prof. Dr. Max Reger, Leipzig, 17. April 1909

Fronmüller, Frieda
(1901-1992)

Die deutsche Komponistin wurde am 8. September 1901 in Lindau i. B. geboren. Sie erhielt eine vielseitige musikalische Ausbildung an der Musikhochschule in Leipzig und am Konservatorium in Nürnberg. Sie studierte Gesang, Orchesterleitung, Instrumentation und Komposition und komponierte Kantaten, Chorsätze, Orgelvorspiele, Lieder, Flötenstücke, Klavier- und Violinsonaten. Ihre intensive Zusammenarbeit mit Posaunenchören regte sie zu verschiedenen Kompositionen für Bläserchöre an. Von 1923 bis 1963 war Frieda Fronmüller Organistin und seit 1932 auch Chorleiterin an St. Michael in Fürth. Später arbeitete sie zusätzlich als Organistin in Nürnberg-Kraftshof. 1955 wurde ihr der Titel einer Kirchenmusikdirektorin verliehen. 1966 erhielt sie den Schulmusikpreis der Stadt Fürth und 1971 das Bundesverdienstkreuz. Sie komponierte bis ins hohe Alter Chor- und Bläsermusik und starb am 13. März 1992 in Nürnberg.

KLAVIERMUSIK
Humoreske für Klavier
Impromptu für Klavier
Sonate d-moll
Toccata für Klavier

KAMMERMUSIK
Scherzo D-dur für Blockflöte und Klavier
Zahlreiche Bläserbearbeitungen von Chorälen, in: Geistliches Bläserspiel, München, Christliche Posaunenchöre Deutschlands

CHORMUSIK
„Herr, wie sind deine Werke so groß", sechsstimmige Motette, Singende Gemeinde Wuppertal
„Ihr lieben Christen", vierstimmiger Chor
„Brich an, du schönes Morgenlicht", vierstimmiger Chor
Bußtagskantate „1947" für vierstimmigen Chor und Orgel / Klavier
„O daß ich tausend Zungen hätte", Kantate für Bläser, gemischten Chor und Gemeinde, München, Christliche Posaunenchöre Deutschlands
„Komm, Herr und Heiland" für vierstimmigen Chor, Flöte und Orgel, Singende Gemeinde Wuppertal
„Herr, erbarme dich unser", Bußtagskantate für Tenor, Baß, gemischten Chor und Kammerorchester
„Der verlorene Sohn", Kantate für Tenor, Bariton, Baß, gemischten Chor und Orchester (1954)
„Singet dem Herrn", Kantate für gemischten Chor, Bläser und Orgel, Köln, Tonger 1956 / 1979
„Du meine Seele singe", Choralkantate für gemischten Chor und Bläser, Stuttgart, Hänssler 1959
„Sei Lob und Ehr" für gemischten Chor und Bläser, München, Christliche Posaunenchöre Deutschlands 1960
„Jerusalem, du hochgebaute Stadt", Choralkantate für gemischten Chor und Bläser, Stuttgart, Hänssler 1962
„Gott rufet noch" / „Die Sonn' hat sich", Kantate für Männerchor, vierstimmigen gemischten Chor ad lib., Bläser und Gemeinde (1965), München, Christliche Posaunenchöre Deutschlands
„Nun bitten wir den Heiligen Geist", Chorkantate für gemischten Chor und Bläser, Stuttgart, Hänssler 1967
„Erhalt uns in der Wahrheit", Kantate für Bläser, Sänger und Gemeinde (1967), München, Christliche Posaunenchöre Deutschlands
„In Wald und Flur", Zyklus für Kinderchor, Blockflöten, Klavier und Orff-Instrumente, Hamburg, Trekel 1973

VOKALMUSIK
Sechs Lieder für tiefe Stimme und Klavier
Acht Lieder für hohe Stimme und Klavier
Weitere geistliche Lieder für Singstimme und Klavier

DISKOGRAPHIE
Jersualem, Choralkantate / Ruf-Intrade für Bläser / Psalm-Motette / Herr, wie sind deine Werke / Choralintrade / Bußtagskantate. Der junge Chor Fürth, Posaunenchor, Ltg. O. Ruhland, Frieda Fronmüller. Fürth / Bayern, Abanori

Fuglsang-Visconti, Ilse
(1895-1989)

Die dänische Komponistin wurde am 31. März 1895 in Haderslev (Hadersleben) geboren. Sie wuchs in einer sehr musikalischen Familie auf. Ihren ersten Klavierunterricht erhielt sie von A. Huth. Mit zwanzig Jahren nahm sie das Musikstudium am Königlichen Württembergischen Konservatorium in Stuttgart auf. Ihr Lehrer war der Pianist und damalige Leiter des Konservatoriums, Max von Pauer, der auch ihre Begabung als Komponistin entdeckte. Später wurden J. Haas und E. Strässer ihre Kompositionslehrer. 1927 heiratete sie G. Visconti und zog mit ihm nach Österreich. In den Wirren des Zweiten Weltkrieges verlor sie den größten Teil ihrer Kompositionen. Nach dem Krieg baute sie sich mit ihrer Familie 1949 in Brasilien eine neue Existenz auf.

Von 1915 bis in die sechziger Jahre hinein komponierte Ilse Fuglsang-Visconti weit über hundert Lieder, Klaviersuiten und Klaviervariationen sowie Werke für Geige und Cello. Erst 1986, d. h. 91jährig, konnte sie die Uraufführung einiger Lieder durch die Krefelder Altistin Lore Sladek erleben sowie die Produktion der ersten und bisher einzigen Schallplatte. Sie kehrte jedoch 1964 nach Haderslev – dem 1920 dänisch gewordenen Hadersleben – zurück und verstarb dort am 20. Oktober 1988.

KLAVIERMUSIK

Rund 100 Klavierstücke (Manuskripte meist nicht mehr erhalten), darunter:
„Westwind"
Variationen über das Volkslied „Ade nun zur guten Nacht", Köln, Tischer & Jagenberg
„Ballade" As-dur

KAMMERMUSIK

„Fantasie" für Cello und Klavier
Trios (Weihnachtslieder) für Klavier, Geige und Cello (1948), über:
„Du lieber heiliger frommer Christ"
„Morgen kommt der Weihnachtsmann"
„Alle Jahre wieder"
„Es ist ein Ros entsprungen"
„Stille Nacht"
„Morgen Kinder wirds was geben"
„Zu Bethlehem geboren"
„O Tannenbaum"
„Nun singet und seit froh"
„Vom Himmel hoch"
„O du fröhliche"
„Stille Nacht"
Sonaten in verschiedenen Besetzungen

VOKALMUSIK

„Wiegenlied für ein Patenkind" (1915)
Lieder für Gesang und Klavier: „Die Blumen wiegen" / „Über deine Augenlider" / „Ich hab dich geliebt" / „Wiegenlied" / „Rose weiß" / „Ich hörte einen Vogel singen" / „Die Nachtigall" / „Glück" / „Tanzlied" / „Wiegenlied" / „Bächlein" / „Mailied", Köln, Tischer & Jagenberg

Weitere Lieder für Gesang und Klavier: „Der sonderbare Vogel" / „Wenn schlanke Lilien" / „Wenn Wolken wandern" / „Und manchmal steht" / „Vom Dach" / „Der Himmel hat voll Güte" / „Septembermorgen"

DISKOGRAPHIE

Lieder für Singstimme und Klavier (mit Liedern von Robert Schumann). Lore Sladek, Alt; Dieter Schulte-Bunert, Klavier. ELREC, Castrop-Rauxel

Fujiie, Keiko
(* 1963)

„I do not use any European system", eine Maxime der Fujiie Keiko. Am 22. Juli 1963 in Tokio geboren, erhielt sie bereits mit vier Jahren ihren ersten Klavierunterricht bei Junko Yamada. Mit dreizehn Jahren begann sie mit dem Studium der Harmonielehre bei S. Nakamura. 1982 schrieb sie sich an der Universität Tokio ein und belegte das Fach Komposition. Ihre Lehrer waren Y. Hachimura, H. Minami, und N. Mamiya. 1983 komponierte Keiko Fujiie ihr erstes Werk „Shinjyu-Sho" für Flöte, Klarinette, Vibraphon und Klavier. Ihr erstes Orchesterwerk „Malposition" wurde 1985 uraufgeführt und mit dem 'Hambacher Preis' bedacht. Die Japanerin ist Mitglied der japanischen Komponistengruppe „Shin-shin-kai". 1986 erhielt die Komponistin den 1. Preis beim 55. japanischen Musikwettbewerb, 1990 war sie Preisträgerin des Muramatsu-Preises der Asian Composers League (ACL). Schließlich konnte sie mit einem Auslandsstipendium des 'Asian Cultural Council' im Jahre 1993 nach New York reisen.

KAMMERMUSIK

„Shinjyu-sho" op. 1 für Flöte, Klarinette, Vibraphon und Klavier (1983)
„Reunion" op. 2 für Flöte, Violine, Cello, zwei Schlagzeuger und Klavier (1984)
„Other voices" für Oboe und Klarinette (1985)
„Waking of a sergeant" für Oboe, Klarinette / Baßklarinette, Violine, Viola, Kontrabaß und Sprecher (1985), Tokyo, Zen-On Music
„Three pieces" op. 5 für Klarinette solo (1985)
Intermezzo op. 8 für Streicher (1987)
„Pas de deux" op. 9 für Klavier (1988)
Streichtrio op. 11, Tokyo, Zen-On Music
„Pas de deux II" op. 14 für Klavier (1989), Tokyo,

Zen-On Music
„Rainy garden" op. 15 für Futozao Shamisen (1989)
„Night on the Island" op. 16 für Schlagzeug-Ensemble (1989)
„Nagamochi-uta" op. 18 für Traversflöte solo (1991)
„Midday Island" op. 19 für sechs Spieler (1991)
„Flower Garden" op. 21 für fünf Schlagzeuger (1992), Tokyo, Zen-On Music
„Shun" op. 22 für Flöte, Cello, 13-saitige Koto und Klavier (1992)
„Bodrum Sea" op. 23 für Gitarre solo (1992)
„Cat in the summer resort" op. 24 für Shakuhachi und Flöte (1992)
„To far-off land" (für Gabriella) op. 25 für Gitarre
„Yellow Cow" op. 26 für Oboe, Akkordeon und Kontrabaß (1993)
„Sansara" op. 28 für Holzbläserquintett (1993)
„Setsu-Getsu" op. 29 für Violine, Cello und Futozao Sharmisen (1993)
„Now the horizon comes into view" op. 30 für Gitarre solo (1993)

ORCHESTERMUSIK

„Malposition" op. 4 für Orchester (1985)
„Panorama" op. 6 für Orchester (1986)
Klarinettenkonzert op. 7 (1986)
„Jade Sea Panorama" op. 20 (1992)

VOKALMUSIK

„Nocturnal upon St. Lucies Day" op. 3 für Klarinette, Violine, Schlagzeug, Klavier und Mezzosopran (1984)
„Maria's Cheekbone" op. 13 in sechs Sätzen für Mezzosopran, Sopran und Gitarre (1989)
„Love Song" op. 10 für Flöte, Harfe, Schlagzeug, Kontrabaß und Sopran (1987), Tokyo, Zen-On Music
„Nobody, not even the rain" op. 17 für Mezzosopran, präpariertes Klavier zu vier Händen und Tonband (1990)
„Leyenda de la Tatuana" op. 27 für Vokalensemble (1993)

CHORMUSIK

„The Angels" op. 12 für gemischten Chor (1990)

Gail, Edmée-Sophie (geb. Garre) (1775-1819)

Die französische Komponistin und Sängerin zählt zu den wenigen Frauen des 18. Jahrhunderts (wie auch Louise Bertin), deren Liedkompositionen und Opern bereits zu Lebzeiten zur Uraufführung gelangten. Sie wurde am 28. August 1775 in Paris geboren und veröffentlichte bereits mit 15 Jahren ihre ersten Lieder. Mit 18 Jahren heiratete sie Jean Baptiste Gail, trennte sich aber nach kurzer Zeit wieder von ihm. Sie studierte Gesang bei Bernardo Mengozzi und Musiktheorie bei F. J. Fétis (dem Herausgeber der „Biographie universelle des musiciens", Brüssel 1860). Weiter gehörten Perne und Neukomm zu ihren Lehrern. Edmée Gail verfaßte zahlreiche Lieder und Romanzen sowie vier kurze Opern, die in der Pariser Opéra Comique uraufgeführt wurden. Als Sängerin trat sie in verschiedenen Städten Europas auf. Ihre Lieder erfreuten sich aufgrund ihrer Originalität einer großen Beliebtheit; eines davon, „Celui qui sut toucher mon cœur" wurde mehrfach von verschiedenen Komponisten bearbeitet. Die Komponistin starb im Alter von 44 Jahren am 24. Juli 1819 in Paris.

VOKALMUSIK

„Vous qui priez pour moi" / „Les langues" / „Le serment" / „Tirolienne" für Singstimme und Klavier
Romanze und Trio aus der Oper „Les deux jaloux" für Singstimme und Klavier
„Pescator dell'onda", Barcarole für drei Singstimmen und Klavier, Berlin, Simrock
„La sérénade", venezianische Barcarole für drei Singstimmen und Klavier
„Dimanche dans la plaine" für zwei Singstimmen und Klavier, Paris, Nadermann
„Viens écouter ce doux serment" für Singstimme und Klavier
Zwei Nocturnes françaises für zwei Singstimmen und Klavier
Weitere Romanzen und Gesänge für Singstimme und Klavier

BÜHNENMUSIK

„Angela ou l'Atelier de Jean Cousin", Oper in einem Akt (1814)
„Montoni ou le Château d'Udolphe", Oper in einem Akt, Paris, Duval 1797
„Les Deux Jaloux", Oper in einem Akt (1813)
„Mademoiselle Elaunay à la Bastille", Oper in einem Akt (1813)
„La méprise", Oper in einem Akt (1814)
„La sérénade", Oper in einem Akt (1818)

Gardner, Kay
(* 1941)

Die Komponistin und Musiktherapeutin wurde am 8. Februar in Freeport, New York, geboren und gehört zu den bekanntesten Vertreterinnen der amerikanischen Frauen-Musikszene. Sie studierte an der Michigan University und in Princeton, sie war Flötenschülerin von Samuel Baron und erlernte das Dirigieren bei Antonia Brico (1977/78). Seit Beginn der 70er Jahre ist sie aktiv – sowohl in musikalischer als auch in politischer Hinsicht – in der Frauenbewegung tätig. Ihre Forschungen über „Musik als Medizin" erregten weites Aufsehen. Sie dokumentierte ihre Erkenntnisse in ihrem Buch „Sounding the Inner Landscape" (Stonington 1990). Kay Gardner wurde in Deutschland in erster Linie durch ihre Meditionsmusik („Mooncircles") bekannt. Sie leitete verschiedene Orchester, u. a. das New England Women's Symphony Orchestra, setzte sich dabei für zahlreiche Werke anderer Komponistinnen ein (u. a. von Pauline Oliveros) und trat immer wieder als Flötistin auf. Ihre Schallplatten-Einspielungen sind beträchtlich und werden in der Frauen-Musikszene als „Kult-Musik" gehandelt.

KAMMERMUSIK
„The Victoria Woodhull march" op. 2 (1974)
„Mooncircles" op. 3, Meditationen für Altflöte und Streicher/Gitarre/Schlagzeug, Singstimme und Cello (1975)
„Energies" op. 4 für Flöte, Oboe und Viola (1975)
„Innermoods" op. 5 für Flöte, Altflöte und Gitarre (1975)
„Romance" op. 10 für Flöte, Altflöte, Viola / Cello und Gitarre (1976)
„Crystal Bells" op. 11 für Flöte, Gitarre, Cello, etc. (1976)
„Emerging" op. 14, fünf Sätze für Viola da gamba, Cello, Schlagzeug, Streicher, Dulcimer, Flöte und Stimmen (1978)
„Seven Modal Improvisation Studies" op. 16 für Klavier und Baß (1979)
„Song Studies" op. 17 für Klavier (1979)
„Winter Night" op. 18 für 11 Flöten (1979)
„A river sings" für Cello (1986)
„Viriditas" für Flöten, Holzbläser, Streicher und Schlagzeug (1988)
„North Coast Nights", Streichquartett (1989)

ORCHESTERMUSIK
„Prayer to Aphrodite" für Altflöte und Streicher (1974)
„Rainforest" für Kammerorchester (1977)

VOKALMUSIK
„Mooncircles" op. 3, daraus „Moonflow", Vocalise mit Klavierbegleitung
„Thirteen songs" op. 6 für Mezzosopran und Gitarre (1975)
„Changing" op. 7 für Mezzosopran und Gitarre (1974)
„Three mother songs" op. 8 für Mezzosopran und Gitarre (1976)
„Song of our coming" op. 9 für Mezzosopran und Gitarre (1976)
„When we made the music" op. 12 für zwei Soprane, zwei Alt, Klavier und Streichquartett (1977)
„Emerging" op. 14, daraus „Mermaids" für zwei Soprane, zwei Alt, Flöten, Cello, Klavier und Schlagzeug (1978)
„Night Chant" op. 15 für Kammerorchester mit Frauenstimmen, Schlagzeug, Klavier, Sopran, Alt und Mezzosopran (1979)

BÜHNENMUSIK
„Tcartsba", ein Bühnenstück op. 1 (1960)
„Ladies voices", Oper in vier Akten op. 19 (1980)
„The rising sun", Variationen über ein amerikanisches Blues-Thema op. 20 für Tänzer, Mädchenstimmen und Instrumentenensemble (1981)

Ihre Werke sind u. a. bei Sea Gnomes Music, Stonington, Maine, verlegt

BIBLIOGRAPHIE
LePage, J. W.: Kay Gardner – Composer, healer. In: Women composers, conductors and musicians of the 20th century, London, Scarecrow 1983
Kimbal, G.: Female Composers. Interview mit Kay Gardner, in: Women's Culture, the women's renaissance of the 70s, Metuchen 1981
Barrett, C.: The Magic of Music. In: Woman of Power, 1990
Golden, S.: Sounding the Inner Landscape. In: Yoga Journal, 1992

DISKOGRAPHIE
„Mooncircles". Kay Gardner, Flöte und Instrumental-Ensemble. Olivia Records
„Sounding the inner Landscape". Durham, Ladyslipper Records
„Emerging", Meditationsmusik. New York, Urana Records
„Moods and Rituals", Meditationsmusik. Even Kee Music

„Fishers daugther", Meditationsmusik. Even Kee Music
„Women's Orchestral Works": Werke von Kay Gardner, Miriam Barndt, Jean Lamon. Ltg. Antonia Brico. Woburn, Mass., Galaxia Records
„A rainbow path", Durham, Ladyslipper Records
„Garden of ecstasy", Durham, Ladyslipper Records
„Amazon", Durham, Ladyslipper Records
„One spirit", Durham, Ladyslipper Records
„Rainforest" für Orchester. Leonarda Records

Garscia, Janina
(* 1920)

Die polnische Komponistin, Pianistin und Musikpädagogin wurde am 12. März 1920 in Krakau geboren. Sie studierte dort Klavier, Komposition und Orchesterleitung unter anderen bei Malawski und Wiechowicz. 1945 schloß sie ihre Studien mit Auszeichnungen ab und arbeitete fortan als Klavierlehrerin an der Zelinski-Schule. 1951 erhielt sie einen Ruf an die Staatliche Musikhochschule Krakau. Als Lektorin und Pädagogin war sie in ganz Polen tätig und erhielt vom Erziehungsministerium das goldene Verdienstkreuz. Auch die Stadt Krakau ehrte sie mit einer Medaille für ihren Einsatz im Bereich der Schulmusik. Janina Grascia komponierte vorwiegend didaktische Musik und Musik für Kinder.

KLAVIERMUSIK
„Hania", sechs Stücke für Klavier (1946), Krakau, PWM
Choräle für Klavier zu vier Händen (1947)
„Musikalische Bilder" (1955)
„Winterliche Spiele" op. 25 für Klavier (für Kinder), Krakau, PWM 1961/1986
„Kleine Frösche" / „Ein Schwätzchen" / „Das Häschen" und andere Klavierstücke für Kinder, Krakau, PWM 1968
„Laßt uns spielen" zu vier Händen (Klavierduette), Krakau, PWM 1971
„Jas und Malgosia" für Klavier zu vier Händen, Krakau PWM 1977
„A sad chicken", aus „Bagatellen" für Klavier, Krakau, PWM 1986
Ganz leichte Klavierstücke für Kinder op. 3, Krakau, PWM 1986
Beliebte Weisen für Kinder, Krakau, PWM 1987
Miniaturen op. 5 für Klavier, Krakau, PWM
„Sonatiny i wariacje" op. 41 für Klavier, Krakau, PWM
Weitere Etüden, Variationen, Sonatinen usw. für Kinder

KAMMERMUSIK
„Trifles" op. 42
Lied für Oboe, Cello und Klavier (1966), Krakau, PWM
Klaviertrio (1967), Krakau, PWM
Zwei Sonatinen für Cello und Klavier (1968), Krakau, PWM
Kurze Stücke für Oboe/Fagott und zwei Oboen/Fagotte mit Klavier (1969), Krakau, PWM
Miniaturen für Cello/Kontrabaß und Klavier (1971), Krakau, PWM
Impressionen für vier Celli (1973), Krakau, PWM
„Die rhythmisierte Welt" für Klavier und Kinderschlagzeug, Krakau, PWM 1974

CHORMUSIK
„Früher Sonntagmorgen" für Chor und Volksinstrumente (1951), Krakau, PWM
„Folk are wondering" für Chor und Volksinstrumente (1951), Krakau, PWM

ELEKTRONISCHE MUSIK
„The pensive pony" für Klavier und Tonband
„Slushy weather" für Klavier und Tonband

BÜHNENMUSIK
Verschiedene Theaterstücke für Kinder und Jugendliche (Czechowicz)

Garuta, Lucia Yanovna
(1902-1977)

Die lettische Komponistin Lucia Yanovna Garuta wurde am 14. Mai 1902 in Riga (Lettland) geboren. Sie studierte bis 1924 am Konservatorium in Riga Komposition bei Wihtol und Klavier bei Goman. 1925 setzte sie ihr Studium bei Ludmilla Gomane-Dombrowska fort. Im nächsten Jahr verließ die Komponistin ihr Land und ging nach Frankreich, wo sie bei Isidor Philipp und Alfred Cortot Klavierunterricht nahm. Musiktheorie belegte sie bei Paul Dukas am Pariser Konservatorium. Anschließend kehrte Garuta in ihre Heimat zurück, die ihr jedoch kaum künstlerische Freiheit ließ. Neben ihrer Tätigkeit als Pianistin unterrichtete sie nach 1940 Komposition und Theorie am Konservatorium Riga. Ihr Klavierkonzert aus dem Jahre 1951 wurde als unvereinbar mit der sowjetischen Kunstauffassung hart kritisiert, errang später aber große Beliebtheit wegen seiner poetischen Sprache. Man nannte Lucia Garuta in Lettland „eine Ärztin der Seele". Sie fühlte sich in ihrer Musik ein Leben lang eng mit ihrer Heimat verbunden und ertrug alle künstlerischen Einengungen der jeweiligen Regierungen mit großer Tapferkeit. Die Komponistin starb am 15. Februar 1977 in ihrer Heimatstadt Riga.

ORGEL- / KLAVIERMUSIK
Sieben lettische Volkslieder für Klavier
Sonate für Klavier in H
Variationen über lettische Themen (1933)
Variationen über lettische Volkslieder (1951)
Zahlreiche Etüden und Präludien für Klavier
Vier Präludien für Klavier
Meditation für Orgel

KAMMERMUSIK
Klaviertrio (1948)
Stücke für Violine solo
Stücke für Cello solo
Sonate für Violine und Klavier
Trio in B-dur
„Gebet" / „Im Herbst" für Violine und Klavier
Sonate in C für Violine und Klavier
„Dramatischer Moment" für Violine und Klavier
Largo e andante für Violine und Klavier
„Daina" für Violine und Klavier
„Schlaflied" für Violine und Klavier
Elegie für Cello und Klavier
„Sage" für Cello und Klavier
„Gebet" für Cello und Klavier
„Lied des Mädchens am Meer" für Flöte und Klavier
„Schlaflied" für Flöte und Klavier

ORCHESTERMUSIK
„Teika", sinfonische Dichtung (1932)
„Meditacija", sinfonische Dichtung (1934)
„Mana dzimtene", neun Variationen für Orchester (1936)
Klavierkonzert (1951)
„Zelta Zirgs", sinfonische Dichtung (1960)

VOKALMUSIK
„Pavasara vejos", Kantate für Singstimme und Orchester (1959)
„Vins lido", Kantate (1961)
„Dziva Kvele", Oratorium (1967)
„Living flame" für Mezzosopran und Bariton
Rund 50 Lieder für Singstimme und Klavier (auf Texte verschiedener Autoren)
Rund 50 Lieder für Singstimme und Klavier auf eigene Texte
Zwei Sololieder für Singstimme, Violine und Klavier

Acht Lieder (Duette) für Vokalensemble und Klavier
Sieben Lieder für Vokalensemble in verschiedenen Besetzungen und Klavier

CHORMUSIK
11 Chöre (u. a. Texte von Lucia Garuta) für gemischten Chor
Vier Volkslieder für gemischten Chor
Sieben Lieder für Männerchor
15 Chöre (u. a. Texte von L. Garuta) für gemischten Chor
Volkslieder für Schülerchor
Drei Lieder für Frauenchor
13 Lieder für Kinder- und Schülerchor
„Dievs, tava zeme deg" (Gott, Deine Erde brennt) für Soli, Chor, Orgel und Orchester (1943-44)
„Im Frühlingswind" für Chor und Orchester
„Er fliegt" für Sopran, Chor und Orchester
„Hommage à Rainis" für Chor, Tenor, Mezzosopran und Orchester

BÜHNENMUSIK
„Das Märchen vom Tod", Oper
„Der silberne Vogel", Oper (Libretto: L. Garuta)
„Der silberne Vogel", revidierte Fassung (1969)

BIBLIOGRAPHIE
Apkalus, L.: Lettische Musik. Wiesbaden, Breitkopf 1977
Müller, G.: Lucia Garuta, in: Annäherungen an Komponistinnen V, Kassel 1988
Stumbre, S.: Die Sterne und die Erde. Leben und Werk der Lucia Garuta, 1968

Gary, Marianne
(1903-1992)

Die österreichische Komponistin wurde vor allem durch ihr umfangreiches Lied- und Chorschaffen bekannt, gehört heute jedoch zu den fast ganz Vergessenen unter den Komponistinnen des 20. Jahrhunderts. Sie wurde am 19. Juli 1903 in Wien geboren und studierte Gesang und Klavier an der Wiener Musikakademie; Orgel belegte sie bei Karl Walter und Komposition bei Alfred Uhl. Parallel dazu studierte sie Germanistik und promovierte darin. Als Pädagogin lehrte sie deutsche Geschichte, wandte sich nach 1948 aber wieder ganz der Musik zu. Marianne Gary hat weit über 200 Lieder für Gesang und Klavier, einige Hundert Chorwerke für gemischten Chor und etliches an Kammermusik hinterlassen. Ihr bekanntestes Werk ist das Oratorium „Von Leid und Heldentum der Ungenannten", das in den 60er Jahren mehrfach in Wien aufgeführt wurde. Ihr Hauptwerk liegt heute in der Manuskript-Leihbibliothek der Arbeitsgemeinschaft der Musikerzieher Österreichs in Wien. Ihre Nähe zur deutschsprachigen Poesie hat uns eine Vielzahl an eingängigen Chören beschert, die auch von semiprofessionellen Chören und Kantoreien gesungen werden könnten. Sie publizierte vorwiegend unter M. A. Gary. Die Komponistin starb am 3. November 1992 in Wien.

ORGEL- / KLAVIERMUSIK

Orgelsonate
Menuett in Des für Klavier
Klaviersonate
Variationen über ein eigenes Thema
Variationen über ein eigenes Thema in D für Klavier zu vier Händen
Variationen über ein eigenes Thema in F
Vortragsstücke für Klavier
Vortragsstücke für Orgel

KAMMERMUSIK

12 Vortragsstücke für Cello und Klavier
Sonate für Cello und Klavier
Vortragsstücke für Flöte und Klavier
Sonate für zwei Geigen und Klavier
Tanzsuite für Streichquartett
Variationen über ein Thema von Schubert für Bläserquintett
Variationen über ein Thema von Weber für Streichquartett
Variationen über ein Thema von Schubert für Flöte und Streichquartett
Variationen über ein eigenes Thema für Oboe und Streichquartett
Altwiener Serenade für Klavier und Streichtrio
Variationen für Bläserquintett
Wiener Serenade für Flöte, Geige und Bratsche
Variationen über ein eigenes Thema für Oboe und Klavier
Neun Vortragsstücke für Geige und Cello
Konzert für Klavier und Streichquartett
Streichquartett F-dur
Violinsonate C-dur
Vortragsstücke für Violine, Cello oder Bratsche und Klavier
Sonate für Geige, Cello und Klavier
Cellosonate C-dur
Andante für Bläser und Streichquintett
Vortragsstücke für Oboe, Klarinette und Fagott
Streichtrio d-moll
Suite für Cello und Klavier
Suite für Geige und Klavier
„Gesang des Stromes" für Geige und Klavier

VOKALMUSIK

16 Lieder mit Klavierbegleitung
Scherzlieder
Japanische Liebeslieder
Duette für Frauenstimmen und Klavier
Fünf Lieder für Singstimme, Cello und Klavier
Lieder nach Texten von Eichendorff, Weinheber, Uhland, Huch, Hölderlin, Pauk, Stummer
Geistliche Lieder für Sopran / Alt / Tenor / Baß
Wanderlieder, Kalenderlieder, Blumenlieder
Lieder auf Texte zeitgenössischer Lyriker
Koloraturlieder mit Streichtrio
Lieder für Singstimme, Geige und Klavier
15 Orchesterlieder für Singstimme und Orchester

CHORMUSIK

Missa brevis für gemischten Chor mit Orgel
Alte deutsche Volkslieder a cappella
Männer- / Frauenchöre a cappella
„Vorfrühling im Gebirge" für Soli, Frauenchor / Knabenchor und Streicher
„Der römische Brunnen" (Text: C.F. Meyer) für gemischten Chor a cappella, Wiesbaden, Robitschek 1957
„Frühlingsgruß" (Text: Eichendorff) für gemischten Chor a cappella, Wiesbaden, Robitschek 1958
„Von Leid und Heldentum der Ungenannten", Oratorium für Chöre, Soli. Orchester und Orgel
Rund 80 Chöre a cappella nach Texten von Weinheber, Morgenstern, Grillparzer, Gerhardt, C. F. Meyer, Eichendorff, P. Fleming und anderen
24 Chöre für Männerstimmen a cappella (Texte von Weinheber, Strachwitz, Morgenstern, Eichendorff)
12 Chöre für Frauenstimmen a cappella (Texte von Ruhrmann, Weinheber, Morgenstern)

Gentile, Ada
(* 1947)

Die italienische Komponistin ist eine der populären Vertreterinnen der neuen Musikszene. Geboren am 26. Juli 1947 in Avezzano studiert sie Klavier am Konservatorium Santa Cecilia in Rom, später Komposition bei Irma Ravinale (1974) und Goffredo Petrassi (1976). Seit vielen Jahren ist sie künstlerische Leiterin des

Ada Gentile. Foto: Archiv

Goffredo-Petrassi-Kammerorchesters und arbeitete für das Nuovi Spazi Musicali-Festival in Rom (1978), das jeweils vom Radiosender RAI 3 aufgezeichnet wird. 1982 wurde sie als Gaudeamus-Preisträgerin in Amsterdam und 1986 als ISCM-Preisträgerin in Budapest geehrt. 1993 ernannte man Ada Gentile zum Vorstandmitglied der Biennale in Venedig. Sie arbeitet als Dozentin an der Accademia di Santa Cecilia in Rom und ist Mitarbeiterin der RAI. 1992 erhielt sie durch den deutschen Komponisten Hans Werner Henze einen Autrag für eine Komposition für die Münchener Biennale 1994. Sie bearbeitete den Stoff der Oper „La liberazione di Ruggiero dall'isola d'Alcina" von Francesca Caccini und leitete die Münchener Premiere. Ada Gentile arbeitet regelmäßig mit in- und ausländischen Musikern und Ensembles. Ihr Werk umfaßt gleichermaßen Kammer- wie Orchestermusik, von denen bereits ein großer Teil auf Tonträger eingespielt wurde.

KLAVIERMUSIK

„Trying" für Klavier
„Gli studietti di Betty Boop", Album für Anfänger am Klavier (1992)

KAMMERMUSIK

„Similarity" für Klarinette und Streichtrio (1976), Rom, Edi-Pan
Streichquartett Nr. 1 (1978), Rom, Edi-Pan
„Together" für Klarinette und Cello (1978)
Streichquartett Nr. 2 (1982), Rom, Edi-Pan
Solo in Trio für Klarinette, Violine und Viola (1982)
„Ab imis" für Horn (1983)
„Come dal nulla" für Klarinette in B (1983)
„Around" für Flöte, Klarinette und Viola (1984)
„Flash back" für Flöte und Cello (1984)
„Insight" für zwei Violinen und Viola (1984)
„Per viola sola" (1987)
„Pour Pierre Yves" für Flöte solo (1987)
„Rarefatte aggregazioni" für Gitarrenquartett (1987)
Flötenquartett (1989)
„Quick moments" für Flöte und Gitarre (1990)
„Come dal nulla", Version für Baßklarinette (1991)
„Landscapes of the mind" für Streichquartett und Klarinette (1991)
„Dal profondo" für Saxophon-Bariton (1992)
„Momenti veloci" für Flöte und Harfe (1992)
„Misty" für Flöte und Horn
Trio für Flöte, Klarinette und Horn, Ed. RCA

ORCHESTERMUSIK

Composizione Nr. 3 für Kammerorchester (1974)
„Veränderungen" für Sinfonieorchester (1976)
„Flighty" für Orchester (1982)
„Bagamoyo" für Kammerorchester (1982)
„Azzurri i selciati" für Kammerorchester (1982)
„Criptografia" für Viola und Orchester (1985)
„Why not" für Orchester (1985)
„In un silenzio ordinato" für Kammerorchester (1985)
„Due episodi" für Orgel, Orchester und Stimme (Echo) (1988)
„Shading" für Gitarre und Kammerorchester (1988)
„Perelision" für Kammerorchester (1989)
Concertante für Flöte, Gitarre und Orchester (1989)
„Ricordando un sono" für Kammerorchester (1990)

VOKALMUSIK

„Canzon prima" für Frauenstimme (oder Klarinette) und drei Klarinetten in B (1990)
Concerto für Frauenstimme (oder Klarinette) und Orchester (1993)

BÜHNENMUSIK

Rekonstruktion der Barock-Oper F. Caccini: „La liberazione di Ruggiero dall'isola d'Alcina".

München, Biennale 1994
(alle Werke sind bei Ricordi, Milano, verlegt)

BIBLIOGRAPHIE
Monographie und Werkverzeichnis der Komponistin, Ricordi, Milano

DISKOGRAPHIE
„Come dal nulla" für Baßklarinette. R. Parisi, Klarinette. DDT, „Nuova Musica"

„In un silenzion ordinato" für Kammerorchester. Le Nouvel Ensemble Moderne, Ltg. Lorraine Vaillancourt. UMMUS Records

„Misty" für Flöte und Horn. M. Ancillotti, Flöte; D. Ceccarossi, Horn. Penta Phon Records

„Small Points" für Trio. Trio Gruppo di Roma. BMG Ariola

„Trying" für Klavier. Bruno Canino, Klavier. Streichquartett Nr. 1 / Streichquartett Nr. 2. Quartetto Nuova Cameristica. „Similarity". Gruppo Musica d'Oggi. Rom, Edi-Pan

„Trying" für Klavier. Bruno Canino, Klavier. Rom, Edi-Pan

Ada Gentile: Momenti veloci / Begamoyo / Perviolasola / Canzon prima / dal profundo / Quartetto per fiati / Landscapes of the mind. Quartetto Claravoce und Quintetto Scarponi. Mailand, Dischi Ricordi

Gideon, Miriam
(* 1906)

Die amerikanische Komponistin und Musikpädagogin wurde am 23. Oktober 1906 in Greeley, Columbia, geboren. Ihre erste musikalische Ausbildung genoß sie unter der Aufsicht ihres Onkels, des Organisten und Chordirigenten Henry Gideon. Sie absolvierte ihr Musikstudium an der Boston und an der Columbia University. 1926 erwarb sie den Bachelor of Arts an der Boston University und 1946 den Master of Arts an der Columbia University. Zu ihren wichtigsten Lehrern zählten Hans Barth und Felix Fox (Klavier), Lazare Saminsky und Roger Sessions (Komposition). Das Jewish Theological Seminary of America verlieh ihr 1970 den Doktorgrad in Komposition und Kirchenmusik. Miriam Gideon lehrte am Brooklyn College und am Jewish Theological Seminary of America. 1971 erhielt sie eine Professur an der City University in New York. Für ihre kompositorische Arbeit wurde sie u. a. mit dem Bloch Prize und dem ASCAP-Award ausgezeichnet. Auch ihre Berufung ins National Institute of Arts and Letters (1975) war eine wichtige Auszeichnung, die bisher nur zweimal an eine Frau vergeben wurde. Sie komponierte Orchester-, Vokal- und Kammermusik sowie Musik für Klavier. Ihre Werke wurden in den USA, in Südamerika, Europa und im Fernen Osten aufgeführt. In den 80er Jahren war sie die Komponistin mit den meisten Schallplatteneinspielungen in den USA.

ORGEL / KLAVIERMUSIK
Klaviersonate, New York, American Composers Edition
Suite für vier Hände
2 Dances für zwei Klaviere (1934)
„Hommage à ma jeunesse" für zwei Klaviere (1935)
Suite Nr. 1 für Klavier (1935)
Suite Nr. 2 für Klavier (1940)
Canzona für Klavier (1945)
Suite Nr. 3 für Klavier (1951), New York, Gould/Schirmer
Suiten Nr. 4-7 für Klavier
„Six Cuckoos in quest of a composer", Suite für Klavier (1953), New York, American Composers Edition
„Walk" für Klavier (1955)
„Biblical Masks" für Orgel/Klavier (1958)
„Of shadows numberless", Suite für Klavier (1966), New York, American Composers Edition
Canzona für Klavier, New York, New Music Edition
Sonata für Klavier (1977)

KAMMERMUSIK
Sonate für Flöte und Klavier
Trio für Klarinette, Cello und Klavier
Suite für Fagott und Klavier
„Three cornered pieces" für Flöte, Klarinette und Klavier (1936)
„Incantation on an Indian theme" für Viola und Klavier (1940)
„Lyric piece for string quartet" (1941), New York, American Composers Edition
Sonate für Flöte (1943)
Streichquartett (1946), New York, American Composers Edition
Divertimento für Holzbläserquartett (1948), New York, American Composers Edition
„Fantasy on a Javanese motive" für Cello und Klavier (1948), New York, American Composers Edition
Sonate für Viola und Klavier (1948), New York,

American Composers Edition
Air für Violine und Klavier (1950)
Sonate für Cello und Klavier (1961), New York, American Composers Edition
Suite für Klarinette und Klavier (1972), New York, American Composers Edition
Allegro für Holzbläser, New York, Independent Music Publ. 1972
„Fantasy on Irish Folk" für Oboe und Fagott, Vibraphon, Tam-tam und Viola (1975)

ORCHESTERMUSIK

Allegro und Andante für Orchester (1940)
Lyric piece for string orchestra (1941), New York, American Composers Edition
„Epigrams" (1941)
„Two movements" für Orchester (1953)
„Symphonia brevis" (1953), New York, American Composers Edition

VOKALMUSIK

„Bells" für tiefe Stimme und Klavier, New York, American Composers Edition
„Vergiftet sind meine Lieder" für Stimme und Klavier
„Farewell tablet" für Stimme und Klavier, New York, American Composers Edition
„Lockung" für Stimme und Klavier
„The resounding lyre" für Stimme und Lyra
„The hound of heaven" für Stimme, Oboe und Streichtrio (1945), New York, American Composers Edition
„Sonnets from Shakespeare" für Stimme, Trompete und Streichquartett (1950), New York, American Composers Edition
„Sonnets from a fatal interview" für Stimme, Violine, Viola und Cello (1952), New York, American Composers Edition
„To music" für Stimme und Klavier (1957), New York, American Composers Edition
„Mixco" für Stimme und Klavier (1957), New York, American Composers Edition
„Epitaphs" für Stimme und Klavier (1957), New York, American Composers Edition
„Songs of voyages" für Stimme und Klavier (1961), New York, American Composers Edition
„The condemned playground" für Sopran, Tenor, Flöte, Fagott und Streichquartett (1963), New York, American Composers Edition
„Questions on nature" für Stimme, Oboe, Klavier und Schlagzeug (1965), New York, American Composers Edition
„Rhymes from the hill" für Stimme, Klarinette, Cello und Marimba (1968), New York, American Composers Edition
„The seasons of time" für Stimme, Flöte, Cello und Klavier (1969), New York, American Composers Edition
Nocturnes für Sopran und Kammerensemble (1975)
„Songs of youth and madness" (Text. Hölderlin) für hohe Stimme und Orchester (1977)
„Voices from Elysium" (griechische Dichtung) für hohe Stimme und Kammerensemble (1979)
„Morning star", Zyklus nach hebräischen Gedichten (1981)
„A woman of valor" für mittlere Stimme und Klavier (1981)
„Spirit above the dust" für Stimme und Kammerensemble, New York, Peters 1982
„Jubal trio" für Stimme und Kammerensemble (1984)
„Wing'd hour" für Stimme und fünf Instrumente (1984)
„Creature to creature" (Text: Cardozo) für mittlere Stimme, Flöte und Harfe (1985)
„Poet to poet" für hohe Stimme und Klavier (1987)
„The shooting stars" für hohe Stimme, Flöte, Violine und Cello (1987)
„Songs from the Greek" für hohe Stimme, Bläser und Streicher (1989)
Zahlreiche Lieder für Singstimme und Klavier (1929-1966)

CHORMUSIK

„How goodly are thy tents" für dreistimmigen Frauenchor und Klavier / Orgel, Merrymount Music 1951
„Adon Olom" für Chor, Obobe, Trompete und Streicher (1954), New York, American Composers Edition
„Spiritual madrigals" für Männerstimmen, Viola, Cello und Fagott (1965)
„The habitable earth", Kantate für Soli, gemischten Chor, Oboe und Klavier, New York, American Composers Edition 1966
„Sacred service" für gemischten Chor, Soli, Orgel, Bläser und Streicher (1971), New York, American Composers Edition
„Shirat Miriam L'Shabbat" für Kantor, gemischten Chor und Orgel, New York, Peters 1978

BÜHNENMUSIK

„Fortunato", Oper in drei Akten (1958), New York, American Composers Edition

BIBLIOGRAPHIE

Perle, G.: The music of Miriam Gideon, Bulletin der American Composers Alliance ACA, New York 1958
Weisser, A.: Interview with Miriam Gideon.

Dimensions in American Judaism, New York 1970
LePage, J. W.: Women, Composers, Conductors and Musicians of the 20th century, Scarecrow, London 1983
Petersen, B. A.: The vocal chamber music of Miriam Gideon. In: Musical Woman, 1984
Petrie, Anne M.: The relationship of music to text in selected solo vocal works. Oklahoma 1990

DISKOGRAPHIE

Morning Songs / Songs of childhood. Lomita, Cambria
Sonata for cello and piano. Newport Classics
„How goodly are thy tents". Chizuk Amuno Congrgation Choral Society, Ltg. H. Weisgall, Westminster Records, New York
„Seasons of time". Paul Sperry (Tenor), M. Lobel, G. Schwarz. London, Serenus Corp.
„Slow, slow fresh fount". Bushnell Choir, Ltg. A. Dashnaw. Golden Crest Records, New York
„Of shadows numberless", Suite für Klavier. Paula Ennis-Dwyer. USA, Coronet Records
„The adorable Mouse". Serenus Recording
„The condemned playground" und „Question on nature". CRI - Composers Recordings
„Fantasy of a Javanese Motive". Paradox Records
„The Hound of Heaven". CRI - Composers Recordings
„Lyric piece for Sting Orchestra. CRI - Composers Recordings
Piano Suite, in: „New Music for piano". CRI - Composers Recordings
„Rhymes from the Hill" (aus: „Galgenlieder"). CRI - Composers Recordings
„Songs of youth and madness". CRI - Composers Recordings
„Symphonia brevis". CRI - Composers Recordings
A Miriam Gideon Retrospective. New World Records

Gipps, Ruth
(* 1921)

Die Komponistin gehört zu den bekanntesten englischen Musikerinnen unseres Jahrhunderts und wurde am 20. Februar 1921 in Sussex geboren. Schon als Kind nahm sie Musikunterricht an der Bexhill School of Music. Mit 16 schrieb sie sich im Royal College of Music ein und studierte Klavier und Oboe bei R. O. Morris, Gordon Jacob und Vaughan Williams, sowie bei Arthur Alexander, Kendall Taylor und Leon Goossens. 1941 schloß sie ihr Studium ab. Ihr Klavierstudium setzte sie bei Matthay fort und war mit 28 Jahren eine der jüngsten Doktoranden Großbritanniens. Als Dirigentin leitete sie verschiedene britische Orchester, wie das City of Birmingham Orchestra und den Listeners Club Choir. 1949/50 gründete und leitete sie das London Repertoire Orchestra und das Chanticleer Orchestra. Sie war Vorsitzende der Composers Guild Großbritanniens und Lehrbeauftragte am Trinity College in London (von 1959 bis 1966). Ruth Gipps war zudem die erste Frau, die eine eigene Sinfonie in einer BBC-Radiosendung dirigierte, und ihr Poem „Knight in Armour" wurde von Sir Henry Wood in einer der berühmten Last Night of the Proms 1942 aufgeführt. Zahlreiche Kompositionspreise konnte sie im Laufe ihrer Karriere entgegennehmen. Schließlich wurde sie Ehrenmitglied der Royal Academy of Music und erhielt eine Ehrenauszeichnung von Königin Elisabeth. Ihr kompositorisches Schaffen ist umfangreich; sie schrieb allein fünf Sinfonien und zahlreiche Kammermusikwerke, die nicht nur in England aufgeführt werden.

KLAVIERMUSIK

„The fairy shoemaker" (1929)
„Conversation" für zwei Klaviere op. 36 (1950)
Thema und Variationen op. 57 (1965)

KAMMERMUSIK

„Kensington Gardens suite" op. 2 für Oboe und Klavier (1938)
„Chamois" op. 3 für zwei Violinen und Klavier (1939)
„Honey-coloured cow" op. 3 für Fagott und Klavier (1939)
„Pixie caravan" op. 3a für Flöte und Klavier (1939)
„Sea shore suite" op. 3 für Oboe und Klavier (1939)
„The Kelpie of Corrievreckan" op. 5 für Klarinette und Klavier (1939)
Sonata in g-moll op. 5 für Oboe und Klavier (1939)
Trio op. 10 für Oboe, Klarinette und Klavier (1940)
„Elephant God" op. 12 für Klarinette und Trommel (1940)
„Sea weed song" op. 12 für Englischhorn und Klavier (1940)
„Rowan" op. 12 für Flöte und Klavier (1940)
Suite op. 12 für zwei Violinen (1940)
„The piper of dreams" op. 12b für Oboe (1940)
„Sabrina" op. 13 für Streichquartett (1940)
„Flax and Charlock" op. 21 für Englischhorn und

Streichtrio (1941)
Quintett op. 16 für Oboe, Klarinette, Violine, Viola und Cello (1941)
„Brocade" op. 17 für Klavierquartett (1941)
Rhapsody op. 23 für Klarinette und Streichquartett (1942)
„Billy Goats Gruff" op. 27 für Oboe, Fagott und Horn (1943)
Rhapsody op. 27 für Violine und Klavier (1943)
Sonatina op. 56 für Horn und Klavier (1950)
Sonata op. 42 für Violine und Klavier (1954)
Sonata op. 45 für Klarinette und Klavier (1955)
„Lyric fantasy" op. 46 für Viola und Klavier (1955)
Streichquartett op. 47 (1956)
„Evocation" op. 48 für Violine und Klavier (1956)
Prelude op. 51 für Baßklarinette (1958)
„Seascape" op. 53 für 10 Blasinstrumente (1958)
„A tarradiddle" op. 54 für zwei Hörner (1959)
Bläseroktett (1983)
Oboensonate op. 66 (1985)
„St. Francis Window" op. 67 für Flöte und Klarinette (1986)
„The Rides of Rohan" op. 69 für Posaune und Klavier (1987)
„The Pony Cart" für Flöte, Horn und Klavier (1990)
„A walden suite" op. 76 für vier Klarinetten (1991)
„Pan and Apollo" op. 78 für Oboe, Englischhorn und Harfe (1992)

ORCHESTERMUSIK

„Knight in armour" op. 8 (1940)
Klarinettenkonzert mit kleinem Orchester op. 9 (1940)
„Jane Grey fantasy" op. 15 für Viola und Streichorchester (1941)
Oboenkonzert mit kleinem Orchester op. 20 (1941)
Symphony Nr.1 in f-moll op. 22 (1942)
Violinkonzert in B-dur op. 24 (1943)
„Death on a pale horse" op. 25 (1943)
„Variations on Byrd's Non Nobis" op. 25 für kleines Orchester (1943)
„Chanticleer" op. 28, Ouvertüre (1944)
„The Chinese cabinet" op. 29, Suite für großes Orchester (1945)
Symphony Nr. 2 in H-dur op. 30 (1945)
„Song for Orchestra" op. 33 (1948)
Klavierkonzert op. 34 (1948)
„Cringlemire gardens" op. 39 für Streichorchester (1952)
„Coronation procession" op. 41 (1953)
„The rainbow" op. 40, Festouvertüre (1954)
Konzert op. 49 für Violine, Viola und kleines Orchester (1957)
Symphony Nr. 3 op. 57 (1965)
Hornkonzert op. 58 (1968)
„Leviathan" op. 59 für Fagott und Kammerorchester (1969)
Symphony Nr. 4 op. 61 (1972)
„Ambarvalia" op. 70 für Kammerorchester (1988)
Sinfonietta op. 73 für 10 Bläser und Tam-Tam (1989)
Symphony Nr. 5

VOKALMUSIK

„Heaven" op. 4a (Text: Rupert Brooke) für Sopran und Klavier (1939)
„Four baritone songs" op. 4b (1939)
„Songs of youth" op. 11 (Text: Brooke) (1940)
„Two songs" op. 11 (Text: Winifred Holtby) (1940)
„Safety" op. 11, Psalm 91 (1940)
„Rhapsody without words" op. 18 für Sopran und kleines Orchester (1941)
„Ducks" op. 19 für Sopran, Flöte, Cello und Klavier (1941)
„Porphyria's lover" op. 26 für Tenor / Bariton und Klavier (1943)
„The song of the Narcissus" op. 37 für Sopran und Klavier (1951)
„In other words" op. 43 (Text: Noyes) für Mezzosopran und Streicher (1954)
„Three incantations" op. 50 für Sopran und Harfe (1957)

CHORMUSIK

„Mazeppa's ride" op. 1 für Frauenchor und kleines Orchester (1937)
„The Temptation of Christ" op. 6 für Sopran, Tenor, Chor und kleines Orchester (1939)
„Goblin market" op. 40 (Text: Christina Rossetti) für zwei Soprane, Frauenchor und Streichorchester (1953)
„An Easter carol" op. 52 für gemischten Chor und Klavier/Orgel (1958)
„Magnificat and Nunc dimittis" op. 55 für gemischten Chor und Orgel (1959)
„The cat" op. 32 für Countertenor, Bariton, Doppelchor und Orchester (1967)
„The Prophet" (Text: Kahlil Gibran) für Sprecher, Bariton, Sopran, kleiner Kinderchor und Orchester
„Gloria in excelsis" op. 62 Stimmen unisono und Orgel (1972)

BÜHNENMUSIK

„Sea Nymph" op. 14, Ballett für kleines Orchester / zwei Klaviere (1941)
„Virgin Mountain" op. 38, Ballett (1952)

BIBLIOGRAPHIE

Wright, D. C. F.: Ruth Gipps. In: British Music Journal, 1991
Pluygers, C.: Discrimination – the Career and Recognition of Dr. R. Gipps, 1992

Giuranna, Barbara
(* 1899)

Neben Elsa Respighi ist Barabara Giuranna die prominenteste Komponistin Italiens der ersten Jahrhunderthälfte. Sie wurde am 18. November 1899 in Palermo geboren und studierte Klavier und Harfe bei G. A. Fano am Konservatorium in Palermo. Anschließend absolvierte sie ihr Kompositionsstudium bei C. de Nardis und A. Savasta am Konservatorium in Neapel. 1923 trat sie erstmals als Pianistin mit dem Sinfonieorchester von Neapel auf. Barbara Giuranna war die erste italienische Komponistin, die 1935 und 1938 zur Teilnahme an den Internationalen Festivals in Venedig und Brüssel aufgefordert wurde. 1937 unterrichtete sie in den Fächern Kontrapunkt und Harmonielehre und ab 1970 auch Komposition am Konservatorium Santa Cecilia in Rom. Für ihre Kompositionen, die vom Orchesterwerk bis zur Ballett- und Opernmusik reichen, wurde sie vielfach ausgezeichnet. Ihre Oper „Mayerling" wurde 1961 vom italienischen Rundfunk (Leitung: Maestro Fernando Previtali) gesendet.

KLAVIERMUSIK
Sonatine für Klavier, Mailand, Ricordi 1932
Toccata für Klavier, Mailand, Ricordi 1938

KAMMERMUSIK
Adagio und Allegro für neun Instrumente, Mailand, Ricordi 1935
Sonatina für Harfe solo, Mailand, Ricordi 1939
Solo für Viola (1980)

ORCHESTERMUSIK
„Il miracolo delle rose", symphonische Dichtung (1923)
„Alpina rapita dai nani della montagna", symphonische Suite (1924), Mailand, Ricordi
„Marionette", Scherzo für Orchester (1925)
Notturno (1935)
„Poema eroico", Mailand, Ricordi 1936
„X. Legio" für Orchester und Orgel, Mailand, Ricordi 1937
Toccata, Mailand, Ricordi 1938
„Patria", symphonische Dichtung, Mailand, Ricordi 1939
„Episodi" für Klavier, Holz- und Blechbläser und Schlagzeug, Mailand, Ricordi 1947
Concerto per orchestra (1966)
„Musica per Olivia" (1970)
Adagio di concerto für Holzbläser und Streicher, Mailand, Ricordi 1971

VOKALMUSIK
„Dienai" für drei Männerstimmen
„Canto di guerra" für drei Männerstimmen
„Quattre canti fanciulleschi", Mailand, Ricordi
„Las estrellas del cielo", Mailand, Ricordi
„Mi madre" (1928), Mailand, Ricordi
„Stornello" (1928), Mailand, Ricordi
„Tre coretti" für Frauenstimmen und fünf Instrumente, Mailand, Ricordi 1932
„Canto arabo" für Gesang und Klavier/Orchester, Mailand, Ricordi 1934
„La guerriera" für Sopran und Orchester, Mailand, Ricordi 1934
„Tre cori" für Männerstimmen, Mailand, Ricordi 1935
„Due strofi siciliani" (1936), Mailand, Ricordi
„Gloria in excelsis Deo" für drei Stimmen (1950)
„Augurio" für mittlere Stimme und Klavier, Mailand, Ricordi
Diverse Volkslieder, Gesänge und neapolitanische Lieder

CHORMUSIK
„Allegreze" für Chor und kleines Orchester
„Canto di Nozze" für Chor und kleines Orchester
„Tre canti alla Vergine" für Stimme, Chor und kleines Orchester (1950)
Messa „Sinite parvulos" (1990)

BÜHNENMUSIK
„Trappolo d'oro, Ballett (1929)
„Jamanto", lyrische Oper in drei Akten (1941)
„Mayerling", lyrische Oper in drei Akten (1957 / 1961)
„Hosanna", lyrische Oper in einem Akt (1978)

BIBLIOGRAPHIE
Adkins Chiti, Patricia: Donne in musica, Bulzoni, Rom 1982

Glanville-Hicks, Peggy
(1912-1990)

Die australische Opernkomponistin wurde am 29. Dezember 1912 in Melbourne, Australien, geboren. Mit fünfzehn Jahren begann sie ihr Kompositionsstudium am Konservatorium Melbourne, ihr erster Lehrer war dort Fritz Hart. Ein Stipendium ermöglichte ihr einen Aufenthalt am Royal College of Music in London von 1931 bis

1935. Hier studierte sie Komposition bei Ralph Vaughan Williams, Klavier bei Arthur Benjamin, Dirigat bei Constant Lambert und bei Sir Malcolm Sargent. Zu ihrer Ausbildung gehörten außerdem Unterricht in Kontrapunkt (bei C. Kitson), Harmonie (bei R. O. Morris) und Instrumentierung (bei G. Jacob). Ein zweites Auslandsstipendium gab ihr die Möglichkeit, von 1936 bis 1938 bei Egon Wellesz in Wien und bei Nadia Boulanger in Paris Komposition zu studieren. Als erste Komponistin repräsentierte Peggy Glanville-Hicks Australien 1938 beim ISCM-Festival in London und 1948 in Amsterdam. 1942 ging sie in die USA. Neben ihrer kompositorischen Tätigkeit schrieb sie Artikel für Musikzeitschriften, organisierte Konzerte und gründete 1943/44 zusammen mit C. S. Smith den International Music Fund der UNESCO zur Rehabilitierung europäischer Künstler nach dem Krieg. Schließlich übernahm sie das Generalsekretariat des Composers Forum an der Columbia University in New York. 1950 schrieb sie ihre erste Oper „Transposed Head" (Libretto: Thomas Mann) und war damit die erste Frau, die in den USA überhaupt einen großen Opernauftrag erhielt. 1953 wurde das Werk in New York veröffentlicht und von der American Academy of Arts and Letters prämiert. Nach 1956 lebte sie in Athen, 1956 und 1958 erhielt sie ein Guggenheim-Stipendium. 1958 schrieb Peggy Glanville-Hicks die Ballettmusik zu „Mask of the wild man", wieder ein Auftragswerk, diesmal für das erste Spoleto Festival of Two Worlds (Choreographie: John Butler). Für ethnomusikalische Forschungen im Mittleren und Fernen Osten erhielt die Komponistin 1960 ein Fulbright-Stipendium und 1961 bis 1963 die Rockefeller-Auszeichnung. Ihre Oper „Nausicaa" (Text: Robert Graves, Choreographie: John Butler), nach zweijähriger Forschung über griechische Folklore entstanden, wurde 1961 beim Festival in Athen uraufgeführt. 4800 Zuschauer spendeten standing ovations im Freilichttheater Herold Atticus. Nach diesem sensationellen Erfolg bekam Peggy Glanville-Hicks 1963 einen weiteren Opernauftrag der Ford Foundation für die San Francisco Opera: auf diese Weise entstand ihr Werk „Sappho" (Libretto: Lawrence Durell) für Maria Callas (Mezzosopran).

Ihr Versuch, die Musik der außereuropäischen Welt, insbesondere die Westindiens und weitere asiatische Musik, in ihr Schaffen zu integrieren, war pionierhaft und beeinflußte viele andere Musiker (so u. a. Lou Harrisson, Paul Bowles, Alen Hovhaness). Außerdem ist ihre Oper „The Glittering Gate" (1956) eine der ersten Bühnenmusiken, die sich elektronischer Gestaltungsmittel bediente. 1976 kehrte sie nach 45 Jahren in ihr Heimatland zurück, lebte und wirkte dort bis zu ihrem Tod am 25. Juni 1990 in Sydney.

KLAVIERMUSIK

Sonatine für Klavier
„Prelude for a pensive pupil" (1963), in: Frauen komponieren, Mainz, Schott 1985

KAMMERMUSIK

Streichquartett (1938)
Sonate für Flöte (Blockflöte) und Klavier (1938), London, Schott
Concertino da camera für Flöte, Klarinette, Fagott und Klavier (1945)
Sonata für Harfe (1950), New York, Weintraub
Sonata für Klavier und Schlagzeug (fünf Spieler) (1951), New York, Associated Music Publ.
Sonate für Harfe, Flöte und Horn (1950)
Concertino antico für Harfe und Streichquartett
Musica Antiqua Nr. 1 für zwei Flöten, Harfe, Marimba, Schlagzeug und Pauken, New York, Peters

ORCHESTERMUSIK

Drei Gymnopédies (1934) 1. für Oboe, Harfe und Streicher; 2. für Harfe, Celesta und Streicher; 3. für Harfe und Streicher, New York, Associated Music Publ.
Spanische Suite für Orchester (1936)
Prelude und Scherzo für Orchester (1937)
Konzert für Flöte und Orchester (1937)
Konzert für Klavier und Orchester (1938)
„Sinfonia da Pacifica" (1953), New York, Associated Music Publ.
„Etruscan Concerto" für Klavier und Kammerorchester (1955), New York, Peters
„Concerto Romantico" für Viola und Orchester (1956), New York, Peters
„Saul and the witch of Endor" für Trompete, Schlagzeug und Streicher (1964)
„Tapestry" für Orchester (1964)
„Drama", Orchesterfassung des Balletts „Saul" (1966), New York, Peters

VOKALMUSIK

„13 ways of looking at a blackbird" für Gesang und Klavier, New York, Weintraub

„Profiles from China" für Gesang und Klavier / Kammerorchester, New York, Weintraub

„In mid-wood silence" für Sopran und Oboe (1935)

„Letters from Marocco" für Tenor und Kammerorchester, New York, Associated Music Publ.

„Thomasiana", fünf musikalische Parodien für Tenor/ Sopran, Flöte, Horn, Klavier und Streichquartett (1949)

Ballade (Text: P. Bowles), drei Gesänge für Stimme und Klavier (1955), New York, Hargail Music

„Last Poems" (Text: A. Housman), fünf Songs für Stimme und Klavier, New York, Weintraub

BÜHNENMUSIK

Caedmon (1933)

„Hylas and the nymphs" (1937)

„Postman's knock" (1940)

„Killer of enemies" (1946)

„The transposed heads", Oper in sechs Aufzügen, New York, Schirmer 1953

„The Glittering Gate", Oper in einem Akt (1956), New York, Colombo

„The masque of the wild man (1958)

„Nausicaa" Oper in drei Akten (1961), New York, Colombo

„Saul and the witch of Endor" (1964), New York, Peters

„A season in hell" (1965)

„Jephtah's daughter (1966), Ballett

„Sappho", Oper in drei Akten (1966)

Diverse Filmmusiken (u. a. für die UNO: „The African Story" aus „All our children", United Nations, 1956 / für die UNESCO: „A Scary time", Filmmusik, 1958)

TV-Cartoons für Film-Grafics Inc., 1950

BIBLIOGRAPHIE

Antheil, G.: P. G.-H., in ACAB, Bulletin of the American Composers Alliance, New York, 1954

McCredie, A. D.: Musical Composition in Australia, Canberra 1969

Murdock, J.: P. G.-H., in „Australia's Contemporary Composers", Melbourne, 1972

LePage, J. W.: P. G.-H., in: Women composers, conductors and musicians of the 20th century, Scarecrow, London 1983

Hayes, D.: P. G.-H. – a bio-bibliography. London, Greenwood 1990

DISKOGRAPHIE

Sinfonia da pacifica. MGM Orchestra, C. Surinach. MGM Records, Hollywood

Sinfonia da pacifica. Vox Australis

Concertino da camera. New York Woodwind Ensemble. CBS

Sonate für Klavier und Schlagzeug, Concertino romantico. MGM Orchestra, C. Surinach. MGM Records, Hollywood

„Etruscan concerto". Carlo Busotti, Klavier; MGM Orchestra, C. Surinach. MGM Records, Hollywood

„Etruscan Concerto". Keith Jarrett, Klavier; S. Brooks, Saxophon, Brooklyn Philharmonic Orchestra, Ltg. D. R. Davies. Music Masters / Media

Drei Gymnopédies. MGM Orchestra, C. Surinach. MGM Records, Hollywood

Drei Gymnopédies. RIAS Orchester, Berlin, Ltg. Jonel Perlea. Remington

Fünf Lieder für Mezzosopran und Klavier aus „13 ways of looking at a blackbird": Among twenty snowy mountains" / „A man, a woman" / „Icicles filled" / „thin men" / „The river is moving". Meta Bourgonjen, Ro van Hessen, Stichting Famke, Leeuwarden, Niederlande

Sonate für Klavier und Schlagzeug. C. Bussotti, Klavier; New York Perc. Group. Columbia Records

Sonata für Harfe. Nicanor Zabaleta. Esoteric Records

„The Transposed Heads". Louisville Opera Company und Orchester. LOU Records

„Nausicaa". Athens Symphony Orchestra und Solisten (u. a. Teresa Stratas), Ltg. Carlos Surinach. CRI Records, New York

Goebels-Behrend, Gisela (1903-1989)

Die deutsche Komponistin wurde am 3. Dezember 1903 in Magdeburg geboren. Bei Musikabenden im Elternhaus spielte sie schon früh Klavier, Cello und Bratsche. Bereits 1918 begann sie zu komponieren, obwohl sie nie eine entsprechende Ausbildung erhalten hatte – von gelegentlichem Unterricht in Harmonielehre bei den jeweiligen Kantoren ihrer Gemeinde abgesehen. 1926 beendete sie ein Studium der Nationalökonomie und heiratete 1927 den Juristen und Cellisten H. Goebels. 1931 schrieb sie eine Serie von dreißig Liedern. Der Zweite Weltkrieg zwang sie zu einer Schaffenspause; erst 1955 begann Gisela Goebels wieder zu komponieren. 1968 gab sie jedoch ihre Kompositonstätigkeit aus Krankheitsgründen endgültig auf und wandte sich der Malerei zu. 1975 begann sie schließlich noch mit em Studium der Geschichte und der Archäologie. Sie hinterließ rund 70 Lieder, Musik für Streicher, eine Sinfonietta, zwei Klaviertrios, zwei Cellosonaten und zwei Klaviersonaten. Leider erlebte sie kaum eine Aufführung ihrer eigenen Werke. Sie starb 85jährig am 23. Oktober 1989 in einem Wohnstift in Freiburg.

KLAVIERMUSIK
Fünf besinnliche Stücke für Klavier
Zwei Sonaten für Klavier

KAMMERMUSIK
Sonate As-dur für Cello und Klavier
Sonate D-dur für Cello und Klavier
Quartettino für Streichquartett
Streichquartett Es-dur
Trio für Violine, Cello und Klavier As-dur
Trio für Violine, Cello und Klavier
Serenade in G-dur für Klarinette, Viola und Klavier
Sinfonietta für fünf Streicher

VOKALMUSIK
Sieben Haikus für Singstimme und Klavier
Acht Lieder für Singstimme und Klavier (Texte: Hesse und eigene Texte)
Acht Lieder für Singstimme und Klavier (Texte: Morgenstern, Wilhelm Busch)
Zwölf Lieder für Singstimme und Klavier
Terzett für drei Solostimmen und Klavier
Quartett für vier Solostimmen und Klavier
Weitere 70 Lieder für Singstimme und Klavier

Görsch, Ursula
(* 1932)

Die Komponistin und Musikpädagogin wurde am 4. März 1932 in Bremen geboren. Musik studierte sie an der Pädagogischen Hochschule in Bremen. Neben dem Schuldienst absolvierte sie noch ein privates Klavierstudium bei Walter Bohle und wurde 1956 freie Mitarbeiterin bei Radio Bremen in der Abteilung Musik-Schulfunk. In jener Zeit entstanden ihre ersten Kompositionen, insbesondere Kantaten und Chorsätze. Von 1964 bis 1969 war Ursula Görsch als Musikpädagogin an der Deutschen Schule in Istanbul tätig und gründete das erste Jugend-Kammerorchester der Türkei, mit dem sie, unterstützt durch das Goethe-Institut, zahlreiche Konzerte gab. Auf Anregung von Eduard Zuckmayer, Ankara, beschäftigte sie sich intensiv mit der türkisch-arabischen Musikkultur, nahm daneben an Kursen in Darmstadt und Salzburg teil. Ihre Kinderoper „Jonathan und der Drachen" stammt aus dieser Zeit. Nach ihrer Rückkehr nach Deutschland war sie noch einmal Studentin an der Musikhochschule Karlsruhe und kehrte dann in den Schuldienst ihrer Heimatstadt Bremen zurück. Lange Jahre war Ursla Görsch Vorsitzende von „Jugend musiziert", seit 1988 Mitglied der Esslinger Künstlergilde; 1990 erhielt sie den Preis der Gerhard-Maasz-Stiftung für ihre „Cantata curiosa".

KLAVIERMUSIK
„Piano latinero", drei Klavierstücke nach lateinamerikanischen Rhythmen (1986)

KAMMERMUSIK
Rondo für Schlagwerk
Miniaturen für Schlagzeug (1979), Bremen, Eres
Anatolische Suite (1982)
Variationen über ein türkisches Liebeslied für Querflöte und Klavier (1983)
„Diarium", Querflötenquintett (1984)
„Cario Samlero", Querflötenquintett (1984)
„Quartetto festivo" für Holzbläser (1986)
Konzertstück für Oboe / Englischhorn und Kammerensemble (1987)
„Punctum contra punctum" für Blockflöte und Cello (1988)
„Le danseur", Holzbläsertrio für Flöte, Klarinette, Fagott (1990)
Drei Querflötenduette (1991)
„Die vier Elemente" für Vibraphon solo (1992), Dokumentationsreihe der Künstlergilde Esslingen, Köln, Tonger 1992
„Metamorphose" für Altsaxophon in Es und Klavier (1992)
„Chiffren" für Querflöte solo (1994)

ORCHESTERMUSIK
„Transformationen für großes Orchester (1990)

VOKALMUSIK
„Heitere Tierkantate" (1973)
„Die stumme Uhr von Horsten", Kantate nach einer friesischen Sage von Hermann Melles (1981)
„Sie kamen durch die Wüste", Szenische Kantate über

Weg und Wandlungen der Heiligen Drei Könige (1982)
„Drei Gesänge vom Menschen" für Bariton, Viola, Klarinette, Fagott auf Texte von Elisabeth von Ulmann

CHORMUSIK

Zigeunerkantate (Text: Nikolaus Lenau)
Fünf Chorsätze (Texte: Mascha Kaleko, Ringelnatz)
„Wenn ich eine Wolke wäre" für dreistimmigen Frauen- oder Kinderchor, Bad Oeynhausen, Gabriel 1987
Kleines Liebeslied für vierstimmigen gemischten Chor, Bad Oeynhausen, Gabriel 1987
„Vetter Klaus aus Altona" für zweistimmigen Kinderchor, Bad Oeynhausen, Gabriel 1987
„Cantata curiosa" für vierstimmigen gemischten Chor und Orchester (1989)
„Vier erstaunliche Chorstücke" nach eigenen Texten für vierstimmigen gemischten Chor, Klavier und Schlagzeug (1995)

BÜHNENMUSIK

„Jonathan und der Drachen", Kinderoper nach einem englischen Märchen

DISKOGRAPHIE

„Transformationen" für großes Orchester. VVM Schallplatten

Gotkovski, Ida
(* 1933)

Ida Gotkovski wurde am 26. August 1933 in Calais / Frankreich geboren und wuchs in einer sehr musikalischen Familie auf: ihr Vater war ein bekannter Violinist. Ida Gotkovski besuchte das Pariser Konservatorium und studierte u. a. bei O. Messiaen und Nadia Boulanger Komposition. Im Alter von 23 Jahren erhielt sie ihre erste Auszeichnung, der viele Kompositionspreise folgen sollten. 1966 erhielt sie für ihre Oper „Le rêve de Makar" den Grand Prix Musical de la Ville de Paris, es folgten der Prix Blumenthal, der Prix Lili Boulanger, der Preis des Institut Français und die „Golden Rose" in den USA – ein Preis, den vor Jahren auch Nadia Boulanger bekommen hatte. Ida Gotkovski lehrt am Pariser Konservatorium Komposition und hat einen Lehrauftrag an der Universität von Texas. Sie gehört zu den bekanntesten französischen Komponistinnen; ihre Werke wurden nicht nur in Europa, sondern auch in den USA, Japan und der Sowjetunion aufgeführt. Ihre meisten Kompositionen sind Auftragswerke, wie ihr „Oratorio Olympique" zur Eröffnung der Winter-Olympiade 1992. Das American Biographical Institut ernannte sie 1991 zur „Professional of the Year in Education". Als Komponistin hat sie sich vor allem mit zahlreichen Werken für Bläser einen Namen gemacht, wobei ihr Stück „Poème du Feu" zu ihren meistgespielten Werken gehört.

Ida Gotkovski. Foto: Jumeau, Gérard Billaudot

KAMMERMUSIK

Holzbläsertrio (1955)
Streichquartett (1956)
Suite für Tuba und Klavier, Paris, Salabert (1959)
„Eoliennes" für Flöte und Harfe (1970), Paris, Billaudot 1976
„Caractères" für Violine und Klavier, Paris, Chappell 1971
„Brillance" für Altsaxophon und Klavier, Paris, Ed. Françaises 1974
„Caractères" für Saxophon und Klavier, Paris, Chappell 1974

Variations concertantes für Fagott und Klavier, Paris, Transatlantiques
Variations pathétiques für Altsaxophon und Klavier, Paris, Billaudot 1980
Capriccio für Violine und Klavier (1981)
Sinfonie für Orgel und Blasorchester (1982)
Ritournelle für Trompete und Klavier, Charnay-les-Macon, Martin 1983
Romance für Posaune und Klavier, Charnay-les-Macon, Martin 1983
Lied für Baßposaune und Klavier, Charnay-les-Macon, Martin 1983
„Baladins" für Tuba und Klavier, Charnay-les-Macon, Martin 1983
Saxophonquartett (1983)
„Eolienne" für Saxophon und Harfe, Paris, Billaudot 1983
Trio für Violine, Klarinette und Klavier (1984)
Sonate für Klarinette solo, Wormerveer, Molenaar 1986
Quintett für Blechbläser (1993)

ORCHESTERMUSIK

Sinfonie für Streicher und Zimbal (1958)
Sinfonie für 80 Instrumente (Holzbläser), Molenaar 1960
Konzert für zwei Violinen und Orchester (1962)
„Musique en couleurs" (1966)
Konzert für Saxophon und Orchester (1966)
Konzert für Klarinette und Orchester (1968), Paris, Transatlantiques
Variations concertantes für Fagott und Orchester (1970)
Konzert für Orchester (1971)
Konzert für Trompete und Orchester (1972)
Konzert für Cello und Orchester (1974)
Konzert für Posaune und Orchester, Paris, Billaudot 1978
„Poème du feu" für Blasorchester (1978)
Variations pathétiques für Altsaxophon und Streichorchester (1980)
Konzert für Horn und Orchester (1984)
„Symphonie de Printemps" für großes Orchester, Wormerveer, Molenaar 1986
„Danses rituelles" für Orchester (1988)
Symphonie brillante (1989)
„Golden Symphonie" für Blasorchester (1991)
„Couleurs en Musique" für Orchester (1992)

CHORMUSIK

„Oratorio Olympique" für Chor und Orchester (Auftragswerk, 1992)
„Songe une Nuit" für Chor und Bläser (1988)

BÜHNENMUSIK

„Rien ne va plus", Ballett
„Le rêve de Makar", Oper (1964)

„Poème lyrique" (Text: Baudelaire), kleine Oper (1982)
„Escapades", Bühnenmusik
„Jeux", Bühnenmusik
„Jongliers", Bühnenmusik
„Funambulesque", Bühnenmusik

RADIOMUSIK

Suite pour deux instruments (1957)
„L'ingénieur Bakirev" (1974)
„Trois personnages dans l'infini"

BIBLIOGRAPHIE

Roster, D.: Ida Gotkovski – Inspiration durch Natureindrücke, in „Clarino" 7/1993
Billaudot, Éditeur: Ida Gotkovski, catalogue des œuvres, Paris 1993

DISKOGRAPHIE

Variations pathétiques / Konzert für Altsaxophon und Orchester. Ed. Bogaard, Saxophon; Radio Kamer Orkest Hilversum, Ltg. J. Fournet. BVHAAST Records, Amsterdam
Works for symphonic band / Concerto for symphonic band / Concerto für Saxophon und symphonische Band / „Poème du feu". Jean Leclerq, Saxophon; The symphonic band of the Belgian guides, Ltg. Norbert Nozy. Brüssel Gailly International

Gould, Elisabeth Davies
(* 1904)

Am 9. März 1904 wurde die amerikanische Komponistin Elisabeth Davies Gould in Toledo, Ohio geboren. Sie absolvierte ihr Musikstudium an den Universitäten in Toledo und Michigan bei Guy Meier und Artur Schnabel. Ihr Werkverzeichnis umfaßt Musik für Orchester, Kammer- und Klaviermusik sowie Vokalwerke. 1963 wurde ihre Name unter den zehn namhaftesten Komponistinnen beim National Council of Women of the USA genannt. Ihre Kompositionen wurden unter anderem mit dem Delta Omicron First Prize (1965) und dem Arthur Shepherd Award (1969) ausgezeichnet.

ORGEL- / KLAVIERMUSIK

„Marches"
„Five ideas"
Prelude (1947)
Toccata (1950)
„Rhythm" für zwei Klaviere (1955)
„Three effects" für vier Hände (1958)

Sonate Nr. 1 (1958)
Sonate Nr. 2 (1961)
Sonatine (1962)
Sonatine für Orgel Nr. 1 (1962)
„Scintillations", Ballettmusik für zwei Klaviere (1969)
Tarantella für zwei Klaviere (1969)
„Celebration fantasy" für Orgel (1970)
Sonatine Nr. 2 für Orgel (1971)
Vier Preludes (1973)

KAMMERMUSIK

Sonatine für Violine und Klavier (1951)
Sonate für Cello und Klavier (1959)
Fantasy und Passacaglia für Streichtrio
Andante für Trompete und Klavier, New York, Presser (1959)
Streichquartett (1960)
„The acrobatic winds" für Oboe, Klarinette und Fagott (1963)
„Disciplines" für Oboe, Klarinette und Fagott, New York, Presser (1963)
Flötenquartett (1963)
Sonate für Viola und Klavier (1963)
Trio für Violine, Cello und Klavier (1964)
„The kitty-cat bird" für Flöte, Oboe, Klarinette und Fagott (1964)
Musik für Viola und Klavier (1964)
Suite für Holzbläser, Blechbläser und Schlagzeug (1965)
Fantasy und Fugue für Fagott und Klavier (1965)
„15 easy pieces" für Fagott und Klavier (1965)
„Triadic Suite" für Flöte und Klavier (1974)
„Free forms" für vier Flöten (1976)

ORCHESTERMUSIK

„Flashes of our time" für Orchester
Konzert für Klavier und Orchester (1953)
Konzert für Trompete und Streicher (1959)
Konzert für Klarinette, Trompete und Streicher (1959)
„Escapade", Ouvertüre für Orchester (1960)
„Games" für Orchester und sehr junge Pianisten (1962)
„Music for a celebration" (1971)
„Mini-Sinfonie" (1973), mit Einführung in die Instrumente

VOKALMUSIK

„Prologue to men are naive" für Sprecher, Klavier, Flöte und Violine (1955)
„Personal and private", Zyklus für Gesang und Klavier (1969)
„Reflections at dawn" für drei Soprane und Klavier (1971)
„Fiddle song" für Frauenstimme und Klavier (1971)
„The barber's songs" für Frauenstimme und Klavier (1971)

CHORMUSIK

„Ballad for an Indonesian feast" für Chor
„The drum of morning", Madrigal-Zyklus für Chor
„Declaration for peace" für Chor und Orchester (1955)
„Halleluja", Anthem für Chor, Orgel, Pauken und Becken (1969)
„Transformation, a song of hope", Anthem für Chor, Kinderchor und Orgel (1970)
„Hymn of the Ascension" für Chor, Kinderchor und Orgel (1975)

BÜHNENMUSIK

„Ray and the Gospel Singer", komische Oper

Grandval, Marie Felicie Clémence de Reiset (1830-1907)

Die Komponistin und Flotow-Schülerin wurde am 20. Januar in Château de la Cour-de-Bois bei Saint-Remy des Monts geboren. Sie begann mit dem Musikunterricht im Alter von sechs Jahren. Später studierte sie am Pariser Conservatoire Komposition bei Friedrich von Flotow, dem Mecklenburger, der in Paris als Opernkomponist erfolgreich war. Als Flotow zurück nach Deutschland ging, war Marie Grandval ohne Mentor, fand jedoch Camille Saint-Saëns als Lehrer und erhielt Klavierunterricht bei Chopin. Ihr Oratorium „La fille de Jaire" erhielt 1879 den Prix Rossini. Sie gehörte zu den populärsten Komponistinnen ihrer Zeit, die nicht nur Lieder und Kammermusik hinterließ, sondern auch eine beträchtliche Zahl an Opern schrieb. Die Komponistin starb am 15. Januar 1803.

KLAVIERMUSIK

„Chanson d'hiver", Paris, Durand
„Consolatrice", Paris, Durand
„Paquerette", Paris, Durand
Menuet, Paris, Fromont
Barcarolle, Paris, Fromont
Nocturnes op. 5 und 6, Paris, Lemoine
„Mazurka du ballet" für zwei Klaviere
„Attente", Paris, Durand

KAMMERMUSIK

Musette für Violine und Klavier, Paris / London, Schott
Prélude et Variations für Violine und Klavier
Serenade für Cello und Klavier
Sonata op. 8 für Violine und Klavier, Paris, Lemoine

Andantino /Bohémienne für Violine und Klavier
„Valse mélancolique" für Flöte und Klavier
Andante con moto für Cello und Klavier
„Chant serbe" für Cello und Klavier
Klaviertrio Nr. 1 und 2, Paris, Lemoine
Gavotte für Cello, Kontrabaß und Klavier
„Chanson Suisse" für Cello und Klavier

VOKALMUSIK
Zahlreiche Lieder für Singstimme und Klavier, darunter:

„Chanson d'autrefois"
„Chanson de la coquille"
„Chanson Laponne"
„Les Lucioles" für Mezzosopran, Violine, Klavier und Orgel
„Nîmes" (1902)
„Rapelle-toi"
„Rose et violette"
„Si tu m'aimais", Paris, Heugel
„Solitude", Paris, Fromont
„Agnus Dei" für Sopran und Tenor, Paris, Durand
„O Salutaris" für Sopran und Klavier / Orgel, Paris, Durand
„Offertoire" für Singstimme und Instrumente
„Pater Noster" für Sopran, Klavier und Orgel
„Gratias" für Singstimme, Klavier und Orgel

CHORMUSIK
„La fille de Jaire", Oratorium (1879), Paris, Collin
„St. Agnes", Oratorium für Chor und Instrumente
Benedictus für drei Stimmen oder gemischten Chor, Orgel und Klavier
Messe Nr. 1 und 2 für Soli, Chor und Orchester
Stabat mater für Soli, Chor , Klavier und Orgel, Paris, Durand

BÜHNENMUSIK
„Callirhoe", Ballett-Sinfonie
„Le Son de Lise", Operette in einem Akt (1859)
„Les fiancées de Rosa", komische Oper in einem Akt, Paris 1863
„La Comtesse Eva", komische Oper in einem Akt, Paris, 1864
„Donna Maria, Infanta di Spagna" (1865)
„La Pentente", komische Oper in einem Akt (1868)
„Piccolino", Oper in drei Akten (1869)
„Mazzeppa" (1892)
„Il Mugnato di Marinac"

BIBLIOGRAPHIE
Buffenoir, H.: La vicomtesse Madame de Grandval, Paris 1894
Concert spirituel de l'Odéon, Chronique musicale, 1876

Grigsby, Beverly
(* 1928)

Die amerikanische Musikerin gehört zu den wenigen, die sich in ihrer Musik ganz einem neuen Medium, dem Computer, verschrieben haben. Sie wurde am 11. Januar 1928 in Chicago geboren und begann zuerst mit einem Ballett- und Theaterstudium, bevor sie nach Los Angeles zog. Hier bereitete sie sich auf ein Kompositionsstudium vor, das sie bei Ernst Krenek begann, der Europa verlassen hatte. Er war der erste, der sie mit elektronischer Musik vertraut machte. Das war 1958, in einer Zeit also, die allgemein von Computern noch unberührt schien. An der Northridge University of California absolvierte Beverly Grigsby ihren Bachelor und Master of Arts und promovierte später. Weitere Lehrer sind Ingolf Dahl, Gerald Strang und Robert Linn. Schließlich konzentrierte sie sich voll auf das Gebiet der Computermusik (Stanford University und Carnegie Mellon University). 1963 kehrte sie nach Kalifornien zurück, um ein Computer Music Studio an der Northridge University zu gründen. Hier lehrte sie Computermusik bis 1992. Schon in ihren Opern und Kantaten hat Beverly Grigsby Synthesizer und elektronische Musik verwandt. Sie schrieb viele Auftragswerke, u. a. für Film und Fernsehen, zwei Bereiche, die kaum noch die finanziellen Mittel für authentische Musik haben.

KAMMERMUSIK
„Two faces of Janus", Streichquartett (1963)
„Dithyrambus" für Violine und Cello (1975)
„Three movements" für Gitarrre (1982)
Trio für Violine, Cello und Klavier (1985)
Bläserquintett (1990)

ORCHESTERMUSIK
Konzert für Keyboard und Orchester (1993)
Konzert für Orchester (1994)

VOKALMUSIK
„Songs on Shakespeare texts" für Sopran (1949)
„Love songs" für Tenor und Gitarre (1974)

BÜHNENMUSIK
„Augustin the Saint", dramatische Kantate (1975)
Moses, Oper (1978)

„The Mask of Eleanore", Oper (1984)
„The vision of Saint Jean", für eine Stimme, live / computer-generated orchestra (1987)

ELEKTRONISCHE MUSIK

„A little background music" (1976)
„Shakti I" für Flöte und Tonband (1983)
„Occams razor", (1985)
„Shakti II" für Sopran und Tonband (1985)
„Shakti III" für Klarinette, Tabla und Tonband (1989)
„Shakti IV" für Oboe und Tonband
Zahlreiche Computer-Musikwerke für Film, TV und Video

BIBLIOGRAPHIE

Grigsby, B.: A legitimate kind of art – Computer Music and its history in Europe and USA. In: Komponistinnen-Festival, Dokumentation, Heidelberg 1989

Gubaidulina, Sofia Asgatowna
(* 1931)

Die zu den führenden Vertreterinnen der russischen Avantgarde zählende Komponistin wurde am 24. Oktober 1931 in Tschistopol (Tatarische ASSR) an der Wolga geboren. Entscheidend wurde ihre Kindheit geprägt durch eine enge Verbundenheit mit ihrem Vater, einem Tataren, und durch den Einfluß ihres Großvaters, eines Mullahs. Bereits mit fünf Jahren begann sie ihre Ausbildung an der Musikschule und Musikfachschule in der tatarischen Hauptstadt Kasan, wo sie dreizehn Jahre lang Klavier studierte. 1949 wechselte sie zum Konservatorium in Kasan und belegte dort die Fächer Komposition und Klavier. Nach fünf Jahren ging sie nach Moskau, um am dortigen Konservatorium ihr Studium abzuschließen: Zwischen 1954 und 1959 studierte sie dort Komposition bei Nikolai I. Pejko, einem Schüler von Dmitri Schostakowitsch. Von 1959 bis 1961 war sie Assistentin von Wissarin Schebalin. Nach 1961 widmete sie sich ganz dem Komponieren. 1963 erhielt sie den ersten Preis im Allunionswettbewerb für ihr „Allegro rustico", ein Stück für Flöte und Klavier. Als freischaffende Komponistin lebte sie dann nach 1963 in Moskau und verdiente sich ihren Lebensunterhalt durch ihre Filmmusiken. 1975 gründete Sofia Gubaidulina gemeinsam mit Viktor Suslin und Wjatscheslaw Artjomow die Improvisationsgruppe „Astreja", deren Konzerte in Moskau großes Aufsehen erregten. Im selben Jahr wurde sie für die Komposition „Stufen" für großes Orchester mit dem ersten Preis des 7. Internationalen Kompositionswettbewerbs in Rom geehrt. Erst in ihrem 55. Lebensjahr, 1986, wurde ihr die Ausreise in ein westliches Land anläßlich einer Aufführung ihres Violinkonzertes, „Offertorium", durch Gidon Kremer in Lockenhaus, Österreich, genehmigt.

Für ihr Gesamtschaffen erhielt sie 1987 durch die Prince Pierre de Monaco-Stiftung den 'Prix de Monaco'. Zwischen 1989 und 1990 nahm sie an Festivals wie den „Züricher Junifestwochen", den „Internationalen Musikwochen Luzern", bei „Wien modern", den „Thuner Schloßkonzerten", den „40. Berliner Festwochen" und bei „Komponistinnen heute" (Köln) teil. Sofia Gubaidulina wurde 1991 der Künstlerinnenpreis des Heidelberger Festivals verliehen. Sie erhielt 1991 ein Stipendium für Deutschland und ist heute in Hamburg zu Hause.

ORGEL- / CEMBALO- / KLAVIERMUSIK

Chaconne für Klavier (1962), Hamburg, Sikorski
Sonate für Klavier (1965), Hamburg, Sikorski
Klavierstücke für Kinder (1969), Hamburg, Sikorski
„Toccata-Troncata" (1971), Hamburg, Sikorski
Musik für Cembalo (und Schlaginstrumente) (1972), Hamburg, Sikorski
Invention für Klavier (1974), Hamburg, Sikorski
„Hell und dunkel" für Orgel, Hamburg, Sikorski
Ausgewählte Klavierwerke: Chaconne, Sonate, Toccata, Invention, Tokio, Zen-On 1991

KAMMERMUSIK

Variationen für Streichquartett (1955), Hamburg, Sikorski
Klavierquintett (1957), Hamburg, Sikorski
„Allegro rustico" für Flöte und Klavier (1963), Hamburg, Sikorski
Fünf Etüden für Harfe, Kontrabaß und Schlaginstrumente (1965), Hamburg, Sikorski
„Pantomime" für Kontrabaß und Klavier (1966), Hamburg, Sikorski
Streichquartett (1971), Hamburg, Sikorski 1991
„Concordanza" für Kammerensemble (1974), Hamburg, Sikorski
„Quattro" für zwei Trompeten und zwei Posaunen (1974), Hamburg, Sikorski

Zehn Präludien für Cello solo (1974), Hamburg, Sikorski
„Rumore e silenzio" für Cembalo / Celesta und Schlagzeug (1974), Hamburg, Sikorski
Sonate für Kontrabaß und Klavier (1975), Hamburg, Sikorski 1991
„Punkte, Linien und Zickzack" für Baßklarinette und Klavier (1976), Hamburg, Sikorski
Terzett für drei Trompeten (1976), Hamburg, Sikorski
Quartett für vier Flöten (1977), Hamburg, Sikorski 1991
Duosonate für zwei Fagotte (1977), Hamburg, Sikorski
Kompositionen für dreisaitige Domra und Flügel (1977), Hamburg, Sikorski

Sofia Gubaidulina. Foto: Christine Langensiepen

„Misterioso" für sieben Schlagzeuger (1977), Hamburg, Sikorski
Flötensonatine für Flöte solo (1978), Hamburg, Sikorski
„De profundis" für Bajan/Akkordeon solo (1978), Kamen, Intermusik Schmülling
„Detto I", Sonate für Orgel und Schlagzeug (1978), Hamburg, Sikorski 1991
„In croce" für Cello und Orgel (1979), Hamburg, Sikorski
„Jubilatio" für vier Schlagzeuger (1979), Hamburg, Sikorski

„Descensio" für drei Posaunen und Schlagzeug (1980), Hamburg, Sikorski
Sonate für Violine und Cello (1981), Hamburg, Sikorski
„Quasi Hoquetus" für Viola, Fagott und Klavier (1984), Hamburg, Sikorski
„Am Anfang war der Rhythmus" für sieben Schlagzeuger (1984), Hamburg, Sikorski
„Et expecto", Sonate für Bajan/Akkordeon solo (1985), Kamen, Intermusik Schmülling
„Freuet euch!" für Violine und Violoncello (1987), Hamburg, Sikorski
Zweites Streichquartett (1987), Hamburg, Sikorski
Drittes Streichquartett (1987), Hamburg, Sikorski 1990
„Vivente – non vivente" für elektronischen Klangerzeuger (1988)
Trio für Violine, Viola und Cello (1988)
„Ein Walzerspaß nach Johann Strauß" für Klavier und Streichquintett (1989)
„Silenzio" für Bajan, Violine und Cello (1991)
„Hörst Du uns, Luigi?" für sechs Schlagzeuger (1991)
Viertes Streichquartett (1995), Hamburg, Sikorski
„In Erwartung" für Saxophonquartett und sechs Schlagzeuger (1995)
„Lamento" für Tuba und Klavier, Hamburg, Sikorski
„Klänge des Waldes" für Flöte und Klavier
Diverse Werke für Schlaginstrumente (mit und ohne Instrumente)
Zwei Stücke für Horn und Klavier, Hamburg, Sikorski
Fünf Etüden für Harfe, Kontrabaß und Schlagzeug, Hamburg, Sikorski 1972
Nach Motiven aus der tatarischen Folklore für Sopran-, Alt- und Baß-Domra (Zither) und Klavier, Hamburg, Sikorski

ORCHESTERMUSIK
Klavierkonzert e-moll
Violinkonzert (1954)
Sinfonie in E-dur (1958)
Ouvertüre „Triumph" (1963)
Märchenpoem für Sinfonieorchester (1971), Hamburg, Sikorski
„Detto II", Konzert für Cello und 13 Instrumente (1972), Hamburg, Sikorski
„Stufen" für Orchester (1972), Hamburg, Sikorski
Konzert für Fagott und tiefe Streicher (1975), Hamburg, Sikorski
Konzert für Sinfonieorchester und Jazzband (1976), Hamburg, Sikorski
„Introitus", Konzert für Klavier und Kammerorchester (1978), Hamburg, Sikorski
„Te salutant", Capriccio für großes Unterhaltungsorchester (1978), Hamburg, Sikorski

„Sieben Worte" Partita für Cello, Bajan-Akkordeon und Streicher (1982), Hamburg, Sikorski

„Offertorium", Konzert für Violine und Orchester, Gidon Kremer gewidmet (1980/86), Hamburg, Sikorski

Sinfonie in zwölf Sätzen (1986), Hamburg, Sikorski

„Antwort ohne Frage", Collage für drei Orchester (1988)

„Pro et contra" für großes Orchester (1990)

„Und das Fest ist in vollem Gange" für Cello und Orchester (1995)

VOKALMUSIK

„Fazelia", Liederzyklus für Sopran und Kammerorchester (1956), Hamburg, Sikorski

„Rosen". Romanzen für Sopran und Klavier (1972), Hamburg, Sikorski

„Zählreime", Kinderlieder (1973), Hamburg, Sikorski

„Stunde der Seele", Poem für Mezzosopran und großes Blasorchester (1974), Hamburg, Sikorski

„Percussio für Pekarski", Konzert für Schlagzeug, Orchester und Mezzosopran (1976)

„Bacchanal" für Sopran, vier Saxophone, Orgel und zwei Schlagwerke (1978)

„Garten von Freuden und Traurigkeiten" für Flöte, Harfe, Viola und Sprecher (1980), Hamburg, Sikorski

„Perception" für Sopran, Bariton und sieben Streichinstrumente (Fr. Tanzer) (1983), Hamburg, Sikorski

„Hommage à T. S. Elliot" für Sopran, Klarinette, Fagott, Horn, zwei Violinen, Viola, Cello und Kontrabaß (1987), Hamburg, Sikorski 1991

„Stunde der Seele" (Text: Marina Zwetajewa) für Schlagzeug solo, Mezzosopran und Orchester (1976/88), Hamburg, Sikorski

Zwei Lieder nach deutschen Volksdichtungen für Mezzosopran, Flöte, Cello und Cembalo (1988), Hamburg, Sikorski

„Ein Engel" (Text: Else Lasker-Schüler) für Alt und Kontrabaß (1994)

„Aus den Visionen der Hildegard von Bingen" für Alt (1994)

CHORMUSIK

„Nacht in Memphis", Kantate für Alt, Männerchor und Kammerorchester (1968), Hamburg, Sikorski

„Laudatio pacis" Oratorium für großes Orchester, Chor und Solisten (1975), Hamburg, Sikorski

„Hommage à Marina Zwetajewa" für Chor a cappella (1984), Hamburg, Sikorski

„Jauchzet vor Gott" für gemischten Chor und Orgel (1989)

„Allelluja" für gemischten Chor, großes Orchester und Knabensopran (1990)

„Aus dem Stundenbuch" (Text: Rainer Maria Rilke) für Cello, Orchester und Männerchor (1991)

„Jetzt immer Schnee (Aigi)" für Kammerensemble und Kammerchor (1993)

BIBLIOGRAPHIE

Dümling, Albrecht: Auf dem Weg nach innen – Die sowjetischen Komponistin Sofia Gubaidulina im Gespräch. In: Musik Texte Nr. 21, Köln 1987

„Annäherung IV an sieben Komponistinnen, Hrsg. Brunhilde Sonntag und Renate Matthei, Furore, Kassel 1988

Komponistinnen in der Sowjetunion. In: Heidelberger Komponistinnen-Festival, Dokumentation, Heidelberg 1989

Suslin, Viktor: Moderner schreibt zur Zeit keiner. In: Heidelberger Komponistinnen-Festival, Dokumentation, Heidelberg 1989

Frickhöfer, Astrid: Allgemeine Werkbetrachtung und Analyse der Klaviersonate von 1965 von Sofia Gubaidulina. Examensarbeit, Düsseldorf 1991

Hagemann, Bettina: Das Schaffen Sofia Gubaidulinas unter besonderer Berücksichtigung ihres Violinkonzerts. Examensarbeit, Dortmund 1994

Sofia Gubaidulina, Lebenslauf und Werkeverzeichnis, Hamburg, Sikorski

DISKOGRAPHIE

„Astreja", Music from Davos. Improvisationen von und mit Gubaidulina, Ponomareva, Pekarsky, Suslin. Leo Records / Alissa Publ. England

„De profundis" für Bajan solo (mit Werken von Huber, Heyn, Stäbler). T. Anzellotti. Pläne, Dortmund

„Die sieben letzten Worte" / Partita für Cello, Bajan und Streichorchester / Rubayat, Kantate für Bariton und Kammerensemble / „Vivente – non vivente" für Synthesizer ANS. Lips, Tonkha, Jakowenko, Gubaidulina und Kammerorchester „Collegium musicum". Melodia, Moskau

„Hell und dunkel" für Orgel (mit Werken von Suslin und Schnittke). F. Herz, Orgel. Aulos, Viersen, 1990

„In croce" für Cello und Orgel (mit Werken von Suslin und Schnittke). D. Geringas, Cello, E. Krapp, Orgel. Schwann, Düsseldorf

„In croce", in: „Russische Komponistinnen" (20. Jahrh.) (mit Werken von T. Sergejewa, Ali-Sade), R. Korupp, Cello; T. Sergejewa, Orgel. Ambitus, Hamburg

„Klänge des Waldes" für Flöte und Klavier, in „Der ferne Spiegel" (mit Werken von Chaminade, Hoover, Niewiadomska, Fromm-Michaels). C. Thorspecken, Flöte; C. Hacke, Klavier. Bayer

Records, Bietigheim
Konzert für Fagott und Streichorchester. V. Popof, Fagott; Staatliches akademisches Sinfonieorchester der UdSSR. Melodia, Moskau
„Offertorium", Konzert für Violine und Orchester (mit Werken von A. Ljadow, A. Skrjabin). M. Paetsch, Violine; Berner Sinfonieorchester, BMG, Bern
„Stimmen – Verstummen", für großes Orchester. Royal Philharmonic Orchestra (Stockholm). Colchester, Chandos Records
Fagottkonzert / „Concordanza" / „Detto II". H. Ahmas, Fagott; I. Pälli; Lahti Kammerensemble. BIS Records, Schweden
„Garten von Freuden und Traurigkeiten" / Trio für Violine, Viola und Cello / Sieben Worte. Kammerorchester der jungen Deutschen Philharmonie und Solisten. Koch Classics, München und Chant du Monde, Paris
„Concordanza" / „Meditationen" / „Sieben Worte". Deutsche Kammerphilharmonie und Solisten. Koch Classics München
„Detto II" / 10 Präludien für Cello. H. Brendstrupp, Cello; J. E. Christensen, Orgel; Athelas Ensemble. Kontrapunkt KPT
„In croce" / 10 Präludien (mit Werken von Galina Ustvolskaja). Maria Beiser, Cello. Koch Classics, München
„Jetzt immer Schnee" / „Perception". Kammerchor Niederland; Schoenberg-Ensemble
„Pro et Contra" / „Concordanza" / „Fairytale Poem". Radio Philharmonie Hannover. CPO, Georgsmarienhütte
„Offertorium" / „Hommage à T. S. Elliot". Gidon Kremer, Violine; Ch. Whittlesey, Sopran; Boston Symphony Orchestra, Ltg. Ch. Dutoit, Deutsche Grammophon Gesellschaft, Hamburg,
Quartett für vier Flöten / „Quasi Hoquetus" (mit Werken von Elena Firsowa und Galina Ustvolskaja)
„Sieben Worte" / „In Croce". J. Berger, Cello; S. Hussong, Akkordeon; Kammerensemble Diagonal. RCA Records
„Silenzio" / „De Profundis" / „Et expecto" / „In Erwartung". Raschèr Saxophonquartett; Kroumata Percussions-Ensemble und Solisten.
„Chaconne" / Sonata / „Musical Toys" / „Introitus". A. Haefliger; Radio Philharmonie Hannover.
Streichquartette Nr. 1-3 / Streichtrio. The Danish Quartett. CPO, Georgsmarienhütte
„Freuet euch" (mit Schostakowitsch: 15. Streichquartett). Gidon Kremer, Violine; Yo-Yo Ma. CBS, New York

> *Ich habe das Gefühl, als würde ich ständig meine Seele durchwandern: einerseits ist es immer dasselbe, andererseits sind es gleichsam immer wieder neue Blätter, wie in der Natur.*
>
> Sofia Gubaidulina

Gubitosi, Emilia
(1887-1972)

Die italienische Komponistin, Pianistin und Musikpädagogin Emilia Gubitosi war stets mit dem Neapolitanischen Musikleben auf engste verbunden. Sie wurde am 4. April 1887 in Neapel geboren und studierte ebenda am Konservatorium San Pietro a Majella Komposition bei Beniamino Cesi, Simonetti und D'Arienzo. 1904 erhielt sie dort ihr Klavier-, 1906 ihr Kompositionsdiplom. Von 1914 bis 1957 lehrte sie am Reale Conservatorio di Napoli. 1918 gründete sie zusammmen mit ihrem Mann, dem Komponisten F. M. Napolitano (1887-1960), die Alessandro Scarlatti-Gesellschaft, die über ein großes Orchester und einen eigenen Chor verfügte, die beide von Emilia Gubitosi geleitet wurden. Ihre Aufführungen waren sehr erfolgreich, und die Neapolitaner nannten sie bald ihre „Donna Emilia".

Emilia Gubitosi schrieb sowohl Orchester- und Bühnenmusiken als auch Lieder, Kammer- und Chormusik. Ferner veröffentlichte sie musiktheoretische Schriften. Sie starb am 17. Januar 1972 in Neapel.

KLAVIERMUSIK

„Studio per mani alternate", Neapel, Curci
„Tema con variazioni", Neapel, Curci
„Umoresca", Neapel, Curci
„Pastore e pastorella", Neapel, Curci
„Piccola danza"
„Souvenir di concerto", Neapel, Curci
„Mattino di Pasqua"
„Chagrin d'amour"
„Due piccoli pezzi" für Klavier zu vier Händen
„Di notte" für Klavier zu vier Händen
„Suite mignonne", Neapel, Curci
„Due liriche", Mailand, Carducci
„Favoletta russa", Neapel, Curci

KAMMERMUSIK

Notturno für Geige und Klavier, Mailand, Ricordi
„Leggenda" für Harfe
„Due pezzi" für Cello und Klavier, Neapel, Curci
„Dialogo" für Cello und Klavier, Neapel, Curci
„Adieu", romantische Suite für Cello und Klavier
„Colloqui" für Flöte, Harfe und Cello oder Viola, Neapel, Curci
„Dittico" für Violine und Klavier, Neapel, Curci

ORCHESTERMUSIK

„Corale sinfonico" für Orgel und Orchester, Mailand, Carisch
Klavierkonzert, Mailand, Carisch
Allegro appassionato für Violine und Orchester, Neapel, Curci
Fantasia für Klavier und Orchester (bearbeitet für Harfe)
Notturno für Orchester, Mailand, Ricordi
„Cavalcade grotesca" für Orchester

VOKALMUSIK

„Dialogo di marionette"
„Disperata"
„Le illusioni"
„Mattinatta"
„Saluto a primavera", Neapel, Curci
Serenata, Mailand, Ricordi
Lieder für Kinder, Mailand, Carisch
„Il flauto notturno", symphonisches Gedicht für Sopran, Flöte und Orchester
„Di notte" für Mezzosopran / Bariton und Klavier, Neapel, Curci
„Non aspettar"
„Ultimo sogno" für Sopran und Klavier, Neapel, Curci
„Mattuttino" für Singstimme und Klavier (1936)
„Nera Nerella" für Singstimme und Klavier
„Notturno" für Singstimme und Klavier
„La premiere" für Singstimme und Klavier
„Dormire" für Singstimme und Klavier, Mailand, Ricordi
„Redemisti nos" für zwei Stimmen und Orgel

CHORMUSIK

„Ninna nanna" für Sopran, Frauenchor und Orchester, Neapel, Curci
„Notte lunare" für Solostimme, Chor und Orchester
„Sonata in bianco minore", symphonische Dichtung für Solostimme, Frauenchor und Orchester, Mailand, Carisch
„Cantata sacra" für Sopran, Chor und kleines Orchester

BÜHNENMUSIK

„Fatum", Oper in vier Akten
„Gardenia Rossa", Oper in einem Akt
„Ave Maria", Oper in einem Akt (1906)
„Nada Delwig" (1910)

ARRANGEMENTS

Orchesterbearbeitungen zu Kompositionen von Scarlatti, Arne, Cherubini, Cavaliere, Purcell, Pergolesi

BIBLIOGRAPHIE

Adkins Chiti, Patricia: Donne in Musica, Bulzoni, Rom 1982
Tebaldini, G.: Emilia Gubitosi. In: Il pensiero musicale, Bologna 1926
Gubitosi, Emilia: Il libro di canto corale. Neapel, Curci
Gubitosi, Emilia: Metodo fondamentale per lo studio del pianoforte. Neapel, Curci 1919
Gubitosi, Emilia: Compendio di teoria della musica. Neapel, Curci 1930

Guraieb Kuri, Rosa
(* 1931)

Die mexikanische Komponistin und Pianistin wurde am 20. Mai 1931 in Matias Romero, Oaxaka, Mexiko, geboren. Im Alter von vier Jahren erhielt sie ihren ersten Musikunterricht. Später studierte sie bei Carmen Macias Morales in Mexico City. 1949 setzte sie ihre Klavier-, Theorie- und Harmoniestudien bei M. Cheskinoff am Konservatorium von Beirut im Libanon fort. 1950 ging sie zurück nach Mexico City und studierte am dortigen Konservatorium Klavier bei S. Ordonez Ochoa und Harmonie bei J. P. Moncayo. Von 1962 bis 1965 war sie Kompositionsschülerin von Carlos Chavez. Ihre ersten Werke „Vida" und „La Tarde" für Sopran und Klavier schrieb Rosa Guraieb Kuri im Jahre 1969. Ihre Klavier- und Kompositionsstudien setzte sie 1972 bei G. Muench und A. de Elias am Konservatorium in Mexico City fort. Mit ihren Kompositionen nahm sie am II. und IV. Internationalen Forum Neuer Musik und dem III. International Congress on Women in Music in Mexico City teil. Rosa Guraieb Kuri ist Mitglied der Mexican League of Composers of Music for Concert.

KLAVIERMUSIK

„Pieza ciclica para piano" (1977), Liga de Compositores de Mexico, Mexico City
„Scriabiniana" für Klavier (1981)
Allegro für Klavier (1981)
„Espacios" für Klavier (1983)
Präludium für Klavier (1986)

KAMMERMUSIK

Sonate für Violine und Klavier (1978)
Streichquartett (1978)
„Canto a la paz", Trio für Oboe, Fagott und Klavier (1982)
Streichquartett II, „Hommage à Gibran" (1982)
„Impresiones" für Gitarre (1984)
„Reencuentros", Trio für Violine, Cello und Klavier (1985)
„Reflejos" für Flöte

VOKALMUSIK

„Lyrica" für Sopran und Klavier (1980)
„Arias olvidadas" für Sopran und Klavier (1983)
„Tus ojos" für Sopran und Klavier (1984)

BIBLIOGRAPHIE

Pulido, E.: Mexico's Women Musicians. In: „The Musical Woman". (Zaimont ed.), Westport 1987

Hall, Pauline Margarete
(1890-1969)

Neben Agathe Backer-Grøndahl gilt Pauline Hall als die renommierteste Komponistin Norwegens der ersten Hälfte dieses Jahrhunderts. Sie wurde am 2. August 1890 in Hamar geboren und erhielt ihren ersten Kompositionsunterricht bei Catharinus Elling in Oslo. Später ging sie nach Paris und Dresden, um ihre musikalische Ausbildung abzurunden. Bereits vor dem zweiten Weltkrieg arbeitete sie als Feuilleton-Mitarbeiterin des „Dagbladet", u. a. in Berlin. 1938 begründete sie die IGNM-Sektion Norwegens und bestimmte damit die Neue Musik-Szene ihres Landes entscheidend mit. Von 1938 bis 1960 war sie Vorsitzende dieser Vereinigung und wandte sich in dieser Funktion vehement gegen neu aufkommende nationalistische Strömungen. Von 1932 bis 1938 leitete sie ein Frauenvokalensemble in ihrer Stadt. Ihre eigenen Werke sind vorwiegend Bühnenmusiken zu großen Schauspielen von Shakespeare, Dostojewski, Aristophanes und anderen. Der norwegische Staat stellte ihr am Ende ihrer Laufbahn eine Künstler-Pension aus und ehrte sie mit der Goldenen Verdienstmedaille. Pauline Hall starb am 24. Januar 1969 in Oslo.

KLAVIERMUSIK

Vier Klavierstücke op. 1, Kristiania, Hansen Musikforlag
Sonate für Klavier

KAMMERMUSIK

Streichquartett
Sonatine für Streichquartett
Suite für fünf Holzbläser, Oslo, Harald Lyche 1952
Kleine Tanzsuite aus „Wie es euch gefällt" für Oboe, Klarinette und Fagott (1960)
Variationen über ein klassisches Thema für Flöte (1961)

ORCHESTERMUSIK

„Poème élégique" für Orchester (1920)
„Verlaine-Suite" für Orchester (1929)
„Cirkus-Bilder" für Orchester (1933)

VOKALMUSIK

Drei Lieder (Taglied / Aus meinen großen Schmerzen / Vor meinem Fenster), Kristiania, Norsk Musikforlag
Drei Gesänge op. 3 (Winterabend / Auf einer Wiese / Letztes Leid), Kristiania, Norsk Musikforlag
„Orneland" für Gesang und Klavier
„Fire tosserier" für Sopran, Klarinette, Fagott, Horn und Trompete (1961)

BÜHNENMUSIK

Musik zum Schauspiel „Caligula"
Musik zum Schauspiel „Hamlet"
Musik zum Schauspiel „Hendrik og Pernille"
Musik zum Schauspiel „Lysistrata"
Musik zum Schauspiel „Raskolnikoff"
Musik zum Schauspiel „Der Widerspenstigen Zähmung"
Musik zum Schauspiel „Julius Cäsar" (1950)
„Die Marquise", Ballettmusik (1950)

FILM- / TV-MUSIK

„They sing about Love" (1946)
„Krane's Bahery" (1949)
„The Eternel Eve" (1953)
„Winter Solstice" (1961)
„Two Suspicious People"

DISKOGRAPHIE

„Cirkus-Bilder". Norwegisches Rundfunk-Orchester, Philips
„Verlaine-Suite" für Orchester. Bergen Sinfonie-Orchester, Ltg. K. Andersen. Philips

Suite für fünf Holzbläser. Norwegisches Bläserquintett, Philips
„Verlaine-Suite" / „Julius-Cäsar-Suite" / Bläsersuite / Tanzsuite. Norwegisches Rundfunk-Orchester, Ltg. Christian Egen. Simax, Norwegen

Hays, Sorrel Doris Ernestine
(* 1941)

Die amerikanische Komponistin, Pianistin und Mixed-media-Künstlerin wurde am 6. August 1941 in Memphis, Tennessee, geboren. Sie begann ihr Musikstudium bei Harold Cadek in Chattanooga. 1963 erhielt sie ein dreijähriges Stipendium des Bayerischen Kultusministeriums und hatte somit die Möglichkeit, an der Musikhochschule München Klavier und Cembalo zu studieren. Später setzte sie ihre Ausbildung an der Universität von Wisconsin bei Paul Badura-Skoda fort und legte dort im Jahre 1968 ihr Examen (Master of Music Degree) ab. 1969 ergänzte sie ihre Studien an der University of Iowa in Komposition und elektronischer Musik. Sie wurde 1971 mit dem ersten Preis der 'International Competition for Interpreters of New Music' in Rotterdam ausgezeichnet und brachte in den 70er und 80er Jahren auf zahlreichen Tourneen in Europa und in den USA ihre Musik zur Uraufführung – dies in Zusammenarbeit u. a. mit Pauline Oliveros, Marga Richter, John Cage und Henry Cowell. Als Musikpädagogin arbeitete sie zudem in diesen Jahren an der Univeristät Wisconsin, am Queens College in New York City, dem Cornell College von Iowa und an der Universität von South Carolina. Sie war Preisträgerin der New York Foundation for the Arts Fellowship und der ASCAP. Von 1975 bis 1976 war sie „Artist in residence" am Georgia Council for the Arts. Darüber hinaus fungierte sie im Jahre 1976 als Koordinatorin der Konzertreihe „Meet the Woman Composers" und organisierte 1980 ein Forum über Streichquartette von Frauen des 20. Jahrhunderts; über Komponistinnen und ihre Musik produzierte sie die Rundfunk-Serie „Expressions". Von 1979 bis 1982 war sie stellvertretende Vorsitzende der 'International League of Women Composers'. Sorrel Hays erhielt weitere zahlreiche Auszeichnungen u. a. der NEA (1977, 1979, 1983, 1989), des Kölner Rundfunks (1983-90), und der 'Opera America' für ihre Oper „The Glass Woman".

ORGEL- / KLAVIERMUSIK

Präludium für Orgel
„Past present" für Klavier
„Chartres Red" für Klavier, New York, Tallapoosa Music
Duett für Pianist und Publikum (1971), New York, Tallapoosa Music
„For my brother's wedding" für Orgel (1974), New York, Tallapoosa Music
„Sunday nights" für Klavier (1977), New York, Tetra Music
„Etude bass basses" für Klavier (1978)
„Sunday mornings" für Klavier (1980), New York, Tetra Music
„Saturday Nights" für Klavier und Tonband (1980)
„Bits" für Klavier und Synthesizer (1987)
„Calendar Bracelet" für Midi grand piano (1990)

KAMMERMUSIK

„Characters" für Cembalo, Streichquintett, zwei Klarinetten, Oboe, New York, Tallapoosa Music
„Harmony", Streichquartett mit Baß (wahlweise) (1986), New York, Tallapoosa Music
„Scheveningen Beach" für fünf Flöten (1973)
„Breathless" für Baßflöte (1976), New York, Tallapoosa Music
„Pieces from last year" für Okarinas, Altflöten, Streicher, Klavier und Holzbläser (alternierend) (1976), New York, Tallapoosa Music
„Segments" / „Junctures" für Viola, Klarinette und Klavier (1979), New York, Tallapoosa Music
„Tunings" für Kontrabaß (1978)
„Tunings" für Flöte, Klarinette und Fagott (1979)
„Tunings" für Baßklarinette und Flöte (1979)
„Lullaby" für Flöte, Violine und Klavier (1979)
„Tommy's Trumpet" für zwei Trompeten (1979)
„Fanfare Study" für Horn, Trompete und Posaune (1980)
„Tunings" für zwei Violinen (1980)
„Tunings" für Viola (1980), New York, Tetra Music
„Tunings" für Streichquartett (1980), New York, Tetra Music
„Tunings" für Violine, Cello und Klavier (1981)
„Homing" für Violine und Klavier (1981), New York, Tallapoosa Music
„Tunings" für Flöte und Klavier (1981), New York, Tetra Music
„Rocking" für Flöte, Violine und Viola (1983), New York, Tallapoosa Music
„After Glass" für 10 Schlagzeuger (1984)
„10 children's music"
„Juncture Dance III" für sieben Schlagzeuger (1988)
„Sound piece I" für Kammerensemble

ORCHESTERMUSIK

„Southern Voices" für Orchester und Sopran solo, Frankfurt/New York, Peters 1982
„A chant for the 90s" für Orchester (1992)

VOKALMUSIK

„For women", fünf Lieder für Mezzosopran und Klavier (1976), New York, Tallapoosa Music
„Set of Cheekey Tongues" für Sopran und Klavier (1976)
„Delta Dad" für Singstimme und Klavier (1979)
„Independence" für Sänger und nylon strings. (1979)
„Rest song" für Sopran, Alt, Tenor, Bariton und Flöte (1981)
„Exploitation" für Tonband und Gesang/Sopran (1981), New York, Tallapoosa Music
„Circling around" für Bariton, Flöte und Klavier (1982), New York, Tallapoosa Music
„Lullago" für Bariton und „Scat singer" (1983)
„Dreaming the World" für Baß, vier Schlagzeuger und Klavier (1993)
„Make a melody, make a song" für Sopran solo

CHORMUSIK

„Look out", Choralkanon, New Jersey, Silver Burdett
„Susanne" für Tonband und Chor, New Jersey, Silver Burdett
„Clementine" für Tonband und Chor, New Jersey, Silver Burdett
„Rest song" für Sopran, Alt, Tenor und Baß, New York, Tetra Music
„On the way to" für gemischten Chor

ELEKTRONISCHE MUSIK

„Only" für zwei oder mehr Tonbänder oder zwei oder mehrere Klaviere
„In the saddle", Tonband
„Park people's dream" für Tonband, New York, Broude Brothers
„Hands full" für Tonband, Stimmen und Schlagzeug, New York, Broude Brothers
„Choral scene dreams" für Tonband, Sopran, Alt, Tenor und Baß, New York, Broude Brothers
„Saturday evening" für Klavier und Tonband
„Pamp" für Klavier, Tonband und Vogelgezwitscher (1973), New York, Tallapoosa Music
„Certain Change" für Baßflöte und Tonband (1978)
„Reading Richie's Paintings" für Synthesizer, Flöten und Dias (1977/79)
„Awakening", Tonband-Gedicht (1980)
„Southern voices" für Tonband (1980), New York, Peters
„The girl and the gorilla", Tonbandmusik zum Tanzen (1981), New York, Tallapoosa Music
„Only" für Klavier, Tonband, Dias und Film (1981)
„Water Music" für Sopran, Tonband, Wasserpumpe und Dias (1981)
„Celebration of 'No'" für Frauenstimmen vom Tonband, Film (eventuell Violine/Sopran/Klaviertrio); verschiedene Versionen (1983)
„MOMNPOP" für drei Klaviere, Tonband, Film, Dias und Mime (1984)
„Something Doing" für 16 Sänger und Tonband (1984)

EXPERIMENTELLE MUSIK

„Hands and lights" für Klavier, Fotozellen, Blitzlichter und Flutlichter (1971)
„Sensevents" für Streicher, Bläser, wahlweise Skulpturen, Lichter, Tonbandmusik, Tänzer (1977), New York, Tallapoosa Music
„UNI", Tanzsuite für Streichquartett, Flöte, Tonband und Chor (1979), New York, Broude Brothers
„Southern voices" für Tonband, wahlweise Sopran, Dias und Sprecher (1980), New York, Tallapoosa Music
„Flowing Quilt" für Tonband, Video, Babypool, Wasserpumpe, Stimme, Violine und Sopran (1980), New York, Tallapoosa Music
„M.O.M." (Music only Music), Part I für Tonband, Film, Klavier und Mime (1983)
„M.O.M", Part II für drei Klaviere, 16-mm Film, Tonband, Dias und Pantomimen (1984), New York, Tallapoosa Music
„Hush" für Stimme, Sandblock, „reco-reco" (1984), New York, Tallapoosa Music
„After glass" für neun Schlagzeuger, Glas-Harmonika, Trommeln, Gongs, Murmeln und andere Instrumente (1984), New York, Tallapoosa Music
„Something to do", bilinguales Hörspiel für 17 Stimmen, Sänger, Sprechtexte, Sound-Effekte (1984)
„Weaving", für Text-Sound-Tonband, Dias oder Film, Sopran und Schlagzeug (1984), New York, Tallapoosa Music
„The needy sound", Text-Sound-Tonband für das Radio (1984), New York, Tallapoosa Music
„Flowing Quilt", Video und soundtrack (1987)
„Echo US Continental" (1988)
„What chasay?" (Wie bitte?), Radio-Hörstück (1988)
„Take a Black Country Road" für Keyboard, Elektronisches Saxophon, Oboe / Violine (1989)
„The Hub – Megapolis Atlanta" (1989)
„Sound Shadows" für Keyboards, Oboe, Didjeridu (Blasinstrument der Aborigines), Stimme, Saxophon, Schlagzeug, Tanz und Video (1990)
„Scaling" für Synthesizer und Didjeridu (1991)

RADIOPRODUKTIONEN
„Purple moon" (1985)
„Lullaby: the universal tradition" (1985)
„Disarming the world, pulling its leg" (1986)
„Love in space" (1986/88, deutsche / englische Fassung)
„Rural Manhattan: what's the sky for music" (1987/88)
„Artie and Heather in the everybodydom of the grass" (1987/88)
Zahlreiche Filmmusiken (1971-75)

BIBLIOGRAPHIE
LePage, J. W.: Doris Hays, in: Women composers, conductors and musicians of the 20th century, London, Scarecrow 1983

Hays, Doris: Celebration of No: Die Frau in meiner Musik. In: Neuland, Band IV, Berg.-Gladbach, 1984

DISKOGRAPHIE
„Blues fragments from Southern Voices" / „Celebration of 'No'" / „Exploitation". Folksways Records, USA
„Follow the leader" / „Juncture dance II". Silver Burdett, New Jersey
„Make a melody, make a song" für Sopran. Silver Burdett, New Jersey
„Look out" für gemischten Chor. Silver Burdett, New Jersey
„On the way to" für gemischten Chor. Silver Burdett, New Jersey
„Southern voices" für Tonband. Folways Records, USA
„Spectrum for four". Silver Burdett, New Jersey
„Bits for piano and electronics". Opus one Records
„Past present / A calendar bracelet". Opus one Records.
„Walkin' talkin' blues". Silver Burdett, New Jersey
„Sound piece I" für Kammerensemble. Silver Burdett, New Jersey
„Sunday Nights" für Klavier. Finnadar, Atlantic Records
„Juncture Dance" / „Walkin' takin' blues" / „Mouth Sounds" und „10 children's music". Silver Burdett, New Jersey
Elektronische Musik; Tonbänder erhältlich über: Southern Library of Recorded Sound / Peer Southern Music, New York

> „.... the world has changed ... women are being invited both as composers and performers, audiences are listening and they are interested."
> Sorrel Doris Hays

Heller, Barbara
(* 1936)

Die Komponistin, Pianistin und Musikpädagogin Barbara Heller wurde am 6. November 1936 in Ludwigshafen geboren. Ihr Musikstudium absolvierte sie an der Staatlichen Hochschule für Musik und Theater in Mannheim bei H. Vogel (Klavier) und H. Vogt (Komposition). 1957 bestand sie ihr Staatsexamen als Privatmusiklehrerin. Von 1958 bis 1962 arbeitete sie als Lehrerin an der Staatlichen Hochschule in Mannheim, komponierte und konzertierte als Pianistin. Von 1962 bis 1963 studierte sie Komposition bei Harald Genzmer an der Staatlichen Hochschule für Musik in München. 1970/71 richtete Barbara Heller das „Hermann-Heiß-Archiv Darmstadt" ein und veröffentlichte 1975 dazu eine Dokumentation. 1978 war sie maßgeblich am Aufbau des Internationalen Arbeitskreises „Frau und Musik" beteiligt. In zahlreichen Konzerten und Kurzvorträgen machte sie Werke von Komponistinnen bekannt; das erste große Komponistinnen-Festival in Deutschland, das 1980 in Bonn / Köln stattfand, wurde in Zusammenarbeit mit Elke Mascha Blankenburg von ihr organisiert. Seit 1986 ist sie Vorstandsmitglied des Instituts für Neue Musik und Musikerziehung, Darmstadt, wo sie auch lebt und arbeitet.

KLAVIERMUSIK
Suite für Klavier (1957)
Sonatine für Klavier in zwei Sätzen (1962)
Presto für Klavier (1966)
Andantino für Klavier (1977)
„MMM – Mehr Musik als Malerei" (1978)
Klavierspiele (1980)
„Quartsext" für Klavier (1980)
„Pianomuziek voor Anje" (1980), in: Frauen komponieren, Mainz, Schott 1985
„Requiem für Loki" (1981)
Acht kurze Klavierstücke für den Unterricht (1982)
„Freude und Trauer" (1983)
„Eiskalt" (1983)
„Currants – Johannisbeeren, ein Sommertagebuch" für Klavier (1983)
„Tre lettere scaralattine", Celle, Moeck 1985
„Scharlachrote Buchstaben", Celle, Moeck 1986/87
„Anschlüsse", Celle, Moeck 1986
Toccatina für Klavier, Kassel, Furore 1986
„Schmuckstücke" für Klavier solo (1986)

„Eins, zwei, drei" / „Tonperlen" aus der Sammlung „Schmuckstücke" (1986)
„Furore – ein Traum" (1986)
„Intervalle" (1987)
Böhmisches Lied (1989)
„Un poco" für Klavier (1990)
„Für Unica Zürn" (1992)

KAMMERMUSIK

Streichquartett (1958), Bonn, Mannheimer Musikverlag
Kinderspiele für C-Blockflöte und Klavier (1962)
Sonatine für C-Blockflöte mit Klavier (1962)
„Eins für zwei", Duo für Cello und Violine (1985), Kassel, Furore
„Früher oder später" für B-Klarinette mit Klavier, Kassel, Furore 1986
„Variationen für Irith" für B-Klarinette solo, Kassel, Furore 1986
„Tagebuchblätter" für Violine und Klavier, Kassel, Furore 1986
„Für Ellie in Trauer" für Flöte und Klarinette (1986)
„Solo für zwei" für Klarinette und Flöte (1986)
„Flöten-Töne" für Flöte solo (1986)
„Trauernde Sirenen" für Violine und Klavier (1986)
Drei Stücke für Flöte und Klavier, Kassel, Furore 1987
„Dreimaldreiundzwanzig", Quartett für Sprecher (1987)
„Lalai – ein Schlaflied zum Wachwerden" für Violine und Klavier (1989)
„Schmetterlinge" für Flöte und Klarinette (1990)
„Incantata" für Keyboard und vier Weingläser (1991)
„Auf der Suche nach dem Frühling" für Flöte (1993)
Studien für Flöte und Flötenduo, Kassel, Furore (1994)
Fünf Stücke für Oboe solo, Kassel Furore
Rondo für Flöte, Baßflöte, Trompete, Saxophon, zwei Klarinetten, Violine und Cello

ORCHESTERMUSIK

Sinfonietta für Streichorchester, Bonn, Mannheimer Musikverlag 1960 / Kassel, Furore 1991

VOKALMUSIK

Drei Lieder für Sopran und Klavier (1958)
„Meine Mosca Domestica" (meine Stubenfliege) für Sopran und Klavier (1961)
Fünf Gesänge für Vokalquartett und Klavier (1961)

CHORMUSIK

„Die Lateinarbeit", Chorballade für dreistimmigen Mädchenchor mit Klavier (1961)

KLANGINSTALLATIONEN

„Schmerz" (1987)
„Hintergrund – Vordergrund" (1989)
„Traumreise" (1991)
„Klangzeichen" (1993)

BIBLIOGRAPHIE

von der Grün, R.: Barbara Heller, Musik und Leben. In: Venus Weltklang, Berlin 1983
Barbara Heller: Am liebsten wär' ich selbst Musik. In: Annäherung Bd. I, Kassel, Furore 1987

Hensel-Mendelssohn, Fanny Caecilie (1805-1847)

Als das erste Kind der Familie Mendelssohn wurde Fanny Mendelssohn am 14. November 1805 in Hamburg geboren. Ihr Vater, Abraham Mendelssohn, war Bankier und ihre Mutter Lea eine musikalisch und literarisch hochgebildete Frau. Die Großtante Sara Levy Itzig war Lieblingsschülerin von Wilhelm Friedemann Bach. Der Großvater war jener berühmte jüdische Religionsphilosoph Moses Mendelssohn (das Vorbild zu „Nathan der Weise"). 1811 siedelte die Familie nach Berlin über, dort erhielten Felix und Fanny Klavierunterricht bei Ludwig Berger. 1816 reiste die Familie nach Paris, wo beide Kinder bei Marie Bigot-Kiene Klavierunterricht erhielten. Nach 1819 unterrichtete der Goethe-Freund Carl Friedrich Zelter beide in Musiktheorie und Komposition. 1819 schrieb Fanny Mendelssohn ihre erste Komposition. Obwohl sie sich anfänglich als die Begabtere erwies, durfte nur Felix nach dem Willen des Vaters die Musik als Beruf erwählen.

Unabhängig von dieser Entscheidung, der sich Fanny zeitlebens zu widersetzen suchte, verband die Geschwister eine tiefe Liebe. Fanny wurde die musikalische Ratgeberin des jüngeren Bruders, der ihr Urteil hoch schätzte. Er veröffentlichte einige ihrer Lieder unter seinen Opus-Zahlen 8 und 9. 1829 heiratete Fanny Mendelssohn den Maler Wilhelm Hensel, der sie zu musikalischem Schaffen ermutigte. Bald veranstaltete sie in Berlin „Sonntagsmusiken", die von berühmten Zeitgenossen gestaltet und besucht wurden (u. a. von Clara und Robert Schumann, Bettina von Arnim, Heinrich Heine, Niccolo Paganini, Johanna Kinkel, Franz Liszt). In dieser Zeit schrieb Fanny ihre größten Werke. 1839 reiste sie mit ihrem Mann und dem Sohn Sebastian nach Italien und verbrachte dort zwei schaffensfrohe Jahre. Die Freundschaft mit Charles Gounod und anderen Künstlern regte sie zu neuen Kompositionen an. Der Abschied von Rom (siehe das Klavierstück gleichen Namens) und ihre Rückkehr ins preußische Berlin fielen ihr äußerst schwer. Nach dem Tod des Vaters (Nov. 1835) und dem nochmaligen „Nein" ihres Bruders zur Veröffentlichung ihrer eigenen Werke ließ sie selbst einige ihrer Lieder veröffentlichen, womit sie viel Anerkennung erlangte (Berlin, Bote & Bock, Sechs Lieder, 1846). Sie hat die späte Schaffensfreude nicht lange geniessen können. Am 14. Mai 1847 starb Fanny Mendelssohn nur 41jährig an einem Gehirnschlag. Ihr Bruder Felix veranlaßte zwar noch die Herausgabe ihrer weiteren Werke, starb aber ebenfalls ein halbes Jahr nach ihrem Tode.

Fanny Mendelssohn-Hensel als Komponistin gehört zu den wichtigsten und produktivsten Frauengestalten des frühen 19. Jahrhunderts, die neben Clara Schumann und zahlreichen literarischen Begabungen die deutsche Romantik entscheidend mitgeprägt haben. Der größte Teil ihres umfassenden Schaffens, das noch zum Teil in Privatbesitz ist, befindet sich im Mendelssohn-Archiv der Staatsbibliothek Berlin. Noch immer harren Hunderte von Liedern auf ihre Veröffentlichung, obwohl sich in den 80er und 90er Jahren im In- und Ausland zahlreiche Musikwissenschaftler um die Komponistin verdient gemacht haben (siehe: S. Sommerville, Fairbanks, Victoria Sirota, Boston, etc.)

Fanny Hensel-Mendelssohn. Zeichnung von Wilhelm Hensel, Nationalgalerie Berlin. Foto: Archiv

ORGEL- / KLAVIERMUSIK

Prélude für Orgel, Kassel, Furore 1988 / Pullmann, Vivace 1994
Sonate in c-moll (1823/24), Bryn Mawr, Hildegard Publ. 1994
Sonatensatz E-dur (1824)
Prélude e-moll (1827), Kassel, Furore 1989
18 Klavierstücke (1840)
17 Klavierstücke (1841)
„Das Jahr", zwölf Charakterstücke (1841), Kassel, Furore 1989
Sonate in g-moll (1843), Kassel, Furore 1990 / Bryn Mawr, Hildegard Publ. 1994
Vier Lieder ohne Worte op. 2 (1846), Berlin, Bote & Bock 1846 / 1983
„Six mélodies" op. 4 (1847), Berlin-Lichterfelde, Lienau 1982, daraus: Mélodie op. 4,2 und 4,4 in: Frauen komponieren, Mainz, Schott 1985 / Mélodie op. 4,2 in: At the piano with women composers, Sherman Oaks, Alfred Publishing 1990
„Six mélodies" op. 5 (1847), Berlin-Lichterfelde, Lienau 1982, daraus: Mélodie op. 5, 4 in: At the piano with women composers, Sherman Oaks, Alfred Publishing 1990
Vier Lieder ohne Worte op. 6 (1847), Berlin, Bote & Bock 1847 / 1983
Vier Lieder ohne Worte op. 8 (1850), Leipzig, Breitkopf 1850 / Kassel, Furore 1989
Zwei Bagatellen für Schüler, Berlin, Trautwein / Kassel, Furore 1988
„Pastorella" (ca. 1852)
Drei Stücke zu vier Händen, Kassel, Furore 1990
Klavierstücke, in: At the piano with Felix Mendelssohn und Fanny Hensel-Mendelssohn (Hrsg. M. Hinson): Abschied von Rom (1840), Il Saltarello Romano op. 6, 4 (1841), Notturno (1838), O Traum der Jugend, O goldener Stern (1846), Studie in f-moll (1825), Sherman Oaks, Alfred Publishing 1990
Sechs Klavierstücke von 1824-1827, Bryn Mawr, Hildegard Publ. 1994
Übungsstück C-dur (1822) / g-moll (1823) / Klavierstück g-moll / f-moll / Notturno g-moll (1838) / „Abschied von Rom" a-moll (1840) / Allegro molto

c-moll (1824) / Andante cantabile Des-dur (1825) / O Traum der Jugend in F-dur (1846) / Allegretto d-moll / Allegro vivace A-dur. In: „Ausgewählte Klavierstücke", München, Henle 1986

KAMMERMUSIK

Sonate für Cello und Klavier
Adagio in E für Violine und Klavier (1823), Kassel, Furore 1989
Klavierquartett As-dur (1823), Kassel, Furore 1990
Capriccio in As-dur für Cello und Klavier (1829), Wiesbaden, Breitkopf & Härtel 1994
Streichquartett Es-dur (1834), Kassel, Furore 1988 / Wiesbaden, Breitkopf & Härtel 1989
Trio d-moll op. 11 für Klavier, Violine und Cello, Gräfelfing, Wollenweber 1984 / Edition Kunzelmann 1991
Fantasia g-moll für Cello und Klavier, Wiesbaden, Breitkopf & Härtel 1994

ORCHESTERMUSIK

Ouvertüre in C für Orchester (1830)

VOKALMUSIK

„Wanderers Nachtlied" (Text: Goethe)
38 Lieder und französische Ariettten (1821)
Zyklus von 15 Liedern (1823)
Zyklus von 17 Liedern (1824)
Zyklus von 28 Liedern (1824)
Zyklus von 45 Liedern (1827)
24 Lieder (1828)
36 Lieder (1829)
38 Lieder (1832)
Zyklus von 15 Liedern (1834)
Zyklus von 16 Liedern (1839)
Zyklus von 10 Liedern (1841)
Zyklus von 15 Liedern (1846)
(z.T. in Sammelausgaben ediert)
„Hero und Leander" für Sopran und Orchester (1832)
„Ein Lied", Album für Gesang und Klavier (1837), Berlin, Schlesinger 1837
„Schloß Liebeneck" für Gesang und Klavier (1839), in: Rhein-Sagen und Lieder, Köln / Bonn, Dunst 1839
Sechs Lieder op. 1 für Singstimme und Klavier, Berlin, Bote & Bock 1846 / 1985 (Reprint)
Das letzte Lied (1847)
Sechs Lieder op. 7 für Singstimme und Klavier, Berlin, Bote & Bock 1848 / 1985 (Reprint)
Sechs Lieder op. 9 für Singstimme und Klavier, Leipzig, Breitkopf 1850
Fünf Lieder op. 10 für Singstimme und Klavier, Leipzig, Breitkopf 1850
Ausgewählte Lieder (A. Assenbaum, Hrsg.), Düsseldorf, Edition Donna 1991: „Sehnsucht nach Italien" / „Mignon" / „In die Ferne" / „Sehnsucht" / „Anklänge 1, 2, 3" / „Traurige Wege" / „Auf dem See" / „Liebe in der Fremde"
Ausgewählte Lieder, Bd. 2 (A. Maurer, Hrsg.), Wiesbaden, Breitkopf & Härtel 1993: „Traurige Wege" / „Harfners Lied" / „Dämmerung senkte sich" / „Über allen Gipfeln" / „An Suleika" / „Suleika" / „Ach, die Augen" / „Fichtenbaum und Palme" / „Nacht ist wie ein stilles Meer" / „Ich kann wohl manchmal singen" / „Im Herbst" / „Anklänge 1-3"
Ausgewählte Lieder, Bd. 1 (A. Maurer, Hrsg.), Wiesbaden, Breitkopf & Härtel, 1994: „Wanderlied" op. 1, 2 / „Warum sind denn die Rosen" op. 1, 3 / „Morgenständchen" op. 1, 5 / „Nachtwanderer" op. 7, 1 / „Frühling" op. 7, 3 / „Die frühen Gräber" op. 9, 4 / „Die Mainacht" op. 9, 6 / „Nach Süden" op. 10, 1 / „Vorwurf" op. 10, 2 / „Abendbild" op. 10, 3 / „Im Herbste" op. 10, 4 / „Bergeslust" op. 10, 5 / „Die Schiffende" / „Kein Blick der Hoffnung" / „Der Eichwald brauset"
Three songs (Texte: George, Lord Byron) für Singstimme und Klavier, Bryn Mawr, Hildegard Publ. 1994
Three poems (Texte: Heine) für Singstimme und Klavier, Bryn Mawr, Hildegard Publ. 1995
Three songs (Texte: J. P. Claris de Florian) für Tenor / Bariton und Klavier, Bryn Mawr, Hildegard Publ. 1995
„Io d'amor, oh Dio", Konzertarie für Sopran und Orchester. Berlin, Bote & Bock 1992

DUETTE

„Suleika" (Text: Goethe) (1825)
„Ich hab ihn gesehen" (1826)
„März" (1836)
„Im wunderschönen Monat Mai (1837)
„Aus meinen Tränen spriessen" (1838)
„Wenn ich in deine Augen seh" (1838)
Duett (Text: Rückert) (1840)
Three duets (Texte: H. Heine) für Sopran, Alt und Klavier, Bryn Mawr, Hildegard Publ. 1994
Two duets (Texte: H. Heine) für Sopran, Alt und Klavier, Bryn Mawr, Hildegard Publ. 1994
Three duets (Texte: Goethe) für Sopran und Alt. Bryn Mawr, Hildegard Publ. 1994

TERZETTE

„Wiedersehn" (1829)
„Abschied" (1835)
„Wandl ich in dem Wald" (1835)
„Winterseufzer" (1836)
„Waldruhe" (1841)

Fanny Hensel: Auszug aus ihrem Streichquartett Es-Dur. Wiesbaden, Breitkopf & Härtel 1989

Folgende Werke von Fanny Hensel veröffentlichte Felix Mendelssohn unter seinem Namen und seinen Opus-Zahlen:

Lieder für Singstimme und Klavier op. 8 Nr. 2, 3, 12 (1825-28)
Lieder für Singstimme und Klavier op. 9 Nr. 7, 10, 12 (1825-28)
Lieder für Singstimme und Klavier op. 34 Nr. 4 (1833-34), in: „Sämtliche Lieder", Frankfurt, Peters

CHORMUSIK

Festspiel für Tenor, zwei Bässe, vierstimmigen gemischten Chor und Orchester (1827)
Kantate „Meine Seele ist so stille" für vierstimmigen gemischten Chor und Orchester (1831)
Kantate „Hiob" für Alt, vierstimmigen gemischten Chor und Orchester (1831), Kassel, Furore 1992
Oratorium nach Bildern der Bibel für Sopran, Alt, Tenor, Baß, achtstimmigen gemischten Chor und Orchester (1831), Kassel, Furore 1995
„Einleitung zu lebenden Bildern" für Sprecher, gemischten Chor und Klavier (1941)
„Gartenlieder" op. 3, sechs Gesänge für Sopran, Alt, Tenor, Baß und Klavier (1847), Berlin, Bote & Bock 1847 / Kassel, Furore 1988 / (auf englisch) Bryn Mawr, Hildegard Publ. 1994
Chorsätze für vierstimmigen Chor a cappella, Wolfenbüttel, Möseler 1988: „Lockung" / „Abschied" / „Schilflied" / „Abend" / „O Herbst"
Chorsätze für vierstimmigen Chor a cappella, in: Chorbuch der Romantik, Wolfenbüttel, Möseler 1988: „Abendlich schon rauscht" / „Drüben geht die Sonne scheiden" / „Hörst Du nicht die Bäume rauschen?" / „O Herbst, in linden Tagen" / „Schweigt der Menschen laute Lust"
Chorsätze für vierstimmigen Chor a cappella, Wiesbaden, Breitkopf & Härtel, 1989: „Frühzeitiger Frühling" / „Unter des Laubdachs Hut"
Chorsätze für vierstimmigen Chor a cappella, Wiesbaden, Breitkopf & Härtel, 1990: „Schöne Fremde" / „Es rauschen die Wipfel"
Kantate „Lobgesang" für Soli, Chor und Orchester, Kassel, Furore 1992
„Faust"-Szene (Text: Goethe) für Solostimme, zwei Soprane, zwei Alt und Klavier, Bryn Mawr, Hildegard Publ. 1994

BIBLIOGRAPHIE

Sergy, E.: Fanny Mendelssohn d'après les mémoires de son fils. Paris 1849
Hensel, Sebastian: Die Familie Mendelssohn 1729-1847. Leipzig 1929
Elvers, R.: Fanny Cäcilia Hensel, Dokumente ihres Lebens. Ausstellungskatalog der Staatsbibliothek Preußischer Kulturbesitz, Berlin 1972
Kupferberg, H.: The Mendelssohns. New York 1972
Krautwurst, F.: Fanny Hensel. In: Die Musik in Geschichte und Gegenwart, Supplementband, Kassel 1979
Sirota, Victoria R.: The Life and Works of Fanny Mendelssohn. Boston 1981
Sirota, Victoria R.: Hensel, Boston University, School for the Arts 1981
Weissweiler, Eva: Fanny Mendelssohn, ein Portrait in Briefen. Berlin/Frankfurt am Main 1985
Weissweiler, Eva (Hrsg.): Italienisches Tagebuch. Luchterhand, Darmstadt 1985
Citron, Marcia: The Letters of Fanny Hensel to Felix Mendelssohn. New York 1987
Peacock, Diana Jezic: Fanny Mendelssohn (1805-1847), in: Women Composers, New York, Feminist Press 1988
Walker, N. L.: A stylistic analysis of selected lieder. Bloomington 1988
Brill, Dunja: Eine Darstellung der musikalischen Entwicklung von Fanny und Felix Mendelssohn. In: Komponistin und Komponist im 19. und 20. Jahrhundert, Bexbach 1988
Popper, Stefanie: Fanny Hensel, eine Komponistin im 19. Jahrhundert. Persönlichkeit, Werkanalyse und didaktische Auswertung, Heidelberg 1988
Lauffer, Gudrun: Fanny Hensel (Mendelssohn). Betrachtung ihres Lebens und ihrer Lieder, Karlsruhe 1990
Mummelthey, Christine: Fanny Hensel, der Weg einer Komponistin im 19. Jahrhundert. Düsseldorf 1991
Nubbemeyer, Annette: Fanny Hensel und ihr Klavierzyklus („Das Jahr"). Hamburg 1991
Rebmann, Jutta: Fanny Mendelssohn, biographischer Roman. Irding, Stieglitz 1991
Both, Silvia: Zur Rezeption von Komponistinnen im 19. und 20. Jahrhundert. Dargestellt am Beispiel von Fanny Hensel, Köln 1992
Eisenberg, Verena: Der Garten Fanny Mendelssohns. Aspekte des künstlerischen und gesellschaftlichen Umfeldes Fanny Mendelssohns im bezug auf ihr Leben und Werk, Köln 1992
Koch, Paul August: Fanny Hensel, geb. Mendelssohn, Kompositionen. Eine Zusammenstellung der Werke, Literatur und Schallplatten, Frankfurt, Zimmermann 1993
Maurer, Annette: Fanny Mendelssohn-Hensel (1805-1847). Dortmund 1993
Tillard, François: Die verkannte Schwester. Die späte Entdeckung der Komponistin Fanny Mendelssohn Bartholdy, München, Kindler 1994
Roster, Danielle: Allein mit meiner Musik. Komponistinnen in der europäischen Musikgeschichte,

Echternach, Editions phi 1995

Klein, H. G.: Die Kompositionen Fanny Hensels aus dem Besitz der Staatsbibliothek zu Berlin - Preußischer Kulturbesitz. Tutzing, Schneider 1995

Snyder, Lawrence: German Poetry in song. An index of Lieder, California 1995

Olivier, A.: Fanny Hensel. Ein Portrait, Düsseldorf 1997

DISKOGRAPHIE

Prelude in e-moll für Klavier. Rosario Marciano, Klavier. Turnabout, The Moss Music Group, New York

„Il saltarello romano" / Allegretto / „September". Daniela Steinbach, Klavier. In: Faszination Frauenmusik Vol. 1, Diepholz, Pallas

Klavierwerke op. 4, op. 6, Sonatensatz E-dur, Auszüge aus „Das Jahr". Sontraud Speidel, Klavier. Speyerberg, Sound Star Production

Klavierzyklus „Das Jahr". Béatrice Rauchs, Klavier. Ewald Schumacher Produktion, Bretzfeld

Klavierwerke Vol. I: „Das Jahr". Liana Serbescu, Klavier. CPO

Klavierwerke Vol. II: Sonate c-moll, Sonate g-moll, Sonatensatz E-dur, Lieder op. 6/3 und op. 4. Liana Serbescu, Klavier. Georgsmarienhütte, CPO

Klavierwerke op. 2, 4, 5, 8 / Lieder op. 1, 8, 9, 11. Aline Dumas, B. Lafon, F. Tillard, J.-C. Bouveresse, H. Mackenzie. Calliope, France

Drei Stücke für Klavier zu vier Händen. Duo Tal & Groethuysen. Hamburg

Women Composers for Organ. Music Spanning Five Centuries. B. Harbach. Gasparo Records, USA

Streichquartett Es-dur (mit Elisabeth Lutyens: Streichquartett Nr. 6. Fanny-Mendelssohn-Quartett. München, Troubadisc

Klavierquartett As-dur / Streichquartett Es-dur / Klaviertrio d-moll. Fanny-Mendelssohn-Quartett, München. München, Troubadisc

Klavierquartett As-dur (mit V. Dinescu: „Terra Londhana"; G. Coates: Streichquartett Nr. 3). Fanny-Mendelssohn-Quartett, Ludwigsburg, Bauer.

Klaviertrio d-moll op. 11. Clementi Trio (Richards, Gockel, Gerstner). LARGO, Köln

Klaviertrio d-moll op. 11 (mit Clara Schumann: Klaviertrio). Clara-Wieck-Trio. Bietigheim, Bayer Records

Klaviertrio d-moll op. 11 (mit Clara Schumann: Klaviertrio). The Dartington Piano Trio. London, Hyperion Records

Klaviertrio d-moll / Lieder für Singstimme und Klavier: „Italien" / „Im Herbst" / „Bergeslust" /
„Harfners Lied". Donna Brown, Gesang; Françoise Tillard, Klavier ; Trio Brentano. Paris, Opus 111

Lieder: „Bergeslust" / „Italien". Berenice Bramson, Sopran; R. Rundle,Klavier. In: Women's Work, New York, Gemini Hall Records

Lied: „Suleika" und Hatem", in: Angel, Hollywood, c/o Capital Records

Lieder: „Die frühen Gräber" / „Die Mainacht" / „Das Heimweh" / „Italien" / „Sehnsucht". Tuula Nienstedt, Alt; Uwe Wegner, Klavier. Hamburg, Musica Viva

Lieder für Gesang und Klavier op. 1, 7, 10. Jard van Nes, Mezzosopran; Ch. Lambour, Hammerflügel. Accademia, Schweiz

Lieder für Sopran und Klavier op. 1, 7, 9, 10. Isabel Lippitz, Sopran; Barbara Heller, Klavier. Georgsmarienhütte, CPO

Lieder für Singstimme und Klavier op. 1, 7, 9, 10. Lauralyn Kolb, Gesang; Arlene Shrut, Klavier. Centaur Records

Rediscovered", Lieder für Gesang und Klavier op. 3, 7, 9, 10 / Klavierstücke op. 2, 8 / Orgelprelude. Susan Larson, Sopran; Virginia Eskin, Klavier; V. Sirota, Orgel. Northeastern Records

„Mayenlied" / „Schwanenlied" op. 1 / „Neue Liebe, neues Leben" (mit Werken von Reichardt, Zumsteeg, LeBeau, Schumann, Mahler). Sieglinde Schneider, Sopran; Stewart Emerson, Klavier. Bergheim, edita Musik

Sechs Lieder op. 1. G. Hirst, Tenor; M. Yuspen, Klavier. Leonarda Productions

Lieder: „Nachtwanderer" / „Rosenkranz" / „Die Nonne" / „Im Herbste" / „Du bist die Ruh" / „Vorwurf". C. Ciesinski, Mezzosopran; J. Ostendorf, Baßbariton; R. Palmer, Klavier. Leonarda Productions

„Gartenlieder". Leonarda Ensemble Köln, Ltg. E. M. Blankenburg. Georgsmarienhütte, CPO

Oratorium nach Bildern der Bibel. Isabel Lippitz, Sopran; A. Fischer-Kunz, Alt; H. Hatano, Tenor; Th. Thomaschke, Baß; Kölner Kurrende, E. M. Blankenburg (Chor, Orchester). Georgsmarienhütte, CPO

„Nachtreigen" und „Gartenlieder" op. 3 (mit Schumann: Chöre a cappella; Lili Boulanger: Chorwerke). Heidelberger Madrigalchor, Ltg. G. Kegelmann. Bietigheim, Bayer Records

„Io d'amor, o Dio", Konzertarie für Sopran und Orchester. Helen Kwon, Sopran; Staatsorchester Hamburg. In: Mendelssohn-Hensel, Capriccio / EMI

Heritte-Viardot, Louise Pauline Marie
(1841-1918)

Als Tochter der berühmten Sängerin und Primadonna Pauline Viardot-Garcia in Paris am 14. Dezember 1841 geboren, hat sich Louise Pauline ebenfalls zu einer achtenswerten Komponistin entwickelt. In ein höchst musikalisches Elternhaus und eine von weltmännischer Offenheit geprägten Pariser Atmosphäre hineingewachsen, erhielt sie ersten Musikunterricht von ihrer Mutter, die - neben ihrer Schwester Malibran - zu den großen Primadonnen des 19. Jahrhunderts gehörte. Später ging Louise Pauline nach Petersburg und unterrichtete am dortigen Konservatorium Gesang. Auch am Hoch'schen Konservatorium, wo Clara Schumann in späten Jahren unterrichtete, war sie Gesanglehrerin. Nach ihrer Heirat mit M. Heritte (1862), dem französischen Generalkonsul in Südafrika (1862) verbrachte sie mit ihm einige Jahre an seinem Dienstort am Kap der Guten Hoffnung und ging später wieder mit ihm nach Paris zurück. 1886 zog die Familie nach Berlin, wo Louise Pauline Gesang lehrte. Im Gegensatz zu ihrer Mutter schrieb sie neben Vokalwerken auch etliche Kammermusikwerke sowie eine komische Oper/Operette. Die Komponistin starb am 17. Januar 1918 in Heidelberg.

KLAVIERMUSIK
Sonate für zwei Klaviere
Serenade für Klavier, Paris, Heugel
„In Gondola" für Klavier, London, Novello

KAMMERMUSIK
Klavierquartett Nr. 1 op. 9, Leipzig, Breitkopf & Härtel 1883 und Bryn Mawr, Hild. Publ.
Klavierquartett Nr. 2 op. 11, Leipzig, Peters 1881/83
Klavierquartett Nr. 3
Vier Streichquartette
Zwei Klaviertrios
Sonate für Cello und Klavier, Leipzig, Hofmeister 1909

Augusta Holmès:
Szenenbild der festlichen Aufführung von 1889 ihrer „Ode Triomphale" im Pariser Palais de l'Industrie

VOKALMUSIK

Drei Lieder für Singstimme und Klavier, Leipzig, Kahnt
„Listen a minute", London, Boosey & Hawkes
Schlaflied
„Praises" für Singstimme, Klavier und Violine / Klarinette
Sechs Lieder für Singstimme und Klavier
„Vers le sud", Paris, Heugel
Spinnlied
„Shower of blossoms", London, Ditson

CHORMUSIK

„Die Bajadere", Kantate für Chor und Orchester
„Wonne des Himmels", Kantate für Soli, Chor und Orchester, Leipzig, Kahnt
„Das Bacchusfest", Kantate für Chor und Orchester (1880)

OPER

„Lindoro", komische Oper in einem Akt (1879)

BIBLIOGRAPHIE

Memoires and Adventures, London 1913
Une famille de grands musiciens, 1922
„Les mémoires de Louise Heritte-Viardot, Paris 1923
Fischer-Dieskau, D.: Wenn Musik der Liebe Nahrung ist. Künstlerschicksale im 19. Jahrhundert. Stuttgart, DVA 1990

Holmès, Augusta Mary Anne (1847-1903)

Mit ihrem freien Geist und ihrer enormen Schaffenskraft, vor allem bei größeren Besetzungen, war sie eine glänzende Komponistin des 19. Jahrhunderts, die sich über alle Schranken ihrer Zeit hinwegsetzte. Augusta Holmès wurde als Tochter eines schottisch-irischen Ehepaares am 16. Dezember 1847 in Paris geboren. Die Familie ließ sich später in Versailles nieder. Ihre Eltern pflegten die Freundschaft zu vielen Künstlern und Musikern ihrer Zeit. Mit zehn Jahren übernahm der Vater ihre Ausbildung, und sie begann bei Henry Lambert, Organist an der Versailler Kathedrale, Kontrapunkt un bei Hyacinthe Klosé Instrumentation zu erlernen. Mit 13 Jahren komponierte sie ihr erstes Werk, ein Menuett, mit 14 ihr erstes Lied, mit 19 ihr großes Werk „In exitu Israel" für Chor und Orchester und mit 20 ihre Oper „Hero und Leander", zu der sie – wie später bei nahezu allen ihrer Vokalwerke – ihr eigenes Libretto verfaßte. 1869 lernte sie Wagner und Liszt kennen und befreundete sich mit dem letzteren. Ihr großes musikalisches Vorbild wurde ihr nach einer „Rheingold"-Aufführung, der sie im Jahre 1869 beiwohnte, die Musik Richard Wagners. 28jährig setzte Augusta Holmès, schon seit zwei Jahren französische Staatsbürgerin, ihr Studium bei César Franck 1875 fort und wurde in seine Künstlergruppe „Bande à Franck" aufgenommen. Durch ihre bahnbrechenden kompositorischen Leistungen wurde sie als Berufskomponistin voll anerkannt, was für ihre Zeit völlig ungewöhnlich war. Sie blieb mit dem Dichter und Romancier Catulle Mendès 17 Jahre lang liiert; sie hatten gemeinsam fünf Kinder. Mit ihrem lebhaften Temperament und ihrer Persönlichkeit dominierte sie die Salons ihrer Zeit wie kaum eine andere Komponistin. Sie erhielt für ihre Kantate „Lutèce" (1878) den 'Prix de la Ville de Paris' und für ihre dramatische Sinfonie „Les Argonautes" (1881) den 'Grand Prix de Paris'. 1889 wurde zur 100-Jahr-Feier der französischen Revolution ihre „Ode Triomphale" mit ca. 1000 Mitwirkenden im Palais de l'Industrie mit sensationellem Erfolg aufgeführt – vor Tausenden von Zuhörern. Ihre „Hymne à la Paix", ein Auftragswerk der Stadt Florenz, wurde 1890 ebenfalls mit großem Erfolg aufgeführt. Die englische Komponistin Ethel Smyth besuchte sie in Paris und widmete ihr den Aufsatz: „Augusta Holmès, pioneer". Am 28. Januar 1903 starb die hochgeehrte Komponistin in Folge eines Herzversagens in Paris. Ihre Freundinnen und Freunde ließen auf ihrem Grab in Versailles ein Denkmal errichten.

KLAVIERMUSIK

„Andromède" für Klavier zu vier Händen, Paris, Enoch
„Au pays bleu" für Klavier zu vier Händen, Paris, Heugel
„Ce qu'on entendit dans la nuit de Noël"
„Polonaise" für Klavier
„Oiseau d'hiver" für Klavier

KAMMERMUSIK

„En mer" für zwei Violinen, Viola, Cello und Klavier, Paris, Heugel
„La nuit et l'amour" für zwei Violinen, Viola, Cello und Klavier

Menuett für Streichquartett (1896)
Drei kleine Stücke für Flöte und Klavier (1896)
Fantasie für Klarinette und Klavier, New York, Fischer / Bryn Mawr, Hildegard Publ. 1994

ORCHESTERMUSIK

„Air de ballet"
„Ouverture pour une comédie"
„La nuit et l'amour", symphonisches Stück für Orchester
„Roland furieux" (1875)
„Lutèce", dramatische Sinfonie (1878), Paris, Le Grus 1904
„Irlande", symphonische Dichtung (1882), Paris, Le Grus 1882
„Pologne", symphonische Dichtung (1883), Paris, Le Grus 1882
„Ludus pro patria", symphonische Dichtung, Paris, Le Grus 1888
„Hymne à Apollon", symphonische Dichtung (1872), Paris, Durand 1889
„Augusta Holmès ne nous oubliez pas" für Orchester, Paris, Maquet 1892
„Au pays bleu", symphonische Suite (1892), Paris, Tellier 1893
„Le jugement de Nais" (1902)
„Andromède", symphonische Dichtung (1901), Paris, Enoch 1902
„Orlando furioso", symphonische Dichtung

VOKALMUSIK

Rund 120 Lieder für Singstimme und Klavier, darunter:
„Vengeance" für Tenor oder Sopran und Klavier, Paris, Leduc 1870
„Coucher de soleil" (1869)
„Dieu sauve la France", Nationalhymne, Paris, Hartmann 1871
„La chanson de Jean prouvaire", Paris, Leduc 1872
„Chanson du chamelier", Paris, Le Grus 1893
„Aux heureux", Paris, Durand 1882
„Chanson catalane", Paris, Le Grus 1886
„A celle que j'aime", Paris, Le Grus 1887
„Contes de fées", Paris, Heugel 1892
„Contes divins", Paris, Durand 1892
„En chemin", New York, Schirmer 1892
„Au jardin des Dieux", Paris, Le Grus 1893
„Chanson persane", Paris, Heugel 1893
„Berceuse", Paris, Le Grus 1894
„Chants de la kitharède", New York, Schirmer 1894
„A Trianon", Paris, Durand 1896
„L'appel du printemps", Paris, Durand 1897
„L'étoile du matin", Paris, Durand 1897
„Aubade-Habanera", Paris, Heugel 1898
Barcarolle, Paris, Enoch 1900
„Au pays", Paris, Le Grus 1901
„La bergère", Paris, Gregh 1902
„Au-delà", Paris, Enoch 1902
„Chanson lointaine" aus „Vingt mélodies" für Mezzosopran / Bariton und Klavier (1905), Paris, Tellier
„Hymne à Eros" für Mezzosopran / Bariton und Klavier, Paris, Le Grus
„Noël" für Tenor / Sopran und Klavier (1885), Paris, Le Grus
„Noël d'Irlande" für Mezzosopran / Bariton und Klavier, Paris, Heugel
„Parmi les meules" Nr. 4 aus „Paysages d'amour" für Singstimme und Klavier, Paris, Le Grus
„Sérénade printanière" aus „Les sérénades" für Singstimme und Klavier, Paris, Brandus
„Le château du rêve" für Singstimme und Klavier, Paris, Le Grus 1902 / Kassel, Furore 1993
„Rêverie Tzigane" für Singstimme und Klavier, Kassel, Furore 1989
„Hymne à Vénus" für Singstimme und Orchester (1894)
12 Lieder für Gesang und Klavier, in: Selected Songs, New York, Da Capo Press 1984

CHORMUSIK

„In exitu Israël" für Chor und Orchester (1866)
„Memento mei, Deus" für Chor a cappella (1872)
„Veni creator" für Tenor, Chor und Orgel, Paris, Le Grus 1887
„Les Argonautes", dramatische Sinfonie für Soli, Chor und Orchester (1881)
„Ludus pro patria", symphonische Ode für Solostimmen, Chor und Orchester (1888), Paris, Le Grus 1888
„Ode triomphale en l'honneur du centenaire de 1789", Szenische Kantate für Solostimmen, zwei Chöre und Orchester (1889), Paris, Durdilly 1889
„Fleur de néflier" für Tenor, Chor und Orchester (1901)
„La belle au bois dormant", lyrische Szene für Sprecher, Chor und Soli
„Chœur nuptial" für Chor und Orchester
„Danse d'Almées" für Chor und Orchester
„La chanson de la caravane" für Chor und Orchester
„La vision de la Sainte Thérèse"
„Retour" für Chor und Orchester
„La vision de la reine" für Frauenstimmen, Frauenchor, Cello, Harfe und Klavier, Paris, Heugel 1895
„Hymne à la paix" für Soli, Chor und Orchester (1890), Paris, Durdilly 1890

BÜHNENMUSIK

„Hero et Leandre" (Libretto: Augusta Holmès), musikalisches Drama in einem Akt (1867)
„Lancelot du Lac" (Libretto: Augusta Holmès), Oper
„Astarte - poème musical" (Libretto: Augusta Holmès) für Soli, Chor und Orchester (1871)
„La montagne noire" (Libretto: Augusta Holmès), Oper in vier Akten (1895), Paris, Maquet 1895

BIBLIOGRAPHIE

Barillon-Bauche, Paula: Augusta Holmès et la femme compositeur, Paris, Fischbacher 1912
Richard du Page, René: Une musicienne versaillaise: Augusta Holmès, Paris, Fischbacher 1921
Smyth, Ethel: A final burning of boats. London 1928
Myers, R.: Augusta Holmès: A meteoric career, 1967
Feilhauer, Ingeborg: Augusta Holmès, Biographie, Werkverzeichnis, Analysen, Heidelberg 1987
Theeman, Nancy: Life and works of Augusta Holmès, University of Maryland (o.D.)
Gefen, Gérard: Augusta Holmès, L'outrancière. Paris 1988
Roster, Danielle (Hrsg.): Augusta Holmès, in: Allein mit meiner Musik. Echternach, Editions phi 1995

DISKOGRAPHIE

„Noël" für Chor und Orchester. Chœurs R. Duclos, Orchestre de l'Association de Concerts Colonne, Ltg. R. Challan. EMI, England
„Trois petite pièces" für Flöte und Klavier. Hoberman, Stannard. Orion Records, England
Orchesterwerke: „Andromède" / Ouverture / „Irlandella" / „La Nuit et l'amour" / „Pologne". Rheinland-Pfalz-Philharmonie, Ltg. S. Friedmann, Patrick Davin. Marco Polo
Choix de mélodies. Eva Czapo, Sopran; Alicia Masan, Klavier. Accord Records

> *„...stark, zu stark vielleicht, denn diese bis ins Extrem gesteigerte Qualität wirft sie aus den vorgetretenen Bahnen und verdammt sie, ihren Weg allein zu gehen, ohne Leiter und ohne Unterstützung."*
>
> Camille Saint-Saëns über Augusta Holmès, in: Danielle Roster, Allein mit meiner Musik, Echternach, 1995

Holst, Imogen Clare
(1907-1984)

Imogen Clare Holst wirkte als Schriftstellerin, Dirigentin und Komponistin zugleich. Geboren am 12. April 1907 in Richmond, Surrey (England) als Tochter des Komponisten Gustav Holst (1874-1934), der vor Benjamin Britten einen ausgeprägt englischen Nationalstil vertrat, begann sie ihr Studium an der Royal Academy of Music in London mit einem Stipendium für die Kompositionsklasse von George Dyson und Gordon Jacob. 1928 – also mit bereits 21 Jahren – gewann sie den Cobbett-Preis und ein Reisestipendium für 1930. Zu Beginn ihrer kompositorischen Laufbahn schrieb sie zahlreiche Volkslied-Arrangements. Erst nach dem Tode ihres Vaters entwickelte sie ihren eigenen Personalstil, schrieb Orchesterwerke, Kammermusik, Opern und Ballette. Imogen Holst arbeitete als Assistentin bei Benjamin Britten von 1952 bis 1964 und schrieb danach zahlreiche Kammermusikwerke – zum Teil als Auftragskompositionen. Die Komponistin starb am 9. März 1984 in Aldeburgh, England.

KAMMERMUSIK

Quintett für Oboe und Streicher (1928)
Streichquartett (1928)
Sonate für Violine und Cello (1930)
Streichtrio (1944)
Zwei Streichquartette (1946/50)
Streichtrio (1962)
Duo für Viola und Klavier (1968)
Streichquintett (1982)

ORCHESTERMUSIK

Suite für kleines Orchester (1927)
Suite in F für Streicher (1927)
Konzert für Violine und Streicher (1935)
Suite für Streichorchester (1943)
Variationen über „Loth to Depart" für Streicher (1963)
„Trianon Suite" (1965)
„Woodbridge Suite" (1969)
„Joyce's Divertimento" (1976)

VOKALMUSIK

„A Hymne to Christ" für Sopran, Alt, Tenor und Baß (1940)
Vier Lieder für Sopran und Klavier (1944)

„5 Songs" für drei Soprane und zwei Alt (1944)
„Lavabo inter Innocents" für drei Soprane und zwei Alt (1955)
„The Sun's Journey" für Sopran / Alt und kleines Orchester (1965)
„Hallo my Fancy" für Contratenor, Tenor, zwei Soprane und zwei Bässe (1972)
„Homage to William Morris" für Baß und Kontrabaß (1984)

BÜHNENMUSIK
„Meddling in Magic" (Goethe), Ballett (1930)
„Love in a Mist", Ballett (1935)
„Young Beichan", Puppenspiel (1945)
„Benedict and Beatrice", Oper (1950)

BIBLIOGRAPHIE
Cox, Peter: Imogen Holst at Dartington, Dartington 1988
Tinker, C. G.: The Musical Output of Imogen Holst. Diss., Uni Lancaster 1990

Hölszky, Adriana
(* 1953)

Adriana Hölszky, eine der wichtigsten Vertreterinnen der Neuen Musikszene Deutschlands, wurde am 30. Juni 1953 in Bukarest, Rumänien, als Kind von Eltern österreichisch-deutscher Herkunft geboren. Ersten Musikunterricht erhielt sie im Alter von fünf Jahren bei ihrer Tante, einer Pianistin. Drei Jahre später begann sie mit ersten Kompositionsversuchen. Mit sechs Jahren besuchte sie das Bukarester Musiklyzeum, wo sie vom zwölften Lebensjahr an in Harmonielehre und Kontrapunkt ausgebildet wurde. Von 1972 bis 1975 studierte Adriana Hölszky an der Bukarester Hochschule für Musik Komposition bei S. Nikolescu. 1976 ließ sie sich mit ihrer Familie in der Bundesrepublik Deutschland nieder, und seit 1977 besitzt sie die deutsche Staatsangehörigkeit. Im selben Jahr setzte sie ihr Studium an der Stuttgarter Hochschule für Musik und Darstellende Kunst bei M. Kelemen (Komposition), G. Louegk (Kammermusik), E. Karkoschka (Elektronische Musik) und U. Süsse (Experimentelle Musik) fort. Dort legte sie 1982 ihr Kompositionsexamen ab.
1980 erhielt die Komponistin einen Lehrauftrag im Fachbereich Hörerziehung und Musiktheorie an der Musikhochschule Stuttgart. Ebenso lehrte sie bei den Sommerkursen in Darmstadt. Mit zahlreichen internationalen Auszeichnungen wurde sie geehrt: Bereits 1974 war ihr der erste Preis beim Kompositionswettbewerb für Studierende in Bukarest verliehen worden. Darüber hinaus war sie u. a. Preisträgerin beim Gaudeamus-Wettbewerb in Holland (1981), erhielt den Max-Deutsch-Preis, Paris (1983), den Brahms-Förderpreis (1988), den Schneider-Schott-Musikpreis (1990), war Preisträgerin beim GEDOK-Wettbewerb in Mannheim (1989) und wurde mit dem Heidelberger Künstlerinnenpreis (1991), mit einer Einladung zum Komponistinnen-Forum in Teluride, USA und schließlich dem Rom-Preis mit einem Aufenthalt in der Villa Massimo (1991) ausgezeichnet. Im Auftrag der Münchener Biennale komponierte sie 1988 die Faßbinder-Oper „Bremer Freiheit". Mit ihrer Oper „Die Wände", ein Auftragswerk nach Jean Genets „Les Paravents", das 1995 unter der Regie von Hans Neuenfels am Staatstheater Wien zur Uraufführung gelangte, errang sie internationale Anerkennung auch als Opernkomponistin. Das ausgesprochene Raffinement ihrer Klangsprache gilt als ein wichtiger Beitrag zur Neuen Musikszene der 90er Jahre. Zahlreiche Universitäten, wie Tokyo, Paris, Bordeaux, Athen, Thessaloniki, Boston etc. erteilten ihr Einladungen zu Seminaren und Workshops. Adriana Hölszky lebt und arbeitet heute in Stuttgart.

CEMBALO- / KLAVIERMUSIK
Vier Miniaturen für Klavier (1974), Berlin, Astoria
Sonate für Klavier solo (1975), Berlin, Astoria
„Decorum" für Cembalo solo (1983), Berlin, Astoria
„Hörfenster für Franz Liszt" für einen Pianisten, Berlin, Astoria 1993

‚KAMMERMUSIK
„Byzantinische Struktur" für Violine und Klavier (1974), Berlin, Astoria
Streichquartett (1975), Berlin, Astoria
„Pulsationen II", Quintett (1979), Padua, Zanibon
„Innere Welten", Streichtrio (1981), Berlin, Astoria
„Innere Welten I", Streichtrio (1981), Berlin, Astoria 1994
„Innere Welten II", Streichquartett (1982)

„Arkaden" für Flöten und Streichquartett (1982), Berlin, Astoria

„Quasi una fantasia" für Oboe solo (1982), Berlin, Astoria 1990

„Intarsien I", Trio für Flöte, Violine und Klavier (1982), Berlin, Astoria

„Intarsien II" für Flöte, Violine, Cembalo und Klavier (1983), Berlin, Astoria

„Intarsien III" für Flöte, Violine und zwei Klaviere (1983), Berlin, Astoria

„Flux - Reflux" für Altsaxophon (1983), Berlin, Astoria

„Nouns to nouns", Musik für Violine solo nach einem Gedicht von E. E. Cummings (1983), Berlin, Astoria

„Nouns to nouns II" für Cello solo (1983), Berlin, Astoria

„Erewhon" für 14 Instrumentalisten mit Zusatzinstrumenten (1984), Berlin, Astoria

„Controversia" für zwei Flöten, Violine und zwei Oboen (1985), Berlin, Astoria

„Klangwerfer" für drei Streichergruppen (1985), Berlin, Astoria

„Requisiten" für neue Instrumentalisten (1985), Berlin, Astoria

„... und wieder dunkel" (Text: G. Benn) für Klavier und Schlagzeug (1986), Berlin, Astoria 1989

„Jagt die Wölfe zurück" für sechs Schlagzeuger, Wiesbaden, Breitkopf & Härtel 1990

„Karawane" für 12 Schlagzeuger, Wiesbaden, Breitkopf & Härtel 1990

„Segmente I" für sieben Klangzentren. Wiesbaden, Breitkopf & Härtel 1990

„Hängebrücken", Streichquartett an Schubert, Wiesbaden, Breitkopf & Härtel 1991

„Wirbelwind" für vier Schlagzeuger (1988), Berlin, Astoria 1992

„Miserere" für Akkordeon, Wiesbaden, Breitkopf & Härtel 1993

„Klangwaben, Signale" für Violine solo, Wiesbaden, Breitkopf & Härtel 1994

ORCHESTERMUSIK

„Constellation" für großes Orchester (1976), Berlin, Astoria

„Space" für vier Orchestergruppen (1980), Berlin, Astoria

„Lichtflug" für Violine, Flöte und Orchester, Wiesbaden, Breitkopf & Härtel 1990

VOKALMUSIK

Monolog für Frauenstimme und Pauke (1977)

„Es kamen schwarze Vögel" für fünf Frauenstimmen mit Schlagzeug (1978), Berlin, Astoria

„Con/Sequenzen" für Sopran, Bariton, Violine und Cello (1978), Berlin, Astoria

„Kommentar für Lauren" für Sopran, acht Bläser und Schlagzeug (1978)

„Questions" für Sopran, Bariton, Violine, Cello, Gitarre, Piccolo und Klavier (1981), Berlin, Astoria

„Sonett" (Text: Shakespeare) für Frauenstimme und zwei Gitarren (1983), Berlin, Astoria

„Flöten des Lichtes", Flächenspiel für eine Sängerin und fünf Bläser, Wiesbaden, Breitkopf & Härtel 1989

„Vampirabile" für fünf Frauenstimmen mit Schlagzeug (1988), Berlin, Astoria 1990

„Message – immer schweigender"

„Gemälde eines Erschlagenen"

CHORMUSIK

„Omaggio a Michelangelo" für 16-stimmigen Chor a cappella (1980), Berlin, Astoria

„Sonnenlied" (Text: Franz von Assisi) für Frauenstimmen (1986)

„Immer schweigender" (Text: G. Benn) für vier achtstimmige gemischte Chorgruppen (1986), Berlin, Astoria

„... geträumt" für 36 Vokalisten, Wiesbaden, Breitkopf & Härtel 1990

BÜHNENMUSIK

„Bremer Freiheit" (Vorlage: R. W. Faßbinder), Singwerk auf ein Frauenleben (1987)

„Die Wände", Oper in drei Akten nach „Les Paravents" von Jean Genet (Auftragswerk des Württembergischen Staatstheaters Stuttgart 1994, Uraufführung 1995 am Theater an der Wien

EXPERIMENTELLE MUSIK

„Omion", elektronische Musik (1980), Berlin, Astoria

„Hörfenster für Franz Liszt" (1987), Berlin, Astoria

BIBLIOGRAPHIE

Stegen, Gudrun: Komponistinnen-Portrait. In: Neuland Bd. 4, 1984

Adriana Hölszky: Wir haben unser Land und unsere Freiheit verloren. In: Annäherungen Bd. II, Furore, Kassel 1987

Komponistinnen-Festival, Dokumentation: Die Kugeln im Kaffee - Komponistinnen-Portrait und Gedanken zu „Bremer Freiheit", Heidelberg 1989

Emigholz, M.: Die Freiheit, mit Raum und Zeit zu spielen. In: Neue Zeitschrift für Musik 1989

Koch, Gerhard R.: Und es kamen schwarze Vögel. Laudatio auf die Komponistin Adriana Hölszky. Neue Zeitschrift für Musik, 1990

Koch, Gerhard R.: Ordentlich Chaos im Sinn. In:

Adriana Hölszky, Bibliographische Daten, Wiesbaden, Breitkopf & Härtel 1990

Borchard, B.: Adriana Hölszky. In: Klangporträts, Berliner Musikfrauen, Berlin 1991

Dernedde, H.: Annäherung an Kompositionsweise und Werk Adriana Höslzkys anhand ihres Klavierstücks „Hörfenster für Franz Liszt", Münster 1993

Krauss, Elke: Werkverzeichnis Adriana Hölszkys als Musikerporträt im Palais, Stadtbücherei Stuttgart 1994

DISKOGRAPHIE

„Nouns to nouns I" / „Intarsien II". Mohr, Hölszky-Wiedemann, Grossmann, Geiger. Tonstudio Bauer, Ludwigsburg

„Requisiten" für neun Instrumentalisten. ars nova ensemble. Viersen, Aulos

„Space" für vier Orchestergruppen / „Sonett" für Frauenstimme und zwei Gitarren / „Decorum" für Cembalo / „Innere Welten". Rundfunksinfonie-Orchester Saarbrücken, Ltg. Dennis Russel Davies; Das Freiburger Gitarrenduo; Christina Ascher, Mezzosopran; Das Deutsche Streichtrio. Viersen, Aulos

Vokalwerke: „Es kamen schwarze Vögel" / Monolog für eine Frauenstimme / „Vampirabile" / „Kommentar für Lauren". Belcanto-Ensemble Frankfurt. Viersen, Aulos

„Bremer Freiheit", Singwerk auf ein Frauenleben. Ensemble avance, Ltg. Andras Hamary. Mainz, Wergo

Das Kammerkonzert: „Requisiten" / „Klangwerfer" / „Quasi una fantasia" / Flux-Reflux" / Intarsien III". Sinfonia Stuttgart, Rhein-Bach-Collegium, ars nova Ensemble Stuttgart. München, Koch

Vokalwerke: „Message - immer schweigender" / „Gemälde eines Erschlagenen" / „Flöten des Lichts". Ensemble Exvoco. cpo, Georgsmarienhütte

„Flöten des Lichts". Heidelberger Festival Ensemble 1989. In: Gesänge aus Osteuropa, Mediaphon

Miserere für Akkordeon. In: „Whose song", Akkordeon-Musik des 20. Jahrhunderts, Wedemark, Thorofon

„Jagt die Wölfe zurück". Deutsches Schlagzeug-Ensemble. In: Zeitgenössische Kammermusik aus Südosteuropa, Heidelberg, Helikon

„Hängebrücken" / „Hörfenster für Franz Liszt" / „Jagt die Wölfe zurück". Nomos-Quartett, Pellegrini-Quartett, G. F. Schenk, Klavier. Osnabrück, cpo, Georgsmarienhütte

„Klangwerfer" / „Intarsien III" / „immer schweigender" / „Flux-Reflux". Vokalensemble Kassel; Sinfonia Stuttgart. Viersen, Aulos

Hoover, Katherine
(* 1937)

Als Flötistin und Komponistin ist sie in den USA wohl bekannt: Katherine Hoover, geboren am 2. Dezember 1937 in Elkins/USA Sie besuchte die Eastman School of Music in Bryn Mawr und studierte Flöte. Es folgte ein Studium an der Manhattan School of Musik sowie Sommerkurse an der Yale University; im Jahre 1974 absolvierte sie ihr Examen. Als Musikpädagogin und Solistin hat sie danach in New York gelebt, wo sie 1978 das Women's Interart Center gründete, das eine Reihe von Musikfestivals durchführt. Für ihre kompositorische Arbeit wurde sie mit mehreren Preisen ausgezeichnet, darunter den National Endowment Composers Preis. Ihr Werkverzeichnis umfaßt vorwiegend Kammermusik mit Flöte, aber auch einige Orchester- und Chorwerke. Als Flötistin hat sie etliche Schallplatten mit eigenen und fremden Werken eingespielt. Verlegt sind ihre Werke bei Theodore Presser, Carl Fischer und anderen amerikanischen Verlagen.

KLAVIERMUSIK

Piano Book (1977-1982)
„Chase" für Klavier (1977)
„Pieces for piano", New York, Papagena Press 1977
Allegro molto (1978)
„Forest bird" (1980)
„The medieval suite" für zwei Klaviere (1980)
Allegro und Andante (1983)

KAMMERMUSIK

Trio für drei Flöten (1974), New York, Papagena Press 1976
„Homage to Bartok" für Flöte, Oboe, Horn, Klarinette und Fagott (1975), New York, Papagena Press 1975
Sinfonia für vier Fagotte (1976)
„Medieval Suite" für Flöte und Klavier (1980)
Serenade für Klarinette und Streichquartett (1982) / auch für Oboe, Klarinette, Horn und Fagott (1987)
„Da pacem", Klavierquintett (1988), New York, Papagena Press 1988
Sonate für Oboe und Klarinette (1991)
„Canyon Echoes" für Flöte und Gitarre, New York, Papagena Press 1991
„Sound bytes" für zwei Flöten. New York, Papagena Press 1991
Divertimento für Flöte und Streichtrio, New York, Papagena Press 1975

ORCHESTERMUSIK

Nocturne für Flöte und Streicher, New York, Papagena Press 1979
Konzert für Flöte, Schlagzeug und Streicher (1980)
„Summe Night" für Flöte, Horn und Streicher (1986)
Klarinettenkonzert (1987)
„Eleni - a Greek Tragedy" (1987)
„Medieval Suite", Orchesterfassung (1987)
„Two Sketches" für Orchester (1989)
„Night Skies" für Orchester (1992)
Doppelkonzert für zwei Violinen und Streichorchester, New York, Papagena Press 1993

VOKALMUSIK

„Wings, acceptance, proud songsters, auspex" für Sopran, Flöte, Klarinette Violine und Klavier (1974)
„To many a well" für Mezzosopran und Klavier (1977)
„Ode on the death of a favorite cat" für Sopran, Klarinette und Klavier (1979)
„Selima" (Text: Thomas Gray) für Sopran, Klarinette und Klavier, New York, Papagena Press 1979
„From the Testament of François Villon" für Bariton, Fagott, Streichquartett, New York, Papagena 1982
„Seven Haiku" für Sopran und Flöte, New York, Papagena Press 1987

CHORMUSIK

Psalm 23 für Chor und Orchester
Drei mittelalterliche Choräle
„Four English songs" für gemischten Chor, Oboe, Englischhorn und Klavier
„There is no rose" für Sopran, Frauenchor und Flöte, New York, Fischer 1972
„Lake Isle of Innisfree" für gemischten Chor und Klavier (1973)
„Songs of joy" für gemischten Chor, Trompeten und Posaunen, New York, Fischer 1975
„Syllabe songs" für Frauenchor und Holzblock (1977)

Ihre Werke sind u. a. erhältlich bei: New York Women Composers, New York.

BIBLIOGRAPHIE

Zaimont / Famera: Contemporary Concert Music by Women. Westport 1981
Peacock, D. Jezic: Katherine Hoover, virtuoso flutist and composer. In: Women Composers, the lost Traditon Found, Feminist Press, New York 1988

DISKOGRAPHIE

Sinfonia für Fagottquartett. The New York Bassoon Quartet. New York, Leonarda Productions
Flötentrio. The Rogeri Trio, New York. Leonarda Productions
„On the betrothal of Princess Isabella". Katherine Hoover, Flöte; Carter Brey, Cello; Barbara Weintraub, Klavier. New York, Leonarda Productions
Divertimento. Diane Gold, Flöte, The Alard Quartet. New York, Leonarda Productions
„Summer Night". Bournemouth Sinfonietta, Ltg. C. Martin. New York, Leonarda Productions
„Lyric Trio" für Flöte, Cello und Klavier. The Huntington Trio (Diane Gold. Lloyd Smith, Rheta Smith). New York, Leonarda Productions
„The medieval suite" für zwei Klaviere. Katherine Hoover, Mary Ann Brown, Klaviere. New York, Leonarda Productions
„Reflections" für Flöte solo. Katherine Hoover, Flöte. New York, Leonarda Productions
Allegro giocoso / Adagio / Vivace (mit Werken von Amy Beach). Diana Gold, Flöte. In: Music for flute and strings, New York, Leonarda Productions
„Medieval Suite" (mit Gubaidulina, Fromm-Michaels u. a.) Cornelia Thorspecken, Flöte; Cordula Hacke, Klavier. Bietigheim, Bayer Records

Howe, Mary
(1882-1964)

Auch Mary Howe war eine Schülerin von Nadia Boulanger in Paris. Geboren am 4. April 1882 in Richmond, USA, begann sie 1904 ihr Klavierstudium bei Richard Burmeister an der Musikhochschule in Dresden, später wurde sie Schülerin von Ernest Hutcheson und Harold Randolph am Peabody Konservatorium. Gustav Strube war ihr Kompositionslehrer. Mary Howe heiratete, bekam drei Kinder und machte 1922, im Alter von 40 Jahren, zusätzlich noch ihr Examen in Komposition. Danach ging sie für kurze Zeit zu Nadia Boulanger nach Paris. In den 20er Jahren spielte sie mit Anne Hull Klavierduos. Später gründete sie zusammen mit ihrem Ehemann das National Symphony Orchestra in Washington sowie die 'Chamber Music Society of Washington' (Friends of Music in the Library of Congress). An der Seite der populären Komponistin Amy Beach organisierte sie 1925 die erste Vereinigung für Komponistinnen in den USA (heute: 'Alliance of Women Composers and League of Women Composers'). Neben großen Orchesterwerken hat sie sich vor allem als Komponistin von Liedern und Chormusik einen Namen gemacht. Viele große Verlage haben ihre Werke gedruckt: Carl Fischer, Peters, Schirmer und die Oxford University Press. Die Komponistin starb am 14. September 1964 in Washington DC.

ORGEL- / KLAVIERMUSIK

„Andante douloureux" (1910)
Nocturne (1913)
„Valse dansante" für zwei Klaviere (1922)
„Berceuse" (1924)
„Estudia brillante" (1925)
„3 Spanish folk tunes" für zwei Klaviere (1925)
„Elegy" für Orgel (1939)
„For a wedding" für Orgel (1940)
„Le jongleur de Notre Dame", Ballett für zwei Klaviere (1959)
Orgel-Transskriptionen von Bach-Werken

KAMMERMUSIK

Fuge für Streichquartett (1922)
Sonata für Violine und Klavier (1922)
„Ballade fantastique" für Cello und Klavier (1927), Bryn Mwar, Hildegard Publ. 1995
„Little Suite" für Streichquartett (1928)
Klavierquintett (1928)
„Suite mélancolique" für Violine, Cello und Klavier (1931)
„Patria" für Cello und Klavier (1932)
Streichquartett (1939)
„3 pieces after Emily Dickinson" für Streichquartett (1941)
Bläserquintett (1957)

ORCHESTERMUSIK

„Poema" für Orchester (1922)
„Stars" (1927)
„Sand" (1928)
„Castellana" für zwei Klaviere und Orchester (1930)
„Axiom" (1932)
„American Piece" (1932)
„Coulennes" (1936)
„Agreeable Ouverture" (1948)
„Rock" (1957)
„The Holy Baby of Madonna" (1958)

VOKALMUSIK

(Alles für Singstimme und Klavier)

„Somewhere in France" (1918)
„Cossack Cradle Song" (1922)
„Berceuse" (1925)
„O mistress mine" (1925)
„Red flieds of France" (1925)
„Ma douleur" (1929)
„There has fallen a splendid tear" (1930)
„Der Einsame" (1931)
„The little rose" (1932)
„The Lake Isle" (1933)
„Fair Annets Song" (1934)
„Fragment" (1935)
„Now goes the light" (1935)
„Velvet shoes" (1935)
„Go down death" (1936)
„Viennese Waltz" (1938)
„Irish lullaby" (1939)
„Am Flusse" (1940)
„Die Götter" (1940)
„Heute geh ich" (1940)
„Ich denke dein" (1940)
„Trocknet nicht" (1940)
„General Store" (1941)
„Song at dusk" (1941)
„Were I to die" (1941)
„L'amant des roses" (1942)
„Nicht mit Engeln" (1942)
„Hymne" (1943)
„Look on this Horizon" (1944)
„To the unknown Soldier" (1945)
„O Proserpina" (1946)
„Spring comes not too soon" (1947)
„The Bailey and the Bell" (1950)

CHORMUSIK

„Catalina" für gemischten Chor (1924)
„Chain gang song" für Chor und Orchester (1925)
„Spring Pastoral" für gemischten Chor (1936)
„Laud for Christmas" für gemischten Chor (1936)
„Song of Psalms" für gemischten Chor (1939)
„Song of Ruth" für gemischten Chor (1939)
„Prophecy" für gemischten Chor (1943)
„A devotion" für gemischten Chor (1943)
„Poem in praise" (1955)
„The pavillon of the Lord" (1957)
„We praise thee o God" (1962)

BIBLIOGRAPHIE

Brooks, K.: Washington Interest in Music has centered around inspiring leadership of Mary Howe. In: Washington Sunday Star 1943
Goss, M.: Modern Music Makers. New York 1952
Craig, M.: Mary Howe, Composer, honored for works. In: Musical Courier 1952
Dressner, Z.: Mary Howe Remembered. In: American Composers News 1980
Shear, C.: The first hundered years of the Friday Morning Music Club of Washington, Washington 1987
Indebaum, D.: Mary Howe, composer, pianist and music activist, diss. New York 1993
Allen, D. N.: The works of Mary Howe: a survey of performance, history and critical response. Diss., New York University 1993

DISKOGRAPHIE

Zwei Lieder (mit Liedern von Nadia Boulanger, Viardot-Garcia, Holmès, Chaminade, etc.). Catherine Eberle, Mezzosopran; Robin Guy, Klavier. In: From a woman's perspective, Vienna Modern Masters

Jacquet de la Guerre, Claude Elisabeth
(1665-1729)

Elisabeth Jacquet de la Guerre entstammte einer Familie, die seit Generationen das Musikleben in Paris mitgestalteten. Claude Elisabeth erblickte 1665 als zweites Kind von Anne de La Touche und Claude Jacquet in Paris das Licht der Welt (ihr Taufdatum ist mit dem 17. März desselben Jahres überliefert). Ihre Eltern hatten sich entschlossen, alle Kinder zu Berufsmusikern auszubilden. So erhielt Claude Elisabeth, wie auch ihre Geschwister, den ersten Musikunterricht durch ihren Vater. Ihr musikalisches Talent zeigte sich bereits frühzeitig. Als sie 1673 von ihrem Vater am königlichen Hof vorgeführt wurde und Ludwig XIV. durch ihre Virtuosität und ihr kompositorisches und improvisatorisches Talent derart begeisterte, so daß dieser sie für einige Jahre an seinen Hof berief und für ihre weitere Ausbildung sorgte, war sie erst acht Jahre alt. In den folgenden Jahren trat sie am Hof und in den Häusern des Adels auf; im Alter von nur 10 Jahren galt sie als geniale Cembalistin, Organistin und Komponistin. Mit 19 Jahren verließ sie den Hof und heiratete den geschätzten Cembalolehrer und Organisten Marin de La Guerre, der, wie sie, aus einer angesehenen Musikerfamilie stammte. Drei Jahre nach ihrer Heirat veröffentlichte sie 1687 ihre erste Sammlung von Kompositionen: „Pièces de Clavecin", ein Band, der bis Ende der 70er Jahre dieses Jahrhunderts als verschollen galt.

1685 stellte Elisabeth Jacquet de la Guerre dem königlichen Hofe ihre kleine Oper „Pastorale" vor und 1691 ihre Ballettoper „Les jeux en l'honneur de la victoire", eines der allerersten Beispiele dieser Gattung. Ihre Oper in fünf Akten „Céphale et Procris" wurde 1694 in der Académie Royale de Musique uraufgeführt und gleich danach gedruckt. Damit war sie die erste Frau, deren Opern an diesem Ort aufgeführt wurden. 1707 veröffentlichte die Musikerin ihre sechs Sonaten für Violine und Cembalo, die zu den ersten in Frankreich geschriebenen Werken dieser Gattung zählen: „Pièces de Clavecin qui peuvent se jouer sur le violon". Ihre 1708 und 1711 erschienenen Kantaten waren die ersten geistlichen Kantaten in der französischen Musikgeschichte.

Nach dem Tode Ludwigs XIV. zog sich Jacquet de la Guerre immer mehr zurück, veröffentlichte noch einige Werke und veranstaltete einige Zeit lang Hauskonzerte, die ihren Ruf als Virtuosin und Komponistin festigten. Elisabeth Jacquet de la Guerre starb am 27. Juni 1729 in Paris. Ihr zu Ehren ließ Ludwig XV. eine Gedenkmünze prägen.

Jacquet de la Guerre. Gedenkmünze, die Louis XV. ihr zu Ehren prägen ließ

KLAVIERMUSIK

„Pièces de clavecin" (Suiten d-moll, G-dur), Monaco, Oiseau-Lyre 1965
„Pièces de clavecin" (sechs Suiten und Menuett: Suite d-moll, g-moll, a-moll, F-dur, G-dur, d-moll), Erstdruck 1687 / Paris, Heugel 1987
„Les Pièces de clavecin -Premier livre", reprint von 1687. In: Clavecinistes français du 18e siècle, Genf, Minkoff
„Pièces de clavecin qui peuvent se jouer sur le

violon", Paris 1707 / Paris 1986
„La flamande" / „Chaconne" aus „Pièces de clavecin". In: Historical anthology of music by women. Indianapolis, Indiana University Press, 1987

KAMMERMUSIK

Sonate in D-dur für Violine solo, Pittsburgh, Uni Press
Loure für Oboe und Basso continuo
Sonate für Viola pomposa und Basso continuo
Sechs Sonaten für zwei Violinen, Basso continuo und Viola da gamba (1695)
daraus:
Sonate D-dur und Sonate g-moll für zwei Violinen und Basso continuo, Kassel, Furore 1993
Sonate Nr. 1 g-moll für zwei Violinen und Basso continuo, Musica Nova, London 1988
Sonate Nr. 2 für zwei Violinen und Basso continuo (Abschrift)
Zwei Sonaten für Violine, Viola da gamba und Baß, Paris 1695
Vier Sonaten für zwei Violinen, Cello und Baß, Paris 1695
Six Pièces de clavecin qui peuvent se jouer sur le violon, Paris 1707. Daraus: Rondeau für Violine und Cembalo, Kopie des Erstdrucks 1707

VOKALMUSIK

„Semelé", Kantate (1710), in: Historical anthology of music by women, Indianapolis, Indiana Uni Press 1987
„L'île de Delos", Kantate, Paris, Ribou 1710
„Les Amusements de Mgr. Le Duc de Bretagne, Le Dauphin" (1712)
„La ceinture de Vénus", Paris 1715
„La musette ou Les Bergers de Suresne", Paris 1713
„Te Deum" (1721)
„Nouveau receuil de chansons choisies", Den Haag 1729
„Le théatre de la Foire", Paris 1721
„Le raccomodement comique de Pierrot et de Nicole", Paris 1715 / in: Nine centuries of Music by women, New York, Broude Brothers
„Cantates françaises sur des sujets tiréz de l'écriture", Bd. I und Bd. II: „Judith" / „Suzanne" / „Esther" / „Jacob et Rachel" / „Jephte" / „Le déluge" / „Jonas" / „Le sommeil d'Ulisse" / „Le passage de la mer rouge", Paris 1708/1711.
daraus:
„Le passage de la mer rouge", Bryn Mawr, Hildegard Publ. 1994
„Jephte", Brooklyn 1966
Eine Auswahl „Cantates bibliques": „Esther" / „Le passage de la mer rouge" / „Jacob et Rachel" / „Jonas" / „Suzanne" / „Judith", Reprint: Genf, Minkoff / Bryn Mawr, Hildegard Publ. 1994
The 18th century French Cantata, vol. 2 und vol. 13 (Hrsg. David Tunley), University of Western Australia, Hamden / Garland, USA
„Jonas" / „Judith", aus: Cantates françaises" (1708), Kassel, Furore

BÜHNENMUSIK

„Les jeux à l'honneur de la victoire", Ballett 1685
„Céphale et Procris", Oper, Paris 1694
daraus:
Ballettmusik für Streicher und Basso continuo, Ed. Ars Femina

BIBLIOGRAPHIE

Borroff, Elisabeth: An introduction to Elisabeth Jacquet de la Guerre, Institute of Medieval Music Ltd., New York 1966
Bates, Carol H.: The instrumental music of Elisabeth Jacquet de la Guerre, Indiana University 1975
Peacock, Diane J.: Elisabeth Jacquet de la Guerre. In: Women Composers, New York, Feminist Press 1988
Voges, Ulrike: Elisabeth Claude Jacquet de la Guerre, eine Musikerin am Hof Ludwigs XIV. Leben und Werk der Clavecinistin und Komponistin, Köln 1992
Cessac, C.: Elisabeth Jacquet de la Guerre (1665-1729), Clavecinist et Compositeur. Sorbonne, Paris 1993
Roster, Danielle: Allein mit meiner Musik. Komponistinnen in der europäischen Musikgeschichte, Echternach, phi 1995

DISKOGRAPHIE

Arie aus der Kantate: „Jacob et Rachel" / Rezitativ und Arie aus „Suzanne". In: Works by Women Composers. Gemini Hall, RAP
Rondeau g-moll. Rosario Marciano, Klavier. In: Piano Works by Women Composers. Fono Münster
„Pièces de clavecin" - vier Suiten. Emer Buckley, Cembalo. Harmonia Mundi France
Cantates bibliques: „Judith" / „Suzanne" / „Esther" / „Jacob et Rachel" / „Jephte" / „Le déluge". Sonate Nr. 2 für zwei Violinen und Cello / „Pièces de clavecin" für Violine und Cembalo / „le raccomodement comique de Pierrot et de Nicole". Poulenard, Boulin, Verschaeve, Instrumentalensemble, Guy Robert / Georges Guillard. Arion, France
Kantaten: „Samson" / „Der Schlaf des Odysseus". Ostendorf, Bronx Arts Ensemble, Kammerorchester J. Somary. Leonarda Productions
Cembalo-Suiten G-dur und d-moll (mit Martinez: Sonaten E-dur und A-dur). Traud Kloft, Cembalo.

Düsseldorf, Edition Donna, und Bietigheim, Bayer Records
„Jonas", Kantate für Soli und Continuo-Gruppe (mit Werken von Martinez, Camilla de Rossi, Mme Duval, Maddalena L. L. Sirmen). Judith Nelson, Sopran; Bay Area Women's Philharmonic. In: Baroquen treasures, USA, Newport Records Cembalo-Suiten Nr. 1 und Nr. 4. Summit Records

> „Die Musik schadet in höchstem Maße der für das weibliche Geschlecht sich ziemenden Bescheidenheit, weil sie dadurch von ihren eigentlichen Geschäften und Beschäftigungen abgelenkt werden."
>
> Papst Innozenz XI., Edikt vom 4. Mai 1686
>
> „... daß wir die Gabe Gottes mit Füßen treten, wenn wir unter wichtigen heuchlerischen Vorwänden kein Frauenzimmer zur Kirchenmusik lassen..."
>
> Johann Mattheson (1681-1764), Musiktheoretiker, Komponist

Janárceková, Viera
(* 1941)

Die Komponistin Viera Janárceková wurde am 23. September 1941 in Svit, Tschechoslowakei, geboren. Von 1956 bis 1961 studierte sie Klavier am Konservatorium in Bratislava. Anschließend besuchte sie die Meisterklasse für Klavier an der Prager Akademie der Künste, arbeitete als Musikpädagogin und trat solistisch auf. 1971 ließ sie sich in Deutschland nieder und setzte ihre Studien unter anderen bei R. Firkusny in Luzern, Schweiz, fort. 1987 gewann sie mit der Vertonung eines Gedichts von Ingeborg Bachmann den 1. Preis beim Komponistinnenwettbewerb anläßlich des Internationalen Komponistinnen-Festivals in Unna/Westfalen. 1993 erhielt sie einen Preis beim GEDOK-Wettbewerb in Mannheim. Seit 1981 betätigt sich Viera Janárcková ausschließlich als Komponistin und Malerin und organisiert Ausstellungen eigener Bilder. In zunehmendem Maße wird ihren Werken auch internationale Aufmerksamkeit geschenkt. Sie lebt und arbeitet in der Nähe von Kassel.

ORGEL- / KLAVIERMUSIK

„F + F" für Klavier
„Abgestaubte Saiten" für Klavier, Kassel, Furore 1994
„Zusammenhang mit Sprung" für Orgel

KAMMERMUSIK

Sechs Haikus für Violine und Klavier (1983)
„Schlaflosigkeit" drei Sätze für Klarinette, Oboe, Fagott, zwei Hörner und Klavier (1983)
Drei Stücke für Oboe und Fagott (1983)
„Holzkohle für das Feuerbecken einer Winternacht", sechs Haiku für Flöte, Klarinette, Schlagzeug, Klavier und Sprecher (1983)
Erstes Streichquartett (1983)
„Drei Minutenschnulzen" für Saxophonquartett (1984)
Zweites Streichquartett: „Vom Kahlschlag zur Lichtung" (1984/85)
Drittes Streichquartett: „Ernstfall" (1985/86)
„Fünf Zufälle", Trio für Oboe, Cello und Cembalo (1986)
„Pausenfabrik", Sextett für Klarinette, Baßklarinette, Posaune, Kontrabaß, Klavier, Schlagzeug (1986/87)
Zehn Variationen über ein slowakisches Thema für vier Blockflöten, Kassel, Furore
„Dreiwinkelwege" für Violine und Klavier, Kassel, Furore
Fünf Haikus für Flöte, zwei Klarinetten, Horn, Posaune, Schlagzeug und Klavier
Viertes Streichquartett (1989)
„Verkalkung und Jungbrunnen" für Oboe, Englischhorn, Klarinette, Baßklarinette, zwei Hörner, Fagott, Kontrabaß (1990)
Fünftes Streichquartett (1992)
„Solipsismus" für Cello und Klavier (1992)
„Scatto automatico" für Streicher, zwei Schlagzeuger, Harfe (1992)
„Sphärenwolf", Sextett mit Mundharmonika (1994)
„Yan" für Hornsolo (1995)
„Aschenputtel-Trio" für Klarinette, Cello, Klavier (1995)
„Pulsator-Trio" für Flöte, Cello, Klavier (1995)

ORCHESTERMUSIK

„Heftige Landschaft mit dreizehn Bäumen" für Streichorchester (1987)
Klavierkonzert (1990/91)

VOKALMUSIK

„Avalokiteshvara", vier indische Lieder für Bariton, Violine und Klavier (1982)
„Der goldene Mantel", zwei Lieder für Gesang und Gitarre (1983/91)
Vier Lieder nach Gedichten von Hölderlin und Hebbel (1983/84)
„Ohr", vier Gesänge auf Sonette und Oden von Ulrich

Holbein für Tenor, Flöte, Englischhorn und Klavier (1983/85)
Bibeltextvertonungen für Sprecher, Synthesizer und elf Streicher (1984)
„Sarastralien" für Tenor, Baß-Bariton und Orchester (1984/85)
54 Bearbeitungen slowakischer Volkslieder für Gesang und Klavier (1984/85)
„Batik und Regenbogen", zwei Lieder auf Gedichte von Dietlind Henß (1985)
Melodramen auf Texte von Ulrich Holbein (1987)
„Lieder auf der Flucht" auf Gedichte von Ingeborg Bachmann für Mezzosopran, drei Flöten (auch Piccolo- und Baßflöte), Trompete, Horn, Posaune, Harfe und Schlagzeug (1987)
„Donna Laura", Dramatische Szene für Mezzosopran und 15 Instrumente (1989)
„Zwischen 'on' und 'off'" für Stimme, Flöte, Oboe und Klarinette (1989)
„Der geheimnisvolle Nacken" (Text. F. Nietzsche) für Mezzosopran und Cello (1989)
„6 Siebenschläferinnen" für sechs Frauenstimmen (1990)
„Beschattungstheater" für vier Stimmen (1990)
„Phoenix" für acht Stimmen (1990)

CHORMUSIK

„Ikarus" für Baß solo, Männerchor, Klavier, Flöte und Viola (1982)

EXPERIMENTELLE MUSIK

„Biomasse", Hörstück für 39 Sprecher, Streicher, Kontrabaß, Synthesizer, Klavichord, Klavier, Tuba, Trompete, Krotta, Krummhorn, Blockflöten, Mundharmonika, Schlagzeug, Vibraphon und Geräusche (1984)

BIBLIOGRAPHIE

Komponistinnen-Festival, Dokumentation, Heidelberg 1989

Janotha, Natalie
(1856-1932)

Als Schülerin von Clara Schumann erlangte Natalie Janotha jedoch nie dieselbe Berühmtheit wie ihre Lehrerin. Die Pianistin und Komponistin wurde am 8. Juni 1856 in Warschau, Polen, geboren. Ihre Mutter war mit der Familie Chopins befreundet, ihr Vater, selbst Pianist und Dozent am Konservatorium in Warschau, unterrichtete u. a. den polnischen Politiker und Klaviervirtuosen Paderewski. Natalie Janotha studierte zunächst bei Ernst Rudorff in Berlin, schließlich am Hoch'schen Konservatorium in Frankfurt bei Clara Schumann. 1874 trat sie mit dem Leipziger Gewandhaus-Orchester als Solistin auf und wurde bald als exzellente Virtuosin, insbesondere Chopin-Interpretin, gefeiert. Sie konzertierte in Deutschland, England und Amerika ,wo sie kurzfristig für die erkrankte Clara Schumann einsprang, und trat u. a. zusammen mit Joseph Joachim auf. 1885 wurde sie kaiserliche Hofpianistin in Berlin, schrieb den „Deutschen Kaisermarsch" op. 9 für Klavier und Orchester, ging einige Jahre nach London – war auch hier am Hofe als Virtuosin gerne gehört –, übersetzte Bücher über Chopin ins Deutsche und Englische und gab 1898 seine Klavierfuge a-moll in Leipzig heraus. Natalie Janotha schrieb über 400 Klavierwerke und Lieder, von denen ein Teil in der British Library liegt. Es gilt heute, ihr Werk wiederzuentdecken. Natalie Janotha (von der Clara Schumann einst sagte: „Was soll nur mal mit ihr werden?") starb am 9. Juni 1932 in Den Haag, Niederlande, wohin sie nach Kriegsende (1919) ihren Wohnsitz verlegt hatte.

KLAVIERMUSIK

Rund 400 Kompositonen, darunter:

Mazurka e-moll op. 6, Leipzig, Lucas 1898
Mazurka g-moll
„Deutscher Kaisermarsch" op. 9, Mainz, Schott 1892
Jubiläumslied op. 10 für Klavier, Leipzig, Breitkopf 1892
„Morceaux gracieux" op. 12
„Court Gavotte", London, Chappell
„Fleurs des Alpes", in: Moderne Klavierstücke, Warschau, Gebethner
„Gavotte pour piano", London, Acherberg 1894
„White Heather march" op. 16, London, Bosworth
Kadenzen zu Beethovens Klavierkonzert G-dur op. 58, London, Chappell
„Gebirgsszenen" für Klavier
„Berceuse de la mort"
„Gavotte impérial" pour le piano. London, Wilcox

VOKALMUSIK

Zahlreiche Lieder für Singstimme und Klavier und in anderen Besetzungen, darunter:
„Ave Maria" für Singstimme und Orgel / Chor (Papst Leo XII. gewidmet)

BIBLIOGRAPHIE

Lissa, Zofia: Natalie Janotha, Biographie, Warschau
Janotha, Natalie: Chopin's greater works and
   Glimpses of Chopins Diary. Leipzig 1898
Altburg, E.: Polnische Pianisten, Warschau 1947

Jolas, Betsy
(* 1926)

Neben Olivier Messiaen und Nadia Boulanger gehört Betsy Jolas zu den populärsten Kompositionslehrern Frankreichs, die am Conservatoire in Paris unterrichteten. Betsy Jolas, geboren am 5. August 1926 in Paris, wuchs in einer künstlerischen Umgebung auf, zu der auch Henri Matisse, Ernest Hemingway, James Joyce und Sylvia Beach gehörten. Mit 14 Jahren zog sie mit der Familie in die USA, und sie besuchte das Lycée Français in New York. Anschließend studierte sie am Bennington College Komposition und Mudiktheorie bei Paul Boepple, Orgel bei Carl Weinrich und Klavier bei Helen Schnabel. 1946, nach dem Zweiten Weltkrieg, kehrte die Familie nach Frankreich zurück und sie setzte ihre Studien bei Darius Milhaud in Komposition und Olivier Messiaen in Analyse sowie in Kontrapunkt bei Paul Caussade am Pariser Conservatoire fort. Ihre Kompositionen, die von der Kammermusik bis zur Oper reichen, wurden im In- und Ausland mehrfach ausgezeichnet; fast alle Werke gingen in Druck. Um nur einige ihrer Preise und internationalen Ehrungen zu nennen: Internationaler Dirigentenwettbewerb Besançon 1953, Prix de L'ORTF 1961, Prix American Academy of Arts 1973, Prix Koussevitzky 1974, Grand Prix National de la Musique 1974, Grand Prix de la SACEM 1982, Prix International Maurice Ravel 1992. Ab 1971 arbeitete Betsy Jolas als Assistentin von Olivier Messiaen am Pariser Konservatorium, 1978 wurde sie zur Professorin ernannt. Daneben gibt sie Kurse an der Yale University, in San Diego / Texas, an der Berkeley University sowie am Mills College, an dem auch Milhaud lehrte. 1983 ernannte man sie zum Mitglied des American Institute of Arts and Letters. 1993 erklärte die SACEM, Paris, sie zur 'Persönlichkeit des Jahres'.

ORGEL- / CEMBALO- / KLAVIERMUSIK

„Chanson d'approche" für Klavier (1972), Paris, Heugel
„Autour" für Cembalo (1972), New York, Boosey & Hawkes / Paris, Heugel
„B for sonata" für Klavier (1973), Paris, Heugel
„Mon ami", Arietta mit Variationen (1974), Paris, Heugel
„Musique de jour" für Orgel (1976), Paris, Heugel
„3 Etudes campanaires" für Klavier oder Carillon (1980), Paris, Heugel
„Pièce pour St. Germain" (1981)
„Calling E. C." für Klavier (1982), Paris, Heugel 1983
„Petite suite sérieuse" (1983)
„Une journée de Gadad" für Klavier (1984), Paris, Heugel
„Tango si" (1984), Paris, Leduc 1986
„Signets: hommage à Maurice Ravel" (1987)
„Musique d'hiver" für Orgel solo, Paris, Heugel

KAMMERMUSIK

Quartett I für Streicher (1956)
„Figures" für neun Instrumente (1958)
„Episode" für Flöte solo (1964), Paris, Heugel
„J. D. E." für Flöte, Oboe, Klarinette, Baßklarinette, Fagott, Horn, Trompete, Posaune, Harfe etc. (1966)
„Tranche" für Harfe solo (1967), Paris, Heugel
D'un opéra de voyage" für 22 Instrumente (1967)
„Etats" für Violine und sechs Schlagzeuger (1969)
„Lassus Ricercare" für 10 Instrumente (1970), Paris, Heugel
„Remember" für Englischhorn, Viola und Cello (1971), Paris, Heugel
„Fusain" für Flöte (1971), Paris, Heugel
Quartett III für Streicher (1973), Paris, Heugel
„How now" für Oktett (1973), Paris, Heugel
„Well met" für zwölf Streicher (1973)
„Scion" für Cello solo (1973), Paris, Heugel
„O wall", Holzbläserquintett (1976), Paris, Heugel
„Episode II" für Flöte solo (1977)
Vier Duos für Viola und Klavier (1979), Paris, Heugel
„Episode III" für Trompete solo (1982), Paris, Heugel
„4 Pièces en marge" für Cello und Klavier (1983), Paris, Heugel / Paris, Billaudot 1984
Drei Duos für Tuba und Klavier (1983), Paris, Heugel
„Episode IV" für Saxophon solo, Paris, Leduc 1984
„Episode V" für Cello solo (1983), Paris, Heugel
„Episode VI" für Viola solo, Paris, Leduc 1984
„Points d'aube" für Viola und Klavier, Paris, Heugel
„Episode VII" für E-Gitarre (1984), Paris, Heugel
„Episode VIII" für Kontrabaß solo (1984), Paris, Heugel
„Petites musiques de chevet" für Baßklarinette und Klavier, Paris, Billaudot

Trio für Klavier, Violine und Cello (1988), Paris, Heugel
Quartett IV „Menus Propos" für Streicher (1989), Paris, Heugel / Paris, Leduc 1990
„Petite suite variée" für Trompete und Vibraphon (1990), Paris, Heugel
„Episode IX: Forte magnum coloratum" für Klarinette (1990), Paris, Heugel
Trio „Les heures" für Streichtrio (1990), Paris, Heugel
„Etudes aperçues" für Vibraphon und fünf Kuhglocken (1992), Paris, Heugel
„Musique pour Delphine" für Violine und Cello (1992), Paris, Heugel
„Musique pour Xavier" für Tenor, Saxophon und Violine (1992), Paris, Heugel
„Lettere amorosi" für Trompete und Streichquartett (1993), Paris, Heugel
„Quoth the Raven..." für Klarinette und Klavier (1993). Paris, Heugel

ORCHESTERMUSIK

„Quatre plages" für Streichorchester (1968), Paris, Heugel
„Musique d'hiver" für Orgel und Orchester (1971), Paris, Heugel
„Trois rencontres" für Streichtrio und Orchester (1974), Paris, Heugel
Elf Lieder für Trompete und Kammerorchester (1977)
„Tales of a summer sea" für Orchester (1977)
„Stances" für Klavier und Orchester (1978)
„5 Pièces pour Bologne" für kleines Orchester (1982), Paris, Salabert
„D'un opéra de poupée en sept musiques" für 11 Instrumentalisten (1982), Paris, Salabert
„Frauenleben", neun Lieder für Viola und Orchester, Paris, Billaudot 1992

VOKALMUSIK

„Plupart du temps" (Texte: Reverby) für Mezzosopran und Klavier (1949)
„Chanson pour Paule" für Sopran und Klavier (1951)
„5 poèmes de Jacques Dupin" für Sopran, Klavier und Orchester (1959)
„Mots" für Sopran, Mezzosopran, Kontraalt, Tenor, Baß und Instrumente (1963), Paris, Heugel
Quartett II für Koloratursopran und drei Streicher (1964), Paris, Heugel
„Points d'Aube" für Alt und 13 Instrumente (1968)
„Caprice à une voix" für Männer- oder Frauenstimme (1975), Paris, Heugel
„Caprice à deux voix" für Sopran und Kontratenor/ Kontraalt (1978), Paris, Heugel
„Living Ballade" (Text: Eugène Jolas) für Bariton und großes Orchester (1980), Mailand, Ricordi

CHORMUSIK

„Enfantillages" für Frauenchor a cappella (1954)
„Et le reste à l'avenant" für Chor a cappella (1954)
„Orça" für Chor a cappella (1955)
„Dans la chaleur vacante" (Text: Boucher), Radio-Kantate für Soli, Chor und Kammerorchester (1963), Paris, Editions Françaises de Musique
Motette II für zwölf Stimmen und Kammerensemble (1965), Paris, Heugel
„Diurnes" für gemischten Chor a cappella von 12 bis 72 Stimmen (1970), Paris, Heugel
„Sonate à 12" für zwölf Stimmen a cappella (1970)
„Perriault de la lune" für gemischten Chor zu 12 Stimmen (1933)

BÜHNENMUSIK

„Le Pavillon au bord de la rivière", chinesische Kammeroper (1975), Paris, Heugel
„Le Cyclope", Oper (1986)
„Schliemann", Oper (1987)

BIBLIOGRAPHIE

Jolas, Betsy: „Il fallait voter sériel, même". In: Preuves 1965
Cadieu, Martine: Entretien avec Betsy Jolas, Lettres Françaises 1968
Chauvin, M. J.: Entretien avec Betsy Jolas. Courrier Musical 1969
Krasteva, I.: Betsy Jolas. Schweizerische Musikzeitung 1974
Henahn, D.: Betsy Jolas Winning Recognition in the USA. In: New York Times, 1976
LePage, J. W.: Women Composers, Conductors and Musicians of the 20th century. London, Scarecrow 1980

DISKOGRAPHIE

Zweites Quartett. Trio à cordes français. VSM
„D'un opéra de voyage". Orchestre du Domaine Musical, G. Amy. Paris, Disques Ades
„Sonate à 12". Les solistes des chœurs de l'ORTF, Marcel Courand. ORTF Barclay
„Tranche" für Harfe solo. Marcel Decray. Coronet
Quartett III. Concord Quartett. New York, Composers Recordings
„Mon ami". Michèle Boegner, Klavier. Paris, Disques Ades
„Stances" für Klavier und Orchester. Helffer, New Philharmonic Orchestra of Radio France. Paris, Disques Ades
„Autour". Elisabeth Chojnacka. Paris, Erato
„J. D. E.". Ensemble Ars Nova, Ltg. Marius Constant. Paris, Disques Ades
„Episode IV" für Tenorsaxophon. BIS, Schweden

> *„Dès l'instant où une voix chante, il se glisse des choses... qui sont en nous tellement profondes: car la voix c'est le cri, le gémissement, le râle, la joie; la voix c'est notre histoire humaine."*
>
> Betsy Jolas

Kalisch-Triacca, Christina
(1887-1969)

Christina Kalisch-Triacca beschrieb ihre Musik stets als eine Art „Sich-aussprechen-müssen". Geboren am 13. September 1887 in Brühl bei Köln als Tochter einer Mutter mit italienischen Vorfahren und einem einem namhaften Arzt zeigte sich ihre musikalische Begabung äußerst frühzeitig. Bereits mit drei Jahren erhielt sie ihren ersten Klavierunterricht. Später setzte sie ihr Musikstudium in Berlin bei Prof. Burmeister, einem der letzten Schüler von Franz Liszt, fort. Christina Kalisch Triacca lebte lange Jahre als Frau eines Diplomaten auf dem Balkan und im Nahen Osten, bevor sie schließlich in Tübingen eine zweite Heimat fand. Bis ins hohe Alter blieb sie der Musik treu und nahm rege am musikalischen Leben ihrer Stadt Anteil. Sie starb am 13. Juni 1969 in Tübingen.

KLAVIERMUSIK

„In der Fremde", Charakterstück op. 3 für Klavier solo (1935)
Eigenes Thema mit Variationen op. 13 für Klavier (1935)
„Der Butzemann", Variationen op. 14 für Klavier (1936)
Variationen über ein märkisches Tanzliedchen op. 15 für Klavier (1936)
Fantasie op. 18 für Klavier (1936)
„Kommt ein Vogel geflogen" op.27 für Klavier (1936)

KAMMERMUSIK

Fantasien (Largo und Romanze) op. 17 für Violine und Klavier (1934)
Drei Fantasien op. 11 für Cello und Klavier (1935)
Drei kleine Stücke op. 16 für Flöte und Klavier (1935)
Zwei Fantasien op. 19 für Viola und Klavier (1939)
Capriccio op. 24 für Flöte und Streichquartett / auch Fassung für Klavier
Suite: Gavotte, Menuett, Gigue op. 25 für Streichquintett / auch Fassung für Klavier (1935)
Kleines Trio op. 30 für Violine, Cello und Klavier (1935)

ORCHESTERMUSIK

„Die Suchenden" („Das Grauen") op. 1 für großes Sinfonieorchester / auch Klavierauszug (1932)
„Vorspruch" op. 8 für großes Sinfonieorchester / auch Fassung für Klavier
Zwei Tanzfantasien op. 9 für großes Sinfonieorchester / auch Fassung für Klavier (1934)
Drei Rheinlandtänze op. 12 für Sinfonieorchester / auch Klavierauszug (1935)
Kleine Fantasie op. 31 für kleines Orchester / auch Fassung für Klavier
Humoreske op. 33 für Orchester / auch Fassung für Klavier (1934)

VOKALMUSIK

„Elfenlied" (Text: Goethe) / „Einsamkeit" (Text: Goethe) op. 2 für Singstimme und Orchester / auch Fassung für Singstimme und Klavier (1934)
„Im Walde" (Text: Eichendorff) / „Wanderers Nachtlied" (Text: Goethe) / „Es zog eine Hochzeit" (Text: Eichendorff) op. 2a für Singstimme und Orchester / auch Fassung für Singstimme und Klavier (1934)
„Wie Dir geschah" (Text: Kerner) / „Neues Erleben" (Text: H. Hesse) / „Gottes Segen" (Text: Eichendorff) op. 4 für Singstimme und Orchester / auch Fassung für Singstimme und Klavier (1934)
„Meeresstrand" (Text: Storm) / „Wiegenlied" (Text: Wilhelm Raabe) / „Das verlassene Mägdelein" (Text: Mörike) op. 5 für Singstimme und Klavier (1934)
„Um Mitternacht" (Text: Mörike) / „Beherzigung" (Text: Goethe) / „Liebhaber in allen Gestalten" (Text: Goethe) op. 6 für Singstimme und Klavier (1935)
„Der Mond ist aufgegangen" op. 17a für Singstimme und Orchester / auch Fassung für Singstimme und Klavier (1936)
„Der Mensch lebt und besteht" (Text: M. Claudius) / „Mütterliche Felder" (Text: G. Schüler); „Mitleid" (Strauss und Torney) op. 20-21 für Singstimme und Klavier (1940)
„Müttergymne" (M. Bruch) / „Mondlied" / „Wiegenlied im Mondschein" (Text: M. Claudius) op. 22 für Singstimme und Orchester / auch Fassung für Singstimme und Klavier (1942)
„Wake up" op. 23 für Singstimme und Klavier
„Mittag" (Text: Eichendorff) op. 26 für Singstimme und Klavier
„Mutter" (Text: Sieber von Grote) op. 28 für

Singstimme und Klavier
„Schicksalstage" (Text: H. Hesse) op. 29 für Singstimme und Klavier
„September" (Text: H. Hesse) op. 33a für Singstimme und Orchester / Fassung für Singstimme und Klavier (1955)
„Junger Hund" (Text: R. Meyer) op. 32 für Singstimme und Orchester / auch Fassung für Singstimme und Klavier (1956)

CHORMUSIK

Drei geistliche Lieder op. 7: 1. Korinther 13 für Chor und Orchester / auch Fassung für Orgel und Singstimmen / Klavier und Singstimmen (1935)
Trilogie op. 10 (3. Satz: „Edel sei der Mensch", Text: v. Goethe) für Chor und Sinfonieorchester (1935)

BÜHNENMUSIK

Kleine Ballettmusik für kleines Orchester (ohne Opuszahl)

Kaprálová, Vitezslava
(1915-1940)

Die jung verstorbene tschechische Komponistin Vitezslava Kapralova wäre sicherlich neben Grazyna Bacewicz eine der berühmtesten Komponistinnen Osteuropas geworden. Ihr früher Tod entzog sie jedoch der Musikwelt. Sie wurde am 24. Januar 1915 als Tochter eines mährischen Komponisten in Brünn geboren. Der Vater widersetzte sich einem Musikstudium der Tochter, und die Mutter meldete das Kind in einem Urlaub des Vaters am Konservatorium in Brünn in der Kompositionsklasse an. Ihr Kompositionslehrer wurde Vilem Petrzelka (1930-35); Dirigieren lernte sie bei Vaclav Chalabala. Mit einem großen Klavierkonzert aus ihrer Feder, das sie selbst dirigierte, bestand sie ihre Prüfung. Zwei Jahre später ist die hochbegabte Musikerin in der Meisterklasse für Komposition in Prag bei Viteszlav Hovak zu finden. Im Jahre 1937 dirigierte sie nicht nur die berühmte Tschechische Philharmonie, sondern auch ein eigenes Werk, ihre „Sinfonietta" für Orchester. Dies verschaffte ihr 1937 ein staatliches Stipendium in Paris bei Bohuslav Martinu (Komposition) und Charles Münch (Dirigierklasse). Die Werke Kapralovas aus jener Zeit zeigen eine bemerkenswerte avantgardistische Musiksprache. In jener Zeit entstehen die „Deux ritournelles" für Cello und Klavier, die Partita für Klavier und Streicher und ihre Orchestersuite. 1938 steht sie am Pult des BBC Symphony Orchestra beim ISCM-Festival in London. Danach besuchte sie für kurze Zeit ihre Heimat, kehrte 1939 bei Kriegsausbruch jedoch nach Paris zurück, heiratete und plante, in die USA auszuwandern. Beim Einmarsch der deutschen Faschisten in Montpellier, Südfrankreich, wurde Viteszlava Kapralova am 16. Juni 1940 getötet. Sie wurde in ihrer Heimat, wo sie heute zu den großen Talenten zählt, beigesetzt.

KLAVIERMUSIK

Fünf Stücke für Klavier op. 1 (1931)
Sonata appassionata op. 6 für Klavier
Drei Stücke für Klavier op. 9 (1935/36)
Ein Liedchen o. O. für Klavier (1936), Prag, Pazdirek
„Dubnova preludia" (April-Präludien) op. 13 für Klavier (1937)
„Ostinato Fox" o. O. für Klavier (1937)
Sechs Variationen über Glockenläuten der Kirche „St. Etienne de Paris" op. 16 für Klavier (1938), Paris, Eschig
Zwei Tänze op. 23 für Klavier (1940)
„Passacaglia grotesque" für Klavier

KAMMERMUSIK

Burleske op. 3b für Violine und Klavier (1932), Prag Pazdirek
Streichquartett op. 8 (1936)
Trio für Oboe, Klarinette und Fagott (Fragment o. O., 1938)
Elegie o. O. für Violine und Klavier (1939)
„Deux ritournelles" op. 25 für Cello und Klavier (1940)
„Erzählungen der kleinen Flöte" o. O., drei Stücke für Flöte und Klavier (1940)

ORCHESTERMUSIK

Konzert op. 7 für Klavier und Orchester (1935)
„Militär-Sinfonietta" op. 11 (1937), Prag, Tschechischer Musikfonds
„Suite rustica" op. 19 für Sinfonieorchester (1938), Prag, Supraphon
Partita op. 20 für Klavier und Streichorchester (1938)
Concertino op. 21 für Violine, Klarinette und Orchester (Fragment, 1939)
Militärmarsch o. O. (Instrumentierung von B. Martinu) (1940)

VOKALMUSIK

„Januar" o. O. für Singstimme, Flöte, zwei Violinen, Cello und Klavier (1932)
„Zum Neujahr" o. O. für Singstimme und Klavier (1936)
„Apfel auf dem Schoß" op. 10 für Singstimme und Klavier (1936)
„Forever" op. 12 für hohe Stimme und Klavier
„Adieu und ein Tüchlein" op. 14 für Singstimme und Orchester / Klavier (1937)
„An Karel Kapec" o. O., Melodram für Singstimme und Klavier (1939)
„In die Ferne gesungen" op. 22 für Stimme und Klavier
Liebesliedchen nach einem mährischen Volkslied für Singstimme und Klavier, Prag Supraphon 1974 (zusammen mit „Liebesliedchen" von B. Martinu)

CHORMUSIK

Zwei Frauenchöre op. 17 (1937)
„Ilena" op. 15, Ballade für Soli, gemischten Chor und Orchester (1938)

BIBLIOGRAPHIE

Labhart, W.: Ich will es den Männern zeigen - Martinu's Kompositions-Schülerin Viteszlava Kapralova. In: Neue Zürcher Zeitung, Dez. 1990

Kazandjian-Pearson, Sirvart H.
(* 1944)

Sirvat Kazandjian-Pearson gilt als eine der wichtigsten musikalischen Repräsentanten des armenischen Volkes in Europa. Am 13. Juni 1944 in Äthiopien geboren, komponierte sie bereits im Alter von neun Jahren ihre ersten Klavierstücke. Von 1963 bis 1968 studierte sie Klavier und Komposition (bei G. Yeghiazarian) am Konservatorium Komitas in Eriwan, Armenien. 1970 setzte sie ihr Kompositionsstudium bei Toni Aubin am Conservatoire National Superieur de Paris fort. Für ihr Album (Acht virtuose Klavierstücke „A ma patrie") wurde sie 1973 beim Internationalen Kompositionswettbewerb in Vercelli, Italien, ausgezeichnet. Neben dem Komponieren studierte sie am Conservatoire de Musique de Genève bei Prof. H. v. Mielsch Gesang und erlangte 1978 ihr 'Diplôme de chant". Ihre Gesangsstudien setzte sie bei Claudine Perret fort und gab Konzerte und Gesangsrecitals in der Schweiz, in Frankreich und Österreich, die viel Beachtung fanden. Die Werke von Sirvat Kazandjian gelangten in Armenien, Österreich, Frankreich, Kanada, England, Argentinien, in den USA und in der Schweiz häufig zur Aufführung. Viele Programme über armenische und russische Volksmusik entstanden unter ihrer Mitarbeit bei Radio Suisse Romande. Darüber hinaus veröffentlichte sie 1984 ein Buch über die Ursprünge der armenischen Musik: „Les origines de la musique Arménienne" (Paris, Edition Astrid). Sie lebt als Gesangspädagogin seit 1971 in der Schweiz.

KLAVIERMUSIK

„A ma patrie", acht virtuose Stücke für Klavier:
„Nostalgie de la terre" op. 7 (1965)
„Mes frères" op. 7 (1965)
„Hymne de joie" op. 11 (1966)
„Illusions" op. 24 (1969)
„Tempête" op. 24 (1970)
Nocturne op. 24 (1971)
Lamento op. 25 (1971)
„Les cloches d'Ani" op. 27 (1971)

KAMMERMUSIK

Streichquartett Nr. 1, op. 6 (1965)
Streichquartett Nr. 2, op. 16 (1967)
Trio „Pastoral" op. 21 für Klavier, Violine und Cello (1970)
Trio „Aubade" op. 31 für Klavier, Violine und Cello (1972)
„Suite Africaine" op. 26, Duo für Flöte oder Klarinette in B und Klavier (1972)
Duo op. 32 für Flöte und Gitarre (1973)
Trio „Miniatures Arméniennes" op. 34 für Klavier, Violine und Cello (1979-1981)
„Mes sœurs", Streichquartett Nr. 3, op. 36 (1980)
„Legendes d'Arménie", Duo op. 35 für Oboe oder Flöte und Klavier (1980)

ORCHESTERMUSIK

Rondo scherzoso für Violine und Orchester op. 15 (1967)
„Poème symphonique: Les 40 jours de Moussa Dagh" op. 17 (1968)
„Aubade" op. 31 (1972)

VOKALMUSIK

„Cycle des chants" op. 9 (Text: Tekeyan) für Sopran und Klavier (1965)
„Cycle des chants" op. 23 (Text: G. Lorca) für Mezzosopran und Streichorchester (1970-74)

„7 chants d'amour et de fraternité" op. 33 (Texte: Pavese, Sandburg, Lorca, Marcarian, Eluard, Martinov, Rilke) in sieben Sprachen (1976)
„Le Chandelier aux sept lampes" op. 29, Sieben Psalmen für Sopran, Bariton und Orchester (1974)

CHORMUSIK

„La danse des esclaves" op. 37 (Text: V. Godel) für gemischten Chor a cappella
„3 miniatures" op. 38 (Texte: V. Godel, G. Apollinaire, Louise Labe) für gemischten Chor a cappella

BIBLIOGRAPHIE

Kazandjian-Pearson, Sirvat H.: Les origines de la musique Arménienne. Paris, Editions Astrid 1984

Keetmann, Gunild
(1904-1990)

Jede Jugendmusikschule kennt das Orff-Schulwerk. Kaum jemand weiß, daß sich hinter dieser bahnbrechenden musikpädagogischen Arbeit auch eine Frau verbirgt: Gunild Keetmann, geboren am 5. Juni 1904 in Wuppertal-Elberfeld. Die langjährige Mitarbeiterin von Carl Orff (1895-1982) steht völlig zu Unrecht im Schatten des berühmteren Kollegen. Die Musikerin begann zuerst mit einem Studium der Kunst und Musikwissenschaft in Bonn, wechselte dann nach Berlin zur Schule für Leibesübungen. Musik und Bewegung schien ihr Lebensthema zu werden, und sie hörte von Dorothee Günther und Carl Orff, die 1924 in München ein Institut für Tanz und Gymnastik gegründet hatten. Dort arbeitete sie sofort aktiv mit, entwickelte neuartige Instrumente und experimentierte mit diesen: Xylophone, Marimba, Flöten und Tambourin. Zusammen mit der Choreographin Maja Lex, die an der Günther-Schule arbeitete, fand Gunild Keetmann zum „elementaren Tanz" - im Gegensatz zu Mary Wigmans „Neuem deutschen Ausdruckstanz". 1936 beauftragte man sie, für den Einzug der Kinder ins Stadion von Berlin bei der Eröffnungsveranstaltung der Olympischen Spiele eine Musik zu schreiben. Im Krieg geriet ihre pädagogische Arbeit ins Stocken, weil die Räume der Schule zerstört wurden. 1948 schrieb Gunild Keetmann die Musik zu Carl Orffs „Weihnachtsgeschichte", die fälschlicherweise immer noch als eine Komposition von Orff aufgeführt wird. Eberhard Preußner holte Gunild Keetmann 1949 ans Mozarteum nach Salzburg. 1930 erschien bereits das erste „Schulwerk", welches in Zusammenarbeit mit Orff entstand und wurde sofort in viele Sprachen übersetzt. Darüber hinaus komponierte Keetmann und überarbeitete ihre frühen Werke. 1970 erschien im Klett-Verlag ihr Buch „Elementaria, erster Umgang mit dem Orff-Schulwerk". Gunild Keetmann verstarb am 14. Dezember 1990 in Breitbrunn am Chiemsee.

KAMMERMUSIK

Spielstücke für Blockflöten, zwei Bände, Mainz, Schott 1932/1951
Spielstücke für Blockflöten und kleines Schlagwerk, Mainz, Schott 1930/1952
Spielstücke für kleines Schlagwerk, Schott, Mainz 1931/1953
Stücke für Flöte und Trommel, Mainz, Schott 1956
Spielbuch für Xylophon, drei Bände, Schott, Mainz 1956-66
Rhythmische Übung, Mainz, Schott 1970
Musik für Kinder, fünf Bände, Mainz, Schott 1950-54
Elementaria. Erster Umgang mit dem Orff-Schulwerk (1934), mit Notenbeispielen und Bewegungsgraphiken, Stuttgart, Klett 1970
Rhythmische Übung - für Orff-Instrumentarium, Mainz, Schott 1970

VOKALMUSIK

„Chansons enfantines", Lieder für Kinderstimmen und Schlagwerk, Mainz, Schott 1958
Lieder für die Schule für Singstimmen und Instrumentarium, vier Bände, Mainz, Schott 1960-67
„Die Weihnachtsgeschichte" (Text: Carl Orff) für Singstimmen und Orff-Instrumentarium, Mainz, Schott 1952
Japanische Kinderlieder, Tokyo 1963

BIBLIOGRAPHIE

Böhle, Ingrid: Musikinstrumente im Zeichen der reformpädagogischen Bewegungen. Dortmund 1982
Orff-Schulwerk Information, Hrsg. Mozarteum Salzburg, Orff-Institut 1984
Kugler, Michael: Zur Geschichte der rhythmischen Bewegung und des Orff-Schulwerkes. München 1984

DISKOGRAPHIE

Musik für Kinder. Columbia / Electrola 1957
„Musica poetica", Kompositionen mit dem Orff-Schulwerk. Harmonia Mundi, 10 Schallplatten
Gunild Keetmann Collection. Aus „Musik für Kinder" und aus dem „Orff-Schulwerk"; Lieder und Tänze mit Orff-Instrumentarium / Drei Sätze aus der „Weihnachtsgeschichte". Tölzer Knabenchor, Kammerchor der Musikhochschule München, Ltg. Carl Orff. Harmonia Mundi

Kern, Frida (geb. Seitz) (1891-1988)

Frida Kern gehört zu den bekanntesten Komponistinnen Österreichs und hat eine stattliche Anzahl an Werken hinterlassen. Sie wurde am 9. März 1891 in Wien geboren. Als sie von 1923-1927 an der Wiener Musikakademie Komposition und Orchesterleitung studierte, war sie die einzige Frau in der Kompositionsklasse von Franz Schmidt, sowie in der Dirigierklasse von Clemens Krauss und Robert Heger. 1942 gewann Frida Kern einen von der Stadt Linz ausgeschriebenen Kompositions-Wettbewerb. Zwei Jahre lehrte sie Musiktheorie an der Wiener Musikakademie und widmete sich danach ausschließlich dem Komponieren. 1960 erhielt sie eine Ehren-Professur des österreichischen Staates. Frida Kern hat weit über 20 Orchesterwerke, 50 Kammermusikwerke und knapp 100 Lieder geschrieben, die fast alle zur Aufführung gelangten. Die Komponistin starb am 23. Dezember 1988 in Linz, Österreich.

KLAVIERMUSIK

Humoreske op. 18 (1923)
„Russische Sonate" op. 1 (1926)
Variationen op. 14 für Klavier (1932)
Scherzo op. 13 für zwei Klaviere (1932)
Vier Humoresken für Klavier op. 18
Fantasie op. 22 für Klavier (1934)
Konzertwalzer op. 40 für Klavier
Drei Stücke op. 49 für zwei Klaviere (1947)
Elegie und Toccata op. 56 für die linke Hand (1949)
Fünf Bagatellen op. 53, Wien, Europäischer Verlag 1953
Introduktion und Toccata op. 66, Wien, Europäischer Verlag 1953
Märchenerzählung für die Jugend op. 67a (1954)
Capriccio op. 70 (1955)
„Tierbilder" op. 54, Wien, Österreichischer Bundesverlag 1956
„Landbilder" op. 79, Wien, Österreichischer Bundesverlag 1956
„Stimmungsbilder" op. 84, Wien, Österreichischer Bundesverlag 1956
Vier Humoresken op. 18

KAMMERMUSIK

Oktett op. 3 für Bläser und Streicher (1927)
Klavierquintett op. 4
Streichquartett Nr. 1 op. 8 (1930)
Violinsonate op. 9
Cellosonate op. 10
Klaviertrio op. 15 (1933)
Klarinettenquartett op. 19 (1933)
Streichquartett Nr. 2 op. 21 (1934)
Drei Cellostücke op. 24
Vier Stücke op. 25 für Bläserquintett
Drei Stücke op. 27 für zwei Violinen
Streichquartett Nr. 3 op. 39 (1941)
Streichtrio op. 42 (1942)
Thema mit Variationen op. 44 für vier Hörner
Streichquartett Nr. 4 op. 48 (1948)
Variationen op. 61 für Violine und Harfe (1951)
Ballade op. 59 für Harfe (1951)
Flötenserenade op. 62 (1952), Wien, Doblinger 1962
Ballade op. 63 für Cello und Klavier (1952)
Stücke für die Jugend op. 67 für Streicher und vierhändiges Klavier (1953)
Streichquartett Nr. 5 op. 72 (1956)
Etüden op. 80, Wien, Doblinger 1959
Spanischer Tanz für Fagott und Klavier, München, Thomi-Berg 1979
Scherzo op. 43 für Horn und Klavier, München, Thomi-Berg 1979
Zwei Stücke für Cello, Wien, Doblinger
Vier Stücke op. 24 für Bläserquintett, München, München, Thomi-Berg

ORCHESTERMUSIK

Sinfonie in einem Satz op. 2 (1926)
„In memoriam" op. 5 für Orchester
Variationen op. 7 für kleines Orchester und obligates Klavier
Suite für Streicher op. 12 (1932)
Suite in altem Stil op. 17 für Violine und kleines Orchester oder Klavier (1933)
Symphonische Musik op. 20 für Orchester (1934)
Zwei Spanische Tänze op. 24 für Cello und Orchester
Konzert op. 26 für Violine und Orchester
Sinfonisches Radio-Pausenzeichen op. 29 (11 Stücke über 11 Pausenzeichen)
„Galgenhumor" / Walzer op. 30 für kleines Orchester

„Musikalische Zeitwörter (Pfeifen, Klagen, Streiten)" op. 32 für Orchester
Orchestersuite op. 33 (1939)
„Afrikanische Stimmungsbilder" op. 34
Tänze op. 35 für Orchester (1939)
Klavierkonzert op. 36 mit Streichern und Pauken (1940)
„Ernste Musik" op. 37 für Blechbläser und Streicher
Orchestervariationen op. 38 (1941)
Scherzo op. 43 für Horn solo und kleines Orchester
Sinfonie Nr. 1 op. 46 (1943)
Passacaglia op. 4 (1943)
Symphonischer Marsch op. 73 für Orchester (1956)

VOKALMUSIK

Streichquartett-Lieder op. 16 für Alt und Streichquartett (1933)
Orchesterlieder op. 41 für Bariton und Orchester (1942)
Liederzyklus op. 65 für Alt und Klavier
Liederzyklus op. 69 für Mezzosopran und Klavier (1954)
Liederzyklus aus dem Chinesischen op. 83 für Alt und Klavier
Duette für Sopran, Alt und Klavier
Terzette für Frauenstimmen

CHORMUSIK

Chorwerk: „Die Briefe der Gefallenen" op. 23 für Tenor, Baß, gemischten Chor und Orchester (1935)
„Auferstehungskantate" op. 31 für Sopran, Bariton und gemischten Chor (1938)
Kinderchorlieder op. 52 (1952)
„Frau Musica" op. 85 für gemischten Chor und Bläser

Kerr, Louise Lincoln
(1892-1977)

Die amerikanische Komponistin Louise Lincoln Kerr wurde im wesentlichen bekannt durch das von ihr gegründete und zugleich nach ihr benannte Cultural Centre. Geboren 1892 in Cleveland, Ohio, studierte sie Viola und Komposition und trat gemeinsam mit dem Cleveland Symphony Orchestra auf. Mitte der 30er Jahre ließ sie sich in Phoenix nieder. 1959 ging sie nach Scottsadale, wo sie einen Gebäudekomplex errichten ließ, der Gästen wie Pablo Casals, Isaac Stern und anderen Musikern, Künstlern und Schriftstellern als Aufenthalts- und Schaffensort diente. Heute ist daraus das Louise Lincoln Kerr Cultural Centre geworden, das von der Arizona State University verwaltet wird. Louise Lincoln Kerr starb im Dezember 1977 auf ihrer Ranch in der Nähe von Cottonwood. Sie hinterließ ein recht umfangreiches Werkverzeichnis. Ihre Kompositionen reichen von der Kammermusik bis zum Orchesterwerk.

KLAVIERMUSIK

Zwei Toccaten für Klavier
Preludes für Klavier 1-12
Mazurka für Klavier
Suite sicilienne für zwei Klaviere
Chinese scene für Klavier
Soliloqyu für Klavier
Tarantella für Klavier
Passepied für Klavier
„Cancion español" von Señor Alcalde Mayor, Duo für Klavier
Suite für zwei Klaviere

KAMMERMUSIK

Klaviertrio
Andante für Streichquartett
Ballade für Streicher und Bläser
„Lingara" für Klavier und Streicher
Nocturne für Bläser und Streicher
Etüde für Viola und Violine
„Midnight" für Streichquartett
„Las fatigas del amor" für Violine und Klavier
Berceuse für Viola und Klavier
Berceuse für Violine und Klavier
„In memoriam" für Streichquartett und Klavier
„Hebrew Song" für Klavier und Violine
„Mi corazon" für Streichquartett
Klavierquintett
„Aubade" in D für Violine und Klavier
Nocturne für Klavier und Streichquartett
Diverse Nocturnes für Violine und Klavier
„Habaneras" für Violine, Viola, Cello und Klavier
Trio für Klavier, Klarinette und Cello
Rigaudon, Suite für Streichquartett
Zwei Streichquartette
Suite für Streichquartett
Prelude für Streicher und Bläser
Quintett für Oboe und Streicher
Quintett für Klavier und Streichquartett
„Shabbat Shalom" für Streichquartett
„Spanish Dance" für Violine und Klavier
Toccata für Cello und Klavier / auch Fassung für zwei Klaviere
Toccata für Viola und Klavier
Suite sicilienne für Instrumentalensemble
Rigaudon, Suite für Klavierquintett

DEUTSCHER KULTURBUND SONNEBERG

Festkonzert

zum Internationalen Frauentag

MITWIRKENDE:
Marianne Kaiser-Unger — Sopran
Walter Liebermann — Violine
Günter Lang — Klavier

ES SPRICHT:
Karl-Fritz Bernhardt (Rat des Bezirkes Suhl)

Programm

1. Einführung
2. Gavott und Musett . . . . . Lola Beranova
3. Sicilienne . . . . . Maria Theresia v. Paradis
4. Polnischer Tanz . . . . . Grazyna Bacewicz
5. Dance . . . . Lucie Vellere
6. Wiegenlied . . . . . Grazyna Bacewicz
7. 3 Lieder
   Lebensweg . . . . . Christina Triacca
   Sie liebten sich beide . . . . Beate Novi
   Dies ist ein Lied . . . . Gertrud Schweizer
8. Lesung
   Die ersten 50 Jahre . . . . . Anneliese Paul
9. Kleine Tiere . . . . . . Slava Vorlova
10. 2 Lieder
    Spielende Kätzchen und Greulich . . Ruth Hoyme
11. Fünf Volksweisen . . . . . Erzsebet Szönyi
12. Sonate . . . . . Shivka Klinkowa

Programm zum Festkonzert des Deutschen Kulturbundes Sonneberg/ Thüringen zum Internat. Frauentag 1961

Presto für Violine und Klavier
Prelude für Streicher und Klavier
„Untitled" für Cello und Klavier
„Country fiddler" für Violine und Klavier
„Comanche Song" für Quartett
„German Dance" für Streichquartett
„Hopi lullaby" für Violine und Klavier
„Legend" für Violine und Klavier
„Moon-wa" für Violine und Klavier
„Orientale" für Violine und Viola
Prelude für Violine und Klavier (zwei Versionen)
Suite für Violine, Viola und Klavier
Prelude für Bläser und Klavier

ORCHESTERMUSIK

„Children's March" für Orchester
Elegy für Orchester
„Enchanted mesa" für Orchester
„Ileana" für Orchester
„Spanish Town" für Orchester
„Pastoral Symphony"
„Profiles of Arizona"
„Little Girl Lost" für Orchester
„Indian Round Dance"
„Señor Alcalde Mayor" für Orchester
„Reminiscence" für Orchester
Prelude für Orchester
Concerto für Violine und Orchester / Fassung für Violine und Klavier
Concerto für Violine und Orchester / Fassung für Violine und zwei Klaviere
„Indian lullaby" für Orchester
Rigaudon, Suite für Orchester
„Muerte de la locura" für Orchester
„Peer Gynt", Arrangement für Orchester
Presto, Suite für Orchester

VOKALMUSIK

„Indian Poem" für Tenor, Flöte und Klavier
„Song of the Indian Woman" für Sopran, Flöte und Klavier
„Mountain spirit song"
„Dorme Jesu" für Sopran, Alt, Tenor und Baß

BÜHNENMUSIK

„Naked came I", Ballett

Kinkel, Johanna
(1810-1858)

Die deutsche Komponistin, Musikpädagogin und Schriftstellerin kam am 8. Juli 1810 in Bonn zur Welt. Sie besaß eine große musikalische Begabung, wofür ihre Eltern kaum Verständnis zeigten. Trotzdem erhielt sie Klavierunterricht bei Franz Anton Ries, der bereits Beethoven in Bonn unterrichtet hatte. 1830 schrieb sie ihre erste größere Komposition, „Die Vogelkantate - Ein musikalischer Scherz". Die Kantate wurde fälschlicherweise unter dem Namen von Jean Baptiste Mathieu gedruckt. Gegen den Widerstand ihrer Eltern, die sie als Hausfrau versorgt wissen wollten, ging sie 1836 nach Berlin und studierte dort Kontrapunkt und Generalbaß bei Karl Böhmer und Klaviertechnik bei Wilhelm Taubert. 1843 heiratete die Musikerin den Dichter und Professor für Kunstgeschichte Gottfried Kinkel, nachdem ihre erste Ehe 1832 mit dem Musikalienhändler Matthieux aufgelöst wurde. Mit Kinkel hatte sie bereits 1840 den literarischen Zirkel „Maikäferbund" gegründet, dem unter anderen Burkhardt, Freiligrath, Geibel und Simrock angehörten. Auch der Gesangverein, den sie gegründet hatte, wurde bald zum Mittelpunkt des Musiklebens in Bonn. Neben Werken von Händel, Mozart und Spohr brachte sie dort auch eigene Werke zur Aufführung. Außerdem war Johanna Kinkel schriftstellerisch tätig. 1848 beteiligten sich die Kinkels an den revolutionären Unruhen in Deutschland und mußten nach London emigrieren. Ihr politisches Engagement, der Haushalt, ihre vier Kinder und die finanzielle Notlage ließen Johanna Kinkel kaum noch Zeit zum Komponieren, da sie als Musiklehrerin arbeitete, um ihre Familie zu unterhalten. In ihren 1852 verfaßten „Acht Briefen an eine Freundin über Clavierunterricht" brachte sie ihre Gedanken zur musikalischen Erziehung der Mädchen zum Ausdruck. In einem zweibändigen Roman „Hans Ibeles in London – ein Familienbild aus dem Flüchtlingsleben" formulierte sie ihre Gedanken über die Bestimmung der Frau, die Existenzberechtigung der Kunst, den englischen Kolonialismus und die allgemeinen sozialen Mißstände. Johanna Kinkel starb am 15. November 1858 im Londoner Exil. Sie stürzte aus einem Fenster ihrer Wohnung. Ein großer Teil ihrer Manuskripte liegt im Stadtarchiv und in der Universitäts-Bibliothek in Bonn.

VOKALMUSIK

Sechs Lieder op. 6, Leipzig, Kistner
Sechs Lieder op. 7, Berlin, Trautwein 1838
Sechs Lieder op. 8, Berlin, Trautwein 1838
„Schloß Boncourt" op. 9 für Singstimme und Klavier
Sechs Lieder op. 10, Berlin, Trautwein 1839
Duette op. 11, 12 für Frauenstimmen (1939/40)
„Der deutsche Rhein" (1841)
„Don Ramiro", Ballade op. 13 für Alt/Bariton, Leipzig, Hofmeister
Sechs Lieder op. 15 für Alt/Bariton, Leipzig, Hofmeister
Lieder op. 16, 17, 18, 19, 21 für Singstimme und Klavier, Ries & Erler
„Anleitung zum Singen", Übungen op. 20 für Kinder von drei bis sechs Jahren mit Klavier, Mainz, Schott
„Tonleiter und Solfeggien" op. 22 für Alt und Klavier
„Die beiden Brüder" (Text: Heinrich Heine), Münster, Fermate-Albumblatt Nr. 9 1986
„Trinklied" (in Neue Zeitschrift für Musik IX)
„Männerlied" (1846)
„Der Runenstein" (Text: Heinrich Heine), Berlin, Trautwein
Griechisches Volkslied, Bonn, Sulzbach
„Open the door" aus „Sechs schottische Volkslieder"
„Bureibenlied" für zwei Frauenstimmen

Verschiedene Lieder aus dem Nachlaß, Berlin, Simrock

CHORMUSIK

„Die Vogelkantate" op. 1 (Text: Johanna Kinkel) für fünf Stimmen und Klavier, veröffentlicht unter J. B. Mathieu, Stuttgart, Hänssler 1966
„Katzenkantate", „Aus meiner Kindheit"
„The Baker and the nice"
„Hymnus in Coena Domini" op. 14, Choral für vierstimmigen Chor und Orchester / Klavier, Elberfeld, Arnold
„Jubiläum des Großvaters" (1849)

BÜHNENMUSIK

„Themis and Savigny" oder „Die Olympier in Berlin" (Vaudeville)
„Die Landpartie", komische Operette
„Das Malzbier, oder die Stadt-Böhmischen Gespenster", Lustspiel
„Otto der Schütz", Liederspiel in einem Akt (Text: Gottfried Kinkel)
„Die Assassinen", Liederspiel (Text: Gottfried Kinkel)

BIBLIOGRAPHIE

Kinkel, Johanna: Der letzte Salzbock, politisches Drama in fünf Aufzügen, 1842
Kinkel, Johanna: Das moderne Klavierspiel. 1844 (vollständig im Bonner Stadtarchiv und in der Universitätsbibliothek, Bonn)
Kinkel, Johanna: Acht Briefe an eine Freundin über Klavierunterricht, Stuttgart, Cotta 1852 (Reprint), Straubenhardt 1989
Kinkel, Johanna: Hans Ibeles in London. Roman. Stuttgart, Cotta 1860 und Frankfurt, Helmer 1991
Mockel, J. (Pseudonym): Die Heilung des Weltschmerz(l)e(r)s, Komödie in drei Akten
Hesse, W.: Gottfried und Johanna Kinkel, Bonn 1893
Thalheimer, Else: Johanna Kinkel als Musikerin, Bonn 1922
Rieger, Eva: Frau und Musik. Frühe Texte, Frankfurt, Fischer 1980
Gustedt, Silke: Johanna Kinkel, Leben und Werk. Hamburg 1981
Weissweiler, Eva: Komponistinnen aus 500 Jahren, Frankfurt 1981
Kinkel, Johanna: Gedichte, Erzählungen, Kurzgeschichten, Reisebilder, Rezensionen, ironische Kommentare, Skizzen, Zeitgeschichtliches. Texte in: „Der Maikäfer", Zeitschrift für Nichtphilister. Reprint, Bonn 1984
Kinkel, Johanna. In: Komponistinnen in Berlin, Berlin 1987
Löhnert, Andrea: Leben und Werk der Komponistin Johanna Kinkel, Freiburg 1988
Reis, Susanne: Johanna Kinkel als Musikpädagogin und Komponistin. Aachen 1988
Snyder, Lawrence D.: German Poetry in Song, an index of Lieder. Leaf Press 1995
Meysenburg, M. von: Memoiren einer Idealistin. Frankfurt, Insel

DISKOGRAPHIE

Lieder: „An den Mond" / „Die Zigeuner" / „Die Lorelei" / „Die Geister haben's vernommen" op. 6, 7. Tuula Nienstedt, Alt; Uwe Wegner, Klavier. Musica viva
Lieder: „Die goldene Brücke" / „Der Rheinstrom" / „Köln" / „Die beiden Brüder". Günter Massenkeil, Baß-Bariton; Monika Hofmann, Klavier; Werner Kämmerling, Gitarre. Aulos

---

„Solange meine Kinder klein waren, schien es mir eine Pflicht, alle Neigungen meines Geistes zu töten, die mich von den nächsten Sorgen ablenken möchten."

Johanna Kinkel, aus: Briefe 1838-1857

Klinkova, Jivka Michajlowa
(* 1924)

Sie ist Bulgariens populärste Komponistin: die am 30. Juli 1924 in Sofia geborene Musikerin Jivka Klinkova. Zwischen 1947 und 1951 besuchte sie das Konservatorium in Sofia und studierte Klavier bei D. Nenov und Komposition bei P. Hadjiew. Beim 4. Festival der Weltjugend in Bukarest wurde sie als Dirigentin preisgekrönt und ging danach viele Jahre auf Tournee mit dem staatlichen Ensemble Sofia, dessen Dirigentin sie geworden war. Jivka Klinkova gastierte in zahlreichen europäischen Ländern, in der UdSSR, in den USA und in China, in einer Zeit also, als man aus osteuropäischen Ländern kaum jemanden die Ausreisegenehmigung erteilte. Von 1960 bis 1968 ergänzte sie ihre Kompositionsstudien in Berlin bei R. Wagner-Regeny und Boris Blacher. 1964 ist sie erstmalig Gast bei den Darmstädter Ferienkursen für Neue Musik. Im eigenen Land erhielt sie mehrfach Preise und Auszeichnungen. Ihre Bühnenwerke werden in Bulgarien oft aufgeführt, so zum Beispiel „Kyrill und Method" zur 1000-Jahr-Feier 1993. Auch im europäischen Ausland war sie bei Festivals und Sommerkursen ein gern gesehener Gast, so beim Komponistinnen-Festival in Heidelberg 1985. Jivka Klinkova lebt und arbeitet heute in Sofia.

KLAVIERMUSIK
Sonate für Klavier (1950)
Kinderalbum für Klavier, Sofia, Nauka 1973

KAMMERMUSIK
Trio für Oboe, Klarinette und Fagott (1949)
Poema und Scherzo für Violine und Klavier (1949)
Streichquartett Nr. 1 (1960)
Sonate für Flöte und Violine (1963)
Sonate für Violine solo (1963)
Konzert für zwei Violinen, Pauken und Streicher (1973)
Sieben bulgarische Fresken für Flöte, Oboe und Fagott (1974)
Duo für Flöten (1975)
Acht Musikstücke aus dem Ballett „Heidelberger Schloßbeleuchtung" für Flöte, Viola, Harfe und Cembalo (1987)
„Moxeranga, danza española" für Cello, Kastagnetten und Klavier (1987)
Kammermusik für Volksinstrumente

ORCHESTERMUSIK
Poema und Scherzo für Orchester (1949)
Symphonische Suite Nr. 1 (1950)
Sinfonietta Nr. 1 (1960)
Bulgarische Symphonische Suite (1963)
Konzert für Violine und Orchester (1964)
Konzert für Flöte, Klarinette und Streicher (1966)
Sinfonie Nr. 1 (1967)
Bulgarische Rhythmen für Kammerorchester (1967)
Ballade für großes Orchester (1972)
Sinfonie Nr. 2 (1974)
Zehn Suiten für großes Volksorchester
Konzert für zwei Violinen, Pauken und Streicher
12 große tänzerische Werke für Volksensemble
Zwei symphonische Suiten aus der Oper „Petko der Prahlhans"
Zweite und Dritte Suite aus dem Ballett „Kaliakra" (1963)
Vierte symphonische Suite aus dem „Kaliakra" (1972)

VOKALMUSIK
Vier Lieder für Singstimme und Kammerorchester (1974)
Poema „Mein Heimatland" für Mezzosopran, Rezitator, Flöte und Klavier (1976)
Rund 250 Kompositionen für Singstimme und Klavier (1976-1980)

CHORMUSIK
„Kyrill und Methodius", Oratorium/ Oper (1981)
Rund 150 Werke für Chor und Orchester (1960-1987)

BÜHNENMUSIK
„Petko der Prahlhans" (Libretto: Nadia Trendafilova), Kinderoper (1960)
„Kaliakra" (Libretto: Klinkova), Ballett (1968)
„Gergana" (Libretto: Klinkova), Ballett (1968)
„Die Jahreszeiten" (Libretto: Klinkova), Ballett (1972)
„Thak Saen" (Libretto: Le Ngok Kanh), Ballett (1972)
„Quennie das Negerlein" (Libretto: Klinkova), Kinderballett (1975)
„Poem aus Vietnam" (Libretto: Vladimir Vasut), Ballett (1976)
„Die Insel der Träume" (1978)
„Kaliakra" (Libretto: Stefan Aladjov), Ballett (1978)
„Das Unwahrscheinlichste" (Libretto: Klinkova), Märchenoper (1980)
„Petko Prahlhans", Fernsehfilm der Kinderoper (1981)
„Landsmänner" (Libretto: Georgi Abraschev), Ballett (1981)
„Mama" (Libretto: Georgi Abraschev), Kinderballett (1984)
„Gymnasiasten" (Libretto: Georgi Abraschev), Ballett (1985)

„Kyrill und Methodius" (Libretto: Wendi Markovsky und Julius Giermek), Oper (1981)
„Heidelberger Schloßbeleuchtung" (Libretto: Ellen Conradi), Ballett (1986)
Zwei Opern für Volksensemble (Libretto: Andrei Koralow und J. Klinkova)
„Vassil Levski", Oper (1992)

FILMMUSIK
Musik zu „Die spielende Pfeife" und „Rodopische Architektur" (1956)

BIBLIOGRAPHIE
Jivka Klinkova, in: Komponistinnen in Berlin, Berlin 1987

Koblenz, Babette
(* 1956)

Die deutsche Komponistin wurde am 22. August 1956 in Hamburg geboren. Früh erhielt sie Klavier und Violinunterricht. Nach dem Abitur studierte sie Theorie bei W. Krützfeldt und Komposition bei G. Ligeti an der Hamburger Musikhochschule. Sie ist ständiger Gast der Darmstädter Ferienkurse und erhielt 1982 den Kompositionspreis der Jürgen-Ponto-Stiftung. 1984 hatte ihre erste Oper, „Der Hexenskat", im Staatstheater Saarbrücken Premiere. Sie beschäftigt sich in theoretischen Schriften mit der „anbrechen Sonnenkultur", für die sie eine neue Musikform schaffen möchte. 1981 gründete Babette Koblenz zusammen Roberto Sierra und Hans-Christian von Dadelsen den KODASI-Musikverlag. 1985 baute sie ein eigenes Musikensemble auf. 1987 erhielt Babette Koblenz den Hamburger Bachpreis; 1988 erschien in der Schallplattenreihe des Deutschen Musikrates ein Schallplattenporträt mit Instrumental- und Vokalmusik der Komponistin. Babette Koblenz erhielt eine Reihe von Kunstpreisen, u. a. den Rom-Preis Villa Massimo 1988, das Hamburger Bach-Preis-Stipendium, das Niedersächsische Schreyahn-Stipendium, den Hindemith-Preis 1994 und den Preis der Bayerischen Akademie der Künste 1995. Gastdozenturen; führten sie in verschiedene Musikzentren. Babette Koblenz lebt freiberuflich in Hamburg.

KLAVIERMUSIK
Klavierstücke I (1985) / II (1989)
„No entry to the Lions Club" für zwei Klaviere und Schlagzeug (1982/83)

KAMMERMUSIK
„Mysterium Buffo I" für Viola, Kontrabaß und Klavier (1979)
„Mysterium Buffo II" für Violine, Cello und Klavier (1980)
„Grey Fire" für Klarinette, zwei Saxophone, Trompete, E-Piano, E-Baß und Schlagzeug (1981)
„Days" für großes Blechbläserensemble (1981)
„Walking on the sun" für Klarinette, Altsaxophon, Trompete, Klavier, E-Gitarre, E-Baß und Schlagzeug (1982)
„Der Heilige Georg" für Ensemble (1985)
Streichtrio (1988)
„Schofar" für acht Instrumente (1989)
„Salpetrière" für sechs Schlagzeuger (1990)
Bläserquintett (1990)
Klaviertrio „Le Monde" (1991/92)
„Trois Fours" für Perkussion solo (1992)
„Sans soleil" für Akkordeon (1994)
„Katalan" für vier Schlagzeuger (1994)
„Cru" für fünf Instrumente (1995)

VOKALMUSIK
„Genug davon" für Alt und Klavier (1986)
„Songs aus Alla Testa" (1986)
„Can't explain", Songzyklus (1985/86)
„Verhör" für Sopran, Bariton und Orchester (1989)
„Petite Messe française" für Stimme und Klavier (1992)
„Die Kinder von Bjelaja Zerkow" für fünf Stimmen und vier Instrumente (1994/95)

CHORMUSIK
„Madrigale für Hermes Trismegistos" für sechsstimmigen gemischten Chor (1985)

BÜHNENMUSIK
„Hexenskat", magische Oper (1980)
„Hologramm", Lichttheater „Alla Testa" (1983/85)
„Altdorfer auf Atlantis", magische Oper (1983/85)
„Entwurf zur Magischen Oper „Babylon by bicycle" (Musik: H. Chr. v. Dadelsen)
„Ikarus", Musiktheater/Ballett (1989/90)
„Alla Testa", Musiktheater (1983-93)

BIBLIOGRAPHIE
Hanel, Eva Maria: Babette Koblenz. Konzept der magischen Oper, Kassel 1984
Koblenz, Babette: Auf der Schwelle zur Sonnenkultur,

Neuland Bd. 4, 1984
Jungheinrich, H.K.: Fahren zur Helle. Die Komponistin Babette Koblenz und ihr spekulatives Musik-Denken. Neue Zeitschrift für Musik, Mainz 1985
„Die Komponistin Babette Koblenz im Porträt", in: Neue Zürcher Zeitung, Februar 1993
Lesle, Lutz: Die Kinder von Bjelaja Zerkow, in: Neue Zürcher Zeitung , Mai/Juni 1995

DISKOGRAPHIE

Porträt-CD: „Walking on the sun" / „No entry ti the Lions Club" / „The all" / „Seven hermetic principles" / „Uranus Song". Kammerensemble, Chor des Bayrischen Rundfunks, Ltg. Babette Koblenz. Mainz, Wergo

Kolb, Barbara
(* 1939)

Barbara Kolb gehört zu den prominentesten Komponistinnen der amerikanischen Musikszene. Sie wurde am 10. Februar 1939 in Hartford, Connecticut, geboren und studierte von 1957 bis 1964 Klarinette und Komposition an der Universität Hartford; 1965 absolvierte sie ihren Master of Arts. Von 1964 an besuchte sie Kompositionslehrgänge bei G. Schuller und L. Foss in Tanglewood. Gleichzeitig lehrte sie Musiktheorie in ihrer Heimatstadt und war Mitglied des dortigen Sinfonieorchesters. 1973 bis

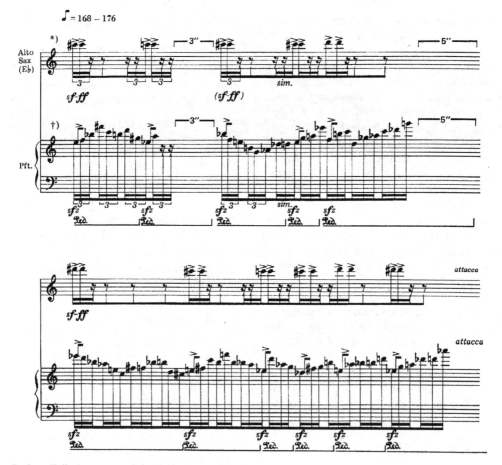

Barbara Kolb. Auszug aus „Related Characters" für Alt-Saxophon und Klavier. New York, Boosey & Hawkes 1979

1975 wurde Barbara Kolb Assistentin am Brooklyn College of Music, 1978 ernannte man sie zur Gastprofessorin für Komposition an der Temple University in Philadelphia. 1979 gründete sie die „New Music to New York" in der Third Street Music School und leitete das Projekt bis 1982. Als erste Amerikanerin erhielt Barbara Kolb 1969 den Prix de Rome; außerdem wurde sie mit dem Fulbright-Stipendium (1966), mehreren Guggenheim-Stipendien, dem Kennedy-Center-Friedheim-Award ausgezeichnet, war 'composer in residence' in Marlboro (1973) und im IRCAM, dem Zentrum für Neue Musik in Paris (1983-84). Zwischen 1982 und 1986 entwickelte Barbara Kolb eine im Auftrag der Library of Congress erarbeitete spezielle Musiktheorie für Blinde und andere Behinderungen. Ein Jahr lang war Barbara Kolb Gastprofessorin an der berühmten Eastman School of Music in Rochester. Sie hat einen Exklusiv-Vertrag mit dem Verleger Boosey & Hawkes, New York. Ihre Werke wurden von vielen namhaften amerikanischen Orchestern und Ensembles (New York Philharmonic, Boston Symphony Orchestra, Pittsburgh Symphony Orchstra) aufgeführt

KLAVIERMUSIK
„Appello" für Klavier (1976), New York, Boosey & Hawkes

KAMMERMUSIK
„Rebuttal" für zwei Klarinetten (1965), New York, C. F. Peters
„Crosswinds" für Bläserensemble (1968), New York, Boosey & Hawkes
„Figments" für Flöte und Klavier (1969), New York, Fischer
„Trobar Clus" für Kammerensemble (1970), New York, Boosey & Hawkes
„Homage to Keith Jarrett and Gary Burton" für Flöte und Vibraphon (1976), New York, Boosey & Hawkes
„For trumpet" oder Klarinette, Altsaxophon, Viola und Klavier (1980), New York, Boosey & Hawkes
„Three lullabies" für Gitarre (1980), New York, Boosey & Hawkes
„Cantico" für Solovioline (1983), New York, Boosey & Hawkes
Cavatina für Violine / Viola (1983/1985)
„Related characters" für Klarinette in B/Trompete/ Altsaxophon und Klavier, New York, Boosey & Hawkes 1985
„Umbrian Colours" für Violine und Gitarre (1986)
„Extremes" für Flöte und Cello (1989)
Introduction und Allegro für Gitarre (1992)
„Monticello Trio" für Violine, Cello und Klavier (1992)

ORCHESTERMUSIK
„Sounding" für Orchester mit zwei Dirigenten (1978), New York, Boosey & Hawkes
„Grisaille" New York, Boosey & Hawkes 1984
„Yet that things go round" für Kammerorchester (1987/92)
„Voyants" für Klavier und Kammerorchester (1991)
„All in Good Time" (1994)

VOKALMUSIK
„Chansons bas" für lyrischen Sopran, Flöte / Altflöte und Gitarre (1966), New York, Fischer
„Three place settings" für Sprecher, Klarinette, Violine, Kontrabaß und Schlagzeug (1968), New York, Boosey & Hawkes
„Chromatic fantasy" für Sprecher und Kammerensemble (1979), Boosey & Hawkes
„Songs before an adieu" für Sopran, Flöte / Altflöte und Gitarre (1979), New York, Boosey & Hawkes
„The point that divides the wind" für Orgel, vier Schlagzeuger und drei männliche Stimmen (1982), New York, Boosey & Hawkes
„The sundays of my life" (1982)

ELEKTRONISCHE MUSIK
„Spring river flowers moon night" für zwei Klaviere und präpariertes Tonband (1975), New York, Boosey & Hawkes
„Looking for Claudio" für Gitarre und präpariertes Tonband (1975), New York, Boosey & Hawkes
„Solitaire" für Klavier und präpariertes Tonband, New York, Peters 1976
Toccata für Cembalo und präpariertes Tonband, New York, Peters 1976
„Soundings" für Kammerensemble und präpariertes Tonband, New York, Peters 1977
„Cantico", Tonband-Collage für einen Film über Franz von Assisi (1982)
„Millefoglie" für Kammerorchester und computergeneriertes Tonband (1984/85)
„Time and again" für Oboe, Streichquartett, Tonband (1985)
„Cloudspin" für Orgel und Tonband (1991)

BIBLIOGRAPHIE
Barbara Kolb, Biographie und Werkverzeichnis, New York, Boosey & Hawkes

American Composers (8 distinguished women composers), Music Club Magazine, Bd. 52, 1973
LePage, J. W.: Barbara Kolb. In: Women Composers. Conductors and Musicians of the 20th century, London, Scarecrow Press, 1980
Gange, C. / Caras, T.: Barbara Kolb, Soundpieces, Interviews with American Composers, Metuchen 1982
Kimmelmann, M.: Music. Kolb Premiere. In: The New York Times, 1987
Peacock, D. J.: Barbara Kolb. In: Women Composers, New York, Feminist Press 1988

DISKOGRAPHIE

„Chanson bas". V. Lamoree, Sopran; Kammerensemble, Ltg. Barbara Kolb. New York, Desto Records
„Crosswinds". New Englands Women's Symphony, Ltg. Kay Gardner. Galaxia Records
„Figments". Jan Herlinger, Flöte; Cheryl Seltzer, Klavier. New York, Desto Records
„Homage to Keith Jarret". Katherine Hoover, Flöte; W. Moersch, Vibraphon. Leonarda Productions
„Solitaire". Cheryl Seltzer, Klavier. Turnabout
„Three place settings". Julius Eastman, Sprecher; Kammerensemble, Ltg. Barbara Kolb. Desto Records
Chromatic fantasy / Extremes for flute and cello / Millefoglie / Solitaire for piano and vibraphone. New World Records
Umbrian colours für Gitarre und Violine. Bridge Records
„Trobar Clus". Contemporary Chamber Players, University Chicago Ltg, Barbara Kolb, Turnabout
Toccata / „Appello" / „Soundings". Igor Kipnis, Cembalo; Jay Gottlieb, Klavier; Ensemble InterContemporain, Ltg. Arturo Tamayo. Composers Recordings, CRI
„Rebuttal". McGee und Hirner, Klarinette. Opus One, Greenville Records
„The sentences" aus „Songs before an Adieu". Rosalind Rees, Sopran; David Starobin, Gitarre. New York, Turnabout Records
„Songs before an Adieu". Rosalind Rees, Sopran; Susan Palma, Flöte; David Starobin, Gitarre. New York, Bridge Records
„Spring River flowers moon night" / „Looking for Claudio". Rob Philips und Franco Renzulli, Klavier. Composers Recordings, CRI
„Three lullabies". David Starobin, Gitarre. New York, Bridge Records

Koptagel, Yüksel
(* 1931)

Die türkische Komponistin Yüksel Koptagel kam am 27. Oktober 1931 in Istanbul (Türkei) zur Welt. Ebenda absolvierte sie auch ihr Musikstudium bei dem berühmten türkischen Komponisten Cemal Resit Rey. Als Stipendiatin studierte sie Komposition bei Joaquin Rodrigo und Klavier bei Cubiles in Madrid. Später setzte sie ihr Studium in Paris fort, wo sie bei Tony Aubin und André Jolivet Komposition, und bei Alexandre Tansmann und bei Lazare-Levy Klavier studierte. An der Schola Cantorum bekam sie mehrere Preise und wurde mit dem höchsten Diplom der Schule ausgezeichnet. Sie gab u. a. in Paris, Madrid, Barcelona, Ankara, Istanbul, Berlin, Bern, Santiago zahlreiche Konzerte. Ihre Kompositionen wurden vom Max-Eschig-Verlag (Paris) und bei Bote & Bock (Berlin) gedruckt, von diversen Solisten und Orchestern aufgeführt und in zahlreichen Rundfunksendungen ausgestrahlt. Yüksel Koptagel wurde zum Jury-Mitglied der SACEM und der Schola Cantorum in Paris gewählt. Sie erhielt 1961 die hohe Auszeichnung einer „Staatssolistin" der türkischen Regierung, die damit zum dritten Mal vergeben wurde.

KLAVIERMUSIK

Toccata für Klavier (1959), Paris, Max Eschig
„Fossil-Suite", Suite im alten Stil für Klavier, Berlin, Bote & Bock
„Trois danses" für Klavier, Paris, Max Eschig
„Danse rustique" für Klavier, Paris, Max Eschig
„Tamzara" (nach türkischer Volksmusik), Paris, Max Eschig
„Danse mélancolique" für Klavier, Paris, Max Eschig
„Danse rituelle" für Klavier, Paris, Max Eschig
„Impression de Minorque", Sonate für Klavier, Max Eschig
Etude für Klavier, Paris, Max Eschig

KAMMERMUSIK

„Romance de castille" für Cello und Klavier, Paris, Max Eschig
„Fossil-Suite", Suite für Gitarre im alten Stil, Berlin, Bote & Bock
„Tamzara" für Gitarre, Berlin, Bote & Bock

ORCHESTERMUSIK
Capriccio für Klavier und Orchester

VOKALMUSIK
„When we two parted" (Text: Byron) für Singstimme und Klavier, Paris, Max Eschig
„Deux chansons du pêcheur Japonais" (Hiroshima-Lieder, Text: Nazim Hikmet), für Singstimme und Klavier, Paris, Max Eschig
„Deux chansons du Tche-tin" für Singstimme und Klavier, Prag, Staatsmusikverlag/Paris, Max Eschig
„Epitafio" (Grabschrift eines im April gestorbenen Jünglings), Berlin, Bote & Bock
„El voluntário" (Text: Burugos) für Singstimme und Klavier, Prag, Staatsmusikverlag
„El Hero" (Text: Burugos) für Singstimme und Klavier, Prag, Staatsmusikverlag

DISKOGRAPHIE
„Deux chansons du pêcheur Japonais" (gewidmet den Opfern von Hiroshima): „So rot ist nur der Tod" / „Als den jungen Fischer". Berlin, Eterna
Zwei Spanische Lieder: „El voluntario" / „El hero". Berlin, Eterna

Kralik, Mathilde von Meyerswalden (1857-1944)

Die Bruckner-Schülerin Mathilde von Kralik gehört zu den bekanntesten Komponistinnen Österreichs der Jahrhundertwende. Sie wurde am 3. Dezember 1857 in Linz, Donau, geboren, studierte Klavier bei Julius Epstein und Kontrapunkt bei Anton Bruckner von 1867 bis 1877. Am Konservatorium in Wien war sie Schülerin von Franz Krenn und hatte erste Erfolge als Komponistin. Mathilde von Kralik war lange Jahre Mitglied der Wiener Bach-Gesellschaft und Vorsitzende der Wiener Frauenchor-Gesellschaft, für die sie zahlreiche Werke schrieb. Ihr Bruder, der dichtende Philosoph und Kulturpolitiker Richard Kralik, verfaßte die Texte zu zahlreichen Chor- und Vokalwerken der Komponistin. Auch zu der Oper „Weißblume" schuf er das Libretto; jene Oper, die unter unglaublichen Umständen 20 Jahre nach ihrer Entstehung von einem Franziskanerpater Nicasius Schusser mit ganzen 16 Seiten als Plagiat übernommen wurde. Sein Operntitel war „Quo vadis", und sie wurde eine Erfolg bei den Egerer Festspielen. Schon 80jährig erfuhr sie, die sich so sehr um eine gute Aufführungsmöglichkeit dieser Oper gemüht hatte, von dem Betrug und verzichtete auf eine Anzeige. Mathilde Kralik, deren Werke zum großen Teil bei Guttmann in Wien verlegt wurden, starb am 8. März 1944 in Wien. Ihr Hauptwerk wartet bis heute auf eine Wiederentdeckung

KLAVIERMUSIK
Fünf Stücke für Klavier (1881)
Rhapsodie für Klavier
Variationen für Klavier
Verschiedene Orgelwerke

KAMMERMUSIK
Streichquartett A-dur
Sonate für Violine und Klavier (1877)
Nonett für Streichquartett und vier Bläser und Klavier (1901)
Klaviertrio in F-dur, Wien, Guttmann

ORCHESTERMUSIK
Violinkonzert d-moll
Festouvertüre „Kaiser Karl der Große in Wien"
Heroische Ouvertüre (1906)
Sinfonie in F-dur

VOKALMUSIK
„Im Garten Schönbrunn" für Singstimme und Klavier
„Dorothea", Legende für Singstimme und Klavier
„Ich bin dein" für Singstimme und Klavier (1883)
„Du bist mein" für Singstimme und Klavier
„Bei dem Sohn, den du o Jungfrau" für Baß und Klavier
Fantasie e-moll (Text: K. E. Rotter) für Singstimme, Violine und Klavier
„Herr der Heerscharen" (Text: Kralik) für Singstimme und Klavier (1916)
„Hymenäus" (Text: Catull), Lied für Singstimme und Klavier
„Ja, Heil dem Weib" (Text: Walther von der Vogelweide) für Singstimme und Klavier (1893)
Lieder aus R. Kraliks Büchlein der Unweisheit (1885), Wien, Guttmann
Jugendlieder für Singstimme und Klavier (1899)
„Blumenlieder" für Singstimme und Klavier (1912)
„Prinz Eugen" für Singstimme und Klavier
„Der Rosenkranz" für Singstimme und Klavier
„Maia" (Text: R. Kralik) für Singstimme und Klavier, Wien, Guttmann

CHORMUSIK
„Die Wacht an der Donau" für gemischten Chor
Vier Messen für Soli, Chor und Orgel (1906)

„Der Heilige Leopold" (Text: Richard Kralik),
  Oratorium für Soli, Chor und Orchester
„Der Kreuzweg" (Text: Richard Kralik), Kantate für
  Soli, Chor und Orchester
Requiem für Soli, Chor und Orchester
Weihnachtskantate für Soli, Chor und Orchester
„Weissblume" für gemischten Chor a cappella
„Hymnus der Heiligen Hildegard" für Sopran,
  Frauenchor und Klavier
„Marienkantate"
„Missionskantate"
„Goethe-Kantate"

BÜHNENMUSIK

„Blume und Weissblume", Oper (ca. 1916)
„Der Heilige Graal", Oper
„Amfortas" / „Karl der Große" / „Unter den Linden" /
  „Zwei Frauen" / Jeanne d'Arc" / „Todesweg" und
  andere Melodramen

BIBLIOGRAPHIE

Mathilde Kralik, in: Gruber, C. M.: Nicht nur Mozarts
Rivalinnen", Wien, Neff 1990

Kubisch, Christina
(* 1948)

Ihre Video- und Klanginstallationen sind in vielen Museen Europas und auf internationalen Festivals zu sehen. Christina Kubisch, geboren am 31. Januar 1948 in Bremen, gehört zu den wenigen Komponistinnen, die sich meist audiovisueller Medien bedienen. Nach Studien an der Musikhochschule Bremen und an der Kunstakademie in Stuttgart, wo sie Malerei bei K. H. Sonderborg studierte, besuchte sie die Musikhochschulen von Hamburg, Graz und Zürich. Ihr Kompositionsstudium setzte sie bei F. Donaboni in Mailand fort (Elektronische Musik bei A. Paccagnini). Nach ihrem Abschluß konzertierte sie als Flötistin für Neue Musik und wandte sich dann ausschließlich dem Komponieren zu. 1980/81 studierte sie Elektrotechnik in Mailand und schuf zusammen mit dem Videokünstler F. Plessi eine Performance-Reihe von Video-Installationen („Tam-Tam" / „Tempo Liquido"). Erfahrungen der Darmstädter Ferienkurse (unter Wolff und Kagel) schlugen sich hier nieder. Nach 1985 gründete sie die Gruppe „Random" („Random Memories") für Computermusik, sie schrieb Bühnenmusiken – u. a. für die Choreographin Reinhild Hoffmann – und machte zahlreiche Rundfunkaufnahmen. Bemerkenswert ist ihr eigenes entwickeltes Sound-System, das auf elektromagnetischen Klangfeldern aufbaut und die Zuhörer aktiv mit einbezieht.

1987 zog die Künstlerin nach Berlin, war Gastdozentin an der Jan van Eyck-Akademie in Maastricht und an der Kunstakademie in Münster (1990). Der Bund Deutscher Industrie vergab ihr ein Forschung-Stipendium; eine weitere Förderung erhielt sie vom Kunstfonds in Bonn (1990).

KLANGINSTALLATIONEN / EXPERIMENTELLE MUSIK

„Language on progress" für 16 Stimmen (1974)
„Identikit" für fünf Klavierspieler an einem Klavier
  und Tonband (1974)
„Vibrations" für Streichquartett und elektrische
  Vibratoren (1975)
„Emergency solos" für Flöte und Objekte (1975)
„It's so touchy" für Flöte und zehn Metallplektren
„Stille Nacht" für Flöte und Pelzhandschuhe
„Week-end" für Flöte ohne Mundstück und Gasmaske
„Variation on a classical theme" für Flöte und
  quietschendes Plastikspielzeug
„Break" für Flötenmundstück und Kondom
„Private piece" für Flötenmundstück
„The circle which bites it's tail" für Schlagzeug und
  Stimme (1975)
„Liquid piece" für Querflöte und Wasser (1975)
„Two and two" für Cello. Vibrator, Altflöte, Stimme /
  Akkordeon, Querflöte / Ventilator, Kontakt-
  mikrophon, Lotusflöte / Steeldrum, elektronisches
  Metronom (1976/77)
„Tempo liquido" für akustisch verstärkte Glasschei-
  ben, Wasserfilter, Fingerhüte, Tonband (1978)
„A History of Soundcards" für 100 klingende
  Postkarten, Diaprojektion und Tonband (1978)
„Tam-Tam", Video-Performance, Klangcollage aus
  Musik, Sprache, Geräuschen, Signalen (1979)
„Water face" für Stimme, Steeldrum, Wasser, Video
  (1979)
„Liquid Movie", Mailand 1981
Ohne Titel, Universa Ars, Capo d'Orlando (Sizilien),
  Innenraum mit Blick auf das Meer
„Anche i muri hanno le orecchie", Wände einer
  Dachterasse im historischen Zentrum von Martina
  Franca
„75, inkl. Listen to the Walls", Heidelberg 1981 /
  Steirischer Herbst, Graz 1981 / Biennale von

Venedig 1982
„Konstante Variabile" für 16-spuriges Tonband (1981)
„Ecouter les murs. Les murs ont des oreilles", Symposium d'Art Actuel", Lyon 1982 / Biennale Paris 1982
„Murmures en sous-sol", Festival de la Rochelle 1982
„Klang-Urwald", Musica Oggi, Lugano 1982
„Retroscena", CRT, Theater Poliziano, Mailand
„Der magnetische Garten", Geo d'Arta, Wiener Festwochen 1983 / Kraftfeld Längenfeld, Tirol 1983 / Centro d'Arte Laboratorio, Morimondo / Mailand
„On Air", sechs Klanglandschaften (Tonband), Münster 1984 / Klangmaschinen, Stadthalle Dornbirn 1984 / 24 Klangwege für Gargonza, Toscana 1984 / Barcelona 1984 / Bremen 1985
Musik zu „Vedute" (Studio Azzurro) (1985)
„Ocigam Trazom", Intorno al Flauto Magico, Mailand 1985
„Music for Meditation", Vercelli 1985
„Le naufrage du Titanic" Rennes 1985
„Musik für einen Raum", Amsterdam 1985
Ohne Titel, Frauenmusik-Festival Köln 1985
Ohne titel, Kunstmuseum Bern 1985
Musik zu „Fön" und „Vereist" zusammen mit der Choreographin Reinhild Hoffmann (1985/86)
„Klangzelt", Amsterdam 1986 / Bremen 1987 / Rotterdam 1988
„Iter Magneticum", Canerino, Italien 1986 / Berlin 1988
Musik zu „Die Riesen vom Berge", Ludwigsburger Schloßfestspiele (1986)
„Circles III" für Altflöte, Stimme, real time delay (1986)
„The Cat's Dream" für Tonband (1986/87)
„Klangtüren", Eindhoven 1987
„Skylines", Klang-Licht-Installationen, Dokumenta Kassel (1987)
„Animal Art", Steirischer Herbst, Graz (1987)
„Vogelbaum", Steirischer Herbst, Graz 1987
Klanginstallationen zu den „Weltmusiktagen", Düren (1987)
„Night Flights", Tonband (1987)
„Der Vogelbaum", Bremen 1987 / Steirischer Herbst, Graz 1987
„Klanglabyrinth", Linz 1987
„Sechs Klangfenster", Weltmusiktage, Düren 1987 / Saabrücken 1988
„Planetarium", Summerfestival, Amsterdam 1987 / Mailand 1988
„Klangbahnen", Rennes 1988
„Zurückbleiben. Stimmen aus dem Untergrund", Berlin 1988
„Kraterzonen, Berlin 1988
„Klangtrichter", Düsseldorf 1988

„Konferenz der Bäume", Hamburg 1989 / Darmstadt 1989 / Schwäbisch Hall 1989 / Seoul 1991
„40 Khz", Bremen 1989
„Kein schöner Land", Schwäbisch Hall 1989 / Kunstverein Ganderkesee 1989 / Fellbach 1990
„Orte der Zeit", München 1989
„Vocrolls", Kugel in tibetischer Metallschale, Tonband (1989)
„Landscape", Banff, Canada 1989 / München 1989
„Landscape", Sydney 1990 / Kassel 1990
„Sie hütet es" (Choreographie: Rhys Martin), Berlin 1990
„Sterbezimmer", Heidelberg 1990
„Grenzgänge" Pforzheim 1990
„Pour les hirondelles de St. Pierre" Festival de Melle, Frankreich 1990
„Natura Morta", Marl 1990 / Eßlingen 1990 / Bonn 1991
„Iter magneticum", Kobe, Japan 1991
„The Magnetic Forest", Kyoto 1991
„Atminas", Riga 1991
„Nachzeit", Berlin 1991
„The True and the False", Tokio 1992
„Azur", Neuenkirchen 1993

BIBLIOGRAPHIE

Sound, an exhibition of sound sculpture, Los Angeles Insitute of Contemporary Art, Katalog 1979
Christina Kubisch, Fabrizio Plessi: Konzerte, Video Performances, Installationen, Neue Galerie Sammlung Ludwig Aachen
„Für Augen und Ohren, von der Spieluhr zum akustischen Environment", Katalog, Akademie der Künste, Berlin 1980
Histoire d'écoutes, Katalog, Festival de la Rochelle 1982
Arti Visive, Katalog, La Biennale di Venezia 1982
Cinq ans d'art performance à Lyon, Katalog, Lyon 1983
Geo d'arta, Wiener Festwochen, Wien 1983
Aktuell '83, Kunst aus Mailand, München, Wien, Zürich, Städtische Galerie im Lenbachhaus, Katalog, München
Lebensraum Morgen, Jahrbuch 1983, Zukunftswerkstätte „Kraftfeld Längenfeld", Bühlav Verlag 1983
Christina Kubisch, on air, dodici percorsi sonori per gargonza, Edizioni Guicciardini, Florenz 1984
Christina Kubisch, Klanginstallationen, Gesellschaft für Aktuelle Kunst, Bremen 1985
Alles und noch viel mehr, das poetische ABC, Bentelli Verlag Bern 1985
Schmalbrock, Beate: Komponistinnen unserer Zeit, Düsseldorf 1986

217

Ars electronica, Festival für Kunst, Technologie und Gesellschaft, Linz 1987
Festival des arts électroniques, Ville de Rennes et Le Grand Huit, Rennes 1988
Kaiser, B.: Christina Kubisch, in: Neue Berlinische Musikzeitung, 1/1988
Kubisch, Christina: Works 74/75, eine Dokumentation der Arbeiten
„Universalpoesie", Kunstmuseum Düsseldorf, Germanisches Nationalmuseum Nürnberg, Kunstverein Hamburg, Katalog 1988
Christina Kubisch, Kraterzonen, Kunstverein Giannozzo, Berlin 1989
The readymade boomerang, The Biennale de Sydney, Museum of Contemporary Art 1990
Helga de la Motte-Haber: Musik und bildene Kunst, Laaber Verlag 1990
The third international contemporary music forum of Kyoto, University for Arts and Design 1991
Helmig, Martina: Christina Kubisch. In: Klangporträts, Berlin 1991
„The True and the False". Katalog zur Ausstellung, in: P 3 art and environment, Tokio 1992
„Azur". Katalog zur Ausstellung „Kunst-Landschaft", Springhornhof Neuenkirchen 1993
„Sechs Spiegel". Dokumentation der Raum-Klang-Installationen in der Ludwigskirche Saarbrücken

DISKOGRAPHIE

„Diverso Nr. 10". Cramps Records, Mailand
„Two and two". Cramps Records, Mailand 1978 / Multhipla Editions, Mailand 1976
„Night Flights". Cramps Records, Mailand 1987
„Tempo Liquido", Cramps Records, Mailand 1979
„On Air", Eigenverlag, Mailand 1984
„Iter Magneticum", Galerie Gianozzo, Berlin 1986
„Night Flights", ADN Records, Mailand 1987
„Images of sound II". Composers Recordings, CRI

Kubo, Mayako
(* 1947)

„Ich habe acht Jahre in Wien studiert und lebe seit sechs Jahren in der BRD; Geschlecht: weiblich; Nationalität: japanisch; Beruf: Komponistin; Einkommen: fast null." – so charakterisierte sich Mayako Kubo selbst im Jahre 1990. Die Komponistin wurde am 5. Dezember 1947 in Japan geboren, studierte Klavier bei T. Kanzawa an der Musikhochschule Osaka und war von 1970 bis 1972 als Pianistin in Tokio tätig. 1972 verließ sie ihr Land und ging zu Dieter Weber (Klavier) und Roman Haubenstock Ramati nach Wien (Tonsatz bei Augustin Kubizek). Von 1976 bis 1980 studierte sie noch Musikwissenschaft; ihr Kompositionsdiplom erlangte sie 1980. Schon während des Studiums hatte sie sich eingehend mit elektronischer Musik (Dieter Kaufmann) und Zwölftonmusik (Erich Urbanner) auseinandergesetzt und arbeitete im Institut für Elektronische und Experimentelle Musik der Musikhochschule Wien aktiv mit. Nach ihrer Übersiedlung in die BRD wurde sie Schülerin von Helmut Lachenmann in Hannover (Meisterklasse 1982 bis 1983). Besuche bei den Darmstädter Ferienkursen und ein Aufbaustudium der Musikwissenschaften bei Carl Dahlhaus in Berlin folgten. Mayako Kubo erhielt zahlreiche Stipendien und Auszeichnungen: Begabtenstipendium 1978 und 1979 in Österreich, Förderpreis der Alban Berg Stiftung Wien für die Oper „Schweigen"; Auftragskomposition der Wiener Festwochen 1982; Künstler-Stipendium 1983/84 in Schreyan; Auftrag der Stadt Donaueschingen für ihr Klavierkonzert 1986; Arbeits-Stipendium des Kultursenats Berlin und Freiburg. Seit 1989 leitet Mayako Kubo das Werktheater in Wedding, Berlin.

KLAVIERMUSIK

„Drei Studies" für Klavier solo (1979)
„Studie für Fingerhut" für Klavier (1986)
Klavierstück für zwei Hände für einen Schlagzeuger (1980/84), Wiesbaden, Breitkopf & Härtel
„Tableaux", Klavierstücke für drei Spieler zu sechs Händen (1991)

KAMMERMUSIK

„Am Anfang" für Cello (1977)
„Aktionen" für Flöte und Klavier (1978)
„Nr. 91 Vorspiel-Nachspiel" für Klarinette und Baßklarinette (1983/84)
Sechs kleine Violinstücke (1983)
„Le mie passacaglie" für zwei Gitarren (1984), Wiesbaden, Breitkopf & Härtel
„In und Yo" für sieben Spieler und Dirigenten (1979)
Miniatur I für sieben Spieler (1983), Wiesbaden, Breitkopf & Härtel
Sieben Spiele für Gitarre (1987)
„Mythos der Kopierer" für fünf Kopierer (1988)
„La suite ritrovata" für Barocklaute (1990)
„Auf den Seiten" für Gitarre und Streichquartett (1989)

„Montaru 3b" für zwei Schauspieler, Flöte, Geige, Saxophon und Schlagzeug (1989)
Musikalische Landschaft I für zwei Gitarren, Saxophon, Posaune und Schlagzeug (1989)
Musikalische Landschaft II für Geige, Gitarre, Saxophon/Posaune und Schlagzeug (1989)
Fünf Fragmente aus dem Berlinischen Tagebuch für Kammerensemble (1990)
„Am Fenster" für zwei Flöten und zwei „Voice Triggers" (1990)
„Hommage an W. A. Mozart" für zwei Flöten (1991)
„Versuch über den Turm von Pisa mit einem Nachspiel" für zwei Gitarren (1992)

ORCHESTERMUSIK
„Spinnfaden", Ballettmusik für Orchester und gemischten Chor (1979)
„Arachnoidea" für großes Orchester (1980)
„Umsteigen" für Streichorchester und vier Streichquartette (1981)
Klavierkonzert für Klavier und großes Orchester (1986), Wiesbaden, Breitkopf & Härtel
„Yoshi" für Violine und Kinder-Streichorchester (1991)

VOKALMUSIK
„Masago-Lieder" für Mezzo und Kammerensemble (1992)
„Dokoedemo" für Sopran und Violine (1993)
Zwei Lieder für Sopran und Klavier (1993)

CHORMUSIK
„Yogi" für Chor a cappella (1979)
„Spinnfaden" für Orchester und gemischten Chor (1979)
„Studie für Oper-Schweigen" für Chor, Soli und Kammerensemble (1984)

ELEKTRONISCHE MUSIK / SONSTIGES
„Iterum meditemur for Hiroshima" für Posaune und Tonband (1978)
Klavierstück für zwei Hände für Schlagzeuger und Tonbandgeräte (1980)
„BACH-Variationen" für zwei Tonbänder (1980)
„BACH-Variationen" für ein Instrument (beliebig) und Tonband (1984)
„Tanz der 12 Kimonos" für Butho-Tänzerinnen, Saxophon, Schlagzeug und Live-Elektronik (1991)
„Mothers, children, lovers, people II", Hörstück (1988)
„Ich bin 29", Hörspiel (1988)
„Was ist für Sie elektronische Musik?", Hörspiel in Zusammenarbeit mit K. Abe (1977)
„Vater! Gesang einer verlorenen Figur", Hörspiel (1992)

BIBLIOGRAPHIE
Mayako Kubo. In: Komponistinnen in Berlin, Berlin 1987

Kukuck, Felicitas
(* 1914)

Felicitas Kukuck, deutsche Komponistin und Musikpädagogin, wurde am 2. November 1914 in Hamburg als Tochter einer Sängerin geboren. Bereits frühzeitig, noch im Vorschulalter, wurde sie durch ihre Mutter in Klavierimprovisation angeleitet. Ihren ersten regulären Unterricht erhielt sie ab dem zehnten Lebensjahr, studierte später an der Hochschule für Musik in Berlin von 1935 bis 1939 Klavier, Querflöte und Komposition. Eine nachhaltige Prägung erfuhr ihre musikalische Sprache durch ihren dortigen Kompositionslehrer Paul Hindemith. Den von ihr angestrebten Beruf einer Lehrerin für Schulmusik konnte Felicitas Kukuck erst nach dem Zweiten Weltkrieg ausüben, da ihr während der nationalsozialistischen Herrschaft aufgrund ihrer jüdischen Herkunft ein Berufsverbot auferlegt war. In dieser Zeit konzentrierte sie sich ganz auf ihre kompositorische Arbeit. Ihr Schwerpunkt lag stets bei der protestantischen Kirchenmusik, bei christlichen Vokal- und Chorwerken. 1986 gelangte ihre Kirchenoper „Der Mann Mose" in Hamburg zur Uraufführung. Felicitas Kukuck lebt und arbeitet heute in Hamburg.

KLAVIERMUSIK
Variationen über „Es ist ein Schnitter heißt der Tod" (1939)
„Kleine Musikantenstücke" für Anfänger am Klavier (ca. 1949), Mainz, Schott 1952
Weihnachtslieder (1950), Wolfenbüttel Möseler
„Hört ihr Leut", Alte und neue Kinderlieder für Anfänger (1954), Berlin, Lienau
Acht vierhändige Klavierstücke (ca. 1955), Berlin, Lienau
„I fahr mit der Post", sehr leichte Klavierstücke zu alten und neuen Liedern für Klavier zu vier Händen (1962), Berlin, Lienau
„Die Brücke über den Main" (1976), Wolfenbüttel, Möseler
„Komm wir wollen tanzen", Mainz, Schott
„O Heiland, reiß die Himmel auf" Meditationen für Klavier (1981), Wolfenbüttel, Möseler
„Klavierspiele zur Weihnachtsgeschichte in Liedern" (1981), Wolfenbüttel, Möseler
Choralvorspiel zu „Geh aus mein Herz" für Klavier oder Orgel (1984)
Toccata und Fuge für Orgel (1992)

KAMMERMUSIK

Variationen für Laute und Gambe über „Es steht ein Lind" (1940)

„Allein zu Dir, Herr Jesu Christ", Sonate für f'-Blockflöte und Cembalo / Klavier (1951), Wolfenbüttel, Möseler

Variationen über zwei deutsche Volkslieder für Viola und Klavier (1952)

Drei kleine Tänze für zwei f'-Blockflöten und Klavier (1955)

Kammermusik für f'-Blockflöte, Oboe und Viola da Gamba (1955), Wolfenbüttel, Möseler

„Rondo, Reigen, Schreittanz" (1960), in: Walter Gerwig: Das Spiel der Lauteninstrumente / Der Lautenchor, Berlin, Lienau

„Christ ist erstanden" für f'- und c"-Blockflöte und Streichquartett (1961), Stuttgart, Hänssler

Sonate für Flöte und Klavier (1962), Wolfenbüttel, Möseler

Sechs Volksliedsätze für drei Blockflöten (Sopran-, Alt- und Tenor-Blockflöte) (1962), in: Volkslieder in neun Sätzen, Stuttgart, Hänssler

Fantasie für Viola und Klavier (1963), Wolfenbüttel, Möseler

Sonate für Violine und Klavier (1966), Wolfenbüttel, Möseler

Sonate für c"-Blockflöte und Klavier (1968), Wolfenbüttel, Möseler

„Aus tiefer Not" für Viola und Orgel (1969), Stuttgart, Hänssler

„Olympische Fanfare" für acht Blechblasinstrumente und Schlagzeug (1970)

Sonatine für Flöte und Klavier (1971), Wolfenbüttel, Möseler

Drei Flötenstücke für zwei Querflöten (1971), in: Erstes Querflötenspiel, hrsg. Elli Edler-Busch, Wolfenbüttel, Möseler

„Spiel mit auf der Gitarre", ein Lehr- und Spielbuch (1977), Wolfenbüttel, Möseler

„Die Lerche" für Flöte (1987), Kassel, Furore

„Die Nachtigall", Fantasien für Oboe (1988), Kassel, Furore

„Die Tänze der Mirjam" für Viola (1988), Kassel, Furore

Vier Flämische Volksliedsätze für drei Blockflöten: „Muziek voor de stille Tijd", „Lachend kommt de lente", „Zomer is nu weegekomen", in: We maken muziek, Nr. 1, 2, 3, 7, Deurne-Antwerpen, Volksdanscentrale voor Vlaanderen

zahlreiche Einzelsätze für vier Instrumente im „Satzarchiv", Wolfenbüttel, Möseler

VOKALMUSIK

„Gesang der Geister über den Wassern" (Text: Goethe), Kantate für Sopran, Oboe, Viola und Fagott (1941)

„Hölderlin-Kantate" für Bariton-solo und Orchester (1950)

Drei Klavierlieder nach Texten deutscher Minnesänger des 12. und 13. Jhdts. (1950)

Fünf Lieder (Texte: Storm) für Bariton und Streichtrio (1950)

Volksliedsätze für eine Singstimme und Sopran-Blockflöte (1951), in: Zeitschrift für Spielmusik, 148. Heft, Celle, Moeck

Lieder im Volkston (Text: Storm) für Gesang und Klavier (1952), Wolfenbüttel, Möseler

„Der goldene Stern", Handwerkerspiel, einstimmige Lieder mit Streichtrio oder Klavierbegleitung (1954)

Fünf Lieder (Texte: Storm) für Bariton und Streichtrio (1955)

„Zaubersprüche" (Text: Bruno Goetz), Kantate für Frauenstimme, Viola und Klavier (1955)

„Die Brücke" für eine Singstimme, f'-Blockflöte und Laute / Gitarre / Cembalo (1956), in: Walter Gerwig: Das Spiel der Lauteninstrumente 5, Berlin, Lienau

„Der Fidelbogen", Lieder für Singstimme und Fidel, lose Instrumentalblätter (1950-60), Wolfenbüttel, Möseler

18 Lieder für Singstimme und Klavier nach Texten aus der Romantik (Heine, Eichendorff, Mörike, Storm, Brentano) (1957-1967)

Sechs Lieder (Eichendorff, Storm) für Singstimme und Gitarre (1957-67)

„Trompetenlieder" nach Texten von M. Häussermann für Singstimme / Trompete und Klavier

„Ich habe die Nacht geträumt". Mädchenlieder der Romantik für Gesang und Gitarre (1968), Wolfenbüttel, Möseler

„Die Drehorgel" 32 Drehorgelsongs für Singstimme und Orgel (Kukuck, Kerr, Villon, Hofmanns-Walden, Friedenthal, Heine, Mörike, Eichendorff, Iskus, Rimbaud, Puschkin, Glaim, Mautz) (1955-68)

„Aus tiefer Not", Partita für Viola und Orgel und geistliches Konzert für Bariton, Viola und Orgel (1969), Stuttgart, Hänssler

„Manchmal kenne wir Gottes Willen", Lied zu eigener Weise und Begleitsatz für Tasteninstrument, in: Neue geistliche Lieder, Stuttgart, Hänssler

„Fünf Lieder über Josua, die zur langen Polonaise gesungen werden sollen" (Text: F. Iskus) für Solostimme und Gitarre / Fidel (1972)

„Die Weihnachtsgeschichte in Liedern" für Gesang und

Gitarre (1973), Wolfenbüttel, Möseler
„Acht neue deutsche Turn- und Sportlieder" (Texte: A. Juhre, K. Marti) (1973), Telgte, Peter Janssens
Fünf plattdeutsche Weihnachtslieder (Texte: H. Wiechmann) für Singstimme und Orgel (ca. 1975)
„Flötenspiel zum Gotteslob" für Singstimme, Blockflöte und Orff-Instrumente (1978), Bonifacius-Druckerei, Paderborn
„Ostergeschichte in Liedern" (Text: Kukuck) für Singstimme und Orgel (1980)
„Gebete aus der Arche" für Singstimme und Blockflöte (1982), Wolfenbüttel, Möseler
„Das Paradies", ein- und zweistimmige Lieder mit Gitarre, Xylophon und Sprecher (ca. 1983)
„Klagelieder Jeremias" für Tenor, Oboe, Viola und Cello (1984), Wolfenbüttel, Möseler
Sechs neue geistliche Lieder (Texte: Armin Juhre, R. Schulz, M. Cammerer-George) für Singstimme und Klavier (1975-85)
10 Liebeslieder (Texte: Johannsen) für Sopran und Gitarre (1985)
10 Lieder zu verschiedenen Anlässen für Singstimme und Klavier, Blockflöte (1970-87)
Acht Lieder für drei Solostimmen (Text: Margret Johannsen) für zwei Soprane und Alt (1987) / Fassung für Solostimme mit Gitarre von sechs Liedern, Wolfenbüttel, Möseler
„Das Lied der Lieder, das man dem König Salomo zuschreibt" für Sopran und Klavier (1987), Wolfenbüttel, Möseler
Vier Lieder (nach Texten aus dem Hohen Lied, übersetzt von Manfred Hausmann) für Sopran und Klavier (1987), Wolfenbüttel, Möseler
„Passionsgeschichte in Liedern" (Text: Kukuck) für Männerstimme und Orgel (1987)
„Der reiche Jüngling", Kantate für Tenor, Flöte und Viola (1991)
„Der sechste Psalm", Kantate für Tenor und Viola (1991)
„Der 13. Psalm", Kantate für Tenor und Viola (1991)
12 Liebeslieder (Text: Margret Johannsen) für Sopran und Klavier (davon 10 Liebeslieder in einer Fassung mit Sopran und Gitarre, Wolfenbüttel, Möseler 1985) (1991)
Drei Lieder (Texte: Kurt Marti) für Männerstimme und Gitarre (1992)
„Abendmahlslied zu Weihnachten" (Text: J. Klepper) für Tenor und Orgel (1992)
„Zehn Lieder und Kanons auf Liedpostkarten", Boppard, Fidula
„O Nacht, die Gottes Wunder liebt" (Text: S. Stehmann) und „Der du die Zeit in Händen hast" (Text: J. Klepper), Solo-Lieder mit Tasteninstrument, in: Weihnachtskreis, Heft 1, Kassel Werkbrüder

„Herbei ihr Groß und Klein" (Text: Kukuck), einstimmiges Lied, in: Wir singen all 5, Kassel, Eichenkreuz
„Hei so sausen wir den Hang hinunter" (Text: Kukuck), Lied, in: Wir singen all 6, Kassel, Eichenkreuz
„Seid alle eingeladen" (Text: Kukuck), Lied, in: Wir singen all 7, Kassel, Eichenkreuz
„Verzweifelten wir", „Herr hilf uns leben in Hoffnung", „Die Dornenkronen" (Texte: Cratzius) (1981), in: Du hast es mir versprochen: Gebete und Lieder gegen die Angst, Stuttgart, Steinkopf

CHORMUSIK

„Zacharias und der Engel", Motette für achtstimmigen Doppelchor (1950)
„Kommet ihr Hirten für sechsstimmigen Chor (1950), Wolfenbüttel. Möseler
„Werkleute sind wir" für vierstimmigen gemischten Chor (1951), Wolfenbüttel, Möseler
„Mariae Verkündigung" für achtstimmigen gemischten Chor (1951), Wolfenbüttel, Möseler
„Storm-Lieder" für vierstimmigen gemischten Chor (1951), Wolfenbüttel, Möseler
„Lieder im Volkston" für drei gleiche Stimmen (1951), Wolfenbüttel, Möseler
„Kukucke aus aller Welt" für hohe Stimmen, zwei Blockflöten und vier Streicher (1953), Boppard, Fidula
„Nun wollen wir singen", Rilke-Motette für drei- bis fünfstimmigen Chor (1953), Wolfenbüttel, Möseler
„Wach auf, wach auf, 's ist hohe Zeit" für vierstimmigen gemischten Chor (1954), Kassel, Bärenreiter
„Drei-Königs-Kantate" nach der Legende von R. M. Rilke für Chor, Streicher, Blockflöte, Pauke und Trompete (1954), Boppard, Fidula
„Kantate zum Advent", Chorlieder für Chor für drei gleiche Stimmen und Instrumente (Fideln) ad lib. (1954), Boppard, Fidula
„Da Jesus an dem Kreuze stund", zwei-, drei- und vierstimmige Sätze und Ritournell (1955), Kassel, Bärenreiter
Kantate auf Worte des 147. Psalm für Sopran, Chor, Trompete, Streicher und Pauken (1955), Wolfenbüttel, Möseler
„Gott unser Schild, schaue doch" für dreistimmigen Chor (1956), Kassel, Bärenreiter
„Die Brücke über den Main" für vier gleiche Stimmen, Streicher und Blockflöten ad lib. (1956), Wolfenbüttel, Möseler
„Der Gottesknecht", Passions-Oratorium für zwei Chöre, Streicher, Gemeinde und Orgel ad lib. und Blockflöten ad lib. (1957), Wolfenbüttel, Möseler
„Osterkantate" für drei Stimmen, gemischten Chor

und Streicher (1957), Wolfenbüttel, Möseler
„Eichendorff-Kantate", Chorlieder für Chor für drei gleiche Stimmen (1957), Boppard, Fidula
„Uns ruft der Berg" (Text: Häussermann), Chorlied (1958), Mailand, Ricordi
„Das ist meine Freude ...", Introitus für die Trinitatiszeit, in: Liturgisches Chorbuch (1958), Berlin, Merseburger
„Die Ostergeschichte" für dreistimmigen Chor und Instrumente ad lib. (1958), Berlin Merseburger
„Herr Christe, komm in unsre Nacht" (und andere neue Chorlieder) (1958), in: Das junge Chorlied, Berlin, Merseburger
„Des bin ich froh" für Mädchenchor, Xylophon, Glockenspiel, zwei Violinen und zwei Flöten (1959), Boppard, Fidula
„Das Essen" (Text: Zuckmayer), „Ein guter Braten" (Text: Busch), drei- und vierstimmige Chorsätze (1959), in: Man nehme, Boppard, Fidula
Taufkantate „Schlafe, schlafe schönes Kind" für dreistimmigen Frauenchor (1960)
„Festliche Schulschlußkantate" für drei bis vier gleiche Stimmen und Streicher (1960), Wolfenbüttel, Möseler
„Das kommende Reich" für Chor, Bläser, Streicher, Solo-Bariton und Orgel (1960), Stuttgart, Hänssler
„Gott ist unsere Zuversicht und Stärke" für Bariton, Chor, Posaunen-Chor, zwei Oboen, drei Blockflöten und Orgel (1960), Stuttgart, Hänssler
„Allen Brüder sein" für Chor und Instrumente (ca. 1960), in: Werkblätter für Fest und Feier, 9, Weinheim, Laienspiel
Wiegenlied für Singstimme und Streicher (1961), in: Hilde Langforth (Hrsg.): Carmina, Chorblattreihe, Nr. 8, Wien, Universal Edition
„Es saß ein schneeweiß Vögelein" für dreistimmigen Frauenchor, c"-Blockflöte und Streicher (1961), in: Hilde Langforth (Hrsg.): Carmina, Chorblattreihe, Nr. 8, Wien, Universal Edition
„Liebeslied" und „Frühlingslied" für dreistimmigen Frauenchor, c"-Blockflöte und Streicher (1961), in: Hilde Langforth (Hrsg.): Carmina, Chorblattreihe, Nr. 8, Wien, Universal Edition
„Lobet den Herrn mit Pauken und Reigen", festliche Sommerkantate für Chor und zwei Musiziergruppen (1961), Boppard, Fidula
„Es begab sich aber ..." für Chor, zwei Blockflöten und zwei Streicher / Orgel (1961), Boppard, Fidula
„Junktimsätze" für Gemeinde und Chor (1962), in: Kantate in Chorhefte, Berlin, Merseburger
„Ich steh an deiner Krippe hier" für dreistimmigen Chor (1962), Stuttgart, Hänsler
„O wir armen Sünder" für dreistimmigen Chor (1962), Stuttgart, Hänssler

„Weihnachtsmesse" für zwei Chorgruppen mit hohen Stimmen und drei Instrumenten ad lib. (1962), Boppard, Fidula
„Heut singt die liebe Christenheit" für dreistimmigen Chor (1963), Stuttgart, Hänssler
„Heut triumphieret Gottes Sohn" für dreistimmigen Chor (1963), Stuttgart, Hänssler
„Herr unser Herrscher", „Gelobet sei der Herr" für vierstimmigen Chor (1964), Berlin, Merseburger
„Tierlieder-Kantate", Kinderlieder in Sätzen mit verschiedenen Orffinstrumenten, Altblockflöte und Striechtrio (1966)
„Du hast zu deinem Abendmahl" und „Ich will mich fügen" (1967), in: Zeitgenössische Kirchenlieder, Berlin, Merseburger
„Ich hab die Nacht geträumet", sieben Mädchenlieder der Romantik für drei gleiche Stimmen (1968), Wolfenbüttel, Möseler
„Das ist ein köstlich Ding" und „Herr, auf die traue ich" für einstimmigen Chor und Gemeinde (1968), Kassel, Bärenreiter
„St. Gabriels-Messe" für Chor und Orgel (1968)
Drei Liedsätze und ein Bizinium (1969), in: Christophorus Chorbuch für Schulen, Freiburg Christopherus
„3 Weinlieder" (Texte: Sirach 32, Li-tai-Pe, Jes. 56, 12) für vierstimmigen gemischten Chor (1969)
„Nun lob mein Seel", „Lobet den Herrn meine Seele" für zwei gleiche Stimmen mit Instrumenten / „Es ist das Heil", „Lasset uns mit Jesus ziehen", „Die helle Sonn", für zwei gleiche Stimmen, in: Geistliche Zwiegespräche Bd. I, Kassel. Bärenreiter
„Lieder zum Lob des Weines" für vierstimmigen gemischten Chor (1969), Wolfenbüttel, Möseler
„Das Magnificat" für zweistimmigen Frauenchor, Oboe, Cello, Xylophon und Tambourin oder Bongo (1969), in: Geistliche Zwiegesänge Bd. II, Kassel, Bärenreiter
„Worpsweder Hirtenspiel" (Text: Manfred Hausmann) für dreistimmigen Frauenchor, Instrumente und Sprecher (ca. 1970)
Sieben weltliche Lieder für gemischten Chor (Texte: Dehmel, Kukuck, Ben-Chorin, Brentano, Goethe, Morgenstern) für vierstimmigen gemischten Chor (davon ein Lied mit Drehorgel) (1960-70)
Neun Lieder (Texte: Eichendorff) für vierstimmigen gemischten Chor (1970)
Lieder in der Sammlung „Liederernte" (1971), Wolfenbüttel, Möseler
„Manchmal kennen wir Gottes Willen", zwei Sätze zu eigener Weise, für dreistimmigen und vierstimmigen Chor (1972), Stuttgart, Hänssler / Regensburg, Bosse
„Die Weihnachtsgeschichte in Liedern" zu eigenen

Felicitas Kukuck. „Aus tiefer Not", Partita für Bratsche und Orgel, Stuttgart, Hänssler

Texten für Chor und Gemeinde (1973), Wolfenbüttel, Möseler
„Die Weihnachtsgeschichte in Liedern" für vierstimmigen gemischten Chor (1973), Wolfenbüttel, Möseler
Taufkantate für Chor, Blockflöte und Orgel (1973)
Taufkantate „Segenslied über ein Kind" (Text: Lothar Zenetti) für Singstimme und c"-Blockflöte oder dreistimmigen Frauenchor a cappella (1973)
„Wo ist der neugeborene König der Juden?" für zwei Sopran und zwei Alt (eine Männerstimme), Tasteninstrument, Xylophon und Trompete (1974), Wolfenbüttel, Möseler
„Wo bleibst Du, Trost der ganzen Welt" für vierstimmigen gemischten Chor, Sprecher und Schlagzeug (1974), Wolfenbüttel, Möseler
Sieben neue Lieder (Text: Barbara Cratzius) für einstimmigen Chor, davon drei mit Gitarre (1975)
„Lied das die Welt umkreist", 25 neue geistliche Lieder für einstimmigen Chor (1975), Wolfenbüttel, Möseler
„Dialog zur Auferstehung", Kantate für vierstimmigen gemischten Chor, Trompete, Schlagzeug und Sprecher
„Das Glaubensbekenntnis der Dorothe Sölle" für vierstimmigen gemischten Chor und Gemeinde (1978)
„Die Ostergeschichte in Liedern" nach eigenen Texten für Frauenchor und Gemeinde (1979), Wolfenbüttel, Möseler
„Hochzeitslied" (aus dem Hohen Lied Salomonis, Nachdichtung von Manfred Hausmann) für vierstimmigen gemischten Chor (1980)
„Der 150. Psalm" für vierstimmigen Chor mit einigen Instrumenten (1980)
Acht Lieder (Texte: Juhre, Petzold) für einstimmigen gemischten Chor mit Generalbaß oder zweistimmigen Chor (1980-92)
„O Heiland, reiß die Himmel auf" für vierstimmigen gemischten Chor und Sprecher (1981), Wolfenbüttel, Möseler
„Das Straßenkreuz ist aufgestellt", neue geistliche Lieder unserer Zeit zum Mitsingen, mit verschiedenen Instrumenten (1981), Wolfenbüttel, Möseler
„Lieder der Hoffnung" (Texte: Barbara Cratzius) (1981)
10 neue geistliche Lieder für Chor, Instrumente, Gemeinde und Einzelgesang, Wolfenbüttel, Möseler
„Die Passionsgeschichte in Liedern" für vierstimmigen gemischten Chor (1984), Wolfenbüttel, Möseler
„Chorbizinien nach Wilhelm Busch" für drei gleiche Stimmen (1984), Wolfenbüttel, Möseler
„Josef und seine Brüder" (Text: Barbara Cratzius), neun einstimmige Chorlieder mit Generalbaß, Xylophon, Gitarre und Schellentrommel (1984), in: Biblische Spiele für alle, Lahr, Kaufmann / Zürich, Köln, Benziger
„14 neue geistliche Lieder" (Texte: Wohlgemuth, Wiemer, Willms, Juhre, Rommel, Cratzius) für vierstimmigen gemischten Chor oder dreistimmigen Frauenchor (1978-1985)
„Storm-Lieder II" für vierstimmigen gemischten Chor (1985), Wolfenbüttel, Möseler
"Denn wo du hingehst", Kantate aus dem Buch Ruth für drei Soli, Fauenchor und Sprecher (1987), Wolfenbüttel, Möseler
Neun Chorlieder für eine Stimme, Chor, Generalbaß, Xylophon, Gitarre und Schellentr., in: Barbara Cratzius und Wolfgang Longradt: Biblische Spiele für alle
„Das Herodes-Spiel" (Text: Kuckuk) für Frauenchor / gemischten Chor und Kammerorchester (1988)
„Das Herodes-Spiel" Kopenhagener Fassung für eine Baßstimme, Knabenchor und Kammerorchester (1988)
„Es begab sich aber", Weihnachtsgeschichte für Bariton, vierstimmigen gemischten Chor und Orgel (1988), Boppard, Fidula

Sechs Lieder (Eichendorff) für dreistimmigen Frauenchor und Streichtrio (1989)

„De profundis" (Text: u. a. Nelly Sachs) für Solo, Chor und Instrumente (1989), Wolfenbüttel, Möseler

„Auf glühenden Kohlen gesungen" (Text: Hans-Dieter Osenberg), Kantate für Chor, Sprecher und Orgel (1990)

„Ecco homo", die letzten Tage des Jesus aus Galiläa, Oratorium für Soli, Chor und Instrumente (1991), Wolfenbüttel, Möseler

Drei Lieder (Texte: Kurt Marti) für vierstimmigen gemischten Chor (1992)

Sechs Lieder zum Thema „Weihnachten auf der Erde" (Texte: J. Klepper) für vierstimmigen gemischten Chor (1993)

„Die Todesfuge"(„Todesfuge" / „Die Niemandsrose" nach Paul Celan; „O die Schornsteine" / „O der weinenden Kinder Nacht" nach Nelly Sachs), vier Lieder für vierstimmigen gemischten Chor (1994), Wolfenbüttel, Möseler

Viele Antiphone für den Gottesdienst, Kanons, Sätze und Junktimsätze („Aus tiefer Not", „Eine feste Burg", Es kommt eine Schiff geladen", u.v.a.)

Sätze aus europäischen Volksliedern zum Teil für Chor / zum Teil mit Instrumentalbegleitung („Nach grüner Farb mein Herz verlangt", „Hab' meine Lieber wohl verborgen", „Maciek", „Fällt ein Regen", „Steige ich hinaus zur Bergeshöhe", „Ach wie dunkel ist die dunkle Nacht", „Mädel hast du hier Verdruß", „Ich danke Gott und freue mich", u.v.a.)

Kantate nach Texten von Eichendorff, 10 Lieder und Ritornelle, in: Musisches Mosaik 17, Boppard, Fidula

33 Vokalsätze für zwei-, drei- oder vierstimmigen Chor (gleiche oder gemischte Stimmen) über Choralmelodien, Berlin, Merseburger

„Wer will mit uns Laterne geh'n", in: Lieder für alle, Kassel, Bärenreiter

„Was mir so viel vom Tage stiehlt" (Text: Morgenstern), Kassel, Bärenreiter

„Es sungen drei Engel", „Christkindlein", „Laufet ihr Hirten", „Der Zug der heiligen drei Könige", mehrstimmige Vokalsätze, z.T. mit Instrumenten, in: O Freude über Freude, Weinheim, Laienspiel

„Lobt Gott ihr Christen", Satz mit neuer Weise über Verse aus dem 150. Psalm (Zymbelsternmelodie) für vierstimmigen gemischten Chor, Neukirchen-Vlyn, Singende Gemeinde

„Es sungen drei Engel", Melodie 13. Jhd., zwei dreistimmige. Sätze, Lied, in: Wir singen all, Kassel, Eichenkreuz

„In einem kühlen Grunde" (Text: Eichendorff), Lied mit zweistimmigem Satz, Lied, , in: Wir singen all 11, Kassel, Eichenkreuz

„Das will ich mir schreiben in Herz und Sinn" / „Allen Bruder sein", für vierstimmigen gemischten Chor, in: Wir singen all 19, Kassel, Eichenkreuz

„Herbei ihr jung und alt", Chorsatz für drei gleiche Stimmen, Lied, , in: Wir singen all 20, Kassel, Eichenkreuz

„Dir, dir Jehova", Melodie 1690, Satz für dreistimmige gemischte Stimmen, Lied, , in: Wir singen all 22, Kassel, Eichenkreuz

verschieden Lieder und Kanons in verschiedenen Musizierblättern (Boppard, Fidula)

„In meinem Bauerngarten" (Text: Weinheber), Lied im zweistimmigen Satz, in Schöne Musika, Blatt 163, Gelnhausen, Burckhardt

„Wach auf wach auf", Melodie von 1561, Satz für drei gleiche Stimmen, in: Schöne Musika, Blatt 167, Gelnhausen, Burckhardt

„Kukuck hat sich zu Tode gefalln", Melodie von 1544, Satz für drei gleiche Stimmen, in: Schöne Musika, Blatt 173, Gelnhausen, Burckhardt

„Ich hör ein Sichlein rauschen", Satz für drei gleiche Stimmen, in: Schöne Musika, Blatt 187, Gelnhausen, Burckhardt

„Nun jauchzt dem Herrn", nach einer alten Melodie, Bizinium und ein Instrument, in: Schöne Musika, Blatt 167, Gelnhausen, Burckhardt

„Ich steh in meines Herren Hand", Chorsatz für drei gleiche Stimmen, in: Schöne Musika, Blatt 214, Gelnhausen, Burckhardt

„Was haben wir Gänse für Kleider an", Chorsatz für drei gleiche Stimmen nach einer volkstümlichen Melodie, in: Schöne Musika, Blatt 217, Gelnhausen, Burckhardt

„Die helle Sonn", Satz für zwei gleiche Stimmen nach eine alten Melodie, in: Schöne Musika, Blatt 227, Gelnhausen, Burckhardt

„Kommt ihr lieblichen Stimmen all", Refrainlied / „Der Siebensohn" für drei hohe Stimmen, in: Schöne Musika, Blatt 228, Gelnhausen, Burckhardt

„Seht den bunten Garten" / „Kommt die Ferienzeit" (Text: Kukuck), Melodie und Sätze für drei gleiche Stimmen, in: Schöne Musika, Blatt 233, Gelnhausen, Burckhardt

BÜHNENMUSIK

„Das Zicklein und der Wolf", Tanzspiel für Kinder, eigener Text nach einer Parabel (ca. 1950), Weinheim, Laienspiel

„Hei, du rabenschwarze Stute", ein Zirkuspferdspiel (ca. 1955), Weinheim, Laienspiel

„Die Geschichte von der Prinzessin mit den klingenden Gläsern" (Texte: Wiechmann, Kukuck), in zwei

Fassungen (1962)

„Die Verfolgung und Ermordung des Jean Paul Marat", Songs nach Texten von Peter Weiß (1964)

„Piff paff poltrie und die schöne Katrinelje", Kreisspiel für Kinder für einstimmigen Chor und Gitarre (1964)

„Das Märchen vom dicken, fetten Pfannekuchen", Musik zum Schattenspiel für einen Erzähler, sieben Sänger, Chor, Gitarre, c"-Blockflöte, Xylophon, Metallophon, Glockenspiel, Holzblock-Trommel, Hand-Trommel und Schlagzeug (1964), Wolfenbüttel, Möseler

„Jasons letzte Nacht" (Text: Marie Luise Kaschnitz), Lieder und Tänze für eine und mehrere Singstimmen und Klavier (ca. 1965)

„Tischlein deck dich", Schattenspiel mit Musik für einen Erzähler, sieben Sänger, Chor, c"-Blockflöte, Gitarre, zwei Violinen, Cello und Orff-Instrumente

„Die Drehorgel" (Texte: H. Steiner), Schulrevue (1966)

„The only Jealousy of Emer", drei Lieder und ein Tanz zu einem Theaterstück von W. B. Yeats (1968)

„Das Paradies", Tanzspiel mit Liedern für Kinder und Gitarre (1968), Boppard, Fidula

„Die Sintflut", Kreisspiel mit Liedern für Kinder und Gitarre (1968), Boppard, Fidula

Musik zu „Der Schweinehirt", Märchen von H. C. Andersen, für Cembalo und Glockenspiel (1970)

Musik zu „Die Blumen der kleinen Ida", Märchen von H. C. Andersen (1970)

„Das rote Meer", Tanzspiel für zwei Kindergruppen (1970), Boppard, Fidula

„Das Zicklein und der Wolf", Tanzspiel für Kinder (ca. 1970), Weinheim, Laienspiel

„Ewige Jokaste", Schauspiel mit Musik zu einem eigenen Text (1972)

„Josef und seine Brüder", Singspiel für Kinder, Gitarre, Xylophon, Metallophon, eine Blockflöte und Bongo (1973), Boppard, Fidula / Lahr Kaufmann; Freiburg, Christopherus

„Der Gang über die Brücke" (Text: H. Steiner), Tanzspiel mit Musik (1975)

„Die Konferenz der Tiere" (frei nach Erich Kästner), für Klavier und Schlaginstrumente (1982)

„Das Spiel vom Auszug des Volkes Israel" (Text: Barbara Cratzius), zwei einstimmige Chorlieder mit Generalbaß oder Gitarre / dreistimmiges Chorlied (1984), in: Biblische Spiele für alle, Lahr, Kaufmann / Zürich, Köln, Benziger

„Das Herodesspiel", Kantate für Frauenchor oder gemischten Chor und Kammerorchester, nach eigenen Texten (1988); „Kopenhagener Fassung" für eine Baßstimme, Knabenchor und Kammerchester (1988)

„Der Mann Mose" (Text: Johannsen), geistliche Oper in 10 Episoden für Soli, Chor und Orchester (1988), Wolfenbüttel, Möseler

„Die mutigen Weiber von Hammathen. Hommage an Aristophanes" (Text: H. Steiner), Musical für Solisten, Chor und Kammerorchester (1988)

„Die Weissagung" (Text: Ohlen), Musik zu einem geistlichen Spiel für Klavier und Schlaginstrumente (1989)

„Die Ausgegrenzten", Songs für ein Theaterstück von Ute Ohlen in 12 Strophen für Singstimme, zwei Violinen und Cello (1992)

„Maria und Jesus" (Texte: U. Loos, F. Kukuck), weihnachtliches Schattenspiel für Kinder, Chor und Instrumenet ad lib.

„'Wer war Nikolaus von Myra?' Wie ein Bischof seine Stadt ausder Hungersnot rettete" (Text: M. Johannsen), Kantate für Solostimmen und Chor mit gleichen und gemischten Stimmen, Orgel, Akkordeon, Fagott und Schlagzeug

FILMMUSIK

„Schritte und Stufen", Musik zu einem Film von Michael G. Neubauer für den Evangelischen Diakonieverein e. V., Berlin-Zehlendorf

BIBLIOGRAPHIE

Kohlhase, H.: Hindemiths Einfluß als Lehrer zum Schaffen seiner Schülerin Felicitas Kukuck, Hindemith-Jahrbuch 1984/XIII

Brand, B.: Felicitas Kukuck. In: Komponistinnen in Berlin, Berlin 1987

Kukuck, Felicitas: Das Land Johann Sebastian Bachs hielt mich fest. In: Annäherungen Bd. II, Furore, Kassel 1987

Exter, Ruth: Felicitas Kukuck - Biographie und Musik einer Komponistin im 20. Jahrhundert. Hamburg 1988

Philipp, B. (Hrgs.): Felicitas Kukuck, in: „Komponistinnen der Neuen Musik", Kassel, Furore 1993

DISKOGRAPHIE

„Es begab sich aber" / „Die Heiligen Drei Könige". Boppard, Fidulafon

„Sommer-Kantate". Boppard, Fidulafon

„Des bin ich froh", Weihnachtsmesse. Boppard, Fidulafon

„Es begab sich aber", Weihnachtskantate / „Die Sinflut" / „Das Paradies". mit Inge und Johannes Hardorp, Theodor Hüttenroth, Karin Maria zu Knyphausen, Gerda Schefe und Felicitas Kukuck. Wolfenbüttel, Camerata

„Herbei, ihr Groß und Klein". Dortmunder Kantorei, Instrumentalensemble, Ltg. Gerhard Trubel. Castrop-Rauxel, Elrec.

„Storm-Lieder". W. Jochims, Kammerchor VHS Dülken. Wolfenbüttel, Camerata
„Wacht auf, wacht auf, der helle Tag". Dortmunder Kantorei, Ltg. G. Trubel Castrop-Rauxel, Elrec. 1986
„Der Mann Mose", geistliche Oper in zehn Episoden. Solisten, Kammerchor Blankenese, Instrumentalensemble, Ltg. F. Kukuck. Münster, Fono 1988
„Das Straßenkreuz". Wolfenbüttel, Camerata 1981
„Die Verkündigung" / „Lied, das die Welt umkreist" (mit Werken von Erna Woll). Wolfenbüttel, Camerata 1982
„Die Brücke". Solveig Faringer, Gesang; Clas Pehrsson, Flöte; Jörgen Rörby. Laute. Kassel, Musica intima, Disco Center 1980
„Ich will mich fügen" / „Du kannst zu deinem Abendmahl". Philipp Reich, Hessische Kantorei. Stauda, Kassel 1973
Lieder von F. Kukuck. Hilde Stoeck, Sopran; Tom Tromnau, Bariton; Hugo-Distler-Chor, Ltg. Heinrich Stolte. München, Modern Music Records 1976

Kuyper, Elisabeth Johanna Lamina (1877-1953)

Elisabeth Kuyper: Titel zu „Dreams on the Hudson" Waltz, Lugano 1928

Keine Musikerin hat mehr Frauenorchester gegründet und geleitet als sie: Elisabeth Kuyper, die am 13. September 1877 in Amsterdam geboren wurde. Als Kind zeigte sie sehr früh ihre musikalische Begabung, die von den Eltern gefördert wurde. Mit sechs Jahren erhielt sie schon Klavierunterricht, mit 12 Jahren besuchte sie das Musikinstitut „tot Bevordering der Toonkunst" und lernte Klavier, Kontrapunkt, Komposition, Musiktheorie, Gesang und Hörerziehung (u. a. bei Tibbe, Coenen und Brouwer). Mit Auszeichnung bestand sie ihre Prüfung 1895 und war nun Musikpädagogin. Im Examen spielte sie der Jury bereits eine eigene Klaviersonate sowie Präludium und Fuge vor. Mit Hilfe einer wohlhabenden Familie studierte die Musikerin dann von 1896 bis 1900 an der Musikhochschule in Berlin und bewarb sich mit einer eigenen Komposition für die Meisterklasse von Max Bruch an der Akademie der Künste. Sie war die erste Frau im Fach Komposition und erhielt das Mendelssohn-Stipendium der Hochschule. Ab 1908 lehrte sie – ebenfalls als erste Frau – das Fach Komposition an der Hochschule; wenig später erhielt sie die preußische Staatsbürgerschaft. Zwei Jahre später gründete Elisabeth Kuyper das Berliner Tonkünstlerinnen-Orchester, das bis 1913 beachtliche Erfolge einspielte. Allein finanzielle Probleme führen 1913 zur Auflösung. Die enttäuschte Musikerin geht in die Niederlande und gründet in Den Haag ein weiteres Frauenorchester, das sich ebenfalls bald auflöst. Sie versucht ihr Glück 1923 in London und gründet das „London Women's Symphony Orchestra", das zu Beginn beim Publikum und mit der Unterstützung reicher Mäzenatinnen viel Anerkennung findet. Lady Aberdeen rät ihr jedoch, in die USA zu gehen, da dort die Frauenbewegung noch stärker sei. 1924 gründet Elisabeth Kuyper in New York das „American Women's Symphony Orchestra", das sich nur ein Jahr erfolgreich hält. Enttäuscht und krank kehrt die Komponistin und Dirigentin nach Europa zurück und bleibt aus gesundheitlichen Gründen in der Schweiz. Dort kümmert sie sich um die Herausgabe ihrer Werke, um ihre Altersversorgung, die von der Berliner Musikhochschule unter fadenscheinigen Argumenten verweigert wird und um ihre Gesundheit. In Muzzano bei Lugano, Schweiz, stirbt sie am 28. Februar 1953. Ihr Traum von einem Frauenorchester muß noch 40 Jahre schlummern, bis in Köln Elke Mascha Blankenburg das erste europäische Frauenorchester, das Clara-Schumann-Orchester, gründet.

KLAVIERMUSIK

Klaviersonate
„Serenade Ticinese" für Klavier, Lugano, Selbstverlag 1928
„Dreams on the Hudson" (Klavierausgabe), Lugano, Selbstverlag 1928
Diverse Klavierstücke, darunter „Präludium und Fuge" (1895)

KAMMERMUSIK

Streichquartett (1913)
Sonate für Violine und Klavier h-moll
Sonate für Violine und Klavier A-dur, Middelburg, Noske 1902
Klaviertrio op. 13 D-dur, Leipzig, Eulenburg 1913

ORCHESTERMUSIK

„Willem van Oranje-Ouvertüre" für Orchester (1905)
Konzert für Violine und Orchester op. 10 (Klavierauszug), Leipzig, Simrock 1909
Ballade für Cello und Orchester op. 11 g-moll, Leipzig, Simrock 1911
Serenade für Orchester op. 8 d-moll, Leipzig, Cranz 1911
Sinfonie a-moll für Orchester (1920-26)
„Dreams on the Hudson" (Waltzer) (dedicated to the Womanhood of America) / auch Klavierauszug, Lugano, Selbstverlag 1928
„Das Lied von der Seele" für Orchester, sechs Solostimmen und Tanz (1923/24)

VOKALMUSIK

Sechs Lieder für Gesang und Klavier op. 17
„Schlaflied"
„American Lovesong" für Sopran / Tenor, Lugano, Selbstverlag 1944

CHORMUSIK

„Festkantate" für vierstimmigen Frauenchor, Soli, Deklamation und Orchester, Leipzig, Eulenburg 1914
„Hymne an die Arbeit" für Frauenchor, Sopransolo und Orchester (auch Klavierauszug), Leipzig, Leuckart 1936
„Ewig jung ist die Sonne" (Text: C. F. Meyer) für Männerchor, Zürich, Hug 1941
„Internationale Volkslieder" für dreistimmigen Frauenchor mit Klavier: Barcarole, Seguidillas, Manchegas, Krakowiak, Unter der Weide, Magasa, Schneiderlied. Berlin, Simrock 1912

BÜHNENMUSIK

„Eine lustige Episode aus dem niederländischen Volksleben", komische Oper in einem Akt (1895)

Empfehlungsschreiben von Max Bruch an Fräulein Elisabeth Kuyper - 1920

Die frühere ausgezeichnete Schülerin meiner akademischen Meisterschule für musikalische Komposition, Fräulein Kuyper, war seit 1908 Lehrerin in der Kompositions-Theorie-Abteilung der Hochschule für Musik. Da ich in meiner damaligen Stellung als Chef dieser Abteilung und weitgehend des Directoriums in der Lage war, ihre pädagogische Tätigkeit bis zu meinem Abgang von der Hochschule (1911) genau verfolgen zu können, so bezeuge ich hierdurch gerne, daß ihre Leistungen in dieser Zeit in jeder Hinsicht ganz vorzüglich waren und das höchste Lob verdienten. Die Schüler und Schülerinnen drängten sich zu ihr und empfingen von ihr – die selbst eine hervorragendes Talent für Komposition besitzt – für ihr ganzes Leben die wertvollsten Anregungen. Daß Frl. Kuyper auch nach meinem Scheiden von der Hochschule treu, gewissenhaft und erfolgreich weitergewirkt hat, wird mir von competentester Seite bestätigt.

D. Dr. Max Bruch Ehrensenator der Akademie der Künste Berlin, 7. März 1920

BIBLIOGRAPHIE

Altmann, W.: Das Berliner Tonkünstlerinnen-Orchester, in: Die Welt der Frau, Beilage zur Gartenlaube. Jg. 1911, Heft 30
Altmann, W.: Frauen-Orchester, in: Allgemeine Musikzeitung, Heft 4, 1912
Altmann, Wilhelm: Die Komponistin Elisabeth Kuyper, in: Die Welt der Frau, Beilage zur Gartenlaube, Jg. 1912, Heft 4
Elisabeth Kuyper: Briefe an Engelbert Humperdinck vom 13.5.1914, 7.9. und 19.9.1915, in: Nachlaß Humperdinck Staats- und Universitätsbibliothek Frankfurt/M.
Elisabeth Kuyper: Mein Frauenorchester, in: Allgemeine Musikzeitung 1919
Braine, Robert: Women Symphony Players, in: Etude XLII/8 August 1925 (Ankündigung der Gründung des Women's Symphony Orchestra in New York)
Elisabeth Kuyper: Mein Lebensweg, in: Kern, Elga: Führende Frauen Europas, Bd. I, 2. Auflage, München 1928; auszugsweise in: Rieger, Eva: Frau

und Musik. Frankfurt/M.

Stern, S.: Women Composers - a handbook, Metuchen, New York 1978

Neuls-Bates / Block: Women in American Music - a bibliography, London, Westport 1979

Elisabeth Kuyper, in: Komponistinnen in Berlin, Berlin 1987

Winterfeldt, Susanne: Elisabeth Kuyper, Pianistin, Komponistin und Dirigentin von Frauenorchestern, Berlin 1987

Lelieveldt, Ph. und Jeths, W.: Elisabeth Kuyper, in: Zes vrouwelijke Componisten, Walburg, Centrum Nederlandse Muziek 1991

Elisabeth Kuyper, in: Zes vrouwelijke componisten (Hrsg. Helen Metzelaar), Bibliothek Nederlandse Muziek, Zutphen 1991

DISKOGRAPHIE

Aus „Sechs Lieder" op. 17 (mit Werken von Bosmans, Rennes, Marez-Oyens, Stants) auf „Zes vrouwelijke Componisten", Holland, NN Classics

La Barbara, Joan (* 1947)

Kaum jemand in der Neuen Musik-Szene hat mit ihrer Stimme so Furore gemacht wie Joan La Barbara. Wenn sie in einem Atemzug mit Meredith Monk, Jana Haimsohn oder Laurie Anderson genannt wird, dann auch, weil sie derselben amerikanischen Musikszene entstammt. Sie wurde am 8. Juni 1947 in Philadelphia geboren. Ihr Musikstudium absolvierte sie an der Syracuse University bei Helen Boatwright, an der New York University, am Berkshire Music Center sowie an der Juilliard-School bei Marion Szekely Freschl. In den 70er Jahren, als die ersten amerikanischen Performance-Gruppen gegründet wurden, sang sie bereits mit Steve Reich und Philip Glass; die Minimalisten um John Cage gehörten zu ihren bevorzugten Komponisten; Frauen waren nicht darunter. In den 80er Jahren unterrichtete sie Gesang am California Institute of the Arts, dazwischen war sie kurze Zeit composer-in-residence in West-Berlin (DAAD-Stipendiatin). Sie hat wie keine zweite Künstlerin alle technischen und emotionalen Ausdrucksmöglichkeiten der Stimme ausgelotet, hat die erstaunliche Fähigkeit zum mehrstimmigen Obertongesang weiterentwickelt und sagt: „Voice ist the original instrument". Joan La Barbara arbeitet vorwiegend an Auftragswerken, die ihr von Rundfunkanstalten oder Festival-Gremien erteilt werden. Sie erhielt zahlreiche Stipendien, wie den New York State Award des Council on the Arts und den NEA-Award. Joan La Barbara ist mit dem Komponisten Morton Subotnick verheiratet.

VOKALMUSIK

„Hear what I feel" (1974)
„Performance piece" (1974)
„One note internal resonance investigation" (1974)
„Des accords pour Teeny" (1976)
„I have seen a rainbow" (1976)
„Les oiseaux qui chantent" (1976)
„Space testing" (1976)
„A matter of agreement" (1978)
„Rothko" (1978)
„Prologue to the book of knowing" (1987)
„Conversation" (1988)

STIMME UND TONBAND

„Vocal extensions" (1975)
„Cyclone" (1976)
„An Exaltation of larks" (1976)
„Cathing" (1977)
„Shadowsong" (1979)
„October Music" (1980)
„Winds of the canyon" (1982)
„Berliner Träume" für Stimme und 16-spuriges Tonband (1993)
„Obervogelgesang" (1984)
„Loose tongues" (1985)
„Voice windows" (1987)

STIMME UND INSTRUMENTE

„Thunder" (1975)
„WARP" (1975)
„Ides of March" (1975)
„Chords and gongs" (1976)
„Loisada" (mit Kalimba) (1977)
„Silent Scroll" (1982)
„Vlissingen Harbour" (1982)
„The solar wind" (1983)
„A Rothko study I" (1983)
„A Rothko study II" (1986)
„Urban Tropics", sound portrait (1988)
„To hear the wind roar" (1991)

VIDEO / VERSCHIEDENES

„Hunters", Video (1975)
„Vermont II", Video (1975)
„Cyclone Constrained", Klanginstallationen (1978)
„Cyclone II", Multi-Media und Audio environment (1978)
„Layers II" mit elektronischen Klängen (1978)
„Metamorphosis" mit gesprochenen und gesungenen Klängen, Elektronik, Quadrophonie (1978)
„The Executioners Bracelet", Tonband (1979)
„Quartre petites bêtes", Tonband
„Responsive resonance with feathers" für Klavier und Tonband (1979)
„She is always alone", Video (1979)
„As lightening comes" für Stimmen, Tänzer, Video (1982)
„Autumn signal" für Tonband (1982)
„3 space Trio" / a lament for wizard, Video (1982)
„L'albero della foglie azzurre" für Oboe und Tonband (1989)
„In the dreamtime, Selbstportrait", Klangcollage (1990)
„Awakening" für Kammerensemble (1991)
„Klangbild Köln", Klanggemälde, Stimme, Perkussion, Klänge aus Köln (1991)

BÜHNENMUSIK

„Layers" für Tänzer, Stimme, Schlagzeug, Tonband (1977)
„Anima", Film-Drehbuch mit Musik (1991)
„The misfortune of the immortals", Oper mit Stimme, Tänzern, Video, Computer, MIDI installation (1993)

BIBLIOGRAPHIE

Rockwell, J.: Joan Barbara sings own works. In: New York Times, Januar 1975
Zimmermann, W.: Joan La Barbara, desert plants. In: Conversation with 23 American Musicians, Vancouver 1976
Palmer, R.: Joan La Barbara sings a collage. In: New York Times, Februar 1978
Nowotsch, N.: Joan La Barbara: Die Stimme ist das ursprüngliche Instrument. In: Zero Magazin, 1980
Woodward, J.: Joan La Barbara pushes the envelope. In: Option, 1991

DISKOGRAPHIE

„As lightening comes in flashes". Berlin, Wizard Records / Gelbe Musik
„Awakenings" für Kammerensemble und Computer. E. Zidek, W. Hibbard, R. Paredes und Michael Eckert. The University of Iowa Center for New Music. Berlin, Musik & Arts / Gelbe Musik
„Reluctant Gypsy". Berlin, Wizard Records / Gelbe Musik
73 Poems. Texte von Kenneth Goldsmith von Joan La Barbara in Musik gesetzt. Joan La Barbara, Stimme. Berlin, Lovely Music / Gelbe Musik
„Sound Paintings". Berlin, Lovely Music / Gelbe Musik
„Voice is the Original Instrument". Berlin, Wizard Records / Gelbe Musik
„Singing through", vocal compositions by John Cage. San Francisco, New Albion Records

Landowska, Wanda Alexandra (1879-1959)

Eine der renommiertesten Cembalistinnen der ersten Jahrhunderthälfte war Wanda Landowska. Sie wurde am 5. Juli 1879 in Warschau, Polen, als Tochter eines Rechtsanwaltes und einer Linguistin jüdischer Abstammung (jedoch zum Katholizismus konvertiert) geboren. Ihre Lehrer (u. a. Kleczynski, Michalowski) gaben die legendäre Chopin-Tradition an sie weiter. Bereits 1896, mit 17 Jahren, beendet sie die Klavierklasse am Warschauer Konservatorium und beginnt ihr Studium bei H. Urban in Berlin. Bis zum 1. Weltkrieg komponiert Wanda Landowska bereits Lieder, Klavier- und Orchestermusik (die leider verloren ging). Sie bekommt zwei erste Kompositionspreise. Auf Anraten von Henri Lew, Polen, geht die Künstlerin nach Paris (1900), heiratet ihn dort und tritt erstmals öffentlich (Rhapsodie Orientale) auf. Albert Schweitzer lädt sie regelmäßig ein, mit der Schola Cantorum unter Guilmant oder d'Indy aufzutreten. Wanda Landowska, mit den bisherigen Instrumenten (Cembali) unzufrieden, läßt ein eigenes zweimanualiges Cembalo von Pleyel (mit 16') bauen. In den Jahren 1913-1919 unterrichtet sie an der Musikhochschule in Berlin und darf während des Krieges mit Henri Lew die Stadt nicht verlassen. 1921-22 ist sie Lehrerin an der Ecole Normale de Musique in Paris, gibt Konzerte und führt das Cembalo allmählich in die Musikszene wieder ein. Sie unternimmt Konzertreisen nach den USA und Asien. 1927 richtet sie in Saint-Leu-la-Forêt bei Paris eine eigene Musikschule ein und unterrichtet dort Schüler aus allen Ländern. 1933 spielt sie Bach's Goldberg-Variationen ein. 1940 muß sie beim Einmarsch der deutschen Nationalsozialisten Saint-Leu, ihre Instrumente, ihre Bibliothek und ihr Haus verlassen und versteckt sich in Banyuls-sur-Mer in den Pyrenäen. Sie beschließt die Auswanderung mit dem Ziel New York, wo sie begeistert empfangen wird. 1950 läßt sie sich für den Rest ihres Lebens in Lakeville, Connecticut nieder, wo auch sämtliche späten Schallplattenaufnahmen entstehen. Wanda Landowska stirbt am 16. August 1959 in Lakeville. Sie hat der Cembalomusik des 17. und 18. Jahrhunderts zu einer wahren Renaissance verholfen.

CEMBALO- / KLAVIERMUSIK

„Petite Sonate" für Klavier
„Querelle"
„Rhapsodie orientale"
„Follette"
Variationen für Klavier
„Bourrées d'Auvergne" für Cembalo
Kadenzen zu Klavierkonzerten von Mozart und Haydn
„Kolysanka" für Klavier (1899)
Transkriptionen für Klavier: Ländler von Schubert (1911), Valses Viennoises von Lanner (1926); Mozart-Tänze KV 606 (1945)
„Pologna, Variationen" für zwei Klaviere (1902)
„Feux follets" für Klavier (1904)
„Berceuse", in: at the piano with women composers, Sherman Oaks, Alfred Publ. 1990
„En route", étude caracteristique op. 4
„Quatre morceaux" für Klavier op. 2 (Berceuse, Nuit d'automne, En valsant, La source). Berlin, Schlesinger/Lienau
„Valse" für Klavier op. 4, Warschau, Gebethner & Wolff
„Deux morceaux Rococos" für Klavier (Menuetto et Gavotte), Berlin, Schlesinger/Lienau
und weitere Werke für Klavier.

KAMMERMUSIK

„Automne" op. 9, 2 für Violine und Klavier, Warschau, Gebethner & Wolff
„Five Polish Folk Songs" für Cembalo und diverse Instrumente (Bläser, Streicher), Bryn Mawr, Hildegard Publ. 1994

ORCHESTERMUSIK

„Paysage triste" (nach Verlaine) für Streichorchester
„Liberation Fanfare" (für Charles de Gaulle) für Orchester (orchestriert von Franco Goldman)

VOKALMUSIK

Diverse Lieder für Gesang und Klavier, darunter: Sechs Lieder für eine Singstimme mit Klavierbegleitung (Kobold / Frühlingsregen / Verlorenes Herz / Tief ist der Abgrund / Saß einer in seinem Kämmerlein / So kahl die zitternden Ranken). Berlin, Schlesinger 1898
„Amore traditore" nach J. S. Bach für Baß, Stimme und Cembalo
„Ici bas" für Singstimme und Klavier op. 3,7 (1898)

CHORMUSIK

Polnische Volkslieder für Soli, Frauenchor, Cembalo und Streicher (auch für a-cappella-Chor)
Diverse Werke für Frauenchor und Orchester

BIBLIOGRAPHIE

Landowska, Wanda: Musique ancienne, Paris 1909
Schaeffner, A.: Wanda Landowska et le retour aux humanités de la musique. Rivista Musicale 1927
Gavoty, B.: Wanda Landowska, Genf 1956
Restout, Denise: Landowska on Music. Secker & Warburg, London 1965
Bittner, C.: Erinnerungen an eine epochale Frau, Wanda Landowska, Musica, Kassel 1970
Aldrich, P.: Classics of Music Literature, Wanda Landowska, musique ancienne. Music Library Association Notes, 1971
Wanda Landowska, in: Revue Musical de Suisse Romande, Yverdon, 1979

DISKOGRAPHIE

„Bourrée d'Auvergne" / „Wedding song". Wanda Landowska, Cembalo. RCA
„En route", étude caracteristique c-moll op. 4 (auf: Concerto Etudes and toccatas by 19th and 20th century composers. Christine Harnisch, Cembalo. Staufen, Aurophon

(Sämtliche anderen Schallplatten-Einspielungen mit Wanda Landowska als Interpretin beinhalten Werke Bachs, Couperins, Rameaus, Mozarts, Haydns, etc.)

Lang, Josephine Caroline
(1815-1880)

Als hochbegabte Liedkomponistin wurde Josephine Lang von Felix Mendelssohn-Bartholdy, Robert Schumann und anderen Zeitgenossen gelobt. Sie wurde am 14. März 1815 in München geboren und entstammte einer musikalischen Familie. Ihren ersten Musikunterricht erhielt sie von ihrer Mutter, ebenfalls eine bekannte Musikerin (Sängerin). Nach einer kurzen Zeit als Klavierschülerin beim Hofpianisten Berlinghof war Josephine Lang mit 12 Jahren fast eine fertige Musiklehrerin: sie gab bereits selbst Unterricht.

1828 komponierte sie ihre ersten Lieder, zwei Jahre danach entdeckte Mendelssohn ihr kompositorisches Talent und unterrichtete sie in Musiktheorie. Im Jahre 1835 wurde Josephine Lang (unbezahlte) Sängerin am Königlich-Bayrischen Hof in München und 1840 dann zur Königlichen Hofsängerin mit festem Gehalt ernannt. Sie heiratete den Juristen Ch. R. Koestlin und beide liessen sich in Tübingen nieder. In ihrer Ehezeit gebar sie sechs Kinder und mußte sich darauf beschränken, Musik nur zur Erbauung ihrer Familie auszuüben. Nach dem Tod ihres Mannes 1856 unterbrach sie ihre kompositorische Tätigkeit; der Tod dreier Kinder stürzten sie in weitere Schaffenskrisen, die sie lange seelisch belasteten. Josephine Lang, die rund 150 herrliche Lieder für Singstimme und Klavier hinterlassen hat, starb am 2. Dezember 1880 in Tübingen.

KLAVIERMUSIK

„Grand impromptu" für Klavier
„Apollo-Marsch"
„Basler Turnermarsch"
„Rheingolder Schützenmarsch"
Drei Präludien für Klavier op. 25 (1847)
„Elegie auf den Tod Ludwig Uhlands" für Klavier op. 31
„Festmarsch" für Klavier op. 31
Zwei Charakterstücke für Klavier op. 32
„Touristenmarsch" op. 33
„Rosengeflüster" op. 38
„Hochzeitsmarsch" für Klavier op. 42
„Danse infernale" für Klavier op. 46
Zwei Mazurken op. 49
„In der Dämmerung" op. 50
„Frühlingszauber", Walzer für Klavier op. 52
„Bummlermarsch" op. 52

VOKALMUSIK
(Alle für Singstimme und Klavier)

8 Lieder für Singstimme und Klavier op. 1
6 Lieder für Singstimme und Klavier op. 1 (1828)
6 Lieder für Singstimme und Klavier op. 2
4 deutsche Lieder op. 3, in: Selected Songs, New York, Da Capo Press 1982
4 deutsche Lieder op. 4, in: Selected Songs, New York, Da Capo Press 1982
4 deutsche Lieder op. 5, in: Selected Songs, New York, Da Capo Press 1982
4 deutsche Lieder op. 6
6 Gesänge für Singstimme und Klavier op. 6
6 Gesänge op. 7
3 Lieder op. 8
6 Lieder op. 9
6 Lieder op. 10
6 deutsche Lieder op. 11
6 Lieder op. 12, in: Selected Songs, New York, Da Capo Press 1982
6 Lieder op. 13, in: Selected Songs, New York, Da Capo Press 1982
6 Lieder op. 14, in: Selected Songs, New York, Da Capo Press 1982
6 Lieder op. 15, in: Selected Songs, New York, Da Capo Press 1982
„Am Bach sitz ich" op. 20
„Auf der Reise" op. 22
3 Lieder op. 23
6 Lieder op. 25, in: Selected Songs, New York, Da Capo Press 1982
6 Lieder op. 26
6 deutsche Lieder op. 27, in: Selected Songs, New York, Da Capo Press 1982
2 Lieder op. 28, in: Selected Songs, New York, Da Capo Press 1982
„Lieder des Leids" op. 29, in: Selected Songs, New York, Da Capo Press 1982
2 Lieder op. 30
6 deutsche Lieder op. 33, in: Selected Songs, New York, Da Capo Press 1982
3 Lieder für Alt und Klavier op. 34
3 Lieder op. 36
6 Lieder op. 38
„Ich möchte heim" op. 41
5 Gesänge op. 43
„Gruß in die Ferne" und Lied für das Pianoforte op. 44
5 Lieder aus dem Trompeter von Säckingen op. 45, in: Selected Songs, New York, Da Capo Press 1982
„Frühzeitiger Frühling" / „Nur den Abschied" / „Ob manchmal deinen Gedanken", in: Frauen komponieren, 25 Lieder für Singstimme und Klavier, Mainz, Schott 1992
„Frühzeitiger Frühling" (Text: Goethe), in: Historical Anthology of Music by Women (R. Briscoe), Indianapolis University Press, Indianapolis 1987
40 ausgewählte Lieder für Singstimme und Klavier, Leipzig, Breitkopf & Härtel 1882
Lieder ohne opus-Zahl

BIBLIOGRAPHIE

Schumann, Rob.: Gesammelte Schriften über Musik und Musiker. Leipzig 1854
Mendelssohn, Felix: Briefe aus den Jahren 1830-47. Leipzig 1861
Koestlin, H. A.: Josephine Lang, Sammlung musikalischer Vorträge. Leipzig, Waldersee 1881
Tick, J.: Introduction to Josephine Lang's selected

songs. New York, Da Capo 1982

Citron, M. J.: Women and the Lied – 1775-1885, in: Women Making Music, Chicago 1986

Citron, M. J.: Letters of Fanny Hensel to Felix Mendelssohn. New York 1987

Peacock, D. J.: Josephine Lang. In: Women Composers. Feminist Press, New York 1988

Werner, Roberta: The Songs of Josephine Caroline Lang, the expression of life, vol. 1, 2, 3. Ann Arbor 1995

DISKOGRAPHIE

Lieder für Sopran und Klavier: „Immer sich rein kindlich" / „Tag der Wonne" / „Leb wohl du schöne Welt" / „Sie hat mich still" / „Zu Tod mocht ich mich lieben" / „Der Himmel mit all seinen Sonnen" / „Ob ich manchmal dein gedenke" / „Im Abendstrahl" / „Nur den Abschied". Christel Kromer, Sopran; Juttha Vornehm, Klavier. München, Musica Bavarica

„Songs of the season": „Wie wenn die Sonne" / „Der Winter" / „Frühzeitiger Frühling" / „Wie glänzt so hell dein Auge" / „O sehnst du dich". Catharine Ciesinsky, Mezzosopran; John Ostendorf, Baß; Rudolph Palmer, Klavier. New York, Leonarda

„Sie liebt mich". Berenice Bramson, Sopran; Roger Rundle, Klavier. Gemini Hall

Lang-Beck, Ivana
(1912-1983)

Die kroatische Komponistin Ivana Lang ist eine der wenigen Frauen des ehemaligen Jugoslawiens, die neben Dora Pejacevic bekannt wurden. Sie wurde am 15. November 1912 in Zagreb, Kroatien geboren. An der Staatlichen Musikakademie in Zagreb studierte sie bei Antonia Geiger-Eichorn Klavier und machte 1938 ihr Examen. Als Dozentin für Klavier war sie an der Staatlichen Lehreranstalt tätig, wurde 1943 Professorin in der Klavierklasse der Musikakademie Zagreb und unterrichtete auch an der Vatroslav-Lisinski-Musikschule. Komposition belegte die Musikerin bei den Professoren Milo Cipra und Ivo Lhotka (Zagreb) sowie bei Professor Joseph Marx am Mozarteum, Salzburg. Bereits 1948 gewann sie einen zweiten Kompositionspreis der Radio-Television Zagreb mit ihren „5 Istrischen Liedern" für Alt und Klavier. Die Komponistin hat sich seit jeher intensiv mit der Musik des istrischen Teils von Jugoslawien (heute: Kroatien) befaßt. Sie starb im Jahre 1983.

KLAVIERMUSIK

Nocturne op. 7 (1942)
Suite in drei Sätzen: Prelude; Intermezzo; Toccata, op. 13 (1942)
„Melodrami" op. 21 (1942)
„Groteske" op. 2 (1944)
Sonatine für Klavier op. 24 (1947)
Drei Präludien op. 25 (1947)
„Oktaven-Etüde" op. 26 (1947)
Nocturne op. 29 (1947)
„Istrische Barcarole" op. 31 (1948)
Sechs Präludien op. 42 (1952)
Präludien und Fugen (F-dur und A-dur) op. 42 (1953)
Vier Kompositionen für Klavier op. 50 (1961)
„Sept croquis" op. 56 (1962)
Vier Bagatellen op. 59 (1962)
„Mali ivicin svijet" op. 59 (1962)
Variationen op. 60 (1962)
„Na ladanju" op. 62, drei Miniaturen (1963)
„Proljetne radosti" op. 63 (1963)
Impressionen op. 64 (1964)
„Quinten-Etüde" op. 66 (1966)
Rondina op. 68 (1968)
„Galopp" op. 69 (1968)
„Mali saroliki svijet" op. 61 für Klavier zu vier Händen (1969)
Sonatine op. 70 (1969)
„Septimen-Etüde" op. 71 (1969)
„Dvije minijature" op. 72 für die linke Hand (1969)
„Pticice" op. 73 (1970)
Solfeggietto op. 74 für die linke Hand (1970)
Drei Walzer op. 76 (1972)
„Luna park" op. 79 für Klavier zu vier Händen (1972)
„Kindermarsch" op. 81 zu vier Händen (1973)
„Decimen-Etüde" op. 103 (1982)
„Perpetuum mobile" op. 106 (1982)
Klaviermusik für Kinder

KAMMERMUSIK

„Ples sablasti" op. 6 für Cello und Klavier (1967)
Toccatina op. 77 für Harfe (1972)
„Odisej i Sirene" (Odysseus und die Sirenen) op. 80 (1972)
„Narodna" op. 82 für Violine und Klavier (1973)
„Impresije: Ljeto-jesen-zima-proljece" (Impresseionen: Sommer-Herbst-Winter-Frühlimg), op. 83 (1973)
Nocturne op. 84 für Violine, Cello und Klavier (1974)
„Tajanstvenim koracima" op. 101 (1982)
„Stariuska vura" op. 104 für Harfe (1982)

ORCHESTERMUSIK

„Groteske" für Orchester op. 2 (1944)
„Zagorski ples" op. 5 (1940)

Sinfonischer Tanz op. 33 (1950)
Klavierkonzert (1956)
Vier Bagatellen für Harfe und Streichorchester (1974)

VOKALMUSIK
Rund 50 Lieder für Singstimme und Klavier, darunter:
„Tancali su Vlasici" für Gesang und Klavier
„Die Maulbeeren" für Gesang und Klavier op. 1
„Grijeh" (Text: V. Vidric) op. 3 für Singstimme und Orchester / Klavier (1940)
„Die Wolke verliert sich" für Gesang und Klavier op. 2
„Frost im Haar" für Gesang und Klavier op. 4
„Akuarel" (Text: N. Neugebauer) op. 9 für Singstimme und Klavier (1942)
„Uspavanka" op. 10 für Gesang und Klavier (1942)
„Unterwegs" für Gesang und Klavier op. 14
„Agnus Dei" für Stimme und Orgel op. 15 (1942)
„Jutro" (Text: V. Vidric) op. 16 für Singstimme und Orchester / Klavier (1942)
„Crni metuli" (Text: D. Dmjanic) op. 18 für Singstimme und Klavier (1942)
„Lein" für Gesang und Klavier op. 20
„3 Istrische Lieder" für Alt / Bariton und Kammerorchester op. 27 (1947)
„Dvije vidriceve" zwei Lieder auf Texte des kroatischen Schriftstellers Vladimir Vidric für dramatischen Sopran und Orchester (1947)
„Bilo vavek veselo" op. 41 für zwei Singstimmen und Klavier (1952)
„Crna Maslina" (Text: Vesma Parun) op. 49, Gesangszyklus für Singstimme und Klavier (1959)
„5 russische Lieder" op. 51 für Kinderchor (1959)
Lied an Slawonien auf Texte von Vanja Radaus für Alt und Orchester op. 55 (1960)
„An Lisinski" für Gesang und Klavier op. 65
„Bezimenoj" (Text: V. Radaus) op. 75, Zyklus von vier Liedern (1970)

MUSIK FÜR PUPPENTHEATER
„Ples crnaca" op. 36 (1950)
„Nijeme Sjene" op. 52 (1959)
„Der lügenhafte Ritter" op. 53 (1960)

BÜHNENMUSIK
„Ples crnaca" op. 36, Ballettmusik (1950)
„Kastavski Kapetan" op. 46, Oper in drei Akten (1955)
„Nijeme sjene" op. 52, Ballett (1960)
„Lazni Vitez" op. 53, Ballett (1960)

Lang-Zaimont, Judith
(* 1945)

Die Komponistin und Musikschriftstellerin Judith Lang-Zaimont wurde am 8. November 1945 in Memphis, Tennessee, geboren. Von 1958 bis 1964 studierte sie Klavier und Musiktheorie an der Juilliard School. Anschließend besuchte sie die Kompositionsklassen von H. Weisgall, O. Luening und J. Beeson am Queens College und an der Columbia University. Sie erwarb den B. A. (Bachelor of Arts) 1966 mit „magna cum laude" und 1968 den M.A. (Master of Arts) im Fach Komposition. Außerdem erhielt sie vom Long Island Institute of Music ein Diplom für ihre pianistische Leistung. Von 1971 bis 1972 ging sie nach Paris und ergänzte ihre Kompositionsstudien bei A. Jolivet. Sie gewann zahlreiche Preise und Stipendien (Mac Dowell und New York State Prize); sie lehrte am Hunter College in New York (1980-88), an der Adelphi University, New York (1989-91) und wurde schließlich Kompositionslehrerin an der University on Minnesota in Minneapolis. Zahlreiche Werke entstanden als Auftragskompositionen; große amerikanische Orchester gaben Sinfonien in Auftrag. Daneben hat sich Judith Lang-Zaimont als Musik-Schriftstellerin betätigt. Sie gab die Schrift „Contemporary Concert Music by Women" heraus, ist Mitherausgeberin von „The Musical Woman: an International Perspective" (seit 1984) und verfaßte den Text zu „20th century Music, an analysis and appreciation" (1980). Judith Lang-Zaimont ist Vizepräsidentin der „American Women Composers".

KLAVIERMUSIK
„Duo in concert"
„Solitary pipes", Yorktown Music Press
„Portrait einer Stadt, Suite in fünf Sätzen für Klavier (1961)
Klaviervariationen (1965)
„White-key waltz" (1966)
Toccata für Klavier (1968)
Scherzo (1969)
„Snazzy sonata" mit „Grande valse brillante" für Klavier zu vier Händen (1972)
„Reflective rag" (1974)
„A calendar collection", 12 Präludien für Klavier, Sherman Oaks, Alfred Publ. 1976

„Sweet Daniel" (1979)
„Deceit" (1980)
„Fountains" (1980)
„Stone" (1981)
„Judy's rag", New York, Leonarda 1982
Nocturne „La fin du siècle", New York, Galaxy Music 1983
„Black velvet waltz" (1983)

KAMMERMUSIK

Sonate für Flöte und Klavier (1962)
„Experience" für Flöte und Klavier (1966)
Zwei Sätze für Holzbläserquartett (1967)
„Tarantella" für Violine und Klavier (1970)
Sonate für Trompete und Klavier (1971)
Capriccio für Flöte solo (1971)
Trio für Flöte, Viola und Klavier (1971)
„Valse romantique" für Flöte (1971)
„Music for two" für zwei Holzbläser (1971/85)
„De infinitate Caeleste" für Streichquartett (1980)
„Sky Curtains" für Flöte, Klarinette in B, Fagott, Viola und Cello (1984)
„Inner dance" für Flöte, Oboe und Cello (1985)
„Winter Music for Brass Quintett" für zwei Trompeten, Horn, Posaune, Tuba (1985)
„Dramatic Fanfare" für neun Bläser (1987)
„Hidden Heritage" für fünf Spieler: Flöte, Klarinette, Cello, Klavier und Schlagzeug (1987)
„When Angels speak", Fantasie für Bläserquintett (1987)
„Trio Russian Summer" für Violine, Viola und Klavier (1989)
„Doubles" für Oboe und Klavier (1993)

ORCHESTERMUSIK

Konzert für Klavier und Orchester (1972)
„Tarantelle", Ouvertüre für Orchester, New York, Galaxy 1985
„Chroma-Northern Lights" für Orchester (1986)
„Monarchs-Movement" für großes Orchester (1988)

VOKALMUSIK

„4 Songs" (Text: E. E. Cummings) für Mezzosopran und Klavier (1965)
„Coronach", fünf Lieder für Sopran und Klavier (1970)
„Songs of innocence", vier Lieder für Sopran, Tenor, Flöte, Stimme und Harfe (1974)
Fünf Lieder für Sopran und Klavier (1975)
„The ages of love" für Bariton und Klavier, New York, American Composers Alliance 1976
„Chansons nobles et sentimentales" für Gesang und Klavier, New York, American Composers 1976
„A woman of valor" für Mezzosopran und Streichquartett, New York, American Composers Alliance 1976/77
Psalm 23 für Bariton/Mezzo, Flöte, Violine, Cello und Klavier (1978)
„The magic world" für Bariton und Klavier (1979) / Fassung für Bariton, Klavier und Schlagzeug (1979/80)
„Greyed sonnets" für Sopran und Klavier, New York, Galaxy Music 1982
„From the Great Land-Women's Songs" für Mezzo, Klarinette, Eskimotrommel (1982)
Zwei Lieder für Sopran und Harfe, Lyra Music 1983
„New Fashioned Songs" für tiefe Stimme und Klavier (1983)
„In the theater of night" für Stimme und Klavier (1983), New York, Galaxy 1983
„Nattens Monolog – Night Soliloquy" (Text: D. Hammarskjöld) für Sopran und Klavier (1984)
„Will's Words" (Text: Shakespeare) für Bariton (1990)
„Vessels" für Mezzo und Klavier (1992)

CHORMUSIK

„They flew from me" für Flöte und gemischten Chor (1966)
„Man's image and his cry" für Bariton, Alt, Chor und Orchester (1968)
„Sunny airs and sober", fünf Madrigale für Chor a cappella, Lauderdale, Walton Music 1974
„Moses Supposes", Kanon für Frauen- oder Kinder-Stimmen und Schlagzeug, Tetra Music 1975 und Broude Brothers 1978
„Three ayres" für gemischten Chor a cappella, New York, Broude Brothers 1976
„Sacred Service for the Sabbath Evening" für Bariton, Chor und Orchester (1976), New York, Galaxy 1976
„The Tragical Ballad of Sir Patrick Spens" für sechsstimmigen gemischten Chor, Soli und Klavier (1980)
„Serenade to Music" (Text: W. H. Auden) für sechsstimmigen gemischten Chor (1981)
„Lamentation" für Chor, Klavier und Schlagzeug (1982)
„The chase" für gemischten Chor und Klavier, New York, Galaxy Music 1984
Parable „A tale of Abraham and Isaac", Kantate für Sopran, Tenor und Bariton, vierstimmigen gemischten Chor, Streichquartett, Cembalo / Orgel (1985)
„The Spirit of the Lord" für achtstimmigen Doppelchor, Blechbläserquintett und Orgel (1992)

BÜHNENMUSIK

„The thirteen clocks", Kammeroper (1983)
„Goldilocks and the Three Bears", Kammeroper (1985)

BIBLIOGRAPHIE

LePage, J. W.: Judith Lang-Zaimont, In: Women Composers, Conductors and Musicians of the 20th Century, London, Scarecrow 1983

Sparber, G.: Zaimont Wins Guggenheim, in: The Peabody News, 1984

McNeil, L.: The vocal solo works of Judith Lang-Zaimont, an annotated Bibliography, Arizona State University 1988

Peacock, D. J.: Judith Lang-Zaimont, in: Women Composers. New York, Feminist Press 1988

Baird, S. L.: The Choral Music of Judith Lang-Zaimont. Florida State University, 1991

Lang-Zaimont, Judith: Composer, Pianist. J. Finell Music Service, New York

DISKOGRAPHIE

„Two songs for soprano and harp". Berenice Bramson, Sopran; Sara Cutler, Harfe. New York, Leonarda Prod.

„A calendar set, twelve preludes for piano solo" / „Chansons nobles et sentimentales" für Stimme und Klavier / Nocturne „La fin du siècle". Charles Bressler, Tenor; Judith Lang-Zaimont, Klavier; Gary Steigerwalt, Klavier. New York, Leonarda Prod.

„The magic world". David Arnold, Bariton; Zita Zohar, Klavier. New York, Leonarda Prod.

Latz, Inge
(1929-1994)

Ihre Klavier-Improvisationen versetzten ihr Publikum in eine andere, bessere Welt. Sie war Komponistin, Musiktherapeutin, Schriftstellerin, Heilerin, Musikpädagogin. Inge Latz kam am 14. Juni 1929 in Aachen zur Welt. Den ersten Musikunterricht erhielt sie von ihrer Mutter. In den Fächern Oper, Schauspiel, Bühnenmusik und Gesang folgten weitere Studien in Düsseldorf und Berlin. Im Bereich der Medienarbeit, Musik- und Ausdruckstherapie vervollkommnete sie sich am Arts Institute des Lesley College in den USA.

1954 bis 1962 lehrte Inge Latz an der Staatlichen Musikhochschule in Köln. Anfang der 70er Jahre war sie die Mitbegründerin der Frauensonggruppe „Bonner Blaustrümpfe", die mit ihren Protest- und Spottliedern bekannt wurde. Auch bei dem Frauen-Kabarett „Federhexen" wirkte sie mit. Nach 1974 lehrte sie an der Musikschule Meckenheim bei Bonn und führte zahlreiche Seminare und Workshops durch. Inge Latz machte Ferienreisen in 44 Länder. Ihr gelang, das Auditorium eng in ihre Darbietung einzubeziehen, indem sie allerlei Natur-Instrumente verteilte. 1983 leitete sie erstmals Musik-Therapie-Gruppen im Frauenbildungshaus Zülpich, Eifel. Anfang der 90er Jahre veranstaltete sie gemeinsam mit Eva Maria Bauer Abende mit improvisierter Musik. 1991 gründete Eva Maria Bauer und Inge Latz das LIFE-Musik-Projekt in München. Ihr „Das andere Musikhaus" in München wurde zu einer bekannten Adresse für die Fortbildung und Musiktherapeutische Arbeit.

1993 führte sie mit Eva Maria Bauer monatliche Konzertzyklen in der Münchener Seidl-Villa zu Themen vergessener Frauenkultur und musikalischer Frauengeschichte durch. In ihren letzten Lebensjahren widmete Inge Latz ihre Schaffenskraft immer mehr der freien und kollektiven Improvisation, die äußerste Konzentration und Gestaltungskraft der Künstlerin erforderte. Inge Latz starb am Ostermontag, dem 4. April 1994.

KLAVIERMUSIK

Traumwiese für Klavier, Heft I, München, Life-Musik 1993
Improvisationsstücke am Klavier:
„Schatten über dem Nebelland"
„Konzert der Flügelschwingen"
„Durch Wetter und Nacht in Morgenland"
„Im Tal der roten Sonnen"
„Mit dem Wind kommt das Heimweh"
„Das Wiedersehen mit den Glockenblumen"
„Nach dem Applaus ruhe dich aus"
„Streichle deine brennenden Füße"
„Löse die Fesseln, Glied um Glied"
„Wärme dich an den Liedern deines Herzens"
„Lausche fernen Melodien und..."
„Freue dich auf einen neuen Spitzentanz"
„Wenn der Mondwind flüstert"
„Mit den Tautropfen von gestern"
„Da knistert ein Feuer"
„Wo der Himmel Träume sät"
„Mit weichem Federkleid"
„Bis tief hinab in den Perlengrund"
„Weites Land"
„Wo rauhe Winde Straßen fegen"
„Wo Dächer sich zur Erde leben"
„Wo Dünenstrand den Mond besingt"

„Wo Frauen mit den Wassern reden"
„Wo Früchte treibt der Erde Segen"
„Wo weiches Moorland Fernweh ruft"
„Und Blumen atmen Sonnenduft"

VOKALMUSIK

„Zum Haaresträuben", Protest- und Spottlieder, Koblenz 1975, darunter:
„Die neue Frau"
„Wir fahr'n nach Holland nicht der Tulpen wegen"
„Psychologie"
„Heimchen, bleib an deinem Herd"
„Das Lied vom Frauenhaus"
„Warnung"
„Hysterie"
„Wer's glaubt, wird selig"
„Klagelied eines Mannes"
„Heute geh ich Blumen pflücken"
„Sing, Frau, sing"
„Wo bist du, andere Frau"
„Wie lange braucht ihr noch, Frauen"
„Wer nur den lieben Mann läßt walten" / „Wer's glaubt, wird selig": Partnerschaft, in: Kritische Lieder der 70er Jahre, Walter Heinemann und Ernst Klusen (Hrsg.), Texte und Noten mit Begleitakkordeon, Frankfurt 1978 / Fischer Taschenbuch
„Trabantenstadt" / „Heute geh ich Blumen pflücken", in: Frauenliederbuch, Ellinor Lau und Barbara Brassel (Hrsg.), München 1979
„Das Frauenliederbuch", Texte und Noten mit Begleitakkorden, Frankfurt 1979
„Der singende Gummibaum", ein Kinder-Comic-Liederbuch, Frankfurt, Fischer 1981, darin u. a.:
„Tante Anna"
„Vater ist weg"
„Die Hexenfrauen"
„Das alte Schloß"
„Eine stachelige Liebe"
„Sing, Frau, Sing". Liedertexte mit Musik von Inge Latz, Petra Lorenz und Gisela Meussling, Bonn, Edition die maus, 1981
„Alte Hexenlieder", Liederzyklus, Bonn, Gisela Meussling 1985, darin u. a.:
„Schöpferin du!"
„Erichtho's Seelenbeschwörung"
„Vom Himmel hernieder sprech ich den Mond"
„Deirdres Lied"
„Drei Frauen-Segen"

BÜHNEN- / HÖRFUNK- / FILMMUSIK

„Gretchens Wandlungen", Musik zum Trickfilm von Petra Kaster, Berlin, Lindwurm-Filmproduktion 1981
„Die kluge Bauerstochter", Musik zur musikalischen Märchenkomödie nach den Gebrüder Grimm von Angelika Bartram, Köln, Comedia Colonia 1984, Verlag Deutscher Schriftsteller und Bühnenkomponisten, Norderstedt
„Das Hexenlied", Musik zum Hörspiel von Angelika Bartram, Süddeutscher Rundfunk, Stuttgart 1986
„Hexenlied", Musik zur neuen Bühnenfassung des Hörspiels „Das Hexenlied" von Angelika Bartram 1987, Verlag Deutscher Bühnenschriftsteller und Bühnenkomponisten, Norderstedt/Köln, Comedia Colonia.

BIBLIOGRAPHIE

Latz, Inge: Die Stille würde mich töten, Bonn, Gisela Meussling, 1987
Latz, Inge: Musik im Leben älterer Menschen, Bonn, Gisela Meussling, 1988, 1989, 1990
Latz, Inge: Fraueneigenes Musikerleben als Weg in die Heilung, in: Von Frau zu Frau, Voigt, Diana und Jaward, Hilde (Hrsg.), Wien 1991
Latz, Inge / Bauer, Eva Maria: Frauenmusiktherapie, in: Das Frauentherapie-Handbuch, Bilden, Helga (Hrsg.), München 1992

DISKOGRAPHIE

„Die Traumtänzerin", Improvisationen mit Klavier. Inge Latz, Klavier. München, Life-Musik
„Liebeszauber für Maria". Improvisationen mit Klavier. Inge Latz, Klavier. München, Life-Musik
„Der Flug der Kraniche", Improvisationen mit Klavier. Inge Latz, Klavier. München, Life-Musik
„Der Zauberzweig", Improvisationen mit Harfe. Eva-Maria Bauer, keltische Harfe. München, Life-Musik
„Zwischen den Meeren". Piano-Improvisationen, Inge Latz, Live im Konzert. München, Life-Musik
„Sonnenwinde", Life-Musik mit Inge Latz, E.-M. Bauer, Barbara Latz. München, Life-Musik
„Magische Höhlengesänge am Lichtenstein". Freie Stimmimprovisationen mit Inge Latz, E.-M. Bauer, Monika Fibinger. München, Life-Musik
„Unterwegs zu den Hexenklängen": „Der Flug der Kraniche" / „Die Traumtänzerin" / „Liebeszauber für Maria". München, Life-Musik
„Die Bonner Blaustrümpfe singen Protest- und Spottlieder, Bonn, Selbstverlag 1977

„Mit meiner frei improvisierten Musik praktiziere ich eine alte, uralte Form weiblicher Musikkultur, finde ich Spuren und Strukturen einer vergessenen Vergangenheit, erschließe ich einen Weg zu weiblicher musikalischer Identität und Überlebenskunst."

Inge Latz in: Musikblatt 1994

Léandre, Joelle
(* 1951)

Keine Künstlerin kann den Kontrabaß so phantasievoll traktieren und spielen wie Joelle Léandre. Die Performance-Künstlerin und Komponistin, geboren am 12. September 1951 in Aix-en-Provence, begann ihre außergewöhnliche internationale Karriere mit einem ersten Preis am Pariser Conservatoire. Viele Jahre stand sie als Orchester-Musikerin auf der Bühne, spielte u. a. im Ensemble Intercontemporain Musik ihrer Zeitgenossen. Stipendien ermöglichten ihr die Arbeit mit John Cage und Morton Feldman („My cultural embryo is 70% American). Schließlich entdeckte sie den Zusammenhang ihrer eigenen Stimme mit ihrem Instrument, und ihre neue Art der Performance wurde geboren. Joelle Léandre spielte mit großen Namen des zeitgenössischen Jazz: D. Baily, B. Philips, Irène Schweizer, G. Lewis, Anthony Braxton, Peter Kowald. Komponisten schrieben ihr die Werke „auf den Leib": Neben ihren eigenen Kompositionen hat sie zahlreiche Uraufführungen gespielt; die meisten solistisch. Kein Modern-Jazz-Festival ohne ihre Solo-Performance, die immer wieder in ihrer Urgewalt beeindruckt. Joelle Léandre lebt heute – wenn sie nicht auf Tournee ist – in Paris.

Joelle Léandre. Foto: Archiv

„Les écrits de Laure" (1977)
„Cripure" (1979)
„La maison d'Ana" (1980)
„Doublage" (1981)

PERFORMANCES
„Rue Lepic", Forum des Halles, Paris 1980
„Basse pour / contre", Biennale de Paris 1980
„A voix basse! (1981)
„La corde est au bout", Centre Américain, Paris 1984
„Conte sonore", Centre Américain, Paris 1984
„La ligne érotique", Musée de Genève, 1986
„Taxi", „Solo", Bern, Montréal 1987
„Musique de tous les dangers" für Sextett (Instrumente und Tänzer), Paris, Foulenay 1988
Quintett für Violine, Klarinette, Posaune, Schlagzeug und Kontrabaß, Radio France 1989
Duo für Orgel und Kontrabaß
Duo für Bratsche und Kontrabaß
„A few words for ..." (Cello solo) (1992)
„Cri" für Solo-Posaune (1992)

BÜHNENMUSIK
„Troilus et Cressida" (1972)
„Les chants de Maldodor" (1975)
„Coriolan" (1977)

CHOREOGRAPHIEN
„Thèmes et variations", Joseph Russillo (1975)
„Juliette et Romeo", Joseph Rusillo (1979)
„Film dans l'eau", Dominique Boivin (1982)
„Veuve Clicquot", Dominique Boivin (1983)
„Salome", Hideyuki Yano (1986)
„Trio", Sheiley Banks (1986)
„Récitatif", Mathilde Monnier (1988)
„Séraphine", Le Four Solaire Raynand (1989)
„Cactus", Luisa Casiraghi (1988)
„Récit", Mathilde Monnier (1989)

DISKOGRAPHIE
Joelle Léandre, Contrebassiste - Taxi 6, Adda 1981, QCA Redmark/Liben USA und Paris 1983
„Instant replay", Nato (Lol Coxhill Group) (1982)
„Couscous", Nato (Lol Coxhill Group) (1982)
„Les douzes sons", Joelle Léandre – Nato (1983) (Joelle Léandre Quintet)
„Live at the bastille", Sync Puls Records (1984) (Trio mit M. Nicols/L. Cooper)

„Six Sequences pour Hitchcock", Nato (1984) (compositions en trio)
„Sincerely", Joelle Léandre solo – Planisphare (1985)
„Live at taktlos - Intakt" Irène Schweizer Group (1985)
„Hat Hut", Daunik Lazro Group (Suisse) (1986)
„Trio by Compagny" mit Derek Baily (London INCUS) (1986)
„The storming of the winter palace – Intakt", I. Schweizer (1987)
„Cordial gratin" Fep (Berlin) Duo mit I. Schweizer (1987)
„Canaille – Intakt" (International Women Festival Zürich) (1988)
„Les diaboliques" (mit Maggie Nichols) Intakt
„Solo Contrebasse" (œuvres contemporaines de: J. Cage, S. Bussotti, B. Jolas, S. Kanach, G. Scelsi, J. Léandre) Adda
„Joelle Leandre, Paris Quartet - Intakt (1988)
Anthony Braxton Quintet - Victo Label (Canada 1988)
„Unlike" - „Splasc(h). E. Parker; A. V. Schlippenbach; P. Lytton; M. Schiano (1990)
„Ecritures", Duo mit Carlos Zingaro (1990), Adda
„L'Histoire de Mme Tasco". Joelle Léandre; Rüdiger Carl; Carlos Zingaro
„Sincerely". Joelle Léandre; Rüdiger Carl
Joelle Léandre und Eric Watson: „Palimpseste"
„Urban Baß", Joelle Léandre, Kontrabaß. Harmonia Mundi France

LeBaron, Anne Alice
(* 1953)

Mit zahlreichen Preisen und Stipendien versehen, ist Anne LeBaron eine der Komponistinnen der jungen Generation, die längst nicht mehr traditionelle Stilmittel einsetzt. Sie wurde am 30. Mai 1953 in Baton Rouge, Los Angeles, geboren und studierte zu Beginn Komposition bei Frederic Goossens an der Alabama University. Später setzte sie ihr Studium bei Daria Semegen und Bulent Arel in New York (SUNY) fort. Den ersten Sommerkurs in Darmstadt belegte sie 1980, lernte Maurizio Kagel und György Ligeti kennen, bei denen sie mit einem Fulbright-Stipendium ein weiteres Studienjahr anhängte. An der Columbia University beendete sie schließlich ihr Studium bei Mario Davidovsky und Jack Beeson. Ihr eigentliches Instrument, die Harfe, wendet Anne LeBaron oft in den ungewöhnlichsten Besetzungen an. Sie liebt es, notierte Werkteile mit improvisierten Elementen zu mischen; auch verwendet sie bisweilen Stilelemente des Jazz. Anne LeBaron setzt den „amerikanischen Weg" erfolgreich fort, der U- und E-Musik nicht mehr streng voneinander trennt.

KAMMERMUSIK
„Rite of the black sun" für vier Schlagzeuger, 50 Instrumente, sieben Tänzer (1980)
„No reflections" für Violine, Viola, Cello (1985)
„Telluris theoria sacra" für Flöten, Klarinette, Violine, Viola, Cello, Klavier und Schlagzeug (1989)
„Bouquet of a Phantom Orchestra" für Trompete, Tuba, E-Gitarre, Harfe und Schlagzeug (1990)
„North Coast Nights" für Streichquartett (1991)
„Southern Ephemera" für Flöte, Cello und Kithara (1993)
„In celebration of youth" für Streichquartett (1994)

ORCHESTERMUSIK
„Strange Abstraction" für Orchester (1987)
„Double Concert" für zwei Harfen und Kammerorchester (1994)

VOKALMUSIK
„The Sea and the Honeycomb" für Sopran / Mezzo, Flöte, Piccolo, Klarinette und B-Klarinette, Klavier und zwei Schlagzeuger (1979)
„Lamentation" / „Invocation" für Bariton, Klarinette, Cello und Harfe (1984)
„Dish" für Sopran, elektrische Violine, Schlagzeug, Klarinette, Kontrabaß und Klavier (1990)

BÜHNENMUSIK
„The E & O Line" (Blues-Oper) für vier Solostimmen, 12 Instrumente, sechsstimmigen Blues-Gospelchor, Frauen-Jazz-Trio (1991)
„Concerto for active frogs" für Baßbariton, kleinen gemischten Chor, Schlagzeuger, Tonband, zwei Spieler an diversen Streich- und Blasinstrumenten (1975)

Weiterhin Werke für elektronische Musik; Filmmusik und Improvisationen. Die Komponistin hat einige Frühwerke zurückgezogen.

BIBLIOGRAPHIE
Zaimont / Famera: Contemporary Concert Music by Women, Westport 1981
Edwards, J. M.: North America since 1920. In: Women and music, a history. Bloomington 1991
Shoemaker, B.: Anne LeBaron's Career is on the Line. In: Washington Post, Oct. 1993

DISKOGRAPHIE

„Rana", Ritual and Revelations. New Music Consort, Theater Chamber Players of the Kennedy Center, New York. Berlin, Gelbe Musik

Anne LeBaron Quintet „Phantom Orchestra". Schlagzeug Frank London, Marcus Rojas; Davey Williams, Gregg Bendian, Anne LeBaron. Berlin, Gelbe Musik

LeBeau, Luise Adolpha
(1850-1927)

Eine der großen Spät-Romantikerinnen Deutschlands ist die am 25. April 1850 in Rastatt geborene Luise Adolpha LeBeau. Ihr hoch musikalischer Vater unterrichtete sie bis zum 16. Lebensjahr; 1866 übernahm der Karlsruher Hofkapellmeister J. W. Kalliwoda ihre musikalische Ausbildung; danach tritt sie zum erstenmal als Pianistin an die Öffentlichkeit. 1873 lernt sie Clara Schumann in Baden-Baden kennen und wird ihre Schülerin. 1874 zieht ihre Familie nach München, und die Musikerin wird Schülerin von Joseph Rheinberger, M. E. Sachs und F. Lachner. Jetzt beginnt ihre produktivste Schaffenszeit als Komponistin. Es entstehen Klavierwerke, Kammermusik; sie gewinnt Preise, bekommt lobende Kritiken. Sie trifft auf Brahms, Liszt, Hanslick, sie unternimmt als Konzertpianistin Tourneen durch Deutschland, Österreich und Holland. Nach Stationen in Wiesbaden und Berlin (1885-93) siedelt sich die Familie endgültig in Baden-Baden an. Hier konzertiert sie und arbeitet als Musik-Kritikerin. 1903 ist ihr letzter öffentlicher Auftritt; sie zieht sich allmählich aus dem Konzertleben zurück und verfaßt die „Lebenserinnerungen einer Komponistin" (1910). Die Notsituation nach dem 1. Weltkrieg veranlaßt sie, im Alter von fast 70 Jahren nochmals Unterricht zu geben und aufzutreten; dies tut sie mit Erfolg. Am 2. Juli 1927 stirbt Luise Adolpha Lebeau in Baden-Baden. Dort ist die Musikbibliothek nach ihr benannt. Ihre Werke erfreuen sich in den 80er und 90er Jahren unseres Jahrhundert dank der musikalischen Frauenforschung immer größerer Beliebtheit.

Luise Adolpha LeBeau. Foto: Archiv

KLAVIERMUSIK

Drei Klavierstücke op. 1, Bremen, Präger & Meier 1876
Konzertetüde op. 2 für Klavier, Bremen, Präger & Meier 1876
Originalthema mit Variationen op. 3, Berlin, Raabe & Plothow
Sonate für Klavier op. 8, Berlin, Luckhardt 1878
Acht Präludien für Klavier op. 12, Berlin, Ries & Erler
„Form- und Fingerstudien", sechs Fugen für Klavier op. 21
„Improvisata", Klavierstücke für die linke Hand op. 30, Hamburg, Crantz 1885
Gavotte für Klavier op. 32, Hamburg, Crantz 1885
Ballade für Klavier h-moll op. 47
„Tre danze antiche per pianoforte" op. 48, Mailand, Ricordi
„Deutscher Reigen" für Klavier op. 49
„Trauermarsch" für Klavier op. 53
Drei Klavierstücke op. 57
Barcarole für Klavier op. 59
„Im Walde" op. 63
„Abendklänge" op: 64
„Hegauer Tanz und Chor" aus „Hadumoth"
Kadenzen zu Mozarts d-moll-Klavierkonzert
Kadenzen zu Beethovens c-moll-Klavierkonzert

KAMMERMUSIK

Barcarole für Cello und Klavier, o. O., Beilage, Neue Musikzeitung (o. Dat.)
Sonate für Violine und Klavier op. 10, Berlin, Ries & Erler
Fünf leichte Stücke für Violine und Klavier op. 13, Leipzig, Rühle
Klaviertrio d-moll op. 15, Elberfeld, Küpper 1880
Sonate D-dur für Cello und Klavier op. 17, Hamburg, Crantz
Vier Stücke für Cello und Klavier op. 24, Leipzig, Rieter-Biedermann 1882 / Bryn Mawr, Hildegard Publ. 1995
Drei Stücke für Viola und Klavier op. 26, Leipzig, Kahnt 1884
Streichquartett op. 28, Leipzig, Breitkopf & Härtel 1885
Romanze für Harfe op. 31
Streichquartett op. 34
Romanze für Violine mit Klavierbegleitung op. 35, Köln, Tonger
Trio („Canon") für zwei Violinen und Klavier op. 38, Schmidt, Renningen
Elegie für Violine und Klavier op. 44, Leipzig, Schuberth 1905
Sonate für Klavier und Violine Nr. 2 e-moll op. 46
Quintett für zwei Violinen, Viola und zwei Celli op. 54
Fünf Stücke für Violine und Klavier op. 65a

ORCHESTERMUSIK

Konzert-Ouvertüre für großes Orchester (auch arrangiert für Klavier zu vier Händen) op. 23
Fantasie für Klavier mit Orchesterbegleitung (auch arrangiert für Klavier zu vier Händen) op. 25
Konzert für Klavier mit Orchesterbegleitung (auch arrangiert für zwei Flügel) op. 37
Sinfonie F-dur für großes Orchester op. 41
„Hohen-Baden", Sinfonische Dichtung für Orchester op. 43

VOKALMUSIK

Vier Terzette für drei Frauenstimmen op. 5, Berlin, Raabe & Plothow
Zwei Duette für zwei Sopranstimmen und Klavier op. 6, Berlin, Raabe & Plothow
Fünf Lieder für Sopran und Klavier op. 7, Berlin, Raabe & Plothow
Fünf Lieder für Mezzo / Bariton und Klavier op. 11, Berlin, Ries & Erler
Drei Lieder für Sopran mit Klavier op. 14, Berlin, Fürstner – Deutsche Kunst- und Musikzeitung, Wien
Drei Lieder für mittlere Stimme und Klavier op. 18
„Im Sängersaal", Ballade für Bariton / Alt und Orchester op. 22 (auch Klavierfassung)
Zwei Gesänge für tiefe Stimme und Klavier op. 29
Drei Lieder für eine höhere Singstimme mit Klavier op. 33, Darmstadt, Bölling 1905 / Köln, Tonger
Lieder für eine Singstimme mit Klavier op. 39, Berlin, Raabe & Plothow 1905
Zwei Balladen für Singstimme und Klavier op. 42
Drei Lieder für Alt, Violine und Klavier op. 45, Leipzig, Kahnt
Drei Duette für Sopran, Alt und Klavier op. 50
Acht Kinderlieder mit Klavierbegleitung op. 52
Zwei Gesänge aus „Urania" von Tiedge mit Klavier op. 56
„Tre melodie per canto" op. 58
Der 100. Psalm für Sopran mit Klavier / Orgel im alten Style op. 62

CHORMUSIK

Fünf gemischte Chöre a cappella, Leipzig, Rühle
Zwei Balladen für gemischten Chor mit Klavier op. 16, Kassel, Voigt 1880
Vier Gesänge für Männerchor op. 19, Köln, Tonger
Zwei gemischte Chöre a capella op. 20
Zwei Männerchöre op. 36
„Ruth". Biblische Szenen für Soli, gemischten Chor und Orchester op. 27, Leipzig, Kahnt
„Hadumoth". Szenen aus Scheffels „Ekkehardt" für Soli, Chor und Orchester op. 40
„Miriams Lied" für Solo und Frauen- / Knabenchor mit Klavier in mixolydischer Tonart op. 51
Zwei Frauenchöre mit Klavierbegleitung op. 60
„Vater unser" für gemischten Chor a cappella op. 61, Baden-Baden, Sommermeier 1927

BÜHNENMUSIK

„Der verzauberte Kalif", Märchenoper in drei Akten op. 55

BIBLIOGRAPHIE

LeBeau, Luise Adolpha: Componistinnen des vorigen Jahrhunderts. In: Neue Zeitschrift für Musik, Leipzig 1890
Morsch, Anna: Luise Adolpha LeBeau. In: Deutschlands Tonkünstlerinnen, Berlin 1893
LeBeau, Luise Adolpha: Lebenserinnerungen einer Komponistin, Baden-Baden, Sommermeier 1910
Rieger, Eva (Hrsg.): Luise Adolpha LeBeau. In: Frau und Musik - Frühe Texte, Frankfurt 1980
Labell, Christa / Rau, Susanne: Komponistinnen des 19. Jahrhunderts, Universität Bremen 1983
Olson, Judith E.: Luise Adolpha LeBeau, Composer in Late 19th Century Germany. In: Women Making Music, Chicago 1987
Brand, B (Hrsg.): Luise Adolpha LeBeau. In: Komponstinnen in Berlin, Berlin 1987
Keil, Ulrike: Luise Adolpha LeBeau und ihre Zeit, Frankfurt, Peter Lang 1995

DISKOGRAPHIE

Violinsonate op. 10 / Klavierstücke op. 57. Dora Entcheva, Violine; Maria Bergmann, Klavier. Karlsruhe, Podium

Sonate D-dur op. 17 für Cello und Klavier / Drei Klavierstücke op. 57 / Vier Stücke für Cello und Klavier op. 24 / Klaviertrio op. 15. Thomas Blees, Cello; Maria Bergmann, Klavier; Mendelssohn-Trio, Zürich. Münster, Fono

Klaviertrio op. 15 (mit Farrenc: Trio op. 34). Clara Wieck-Trio. Bietigheim, Bayer.

Romanze op. 35 für Violine und Klavier. In: Der Romantische Salon. Marianne Böttcher, Violine; U. Trede-Böttcher, Klavier. Berlin, Marus

Sonate D-dur op. 17 für Cello und Klavier / Vier Stücke für Cello und Klavier op. 24. Camilla de Souza, Cello; Franceschini, Klavier. Ludwigsburg, Bauer.

Lebrun, Franziska (geb. Dülken)
(1756-1791)

Sie galt als eine der hervorragendsten Sängerinnen ihrer Zeit. Franziska Lebrun, geb. Dülken, Tochter des Solocellisten der kurfürstlichen Hofkapelle in Mannheim, wurde dort am 24. März 1756 (im gleichen Jahr wie W. A. Mozart) geboren. Sie wurde zur Sängerin ausgebildet und feierte ihr Debüt im Jahre 1772 am Hoftheater Schwetzingen in Antonio Sacchini's „La contadina in Corte". Schon fünf Jahre nach ihrem ersten Auftritt triumphierte sie – 19jährig – 1777 in der eigens für ihre Stimme komponierten Rolle in Ignaz Holzbauers Oper „Günther von Schwarzenburg". An der Mannheimer Oper erhielt sie den Titel „virtuosa di camera". Daneben sang Franziska Lebrun an den Theatern in Berlin, München, London, Venedig und Neapel. 1778 heiratete Franziska Lebrun den Komponisten und Oboisten Ludwig August Lebrun. Ein paar Monate später sang sie die Hauptrolle in Antonio Salieris Oper „Europa riconosciuta" in der Mailänder Scala. 1779 bis 1781 wurde sie an das Londoner King's Theater engagiert. Im Jahre 1780 veröffentlichte sie zwölf Violinsonaten in zwei Bänden. Diese vielbeachteten Sonaten op. 1 und op. 2 wurden in England, Deutschland, Holland und Frankreich gedruckt und gehörten zu den populärsten Werken jener Zeit. Beide Töchter der Komponistin machten später als Sängerinnen, Pianistinnen und Komponistinnen von sich reden. Nach dem plötzlichen Tod ihres Mannes erkrankte Franziska Lebrun ebenfalls und starb kurz danach am 14. Mai 1791 (im Todesjahr von Mozart) im Alter von 35 Jahren in Berlin.

KAMMERMUSIK

Sonata pour le clavecin avec violon (1770), Ars Femina, daraus: Drei Sonaten, Offenbach, André

Sechs Sonaten für Violine und Klavier op. 1 (1780), Berlin, Julius Hummel 1780

Sechs Sonaten für Violine und Klavier op. 2 (1780), London, Longman 1780

Grazioso und Allegro für ein Melodieinstrument und Gitarre, Frankfurt, Zimmermann 1986

BIBLIOGRAPHIE

Fuhrmann, R.: Mannheimer Klavier-Kammermusik, Marburg 1963

Finscher, L. (Hrsg.): Die Mannheimer Hofkapelle im Zeitalter Karl Theodors, Mannheim 1992

DISKOGRAPHIE

Rondeau F-dur op. 1 Nr. 3 für Klavier und Violine. Münchener Komponistinnen der Klassik und Romantik (mit Liedern von Josephine Lang; Margerethe Danzi: Violinsonate op. 1,1). Werner Grobholz, Violine; Monica Saalfeld, Klavier. Musica Bavarica

LeFanu, Nicola
(* 1947)

Nicola LeFanu ist die Tochter der berühmten englischen Komponistin Elizabeth Maconchy und wurde am 28. April 1947 in Wickham, Essex, geboren. Nicola Lefanu erhielt den ersten Musikunterricht von ihrer Mutter; später studierte sie an der Oxford University bei J. D. Roberts und Egon Wellesz und machte 1968 ihr Examen. Ein Stipendium ermöglichte ihr den Aufenthalt in Siena, Italien (Hans Werner Henze), wo sie bei G. Petrassi Kompositionskurse belegte. Kurz darauf (1971) gewann sie den Kompositionspreis der BBC Rundfunkanstalten in London. 1972 folgte das Mendelssohn-Stipendium und der Gulbenkian Dance Award, 1973 und 1974 ging sie mit dem Harkness Fellowship für einen einjährigen Studienaufenthalt in die USA. Zurück in

England, wurde LeFanu Dozentin am King's College in London (wo sie einen speziellen Kompositionskurs einrichtete), an der Höheren Mädchenschule St. Paul sowie am Morley College. Als Composer-in-residence war sie vorübergehend in Sydney, Australien. Die Komponistin setzt sich im eigenen Land sehr für die Rechte von Komponistinnen ein und hat mit Sophie Fuller die britische Gruppe „Women in Music" begründet („Reclaiming the Muse". Contemporary Music of Women Composers", 1994) und führte 1991 den ersten Kongreß „Music and Gender" in London durch. Als Komponistin hat sie sich vor allem durch ihre Bühnenwerke einen Namen gemacht.

ORGEL- / KLAVIERMUSIK
„Chiaroscuro" für Klavier (1969), London, Novello
„Omega" für Orgel (1971)

KAMMERMUSIK
„Soliloquy" für Oboe solo (1965), London, Novello
Variations für Oboenquartett (1968), London, Novello
„Abstracts and a frame" (1971), London, Novello
„Songs and sketches for Cellos" (1971), London, Novello
Quintett für Klarinette und Streicher, London, Novello 1973
„Songs and sketches" für Cello-Ensemble, London, Novello 1975
„Deva" für Cello solo und sieben Spieler (1979), London, Novello
Trio für Piccoloflöte, Cello und Schlagzeug (1980), London, Novello
„Collana" für Solo-Schlagzeug und Ensemble, London, Novello 1982
"Moon over Western Ridge Mootwingee" für vier Saxophone (1985)
„Invisible Places" für Klarinettenquintett (1986)
„Lament" für Oboe, Englischhorn, zwei Klarinetten, Viola, Cello (1988)
Streichquartett (1988)
Nocturne für Cello und Klavier (1988)
„Sundari and the Secret Message" für zwei Flöten, Cello, Sitar, Tabla, Keyboard und Erzähler (1993)

ORCHESTERMUSIK
„Preludio I" für Orchester (1967) London, Novello
„The hidden landscape" für Orchester (1973), London, Novello
„Columbia Falls" für Orchester (1975), London, Novello
„Preludio II" (1976), London, Novello
„Farne" für Orchester (1980), London, Novello
Variationen für Klavier und Orchester (1982)
Concerto für Altsaxophon und Streicher (1989)

VOKALMUSIK
„Il Cantico dei Cantici II" für Sopran (1968), London, Novello
„But stars remaining" für Sopran (1970), London, Novello
Rondeaux für Tenor und Horn (1972), London, Novello
„Paysage" für Bariton solo (1973), London, Novello
„The same day dawns" für Sopran und fünf Spieler (1974), London, Novello
„The old woman of Beare" für Sopran und 13 Spieler (1982), London, Novello
Trio II, „Song for Peter" (1983)
„I am Bread" für Sopran und Klavier (1987)
„Wind among the Pines" für Sopran und Orchester (1987)
„A Penny for a song" für Singstimme und Klavier, London, Novello 1989

CHORMUSIK
„Christ calls Man Home" für Sopran und drei gemischte Chöre (1971)
„The valleys shall sing" für Sopran, Alt, Tenor, Baß (Chor) (1973), London, Novello
„The little valleys" für vier Soprane a cappella (1975), London, Novello
„For we are the stars" für 16 Solostimmen (1978), London, Novello
„Verses from Psalm 90" für Sopran und zwei gemischte Chöre, London, Novello 1979
„Like a wave of the sea" für gemischten Chor und Instrumentalensemble (1981), London, Novello
„Rory's Rounds" für junge Stimmen (Kinderstimmen) (1983), London, Novello 1984
„Stranded on my Heart" (R. Tagore, Fuller, Sutton, Hindu-Texte) für Tenor, gemischten Chor und Streicher (1984)

BÜHNENMUSIK
„Antiworld", Ballett für Tänzer, Sopran, Bariton, Altflöte, Klarinette und Schlagzeug (1972), London, Novello
„The last laugh", Ballett für Sopran, Tonband, Flöte, Englischhorn, Klarinette, Fagott, Trompete, Posaune, Schlagzeug, Viola und Kontrabaß (1972), London, Novello
„Dawnpath", Kammeroper für Bariton, Sopran, männlichen Tänzer, Flöte und Altflöte, Klarinette und Baßklarinette, Horn, Cello und Schlagzeug (1977), London, Novello

„The old Woman of Beare", Monodrama für Sopran und Kammerensemble (1981)
„The Story of Mary O'Neill", Radio-Oper für Sopran und 16 Solostimmen (1986), BBC 1989
„The Green Children", Kinderoper (1990)
„Blood Wedding", Oper in zwei Akten nach G. Lorca (1992)

BIBLIOGRAPHIE

Fuller / LeFanu: Reclaiming the Muse. London 1994
LeFanu, N.: Master Musicians: an impregnable taboo. In: Contact, London 1987
Rickards, G.: Nicola LeFanu's 'Blood Wedding'. In: Tempo 184, 1993
LePage, J. W.: Nicola LeFanu, in: Women Composers, Conductors and Musicians of the 20th century, London, Scarecrow 1988

DISKOGRAPHIE

„But stars remaining". J. Manning, Sopran. London, Chandos Records
„Deva". Christopher van Kampen, Cello und The Nash Ensemble. London, Chandos Records
„The same day dawn" für Sopran und fünf Spieler. J. Manning, Sopran; Christopher van Kampen, Cello; The Nash Ensemble, Ltg. Nicola LeFanu. London, Chandos Records

Lehmann, Elizabeth Nina Mary Frederica
(1862-1918)

Mit ihrem Liederzyklus „In a Persian Garden" wurde Liza Lehmann bereits 1896 berühmt. Liza Lehmann, englische Sängerin und Komponistin, wurde am 11. Juli 1862 in London geboren. Beide Eltern waren Künstler, die Mutter selbst Musikpädagogin und der Vater Maler deutscher Abstammung. Liza Lehmann nahm ersten Gesangsunterricht bei der „schwedischen Nachtigall" Jenny Lind in London; Komposition studierte sie bei Wilhelm Freudenberg in Wiesbaden und bei Hamish MacCunn in London. Als Sängerin wurde sie schnell berühmt, auch Clara Schumann sprach lobend von ihr. Liza Lehmann heiratete im Jahre 1894 einen Maler und Komponisten und zog sich vorerst von der Bühne zurück. Als Komponistin schuf sie zahlreiche spätromantische Liederzyklen, die auch veröffentlicht wurden. 1910 unternahm sie zweimal eine sehr erfolgreiche Tournee durch die USA. Auch unterrichtete sie an der berühmten Guildhall School of Music und gab „Practical Hints for students of singing" – ein praktisches Handbuch für Gesangsschüler – heraus. In der gerade gegründeten Society of Women Musicians war sie lange Jahre Vorsitzende. Als Komponistin von Kinderliedern und Gesangszyklen für mehrere Stimmen ist sie neben Maude Valerie White die bekannteste englische Komponistin um die Jahrhundertwende. Liza Lehmann starb zum Ende des 1. Weltkrieges, am 19. September 1918, kurz nachdem sie vom Tod einer ihrer Söhne als Soldat erfuhr.

VOKALMUSIK

„8 German Songs" (1888)
„12 German Songs" (1889)
„9 English Songs" (1895)
„The secrets of the heart" für Sopran und Alt und Klavier (1895)
„In a Persian Garden" (Text: Fitzgerald nach O. Khayyam) für Sopran, Alt, Tenor, Baß und Klavier (1896)
„In memoriam" (Text: Tennyson) (1899)
„The Daisy Chain" (Texte: Tadema, Stevenson, etc.) für Sopran, Alt, Tenor, Baß und Klavier (1900)
„5 Greek love songs" (1901)
„5 French Songs" (Texte: Boutelleau, Plessis) (1901)
„More Daisies" für Sopran, Alt, Tenor, Baß und Klavier (1902)
„The Eternal Feminine", Monolog (1902)
„The Life of a rose" (Text: Lehmann) (1905)
„Bird Songs" für Alt und Sopran (1907)
„The happy prince" (Text: Wilde) (1908)
„Nonsense Songs" für Sopran, Alt, Tenor und Baß und Klavier (1908)
„5 Little Love Songs" (Text: Fabbri) (1910)
„Prairie Pictures" für Sopran, Alt, Tenor, Baß und Klavier (1911)
„The well of sorrow" (1912)
„5 Tenor Songs" (1913)
„Songs of Good luck" (Text: H. Taylor) (1913)
„Parody Pie" für Sopran, Alt, Tenor, Baß und Klavier (1914)

CHORMUSIK

„Young Lochinvar" (Text: W. Scott) für Bariton, Chor und Orchester (1898)
„Once upon a time" für Chor und Orchester (1903)
„The Golden Threshold" (Text: Naidu) für vierstimmigen gemischten Chor (1906)
„Leaves from Ossian", Kantate für Chor und Orchester

BÜHNENMUSIK

„Sergeant Brue", musikalischer Scherz (1904)
„The Vicar of Wakefield", Oper in drei Akten (1906)
„Everyman", Oper in einem Akt (1916)
„The Twin Sister", Oper

(Alle genannten Werke sind in England veröffentlicht worden)

BIBLIOGRAPHIE

Lehmann, Liza: The Life of Liza Lehmann, Autobiographie, New York, Dutton 1918 und London 1919
Hyde, D.: New Found Voices, Women in 19th century English Music, Liskeard, 1984
Foreman, L.: British Opera comes of age. British Music Society, 1986

DISKOGRAPHIE

„Songs" für Sopran und Klavier, in: Women at an Exhibition", Chicago 1893. Werke von Clara Schumann, Liza Lehmann, Maude V. White, Cécile Chaminade. Susanne Mentzer, Mezzo; Sunny Joy Langton, Sopran; Kimberly Schmidt, Klavier. München, Koch, Schwann
Sehcs Songs in „In Praise of Woman" (150 Jahre englische Komponistinnen). Anthony R. Johnson, Tenor; Graham Johnson, Klavier. London, Hyperion

Lejet, Edith
(* 1941)

Edith Lejet ist eine der bekanntesten Musik-Pädagoginnen und Komponistinnen am Pariser Conservatoire. Sie wurde am 19. Juli 1941 in Paris geboren und war Schülerin von André Jolivet am Conservatoire de Paris. Von 1970 bis 1972 lehrte sie Harmonielehre an der Sorbonne und wurde schließlich als Professorin an das Conservatoire berufen (1975). Als Komponistin hat sie mehrere Preise gewonnen, darunter den 2. Platz im legendären Prix de Rome (1968), den Prix Florence Gould (1970), sowie den Prix de la Vocation, den Prix Hervé Dugardin und den Grand Prix de la Musique de Chambre (SACEM, Französische Gesellschaft für Aufführungsrechte). Zwischen 1968 und 1970 konnte Edith Lejet mit einem Stipendium in der Casa de Velasquez in Madrid arbeiten. Im Mittelpunkt ihres musikalischen Schaffens steht die Kammermusik mit Bläsern. Heute lebt und arbeitet sie in Paris.

ORGEL- / KLAVIERMUSIK

„Triptique" für Orgel (1979), Paris, Lemoine
„Trois eaux fortes" für Klavier (1992), Paris, Durand 1994

KAMMERMUSIK

„Musique pour René Char" für sieben Instrumente, Paris, Billaudot
„Elans imaginaires" für Baßklarinette und Vibraphon/Marimbaphon
„Fresken" für 14 Instrumente, Paris, Billaudot 1968
„Musique" für Trompete und Bläser, Paris, Billaudot 1968
„Musique" für Posaune und Klarinette (1972)
Saxophon-Quartett, Paris, Billaudot 1974
„4 Pièces en duo" für Kontrabaß und Klavier (1975), Paris, Hortensia
„Hauteurs - Lointaines" für Streicher (1975)
„Espaces nocturnes" für zwei Flöten, Klarinetten, Baßklarinette, Schlagzeug, Harfe und Kontrabaß (1976), Paris, Radio France
„Méandres" für Baß-Saxophon und Klavier (1976), Paris, Billaudot
„Harmonie du soir" für 12 Instrumente (1977)
„Deux antiennes" für Blechbläserquintett (1978)
Flöten-Concerto für Holzbläser und Blechbläser, Harfe und Schlagzeug (1980)
„Petits Poèmes" für Flöte, Viola und Harfe (1981)
„Volubilis" für Cello solo (1981), Paris, Amphion
„Aube marine", Saxophon-Quartett (1982), Paris, Lemoine
„Metamorphoses" für Harfe, Paris, Editions Transatlantiques 1982
„Gémeaux et Balance" für Gitarre solo, Paris, Amphion 1983
„Commande de l'état" für Flöte (1983)
„Couleur et contraste" für Gitarre (1983), Paris, Transatlantiques
„Jade" für Altsaxophon und Schlagzeug, Paris, Salabert 1984
„La voix des voiles" für Gitarre (1989)
„Tourbillon" für Klarinette und Klavier, Paris, Billaudot
„Trois petites Préludes" für Saxophon und Klavier, Paris, Lemoine
„Cérémonie" für Saxophon-Ensemble, Paris, Lemoine
„Emeraude et Rubis" für zwei Flöten, Paris, Transatlantiques
„Améthyste" für 12 Streicher (1990)
„Deux Soliloques" für Horn, Paris, Durand 1995

ORCHESTERMUSIK

Monodrame für Violine und Orchester, Paris, Billaudot 1969
Konzert für Cello und Orchester (1978)
Konzert für Flöte und Orchester (1979)
„Ressac" für Jugendorchester (1985), Paris, Hortensia

CHORMUSIK

„Le journal d'Anne Frank" für Mädchenchor und Instrumentalensemble, Paris, Billaudot 1970
„Les Rois Mages", Oratorium für gemischten Chor, sechs Solisten und Instrumentalensemble, Paris, Amphion 1989
„Les Mille-Pattes" für Kinderchor und Instrumentalensemble, Paris, Lemoine 1989
„7 Chants Sacrés" für Chor und Orgel (1990)

BÜHNENMUSIK

„L'homme qui avait perdu sa voix", Hörspiel oder musikalisches Theaterstück für fünf Solisten und 11 Instrumentalisten, Paris, Radio France

León, Tania
(* 1943)

Für das Harlem Dance Theatre hat Tania León zahlreiche Bühnenmusiken geschrieben und musikalisch geleitet. Tania León, die Komponistin aus Kuba, wurde am 11. Mai 1943 in Havanna geboren. Klavierunterricht erhielt sie am Peyrellade Conservatoire de Musica in Havanna; Abschluß 1964. 1967 wanderte sie in die USA aus und setzte ihre Kompositions-Studien an der New Yorker Universität (u. a. bei Ursula Mamlok) fort. Als Dirigentin und Komponistin betreute sie danach das berühmte Harlem Dance Theatre. Ihre Erfolge waren am Pult so groß, daß man ihr auch große Orchester anvertraute, wie das Brooklyn Philharmonic Orchestra, dessen stellvertretende Dirigentin sie wurde. 1978 lernte sie in Tanglewood Bernstein und Ozawa kennen, die sie unterrichteten. Gleichzeitig wurde Tania León künstlerische Leiterin des Composer's Forum in New York (1988-1991) und setzte sich erfolgreich für die Musik ihrer Kollegen ein. Viele große Orchester haben bei ihr Werke in Auftrag gegeben, so das Cincinnati Symphony Orchestra, The Women's Philharmonic, San Francisco (Ltg: Jo Ann Falleta), das American Composers Orchestra und das New Music Theatre, für das 1994 die Oper „Scourge of Hyacinths" schrieb, die sie auch bei der Münchener Biennale 1994 zur Aufführung brachte. Heute lehrt sie am Brooklyn College in New York.

KLAVIERMUSIK

„Ensayos sobre una Toccata" für Klavier (1966)
Preludes Nr. 1 und 2 (1966), in: Black Women Composers, Bryn Mawr, Hildegard Publ. 1992
„Momentum" für Klavier (1984), New York, Peer Southern 1986
„Ritual" für Klavier (1987), New York, Peer Southern 1987

KAMMERMUSIK

„Haiku" für Flöte, Fagott und fünf Schlagzeuger (1973), New York, Peer Southern
„Pets Suite" für Flöte und Klavier (1980), New York, Peer Southern
Cellosonate (1981)
„4 Pieces for Cello", New York, Peer Southern 1983
„Ascend" für vier Hörner, vier Trompeten, drei Posaunen, Tuba, drei Schlagzeuger (1983), New York, Peer Southern
„Paisanos semos" für Gitarre solo (1984) New York, Peer Southern 1986

Tania Leon. Foto: New York, Peer Southern

„Permutation" für Kammerensemble (1985), New York, Peer Southern
„A la par" für Klavier und Schlagzeug (1986), New York, Peer Southern
„Parajota Delate" für Flöte, Klarinette, Violine, Cello und Klavier (1988), New York, Peer Southern
„Latin File" für Flöte, Klarinette, Trompete, Gitarre und Klavier (1989)
„Arenas d'un tiempo" für Klarinette, Cello und Klavier (1992)
„Son sonora" für Flöte und Gitarre (1992)

ORCHESTERMUSIK
„Latin Lights (1979)
„Kreolisches Konzert" für Klavier, acht Pauken und Orchester (1980), New York, Peer Southern
„Pets Suite" für Orchester (1980)
„Bata" für Orchester, New York, Peer Southern 1985
„Kabiosile" für Klavier und Orchester (1988), New York, Peer Southern 1988
„Carabali" für Orchester (1991)
„Indigena" für Orchester (1991)

VOKALMUSIK
„I got ovah" für Sopran, Klavier und Schlagzeug (1980)
„De-Orishas" für zwei Soprane, drei Tenöre, Baß und zwei Schlagzeuger (1982), New York, Peer Southern
„Pueblo mulato", drei Lieder für Sopran, Oboe, Gitarre, Kontrabaß, Klavier und Schlagzeug (1987) New York, Peer Southern
„Batey" für zwei Soprane, drei Tenöre, Baß und zwei Schlagzeuger (1989), New York, Peer Southern 1989
„To and Fro" für Stimme und Klavier (1990)
„Journey" für Stimme, Flöte und Harfe (1990)

CHORMUSIK
„Namiac Poems" für Stimme, Chor und Orchester (1975)
„Spiritual Suite" für zwei Soprane, Chor und gemischtes Ensemble mit Sprecher (1976)
„Heart of Ours" (Vietnam Veterane Dance Company) für Männerchor, Flöte, vier Trompeten, zwei Schlagzeuer, New York, Peer Southern 1988

BÜHNENMUSIK
„The Beloved", Ballett (1972), New York, Peer Southern
„Tones", Ballett für Klavier und Kammerensemble (1972)
„Dougla", Ballett (1974), New York, Peer Southern
„La ramera de la cuena", Musical (1974)
„Sailors Boat", Musical (1974)

„Haiku", Ballett (1974)
„Maggie Magalita" (1980)
„Belé", Ballett (1981)
„The Golden Windows" (1982)
„Scourge of Hyacinths", Oper in 12 Szenen (1994)
„Carmen and Jose", Bühnenmusik

BIBLIOGRAPHIE
Rabinowitz, P. J.: Society for New Music: Women Composers, aus: Hifi, 1980
Handy, D. A.: Black women. In: American Bands and Orchestras, Metuchen 1981
Mandel, H.: Tania León, beyond borders, in: Ear Magazine, New York 1988
Kinney, M.: Composers Forum: Tania León, Composers Forum Network, New York 1992

DISKOGRAPHIE
„Four pieces for cello". Michael Rudiakov, Cello. / „I got ovah". Johana Arnold, Gesang, Yolanda Lipa, Klavier; Tom Goldstein, Schlagzeug. Opus One, Greenville
„Momentum" für Klavier, in: Character Sketches (mit Werken von M. Richter, J. Brockmann, V. Bond u. a.). Nanette Kaplan-Solomon, Klavier. New York, Leonarda

> „This piece is a salute to my ancestors and the power they gave me to do what I have chosen to do – which is music."
>
> Tania León über ihr Werk „Kabiosile"

Leonarda, Isabella
(1620-1704)

Eine Vielzahl gebildeter Mädchen haben Ende des 16. Jahrhunderts / Anfang des 17. Jahrhunderts ihr Leben in nord-italienischen Klöstern verbracht (s. Aleotti, Assandra, Cozzolani, u. a.). So auch Anna Isabella Leonardi oder Leonarda. Sie wurde am 6. September 1620 in Novara geboren; ihr Vater, Jurist, gehörte zu einer angesehenen Familie. Mit 16 Jahren trat sie in das Kloster Santa Orsola (Ursulinen-Konvent) ein, wo sie ihr ganzes Leben verbrachte. 1666 war sie bereits Sub-Priorin, später „madre vicaria". Musikalische Unterweisung erhielt sie von Gaspare Casati, dem Musikdirektor der Kathedrale von

Novara. Mit 22 Jahren schreibt sie ihre ersten zweistimmigen Motetten, die Casati drucken ließ. Im Laufe ihres langen Klosterlebens schrieb sie Vokalwerke in den verschiedensten Besetzungen, Motetten von ein bis vier Stimmen; über 200 davon gehen in Druck. Die lateinischen Texte dazu verfaßte sie oft selbst. Ob diese Werke auch – wie im Falle von Hildegard von Bingen – im eigenen Kloster gesungen wurden, bleibt noch zu entdecken. Leonardas Instrumentalmusik – Sonaten für ein bis vier Instrumente – steht hinter ihrem reichen Vokalschaffen deutlich zurück. Die Komponistin und Klosterfrau Leonarda starb am 25. November 1704 in Novara.

KAMMERMUSIK

Sonate für ein, zwei, drei und vier Instrumente op. 16 (Violine oder Flöte), Bologna, Monti 1693 (Neudruck: Sonata duodecima, Dovehouse, Canada 1983)

VOKALMUSIK

Motetten für zwei Stimmen, Venedig, Magni 1642
Motetten für drei Stimmen, Band 1 op. 1, Mailand 1665
„Motetti, libro primo" für drei Stimmen op. 2, Mailand 1665
„Sacri concerti" für eine, zwei, drei und vier Stimmen mit Orgel op. 3, Mailand, Camagni 1670
Motetten für eine Stimme mit oder ohne Instrumente op. 6, Venedig, Gardano 1676
Motetten für eine, zwei, drei und vier Stimmen mit oder ohne Instrumente op. 7, Bologna, Monti 1677
„Motetti con le litanie della beata virgine" für vier Stimmen op. 10, Mailand 1684
Motetten für eine Stimme op. 11, Bologna, Monti 1684
Motetten für eine Stimme op. 12, Mailand, Camagni 1686
Motetten für eine und drei Stimmen mit oder ohne Violine op. 13, Bologna, Monti 1687
Motetten für eine Stimme op. 14, Bologna, Monti 1687
Motetten für eine Stimme op. 15, Bologna, Monti 1690
Motetten für eine Stimme op. 17, Bologna, Monti 1695, daraus: Care plage, in: Selected compositions, Baroque Era, Vol. 59, Madison, A-R Editions 1988
Motetten für eine, zwei und drei Stimmen mit Instrumenten op. 18, Bologna, Monti 1696 / Fayetteville, ClarNan 1981
Psalmvertonungen (Salmi concertati) op. 19 mit Instrumenten, Bologna, Silvani 1698
Motetten für eine Stimme mit Instrumenten op. 20, Bologna, Silvani 1700
„Quam dulcis" für Sopran, zwei Violinen, Orgel und Continuo / Cello (aus op. 13), Fayetteville, ClarNan 1984
"Volo Jesum" für Sopran, zwei Violinen, Basso continuo aus op. 3, Madison, A-R Edition 1988

CHORMUSIK

„Messa e salmi concertati et a cappella" mit Orgel und Instrumenten ad libitum op. 4, Mailand, Camagni 1674, daraus: Kyrie, Madison, A-R Edition
„Messe a quattro voci concertante con stromenti", Bologna, Monti 1696
„Messa prima" für Soli, Chor, Streicher und Continuo op. 18, Fayetteville, ClarNan
„Vespro a cappella della Beata Vergine e Motetti concertati" für ein bis vier Stimmen op. 8, Bologna, Monti 1678
„Ave regina caelorum" für drei Soli, Chor und Continuo, New York, Broude Brothers 1980
„Messe concertate con stromenti et motetti" für ein bis vier Stimmen, zwei Violinen, Viola / Theorbe op. 18 (1698), Fayetteville, ClarNan Ed. 1981
„Salmi concertati" für vier Stimmen, zwei Violinen, Viola / Theorbe op. 19, Fayetteville, ClarNan Ed. 1981

BIBLIOGRAPHIE

Frati, L.: Donne musiciste Bolognesi. In: Rivista Musicala Italiana, Rom 1930
Carter, S.: The Music of Isabella Leonarda, Stanford 1982
Bowers, J.: The Emergence of Women Composers in Italy. In: Women Making Music, Chicago 1986
Isabella, Leonarda. The Convent in Novara. In: Peacock, D. J.: Women Composers, New York, Feminist Press 1988
Smith, C.: Gesänge hinter Mauern. In: Cling / Klong, Schweizer Frauen-Musikforum 1995

DISKOGRAPHIE

„Messa prima" op. 18, University of Arkansas, Schola Cantorum, Ltg. J. Groth, Leonarda Productions
„Sonata seconda" aus op. 16 für zwei Violinen, Viola da gamba, Orgelpositiv / „Alta del ciel" op. 14 (mit Strozzi: Madrigale). Sephira-Ensemble, Ltg. Rosina Sonnenschmidt. Bietigheim, Bayer Records
Sonata op. 16 Nr. 12 für Flöte und Basso continuo, in: „Early Music from Italy". Ingrid Grave Müller, Blockflöte; Grave Consort. Imogena Grammofon, Göteborg

Liebmann, Helene (geb. Riese)
(1796-ca. 1835)

Über die deutsche Komponistin Helene Riese ist relativ wenig bekannt. Wir kennen zwar ihr Geburtsdatum (1796), doch wissen wir bis heute nichts genaues über Ort und Datum ihres Todes. Ihre Familie kam aus Berlin, wo Helene geboren und schon früh zur Pianistin herangebildet wurde. Sie zeigte eine hohe Begabung und trat schon mit 10 Jahren öffentlich auf. Ihre Klavier- bzw. Kompositionslehrer waren in Berlin Franz Lauska (Lehrer von Meyerbeer) und Ferdinand Ries. 1814 heiratete sie laut „Tonkünstler-Lexikon Berlins (1861)" einen Herrn Liebmann, eventuell den Komponisten Axel Liebmann. Ihre 'Grande Sonate pour Pianoforte et Violoncelle par Hélène Liebmann née Riese' (Œuvre XI) kann also nicht, wie es den Musiklexika und dem Verleger Ed. Peters, Leipzig, zu entnehmen ist, schon im Jahre 1806 gedruckt worden sein. Auch andere Verlags- und Entstehungsdaten sind bei dieser Komponistin bis heute ungesichert. Vermutlich ist 1818/19 richtiger. Helene Liebmann zog mit ihrem Ehemann nach London, und dann reißen alle Informationen über sie ab. Ob sie dort weiter komponiert hat, ob sie eine Familie zu betreuen hatte, ob sie noch öffentlich auftrat: dies werden uns spätere Forschungsergebnisse zeigen müssen.

KLAVIERMUSIK

Klaviersonate op. 15, Leipzig, Peters
Phantasie für Klavier op. 16
Klaviervariationen über ein Thema aus dem „Figaro"
Variationen über „Wenn mein Pfeifchen"
Variationen über „Aschenbrödel"
Drei Klaviersonaten, Leipzig, Peters
Deutsche Tänze für Klavier
„Grande Sonate" in g-moll, Leipzig, Peters
Vier Klaviersonaten op. 1, 2, 3
Sechs Ländler, Wien

KAMMERMUSIK

Sonate für Violine und Klavier op. 9
Zwei Klaviertrios op. 11, Leipzig, Peters
Sonate für Cello und Klavier op. 11 (1806 oder 1818/19), Fullerton, Grancino 1982
Klavierquintett op. 13, Leipzig, Peters
Sonate op. 14 für Violine und Klavier
„Grande Sonate pour Pianoforte et Violoncelle" op. 10 oder 11 (Opus-Zahl ungesichert) (ca. 1806), Fullerton, Grancino 1982 (reprint) / Köln, Tonger 1995
Zwei Klaviertrios op. 11 und op. 12, Leipzig, Peters 1817
Streichquartett op. 13
Sonate für Violine und Klavier op. 14 (1817/1818)
weitere Kompositionen für Violine und Klavier

VOKALMUSIK

„Kennst Du das Land" (Goethe) op. 4, Berlin, Schlesinger 1811 und in: Lieder by women composers, Fayetteville, ClarNan 1987
Sechs Lieder: „Ach, aus dieses Thales Gründen" / „Im Hain, am Bach" / „Ihr Weisen" / „Oede war" / „Le matin" / „Adieux bergère" (Verlagsdatum unbekannt)
Weitere Vokalzyklen

DISKOGRAPHIE

Grande sonate pour pianoforte et violoncelle op. 11. Uta Barbara Schwenk, Cello; R. M. Rückschloß, Klavier. Schlierbach, Multimedia
Grande sonate pour pianoforte et violoncelle op. 11. Camilla de Souza, Cello; L. Franceschini, Klavier. Ludwigsburg, Bauer

Lili'oukalani, Königin von Hawaii
(1838-1917)

Zwei Jahre lang war sie Königin des Inselreiches Hawaii (1891-1893), bevor die Amerikaner sie absetzten: Liliou Lolden Walania oder Lili'oukalani. Sie wurde am 2. September 1838 in Honolulu, der Hauptstadt von Hawaii, geboren, das damals noch eine Monarchie war. Sie spielte Klavier, erlernte Streichinstrumente und wurde Chorleiterin in der Kawaiaha Church. Nach der Abdankung ihres Bruders als König von Hawaii kam sie 1891 auf den Thron. Lili'oukalani, deren musikalische Ausbildung nach westlichen Maßstäben erfolgte, schrieb zahlreiche Lieder, Hymnen und Gesänge, die auch im Ausland gedruckt wurden. Bis 1876 wurde ihr Lied „The Flower of Ko'olan" als Nationalhymne verwendet. Ihr populärstes Lied „Aloha oe" wurde auch in den USA gedruckt und ist in Deutschland zum Schlager (Freddy Quinn) geworden. Bei ihrer Beerdigung wurde das Werk gespielt. Der gesamte Nachlaß der Königin (Manuskripte, Briefe und Kompositionen etc.) befindet sich im Staatsarchiv von Hawaii. Die komponierende Königin Lili'oukalani starb in ihrer Heimat am 11. November 1917. Ihre Melodien sind dort unvergessen.

VOKALMUSIK

„He mele Lahui Hawaii" (1866) - Nationalhymne
„Imi au ia" (I have sought me, my beloved) (1867), Sab Francisco, Pacific Music 1890
„Liko pua lehua" (Tender leaves of the Lehua Flower) (1867)
„Puia ka nahele" (The fragrant woods) (1868), San Francisco, Pacific 1892
„E kala ku'u upu ana" (Long years have I yearned for you) (1873), Honolulu 1916
„Aloha'oe" (Farewell to thee) (1878), San Francisco 1884 / New York, Miller 1916
„Ka makani lihua pua" (Flower-misting wind) (1877), San Francisco, Pacific 1884
„The Queen's Jubilee" (1887), San Francisco, Pacific Music 1897
„He alohoa o ka haku" (Beloved is my Lord) (1895), Honolulu 1895 / Washington, Sanders & Stayman 1895
„He inoa no Ka'iulani" (A name song for K.) (1897)
Insgesamt 150 Lieder und Hymnen, darunter viele in: The Queen's Songbook, Honolulu 1897
In der Sammlung der 'Hawaii State Archives':
„Ahe Lau Makani"
„Akahi Kou Manene"
„Aloha Oe"
„Anahulu"
„Apapane"
„By and By, Hoi Mai Oe"
„E Ae Paha Au I Ka Uwalo"
„Ehehene Ko Aka"
„E Kala Kuu Upu Ara"
„E Lili Aku Ana Au"
„He Ai Na Kalani"
„He Alii No Au"
„Hele A Kalae"
„He Ala Nei E Mapu Mai Nei"
„He Inoa No Kaiulani"
„He Inoa No Kapili Likelike"
„He Inoa No Poliala"
„He Inoa Wehi No Kalabiabaole"
„He Mele Lahui Hawaii"
„Hooipo I Ke Ao Poo Nui O Puna"
„I Haleakala Ka Olu"
„Ike ia Ladana"
„Ike ia Pelekane"
„Ipo Lei Liko Lehua"
„Jubili O Vikolia"
„Ka Hae Kalaunu"
„Ka Hanu O Hanakeoki"
„Ka Ipo Nohea"
„Ka Makani Lawakua"
„Ka Makani Lihau Pua"
Ka Oiwi Nani"
„Kau Kehakeha"
„Ka Wai Apo Lani"
„Ka Wai Mapuna"
„Ka Wai O Nikala"
„Ke ahe Lau Makani"
„Ke Aloha Aina"
„Ke aloha o ka Haku"
„Ke Ano Lai Mai Nei Ka Nahele"
„Kehaulani"
„Kilioulani"
„Ko Hanu Kau E Lia Nei"
„Kokohi"
„Kuu Pua I Paoakalani"
„Lai Au E"
„Lilikoi"
„Mahalo AU O Nani"
„Makai Waipio"
„Manu Kapalulu"
„Nani Na Pua"
„Nau No Oe"
„Ninipo Hoonipo"
„Nou E Ka Aluna Ahiahi"
„Pauahi"
„Pipili Ka Ua I Ka Nahele"
„Pride of Waiehu"
„Puia Ka Nahele"
„Puna Paia Aala"
„The Queen's Jubilee"
„Tutu"
„Uluhua"

BÜHNENMUSIK

„Mohailani", komische Oper in drei Akten (unter dem Pseudonym Madame Aorena veröffentlicht)

BIBLIOGRAPHIE

Allen, H. G.: The Betrayal of Liliuokalani, Glendale 1982
Korn/Peterson: Lilioukalani, notable woman of Hawaii, Honolulu 1984
Stillman, A. K.: Published Hawaiian Songbooks, 1987-88
Gillet, D.: The Queen's Songbook, Honolulu 1995

DISKOGRAPHIE

Diverse Einspielungen von „Aloha Oe" mit dem deutschen Schlagersänger Freddy Quinn (in deutscher Sprache)

*Lili´oukalani, Königin von Hawaii:
„Aloha Oe", ein Volkslied, das in Europa zum Schlager wurde. New York, Miller*

Lockwood, Annea
(* 1939)

Annea Lockwood zählt zu den meistbeachteten Komponistinnen der experimentellen Musik. Sie wurde am 29. Juli 1939 in Christchurch, Neuseeland, geboren. Schon im Alter von drei Jahren wurde sie von ihrer Mutter, auch eine neuseeländische Komponistin und Choreographin, am Klavier unterrichtet. Ihre ersten Kenntnisse über Notation erhielt sie auch von ihrer Mutter. 1958 studierte sie an der University of Canterbury in Christchurch und erwarb 1961 ihren Bachelor of Arts. Anschließend ging sie nach London und setzte ihr Studium am Royal College of Music fort. Dort studierte sie Klavier bei E. Kendall Taylor und Komposition bei Peter Racine Fricker (Diplom, 1963). 1961-62 nahm sie an den Darmstädter Ferienkursen für neue Musik teil, wo Stockhausen, Cage, Ligeti, Maderna und Berio Seminare hielten. Im Jahre 1963 bekam Anna Lockwood ein Stipendium für die Musikhochschule Köln (Elektronische Musik bei Gottfried Michael Koenig). Später ging sie nach England zu den Electronic Music Studios, Putney. 1969 bis 1972 Aufbaustudium „Psychoakustik" am Southampton University Institute of Sound und Vibration Research. 1973 ging die Komponistin in die USA und lehrte am Hunter College. 1982 leitete sie die Musikabteilung des Vassar College und lehrte dort Komposition, Theorie und Elektronische Musik. Nach 1970 komponierte sie verstärkt elektronische, experimentelle und Performance-Musik, die sie in Europa und in den USA vorstellte. Sie veranstaltete workshops in Neuseeland, Australien, England, Frankreich, Schweden und Deutschland.

Annea Lockwood ist mehrfach ausgezeichnet worden, u. a. mit Preisen des Arts Council (1970-73), der Gulbenkian Foundation (1972-73), des Creativ Artists Public Service (1977) und der NEA (1979-80).

KLAVIERMUSIK
„Red Mesa" für Klavier (1989)

ORCHESTERMUSIK
Violinkonzert (1962)

VOKALMUSIK / CHORMUSIK
Serenade Nr. 1 (Text: Sappho, Anacreon) für Sopran und Flöte (1962)
„A Abélard, Héloise", Kammerkantate für Mezzosopran und 10 Instrumente (1963)
„Aspekte einer Parabel" (Text: Kafka) für Kammerensemble und Baß (1964)
Serenade Nr. 2 (Text: St. John Perse) für Sopran, Orchester und Tonband (1965)
„Humming" für gemischten Chor (1972)
„Malaman" für eine oder mehrere Stimmen (1974), in: Troubadoura 1981
„Malolo" (Text: A. Lockwood), Wiegenlied für Frauenstimmen (1978)
„Saouah!" (Text: A. Lockwood) für Chor und Gongs (1986)
„Night and Fog" (Texte: Forché, O. Mandelstam) für Bariton, Bariton-Saxophon, Klavier und Schlagzeug (1987)
„Amazonia Dreaming" für Stimme, Snare-drum (1988)
„The Angel of Repose" (Texte: Rilke, Matthiesen) für Bariton, Altflöte und shō (Mundorgel) (1991)

ELEKTRONISCHE UND EXPERIMENTELLE MUSIK
„Mirror trees", Skulptur (1963)
„Glass Concert" für zwei Performer (1966)
„Shone" für Mixed-Media (1966)
„Bell piece" (1968)
„Piano burning" (1968), Performance, in: Women's Work, New York 1975
„Glass Concert I", London, British & Continental Music Publishers (1968)
„Sound Hat, Sound Umbrella, Sound Sculptures" (1969)
„Glass Concert II" (1969)
„Glass Sound Sculpture" (1969)
„Glass Water" (1969)
„Tiger Balm" (1970), Source Magazine Nr. 9
„Piano transplants", sound sculptures (1970)
„Dark touch" (1970)
„End" (1970)
„Gentle Glass, Ritual für sechs Spieler (1970)
„Bus trip" (1971)
„Glide" für 70 oder mehr Summende (1971)
„Piano drowning, sound scultpure" (1971), in: Women's Work, New York 1975
„Piano Garden" (1971), in: Women's Work, New York 1975
„Deep dream dive" (1972)
„Windhover and free fall" (1972)
„Glide, wine glasses" (1973)
„Cloud Music" (1974)
„The River Archive: Play the Ganges backwards one more Time, Sam" (1974)
„Tremore" (1974)
„Consulting musician" für live Elektronik mit einem Instrument (1974)
„Spirit Catchers" (1975), in: Ear Magazine I, 1975, New York, Schirmer 1978
„Tripping, performance (1975)
„World Rhythms" (1975), in: „Ear Magazine IV, 1978
„Spirit Songs unfolding", Tonband und Fotos (1977)
„Woman murder" (1977)
„Humming" für Chor, New York, Schirmer (1978)
„River Archive", New York, Schirmer 1978
„Singing the earth", in: Ear Magazine IV, 1978
„Conversations with the ancestors" (1979)
„Delta run" (1982)
„Eye / ear", Klanginstallation (1982)
„Slow drift downstream" (1983)
„A sound map of the Hudson River" (1983)
„Secret Life" (1989)

BIBILIOGRAPHIE
Schiffer, Brigitte: Spiel und Experiment im Londoner Round House, Melos XL 1973
Gros, Axel: Annea Lockwood, in: Neuland Bd. IV, Bergisch Gladbach 1984

DISKOGRAPHIE
„World Rhythms". Hunter College Electronic Music Studio. Arch Records
„Tiger Balm". Annea Lockwood, Tonband. Greenville, Opus One
„Glass World of Annea Lockwood". Annea

Lockwood. London, Tangent Records
„And sound flew" / „Glide" / „Malaman" / „Tiger" / „Balm" / „World rhythms". Annea Lockwood, Tonband, New York, New Wilderness Records
„A sound map of the Hudson River". Albuquerque, Nonsequitur
„Thousand Year Dreaming". Mit u. a. Jon Gibson, Annea Lockwood, Michael Pugliese, Peter Zummo. Berlin, Gelbe Musik

Lomon, Ruth
(* 1930)

Die gebürtige Kanadierin pendelte oft zwischen Cambridge, Massachusetts (USA), und ihrem zweiten Zuhause in New Mexico. Künstlerisch erfährt sie gerade vom amerikanischen Süden rege Inspiration, was in ihren Werken deutlich wird. Ruth Lomon wurde am 8. November 1930 in Montreal, Kanada, geboren. Ihren musikalischen Weg begann sie als Studentin für Klavier, Orgel, Musiktheorie und Komposition in Quebec, Kanada, dann an der MacGille University in Montreal sowie am New England Conservatory. Besuche bei den Darmstädter Ferienkursen in Deutschland und ein Studienjahr bei W. Lutoslawski in Dartington folgten. Als Pianistin trat sie erfolgreich in Canada und den USA auf, widmete sich dann aber mehr und mehr der Komposition. Als Komponistin erhielt sie zahlreiche Preise und Stipendien, wie ein MacDowell-Stipendium und ein Helen-Wurlitzer-Stipendium. 1984 gewann sie den Preis der National League of Pen Women und erhielt zahlreiche Aufträge der National Women's Studies Association der Ohio State Universität, der Music Teachers National Association sowie des Canadian Contemporary Music Festival 1984 („Desiderata" für Oboe, Marimba und Glockenspiel).
Ihre Werke wurden nicht nur in Kanada und den USA, sondern auch in Europa aufgeführt. Als Kompositionslehrerin und Pianistin ist sie bis heute tätig und kann auf eine beachtliche Werkliste zurückblicken. Viele Kompositionen sind im Verlag des American Music Center, New York, gedruckt worden.

KLAVIERMUSIK
Rondo für Klavier (1959), New York. American Music Center
Toccata (1960), New York, American Music Center
„Triptychon" für zwei Klaviere (1978), New York, American Music Center
„Soundings" für vier Hände (1978), Washington, Arsis Press
„Five ceremonial masks" für Klavier (1980), Washington, Arsis Press
„Seven portals of vision" für Orgel (1983), Washington, Arsis Press

KAMMERMUSIK
Trio für Horn, Cello und Klavier (1961)
„Dialog" für Cembalo und Vibraphon (1964), New York, American Music Center
„Dartington Quartett" für Sopran, Flöte, Klarinette, Violine und Klavier (1964)
„Phase I" für Cello und Klavier (1969), New York, American Music Center
„Sanctus" für Bläser (1977)
„The furies" für Oboe, Oboe d'amore und Englischhorn (1977), New York, American Music Center
„Dust devils" für Harfe (1976), Washington, Arsis Press
„Celebrations" für Harfe (1978), New York, American Music Center
„Equinox" für Bläserquintett (1978), New York, American Music Center
„Solstice" für Bläserquintett (1978)
„Vitruvian Scroll", Streichquartett (1981)
„Diptych" für Holzbläserquintett (1983)
„Latiku, bringing to life" für Baßklarinette, Harfe, Cembalo, Klavier, Vibraphon und Marimba (1983), New York, American Music Center
„Metamorphosis" für Cello und Klavier (1984)
„Desiderata" für Oboe, Marimba und Glockenspiel (1984)
„Janus", Streichquartett (1984)
„Imprints" für Klavier und vier Schlagzeuger (1987)
„The Talisman" für Klarinette, Klarinette in B, Violine, Viola, Cello, Live Elektronik (1988)

ORCHESTERMUSIK
Konzert für Fagott und Orchester (1979)
„Spells" für Klavier und Orchester (1985)
„Terra incognita" (1993)

VOKALMUSIK
Fünf Lieder nach Gedichten von William Blake (1961), Washington, Arsis Press
„Phase II" für Sopran, Cello und Klavier (1969), New York, American Music Center
"Songs from a requiem" für Sopran und Holzbläser (1977), New York, American Music Center

CHORMUSIK

Requiem (1977)
„Winnowing song" für Sopran, Alt, Tenor, Baß (1982)

BÜHNENMUSIK

„The fisherman and his soul", Kammeroper in einem Akt (Oscar Wilde) (1963)
„Many Moons" (1990)

BIBLIOGRAPHIE

Profile of Ruth Lomon, composer, in: JLWC Journal, Juni 1994

DISKOGRAPHIE

„Dust devils", aus „New music for harp". Susan Allen, Harfe, Arch Records
„Five ceremonial masks". Music by Women Composers, Rosemary Platt, Klavier. Coronet Records
„Soundings and Triptych". Ruth Lomon und Iris Graffman, Klavier. New American Music, Bd. II, Capriccio Records

Lotti, Silvana di
(* 1952)

Die Komponistin wurde am 29. November 1942 in Aglié Canavese (Turin / Italien) geboren. Ihr Musikstudium begann sie in Turin bei Amalia Pierangeli Mussato, wo sie 1968 ihr Klavierdiplom absolvierte. Es folgte ein Kompositionsstudium am Giuseppe-Verdi-Konservatorium in Turin bei Giorgio Ferrari, das sie 1976 mit dem Examen abschloß.

Die junge Komponistin besuchte mehrere Sommerkurse, um ihre Ausbildung abzurunden, u. a. die Internationale Sommerakademie in Salzburg (Kurt Leimer) sowie die Accademia Chigiana di Siena (Goffredo Petrassi, Franco Evangelisti, Luis De Pablo und Luciano Berio). Für ihre Kompositionen erhielt sie mehrere Preise, wie den 1. Preis beim Instrumentalwettbewerb in Ancona/ Italien (1980 „Improvvisazioni per oboe e pianoforte") und eine „lobende Anerkennung" beim Internationalen Komponistinnen-Wettbewerb in Mannheim 1985. Ihre Werke wurden bisher in Italien, Frankreich, Deutschland, Norwegen, Spanien, Portugal, der Schweiz, den USA und in der Sowjetunion aufgeführt. Die Komponistin ist derzeit Dozentin für Harmonielehre und Kontrapunkt am Verdi-Konservatorium in Turin.

KLAVIERMUSIK

„Groups" für Klavier (1983), Padua, Zanibon
„Aura" für Klavier zu vier Händen (1985), Padua, Zanibon
„Surfaces" für Orgel (1985), Mailand, Edi-Pan
„Musica per giocare" für Klavier zu vier Händen (1994)

KAMMERMUSIK

„Aragon" für Cembalo und fünf Instrumente (1979), Mailand, Sonzogno
„Improvvisazioni" für Oboe und Klavier (1980)
„Contrasti" für zwei Klarinetten in B (1981), Padua, Zanibon
Capriccio für Violine und Klavier (1981), Padua, Zanibon
„Duo in eco" für Violine und Gitarre (1982), Padua, Zanibon
„Intonazione" für Kontraalt-Saxophon und Klavier (1983), Padua, Zanibon
„Rapsodia" für zwei Gitarren (1984), Padua, Zanibon
Trio für Violine, Cello und Klavier (1986), Padua, Zanibon
„Concerto in sol maggiore" für Violine concertante, Violinen, Viola und Basso di G. B. Somis. 1988, Mailand, Ricordi
„Mattutino" für Harfe (1990), Padua, Zanibon
„Arabesque" für Cello solo (1991), Padua, Zanibon
„A solo" für Klarinette, Violine, Gitarre, Mandoline und Schlagzeug (1991), Mailand, Zanibon
„E nessun tempo ha memoria di echi svelati" für Baßklarinette und Harfe (1992), Mailand, Edi-Pan
„Evoe" für Baßklarinette
„Hay de" für Violine, Cello und Klavier (1994)
„Allegoria circolare" für Flöte, Sopranino, Klarinette in B, Baßklarinette, Gitarre und Cello (1995)

ORCHESTERMUSIK

„Conversari" für Orchester (1981), Mailand, Sonzogno
„Serenata" für Kammerorchester (1982), Mailandm Sonzogno
„In nomine Domini" für Orchester (1983), Mailand, Sonzogno
„Terre Rare" für Orchester (1995)

CHORMUSIK

„C'est pour toi seule" für gemischten Chor (Text: Appollinaire) (1987)
„Chanson" nach einem Troubadour-Chanson von J. Rudel (ca. 1200) für gemischten Chor a cappella (1993)

Loudova, Ivana
(* 1941)

Schon zu den Zeiten, als man aus der Tschechoslowakei kaum ungehindert ausreisen konnte, war Ivana Loudova auf internationalen Festivals anzutreffen. Die Tschechische Komponistin wurde am 8. März 1941 in Chlumec bei Cidlinon, ehemalige CSSR, geboren. Ihren ersten Musikunterricht erhielt sie – wie so viele Komponistinnen – von ihrer Mutter, die Klavierpädagogin war. 1958 besuchte Ivana Loudova die Kompositionsklasse von M. Kabelac am Prager Konservatorium. Als erste weibliche Kompositionsschülerin an der Prager Akademie der Künste (Klasse: E. Hlobil) komponierte sie bereits in den 60er eine Reihe von Kammermusik-und Orchesterstücken. In den Jahren 1967, 1968 und 1969 nahm sie bereits an den Darmstädter Ferienkursen für Neue Musik teil und kam schließlich mit einem Auslandsstipendium 1971 nach Paris. Hier gelang es ihr, in die Kompositionsklasse von André Jolivet und Olivier Messiaen zu kommen. Gleichzeitig arbeitete Ivana Loudova in der Groupe de Recherches Musicales in Paris mit, die sich damals vor allem mit Fragen der Klangerweiterung von Perkussionsinstrumenten befaßte. Ivana Loudova gewann zahlreiche Preise: GEDOK Mannheim 1966, Guido d'Arezzo 1978, Jihlava und Jirkov Orgel-Wettbewerb 1978, Radio-Preise in Moskau 1978 und Olomouc (1983). Bei den Komponistinnen-Festivals in Heidelberg und Unna war sie in den 80er Jahren ein gern gesehener Gast.

ORGEL- / KLAVIERMUSIK

Präludien für Klavier (1961)
„Monument" für Orgel (1984)
„Tango", Musik für Klavier (1984)
„Märchen und Kieselsteine", Instruktive Kompositionen für Klavier, Prag, Panton 1986

KAMMERMUSIK

Suite für Flöte solo (1959)
Sonate für Violine und Klavier (1961)
Sonate für Klarinette und Klavier (1963)
Erstes Streichquartett (1964)
„Ballata antica" für Posaune und Klavier (1966), Prag, Panton 1973
„Per Tromba", fünf Studien für Solotrompete (1969)
„Air a due boemi" für Baßklarinette und Klavier, New York, Schirmer 1972
„Solo für König David" für Soloharfe (1972), Prag, Panton 1977
„Agamemnon-Suite" für Solo-Schlaginstrumente (1973), New York, Schirmer
„Ritornello" für zwei Trompeten, Waldhorn, Tuba und Schlaginstrumente (1973)
„Romeo und Julia", Renaissance-Suite für Flöte, Violine, Viola, Cello und Harfe / Laute (1974)
Partita in D für Flöte, Cembalo und Streicher (1975)
„Cadenza" für Violine / Flöte und Harfe (1975)
Zweites Streichquartett „zum Andenken an B. Smetana" (1975), Prag, Panton
„Soli e tutti" für Flöte, Oboe, Violine, Viola, Cello und Cembalo (1975)
„Hymnos" für Bläserensemble und Schlagzeug, New York, Peters 1975
„Ballata eroica" für Violine und Klavier (1976)
„Aulos" für Solo-Baßklarinette (1976), New York, Schirmer
„Quintetto giubiloso" für zwei Trompeten, Waldhorn, Posaune und Tuba (1977), Prag, Loudova 1985
„Meditationen" für Flöte, Baßklarinette, Klavier und Schlaginstrumente (1977)
„Con umore" in F für Fagott solo (1978)
„Mattinata" für Klarinette, Trompete, Cello und Klavier (1978)
„Musica festiva per tre trombone e tre trombe" (1979/81)
„Flower for Emmanuel" für Jazz-Ensemble (1981)
„2 Eclogues" für Flöte & Harfe (1982)
„4 Pezzi" für Klarinette (1982)
„Variations for cat" für Violine (1982)
Duo concertante für Baßklarinette/elektronisches Tastenbrett (1982)
„Hukvaldy suite" (in memoriam Leos Janacek) für Streichquartett (1984)
„Sleeping Landscapes" für Blechbläser und Schlagzeug (1985)
Streichquartett, Prag, 1986
Trio in B für Violine, Cello und Klavier (1987)
„Don Giovanni's Dream" für Bläseroktett (1989)
Streichquartett (1989)
Sonatine für Oboe und Klavier

ORCHESTERMUSIK

Fantasie für Orchester (1961)
Konzert für Kammerorchester (1962)
Erste Sinfonie (1964)
„Spleen, Hommage à Charles Baudelaire" für Orchester (1971), Prag, Panton / Kassel, Bärenreiter 1974

„Choral" für Bläser, Schlagzeug und Orgel (1971), New York, Peters 1981
„Hymnos" für Blas- und Schlaginstrumente (1972), New York, Peters
„Choral" (1973)
Konzert für Schlaginstrumente, Orgel und Blasinstrumente (1974), New York, Peters
„Notturno per viola ed archi" (1975), Prag, Loudova 1981
Partita in D für Flöte, Cembalo und Streicher (1975)
„Cadenza" für Violine, Flöte und Streichorchester (1975)
„Magic concerto" für Xylophon, Marimba, Vibraphon und sinfonisches Blasorchester (1976), New York, Peters 1976
„Concerto breve" für Flöte und Kammerorchester (1979)
„Olympic", Ouvertüre für Blasorchester (1979)
„Dramatic concerto" für Schlagzeug und Bläser, New York, Peters
„Luminous Voice" für Englischhorn und Blas- oder Streichorchester (1986)
Doppelkonzert für Violine, Schlagzeug und Streichorchester (1989)

VOKALMUSIK

„Setkani S. Laskon" für Tenor, Flöte, Baß und Klavier, Prag, Supraphon 1968
„Gnomai", Trio für Sopran, Flöte und Harfe oder Cembalo (1970), Prag, Mladych Skladatelu

CHORMUSIK

„Flieg, mein Liedchen" für Kinderchor und Klavier (1961)
Zweite Sinfonie für Alt solo, Chor und großes Orchester (1965)
„Gutenacht-Lieder" für Chor a cappella (1966)
„Rätsel", zweistimmige Chorlieder mit Klavier (1966)
„Mama", dreistimmige Kinderchöre a cappella (1966)
„Begegnung mit der Liebe", Männerchöre mit Flöte und Klavier (1966)
„Stabat mater", Männerchor a cappella (1966)
„Der kleine Prinz", Kinderkantate nach Saint Exupéry (1967)
„Kurioso", dramatische Freske für Sopran und großen Chor (1968)
„Ego sapienta", Männerchor a cappella (1969)
„10 Minuten Stille" für Kinderchor mit Instrumenten (1974)
„Kleine Weihnachtskantate" für Kinderchor, Trompete und Harfe (1976)
„Sonetto per voci bianche" (1978)
„Italian Triptychon" für gemischten Chor (1980)
„Looking back" (Texte: Josefine Holá) für Frauenchor a cappella (1981)
„Gay counterpoints" für zwei- bis dreistimmige Kinderchöre a cappella (1981)
„Fortune", Kantate für gemischten Chor und Kinderchor (1983)
„Little evening music" für Oboe und Chor (1983)
„Occhi lucelli e belli" für Frauenchor a cappella (1984)
„Love" für Frauenchor (1985)
„Life - stop for a while" für Männerchor (1987)

BÜHNENMUSIK

„Rhapsody in black", Ballettmusik (1966)

DISKOGRAPHIE

„Air" für Baßklarinette und Klavier. E. Kovarnova, J. Horak. Prag, Panton
„Choral" für Orchester, Prager Sinfonie-Orchester, L. Slovak. Prag, Panton
„Begegnung mit der Liebe". Prager Männerchor, M. Kosler. Supraphon
„Rhapsody in black". J. Kaniak, V. Vlasak, O. Satava, Musici di Praha, Ltg. M. Klemens. Prag, Panton
„Spleen, Hommage à Charles Baudelaire". V. Vlasak, J. Klouda, Prager Sinfonie-Orchester, Ltg. L. Slovak. Prag, Panton
Streichquartett Nr. 2. Kocian-Quartett. Panton Schallplatten, Prag
Concerto für Schlagzeug, Bläser und Orgel. V. Rabas, Orgel, Tschechische Philharmonie, Ltg. Vaclav Neumann. Prag, Panton
„Dramatic Concerto für Soloschlagzeug und Bläser. Vladimir Vlasak, Schlagzeug; Prager Symphoniker, Ltg. Pavel Verner. Prag, Panton
„Gnomai-Trio" / „Notturno" für Viola und Streicher. Trio Cantabile, Prag; Zdenek Zindel, Viola; Prager Kammerorchester, Ltg: M. Lajcik, Prag, Panton

Luff, Enid
(* 1935)

Die walisische Komponistin Enid Luff wurde am 21. Februar 1935 in Ebbw Vale, Großbritannien geboren. Ihr erstes Studium galt modernen Sprachen in Cambridge, wo sie 1957 mit dem Masters Degree anschloß. Nachdem sie einige Zeit ihrer Familie gewidmet hatte, begann sie ein Musikstudium am Royal Northern College of Music (Klavier). 1975 erhielt sie vom Welsh Arts Council einen Kompositionspreis und absolvierte ihren Master of Music an der University of Wales. Zu ihren KompositionslehrerInnen gehören vor allem Elisabeth Lutyens, Anthony Payne und Franco Donatoni. Zusammen mit der Komponistin Julia Usher gründete sie den Verlag „Primavera" zur Herausgabe eigener Werke. Enid Luff schreibt vor allem Lieder und Kammermusik und ist in England, Deutschland und anderen europäischen Ländern mehrfach aufgeführt worden. Das Welsh Arts Council gab bei ihr ein Anthem in Auftrag, das zu Festlichkeiten in der Westminster Abbey im Jahre 1988 aufgeführt wurde. Enid Luff lebt und arbeitet in Birmingham.

KLAVIERMUSIK
„Mixed feelings" für Klavier (1973)
„Four pieces" (1973)
„Statements" für Klavier (1974)
„Sky Whispering" (1985)
„The haunted nightclub" (1985)
„Belltower" für Klavier (1985)
„Ships" (1986)
Sonata „storm tide" (1986)
„Peregrinus" für Orgel (1991)

KAMMERMUSIK
„Tapestries" für Klarinette, Viola, Cello und Klavier (1971)
„Mathematical dream" für Harfe (1978/83)
„Canto and doubles" für Flöte (1979)
„Midsummer night's dream" für Flöte und Klavier (1980)
„The costal road" für Bläserquintett (1980)
„The coming of the rain" für Oboe (1981)
„Swiss interiors" für zwei Flöten (1982)
„Today and tomorrow" für Gitarre (1986)
„Come the morning" für Flöte, Oboe, Klarinette, Fagott / Horn, Trompete, Posaune, Schlagzeug und Streichquartett (1986)
„Sleep, sleep february" für Flöte, Oboe, Klarinette, Klarinette in B und Klavier (1989)

ORCHESTERMUSIK
Symphony Nr. 1 (1974)
„Star Treck" für Jugendorchester (1977)
Konzert für Viola und Orchester „Atlantic crossing" (1991)
Symphony Nr. 2 (1994)

VOKALMUSIK
„Lux in tenebris" für Sopran und Klavier (1971)
„Spring bereaved" für Bariton und Gitarre (1971)
„3 Japanese songs" für Sopran und Klavier (1973)
„Counterpoints" für Sopran und Klavier (1974)
„Nocturnes" für Sopran und Klavier (1975)
„Weather and Mouth Music" für Sopran und Kontrabaß (1977)
„3 Shakespeare Sonnette" für Mezzo, Flöte und Klavier (1978)
„Mawnad Gwenhwyfar" für Sopran und Klavier (1978)
„Vox ultima crucis" für Bariton und Klavier (1979)
„The sound of water" für Mezzo, Flöte und Klavier (1981)
„Weary was the walking," Christmas carol für zwei gleiche Stimmen (1982)
„Abendgebet" für Bariton und Streicher (1983)
„Sheila Na Gig" für Sopran und Klavier (1984)
„Five God our mother" für Sopran und Orgel (1990)
„Dream time for bells" für Flöte, Vibraphon, Harfe und Cello (1985)

CHORMUSIK
„The bird" für vierstimmigen gemischten Chor (1973)
„Thanksgiving at the morning prayer" für vierstimmigen gemischten Chor (1975)
„The ma maid in summer" für vierstimmigen gemischten Chor, Flöte und Horn (1977)
„Christmas night" für vierstimmigen gemischten Chor (1979)
„The hands of God" für vierstimmigen gemischten Chor (1987)

BÜHNENMUSIK
„A midsummer nights dream", Bühnenmusik (1980)
„Since I am coming" für Bariton, Orgel und Mime (1988)
„Rags" für Solomime und Tonband (1990)
„Listen to the roar of the sun" für Oboe, Mime / Tänzer und Sprecher (1992)
„A Sabbath's journey", Tanzliturgie zu Ostern für Stimmen, Tänzer und Instrumente

Lutyens, Elisabeth
(1906-1983)

Die einzige englische Komponistin, die lange Zeit sehr konsequent mit der 12-Ton-Musik arbeitete, ist die am 9. Juli 1906 in London geborene Elisabeth Lutyens. Mit sechzehn Jahren ging sie nach Paris und schrieb sich an der Ecole Normale de Musique ein. Von 1926 bis 1930 studierte sie am Londoner Royal College of Music bei H. Darke Komposition und bei E. Tomlinson Viola. 1930 erhielt sie von G. Caussade Privatunterricht. Zusammen mit Anne MacNaghten und Iris Lemare gründete sie 1931 eine Gesellschaft zur Förderung junger englischer

Avantgardemusiker, die als MacNaghten-Lemare-Konzertreihe bekannt wurde. Ende der dreißiger Jahre begann Elisabeth Lutyens, die Zwölftonmusik Schönbergs in ihre Kompositionen einzubeziehen. Neben H. Searle war sie die erste, die die englische Musikwelt damit konfrontierte. Verblüffend in ihrem umfangreichen Werkverzeichnis ist die Sparsamkeit der Mittel, mit denen sie meist auskommt. Dies zeigen auch ihre zahllosen Textvertonungen (von Rimbaud bis Wittgenstein). Für ihre Kompositionen erhielt sie zahlreiche Preise und Auszeichnungen. Sie veröffentlichte mehr als 300 Werke. Darunter befinden sich sowohl Orchester- und Kammermusikwerke als auch Vokal- und Bühnenmusiken. 1972 legte sie der Öffentlichkeit ihre Autobiographie „A Goldfish Bowl" vor. Elisabeth Lutyens starb am 14. April 1983 in London.

CEMBALO- / KLAVIERMUSIK

Fünf Intermezzi op. 9 (1941), Croydon, Belwin Mills
Drei Improvisationen (1948), Croydon, Belwin Mills
Sinfonia op. 32 für Orgel (1955), London, Schott
„Piano e forte" op. 43 (1958), Croydon, Belwin Mills
Fünf Bagatelles op. 49 (1962), London, Schott (zwei davon in: Frauen komponieren, Mainz, Schott 1985)
„Temenos" op. 72 (1969), London, Olivan Press
„3 pièces brèves" (1969), London, Olivan Press
„Plenum IV" op. 100 (1974), London, Olivan Press
„Pieta" op. 104 für Cembalo (1975)
„The ring of bone" op. 106 für Klavier (1975)
Fünf Impromptus op. 116 (1977), London, Olivan Press
Sieben Preludes op. 126 (1978)
„The great Seas" op. 132 (1979)
Bagatellen op. 141 (1979)
„Encore-maybe" op. 159 (1982)
„La natura dall'aqua" op. 154 (1981)

KAMMERMUSIK

Streichquartett Nr. 1 (1938)
Streichquartett Nr. 2 op. 5 (1938), Croydon, Belwin Mills
Sonata op. 5, 4 für Viola solo (1938), Croydon, Belwin Mills
Streichtrio op. 6 Nr. 6 (1939), Croydon, Belwin Mills
Kammerkonzert Nr. 1 op. 8 (1940), Croydon, Belwin Mills
Neun Bagatellen für Cello und Klavier (1942), Croydon, Belwin Mills
„Suite gauloise" (1944)
„Air-dance-ground" für Viola und Klavier (1946), Croydon, Belwin Mills
Streichquartett Nr. 3 op. 18 (1949), Croydon, Belwin Mills
Streichquartette Nr. 4 und 5 (1952)
Streichquartett Nr. 6 op. 25 (1952), Croydon, Belwin Mills
Capricci op. 32 für zwei Harfen und Schlagzeug (1955)
Bläserquintett op. 45
Holzbläsertrio op. 52 (1963), London, Schott
Streichtrio op. 57 (1964), London, Schott
„Music for wind quintet" (Holzbläserquintett) op. 60 (1964), London, Schott
„The fall of the leaf" für Oboe und Streichquartett (1966), London, Olivan Press
„Scroll for Li-Ho" op. 67 (1967), London, Olivan Press
„Driving out the death" op. 81 für Oboe und Streichtrio (1971), London, Olivan Press
„Kareniana" op. 99 für Viola und Instrumente (1974), London, Olivan Press
„Go, said the bird..." für Streichquartett und E-Gitarre op. 105 (1975), Wien, Universal Edition
hier noch: „This greentide" für Klarinette, Fagott und Klavier op. 103
„Constants" op. 110 für Cello und Klavier (1976), London, Olivan Press
„Madrigal" op. 119 für Oboe und Violine (1977), London, Olivan Press
Fantasia op. 114 für Altsaxophon und drei Instrumentengruppen (1977), London, Olivan Press
„Footfalls" op. 128 für Flöte, Klavier und Sprecher (1978)
„Rapprochement" op. 144 für Horn, Harfe, Flöte, Oboe, Klarinette, Schlagzeug, Klavier und Streicher (1980)
Streichquartett op. 146 (1980)
„Déroulement" op. 145 für Oboe und Gitarre (1980), Wien, Universal Edition
„Soli" op. 148 für Klarinette, Klarinette in B, Kontrabaß (1980)
„Echo of the wind" op. 157 für Viola (1981)
„Branches of the night" op. 153 für Horn, Violine, zwei Violen, Cello und Horn (1981)
Quartett op. 139 (1982)
Streichquartett op. 155 (1981)
Streichquartett op. 158 (1982)
„Solo Fanfare (Jubilate)" für Viola (1982)

ORCHESTERMUSIK

„Music for orchestra I" op. 31 für Schlagzeug und Streicher (1935), London, Schott
„3 Pieces for orchestra" op. 7 (1939), Croydon, Belwin Mills
„3 symphonic preludes" (1942), Croydon, Belwin Mills
Concerto für Viola und Orchester op. 15 (1947), Croydon, Belwin Mills
„Chorale" für Orchester (1956)
„O saisons, o châteaux!" für Mandoline, Gitarre, Harfe, Violine und Streicher, London, Mills Music 1960
Sinfonien für Klavier, Windharfen und Schlagzeug op. 46 (1961), London, Schot
„Music for orchestra" op. 48 (1962), London, Schott
„Music for orchestra" op. 56 (1963), London, Schott
„Music for piano and orchestra" op. 59 (1964); London, Schott
„The winter of the world" für Orchester op. 98 (1974), London, Olivan Press
„Eos" für kleines Orchester op. 101 (1975)
„Rondel" op. 108 (1976)
Sechs Bagatellen op. 113 für Kammerorchester (1976)
„Nox" op. 118 für Klavier und zwei Kammerorchester (1977)
„Tides" op. 124 (1978)
„Wild Decembers" op. 149 für Kammerorchester (1980)
„Music for orchestra IV" op. 152 (1981)
„Chamber concerto" Nr. 2, 3, 4, 5

VOKALMUSIK

„2 songs by W. H. Auden" für Stimme und Klavier (1942), London, Olivan Press
„9 songs" für Stimme und Klavier (1948), London, Olivan Press
„Nativity" für Sopran und Orgel oder Streichorchester (1951), London, Novello
„3 songs, Homage to Dylan Thomas" (1953), London, Olivan Press
„In the temple of a bird's wing" op. 37 für Bariton und Klavier (1956/57), London, Olivan Press
„Quincunx" op. 44 für Sopran/Baritonsolo und Orchester (1960), Croydon, Belwin Mills
„And suddenly it's evening" op. 66 für Tenor und 11 Instrumente (1966), London, Schott
„The egocentric" für Tenor / Bariton und Klavier (1968), London, Olivan Press
„A phoenix" op. 71 für Sopran, Violine, Klarinette und Klavier (1968), London, Olivan Press
„Lament of Isis on the death of Osiris" op. 74 für Sopran solo (1969), London, Olivan Press
„Vision of youth" op. 79 für Sopran, drei Klarinetten, Klavier und Schlagezeug (1970), London, Olivan Press
„In the direction of the beginning" für Baß und Klavier op. 76 (1970), London, Olivan Press
„Requiescat in memoriam Igor Strawinsky" für Sopran und Streichtrio (1971), London, Olivan Press
„Dirge for the proud world" op. 83 für Sopran, Countertenor und Cello (1971), London, Olivan Press
„Islands" für Sopran, Tenor, Sprecher und Instrumentalensemble (1971), London, Olivan Press
„Laudi" op. 96 für Sopran, drei Klarinetten, Klavier und Schlagzeug (1973), London, Olivan Press
„2 songs" für Stimme solo (1974), London, Olivan Press
„Of the snow" für Stimme solo (1974), London, Olivan Press
„Concert aria" op. 112 (1976) für Frauenstimme und Orchester, London, Olivan Press
„By all these" für Sopran und Gitarre op. 120 (1977), Wien, Universal Edition
„Chorale prelude and paraphrase" op. 123 für Tenor, Streichquartett, Klavier und drei Schlagzeuger (1977)
„Elegy of the flowers" op. 127 für Tenor, Streichquintett, drei Schlagzeuger und Klavier (1978)
„Cantata" für Sopran und Instrumente op. 130 (1979)
„Echoes" für Kontraalt, Flöte, Englischhorn, Streichquartett op. 138 (1979)
„She tells her love" für Sopran op. 131 (1979)
„That sun" für Kontraalt und Klavier op. 137 (1979)

Elisabeth Lutyens. Foto: Archiv

„Mine eyes mine bread" für Bariton und Streichquartett op. 143 (1980)
„The singing birds" für Schauspieler, Sprecher und Viola op. 151 (1980)
„Catena" für Sopran, Tenor und Instrumente, London, Schott
„Anerca" für Sprecher und 10 Gitarren, Wien, Universal Edition

CHORMUSIK

„Excerpta tractatus" für Chor a cappella op. 27 (1952), London, Schott
„De amore" op. 39, Kantate für Sopran/Tenor solo, Chor und Orchester (1957), London, Schott
„Encomion" op. 54 für Chor, Blechbläser und Schlagzeug (1963), London, Schott
„The hymn of a man" op. 61 (1965), für Männerchor a cappella, London, Schott
„Magnificat" und „Nunc dimittis" (1965) für Chor a cappella, London, Schott
„Essence of our happiness" op. 69 für Tenor, Chor und Orchester (1968), London, Olivan Press
„The tyme doth flete" op. 70 (1968) für Chor a cappella, London, Olivan Press
„Voice of quiet waters" op. 84 für Chor und Orchester (1972), London, Olivan Press
„Counting your steps" op. 85 für Chor und Instrumente (1972), London, Olivan Press
„Roads" op. 95 für zwei Soprane, Countertenor, Tenor, Bariton und Baß (1973), London, Olivan Press
„Sloth - one of the seven deadly sins" für zwei Countertenöre, Tenor, zwei Baritons und Baß (1974), London, Olivan Press
„It is the hour" op. 111a für gemischten Chor a cappella (1976), London, Olivan Press
„Verses of love" für gemischten Chor a cappella, London, Novello
„The roots of the world" für Stimmen und Cello op. 136 (1979)

BÜHNENMUSIK

„Infidelio" op. 29 (Libretto: E. Lutyens) (1954), London, Olivan Press
„The numbered" op. 63, Oper in zwei Akten (1967), London, Olivan Press
„Time off - not a ghost of a chance" op. 68 (Libretto: E. Lutyens) (1968), London, Olivan Press
„Isis und Osiris" op. 74 (Libretto: E. Lutyens), lyrisches Drama für acht Stimmen und kleines Orchester (1970), London, Olivan Press
„The linnet from the leaf" op. 89 (Libretto: E. Lutyens) (1972), London, Olivan Press
„The waiting game" op. 91 (Libretto: E. Lutyens) (1973), London, Olivan Press
„One and the same" op. 97 (Libretto: E. Lutyens) (1973), London, Olivan Press
„The goldfish bowl" op. 102 (1975), London, Olivan Press
„Like a window" op. 109 (1976), London, Olivan Press
Diverse Bühnenmusiken (Julius Cäsar etc.) und Filmmusiken

BIBLIOGRAPHIE

Schafer, R. M.: Elisabeth Lutyens, British Composers in Interview, London 1963
Payne, A.: Elisabeth Lutyens „Essence of our happiness", in: Tempo, 1971
East, L.: Time off with Lis Lutyens. In: Music and Musicians, 1972
Lutyens, Elisabeth: The Goldfish Bowl (Autobiographie), Cassel, London 1972
Saxton, R.: Composer Portrait Elisabeth Lutyens. In: New Music 88, Oxford 1988
Roma, C.: The choral music of 20th century composers, Cincinatti 1989
Tenant-Flowers: A study of style and techniques of the music Elisabeth Lutyens. Durham 1991

DISKOGRAPHIE

„And suddenly it's evening". H. Handt; BBC Symphony Orchestra. ARGO Records, Decca
„5 bagatelles" für Klavier. ARGO Records, Decca
„5 Intermezzi" für Klavier / „Piano e forte" / „5 bagatelles" / „Plenum". Richard Deering, Klavier. Pavillon Records
Motette op. 27. John Alldis Chor. ARGO Records, Decca
„O Saisons, o Châteaux!" op. 13. Marilyn Tyler, Royal Philharmonic Orchestra, EMI England
„Quincunx" op. 44. J. Nendick, J. Shirley Quirk, BBC Symphony Orchestra. ARGO Decca Records
„This greentide" für Klarinette, Fagott und Klavier op. 103. Chimes Music Shop, England
„Wind quintet op. 45 / String quartet No. 6 op. 25. Dartington String Quartet, Leonarda Ensemble. ARGO Records, Decca
Streichquartett Nr. 6 (mit Fanny Hensel-Quartett). Fanny Mendelssohn-Quartett, München. Ludwigsburg, Bauer
Music of Lutyens: Chamber Concerto Nr. 1 / 6 Tempi / Lament of Isis / Triolet 1 und 2. NMC Records/Arcade

Maconchy, Elizabeth
(1907-1994)

Ihre zwischen 1933 und 1984 geschriebenen 13 Streichquartette hielt sie für ihre besten Werke. Elisabeth Maconchy, eine der großen „alten Damen" der englischen Musik, wurde als Tochter von musikalisch uninteressierten Eltern am 19. März 1907 in Broxbourne in England geboren. Bereits im Alter von sechs Jahren komponierte sie und beschloß schließlich, Musikerin zu werden. Von 1923 bis 1929 studierte sie in London bei Charles Wood und Vaughan Williams Komposition und A. Alexander Klavier. Mit einem Stipendium ging sie 1929 nach Prag, wo sie mit K. B. Jirák arbeitete. Dort gelang es ihr, die Aufmerksamkeit der Musikszene für ihr Concertino für Klavier und kleines Orchester zu gewinnen, das 1930 durch Erwin Schulhoff aufgeführt wurde. Mitte 1930 ging sie zurück nach London und heiratete William LeFanu. Kurz danach wurde die Aufführung ihrer Suite „The Land" bei den 'Promenade Concerts' ein großer Triumph. In den 30er Jahren fanden die Werke der Komponistin, die wegen einer schweren Erkrankung London verlassen mußte, in England breite Anerkennung; auch in der internationalen Musikszene, u. a. in Osteuropa, Deutschland, Frankreich, Australien und in den USA wurde sie gespielt. Während der Kriegszeit wurde Elizabeth Maconchy mit ihrer Familie nach Shropshire evakuiert. Nach dem Krieg gewann sie ihren Platz in der Musik-Welt zurück. So erhielt sie den Edwin Evans Preis für ihr 1948 komponiertes Streichquartett Nr. 5. 1952 gewann ihre Ouvertüre „Proud Thames" den London Country Council Wettbewerb. 1959 wurde sie als erste Frau zur Präsidentin der Composers´ Guild of Great Britain gewählt. Sie erhielt zahlreiche Kompositionsaufträge, Orden und Auszeichnungen (u. a. Commander of the Order of the British Empire 1977, Dame Commander of the British Empire 1987). Ihre Tochter Nicola LeFanu (s. LeFanu) machte sich ebenfalls als Komponistin einen Namen. Elizabeth Maconchy, die ein umfangreiches Œuvre hinterlassen hat, starb am 11. November 1994 in Norwich.

Elisabeth Maconchy. Foto: Suzie Maeder

KLAVIERMUSIK
„A country Town", neun Stücke für Klavier (1939), Wilhelmshafen, Hinrichsen
„Impromptu-Fantasia on one note" (1939)
„Contra punctual Pieces" (1941)
Suite „A country Town" (1949), Wilhelmshafen, Hinrichsen
„The Yaffle" für Klavier, Ricordi 1961
Vier Stücke für Klavier (1962)
Sonatine für Klavier (1965), Croydon, Lengnick
„Notebook" für Cembalo (1966), London, Chester Music 1966
„Preludio, Fugato and Finale" für zwei Klaviere (1967), Croydon, Lengnick
„Pieta" für Cembalo, London, Olivan Press (1975)
„Three plainsong preludes" für Orgel, New York, Boosey & Hawkes

KAMMERMUSIK:
Quintett für Oboe und Streicher (1932)
Streichquartett Nr. 1 (1933), Croydon. Lengnick
Streichquartett Nr. 2 (1936), Croydon, Lengnick
„5 Pieces" für Viola (1937)
Sonate für Viola und Klavier (1938)
Sonate für Viola und Klarinette
Streichquartett Nr. 3 (1938), Croydon, Lengnick
„Touchstone" für Oboe und Orgel
Streichquartett Nr. 4 (1942), Croydon, Lengnick
Sonate für Violine und Klavier (1944)
Serenade für Cello und Klavier (1944)

Divertimento für Cello und Klavier (194)
Streichquartett Nr. 5 (1948), Croydon, Lengnick
Streichquartett Nr. 6 (1950), Croydon, Lengnick
Duo für Violine und Cello (1951)
4 Stücke für Kontrabaß (1954)
„3 Pieces" für zwei Celli (1956)
Streichquartett Nr. 7 (1956), Croydon, Lengnick
„Job" für Cello (1957)
„Reflection" für Viola, Klarinette, Oboe und Harfe (1962), London, University Press
Sonatine für Streichquartett (1963), Croydon, Lengnick
Quintett für Klarinette´und Streichquartett (1963), London, Oxford University Press und Chester Music
„Variazioni Concertanti" für Oboe, Klarinette, Fagott, Horn und Streicher (1965), Croydon, Lengnick
„Music" für Holz- und Blechbläser (1965), London, Chester Music
Streichquartett N. 8 (1966), London, Faber
„Conversations" für Klarinette und Viola (1968)
Streichquartett N. 9 (1969), London, Chester
Musik für Kontrabaß und Klavier (1970), London, York Edition
3 Preludes für Violine und Klavier (1970)
3 Bagatellen für Oboe und Cembalo (1972), London, Oxford University Press 1974
Streichquartett Nr. 10 (1972), London, Chester
„Touchstone" für Oboe und Orgel (1975)
„Morning, Noon and Night" für Harfe (1976), London, Chester
Streichquartett Nr. 11 (1977), London, Chester
„3 Pieces" für Harfe" (1977)
„Contemplation" für Cello und Klavier (1978), London, Chester
„Colloquy" für Flöte und Klavier (1979), London, Chester
Streichquartett Nr. 12 (1979), London, Chester
Fantasia für Klarinette und Klavier (1979), London, Chester
„Piccolo musica" für Streichtrio (1980), London, Chester
„Trittico" für 2 Oboen, Fagott und Cembalo (1981), London, Chester
Quintett für Flöte, Oboe, Klarinette, Fagott und Horn (1981), London, Chester
„Tribute" für Violine, 2 Flöten, 2 Oboen, 2 Klarinetten und 2 Fagotte (1982), London, Chester
Streichquartett Nr. 13 „Quartetto Corto" (1983), London, Chester
„Excursion" für Fagott solo (1984), London, Chester
„5 Sketches" für Viola solo (1984), London, Chester
„Narration" für Cello solo (1985), London, Chester

ORCHESTERMUSIK

Concertino für Klavier und kleines Orchester (1928), Croydon, Lengnick
„Serenata concertante" für Violine und Orchester, London, Oxford University Press
„The Land", Suite für Orchester (1929), Croydon, Lengnick
„Dialog" für Klavier und Orchester (1940), Croydon, Lengnick
„Theme and variations" für Streichorchester (1943)
Concertino für Klarinette und Streichorchester (1945), London, Chester
Symphony für Orchester (1948), Croydon, Lengnick
Concertino für Fagott und Streichorchester (1951), Croydon, Lengnick
Concertino für Fagott und Streichorchester (1951), Croydon, Lengnick
Nocturne für Orchester (1951)
Sinfonie für doppeltes Streichorchester (1952), Croydon, Lengnick
„Proud Thames", Ouvertüre (1953), Croydon, Lengnick
„Double Concerto" für Oboe, Fagott und Streichorchester (1957), Croydon, Lengnick
„Serenata concertante" für Violine und Orchester (1962), London, Oxford University Press
„Variazioni concertanti" für Oboe, Klarinette, Fagott, Horn und Streichorchester (1965), London, Chester
„An Essex Ouverture" (1966), London, British and Continental Music Agencies
Musik für Holz- und Blechbläser und Pauke (1966), London, Chester
„3 Cloud scapes" für Orchester (1968)
„Genesis" für Orchester (1973)
„Epyllion" für Cello und 14 Streicher (1975), London, Chester
Sinfonietta für Orchester (1976), London, Chester
Romanza für Viola und Instrumentalensemble (1979), London, Chester
„Little Symphony" (1980), London, Chester
Musik für Streichorchester (1983), London, Chester
Concertino für Klarinette und kleines Orchester (1985), London, Chester
„Life Story" für Streichorchester (1985), London, Chester

VOKALMUSIK

„Ophelia's Song" (1926)
„The Woodspurge" für Sopran und Klavier (1930)
„How Samson bore away" für Tenor / Sopran und Klavier (1937)
„The Garland" für Sopran und Klavier (1938), London, Chester
„A winter's Tale" für Sopran und Streichquartett (1949)
„Nocturnal" (1965), London, Oxford Univeristy Press
„4 Shakespeare Songs" für Sopran / Tenor und Klavier (1965)
„3 Donne Songs: A Hymn to God, A Hymn to Christ, The Sun Rising" für Tenor und Klavier (1966)
„Witnesses" für Sopran, Flöte, Oboe, Klarinette, Horn, Cello, Schlagzeug und Ukulele oder Banjo (1967)

„Ariadne" für Sopran und Kammerorchester (1970), London, Chester

„3 Songs: So we'll go, A widow, the knot" für Tenor und Harfe (1974), London, Chester

„Sun, Moon and Stars" für Sopran und Klavier (1978), London, Chester

„My dark heart" für Sopran, Flöte, Altflöte, Oboe, Englischhorn, Horn, Violine, Viola und Cello (1982), London, Chester

„L'horloge" für Sopran, Klarinette und Klavier (1983), London, Chester

„In Memory of W. B. Yeats". 3 Songs für Sopran und Klavier (1985), London, Chester

„Butterflies" für Mezzosopran und Harfe (1986), London, Chester

CHORMUSIK

Nocturnal für gemischten Chor, London, Oxford Univeristy Press

„Hymn to Christ", Motette (1931)

„A Hymn to God the father", Motette (1931)

„The leaden echo" für Chor und Kammerorchester (1931)

„The voice of a city" für Frauenstimmen a cappella (1943)

„Stalingrad" für Frauenchor (1946)

„Christmas Morning", Kantate (1963)

„Samson and the gates of Gaza" für gemischten Chor und 2 Klaviere / gemischten Chor und Orchester (1964), London, Chester

„Propheta mendax" für 2 Stimmen (1965)

„And the Death schall have" für gemischten Chor, 2 Hörner, 2 Trompeten und 3 Posaunen (1969)

„Paryer before Birth" für 2 Soprane und 2 Altstimmen (1972), London, Chester

„Fly-by-night" für Kinderstimme und Harfe (1973)

„The Isle of Greece" für gemischten Chor und Orchester (1973)

„Siren's Song" für Sopran solo und gemischten Chor a cappella (1974), London, Chester

„Two Epitaphs" für Frauenchor a cappella (1975), London, Chester

„Two settings of poems" für gemischten Chor und Blechbläser (1976), London, Chester

„Heloise and Abelard", dramatische Kantate für Sopran, Tenor, Bariton, gemischten Chor und Orchester (1978), London, Chester

„The Leaden Echo" für gemischten Chor, Altflöte, Viola und Harfe (1978), London, Chester

„Four Miniatures" für gemischten Chor a cappella (1978), London, Chester

„Creatures" für gemischten Chor a cappella (1979), London, Chester

„O time turn back" für 16 Stimmen, Bläserquintett und Cello (1984), London, Chester

„There is no rose" für gemischten Chor (1984), London, Chester

„The Bellman's Carol" für gemischten Chor a cappella (1985), London, Chester

„Still falls the rain" für gemischten Doppelchor (1985), London, Chester

BÜHNENMUSIK

„Great Agrippa", Ballett (1933)

„The little red shoes", Ballett (1935)

„Puck fair", Ballett (1940)

„The Sofa", Oper (1957), London, Chester

„The three strangers", Oper (1958), London, Chester

„The departure", Oper (1961), London, Chester

„The Jesse Tree", Oper (1969)

„Johnny and the Mohawks", Kinderoper (1970)

„The Birds", Oper, London, Bossey & Hawkes 1974

„The King of the golden river", Kinderoper (1975)

BIBLIOGRAPHIE

Macnaghten, A.: Elizabeth Maconchy. In: Musical Times, 1955

Maconchy, Elizabeth: A Composer speaks. In: Composer. 1971/72

Williams, M.: Elizabeth Maconchy - a videotape of the Arts Council, London 1985

LeFanu, N: Elizabeth Maconchy. In: Composers 1987

DISKOGRAPHIE:

Streichquartette Nr. 1, 2, 3, 4. Hanson String Quartet. Unicorn Records

Streichquartette Nr. 5 und 9. The Allegri Srting Quartet. England, Decca Records

Streichquartett Nr. 10. University of Alberta String Quartet. Kanada, CBC RCI, Records

Symphony for double string orchestra. London Symphony Orchestra, V. Handley. London, Lyrita Phonographic

„Twelveth night song". Scottish Festival Chorus. EMI Records

„Serenata concertante for violin and orchestra". M. Parikian, London Symphony Orchestra. London, Lyrita Phonographic

„3 bagatelles. E. Barbirolli, V. Aveling, D. Nesbitt. His Masters Voice. EMI Records

„Ariadne", dramatischer Monolog für Sopran und Orchester. Heather Harper, English Chamber Orchestra, R. Leppard. Oiseau lyre, Decca

„Proud Thames", ouverture. London Philharmonic Orchestra, Ltg. V. Handley. London, Lyrita Phonographic

„Carol nowell". Kings College Choir, Cambridge. EMI Records

2. In meines Vaters Garten
(Hartleben)

Mahler-Werfel, Alma Maria
(1879-1964)

Sie inspirierte bedeutende Persönlichkeiten ihrer Zeit wie Oskar Kokoschka und Gustav Klimt, war mit G. Hauptmann, H. Pfitzner, F. Busoni, F. Schreker, Helene und Alban Berg, Joh. Hollnsteiner, E. M. Remarque und T. Wilder eng befreundet, und ihre eigene schöpferische Kraft stellte sie in den Dienst ihrer jeweiligen Ehemänner.

Als Tochter des berühmten österreichischen Landschaftsmalers Emil Jacob Schindler und der aus Hamburg stammenden Sängerin Anna von Bergen wurde sie am 31. August 1879 in Wien geboren. Sie war musikalisch sehr begabt. Der Organist und Komponist Josef Labor unterrichtete sie in Kontrapunkt und Klavier. Ihre ersten Stücke komponierte sie bereits im Alter von neun Jahren. 1897 begann sie bei Alexander Zemlinsky, Komposition zu studieren, zu dessen Schülern auch Arnold Schönberg gehörte. Während der Zeit ihres Studiums komponierte sie über 100 Lieder, sowie verschiedene Instrumentalstücke und begann an einer Oper zu schreiben. „Diese Zeit war absolute Musik für mich: vielleicht die glücklichste meines Lebens" (Mahler-Werfel, Alma: Mein Leben, Frankfurt 1960). Vier Jahre Später lernte sie 1901 den 20 Jahre älteren Komponisten und Dirigenten Gustav Mahler kennen. Er wollte von Anfang an von ihren Kompositionen nichts wissen und stellte sie vor die Wahl, entweder ihn zu heiraten oder weiterhin zu komponieren. Sie heiratete ihn 1902, gab ihr eigenes Musikschaffen auf und widmete sich ihm und seiner Musik. „Wenn ich weiß, daß ich ihm durch mein Leiden Impulse gebe, wie kann ich da nur einen Moment verzagen? Er soll nichts merken von meinen Kämpfen!" (Mahler-Werfel, Alma: Mein Leben, Frankfurt 1960). 1902 notierte sie dennoch: „Aber seit Tagen und Nächten webe ich wieder Musik in meinem Innern" (ebenda). Schließlich gab Gustav Mahler nach, gab fünf ihrer Lieder zur Veröffentlichung frei und forderte sie auf, zu komponieren. Tatsächlich begann sie zu komponieren, aber der Bruch in ihrer künstlerischen Entwicklung war nach 10 Jahren nicht mehr zu beheben. Ihre komplizierte Ehe mit Gustav Mahler dauerte bis zu seinem Tode im Jahre 1911. Vier Jahre später heiratete sie Walter Gropius; diese Ehe dauerte bis 1920; 1929 ging sie ihre dritte Ehe mit dem Dichter und Literaten Franz Werfel ein. Mit ihm und zusammen mit Heinrich und Golo Mann flüchtete sie über Frankreich, Spanien und Portugal in die USA. Dort pflegte sie Werfel während seiner schweren Krankheit. Er starb 1945. Alma Mahler-Werfel hatte vier Kinder. Nur ihre Tochter Anna Mahler überlebte und wurde Bildhauerin. Außer 14 Liedern gingen sämtliche ihrer Werke in den Kriegsjahren verloren. Sie starb am 11. Dezember 1964 in New York.

VOKALMUSIK

Fünf Lieder für Frauenstimme und Klavier (vermutlich 1900-1901): „Die stille Stadt" (Dehmel); „In meines Vaters Garten" (Hartleben); „Laue Sommernacht" (Falke); „Bei dir ist es traut" (Rilke); „Ich wandle unter Blumen" (Heine). Wien, Universal Edition 1910 / auch in: Sämtliche Lieder, Wien, Universal Edition 1984/ „Die stille Stadt" und „Ich wandle" auch in: Frauen komponieren, Mainz, Schott 1992

Vier Lieder für mittlere Stimme und Klavier: „Licht in der Nacht" (Bierbaum) (1901); „Erntelied" (Falke) (1901); „Waldseligkeit" (Dehmel) (1911); „Ansturm" (Dehmel) (1911). Wien, Universal Edition 1915 / auch in: Sämtliche Lieder, Wien, Universal Edition 1984

Fünf Gesänge für mittlere Stimme und Klavier: „Hymne" (Novalis); „Ekstase" (Bierbaum); „Der Erkennende" (Werfel) (1915); „Lobgesang" (Dehmel); „Hymne an die Nacht" (Novalis). Wien, Universal Edition, 1910 / London, Weinberger 1924 / auch in: Sämtliche Lieder, Wien, Universal Edition 1984

„Der Erkennende", in: Historical anthology of music by women. J. R. Briscoe (Hrsg.), Indianapolis, Indiana University Press 1987

BIBLIOGRAPHIE

Mahler, Alma: Gustav Mahler, Erinnerungen und Briefe, Amsterdam 1940

Mahler, Alma: Mein Leben, Frankfurt, Fischer 1960

Schollum, Robert: Die Lieder von Alma Maria Schindler-Mahler. Österreichische Musikzeitschrift 1979

Rieger, Eva: Frau und Musik. Mit Texten von Nina d'Aubigny, Adele Gerhard, Johanna Kinkel, Alma

Mahler-Werfel, Clara Schumann, u. a. Frankfurt, Fischer 1980 und Kassel, Furore

Mahler, Gustav: Briefe (Neuausgabe), Wien 1982

Schickedanz, Hans-Joachim: Femme fatale. Ein Mythos wird entblättert. Dortmund 1983

Manson, Karen: Alma Mahler-Werfel, die unzähmbare Muse, München, Heyne 1985

Sonntag, Brunhilde / Matthei, Renate (Hrsg.): Annäherung II an sieben Komponistinnen, Kassel 1987

Giroud, Françoise: Alma Mahler oder die Kunst, geliebt zu werden, München, Zolnay 1989

Nies, Christel (Hrsg.): Komponistinnen und ihr Werk. Kassel 1992

Roster, Danielle: Allein mit meiner Musik. Komponistinnen in der europäischen Musikgeschichte. Echternach, Editions phi 1995

DISKOGRAPHIE

Vier Lieder. Cathérine Ciesinski, Mezzosopran; Ted Taylor, Klavier. New York, Leonarda Prod.

„Ich wandle" / „Laue Sommernacht" / „Stille Stadt". Chr. Norton Welsh, Bariton; Ch. Spencer, Klavier. Preiser, Harmonia Mundi

Fünf Lieder / Vier Lieder / Fünf Gesänge. Isabel Lippitz, Sopran; Barbara Heller, Klavier. Osnabrück, cpo classic

Fünf Lieder. Elisabeth Kollek, Alt; Anneliese Jung, Klavier. München, Musica Femina

„Die stille Stadt" / „In meines Vaters Garten" / „Laue Sommernacht" / „Bei dir ist" / „Ich wandle" (mit Liedern von Gustav Mahler). Hanna Schaer, Mezzosopran; Françoise Tillard, Klavier. Frankreich, Adda Records

Heinz Zednik singt Lieder von Mahler-Werfel, Schönberg und Strauss. Leitner, Preiser Records

> „Du mußt dich mir bedingungslos hingeben, Dein zukünftiges Leben in jeder Einzelheit ganz nach meinen Bedürfnissen ausrichten und dafür nichts begehren außer meine Liebe."
>
> Gustav Mahler, Aus einem Brief an Alma Mahler vom 20.12.1901

Makarowa, Nina
(* 1908)

Nina Makarowa gehört zu den wenigen Komponistinnen, die nicht als Ehefrau, Schwester oder Tochter im Schatten berühmter Komponisten gestanden haben. Sie war mit Aram Khatschaturian verheiratet, und war eine von 260 Komponistinnen, die der Sowjetische Komponistenverband der 60er Jahre zählte. Sie wurde in Jurino bei Nishni Nowgorod (dem heutigen Gorki) geboren. Erst nach der Oktoberrevolution von 1918/19 konnte sie mit dem Klavierunterricht beginnen und ging als Kind nach Gorki zur Musikschule. Die hochbegabte Musikerin war damit nicht zufrieden, wurde gefördert und kam schließlich zum Moskauer Konservatorium. Hier gehörte sie zum Schülerkreis von Nicolai Mjaskowsi, der die Begabtesten um sich versammelte. 1937, mit 19 Jahren, machte sie ihr Kompositionsdiplom und schrieb dafür bereits eine große Sinfonie. In ihrer Kompositionsklasse lernte sie auch ihren späteren Ehemann, den Armenier Aram Khatschaturian, kennen. Im Gegensatz zu manch anderen westlichen Beispielen von Konkurrenzdruck unter komponierenden Familienangehörigen haben sich beide Musiker immer gegenseitig gefördert. Nina Makarowa hat ein umfangreiches Werk geschaffen: Kammermusik, Klaviermusik (sie selbst war eine ausgezeichnete Pianistin, die auch eigene Werke vortrug), eine große Sinfonie (1938), die sie der sowjetischen Jugend widmete und die 1964 zum Internationalen Frauentag in Meiningen, Thüringen, aufgeführt wurde. Zwei Opern kennen wir von ihr: „Das Märchen von der Wahrheit" sowie „Soja" (Der Mut). Letztere kam auch schon 1967 im Meininger Staatstheater zur Aufführung. Ihre Werke wurden nicht nur im sozialistischen Ausland, sondern auch in Paris, Brüssel, in Südamerika, im Libanon und anderen Ländern mit Erfolg aufgeführt und stehen keineswegs hinter den Werken des Ehemanns zurück. Oft hat die Komponistin auch selbst als Dirigentin am Pult gestanden.

KLAVIERMUSIK

„Le rêve de l'héroine" für Klavier
Sechs Etüden (1938/45)
Sechs Präludien
„Pastorale, Choral und Präludien (1928)
Sonatine für Klavier (1933)
Zwei Suiten für Kinder (1955)
Nocturne für Klavier
Fragmente aus der Musik zu „Marina Pineda"
Suite für Klavier

KAMMERMUSIK

Violinsonate (1934)
Zwei Melodien für Oboe und Klavier (1934)
Zwei Stücke für Cello und Klavier
Zwei Stücke für Violine und Klavier
Melodie und Scherzo für Violine und Klavier (1938)
Stücke für Oboe und Klavier (1938)
Zwei Werke für Harfe (1964)

ORCHESTERMUSIK

1. Sinfonie für großes Orchester (1938)
2. Sinfonie für großes Orchester (1943)
„Kak sakalyalas Stal", Suite für Orchester (1955)

VOKALMUSIK

Romanzen auf Gedichte von Shota Rustaveli
Romanzen auf Gedichte von A. Puschkin
Romanzen auf Gedichte sowjetischer Dichter
„Retour du soldat au foyer" (Text: A. Pricheletz)
„Drugo" (Text: Ketlinskaya) für Singstimme und Klavier
„Lastochki" (1948)
„Marina Pineda" (G. Lorca) für Gesang und Klavier
„Meine Nachtigall" für Sopran, Tenor und Baß
„Der Pfad" für Sopran, Tenor und Baß
Gesangszyklus nach Texten von S. Rustaveli
„An einen Freund" für Sopran, Tenor und Baß
Gesangszyklus nach Texten von Kovalkov
„In den Tagen des Krieges", Vokalzyklus für Baß und Klavier (1947)
und weitere Lieder für Gesang und Klavier

CHORMUSIK

„An Molotov", Kantate für Sopran, Chor und Orchester (1940)
„Skas o Lenin", Kantate für Sopran, Chor und Orchester (1970)

BÜHNENMUSIK

„Das Märchen von der Wahrheit", Oper (1947)
„Soja", sowjetisches Heldenepos, Oper (1962)
„Courage" (Text: Ketlinskaya), Bühnenmusik
„Marina Pineda" (Text: Lorca), Bühnenmusik
„Madlena Godar" (Text: Speschnjew) (1949)
„Pervyi grom" (1947)
„Vesenni potok" (Text: Schepurin) (1953)
„Volodya Dubinin" (Text: Kassilja) (1951)
Diverse Filmmusiken und Radio-Produktionen

DISKOGRAPHIE

Sinfonie Nr. 1 d-moll (1938) (mit Zara Levina: Klavierkonzert Nr. 2 und Poem für Viola und Klavier). Sinfonieorchester der UDSSR, Ltg. Olaf Koch. Russian Disc / Canada

Malibran, Maria Felicia, (geb. Garcia) (1808-1836)

Der Komponist Giovanni Pacini nannte sie einen Genius; Hector Berlioz schrieb 1837 in der Pariser „Gazette et Revue Musicale" über ihre Kompositionen und beschrieb sie als kraftvoll und hochdramatisch. Maria Malibran war die Tochter des Sängers und Komponisten Manuel del Populo Vicente Garcia und älteste Schwester der Sängerin und Komponistin Pauline Viardot-Garcia. Sie wurde am 14. März 1808 in Paris geboren. Schon als Kind lernte sie Gesang bei ihrem Vater und bereits mit sechs Jahren hatte sie ihr Debüt mit einem öffentlichen Auftritt. Sie setzte in Paris ihre Studien in Gesang und Komposition bis zu ihrem siebzehnten Lebensjahr fort. 1825 debütierte sie in London in der Rolle der Rosina in der Oper „Der Barbier von Sevilla" und avancierte zur Primadonna. Ihre Stimme wurde mit der Isabella Colbrans verglichen. Der ungewöhnliche Umfang ihrer Stimme ermöglichte es ihr, Sopran-, Mezzosopran und Contraalto-Partien mühelos zu singen. Ende 1825 ging sie nach New York und sang die Rolle der Rosina erneut im Park Theatre. 1827 trennte sie sich von ihrem Ehemann, dem Kaufmann Eugène Malibran, den sie in New York geheiratet hatte, und kehrte nach Europa zurück. Anfang 1828 debütierte sie mit „Semiramide" am Théâtre Italien in Paris, was zu einem Triumph wurde. Sie trat weiterhin mit großem Erfolg in London, Paris, Neapel, Rom, Venedig, Bologna und Mailand auf. 1836 heiratete sie den Violinisten und Komponisten Charles de Bériot, mit dem sie seit 1833 einen Sohn hatte. An den Folgen eines Sturzes starb sie am 23. September 1836 in Manchester. Zu ihren Ehren wurde im März 1837 die Kantate „In morte di Maria Malibran" in der Mailänder Scala aufgeführt.

Während ihres kurzen Lebens komponierte sie Chansonetten, Romanzen und andere Vokalstücke. Ihr Liederalbum „Dernières pensées musicales" wurde 1836 in Paris und 1837 in London gedruckt und enthielt zehn Romanzen und zwei italienische Lieder.

VOKALMUSIK

"Chansons Tyroliennes" / "Barcarolles" für zwei Frauenstimmen und Klavier, Paris, Troupenas 1828
"Le Retour de la Tyrolienne" für Singstimme und Klavier, Paris, Pacini
"Matinées musicales - Album lyrique" für Singstimme und Klavier:
"Le beau page"
"Rataplan"
"La Bayadère"
"Il ritrovo" (für zwei Stimmen)
"Il gondoliere" (für zwei Stimmen)
"No chiù lo guarracino"
"Le ménestrel"
"La voix qui dit je t'aime"
"Les refrains"
"Il barcajuolo"
"Il follettino"
"Enfants ramez", Neapel, Girard
"Dernières Pensées", 10 Arien und zwei italienische Lieder für Singstimme und Klavier, Paris, Troupenas 1836 / Neapel, Girard 1837:
"La fiancée du brigand"
"Le message"
"Prière à la Madonne"
"Hymne des matelots"
"Les noces d'un marin"
"Au bord de la mer"
"Adieu à Laure"
"Le montagnard"
"Les brigands"
"Le moribond"
"Tramtaram", Englisches Matrosenlied für Singstimme und Klavier. In: Das singende Deutschland, Leipzig, Reclam 1854
"Bella Molinera", Paris, Schott
"Chagrin d'amour", New York, Schirmer
"Ecossais", Paris, Schott
"Il Mattino", Paris, Schott
"Message", Paris, Ricordi
"Prendi per me sei libero", Paris, Ricordi
"Prière à la Madonna", Paris, Ricordi
"Le réveil d'un beau jour"
"Il gondoliere" (für zwei Stimmen) / "La fiancée du brigand" / "Addio à Nice" / "La visita della morte" / "Rataplan Tambour Habile" für Singstimme und Klavier, in: Una voce poco fa..., Patricia Adkins Chiti (Hrsg.), Rom, Garamond 1992

BIBLIOGRAPHIE

Thompson, J.: Memoires of the public and private Life of the Celebrates Maria Malibran, London, 1836
Viardot, Louise H.: Une famille de grands musiciens, Paris 1923
Bardi, Lorenzi de: La brève et merveilleuse vie de la Malibran, Paris, 1936
Flamant, A.: L'echanteresse errante: La Malibran, Paris, 1937
Reparaz, C. de: Maria Malibran, Madrid 1876
Chiti, Patricia Adkins: Donna in musica, Rom 1982
Bushnellm, H.: Maria Malibran, Pennsylvania 1982
Fischer-Dieskau, Dietrich: Wenn Musik der Liebe Nahrung ist. Künstlerschicksale im 19. Jahrhundert, Stuttgart 1990
Chiti, Patricia Adkins: Una voce poco fa..., Rom 1992

DISKOGRAPHIE

"Le réveil d'un beau jour". Bérénice Bramson; Roger Rundle. In: Works by Women Composers. Gemini Hall
"La Bayadère" / "Au bord de la mer" / "La visita della morte". In: Una voce poco fa..., Kompositionen der Primadonnen um Rossini (mit Viardo-Garcia, Colbran-Rossini, Brambilla, Ungher-Sabatier, Patti). Patricia Adkins Chiti, Singstimme; Gian Paolo Chiti, Klavier, Italien, Kicco Records
"Les brigands" / "La morte, in: "From a woman's perspective, art songs by women composers". K. Eberle, Mezzo; R. Guy, Klavier. Vienna Modern Masters

Mamlok, Ursula
(* 1928)

Die Komponistin wurde am 1. Februar 1928 in Berlin als Kind deutsch-jüdischer Eltern geboren. 1941 wanderte die Familie über Ecuador in die USA aus, wo die Komponistin heute noch lebt. Sie begann ihr Musikstudium bereits in Berlin und setzte es dann am Mannes College of Music in New York bei George Szell fort. Ihr Examen absolvierte sie an der Manhattan School of Music und ließ sich privat unterrichten von Roger Sessions, Ralph Shapey und Stefan Wolpe. Von 1967 bis 1976 lehrte Ursula Mamlok an der New York City University, am Kingsborgh College (bis 1974) und später an der Manhattan School of Music. Ihre Werke erhielten zahlreiche Auszeichnungen, u. a. den Koussevitzky- und den Fromm-Music-Foundation-Preis, den Preis der NEA und der BMI Broadcasting Music Inc. (1987), die ihr die Commendation of Excellence "for her contribution to the world of concert music" verlieh. Ihr Werk "When summer sang" wurde 1980 ausgewählt, um die USA beim International Rostrum of Composers zu vertreten. 1987 veranstaltete man in New York eine große Retrospektive ihres Schaffens. Für 1995 ist sie Stipendiatin der John Simon Guggenheim Foundation. Viele große Orchester und Organisationen haben ihr Kompositionsaufträge erteilt: die Koussevitzky Foundation, die Fromm Foundation, the Eastman School of Music, American Guild of Organists und das San Francisco Symphony Orchestra. Die Werke der Komponistin sind zumeist gedruckt (Peters, New York; American Composers Edition) und liegen auch in einigen Schallplatteneinspielungen vor. Heute lehrt Ursula Mamlok in New York, der Stadt, die zu ihrer zweiten Heimat wurde.

> „My primary concern as a composer has been the consolidation of older and newer techniques, as they best serve the work at hand".
>
> Ursula Mamlok über ihre eigenen Werke

CEMBALO- / KLAVIERMUSIK

„One duet for piano", vierhändig, New York, American Composers Edition
Scherzo für Klavier (1947), New York, American Composers Edition
„Childrens suite" für Klavier (1947), New York, Peters
„Childrens suite" für zwei Klaviere (1947), New York, Elkan-Vogel
„One solo for piano beginners" (1948), New York, Presser
„Bells" für Klavier zu vier Händen (1954), New York, Presser
„Grasshoppers", sechs Humoresken für Klavier (1957), New York, American Composers Edition
„Sculpture I" für Klavier (1965), New York, American Composers Edition
„6 recital pieces for young pianists" (1981)
„4 recital pieces for young pianists" (1982)
„3 bagatelles" für Cembalo (1987), New York, Peters

KAMMERMUSIK

Suite für zwei Klarinetten (für Anfänger), New York, Highgate
„Chamber concerto" für Streicher (1950), New York, American Composers Edition
„Woodwind quintet" (1956), New York, American Composers Edition
Sonatine für zwei Klarinetten (1957), New York, American Composers Edition
„Composition for solo cello" (1962), New York, American Composers Edition
„Designs for violin and piano" (1962), New York, American Composers Edition
Streichquartett (1963), New York, American Composers Edition
„Composition for seven players" (Streicher und Bläser) (1963), New York, American Composers Edition
„Concert piece for four" für Flöte, Oboe, Schlagzeug und Viola (1964), New York, American Composers Edition
„Temporal interrelations" für Flöte, Oboe, Violine, Cello und Kontrabaß (1965), New York, American Composers Edition
„Music for viola and harp" (1965), New York, American Composers Edition
„Movements" für Flöte, Altflöte, Schlagzeug und Kontrabaß (1966), New York, American Composers Edition
Capriccios für Oboe und Klavier (1968), New York, Peters
„Polyphony" für Solo-Klarinette (1968), New York, American Composers Edition
„Variations of interludes" für Schlagzeug-Quartett (1971), New York, Peters
„Polyphony II" für Englischhorn (1972), New York, American Composers Edition
Divertimento für Flöte, zwei Schlagzeuge und Cello (1975), New York, American Composers Edition
Sextett für Flöte, Klarinette, Baßklarinette, Klavier, Violine und Kontrabaß (1977), New York, Peters
„Festive sounds" für Holzbläserquintett (1978), New York, Peters
„When summer sang" für Flöte, Klarinette, Klavier, Violine, Cello (1980), New York, Peters
„Panta rhei" für Violine, Cello und Klavier (1981), New York, Peters
„From my garden" für Solovioline oder Viola (1983), New York, Peters
„Fantasy variations" für Cello solo (1983), New York, American Composers Edition
Concertino für Bläserquintett, Schlagzeug und Streicher (1985-88), New York, Peters
„Music for Stony Brook" für Flöte, Altflöte, Violine und Cello (1989)
„Rhapsody" für Klarinette, Viola, Klavier (1989), New York, Peters
Violinsonate (1989), New York, Peters
„Girasol" für Flöte, Klarinette, Violine, Viola, Cello, Klavier (1990), New York, Peters
Fünf Intermezzi für Gitarre (1991), New York, Peters

ORCHESTERMUSIK

Concerto für Kammerorchester (1950), New York, American Composers Edition
„Grasshoppers", sechs Humoresken für Orchester (1957), New York, American Composers Edition
Divertimento für Jugendorchester (1958), New York, American Composers Edition
Concerto für Oboe und Orchester (1974) (auch für zwei Klaviere und Schlagzeug), New York, American Composers Edition
Concertino für Holzbläser-Quintett, Schlagzeug und Streicher (1985), New York, American Composers Edition
„Constellation" für Orchester (1994), New York, Peters

VOKALMUSIK

„Daybreak" für Sopran und Klavier (1948), New York, American Composers Edition
„German songs" (Hesse) für mittlere Stimme und Klavier (1957), New York, American Composers Edition
„Straybirds" für Sopran, Flöte und Cello (1963), New York, Peters
„Haiku settings" für Sopran und Flöte (1967), New York, American Composers Edition
„Der Andreas-Garten" für Mezzosopran, Flöte, Altflöte und Harfe (1987), New York, Peters
„Die Laterne" für Sopran, Flöte, Klarinette, Violine, Cello und Klavier (1989), New York, Peters

CHORMUSIK

Psalm I für Soli, vierstimmgen gemischten Chor und Klavier (1956), New York, American Composers Edition
„Mosaics" für gemischten Chor (1969)

EXPERIMENTELLE MUSIK

„Sonar Trajectory" für Tonband (1966), New York, American Composers Edition

BIBLIOGRAPHIE

Ursula Mamlok, in: Bulletin der American Composers Alliance ACA, New York 1964
LePage, J. W.: Women Composers, Conductors and Musicians of the 20th Century, London, Scarecrow 1980
Sills, D. L.: Three Sides of a Coin: An Appreciation. In: ILWC Journal, 1993

DISKOGRAPHIE

Quintett for wind instruments (1956) Newport Classics
„Variations for solo flute". Katherine Hoover, Flöte. Greenville / USA, Opus One
„Elegy for woodwind quintet, string orchestra and percussion" (mit Werken von Van de Vate, Gardner, Richter). Bournemouth Sinfonietta, Ltg. Carolan Martin. New York, Leonarda
„Fantasie-Variations" für Cello (mit Werken von LeBeau und Souza). Camille de Souza, Cello. Ludwigsburg, Bauer
„Stray birds" für Sopran, Flöte und Cello. New York, Composers Recordings, CRI

Manziarly, Marcelle de (1899-1989)

Marcelle de Manziarly wurde am 13. Oktober 1899 als Kind französisch-russischer Eltern in Charkow, Rußland, geboren. Ihre Eltern wanderten, wie viele Russen ihrer Generation, nach Paris aus, wo Marcelle als Studentin zu Nadia Boulanger ging (1911). Später belegte sie einen Dirigierkurs bei Felix Weingartner in Basel (1930) und ließ sich in der Klavierklasse von Isabella Vengerova in New York (1943) ausbilden. In den USA trat sie mehrfach als Pianistin und Dirigentin auf. Ihr eigenes Klavierkonzert spielte sie unter Alfredo Casella 1933 beim Festival der Neuen Musik mit dem Concertgebouw Orchester. Ihre „Sonate pour Notre Dame" schrieb sie zur Befreiung der französischen Hauptstadt von den deutschen Nationalsozialisten (1944). Anläßlich einer Indienreise machte sie die Bekanntschaft von Rabindranath Tagore und öffnete sich musikalisch indischen Tonleitern und -systemen. Marcelle de Manziarly lehrte und arbeitete teilweise in Paris und in New York. Die Beschäftigung mit der Tonalität und ihren Grenzen führte u. a. zu tetratonalen Kompositionen (Sonate für zwei Klaviere 1946). Sie gilt als eine der wichtigsten Vertreterinnen neuer Musik nach Nadia Boulanger, und ihre Kammermusik wird heute wiederentdeckt. Die Komponistin verstarb am 12. Mai 1989 in Ojai, California. Ihr Gesamtwerk liegt in der Bibliothèque Nationale in Paris.

KLAVIERMUSIK

„Impression de mer" (1922)
„3 atmosphères slaves" (1922)
„Mouvement" (1935)
„Arabesques" (1937)

Tokkata (1939)
„Bagatelle" (1940)
Sonate für zwei Klaviere (1946)
Sechs Etüden für Klavier (1951)
„Stances" für Klavier (1969)

KAMMERMUSIK

Sonate für Violine und Klavier (1920)
Klaviertrio (1922)
Suite für Flöte und Klavier (1937)
Quintett für Flöte, Harfe, Violine, Viola und Cello (1943)
Streichquartett (1943)
Trio für Flöte, Cello und Klavier (1952)
„Trilogue" für Flöte, Viola da gamba und Cembalo (1957)
„Dialogue" für Cello und Klavier (1970)
„Periple" für Oboe und Klavier (1973)

ORCHESTERMUSIK

Klavierkonzert (1932)
„Sonate pour Notre Dame" für Orchester (1944-45)
„Musique pour orchestre" (1950)
„Incidences" für Klavier und Orchester (1964)

VOKALMUSIK

„3 Fables de La Fontaine" (1935)
Duos für Sopran / Tenor und Klavier (1952)
Duos für Sopran und Klarinette (1953)
„3 Chants" für Sopran und Klavier (1954)
„2 Odes de Grégoire" für Contratenor und Klavier (1955)
„3 Sonnets de Petrarca" für Bariton und Klavier (1958)
„Le cygne et le cuisinier" für vier Stimmen und Klavier (1959)

CHORMUSIK

„Chœurs pour enfants" (1938)
„Poèmes en trio" für Frauenstimmen und Klavier (1940)

BIBLIOGRAPHIE

Marcelle de Manziarly, in: Spycket: Nadia Boulanger, Lausanne, Lattes Payot 1987
Marcelle de Manziarly, in: Léonie Rosenstiel. Nadia Boulanger, New York/London, Norton 1982

DISKOGRAPHIE

„A son très cher et spécial" / „Chétive créature humaine", in: Honneur aux dames. Meta Bourgonjen, Mezzo; Ro van Hessen, Klavier. Leeuwarden, Stichting Famke
Trio für Flöte, Cello und Klavier (1952). H.J. Wegner, Flöte; Trio Cantabile. Wedemark, Thorofon
Trio für Flöte, Cello und Klavier (1952). Christiane Meininger, Flöte. Meininger-Trio. Bietigheim, Bayer Records

Marbé, Myriam
(* 1931)

Sie ist Rumäniens berühmteste Kompositionslehrerin: Die Komponistin und Musikpädagogin Myriam Marbé, die am 9. April 1931 in Bukarest geboren wurde. Ihren ersten Musikunterricht erhielt sie von ihrer Mutter, einer Klavierprofessorin. Die Jahre 1944 bis 1954 widmete sie umfassenden Studien am Bukarester Konservatorium: Musiktheorie bei Chirescu, Harmonielehre bei M. Negrea und I. Dumitrescu, Komposition und Kontrapunkt bei M. Jora und L. Klepper, Instrumentation bei Th. Rogalski, Musikgeschichte bei Z. Vancea und V. Popovici, Folklore bei S. Dragoi und E. Comisel und Klavier bei F. Musicescu und S. Capatina. Von 1953 bis 1954 arbeitete sie als Musikredakteurin am Bukarester Filmstudio. 1954 erhielt sie am Bukarester Konservatorium Cirpian Porumbescu eine Stelle als Assistentin und später eine Professur für Harmonielehre und Kontrapunkt. 1968, 1969 und 1972 nahm sie an den Internationalen Ferienkursen für Neue Musik in Darmstadt teil. Oft kam sie auch zu den Heidelberger Komponistinnen-Festivals. Für ihre Kompositionen wurde Myriam Marbé mehrfach ausgezeich-

Myriam Marbé. Foto: Archiv

net. Außerdem erhielt sie 1972 den Prix Bernier de l'Académie des Beaux-Arts de Paris. In Heidelberg erhielt sie den Künstlerinnen-Preis 1992. 1989 bis 1990 lebte sie mit einem Arbeitsstipendium in Mannheim. Nach 1990 vertiefte sie ihre Kontakte zu Deutschland und den Niederlanden, wo sie zeitweilig lebt. Ihre Werke wurden u. a. in Deutschland, den Niederlanden, Österreich, Japan und der Schweiz (Portrait-Konzert des DRS, Basel 1995) aufgeführt.

KLAVIERMUSIK

Allegro für Klavier
„Suitra pentru pan"
Sonata für Klavier (1956)
Preludie (1959)
„Piese" für Klavier (1962)
„Cluster-Studien für Klavier I und II (1970)
„Accents" (1971)

KAMMERMUSIK

„Incantatio", Sonata für Soloklarinette (1964), Wiesbaden, Breitkopf & Härtel
Sonate für zwei Bratschen (1965), Wiesbaden, Breitkopf & Härtel
Sonate für zwei Violinen (1965), Wiesbaden, Breitkopf & Härtel
„Le temps inévitable" für Streicher (1971)
„Zyklus" für Flöte, Gitarre und Schlagzeug (1974)
„Evocation, jeux de la mémoire" für Streicher (1976)
„Für Viola" (1977), Bukarest, Editura Muzicala
„La parabole du grenier I" für Streicher, Bläser und Schlagzeug (1977), Bukarest, Editura Muzicala
„Für Cembalo" (1978), Bukarest, Editura Muzicala
„La parabole du grenier II" für Klavier, Cembalo, Celesta und einen Instrumentalisten (1979)
„Les oiseaux artificiels" für Klarinette, Violine, Viola, Cello, Celesta und Rezitator (1979)
Streichquartett Nr. 1 (1981)
„Für Viola da gamba" (1982), Bukarest, Editura Muzicala
„Sonate per due" für Viola und Flöte (1985)
„Trommelbaß" für Streichtrio und Schlagzeug (1985)
Streichquartett Nr. 2 (1985)
„Des Cantec" für Bläserquintett (1985)
„Für Saxophon" (1986)
„After Nan" für Violoncello und Orgel (1987)
„The world is a stage" für Violine, Kontrabaß, Klarinette, Posaune und Schlagzeug (1987)
„Lui Nan" - Streichquartett Nr. 3 (1988)
„Kontakte" für Klarinette, Violine, Viola und Kontrabaß (1989)
„Dialog, nicht nur ein Bilderbuch für Christian Morgenstern" für Baßklarinette, Klavier, Sprecher ad lib. und Schlaginstrumente (1989)
„Diapente" für fünf Celli (1990)
„E-Y-Thé" für Klarinette und vier Celli (1990)
„Et in Arcadia" für Querflöte, Baßklarinette, Schlagzeug und Klavier (1993)
„Yoriek" für Klarinette / Blockflöte, Violine, Klavier und Schlagzeug (1993)
„Haikus" für Querflöte und Klavier (1993/94)
„Vocabulaire II" für Schlagzeuger

ORCHESTERMUSIK

„Time and space" für Orchester
„In memoriam" (1959)
„Divertimenti: musica festiva" für Bläser und Streichorchester (1961)
„Le temps inévitable" für Klavier und Orchester (1971)
„Eine kleine Sonnenmusik" für Kammerorchester (1974)
Konzert für Viola und Orchester (1977)
„Trium" für großes Orchester (1978)
Concerto für Viola da gamba und Orchester (1982)
„Time found again" für Kammerorchester (1982)
„Sonata per archi" für Streichorchester (Bearbeitung des 2. Streichquartetts) (1986)
„Ur-Ariadne - Sinfonie Nr. 1" (Texte: Catull, Herder, Nietzsche, Hesiod) für Mezzo, Saxophon und Orchester (1988)
„Konzert für Daniel Kientzy" für Saxophon und Orchester (1986), Bukarest, Editura Muzicala 1989

VOKALMUSIK

„Colind" für Stimme und Klavier (1950)
„The moon passes above the peaks" für Stimme und Klavier (1955)
„Voice of autumn" für Stimme und Klavier (1958)
„Inskriptie" für Stimme und Klavier (1959)
„Balade des menus propos" für Stimme und Klavier (1959), Bukarest, Editura Muzicala
Sieben Lieder auf Texte von G. Lorca (1961)
„Clime" für Mezzosopran und Kammerensemble (1966)
„Ritual für die durstige Erde" für Stimmen und Schlagzeug (1968), Wiesbaden, Breitkopf & Härtel
„Vocabulaire I", Gesang für Stimme, Klarinette, Klavier und Glocken (1974)
„An die Musik" (Rilke) für Alt, Orgel, Flöte (1983)
„An die Sonne" (Texte: delphische Hymnen und rumänische Volksrituale) für Stimme und Bläserquintett (1986)
„Atita Liniste" (tiefe Ruhe, Text: Lucian Blaga), Zyklus für Baß und Klavier (1986)
„Hymne au soleil", Variante von „An die Sonne" für Mezzo und Saxophon (1986)

„Farbe und Klang", Liederzyklus für Mezzo, Querflöte und Klavier/Cembalo/Gitarre (1989/90)
„Der Schätzer" (Text: Paul Aristide) für Sprecher, Tenor, Streichquartett, Posaune und Schlagzeug (1990)
„Na Castelloza" (Troubadour-Dichtung) für Mezzo, Oboe, Viola und Schlagzeug (1993)
„Mirail - Jeu sur des fragments de poèmes de femmes de troubadours" für drei Frauenstimmen, Querflöte, Oboe, Violine und Viola (1993)
„Überzeitliches Gold" (Text: Wolf von Aichelburg) für Sopran, Schlagzeug und Saxophon (1994)
„Passages in the wind" (Gedichte von J. G. Brown) für Tenor, Blockflöte, Cello und Cembalo (1994)

CHORMUSIK

„Cine cine" für einstimmigen Chor (1956), Bukarest, Espla
„Les chansons de la pluie" für Kinderchor und Klavier (1957)
„Suite chorale" (1959)
„Ce qu'a vu le vent" für gleiche Stimmen (1963), Bukarest, Editura Muzicala
„Petite suite pour chœur de femmes" (1965)
„Madrigale" (japanische Dichtung) für Frauenchor (1968)
„Chansons du quartier de Schei" (1971)
Drei Chöre auf rumänische Texte (1972), Bukarest, Editura Muzicala
„Le deuxième livre de Apolodor" (1981), Bukarest, Editura Muzicala
„Cantée" für Frauenchor (1984)
„Mädchen ordnen dem lockigen Gott" (Rilke) (1984)
„Ritual prin jocul copiilor" für Kinderchor (1984)
„Fra-Angelico - Marc Chagall - Voronet - Requiem" für Mezzo, Chor und Instrumental-Ensemble (1990)
„Stabat Mater" für 12 Stimmen und Ensemble (1991)

ELEKTRONISCHE MUSIK

„Jocus secundus" für Chor, Violine, Viola, Cello, Klarinette, Klavier, Schlagzeug und Tonband (1969)

BIBLIOGRAPHIE

Danceanu, L.: Myriam Marbé - Porträt, in: Neuland Bd. 4, Bergisch-Gladbach 1984
Marbé, Myriam: Tote müssen beweint werden, in: Komponistinnen-Dokumentation, Heidelberg 1989
Beimel, Thomas: Vom Ritual zur Abstraktion. Über die rumänische Komponistin Myriam Marbé. Wuppertal, Tokkata 1994
Gojowy, D.: Zwischen Absolutem und Alltäglichem, In: Komponistinnen-Dokumentation, Heidelberg 1989
Dibelius, U.: Moderne Musik II, München/Mainz 1988
Gronemeyer, G.: Myriam Lucia Marbé. In der Reihe: Klangporträts, Berlin 1991

DISKOGRAPHIE

„Incantatio", Sonate für Klarinette. Aurelian Octav Popa, Klarinette. Electrecord
„Jocus secundus". Formatia Musica Nova. Electrecord
„Ritual für die durstige Erde". Corul de Camera Madrigal. Electrecord
„Ciclus I" für Flöte, Gitarre und Schlagzeug. Voicu Vasinca (Flöte), Schlagzeug. Electrecord
„Concerto pour Daniel Kientzy" für Saxophon und Orchester. Daniel Kientzy (Saxophon). Orchestre Symphonique de la Philharmonie de Ploiesti, Ltg. H. Andrescu
„Trommelbaß" (Streichtrio). Trio Romantico. Electrecord
„Chiuituri", Fassung für Kinderchor, Flöte und Schlagzeug. Electrecord
„Concert pour Cembalo" und acht Instrumente. A. Tomesco, Cembalo; Instrumentenensemble, Ltg. Anatol Vieru. Electrecord
„Serenata - eine kleine Nachtmusik". Philharmonie Brasow, Ltg. F. J. Galati. Electrecord
„Timpul regasit". Consortium violae, Ltg. Sanda Craciun. Electrecord
„An die Sonne" / „Fra Angelico" (Requiem). R. Sperber, Mezzo; Heidelberger Madrigalchor, Festival-Ensemble, Ltg. Gerald Kegelmann. Mediaphon
Streichquartett Nr. 1 In: Romanian Anthology I, Amsterdam, Attacca Records

Marez Oyens, Tera de
(* 1932)

Tera de Marez Oyens wurde am 5. August 1932 in Velsen, in den Niederlanden, geboren. Sie studierte bis 1953 am Konservatorium in Amsterdam Klavier bei Jan Ode, Cembalo bei Boer, Violine bei Henrichs und Orchesterleitung bei Hupka. Sie setzte ihre Studien in Komposition und Instrumentation bei Hans Henkmans fort. Anschließend schloß sie ihre Ausbildung bei Gottfried Koenig in Elektronischer Musik am Institut für Sonologie der Universität Utrecht ab. Sie konzertierte als Pianistin, dirigierte Chöre und Orchester, leitete Improvisationsgruppen für Kinder und Erwachsene und produzierte Musikreihen für den Holländischen Rundfunk. Sie hielt zahlreiche Vorträge über Gruppenimprovisation und moderne Klangvorstellung auf internationalen Kongressen und in Musikhochschulen. 1978 veröffentlichte sie ihr Buch „Werken met moderne Klanken".

Tera de Marez Oyens hat bisher rund 300 Werke geschrieben. Ihre Kompositionen reichen von Vokalwerken, Kammermusiken und großen Orchesterwerken bis zu Kirchenmusik, Elektronischer Musik und Kinderopern. Viele ihrer Werke wurden gedruckt, im Rundfunk gesendet und in verschiedenen Ländern aufgeführt. Sie wirkte bis 1988 als Professorin für Komposition und Neue Musik am Konservatorium in Zwolle. 1991 war sie als Vorsitzende des International Congress on Women in Music die maßgebende Organisatorin dieser internationalen Musikveranstaltung un Utrecht.

Die Werke von Tera de Marez Oyens wurden mehrfach ausgezeichnet (u. a. erhielt ihr Vokalwerk „From Death to Birth" 1976 in Mannheim den VI. Internationalen GEDOK-Preis). Zur Zeit wirkt sie als freischaffende Komponistin in Hilversum.

ORGEL- / KLAVIERMUSIK

Partita für Orgel (1958), Amsterdam, Donemus 1981
Sonatine für zwei Klaviere (1961), Amsterdam, Donemus 1962
Sonatine für Klavier (1963), Amsterdam, Donemus 1964
„Seven Dances" für Klavier, Hilversum, Harmonia 1973
„Musikbuch von Valentin" (1974), Amsterdam, Broekmans & van Poppel
„Nocturne - a Chopin joke" (1976), Hilversum, Harmonia
„Balerina on a cliff", Intermezzo für Klavier (1980), Amsterdam, Donemus 1980
„Sentenced to dream" für Klavier (1990), Amsterdam, Donemus 1993
Präludium und Tanz für Klavier (1992), Amsterdam, Donemus 1993

KAMMERMUSIK

„Two sketches für Holzbläserquintett (1963), Amsterdam, Donemus
„Deducties" für Oboe und Cembalo (1964), Amsterdam, Donemus 1964
„Lamentation" für Blockflöte (1964), Amsterdam, Donemus
„Adventures in Music" für beliebige Besetzung, Hilversum, Harmonia 1970
Suite für drei Flöten und Schlagzeug (1971), Hilversum, Harmonia
„Sound and silence II" für verschiedene Instrumentengruppen (1971), Amsterdam, Donemus 1971
„Relaxations" für Blockflötenensemble (1971), Amsterdam, Donemus
Oktett für Bläser (1972), Amsterdam, Donemus 1974
"Spel" für Holzbläserquintett (1972), Amsterdam, Donemus
„Ryoanji Temple" für Kontraalt, Oboe, Violine, Viola und Cello (1972), Amsterdam, Donemus
„Canzone per sonar" für zwei Instrumentalensembles und Schlagzeug (1972), Amsterdam, Donemus 1972
„Suite du petit prince" für Bläserquartett (1973), Amsterdam, Donemus 1973
„Tre modi" für Blockflötenquartett und Streichorchester (1973), Amsterdam, Donemus 1973
„Starmobile" für fünf Gruppen (1974), Amsterdam, Donemus 1974
„Swartches", Trio für dreistimmiges gemischtes Ensemble (1974), Hilversum, Harmonia
Trio für Cello, Schlagzeug und Tonband (1974), Amsterdam, Donemus
„Inter-Times", Musik für das Radiostück „Elckerlyck" für Oboe, Fagott und Keyboard (1977), Amsterdam, Donemus 1977
„Takadon" für Holzbläser, Blechbläser, Stimmen, Schlagzeug, Gitarre, Streicher und Klavier (1978), Haarlem, De Toorts
„Mahpoochah" für sieben oder mehr Instrumente (1978), Amsterdam, Donemus 1978/86
„Mosaik" für Oboe, Klarinette, Horn, Fagott, Klavier (1979), Amsterdam, Donemus 1979
„Cellogism" für Cello und Klavier (1980), Amsterdam, Donemus 1980
„Pearls and strings" für Gitarre und Cello (1981)
„Polskie miasta" für Flöte, Oboe, Violine, Viola, Cello und Klavier (1981), Amsterdam, Donemus 1981
„Contrafactus" für Streichquartett (1982), Amsterdam, Donemus 1982
„Lenaia" für Flöte solo (1982)
„Lenaia", Quintett für Flöte, zwei Violinen, Viola, Cello (1982), Amsterdam, Donemus 1982
„Octopus" für Baßklarinette und Schlagzeug (1982), Amsterdam, Donemus 1983
„Möbius by ear" für Viola und Klavier (1982), Amsterdam, Donemus 1982
„Valalan" für Gitarre solo (1984), Kassel, Furore 1992
„Springtal" für Gitarre solo (1984), Kassel, Furore 1994
„Yagon" („Melancholie") für Klarinette, Violine, Viola und Klavier (1984)
„Trajectory" für Saxophon-Quartett (1985), Amsterdam, Donemus 1986
„Confluence" für Cello und Akkordeon (1985)
„Hall of mirrors" für Gitarre solo (1985), Amsterdam, Donemus 1985

„Journey" für Kontrabaß solo (1985)
„Free for all" für fünf Instrumente (1986), Hilversum, Harmonia 1986
„Powerset" für Saxophon-Quartett und Schlagzeug (1986), Amsterdam, Donemus
„Vignetten" für Sopranflöte, Schlagzeug und Klavier (1986), Amsterdam, Donemus 1987
„Modus I" für Flöte, Oboe, Klarinette, Fagott, Streicher, Hilversum, Harmonia
„Gilgamesh quartet" für vier Posaunen (1988), Amsterdam, Donemus 1988
„Mandala" für Altsaxophon und Klavier (1988), Amsterdam, Donemus 1988
„Structures" für Violine und Klavier (1988)
Streichquartett Nr. 3 (1988), Amsterdam, Donemus 1988
„Dublin quartet" für Klavier, Violine, Viola und Cello (1989), Amsterdam, Donemus 1990
„Boatmusic" für Akkordeon (1992), Amsterdam, Donemus 1993
„Ananse Duo" für Oboe und Akkordeon (1993)
„Dawn in the dunes" für bambuso sonore und Bambusflöte (1994), Amsterdam, Donemus 1994

ORCHESTERMUSIK

„Partita for David" für Kinderorchester, Hilversum, Harmonia 1961
Divertimento für Schulorchester (1964), Amsterdam, Donemus
„Valentino Serenata" für kleines Sinfonieorchester (1967), Hilversum, Harmonia
„Reynard Tunes" für Schulorchester, Hilversum, Harmonia 1969
„Introduzione" für Orchester (1969), Amsterdam, Donemus 1971
„Transformation" für Orchester (1972), Amsterdam, Donemus 1972
„Suite du Petit Prince" für Schulorchester (1973), Hilversum, Harmonia und Amsterdam, Donemus 1973
„Modus I" für kleines Orchester, Hilversum, Harmonia 1974
„Human" für Sinfonieorchester und Tonband (1975), Amsterdam, Donemus 1975
„Shoshadre" für Streichorchester (1976), Amsterdam, Donemus 1976
„Episodes" für Sinfonieorchester und andere Ensembles (1976), Amsterdam, Donemus 1976
Concertino „In Exile" für Klavier und Kammerensemble (1977), Amsterdam, Donemus
Concerto für Flöte und Holzbläser (1983)
„Litany of victims of war" für Orchester (1985), Amsterdam, Donemus
„Via octava" für Orchester (1985)
„Structures and dance", Konzert für Violine und Orchester (1987)
„Symmetrical memories" für Cello und Orchester (1988), Amsterdam, Donemus 1988
„Confrontations" für Klavier und Orchester

VOKALMUSIK

„Zuid Africaanse liederen" für Sopran / Tenor und Klavier (1951), Ars Nova
„Bamboerijntjes" für Alt-, Baß- und Tenorflöten (1957), Amsterdam, Heuwekemeijer
„Dolcinettes" für zwei Sopran und eine Altblockflöte (1957), Amsterdam, Heuwekemeijer
„Der chinesische Spiegel" für Tenor und Klavier (1962), Amsterdam, Donemus
„In't groene Veld" für Gesang, Flötentrio und Schlagzeug (1963)
„Een duif ophet dak", 14 Kinderlieder, Hilversum, Harmonia 1968
„And she remained" für Stimme, Keyboard und Schlagzeug (1978), Amsterdam, Donemus 1987
„Three hymns" für Mezzosopran und Klavier (1979), Amsterdam, Donemus 1980
„Imploring mother" für Sopran, Klarinette, Bassetthorn und Klavier (1982), Amsterdam, Donemus
„Vignettes" für zwei Klaviere und Stimme (1984)
„Coloured Songs" für Sopran und Laute (1986), Nederland Lute Association
„Shadow of prayer" für Flöte, Gesang, Amsterdam, Donemus 1989
„From a distant planet", sechs Stücke für Bariton und Klavier, Amsterdam, Donemus 1990
„Recurring thoughts of a haunted traveller" für Sopran und Saxophon-Quartett (1991)
„If only", fünf Lieder für Sopran, Flöte, Schlagzeug und Klavier (1989), Amsterdam, Donemus 1992

CHORMUSIK

„Tragödie" für gemischten Chor a cappella (1957)
„Yerushala'im", Motette für gemischten Chor
„Lament of the frontier guard" für Sopran, Bariton und zwei gemischte Chöre (1964)
„Communication" für Chor und Tänzer (1970), Amsterdam, Donemus
„Deposuit potentes de sede" für gemischten Chor a cappella (1970), Amsterdam, Donemus 1973
„Pente Sjawoe Kost" für gemischten Chor und sieben Sprecher (1970), Amsterdam, Donemus
„Schoolslag" für gemischten Chor und Bariton (1970), London, Boosey & Hawkes
„Canto di parole" (1971), London, Boosey & Hawkes
„Vocafonie" für Männerstimmen (1972), Amsterdam, Donemus

„Bist du bist" I (Text: Franz Mon) für Sopran, Alt, Tenor und Baß (1973), Amsterdam, Donemus 1973
„Deposiut potentes de sede" für gemischten Chor, Amsterdam, Donemus 1973
„Bist du bist" II (Text: Franz Mon) für gemischten Chor a cappella (1973), Amsterdam, Donemus
„From death to birth" für gemischten Chor (1974), Amsterdam, Donemus 1974
„To Sweden with love" für gemischten Chor (1974), Amsterdam, Donemus 1974
„The lover" für gemischten Chor (1975), Amsterdam, Donemus
„Ode to Kelesh" für Chor und Instrumente (1975), Amsterdam, Donemus
„Kommt Vrienden in het Ronden" für Frauenchor a cappella, Hilversum, Harmonia
„Bist du bist" III (Text: Franz Mon). Fassung für nicht professionelle Stimmen (1976), Amsterdam, Donemus 1978
„The fire and the mountain", Kantate für gemischten Chor und Orchester (1978)
„Roulette of moments" für gemischten Chor, Schlagzeug und Streicher (1979), Amsterdam, Donemus
„The Odyssey of Mr. Goodevil", Oratorium für Instrumente, vier Soli, zwei Sprecher und zwei Chöre (1981), Amsterdam, Donemus
„Black" für gemischten Chor (1981), Amsterdam, Donemus 1982
„Abschied" für gemischten Chor (1983)
„Het lied van de duizend angsten" (Text: Ingrid van Delft) für Sopran, Alt, zwei Chöre und Orchester (1984), Amsterdam, Donemus 1984
„Testamento" für Chor, drei Klarinetten, drei Posaunen, Schlagzeug und Klavier (1986)
„Sinfonia testimonial" für Orchester, Chor und Tonband (1987), Amsterdam, Donemus 1987

ELEKTRONISCHE MUSIK

Etüde für Klavier und Techniker (1964)
„New Babylon impression" (1964)
„Combattimento ritmico" (1965)
„Canon en variaties" für zwei Schlagzeuger und vier Akkordeone (1967), Amsterdam, Donemus
„Photophonie" für vier Spuren und acht Lichtquellen (1969), Amsterdam, Donemus 1971
„Tre modi" für drei Violinen, Cello und Tonband-Quartett (1973), Amsterdam, Donemus 1973
„Relaxations" für Tonband-Ensemble (1971), Amsterdam, Donemus 1971
„Mixed feelings" für vier Spuren und Schlagzeug (1973), Amsterdam, Donemus 1973
„Delta Ballett" für Ballett und Tonband (1973), Amsterdam, Donemus 1973

Trio für Baß, Schlagzeug und Tonband (1974), Amsterdam, Donemus 1974
Trio für Schlagzeug, Stimme und Tonband (1974), Amsterdam, Donemus
„Werken met moderne klanken", Amsterdam, Donemus 1978
Concerto für Horn und Tonband (1980), Amsterdam, Donemus 1980
„Charon's gift" für Klavier und Tonband (1982), Amsterdam, Donemus 1982
„Ambiversio" für Baßklarinette und Tonband (1983), Amsterdam, Donemus 1986
„Vagaries" für Klavier und Tonband (1983)
„Dance of illusion", verbosonisch-elektronisches Ballett (1985)
Concerto für ein Cello und Tonband (1986), Amsterdam, Donemus 1986
Cellokonzert für fünf Celli und Tonband (1986), Amsterdam, Donemus
„Parallele" für Schlagzeug solo (1986), Amsterdam, Donemus 1986
„Nam San" für Marimba (1992), Amsterdam, Donemus 1992

BÜHNENMUSIK

„Dorp zonder muziek" (1960), Kinderoper
„Liedje gezocht" (1962), Hilversum, Harmonia
„Anders dan Andersen" (1966), Hilversum, Harmonia
„De Kapitein is Jarig" (1966), Hilversum, Harmonia
„Van de Vos Reynaerde" (1966)

BIBLIOGRAPHIE

Marez Oyens, Tera de: Werken met moderne Klanken. Harlem, de Toorts 1978
Sonntag B. / Matthei, R. (Hrsg.): Annäherungen an sieben Komponistinnen (darin: Marez Oyens: Wenn ich Musik höre, dann ist es als ob ich Klänge einatme), Kassel 1989
Overweel, Ellen: Tera de Marez Oyens. In: Zes vrouwelijke componisten. Helen Metzelaar (Hrsg.), Zutphen 1991

DISKOGRAPHIE

Electronic Music 1954-68, Amsterdam, Donemus
Electronic Music 1967-76, Amsterdam, Donemus
Streichquartett Contrafactus (1981). NM Classics/ Arcade
„Recurring thoughts of a haunted traveller" für Sopran und Saxophon-Quartett. Erasmus Muziek
„From Death to Birth" / „Ballerina on a cliff" / „Charon Gift" / "Ambeversion". Tera de Marez Oyens, Klavier; Harry Sparnaay, Klarinette und The Netherland's Vocal Ensemble. Amsterdam, BVHAAST

„Slaap" / „Waghondjies". In: „Honneur aux dames". Meta Bourgonjen, Gesang; Ro van Hessen, Klavier. Leeuwarden

„Structures and dance" (mit Zajaczek: Sonate für Violine). Robert Szreder, Violine; Radio Sinfonie-Orchester.Proviva / Intersound

„Sinfonia Testimonia" / „Charon's Gift" / „Litany of the victims of war". Tera de Marez Oyens, Klavier; Large Radio Choir; Radio Sinfonie-Orchester. Amsterdam, Donemus

„Al die Namen, al die meeverbrande Namen: 'Charon's Gift', 'Three Hymns'" (mit Jouri Butzko: Trio), Composers Voice

Tera de Marez Oyens: „From Death to Birth" / „Ballerina on a cliff" / Intermezzo / „Ambiversion" / „Vignettes" / Trio / „Dreams of Madness". Harry Sparnaay, Baßklarinette; Wim Koopman, Schlagzeug; Tear de Marez Oyens, Klavier; F. Nan, Flöte; M. Michel, Sopran; Chor des Niederländischen Vokalensembles; Mitglieder des „Omroepkoor". Amsterdam, BVHAAST

„Cas de Marez - Cathédral de Chant": „Sinfonia Testimonial" / „Charon's Gift" / „Litany of the victims of war". Cas de Marez, Gesang; Bert Kraagpool, Soundingenieur

Maria Antonia Walpurgis, Kurfürstin von Sachsen
(1724-1780)

Sie war ein Allround-Talent: die deutsche Komponistin, Cembalistin, Sängerin, Dichterin und Malerin Maria Antonia Walpurgis. Sie wurde am 18. Juli 1724 in München geboren und war die Tochter des Kurfürsten von Bayern und späteren Kaisers Karl VII. Den ersten Klavierunterricht erhielt sie von G. Ferrandini in München. Nach ihrer Heirat im Jahre 1747 mit dem Kurfürsten Friedrich Christian von Sachsen studierte sie Gesang und Komposition bei J. A. Hasse und Nicola Porpora in Dresden. Die vielseitig Begabte schrieb zwei Opern, die beide gedruckt und aufgeführt wurden: „Il trionfo della fedeltà" und „Talestri" (Aufführungen 1754 und 1763 in Dresden). Für die Komponisten Hasse, Graun, Ristori und andere Zeitgenossen verfaßte sie außerdem Texte zu Kantaten und Oratorien. Als Mitglied der Römischen Arkadischen Gesellschaft unterzeichnete sie zahlreiche Werke mit ihrem Künstlernamen Ermelinda Talea Pastorella Arcada ETPA. Sie trat oft als Sängerin und Cembalistin bei Hofe auf. Der Reiseschriftsteller Charles Burney lobte sie sehr, und sie sang in ihren eigenen Opern, die neben Dresden auch in anderen europäischen Metropolen aufgeführt wurden. Als Malerin war Antonia Walpurgis Ehrenmitglied der Akademie San Luca in Rom. Friedrich der Große zählte sich zu ihren Bewunderern und unterhielt mit ihr zwischen 1763 und 1779 einen regen Briefwechsel. Maria Antonia Walpurgis starb am 23. April 1780 in Dresden.

ORCHESTERMUSIK
Ouvertüre für Orchester in acht Sätzen (1770)

VOKALMUSIK
„Prendi ultimo addio" für Sopran, Streicher und Basso continuo, Amsterdam, Broekmans

„Pastorale" für Gesang und Klavier (1741)

„Intermezzi comiche" für Gesang und Klavier

„Aria a Soprano con stromenti", drei Bände

„Meditationen" für Gesang und Basso continuo (vier Bände) (1746)

„Aria di Clori" aus „Trionfo della Fedeltà" (1756)

„Tomiri" aus der Oper „Talestri" (1765)

„Se mai turbo il tuo riposo" für Singstimme und Klavier, in: Zwei Gesänge für Singstimme und Klavier, Langensalza, Beyer & Söhne

CHORMUSIK
„La conversione de St. Agostino", Oratorium

„Motetti spirituali per chiesa" (1739)

BÜHNENMUSIK
„Il trionfo della fedeltà, Dramma pastorale di E. T. P. A.", Leipzig, Breitkopf 1756

daraus Ouvertüre in: Ausgewählte Werke von Mitgliedern des Sächsischen Königshauses, für Klavier bearbeitet. Langensalza, Beyer & Söhne 1910

„Talestri, Regina delle Amazzoni. Dramma per musica di E. T. P. A." (in drei Akten), Leipzig, Breitkopf 1765

BIBLIOGRAPHIE
Preuss: Correspondance de Frédéric avec l'Electrice Marie-Antoine de Saxe, Berlin 1854

Petzholt, J.: Biografisch-litterarische Mittheilungen über Maria Antonia Walpurgis von Sachsen. In: Neuer Anzeiger für Bibliographie, 1856

Weber, C. M. von: Maria Antonia Walpurgis, Churfürstin zu Sachsen, Dresden 1857

Schmid-Dresen, O.: Maria Antonia Walpurgis. In: Fürstliche Komponisten aus dem Sächsischen

Königshause. Beyer & Söhne, Langensalza 1910
Drewes, H.: Maria Antonia Walpurgis als Komponistin, Leipzig 1934
Yorke-Long, A.: Music at Court, four 18th century studies, London 1954
Burney, Ch: An 18th century musical tour in Central Europe and the Netherlands. London, Oxford University Press 1959. Neuausgabe von 1773/75 und Heinrichshofen 1980

Marini, Giovanna
(* 1937)

In ihren musikepischen Werken findet sich die Tradition der Commedia dell'Arte wieder. Giovanna Marini kam 1937 in Rom auf die Welt. Ihre Eltern waren beide gute Musiker und komponierten. Am Conservatorio di Santa Cecilia in Rom studierte sie klassische Gitarre und Komposition (Pinelli). 1960 setzte sie ihr Studium an der Musikakademie in Siena bei Andrès Segovia fort. Nach zweijährigem Aufenthalt in den USA arbeitete sie von 1965 bis 1970 mit Dario Fo und Pier Paolo Pasolini zusammen. 1966 begann sie zu komponieren und unterrichtete ab 1967 an der Scuola popolare di musica del Testaccio in Rom ethnische Gesangstechnik, der sie seit 1963 ihre besondere Aufmerksamkeit widmete. Sie forschte und sammelte italienische Lieder, Reime und Erzählungen. 1979 gründete sie das Giovanna-Marini-Frauenvokalquartett, für das sie zahlreiche a-cappella-Stücke, Kantaten und Madrigale schrieb. Das Vokalquartett konzertierte mit einem riesigen Erfolg in vielen Ländern.
Giovanna Marini schrieb Opern, Theater und Filmmusiken, für die sie mehrfach ausgezeichnet wurde. Ihr Requiem „Cantata delle cinque stanze" wurde 1986 in Hamburg uraufgeführt. Ihre Oper „Il regalo dell'imperatore" lief in Paris acht Wochen lang sehr erfolgreich. Sie nahm an zahlreichen großen Festivals teil (u. a. in Avignon, Paris, Barcelona, Montepulciano). Seit 1979 lebt sie zeitweise in Frankreich und übernahm 1989 einen Lehrauftrag für ethnische Musik an der Université de Saint-Denis.

VOKALMUSIK
„Vi parlo dell'America", Ballade für Sänger und Sprecher (1967)
„Chiesa, Chiesa", Ballade (1968)
„Evviva Voltaire e Montesquieu", Ballade (1968)
„La Creatora", Ballade (1969)
„La vivazione" (1970)
„La nave", Ballade (1971)
„L'eroe", Ballade (1971)
„Lunga vita allo spettacolo", Ballade
„Il processo", Melodrama (1972)
„I treni per Reggio Calabria" (1974)
„Correvana coi carri" (1977)
Diverse Kantaten und Madrigale für Vokalquartett (1979)
„Cantate de tous les jours I" für Vokalquartett (1980)
„Cantate de tous les jours II" für Vokalquartett (1982)
„Le cadeau de l'empereur" (1984)
„Pour Pier Paolo Pasolini" (1985)
„La vita sopra e sotto i mille metri", Kantate für vier Frauenstimmen

CHORMUSIK
Requiem - „Cantata delle cinque stanze" für Chor und Favoritchor (Hirten) (1985)

BÜHNENMUSIK
„La scuola delle mogli"
„I due sergenti"
„Galateo di monsignor della casa"
„Funerale"
„Pentesilea" (Kleist)
„Les Troyennes" (Euripides) (1988)
„Il regalo dell'imperatore" für 14 Bläser, Schlagzeug, Soli und Chor (Oper)
„La grande madre impazzita" (1972) (Oper)

FILMMUSIK
„Sospetto"
„Porci con le ali"
„Terminal"
„Caffe express"
„I tre operai"
„Avventura di un fotografo"
„Io sono mia"

DISKOGRAPHIE
„Vi parlo de America", Dischi del sole
„Viva Voltaire et Montesquieu", Dischi del sole
„La Creatora" , Dischi del sole
„La Vivazione" , Dischi del sole
„La Nave" , Dischi del sole
„L'Eroe" , Dischi del sole
„I treni per Reggio Calabria. I dischi del sole" , Dischi del sole
„Correvano coi carri" , Dischi del sole
„Cantate de tous les jours" I und II. Paris, Chant du Monde

„Le cadeau de l'empereur". Paris, Chant du Monde
„Pour Pier Paolo Pasolini". Paris, Chant du Monde
Requiem. „Cantata della cinque stanze". Aris/Ariola
„Les Troyennes", Tragödie. IGLOO
„Cantata Profana". Silex
„Justinien Trouve", Filmmusik. Philips
„La vie au-dessus et en dessous de mille mètres". Silex

Martinez, Marianne
(1744-1812)

Sie war mit der feinsten Bildung ihrer Zeit ausgerüstet und beherrschte mehrere Sprachen. Marianne Martinez kam am 4. Mai 1744 in Wien auf die Welt. Ihrem Vater Nicolò Martinez, einem Neapolitaner spanischer Herkunft, war es gelungen, von der Kaiserin Maria Theresia in den Ritterstand erhoben zu werden. Marianne Martinez war ein hochbegabtes Kind, fiel Abbate Pietro Metastasio, dem Hofdichter und renommiertesten Libresttisten des 18. Jahrhunderts, auf, der im Hause Martinez' wohnte. Metastasio übernahm ihre musikalische und allgemeine Erziehung und spielte bei ihrem persönlichen Werdegang die größte Rolle. So ließ er sie bei Nicola Antonio Giacinto Porpora in Gesang und Komposition ausbilden. Sogar der damals 22jährige Joseph Haydn wurde engagiert, die Kunstfertigkeiten der zehnjährigen Marianna Martinez zu vervollständigen. Auch Giuseppe Bonno und Johann Adolf Hasse unterrichteten sie. Bereits im frühen Alter begann sie zu komponieren. Ihre Litaneien schrieb sie 1760, als sie gerade 16 Jahre alt war. Bis zu ihrem 20. Lebensjahr hatte sie neben diversen Klaviersonaten sechs Motetten und vier Messen geschaffen.
Eine ihrer Messen wurde erstmals 1761 in der Wiener Hofkirche St. Michael aufgeführt und fand große Anerkennung. 1773 wurde sie, erst 29jährig, zum Mitglied der Accademia Filarmonica in Bologna ernannt, der u. a. Mozart, Torelli, Corelli (später auch Rossini und Busoni) angehörten. Um die gleiche Zeit wurde sie auch in die berühmte Wiener „Tonkünstler Societät" aufgenommen. 1774 erhielt sie die Ehrendoktorwürde der Universität Padua. Die wöchentlichen Musiksoiréen in ihrem Haus, bei denen auch Mozart und Haydn mitwirkten, wurden weit bekannt. Die Uraufführung ihres Oratoriums „Isacco figura del redentore" fand 1783 wenige Wochen vor dem Tod ihres Förderers Metastasio statt. 1790 gründete sie in Wien eine Gesangsschule für Mädchen, die zahlreiche bedeutende Sängerinnen hervorbrachte. Marianne Martinez starb am 13. Dezemer 1812 in Wien. Der größte Teil ihres hinterlassenen umfangreichen Werkes (allein über 150 Arien und Kantaten in neapolitanischem Gesangsstil) liegen noch unveröffentlicht in den Bibliotheken in Neapel, Wien, Mailand, Berlin und Dresden.

CEMBALO- / KLAVIERMUSIK
Sonate in E-dur für Klavier / Cembalo, in: Alte Meister, Leipzig, Breitkopf & Härtel 1868-91 / T. Kloft (Hrsg.), Düsseldorf, Edition Donna / B. Harbach (Hrsg.), in: Women Composers for the Harpsichord or Piano, Elkan-Vogel
Sonate in A-dur für Klavier / Cembalo, in: Alte Meister, Leipzig, Breitkopf & Härtel 1868-91 / T. Kloft (Hrsg.), Düsseldorf, Edition Donna / B. Harbach (Hrsg.), in: Women Composers for the Harpsichord or Piano, Elkan-Vogel
Sonate in e-moll für Klavier / Cembalo
Sonate in G-dur für Klavier, S. Fortino (Hrsg.), Kassel, Furore
Drei Sonatas (E-A-G) für Cembalo, Pullmann, Hildegard Publ.
weitere Sonaten für Klavier

VOKALMUSIK
„Amor timido", Kantate für Sopran und Orchester
„Dell'amore i dei momenti", Arie für Stimme und Basso continuo
„Perche compagne amate", Kantate für Sopran, zwei Violinen und Basso continuo
Vier Psalmvertonungen für vier Solostimmen und Orchester
Sechs Motetten für Sopran und Orchester
„Regina Coeli" für acht Stimmen und Instrumente
24 Arien für Stimme und Basso continuo (1767)
„Deh dammi un altro core", Arie für Gesang und Orchester (1769)
„Tu vittime non vuoi", Arie für Gesang und Orchester (1769)
„Orgoglioso fiumicello", Kantate für Sopran und Orchester
„La tempesta" (Text: Metastasio), Kantate für Sopran und Orchester (1778)
Sechs Motetten für Sopran und Orchester

Anna Maria Martinez: Cembalo- / Klaviersonate in A-dur, Erstdruck Leipzig, Breitkopf 1868

CHORMUSIK

Drei Litaneien für Chor und Orchester (1760-65)
„Quarta Messa" D-dur für Soli, Chor und Orchester (1765), C. Misch (Hrsg.), Kassel, Furore 1993
Psalm L, „Miserere" für vier Stimmen und Orchester, Wien, Hertel 1769
Psalm XLI, „Quemadmodim desiderat cervus" für Soli, Chor und Orchester (1770)
Psalm CIX, „Dixit dominus" für vier Soli, fünfstimmigen Chor, Violinen, Oboe, Trompete, Wien, Hertel 1774 / C. Misch (Hrsg.), Kassel, Furore 1993
„Isacco", Oratorium für Soli, Chor und Orchester (1781)
Kyrie für vierstimmigen Chor und Orchester
Motette für vierstimmigen Chor a cappella
„Et vitam venturi" für vierstimmigen Chor a cappella
Messe in C-dur für Chor und Orchester
„Santa Elena al Calvario", Oratorium
Psalm CXIII „In exitu Israel" für vier Stimmen und Orchester, C. Misch (Hrsg.), Kassel, Furore 1993
Psalm CXII für vier Stimmen und Orchester
„Regina coeli" für acht Stimmen und Instrumente
Psalm 51 für vierstimmigen Chor, Orgel und Streichorchester, Ars Femina

BIBLIOGRAHPIE

Flotzinger, R. / Gruber, G. (Hrsg.): Musikgeschichte Österreichs, Graz 1977-79
Fremar, Karen Lynn: The Life and Selected Works of Marianne Martinez (1744-1812). Kansas 1983
Burney, Charles: Tagebuch einer musikalischen Reise, Wilhelmshaven 1985
Fortino, Sally: Marianne Martinez (1744-1812): Zum 250. Geburtstag der Musikerin und Komponistin. Cling / Klong 33 (Hrsg. Frauenmusik Forum, Schweiz), 1994
Roster, Danielle: Allein mit meiner Musik. Komponistinnen in der europäischen Musikgeschichte. Echternach, Editions phi 1995

DISKOGRAPHIE

Sonaten A-dur / E-dur für Cembalo (mit Suiten von Jacquet de la Guerre). Traud Kloft, Cembalo. Düsseldorf, Edition Donna
Sinfonia in C-dur (mit Werken von C. de Rossi, Mme Duval, M. L. Sirmen, J. de la Guerre). Women's Philharmonic. In: Baroquen Treasures, USA, NewPort Records
Sonata in E-dur und A-dur. Barbara Harbach, Cembalo. In: 18th Century Music by Women Composers, Vol. I, Kingdom Records
Sonate G-dur. S. Fortino, Cembalo. In: Frauenmusik für Cembalo, Werke des 18. Jahrhunderts von Komponistinnen aus England, Frankreich, Österreich und Italien, K.e.n.wald (Schweiz)
Sinfonia C-dur / Konzert in A-dur. Chenlo, Cembalo; Orquesta Da Camera Española. Etnos
In exitu Israel / Dixit Dominus. Kölner Kurrende, Clara-Schuman-Orchester, Ltg. E. M. Blankenburg. München, Koch/Aulos

Matuszczak, Bernadetta
(* 1937)

Die Komponistin gehört zu jener mittleren Generation polnischer Komponistinnen wie Bruzdowicz, Moszumanska, Ptaszynska, die ihr Land musikalisch enorm bereichert haben. Sie wurde am 10. März 1937 in Torun / Polen geboren. Ihr Musikstudium begann sie in der staatlichen Musikschule von Poznan und studierte Musiktheorie bei Zygmunt Sitowski und Klavier bei Irena Kurpisz-Stefan. Anschließend belegte sie das Fach Komposition bei Tadeusz Szeligowski und Kazimierz Sikorski an der Warschauer Musikhochschule. Ergänzend dazu ging sie nach Paris zu Nadia Boulanger, wo sie 1968 ihr Studium abschloß. 1969 führte man ihr Werk „Septem Tubae" für Chor, Orchester und Orgel beim 43. Weltmusikfest in Hamburg auf. Ihre Kammeroper „Julia e Romeo" wurde für die Internationalen Mai-Festspiele 1972 in Wiesbaden ausgewählt und aufgeführt. Die Komponistin hat zahlreiche Preise bekommen, wie z. B. 1965 den Preis der Jungen Polnischen Komponisten, 1966 den Grzegorz-Fitelberg-Preis für „Septem Tubae" und 1967 den Jeunesses Musicales Preis für ihr Werk „Musica da camera". Heute lebt und arbeitet sie als freischaffende Komponistin in Polen. Ihre Werke sind vorwiegend bei PWM in Krakau verlegt.

KAMMERMUSIK

„Canto solenne per strumenti" (1965)
„Musica da camera" für drei Flöten und Schlagzeug (1967)
„Aphorisms" für Flöte (1975)
„Lieder ohne Worte" für Kammerensemble (1978)
Partita für Violine und Klavier (1979)
„Quartetto" für Streichquartett (1980)
„Ossessioni concertanti" für Schlagzeug (1980)
„24 Märchenerzählungen" für Klavier (1984)
Cello-Duette (1986)
Notturno für Cello solo (1989)

ORCHESTERMUSIK

„Per strumenti" für Trompete, Baßklarinette, Schlagzeug und Streichorchester (1969)
„Kontrasti" für Orchester (1970)
12 Preludes für Streicher (1982)
„Momenti musicali" für Flöte und Streicher (1983)
„Miniatury baletowe" für Orchester (1985)

VOKALMUSIK

„Gitanjali" für rezitative Männerstimme, Sopran, Flöte und Glocken (Text: Tagore) (1963)
„A chamber drama" in fünf Teilen „The hollow man" (T. S. Elliot) für Bariton, Bariton (Tonband), rezitativen Alt, Baßklarinette, Cello, Kontrabaß und Schlagzeug (1965)
„Invocazione" für zehn Stimmen, Flöte, Kontrabaß, Theorbe und Gong (1968)
Rilke-Lieder für Bariton und Orchester (1971)
„Liebestotenlieder" (Rilke) für Bariton und Orchester (1971)
„Salmi per uno gruppo di cinque" für Bariton, rezitative Männerstimme, Harfe, Kontrabaß und Schlagzeug (1972)
„Canzone" für Sopran, Sopran (Tonband), Horn und Schlagzeug (1978)
„Feuer auf der Waldwiese" für Sopran, Alt und Instrumente (1979)
„Canticum canticorum" für Sopran, Alt, Bariton, Baß und Orchester (1979)
„Norwid's Triptychon" für Bariton, Baßklarinette und Cello (1984)
„Landscape" für Mezzosopran und Klavier (1984)
„Hymnus in honorem Beatae Mariae" für Kontratenor und Instrumente (1989)
Drei Lieder für Sopran, Gitarre / Orgel (1990)
„Trauerlied" für Sopran und Orgel (1991)
„Libera me" für Bariton und Tonband (1991)
„Funeral song" für Sopran und Orgel (1991)

CHORMUSIK

„Septem Tubae" für gemischten Chor, Sinfonieorchester und Orgel (1966)
„Epigramme" für Männerchor a cappella (1980)
„Poems" für Kinderchor a cappella (1982)
„Canto Solenne", Kantate für Bariton, Chor und Orchester (1995)

BÜHNENMUSIK

„A chamber drama" nach T. S. Eliot „The Hollow Man" (1965)
„Julia und Romeo", Kammeroper in fünf Szenen nach Shakespeare (1967)
„Humanae voces", Oper-Operatorium (1971)
„The mystery of Heloise", Oper in sieben Szenen (1974)
„Elegie für einen polnischen Jungen" für Sopran / Alt (Rezitativ), zwei Frauenchöre und Orchester (1974)
„The diary of a fool", Oper / Melodram (1976)
„Apokalypsis", Oper-Oratorium für den Rundfunk (1977)
„Prometheus" (Aischylos) (1981)
„A night in the old market", Pantomime für Solostimmen, Chor und Orchester (1986)
„The wild swans", Ballett-Märchen nach H. C. Andersen (1990)

BIBLIOGRAPHIE

Bernadetta Matuszczak, Informationsschrift des Verlages, PWM, Warschau 1979

DISKOGRAPHIE

Kammerdrama (Elliot). Warschau, Ars Polonia
Psalmen für eine Gruppe von 5. Warschau, Ars Polonia

Mayer, Emilie
(1821-1883)

Lange galt ihr Gesamtwerk als verschollen. Doch dann fanden die Mitarbeiterinnen der 'Berliner Musikfrauen e. V.' die Kompositionen in der Ost-Berliner Staatsbibliothek. Emilie Mayer, geboren am 14. Mai 1921 in Friedland, Mecklenburg, ist eine der wichtigsten Vertreterinnen der ausgehenden Romantik. Ihr Musikstudium begann sie bei Carl Loewe, dem Schöpfer unzähliger Balladen, in Stettin. Unter seiner Anleitung entstanden auch ihre ersten Werke, darunter „Der Erlkönig" (nach Goethe). 1847 setzte Emilie Mayer ihr Studium (Theorie) bei A. B. Marx und (Instrumentation) bei Wieprecht in Berlin fort und erreichte bald Berühmtheit als Liedkomponistin. 1849 erschienen ihre Lieder op. 7 in Druck; auch ihre Violinsonaten erschienen bei Bote & Bock in Berlin. Loewe, zu dem sie lebenslang Kontakt pflegte, äußerte sich selbst lobend über ihre h-moll Sinfonie, die ebenfalls gedruckt vorliegt. Die Komponistin wurde aufgrund ihres guten Rufes stellvertretende Direktorin der Berliner Opern-Akademie. Sie starb am 10. April 1883 in Berlin.

KLAVIERMUSIK

„Tanz der Horen" op. 26, Berlin, Peters
„Aus der Jugendzeit" op. 27, Berlin, Peters
„Allemande fantastique" op. 29
„Tonwellen-Walzer" op. 30
„Ungaraise" op. 31
Valse op. 32, Stettin, Prutz & Mauri
Mazurka op. 33
Drei Humoresken op. 41, Berlin, Müller
Impromptu op. 44, Berlin, Bote & Bock
„La modesta" op. 45, Berlin, Kühn
„Faust-Ouvertüre" op. 46, arrangiert für Klavier zu vier Händen
„6 Klavierstücke für die Kinderwelt" op. 48a
Quartett F-dur, arr. für Klavier
Quartett d-moll, arr. für Klavier
Marcia in A-dur
Marcia funèbre
Sonate D-dur
Sonate d-moll
Sonate d-moll
Tänze für Klavier
Sinfonie h-moll, arr. für Klavier zu vier Händen, Berlin, Bote & Bock

KAMMERMUSIK

Sonate für Violine und Klavier a-moll op. 10, Berlin, Bote & Bock
Violin-Sonate F-dur op. 17 (1863)
Violin-Sonate a-moll op. 18 (1864), Berlin, Bote & Bock
Violin-Sonate e-moll op. 19 (1867), Berlin, Bote & Bock
Violin-Sonate A-dur op. 21 (1867), Berlin, Weinholtz
Violin-Sonate d-moll op. 29 (1869), Berlin, Bote & Bock
Notturno d-moll op. 48 (1863)
Violinsonaten E-dur, c-moll und D-dur (o. D.)
Sonate d-moll op. 38 für Cello und Klavier (1873), Berlin, Bote & Bock
Sonate C-dur op. 40 für Cello und Klavier (1874), Berlin, Bote & Bock
Sonate D-dur op. 47 für Cello und Klavier (1883), Berlin, Bote & Bock / Pullmann, Hildegard Publ. 1995
Sonaten für Cello und Klavier in F-dur / c-moll / e-moll / A-dur / B-dur / B-dur und h-moll
Klaviertrios d-moll / e-moll / d-moll / a-moll und B-dur
Klaviertrio e-moll op. 12 (1861), Berlin, Challier
Klaviertrio in D-dur op. 13, Berlin, Challier
Klaviertrio in b-moll op. 15 (1861), Berlin, Challier
Trio h-moll (1861), Berlin, Challier
Streichquartett g-moll op. 14 (1864)
Streichquartett e-moll / F-dur / A-dur / B-dur / G-dur / d-moll
Streichquintett C-dur
Streichquintett Nr. 2 D-dur
Streichquintett d-moll
Klavierquartett Es-dur
Klavierquartett G-dur

ORCHESTERMUSIK

Ouvertüre für Orchester d-moll
Ouvertüre für Orchester c-moll
Ouvertüre für Orchester d-moll
„Faust-Ouvertüre" op. 46 (1880)
Sinfonia c-moll
Sinfonia Nr. 2 e-moll
Sinfonia militaire Nr. 3 C-dur
Sinfonie E-dur
Sinfonie f-moll
Sinfonie h-moll (1852), Berlin, Bote & Bock

VOKALMUSIK

„Der Erlkönig" (Goethe) für Stimme und Klavier (1842)
„Der Erlkönig" für Stimme und Klavier (1870)
Zwei Gesänge für Stimme und Klavier, Berlin, Challier
Fünf Gesänge op. 6 für Männerstimme und Klavier
Drei Lieder op. 7 für Sopran / Tenor und Klavier
23 Lieder für Männerstimme und Klavier

CHORMUSIK

118. Psalm für Soli, Chor und Orchester (1860)

BÜHNENMUSIK

„Die Fischerin", Singspiel nach J. W. von Goethe (1842), In: Le tonnelier de Nuremberg

BIBLIOGRAPHIE

Ledebur, C.: Tonkünstler-Lexikon Berlin, Berlin 1861
Sichardt, Martina: Emilie Mayer. Auf den Spuren einer vergessenen Komponistin. In: Komponistinnen in Berlin, Berlin, 1987

DISKOGRAPHIE

Sonate D-dur op. 47 für Cello und Klavier (mit Werken von LeBeau, Faisst), Thomas Blees, Cello; Maria Bergmann, Klavier. Fono Münster

Mikusch, Margarete von
(1884-1968)

Die Komponistin wurde am 26. März 1881 als Tochter eines Gutsbesitzerehepaares in Barzdorf (Ostdeutschland) geboren. Im „Fräuleinstift" in Dresden erhielt sie ersten Musikunterricht und durfte als einzige Schülerin der Prinzessin Matilde von Sachsen vorspielen. Nachdem sie zeitweilig nach Berlin übergesiedelt war, lernte sie den Offizier des Gibraltar-Regimentes, Major von Mikusch kennen. Nach der Heirat gab er seinen Dienst auf und begann, in Heidelberg Philosophie zu studieren. Im Jahre 1909 zog die Familie nach München, wo Margarete von Mikusch ihre musikalische Ausbildung beim Bruckner-Schüler Friedrich Klose an der Akademie der Tonkunst fortsetzte. Nach der erneuten Umsiedlung nach Berlin nahm sie Klavierunterricht bei James Kwast und Theorieunterricht bei Wilhelm Klatte. Als fertige Musikpädagogin unterrichtete sie später ihre Schüler in mehreren Sprachen, sie selbst gab Klavierabende und wirkte bei Kammermusikveranstaltungen mit. Um sich jedoch im Fach Komposition zu vervollkommnen, fuhr sie in den Jahren 1911 bis 1914 nach Meiningen zu Max Reger, um privat Unterricht bei ihm zu nehmen. Er war es auch, der sie ermunterte, mit ihren Werken an die Öffentlichkeit zu treten. Es entstanden in den Jahren wichtige Kammermusikwerke, Lieder und die cis-moll Sinfonie. Ihren Lebensabend verbrachte Margarete von Mikusch in Berlin, wo sie am 17. Januar 1968 verstarb. Neben Johanna Senfter (s. Senfter) ist sie eine der begabtesten Reger-Schülerinnen gewesen, deren Werk zu Unrecht fast vergessen wurde.

KLAVIERMUSIK

Etüden in D-dur und b-moll
Präludien und Fugen op. 2 (1917)
Drei Intermezzi op. 11 (1923)
Kleiner Kanon
„Von kleinen Kindern" op. 12 (1927)
Romantische Suite in B-dur op. 14
Scherzo
Suite in C-dur

KAMMERMUSIK

Zwei Partiten für Violine solo op. 1 (1909) (auch Fassung für Bratsche)
Klassisches Trio für Flöte, Cello, Klavier op. 1, 3
Streichquartett g-moll op. 5
Suite G-dur für Violine solo (1917) (auch für Bratsche)
Sonate für Flöte und Klavier op. 8 (auch als Trio)
Sonate g-moll für Violine und Klavier op. 9 (1917), Berlin, Ries & Erler
Flötenquintett op. 13 (1927)
„Däublersuite" op. 14, (1937)
Sonate für Klarinette und Klavier op. 20 (1944)

ORCHESTERMUSIK

Sinfonie cis-moll op. 15 (1935)
Konzert für Cello und kleines Orchester op. 16 (1941)

VOKALMUSIK

Sieben Lieder für Sopran und Streichquintett
Zwei Lieder für Sopran und Klavier
Sechs Lieder für Singstimme und Klavier, Berlin, Ries & Erler (1918)
Fünf Lieder für tiefe oder mittlere Stimme und Klavier
Fünf Lieder für Alt, Klavier und Bratsche
„3 Lieder vom liebestrunkenen Hafis" für hohe Stimme und Klavier
„Abend" für Mezzo und Klavier
„Abendständchen" für Singstimme und Klavier
„Der Abschied" für Singstimme und Klavier
„Der blinde Orgelspieler" für Singstimme und Klavier
„Kloster" für Singstimme und Klavier
„Was könnte ich dir geben" für Singstimme und Klavier

BIBLIOGRAPHIE

Margarete von Mikusch, in: Komponistinnen in Berlin, Berlin 1987

Monk, Meredith
(* 1942)

Sängerin, Tänzerin, Choreographin, Filmemacherin, Komponistin: alles zusammen ist Meredith Monk. Die Künstlerin wurde am 20. November 1942 in Lima, Peru, geboren, als ihre Mutter (Sängerin) dort eine Konzerttournee machte. In Connecticut aufgewachsen, besuchte Meredith Monk mit 10 Jahren eine Ballettschule. Später ging sie an das Sarah Lawrence College und studierte Gesang bei Merce Cunningham, P. Ukena und B. Schoenberg. Komposition hörte sie bei V. Starr, W. Horn und G. Siena. Um selbst choreographieren zu können, ging sie 1964 nach New York, 1968 gründete sie ihre Theatergruppe „The House" und 1978 ihr Vokalensemble, mit dem sie immer wieder auftritt. Meredith Monk ist neben Laurie Andersen und Jana Haimsohn die berühmteste Performance-Künstlerin der USA, die bei ihren Auftritten durch ihr umfassendes Talent in Gesang, Tanz und Theater geradezu „Gesamtkunstwerke" auf die Bühne bringt. Ihre Stimme umfaßt rund vier Oktaven. Sie schluchzt, schreit, weint, röhrt, wimmert, lacht mit dieser Stimme und fängt das ganze Spektrum menschlicher Gefühle ein. Ihre Texte sind ohne semantische Bedeutung. Die Künstlerin schuf mehrere Opern („The Vessel", „The Games") sowie Film- und Bühnenmusiken. Sie wurde mit zahlreichen Preisen ausgezeichnet, u. a. mit dem Guggenheim Fellowship, dem Brandeis Creative Arts-Preis und dem 1. Preis bei der Biennale in Venedig 1975. 17 ASCAP Awards für Komposition, den Dance Magazine Award 1992, und erhielt zahlreiche Schallplatten-Preise. (u. a. Dolmen Music). Ihre Tourneen gehen in viele Länder, und am meisten beeindruckt sie mit ihrer Solo-Performance, bei der sie sich lediglich am Klavier begleitet. Meredith Monk lebt und arbeitet in New York.

Meredith Monk. Foto: Archiv

VOKALMUSIK

„Graduation song" für 16 Stimmen (1984)
„Do you be" für 10 Stimmen, zwei Klaviere, Synthesizer, Violine und Dudelsack (1987)
„Duet Behavior" für zwei Stimmen (1987)
„Three Heavens & Hells" für vier Stimmen (1992)
„Double Fiesta" für Stimme und Klavier (1986)
„Scared Song" für Stimme, Synthesizer und Klavier (1986)
„Cat song" für Stimme (1988)
„Fayum Music" für Stimme, Dulcimer, Okarina (1988)
„Light Songs" für Stimme (1988)
„Processional" für Stimme und Klavier (1988)

BÜHNENMUSIK

„Juice", theatr. Kantate für 85 Stimmen, 85 Maultrommel, zwei Violinen (1969)
„Vessel", Oper für 75 Stimmen, elektrische Orgel, Akkordeon und zwei Dulcimers (1971)
„Quarry", Oper für 38 Stimmen, zwei Orgeln, drei Sopranflöten und Tonband (1976)
„Plainsong for Bill's Bojo", Bühnenmusik (1971)
„Education of the Girlchild", Oper für sechs Stimmen, elektrische Orgel und Klavier (1973)
„Venice" / „Milan" für 15 Stimmen, Klavier zu vier Händen (1976)
„The Plateau Series" für fünf Stimmen und Tonband (1977)
„Specimen Days", Oper für 14 Stimmen, zwei Klaviere und zwei elektrische Orgeln (1981)
„The Games", Science-Fiction-Oper für 16 Stimmen, Synthesizer, Keyboard, Dudelsäcke, Rauschpfeife (1983)
„Facing North" für zwei Stimmen und Tonband (1990)
„Atlas", Oper für 18 Stimmen, Keyboard, Klarinetten, Bambus-Saxophon, Streicher, Horn, Schlagzeug (1991)

EXPERIMENTELLE MUSIK

„16 millimeter earrings" für Stimme und Gitarrre (1966)
„Candy bullets and moon" für Stimme, elektrische Orgel, elektrischen Baß und Trommeln (1967)
„Blueprint, overload / Blueprint II" für Solostimme mit Echoplex und Tonband (1967)
„A raw recital" für Solostimme und elektrische Orgel, Vokal-Duos (1970)
„Needle-brain Lloyd and the system kids" für 150 Stimmen,. elektrische Orgel, Gitarre und Flöte (1970)
„Key. An album of invisible theatre" für Solostimme und elektrische Orgel, Vokalquartett, Schlagzeug und Maultrommel (1971)
„Plainsong for Bill's Banjo" für elektrische Orgel (1971)
„Paris" für Vokalduo und Klavier solo (1972)
„Our Lady of late" für Stimme solo und Weinglas (auch mit Schlagzeug) (1973)
„Chacon" für 25 Stimmen, Klavier und Schlagzeug (1974)
„Anthology amd small scroll" für Solostimme und Klavier (1975)
„Fear and loathing in Gotham" für Solostimme und Klavier (1975)
„The travelogue series": Paris / Chacon / Venice / Milan für 30 Ausführende (1976)
„Songs from the hill" für unbegleitete Solostimme (1977)
„Tablet" für vier Stimmen, Klavier (vierhändig) und zwei Sopranblockflöten (1977)
„Dolmen music" für sechs Stimmen, Cello und Schlagzeug (1979)
„Specimen days" für 14 Stimmen, Klavier, Orgel und Trompete (1981)
„Turtle dreams" für Stimmen und elektrische Orgel (1981)
„View I und II" für Stimmen und elektrische Orgel
„Engine steps" für Stimmen und elektrische Orgel
„Ester's song" für Stimmen und elektrische Orgel
„Acts from under and above", ein Musik-Theaterstück, darin:
„Scared song" für Stimme und Synthesizer

FILMMUSIK

„View Nr. 1", Video (1981), in Zusammenarbeit mit Ping Chong
„Engine Steps", tape collage (1983)
„Parlour Games" für zwei Klaviere (1988)
„Book of Days" (Drehbuch: M. Monk), Filmmusik für 10 Stimmen, Synthesizer, Dulcimer und Dudelsack (1988)
„Elli's Island", Filmmusik (1992)
„True Stories" (David Byrne)

BIBLIOGRAPHIE

Monk Meredith: Comments of a young choreographer, Dance Magazine 42, 1968
Johnson, T.: New Dance / Music, Dance Magazine 48, 1974
McDonagh, D.: Meredith Monk. In: The complete guide to modern dance, New York 1976
Interview mit Meredith Monk, in: Programmheft zu „Pro musica nova Bremen", 1978
Telberg. L.K.: Meredith Monk - Renaissance Woman. In: Musical Journal, 1979
Budweg, H.: Meredith Monk - ein Porträt. In: NMZ, 1980
Oehlschlägel, R.: Dances for the voices. Meredith Monk - Tänzerin, Performerin, Musikerin. In: Neuland Bd. 4, 1984
Sandow, G.: Invisible Theater: the music of Meredith Monk. In: The Musical Women, Westport 1984
Forte, J. K.: Women in Performance Art: Feminism and Post-Modernism, Washington 1986
Mayer, S.: Meredith Monk. In: Jazz Podium, 1988
Marranca, B.: Meredith Monk, Atlas of Sound. In: Performing Arts Journal, 1992

DISKOGRAPHIE

„Dolmen music". Meredith Monk und Ensemble. München, ECM Records
„From the hill" / „Tablet". Meredith Monk und Ensemble. Mainz, WERGO
„Turtle dreams". Meredith Monk und Ensemble. ECM Records
„Do you be". Meredith Monk und Ensemble. ECM Records
„Key. An album of invisible theater". Increase Records (Lovely Music)
„Our Lady of late". Minona Records 1974
„Rally and procession". In: „Airways", One Ten Records (Gelbe Musik, Berlin)
„Biography" / „The tale" / „Travelling" / „Gotham lullaby". Deutsche Grammophon
„Engine steps" / „Ester's song" / „Turtle dreams" / „View I and II". Deutsche Grammophon
„Facing North", Meredith Monk, voice, piano, organ, Robert Een, voice, pitch pipe. ECM Records
„Atlas", Oper in drei Akten. Meredith Monk und Ensemble. ECM Records
„Book of Days". Meredith Monk and Ensemble. München, ECM Records
„Our lady of late". Mainz, WERGO
„Monk and the Abbess". Meredith Monk, Stimme. Musica Sacra. Catalyst / BMG
„Of eternal light". Musica Sacra, Return to Earth. Catalyst / BMG

Monnot, Marguerite Angèle
(1903-1961)

Jeder kennt die Stimme der großen französischen Chanson-Sängerin Edith Piaf (1915-1963), aber nur wenige wissen, daß viele ihrer größten Erfolge von einer Frau komponiert wurden: Marguerite Angèle Monnot, geboren am 26. Mai 1903 in Nièvre. Sie kam aus einem musikalischen Elternhaus, und der Vater gab ihr den ersten Klavierunterricht. Später ging sie nach Paris und wurde Schülerin von Alfred Cortot. Das Kompositionshandwerk erlernte sie bei keiner Geringeren als bei Nadia Boulanger. Doch wenn auch alles auf eine klassische Karriere hindeutete: Die Pianistin schrieb vorwiegend Chansons und Filmmusiken sowie die Musik zum weltberühmten Musical „Irma La Douce", das als Film mit Shirley MacLaine in allen Ländern erfolgreich war. Sie war untrennbar verbunden mit dem musikalischen Kreis um Edith Piaf und schrieb für sie zahlreiche Lieder, wie u. a. „Milord", das in viele Sprachen übersetzt wurde. Marguerite Monnot starb am 12. Oktober 1961 in Paris, zwei Jahre vor der Sängerin, für die sie als Komponistin so erfolgreich tätig war.

VOKALMUSIK
Chansons, darunter:
„Mon légionnaire" (1935)
„Le fanion de la légion" (1937)
„Le petit monsieur triste" (1938)
„Je n'en connais pas la fin" (1939)
„My love is for you", Paris, Edimarton 1949 / Paris, Beuscher 1956
„If you love me" / „Hymne à l'amour", Paris, Edimarton 1949
„Comme moi", Paris, Meridian 1958
„Salle d'attente", Paris, Meridian 1958
„J'ai dansé avec l'amour" (1959)
„Milord", Paris, Edimarton 1959 (deutsche Fassung: „Ich habe gelebt", München 1970; englische Fassung, London 1971)
„Les blouses blanches", Paris, Meridian 1961
25 Chansons de „Dans les prisons de Nantes" à „L'homme de Berlin", Courberoie, ID Music 1982

BÜHNENMUSIK
„Irma La Douce", Musical (Buch: Alexander Breffort), Paris 1957
Chansons aus dem Musical, Fassung für Stimme und Klavier, Paris, Micro 1956 / Köln, Bosworth

FILMMUSIK
„Si le roi savait ça"
„Désert de Pigalle"

BIBLIOGRAPHIE
Schulz-Koehn: Vive la chanson, Gütersloh 1969
Calvet-Klein: 100 ans de chanson, Paris 1972
Lange, Monique: Histoire de Piaf et toute sa vie. Paris, Ed. Ramsay 1979
25 Chansons de „Dans les prisons de Nantes" à „L'homme de Berlin", Courberoie, ID Music 1982

Marguerite Monnot: „Irma la Douce", das Erfolgsmusical der französischen Komponistin. Paris, Micro/ Köln, Bosworth

DISKOGRAPHIE
Edith Piaf: „Mon légionnaire", Music Option / ARC Records
Chansons „Edith Piaf at the Paris Olympia". London, EMI
Musical „Irma La Douce". Elizabeth Seal, Keith Mitchell, Reveille / Chorus. CBS Records
Musical „Irma La Douce", Ferrari, Juhnke. Hamburg, Phonogram

Montgeroult, Hélène de Nervode, Comtesse de Charnay
(1764-1836)

Von ihrem exzellenten Cembalospiel sprachen alle Zeitgenossen mit Hochachtung: Hélène de Nervode, Comtesse de Charnay wurde am 2. März 1764 in Lyon geboren. Ihren ersten Klavier- bzw. Cembalounterricht erhielt sie von einem Schüler Carl Philipp Emanuel Bachs, N. J. Hüllmandel und später von J. L. Dussek (um 1786). Sie heiratete den Marquis de Montgeroult, der als Soldat der Französischen Armee in Österreich umkam. In enger Freundschaft war sie mit dem Geigenvirtuosen Viotti verbunden. Beide wurden während der Revolution (1789) attackiert, Montgeroult zum Tode durch die Guillotine verurteilt, aber nach erfolgreichem Cembalo-Vorspiel wieder begnadigt; Viotti floh nach London; sie ging nach Berlin (1793), wo auch ihre Sonate op. 1 Nr. 3 veröffentlicht wurde. Die Musikerin war als Cembalistin so gefragt, daß man sie als „professeur de première classe" ans Konservatorium nach Paris holte; eine damals hoch dotierte Position (1795-98). Das Konservatorium druckte ihre „Trois sonates pour le forte-piano" op. 1 (1795). Als das Konservatorium nach der Revolution in Geldnöte geriet, wurde sie entlassen. Sie blieb jedoch in Paris, war weiterhin musikalischer Mittelpunkt für viele Künstler ihrer Zeit, unterrichtete privat und veröffentlichte ihren „Cours complet pour l'enseignement du forte-piano" (1822). Ihre pädagogischen und interpretatorischen Fähigkeiten wurden überall mit denen Clementis, Kalkbrenners und anderen verglichen. Auf einer Italienreise im Winter 1836 starb sie am 20. Mai in Florenz und wurde auch dort begraben.

KLAVIERMUSIK

„3 sonates pour le forte-piano" op. 1, Paris, Conservatoire de Musique / Troupenas, 1795 / Pullman, Vivace Press 1994

„Sonate pour le forte-piano" op. 1, 3. Berlin, Lischke 1793

„3 sonates pour le forte-piano (avec accompagnement de violon pour la 3ième sonate)" op. 2, Paris, Conservatoire de Musique, Troupenas 1803 / 1807

„Pièce pour le forte-piano" op. 3, Paris, Erard / Lyon, Garnier 1804 / Pullman, Vivace Press 1994

„Fantaisies pour le forte-piano" No. 1, 2, 3, Paris, Janet et Cotelle (ca. 1835)

„Cours complet pour l'enseignement du forte-piano", Paris 1822

„3 sonates pour le Piano forte" op. 5, Paris, Erard / Den Haag, Weygand 1811 / Minkoff, Genève 1983 (reprint)

KAMMERMUSIK

„3 sonates pour le forte-piano (avec accompagnement de violon pour la 3ième sonate)" op. 2, Paris, Conservatoire de Musique, Troupenas 1803 / 1807

BIBLIOGRAPHIE

Johnson, Calvert: Hélène Montgeroult, Composer and Piano Pedagogue of the Paris Conservatoire. In: Women of Note Quarterly, 1994

> „Her home was full of laughter. She joined, under the best circumstances, all the charmes of simplicity, propriety and elegance. It was the temple of friendship, talent and good taste."
>
> Jan Evert Morel, holländischer Maler und Freund der Montgeroult

Montijn, Aleida
(1908-1989)

Jeder kennt die Nachkriegs-Inszenierungen von Erwin Piscator am Frankfurter Schauspielhaus. Daß seine Regie so gerühmt wurde, ist unter anderm seiner exzellenten Bühnenmusikerin Aleida Montijn zu verdanken. Die Musikerin wurde am 7. August 1908 in Mannheim als Kind eines niederländischen Tabak-Fabrikanten geboren, der ihre musikalische Begabung bald förderte. Sie studierte Klavier an der Mannheimer Musikhochschule und wurde Musiklehrerin. Sie spielte Klavier zu Stummfilmen, komponierte Chansons und „U-Musik" und durfte 1934 bei Mary Wigman, der großen Choreographin aus den USA, in Dresden Klavier spielen. Sie ist nun in der Wigman Ballettschule tätig, spielt und komponiert. Daneben studiert sie Orchesterleitung und macht 1943 ihr Kapellmeisterexamen. Die Musikerin überlebt die furchtbare Bombardierung Dresdens und flieht nach Frankfurt. Dort holt sie Harry Buckwitz an die Städtischen Bühnen, wo sie von 1952 an „Hauskomponistin" ist. Sie komponiert unzählige Bühnenmusiken, vor allem zu den Inszenierungen von Erwin Piscator, den sie auch musikalisch nach Mannheim, Tübingen, Essen und Berlin begleitet. Immer wieder schreibt sie auch Musik zu Ballettstücken (Vita nostra, Hamburg 1951) oder zu den Choreographien von Kurt Joos. Ob ihre Chansons der frühen Jahre, die Bühnenmusiken oder die Kammermusik: Aleida Montijn war eine ungemein schöpferische Komponistin. Sie starb am 23. August 1989 in Frankfurt.

ORGEL- / KLAVIERMUSIK

„Blues" für Klavier
Klavierstücke für den Unterricht
Tanz-Etüden für Klavier (für den Ballettunterricht)
Zwei Etüden für Klavier in cis und e
Klaviermusik Nr. 1
Klaviermusik Nr. 2
„Pas de deux" / „Wiener Anklänge" für Klavier
„Abendlied" / Serenade
Romantische Etüden für Klavier Nr. 1
Klavierauszüge zu zahlreichen Bühnenmusiken
„Leidenschaftliche Etüde" (1928)
„Quintenfoxtrott" (1929)
„Tanz der Boys" (1931)
„Kleiner Marsch" (1934)
Etüde (1939)
„Abschied und Dank" (für Mary Wigman) (1942)
„Nächtliche Suite" (1946)
Allegro energico (1949)
Märsche / Studien / Tänze für den Unterrricht (1949-1955)
„Blues M" (1950)
„Variationen über die vielfältigen Formen des Entsagens" (1976)
„Musik für Orgel" (1976)
„Étude stéréophonique" für drei Klaviere (1982)
„Musik für Orgel" (1982)

KAMMERMUSIK

„La naissance" für Soloflöte und Klavier
„L'espérance", Etüde für Flöte solo
„Agfa-Isolette", Werbeschlager, Frankfurt 1950
„Puschkins Abenteuer" für Cembalo und Streicher
„Prager Frühling" für Streicher, Blechbläser, Klavier, Harfen, Schlagzeug, Flöte und Cello (1968)
„Zeichen im Wind", Musik für Streichquartett und Flöte (1976/78)
„Musik für eine Gruppe" für Streicher und drei Marimbaphone (1979)
Stück für zwei Trompeten, Horn, Posaune (1977)
„Daten", Musik für Blechbläser, Streicher, Schlagzeug, Pauken, Harfe, Soloposaune, zwei Bassetthörner
„Nachrichten an mich selbst", Musik für Flöte, Cello, Klavier / Harfe
Streichquartett (Skizzen)
„Informationen" für Gitarre
„Stille Botschaft" für Flöte und vier Celli
„Ruf" für Flöte, Viola und Cello
„Festlicher Abschied" für Flöte und Streichquartett
Musik für Flöte, Oboe, Klarinette in B, Horn in F, Fagott (1970)
Musik für Flöte, Violine, Cello (1971)
Musik für vier Flöten (1985)

ORCHESTERMUSIK

Konzert für Posaune, Soloinstrumente und Orchester (1968)
Konzert für Soloflöte und Streicher
Konzert für Posaune und Orchester

VOKALMUSIK

„7 Chansons zum Lob der Katze"
„Sappho-Lieder" (1952)
„7 Lieder nach Texten der Sappho" oder „Plejaden-Songs" (Instrumentation von Fritz Holzwart) (1982)
Rund 100 Chansons, darunter:
„Die zehnte Muse" (1956)
„Mein Typ" / „Nostalgie" / „Einmal kommt der Tag" (1935)
„Dresdner Chansons"
„Hamburger Chansons"
„Das geistliche Chanson"
„Lieder der Stille" (1984)

CHORMUSIK

„Vita nostra", szenisches Oratorium für Tanz, Chor und Orchester (1950)
„Herr, lehre uns bedenken, daß wir sterben müssen", Kantate für sechsstimmigen Chor, Streicher und Orgel (1976)
Erste Homburger Kantate „Mahnung" für Kammerchor und Streicher (1983)
Zweite Homburger Kantate „Zuflucht" für großen Chor, Streicher, Harfe, Schlagzeug und Baritonsolo (1986)
Göttinger Kantate, szenische Kantate für Sprecher, Chor und kleines Orchester, Kassel, Furore 1987

SCHAUSPIELMUSIK

„Ballade vom Eulenspiegel" (Weisenborn), Regie: Dicks, Frankfurt 1950
„Lysistrata" (Aristophanes), Regie: Koch, Frankfurt 1951
„Egmont" (Goethe), Regie: Müthel, Frankfurt 1951
„Turandot" (Schiller), Regie: Koch, Frankfurt 1952
„Iphigenie in Delphi" (Hauptmann), Regie: Müthel, Frankfurt 1952
„Der kleine Muck" (Forster), Regie: Troxbömker, Frankfurt 1952
„Wilhelmus, Prinz von Oranien" (Unruh), Regie: Buckwitz, Frankfurt 1953
„Lanzelot und Sanderein" (Hübner), Regie: Weichert, Frankfurt 1953
„Wir sind noch einmal davongekommen" (Wilder), Regie: Verhoeven, Frankfurt 1953
„Wallensteins Tod" (Schiller), Regie: Müthel, Frankfurt 1953
„Käthchen von Heilbronn" (Kleist), Regie: Legal, Frankfurt 1953
„Im Räderwerk" (Sartre), Regie: Piscator, Frankfurt 1953
„Aladin und die Wunderlampe" (Court), Regie: Landsittel, Frankfurt 1953
„Pygmalion" (Shaw), Regie: Noelte, Frankfurt 1954
„Faust I" (Goethe), Regie: Müthel, Frankfurt 1954
„Hexenjagd" (Miller), Regie: Buckwitz, Frankfurt 1954
„Dame Kobold" (Calderón), Regie: Assmann, Frankfurt 1954
„Bernarda Albas Haus" (García Lorca), Regie: Krille/Wackernagel, Frankfurt 1954
„Dantons Tod" (Büchner), Regie: Buckwitz, Frankfurt 1954
„Was ihr wollt" (Shakespeare), Regie: Müthel, Frankfurt 1954
„Das kleine Teehaus" (Patrick), Regie: Assmann, Frankfurt 1954
„Der Hauptmann und sein Held" (Ubalek), Regie: Landsittel, Frankfurt 1954
„Der Wald" (Ostrowskij), Regie: Jungbauer, Frankfurt 1955
„Don Carlos" (Schiller), Regie: Müthel, Frankfurt 1955
„Die Heiratsvermittlerin" (Wilder), Regie: Streibing, Frankfurt 1955
„Musik" (Wedekind), Regie: Hering, Frankfurt 1955
„Die Räuber" (Schiller), Regie: Buckwitz, Frankfurt 1956
„Der Regenmacher" (Nash), Regie: Esser, Frankfurt 1956
„Kolportage" (Kaiser), Regie: Assmann, Frankfurt 1956
„Die Marko Millionen" (O'Neill), Regie: Lietzau, Frankfurt/Recklinghausen 1956
„Troilus und Cressida" (Shaekespeare), Regie: Koch, Frankfurt 1956
„Die Journalisten" (Freytag), Regie: Landsittel, Frankfurt 1956
„Blut auf dem Mond" (Warren), Regie: Buckwitz, Frankfurt 1956
„Die Schöne und das Biest" (Gray), Regie: Leutner, Frankfurt 1956
„Der Groß-Cophta" (Goethe), Regie: Koch, Frankfurt 1956
„Die Räuber" (Schiller), Regie: Piscator, Mannheim 1957
„Bürger Schippel" (Sternheim), Regie: Müthel, Frankfurt 1957
„Amphitryon" (Molière), Regie: Koch, Frankfurt 1957
„Wie Du mich willst" (Pirandello), Regie: Piscator, Tübingen 1957
„Wie es Euch gefällt" (Shakespeare), Regie: Koch, Frankfurt 1957
„Die begnadete Angst" (Bernanos), Regie: Hering, Frankfurt 1957
„Die Alkestiade" (Wilder), Regie: Koch, Frankfurt 1957
„Der Walzer der Toreros" (Anouilh), Regie: Assmann, Frankfurt 1957
„Der gestiefelte Kater" (Bacher), Regie: Troxbömker, Frankfurt 1957
„Undine" (Giraudoux), Regie: Buckwitz, Frankfurt 1957
„Orpheus steigt herab" (Williams), Regie: Krilla, Frankfurt 1958
„Die kahle Sängerin" (Ionesco), Regie: Koch, Frankfurt 1958
„Göttinger Kantate" (Weisenborn), Regie: Piscator, Stuttgart 1958
„Das Ei" (Marceau), Regie: Hering, Frankfurt 1958
„Othello" (Shakespeare), Regie: Koch, Frankfurt 1958
„Die Stühle" (Ionesco), Regie: Güggelin, Frankfurt 1958
„Die grünen Weiden" (Conelly), Regie: Mangum, Frankfurt 1958
„Der Gouverneur" (Warren), Regie: Buckwitz, Frankfurt 1958
„Kain" (Byron), Regie: Koch, Frankfurt 1958
„Gas" (Kaiser), Regie: Piscator, Frankfurt (Hessischer Rundfunk) 1958
„Biedermann und die Brandstifter" (Frisch), Regie: Buckwitz, Frankfurt 1958
„Unsere kleine Stadt" (Wilder), Regie: Zeiser, Frankfurt 1959
„Die Räuber" (Schiller), Regie: Piscator, Essen 1959

„Maria Stuart" (Schiller), Regie: Koch, Frankfurt 1959
„Die Zofen" (Genet), Regie: Krilla, Frankfurt 1959
„Ein Mond für die Beladenen" (O'Neill), Regie: Koch, Frankfurt 1959
„Der Kirschgarten" (Tschechow), Regie: Müthel, Frankfurt 1959
„Picknick im Felde" (Arrabal), Regie: Koch / Ballhausen, Frankfurt 1959
„Cyrano von Bergerac" (Rostand), Regie: Assmann, Frankfurt 1959
„Die zwei Edlen Herren von Verona" (Shakespeare), Regie: Besson, Frankfurt 1959
„Don Carlos" (Schiller), Regie: Piscator, München 1959
„Die Räuber" (Schiller), Regie: Buckwitz, Frankfurt 1959
„Der Eismann kommt" (O'Neill), Regie: Koch, Frankfurt 1959
„König Drosselbart" (Glaser), Regie: Ballhausen, Frankfurt 1959
„Der entfesselte Wotan" (Toller), Regie: Koch, Frankfurt 1960
„Die Nashörner" (Ionesco), Regie: Koch, Frankfurt 1960
„Die tätowierte Rose" (Williams), Regie: Moszkowicz, Frankfurt 1960
„Der Hauptmann von Köpenick" (Zuckmayer), Regie: Tannert, Frankfurt 1960
„Die Eingeschlossenen" (Sartre), Regie: Piscator, Essen 1960
„Der Belagerungszustand" (Camus), Regie: Buckwitz, Recklinghausen / Frankfurt 1960
„Der Richter von Zalamea" (Calderón), Regie: Moszkowicz, Frankfurt 1960
„Seltsames Zwischenspiel" (O'Neill), Regie: Koch, Frankfurt 1960
„Aschenputtel" (Kolander), Regie: Ballhausen, Frankfurt 1960
„Becket oder Die Ehre Gottes" (Anouilh), Regie: Piscator, Essen 1961
„Die Wildente" (Ibsen), Regie: Caninenberg, Frankfurt 1961
„Ein Sommernachtstraum" (Shakespeare), Regie: Koch, Frankfurt 1961
„Der staubige Regenbogen" (Jahnn), Regie: Piscator, Frankfurt 1961
„Methusalem" (Goll), Regie: Koch / Ballhausen, Frankfurt 1961
„Becket oder Die Ehre Gottes" (Anouilh), Regie: Buckwitz, Frankfurt 1961
„Woyzeck" (Büchner), Regie: Koch, Frankfurt 1961
„1913" (Sternheim), Regie: Piscator, Frankfurt 1961

„Onkel Wanja" (Tschechow), Regie: Kreppel, Frankfurt 1961
„Tod des Handlungsreisenden" (Miller), Regie: Piscator, Berlin 1961
„Viel Lärm um Nichts" (Shakespeare), Regie: Kreppel, Frankfurt 1961
„Pit und Pitti haben einen Stern" (Raaf), Regie: Ballhausen, Frankfurt 1961
„Andorra" (Frisch), Regie: Buckwitz, Frankfurt 1962
„Die Viadukte" (Duras), Regie: Ballhausen, Frankfurt 1962
„Der Balkon" (Genet), Regie: Piscator, Frankfurt 1962
„Stella" (Goethe), Regie: Ballhausen, Frankfurt 1962
„Datterich" (Niebergall), Regie: Wagner, Frankfurt 1962
„Schluck und Jau" (Hauptmann), Regie: Kreppel, Frankfurt 1962
„Die Schneekönigin" (Schwarz), Regie: Ballhausen, Frankfurt 1962
„Tartuffe" (Molière), Regie: Koch, Frankfurt 1962
„Die Atriden-Tetralogie" (Hauptmann/Piscator), Regie: Piscator, Berlin 1962
„Oh Vater, armer Vater" (Kopit), Regie: Ballhausen, Frankfurt 1962
„Der Nebbich" (Sternheim), Regie: Kreppel, Frankfurt 1963
„Willkommen in Altamont" (Wolfe), Regie: Buckwitz, Frankfurt 1963
„Der Stellvertreter" (Hochhuth), Regie: Piscator, Berlin 1963
„Der Marquis von Keith" (Wedekind), Regie: Reichert, Frankfurt 1963
„Robespierre" (Rolland/Piscator/Gasbarra), Regie: Piscator, Berlin 1963
„Heinrich der Vierte" (Pirandello), Regie: Dieterle, Frankfurt 1963
„Der Stellvertreter" (Hochhuth), Regie: Moskowicz, Frankfurt 1963
„Die Sklavin ihres Geliebten" (Lope de Vega), Regie: Kreppel, Frankfurt 1963
„Der Kaufmann von Venedig" (Shakespeare), Regie: Piscator, Berlin 1963
„Die Veilchen" (Schehadé), Regie: Koch, Frankfurt 1964
„Der Teufel und der liebe Gott" (Sartre), Regie: Piscator, Frankfurt 1964
„Mohrenwäsche" (Asmodi), Regie: Piscator, Berlin 1964
„Androklus und der Löwe" (Shaw), Regie: Piscator, Berlin 1964
„Faust II" (Goethe) , Regie: Koch, Frankfurt 1964
„Don Juan" (Molière), Regie: Ponnelle, Frankfurt 1965
„Liebestrank" (Wedekind), Regie: Hoffmann, Frankfurt 1965

„Trauer muß Elektra tragen" (O'Neill), Frankfurt 1965
„Aufstand der Offiziere" (Kirst), Regie: Piscator, Berlin 1966
„Wind in den Zweigen des Sassafras" (Obaldia), Regie: Wessely, Frankfurt 1966
„Troilus und Cressida" (Shakespeare), Regie: Koch, Recklinghausen 1966
„Marski" (Lange), Regie: Fontheim, Frankfurt 1966
„Biografie" (Frisch), Regie: Buckwitz, Frankfurt 1968
„Rosencrantz und Güldenstein" (Stoppard), Regie: Reible, Frankfurt 1968
„Die Gräfin von Rathenow" (Lange), Regie: Moszkowicz, Frankfurt 1969
„König Lear" (Shakespeare), Regie: Schalla, Frankfurt 1970
„Ein Sommernachtstraum" (Shakespeare), Regie: Münch, Frankfurt 1970
„Florian Geyer" (Hauptmann), Regie: Münch, Frankfurt 1971
„Der Selbstmörder" (Erdmann), Regie: Beck / Erfurth, Frankfurt 1971
„Peter Pan" (Barrie / Kästner), Regie: Kurr, Frankfurt 1971
„Der Held der westlichen Welt" (Synge), Regie: Jeker, Frankfurt 1972
„Der kleine dicke Ritter" (Bolt), Regie: Masuth, Frankfurt 1972
„Leben und Traum des Prinzen Sigismund" (Fernandes / Calderón), Regie: Fernandes, Frankfurt 1973

BÜHNENMUSIK

„Die Lederköpfe, Oper (Text: G. Kaiser) für großes Orchester, sechs Solisten und Bewegungschor
„Reiter-Kantate", Sing- und Tanzspiel für Chor, Soli, Schlagwerk und Ballett für Kammertanzgruppe (1944)
„Tanzabend", Choreographie: Walter, Zürich 1931
„Tänze", Choreographie: Dittler / B. Rogge / Ziegler, Mannheim 1935
„Suite für Solo und Gruppe", Choreographie: Curth, Dresden 1940
„Jeanne d'Arc", Choreographie: Hoyer, Dresden 1940
„Potiphars Weib", Choreographie: Hoyer, Dresden 1940
„Tanz der Brunhild", Choreographie: Wigman, Dresden 1942
„Tanz der Niobe", Choreographie: Wigman, Dresden 1942
„Abschied und Dank", Choreographie: Wigman, Dresden 1942
„Gestern und Heute" (Montijn / Hindemith / Hessenberg), Choreographie: Paudler, Göttingen 1947
„Vita Nostra" (Tanzpsalm), Choreographie: Rogge, Hamburg 1950
„Colombinade", Choreographie: Joos, Essen 1951
„Weg im Nebel", Choreographie: Joos, Essen 1952
„Hilan Delgado", Choreographie: Wöbke, Heidelberg 1955
„Parabel", Choreographie: Krüger, Essen 1962
„So rasch war meine Zeit", Choreographie: Krüger, Essen 1963
„Das Lebkuchenherz", Choreographie: Paudler, Freiburg 1973

BIBLIOGRAPHIE

Aleida Montijn: Nachrichten an K. G.. Erinnerungen einer Komponistin. Kassel, Bärenreiter 1988

Moszumanska-Nazar, Krystyna
(* 1924)

Sie ist eine der bekanntesten polnischen Komponistinnen dieses Jahrhunderts: Krystyna Moszumanska-Nazar. Sie wurde am 5. September 1924 in Lemberg, Polen, geboren und studierte Komposition bei Stanislaw Wiechowicz und Klavier bei Jan Hoffmann am Konservatorium Krakau. Nach ihrem Examen wurde sie dort Assistentin im Fachbereich Komposition, Theorie und Orchesterleitung. 1987 wurde sie Rektorin der Musikhochschule Krakau. Ihre Kompositonen reichen vom Orchesterwerk bis zur Elektronischen Musik, für die sie vielfach Auszeichnungen erhielt. 1962 gewann sie den 1. Preis im Internationalen Komponistinnenwettbewerb in Buenos Aires („Musik für Streicher"). Im selben Jahr gewann sie einen GEDOK-Preis beim Komponistinnen-Wettbewerb in Mannheim, und im Jahre 1966 war sie mit ihren „Variazioni concertanti" Preisträgerin beim Malawski Wettbewerb in Krakau. Schließlich erhielt sie durch das Ministerium für Kultur und Kunst eine Auszeichnung beim Szymanowski-Wettbewerb in Polen (1974). Krystyna Moszumanska-Nazar gehört zu den Komponistinnen, die sich an große Orchesterpartituren wagen und so dem alten Vorurteil erfolgreich widersprechen, daß Frauen vorwiegend zur Schaffung von Kammermusik und Liedern geeignet seien. Die Komponistin lebt und arbeitet in Krakau. Ihre Werke sind im staatlichen Musikverlag PWM, Krakau, verlegt.

KLAVIERMUSIK
Variationen für Klavier (1949)
Suite polnischer Tänze (1954)
Sonatine für Klavier (1957)
Bagatelle für Klavier (1971)
„Konstellationen" für Klavier (1972), Darmstadt, Ed. Tonos
„Mala etiuda" (1975)

KAMMERMUSIK
Drei Miniaturen für Schlagzeug
Drei Konzertetüden für Schlagzeug (1969)
Streichquartett (1955)
Drei Miniaturen für Flöte und Klarinette solo (1957)
Fünf Duette für Flöte und Klarinette (1959)
Trio für Violine, Viola und Cello (1961)
Musik für Streicher (1962)
„Interpretationen" für Flöte, Tonband und Schlagzeug (1967)
„Implications" für zwei Klaviere und Schlagzeug (1969)
Streichquartett (1974)
Variationen für Klavier und Schlagzeug (1979)
„From end to end" für Schlagzeug (1979)
Zweites Streichquartett (1976)
Kanzona für Violine (1985)
„Fantazja" für Marimba solo (1987)
„Music for Five" (1990)
„3 Mouvements" für Kontrabaß solo (1990)
„Recitativo" für Cello solo (1992)
„Un petit cadeau" für Flöte, Cello und Schlagzeug (1993)
„2 Dialoge" für Instrumentalensemble (1994)
Drittes Streichquartett (1995)
Duette für Holzbläser und Klavier (1995)
„Les Fleurs" für Instrumentalensemble (1995)

ORCHESTERMUSIK
Concertino für Klavier und Orchester (1954)
Ouvertüre Nr. 1 für Orchester (1954)
Ouvertüre Nr. 2 für Orchester (1956)
Allegro für Sinfonieorchester (1957)
Vier Skizzen für Orchester (1958)
„Hexaeder" für Orchester (1960)
„Exodus" für Orchester und Tonband (1964)
„Variazioni concertanti" für Flöte und Kammerorchester (1966)
„Pour orchestre", Orchestersinfonie (1969)
„Rhapsody" für Orchester (1975)
„Rhapsody II" für Orchester (1980)
Sinfonietta für Kammerorchester (Streicher) (1983)
Konzert für Sinfonieorchester (1986)
„Fresk I" für Sinfonieorchester (1988)
„Essay" für großes Orchester (1988)
„Fresk II" für Sinfonieorchester (1991)
„Fresk III: Lwowski" für Sinfonieorchester (1993)

VOKALMUSIK
„Bel canto" für Sopran, Celesta und Schlagzeug (1972)
„Challenge" für Baß und Kammerensemble (1977)
„Wyzwanie" für Bariton und Kammerensemble (1977)
„The bulrush" für Baß und Klavier (1982)

CHORMUSIK
„Intonationen" für zwei gemischte Chöre und Orchester (1968)
„Polnische Madonnen" für gemischten Chor und Orchester (1974)
„Canticum canticorum Salomonis" für Sopran, Sprecher, Chor und Instrumentaensemble (1984)

BIBLIOGRAPHIE
K. Moszumanska-Nazar: Composers workshop, in: Polish Music, 1974
Mizerka-Golonek, E.: Madonny polskie, Krystyna Moszumanska-Nazar, in: Zeitung der Musikakademie Krakau, 1984
Mizerka-Golonek, E.: Piesri nad piesniami. Krystyna Moszumanskiej-Nazar, in: Krakowska szkola kompozytorska, 1888-1988, ed. Malecka, Krakau 1992
K. Moszumanska-Nazar und ihr „Canticum canticorum", in: Krakowska szkola kompozytorska, 1992

DISKOGRAPHIE
„Interpretationen" für Flöte, Schlagzeug und Tonband. B. Swiatek, Flöte; J. Stefanski, Schlagzeug. Warschau, Ars Polonia
Drei Miniaturen für Klarinette und Klavier. B. Listokin, Klarinette; A. Listokin, Klavier. New York, Golden Crest Records
„Variazioni concertante" für Flöte und Kammerorchester. E. Dastych-S., Flöte; Schlesisches Philharmonisches Orchester. Warschau, Ars Polonia

Moyseowicz, Gabriela
(* 1944)

Als Gabriela Moyseowicz 1957 die Aufführung ihrer ersten Komposition an der Musikhochschule Krakau erlebte, war sie gerade 13 Jahre alt. Geboren wurde sie am 4. Mai 1944 in Lemberg, Polen. Sie besuchte die Musikhochschule in Danzig und Bytom, später von 1963 bis 1967 die Musikhochschule in Krakau, wo sie Theorie, Komposition und Dirigieren belegte. Zwischen

1967 und 1974 erhielt sie mehrere Stipendien, trat in der Öffentlichkeit als Pianistin auf. Das Ministerium für Kunst und Kultur erteilte ihr mehrere Kompositionsaufträge. In den Jahren 1968 bis 1972 war Gabriela Moyseowicz Musiklehrerin an der Berufsschule von Gleiwitz. Als Komponistin hatte sie es jedoch schwer, sich mit neuer Musik in Polen durchzusetzen. Ihre Komposition „Dies irae" wurde, obwohl bereits vom Kultusministerium angekauft, für eine Aufführung beim „Warschauer Herbst" nicht freigegeben. Sie gab daraufhin ihre Mitgliedschaft im „Jungen Kreis" des Polnischen Komponistenverbandes auf und ging nach Berlin. Dort ist sie heute noch als Musikpädagogin und Kirchenmusikerin tätig.

KLAVIERMUSIK
Konzert für zwei Klaviere (1957)
Erste Sonate für Klavier (1960)
Variationen für Klavier (1961)
Zweite Sonate für Klavier (1962)
„Triptik orientalis" für Klavier (1962)
Dritte Sonate für Klavier (1963), Berlin, Ries & Erler
Vierte Sonate für Klavier (1964)
Passacaglia und Fuge für Klavier (1967)
Fünfte Sonate für Klavier (1974)
Sechste Sonate für Klavier (1976), Berlin, Ries & Erler
Siebte Sonate für Klavier (1978)
Achte Sonate für Klavier (1981)
„Rapsod" Nr. 1 für Klavier (1984)
„Rapsod" Nr. 2 für Klavier (1985)
„Rapsod" Nr. 3 für Klavier (1989)

KAMMERMUSIK
„Musique en trois styles" für Violine, Cello und Klavier (1968)
„Deux caprices" für Violine solo (1972), Berlin, Ries & Erler
Sonate für Cello und Klavier (1977)
Zwei Kanzonen für Viola da gamba solo (1980), Berlin, Ries & Erler
„Sonata Polska" für Violine und Klavier (1980)
Cellosonate Nr. 2 (1985)
Violinsonate Nr. 2 (1987)

ORCHESTERMUSIK
Erstes Konzert für Klavier und Orchester (1961)
Zweites Konzert für Klavier und Orchester (1966)
„Marche funèbre" für Violine und Streichorchester (1968) (auch für Cello und Klavier)
„An Beethoven", Ouvertüre für zwei Flöten, zwei Oboen, zwei Klarinetten, zwei Fagotte, zwei Trompe-ten, zwei Hörner, Pauken und Streichquartett (1970)
Klavierkonzert Nr. 3 für Klavier und Streicher (1971)
„Memento Mori" für zwei Klaviere, Bläser und Streicher (1988)

VOKALMUSIK
„Media vita" für zwei Geigen, Cello, Sopran und Baß-Rezitativ (1962), Berlin, Ries & Erler
„Riconoscimento" für Baß, Alt, zwei Flöten, zwei Oboen, zwei Fagotte, zwei Hörner und Streichquintett (1968)
„Zwei Sprechlieder" (Verlaine) für Sprecher und Klavier (1989)

CHORMUSIK
„Dies irae" für Chor und Orchester (1963)
„Cantata solemnis" für Bariton, Frauenchor und Orchester (1969)
Fünf Lieder für achtstimmigen Chor a cappella (1971)
„Stabat mater", Oratorium für Mezzosopran, Tenor, Chor und Orchester (1973)
„Ave Maria" für zwei gemischte Chöre a cappella (1976), Berlin, Ries & Erler
„Pater noster" für sechsstimmigen Chor a cappella (1978)
Kyrie für drei gemischte Chöre a cappella (1982)
„Memento Mori II" für vierstimmigen Chor, zwei Klaviere, Trompete, Posaune, Violine, Viola da gamba und Cello (1990)

BIBLIOGRAPHIE
Moyseowicz, Gabriela: An explanation of my aesthetic as illsutrated in my second piano concerto, Kattowitz 1967, dto. in deutscher Sprache, in: Komponistinnen-Festival, Dokumentation, Heidelberg 1989
Gutierrez-Denhoff, M.: Inspiration als Quelle des Komponierens. In: Neuland Bd. 4, 1984
Moyseowicz, Gabriela, in: Komponistinnen in Berlin, Berlin 1987
Brand, B.: Wer sein Klavier nicht tritt. In: Neue Berlinische Musikzeitung, Berlin 1988

Müller-Hermann, Johanna
(1868-1941)

Mit ihren Chorwerken und Oratorien feierte sie in den 20er und 30er Jahren dieses Jahrhunderts große Erfolge in Wiener Konzertsälen. Johanna Müller-Hermann wurde am 15. Januar 1868 in Wien geboren. Sie ließ sich zuerst als Lehrerin ausbilden und war bis 1893 als Grundschullehrerin tätig. In der Ehezeit konnte sie sich musikalisch weiterbilden und tat dies am Wiener Konservatorium bei Karl Nawratil und Josef Labor, dem blinden Organisten und Komponisten. Im Jahre 1903 erschien ihr opus 1, Sieben Lieder für Gesang und Klavier. Eine kurze Studienzeit bei Alexander Zemlinsky hat wohl kompositorisch wenig Spuren bei ihr hinterlassen; sie blieb traditionellem Stil verbunden. Ihr nächster Theorielehrer wurde Josef B. Förster in Wien, der bis zu seinem Weggang ihr inspirierender Berater wurde. Die in jener Zeit entstandenen Werke („Der sterbende Schwan", vier Orchesterlieder, die „Heroische Ouvertüre") wurden mit großem Erfolg aufgeführt. Es folgten zahlreiche Chorwerke; ein Kontakt zu Franz Schmidt kam zustande, und schließlich gehörte Johanna Müller-Hermann zu den populärsten Chorkomponistinnen Österreichs. Ihr „Lied der Erinnerung" op. 30 nach Texten von Walt Whitman kam mit dem Chor der Gesellschaft der Musikfreunde unter Robert Heger zur Aufführung. Ihre Schwester Tona Hermann, selbst eine berühmte Sängerin und Gesangs-Pädagogin, setzte sich nach dem Tode der Komponistin (sie starb am 15. April 1941 in Wien) sehr für ihre Werke ein und verfaßte 1942 den „Aufruf zur Erhaltung und Verbreitung der Werke von Johanna Müller-Hermann". Ihre Mithilfe bekräftigten u. a. Wilhelm Furtwängler, Clemens Krauss, Robert Heger, Max Schönherr, Josef B. Förster, die GEDOK München, die Komponistin Philippine Schick (s. Schick) sowie zahlreiche Kammersänger und Musikpädagogen der Zeit. Da fast alle Werke der Komponistin bei der Universal-Edition in Wien verlegt und damit zugänglich sind, besteht die Hoffnung, ihrem Werk heute noch eine Renaissance zu bescheren.

ORGEL- / KLAVIERMUSIK
Zwei Klavierstücke: Invention und Fuge
Fünf Klavierstücke op. 3, Wien, Doblinger
Klaviersonate op. 8
Vier alte Melodien für Orgel figuriert
(Melodien von W. von der Vogelweide, O. von Wolkenstein usw.)

KAMMERMUSIK
Sonate für Klavier und Violine d-moll op. 5, Wien, Doblinger
Sonate für Violoncello und Klavier op. 17
Streichquartett Es-dur op. 6, Wien, Universal-Edition
Klavierquintett g-moll op. 31, Wien, Universal-Edition

ORCHESTERMUSIK
„Heroische Ouvertüre" op. 21 für großes Orchester, Wien, Universal-Edition
„Brand", symphonische Phantasie op. 25 für großes Orchester (neuer Titel: „Epilog zu einem Drama")

VOKALMUSIK
Sieben Lieder op. 1 für Gesang und Klavier, Wien, Gutmann (Texte von Ibsen, Liliencron, Huch, Müller-Hermann)
Fünf Lieder op. 2 für Gesang und Klavier (Texte von Huch, Müller-Hermann), Wien, Doblinger, daraus als Auswahl:
Vier Lieder für Gesang und Klavier (1942), Wien, Universal-Edition (Texte: Dehmel, Huch, Weber)
Vier Lieder op. 4 für tiefe Stimme und Klavier, Wien, Universal-Edition 1942
Vier Lieder nach J. P. Jacobsen op. 14 für eine Singstimme und Klavier, Wien, Universal-Edition
Acht Lieder nach Walter Calé op. 18 für eine Singstimme und Klavier, Wien, Universal-Edition
Zwei Gesänge op. 26 für Sopran und Orchester, Wien, Universal-Edition
Zwei Lieder op. 11 für Gesang und Klavier (hohe Stimme), Wien, Universal-Edition
Drei Lieder op. 19 für Gesang und Klavier, Wien, Universal-Edition
Vier Lieder op. 20 für Gesang und Klavier (tiefe Stimme), Wien, Universal-Edition (Texte: Dehmel, Rinaldini)
„Herbstlieder" op. 28 für Gesang und Klavier (Texte: Rinaldini)
Drei Lieder op. 32 für Gesang und Klavier (hohe Stimme), Wien, Universal-Edition (Texte: George, Schröder)
„5 Zwiegesänge" op. 33 für Sopran und Orchester / Gesang und Klavier (Texte: Tona Hermann), Wien, Universal-Edition
Zwei Duette op. 15 für zwei Soprane, Bratsche und Klavier (Text: Bierbaum)

CHORMUSIK
Zwei dreistimmige Frauenchöre op. 10 mit Orchester, Wien, Universal-Edition
„Deutscher Schwur" op. 22 für Männerchor und Orchester (Text: R. A. Schröder), Wien, Universal-Edition
„Der sterbende Schwan" op. 24 für Solosopran,

gemischten Chor und Orchester / Klavier zu vier Händen, Wien, Universal-Edition

Sinfonie D-dur op. 27 für Sopran und Baritonsolo, gemischten Chor und Orchester (auch Klavierauszug) (Text: Ricarda Huch), Wien, Universal-Edition

Sinfonie für Soli, gemischten Chor und Orchester op. 28, Wien, Universal-Edition

„Ode" op. 29 für Solosopran und Soloalt, Chor und Orchester (auch Klavierauszug), Wien, Universal-Edition

„Lied der Erinnerung: In memoriam" op. 30, lyrische Kantate für vier Solostimmen, gemischten Chor, Orchester und Orgel (Text: deutsch-englisch nach Walt Whitman), Wien, Universal-Edition

„Von Minnelob und Glaubenstreu" op. 37 nach W. von der Vogelweide, Mönch von Salzburg, Neidhart v. Reuental und O. von Wolkenstein. Symphonische Variationen für vier Soli, Chor, Orchester und Orgel

Fünf a cappella Chöre für vierstimmigen gemischten Chor (Texte: Eichendorff, Jacobsen, Goethe)

DISKOGRAPHIE

Heroische Ouvertüre op. 21 / Epilog zu einer Tragödie „Brand" nach Ibsen für großes Orchester op. 25. Mährische Philharmonie, Ltg. Manfred Müssauer. Reihe „Frauentöne Vol. I", Wedemark, Thorofon.

Musgrave, Thea
(* 1928)

Nicht viele zeitgenössische Komponistinnen haben soviel für die Bühne geschrieben wie die Schottin Thea Musgrave. Sie wurde am 27. Mai 1928 in Edinburgh geboren. Von 1947 bis 1950 studierte sie an der dortigen Universität bei Mary Grierson und H. Gal. Sie setzte ihre Kompositionsstudien bis 1954 bei Nadia Boulanger in Paris fort. Bereits während ihrer Studienzeit gewann sie den Donald Francis Tovey-Preis und den Lili Boulanger Memorial-Preis. Von 1959 bis 1964 lehrte sie an der London University und war 1970 Gastprofessorin an der University in Santa Barbara, USA. Für ihre kompositorische Arbeit wurde sie vielfach gewürdigt: 1973 erhielt sie den Koussevitzky-Preis, 1974/75 das Guggenheim Fellowship, und 1976 wurde sie in England für ihre kompositorische Arbeit mit der Ehrendoktorwürde des Council for National Academic Awards ausgezeichnet. Thea Musgrave komponiert unter anderm Musik für große Orchester, die sie auch häufig selbst dirigiert - z. B. das BBC Symphony Orchestra, das London Symphony Orchestra und das English Chamber Orchestra. Auf dem Höhepunkt ihres Schaffens widmete sie sich mehr und mehr der Bühne: „The Voice of Ariadne" wurde für das Aldeburgh Festival (1974) in Auftrag gegeben, „Mary, Queen of Scots" wurde beim Edinburgh Festival 1977 unter ihrer Leitung uraufgeführt. Ihre Weihnachtsoper nach dem berühmten Dickens-Stoff gehört fast schon zum Standard-Repertoire vieler Bühnen. Covent Garden, London, bestellte bei ihr „Harriet" und das Los Angeles Music Center gab ihre jüngste Oper „Simon Bolivar" in Auftrag. Thea Musgrave gehört damit zu den erfolgreichsten Opern-Komponistinnen der Neuzeit.

KLAVIERMUSIK

Sonaten Nr. 1 / 2 für Klavier (1956), London, Novello

„Monolog" für Klavier (1960), London, Chester

„Excursions" für Klavier zu vier Händen (1965), London, Chester

Thea Musgrave. Foto: London, Novello

KAMMERMUSIK

Sonate für Violine und Klavier
Drei Kammerkonzerte für verschiedene Besetzungen, London, Chester
Streichquartett (1958), London, Chester
Trio für Flöte, Oboe und Klavier (1960), London, Chester
„Colloquy" für Violine und Klavier (1960), London, Chester
Serenade für Flöte, Klarinette, Harfe, Viola und Cello (1961), London, Chester
„Sonata for three" für Flöte, Violine und Gitarre (1966), London, Novello
„Music for horn and piano" (1967), London, Chester
„Space play concerto" für Flöte, Klarinette, Oboe, Fagott, Horn, Violine, Viola, Cello und Kontrabaß (1974), London, Novello
„Fanfare" für Blechbläserquintett (1982), London, Novello
„Pierrot" für Klarinette, Violine und Klavier (1985), London, Novello 1990
„Narcissus" für Flöte (1987), London, Novello 1988
„Piccolo Play" für Piccolo-Flöte und Klavier (1989), London, Chester 1989
„Fanfare for a new hall" für zwei Trompeten (1990)
Bläserquintett (1992)

ORCHESTERMUSIK

Divertimento für Streicher (1957), New York, Schirmer
„Scottish Dance" (1959), New York, Schirmer
„Theme and interludes" (1960), London, Novello
„Perspectives", Ouvertüre für Streicher (1961), London, Chester
Sinfonia (1963), New York, Schirmer
Festivalouvertüre (1965), London, Chester
Concerto für Orchester (1967), London, Chester
Concerto für Klarinette und Orchester (1968), London, Chester
„Night music" für Kammerorchester (1969), London, Chester
„Memento vitae" für Orchester (1970), London, Chester
Concerto für Horn und Orchester (1971), London, Chester
Concerto für Viola (1973), London, Novello
„Orfeo II" für Flöte und 15 Streicher, London, Novello 1976
„From one to another II" für Viola und 15 Streicher (1980), London, Novello
„Peripeteia" für Orchester (1981), London, Novello
„Moving into Aquarius" (1984), London, Novello
„The golden echo II" für Horn und 16 Hörner (1986), London, Novello
„Rainbow" für Orchester (1990), London, Novello 1991
„Song of the Enchanter" (1990)

VOKALMUSIK

„Two songs" für Bariton und Klavier (1951), London, Novello
„A suite o'bairnsangs" für Stimme und Klavier (1953), London, Chester
„Five love songs" für Sopran / Tenor und Gitarre (1955), London, Chester
„Four portraits" für Bariton, Klarinette und Klavier (1956), London, Novello
„A song for Christmas" für hohe Stimme und Klavier (1958), London, Chester
„Triptych" für Tenor und Orchester (1959), London, Chester
„Sir Patrick Spens" für Tenor und Gitarre (1961), London, Chester
„Primavera" für Sopran und Flöte (1971), London, Chester
„Monologues of Mary, Queen of Scots" für Sopran und Orchester (1986) London, Novello.

CHORMUSIK

Vier Madrigale für gemischten Chor a cappella (1953), London, Chester
„Cantata for a summer's day" für Sprecher, Vokalquartett oder gemischten Chor, Streichquartett, Flöte, Klarinette und Kontrabaß (1954), London, Novello
„Song of the burn" für gemischten Chor a cappella (1954), London, Novello
„The Phoenix and the turtle" für kleinen Chor und Orchester (1962), London, Chester
„John Cook" für gemischten Chor a cappella (1963), London, Novello
„The five ages of man" für Chor und Orchester / Klavier (1963), London, Chester
„Rorate coeli" für Chor a cappella (1973), London, Novello
„The last twilight" für Chor und Bläser (1980), London, Novello
„The Lord's prayer" für gemischten Chor und Orgel (1983), London, Novello
„Black tambourine" für Sopran und Alt, Chor, Klavier und Schlagzeug (1985), London, Novello
„For the time being" für vierstimmigen Chor und Sprecher (1986)
„Echoes through time" für Sopran, Alt, Sprech-Chor, Orchester und drei Tänzer (1988)
„Midnight" für vierstimmigen Chor (1992)

ELEKTRONISCHE MUSIK

„Orfeo I" für Flöte und Tonband, London, Novello
„Soliloquy" für Gitarre und Tonband (1969), London, Chester

„From one to another" für Viola und Tonband (1970), London, Novello

„The golden echo" für Horn und Tonband (1986), London, Novello

BÜHNENMUSIK

„Orfeo" für Tänzer, Flöte und Tonband, London, Novello

„A tale for thieves", Ballett (1953), London, Chester

„The beauty and the beast", Ballett für Kammerorchester und Tonband (1969), London, Chester

„The Abbott of Drimrock", Kammeroper (1955), London, Chester

„Marko the miser", Kinderoper (1962), London, Chester

„The decision" (1967), Oper, London, Chester

„The voice of Ariadne", Kammeroper (1973), London, Novello

„Mary, Queen of Scots" (1977), Oper, London, Novello

„A Christmas carol" (1979), Weihnachts-Oper, London, Novello

„An occurance at Owl Creek Bridge", Radiooper, BBC 1981, London, Novello

„Harriet, the woman called Moses", Oper (1984), London, Novello

„Simon Bolivar", Oper (1992), London, Novello

BIBLIOGRAPHIE

Heinsheimer, H.: Mistress Musgrave, Opera News, 1977

Smith, P.J.: Musgrave's A Christmas Carol, Hi-Fidelity, 1980

Kay, N.: Thea Musgrave. In: Music and Musicians, 1969/70

Milnes, R.: Dickens into Opera. In: Musical Times, 1981

Hixon, D. L.: Thea Musgrave, a bio-bibliography, Westport 1984

Kornick, R. H.: Recent American Opera: A production guide, New York 1991

LePage, J. W.: Thea Musgrave. In: Women Composers, Conductors and musicians of the 20th Century, Scarecrow, London 1980

DISKOGRAPHIE

„Chamber Concerto". Boston Musica Viva, R. Pittmann. DELOS

„Colloquy" für Violine und Klavier. Parikian, Crowson. ARGO Decca

Concerto für Klarinette und Orchester. De Peyer, London Symphony Orchestra, Ltg. del Mar. ARGO Decca

Concerto für Horn und Orchester. B. Tuckwell, Scottish National Orchestra, Ltg. Th. Musgrave. Decca Head

„Mary, Queen of Scots" (Gesamtaufnahme). Virginia Opera Orchestra and Chorus, Ltg. Peter Mark. VOX

„Night music for two horns and orchestra". Tuckwell, Chidell, London Sinfonietta, Ltg. Prausnitz. ARGO Decca

„Primavera". Dorothy Dorow, Sopran; Capriccio Records

„Soliloquy I" für Gitarre und Tonband. Siegfried Behrend. Deutsche Grammophon

„Triptych for tenor and orchestra". Duncan Robertson, Scottish National Orchestra, Ltg. A. Gibson. His Masters Voice, EMI England

„A Christmas carol". VOX

„Impromptu" Nr. 1 für Flöte und Oboe. Diane Gold, Flöte; Rheta Smith, Oboe. New York, Leonarda Productions

„Rorate coeli" für achtstimmigen Chor / „Four Madrigals" für vierstimmigen Chor (mit Chorwerken von Lang-Zaimont). Bernadette Fiorella, The Florilegium Chamber Choir, Ltg. Joann Rice. New York, Leonarda Productions

Nikolajewa, Tatjana Petrowna (1924-1993)

Die russische Pianistin und Komponistin wurde am 4. Mai 1924 in Beschiza geboren. Am Moskauer Konservatorium studierte sie Klavier bei Alexander Goldenweiser und erreichte 1947 ihren Abschluß mit Auszeichnung. Bis 1950 setzte sie ihr Kompositionsstudium bei W. Schtschebalin und Jewgeni Golubjew fort. Schon 1945 gewann sie den Skrjabin-Klavierwettbewerb in Moskau und gab anschließend zahlreiche Konzerte mit dem Moskauer Philharmonischen Orchester in der Sowjetunion, in Europa und in den USA. Tatjana Nikolajewa gewann internationale Klavierwettbewerbe (1948 in Prag, 1950 den Bachpreis in Leipzig). Für ihr 1. Klavierkonzert op. 10 erhielt sie 1951 den Stalinpreis. 1956 bekam sie einen Lehrauftrag am Moskauer Konservatorium; im selben Jahr wurde ihre Sinfonie in F in Thüringen im Meininger Theater als deutsche Erstaufführung gespielt. 1965 wurde sie in Moskau Professorin für das Fach Klavier. Bei zahlreichen internationalen Wettbewerben, u. a. in Leipzig, Montreal, Wien, Genf und München, wirkte die als Bach-Interpretin sehr geschätzte

Pianistin als Jury-Mitglied. 1971 war sie Preisträgerin des Robert-Schumann-Wettbewerbs, und in den 70er Jahren lehrte sie an der Kölner Musikhochschule. Die Komponistin starb am 22. November 1993 in San Francisco.

KLAVIERMUSIK
Sonate für Klavier (1949)
„Little variation" im klassischen Stil für Klavier
Variationen über ein Thema von Tschaikowsky
Variationen über ein Thema von Myaskowsky (1951)
Konzert für Klavier und Orchester (Fassung für zwei Klaviere) (1951)
24 Konzertetüden für Klavier (1951-55)
Fünf Etüden (1959)
„Polifonicheskaya triada" für Klavier (1966)
Sonate für Klavier (1977)
Klavieralbum für Kinder, Moskau, Sowjetischer Komponistenverband 1972
„We draw animals" op. 31, Moskau, Sowjetischer Komponistenverband 1984

KAMMERMUSIK
Klaviermusik (1947)
„Polifonicheskaya triada" für Klavier und Streichquartett (1949)
Sonatine für Violine und Klavier (1955)
Streichquartett (1960)
Sonate Nr. 1 für Cello und Klavier (1960)
Trio für Flöte, Viola und Klavier
Sonate Nr. 2 für Cello und Klavier (1973)

ORCHESTERMUSIK
Klavierkonzert Nr. 1, op. 10 (1950)
Sinfonie in F Nr. 1, op. 17 (1955)
„Valse-capriccio" für Violine und Orchester (1960)
Konzert für Violine und Orchester (1972)
Fantasie für Orchester (1975)
Klavierkonzert Nr. 2, op. 32 (1976), Moskau, Sowjetischer Komponistenverband 1976

VOKALMUSIK
„Songs" (Texte: Puschkin, Lermontow)
„Islandia", Lieder-Zyklus (Text: Sofronow)
„Cantata" (Text: Schurkin) für Soli, Chor und Orchester (1949)

Tatjana Nikolajewa und Karl-Fritz Bernhardt beim Kongreß Sowjetischer Komponistinnen, Moskau 1965.
Foto: Archiv

FILMMUSIK

„Zhenshchina v iskusstva", Filmmusik (1970)

BIBLIOGRAPHIE

Tatjana Nikolajewa: Nachruf, in Neue Musik-Zeitung. Regensburg 1993

Nikolskaja, Ljubow Borissowna (* 1909)

Eine der berühmtesten Künstlerinnen Georgiens ist Ljubow Borissowna Nikolskaja. Sie wurde am 17. Mai 1909 in Transkaukasien geboren; ihr Vater war Cellist, der Großvater Komponist und Chordirigent. Schon mit neun Jahren trat sie öffentlich als Pianistin auf; im Elternhaus wurde musiziert, und sie erlernte von klein auf das Partiturspiel. In Odessa besuchte sie das Volks-Konservatorium und kam zu Wanda Mordanowa, Schülerin von Prof. Dranssejko-Mironowitsch, trat oft als Pianistin auf und begleitete bekannte Künstler. Am Leningrader Konservatorium, wurde sie aber vorerst nicht angenommen, 1937 endlich belegte sie Komposition und Musikwissenschaft. Durch den Krieg 1941 nach Kasachstan evakuiert, unterbrach sie ihre vielversprechende Karriere und mußte als Lagerverwalterin arbeiten. In einem Wandertheater machte sie Musik, und es gelang ihr die Aufnahme in das Konservatorium von Taschkent. Nach dem Krieg (1945) kehrte die Musikerin nach Leningrad zurück und machte ihr Examen (Oratorium „Meine heimatliche Ukraine"). Sie wurde bald Assistentin in M. O. Steinbergs Klasse. Nach dem Tod ihres Sohnes im Krieg und dem Tod ihres berühmten Lehrers kehrte sie der Stadt Leningrad den Rücken und ging nach Swerdlowsk an das Ural-Konservatorium. Dort unterrichtete sie, leitete die Abteilung Musiktheorie und komponierte. Nikolskaja hat zahlreiche, für russische Komponistinnen typische Werke in großen Formen hinterlassen.

KLAVIERMUSIK

Klavierzyklen und Präludien (1938)
Sonate für Klavier (1946)
Tanz-Suite für zwei Klaviere (1950)
Ukrainische Suite (1952)
Zwei Klavierstücke (Zusammenschluß der Urkaine mit der Sowjetunion) (1953)
Sonatine für Klavier (1957)

KAMMERMUSIK

Zwei Stücke für Bläserquartett (1949)
Präludium und Scherzo für Bläserquartett (1949)
„Fantasie im Andenken an P. Bazhov" (1951)
Romantische Suite für Domra und Klavier
Sonate für Cello und Klavier
Konzert-Fantasie für Domra und Klavier

ORCHESTERMUSIK

Zwei russische Volksmelodien für Klarinette und Orchester (1930)
Klavierkonzert Nr. 1 (1939)
Suite für Orchester (1940)
Tanz-Suite (1949)
Konzert-Fantasie über ukrainische Themen (1950)
Klavierkonzert Nr. 2 (1952)
Konzert für Bajan und Orchester (1961)
Konzert-Fantasie für Orchester (1972)

VOKALMUSIK

Kantate nach Texten ukrainischen Dichtern (1945)
Vier Romanzen für Stimme und Klavier (1949) (Text: Lermontow)
Drei Romanzen für Stimme und Klavier (1949) (Text: Ryklenkow)
Ukrainische Volksgesänge für Stimme und Orchester (1951)
„Uralochka", Lied für Singstimme und Klavier (1953)
Zyklus von Romanzen für Stimme und Klavier (1963)
Zwei Balladen für Stimme und Klavier (1967)

CHORMUSIK

„Dem Waldpfad entlang" für Kinderchor und Soli (Texte: Tkatschenko)
„Wir Lenin-Pioniere" für Kinderchor und Soli (Texte russ. Dichter)

BÜHNENMUSIK

„Das Tausend-Dinge-Mädel" (Libretto: Chorinskaja), Kinderoper
„Der Hahn und der Fuchs" (Libretto: Lumpowa), Kinderoper
„Der Silberhuf" (Limpova), Kinderoper
„Der Besänftigte" (Libretto: Ibrahimow), Oper
„Der Phoenix" (Libretto: Schepelex), Oper

Nova Sondag, Jacqueline
(1935-1975)

In Latein-Amerika ist sie eine der ersten Avantgarde-Frauen, deren Werke international bekannt wurden. Sie wurde am 6. Januar 1935 in Gent, Belgien, geboren, wuchs hingegen in Kolumbien auf. Ihre musikalische Ausbildung erhielt sie am Konservatorium in Bogotá und an der Faculdad de Artes de la Universidad Nacional de Colombia. Ihre Lehrer waren Fabio Gonzáles-Zuleta, Emilio Atehortuá, Olav Roots und L. A. Escobar.

1967 ermöglichte ihr ein zweijähriges Stipendium weitere Kompositionsstudien mit elektronischer Musik in Buenos Aires am Instituo Torcuato Di Tella u. a. bei Luigi Nono, A. Ginastera, G. Gandini, R. Haubenstock-Ramati, F. Koepfl. Sie nahm an zahlreichen Festivals im In- und Ausland teil, gab 1969 im Rundfunk Kurse für Elektronische Musik und veranstaltete erste audio-visuelle Workshops „Luz, sonido, movimiento". 1970 arbeitete sie im Laboratorio de Acustica Estudio de Fonologa Musical unter der Leitung von F. Koepfl. 1971 organisierte sie erste Auftritte mit der Gruppe „Nueva Musica", die sie in Bogotá gründete. Jacqueline Nova Sondag erhielt in ihrem kurzen Leben zahlreiche Auszeichnungen und Preise, u. a. 1966 den 1. Preis für Kammermusik („Doce móviles") beim Musikfestival in Caracas, Venezuela, 1969 den 1. Preis beim 5. National Theatre Festival und 1971 den National Composition Prize. Sie starb im Alter von nur 40 Jahren am 13. Juni 1975 in Bogotá.

KLAVIERMUSIK
Fantasia (1963)
„Transiciones" (1964-65)
„Sequencias" (1967)
„Resonancias I" (1969)
„Perforaciones" (1974)

KAMMERMUSIK
„Esayo" für Streicher (1963)
„Preludio cromatico" für Oboe, Klarinette, Fagott (1964)
„Scherzo bitonal" für Viola/Violine und Cello (1964)
„Episodios I - V" für Violine, Cello, Klavier
„Scherzo en estilo primitivo" für Cello und Klavier (1965)
„Signos" für Violine (1965)
„Suite de danzas medievales" für Flöte, Viola und Schlazeug (1965)
„Mesure" für Cello und Klavier (1965)
„Asimetrias" für Flöte und Schlagzeug (1967)
Streichquartett (1974)

ORCHESTERMUSIK
„Suite" für Streichorchester (1964)
„Metamorphosis III" für Sinfonieorchester (1966)
„12 Moviles" für Streicher und Klavier (1967), Washington, Pan American Union (1967)
„Ensayos" für Streichorchester (1968)
„Segmentos" für Oboe und Orchester (1979)

VOKALMUSIK
„L'amour est mort" (Text: Apollinaire) für Sopran und Klavier (1965)
„A veces un no niega" für Sopran und Klavier (1965)
„L'adieu" (Apollinaire) für Sopran und Klavier (1965)
„Cantos medievales" (1965)
„Les méfaits de la lune" (Verlaine) für Stimme und Klavier (1965)
„Cuanto tiempo fuiste dos" (Text: Salinas) für Stimme und Klavier (1966)
„Uerhayas, invocacion a dos dioses" für Sopranstimmen und Orchester (1968)
„3 Zigeunerlieder" für mittlere Stimme und Klavier, New York, Schirmer 1963

CHORMUSIK
„Y el movimiento se define en el aire" für vier Vokalgruppen (1965)
„Los seres quietos impenetrables" für gemischten Chor a cappella (1968)
„Salmo" für Chor (1970)

BÜHNENMUSIK
„Macbeth", Kammeroper (1958)
„Julius Caesar", Oper für Stimmen und elektronische Instrumente (1969)
„Ballett" für Stimme und Tonband (1972)

ELEKTRONISCHE MUSIK
„Oposicion - fusion" (1968)
„Projeciones" für Projektor und Orchester (1968)
„Machu Pichu" (1968) audio-visuell
„WZK" - Radio Experiment (1969)
„Syntesis" für Stimmen, Streicher, Mimen und elektronische Sounds (1969)
„Resonancias I" für Klavier und Elektronik (1969)
„Signo de interogacion" für Elektronik (1969)
„LMA 11" für Stimmen, Streicher, Schlagzeug und Elektronik (1969)

„Espacios", audio-visuelles elektronisches Experiment (1970)
„Pitecantropus" für Stimmen, Elektronik und Orchester (1971)
„HK 70" für Klavier, Kontrabaß, Schlagzeug und elektronisch verfremdete Stimmen (1972)
„Cantos de la creacion del mundo" für Stimmen und Elektronik (1972)
„Ommagio a Catullus" für Stimmen. Schlagzeug und Elektronik (1972)
„Sincronizacion" für Stimmen, Klavier, Harfe, Schlagzeug und Elektronik (1972)
„Musica para las esculturas de F. Bursztyn" für Tonband (1974)
„Hiroshima" für Stimmen, Elektronik und Orchester (1974)

FILMMUSIK
„Camillo" für Tonband (1974)

BIBLIOGRAPHIE
Ortiz, C. B.: Jacqueline Nova, la nueva musica, in „Lampara" Vol XXIV
Jacqueline Nova „12 moviles", Washington, Pan American Union 1967

Odagescu-Tutuianu, Irina
(* 1937)

Die rumänische Komponistin und Musikschriftstellerin wurde am 23. Mai 1937 in Bukarest geboren. Eine umfassende musikalische Ausbildung erhielt sie am Bukarester Konservatorium „Ciprian Porumbescu" (1957 bis 1963). Dort studierte sie Kontrapunkt bei Myriam Marbé und Zeno Vancea, Harmonielehre bei Alexandru Pascanu und Paul Constantinescu, Musiktheorie bei Ioan D. Chirescu, Komposition bei Alfred Mendelssohn und Tiberiu Olah, Orchestrierung bei Anatol Vieru, Partiturlesen bei Vinicius Grefiens und Folklore bei Emilia Comisel. Später nahm sie 1972 und 1976 an den Internationalen Ferienkursen für Neue Musik in Darmstadt teil, bei denen Karlheinz Stockhausen, Mauricio Kagel, György Ligeti, Yannis Xenakis und Helmut Lachenmann lehrten. Sie betreute von 1964 bis 1965 den Musikverlag Editura Muzicala in Bukarest. Von 1965 bis 1967 lehrte sie Klavier an einer Musikschule und seit 1965 am Konservatorium „Ciprian Porumbescu" in Bukarest. Irina Odagescu-Tutuianu erhielt 1978, 1979 und 1981 nationale Preise in Rumänien. Außerdem wurde sie 1981 beim Internationalen Wettbewerb für Polyphone Musik in Kolumbien und 1982 beim Internationalen Kompositionswettbewerb „Viotti-Valsesia" in Italien ausgezeichnet.

ORGEL- / KLAVIERMUSIK
Drei Präludien (1960)
Variationen über ein Volkslied (1961)
Passacaglia für Orgel op. 3 (1962)
„Sonata monopartia" op. 5 (1963)
Rondo Toccata op. 9 (1964), Bukarest, Editura Muzicala 1979
Vier Kinderstücke op. 12 (1966), Bukarest, Editura Muzicala 1979
Scherzo Toccata op. 14 (1968)
Improvisationen op. 47 für zwei Klaviere (1982)

KAMMERMUSIK
Streichquartett op. 6 (1963)
Sonate für Violine und Klavier op. 13 (1967), Bukarest, Editura Muzicala 1971
„Continuum" op. 43 für Klavier und Schlagzeug (1981)
„Melos II" op. 45 für Flöte und Klavier (1982)
Improvisationen op. 46 für zwei Celli (1982)
Sonate für Viola solo op. 48 (1982)
Musik für zwei Klaviere und Schlagzeug op. 51 (1983)

ORCHESTERMUSIK
„Augustnacht" op. 8 für Orchester (1964)
Passacaglia op. 11 (1966)
„Piscuri" op. 15, symphonische Dichtung (1970)
„Dramatische Improvisationen" op. 22 (1972)
„Momente" op. 25, Concertino für Streichorchester (1974)
„The battle with torches" op. 31, choreographische Dichtung (1977), Bukarest, Editura Muzicala 1980
„High song" op. 50, choreographische Dichtung (1983)
Konzert für Cello und Orchester op. 51
„The earth fortress" op. 54, symphonische Dichtung (Text: Petre Ghelmez) für Baßbariton und Orchester (1985)

VOKALMUSIK
Vier Lieder op. 42 (Texte: Lucian Blaga) für Sopran / Mezzosopran und Klavier (1981)
„Melos I" op. 44 für Klarinette, Cello, Sopran und Schlagzeug (1981)

CHORMUSIK

„In us the youth is shining" op. 4 für Baß, gemischten Chor und Klavier (1962), Bukarest, Editura Muzicala 1972

„Youth" op. 7, Kantate für gemischten Chor und Orchester (Text: Mihai Dutescu) (1963)

„Song to the memory of the heroes" op. 10 für Chor a cappella (Text: Nicusor Constantinescu) (1965)

„Mirroring" (Text: Mariana Dumitrescu) op. 16 für Chor a cappella (1970)

„Hymn to my country" (Text: Mihai Negulescu) op. 17 für Chor a cappella (1971), Bukarest, Editura Muzicala 1972

„The great heart of the country" (Text: Ioan Meitoiv) op. 18 für Chor a cappella (1972)

„Youthfull song" (Text: Vlaicu Bârna)op. 19 für Chor und Klavier (1972)

„Song of journey" (Text: Teodor Bratu) op. 20 für Kinderchor und Klavier (1972)

„Hymn to the youth" (Text: Dumitru M. Joan) op. 21 für gemischten Chor und Klavier (1972)

„Youth country's off spring" op. 23 für Chor und Klavier (1973), Bukarest, Editura Muzicala 1975

„Day of light" (Text: Mihai Negulescu) op. 26, Kantate für gemischten Chor und Orchester (1976)

„De doi" op. 27 für gemischten Chor zu 12 Stimmen und Schlagzeug (1976), Bukarest, Editura Muzicala 1978

„Work's pride" (Text: Nicusor Constantinescu) op. 28 für Chor und Klavier (1976)

„And I started on journey" (Text: Nicusor Constantinescu) op. 29 für Kinderchor und Klavier, Bukarest, Editura Muzicala 1981

„Bread's pile" (Text: Ion Criguleanu) op. 30 für gemischten Chor und Schlagzeug (1977), Bukarest, Editura Muzicala 1982

„Republica Slavita Tara" (Text: Stefan Tita) op. 32 für Mezzosopran, gemischten Chor und Klavier (1977), Bukarest, Editura Muzicala 1978

„Singing the pastoral land" (Text: Nicusor Constantinescu) op. 33 für Frauenchor und Klavier (1977), Bukarest, Editura Muzicala 1979

„The girls in our country" (Text: Nicusor Constantinescu) op. 34 für Frauenchor a cappella (1978), Bukarest, Editura Uniunii 1978

„Eyes of flowers" op. 35 für gemischten Chor a cappella (auch Fassung für Männerchor a cappella) (1979), Bukarest, Editura Uniunii 1979

„Homeland's name" (Text: Vasile Nicolescu) op. 36 für gemischten Chor a cappella (auch Fassung für Männerchor a cappella) (1979), Bukarest, Editura Didactica 1981

„To you, Country" (Text: Nicusor Constantinescu) op. 37 für Frauenchor und Klavier (1980), Bukarest, Editura Uniunii 1981

„Ballade" (Text: Ioan Melinte) op. 38 für Frauenchor, Sprecher und Schlagzeug (1980)

„On nimbus of eagles" (Text: Vasile Nicolescu) op. 39, Poem für gemischten Chor a cappella (1982), Bukarest, Editura Muzicala 1982

„Brot in Flammen" für Sprecherin, gemischten Chor und Schlagzeug, Bukarest, Editura Muzicala 1982

„The earth is thirsty of peace" (Text: Ioan Melinte) op. 49 für gemischten Chor a cappella (1982)

„Ancient roots" (Text: Ion Cringuleanu) op. 52, Poem für gemischten Chor und Schlagzeug (1983)

„Love wish" op. 53 für Männerchor a cappella (1984)

„The appeal of the earth" (Text: Ion Cringuleanu), Oratorium für gemischten Chor, Sprecher und Orchester (1985)

BIBLIOGRAPHIE

Constantinescu, G.: Simfonicul Filarmonicii. In: Informatia Bucurestiului, Bukarest 1972

Buciu, D.: Batalia cu facle (Ballett with torches), Irina Odagescu. In: Muzica, Bukarest 1979

Hoffmann, A.: Cintece Politice Pentru Tineret (Political Songs for Youth). In: Saptamina culturda a Capitalei, Bukarest 1981

DISKOGRAPHIE

Passacaglia op. 31 / „Piscuri" op. 15. Rumänisches Radio-Sinfonie-Orchester, Ltg. E. Elenescu. Rumänien, Electrecord

„High song" / „Dramatische Improvisationen" / „Momente" op. 25. Rumänisches Radio-Sinfonie-Orchester u.a. Rumänien, Electrecord

Sonate für Violine und Klavier. Victoria Basta, Violine; Crimhilda Cristescu, Klavier. Rumänien, Electrecord

„The Battle with torches", choreographisches Poem. Rumänien, Electrecord

„Singing the pastoral land". Rumänien, Electrecord

„Mirroring". Rumänien, Electrecord

„On Nimbus of Eagles". Rumänien, Electrecord

„Oglindire" / „Balada" / „La ivit de Zori" / „Rugul piini" / „Pe nimb de vulturi" / „Ia Romaneasca" / „Numele-patriei" / „Cintind Plaiul mioritei". Corul Madrigal Conservatorului Bucuresti, Corul Radioteleviziunii Romane, Corul Juventus Carmen, Adrian Stroici. Rumänien, Electrecord

Concerto für Cello und Orchester op. 51. Philharmonisches Orchester George Enesco, Ltg. Marin Cazacu. / „Ciuleandra", Ballettmusik op. 54. Rumänisches Radio-Sinfonie-Orchester, Ltg. Modest Cichirdan. Rumänien, Electrecord

O'Leary, Jane
(* 1946)

Die in Hartford, Connecticut, am 13. Oktober 1946 geborene Komponistin ist seit langem in ihrer Wahlheimat Irland eine populäre Musikerin. Sie begann ihre musikalische Karriere am Vassar College in den USA und wechselte dann zur Graduate School der Princeton University (1968). Bei Milton Babbit promovierte sie. Bis dahin hatte sie schon einige Kompositionen verfaßt. Zusammen mit ihrem irischen Ehemann zog sie nach Waterford, Irland und begann, in Dublin und Galway Musik zu unterrichten. 1978 gewann sie ihren ersten Kompositionspreis und das W. K. Rose Stipendium für das Vasar College. Sie konnte sich 1981 dann erstmals ganz dem Komponieren widmen, als sie für das Stipendium Aosdana ausersehen wurde. Jane O'Leary, die sich nicht nur im eigenen Land für die komponierenden Kolleginnen einsetzt, ist Vorsitzende der Gruppe Neue Musik in Dublin und Mitglied des Exekutiv-Ausschusses der International League of Women Composers. Bereits 1976 gründete sie die Gruppe „Concorde", die sich der Kammermusik des 20. Jahrhunderts widmet. Schließlich wurde sie Direktorin der National Concert Hall in Dublin. 1991 gab der irische Rundfunk bei ihr ein großes Orchesterwerk in Auftrag. Die Komponistin lebt und arbeitet in Galway, Irland.

Jane O'Leary. Foto: Archiv
Foto: The Contemporary Music Centre, Dublin

KLAVIERMUSIK

„Piano piece" (1974)
„Piano piece II" (1980)
„Reflections, a set of 5 images for solo piano" (1986)
„Cartoline da Sicilia" (1987)
„Forgotten worlds" (1987)
„When the bells have stopped ringing" (1989)
„From the crest of a green wave" (1993)

KAMMERMUSIK

Trio „Hommage à Webern" für Flöte, Klarinette und Klavier (1978)
Concert für Flöte, Violine, Cello und Cembalo (1979)
„Sinfonia for three" für Flöte, Violine und Klavier (1980)
Streichquartett (1983)
Variationen für Flöte und Klavier (1984)
„Memories grown dim" für Altflöte und Cembalo (1988)
„A silver thread" für Violine und Schlagzeug (1988)
Klaviertrio für Violine, Cello und Klavier (1992)
„Four pieces for guitar" (1993)
„Silenzio della terra" für Flöte und Schlagzeug (1993)
Duo für Violine und Cello (1994)

ORCHESTERMUSIK

„From the flatirons" für Orchester (1985)
"The petals fall" für Orchester (1987)
„Sky of revelation" für Streicher (1989)
"Summer stillness" für Streicher, Schlagzeug und Harfe (1989)
„Mirror Imagings" für Orchester (1991)
„Island of Discovery" für Orchester (1991)

VOKALMUSIK

„Poem from a three year old" (Text: B. Kennelly) für Sopran, Flöte und Klarinette (1976)
„Three voices" (Text: B. Kennelly) für Sopran, Oboe und Klavier (1977/84)
„Two for one" für Altflöte und Stimme (1986)
„Is it summer" für Mezzosopran und Flöte (1988)

CHORMUSIK

„Begin" für vierstimmigen gemischten Chor und Flöte (Text: B. Kennelly)
„Filled wine cup" für vierstimmigen gemischten Chor a cappella (Text: B. Kennelly)
„To listen and to trust" (Text: Moya Cannon / B. Kennelly) für vierstimmigen Frauenchor (1990)

BIBLIOGRAPHIE

Porträt Jane O'Leary. In: Zeitschrift des „Contemporary Music Centre", Dublin, 1994

DISKOGRAPHIE

„Islands of Discovery". National Symphony Orchestra, Ltg. Marco Guidarini. Wien, Vienna Modern Masters 1992

Olive, Vivienne
(* 1950)

Seit zwanzig Jahren lebt sie in Deutschland: Die Komponistin Vivienne Olive, die am 31. Mai 1950 in London geboren wurde. 1966 begann sie ein Musikstudium am Trinity College of Music in London. Ihre Lehrer waren J. Stevens (Orgel) und V. Aveling (Cembalo). 1968 wechselte sie zur Universität in York und schloß ihre Musikstudien dort 1971 mit dem B.A. (Bachelor of Arts) ab. Von 1971 bis 1975 bereitete sie sich auf ihre Promotion vor und setzte ihre Kompositionsstudien zu diesem Zwecke bei B. Rands (York), F. Donatoni (Mailand) und R. Haubenstock-Ramati (Wien) fort. Sie promovierte 1975 zum Dr. phil. in Komposition an der Universität in York. Im selben Jahr verließ sie England und ergänzte ihre Studien bei Klaus Hubert (Komposition) und St. Heller (Cembalo) in Freiburg. Von 1971 bis 1974 wurde Vivienne Olive vom Departement of Education and Science, von 1975 bis 1978 vom Deutschen Akademischen Austauschdienst mit Stipendien gefördert. 1978 erhielt sie für ihr Orchesterwerk „Tomba di Bruno", das sie anläßlich des Todes von Bruno Maderna (1973) komponierte, den Stuttgarter Förderpreis. 1979 wurde sie Dozentin für Musiktheorie an der Fachakademie für Musik in Nürnberg. Nach einem längeren Aufenthalt in Australien lebt sie nun wieder in Deutschland.

ORGEL- / KLAVIERMUSIK

„Tuareg love song" für Klavier solo (1978), Kassel, Furore
„Pentakel" für Klavier zu vier Händen (1982), USA, Dorn Publications
„This one for J. P." für Orgel, Kassel, Furore
„Text III" für Klavier, Kassel, Furore

KAMMERMUSIK

„Before they came" für Vibraphon solo
„The coming of the anchovies" für sechs Instrumente
„Text I" für Soloflöte (1972), USA, Dorn Publications
„Context" für zwei Flöten, zwei Violinen, Vibraphon, Marimba und Klavier (1973), Kassel, Furore
„Out of context" für drei Flöten (1974), USA, Dorn Publications / Kassel, Furore 1990
„An die Nachtigall" für Soloflöte (1976), USA, Dorn, Publicatons
„Text II" für Vibraphon (1976), USA, Dorn Publications
„Duetting" für zwei Flöten (1977)
„Lusciniae lacrimae", Klagelied für die Opfer von Seveso für acht Instrumente (1979), USA, Dorn Publications
„Rondel" für Klarinette / Bratsche und Klavier (1979), USA, Dorn Publications
„Text IV" für Gitarre (1989), Kassel, Furore
„Tides of a current flowing" für Gitarre solo (1992), Kassel, Furore
„Text V" für Horn solo, Kassel, Furore 1993
„Somewhere" für Blockflöten-Quartett, Kassel, Furore
„The Blacksmith" für Blockflöte (1992), Kassel, Furore
„Omaggio" für zwei Violinen, Viola, Cello und Klavier, Kassel, Furore
„Another Silly Love Song" für Cello und Ensemble, Kassel, Furore

ORCHESTERMUSIK

„Tomba di Bruno", Hommage à Bruno Maderna für Flöte und Orchester (1975), USA, Dorn Publications / Kassel, Furore
„Music for two saxophons and orchestra" (1982), USA, Dorn Publications / Kassel, Furore

VOKALMUSIK

„Songs for school children" für Stimme und Klavier, London, Ashdown
„At all, at all" für drei Mezzosoprane und drei Bratschen (1971), USA, Dorn Publications / Kassel, Furore
„C" für 30 Stimmen und fünf Schlagzeuger (1972)
„In den Nachmittag geflüstert" für Mezzosopran, Vibraphon, Schlagzeug und Harfe (1975), USA, Dorn Publications / Kassel, Furore
„Stabat mater" für Mezzosopran und Orgel, London, Asdown 1980 / Kassel, Furore
„Stabat mater" für acht Frauenstimmen a cappella, London, Ashdown 1980 / Kassel, Furore
„Der Schwan" für Mezzosopran, Flöte und Klavier (1983), Kassel, Furore
„A thing which fades", Klagelieder für die Opfer von Hiroshima für Sopran, Baßflöte, Gitarre und Schlagzeug, Darmstadt, Tonos 1987
„Whispers of heavenly death" für Mezzosopran solo, Kassel, Furore
„Light-winged Dryad of the trees" für Solostimme, Sopran-Blockflöte und Violine (1990), Kassel, Furore
„Sancta Maria" für acht Männerstimmen (1987)

CHORMUSIK

„Mushrooms" für großen, gemischten Chor, Kassel, Furore
„Optima lux" für großen, gemischten Chor, Kassel, Furore

BIBLIOGRAPHIE

Gutierrez-Denhoff, M: Vivienne Olive, eine lyrische Serialistin. In: Neuland Bd. 4, 1984
„Die Gefühle um die Seele meines Publikums", in: Annäherungen Bd. II, Kassel 1987
Liedel, K. A.: Ich bin scheinbar bereit... Interview mit Vivienne Olive. In: Stechpalme - Künstlerinnen-Archiv, Nürnberg / In: Frauen machen Musik - Rundbrief 10 / 1989

Oliveros, Pauline
(* 1932)

Es gibt keine zeitgenössische Komponistin, die so interkulturell arbeitet wie Pauline Oliveros. 1991 fand in fünf amerikanischen Städten gleichzeitig ein Jubiläumskonzert für sie statt: 40 Jahre Komponieren war der verdiente Anlaß. Pauline Oliveros wurde am 30. Mai 1932 in Houston, Texas geboren. Die mittlerweile weltweit als experimentelle und feministische Komponistin anerkannte Musikerin begann ihr Musikstudium in Houston bei P. Koepke, ging dann nach San Francasico und studierte am State College bei R. Erickson, L. Rush, Terry Riley und Stuart Dempster. Schon damals wirkte sie in Gruppen-Improvisationen mit. 1961 gründete sie mit M. Subotnik und R. Sender das San Francisco Tape Music Center, dessen Leitung sie 1966 übernahm. Von 1967 bis 1981 lehrte sie an der Universität in San Diego und erhielt vielfache Stipendien: so für das Walker Art Center, das Cleveland Museum of Art und für das Cabrillo-Festival in Kalifornien. 1970 gründete sie eine Frauen-Improvisationsgruppe mit musiktherapeutischem Anspruch und führte mit dieser in vielen Ländern zahlreiche Workshops durch. 1977 erhielt Pauline Oliveros den Beethoven-Preis der Stadt Bonn für ihr Stück „Bonn Fire"; der Westdeutsche Rundfunk sendet bisweilen ihre Hörstücke; schon 1980 war sie beim ersten Frauen-Musik-Festival in Köln/Bonn zugegen. Ansonsten ist Pauline Oliveros zwischen Afrika, Südamerika und den USA unterwegs. Ihr gigantisches Projekt, das erst im Jahre 2001 abgeschlossen sein wird, heißt „Nzinga The Queen King", beteiligt Brasilien, Afrika, Portugal und die USA und ist ein multimediales Theaterstück über eine afrikanische Königin. Ihr musikalisches Spezifikum bleiben jedoch ihre meditativen Akkordeon-Klänge mit Stimme und ihre elektronischen Kompositionen, die nie in technische Spielerei münden. Heute lebt und arbeitet die vielfach preisgekrönte Komponistin in Kingston, New York. Ihr Gesamtwerk wird mittlerweile von der Pauline Oliveros Foundation in New York verwaltet.

Pauline Oliveros bei der Produktion von „Poem of Change". Foto: Köln, WDR

KLAVIERMUSIK

„Gathering together" für Klavier zu acht Händen
„Ode to a morbid marbie" für Klavier solo (1951)
Fuge für Klavier (1953)
„Essay" für Klavier (1954)

KAMMERMUSIK

Trio für Klarinette, Horn und Fagott (1955)
Konzertstück für Akkordeon (1957)

„Cock a dooble dandy" für Akkordeon (1958)
„Variations for sextet" (1960)
„1000 acres" für Streichquartett (1960)
„Outline for flute, percussion and string bass" (1963)
Duo für Akkordeon, Bandoneon und Vogelstimme (1965)
„I've got you under my skin" für Soloschlagzeuger und Bat man (1965)
„Pieces of eight", Baltimore, Smith Publications 1977
Trio für Flöte, Klavier und „page turner", Baltimore, Smith Publications 1977
„Travelling companies" für Percussion-Ensemble (1980)
„Mother's day" für zwei Concertinas (1981)
„Go" für Akkordeon und Violine (1983)
„Tree" / „Peace" für Streichquartett (1984), Baltimore, Smith Publications 1984
„Wings of a dove" für zwei Klaviere und zwei Bläserquintette (1984)
„Lions Eye" für Gamelan-Ensemble / Synclavier (1985)
„Tasting the Blaze" für Schlagzeug, Posaune, Cello, Klarinette, vier Akkordeons und Gagaku-Orchester (1985)
„Portrait" Quintett für Flöte, Oboe und Englischhorn, Klarinette und B-Klarinette (1988)
Quintett für Blechbläserquintett (1989)
„All Four for the Drum Bum" für Schlagzeug-Ensemble (1990)
„Grand Improvisations" für B-Akkordeon, Oboe, Kontrabaß und Synthesizer (1990)
„What if" für Akkordeon (1991)

EXPERIMENTELLE MUSIK / ELEKTRONISCHE MUSIK

„Rattlesnake mountain" für Stimme und Akkordeon
25 sonic meditations, Baltimore, Smith Publications
„Sound patterns" für Chor und Synthesizer
„Apple box" für verstärkte Apfelkiste und kleine Gegenstände (1964)
„George Washington slept here too" für vier Aufführende, einen Flügel, ein Spielzeug-sonic-blaster oder eine Pistole mit Platzpatrone (1965)
„Bye, bye butterfly" für verschiedene Medien und Tonbänder (1965)
„Light piece for David Tudor" für elektr. mod. Klavier, Licht, Film und Tonband (1965)
„The exception and the rule" für Umwelt-Klangquellen (1965)
„Circuitry for percussion and light" (1967)
„Double basses at twenty paces" für zwei Schiedsrichter, zwei Bassisten und Dirigenten, Baltimore, Smith Publications 1968
„Festival House" für Orchester, Chor, Mimen, Filme und Projektionen (1968)
„Please don't shoot the piano player" für diverse Medien (1969)
„Music for Expo '70" für vierkanaliges Tonband (1970)
„To Valerie Solanas and Marilyn Monroe" für Orchester, Chor, Orgel, Elektronik und Lichter, Baltimore, Smith Publications 1970
„Phantom fathom I und II" für beliebige Zahl von Aufführenden (1972/73)
„Post card theatre" für Mitwirkende, verschiedene Medien und Postkarten (1972)
„What to do" für Mitwirkende, sonic and mixed media (1972)
„Horse sings from cloud" für Akkordeon und Stimme (1977)
„Mandala" für Baßtrommel mit vier Spielern, Klarinette, acht gestimmte Gläser und Solosänger (1977), Baltimore, Smith Publications
„The wheel of life" für Vokalensemble (1977)
„Willowbrook generations" für Bläser und Publikum, Baltimore, Smith Publications 1977
„El relicario de los animales" für 20 Instrumente und Sänger (1979), Baltimore, Smith Publications
„Anarchy waltz" für beliebige Anzahl von Aufführenden (1980)
„MMM a lullaby for Daisy Pauline" für Publikum (1980)
„Traveling companions" für Schlagzeug-Ensemble (1980), New York, Deep Listening
„Monkey" für Kinder-Ensemble (1981)
„Tashi Gomang" für Orchester (1981), Baltimore, Smith Publications 1984
„Breathe in breathe out, sonic meditations (1983)
„The wandering, a love song (1983)
„The wheel of time" für Streichquartett und computergesteuertes Tonband (1983), New York, Deep Listening Publ.
„Earth ears" (1984)
„Waking the heart" (1984)
„Rose moon" für Chor und Marathonläufer, Baltimore, Smith Publications 1984
„Aga" für Stimme, Concertina, Trompete und Elektronik (1984)
„Drama of the 5 families" für Erzähler, Soli und Chor (1984)
„O sister whose name is Goddess" für Stimme, digital verfremdet (1984)
„Open circuits: om mani padme hum" (für die Olympischen Spiele, 1984)
„Song for the Ancestors" für eine Stimme, Trompete, Didjeridu (Aborigines-Instrument) (1984)
„Talking Bottles and Bones" für Stimme, Effekte, digital verfremdet (1984)
„The chicken who learned how to fly" für Stimmen,

Sprecher und Synthesizer (1985)
„Legend" für elektronisches Akkordeon, Chor und Schlagzeug (1985)
„The New Sound Meditation" für Stimmen (1989)
„Deep listening" für Stimme und Ensemble (1990)
„In memory of the future" für Stimme (1991)
„Reflections on the Persian Gulf" für Akkordeon und Stimme (1991)
„Uncensored Sound" für Akkordeon, Posaune, Stimme, Keyboard (1991)
„St. George and the music dragon" / „In memoriam Mr. Whitney" für Stimme und Akkordeon
„Listening for Life" (1991)
„Midnight Operas" für Chor (1992)
„Nzinga, the Queen King, Play with Music and Pageantry, inter-kontinentales Projekt (1992/93)

BÜHNENMUSIK

„Lulu, incidental music for play" für präpariertes Klavier und Flöte (1962)
„15 for an ensemble of performers" für Instrumente, Sänger, Schauspieler und Tänzer (1964)
„Before the music ends", Tanz-Theater-Choreographie, zweikanaliges Tonband (1965)
„Cat o'nine tails" für eine Theatergruppe, zweikanaliges Tonband (1965)
„Theatre piece for trombone player" für Posaune, Schläuche, Kerzen und Tonband, Baltimore, Smith Publications 1966
„Engineer's delight" für Piccolo, sieben Dirigenten, Klangquellen, vier Plattenspieler, elektronische Modulation (1967)
„Evidence for competing bimolecular and termolecular mechanism", Theaterstück für nicht spezifizierte Ausführende (1968)
„Events", Filmmusik (1969)
„The dying alchemist preview" für Sprecher, Violine, Trompete, Piccolo, Schlagzeug und Dias (1969)
„Bonn-Fire" (1971)
„Crow two, a ceremonial opera" (1975)
„The yellow river map", Theaterstück für 50 und mehr Mitwirkende (1977)
„Travelling Companions", Theaterstück für Tänzer und Schlagzeug-Ensemble (1980)

BIBLIOGRAPHIE

LePage, J. W.: Pauline Oliveros. In: Women Composers, Conductors and Musicians of the 20th Century, London, Scarecrow, 1980
Roth, Moira: The amazing decade, women and performance art in America, Los Angeles 1983
Oliveros, Pauline: Software for people, collected writings 1963-1980, Baltimore, Smith Publications 1984

Gronemeyer, Gisela: Hast du jemals den Klang eines schmelzenden Eisbergs gehört? Porträt von Pauline Oliveros, in: Neuland Bd. 4, 1984
Gunden, Heidi von: Bewußtseinsstudien in der Musik von Pauline Oliveros, in: Neuland Bd. 4, 1984
Clary, S.: Feminine Endings; Music, gender and sexuality. Minneapolis 1991
Gunden, H. von: The Music of Pauline Oliveros - a model for feminist criticism, Metuchen, Scarecrow 1983 / in: JLWC-Journal, 6/1992
Young, M. E.: The life and music of Pauline Oliveros, University of Minnesota 1984/1991
Pannke, P.: Deep Listening - Pauline Oliveros und ihre Strategien des Hörens. In: NZ, 3/1992

DISKOGRAPHIE

„The gentle" / „A love song". Pauline Oliveros, Akkordeon und Stimme. Eigelstein Musik, Köln
„Bye, bye butterfly, new music for electronic and recorded media". Arch Records, Berkeley
„Horse sings from cloud" / „Rattle-snake mountain". Pauline Oliveros, Akkordeon und Stimme. Lovely Music
„Outline" für Flöte, Schlagzeug und Streich-Baß. N. Turetzky; G.B. Turetzky. New York, Nonesuch Records
„Sound patterns" für Chor und Synthesizer. Brandeis Univeristy Chamber Choir, Ltg. A. Lucier. Odysseus / CBS Records
Trio für Flöte, Klavier und „page turner". New York, Advance Records, New Music Distribution
„The gentle" / „Preponderance" / „The receptive" / „Three meditations". Pauline Oliveros. New York, Hat Art Records
„St. George and the Dragon" / „In memoriam Mr. Whitney". Pauline Oliveros, Akkordeon und Stimme. American Voices
„The ready made boomerang". Deep Listening Band. New Albion Records
„Deep listening". P. Oliveros, Stimme und Akkordeon. New Albion Records
„Time piece", Stimme und Elektronik, Tellus Records

Osiander, Irene
(1903-1980)

In Tiflis, im Kaukasus, am 9. Dezember 1903 geboren, gehört Irene Osiander in ihrer Wahlheimat Dänemark immer noch zu den unbekannten Komponistinnen. Sie begann früh mit dem Klavierspiel und hatte eine armenische Pädagogin und Komponistin als Lehrerin: Osanna Ter Grigorian. Ihre Studien setzte sie später in Berlin an der Musikhochschule und am Stern'schen Konservatorium bei Gustav Bumcke und Frieda Kwast-Hodapp sowie bei Else Schmitz-Gohr (Klavier) fort. Erste Auftritte als Pianistin und erste eigene erfolgreiche Kompositionsversuche folgten. 1934 zog sie zusammen mit ihrem dänischen Ehemann nach Kopenhagen und schloß dort ihre Studien bei Svend Erik Tarp, V. Holmboe, N. Viggo Bentzon und Emil Reesen ab. Ihr Schwerpunkt lag in der praktikablen Musik für den Gymnastikunterricht, die auch auf Schallplatten eingespielt wurde. Doch auch ihre Kammer- und Orchestermusik wurde in Dänemark oft aufgeführt („Spanischer Tanz" op. 53 in den Tivoli-Konzerten). Irene Osiander starb im Jahre 1980 in Schwerin, Deutschland.

KLAVIERMUSIK

Variationen über ein eigenes Thema op. 34 (1942)
Kleine Suite für Klavier op. 29, Kopenhagen, Skandinavischer Musikverlag 1944
Drei Klavierstücke op. 33, Kopenhagen, Skandinavischer Musikverlag 1945
„Orientalische Variationen" op. 38, Kopenhagen, Skandinavischer Musikverlag 1947
zahlreiche Klavierwerke für den Gymnastik-Unterricht

KAMMERMUSIK

Streichquartett op. 65 (1961)
„Billeder fra Kaukasus" op. 27 für Violine und Klavier, Kopenhagen, Skandinavischer Musikverlag 1968
Caprice für Flöte, Klarinette und Klavier op. 46, Kopenhagen, Skandinavischer Musikverlag

ORCHESTERMUSIK

„Billeder fra Kaukasus", Orchesterfassung
„I de dybe slive" für Balalaika-Orchester (1944)
„Orientalische Variationen über eine eigenes Thema" op. 48 (1946)
„Negerdrengens serenade" op. 52 (auch für Violine und Klavier) (1950)
„Spanischer Tanz" op. 53 (1951)
„Tamara" op. 94, Ballettsuite (1965)
„Fatima", Sinfonie für Orchester op. 96 (1966)
„Det danske foraer", Sinfonie (1969)
„Spanischer Tanz" op. 100 (1972)

VOKALMUSIK

„Der Mond" (Text: Louis Levy) für Gesang und Klavier
Kinderlieder (Texte: Louis Levy) für Gesang und Klavier (zwei Hefte), Kopenhagen, Skandinavischer Musikverlag
Weitere Lieder für Gesang und Klavier

Ozaita Marques, Maria Luisa
(* 1939)

Sie ist die erste Spanierin, die das Thema „Frau und Musik" in ihrem Land institutionalisiert hat: die Komponistin und Cembalistin Maria Luisa Ozaita Marques. Sie wurde am 20. April 1939 in Baracaldo, Vizcaya, geboren und studierte Komposition, Klavier, Cembalo und Orchesterleitung bei F. Remacha und J. C. Zubeldia. Ein Stipendium ermöglichte ihr den Studienaufenthalt bei L. Thybo und K. J. Isaksen am Königlichen Konservatorium in Kopenhagen. 1981 repräsentierte sie Spanien auf dem Internationalen Festival „Donne in Musica" in Rom. Sie schrieb sowohl Instrumental- als auch Vokalmusik, die während internationaler Musikfestivals in San Sebastian, Renteria, Wien, Rom, Paris, Mexiko und Atlanta aufgeführt wurden. 1988 gründete sie die erste spanische Sektion „Mujeres en la Musica" und 1991 (mit der Cellistin Rosario Ramos) das Frauen-Kammerorchester der Vereinigung. Im Sender Radio España betreut sie die Sendereihe „La otra musica" und schreibt für mehrere spanische Zeitungen. 1993 organisierte sie in Bilbao, Spanien, ein erstes kleines Festival mit Werken von Komponistinnen in Bilbao, Spanien. Luisa Ozaita lebt und arbeitet heute in Madrid, wo auch die Gruppe „Mujeres en la musica" ansässig ist.

ORGEL- / CEMBALO- / KLAVIERMUSIK

„Para organo" Nr. 1 für Orgel (1971)
„Irurak bat" für Klavier (1973)
„Modulos canonicos" für Cembalo (1981)
„Preludio, danza y postludio" für Cembalo (1981)
„A modo de improvisacion" für Cembalo (1982)
„Tema con 10 variaciones" für Klavier solo (1984)
„Recordando" für Orgel (1987)

KAMMERMUSIK

„La fuente del balcon" für Viola, Harmonium und Schlagzeug (1961)

Violinsonate (1968)
„Tres pequeñas piezas" für Flöte (1968)
„Urte berri", Holzbläserquintett (1971)
„Pelleas y Melisanda" für Flöte, Cambalo, Orgel, Cello und Sopran (1974)
„In memoriam" für Flöte, Oboe, Klarinette, Fagott, Viola und Cello (1975)
„Trio oh!" für Violinen und Klarinette / Viola und Cello (1981)
„Esto nos pasa" für Bläserquintett (1981)
„Preludio, danza con tres variaciones" für Gitarre (1982)
„Fantasia y fugueta" für Gitarre (1982)
„Triptico encadenado" für Violine, Cello und Klavier (1987)
„Pieza en Trio" für Violine, Klarinette und Cello (1987)

ORCHESTERMUSIK

„Canción" für Streichorchester (1970)

VOKALMUSIK

„Aforismos" für Stimme und Triangel (1974)
„La villefranche" für Stimme und Klavier
„El militar y la señora" für Stimme und Gitarre
„El quitasol" für Stimme und Gitarre
„Aleluyas" für Sopran und Flöte (1982)
„La balada de Atta Troll" für Sopran, Flöte, Klavier (1982)
„Tres canciones españolas" für Sopran und Klavier (1983)
„Homenaje a Goya" für Sopran und Gitarre (1983)
„El columpio" für Stimme und Klavier (1983)

CHORMUSIK

„La balada de Atta Troll" für Sopran, Chor, Flöte und Tambourin (1963)

FILMMUSIK

„Urte berri eta ametza 'n Dantza", Filmmusik (1971)

Pachmutowa, Alexandra Nikolajewna
(* 1929)

Die für ihre populären Volksliedbearbeitungen und Lied-Neuschöpfungen bekannte Komponistin („Troubadour des Volkslieds") wurde am 9. November 1929 in Wolgograd geboren. An der dortigen Musikschule lernte sie früh Klavier; dann wurde die Familie 1942 nach Karaganda evakuiert. Es gab dort kein Klavier, und die Musikerin mußte Akkordeon erlernen. 1943 ging Pachmutowa nach Moskau und kam in die Klavierklasse zu I. Wassiljewa und in die Kompositionsklasse zu N. Pejko. Ihr großes Interesse für den reichen Vokalschatz ihres Landes zeigte sich bereits damals, und sie schuf im Laufe ihrer Karriere zahlreiche Chorlieder und Liedbearbeitungen. Doch auch ihre frühen Klavierwerke fanden Anerkennung und wurden in Sammelbänden sowjetischer Komponisten gedruckt. Pachmutowa wurde später Sekretärin des Sowjetischen Komponistenverbandes, konnte einige Male ins Ausland reisen und erhielt zahlreiche Preise und Auszeichnungen, u.a. als erste russische Komponistin den Komsomol-Preis, später auch den Lenin-Orden und das Rote Banner der Arbeit.

KLAVIERMUSIK

Sonatine für Klavier (1946)
Tokkata für Klavier
Suite für Klavier
Variationen für Klavier zu vier Händen (1960)
Album für Klavier (1969)
Ballettmusik „Ozaryonnost", Moskau, Muzika 1975

KAMMERMUSIK

Sonate für Violine und Klavier (1947)
Prelude und Allegro für Trompete und Klavier
Nocturne für Horn und Klavier (1955)
Etüde für Bajan (1972)
Streichquartett

ORCHESTERMUSIK

Russische Suite (1952)
Symphonische Suite (1953)
Trompetenkonzert (1955)
„Jugendliche Festouvertüre" (1957)
„Thuringia Suite" (1958)
„Russische Festouvertüre" für Volksinstrumente (1967)

VOKALMUSIK

Rund 300 Lieder und Gesänge nach russischen Volksdichtungen; vorwiegend für Gesang und Klavier

CHORMUSIK

„Vasily Tyorkin" (Text: Twardowski) für Chor (1953)
„Lenin in unserem Herzen", Kantate für Sprecher, Kinderchor und Orchester (1957)
„Götterdämmerung" für Chor (1961)
„Eine Straße des Friedens" für Kinderchor
„Wer wird uns antworten" für Volkschor
„Rote Pfadfinder" für Chor (1962)

„Geologi" (Text: Grebenikow) für Chor
„Epitaph, im Andenken an Yuri Gagarin" für Chor und Orchester (1969)
„Lieder für die jungen Pioniere" (1972)
„Das Land ist wunderbar", Kantate für Sprecher, Stimme, Kinderchor, gemischten Chor und Orchester (1977)
„Ode an das Olympische Feuer" für gemischten Chor und Orchester (1980)

BÜHNENMUSIK

„Ozaryonnost", Ballett in einem Akt (1979)
Weitere Bühnenmusiken

FILMMUSIK

„Familie Uljanow", die Geschichte von Lenin (1957)
„Auf der anderen Seite" (1958)
„Mädchen" (1962)
„Zankapfel" (1963)
„Drei Pappeln auf Lyushchikhye" (1967)

BIBLIOGRAPHIE

Zak, V.: Die Lieder von A. Pachumtowa. In: Sowjetskaja Muzika, 1965
Dobrinina, E.: Alexandra Pachmutowa, Moskau 1973
Kabalewski, D. B.: Die Komsomol-Komponistin. In: Sowjetskaja Muzika, 1975
Petrushanskaja: Der Troubadour der Komsomol Komponisten-Generation, Moskau 1989

DISKOGRAPHIE

Trompetenkonzert (mit Werken von Manewitsch, Glière und Gordelli). Sergej Popov, Trompete; Staatliches Radio Orchester, Ltg. Eugen Swetlanow. Monitor Records

Pagh-Paan, Younghi

(* 1945)

Neben Isang Yun (1917-1995) ist sie die bekannteste Repräsentantin koreanischer Musik in der Bundesrepublik. Die Komponistin Younghi Pagh-Paan wurde am 26. Oktober 1945 in Cheongju/Südkorea geboren. Zunächst studierte sie Musiktheorie und Komposition an der Seoul National University und kam dann 1974 durch ein DAAD-Stipendium in die Bundesrepublik. Hier setzte sie ihr Studium bei Klaus Huber und Brian Ferneyhough (Theorie bei Peter Förtig und Klavier bei Edith Picht-Axenfeld) an der Freiburger Musikhochschule fort. Nach der Uraufführung ihres von den Donaueschinger Musiktagen 1980 in Auftrag gegebenen Orchesterwerkes „Sori" wurde sie schnell auch international bekannt. Sie wurde Gast-Professorin an den Hochschulen von Graz und Karlsruhe und erhielt zahlreiche Auszeichnungen: Komponisten-Preis Boswil, Schweiz, 1978, den großen Musikpreis von Korea, den ersten Preis beim Unesco International Rostrum of Composers, Paris, 1979 und ein Stipendium der Heinrich-Strobel-Stiftung 1980 und 1981. 1987 schrieb sie für die Donaueschinger Musiktage ihr Orchesterwerk „NIM", 1985 war sie Stipendiatin der Kunststiftung Baden-Württemberg. Seit 1994 lehrt die Komponistin an der Hochschule für Kunst und Musik in Bremen.

KAMMERMUSIK

„Dreisam-Nore" für Flöte solo (1975), München, Ricordi 1980
„Man-Nam" für Klarinette und Streichtrio (1977), München, Ricordi 1983
„Madi" für 12 Instrumentalisten (1981), München, Ricordi 1981
„Pyon-Kyong" für Klavier und Schlaginstrumente (1982), München, Ricordi 1984
„AA-Ga" für Cello solo (1984), München, Ricordi 1984
„No-Ul" für Viola, Cello und Kontrabaß (1985)
„Ta-Ryong II" für 16 Instrumente (1988)
„Bi-Dan-Sil" für Oboe und acht Instrumente (1993)
Trio für Klarinette, Viola und Klavier (1994)
„Man-Nam II" für Altblockflöte in G und Streichtrio (1986)

ORCHESTERMUSIK

„Sori" für großes Orchester (1980), München, Ricordi
„NIM" für großes Orchester (1987)
„Hong" für großes Orchester (1993)

VOKALMUSIK

„Nun" für fünf Sängerinnen und 15 Instrumentalisten (1979), München, Ricordi
„Flammenzeichen" (nach Texten der Geschwister Scholl) für Frauenstimme allein (1983), München, Ricordi
„Mez" für Stimme und Perkussion (1983)
„Hin nun - weißer Schnee" für sechs Frauenstimmen und Schlagzeug (1985), München, Ricordi
„Ma-Am" für Frauenstimme (1990)
„Ma-Um" für Mezzo und 12 Instrumente (1990)

CHORMUSIK

„Hwang-To" für Solostimme, Chor und neun Instrumente (1989)

BIBLIOGRAPHIE

Pagh-Paan, Younghi: Unterwegs - Reflexionen über meine Tätigkeit als Komponistin. In: Neuland Bd. 4, 1984

Younghi Pagh-Paan in der Reihe „Klangporträts", Berliner Musikfrauen, Berlin 1993

DISKOGRAPHIE

Chamber Music (eine Auswahl). Ensemble Recherche. Auvidis, France Montaigne

„Flammenzeichen" / „Hin-Nun" für Frauenstimmen (mit Werken von Nono und Spahlinger). Belcanto Ensemble Frankfurt. Viersen, Aulos / Koch

Paradis, Maria Theresia
(1759-1824)

Sie hinterließ ein stattliches Œuvre mit Oratorien, Messen und Kantaten, Opern und Singspielen, das zum größten Teil heute noch unveröffentlicht in Wiener Bibliotheken liegt. Maria Theresia Paradis wurde am 15. Mai 1759 in Wien als Kind einer angesehenen Beamtenfamilie nicht adliger österreichisch-italienischer Herkunft geboren. Ihr Vater war Hofsekretär der Kaiserin Maria Theresia. Im Alter von vier Jahren erblindete Maria Theresia und wurde von Prof. Barth und Hofmedikus Stoerk jahrelang ohne Resultat behandelt. Der umstrittene Heiler Anton Mesmer übernahm schließlich die Behandlung, wurde hingegen als Scharlatan entlarvt und mußte Wien verlassen. Maria Theresia blieb blind, erhielt jedoch eine ihrer Begabung entsprechende ausgezeichnete musikalische Ausbildung. Sie lernte bei Leopold Kotzeluch Klavier, und Vincenzo Righini bildete sie in Gesang aus. Später studierte sie bei Karl Fribert Musiktheorie, bei Antonio Salieri Gesang und Komposition und bei Abbé George Vogler Komposition. Ihre Klaviertechnik vervollkommnete sie bei Joseph Fuchs. Die österreichische Kaiserin Maria Theresa war sehr von ihrem Talent beeindruckt, übernahm ihre Patenschaft und setzte ihr ein jährliches Gehalt von 200 Florin aus. Mozart hatte schon 1773 von ihr Notiz genommen. Dennoch fand eine dokumentarisch nachweisbare Begegnung erst 1783 in Salzburg statt. Im gleichen Jahr reiste sie nach Paris, dann 1784 in Begleitung ihrer Mutter Rosalia Maria und ihres Librettisten Johann Riedinger nach London. Ihre vielbeachteten Konzertreisen führten sie zudem nach Deutschland, Österreich, Italien und Frankreich. Ab 1785 veröffentlichte sie eigene Werke, für die sie sich einer von Johann Riedinger entwickelten Notensetzmaschine bediente. Riedinger hatte außerdem einen leicht zu bedienenden Apparat erfunden, mit dessen Hilfe sie neue Werke erlernte, indem sie den Satz (Pflöckchen, die erhaben geprägte Zeichen und ein Notenzeichensystem auf der Oberfläche trugen) abtastete. Die Opern und Singspiele der Komponistin wurden an Wiener und Prager Bühnen aufgeführt. Salieri widmete ihr ein Orgelkonzert; auch Mozart schrieb sein Klavierkonzert B-dur KV 456 für sie. Nach dem Tode ihres Vaters gründete Maria Theresia Paradis 1808 in Wien eine Musikschule für Mädchen, an der sie selbst Gesang und Klavier unterrichtete. Sie starb am 1. Februar 1824 in Wien.

Maria Theresia Paradis. Foto: Archiv

KLAVIERMUSIK

Toccata in A für Klavier
Vier Sonaten für Klavier, Amsterdam 1770
Sechs Sonaten op. 1, Paris, Imbault 1791
Sechs Sonaten op. 2, Paris, Imbault 1791
Klaviersonate mit Begleitung von Violine und Cello, Wien, Hofmeister 1800
Fantasie G-dur für Klavier (1807)
Fantasie C-dur für Klavier (1811)
„Sicilienne pour le pianoforte", Mainz, Schott 1981
Variationen für Klavier
„An meine entfernten Lieben" für Klavier

KAMMERMUSIK

Klaviertrio (1800)
Sonate für Violine und Klavier, Wien, Hofmeister 1800
Sicilienne, Fassung für Klavier und Cello/Klavier und Violine/Viola von S. Duschkin, Mainz, Schott 1981

ORCHESTERMUSIK

Zwei Konzerte für Klavier und Orchester
Sicilienne (Fassung für Kammerorchester von S. Duschkin)

VOKALMUSIK

„Gärtnerliedchen aus dem Siegwart"
„Morgenlied eines armen Mannes"
„Ich war ein kleines Würmchen" (Text: G. K. Pfeffel), Lied in: Wiener Musenalmanach 1785
12 Lieder auf ihrer Reise in Musik gesetzt, Leipzig, Breitkopf 1786, 1920 / Fayetteville, ClarNan, 1987
12 italienische Lieder, London, Bland 1790
„Leonore", Ballade mit Klavierbegleitung, Wien 1790 / Fayetteville, ClarNan 1989
„Auf die Damen, welche statt Gold Leinwand zupfen" für Sopran und Klavier (1791), Wien 1794
„Da eben seinen Lauf vollbracht" für Stimme und Klavier, Wien 1813 / Fayetteville, ClarNan 1987

CHORMUSIK

„Trauerkantate auf Leopold den Gütigen" (Text: Riedinger) (1791)
„Deutsches Monument Ludwigs des Unglücklichen", Kantate zum Todestag von Ludwig XVI. für Soli, Chor und Orchester (1793),Wien 1793
„Große Kantate zum Besten der kaiserlichen Soldatenwitwen" (1794)

BÜHNENMUSIK

„Ariadne und Bacchus", Drama in einem Akt (1791)
„Der Schulkandidat", Operette (1792), Fayetteville, ClarNan 1992
„Ariadne auf Naxos", Oper in zwei Akten (1797)
„Rinaldo und Alcina" (1797)
Große militärische Oper (1805)
Zwei ländliche Opern

BIBLIOGRAPHIE

Zweig, S.: Die Heilung durch den Geist, Leipzig 1931.
Brües, O.: Mozart und das Fräulein von Paradis, R. Wunderlich, Tübingen 1952
Komorzynski, E.: Mozart und Maria Therese Paradis, Mozart-Jahrbuch 1952
Ullrich, H.: Das Stammbuch der blinden Maria Theresia Paradis, aus: Maria Theresia Paradis und Mozart, Österreichische Musikschrift, Wien 1949 und 1960
Ullrich, H.: Maria Theresia Paradis in London, in: Music & Letters, 1962
Burney, Ch.: An acount on Mlle Theresa Paradis of Vienna, in: London Magazine 1785 und Wilhelmshaven 1980
Ullrich, H.: W. A. Mozarts Begegnung mit der blinden Musikerin M. Th. Paradis. In: Sondergemeinde Wien, Wien 1964
Ullrich, H.: M. Th. Paradis. In: Beiträge zur Musikwissenschaft, Berlin 1964
Ullrich, H.: M. Th. Paradis, die große Kunstreise. In: Sächsische Heimatblätter, Dresden 1964 und 1966
Gruber, Clemens M.: Nicht nur Mozarts Rivalinnen. Wien, Neff 1990
Matsushita, Hidemi: The musical career and compositions of Maria Theresia von Paradis (1759-1824), Brigham Young University, 1990

DISKOGRAPHIE

Sicilienne Es-dur. Rosario Marciano. In: Piano Works by Women Composers. Fono, Münster
Sicilienne (Fassung für Cello und Klavier). E. Steinbock, Cello; M. May, Klavier. In: Works by Women Composers. Gemini Hall
Sicilienne Es-dur. Regis Pasquier, Violine; J.-F. Heisser, Klavier. FSM Deller Recordings
Sicilienne Es-dur. I. Perlman, Sanders. EMI Records
Sicilienne Es-dur, Fassung für Orchester. Violin-Ensemble des Bolshoi Theaters. Melodia Eurodisc
Toccata in A für Klavier. England, Amber Records

Pejacevic, Dora
(1885-1923)

Als Künstlerin reifte Dora Pejacevic im geistigen Klima des fin de siècle heran. Sie wurde als Tochter einer ungarischen Baronin, Lilla Vay de Vaya, und eines kroatischen Beamten am 10. September 1885 in Budapest geboren. Sie studierte am kroatischen Musikinstitut in Zagreb Violine, Musiktheorie und Instrumentation bei C. Junek und D. Kaiser. Später belegte sie Kurse bei Percy Sherwood und H. Petri in Dresden und bei

Walter Courvoisier in München. Zum größten Teil bezeichnet sie sich dennoch als Autodidaktin, pflegte nahen Kontakt zur internationalen künstlerischen und intellektuellen Elite und unternahm zahlreiche Reisen nach Dresden, Budapest, Wien, München, Berlin und Prag. 1921 heiratete sie Otomar von Lumbe und lebte mit ihm vorwiegend in München. Ihre zahlreichen Werke wurden auch im Ausland aufgeführt. Dora Pejacevic starb nur 38jährig am 5. März 1923 in München. Ihr Gesamtwerk liegt heute im kroatischen Musikinstitut in Zagreb. 1987 erschien eine deutschsprachige Biographie über die Künstlerin.

KLAVIERMUSIK

„Berceuse" op. 2 (1897)
„Gondellied" op. 4 (1898)
„Chanson sans paroles" op. 5 (1898)
„Papillon" op. 6 (1898)
Menuette op. 7 (1898)
Impromptu op. 9a (1899)
„Chanson sans paroles" op. 10 (1900)
„Albumblatt" op. 12 (1901)
„Trauermarsch" op. 14 (1902)
„6 Phantasiestücke" op. 17 (1903)
„Blumenleben" op. 19 (1904-1905)
„Berceuse" op. 20 (1906)
„Valse de concert" op. 21 (1906)
„Erinnerung" op. 24 (1908)
„Walzer-Capricen" op. 28 (1910)
Vier Klavierstücke op. 32a (1912)
Impromptu op. 32b (1912)
Sonate in b-moll op. 36 (1914)
Zwei Intermezzi op. 38 (1915)
Zwei Klavierstücke op. 44 (1918)
„Blütenwirbel" op. 45 (1918)
Capriccio op. 47 (1919)
Zwei Nocturnes op. 50 (1919, 1920)
Humoreske und Caprice op. 54 (1920)
Sonate in As-dur op. 57 (1921)

KAMMERMUSIK

„Rêverie" für Violine und Klavier op. 3 (1897)
„Canzonetta" für Violine und Klavier op. 8 (1899)
Fünf Miniaturen für Violine und Klavier op.8, Zagreb, Ars Croatica 1985
Impromptu für Klavierquartett op. 9b (1903) (Umarbeitung von op. 9a für Klavier)
Trio in D-dur für Violine, Cello und Klavier op. 15 (1902)
Menuett für Violine und Klavier op. 18 (1904)
Romanze für Violine und Klavier op. 22 (1907)
Quartett in d-moll für Violine, Cello und Klavier op. 25 (1908)
Sonate in D-dur für Violine und Klavier op. 26 (1909)
Trio in C-dur für Violine, Cello und Klavier op. 29 (1910)
Streichquartett in F-dur op. 31 (1911)
„Elégie" für Violine und Klavier op. 34 (1913)
Sonate in e-moll für Cello und Klavier op. 35 (1913)
Quintett in h-moll für zwei Violinen, Cello und Klavier op. 40 (1915-1918)
„Slawische Sonate" in b-moll für Violine und Klavier op. 43 (1917)
„Méditation" für Violine und Klavier op. 51 (1919)
Streichquartett in C-dur op. 58 (1922)

ORCHESTERMUSIK

Konzert in g-moll für Klavier und Orchester op. 33 (1913)
Sinfonie in fis-moll op. 41 (1916-1918)
„Phantasie concertante" in d-moll für Klavier und Orchester op. 48 (1919)
Ouverture in d-moll für großes Orchester op. 49 (1919)

VOKALMUSIK

„Ein Lied" (Text: Paul Wilhelm) op. 11 (1900)
„Warum?" (Text: Dora Pejacevic) op. 13 (1901)
„Ave Maria" op. 16 für Stimme, Orgel und Violine (1903)
Sieben Lieder (Texte: W. Wickenburg-Almásy) op. 23 (1907)
Zwei Lieder (Texte: W. Wickenburg-Almásy und Ernst Strauss) op. 27 (1909)
Vier Lieder (Texte: Anna Ritter) op. 30 (1911)
„Verwandlung" (Text: Karl Krauss) op. 37a für Stimme, Orgel und Violine (1915)
„Verwandlung" (Text: Karl Krauss) op. 37a für Stimme und Orchester (1915)
„Liebeslied" (Text: Rainer Maria Rilke) op. 39 (1915)
„Mädchengestalten" (Text: Rainer Maria Rilke) op. 42 (1916)
„An eine Falte" (Text: Karl Krauss) op. 46 (1918)
„2 Schmetterlingslieder" (Texte: Karl Henckell) op. 52 (1920)
Drei Gesänge (Texte: Friedrich Nietzsche) op. 53 (1920)
Zwei Lieder (Texte: Karl Henckell und Ricarda Huch) op. 55 (1920)
„Tri djecje pjesme" (Drei Kinderlieder) (Texte: Zmaj Jovan Jovanovic) op. 56 (1921)
„Solo pjesme", Lieder für Singstimme und Klavier. Zagreb, Ars Croatica 1985

BIBLIOGRAPHIE

Radej, Mira: Dora grofica Pejacevic (Die Gräfin D.P.) in Sv. Cecilja, 1944

Koraljka Kos: Die Anfänge der neuen kroatischen Musik in „Arti Musices", Zagreb 1976

Rade, Ante: Schönheit des vergessenen Erbes. Zur Ausstellung und Konzert mit Werken von D. P. „Glas Slavonje", 1977

Koraljka Kos: Die kroatische Komponistin Dora Pejacevic und ihre Beziehung zu Karl Kraus, Kraus-Hefte, 1979

Kos, Koraljka: Dora Pejacevic, Leben und Werk (Biographie). Musik-Informationszentrum Zagreb, 1982 kroatisch / 1987 deutsch

DISKOGRAPHIE

Capriccio op. 47 / Humoreske op. 54 / Impromptu op. 32 / Nocturne op. 50 / Klavierquintett. Ksenja Kos, Klavier; Klima-Quartett. Zagreb, Yugoton

Pentland, Barbara Lally
(* 1912)

Barbara Lally Pentland, geboren am 2. Januar 1912 in Winnipeg, Kanada, begann bereits mit neun Jahren zu komponieren. Ihr Musikstudium absolvierte sie in Paris bei Cecile Gauthier und setzte das Studium dann „per Korrespondenz" aus Winnipeg fort. 1936 gewann sie ein Juilliard-Stipendium und kam zu Frederic Jacobi und Bernard Wagenaar; ihr Examen absolvierte sie 1939. Von 1941 bis 1942 war sie Schülerin von Aaron Copland in Tanglewood. Nach Abschluß ihres Studiums ging die Komponistin nach Toronto und lehrte Musiktheorie und Komposition am dortigen Konservatorium (1943-1949) und später an der University of British Columbia in Vancouver. Mehrmals war sie Gast bei den Darmstädter Ferienkursen, und ihr Streichquartett Nr. 2 wurde für das ISCM World Festival in Stockholm ausgewählt. Nach ihrer Lehrtätigkeit (1963) widmete sie sich wieder ganz dem Komponieren, ließ sich stilistisch von Schönberg und Webern inspirieren und wandte sogar die Viertelton-Technik an. Ihr Werkverzeichnis ist beachtlich und umfaßt Orchester-, Kammermusik- und Vokalwerke.

KLAVIERMUSIK

Fünf Präludien (1938)
Rhapsody (1939)
Variationen (1942)
Sonate für Klavier (1945)
Zwei Sonatinen (1951)
Sonate für zwei Klaviere (1953)
„Interlude" (1955)
Drei Duette nach Bildern von Paul Klee für Klavier zu vier Händen (1958)
Fantasie (1962)
„Puppet Show" für Klavier zu vier Händen (1964)
„Shadows" (1964)
„Hands across the C" (1965)
„Suite Borealis" (1966)
„Vita brevis" (1973)
„Horizons" (1985)

KAMMERMUSIK

Klavierquartett (1939)
Sonate für Cello und Klavier (1943)
Fünf Streichquartette (1945-1984)
Bläseroktett (1948)
Violinsonate (1950)
Duo für Viola und Klavier (1960)
Canzona für Flöte, Oboe, Cembalo (1961)
Klaviertrio (1963)
Streichtrio (1966)
Septett (1967)
„Reflections" für Akkordeon (1971)
„Mutations" für Cello und Klavier (1972)
„Occasion" für Blechbläserquintett (1973)
„Eventa" für Flöte, Klarinette, Posaune, Violine, Cello, Harfe und zwei Schlagzeuger (1978)
„Variable winds" für Soloholzbläser (1979)
„Elegy" für Horn und Klavier (1980)
„Comments" für Harfe (1981)
„Tides" für Violine, Marimba und Harfe (1984)
„Intrada und Canzona" für Blockflötenquartett (1988)

ORCHESTERMUSIK

„Lament" für Orchester (1939)
Arioso und Rondo (1941)
„Holiday Suite" (1941)
Concerto für Violine und kleines Orchester / Klavier (1942)
„Colony Music" für Klavier und Streicher (1945)
Sinfonie Nr. 1 (1945-48)
„Variations on a Boccherini tune" (1948)
Orgelkonzert (1949)
„Ricercare" für Streicher (1955)
Sinfonie Nr. 3 (1957)
Sinfonie Nr. 4 (1959)

„Strata" (1964)
„Cinescene" für Kammerorchester (1968)
„Variations concertantes" für Klavier uund Orchester (auch Fassung für zwei Klaviere) (1970)
„Five Plus" für Streicher (1971)
„Res musica" für Streicher (1975)

VOKALMUSIK
Gesangszyklus für Stimme und Klavier (1942-45)
„At early dawn" für Tenor, Flöte und Klavier (1945)
„Sung Songs" für Stimme und Klavier (1964)
„Disasters of the sun" für Mezzo, Instrumentalensemble und Tonband (1976)
„Ice Age" für Sopran und Klavier (1986)

CHORMUSIK
„Ballad of trees and the master" für Chor (1937)
„Dirge for a violet" für Chor (1939)
„Epigrams and Epitaphs" für gemischten Chor (1952)
„3 Sung Songs" für vierstimmigen gemischten Chor (1954)

BÜHNENMUSIK
„The Beauty and the Beast", Ballett-Pantomime für zwei Klaviere (1940)
„The Lake", Kammeroper in einem Akt für vierstimmigen gemischten Chor und kleines Orchester (1952)
Musik für Filme und Radiosendungen

BIBLIOGRAPHIE
Turner, R.: Barbara Pentland. In: Canadian Music Journal, 1958
MacMillan, R.: Vancouver Composers at 70 concentrates on chamber works. In: Music Scene, 1982
Adams, J.: The Art of Composition, an interview with Barbara Pentland. In: Performing Arts in Canada, 1983
Estman S. / McGee: Barbara Pentland, Toronto 1983
Dixon, G.: The string quartets of Barbara Pentland. In: Canadian University, Music Review, 1991

DISKOGRAPHIE
„Ombres" für Klavier. In: Glenn Gould plays contemporary music. The Glenn Gould Edition, Sony Classics

Petra-Basacopol, Carmen
(* 1926)

Ein wichtiger musikalischer Pfeiler in der zeitgenössischen rumänischen Musikszene ist Carmen Petra-Basacopol. Sie wurde am 5. September 1926 in Sibiu (Hermannstadt), Rumänien, geboren und studierte von 1949 bis 1956 am Konservatorium in Bukarest bei Iaon Chirescu, Paul Constantinescu, Nicolas Biucliu, Mihail Jora, Leon Klepper (Komposition), Theodor Rogalski (Orchestrierung) und T. Ciortea. Nach dem Examen wurde sie Assistentin am Konservatorium und wurde 1966 in das Leitungsteam des Konservatoriums berufen. Die Komponistin, die eine stattliche Zahl an Orchester-, Kammermusik- und Vokalwerken geschrieben hat, war auch als Musikkritikerin in ihrer Heimatstadt tätig. Als Komponistin erhielt sie den ersten Preis der Jugendfestspiele Warschau 1955, den Georg-Enescu-Kompositionspreis 1961 und eine lobende Erwähnung beim Mannheimer GEDOK-Wettbewerb 1961. 1969 verlieh man ihr den rumänischen Verdienstorden. Zahlreiche Werke sind bei Editura Muzicala in Bukarest gedruckt, und es gibt etliche Schallplatteneinspielungen von ihr. Carmen Petra-Basacopol lebt und arbeitet in Bukarest.

KLAVIERMUSIK
Rondo op. 2 (1949)
„Suite für Kinder" op. 7, Bukarest, Editura Muzicala
„Impressi din Muzeul satului" op. 15, Bukarest, Editura Muzicala
„Imagini marocane" op. 38 (1973)
„Metoda de pian", Bukarest, Editura Muzicala 1959

KAMMERMUSIK
Suite op. 3 für Flöte und Klavier (1950)
Sonate op. 4 für Cello und Klavier (1952)
Sonate op. 5 für Violine und Klavier (1954)
„Trei schite" op. 7 für Oboe und Klavier (1956)
Trio op. 11 für Violine, Cello und Klavier, Bukarest, Editura Muzicala 1958
Suite für Harfe op. 10 (1958)
Sonate op. 6 für Violine und Harfe, Bukarest, Editura Muzicala 1960
„Imagini din Valea Crisului" op. 16 für Violine und Harfe (1960)
„Sase preludi" op. 14 für Harfe (1960)
„Sonata pastorale" op. 14 für Harfe (1960)
Concertino op. 30 für Harfe, Holzbläserquintett, Kontrabaß und Xylophon (1969)
Quartett op. 43 für Flöte, Violine, Cello und Klavier (1978)
„Ode" op. 48 für Kontrabaß (1980)
„Tablouri dacice", Trio op. 46 für Panflöte, Vibraphon und Cello (1981)
Oktett op. 30 (1969)
Suite für Cello op. 48 (1981)

ORCHESTERMUSIK
„Jeu de jeunesse" (1949)
Sinfonie Nr. 1 op. 6 (1955)
„Tara de piatra" op. 13 (1959)
Klavierkonzert op. 17 (1961)
„Triptic simfonic" op. 19 (1962)
Violinkonzert op. 20 (1963)
Konzert für Harfe, Streicher und Pauken op. 40 (1975)
Konzert für Streichorchester op. 49 (1981)
Cellokonzert op. 50 (1982)

VOKALMUSIK
„Sapte lieduri" (Text: G. Cosbuc) op. 8 Nr. 1 für Stimme und Klavier (1957)
„Trei lieduri" (Text: Z. Stancu) op. 8 Nr. 2 für Mezzosopran und Klavier (1957)
„Dona lieduri" für Mezzo und Klavier op. 12,1 (1959)
„Anotimpurile" (Text: N. Cassian) op. 12, Nr. 2 (1959)
„Cinci lieduri" (Text: T. Arghezi) op. 18 für Sopran un Klavier (1961)
„Cinci lieduri" (Text: M. Dumitrescu) für Tenor und Harfe (1963)
„Omagiu vietii" (Text: E. Jobeleanu) op. 22 für Baß und Orchester (1963)
„Nostalgii" (Text: L. Blaga) op. 23 Nr. 1 für Bariton und Englischhorn (1964)
„Flori de mucigai" (Text: T. Arghezi) op. 23 Nr. 2 (1964)
„Greierele" (Text: T. Arghezi) op. 23 Nr. 3 (1964)
„Crengile" (Text: M. Dumitrescu) op. 25 für Chor und Orchester (1966)
„Moartea caprioqrei" (Text: N. Labis) op. 26 für Bariton und Orchester (1966)
„Un cintec despre jertfe mari si despre lumina" (Text: M. Dumitrescu) op. 27, Kantate für Tenor, Männerchor und Orchester (1967)
„Ofrande" (Text: M. Dumitrescu) op. 28 für Sopran und Klavier (1968)
„Primavara" (Text: M. Dumitrescu) op. 31 Nr. 1 für Sopran, Klarinette und Klavier (1969)
„Diptych" op. 31 Nr. 2 für Sopran, Oboe, Klarinette und Harfe (1969)
„Pulsatio vitae" op. 33 für Chor, Klarinette, Harfe, Xylophon, Glocken und Schlagzeug (1970)
„Pro pace" (Text: E. Jebeleanu) für Sopran, Flöte und Klavier (1971)
„Doua lieduri" op. 22 Nr. 2 für Baß und Harfe (1971)
„Cintece haiducesti de don" op. 41 Nr. 1 für Bariton und Klavier (1977)
„Acuarele argheziene" op. 41 Nr. 2 für Sopran und Klavier (1977)
„Poeme marocane" (Text: R. Boissy) für Mezzosopran und Bläserquartett (1978)
„Songs of life" (Text: N. Stainescu) op. 53 für Sopran und Klavier (1984)
„Trei lieduri" (Text: L. Blaga) für Bariton und Englischhorn

BÜHNENMUSIK
„Das Mädchen und die Maske" op. 32, Ballett (1969)
„Miorita" op. 47, Ballett (1980)
„Cuore" op. 52, Oper in zwei Akten (1983)
„Ciuleandra" op. 54, Ballett (1986)
„Apostol Bologa" op. 58, Oper in zwei Akten (1989)

DISKOGRAPHIE
„Miorita", choreographisches Poem. Orchestra simfonica a Radioteleviziunii, Ltg. Iossif Conta. Bukarest, Electrecord

Petrova, Elena
(* 1929)

Neben Ivana Loudova gehört sie zu den bekanntesten Komponistinnen ihrer Generation in der Tschechoslowakei. Elena Petrova wurde am 9. November 1929 in Modry Kamen geboren und studierte Klavier und Musikgeschichte bei Hoffmeister und F. Spilka an der Universität in Prag. Kompositionsunterricht hatte sie bei Jan Kapr an der Janacek-Musikakademie in Brünn. Aus jenen Jahren stammen bereits zahlreiche Klavier- und Kammermusikwerke, wobei sie jedoch bald ihren Schwerpunkt auf die Vokalmusik legte. Nach dem Studium kehrte sie an die Karls-Universität nach Prag zurück und erhielt einen Lehrauftrag für Musiktheorie: eine Tätigkeit, die sie während ihrer gesamten beruflichen Laufbahn innehatte. Die Komponistin ist im eigenen Land sehr populär und wurde vielfach aufgeführt und ausgezeichnet. Elena Petrova gewann mehrere Kompositionspreise, u.a. in Philadelphia 1968, in Denver 1975 und bei der GEDOK in Mannheim 1976. Sie lebt und arbeitet in Prag. Viele ihrer Werke sind im Tschechischen Musik-Fond oder bei Panton, Prag, verlegt.

ORGEL- / KLAVIERMUSIK
Impromptu für Orgel (1953)
„Lullaby" für Orgel (1954)
Präludien für Orgel (1957)
Sonate für Orgel (1960)
Capriccios für Orgel (1962)
Inspiration für Klavier (vierhändig) (1973)
Impromptus für Klavier (1979)
Klaviersonate (1992)

KAMMERMUSIK

Nocturnes für Violine und Klavier (1953)
Bläserquintett (1960)
Streichquartett Nr. 1 (1964), Prag, Panton
Sonate für Violine und Klavier (1965)
„Eclogues" für Baßklarinette (1965)
Sonate für Viola und Klavier (1966), Prag, Panton
Streichquartett Nr. 2 (1968)
„Invocation" für Baßklarinette und Klavier (1972)
„Pantomime" für Viola d'amore (1973)
Streichquartett (1991)
Capricci für B-Klarinette und Schlagzeug (1993)

ORCHESTERMUSIK

Festliches Präludium für Orchester (1967)
Sinfonie (1968)
Passacaglia (1969)
Sinfonie (1970)
Festliche Ouvertüre für Orchester (1975)
Sinfonie (1976)
Trauermusik (1981)
Passacaglia (1982)
Festliche Musik (1982)
Sinfonie (1990)

VOKALMUSIK

„Songs about time" für Bariton und Klavier (1958)
„Azalea", Melodrama für Sprecher und Kammerensemble (1959)
„Lyoleia", Melodrama für Sprecher und Orchester (1961)
„Tanbakzan", Melodrama für Sprecher und Orchester (1962)
„Abenteuer", Gesangszyklus für Bariton und Klavier (1964)
„Gesänge vom alten Mond" für Sopran und Kammerensemble (1965)
„Klystie", Melodrama für Sprecher und Nonett (1972)
„Sunny Sonata" für Sopran und Klavier (1992)

CHORMUSIK

„Vyzvani", Gesangszyklus für Männerchor
Madrigale für gemischten Chor (1966)
Fünf slowakische Lieder für Männerchor (1969)
„An die Nacht", Kantate für Tenor, Chor und Orchester (1969)
„Aquarelle" für Männerchor (1973)
„Marschlieder" für Kinderchor (1973)
„Melancholische Lieder" für Frauenchor (1973)
„Mourners of Queen Ningal" für Sopran und Kammerchor (1992)
„Noci", Kantate für Tenor, Chor und Orchester

BÜHNENMUSIK

„Die Nachtigall und die Rose", Kammerballett (1970)
„The strange rocket", Kammerballett (1971)
„Sunflowers", Ballettmusik (1972)
„If the sun were not to return", Oper (1974)

DISKOGRAPHIE

„Invocation" für Baßklarinette und Klavier. Prag, Panton Schallplatten
„Sonnenblume", Ballettsuite. Orchester des Prager Nationaltheaters, Ltg. J. Chaloupka. Prag, Panton Schallplatten
„Vyzvani" für Männerchor. Kammerchor Concentus, Ltg. H. Krupka. Prag, Supraphon
„Noci", Kantate für Tenor, Chor und Orchester. M. Frydlewicz, Tenor; Prager Rundfunk-Chor, Ltg. Josef Hrncir. Prag, Panton
Musik für Radio- und Fernsehsendungen

Peyrot, Fernande
(1888-1978)

Die Komponistin und Musikpädagogin Fernande Peyrot, am 21. November 1888 in Genf geboren, gehörte zu den ersten weiblichen Studenten des Genfer Konservatoriums in diesem Jahrhundert. Sie studierte Musik bei Ernest Bloch und bei E. Jaques-Dalcroze. Nach ihrem Examen lehrte sie am Dalcroze-Institut für Musik in Genf sowie an der Ecole de Vaugirard und an der Ecole Normale de Musique in Paris. Fernande Peyrot studierte dann noch Kontrapunkt am Pariser Conservatoire unter Gedalge und Paul Dukas und beteiligte sich im Jahre 1950 am ersten berühmten Komponistinnen-Wettbewerb in Basel, wo sie mit ihren zwei Terzetten für Sopran, Mezzosopran, Kontraalt und Harfe den dritten Preis gewann (1. Preis an Giulia Recli, Italien, 2. Preis an Ami Dommel-Dieny, Frankreich). Auch beim GEDOK-Wettbewerb in Mannheim 1961 war sie erfolgreich mit ihrer Fantasie für Flöte, Violine und Cello. Das kompositorische Schaffen der Schweizerin besteht vorwiegend aus Kammermusik, Vokalmusik und einigen großen Chorwerken. Sie starb 1978 in der Schweiz.

KLAVIERMUSIK

„3 Miniaturen" für Klavier
„Les jours", Genf, Henn
"De toutes les couleurs" (1962), Genf, Chapuis
„Prélude et rondeau" (1963)
„Picorez le Moineaux" (1963)
„3 rhythmische Skizzen" für Klavier (1965)

KAMMERMUSIK

Duo für Flöte und Harfe
Erstes Streichquartett (1933)
Sonate für Violine und Klavier (1934), Genf, Ed. du Siècle Musical
Zweites Streichquartett (1935)
Trio für Flöte, Violine und Klavier (1936), Genf, Henn
„Petit suite" für Gitarre, Genf, Ménestrel 1954
Sieben Präludien für Oboe, Klarinette, Fagott und Horn (1954)
„Indicatif musical" für zwei Trompeten und Posaune (1958)
Fantasie für Flöte, Violine und Cello (1959)
Duo für Horn und Klavier (1961)
Duo für Violine und Klavier (1964)
Duo für Cello und Klavier (1964)
Trio für Flöte, Cello und Klavier (1966)
Duo für Violine und Klavier (1968)
„Préludes pour guitare", Zürich, Hug 1986

ORCHESTERMUSIK

„Symphonische Skizzen" für Orchester op. 4 (1929)
„Militärmarsch" für Orchester (1940)
Suite für Streichorchester (1953)
„Intrada" für zwei Flöten und Streicher (1958)
Suite für Kammerorchester (1965)

VOKALMUSIK

„8 prières d'animaux" für Mezzosopran / Bariton und Klavier
Suite op. 2 für Sopran und Streichquartett (1924)
„Deux trios" für Sopran, Mezzosopran, Kontraalt und Harfe (1944)
„Ronde à Jaques-Dalcroze" für Stimme und Klavier (1945)
„Image de Noël" für zwei Stimmen und Klavier (1949)
„Chantez, jouez" für Stimme und Klavier (1953)
„Quatrains portugais" op. 30 für Stimme und Klavier (1954), Genf, Henn
„Les heures de l'été" für drei Frauenstimmen, Genf, Henn 1957
„Trois poèmes" für Bariton und Klavier (1962), Genf, Henn

CHORMUSIK

Messe op. 1 für gemischten Chor, Orgel und Orchester (1917)
„Trois chœurs" für Frauenchor (1930)
Kantate für Sopran, gemischten Chor und kleines Orchester (1938)
Ballade für gemischten Chor a cappella (1942)
„La petite sirène" für Kontraalt, Tenor, gemischten Chor und kleines Orchester (1948)
Psalmen 100 und 142 für gemischten Chor, Bläser und Orgel (1963)
„Saint, saint le Seigneur" für Kontraalt, Chor, Streichquintett und Cembalo (1953)

BIBLIOGRAPHIE

Gattiker, H.: Fernande Peyrot, in: Frauenzeitung 1938
Godet, R.: Fernande Peyrot, in: Revue Musicale, Paris 1938

DISKOGRAPHIE

„Deux chansons" / „Dimanche des rameaux". Fernande Peyrot. Long Island, Apon Records
„Petite suite pour guitarre". H. Leeb, Gitarre. Lausanne, Anthology of Swiss Music

Pfeiffer, Irena
(* 1912)

In der ersten Hälfte dieses Jahrhunderts gibt es in Polen zahlreiche hervorragender Komponistinnen, deren Namen von Bacewicz bis Ptaszynska reichen. Auch Irena Pfeiffer gehört dazu. Sie wurde am 23. September 1912 in Szceznin geboren und studierte am Staatlichen Lehrerseminar in Krakau sowie an der Zelenski Musikschule in Krakau bei K. Tretorowa (Klavier). Nach ihrem Studium am Konservatorium in Kattowitz (Gesang und Klavier) belegte sie Komposition bei A. Malawski und Orchesterleitung bei W. Bierdiejew an der Musikhochschule in Krakau (1946-52). Danach war sie als Musikpädagogin in verschiedenen Gymnasien tätig und leitete einen Frauenchor und einen Männerchor in Krakau. Vor allem als Chor-Komponistin hat sie sich nicht nur in Polen einen Namen gemacht und unternahm mehrere Konzertreisen nach Jugoslawien und Ungarn. Irena Pfeiffer hat für ihre Kompositionen und ihre Chorarbeit zahlreiche Preise erhalten und lebt heute in Krakau.

KLAVIERMUSIK
Neun polnische Tänze für Klavier
Tanzsuite, Krakau, PWM 1958
Klavierminiaturen für Kinder, Krakau, PWM 1977
„Customs and folk dances", Krakau, PWM 1952
Unterrichts-Literatur für Kinder am Klavier

KAMMERMUSIK
Streichquartett (1950)

ORCHESTERMUSIK
Fantastische Suite für Orchester (1949)
Sinfonische Variationen für Orchester (1952)
„Siegesouvertüre" (1954)

VOKALMUSIK
Volkslieder für Gesang und Klavier, Krakau, PWM 1967
Sieben Messen mit Motiven polnischer Kirchenlieder für Gesang und Orgel (1968)
„Praecepta Matris Nostrae Ursulae" für Stimme und Orgel (1970)
Weihnachtslieder und Pastoralen: „Laßt uns alle ziehen zum Stalle" für Gesang und Klavier, Krakau, PWM 1979
„Nove piosenski" für Gesang, Klavier und Schlagwerk, Krakau, PWM 1987
Weihnachtslieder und Pastoralen für Gesang und Klavier, Krakau, PWM 1985

CHORMUSIK
„De profundis" für gemischten Chor
Geistliche Lieder für Gesang und Orgel
„Testamentum Sanctae Angelae Mericiae" für Frauenchor und Orgel
„Suite goralska" für Tenor, Bariton und Männerchor (1951)
„Zaby, pociag" für Frauenchor, Krakau, PWM 1952
Drei Volkslieder für Frauenchor, Krakau, PWM 1952
Weihnachtslieder und Pastoralen für gemischten Chor und Orgel (1957)
25 Weihnachtschoräle und Pastoralen für gemischten Chor und Orgel (1957)
10 Lieder für Frauenchor, Krakau, PWM 1958
„Pojdzmy wszyczy do stajenski", Weihnachtschoräle für Kinderchor und Streicher (1958)
„Krolowa polski", Kantate für Frauenchor, Männerchor, gemischten Chor und Orgel (1960)
Ballade für Sopran und Frauenchor (1962)
„Six bajek" für Frauenchor (1963)
„Wesele kujawskie" für Bariton und Männerchor (1964)
„Bajka o smuko" für gemischten Chor (1966)
Suite, Partisanenlieder für Männerchor, Krakau, PWM 1969
„Romantische Lieder" für Männerchor, Krakau, PWM 1969
„Für mein Vaterland" für Männerchor, Krakau, PWM 1970
„Spiewajmy razem", Lieder und Kanons für zwei bis drei Stimmen a cappella, Krakau, PWM 1978

Philiba, Nicole
(* 1937)

Die französische Komponistin, Pianistin und Musikpädagogin wurde am 30. August 1937 in Paris geboren. Sie war Schülerin von Dutilleux, Messiaen, Jolivet und Aubin am Pariser Konservatorium. Schon früh errang sie Auszeichnungen als Pianistin und Kammermusikerin, Im Jahre 1969 berief man sie als Professorin ans Pariser Konservatorium. Nicole Philiba schreibt Orchester- und Kammermusik, aber auch Vokal- und experimentelle Musik. Ihre Kompositionen wurden bereits in zahlreichen europäischen Ländern aufgeführt und gesendet.

ORGEL- / KLAVIERMUSIK
Fünf Klavierstücke in Form einer Suite (1960)
Sonate für zwei Klaviere (1964)
Drei Inventionen für Klavier (1966)
„4 mouvements successifs" (1967)
Préludes für Orgel (1969)
„Visions" (1969) für Klavier
Sechs Stücke (1975) für Klavier
„Jubilé" für Klavier, Paris, Billaudot 1975
„Evocations" für Klavier (1976)

KAMMERMUSIK
Quartett für vier Saxophone (1958)
Klaviertrio (1958)
Quintett für Klavier und Streicher (1960)
Sonate für Saxophon und Klavier (1965)
Fünf Sätze für Oboe (1965)
Sonate für Flöte und Klavier (1965)
„Kompositionen" für Trompete und Klavier (1967)
„Mouvements" für Kontrabaß und Klavier (1967)
Sonate für Saxophon (1969)
Trio für Horn, Trompete und Posaune (1969)
„Inventionen" für Gitarre (1977)
„Mosaiques" für Trompete (1977)
Sonate für Flöte (1979)
„Profile", fünf Stücke für Klarinette und Klavier, Paris, Lemoine 1979

ORCHESTERMUSIK
Sinfonietta für Streichorchester (1958)
Sinfonie Nr. 1 (1960)
„La Loreley", lyrisches Gedicht für Orchester (1961)
Konzert für Saxophon, Schlagzeug und Streicher (1964)
Konzert für Trompete und Orchester (1965)
Kammerkonzert für Klarinette und Streicher (1965)
Konzert für Saxophon und Orchester (1967)
„Variations chorégraphiques" (1971)
„Concerto da camera", Paris, Billaudot

VOKALMUSIK
„Mouvement concertant" für Stimme und Orchester (1965)
„Mirage" für gemischten Chor, Klavier und Schlagwerk (1968)
„Incantesimi" für Stimme und Klavier (1969)

EXPERIMENTELLE MUSIK
„Musique" für Stimme, Flöte, Klavier und 'ondes Martenot' (1964)
„Musique nuptiale" für Stimme, Trompete, Klavier und 'ondes Martenot' (1969)
„Improvisationen über ein Thema von Monteverdi" (1969)
„Récit" für 'ondes Martenot' und Klavier (1971)
„Etudes rythmiques" (1979)

Pierce, Alexandra
(* 1934)

Die amerikanische Komponistin, Pianistin und Musikpädagogin wurde am 21. Februar 1934 in Philadelphia geboren. Sie absolvierte ihr Klavier- und Kompositionsstudium an der University of Michigan, dem New England Conservatory und der Brandeis University, wo sie 1968 in den Fachbereichen Komposition und Musiktheorie promovierte. Seit 1968 lehrt sie an der University of Redlands. Ihr Werkverzeichnis umfaßt Kompositionen für Orchester, Klavier- und Kammermusik, Bühnen- und Elektronische Musik. Als Musikschriftstellerin und Pädagogin hat sie zahlreiche Publikationen für amerikanische Zeitschriften verfaßt. Auch als Pianistin und 'Movement artist' wurde Alexandra Pierce mehrfach mit Stipendien und Preisen ausgezeichnet.

KLAVIERMUSIK
Variationen für Klavier zu vier Händen
„Antares" für Klavier zu vier Händen (1974)
„Offering to birdfeather" für Klavier (1975)
„ORB" für präpariertes Klavier (1976), New York, Seesaw
„Danse Misanba" für Klavier zu vier Händen (1976)
„Greycastle" für präpariertes Klavier, New York, Seesaw 1976
„Blending stumps" für präpariertes Klavier, New York, Seesaw 1976
„Sweeney among the nightingales" für Klavier zu vier Händen, New York, Seesaw 1976
„Spectres" für präpariertes Klavier, New York, Seesaw 1976
„Coming to standing", New York, Seesaw 1976
„Transverse Process" für Klavier (1976), New York, Seesaw
„Dry rot" für präpariertes Klavier (1977), New York, Seesaw
„Soundings" für Klavier (1978), New York, Seesaw
„The lost river" (1978), New York, Seesaw
„Variations 7" für präpariertes Klavier, New York, Seesaw
„Loure and rondeau" für Klavier zu vier Händen (1979)
„Popo Agie" für päpariertes Klavier (1979), New York, Seesaw
„7 waltzes for Emily Dickinson" für präpariertes Klavier (1980), New York, Seesaw
Serenade (Transkription der Gitarren-Serenade) (1981)
„2 Sound Studies" für präpariertes Klavier (1983)
„Ballad and Ostinato" (1985)
„Heart of the Beast" (1988)
„Mixed Nocturne and Toccata" (1989)
„The spirits that lend strength are invisible" (1990)
„Two movements through space" (1992)
„Waltz" op. 120 (1993)
„Four Done Deals" (1994)

KAMMERMUSIK
„Sargasso" für Klarinette und Klavier
„Concord bridge" für Glockenspiel (1976)
„Norwich chorale" für Klarinette und Klavier, New York, Seesaw 1976
„Arabesque" für Klarinette und Klavier, New York, Seesaw 1976
„Prelude and fugue" für Flöte, New York, Seesaw 1976
„Maola" für Harfe (1977)
„The Great Horned Owl" für Marimba (1977), New York, Seesaw
„Fool's gold" für Vibraphon (1978), New York, Seesaw
„A common chase" für Blockflöte und Marimbaphon (1979)

Quartett „Music for dance" für Klarinette, Horn, Marimba, präpariertes Klavier (1979)
„After Dubuffet's Limbour" für Klarinette, Drums, drei Tam-Tams und Marimbaphon (1979)
Serenade für Gitarre (1979), Guitar Foundation of America
„Echo and Narcissus" für Flöte und Klavier (1980)
„Cambodian dancer" für Cello und Klavier (1984)
„3 Sketches for Iron Hans" für Horn, Cello und Klavier (1984)
„Four movements" für Streichquartett (1987)
„White Bongo" für Flöte, Harfe, Viola (1988)
„House of retrial", Trio für Flöte, Violine, Fagott (1988), New York, Seesaw
„Traces in movement" für Violine, Schlagzeug und Klavier (1989)
„Caryatid I" für Harfe (1990)
„Calypso of Ogygia" für Marimba (1990), New York, Seesaw
„Caryatid II" für Harfe (1991)
„Set of Six", drei Sätze für Solovioline, drei Violinen und Schlagzeug (1994)
„Outcrops and upshots" für Streichquartett Nr. 2 (1994)
„Moretti Music: elusive fable" für Vibraphon (1995)

ORCHESTERMUSIK

„Behemoth" für Orchester (1976)
„Dances on the face of the deep", Sinfonie Nr. 2 (1988), Fleisher Collection
„Symphony in seven minutes" (1995), Master Musicians Collective

VOKALMUSIK

„By the waters of Manhattan" für Sprecher und Klavier (1964)
„To the suicides of 1962" für Sprecher und Klavier (1969)
„Four songs on Poems of James Joyce" für Bariton und Klavier (1984)
„Though the last glimpse of Erin" für Bariton und Klavier (1985)
„Green grow the rashes" für Gesang und Klavier (Gedicht von Robert Burns) (1985)
„The Cuckoo" für Gesang und Klavier (1990)
„Seven settings of poems by William Blake" für Solostimme (1990)
„What would I give?" für Gesang und Klavier (Gedicht von Christina Rossetti) (1991)
„Barby Allen" für Gesang und Klavier (1992)
„Three songs on poems by Emily Dickinson" für tiefe Stimme und Klavier (1993)
„Four songs on poems by Christina Rossetti and Emily Dickinson" für tiefe Stimme und Klavier (1993)
Psalm 100 für Sopran und Klavier (1993)
„There was a young man who said though" für mittlere Stimme und Klavier (1993)
„Spring and fall: to a young child" für Bariton und Klavier (Gedichte von G. M. Hopkins) (1995)

CHORMUSIK

„Resurrection" für gemischten Chor, Flöte und Klavier, New York, Sisra
„Report to God" für gemischten Chor und Klavier
„Take my hands and let them move", Anthem für gemischten Chor und Orgel
„Hamaguchi", Oratorium für Soli, Kammerchor und Instrumente (1973)
„Dendid" für Männerchor (1975)
„Jabberwocky" für gemischten Chor und Klavier (1980), Bryn Mawr, Hildegard Publ.
„Lo, how a rose" für Männerstimmen (1980)
„Isaiah 40, 31" für gemischten Chor und Orgel (1980)
„My Luv" für Männerstimmen (1981)
„The road to Calvary" für vierstimmigen gemischten Chor mit Sopran- und Baritonsolo (1991)
„3 songs of innocence" für Frauenchor, Klavier und Tam-Tam (1991)
„Music for the bird song" nach Walt Whitmans „Out of the cradle" (1993)

BÜHNENMUSIK

„Epsiodes for intermission" (1963)
„Collage" (1965)
„Heilige Johanna der Schlachthöfe" (Brecht) (1972)
„Chambered Nautilus", Filmmusik für Klavier, Oboe und Harfe (1972)
„The rime of the ancient mariner", szenische Komposition für Poesie, Songs, Bühnenmusik, Mimik und Tanz (nach S. T. Coleridge) (1983)

ELEKTRONISCHE MUSIK

„Vocalise" für Tonband und verfremdete Stimme (1977)
„Buffalo Bill" für Stimme, Tonband, Klavier und Klarinette (1978)

BIBLIOGRAPHIE

Pierce, Alexandra: Metric Structure, Part I and II. In: The Piano Quarterly, 1977
Pierce, Alexandra: Juncture / Climax in Music / Performance Phrase. In: In Theory Only, 1977 / 79 / 83
Pierce, Alexandra: Music and movement: Beat, Juncture. In: The Semiotic Web, Berlin 1987
Pierce, Alexandra und Roger: Generous movement. A practical guide to balance in action. Redlands 1991
Pierce, Alexandra: Developing Schenkerian Hearing and Performing. In: Intégral, 1994
Pierce, Alexandra: Character and characterization in musical performance. In: Musical Signification, Berlin, 1995

DISKOGRAPHIE

„Variations 7" für präpariertes Klavier. Alexandra Pierce, Klavier. USA, Capriccio Records 1981
„Two Sound Studies". Alexandra Pierce, präpariertes Klavier. Boulder, Center for New Music Resources 1987
„Dry Rot". Alexandra Pierce, präpariertes Klavier. Boulder, Center for New Music Resources 1987
„Escaped Exotics". Darla Pumphrey, Flöte. Boulder, Center for New Music Resources 1987
„Quartet, Music for Dance". Boulder, Center for New Music Resources 1987
„Buffalo Bill". Phillip Rehfeldt, B-Klarinette; Barney Childs, Klavier, Tonband und Stimme. Boulder, Center for New Music Resources 1987
„Moving Balance". Mark Carlson, Flöte; Alexandra Pierce, Klavier. Center of Balance 1987
„Ornaments". Phillip Rehfeldt, B-Klarinette. Etudes for the Twenty-First Century Clarinetist, Mill Creek Publications 1990
„Hiob 22,28". Phillip Rehfeldt, Martin Walker, B-Klarinette. Zanja Records ZP-2 1978
„Dances on the Face of the Deep, Symphony No. 2". Koszalin State Philharmonic Orchestra, Ltg. Szymon Kawalla. In: Music from Six Continents, Wien, Vienna Modern Masters 1994
„Symphony in seven minutes". Master Musicians Collective 1996

Pizer, Elizabeth Hayden
(* 1954)

In den USA hat sie sich seit Jahren erfolgreich in der International League of Women Composers (jetzt: International Alliance for Women in Music) betätigt: Elizabeth Hayden Pizer, Komponistin, die am 1. September 1954 in Watertown, New York, geboren wurde. Ihre Musikausbildung erhielt sie am Boston Conservatory of Music. Dann zog sie an die Westküste und arbeitete als Opern-Repetitorin an der San José Universität. Als Mitarbeiterin im Radio-Studio in Berkeley und in San Mateo (Kalifornien) hat sie zahlreiche wichtige Musikproduktionen betreut. Die National League of Pen Women verlieh ihr mehrere Kompositionspreise, u.a. für ihre Five Haiku, ihr Streichquartett – uraufgeführt durch das Arditti-Quartett – oder die Night Songs. Seit 1995 ist sie Jury-Mitglied dieser Organisation, die jährlich einen Kompositionswettbewerb ausschreibt. Weitere Auszeichnungen erhielt Elizabeth Hayden Pizer beim Delius-Wettbewerb 1982 (1. Preis), beim NLAPW-Wettbewerb und dem Songwriters-International-Wettbewerb. Zahlreiche Rundfunksendungen im In- und Ausland sind mit ihren Werken produziert worden; die Zahl der Aufführungen ihrer Werke ist hoch, und sie gehört zu den meistgehörten Komponistinnen ihres Landes. Als Komponistin schrieb sie Vokal- und Kammermusik, scheute sich aber auch nicht, Kompositionen mit Jazz-Charakter zu schreiben. Zusammen mit ihrem Ehemann, Charles Pizer, ebenfalls Komponist, gründete sie ein nicht kommerzielles Musikarchiv, die Pizer Archives Music Library, und im Jahre 1988 wurde daraus das International Women's Music Sound Archive, das mittlerweile in Three Mile Bay, New York, beheimatet ist; es hat sich auf klassische Musikeinspielungen von Frauen spezialisiert. Elizabeth Hayden Pizer war von 1982 bis 1983 im Vorstand der International League of Women Composers und gehört heute noch dem International Staff der Alliance for Women in Music an.

KLAVIERMUSIK

Jazz-Kompositionen, darunter:
„All the world's a stage" / „Another Town" / „A quiet space" / „Birds of Paradise" / „Blue Rain" / „Carnival Waltz" / „Changing Times" / „Come smell the roses" / „Dancing in the street" / „Emerald Isle" / „Equinox" / „Evantide" / „Farewell to summer days" / „Grab the golden ring" / „Inclinations" / „In pursuit" / „In quiet solitude" / „Its time to go" / „Let's dance" / „Lonesome Waltz" / „Maya Nova" / „Morning afternoon" / „Passionada" / „Pass the test of time" / „Premonition" / „Saudi" / „Shadow" / „Walker" / „Solitaire" / „Spring swing" / „Thats how it has to be" / „The summit" / „Time and time again" / „Truth is stranger than fiction"
Klaviersonate (o. Dat.)
Klaviersonate Nr. 2 op. 10 (1974)
Zwei kurze Stücke op. 12 und op. 13 (1975)
„Expressions intimes" op. 14-18 (1975)
„Jimnobody" Nr. 1 op. 22 (1976)
„Jimnobody" Nr. 2 op. 24 (1976)

„A mon père, pour mon père" op. 40 (1977)
„Lyric Fancies" (1983)
„Strains and Restrains" (1984)
„Charms" (1987)

KAMMERMUSIK

Nocturne op. 28 für Oboe, Viola, Cello, Celesta, Harfe (1976)
„Quilisoly" op. 38 für Flöte / Violine und Klavier (1976)
„Elegy" op. 43 für Streicher / Streichquartett (1977)
„Piece of Eight" op. 42 für zwei Oboen, zwei Klarinetten, zwei Hörner und zwei Fagotte (1977)
Streichquartett (1981, rev. 1987)
„Nightsongs" für Cello und Klavier
„Ten Haiku" für Saxophon und Klavier (1978/79)

ORCHESTERMUSIK

„Elegy" für Streichorchester (1977)
„Fanfare Overture" für Blechbläser (1977-79)
„Under and Overture" op. 37 für Orchester ohne Streicher (1979)
„Elegy in Amber: in memoriam Leonard Bernstein" für Streichorchester (1993)

VOKALMUSIK

„Look down, fair moon" (W. Whitman) für Stimme und Klavier (1976)
„When to the sessions of sweet silent thought" (W. Shakespeare) für Stimme und Klavier (1978-87)
„5 Haiku" op. 48 für Sopran und Kammerensemble (1978)
„5 Haiku II" op. 50 für Mezzosopran und Klavier (1979)
„Nightsongs" für Stimme und Klavier (1986)

CHORMUSIK

„Alleluia" op. 25 für zwei Soprane und Chor (1976)
„Kyrie" op. 39 für gemischten Chor (1976)
„Slow, slow fresh fount" (B. Jonson) für Flöte und gemischten Chor (1977)
„Holy Eucharist Rite" op. 46 für Stimme und gemischten Chor und Klavier / Orgel (1978)
„Madrigals Anon" op. 51 für gemischten Chor (1979)
„Kyrie eleison" für gemischten Chor (1983)
„Songs of the Holy Eucharist" für eine Stimme, Chor und Orgel (1984)

ELEKTRONISCHE MUSIK

„In the Land of Nod" für Synthesizer und Tonband (1979)
„Sunken Flutes" für Synthesizer und Tonband (1979)
„Arlington" für Tonband (1989)

„Embryonic Climactus" für Tonband (1989)
„Aquasphere" für Tonband (1990)
„The Infinite Sea" für Tonband / Sprecher (1990)
„Momentum: a glimpse of the sea" für Tonband (1990)

BIBLIOGRAPHIE

„Women at Work in Music", in: Focus Magazine, San Francisco 1981
„Contemporary Music in the San Francisco Bay", in: ILWC Journal 1984
„A Mom and Pop Operation", in: Watertown Daily Times, 1987
„The International League of Women Composers", in: Sounds Australian, 1989
„Three Mile Bay Composers Wins 3 first prizes", in: Watertown Daily Times, 1992
Straughn, G.: Composer Profile Elizabeth Hayden Pizer. In: ILWC Journal, 1994

DISKOGRAPHIE

Strains and Restraints in „Contemporary Romantics. American Piano Music". Max Lifchitz, Klavier. North/South Records / Albany Music
Expressions Intimes in „Contemporary Romantics. American Piano Music". Max Lifchitz Klavier. Nortz/South Records / Albany Records
Exegy in Amber. In memoriam Leonard Bernstein. Slowakisches Radio Sinfonieorchester, Ltg. Robert Stankowsky. Master Musicians Collective / Albany Records

Prawossudowitsch, Natalie (Natascha) (1899-1988)

Eine der wenigen renommierten Schönberg-Schülerinnen, die ein umfangreiches Werk ganz in der Tradition ihres Lehrers hinterlassen haben, ist Natalie Prawossudowitsch. Sie stammt aus Vilnius (damals: Rußland, zwischenzeitlich: Sowjetunion, jetzt: Litauen), wo sie am 14. August 1899 geboren wurde. Nach dem ersten Musikunterricht bei ihrer Mutter kam sie an das Petersburger Konservatorium und studierte Klavier bei Vera Skrjabin und Komposition bei S. Ljapunoff. 1925 erhält sie ihr Kompositionsdiplom. 1928 erhält sie die Ausreisegenehmigung und schreibt sich in der Preußischen Akademie der Künste als Meisterschülerin bei Arnold Schönberg ein, von dem sie unschätzbare Impulse für ihr kompositorisches Schaffen erhielt. Daneben arbeitet sie als „Tonmeisterin" in einem der ersten Stummfilm-Studios Berlins und liest Korrekturen für große Musikverlage. 1929 wird sie in die Internationale Gesellschaft für Neue Musik IGNM aufgenommen. 1931 muß sie aus gesundheitlichen Gründen Deutschland verlassen und läßt sich in der Stiftung „Borodin" in Meran, Italien, nieder. Zahlreiche Klavierwerke stammen noch aus der Berliner Zeit; in Meran komponierte sie Orchester- und Kammermusik, die vielfach aufgeführt wurde. 1962 gewann ihre Klaviersonate op. 13 den 1. Preis beim „Premio Helena Rubinstein" des Internationalen Kompositions-Wettbewerbs Buenos Aires. Natalie Prawossudowitsch verstarb im Jahre 1988 in Meran.

KLAVIERMUSIK

Kurze Improvisationen für Klavier op. 1
Sammlung lustiger Moll-Bagatellen für Klavier op. 3
Kleine Stücke für Klavier op. 4
Sonate für Klavier op. 13 (1925)
Drei Improvisationen für Klavier op. 14 (1925)
„Foxtrott" für Klavier op. 15 (1925)
„Primitivi", sechs Stücke für Klavier op. 17 (1927)
Fuge für Klavier op. 21 (1928)
Sonatine für Klavier op. 23 (1929)
„Petite valse impromptu" für Klavier op. 43 (1968)
„Interrogando" für Klavier op. 44 (1968)
„Fragmento" für Klavier op. 45 (1969)
Suite Nr. 1 op. 46 (1969)
Suite Nr. 2 op. 47 (1972)
Präludium für Klavier op. 48 (1972)
„Ricordi" für Klavier op. 49 (1973)
Fantasie für Klavier op. 50 (1974)
Drei Präludien und Fugen für Klavier op. 52-54 (1977)
Suite Nr. 3 für Klavier op. 55 (1977)
Fünf Präludien und Fugen für Klavier op. 56-60 (1980/82)
„Piccolo studio e fugato" op. 61 (1981)
Scherzo e fugato op. 62 (1982)
Breve preludio e fugato" op. 63 (1982)
Agitato e fugato op. 64 (1983)

KAMMERMUSIK

„Pièce" für Cello und Klavier op. 7 (1922)
„Pièce" für Klarinette, Cello, Trommel und Klavier op. 19 (1928)
Zwei Solostücke für Cello op. 20 (1928)
Sonate für Cello und Klavier op. 28 (1929)
Streichquartett op. 25 (1930)
Trio für zwei Geigen und Cello op. 33 (1937)
Trio für Klarinette, Cello und Klavier op. 42 (1961)

ORCHESTERMUSIK

„Skizzen" für Orchester op. 6 (1921)
Fantasie für Orchester op. 8 (1922)
Präludium für Orchester op. 10 (1923)
Konzert für Klavier und Orchester in einem Satz op. 16 (1926)
Konzert für Streichquartett und Kammerorchester op. 26 (1931)
Intermezzo Nr. 1 für großes Orchester op. 29 (1933)
Suite für Klavier und großes Orchester in fünf Sätzen op. 32 (1938)
Erste Sinfonie „Vita e Meditazione" für großes Orchester op. 35 (1935)
„Tema e variazioni" für großes Orchester op. 37 (1958)
Intermezzo Nr. 2 für großes Orchester op. 38 (1959)
Zweite Sinfonie „Simplicissima" in drei Sätzen für großes Orchester op. 40 (1960)
Dritte Sinfonie „Sinfonia concertante" in drei Sätzen für großes Orchester op. 41 (1961)

VOKALMUSIK

Kleine Stücke für Gesang und Klavier op. 5
„Pièce" für Sopran, Cello und Klavier op. 9 (1922)
Lieder auf russische Texte mit Klavier op. 18 (1927)
Drei deutsche Lieder für Sopran und Klavier op. 27 (1932)

CHORMUSIK

Messefragment für gemischten Chor a cappella op. 11 (1924)
Chor a cappella auf einen deutschen Text op. 30 (1934)
„Passion und Auferstehung", Ostermusik in sieben Sätzen für gemischten Chor und Orchester op. 34 (1939)

BIBLIOGRAPHIE

Prawossudowitsch, Natalie: Meister Arnold Schönberg und meine Berliner Erinnerungen (Memoiren), Manuskript

DISKOGRAPHIE

Suite Nr. 1 / „Fragmento" / „Petite valse impromptu" / „Interrogato". Georges Bernand, Klavier. Genf, BVM-Tefima
Sonatine / „Primitivi" / „Ricordi" / Prélude er fugue" op. 54/52. Georges Bernand, Klavier. Genf, BVM-Tefima

Price, Florence Beatrice (geb. Smith) (1888-1953)

Sie ist die erste afro-amerikanische Frau, deren Werk von einem der renommiertesten Orchestern Amerikas, dem Chicago Symphony Orchestra (1933) aufgeführt wurde, und gilt als Pionier unter den schwarzen Sinfonikern. Beatrice Florence Price wurde am 9. April 1888 in Little Rock, Arkansas, geboren. Den ersten Musikunterricht erteilte ihr die Mutter, bevor sie Klavier, Musiktheorie und Orgel bei Wallace Goodrich, Frederick Converse und George Whitefield Chadwick studierte. 1906 schloß sie ihr Studium am New England Conservatory in Boston mit Auszeichnung ab. Bis 1912 lehrte sie an der Cotton Plant Arkadelphia Academy, am Shorter College und an der Clark University in Atlanta. 1912 kehrte sie nach Little Rock zurück, um dort zu komponieren und zu lehren. 1926 ließ sie sich in Chicago nieder und ergänzte ihre Studien am dortigen Music College und dem American Conservatory. In Chicago wuchs ihre Anerkennung als Komponistin. 1932 erhielt sie für ihre Sinfonie e-moll den Rodman Wanamaker Preis. Sie schrieb rund 300 Werke für Orchester, Soloinstrumente, sowie Chormusik, Lieder und Arrangements für Negro-Spirituals. Ihre Orchesterwerke wurden in vielen Städten in den USA und in England aufgeführt. Beatrice Florence Price starb am 3. Juni 1953 in Chicago.

ORGEL- / KLAVIERMUSIK

„At the Cotton Gin" für Klavier (1928)
„Fantasie nègre" (1929), in: Black Women Composers, Bryn Mawr, Hildegard Publ. 1992
Sonate e-moll für Klavier (1932)
„Bayou Dance" für Klavier (1938)
„Dance of the Cotton blossoms" für Klavier (1938)
Impromptu für Klavier (1941)
„Were you there" für Klavier (1942)
Passacaglia und Fuge für Orgel
„Nobody knows" für Klavier (1938)
„Adoration" für Orgel (1951)
„Evening song" für Orgel, New York, Galaxy Music 1951
„In quiet mood", New York, Galaxy Music 1951
„The cotton dance", New York, Fischer
„The waterfall", Chicago, McKinley
„Zephry", mexikanisches Volkslied, Chicago, McKinley
„Dances in the Canebrakes" für Klavier (1953), New York, Mills Music
„Three little negro dances", Bryn Mawr, Presser
„The waltzing fairy", Chicago, McKinley 1928
„Morning sunbeam" (1937), Bryn Mawr, Presser
„Levee dance" (1937), Bryn Mawr, Presser
Impromptu für Klavier (1941)
„Clover blossom" (1947), Chicago, McKinley
„Criss cross" (1947), Chicago, McKinley
Diverse Negro-Spirituals, arrangiert für Klavier (1933) / für zwei Klaviere (1949)
„Variations on a Folksong" für Orgel, Fayetteville, ClarNan 1996
Sonate Nr. 1 für Orgel, Fayetteville, ClarNan 1996
Suite Nr. 1 für Orgel, Fayetteville, ClarNan 1996

KAMMERMUSIK

Zwei Klavierquintette
Suite für Blechbläser und Klavier
„By candlelight" für Violine und Klavier
„Moods" für Flöte, Klarinette und Klavier (1953)
„Negro folksongs in counterpoint" für Streichquartett
„Playful rondo" für Violine und Klavier, Chicago, McKinley
Diverse Streichquartette, Stücke für Violine und Klavier

ORCHESTERMUSIK

Sinfonie Nr. 1 e-moll (1925)
Sinfonie Nr. 2 g-moll
Sinfonie Nr. 3 c-moll (1940)
Sinfonie Nr. 4 d-moll
„Mississippi River symphony" (1934)
Zwei Konzertouvertüren
Konzert D-dur Nr. 2 für Violine und Orchester (1952)
Konzert für Klavier und Orchester in einem Satz
Konzert d-moll für Klavier und Orchester (1934)
Konzert f-moll für Klavier und Orchester
„Rhapsody" für Klavier und Orchester
„Songs of the Oak", Tondichtung für Orchester
„Chicago Suite" für Orchester
„Colonial Dance" für Sinfonieorchester
„Suite of Negro Dances"

VOKALMUSIK

„Fantasy in purple" (Text: Hughes) für Stimme und Klavier
„Song of hope" für Stimme und Orchester
„The dream ship" für Gesang und Klavier
„In the land of cotton" für Gesang und Klavier
„To my little son" für Gesang und Klavier
„Travel's end" für Gesang und Klavier
„Dreaming town" (Text: Dunbar) für Stimme und Orchester (1934)

„Song to the dark virgin" (Text: Hughes) für Gesang und Klavier, New York, Schirmer 1941 / in: Anthology of Art Songs by Black American Composers, New York 1977
„The Moon" für zwei Soprane und einen Alt (1930)
„My soul's been" für Stimme und Klavier (1937) (auch Fassung für Chor)
„Out of the South" (Text: Woods) für Stimme und Klavier (1946)
„Night" für Stimme und Klavier (Text: Wallace), New York, Marks 1946
„Heav'n Bound" für Stimme und Klavier (1949)
„An April Day" (Text: Cotter) für Gesang und Klavier, New York, Handy Bros. 1949
„Resignation" (Text: Price) für Stimme und Klavier
„I am bound" für Stimme und Klavier (1948)
„Trouble done" für Stimme und Klavier
„Save me, Lord" für Stimme und Klavier

CHORMUSIK

„Spring journey" für Frauenchor und Streichorchester
„Wind and the sea" (Text: Dunbar) für achtstimmigen gemischten Chor, Klavier und Streichquartett (1934)
„Lincoln walks at midnight" (Text: Lindsay) für gemischten Chor, Orgel und Orchester
„God gives me you", Hochzeitslied für gemischten Chor und Klavier
„Were you there when they crucified my Lord", New York, Fischer 1942
„Witch of the meadow" (Text: Gamble) für Frauenchor, New York, Gamble Hinged 1947
„Nature's magic" (Text: Gamble) für Frauenchor und Klavier, Clayton F. Summy 1953
„Sea gulls" für Frauenchor, Streicher und Kontrabaß (1951)
„Song for snow" (Text: Coatsworth) für gemischten Chor und Klavier, New York, Fischer 1957

BIBLIOGRAPHIE

Arbor, Ann: Composers in America, University of Oklahoma 1975
Jackson, Barbara: Black Perspectives in Music, ClarNan Editions, Fayetteville
Thompson, J. K.: Florence B. Price. In: Heresies Nr. 10, New York 1980
Green, M. D.: Florence Price. In: Black Women Composers, Boston, 1983
Brown, R. L.: Selected Orchestral Music of Florence B. Price in the Context of her Life and Works, Yale University 1987
Brown, R. L.: Florence B. Price, a trail-blazing composer, in: „The Maud Powell Signature" 1/1995

DISKOGRAPHIE

Sonate e-moll / „Dances in the Canebrakes". Songs : Travels End / To my little son. Althea Waites, Klavier. In: Black Diamonds (mit Werken von William Grant Still, Margaret Bonds und Ed Bland). Lomita, Cambria Records

Procaccini, Teresa
(* 1934)

Sie ist eine der prominentesten Vertreterinnen italienischer Musik: Teresa Procaccini, geboren am 23. März 1934 in Cerignola, Italien. Sie studierte am Konservatorium in Foggia, machte 1957 ihr Orgeldiplom und 1958 ihr Kompositionsdiplom an der Accademia Santa Cecilia in Rom. Zu ihren Lehrern gehören Fernando Germani, Enzo Masetti, Virgilio Mortari und Achile Lango. Ihre Kompositionsstudien setzte sie fort an der Accademia Musicale Chigiana in Siena. 1970 erhielt Teresa Procaccini einen Kompositionspreis beim Wettbewerb „Alfredo Casella", 1972 wurde sie Leiterin des Konservatoriums in Foggia. Von 1976 bis 1979 war sie Dozentin für Komposition im Rahmen der Festspiele der Citta di Castelle in Umbrien. 1979 wurde Teresa Procaccini Kompositionslehrerin an der Accademia di Santa Cecilia in Rom. Sie hielt Meisterkurse an der Accademia O. Respighi in Assisi. Auch auf internationalen Festivals ist die Musikerin oft vertreten gewesen. 1982 veranstaltete sie in Rom das erste Festival „Donne e Musica" und legte damit den Grundstein zur Aufarbeitung des Themas „Komponistinnen" in ihrem Land. Ihr Werkverzeichnis ist umfangreich: Kammermusik, Orchestermusik; vieles wurde preisgekrönt, vieles wurde gedruckt. Teresa Procaccini lebt und arbeitet in Rom.

ORGEL- / KLAVIERMUSIK

Sonata op. 2 (1955), Bologna, Bongiovanni
Sonata op. 3 (1958)
„Fantasia per pianoforte" op. 4 (1956)
Sonatina op. 18 (1958), Rom, Edipan
„Un cavallino avventuroso" für Klavier op. 22 (1960), Rom, Edipan
„14 piccoli pezzi" op. 25 (1951), Rom, Edipan
„Nove preludi" für Klavier op. 29 (1966), Rom, Edipan

„Improviso e toccata" op. 33 für Orgel (1968)
„Sensazioni sonore" für zwei Klaviere op. 36, Mailand, Sonzogno
Sonatine für Klavier op. 44 (1970), Rom, Edipan
„Andante elegiaco per organo" op. 48 (1971), Rom, Edipan
„Marionette" für Klavier zu vier Händen op. 51 (1972), Rom, Edipan
„Little horse story" op. 73 (1978)
„Otte piccoli pezzi" op. 91 (1983)
„Homenaye (B.A.C.H.)" für Orgel (1994)

KAMMERMUSIK

Trio für Violine, Cello und Klavier op. 5 (1956), Rom, Edipan
Divertimento für Klavier, Posaune, Vibraphon und Pauke op. 6 (1956), Mailand, Carish
„Sonata rapsodica" für Cello und Klavier op. 8 (1957), Rom, Edipan
Fantasia für Violine und Klavier op. 10 (1957), Rom, Edipan
„Piccolo concerto per 15 strumenti" op. 19 (1959)
„Quartetto" für Flöte, Oboe, Fagott und Klavier op. 27 (1965)
„Tre pezzi" für Fagott und Klavier op. 30 (1966), Paris, Leduc
Serenata für zwei Violinen, Cello, Flöte und Cembalo op. 31 (1967)
„Dialogo" für Viola und Klavier op. 34 (1968), Rom, Edipan
Trio für Klarinette, Cello und Klavier op. 35 (1968)
„Clown music" op. 37 (1968), Padua, Zanibon
„Improvisazioni" für Violine, Viola, Cello op. 38 (1968), Rom, Edipan
„Introduzione e allegro" für Flöte und Klavier op. 40 (1969), Rom, Edipan
Sonata für Viola und Klavier op. 41 (1969)
Streichquartett op. 43 (1969), Rom, Edipan
„Quintetto" für Horn und Streichquartett op. 46 (1971)
„Marionette" für Klavier und 10 Instrumente op. 51 (1972), Rom, Edipan
„Mystère" für Kontrabaß und Klavier op. 64 (1976), Rom, Edipan
Sonate für Flöte und Klavier op. 65 (1976)
„Lied" für Flöte und Harfe op. 67 (1977)
Concertino für Fagott und neun Instrumente op. 68 (1977)
„Meditazione" für Horn und Klavier op. 72 (1978), New York, Seesaw
„Dialoghi" für Klavier und Schlagzeug op. 75 (1979)
„Musica barbara" für Klavier und 10 Instrumente op. 80 (1980), Rom, Edipan
„Tre danze" für zwei Posaunen und doppeltes Schlagzeugquintett op. 94

„Suggestions" für Baßklarinette und Klavier (1987), Rom, Edipan 1988
„Meeting" für vier Saxophone (1988), Rom, Edipan 1989
Sonate für Cello und Klavier, Rom, Edipan 1994
Trio für Flöte, Harfe, Viola, Rom, Edipan 1994
„Invenzione" für Flöte, Oboe, Klarinette in B und Klavier, Rom, Edipan 1994
„Quartetto" für Violine, Klarinette in B und Klavier, Rom, Edipan 1994
„Quintetto" für Oboe, Klarinette, Fagott, Horn und Klavier, Rom, Edipan 1994

ORCHESTERMUSIK

Sinfonietta für kleines Orchester op. 7 (1956), Mailand, Carisch
„Sonate in tricromia" für Orchester und konzertantes Klavier op. 11 (1957), Bologna, `Bongiovanni
Concerto für Orgel und Orchester op. 12 (1957), Mailand, Carisch
Concerto für Trio und Orchester op. 14 (1958), Mailand, Carisch
Fantasia für Orchester op. 16 (1958), Mailand, Carisch
„Divagazioni" für Streichorchester op. 21 (1959), Rom, Edipan 1994
„Un cavallino avventuroso" für Orchester op. 23 (1960), Rom, Edipan
„Tre danze" für zwei Posaunen und Streichorchester op. 24 (1961), Rom, Edipan
„Sensazione sonore" für Orchester op. 41 (1969), Rom Edipan 1994
„Musica per archi" op. 50 (1971), Rom, Edipan
Harfenkonzert op. 80 (1980)
Oktett für Streicher und Bläser op. 83 (1982), Rom, Edipan
„Intersecazioni" für Streichorchester (1989)
„Marionette" für Orchester, Rom, Edipan 1990
„Tre danze" für Marimba und Streicher, Rom, Edipan 1991

VOKALMUSIK

„Il pupazzo di neve" für 10 Instrumente und Stimme, Rom, Edipan
„Dannazione e prieghiera" für Mezzosopran und Streichorchester op. 13 (1957), Rom, Edipan 1994
„Evocazione" für Sopran, Mezzosopran und Klavier op. 53 (1972), Rom, Edipan
„Canziones" für Sopran, Klarinette, Fagott und Klavier op. 54 (1972), Rom, Edipan
„Tre liriche" für Sopran ind Streichorchester op. 58 (1974)
„Dannazione e prieghiera" op. 59 (1974), Rom, Edipan 1994

„Chanson" für Stimme und Gitarre op. 61 (1975)
„Air" op. 89 für Sopran, Klarinette und Klavier (1983)
„Memory" für Sopran und Klavier, Rom, Edipan 1994

CHORMUSIK

„Il giudizio di Salomone", Kantate für Soli, Chor und Orchester op. 15 (1958), Mailand, Carisch
„La peste di Atene", Kantate für Chor und Orchester op. 17 (1958), Mailand, Carisch
„Tre canti populari" für Knabenchor op. 77 (1979)
„Sueno" op. 92 für Sprecher, Frauenchor, Flöte und Klavier (1983)
„Il grilo" op. 93 für Chor und Jugendorchester (1983)
„In memoriam", Kantate für Orchester, rezitierende Stimme und gemischten Chor op. 96 (1984)

BÜHNENMUSIK

„Piazza della musica" Nr. 1 op. 54 (1975), kleine Oper, Rom, Edipan
„La prima notte" op. 55, komische Oper (1977)
„Questione di fiducia" op. 56, komische Oper (1975)
„Marionette" op. 60 (1975), Rom, Edipan
„Piazza della musica" Nr. 2 op. 72 (1978), Rom, Edipan
„Un cavalino avventuroso" op. 82, musikalisches Märchen (1981), Rom, Edipan
„Medea", Ballett in einem Akt op. 84 (1981)
„Il pupazzo di neve", Choreographie op. 87 (1982), Rom, Edipan
„Il bambino di plastica", Choreographie op. 88 (1982), Rom, Edipan
„L'uomo del tamburo" op. 94, kleine Oper (1984), Rom, Edipan
„Il paese dei suoni" op. 94, kleine Oper (1984). Rom, Edipan
„Oedipus", Bühnenmusik (1974)
„L'uccello di fuoco" (1980), Bühnenmusik
„Il cappello di pagla di Firenze", Bühnenmusik (1983)

BIBLIOGRAPHIE

Zaimont: Teresa Procaccini. In: The Musical Woman, an International Perspective, Westport 1983/84
Chiti Adkins, P.: Teresa Procaccini. In: Donne in Musica, Rom, Edipan 1992

DISKOGRAPHIE

„Piazza della musica" Nr. 1, Oper / „Marionette". I Solisti Dauni, Ltg. D. Losavio. Disco Edipan
„Fantasia" / „Improvisazione" / Duo für Violine und Viola / Sonatine für Cello / „Dialogo" für Viola und Klavier. Trio d'Archi di Roma. Disco Edipan
„Quartetto per archi" / Sonatina Nr. 2 für Klavier / Andante e rondo" für Flöte / „Introduzione e allegro" / „Nove preludi". Quatuor de Genève. Disco Edipan
„Il pupazzo di neve" / „Clown music" / „Musica barbara". I Solisti Dauni, Ltg. D. Losavio. Disco Edipan
„Il bambini di plastica" / „Otte piccoli pezzi" für Klavier / „Un cavallino". D. Losavio, T. Procaccini, G. Ravenna, C. Ambrisio. Disco Edipan
„L'uomo del tamburo", Oper, für Klavier, Schlagzeug und Stimme. Teresa Procaccini, Klavier; A. Santangelo, Schlagzeug. Disco Edipan
„La peste di Atene" / „Sensazione sonore" / „Un cavallino avventuroso".Orchestre filarmonice e coro di Timisoara (Rumänien), Ltg. R. Georgescu. Disco Edipan
„In memoriam", Kantate. Orchestre Filarmonica di Olsztyn (Polen), Ltg. S. Frontalini. Disco Edipan

Ptaszynska, Marta
(* 1943)

Als Komponistin für Perkussions-Instrumente hat sie sich weltweit einen Namen gemacht: Marta Ptsazynska, die am 29. Juli 1943 in Warschau, Polen, geboren wurde. Sie studierte nach dem zweiten Weltkrieg Komposition bei Tadeusz Paciorkiewicz und Theorie bei Stefan Sledzinski, Andrej Dobrowolski und Witold Rudzinski am Konservatorium in Warschau. 1968 absolvierte sie drei Examina: in Komposition, Perkussion und Musiktheorie – alle mit Auszeichnung. Von 1969 bis 1970 konnte sie aufgrund eines Stipendiums in das Elektronik-Musik-Center des französischen Rundfunks ORTF nach Paris reisen; hier nahm sie auch Kompositionsunterricht bei Nadia Boulanger. 1972 bis 1974 kam sie an das Cleveland Institute of Music und absolvierte ein weiteres Examen als Perkussionistin. Die Komponistin kehrte im gleichen Jahr nach Polen zurück, heiratete und kam als Gastprofessorin und composer-in-residence erneut nach Vermont und nach Kalifornien (University of Berkeley und Santa Barbara). Weitere zwei Jahre lehrte sie an der Indiana University in Bloomington. Ihre Werke, die vorwiegend Perkussionsmusik umfassen, sind vielfach preisgekrönt worden. 1974 und 1976 erhielt sie den Preis der American Percussive Arts Society, Indiana. 1986 gewann Marta Ptaszynska den 2. Preis beim International

Rostrum of Composers der Unesco in Paris („La novella d'inverno" für Streicher). Die amerikanische Komponisten-Organisation ASCAP verlieh ihr 1986 ihren Preis. Heute lebt und arbeitet die Komponistin in Bethel, Connecticut.

CEMBALO- / KLAVIERMUSIK

„Three interludes" für zwei Klaviere (1969), Krakau, PWM
„Touracou" für Cembalo (1974), Krakau, PWM
„Journeys into space" für Klavier, zwei Bände (1978)
Miniaturen für junge Pianisten (1982), New York, Marks
„4 Seasons" für Klavier zu vier Händen (1984), New York, Marks
„Music alphabet" für zwei Klaviere (1986)
„Weltraumfahrten" für Klavier II, Krakau, PWM 1987
„Hommage à Paderewski" für Klavier (1992)

KAMMERMUSIK

Vier Präludien für Vibraphon und Klavier (1965)
Variationen für Flöte solo (1967), New York, Marks
Passacaglia und Fuge für Orgel und Schlagzeug (1967)
„Little mosaic" für Schlagzeugensemble (1968)
„Suite variée" für Schlagzeug-Quartett und Klavier (1968)
„Projections sonores" für Kammerensemble (1970)
„Ornaments de bois" für Flöte, Klarinette, Fagott und Marimba (1970)
„Transformations" für Schlagzeug-Ensemble (1970), Krakau, PWM
„Madrigale in memoriam Igor Strawinski" für Bläser und Streichquartett, Warschau, Agencia Autorska 1971
„Space model" für Schlagzeug (1971), Krakau, PWM
„Tunes from many countries", Kinderlieder im Arrang. für Schlagzeug (1971)
„Fantasy Mexican" (für Kinder) für Schlagzeug und Klavier, Krakau, PWM 1971
„Suite variée" (für Kinder) für Harfe (1972), Paris, Leduc
Cadenza für Flöte und Schlagzeug (1972), Krakau, PWM / Amsterdam, Sweelinck
„Arabeska" für Harfe (1972), Krakau, PWM
„Siderals" für zwei Schlagzeug-Quintette und Lichtprojektionen (1974), Krakau, PWM
„Mobile" für zwei Schlagzeuger (1975), Krakau, PWM
„Recitativo, arioso e toccata" für Violine (1975), Krakau, PWM
„Two poems" für Tuba (1975), Krakau, PWM
„Classical variations" für Pauken und Streichquartett (1976)
„Jeu parti" für Harfe und Vibraphon, New Yersey, Price 1978

„Synchromy" für Schlagzeugtrio (1978)
„Music of five steps" für zwei Flöten und Schlagzeug (1979), Warschau, Agencia Autorska
„Dream lands, magic spaces" für Violine und Schlagzeug-Ensemble (1979), Krakau, PWM
Sechs Bagatellen für Harfe (1979)
„Quodlibet" für Kontrabaß und Tonband (1981), Krakau, PWM
„Scintilla" für zwei Marimbaphone (1984), Warschau, Agencia Autorska
„Moon flowers" für Cello und Klavier (1986), München, Sonoton
„Grafitto" für Marimba (1988)
„Unfolding" für Licht, Flöte und Schlagzeug (1990)
„Poetic impressions" für Holzbläser-Quintett und Klavier (1991)

ORCHESTERMUSIK

„Improvisations" für Orchester (1968), Krakau, PWM
„Spectri sonori" (1973), Krakau, PWM
„Crystallites" (1974), Krakau, PWM
Concerto für Schlagzeug und Orchester (1974), Krakau, PWM
„Conducts, a ceremonial for winds" (1982), New York, Marks
Concerto für Marimba und Orchester (1985), Krakau, PWM
„La novella d'inverno", Krakau, PWM 1987
Saxophon-Konzert (1988)
„Ode to praise all famous women" (1992)

Marta Ptaszynska. Foto: Archiv

VOKALMUSIK

„A tale of nightingales" für Bariton, Bläserquintett, Harfe, Vibraphon und Marimbaphon (1968)

„Un grand sommeil noir" (Verlaine) für Sopran, Flöte und Harfe (1977), Krakau, PWM

„Colourful world of percussion", ein Buch in fünf Bänden für Flöten, Stimmen und Schlagzeugensemble (1978), Krakau, PWM

„Sonette an Orpheus" (Text: Rilke) für mittlere Stimme und Kammerorchester (1981)

„Songs of dispair and loneliness" (Texte: Rilke, Verlaine, Shakespeare) für Mezzo und Klavier (1989)

CHORMUSIK

„Epigrams" für Frauenchor, Flöte, Harfe, Klavier und Schlagzeug (1977), München, Sonoton

„Ave Maria" für vier Männerstimmen, Blechbläser, Schlagzeug, Orgel (auch Version für Männerchor und Orchester) (1982/1987)

„Songs" für Stimme, Chor, Klavier und Schlagzeug (für Kinder) (1986)

„Polish Letters", Kantate auf polnische Gedichte für Sopran, Mezzo, Bariton, Chor und Kammerorchester (1988)

BÜHNENMUSIK

„Oscar of Alva", Oper in sechs Akten (1972), Krakau, PWM

MULTIMEDIA

„Soirée snobe chez la princesse" für zwei Keyboard-Spieler, Tonband, Klavier, Mimen und Licht (1979)

BIBLIOGRAPHIE

LePage, Jane W.: Women composers, conductors and musicians of the 20th century, Scarecrow Press, London 1983

Smolenska-Zielinska, B.: A talk with Marta Ptaszynska. In: Musical Movement 25, Warschau 1986

DISKOGRAPHIE

„Un grand sommeil noir" für Flöte, Harfe und Sopran (Verlaine). Polskie Nagrania, Warschau

„Epigrammes" für Frauenchor, Flöte, Harfe, Schlagzeug / „Space Model" für Schlagzeug / „Moon flowers" für Cello und Klavier. Dorian Choir, Instrumentalensemble, M. Ptaszynska, Schlagzeug, Ltg. Michael Ingham. Proviva

Puig-Roget, Henriette
(* 1910)

Die französische Komponistin, Pianistin und Organistin wurde am 9. Januar 1910 in Bastia (Korsika) geboren. Sie studierte am Pariser Conservatoire unter anderen bei M. Dupré (Orgel) und H. Busser (Komposition). Von 1934 bis 1952 arbeitete sie als Organistin an der Großen Synagoge von Paris und an St. Clothilde im Louvre. Ab 1957 lehrte sie am Pariser Conservatoire Klavierbegleitung und Partiturspiel. Später wurde sie „Chef de Chant" am Théâtre National de l'Opéra sowie Mitarbeiterin des französischen Rundfunks ORTF. Henriette Puig-Roget komponierte Orchester-, Bühnen- und Kammermusik sowie Klavier-, Orgel- und Vokalwerke.

ORGEL- / KLAVIERMUSIK

„Fantaisie sur des thèmes hébraïques" für Orgel

„Toccata severa" für Orgel

„Marine" für Klavier (1934), Paris, Choudens

„Deux Prières" für Orgel (1934), Paris, Lemoine

„Montanyas del Rosello" für Orgel (1934), Paris, Leduc

„Cortège funèbre" für Orgel (1939), Paris, Durand

„Deploration para la Semana Santa" für Orgel (1949), Schola Cantorum

„Triathlon", drei Stücke für Orgel, Paris, Leduc 1977

„Patchwork", fünf Stücke für Cembalo, Paris, Leduc 1979

KAMMERMUSIK

„Fantasia eroica" für Cello und Klavier

ORCHESTERMUSIK

„Concerto classique" für Cello und Orchester

„Montayas del Rosello" für Orgel und Orchester (1933)

„Sinfonia andorrana" für Orchester (1936)

„Rythmes" (1937)

„Symphonie pour rire" (1947)

VOKALMUSIK

19 Gedichte nach Tagore für Singstimme und Klavier

„Trois ballades françaises" für Singstimme und Klavier, Paris, Leduc

„Quatre ballades françaises" für Gesang und Klavier, Paris, Leduc (auch mit Orchester)

„Le marchand de Sable", Paris, Leduc

„La valse de l'ourson", Paris, Leduc

CHORMUSIK
„Hymne à l'aviation" (1937)
Diverse Chorwerke für Frauen- und Kinderchor

BÜHNENMUSIK
„Catherinettes", Ballett (1937)
„Master of song", Oper (1957)

DISKOGRAPHIE
„Cortège funèbre" für Orgel. Robert Owen, Orgel. USA, Westminster Records

Rainier, Priaulx
(1903-1986)

Die Rhythmen der Zulu ihrer Heimat Südafrika haben sie ein Leben lang kompositorisch beeinflußt, und doch ist sie keine ethnisch geprägte Komponistin geworden. Priaulx Rainier aus englisch-hugenottischer Familie, wurde am 3. Februar 1903 in Howick (Natal, Südafrika) geboren und verbrachte dort auch ihre frühe Kindheit. Mit zehn Jahren besuchte sie das South African College of Music und die Cape University. Sie studierte Violine und Harmonielehre bei W. H. Bell. 1920 ermöglichte ihr ein Stipendium den Studienaufenthalt in London an der Royal Academy of Music bei R. Woof (Violine) und J. B. McEwen (Kontrapunkt, Harmonielehre). Kurz vor Beginn des Zweiten Weltkrieges ging sie nach Paris, um ihre Kompositionsstudien bei Nadia Boulanger zu vervollständigen. Von 1942 bis 1961 lehrte sie als Professorin an der Londoner Royal Academy of Music. Die Cape Town University verlieh ihr 1982 die Ehrendoktorwürde. 1983 wurde ihr zu Ehren ein Konzert mit eigenen Werken in der Londoner Wigmore Hall veranstaltet. Priaulx Rainier hat zahlreiche Auftragskompositionen geschrieben, u.a. für das „Arts Council of Great Britain" („Vision and Prayer", 1974) und für den Sender BBC (Cellokonzert, 1964). Das Cheltenham Festival bestellte bei ihr das Werk „Aequora lunae". Nach ihrem Tod richtete man eine Priaulx-Rainier-Stiftung für junge Komponisten an der Universität Kapstadt ein, die auch ihr Gesamtwerk beherbergt.

CEMBALO- / ORGEL- / KLAVIERMUSIK
„Barbaric dance suite" für Klavier (1950), London, Schott
„Five pieces for keyboard" (1955), London, Schott
„Quinque" für Cembalo (1971), London, Schott
„Organ Gloriana" für Orgel (1972), London, Schott
„Two primordial canticles" für Orgel (1974), London, Schott

KAMMERMUSIK
Streichquartett (1924), London, Schott
Streichquartett Nr. 1 (1939), London, Schott
Suite für Klarinette und Klavier (1943), London, Schott
Sonate für Viola und Klavier (1945), London, Schott
Streichquartett Nr. 2 (1951), London, Schott
Sechs Stücke für fünf Blasinstrumente (1954), London, Schott
„Trio suite" für Violine, Cello und Klavier (1954), London, Schott
„Pastoral triptychon" für Oboe (1960), London, Schott
„Quanta" für Oboe und Streichtrio (1962), London, Schott
Suite für Cello (1963), London, Schott
Streichtrio (1965), London, Schott
Trios mit Schlagzeug (1969-73)
„Grand duo" für Cello und Klavier (1983), London, Schott

ORCHESTERMUSIK
Concerto für zwei Bläser und Orchester
„Incantation" für Klarinette und Orchester (1933), London, Schott
Kammersinfonie für Streichorchester (1947), London, Schott
Ballettsuite (1950)
Dance concerto „Phala-Phala" (1961), London, Schott
Concerto für Cello und Orchester (1964), London, Schott
„Aequora lunae" (1967), London, Schott
„Due canti e finale", Concerto für Violine und Orchester (1975), London, Schott
„Concertante" für Oboe, Klarinette und Orchester (1980-81)
„Celebration" für Violine und Orchester (1984)

VOKALMUSIK
„Three Greek epigrams" für Sopran und Klavier (1937), London, Schott
„Dance of the rain" für Tenor und Gitarre (1948), London, Schott
„Cycle for declamation" für Sopran / Tenor oder Baß (1953), London, Schott
„The bee oracles" für Tenor / Baß, Flöte, Oboe,

Violine, Cello und Cembalo (1970), London, Schott
„Duo vision and prayer" für Tenor und Klavier (1974), London, Schott
„Prayers from the Ark" für Tenor und Harfe (1974), London, Schott

CHORMUSIK

„Two archaic songs" für Chor a cappella (1927), London, Schott
„Orpheus' Sonette" für Sopran, Baß, Chor und Orchester (1950)
Requiem für Sopran / Tenor und Chor (1955)

FILMMUSIK

„Figures in a landscape" (Film) (1954), London, Schott

BIBLIOGRAPHIE

Glock, W.: The Music of Priaulx Rainier. In: The Listener, 1947
Routh, F.: Contemporary British Music. London 1972
Baxter, Timothy: Priaulx Rainier, a study of her musical steps. In: Composer Nr. 60, 1977
„Miss Priaulx Rainier, notable Composer and teacher". In: The Times, Oct. 1986 / In: Grammophone, 1986
Van der Spuy: The Compositions of Priaulx Rainier, an annotable catalogue, Stellenbosch 1988
LePage, J. W.: Priaulx Rainier. In: Women composers, conductors and musicians of the 20th century. Scarecrow, London 1988

DISKOGRAPHIE

„Cycle for declamation". P. Pears, Tenor; B. Britten, Klavier. Decca Records
„Quanta". The London Oboe Quartet. Decca Records
Streichtrio. The London Oboe Quartet. Decca Records
Streichquartett (1939) (mit Streichquartetten von Vellère, Aderholdt, Schonthal und Beach). Alard String Quartet; Crescent Quartet. New York, Leonarda Prod.

BARBARIC DANCE SUITE

I

Priaulx Rainier: „Barbaric Dance Suite" für Klavier. London, Schott 1950

Ran, Shulamit
(* 1949)

Die Komponistin wurde am 21. Oktober 1949 in Tel Aviv, Israel, geboren und gehört heute in den USA zu den renommiertesten Vertreterinnen der Neuen Musik. Sie begann ihr Musikstudium in Israel bei Alexander Uriah Boskovitsch und Paul Ben Haim sowie bei Emma Gorochow. Nach ihrem Examen (1962) ging sie mit einem Stipendium in die USA an das Mannes College und beendete dort 1967 ihre Studien (Klavier: Nadia Reisenberg, Komposition: Normal Dello Joio). 1963 entstand ihr Capriccio für Klavier und Orchester, das sie unter der Leitung von Leonard Bernstein mit dem New York Philharmonic Orchestra spielte. Sie ging als Pianistin und Komponistin auf Tournee, spielte unter Zubin Mehta, wurde artist-in-residence an der St. Mary's University, Halifax, und wurde 1978 Professorin an der University of Chicago (Komposition). Durch das Chicago Symphony Orchestra erhielt sie in Folge einen Ruf als composer-in-residence, und sie arbeitete eng mit Daniel Barenboim zusammen. Chicago gab ihr eine Oper in Auftrag „The Dybbuk", die im Jahre 1997 Premiere haben soll. Shulamit Ran, deren Werke von den besten Orchestern Amerikas gespielt werden, hat auch als Komponistin zahlreiche wichtige Preise und Stipendien gewonnen, darunter zweimal das Guggenheim Fellowship, Ford Foundation 1972, einen Preis der Eastman School of Music 1985, National Endowment for the Arts 1975, 1984 und 1988, und 1991 war sie Pulitzer-Preisträgerin für Komposition. Sie wurde Ehrendoktor des Mount Holyoke College und des Spertus Institute, und die American Academy of Arts and Science nahm sie als Mitglied auf. Fast alle ihrer Kompositionen sind verlegt, und etliches ist auf Schallplatte eingespielt.

KLAVIERMUSIK
„Hyperbolae" für Klavier, Israel Music Institute
„Verticals" für Klavier (1982), New York, Theodore Presser
„Sonata Waltzer" für Klavier (1983)

KAMMERMUSIK
„Three fantasy pieces" für Cello und Klavier (1971), New York, Theodore Presser
„Double vision" für zwei Holzbläser-Quintette (1976), New York, Theodore Presser
„For an actor", Monolog für Klarinette (1978), New York, Theodore Presser
„Private Game" für Klarinette und Cello (1979), New York, Theodore Presser
„Excursions" für Violine, Cello und Klavier (1980), New York, Theodore Presser
„A prayer" für Horn, Klarinette, Baßklarinette, Fagott und Pauken (1981), New York, Theodore Presser
Streichquartett Nr. 1 (1984), New York, Theodore Presser
„Concerto da camera" für Holzbläserquintett (1991), New York, Theodore Presser
„Concerto da camera II" für Klarinette, Streichquartett, Klavier (1987), New York, Theodore Presser
Streichquartett Nr. 2 („Vistas") (1989), New York, Theodore Presser
„Mirage" für fünf Spieler, Flöte, Bratsche, Piccoloflöte, Klarinette, Violine, Cello, Klavier (1990), New York, Theodore Presser
„East wind" für Flöte (1987), New York, Theodore Presser
Lento und Scherzo aus „Vistas" für 11 Blech- und Holzbläser (1990)
„Inscriptions" für Solovioline (1991), New York, Theodore Presser
„Fanfare" für Bläser, arrangiert für zwei Trompeten, zwei Hörner und Posaune (1990), New York, Theodore Presser

ORCHESTERMUSIK
Capriccio für Klavier und Orchester (1963)
„Symphonic Poem" für Klavier und Orchester (1967)
Konzertstück für Klavier und Orchester (1970), New York, Theodore Presser
Konzert für Orchester (1986), New York, Theodore Presser
Symphony (1990), New York, Theodore Presser

VOKALMUSIK
„Seven Japanese love poems" für Stimme und Klavier (1968), Israel Music Institute
„Hatzvi Israel Eulogy" für Mezzo, Bläser, Cello, Klavier, Schlagzeug und Tonband, New York, Theodore Presser
„O, The Chimneys" für Mezzo, Bläser, Cello, Klavier, Schlagzeug und Tonband (1969), New York, Theodore Presser
„Ensembles for 17" für Sopran und Instrumentalensemble (1975), New York, Theodore Presser

„Apprehensions" für Stimme, Klarinette und Klavier (1979), Israel Music Institute
„Fanfare" für zwei „multi-track" Soprane (1981), New York, Theodore Presser
„Adonai Malach", Psalm 93 für Vorsänger (Kantor), Horn, Piccolo, Oboe und Klarinette (1985), New York, Theodore Presser
„Amichai Songs" für Mezzo, Oboe / Englischhorn, Viola da Gamba, Cembalo (1985), New York, Theodore Presser

BÜHNENMUSIK
„The Dybbuk" (Libretto: Charles Kondek), Oper, Auftrag der Lyric Opera of Chicago 1997

BIBLIOGRAPHIE
Monson, K.: As a composer, Shulamits no also Ran. In: Panorama - Chicago Daily News, 1975
Career Alternatives in Music. Some advice from outstanding women musicians. In: The Instrumentalist, 1976
LePage, J. W.: Shulamit Ran. In: Women composers, conductors and musicians of the 20th century, Scarecrow, London 1988

DISKOGRAHPIE
„Apprehension". Judith Nicosia, Sopran und Ensemble. New York, Composers Recordings
„Concerto da camera II". Contemporary Chamber Players, University of Chicago, Ltg. C. Colnot. New York, Composers Recordings
„For an actor". Larry Combs, Klarinette. New York, Mark Educational Records
„Hyperbolae". Paula Ennis-Dwyer, Klavier. Coronet Records
„Hyperbolae". Abraham Stockman, Klavier. New York, Composers Recordings
„O, the Chimneys". Gloria Davy, Sopran. New York Philomusica Ensemble, Ltg. R. Johnson. Vox Turnabout
„Private Game". Laura Flax, Klarinette; A. Emelianoff, Cello. New York, Da Capo
„Concerto da Camera II" / „East Wind" / „Inscriptions" / „Mirage". Bridge Records

Reichardt, Louise
(1779-1826)

Der Kreis deutscher Romantiker von Ludwig Tieck über Novalis bis zu Joseph von Eichendorff und Ludwig von Arnim war oft in ihrem Hause anzutreffen. Louise Reichardt, die deutsche Liedkomponistin der Romantik, wurde am 11. April 1779 in Berlin geboren. Ihre Mutter war Sängerin, Pianistin und Komponistin; ihr Vater Hofkapellmeister Friedrichs des Großen. Er bildete seine Tochter im Klavierspiel aus und regte sie zu ersten Kompositionen an. Außerdem ließ er ihr Gesangsunterricht erteilen, den sie jedoch wegen einer Erkrankung der Atemwege abbrechen mußte. 1809 geht sie nach Hamburg, wo sie sich als Gesangslehrerin und Komponistin niederläßt. Sie organisiert und leitet mehrere Frauenchöre, die den Grundstein zum späteren Hamburger Singverein legten. 1819 gründete sie zusammen mit J. H. Clasing einen Musikverein und führte damit vor allem große Oratorien von Händel, Hasse und Graun auf. Louise Reichardt ist insbesondere als Lied- und Chorkomponistin nach Texten deutscher Romantik neben Josephine Lang eine der produktivsten Tonschöpferinnen jener Zeit gewesen. Sie starb am 17. November 1826 in Hamburg, wo sie das Musikleben entscheidend mitprägen half.

VOKALMUSIK
12 deutsche Lieder (1800)
„12 deutsche und italienische romantische Gesänge mit Begleitung des Pianoforte" (1806)
„Sei canzoni di Metastasio coll pianoforte" op. 4, Hamburg, Böhme 1811 / in: Songs, New York, Da Capo Press 1981
„12 Gesänge mit Begleitung des Pianoforte", Hamburg, Böhme 1811
„12 Gesänge mit Begleitung der Gitarre", Breslau, Förster 1819
„12 Gesänge mit Begleitung des Fortepianos", Hamburg, Böhme 1819
„6 Lieder von Novalis mit Begleitung des Pianoforte", Hamburg, Böhme 1819
„Christliche, liebliche Lieder" für Singstimme und Klavier, Hamburg, Cranz 1820
„7 romantische Gesänge" von Tieck op. 5 für Singstimme und Klavier, Hamburg, Böhme 1822
„6 deutsche Lieder mit Begleitung des Pianoforte", Hamburg, Cranz 1826
„6 deutsche Gesänge" op. 6, Hamburg, Böhme
„6 deutsche Lieder" op. 7, Hamburg, Böhme
„6 deutsche Lieder" op. 8, Hamburg, Cranz
Ausgewählte Lieder, München, Drei-Masken-Verlag 1922
„6 deutsche Lieder unserer besten Dichter" für zwei Soprane und zwei Altstimmen mit Klavier, New York, Broude Brothers 1979
Songs (eine Auswahl von 42 Liedern), New York,, Da Capo Press 1981

CHORMUSIK

„Christliche, liebliche Lieder" a cappella, Hamburg, Cranz 1823
Choralbuch mit 140 Chorälen, Basel, Spittler 1827

BIBLIOGRAPHIE

Brandt, M. G. W.: Leben der Luise Reichardt. Basel 1865
Krille, A.: Beiträge zur Geschichte der Musikerziehung und Musikausübung der deutschen Frau. Berlin 1938
Lorenz, F.: Franz Benda und seine Nachkommen, De Gruyter, Berlin 1967
Reich, Nancy B.: Louise Reichardt. In: Ars musica, Festschrift Köln 1980
Reich, Nancy B.: Louise Reichardt, Songs. In: Da Capo Press, New York 1981
Oster, M.: Louise Reichardt, Sozialgeschichtlicher Beitrag zu Leben und Werk einer Musikerin. Hildesheim 1987

DISKOGRAPHIE

Neun Lieder. Grayson Hirst, Tenor; Michel Yespeh, Klavier. Leonarda Productions
Lieder „Heimweh" / „Betteley" / „Unruhiger Schlaf" / „Die Blume der Blumen" / „Hier liegt ein Spielmann begraben" aus op. 3. Tuula Nienstedt, Alt; Uwe Wegner, Klavier. Musica Viva
„Die Blume der Blumen". Sieglinde Schneider, Sopran; Stewart Emerson, Klavier. In: Lieder von Komponistinnen, edita music

Reiff-Sertorius, Lily
(1866-1958)

Die Komponistin Lily Reiff-Sertorius wurde am 21. Juni 1866 in Bamberg geboren. Ihr Musikstudium absolvierte sie am Konservatorium in München von 1882-1884 und wurde für einige Monate Schülerin von Franz Liszt in Weimar (1884). Anschließend kehrte sie nach München zurück und war Kompositionsschülerin von Ludwig Thuille. Nach ihrer Heirat mit einem vermögenden Fabrikanten zog das Paar nach Zürich. Dort setzte sie ihre Kompositionsstudien fort, und es entstanden Kammermusik, Lieder und zwei Märchenopern: „Pucks Liebeslied" und „Das verkaufte Lied". Im Jahre 1926 erlebte „Das verkaufte Lied" seine Premiere in Zittau. „Pucks Liebeslied" (Libretto: Rudolf Lothar) wurde in Coburg uraufgeführt. Die Komponistin versammelte in Zürich zahlreiche Musiker und Literaten um sich (Thomas Mann, Else Lasker-Schüler, deren Texte sie auch vertonte). Der „Salon Reiff" wurde zum Inbegriff der Züricher Salons, von Thomas Mann ironisch das „Genie-Hospiz" genannt. Dort empfing Lily Reiff jeden Mittwoch die Prominenz aus Kunst und Kommerz. In seinem „Doktor Faustus" hat Thomas Mann die Komponistin namentlich verewigt. Lily Reiff-Sertorius wurde Mitglied im Schweizer Tonkünstlerverlag. Etliche Werke der Künstlerin erschienen im Münchener Halbreiter Verlag (Kammermusik) und im Drei-Masken-Verlag, Berlin. Nach dem Tode ihres Mannes, 1938, zog sich die Komponistin aus dem gesellschaftlichen Leben zurück. „Die alte Frau Reiff" (s. Thomas Mann) verstarb 20 Jahre danach im Jahre 1958 in Zürich.

KLAVIERMUSIK

„Drei Tierstücke" für Klavier, München, Halbreiter 1927
Präludium und Walzer für Orchester, Fassung für zwei Klaviere
Kleine Variationen in Etüdenform für Klavier, München, Halbreiter 1929
Vier Klavierstücke, München, Halbreiter
„Uto-Hall", Foxtrott für Klavier. Zürich, Trapp
Walzer für Klavier

KAMMERMUSIK

„Kleines Kirchenstück" für Cello und Klavier op. 9, Zürich, Trapp
Drei Stücke für Violine und Klavier, München, Halbreiter 1924
Suite in drei Sätzen für Flöte und Klavier, München, Halbreiter 1928
„Geigenlied" für Violine und Klavier
Motiv aus „Puck's Liebeslied" für Violine und Klavier
Drei Stücke für Violine und Klavier: Romanze, Scherzo, Corsikanische Fantasie, München, Halbreiter
Fünf Stücke für Violoncello und Klavier (daraus: Sonntagsfantasie op. 2 und Waldromanze op. 10), Zürich, Hug
„Allerwelts - Kitsch - Heulstück" für Violoncello und Klavier
Duo für zwei Celli und Klavier
Fantasie für Cello und Klavier, München, Mandruck
„Im alten Stil", Suite für Violoncello und Klavier, Zürich, Trapp
Kleine Variationen über ein eigenes Thema aus „Puck's Liebeslied" für Cello und Klavier

„Duo Notturno" für Violoncello und Klavier
„Recitative" für Cello und Klavier (Letztes Lied ohne Worte, Sieh mich an, Deine Augen, Deine Hand)
Fünf Stücke für Cello und Klavier (Sonntagsfantasie, Scherzo, Elegie, Waldromanze, Pfingstmelodie), Zürich, Hug
Streichquartett
„Am Rande der Wüste, arabischer Tanz"
Melodien aus dem „Verkauften Lied" für Cello und Klavier
Kleine Romanze für Harfe
Klaviertrio op. 20

ORCHESTERMUSIK

Präludium und Walzer für Orchester
„Spanische Prozession" für Orchester und Orgel
„Uto-Hall", Foxtrott, Fassung für Salonorchester

VOKALMUSIK

Drei Lieder aus der „Biene Maja" für Gesang und Klavier, München, Halbreiter
Drei Lieder für Mezzosopran und Klavier (Text: C. Flaischlein), München, Halbreiter
„Erinnerung" für Gesang und Klavier, München, Halbreiter
„Piet Hein" für Gesang und Klavier, München, Halbreiter
„Weil ich jeden Abend einsam bin" für Gesang und Klavier, München, Halbreiter
„Verklärung", Lied für Bariton und Orchester aus „Sebastian im Traum" (nach Georg Trakl)
„Nun will ich liegen" (Text: A. Attenhofer) für Mezzosopran, Cello und Klavier
„Jubellied" für Alt, Cello und Klavier
„Pfingstchoral" (Text: A. Gayda) für Sopran, Alt und Klavier
Terzett für Sopran, Alt, Bariton und Klavier
„Dämmerung" (Text: M. Waser) für Singstimme und Klavier
Drei Lieder (Texte: F. Amman-Meuring) für Mezzosopran und Klavier: „Abendlied, nur ein Traum, nach der Krankheit, kleines Lied)
„Einsamer Tag" für Singstimme und Klavier, Zürich, Hohn
„Der Mai ist vorbei" für Singstimme und Klavier, Zürich, Hohn
„Heimliche Harfe" (Text: C. F. Wiegand) für Singstimme und Klavier, Leipzig, Kirscht
„In der Früh" (Text: C. F. Wiegand) für Singstimme und Klavier, München, Halbreiter
„In mir ist Frühling" für Sopran und Klavier, Zürich, Hohn
„Letzte Rosen" (Text: M. Waser) für Singstimme und Klavier
„Septembernacht" (Text: M. Waser) für Singstimme und Klavier
„Venezianisches Gondellied" (Text: C. F. Wiegand) für Singstimme und Klavier, München, Halbreiter
„Separation" für Singstimme und Klavier

CHORMUSIK

Sechs Frauenchöre (Texte: R. Faesi) mit Streichorchester und Harfe: „Nah und Fern" / „Der Gott im Innern" / „Ehrfurcht" / „Der Baum des Glaubens" / „Der Engel Tod" / „Einklang"

BÜHNENMUSIK

„Das verkaufte Lied" (Text: F. Wolff), Oper in drei Akten, Berlin, Drei-Masken-Verlag 1926
„Pucks Liebeslied", Märchen von R. Lothar in vier Bildern, Berlin, Drei-Masken-Verlag
„Sebastian im Traum", szenisches Stück

BIBLIOGRAPHIE

Mann, Thomas: Doktor Faustus. 39. Kapitel, in: Stockholmer Gesamtausgabe, Frankfurt 1960
Sprecher, Thomas: Thomas Mann in Zürich. Zürich, Verlag Neue Zürcher Zeitung, 1992

Rennès, Catharina van
(1858-1940)

Ihre zahlreichen Liedschöpfungen für ein- und mehrstimmigen Gesang sind unvergessen, und sie wird nicht nur in den Niederlanden gerne aufgeführt: Catharina van Rennès, Komponistin, Sängerin und Musikpädagogin. Sie wurde am 2. August 1858 in Utrecht, Niederlande geboren. Sie studierte Gesang und Komposition u.a. bei Johann Meschaert und Richard Hol, Klavier bei van der Wurff. Nach ihrem Examen trat sie erfolgreich als Sängerin auf (Haydn „Die Schöpfung", Schumann „Der Rose Pilgerfahrt" und „Das Paradies und die Peri"). Schon früh komponierte sie Lieder und Chöre, die fast alle zu ihren Lebzeiten in holländischen Verlagen gedruckt wurden (Alsbach, Wagenaar). Im Jahre 1887 gründete die Musikerin eine Gesangsschule in Hilversum und lehnte es ab, Chordirektorin am Conservatorium in Amsterdam zu werden. Als Sängerin unternahm sie ausgedehnte Konzertreisen, u.a. nach Ostindien. Ihre Lehrtätigkeit umfaßte vor allem das chorische Singen; sie leitete einen Frauenchor und unterrichtete fünf Jahre lang Königin Juliana im königlichen Palast in

Den Haag. Auch ihre großen Chorwerke wurden vielfach aufgeführt, wie die 'Oranje-Nassau-Cantate' im Tivoli-Park von Utrecht oder im Concertgebouw Amsterdam. Ihre Kinderlieder entstanden durch den Einfluß des Musik- und Bewegungstherapeuten Emile Jaques-Dalcroze (Genf), dessen Methode sie in ihre Kompositionen einfliessen ließ. Die Komponistin starb hoch geehrt im Alter von 82 Jahren am 23. November 1940 in Amsterdam.

Catharina van Rennès: Titel zu „Meizoentjes", 12 Kinderlieder mit Klavier. Utrecht, Wagenaar

KLAVIERMUSIK

„Twe vertellingen aan't Klavier"
„Heidekoninginetje" op. 47 (1902), Utrecht, Jac van Rennès
„De kluchige avonturen van Pop Topsy" op. 61 (1912), Utrecht, Jac van Rennès
„Een wonderlijke nacht" op. 71 (1918)

VOKALMUSIK
(KINDERLIEDER MIT STIMME)

„Voorjaarsbloemen" für Singstimme op. 1
„Moeders jaardag" op. 2
„Vaders jaardag" op. drei
„Jong Holland" op. 4, Utrecht Wagenaar 1885
„Meizoentjes" op. 11, Utrecht Wagenaar
„Windekelken" op. 21 (1897)
„Het Zonnetje van 't huis" op. 22
„Vlindervlucht" op. 23 (1894), Utrecht Wagenaar
„Miniatuurtjes" op. 30, Utrecht Wagenaar 1897
„Instantaneetjes uit de Kinderwereld" op. 38 und 42 (1899/1900), Utrecht Wagenaar 1980
„Rondedans" op. 44 (1901)
„Silhouetten" op. 51 (1904), Utrecht, Jac van Rennès
„Kleengedichtjes" op. 52 (o. D.)
„Zon en Zang" op. 55 (1907)
„Speelsche wijsjes" op. 62 (1911), Utrecht, Jac van Rennès
„Kling klang klokkebei" op. 73, Utrecht, Wagenaar 1920

VOKALMUSIK
(LIEDER FÜR EINE SINGSTIMME UND KLAVIER)

„Drie liederen" op. 6, Amsterdam, Alsbach
„Abschiedsklänge" op. 7
„Drie Liederen" op. 8 (1899)
„Moederlied" op. 12 (1911)
„Drie liederen" op. 14, Amsterdam, Alsbach
„Jubelliedje" op. 16 (1905)
Zwei Lieder für tiefe Stimme op. 19
„Drie hollandsche Liederen" op. 20
„Twee hollandsche Liederen" op. 26
„Vaak als vergeefs naar ruste" op. 31 (1898)
„Op vleuglen van verlangen" für Sopran / Tenor op. 34
„Herftsgeneurie" op. 35, Utrecht, Jac van Rennès
„Nacht" op. 36
„De gefopte Vogelaar" op. 37 (1899)
„Ach, nur ein Viertelstündchen" für Mezzosopran op. 39 (1899), Utrecht, Jac van Rennès
„Idylle" für hohe Stimme op. 48 (1904)
„Brechtjebuur" op. 49 (1904), Utrecht, Jac van Rennès
"Madonnakindje" für hohe Stimme op. 54, Utrecht, Jac van Rennès
„Eenzaam moedertje" op. 56 (1908)
„Komt en n' beidt niet meer" op. 58
„Welkom" op. 60 (1910)
„Etsen op den notenbalk" für Sopran op. 65, Utrecht, Jac van Rennès
„Waar het kindje slaapt" für Sopran op. 74, Utrecht, Jac van Rennès
„Drie hollandsche Liederen" op. 76 (1928), Utrecht, Jac van Rennès
„Stedelied van Utrecht" op. 77 (1929), Utrecht, Jac van Rennès
„O, kopje op het kussen" op. 78 (1930)

VOKALMUSIK
(MEHRSTIMMIGE LIEDER MIT KLAVIER)

„De boomen ruischen" für Sopran und Bariton / Alt
„De macht van 't kleine" op. 1, Terzett für Frauen-

stimmen, Leipzig, Breitkopf
„Klaas Vaak" op. 4, Terzett für Frauenstimmen (1896)
„Lenteleven" op. 5, Amsterdam, Alsbach
Vier Terzette op. 10 für Frauenstimmen (1893), Utrecht, Wagenaar
„Im Freien" für Sopran und Alt op. 13, Utrecht, Jac van Rennès
„Levenslust" op. 15, Utrecht, Jac van Rennès
Drei Quartette op. 24 für Frauenstimmen, Utrecht, Jac van Rennès
„Tweezang" für Sopran und Bariton / Alt op. 25
„Tweestemmige miniatuurtjes" op. 45 (1901), Utrecht, Jac van Rennès
„Zwaluwenvlucht" op. 59, Utrecht, Jac van Rennès
„Tempi passati" op. 67, Quartett für Frauenstimmen
„Bel canto Lied" op. 70 (1928)
„En Lied voor Koning Albert" op. 70 (1916), Utrecht, Jac van Rennès
„Zondagmorggen met onze Kinderen" (44 Lieder) op. 75

CHORMUSIK

„Kerstcantate" für zweistimmgen Frauen- / Kinderchor op. 9, Utrecht, Wagenaar
„De schoonste feestdag", Kantate für Kinderchor mit Sopransolo op. 18, Utrecht, Wagenaar
„Avondcantate" für dreistimmigen Frauenchor mit Altsolo op. 27, Utrecht, Jac van Rennès
„Oud Holland" für Chor a cappella op. 28, Utrecht, Jac van Rennès
„Altböhmische Weihnachtmelodie" für Chor op. 29, Utrecht, Jac van Rennès
„Oranje-Nassau-Cantate" für Frauen- und Kinderstimmen op. 33 (1898), Utrecht, Jac van Rennès
„Oud Holland nieuws tijd", Kantate für Frauen- und Kinderstimmen op. 33 bis (1908), Utrecht, Jac van Rennès
„Ons hollandsch lied" für gemischten Chor op. 41 (1900)
„Een vaderl. lied" für Kinderchor op. 46
„Van de zeven Zonnestraaltjes", Kantate für Frauen- und Mädchenchor op. 50, Utrecht, Jac van Rennès
„Bruidsdans" für zweistimmigen Chor op. 53
„Oud-Fransche kerstliederen" für ein- bis zweistimmigen Chor op. 57, Utrecht, Jac van Rennès
„Tsamenspraek van de kinderkens" für Sopransolo und Kinderchor op. 60, Utrecht, Wagenaar
„Ruim baan" für Frauen- und Kinderstimmen op. 63
„Dansliedje" für gemischten Chor op. 64 (1912), Utrecht, Jac van Rennès
„In der kerstdagen" für zweistimmigen Frauen- / Kinderchor op. 72, Utrecht, Jac van Rennès

BIBLIOGRAPHIE

1858-1983, Catharina van Rennès „125 Jaar", Mirasound-Musica 44, 1983
Van der Elst, Catharina: Catharina van Rennès. In: Zes vrouwelijke Componisten, Walburg, Centrum Nederlandse Muziek 1991

DISKOGRAPHIE

Drei Quartette für Frauenstimmen und Klavier op. 24 (mit Werken von Kuyper, van den Bergh, Stants und Marez-Oyens). In: Zes vrouwelijke Componisten, Holland, NM Classics

Respighi (Olivieri Sangiacomo), Elsa (* 1894)

Eines der bekanntesten und populärsten Werke ihres Ehemannes Ottorino Respighi, „Antiche Arie e Danze", vollendete sie nach seinem Tode und verhalf damit dem Werk zu Weltruhm. Elsa Olivieri-Sangiacomo, die am 24. März 1894 in Rom geboren wurde, war selbst eine eigenständige Komponistin und nicht „nur" eine Komponisten-Gattin. Nach privatem Klavierunterricht schrieb sie sich mit 11 Jahren im Istituto Nazionale di Musica in Rom ein und kam 1911 zum Liceo, dem späteren Konservatorium di Santa Cecilia. Klavier belegte sie bei Giovanni Sgambati, Harmonielehre und Kontrapunkt bei Remigio Renzi und Komposition bei Ottorino Respighi, den sie im Jahre 1919 heiratete. Beide Künstler ergänzten sich musikalisch, und Elsa begleitete den Komponisten auf vielen Konzertreisen ins In- und Ausland, gemeinsam arbeitete sie am Ballett „Gli Ucelli" (1927) und an der Transkription der Bach-Passacaglia (1931). Nach seinem Tode im Jahre 1936 widmete sie sich einerseits wieder dem eigenen Komponieren, andererseits vollendete sie einige seiner Werke wie die Oper „Lucrezia", die in der Mailänder Scala 1937 Premiere hatte. Auch die „Antiche Arie e Danze" vollendete sie in Zusammenarbeit mit dem Librettisten Claudio Guastalla. Sie veröffentlichte eine Biographie über Ottorino Respighi (Mailand 1954) und gründete die Respighi-Stiftung in Venedig. Elsa Respighi schrieb fünf Opern, zahlreiche Lieder und Orchestermusik; viele Werke sind bei Ricordi in Mailand erschienen.

KAMMERMUSIK
„Intermezzo romantico" für Viola, Flöte und Harfe

ORCHESTERMUSIK
„Serenata di Maschera", symphonisches Gedicht, Mailand, Ricordi
„Danza orgiastica", Suite für Orchester
„Danza sacra", Suite für Orchester
„Danza triste", Suite für Orchester
Bach-Passacaglia für Orchester (1951)

VOKALMUSIK
Vier Lieder (Rubaiyat), Mailand, Ricordi
Drei Lieder in italienischer Sprache (1916)
Drei Lieder auf spanische Texte (1918)
Drei Lieder auf französische Texte (1919), Mailand, Ricordi
„Canzone campagnola" (1921)
„La mamma povera" für Gesang und Klavier (1921)
„Caterina da Siena", Kantate für Sopran und Kammerorchester, Guastalla 1945

CHORMUSIK
„Il pianto della Madonna", Kantate für Sopran / Tenor, gemischten Chor und Orchester, Poliziano 1938
Choräle für Chor a cappella, Poliziano 1944

BÜHNENMUSIK
„Fior di neve", Märchenoper in drei Akten
„Gli ucelli", Ballett (mit O. Respighi) (1927)
„Antiche Arie e Danze" (O. Respighi) Ballettmusik (1937)
„Lucrezia" (O. Respighi), Orchestration (1937)
„Alceste", Oper in einem Akt (1941)
„Samurai", Oper in drei Akten (1945)
„Il teatro di Respighi", Bühnenmusik (1978)

BIBLIOGRAPHIE
Respighi, Elsa: Biografie Ottorino Respighi, Mailand 1954
Respighi, O.: Dati biografici ordinati, Mailand 1954 / Englisch: 1962
Adkins Chiti, Patricia: Donne in musica, Rom, Bulzoni 1982

DISKOGRAPHIE
„La mamma povera". Alba Anzellotti, Sopran; Giorgo Favaretto, Klavier. Adriano Records, Schweiz
„Trois chansons espagnoles" / „Quatre poèmes des Rubaiyat" / „Berceuse bretonne" / „Je n'ai rien" (mit Ottorino Respighi: 5 poèmes inédits / „Miranda" / „Ballata alla luna" und diverse Chansons. Tiziana Cisternino, Sopran; Massimo Palumbo, Klavier. Nuova Era / Italien

Reverdy, Michele
(* 1943)

Aus der Olivier-Messiaen-Klasse am Pariser Conservatoire kommend, hat sich Michele Reverdy vor allem als Bühnenkomponistin bald einen Namen gemacht. Sie wurde am 12. Dezember 1943 in Alexandria, Ägypten, geboren. Ihr Musikstudium absolvierte sie in Paris bei Claude Ballif (Analyse), Olivier Messiaen (Komposition) und Alain Weber (Kontrapunkt) und gewann den ersten Preis im Fach Komposition. Gleichzeitig studierte sie Literaturwissenschaft an der Sorbonne (mit Abschluß). Ihre Kompositionen und vor allem ihre Bühnenwerke werden im In- und Ausland gespielt; sie selbst war Stipendiatin in der Casa de Velasquez in Madrid und erhielt zahlreiche Aufträge für Kompositionen. Sie lehrt Analyse am Pariser Conservatoire und schrieb u.a. zwei Bücher über Olivier Messiaen.

ORGEL- / CEMBALO- / KLAVIERMUSIK
„Figure" für Klavier (1976)
„Cyclades" für Cembalo (1988)
„Messe pour les blancs manteaux" für Orgel (1990)

KAMMERMUSIK
„Kaleidoscope" für Flöte und Cembalo (1975), Paris, Salabert
„Tetramorphie" für Viola und Schlagzeug (1976)
„Number One" für Gitarre (1977), Paris, Salabert
„Le rideau bleu" für Flöte, Klarinette, Violine, Cello und Klavier (1978)
Bläserquintett (1980)
„El corro infrangible", fünf Miniaturen für 12 Instrumente (1982), Paris, Salabert
„Ile aux lumières" für Geige solo und 19 Streicher (1983), Paris, Salabert
„Le jeux de Protée" für Flöte und Altflöte, Viola und Harfe (1984), Paris, Salabert
Klaviertrio (1992)

ORCHESTERMUSIK
„Météores" für 17 Instrumente (1978), Paris, Salabert
„Scenic Railway" für 16 Instrumente (1983), Paris, Salabert
„Le cercle du vent" für Orchester (1988), Paris, Salabert

VOKALMUSIK

„3 pièces" für Sopran, Baßklarinette und Schlagzeug (1975)
„Through the looking glass" (Text: L. Caroll), sieben Szenen für Frauenstimme, Klarinette, Viola, zwei Posaunen und Klavier (1979)
„Cante jondo" (Text: F. G. Lorca) (1974/1980)
„7 enluminures" (Text: Poliakoff) für Sopran, Klarinette, Baßklarinette, Klavier und Schlagzeug (1987)

CHORMUSIK

„Trois fantaisies de Gaspard de la Nuit" für 12-Stimmigen Chor (1987), Paris, Salabert
„Propos félins" für Kinderchor und Streichorchester (1988), Paris, Salabert
„Messe pour la paix" für Koloratursopran, Mezzo, Bariton, großen Chor und kleinen Chor 16-stimmig, Gemeinde und Orgel (1991)

BÜHNENMUSIK

„Mimodrame", Ballett (1981)
„La nuit qui suivit notre dernier dinner", Oper (1984)
„Le chateau", Oper in 10 Bildern (F. Kafka) (1986)
„Vincent, 7 paroles de la vie et de la mort de Vincent van Gogh", Oper (1989), Paris, Salabert
„Un signe dans l'espace", Drama nach I. Calvino (1990)
„Le précepteur", Oper in 21 Bildern (1990), Biennale München, Paris, Salabert

DISKOGRAPHIE

Scenic Railway / Sept. Enluminures / Figure / Meteores / Kaleidoscopes. Ensemble Inter-Contemporain, Ensemble Accroche Note, Ensemble Ars Nova. France, Harmonia Mundi

Richer, Jeannine
(* 1924)

Jeannine Richer, französische Komponistin und Musikpädagogin, wurde am 6. Juni 1924 in Cendebecen-Eaux geboren. Ihre musikalische Ausbildung erhielt an den Konservatorien von Rouen und Paris. Sie ist Schülerin von Arnold Schönberg und Max Deutsch gewesen, dem sie assistierte. Ein Studium für Elektronische Musik schloß sie mit einem Diplom am Centre International de Recherches Musicales in Paris ab. Bis 1972 arbeitete sie als Dozentin an der Ecole Normale de Musique in Paris. Jeannine Richer schuf Werke verschiedenster Gattungen: Klavier-, Kammer-, Orchestermusik, sowie Kompositionen für Oper, Ballett und Elektronik.

ORGEL- / KLAVIERMUSIK

„Musique mobile" für Klavier (1970)
„Entrechoquements" für Klavier (1971)
„Delta V" für Klavier (1971)
„Triangle" für zwei Klaviere (1974)
„Sonorité" für Klavier zu vier Händen, Paris, Billaudot 1979
„Tremblements" für zwei Klaviere (1982)
„Fragment Minérale I" für Orgel, Kassel, Furore 1992

KAMMERMUSIK

Quartett für Saxophone (1958)
„Epiphonies", Quartett für Kontrabässe (1972)
„Alchomies" für zwei Violinen (1973)
„Rives" für Gitarre (1975)
„Piège I" für Kontrabaß solo (1976)
„Piège II" für Streichquintett (1976)
„Piège III", Trio für Klavier, ondes Martenot und Schlagzeug (1977)
„Piège IV" für zwei Kontrabässe (1977)
„Piège V" für Oboe solo (1977), Paris, Amphion 1978
„Piège VI" für Gitarre (1977)
„Mémoire", Trio für Klavier, Violine und Cello (1981)
„Le lointain trottoir" für Blechbläserquintett (1982)
„Pièce" für Flöte (1984)

ORCHESTERMUSIK

Duo für großes Orchester
„Confrontation" für Studentenorchester (1981)
„Période" für Oboe und Streicher (1983)

BÜHNENMUSIK

„Ego", Ballettmusik (1976)
„Les rois", Ballettmusik (1976)
„Parade cruelle", Oper (1980)
„Jungle", Ballettmusik (1981)
Diverse Choreographien

ELEKTRONISCHE / EXPERIMENTELLE MUSIK

„Les portes du chemin" für Komödianten, optische Sequenzen, Text und Musik (1972)
„Le crane", elektronische Musik (1973)
„Ligne interrompue" für Kontrabaß solo und Sprecher (1974)
„Oiseaux fous", elektro-akustische Musik (1974)
„Sonorité" für Klavier, zwei Spieler und Accessoires (1978)
„Rite" für zwanzig Gitarren, Texte und Gesten (1979)
„En ce temps-là" für 12 Gitarren mit gesprochenem Text (1981)

Richter, Marga
(* 1926)

Mit ihrer 1964 komponierten Ballettmusik „Abyss" war sie so erfolgreich, daß zahlreiche in- und ausländische Ballettcompagnien sie aufführten. Doch ansonsten ist Marga Richter, geboren am 21. Oktober 1926 in Reedsburg, Wisconsin, keine Bühnenkomponistin. Im Alter von 12 begann sie zu komponieren, als 14jährige begleitete sie ihre Mutter zu eigenen Kompositionen am Klavier. Marga Richter studierte an der Juilliard School Klavier bei Rosalyn Tureck, Komposition bei W. Bergsma und V. Persichetti. Noch bevor sie ihr Kompositionsstudium 1951 mit dem Master of Arts abschloß, waren bereits einige ihrer frühen Werke aufgeführt worden.

Mitte der sechziger Jahre begann Marga Richter, sich mit indischer Musik zu beschäftigen; ihr zweites Klavierkonzert „Landscapes of the Mind" zeugt davon. Für ihre kompositorische Arbeit wurde sie unter anderem von der National Federation of Music Clubs und dem Martha Baird Rockefeller Fund for Music ausgezeichnet. Ihr Werkverzeichnis umfaßt neben Klavier-, Vokal- und Kammermusik auch Kompositionen für Orchester. Seit 1975 setzt sie sich auch aktiv für die Rechte von Komponistinnen ein und war maßgeblich an der Gründung des amerikanischen Komponistinnen-Bundes beteiligt. Sie organisierte Konzerte, in denen Musik von Frauen aufgeführt wurden. Heute lebt Marga Richter auf Long Island.

ORGEL- / KLAVIER- / CEMBALOMUSIK

Sonate für Klavier (1954), New York, Carl Fischer
„Melodram" für zwei Klaviere (1958), New York, Carl Fischer
„8 Pieces" für Klavier (1961), New York, Carl Fischer
„Fragments" (1963), New York, Carl Fischer
„Variations on a theme by Latimer" für vier Hände (1964) New York, Carl Fischer
„Soundings" für Cembalo (1965), New York, Carl Fischer
„Remembrances" (1971), Bryn Mawr, Elkan-Vogel
„Short prelude in baroque style" für Cembalo (1974), New York, Carl Fischer
„Variations on a theme by Neithard von Reuenthal" für Orgel (1974), New York, Carl Fischer
„Bird of yearning" (1976), New York, Carl Fischer
„Requiem" (1978), New York, Carl Fischer
„Exequy" (1980) (arrangiert auch für Oboe, Klarinette, Cello und Klavier)
„Two short suites" für Klavier

KAMMERMUSIK

„One for two and two for three" für Posaune (Duett und Trio) (1947/74), New York, Carl Fischer
„Ricercare" für Blechbläser (1958), New York, Carl Fischer
„Darkening of the light" für Viola solo (1961), New York, Carl Fischer
Suite für Violine und Klavier (1964), New York, Carl Fischer
„Landscapes of the mind II" für Violine und Klavier (1971), New York, Carl Fischer
Streichquartett Nr. 2, New York, Carl Fischer 1975
„Landscapes of the mind III" für Violine, Cello und Klavier (1979), New York, Carl Fischer
„Sonora" für zwei Klarinetten und Klavier, New York, Schirmer 1981
„Düsseldorf Concerto" für Flöte, Viola, Harfe, Schlagzeug und Streichquartett (1982), New York, Schirmer
„Seacliff variations" für Violine, Viola, Cello und Klavier (1984)
Aria und Toccata für Viola und Klavier, New York, Belwin Mills
Suite für Viola solo, New York, Branch
„Obsessions" für Posaune solo (1988)
„Qhanri", Tibetanische Variationen für Cello und Klavier (1988)

ORCHESTERMUSIK

Concerto für Klavier, Violen, Celli und Bässe (1955), New York, Carl Fischer
Aria und Toccata für Viola und Streicher (1957), New York, Belwin Mills
„Lament" für Streichorchester, New York, Broude Bros. 1958
„Abyss" für Orchester (1964), New York, Belwin Mills
„Bird of yearning" (Fassung für Orchester) (1967), New York, Carl Fischer
„Variations on a sarabande", New York, Carl Fischer 1975
„8 pieces for orchestra", New York, Carl Fischer 1975
„Landscapes of the mind I" für Klavier und Orchester, New York, Carl Fischer 1975
„Fragments" für Orchester (1976), New York, Carl Fischer
„Blackberry vines and winter fruit" (1976), New York, Carl Fischer

„Music for three quintets and orchestra", Bryn Mawr, Presser 1980
„Out of shadows and solitude" (1985)
„Quantum Quirks of a Quick Quaint Quark" (1991), Pullman, Vivace Press 1994
„Beside the still waters", Konzert für Klavier und Streicher (1992)

VOKALMUSIK

„Transmutation", Gesangszyklus für Stimme und Klavier (1949), New York, Carl Fischer
„Into what unknown chamber", drei Lieder für Sopran und Klavier (1951/83)
„Zwei chinesische Lieder" (1953), New York, Carl Fischer
„She at his funeral" für Stimme und Klavier (1954), New York, Carl Fischer
„Später einmal" für hohe Stimme und Klavier (1981)
Drei Lieder nach Gedichten von Emily Dickinson für zwei Soprane und Alt (1982), New York, Schirmer
„Ursprung" für Sopran und Klavier (1983)
„Lament" für Art O'Leary für Stimme und Klavier (1983)
Sieben Lieder (Text: Francisco Tanzer) für Stimme und Klavier (1985)
„Into my heart" für Sopran, Alt, Tenor, Baß und Klavier zu vier Händen / Kammerensemble (1988)

CHORMUSIK

„Three songs of madness and death" für vierstimmigen Chor (1955), New York, Carl Fischer
Psalm 91 für vierstimmigen Chor (1963), Bryn Mawr, Elkan-Vogel
„Drei Weihnachtslieder" für Kinder-oder Frauenchor (1963/83), New York, Carl Fischer
„Seek him" für vierstimmigen Chor (1965), New York, Carl Fischer
„To whom?" für gemischten Chor (1980)

BÜHNENMUSIK

„Abyss", Ballett (1964), New York, Belwin Mills
„Bird of yearning", Ballett, New York, Carl Fischer 1976
„The servant", Ballett

BIBLIOGRAPHIE

Ammer, Ch.: Unsung, a history of women in American music, Greenwood Press, Connecticut 1981
LePage, J. W.: Marga Richter. In: Women composers, conductors and musicians of the 20th century, Scarecrow, London 1988
Jezic, D. P.: Women Composers, the lost tradition found. New York 1988

Fürst-Heidtmann, M.. Komponieren als emotionale Notwendigkeit (mit Werkverzeichnis). In: Neuland, Bd. 4, Berg. Gladbach 1984

DISKOGRAPHIE

Sonata for piano. Peter Basquin. Hollywood, MGM Records
Concerto for piano and violas, cellos and basses. Hollywood, MGM Records
„Lament". MGM String Orchestra, Ltg. Solomon Itzler. Hollywood, MGM Records
„Lament". Bournemouth Sinfonietta, Ltg. Carolan Mann. New York, Leonarda Productions
„Transmutation". Dorothy Renzi, Sopran; Maro Ajemian, Klavier. Hollywood, MGM Records
„The hermit" / „Songs" / „Fishing picture". Dorothy Renzi, Sopran; Maro Ajemian, Klavier. Hollywood, MGM Records
„Two short suites for young pianists. Marga Richter, Klavier. Hollywood, MGM Records
Aria und Toccata. Walter Trampler. MGM Chamber Orchestra, Ltg. C. Surinach. Hollywood, MGM Records
„Landscapes of the mind II". Daniel Heifetz, Violine; M. Skelly, Klavier / „Sonora" für zwei Klarinetten und Klavier. The Drucker Trio. New York, Leonarda Productions
„Snow Mountain: a spiritual trilogy" / „Qhanri", tibetanische Variationen für Cello und Klavier / „Requiem" / „Landscapes of the mind. Marga Richter, Klavier, und Ensemble. New York, Leonarda Productions
„Blackberry vines and winter fruit". London Philharmonic Orchestra, Ltg. Harold Farberman. New York, Leonarda Productions

Robert, Lucie -Diessel
(* 1936)

Sie gehört zu den zahlreichen Französinnen, die ihre Kompositionen mit einem Rom-Preis gewürdigt sahen. Lucie Robert, die am 3. Oktober 1936 in Rennes, Frankreich, geboren wurde, ist heute Professorin am Conservatoire National Supérieur de Paris. Sie begann ihre Karriere als Musikstudentin am Conservatoire in Paris u.a. bei Aline v. Barentzen, Klavier, H. Challan, Harmonielehre, Henriette Puig-Roget (Klavierbegleitung) (s. Puig-Roget), T. Aubin, Komposition und N. Gallon, Fuge / Kontrapunkt. Mit 29 Jahren (1965) gewann sie den begehrten Prix de Rome. 1972 wurde sie Professorin am Conservatoire –

eine Position, die sie noch heute innehat. Die Werke Lucie Roberts wurden in aller Welt aufgeführt und preisgekrönt. 1976 war sie Teilnehmerin beim GEDOK-Wettbewerb in Mannheim. Nach ihrer Rückkehr von der Villa Medici in Rom (1968) wurden ihre Werke oft von Radio France gesendet, Schallplattenaufnahmen in Frankreich, der Schweiz und den USA folgten, und Tourneen unternahm sie in die USA, nach Kanada, Europa und Japan. Lucie Robert lebt und arbeitet in Paris.

ORGEL- / KLAVIERMUSIK

Sonatine Nr. 1 / Sonatine Nr. 2 für Klavier. Paris, Billaudot 1989
Zwei Präludien für Klavier (1963)
„Siote" für Klavier (1964)
Sonate für zwei Klaviere (1971)
„Vers la lumière" für Orgel
Lied für Orgel (1973)
Sonate für Klavier (1975)
„Flash" für Orgel (1982), Paris, Billaudot
Tokkata für Klavier zu vier Händen (1983)
„Berceuse et Interlude" für Klavier zu vier Händen (1985)

KAMMERMUSIK

Sonate für Flöte und Klavier (1960), USA, Ed. Dorn
Streichquartett (1960)
Flötensonate (1960)
Quintett für Flöte, Violine, Viola, Cello und Klavier (1962)
Sonate für Saxophon und Klavier (1967), Paris, EFM
„San Damiano" für Oboe, Streicher und Pauken (1972)
„Ostinato" für Kontrabaß und Klavier (1973), Paris, Leduc
„Diptyque" für Oboe und Klavier (1973), USA, Ed. Dorn
Sonate für Violine und Klavier (1974), Paris, EFM
„Cadenza" für Saxophon und Klavier (1974), Paris, EFM
„Tourbillons" für Saxophon und Klavier (1975), Paris, Billaudot
„Variations" für Saxophon und Klavier (1977), Paris, Billaudot
„Dialogues avec soi-même" für Klarinette solo (1976), Paris, Billaudot
„Rhapsodie" für Altsaxophon solo (1977), USA, Ed. Dorn
„Strophes" für Saxophon und Klavier (1978), Ed. Dorn
„Trois litanies" für Cello und Klavier (1981), Paris, Billaudot
„Rythmes lyriques" für zwei Saxophone und Klavier (1982), Paris, Billaudot
„Trinome" für zwei Saxophone und Klavier (1982), Paris, Billaudot
„Supplications" für Saxophon, Oboe und Cello (1981), USA, Ed. Dorn
„Stèles" für Tuba-Quartett (1983)
„Flammes et Fumées" für fünf Saxophone (1982)
„Magheia" für Saxophon-Quartett und Klavier (1976)
„Trois élégies" für Posaune und Klavier, Paris, Billaudot
„Dialogue 5" für Blechbläserquintett (1986)
„Géométries" für kleine Trompete, Alt-Saxophon, Posaune, Bariton-Saxophon (1986)
„Fusion" für Flöte und zwei Schlagzeuger (1987)

ORCHESTERMUSIK

Zwei Klavierkonzerte (1961/63)
Zwei Flötenkonzerte (1962/66)
„Le grand Yacht Despair", lyrische Dichtung für Orchester (1962)
Oboenkonzert (1965), Paris, Billaudot
Divertissement für Klavier und Streicher (1966)
„Triptychon" für Orchester (1967)
Sinfonie mit Orgel (1968)
Doppelkonzert für Klavier, Altsaxophon und Orchester (1969), Paris, Billaudot
„San Damiano" für Oboe, Streichorchester und Pauken
„Mouvement" für Orchester

VOKALMUSIK

„Trois mélodies sur des poèmes de M. Carème" (1967), Paris, Ed. Fond. Beethoven
„Huit mélodies sur des poèmes de Ph. Soupault" (1964), Paris, Ed. Fond. Beethoven
„Trois chansons sur des poèmes de Ph. Soupault" (1967), Paris, Ed. Fond. Beethoven
„Sept mélodies sur des poèmes de M. J. Durry" (1967)
„Les Rois Mages" (1964), Paris, EFM
„Mélodies" für Sopran und Klarinette (1964)
„La prophétie de Cassandre" (1965), Paris, EFM
„Suite romantique" für Stimme und Klavier (1967)
„Il vient, vient, vient à jamais", Kantate für zwei Stimmen und Klavier (Text: R. Tagore) (1977)
„Sept poèmes d'Alain Suied" für Gesang und Klavier (1983)
„Exil" für Stimme und Klavier (Text: Alain Suied) (1986)
„Tout est si clair ce soir", Kantate für Sopran, Flöte, Mandoline und Klavier (Gedichte von M. Carème)

CHORMUSIK

„Tantum ergo" für Chor, zwei Orgeln, Trompeten, Posaunen, Zimbel
„Fiat voluntas tua" für Chor, Sprecher und Orgel (1973)

OPER

„L'épouse injustement soupçonnée", lyrische Oper (1963), Paris, Billaudot

DISKOGRAPHIE

„Cadenza" für Altsaxophon und Klavier. J.-M. Londeix, Saxophon; A.-M. Schielin, Klavier. New York, Golden Crest
Sonate für Altsaxophon und Klavier. T. Kynaston, T. Turner-Jones. Ohio, Coronet Records
„Tourbillon strophes". J.-M. Londeix, Saxophon; L. Robert, Klavier. New York, Golden Crest
„Strophes" für Saxophon und Klavier. J.-M. Londeix, Saxophon. New York, Golden Crest
„Variations" für Saxophon und Klavier. Iwan Roth, Saxophon. In: Virtuose Saxophone, Basel, Basilisk
„Supplications" für zwei Saxophone und Klavier. Lyon, REM Records
„Géométries" für zwei Saxophone, Trompete, Posaune. Lyon Saxophones. Lyon, REM Records
„Flammes et Fumées". Quintette de Saxophones de Paris. Paris, Corelia

Rochat-Aeschlimann, Andrée (Pseudonym: Jean Durand)
(* 1900)

Die Schweizer Komponistin wurde am 12. Januar 1900 in Genf geboren. Ihre ersten Musikstudien absolvierte sie bei E. Jaques-Dalcroze. Sie erwarb ihr Klavierdiplom am Conservatoire de Genève. Anschließend studierte sie Kontrapunkt bei A. Gedalge in Paris, Komposition bei G. Orefice und R. Bossi in Mailand, bei E. Wolff in Zürich und W. Vogel in Ancona. Sie heiratete den Verleger E. U. Aeschlimann und lebte mit ihm von 1922 bis 1964 in Mailand. Andrée Rochat schrieb Konzertkritiken und komponierte Lieder sowie Musik für kleinere Besetzungen. Unter dem Pseudonym Jean Durand veröffentlichte sie 1941 ihre Konzertnotizen „Journal d'un amateur de musique". 1961 erhielt sie für ihre „Musica per archi" den Preis der GEDOK. Seit 1965 lebt Andrée Rochat in Zürich.

KLAVIERMUSIK

„Kaleidoskop" für Klavier für die linke Hand op. 30 (1962)
„Trois pièces" für Klavier op. 32 (1979)
Sieben Ministücke für Klavier op. 33 (1979)

KAMMERMUSIK

Sonate für Violine und Klavier (1932), Zürich, Hug
„Tre canzone" für Klarinette / Cello und Klavier (1936), Mailand, Carisch
Sonate op. 12 für Violine und Klavier (1938), Mailand, Carisch
„Tre intermezzi" op. 14 für Klarinette und Klavier (1940), Mailand, Carisch
Duo op. 18 für Flöte und Harfe (1946)
Sonate op. 20 für Flöte und Harfe (1947), Mailand, Carisch
Elegie op. 23 für Cello und Klavier (1952)
„Cinque pezzi brevi" op. 27 für Flöte und Klavier (1960), Mailand, Carisch
Improvisationen op. 34 für Klavier, Flöte und Trommel (1982)

ORCHESTERMUSIK

„Preludio, aria e finale" op. 21 für Streichorchester, Bläser und Klavier (1948), Mailand, Carisch
„Musica per archi" op. 26 für Streichorchester (1957), Mailand, Carisch

VOKALMUSIK

„C'est fini" für Singstimme und Klavier
„Sette sonetti" für Sopran und Klavier (1934), Mailand, Carisch
„Sette canti" (Text: C. Zavattini) op. 13 für Sopran und Klavier (1940), Mailand, Carisch
Drei geistliche Lieder (Texte: N. Bolt und Prophet Jeremia)
Kantate op. 17 für Kontraalt, Streichorchester und zwei Klaviere (1946)
„Tre liriche" (Text: Ada Negri) op. 19 für Sopran und Klavier (1946)
„Chants d'outre-mer" op.22 für Tenor und Klavier (1952), Mailand, Carisch
Drei Lieder (Text: Hans Reinhardt) für Sopran, Flöte, Violine, Cello und Klavier (1954)
„Au jardin" op. 28, Suite für Sopran, Mezzosopran, Flöte und Geige (1961)
„Zoogaphie" op. 29, sieben Chansons mit Klavier (1962)
„De musica" op. 31, Suite für Bariton, Violine, Trommel, Klavier, Kontrabaß (1967)

CHORMUSIK

„Prophet Jeremia", Kantate für Kontratenor, Streicher und zwei Klaviere (1946)

BIBLIOGRAPHIE

Andrée Aeschlimann-Rochat, in: Schweizer Komponistinnen der Gegenwart, Zürich, Hug 1985

Roe, Betty
(* 1930)

Bekannt wurde sie durch unzählige Vokal- und Chorwerke, die fast alle im Verlag Thames Publishing in London gedruckt wurden. Betty Roe, die englische Komponistin, wurde am 30. Juli 1930 in London geboren. Sie studierte Klavier, Cello und Gesang an der Royal Academy of Music und war kurze Zeit Kompositionsschülerin von Lennox Berkeley. Nach 1952 war sie als Musikpädagogin tätig und wurde danach Musikdirektorin in der St. Helens Church in Kensington. Lehrtätigkeiten an der London Academy of Music (1968-78) folgten. Neben ihrer ausgedehnten Chorleitertätigkeit ist sie als Komponistin sehr produktiv gewesen, und wir verdanken ihr zahlreiche Werke für den kirchlichen Gebrauch. Sie schrieb darüber hinaus zahlreiche Werke für Kinderchor. Ihre fünf Opern zeigen, daß sie auch dramatisches Talent hat. Betty Roe lebt imd arbeitet heute in London.

KAMMERMUSIK

„Betty's bounce" für Bläserquintett, London, Thames Publishing
„Galliard suite" für Bläserquintett
„A flourish of fanfares" (vier Fanfaren) für vier Trompeten in B, London, Thames Publishing
„Seven tunes from the Cecil Harpe collection" für Diskantflöte und Gitarren, London, Novello
„Summer music" für Klavier, Violine, Viola und Cello
„Conversation piece" für Blockflöten und Klavier
„Alto temperaments" für Flöte und Klavier
„Introduction and allegretto" für Horn und Klavier
Sonatine für Flöte und Klavier
Suite für zwei Celli
„Temperaments" für Flöte und Gitarre
„Omega suite" für vier Gitarren
„Larcombe's fancy", fünf Solos für Gitarre
„Thames Echoes" für Flöte und Klavier. London, Thames Publ. 1986

VOKALMUSIK

„A crown of briar roses", Kantate (1977)
„The food fad" Kantate für Stimme, Holzbläser, Blechbläser, Cello, Schlagzeug und Klavier
„Time takes wing" (Jasper Mayne) für Bariton und kleines Orchester
„Songs for the King at Whitehall" (Robert Herrick) für Sopran und Holzbläserquintett
„Song of the virtuous female spider" (Ruth Pitter) für Sopran, Violine, Cello, Flöte, Oboe und Cembalo / Klavier (auch für Sopran und sechs Celli)
„Burd Ellen", Fabel für Sopran, Alt, Baß, Flöte und Klavier
„Two Chinese songs" für Sopran, Mezzosopran, Kontratenor und Klavier
„Witches' brew" für Sopran, Alt, Horn und Klavier
„All the day" für Stimme, Blockflöte und Klavier
„The blacksmith and the changeling" für zwei mittlere Stimmen und Klavier
„Circle beguiled" für drei Stimmen und Gitarre
„Daugthers of Eve" für zwei Soprane und Klavier
„Firstlings, songs" (Text: Rita Ford) für hohe Stimme, Holzbläser und Gitarre, London, Thames Publishing
„Four Shakespeare songs" für Stimme, Flöte und Klavier
„Folk songs for fox" für Stimme und Klavier
„A garland of folk songs" für Stimme und Klavier
„Hot sun, cool fire" (Text: George Peel) für Stimme und Violinenkonsort
„Madam's three callers" für Sopran und Cello
„Men were deceivers ever" für Bariton und Gitarre
„Musical moments" für Bariton und Gitarre
„Nine songs" (Texte: verschiedene Autoren) für Stimme und Klavier, London, Thames Publishing
„Noble numbers, songs" (Text: Robert Herrick) für Alt und Klavier / Cembalo, London, Thames Publishing
„Nursery rhymes of innocence and experience" für Stimme und Klavier
„Openers and closers, 6 songs" (Text: D. Prockter und M. Holstock)
„Three English folk songs"
„Two Chinese songs" für Sopran, Mezzosopran, Kontratenor und Klavier
„Two jazz songs" für Sopran und Kontrabaß
„Compliments of the season", drei Songs für mittlere Stimme und Klavier, London, Thames Publishing
Two songs: „Euphonium dance" (Text: J. Froom) / „Madam and the minister" (L. Hughes) für Sopran und Kontrabaß, York Editions
„AD one, masque for Christmas" für Stimmen, Flöte und Klavier (1973)
„As I sat on a sunny bank", Choral für zwei Diskantstimmen und Klavier / Orgel, London, Thames Publishing

„Behold a silly tender babe", Choral für zwei Diskantstimmen und Klavier, Oxford University Publ.
„Come, all ye children" Choral (Barbara Softly) für Unisono-Stimmen und Klavier / Orgel, London, Thames Publishing
„Easter eggs" für Sopran und Klavier
„Hark, how all the welkin rings" Choral für zwei Stimmen und Klavier, Oxford University Publ.
„Jubilate Deo" für Unisono-Stimmen und Orgel, London, Weinberger
„Merry be man" für Stimme und Klavier/Orgel
„Nunc dimittis" für Unisono-Stimmen und Orgel, London, Weinberger
„Rocking" für Stimme, Holzbläser und Klavier
„Two canonic carols" für Stimme, Klavier und Blasinstrument
„Unto us is born a son", Choral für zwei Diskantstimmen und Klavier/Orgel, London, Thames Publishing
„Venite, exultemus Domino" für Stimme und Orgel
„Life is full of other people" für Gesang und Klavier, London, Thames Publ.

CHORMUSIK

„Ghouls and ghosts" für gemischten Chor
„Mouth-Music" für gemischten Chor und Klavier, London, Thames Publishing
„Prefabulous animiles" (Text: J. Reeves) für Sprecher, Chor und Klavier
„The jackdaw of Theims" für Chor
„Shadwell stair" (Text: Wilfred Owen) für gemischten Chor und Flöte, London, Thames Publishing
„A song for your supper" (Text: Jacqueline Froom) für Solisten, gemischten Chor, Klavier oder Streicher, Klarinette, Flöte
„Three eccentrics" für Chor und Klavier
„Three English folk songs" für gemischten Chor
„Christ the King", Kantate (Text: A. Taylor) für gemischten Chor, Sprecher, Orgel, Klavier, Blockflöte, Kontrabaß und Schlagzeug
„Christus Victor", mim. Kantate (Text: J. Catterick) für Kontratenor, Baß, Erzähler, gemischten Chor, Sprechchor, Tänzer und Instrumente, London, Novello
„Genesis" (komponiert zusammen mit R. Ford), Kantate (Text: M. Holstock) für Chor und Orchester
„Away in a Manger", Choral für Unisono-Stimmen / gemischten Chor und Orgel / Klavier, London, Thames Publishing
„Hosanna to the living Lord, anthem" (Text: Bishop Heber) für Sopran, Alt, Tenor und gemischten Chor
„Like as the heart" für Sopran und gemischten Chor
Missa Brevis für gemischten Chor und Orgel
„Out of your sleep arise and wake", Choral (Gedicht aus dem 15. Jh.) für gemischten Chor, Horn, Trompete, Schlagzeug und Cello, London, Thames Publishing
Psalm 24 für Solisten und gemischten Chor a cappella
„Sing to the Lord of Harvest, anthem" (Text: J. Monsell) für Sopran, gemischten Chor und Klavier
„Children's song of the nativity", Choral (Text: F. Chesterton) für zwei Stimmen, Klavier und Holzbläser, London, Thames Publishing

BÜHNENMUSIK

„The Barnstormers", Musical
„The Family Tree"
„Kookoojoo and the Magic Forest", Musical
„Lee Street", Schul-Musical
„The Miracle Masque", Musical
„Perseus", für Kinder
„Gaslight" (1982)
„Canterbury Morning", Oper (1986)
„The Trouble with Spells is ...", für Kinder
„A flight of Pilgrims", Oper (1993)

Roesgen-Champion, Marguerite Sara (Pseudonym: Jean Delysse) (1894-1976)

Die zweite Schweizer Komponistin neben Rochat-Aeschlimann, die sich ein Pseudonym zulegen mußte, um überhaupt gehört zu werden, ist Marguerite Roesgen-Champion. Sie wurde am 25. Januar 1894 in Genf, Schweiz, geboren. Den ersten Musikunterricht erhielt sie von ihrer Mutter. Ihr Studium absolvierte sie am Genfer Konservatorium u.a. bei Ernest Bloch und dem Musik- und Bewegungspädagogen E. Jaques-Dalcroze. 1913 schloß sie ihr Musikstudium ab und konzertierte als Cembalistin in Frankreich, Holland, Spanien und Italien. Von 1915 bis 1926 lehrte sie am Conservatoire de Genève. Nach ihrer Eheschließung mit Théodore Champion ließ sie sich 1926 in Paris nieder und widmete sich ausschließlich ihrer kompositorischen Arbeit. Marguerite Roesgen-Champion starb im Jahre 1976.

ORGEL- / CEMBALO- / KLAVIERMUSIK

„Conte bleu", fünf Stücke für zwei Klaviere
Etüden und Präludien für Klavier
„Suite faunesque" für Klavier
„Berceuses" für Cembalo oder Klavier (1929), Paris, Senart

Sonate für zwei Klaviere (1931)
Elegie für Orgel (1932)
„Pièces de clavecin" (1934), Paris, Salabert
„Buccoliques" für Cembalo, Paris, Lemoine 1937
Sonatine für Cembalo oder Klavier (1953), Paris, Lemoine
„Études de sonorités" für Cembalo (1967)
Drei Klaviersonaten (1969-72)

KAMMERMUSIK

Scherzo für Streichquartett
Sonate für Horn und Klavier
„Appassionato" für Cello und Klavier
Streichquartett (1931)
„Trio pastorale" für Oboe, Cello und Klavier (1931)
„Suite française" für Flöte und Harfe (1937)
„Danse rituelle" für Flöte, Harfe und Panflöte (1943)
Violinsonate (1945)
Zwei Nocturnes für Oboe und Orgel (1948/53), Paris, Leduc
Sonate für Flöte und Klavier (1948), Paris, Leduc 1950
„4 chants arabes" für Flöte und Streichorchester (1960)
Vier Suiten für Flöten (1964)
„Offrande mystique" für Flöte und Harfe (1967)
Suite für zwei Flöten, Paris, Salabert

ORCHESTERMUSIK

Drei Klavierkonzerte
„Poème" für Violine und Orchester
„Faunesques", drei symphonische Poems (1929)
„Aquarelles" für Cembalo und Orchester (1929), Paris, Senart
Concerto grosso für Cembalo, Violine, Cello und Orchester (1931)
„Concerto moderne" für Cembalo und Orchester (1931)
„Introduction, Sarabande und Toccata" für Cembalo und Orchester (1933)
Concerto Nr. 1 für Altsaxophon, Cembalo, Fagott und Orchester (1938)
Concerto Nr. 2 für Altsaxophon, Cembalo, Fagott und Orchester (1945)
Rhapsodie für Klavier und Orchester (1944)
Concerto für Harfe und Orchester (1944)
Concertino für Cembalo und Orchester (1947)
Fuge für Cembalo und Streicher (1961)
Hymne für Cembalo und Streicher (1961)
Ouvertüre für Orchester (1970)

VOKALMUSIK

„Cantique des cantiques di re Salomone" für Stimme und Klavier
„Six mélodies" für Stimme und Klavier
Drei Duette für Mezzosopran und Continuo
„Diane" / „Medée" / „La musette",Kantaten für Singstimme und Begleitung
„Médailles antiques" (Text: Lecomte de Lisle) für Gesang und Klavier, Paris, Senart 1931
„Quatre mélodies" (Text: M. Simmonot) für Gesang und Klavier, Paris, Lemoine 1936
„Cinq poèmes" für Stimme und Orchester (1937)
„Georgiques" für Stimme und Orchester (1943)
„Herbies sentimentales" für Gesang und Klavier (1961)
Psalme 121 für drei Stimmen (1961)
„Alleluia" für Stimme, Flöte, Violine, Harfe und Continuo (1967)
Kantate für Tenor, Flöte und Continuo (1968)
„Pannyre aux talons d'or" für Gesang, Flöte und Harfe, Paris, Salabert

CHORMUSIK

„Deux tercets" für Frauenstimmen
„Nymphes chasseresses" für Chor und Orchester (1926)

DISKOGRAPHIE

„Suite française" für Flöte und Harfe. Philips

Roger, Denise
(* 1924)

Als eine der prominentesten Schülerinnen der französischen Klavierpädagogin Yvonne Lefebure ist Denise Roger zu nennen. Sie kam am 21. Januar 1924 in Paris zur Welt und hatte schon frühkindliche musikalische Anregungen im Elternhaus empfangen. Mit neun Jahren besuchte sie bereits das Konservatorium und studierte Solfège bei M. Massart. 1934 hatte sie schon einen Preis am Klavier gewonnen und ging im selben Jahr zu Jeanne Chapard, um bei ihr weiter Klavierunterricht zu nehmen. Auch hier gewann sie einen Preis, verließ die Lehrerin und kam zu Marguerite Long. Zwei weitere Preise im 1942 und 1948 rundeten ihre pianistische Laufbahn ab. Nach dem Krieg studierte die Musikerin schließlich noch Komposition bei Henri Busser und Klavier bei Yvonne Lefebure. 1952 gewann sie einen Preis beim Internationalen Klavierwettbewerb in Genf. Die Komponistin hat zahlreiche Kammermusikwerke geschrieben, die als Studienliteratur sehr beliebt sind. Sie lebt und arbeitet in Paris.

KLAVIERMUSIK
Fünf Stücke für Klavier (1963)
„Petite Romance"

KAMMERMUSIK
„Piece in trio" für Oboe, Klarinette und Fagott (1961)
Streichquartett Nr. 1 (1965)
Streichtrio (1967)
Sonatine für Flöte (1966)
Konzert für Violine und Viola (1966)
„Dialog" für Fagott und Klavier (1967)
Drei Stücke für Horn solo in F (1968)
„Trois moments" für Solovioline (1968)
Trio für Violine, Viola und Cello (1969)
Streichquartett Nr. 2 (1970)
Sonate für Violine und Klavier (1978)
Streichtrio (1978)
Konzert für Klarinette in B und Viola (1978)
Konzert für Saxophon und Cello (1978)
Streichtrio (1979)
„Deux pièces" für Klarinette (1979)
„Contures" für Klarinette (1979)
„Trois romances" für Klarinette und Klavier (1979), Martin, Charnay-les-Macon
„Supplique / Polychromie" für Blechbläserquintett, Martin, Charney-les-Macon
Adagio für Streicher (1981)
„Cantilene" für Trompete und Klavier (1981)
„Berceuse" für Klarinette und Klavier (1981)
„Trois pieces" für Klarinette (1981)
„Musique" für Flöte und Harfe (1981)
„Evocation" für Saxophon und Klavier (1981)
„Diptyque" für Streicher (1981)
„Etude de concert" für Cello (1982)
„Miniature" für Violine und Klavier (1983)
„Jardin poétique" für Violine, Oboe und Klavier, Paris, Combre 1983
„In memoriam" für drei Trompeten (1983)
„Trois mouvements" für vier Saxophone (1984)
„Ninna Nanna" für Flöte, Paris, Combre 1982
„Tableautin" für Viola und Klavier, Paris, Combre 1983

ORCHESTERMUSIK
„5 mélodies" nach Gedichten von Apollinaire für Flöte, Oboe, Klarinette, Fagott, Harfe und Streicher (1957)
Concertino für Oboe und Orchester (1960)
Concerto für Klavier und Orchester (1960)
Concertino für Klarinette und Streichorchester (auch Fassung für Flöte und Streicher) (1964)
Sinfonie für Streicher (1973)

VOKALMUSIK
„Le départ" (Text: Apollinaire) (1962)
„Mélodies sur des textes allemands" (Texte: Hölderlin) (1962)
„Deux poèmes" (Text: Trakl) (1962)
„La blanche neige" (Text: Apollinaire) (1962)
„Soleil couchant" (Text: Verlaine) (1963)
„Six mélodies" (Texte: Hoffmansthal) für Bariton und Klavier (1963)
„A la santé", Gesangszyklus (Text: Apollinaire) für Bariton und Klavier (1963)
„Cinq mélodies" (Texte: Ronsard) für Stimme und Flöte (1963)
„Cite de Carcassonne" (Text: Apollinaire) (1964)
„Une allée de Luxembourg" (Text: Nervall) (1964)
„Deux mélodies" (Text: Verlaine) für Bariton (1965)
„Requiem" für Stimme und Streichtrio (1978)
„La nuit originelle" für Bariton, Flöte, Oboe, Cello und Klavier (1983)
„Liturgie intime" (Text: Verlaine) für Bariton, Flöte, Klarinette und Cello (1964)
„Requiem" für Sopran, Bariton und Streicher (1965)
Psalm 6 für Bariton, Flöte, Oboe, Cello und Cembalo (1970)
„Psalm für einen Toten" (1977)

CHORMUSIK
„Prière pour le dimanche matin" (Text: Paul Claudel), Kantate für Bariton, gemischten Chor und Orchester (1967)

Rohnstock, Sofie
(1875-1964)

Von dieser Reger-Schülerin ist nur eine erschütternde Biographie und weniges über ihre Kompositionen überliefert. Sie wurde am 25. Dezember 1875 in Wien geboren; die Eltern zogen mit ihr in das russisch-polnische Dorf Wierbka bei Pilica. Dort gab es keine Schule, und die erste Musik, die Sofie Rohnstock hörte, war der Klang einer selbstgebauten Geige eines Kuhhirten. Privaten Klavierunterricht erhielt sie kurze Zeit, dann zog die Familie nach Lodz, wo die junge Musikerin bei einer Rubinstein-Schülerin (Elschwitz) Unterricht nahm. Sie wollte Pianistin werden. Der Dirigent des deutschen Gesangvereins von Lodz ermutigte sie schließlich, in Leipzig das Musikstudium zu beginnen. Das war im Jahre 1900; ihre Lehrer waren Teichmüller, Judassohn, Homeyer. Kompositionsunterricht hatte sie bei Carl Reinecke; dann kam Max Reger als Lehrer an das Konservatorium (1911), und Sofie Rohnstock wurde seine Schülerin („Fräulein Rohnstock hat ein ausgesprochenes Kompositionstalent"). Nach Regers Tod (1916) wollte sie zu Carl Straube in die Orgelklasse. Er verweigerte ihr den Unterricht mit der Bemerkung: „Ich kann Ihnen leider nicht helfen, denn ich glaube nicht an das Femininum des Begriffes Schöpfer ..." Lange Jahre hat Sofie Rohnstock danach nicht mehr geschrieben. Im Jahre 1935 veranstaltete die Akademie der Künste in Berlin einen Wettbewerb. Sie schrieb das G-dur-Streichtrio und gewann. Das einzige Exemplar des Werkes wurde im Rundfunk entwendet; sie schrieb alles aus dem Gedächtnis neu auf und ließ es in München drucken. Ihre zweite Sinfonie überreichte sie in den 40er Jahren einem Hamburger Dirigenten. Seine Antwort: „Wissen Sie, ich führe lieber von einem unbegabten Mann etwas auf als von einer begabten Frau".

Sofie Rohnstock hat in den Jahren bei Max Reger und danach Sonaten, Kanons, Inventionen, Quartette für Holzbläser und Streichquartette geschrieben. Auch zwei Sinfonien werden erwähnt. Sämtliche Werke wurden am 4. Dezember 1943 bei einem Bombenangriff auf Leipzig zerstört. Es bleibt uns neben einem Duettino und zwei Klavier-Präludien (die im Reger-Archiv, Meiningen, erhalten sind) nur das Streichtrio als einziges Vermächtnis. Sofie Rohnstock starb 1964 in Leipzig.

ORGEL- / KLAVIERMUSIK
Sonaten für Klavier
Kanons für Klavier
Inventionen für Kavier oder Orgel

KAMMERMUSIK
Quartette für Holzbläser
Klaviertrio
Streichtrio in G (1935), Gräfelfing, Thomi-Berg 1979
Streichquartette

ORCHESTERMUSIK
Zwei Sinfonien für großes Orchester

Rossi, Camilla de
(frühes 18. Jahrhundert)

„Nothing is known of her life" schreibt ihre Herausgeberin Barbara Garvey Jackson im Vorwort zur jüngsten Ausgabe einiger Arien der Komponistin. Camilla de Rossi, eine Komponistin, von der zahlreiche Oratorien und Kantaten überliefert sind, die in Wien in den Jahren 1707 bis 1710 zur Aufführung kamen, ist biographisch noch völlig unerforscht. Sie wurde in Rom geboren, kam aus uns unbekannten Gründen nach Wien und schrieb für Kaiser Joseph I. jährlich ein Oratorium. „Santa Beatrice d'Este" war ihr Erstlingswerk (1707), im nächsten Jahr folgte „Il sacrifizio di Abramo", 1709 kam „Il figliuol prodigo" und 1710 „Sant Alessio". Wir wissen nur, daß die berühmtesten Sängerinnen und Sänger ihrer Zeit, auch Kastraten, ihre Oratorien vortrugen, und daß dieses auf eine hoch angesehene Stellung der Komponistin am österreichischen Hof schließen läßt. Ihre Werke befinden sich zum großen Teil in der Österreichischen Nationalbibliothek in Wien, ein Anlaß – wie bei Theresia Paradis oder Marianne Martinez – für eine sorgfältige biographische Aufarbeitung.

VOKALMUSIK
Kantaten für zwei Stimmen mit Instrumentalbegleitung
„Dori et Fileno", Kantate für Sopran, Alto und Streichorchester, Fayetteville, ClarNan Ed. 1984
„Cielo, pietoso cielo" für Sopran und Basso continuo, in: Arias from Women oratorios, Fayetteville, ClarNan Ed.
„Qui dove il Po" aus „Santa Beatrice d'Este" (1707) für Bariton, zwei Trompeten und Streicher, Fayetteville, ClarNan Ed. 1990
„Sonori contenti" aus „Sant' Alessio" (1710) für Tenor, zwei Trompeten und Streicher, Fayetteville, ClarNan Ed. 1990

CHORMUSIK
„Santa Beatrice d'Este" Oratorium für Soli, Chor und Instrumente (1707), Fayetteville, ClarNan Ed. 1986
„Il sacrifizio di Abramo, Oratorium für Soli, Chor und Instrumente (1708), Fayetteville, ClarNan Ed. 1984
„Il figliuol prodigo", Oratorium für Soli, Chor und

Instrumente (1709)
„Sant' Alessio", Oratorium für Soli, Chor und Instrumente (1710)

BIBLIOGRAPHIE

Jackson, Barbara Garvey: Oratorios by Command of the Emperor: The Music of Camilla de Rosi. Current Musicology, Nr. 24, 1986

DISKOGRAPHIE

Sinfonie aus „Il Sacrifizio di Abramo" (mit Werken von Martinez, Duval, Sirmen). In: Baroquen Treasures. Women's Philharmonic, Ltg. Joann Falletta. Newport Classics

Rotaru, Doina (Marilena)
(* 1951)

Die Professorin an der berühmten Musikhochschule in Bukarest (von der u.a. Myriam Marbé, Adriana Hölszky und Violeta Dinescu stammen) wurde am 14. September 1951 in Bukarest geboren. Sie studierte am dortigen Konservatorium Komposition bei Tiberiu Olah und besuchte mehrfach die Darmstädter Ferienkurse (1984, 1990 und 1992). Sie nahm an internationalen Wettbewerben teil, wie dem Gaudeamus Wettbewerb in Amsterdam, und besuchte daselbst die Kompositionsklasse Theo Loevendis. Vom rumänischen Komponistenverband wurde sie mehrere Male ausgezeichnet. 1994 gewann sie den 1. Preis des Internationalen Komponistinnen-Wettbewerbs der GEDOK in Mannheim. Seit 1991 lehrt sie Harmonielehre am Konservatorium in Bukarest. Beim Wien Modern Festival of Music wurden ihre Werke 1992 aufgeführt, und bei den Zürcher IGNM-Tagen war sie ebenfalls vertreten. Weitere Aufführungen ihrer Musik fanden in Edinburgh, Graz, Hiroshima, Huddersfield, Lausanne, Liège, Paris, Rom und Utrecht statt. Doina Marilena Rotaru lebt und arbeitet in Bukarest.

KLAVIERMUSIK

„The crossroad of the poppies" für Klavier (1980), Bukarest, Ed. Muzicala

KAMMERMUSIK

„Lyrische Improvisationen" für Viola und Klavier (1977)
„Trio Crisalide" für Flöte, Violine und Klavier (1979)
Drei Streichquartette (1974, 1981, 1982)
„Legend" für Flöte (1982)
„Balance of light", Quintett für Klarinette, Violine, Viola, Cello und Klavier (1982), Bukarest, Ed. Muzicala
Bläserquintett „Incantations" (1983)
„Nacht der Feen" für Klarinette, Resonator und elektronisches Medium, Bukarest, Ed. Muzicala
„Mirrors play" für vier Flöten (1984)
Sonate für Geige (1984)
„Quatrotempi" für Cello und Schlagzeug (1985)
„Aux portes du rêve" für Flöte und Schlagzeug (1985)
„Clocks" für sieben Spieler: Bläser, Cello, Gitarre, Klavier, Schlagzeug (oder für drei Spieler: Klarinette, Fagott und Schlagzeug)
„Metamorphosis" für Baßklarinette (1987)
„Masks" für Klarinette und Cello (1989)
„Dor" für Altflöte (1989)
„Spyralis I" für Harfe (1989)
„Troite", Trio für Sopran-Saxophon, Klavier/Synthesizer und Schlagzeug (1990)
„Runa", Quintett für Flöte, Oboe d'amore, Gitarre, Cello und Cembalo (1991)
„Spyralis III" für Altflöte und Gitarre (1992)
„Joker", Trio für Klarinette, Klavier und Schlagzeug (1992)
„Over time" für Shakuhachi und Baßflöte (1992)
„Seven levels to the sky", 4. Streichquartett (1993)

ORCHESTERMUSIK

Concerto für Klarinette und Orchester (1984)
Sinfonie Nr. 1 (1985)
Concerto Nr. 1 für Flöte, Streicher und Schlagzeug (1986), Bukarest, Ed. Muzicala
Orchesterstück (1975), Bukarest, Ed. Muzicala
Cellokonzert (1987), Bukarest, Ed. Muzicala
Sinfonie Nr. 2 (1988)
„Spyralis II", Concerto für Flöte und Orchester (1991)
„Lights from a rainbow" für Kammerorchester (1993)
Saxophon-Konzert (1993)
„Magic Circles" für Flöte und Orchester (1993)
„Clocks II" für Kammerorchester (1994)

CHORMUSIK

Kantate für Kinderchöre und Orchester (1983)
Diverse Werke für Kinderchor, Bukarest, Ed. Muzicala 1981/83/85

DISKOGRAPHIE

Kantate für Kinderchor und Kammerorchester. Bukarest, Electrecord
„Legend" für Flöte / „Balance of light" / Cellosonate. Bukarest, Electrecord
Cellokonzert / Sinfonie Nr. 2. Bukarest, Electrecord
Concerto für Flöte, Streicher und Schlagzeug. Amsterdam, Attacca Records

Rubin, Anna
(* 1946)

Anna Rubin wurde am 9. Mai 1946 in Akrin, Ohio, geboren. Sie studierte von 1973 bis 1981 am California Institute of Arts und von 1982 bis 1984 am Sweelinck Konservatorium in Amsterdam. Ihre Kompositionslehrer waren Mel Powell, Morton Subotnick, E. Brown, Leonard Stein, Pauline Oliveros, B. Ferneyhough und Ton de Leeuw. Sie komponiert Werke für Orchester, Kammermusikensemble, Theater und Film sowie Klavier-, Vokal- und Elektronische Musik. Außerdem veröffentlichte sie zahlreiche Artikel und Abhandlungen unter anderem über die Bedeutung der Frau in der Musikgeschichte. Sie erhielt Stipendien, war composer-in-residence in den USA und in Deutschland (Brahmshaus, Baden-Baden). Ihr Vokalwerk „Die Nacht" wurde 1983 durch die Gaudeamus Foundation ausgezeichnet. Anna Rubin ist Teilnehmerin zahlreicher internationaler Musikfestivals, so des Contemporary Music Forum, Washington, 1981 und des Electronic Festival of New Music America, Los Angeles 1986. Als Video-Künstlerin arbeitete sie mit P. Müller (Niederlande) zusammen. Ihre Kammermusik- und Elektronikwerke wurden in Amsterdam, Brüssel, Heidelberg, Mannheim, London, New York und Los Angeles aufgeführt. Sie lehrt an der Princeton University in New Jersey.

KLAVIERMUSIK
„Short suite" für Klavier (1975)
„Banana rag" (1976)
„White sound - white space" (1980)
„Ways of the Hand" für Klavier (1990)

KAMMERMUSIK
„Trio ocarinas" für drei Okarinas
„Still and turning" für Cello solo
„Shadow play" für Fagott/Oboe und Schlagzeug
„Flames glowing, falling towards the sea" für Streichquartett
„To Kampuchea" für Blechbläserquintett (1980)
„Marching band" für sechs Instrumente (1980)
„Layers" für Kammerensemble (1981)
„Marguerite's dance" für Flöte, Cello und Schlagzeug (1982), New York, American Composers Ed.
„Chiaroscuro" für Klarinette/Oboe und Schlagzeug (1986)
„Viola a tre" für drei Bratschen (1989)
„Breezes" für Bläserquintett und Schlagzeug (1989)
„Dreaming Fire, tasting rain" für Flöte, Klarinette, Violine, Viola, Cello, Klavier (1994)

ORCHESTERMUSIK
„High priestess" (1980)

VOKALMUSIK
„Songs to death", vier Gedichte von Sylvia Plath für Sopran, Klavier und Cello (1979)
„The heart" für Tenor und sechs Instrumente (1979)
„Remember" für Stimme und Klarinette (1982)
„Die Nacht: lament for Malcolm X" für Sopran und Kammerensemble (10 Instrumente) (1983)
„Not the usual love songs" für Sopran und Mezzosopran
„Ice Song" für Mezzosopran und Schlagzeug (1993)

CHORMUSIK
„Sappho" für Frauenchor und sechs Instrumente (1978)
„Naming" für Chor (1979)
„Vox, voce, voice" für Chor a cappella (1981)
„Our father" für gemischten Chor, Flöte und Gitarre (1990)

ELEKTRONISCHE MUSIK
„Crying the laughing and golden"
„Laughing the crying and golden"
„Piano pieces" für Sopran, Klavier und Tonband
„Audible to oneself" für Stimme, Cello und Tonband (1981)
„Taming the beast" für Tonband und Schlagzeug (1986)
„The light and so much else" für Posaune und Tonband (oder vier Posaunen) (1986)
„Mr. Moses", Toncollage für Hörfunk (1989)
„Carroussel Suite" für Tonband (1990)
„Dreaming" für Tonband (1991)
„Treasures" für Klarinette, Live-Elektronik und Tonband (1991)
„Freedom, sweet and bitter" für Orchester und Tonband (1991)
„Hiding faces, open faces" für Bratsche und live Elektronik (1992)
„Remembering" für Sopran, Klavier und Tonband (1993)
„Dangerous lullabies" für Bariton, Alt-Saxophon, Gitarre und Cello (1993)
„Seachange I" für elektronisch verstärkte Laute und computer-gesteuertes Tonband (1995)

FILM- / BÜHNENMUSIK
„Reflections in a sound mirror" (Video)
„The magic show" für Tonband, Tänzer und Masken
„Homage to the four corners" für Tonband, Schlagzeug und Masken

„White sound, white space" für Schlagzeuger, Tänzer und Environment
„Unpeeling" für Tänzer, Kammerensemble und Environment
„Crying the laughing and golden", Filmmusik
„Banana rag" für Klavier, Filmmusik
„Arcing, naming and echoes, sonic meditations" (1979)

BIBLIOGRAPHIE

The environmentalist guide to the East Bay Shoreline, 1973
Rubin, Anna: Composition from a woman's point of view. In: Paid my dues, 1978
Hinkle-Turner, Elizabeth: Recent Electro-Acoustic Music by Women: a Survey. ILWC Journal, 1992
Grigsby, Beverly: Women Composers of Electronic Music in the United States. In: The Musical Women, 1983 und Westport 1984

DISKOGRAPHIE

„Crying the laughing and golden". Neuma Records
„Remembering" für Sopran, Klavier und Tonband, Vol. I. SEAMUS / Society for electro-acoustic Music

Ruff-Stoehr, Herta Maria Klara
(1904-1991)

Die Komponistin und Musikpädagogin stammt aus Hanau am Main, wo sie am 3. Dezember 1904 geboren wurde. Mit 10 Jahren erhielt sie den ersten Klavierunterricht und mit 13 Jahren Violinstunden. Von 1921 bis 1923 studierte sie Gesang in Leipzig und Gardelegen. Von 1924 bis 1930 arbeitete Herta Ruff-Stoehr als Lehrerin in Leipzig und Berlin und heiratete 1931 den Kunstmaler und Kunsterzieher Konrad Ruff. Im Jahre 1938 ließ sie sich nochmals im Fach Klavier ausbilden. Mit Genehmigung der französischen Militärregierung unterrichtete sie ab 1946 Klavier. Nach dem Krieg, von 1946 bis 1950, studierte die Komponistin Kontrapunkt bei Marianne Wahl, Harmonielehre bei Georg Rathgeber und Emilie Höflinger in Stuttgart und Musikwissenschaft an der Universität Tübingen. Noch 1952 begann sie das Orgelspiel bei Max Braun in Hechingen. Herta Ruff-Stoehr hat eine Vielzahl von Kammermusikwerken geschrieben. Sie starb am 9. März 1991 in Hechingen.

ORGEL- / KLAVIERMUSIK

Vier Stücke für Klavier
Sechs vierhändige Stücke für Klavier
Toccata für Orgel
Maestoso für Klavier (1954)
„Tagebuch einer Ausstellung" (1958), München, VDMK
„Karfreitag-Ostersonntag" für Klavier (1962)
Passacaglia mit Fuge für Orgel (1974)
Fantasie für Orgel (1976)
Meditation und Phantasie für Orgel (1978)
„Schreitende Doppelfuge" (1978)
Präludium für Orgel (1979)
„Hymne auf Gottes Wirken" für Orgel (1979)
„Metamorphoso" für Klavier (1980)
Adagio, Allegretto für Klavier (1982)
Geistliche Orgelmusik, München, VDMK
„Mobile" für Klavier, München, VDMK
Sieben Klavierstücke, München, VDMK

KAMMERMUSIK

„Anagogie" für Altflöte, Violine, Viola, Cello und Klavier
Erstes Streichquartett (1947)
Einzelstücke für Violine und Klavier (1948-72)
Einzelstücke für Flöte und Klavier (1960-1967)
„Mobile" für Violine und Klavier (19609
Trio für Flöte, Violine und Klavier (1962)
Klarinettenquartett (1962)
Trio für zwei Violinen und Klavier (1965)
Concertino für Klavier und Streicher (1966)
Zweites Streichquartett (1966)
Trio für zwei Violinen und Cello (1967)
Quartett für Klarinette und Streicher (1968)
Quintett für Klavier und Streicher (1971)
Sätze für Violine und Cello (1972)
„Perpetuum mobile" für Violine und Cello (1972)
Sostenuto für Klavier und Cello (1973)
Quartett für Flöet, Violine, Cello und Klavier (1974)
Trio für Violine, Viola und Cello (1978)
„Pfingstsequenz" für Violine und Orgel (1978)
Drittes Streichquartett, München, VDMK

ORCHESTERMUSIK

Concertino für Klavier und Streichorchester (1966)

VOKALMUSIK

„Kinderlied zur Nacht" für Frauenstimme und Klavier (1946)
„Mädchenlied" (Text: Rilke) für Stimme und Klavier (1947)
„Erneuerung: O ihr feingestimmten Saiten" für Singstimme und Klavier (1947)

„Fenster dicht verhangen" für Sopran, Klavier und obligate Violine (1947)
„Des Kindes Frühling" für Sopran und Klavier (1947)
„Herbstlied" (Text: H. Ruff-Stoehr) für Singstimme und zwei Violinen (1948)
„Auf einem Dach ein Sperling saß", Duett für Sopran und Alt (1948)
„Des Lebens flinke Boten" für Singstimme mit F- und C-Flöte (1948)
„Musik, du holde gnadenvolle", Terzett für Sopran, Alt und Bariton (1948)
„Jahreswende" für Singstimme mit Flöte und Klavier (1948/49)
„10 Lieder für unsere Kleinsten" (1952)
Zwei dreistimmige Lieder für die Kinderklinik Stuttgart-Berg: „Ohne Sinn und ohne Arbeit" / „In dieser guten Stunde" (1952)
„Freude soll dir heute werden", für zwei Frauenstimmen (1953)
„Frisch auf nun all Ihr Seelen", zweistimmig mit obligater Violine / Flöte (1953)
„Wer heimlich seine Wohnstatt im Schutz des Allerhöchsten hat" für Singstimme und Klavier (1954)
„Wie an Olympes Fuße das Gestade", Andante serio für Sopran, Alt und Bariton (1954)
„Sei Gott getreu" (zur Einsegung) für Singstimme und Klavier (1956)
Gebet mit Choral: „O Gott, von dem wir alles haben" (1969)
Oberschlesisches Volkslied zur Weihnacht: „Auf dem Berge, da wehet der Wind" (Text: Christoph August Tiedge) für Singstimme mit Klavier oder Cello und Violine (1972)
Pfingstsequenzen „Komm, O Geist der Heiligkeit" für Frauenstimmen mit obligater Violine und Orgel oder Klavier (1980)
Geistliches Lied „Gott, Du bist mein" für Singstimme mit Klavier oder Orgel (1980)
Geistliches Lied „Wach auf: Es singe des Menschen Herz" für Sopran mit Klavier und Orgel (1980)
„Wach auf" für Sopran mit Klavier/Orgel (1981)
„Der Menschen Not tritt hin vor Gott" für Mezzosopran, Bariton und Klavier/Orgel (1982)
„Gott, ich will singen und dichten" für Sopran mit Klavier/Orgel (1982)
„Lobet, ihr Himmel" für zwei Singstimmen mit Klavier/Orgel (1982)
„Gott lebet" für Singstimme mit Klavier/Orgel (1983)
„Geistliches Lied" für Gesang und Klavier (1984), München, VDMK

CHORMUSIK

„Wir bauen eine Straße" für vierstimmigen Chor (1948)
„Links ein Bäumle" für sechsstimmigen Chor (1948)
„Gebet", Andante religioso für gemischten Chor (1948)
„Auf heiligen Wassern" für sechsstimmigen Chor (1950)
Vier Kanons für die Kinderschwestern: „Guten Morgen ruft" / „Guten Morgen" / „Hervor, hervor: Es lausche Dein Ohr" / „Viel Glück, viel Segen dem Kind dieses Tages" (1952)
„Sei Gott getreu" für Chor und Klavier (1956)
„Pfingstsequenz für Frauenstimmen mit Violine obligato und Orgel (1978), München, VDMK
„Danket dem Herrn" für vierstimmigen Chor (1982)
Geistlicher Chor a cappella, München, VDMK

Saariaho, Kaija
(* 1952)

Als Spezialistin für elektronische Musik hat sich Kaija Saariaho unter den skandinavischen Komponistinnen in letzter Zeit einen Namen gemacht. Sie wurde am 14. Oktober 1952 in Helsinki, Finnland, geboren und studierte Komposition bei Paavo Heininen an der Sibelius Akademie in Helsinki. In Freiburg setzte sie das Studium fort bei Brian Ferneyhough und Klaus Huber und ging anschließend zum Zentrum für Neue Musik IRCAM nach Paris. Von 1988 bis 1989 war sie Studentin in San Diego, Kalifornien. Saariaho hat die Elektronik in fast allen Besetzungen angewandt und damit internationalen Ruhm errungen. Das Los Angeles Symphony Orchestra gab bei ihr zwei Orchesterstücke in Auftrag; das Finnische Nationalballett tanzte auf ihre Musik „Maa". 1986 gewann sie den Kranichsteiner Musikpreis, 1988 den Prix d'Italia für ihr Werk „Stilleben", und auf der Ars Electronica war sie in Linz, Österreich, 1989 erfolgreich. Schon jetzt sind ihre Werke in zahlreichen Ländern aufgeführt worden.

KAMMERMUSIK

„Canvas" für Flöte (1978)
„Yellows" für Horn und Schlagzeug (1980)
„Im Traume" für Cello und Klavier (1980), Hämeenlinna, Jasemusiikki
„... sah den Vögeln" für Sopran, Flöte, Oboe, Cello, präpariertes Klavier und Live-Elektronik (1981)

„Laconisme de l'aile" für Flöte (1982), Hämeenlinna, Jasemusiikki
„Jardin Secret II" für Cembalo und Tonband (1984-86)
„Nymphéa" („Jardin Secret III") für Streichquartett und Live-Elektronik (1987)
„Petals" für Cello (1988)
„Grammaire des Rêves" für Sopran, Alt, zwei Flöten, Harfe, Bratsche und Cello (1988-89)
„Oi Kuu" für Baßklarinette und Cello (1990)
„For the moon" für Baßklarinette und Cello (1990)
„Près" für Cello (1992)
Nocturne für Violine (1994)

ORCHESTERMUSIK

„Verblendungen" für Kammerorchester und Tonband (1982-84), Kopenhagen, Hansen
„Du Christal" für Sinfonieorchester (1990)
„...à La Fumée" für Sinfonieorchester, Flöte und Cello (1990)
„Graal Theatre" für Violine und Orchester (1994)

VOKALMUSIK

„Bruden" (Die Braut; schwedischer Text: Edith Södergran), Liederzyklus für Sopran, zwei Flöten und Schlagzeug (1977)
„Jing" (finnischer Text: Li Ch-ing Chao) für Sopran und Cello (1979)
„Nej och Inte" (Nein und nicht; schwedischer Text: Gunnar Björling), drei Lieder für vier Frauenstimmen oder Chor(1979)
„Soumenkielinen Sekakuorokappale" für gemischten Chor in finnischer Sprache (1979)
„Preludi-Tunnustus-Postludi" (finnischer Text: Mika Waltari) für Sopran und präparierten Flügel (1980)
„Kolme Preludia"(finnische Texte aus der Bibel) für Sopran und Orgel (1980)
„Il pleût" (Text: Apollinaire) für Sopran und Klavier
„Adjö" (schwedischer Text: Solveig von Schoultz) für Sopran, Flöte und Gitarre (1982, überarbeitet 1985)
„Du gick, flög" (schwedischer Text: Gunnar Björling) für Sopran und Klavier
„From the Grammar of Dreams" (Text: Sylvia Plath) für Sopran und Mezzo (1988-89)
„Nuits, adieux" (Text: Honoré de Balzac) für vier Stimmen und Live-Elektronik (1991)
„Grammaire des rêves" für Sopran, Alt, zwei Flöten, Viola, Cello, Harfe, Textcollage (1988)

ELEKTRONISCHE MUSIK

„Study for Life" für Frauenstimme, Tänzer, Tonband und Licht (1980)
„... sah den Vögeln" für Sopran, Flöte, Oboe, Cello, präpariertes Klavier und Live-Elektronik (1981)
„Lichtbogen" für Flöte, Schlagzeug, Klavier, Harfe, zwei Violinen, Bratsche, Cello, Kontrabaß und Live-Elektronik (1985-86), Kopenhagen, Hansen
„Io" für zwei Flöten, Baßflöte, zwei Hörner, Posaune, Tuba, Schlagzeug (zwei Spieler), Harfe, Klavier / Celesta, zwei Violinen, Bratsche, Violoncello, Kontrabaß, Tonband und Live-Elektronik (1986-87), Kopenhagen, Hansen
„Study II for life", Experimentalmusik des Finnischen Radios (1981)
„Vers le Blanc", IRCAM, Paris
„Jardin Secret I", IRCAM, Paris (1984-85)
Drei Zwischenspiele und Musik zu"Skotten in Helsingfores", Tonbandstück (1983)
„Kollisionen" für Schlagzeug und Tonband (1984)
„Collisions" für Tonbandstück (1986)
„Csokolom" (1985)
„Piipää" für zwei Stimmen, Tonband und Live-Elektronik
„Amers" für Cello, Ensemble und Elektronik (1992)
„La dame à la lìcorne", Klanginstallation mit Tonband (1993)
„Trois rivières" für vier Perkussionisten und Elektronik (1994)

Kaija Saariaho. Foto: Marc Beziat, Finnish Music Information Centre

FILMMUSIK / RADIO / TV

„Suuri Illusioni" (1985)
„Kaija Saariaho", composer from Paris, TV i (1986)
„Stilleben", Radio-Produktion mit Landschaft in Bewegung, durch ein Fenster (1987-88)
„Miracle of Light", Omnimaxfilm von Martti Jännes (1991)
„Maa", Ballettmusik in sieben Szenen für Solisten und Elektronik (1991)

BIBLIOGRAPHIE

Nieminen, Risto: Kaija Saariahos Besuche im Wunderland. In: Neuland, Bd. 4, Bergisch Gladbach 1984
Beckmann, J.: De storste begraensinger ligger i fantasien. In: Dansk Musik Tidsskrift, 1984/85
Timbre and harmony. In: Contemporary Music Review, London 1987
Dalbavie, M. - A.: Pour sortir de l'avant-garde. In: Le timbre, Paris 1988
Winterfeldt, Susanne: Kaija Saariaho. In der Reihe: Klangporträts, Berliner Musikfrauen, Berlin 1991
Nieminen, Ristro: Kaija Saariaho, Paris 1994

DISKOGRAPHIE

„Verblendungen". Finnisches Radio-Sinfonieorchester, Ltg. Esa-Pekka Salonen. / „Jardin Secret" / „Laconisme de l'aile". Camilla Hoitenga, Flöte. / „...sah den Vögeln". Tuula-Marja Tuomela, Sopran; Tapio Laivaara, Flöte; Juoko Teikari, Oboe; Eira Ojanen, Cello; Margit Rahkonen, Klavier; Ltg. Atso Almila. BIS Records
„Im Traume". Risto Poutanen, Cello; Ilmo Ranta, Klavier. Finnland, JASELP
„Verblendungen" / „Lichtbogen" / „Io" / „Stilleben". Avanti Chamber Orchestra, Ltg. Jukka-Pekka Saraste. Finlandia FACD
„Jardin Secret II". Jukka Tiensuu, Cembalo. Finlandia FACD
Créations IRCAM: Les années '80: „Io". Ensemble InterContemporain, Ltg. Peter Eötvös. IRCAM, Paris

Samter, Alice
(* 1908)

Ihr umfangreiches Werkverzeichnis enthält vorwiegend Werke für kleine Besetzungen, die ihr von Musikern in Auftrag gegeben wurden. Alice Samter, die auch gerne zeichnet und dichtet, wurde am 11. Juni 1908 in Berlin geboren. Sie lernte Klavier bei Amalie Iwan, Else Blatt und Dr. Stark. Neben Klavier studierte sie bei Gerhard Wehle Improvisation und bei Johannes Pranschke Komposition. An der Hochschule für Musik in Berlin setzte sie von 1945 bis 1946 ihr Studium im Fach Schulmusik bei Prof. Heinrich Martens fort. Anschließend unterrichtete sie bis 1970 an Berliner Schulen. Alice Samter begann bereits in ihre Kindheit zu komponieren. An die Öffentlichkeit trat sie mit ihren Kompositionen erst nach 1945. Sie schrieb zahlreiche Auftragskompositionen, hielt Vorträge und nahm an Musikfestivals teil. Die Komponistin lebt in Berlin.

ORGEL- / KLAVIERMUSIK

„Drei Aphorismen" für Klavier (1962)
„Drei Phasen" für Klavier (1968)
„Match" für Klavier (1970), Hamburg/Wiesbaden, Cranz 1981
„Prisma" für Klavier / Orgel (1972)
Drei Klavierstücke zu Plastiken von Jos. Magnus (1973)
„Duo ritmico" für Klavier zu vier Händen (1973)
„Eskapaden" für Klavier (1976),Kassel, Furore 1987
„Gemini" für Klavier zu vier Händen (1976)
„Varianten" für Klavier (1976)
„Zwanzig Finger auf dem Klavier" (1989)

KAMMERMUSIK

„Drei Tanzminiaturen" für Klarinette und Klavier (1955)
„Sketch" für drei Holsbläser: Oboe, Klarinette und Fagott (1970), Berlin, Corona / Berlin, Budde 1976
„Sketch II" für Flöte, Klarinette und Fagott (1970)
„Permutation" für Cello und Klavier (1970)
„Mobile" für Oboe und Fagott (1971), Kassel, Furore 1987
„Dialog" für Violine und Klavier (1971)
„Mini-Logic" für Violine und Klavier (1972), Hamburg, Wiesbaden, Cranz 1977
„Aspekte" für Flöte und Klavier (1972), Hamburg, Wiesbaden, Cranz 1981
„Kaleidoskop" für Flöte und Violine (1973)
„Monolog einer Geige" für Violine solo (1973)
„Flötenmonolog" für Flöte solo (1973)
„Kontrapost I" für Flöte, Altflöte und Klavier (1974)
„Aspekte" für Flöte und Cembalo (1974)
„Les extrêmes se touchent" für Klarinette, Cello und Klavir (1974)
„Rivalités" für Flöte, Klarinette, Cello und Klavier (1974)
„Fraternité" für Cello und Klavier (1975)
„Monolog" für Cello solo (1975)
„Facetten" für Flöte und Klavier (1976)
„Metamorphosen" für Violine und Klavier (1976)
„Kontrapost II" für Flöte, Klarinette und Klavier

(1976)
„Essay" für Violine und Zymbal (1977)
„Epsioden" für Violine und Viola (1977)
„Trilogie" für Flöte und Klavier, Wiesbaden, Cranz 1977
„Trialog" für Violine, Kontrabaß und Klavier (1978)
„Metamorphosen" für Violine und Cembalo (1978)
„Mosaik" für Kontrabaß und Klavier (1978)
„Rotation" für Flöte und Zymbalo (1978)
Klaviertrio für Violine, Cello und Klavier (1979)
„Nelly-Sachs-Trio" für Violine, Cello und Klavier (1979), Kassel, Furore 1987
„Hundert Takte" für Gitarre und Cembalo / Klavier (1980)
„Dedikation" für Klarinette, Harfe und Klavier (1983)
„Zueignung" für Flöte, Posaune und Klavier (1983)
„Quintetto giocoso" für Flöte, Oboe, Violine, Cello und Klavier (1983)
„Monolog einer Baßklarinette" (1984)
„Klarinette allein" (1985)
„Imaginationen" für Flöte, Klarinette, Trompete, Cello, Schlagzeug und Klavier (1985)
Duettino für Klarinette und Orgel (1986)
„Für eine Posaune" (1986)
„Interludium" für Oboe d'amore solo (1987)
„Interludium" für Oboe solo (1987)
„Charlottenburger Mosaik" für Flöte, Klarinette, Fagott, Cello, Schlagzeug und Klavier (1987)
„Für ein Fagott" (1989)
„Balance" für Cello und Klavier (1990)
„Variatio delectat" für Flöte, Oboe, Klarinette, Fagott, Horn und Schlagzeug (1990)
„Ungleiche" für Flöte, Cello, Schlagzeug und Klavier (1990)
„Spohr up to date" für Oboe, Klavier und Schlagzeug (1991)
„Vogelstückchen" für Flöte solo (1992)
„Hommage à Vivaldi" für Flöte, Oboe, Violine, Cello und Cembalo (1992)

VOKALMUSIK

Vier Lieder (Text: Christian Morgenstern) für Singstimme und Klavier (1954)
Drei Lieder (Text: Rainer Maria Rilke) für Singstimme und Klavier (1954)
„6 Wechselgesänge" (Text: Klabund) für Mezzo, Bariton, Schlagzeug und Klavier (1960)
„Die Selbstkritik" (Text: Wilhelm Busch) für drei Stimmen (1962)
„Die Kartenhexe" (Text: Walter Mehring) für Sprecher und Klavier (1966)
„Erfindungen" (Text: Christian Morgenstern) für drei Stimmen, Blockflöte und Klavier (1966)
„Der Kartoffelpuffer" (Text: Else Lasker-Schüler), Ulkiade für Sopran / Tenor, Klavier und Sprecher (1967)
Duette (Text: Wilhelm Busch) für Sopran, Bariton, Klarinette, Schlagzeug und Klavier (1967)
Drei Lieder (Text: Stefan George) für Singstimme und Klavier (1968)
Zwei Lieder (Text: Guillaume Apollinaire / Edith Södergran) für Singstimme und Klavier (1969)
„Gedanken eines Revuemädchens" (Text: B. Brecht) für Singstimme und Klavier (1969)
„Mit Katzenaugen" (Text: Angelika Wiebach) für Singstimme und Klavier (1969)
„Ode an Singer" (Text: Paul André van Ostaijen) für Sopran, Sprecher und Klavier (1969)
„Der Schaffner" (Text: Jacques Prévert) für Bariton, Klavier und Sprecher (1969)
„Morgenmahlzeit" (Text: Jacques Prévert) für Sprecher und Klavier (1969)
„'s gibt hungrige Leute" (Text: Trindade) für Sprecher, Sprecherin und Klavier (1969)
Drei Lieder nach Nelly Sachs für Singstimme und Klavier (auch für drei gemischte Stimmen / Chor und Klavier / Orgel) (1970)
„Stimme des Heiligen Landes" (Text: Nelly Sachs) für Singstimme, Posaune und Orgel (1970)
„Song of yourself" (Text: Joseph Heise) für Singstimme und Klavier (1970)
Sechs Lieder (Text: Rosita Magnus) für Singstimme und Klavier (1971)
„Hellbrunn-Zyklus" (Text: Rosita Magnus) für Sopran, Flöte, Oboe und Fagott (1971)
Vier Lieder (Text: Christa Reinig) für Singstimme und Klavier (1968-71)
Zwei Lieder (Text: Wolfgang Borchert / Arno Holz) für Singstimme und Klavier (1971)
„Tänzerinnen", drei Lieder nach Nelly Sachs, Else Lasker-Schüler und Georg van der Vring für Sopran, Flöte (o. Piccolo), Klarinette (o. Baßklarinette) und Klavier (1972)
Zwei Lieder (Text: Ingeborg Bachmann) für Singstimme und Klavier (1969-72)
„Berlin-Zyklus" (Text: Aldona Gustas) für Singstimme und Klavier (1972)
„Hellbrunn-Zyklus" (Text: Rosita Magnus) für Sopran und Klavier (1972)
Fünf Oboenlieder (Text: Christa Reinig, Frederike Bremer, Mascha Kaléko, Pieritz) für Singstimme und Oboe (1977)
„Gott schuf die Sonne" (Text: Christa Reinig) für Singstimme und Schlagzeug (1986)
Drei Duette (Text: Christa Reinig, Mascha Kaléko) für Mezzo und Alt (1987)

„Die ideale Frau" (Text: Margret Gottlieb) für Sopran und Schlagzeug (1987)
„Tanz im Grase" (Text: Georg van der Vring) für Singstimme, Oboe und Klavier (1975-88)
„Wiedersehen mit Dr. Vielfraß" (Text: Mascha Kaléko) für Sopran und Oboe (1991)
„Maskenball im Hochgebirge" (Text: Erich Kästner) für Singstimme, Schlagzeug, Oboe und Klavier (1992)

CHORMUSIK

„Wir Geretteten" (Text: Nelly Sachs) für Frauenchor, Violine, Cello und Klavier (1970)
Zwei Chöre für gemischte Stimmen (1986): „Die Affen" (Text: Wilhelm Busch) / „Die Schnupftabakdose" (Text: Joachim Ringelnatz)
„Freiheit-Gleichheit-Brüderlichkeit", Kantate für gemischten Chor, Alt, Flöte, Klarinette, Trompete, Cello, Kontrabaß und Schlagzeug (1988)
„Die ideale Frau" (Text: Margret Gottlieb), dreistimmiges Chorlied (1988), in: Lippen. Laute, Lebenszeichen, S. 124 ff.

BÜHNENMUSIK

„Die Bettleroper" (Gay-Pepusch) bearbeitet für Kammerensemble, Sänger und Chor (1967)
„Die Nachtwache" (Text: Nelly Sachs) für Oboe, Klarinette, Trompete, Posaune, Violine, Cello, Kontrabaß, Klavier, Schlagzeug, Sänger, Sprecher und Chor (1968)
„Proteus" (Text: Paul Claudel - Bühnenfassung: W. Poch) für Flöte und Sopranino, drei Violinen, drei Celli, drei Kontrabässe, Trompeten, Klarinette, Klavier / Cembalo, Akkordeon und Schlagzeug (1968)
„Die Schule der Witwen" (Text: Jean Cocteau) für Sopran, Violine, Cello und Klavier (1976)
„Schuloper" (1957)
„Puppenspiel" (1958), Schuloper
„Maskenspiel" (1966), Schuloper

BIBLIOGRAPHIE

Samter, Alice: Musik ist mein Lebensprogramm. In: Annäherungen I, Kassel, Furore 1986
„Befreiung durch Humor": Alice Samter. In: Komponistinnen der Neuen Musik. Beate Philipp (Hrsg.), Kassel, Furore 1993

DISKOGRAPHIE / HÖRFUNK-MITSCHNITTE

„Dialog" / „Eskapaden". Mixtur, MXT 1002, Berlin
„Sketch" für drei Holzbläser / „Mosaik" / Vier Lieder nach Christian Morgenstern / „Rivalités" / „Kontrapost I" / „Match" / „Tänzerinnen" / „Les extrêmes se touchent". In: Alice Samter, Kammermusik, EMI Electrola, Mars Schallplatten, Berlin
„Imaginationen", Gesprächskonzert mit Prof. Dr. Klaus Döring und Alice Samter, Videocassette einer Sendung vom 11.04.1968 im Sender Freies Berlin (SFB) mit der Auftragskomposition zu einer Ausstellung mit dem gleichnamigen Titel
„Dialog" für Violine und Klavier. Videocassette einer Aufführung der genannten Komposition und Gespräch mit Dietmar Schönherr, Leonie v. Ossowski und Alice Samter vom 04.01.1981 im WDR, Köln, Titel der Sendung: „Arena"
Gerhild Henning: „Arbeitsplatz Berlin - Hier kriegt mich keiner raus", Videocassette einer Sendung mit Alice Samter vom 04.05.1985 im Südwestfunk Baden-Baden

Scheidel Austin, Elizabeth (R. Austin, Elizabeth)
(* 1938)

Die amerikanische Komponistin mit deutschen Vorfahren wurde am 15. Juli 1938 in Baltimore, Maryland (USA), geboren. Sie besuchte in Towson das Goucher College und war Musikstudentin von Robert Hall Lewis. Im Sommer 1958 ging sie nach Frankreich zum Conservatoire Américaine in Fontainebleau zu Nadia Boulanger. Es folgte ein weiteres Studium an der Hartt School of Music, University of Hartford und eine Zeit als Musikpädagogin in West Hartford. 1977 belegte Elizabeth Austin das Fach Komposition an der Hartford University und schloß 1982 mit dem Kompositionsexamen ab. Ein Zweitstudium und der Abschluß als Dr. phil. folgten an der University of Connecticut (1987). Die Komponistin gewann 1985 den 1. Preis des David-Lipscomb-Wettbewerbs für elektronische Musik mit ihrem Werk „Wilderness Symphony" für zwei Sprecher und Orchester. Sie erhielt Kompositionsaufträge aus den USA und Deutschland, wo sie in Heidelberg und Mannheim zahlreiche Aufführungen aufzuweisen hat. Beim Mid American Festival of Contemporary Music in Ohio wurde 1995 ihr Cembalostück „Lighthouse I" aufgeführt. Die Komponistin lebt zeitweise in Connecticut, USA, und in Mannheim, Deutschland. Sie unterrichtet an der Hartt School of Music der

Universität Hartford und ist gleichzeitig Organistin an der First Church of Christ Congregational im Mansfield Center in Connecticut. Sie hält seit Jahren eine rege musikalische Verbindung zwischen den Hochschulen Heidelberg, Mannheim und der Universität von Connecticut aufrecht.

CEMBALO- / KLAVIERMUSIK

„Zodiac Suite" für Klavier solo (1980/93)
„Elegy" für Klavier zu vier Händen (1986)
„Lighthouse I" für Cembalo solo (1989), Köln, Tonger
„Mannheimer Schloßfrau in Weiß" für zwei Cembali (1990)
„Puzzle Preludes" für Klavier (1995)

KAMMERMUSIK

„Inscapes" für Streichquartett (1981)
„Bantam" für Flöte, Klarinette in B und Klavier (1982)
„Circles" für Cello und Klavier (1982)
„Gathering threads" für Klarinette in B (1990)
„To Begin" für Blechbläserquintett (zwei Trompeten, Franz. Horn, Posaune und Tuba) (1990)
Sonate für Blockflöte (Sopran) (1991)

ORCHESTERMUSIK

Kammersinfonie (1960)
„Wilderness Symphony" für zwei Sprecher und Orchester (nach Carl Sandburg „The Wilderness")
Sinfonie Nr. 2 „Lighthouse" (1994)

VOKALMUSIK

„Three Sandburg Songs" für hohe Stimme und Klavier (1954)
„Measure Me, Sky!" für hohe Stimme und Klavier (1957)
Drei Rilke-Lieder für mittlere Stimme und Klavier (1958)
„The Heart's Journey" (Text: S. Sassoon) für hohe Stimme und Klavier (1960)
„Alleluia" für hohe Stimme und Klavier (1961)
„Set me as a seal" aus dem „Buch der Lieder" für Stimme und Klavier (1979)
„Songs from Advent poems" (Text: Rilke) für hohe Stimme, Franz. Horn und Klavier (1980)
„Prayer for a Christian Burial" (Text: Bede Jarrett) für hohe Stimme und Orgel/Klavier (1981)
„Sonnets from the Portuguese" (Text: E. B. Browning) für Sopran und Klavier (1988)
„Ein Geburtstagskranz für Gerd" (Text: E. E. Cummings, Rossetti, Yeats) für hohe Stimme und Klavier (1990)
Bobrowski-Lieder für mittlere Stimme und Klavier (1995)

CHORMUSIK

„Christ Being Raised" für vierstimmigen gemischten Chor und Klavier / Orgel, Washington, Arsis Press 1955
„Christmas, the Reason" für vierstimmigen Frauenchor (1981)
„High Flight" für vierstimmigen gemischten Chor und Harfe/Klavier (1981)
„Cantata Beatitudines" für vierstimmigen gemischten Chor, Soli, Bläserensemble und Orgel (1982)
„Nunc Dimittis" für vierstimmigen gemischten Chor und Klavier/Orgel (1983)
Messe über „We gather together" für vierstimmigen gemischten Chor, Orgel, Trompete und Schlagzeug (1987)
„An die Nachgeborenen" für vierstimmigen gemischten Chor und Klavier (1991)
„The Master's Hands" (Text: Marilyn N. Waniek) für vierstimmigen gemischten Chor und Klavier / Orgel (1994)
„Outwitted" (Text: Edwin Markham) für vierstimmigen gemischten Chor und Klavier / Orgel (1994)

ELEKTRONISCHE MUSIK

„Ghosts" für Fagott und Tonband (1980)
„Eclats obscurs" für Tonband (1982)
„Cancer, solstice 83" für Stimme, Sounds, Licht und Tonband (1983)
„Klavier Double" für Klavier und Tonband (1985)
„Un cadre univers ouvert" (1985)
„Between", Architektur-Spektakel, Licht und Ton, Posaune, Tonband (1986)
„Spaceflight" für Tonband (1987)
„Fou-Fou" für Tonband (1987)
„Fuite" für Stimme, Klarinette und B-Klarinette, Schlagzeug und Tonband (1987)

DISKOGRAPHIE

„Wilderness Symphony". Krakau Radio Orchester, Ltg. Szymon Kawalla. Vienna Modern Masters, Wien
„Chamber Music by Elizabeth R. Austin. Capstone Records, USA

Scherchen-Hsiao, Tona
(* 1038)

Die chinesischen Titel der meisten ihrer Werke deuten keinesfalls auf eine Neigung der Komponistin zum Folklorismus hin: Tona Scherchen-Hsiao wurde am 12. März 1938 als Tochter des Dirigenten Hermann Scherchen und der chinesischen Komponistin Hsiao Shui-sien in Neuchâtel, Schweiz, geboren. Von 1958 bis 1960 studierte sie an den Konservatorien in Peking und Shanghai. 1961 bis 1967 war sie Schülerin von Hans Werner Henze am Salzburger Mozarteum. Von 1963 bis 1967 setzte sie ihre Kompositionsstudien bei Olivier Messiaen in Paris und bei György Ligeti in Wien fort. Die Musikerin wurde 1964 mit dem ersten Preis des Conservatoire National Supérieure de Musique in Paris ausgezeichnet und erhielt 1967 den ersten Preis beim Kompositionswettbewerb der Gaudeamus-Stiftung (Niederlande); 1973 folgte der Grand Prix Hervé Dugardin in Paris und 1979 der Preis der Koussevitzky Foundation, USA.

KLAVIERMUSIK
„Radar" für Klavier (1984)

KAMMERMUSIK
„Ziguidor", Bläserquintett (1977), New York, Boosey & Hawkes
„Lo" für Posaune und 12 Streicher (1979), New York, Boosey & Hawkes
„In" für Flöte (1965)
„Sin" für Flöte (1965)
„Shen" für sechs Schlagzeuger (oder Schlagzeug-Orchester) (1968), Wien, Universal Edition
„Hsun" für Kammerensemble (Bläser und Streicher) (1968), Wien, Universal Edition
„Tzoue" für Flöte, Cello, Cembalo (1970)), Wien, Universal Edition
„Lien" für Viola (1973), Wien, Universal Edition
„Bien" für 12 Instrumente (1973), Wien, Universal Edition
„Yi" für zwei Marimbaphon-Spieler oder andere Instrumente (1973), Wien, Universal Edition
„Yun-Yu" für Violine und Vibraphon (1974), Wien, Universal Edition
„Once upon a time" für Harfe (1979), Paris, Editions Musicales
„Tzing", Blechbläserquintett (1979)
„Escargots volants" für Soloklarinette (1979)
„Tarots" für Cembalo, drei Klarinetten, Trompete, Posaune, Violine, Kontrabaß (1982)

ORCHESTERMUSIK
„Tzang" für Kammerorchester (1966)
„Khouang" für Cembalo und Orchester (1968), Wien, Universal Edition
„Tao" für Viola und Orchester (1971), Wien, Universal Edition
„Tjao-Houen" für Kammerorchester (1973), Wien, Universal Edition
„Vague tao" (1975), Wien, Universal Edition
„S..." für Orchester (1975), Wien, Universal Edition
„Oeil de chat" (1977)
„L'invitation au voyage" für Kammerorchester (1978), New York, Boosey & Hawkes

VOKALMUSIK
„Wai" für Mezzosopran, Streichquartett und Instrumente (1966), Wien, Universal Edition
Zyklus „Histoire de Ziguidor" für Alt und Orchester (1971)

CHORMUSIK
„Tzi" für 16-stimmigen Chor a cappella (1970). Wien, Universal Edition

THEATER / BALLETT
„Nouvelles légendes", Musiktheater
„La larme du crocodile", Paris, Editions Musicales
„Labyrinteromysflora-Quatarabiscocotiques", Musiktheater
„Du beau roi des singes Sun Won-K'ong"
„Tzan-Shen", Ballett (1968)

BIBLIOGRAPHIE
Schiffer, Brigitte: Tona Scherchen-Hsiao, Tempo 117, Boosey & Hawkes, Bonn 1976

DISKOGRAPHIE
„Shen" für Schlagzeug-Ensemble. Percussion de Strasbourg. Philips
„Yi" pour marimabaphone. Kieffer / Askill, Marimbaphon. Frankreich, Prodisc Apostrophe
„Lien" für Viola solo. New York, Finnadar Records

Schick, Philippine
(1893-1970)

Sie schrieb bereits mit 13 Jahren neben einem kompletten Singspiel über 100 Lieder und Klavierstücke, hatte aber bis dahin keinerlei

Kompositionsunterricht erhalten. Philippine Schick, die am 9. Februar 1893 in Bonn/Rhein, geboren wurde, gehört zu den Komponistinnen, die in der Musikwelt jahrelang auf Ablehnung stießen. Sechs Jahre älter als Grete von Zieritz (s. Zieritz), hat sie sich jedoch – vor allem in Deutschland – durchgesetzt und vielen anderen Komponistinnen Mut zum Schreiben gemacht. Sie studierte von 1914 bis 1925 in München Klavier, Musiktheorie und Komposition bei H. W. von Waltershausen, Friedrich Klose, Hermann Zilche, Wolfgang Ruoff und August Schmid-Lindner. Nach 1933 arbeitete sie als freie Komponistin, und ihr wurde die Fachgruppe Musik der 1926 in Hamburg von Richard Dehmels Witwe gegründeten Künstlerinnen-Gemeinschaft GEDOK übertragen. Diese Gelegenheit nahm sie wahr, um etliche Werke von Komponistinnen ihrer Zeit zur Aufführung zu bringen, sie hielt Referate und suchte den Kontakt zu anderen Komponistinnen ihrer Zeit wie zu Margarete von Mikusch, Grete von Zieritz, Marta Linz und anderen. Im Jahre 1943 wurde sie mit dem Förderpreis der Stadt München ausgezeichnet. Nach dem Krieg war sie von 1949 bis 1956 Dozentin für Musiktheorie an der Universität München. Sie hatte als einzige westdeutsche Komponistin Kontakt zu Karl-Fritz Bernhardt in Suhl/Thüringen, der schon in den 50er Jahren Hunderte von Komponistinnen in einer Kartei erfaßt hatte und vieles in Thüringen zur Aufführung brachte. Schon 1954 referierte Philippine Schick in Weimar über Zwölftonmusik; in der damaligen DDR ein fast avantgardistisches Unterfangen. Die Komponistin starb am 13. Januar 1970 in München. Einige ihrer Werke sind im Musikverlag Thomi-Berg, Gräfelfing, verlegt.

ORGEL- / KLAVIERMUSIK

Sonate op. 1 für Klavier (1918)
Variationen über ein Thema von Waltershausen op. 7 (1923)
Passacaglia und Fuge op.11 für Orgel (1924)
Sechs Miniaturen für Klavier op.13 (1924)
Vier Intermezzi für Klavier op. 31 (1936)
Passacaglia und Choralfuge über das „Magnificat" op. 39a für zwei Klaviere (1939)
„Metamorphosen" für Klavier op. 52 (1951)
„11 alte deutsche Lieder" für Klavier op. 57, vierhändig (1953)

KAMMERMUSIK

Streichquartett op. 3 (1920)
Sonate in Fis-dur op. 14 für Violine und Klavier (1926)
„Norwegische Suite" op. 33 für Violine und Klavier (1936), Gräfelfing, Thomi-Berg
Sonate op. 43 für Cello und Klavier (1941), Gräfelfing, Thomi-Berg

ORCHESTERMUSIK

Klavierkonzert op. 10 (1923)
„Schottische Tanzsuite" für Orchester op. 36 (1938)
Passacaglia und Choralfuge für Klavier und Orchester (1939)

VOKALMUSIK

Fünf Kinderlieder op. 4 (Text: Rückert) (1921)
Sieben Lieder op. 5 (1923)
„Pyrrhussieg" op. 6 für Sopran und Klavier (1922)
„Lieder des Todes" op. 8 für Alt und Klavier (1922)
„Lieder der Sehnsucht" op. 12 für Baß und Klavier (1924)
Sieben Lieder op. 15 (Morgenstern) für Bariton und Klavier, Berlin, Verlag Deutsche Tonkünstler
„Liebesfrühling", sieben Lieder op. 18 für Sopran und Klavier (1928)
„Gespräche mit Gott" für Baß und Orchester (1929)
„Der Pilger", Gesangszyklus op. 24
„Der Geiger von Gmund" op. 26 für Alt und Orchester (1934)
„Vom Frieden der Liebe" op. 29 für Sopran und Klavier, Gräfelfing, Thomi-Berg
„Komm, süßer Schlaf" op. 55 für Sopran, Mezzosopran und Streicher (1953)
Fünf Shakespeare-Lieder op. 56 für Stimme und Streichtrio

CHORMUSIK

Alte deutsche Liebeslieder op. 16 für gemischten Chor (1926)
„Der Einsame an Gott" op. 17, Kantate für Sopran, Baß, Frauenchor, Streicher und Klavier, Berlin, Verlag Deutsche Tonkünstler
„Bretonischer Totengesang" op. 19 für gemischten Chor und Orchester (1928)
„Welt der Liebe" op. 23, Oratorium (Text: Tagore) (1931)
„Sententiae latinae" op. 54 für sechs- bis achtstimmigen gemischten Chor

BÜHNENMUSIK

„Der Blumenzwist", Operette / Singspiel (1906)
„Severina" op. 35 (1939)
Drei Ballett-Pantomimen op. 42, 47, 48 (1943)

BIBLIOGRAPHIE

Sack, Irene: Vom Konfutius zum Kontrapunkt, in: „Süddeutsches 8-Uhr-Blatt", Juni 1940
„Komponieren nicht nur Sache der Männer", in: Thüringische Landeszeitung, Mai 1961

Schlünz, Annette
(* 1964)

Aus der Kompositionsklasse des Ex-DDR-Komponisten Udo Zimmermann ist schon manche begabte Komponistin hervorgegangen. Annette Schlünz, geboren am 23. September 1964 in Dessau (frühere DDR), kam bereits mit 12 Jahren in die Kinder-Kompositionsklasse Halle unter Leitung von Hans J. Wenzel. Anschließend studierte sie an der Hochschule für Musik Dresden Komposition bei Udo Zimmermann und Klavier bei Heidrun Richter und machte 1987 ihr Examen. Es folgten zwei Jahre im Studio für elektronische Klangerzeugung der Hochschule Dresden, sowie ein Dirigierstudium bei Rudolf Neuhaus und erste Dozententätigkeit in Dresden. Seit 1987 ist Annette Schlünz Mitarbeiterin im renommierten Dresdner Zentrum für zeitgenössische Musik. 1988 bis 1991 ergänzte sie ihre Studien in der Meisterklasse von Paul-Heinz Dittrich an der Akademie der Künste in Berlin. 1990 erhielt die Komponistin den Hanns-Eisler-Preis. Sie nahm bereits zweimal am Internationalen Bartok-Festival in Szombathely teil, war 1990 und 1992 bei den Internationalen Ferienkursen für Neue Musik in Darmstadt vertreten und 1991 bei der Trinationalen Künstlerbewegung in Montpellier, Frankreich mit dabei. Ebenfalls 1991 erfolgte die Uraufführung ihrer im Auftrag des Dresdner Zentrums geschriebenen Kammermoper „Matka" im Kellertheater der Leipziger Oper. Seit 1993 lebt Annette Schlünz freischaffend in Dresden und in Frankreich.

KAMMERMUSIK

Duo für Oboe und Cello (1977)
„Pensif" für Altblockflöte solo (1978)
Stück für sieben Instrumente (1978)
„Air Quintiur" für zwei Altblockflöten, Violine, Viola, Cello (1979)
„6 Impressionen" für Viola, Vibraphon, Cembalo (1980)
Streichquartett I (1980)
„An eine Vernunft", Streichquartett II nach Arthur Rimbaud (1982)
„Ganz ganz leise" für fünf Celli (1986)
„Variazioni nach dem Wetter zu spielen" für Kontrabaß solo (1986)
„Goldige Zeiten", Musik zu Bildern Jörg Sonntags für Violine solo (1988)
„La vie en rouge" für Klarinette und Klavier (1988)
Streichtrio (Auftrag des Festival-Ensembles Heidelberg) (1989), Berlin, Bote & Bock
„Nachtschwarz wird das Blau", Kammermusik (1990), Berlin, Bote & Bock
„Taubenblaue Schatten haben sich vermischt" für Flöte und Gitarre (1990), Berlin, Bote & Bock
„Wenn schon die Flügel zerbrochen sind", Kammermusik mit neun Instrumenten (1990), Berlin, Bote & Bock
„Musik für Tuba solo" (1991), Berlin, Bote & Bock
„La faulx de l'été" für Blockflöten und Schlagzeug (1991)
„Der Schatten verwirrte", Musik für drei Fagotte (1992)
„Wo das Schweigen anfängt" für Viola, Cello und Kontrabaß (1993)
„Et la pluie se mit à tomber", Musik für sechs Schlagzeuger (1994)
„Verhalten, entgleiten, entfalten", Musik für Gitarre (1994)
„Die Antirose" für Kammerensemble (1995)
„Traumkraut" für Kammerensemble (1995)

ORCHESTERMUSIK

Konzert für Oboe, Kammerorchester und Schlazeug (1981)
Konzert für Kammerorchester (1984/85)
„Picardie", Musik für Orchester (1992)
„Fadensonnen", Musik für 17 Instrumente (1993)
„Verstummen", Musik für Orgel und drei Schlagzeuger (1994)

VOKALMUSIK

Fünf Gesänge (Text: U. Grüning) für Alt, Blockflöte, Schlagzeug (1982)
„Reagantage" (Text: Dieter Kerschek) für Bariton und Cello (1983)
„Lacrimoso" (Text: Ricarda Huch) Lied für Sopran und Altblockflöte (1983)
„Geschirmt sind die Liebenden", Liederzyklus für Bariton und Kammerensemble (1984)
„Rosen", Gesangsszenen nach Ingeborg Bachmann für Mezzo und Klavier, Logiksynthesizer ad lib. (1988)
„Klage" (Text: Ursula Koziol) für Sprecher und Kammerensemble (1991)
„Tout est rêver" für Sopran, Klarinette und Schlagzeug (1992), Berlin, Bote & Bock

CHORMUSIK

„Morgengrauen" (Text: Reichl) für Sopransolo und Chor zu drei gleichen Stimmen (1982)
„Über die Hügel wuchert der Ginster", Gesangsszenen nach Arthur Rimbaud für Bariton, Kammerchor, Orchester (1986)

ELEKTRONISCHE MUSIK

„Schattenspiel" für zwei DX 7, MFB, Hallgerät REV 7, Blockflöte (1986)
„Beschreibung eines Baumes" (Text: G. Rühm) für Stimme, DX 7, Hallgerät (1987)
„Unaufhörliche Schlaflosigkeit" für Tuba und Tonband (1994)

BÜHNENMUSIK

„Abschieds-Schaukel", szenische Kammermusik nach Nelly Sachs für Bariton, Sopran, Tänzerin, Chor mit 22 Sängern und Kammerensemble (1985)
„Lumpengesindel - ein neues Märchen", szenische Musik für Kinder (1987)
„Du, schöne Unbekannte aber kommst", Kammeroper nach K. Capek (1988)
„Matka", Kammeroper (1991)
„Tag und Nacht", Musiktheater, Auftrag des Dresdner Zentrums für Neue Musik (1996)

BIBLIOGRAPHIE

Annette Schlünz, in: Komponistinnen-Festival, Dokumentation, Heidelberg 1989

DISKOGRAPHIE

Porträt der Komponistin Annette Schlünz. Mainz WERGO 1996

Schmidt, Mia
(* 1952)

Sie gehört zu den wenigen weiblichen Komponisten, die den Mut haben, sich ohne Festanstellung als freischaffende Künstlerinnen zu betätigen. Mia Schmidt wurde am 5. Januar 1952 in Dresden, ehemalige DDR, geboren und erhielt schon sehr früh Klavierunterricht. In München studierte sie zuerst Pädagogik, Psychologie und Soziologie und schloß 1977 mit dem Examen ab. Von 1980-1986 folgte ein Studium der Musikwissenschaft an der Universität Tübingen, von 1981-1988 nahm sie Kompositionsunterricht bei Milko Kelemen, Brian Ferneyhough, Klaus Huber und Messias Maiguashca (elektronische Musik) und schloß mit dem Examen ab. Schon während ihres Studiums arbeitete sie im sozialpädagogischen Bereich und in Jugendmusikschulen (Früherziehung, Theorie, usw.). Sie war Teilnehmerin zahlreicher Festivals für Neue Musik, wie Witten, Graz, Darmstadt, Frankfurt und Krefeld. Zweimal wurde sie mit einem Stipendium ausgezeichnet: Rosenberg-Stiftung und Heinrich-Strobel-Stiftung des Südwestfunks Baden-Baden. 1985 wurde sie dreimal ausgezeichnet, einmal beim Wettbewerb Forum junger Komponisten in Köln und beim VIII. Internationalen Komponistinnen-Wettbewerb der GEDOK in Mannheim, sowie beim Wettbewerb Premio Europa in Rom (Kategorie Kammermusik), 1986 erhielt sie den Förderpreis des Steirischen Herbstes, Graz; 1987 den IRINO-Preis für Kammermusik; Tokio, 1992 eine Auszeichnung beim Wettbewerb Forum junger Komponisten, Köln, und den 3. Preis beim 1. Internationalen Kompositionswettbewerb des SFM, Bern 1992.

CEMBALO- / KLAVIERMUSIK

„Friedensappelle" für einmanualiges Cembalo
„X durch 2" für zwei Personen am Klavier
Sonate für Klavier (1984)

KAMMERMUSIK

Streichquartett
Vier Stücke für Streichquartett
„Roter Mohn I und II" für Posaune solo
„Once I heard you" für Klavier und Instrumentalensemble
„Lilith" für zwei Bratschen, zwei Gitarren und Schlagzeug (1984)
„Mondwein", Streichquartett (1985), Mailand, Ricordi
„danach", Duo für Violine und Klavier (1986)
„wenn" für Solofagott (1986)
„Leise schwimmt der Mond durch mein Blut", Duo für Flöte (Piccolo) und Fagott (1986)
Fünf Stücke für Bläserquintett und Kontrabaß (1991)
„Tango" für Akkordeon und Kontrabaß (1992)
„Differenzen" für zwei Kontrabässe (1993)
„Abschied I und II" für Bläserquintett und zwei Metallplatten (1994/95)

VOKALMUSIK

„Komm, lieber Mai" (Text: G. Wohmann) für Mezzosopran und Klavier (1982)
„Birne bei den Hühnern" (Erzählung: G. Herburger) für Blockflöte(n), Cello, Klavier, Frauenstimme, Kinder der musikalischen Früherziehung, Pantomime (1984)

„Ende des Jahres" (Text: Sarah Kirsch) für Mezzosopran, Alt, Flöte, Violine, Cello und Klavier (1984)
„ihre Geschichte" für vier Frauenstimmen und Sprecherin, nach Texten von Christa Reinig und eigenen Texten (1985), Kassel, Furore 1985
„Vollmond" für Alt, Flöte (Piccolo) und Fagott nach einem Gedicht von Else Lasker-Schüler (1986)
„Luft zum Atmen" (Text: Gioconda Belli) für Mezzo, Violine, Mandoline, Baßflöte, Trompete, Kontrabaß und Tonband (1988)
„Prolog" für drei Frauenstimmen und Sprecherin (1993/94)

CHORMUSIK

„Zwischenmusik" für gemischten Sprechchor, nach dem Personalverzeichnis der deutschen Rundfunk- und Fernsehanstalten (1988)

ELEKTRONISCHE MUSIK

„a rose is a rose" für Tonband (1988)
„Für Fanny" für Klavier und Tonband (1990)

VERSCHIEDENES

„Amor / Amore", ein Zwiegespräch für mindestens vier Beteiligte; Improvisationskonzept für Schulklassen (1995), Verlag ConBrio, Regensburg

BIBLIOGRAPHIE

Schmidt, Mia: Zur Repräsentanz von zeitgenössischen Komponistinnen im Musikleben der BRD, Tübingen 1986
Schmidt, Mia: Mein feministisches Interesse zieht sich durch meine Kompositionen. In: Annäherungen II, Kassel, Furore 1987
Frei, Lislot: Das irritierte Ohr, die Komponistin Mia Schmidt, in: Stehplatz 1993
Schmidt, Mia: Weiß nicht, was zu tun; denn entzweit ist das Denken mir. In: Neue Zeitschrift für Musik, Mainz 1994

Schonthal, Ruth
(* 1924)

Als Hindemith-Schülerin machte sie 1948 ihr Kompositionsexamen an der Yale University, USA, und eine Prägung durch diesen Komponisten blieb in ihrem gesamten Schaffen unverkennbar. Ruth Schonthal, Amerikanerin deutsch-jüdischen Ursprungs, wurde am 27. Juni 1924 in Hamburg geboren. Mit fünf Jahren begann sie bereits zu komponieren, und bald wurde sie im Stern'schen Konservatorium in Berlin als jüngste Studentin aufgenommen und erhielt Unterricht bei Hilda Bischoff (Musiktheorie) und Luise Lehde (Klavier). Im Jahre 1938 flüchtete sie vor dem Nationalsozialismus nach Schweden und studierte dort bis 1941 an der Königlichen Musikakademie Stockholm bei Ingemar Lijefors Komposition. 1941 wanderte die Familie nach Mexiko aus, und Ruth Schonthal setzte ihr Studium bei dem Dukas-Schüler Manule M. Ponce fort. Als der deutsche Komponist Paul Hindemith 1946 in Mexiko eine Reihe von Konzerten gab, sprach sie bei ihm vor, und er empfahl, seine Schülerin an der Yale University zu werden. So ging sie 1946 in die USA und wurde Kompositionsschülerin von Hindemith. Als Pianistin und Komponistin arbeitete sie anschließend in New York und zog dann nach New Rochelle. In den 70er Jahren lehrte sie Musiktheorie und Komposition an der Adelphi University, 1977 bis 1982 an der New York University und am Westchester Conservatory. 1994 erhielt Ruth Schonthal den Künstlerinnen-Preis der Stadt Heidelberg. Ihre Werke werden oft auf internationalen Festivals aufgeführt. Im Vorstand der American Women Composers (heute International Alliance for Women in Music) hat sie sich seit Jahren für die Belange von Komponistinnen eingesetzt. Sie lebt und arbeitet in New Rochelle, USA.

KLAVIERMUSIK

Walzer für Klavier (1930)
Präludium und Melodie für Klavier (1936)
Sonate D-dur für Klavier (1936)
Kadenz zu Beethovens Klavierkonzert Nr. 1 (1937)
Impromptu c-moll für Klavier (1939)
Etüde Es-dur für Klavier (1939)
Etüde C-dur für Klavier (1939)
Etüde d-moll für Klavier (1939)
Prelude cis-moll für Klavier (1939)
Prelude E-dur für Klavier (1939)
Prelude Des-dur für Klavier (1940)
Kleines Prelude C-dur für Klavier (1940)
Rhapsodie g-moll für Klavier (1940)
Neun Variationen über ein romant. Thema e-moll für Klavier (1942)
Sechs Preludes für Klavier (1945)
Capriccio Espagnol für Klavier (1945)
„Wiegenlied" A-dur für Klavier (1945)
„Pierrot dansant", Prelude cis-moll für Klavier (1941)
Präludium und Fuge in F für Klavier (1947)
„Miniaturen" für Klavier Bd. I-III, New York, Galaxy Music

„Potpourri", zehn leichte Klavierstücke, New York, Fischer
„Near and far", 13 leichte Klavierstücke, New York, Fischer
Sonatina (1939), Stockholm, Lundholm Music
Sonata in Es-dur (1947)
„Fiestas y danzas" für Klavier (1961). Fine Arts Music, 1991
„Sonata quasi un improvisazione" (1964)
„Nachklänge" für präpariertes Klavier (1967)
„Sonata breve" für Klavier, New York University Press, 1973
Sonatensatz für Klavier (1973)
„Reverberations for piano with added timbres" (1974)
„Variations in search of a theme", New York, Oxford University Press 1976
„Eleven Pieces for piano" (1978)
„In homage of ...", 24 Präludien für Klavier (1978), Fine Arts Music
„Fragments from a woman's diary" (1982), Fine Arts Music
„Three elegies", Selbstverlag 1982
„Canticles of Hieronymus" für Klavier (1987), Selbstverlag 1988
„Bird calls for piano", New York, Oxford University Press 1988
Toccata and arietta, Selbstverlag 1989
„Temptation of St. Anthony" für Orgel (1989)
„14 inventions" für Klavier, Fine Arts Music 1991
„Self Portrait of the artist as an older woman" (1991), Fine Arts Music 1991

KAMMERMUSIK

Sonate für Violine und Klavier (1962)
Streichquartett (1964)
Sonata concertante für Cello und Klavier (1973)
Sonata concertante für Viola und Klavier (1975)
Sonate für Klarinette und Klavier (1975)
„Four epiphanies for unaccompanied viola" (1975), New York, Oxford University Press
Sonata concertante für Klarinette und Klavier (1976)
„Loveletters to Cunegonde" für Klarinette und Cello (1976)
„Fantasia in a nostalgic mood" für Gitarre (1978)
„Music for horn and piano" (1978)
Streichquartett Nr. 2 (1983)
„Interlude for harp", Washington, Arsis Press (1987)
Sonate für Cello und Klavier (1989)
„A bird song about ..." für Flöte, Klavier (1991)
Improvisationen für Violine solo (1992)
„A bird over Jerusalem" für Flöte, Klavier, Tonband (1992), Bryn Mawr, Hildegard Publ. 1994
„Abendruhe mit süßem Traum" für Cello, Klavier und Vibraphon (1993)
„Improvisations in 3 interconnected sections" für Violine (1993)
„Variations on a Jewish Liturgical theme" für E-Gitarre (1993)
„The Bells of Sarajewo" für Klarinette, Klavier, Xylophon und Pauken (1993)
Bearbeitungen von Antonio Vivaldis Sonate Nr. 5 für Cello und Klavier (1993)

ORCHESTERMUSIK

„Concerto romantico" für Klavier und Orchester (1942)
Symphony (1957)
Concerto Nr. 2 für Klavier und Orchester (1977)
„Music for horn and chamber orchestra" (1978)
„The beautiful days of Aranjuez" für Harfe und Streicher (1981, überarbeitet 1983)
„Evocation" für Orchester (1984)
„Sinfonia breve" für Orchester (1986)
„Evening Music, fantasy with ocean waves" (1992)
„Soundtracks for a dark street" für Orchester und E-Gitarre (1993)

VOKALMUSIK

Songs (Rilke) für Sopran und Klavier (1977)
„Nine lyric-dramatic songs" (Yeats) für Mezzosopran und Klavier oder Orchester (1960)
„Totengesänge" für Sopran und Klavier (1963)
„7 songs of love and sorrow" (verschiedene Autoren) für Sopran und Klavier (1977)
„The solitary reaper" für Tenor, Violine, Klavier und Cello (1978)
„By the roadside" (Whitman) für Sopran und Klavier, New York, Oxford University Press 1979
„The young dead soldiers" (A. MacLeish) für SATB und 10 Instrumente (1986), Bayn Mawr, Hildegard Publ.
„Six times solitude" (Milne) für Sopran und Klavier (1987, überarbeitet 1990)
„Collages" (Des Knaben Wunderhorn) für Sopran, Flöte, zwei Klarinetten, zwei Schlagzeuger, Cello, Klavier und Synthesizer (1990)
„Ingrid's Lieder" (Text: Olbricht) für Mezzo und Klavier (1993)
„Trompeten-Gesänge" (Text: Schonthal) für mittlere Stimme, Trompete, Violine, Cello, Klavier und kleine Trommel (1993)

CHORMUSIK

„New Hampshire" (Text: T. S. Elliot) für vierstimmigen gemischten Chor (1947)
„Man" (Text: John Davis) für fünfstimmigen gemischten Chor (1947)
„Orpheus" (Text: W. Shakespeare) für vierstimmigen gemischten Chor (1947)
„Winter" (Text: W. Shakespeare) für vierstimmigen gemischten Chor (1947)

BÜHNENMUSIK

„Candide", Ballettmarsch (1955)
„The transposed heads", Ballettmusik (1963)
„The courtship of Camilla", Oper in einem Akt (1980)
„Princess Maleen" (nach Gebr. Grimm, Schonthal, Wood) (1988)
„Die Mauer vorher und nachher", ein deutsches zeitgenössisches Singspiel (Libretto: Ruth Schonthal) für Sprecher, Flöte, Violine, Cello und Klavier (1994)

BIBLIOGRAPHIE

Zaimont und Famera: Contemporary Concert Music by Women, Westport 1981
Jezic, D.: Ruth Schonthal. In: Women Composers, the lost tradition found, New York 1988
Bisda, C.: The piano works of Ruth Schonthal, Manhattan School of Music, New York 1991
Ruth Schonthal. In: Komponistinnen-Festivals, Dokumentation, Heidelberg 1989
Anderson, E. Ruth: Contemporary American Composers. A biographical dictionary, Boston 1982
Eaton, J.: Musik seit 1950 in den USA – ein Überblick. In: Österr. Musikzeitschrift, 1976
Helmig, Martina: Verschiedene Kulturen haben meine Musik geprägt. In: Annäherungen II, Kassel, Furore 1987
Helmig, Martina: Ruth Schonthal. In: Komponistinnen in Berlin, Berlin 1987
Helmig, Martina: Ruth Schonthal, ein kompositorischer Werdegang im Exil, Berlin 1993 und Zürich, Olms 1994
Helmig, Martina: Ruth Schonthal, eine Biographie, Peter Lang 1995
Lewis, Thomas P.: Ruth Schonthal. In: Something about the Music. Guide 1, Contemporary Repertoire, New York 1990
Projektgruppe Musik / Uni Hamburg: Zündende Lieder - verbrannte Musik. Hamburg / USA 1988
Epstein / Hayes: Interview with Ruth Schonthal. In: ILWC Journal, 1994

DISKOGRAPHIE

„4 Epiphanies" für Viola solo (1976), Paul Doktor. Orion
„Fiestas y Danzas" für Klavier (1961), Kaplan-Salomon. Leonarda
„Fragments from a Woman's Diary" für Klavier (1982), Gary Steigerwalt. Orion
„Gestures" für Klavier (1978), Margaret Mills. Cambria
„In Homage of ..." (24 Preludes) für Klavier (1978), Gary Steigerwalt. Orion
„Loveletters" für Klarinette und Cello (1979) / Esther Lammeck, Klarinette und Michael Rudiakov, Cello. Capriccio
Music for Horn and Chamber Orchestra (1978), Rimon Meir (Horn) und Mitglieder des Israel Philharmonic Orchestra. Crystal Records
„Nachklänge" für präpariertes Klavier (1967-74), Gary Steigerwalt. Orion
„Selfportrait of the Artist as an Older Woman" für Klavier (1991), Margaret Mills. Cambria
Sonata breve für Klavier (1973), Gary Steigerwalt. Orion
Sonata Concertante für Cello und Klavier (1973), / Maxime Neuman, Cello; Ioan Stein, Klavier, Orion
Sonata Concertante für Klarinette und Klavier (1976) / Esther Lammeck, Klarinette; Gary Steigerwalt, Klavier. Opus One
Sonatensatz für Klavier (1973), Gary Steigerwalt. Orion
Streichquartett Nr. 1 (1962), The Crescent Quartet, Neuauflage 1993. Leonarda
„The Canticles of Hieronymus" für Klavier (1987), Margaret Mills. Cambria
„The tranposed Heads", Suite für Orchester (1952), Orquesta Sinfonica de la Universidad, Ltg. José Vásquez (im Privatbesitz der Komponistin). Columbia Records
„Totengesänge" für Sopran und Klavier (1962/63), Berenice Branson, Sopran; Ruth Schonthal, Klavier. Leonarda
„Variations in Search of a Theme" für Klavier (1974), Gary Steigerwalt, Klavier. Orion

Schorr-Weiler, Eva
(* 1927)

Als Tochter des Organisten und Musiklehrers Adolf Weiler wurde sie am 28. September 1927 in Crailsheim, Württemberg geboren. Mit fünf Jahren erhielt Eva Schorr-Weiler ihren ersten Musik- und Kunstunterricht von ihrem Vater. Ihre eigenen Kompositionen trug sie bereits im Alter von acht Jahren vor. Als 15jährige gewann sie erste Preise bei Kompositions- und Orgelwettbewerben. Von 1947 bis 1952 studierte sie an der Staatlichen Hochschule für Musik in Stuttgart. Ihre Lehrer waren Johann Nepomuk David (Komposition) und Anton Nowakowski (Orgel und Kirchenmusik). 1952 nahm sie an den Internationalen Ferienkursen in Darmstadt teil und ließ sich dort von Olivier Messiaen unterweisen.

Im selben Jahr heiratete sie den Musikredakteur Dieter Schorr.

Für ihre Kompositionen erhielt E. Schorr-Weiler mehrere Auszeichnungen, u.a. die Goldmedaille auf dem 4. Internationalen Wettbewerb in Buenos Aires. Auch als Malerin wurde sie durch zahlreiche Ausstellungen im europäischen Ausland bekannt. Die Komponistin lebt in Stuttgart.

ORGEL- / CEMBALO- / KLAVIERMUSIK

Vier Sätze für Klavier: Toccata / Passacaglia / Intermezzo / Fuge
„Der kleine Zoo" für Klavier (1949)
Acht Präludien und Fugen für Klavier (1949)
Konzertstück für zwei Klaviere (1951)
Deutsche Messe für Orgel (1952)
Fantasie und Toccata für Klavier (1954)
Acht Variationen für Klavier (1957)
12 Stücke für Klavier („Der Tierkreis") (1958)
Vier rhythmische Etüden für Klavier (1961)
Sechs Bilder für Klavier (1967)
„Zeitbilder" für Klavier (1988)
„70 Spots" für Klavier (1988)
Zwei Fugen für zwei Cembali (1990)
„Movie für Sebastian" für Klavier (1993)

KAMMERMUSIK

Sonate für Flöte und Klavier (1949)
Rondo und 10 Variationen für Streichquartett (1950)
Duo für Violine und Klavier (1951)
Trio für zwei Violinen und Cello (1955)
Suite für Streicher (1963)
„Ludus mobilis" für Flöte und Klavier (1969)
Bläserquintett (1971)
„Moving play" für Flöte und Cymbal" (1972)
Sonate für Flöte und Klavier (1973)
„Rythamel", Trio für Flöte, Klarinette und Fagott (1975)
„Veränderungen", drei Präludien und Fugen für Violine, Cello und Klavier (1976)
„Szenen" für Violine und Schlagzeug (1976)
Sonate für Cello und Klavier (1977)
„Initialen F-G-H-S", Quartett für Sopranblockflöte, Oboe, Gambe und Cembalo (1977)
Fantasie, Choral und Fuge für Englischhorn und Orgel (1977), Kassel, Furore 1988
„Memoria", Quintett für Flöte, Violine, Viola, Cello und Harfe (1978)
„und predigte den Vögeln ..." für Harfe solo (1980)
Trio für Flöte, Bratsche und Gitarre im Andenken an A. Diabelli (1981)
„Dialog" für Harfe und Orgel (1981)
„Pas de trois", Tanzsuite für Streichtrio (1981), Kassel, Furore 1989

„Erscheinungen", vier Sätze für Orgel und Schlagzeug (1982)
„Mixed Suite" für Flöte und Gitarre in vier Sätzen (1983), Kassel, Furore 1989
„Ritornell, Meditation" für Violine und Orgel (1983), Kassel, Furore 1989
„Invention" für 12 Streicher (1985)
„Nonett Rondo d'Austria" für Bläserquintett, Violine, Viola, Cello und Kontrabaß (1986)
„Tromba mira", Impromptu für Trompete und Orgel (1986)
„Mobiludus" für Gitarre und Cembalo (1988)
Drei Canzonen für zwei Celli und Orgel (1989)
„Zeiträume" für Klavier und Bläserquintett (1990)
Rhapsodie für Flöte und Orgel (1992)
Fünf Ragtimes für Klavier, Trompete und Horn (auch für Klavier, Violine und Cello) (1993)

ORCHESTERMUSIK

Suite für Streichorchester in fünf Sätzen (1963)
Konzert für Violine und Orchester (1964)
„Kaleidoskop", Ballett für großes Orchester (1965/66)
„Septuarchie", Violinkonzert (1975)
„Sinfomobil" für großes Orchester (1979)
„Mixed Suite" für Orchester (1984)

VOKALMUSIK

Drei Lieder (Texte: Gottfried Benn) für Sopran und Klavier (1959)
Fünf Lieder (Texte: Nelly Sachs) für Sopran und Klavier (1962)
Fünf Lieder (Texte: Joh. Poethen) für Sopran und Klavier (1968)
Drei Lieder (Texte: Christian Morgenstern) für mittlere Stimme und Cymbal (1972)
„Der Tanz um den weißen Gott" (Text: Johannes Poethen) für Sprecher und Flöte (1973)
„Wände" (Text: Renata Pandula) für Streichquartett und Sopran (1974)
„Als wäre die Nacht nicht verwirrt" (Text: Johannes Poethen), Trio für Mezzosopran, Flöte und Cello (1975)
Fünf Lieder (Gabriele Wohmann) für mittlere Stimme und Klavier (1980)
Drei Lieder (Gabriele Wohmann) für mittlere Stimme und Klavier (1982)
„In der Welt habt ihr Angst", Kantate für Mezzosopran / Bariton, Violine und Orgel (1984), Kassel, Furore 1988
„Visionen" für mittlere Stimme und Orgel (1985)
„Was ist der Mensch" für Sopran, Flöte, Cello und Cembalo (1986)
„Terra magica" (Text: Johannes Poethen) für Mezzo, Flöte, Klarinette und Cello (1986)

„In der Stadt zu schlafen" (Text: Walter Bauer) für
  Sprecher, Flöte und Schlagzeug (1987)
„Weltraumgelächter" (Text: Johannes Poethen) für
  Sprecher, Flöte, Klavier und Schlagzeug (1992)

CHORMUSIK

Sechs Motetten für gemischten Chor (1950)
„Otto kauft sich ein Auto" für vierstimmigen
  gemischten Chor (1978)

TV- / BÜHNENMUSIK

„Die Katze des Königs" (Text: Brigitte Frank), Oper
  in sechs Bildern für vier Soli, Chor, Kinderchor,
  Ballett und großes Orchester (1989)
„Keine Zeit und zu faul" (G. Wohmann), Kammer-
  szene für Bariton, Flöte, Altsaxophon, Klavier und
  Schlagzeug (1991)
Musik zu dem Fernsehspiel „Albumblätter" von Petra
  Morsbach für Sopran, Flöte und Klavier (1992)

BIBLIOGRAPHIE

Komponistin und Malerin: Eva Schorr. In: Komponistinnen der Neuen Musik, Beate Philipp (Hrsg.),
Kassel 1993

„In meiner Ausbildungszeit war weder im Instrumental- noch im Kompositionsunterricht die Rede von Werken, die Frauen komponiert hatten."

„Nach dem Studium, das ich mit sehr guten Zeugnissen abschloß, bewarb ich mich um eine Tonsatzlehrstelle an der Musikhochschule Stuttgart. Die Bewerbung wurde abgelehnt mit der Begründung, diese Stelle müsse von einem Mann besetzt werden."

Eva Schorr

Schröter,
Corona Elisabeth Wilhelmine
(1751-1802)

Im Jahre 1779 stand sie als Iphigenie neben Goethe als Orest in seiner „Iphigenie auf Tauris" auf der Bühne. Corona Schröter, Schauspielerin, Sängerin und Komponistin, wurde am 14. Januar 1751 in Guben, Schlesien, geboren. Sie war die Tochter eines Oboisten, der ihr den ersten Musikunterricht erteilte. Schon früh erlernte sie das Klavier- und Cembalospiel und war als Sängerin erfolgreich. Die Familie zog um das Jahr 1763 nach Leipzig, wo Corona Schröter Schülerin von J. A. Hiller wurde, und nach 1765 tritt sie in Hillers Konzerten auf. Mit 14 Jahren debütierte sie als Sängerin am Gewandhaus in Leipzig. 1778 wurde sie auf Empfehlung Goethes, der sie als Schauspielerin sehr verehrte, als Kammersängerin nach Weimar an das Theater verpflichtet. 1779 übernahm sie am dortigen Theater der Herzogin Anna Amalie von Sachsen-Weimar die Rolle der Iphigenie in Goethes Theaterstück, und dies mit so großem Erfolg, daß er ihr weitere Rollen (Proserpina u.a.) anvertraute. Für sein Singspiel „Die Fischerin" schrieb sie die Musik (1782) sowie für den „Erlkönig", der meist zusammen mit der „Fischerin" aufgeführt wurde. Schließlich verfaßte sie die Musik zu einem Epilog „Auf Miedings Tod" (1782); Mieding war Weimarer Theaterdirektor. Corona Schröter zog sich nach 1783 von der Bühne zurück und widmete sich ganz der Komposition und der Malerei. Zwei Sammlungen mit Liedern erschienen von ihr, von denen sie 25 Lieder auf Goethe-Texte komponierte. 1788 lernte sie Friedrich von Schiller kennen, von dem sie ebenfalls einige Gedichte vertonte. Um das Jahr 1801 zog sich Corona Schröter nach Ilmenau zurück, wo Goethe ebenfalls oft im Jagdhaus zu Gast war („Über allen Gipfeln ist Ruh..."). Bereits ein Jahr danach verstarb sie am 23. August 1802.

VOKALMUSIK

Singspiel „Die Fischerin" (Text: Goethe) für Singstim-
  me und Klavier (1782)
„An Laura" (1786)
25 Lieder nach Gedichten von J. W. v. Goethe für
  Singstimme und Klavier, Weimar 1786
16 Gesänge mit Begleitung des Pianoforte, Weimar
  1794
„Jugendlied" (1775), in: Friedländer, Gedichte von
  Goethe in Compositionen seiner Zeitgenossen,
  Weimar, Goethe-Gesellschaft 1896
„Der Erlkönig" (1786), in: Friedländer, Gedichte von
  Goethe in Compositionen seiner Zeitgenossen,

Weimar, Goethe-Gesellschaft 1896
„O Mutter, guten Rat mir leith" (aus der „Fischerin")
(1782), in: Friedländer, Gedichte von Goethe in
Compositionen seiner Zeitgenossen, Weimar,
Goethe-Gesellschaft 1896
„An den Abendstern" (Text: Matthisson) (1794)
„An die Nachtigall" (Text: Fr. Schmitt) (1794)

Corona Schröter. Ein Gemälde von G. M. Kraus, Goethe-Nationalmuseum, Weimar. Foto: Archiv

„Der Taucher" (Text: Schiller)
„Die Würde der Frauen" (Text: Schiller)
„Das Mädchen am Ufer" für Stimme und Klavier, Fayetteville, ClarNan Editions 1987
„Die Wachtel" für Stimme und Klavier, Fayetteville, ClarNan Editions 1987

BIBLIOGRAPHIE

Pasig, P.: Goethe und Ilmenau, Ilmenau 1902
Schmidt, L.: Nachwort zu „25 Lieder", Leipzig 1907
Stümcke, H.: Corona Schröter, Leipzig/Bielefeld 1904
Herrmann, E.: Das Weimarer Lied in der zweiten Hälfte des 18. Jahrh., Leipzig 1925
Citron, M. J.: Corona Schröter, Singer, Composer, Actress. In: Musical Letters 1980
Citron, M. J.: Women and the Lied 1775-1850. In: Women Making Music, the Western Art Tradition, Chicago 1986

Randall, A. J.: The mysterious disappearance Corona Schröters autobiography. In: Journal of Musicological Research, 1994

Schumann, Clara Josephine (geb. Wieck)
(1819-1896)

Wenn eine deutsche Komponistin ins allgemeine Bewußtsein der musikinteressierten Öffentlichkeit gelangt ist, dann ist es Clara Schumann, wenngleich sie dies weniger ihrem Status als Komponistin denn als Klaviervirtuosin zu verdanken hat. Als romantische Vorzeige-Persönlichkeit, die Beruf und Familienleben miteinander vereinbarte, hat sie seit jeher die Gemüter von Kritikern und Musikfreunden erregt. Clara Schumann wurde am 13. September 1819 in Leipzig geboren, wo ihr Vater, der Klavierpädagoge und -händler Friedrich Wieck, eine berühmte Klavierschule betrieb. Schon früh wurde Clara auf die Pianistenlaufbahn hin dressiert, trat mit neun Jahren bereits mit dem Leipziger Gewandhaus-Orchester auf, unternahm mit ihrem Vater Konzertreisen nach Weimar, Frankfurt, Berlin, Prag und Paris. 1835 spielte sie ihr selbst komponiertes Klavierkonzert a-moll op. 7, das zu den schönsten Werken der Romantik gehört. Nach der frauenfeindlichen „Kritik" in Robert Schumanns „Neuer Zeitschrift für Musik" spielte sie es nie mehr öffentlich.

Gegen den Willen des Vaters heiratete Clara Schumann nach langen Wartejahren den damals noch gänzlich unbekannten Pianisten und Komponisten Robert Schumann, der in ihrem Elternhaus als Gast wohnte. Damit begann eine Periode der Familienbildung; acht Kinder in 12 Jahren kamen auf die Welt; dazwischen unternahm sie ausgedehnte Konzertreisen. Robert Schumanns Depressionen, auf der Rußlandreise 1844 erstmals aufgetreten, verschlimmerten sich in seiner Zeit als Generalmusikdirektor in Düsseldorf (1850-54); ein Selbstmordversuch 1854 führte ihn in die Klinik Endenich bei Bonn, wo er in geistiger Umnachtung starb. Mit sieben Kindern alleingelassen, ohne jegliche finanzielle Unterstützung, nahm Clara Schumann ihre Virtuosentätigkeit wieder auf, um die in Heimen und

Privatfamilien untergebrachten Kinder zu ernähren. Sie spielte mit großem Erfolg in England, Belgien, Holland und Österreich; sie wurde als die beste lebende Virtuosin gepriesen. Vor allem setzte sie sich musikalisch für die Werke Robert Schumanns ein, die sie immer wieder spielte und besorgte nach 1877 auch die Gesamtausgabe seiner Werke. 1878 wurde sie als Leiterin der Meisterklasse an das Hoch'sche Konservatorium nach Frankfurt berufen: die einzige Festanstellung, die sie bis 1892 innehatte. Danach gab sie Privatunterricht, und ihre Schüler kamen von weit her, um bei ihr Klavierunterricht zu erhalten. 1888 trat sie zum letzten Mal öffentlich auf. Ihre Kompositionen umfassen 25 Opuszahlen und stammen vorwiegend aus den Leipziger und Düsseldorfer Jahren. Da Robert sie nie in ihrem Selbstbewußtsein als Komponistin ermunterte und die Rezeption in ihrer Zeit gegenüber den Werken von Frauen eher ablehnend war, stand sie ihrem eigenen Werk sehr kritisch gegenüber. Clara Schumann verstarb am 20. Mai 1896 in Frankfurt. Sie wurde im Grab ihres Mannes auf dem Friedhof in Bonn beigesetzt.

ORGEL- / KLAVIERMUSIK

„4 Polonaises pour le pianoforte" op. 1 (1828-30), Berlin, Ries & Erler 1987

Etüde (1830)

„Caprices en forme de valses" op. 2 (1831-32), Leipzig Hofmeister 1837

„Romance variée B-dur pour le pianoforte" op. 3 (1833), Leipzig, Hofmeister 1833 / Heidelberg 1976 / Kassel, Bärenreiter 1993

„Valses romantiques" op. 4 (1835), Leipzig, Hofmeister (1838)

„4 pièces caractéristiques" op. 5 (1834), Leipzig, Whistling 1836 / Heidelberg, Müller 1976 / München Henle 1987 / New York, Da Capo Press 1979 / Kassel, Bärenreiter 1993 / daraus: „Hexentanz", Berlin, Lienau 1993

„Soirées musicales" op. 6 (1836), Leipzig, Hofmeister 1836 / München, Henle 1987 / New York, Da Capo 1979

„Premier Concert pour le pianoforte avec accompagnement d'orchestre" a-moll op. 7 (1833-35), Leipzig, Hofmeister 1836 / Berlin, Ries & Erler 1987 / Wiesbaden, Breitkopf & Härtel 1990 / Ausgabe für zwei Klaviere: Breitkopf & Härtel, 1994 / Bryn Mawr, Hildegard Publishing 1994

„Variations de concert sur la cavatine du „Pirate" de Bellini op. 8 (1837), Wien, Haslinger 1837

„Souvenir de Vienne", Impromptu G-dur op. 9 (1838), Wien, Diabelli 1838

„Scherzo pour le pianoforte" op. 10 d-moll (1838), Leipzig, Breitkopf & Härtel 1838 / München, Henle 1987 / New York, Da Capo Press 1979

„Trois romances pour le pianoforte" Es-dur / g-moll / As-dur op. 11 (1839). Wien, Mechetti 1839 / Leipzig, Schuberth 1866 / Heidelberg, Müller 1976 / München, Henle 1987 / New York, Da Capo Press 1979 / Kassel, Bärenreiter 1990

Sonatina, Allegro und Scherzo (1841/42), Wiesbaden, Breitkopf & Härtel 1994

Impromptu für Klavier (1844), Paris, Album du Gaulois 1885

„Andante con sentimento" (1838). Wien, Doblinger 1978 / Heidelberg, Müller 1976 / in: Frauen komponieren, Mainz, Schott 1985

„Deuxième Scherzo" op. 14 (1841/42), Leipzig, Breitkopf & Härtel 1845 / Heidelberg, Müller 1976 / Kassel, Bärenreiter 1990

„Quatre pièces fugitives" op. 15 (1840-44), Leipzig, Breitkopf & Härtel 1845 / New York, Da Capo Press 1979

Drei Präludien und Fugen op. 16 (1845), Leipzig, Breitkopf & Härtel 1845 / Heidelberg, Müller 1967 / New York, Da Capo Press 1979 / Pullmann, Vivace Press 1994

Variationen über ein Thema von Robert Schumann op. 20 fis-moll, Leipzig, Breitkopf & Härtel 1854 / Heidelberg, Müller 1967 / München, Henle 1987 / Kassel, Bärenreiter 1990

Drei Romanzen für Klavier op. 21 a-moll / F-dur / g-moll. Leipzig, Breitkopf & Härtel 1855 / Heidelberg, Müller 1976 / München, Henle 1987 / Kassel, Bärenreiter 1990

Romanze a-moll (1853), München, Henle 1987

Romanze h-moll „Liebendes Gedenken! Clara" (1856), Heidelberg, Müller 1967 / Wien, Doblinger 1979

Präludium und Fuge d-moll op. 16 für Orgel, Kassel, Furore 1988

Nicht mehr identifizierbare Werke (verloren):

Variationen über ein Originalthema (ca. 1830)

Variationen über ein Tyroler Lied (ca. 1830)

Variationen über eine Wieck-Romanze (ca. 1831)

„An Alexis", Variationen (ca. 1833)

Fünf Kadenzen zu Klavierkonzerten von Beethoven und Mozart, Leipzig, Rieter-Biedermann 1870

Marsch Es-dur op. 23 (1879)

„Vorspiele" für Klavier (1895)

Präludium und Präludien für Schüler (1895)

30 Lieder von Robert Schumann für Klavier zu zwei

Händen gesetzt
Rondo h-moll nach einem Thema von Carl Reissinger
Klavierquintett von Robert Schumann op. 44, arrangiert für Klavier zu vier Händen
„Genoveva", Oper von Robert Schumann: Klavierkonzert

KAMMERMUSIK

Trio für Violine, Cello und Klavier g-moll op. 17 (1846), Leipzig, Breitkopf & Härtel 1847 / Gräfelfing, Wollenweber 1972 / Winterthur, Amadeus 1989

Clara Schumann. Zeichnung von Eduard Bendemann (1859)

Drei Romanzen für Violine und Klavier op. 22 (1853), Leipzig, Breitkopf & Härtel 1856 und 1986

ORCHESTERMUSIK

„Premier concert pour le pianoforte avec accompagnement d'orchestre" a-moll op. 7 (1833-35), Leipzig, Hofmeister 1836 / Berlin, Ries & Erler 1987 / Wiesbaden, Breitkopf & Härtel 1990
Scherzo für Orchester (ca. 1831)
Concertino f-moll für Orchester (1847), als „Konzertsatz" für Klavier und Orchester f-moll, Wiesbaden, Breitkopf & Härtel 1994

VOKALMUSIK

„Walzer" für Gesang und Klavier (ca. 1834) (Text: J. P. Lyser), Lysers Liedsammlung 1834 / Wiesbaden, Breitkopf & Härtel 1992
„Liebesfrühling" (drei Lieder nach Gedichten von Friedrich Rückert) publ. zusammen mit Robert Schumanns op. 37 (1841), Leipzig/Wiesbaden, Breitkopf & Härtel 1841 und 1990
Sechs Lieder op. 13: „Ich stand in dunklen Träumen (Text: H. Heine) / „Sie liebten sich beide" (Text: H. Heine) / „Liebeszauber" (Text: E. Geibel) / „Der Mond kommt still gegangen" (Text: E. Geibel) / „Ich habe in deinem Auge" (Text: F. Rückert) / „Die stille Lotusblume" (Text: E. Geibel), Leipzig, Breitkopf & Härtel 1843 und Wiesbaden 1990 in „Sämtliche Lieder für Singstimme und Klavier", Bd. I
„Der Abendstern" für Singstimme und Klavier (1847), in „Sämtliche Lieder für Singstimme und Klavier" Bd. II, Wiesbaden, Breitkopf & Härtel 1992
„Am Strande" (Text: R. Burns / W. Gerhard) / „Ihr Bildnis" (Text: H. Heine) / „Volkslied" (Text: H. Heine) / „Die gute Nacht, die ich dir sage" (Text. F. Rückert) / „Sie liebten sich beide" (Text: H. Heine) / „Lorelei" (Text: H. Heine) / „Oh weh des Scheidens, das er tat" (Text: F. Rückert) / „Mein Stern" (Text: F. Serre / L. Wray) / „Beim Abschied" (F. Serre) / „Das Veilchen" (J. W. v. Goethe) (1841-50), in: „Sämtliche Lieder für Singstimme und Klavier", Bd. II, Wiesbaden, Breitkopf & Härtel 1992
„Der Wanderer" / „Der Wanderer in der Sägemühle" / (Text: J. Kerner) (ca. 1831), in: „Sämtliche Lieder für Singstimme und Klavier", Bd. II, Wiesbaden, Breitkopf & Härtel 1992
Sieben Lieder (1841-53) auf Texte von Heine, Rückert, Serre und v. Goethe, in englischer Sprache, Bryn Mawr, Hildegard Publ., 1994
„Es fiel ein Reif" / „Liebst du um Schönheit" / „Sie liebten sich beide" / „Warum willst du andre fragen", in: „Frauen komponieren", 25 Lieder für Singstimme und Klavier, Mainz, Schott 1992
Sechs Lieder aus „Jucunde" (Text: Hermann Rollett) op. 23: „Was meinst du, Blümlein" / „An einem lichten Morgen" / „Geheimes Flüstern hier und dort" / „Auf einem grünen Hügel" / „Das ist ein Tag, der klingen mag" / „O Lust, o. Lust" (1853), in: „Sämtliche Lieder für Singstimme und Klavier", Bd. I, Wiesbaden, Breitkopf & Härtel 1990

CHORMUSIK

Drei Lieder für gemischten Chor nach Emanuel Geibel (1848), Wiesbaden, Breitkopf & Härtel 1994

BIBLIOGRAPHIE

„Briefe und Dokumente im Schumannhaus Bonn-Endenich", Hrsg. Thomas Synofzik; Mirgel und Schneider, Bonn, 1993
„Mein liebes Julchen, Briefe", Hrsg.: Dietz-Rüdiger Moser; Nymphenburger / Herbig, München 1990

„Schumanns Rheinische Jahre", Ausstellungskatalog Düsseldorf 1981; Droste, Düsseldorf 1981

„Schumanns rheinische Jahre", Hrsg. von Joseph A. Kruse; Droste, Düsseldorf 1981

Borchard, Beatrix: Clara Schumann, ihr Leben, Ullstein, Berlin / Frankfurt 1991

Borchard, Beatrix: Robert Schumann und Clara Wieck. Bedingungen künstlerischer Arbeit in der ersten Hälfte des 19. Jahrhunderts, Freie Universität Berlin, Beltz, Weinheim 1983

Borchard, Beatrix: Clara Wieck und Robert Schumann, Bedingungen künstlerischer Arbeit in der ersten Hälfte des 19. Jahrhunderts, Furore, Kassel 1992

Henning, Laura: Die Freundschaft Clara Schumanns mit Johannes Brahms, Werne Classen Verla, Zürich 1932

Klassen, Janina: Clara Wieck-Schumann. Die Virtuosin als Komponistin, Bärenreiter, Kassel 1988

Koch, Paul-August: Clara Schumann. Werk-Zusammenstellung, Bibliographie und Diskographie. Zimmermann, Frankfurt 1991

Kross, Siegfried: Briefe u. Notizen Robert und Clara Schumann. Bonner Beiträge zur Bibliothekskunde, Bonn, Bouvier 1978 und 1982

Lépront, Catherine: Clara Schumann. Künstlerleben und Frauenschicksal, Heyne, München 1989

Litzman, Berthold: Clara Schumann, ein Künstlerleben, Biographie in drei Bänden, Breitkopf & Härtel, Leipzig, Wiesbaden, 1909, 1910, 1912

Peacock, D. J.: Clara Schumann. In: Women Composers, the lost tradition found, New York, Feminist Press 1988

Reich, Nancy B.: Clara Schumann. Romantik als Schicksal, eine Biographie, Rowohlt, Hamburg 1991

Reich, Nancy B.: Clara Schumann. The artist and the woman (Biographie), Oxford University Press, London, New York, 1985

Roster, Danielle: Allein mit meiner Musik. Komponistinnen in der europäischen Musikgeschichte, Editions phi, Echternach (Luxemburg), 1994

Roster, Danielle: Clara Schumann (Amphitheater 28/29), Breitkopf & Härtel, Leipzig, Wiesbaden

Schumann, Eugenie: Claras Kinder. Köln, Dittrich 1995

Schumann, Eugenie: Erinnerungen (Tochter von Robert und Clara Schumann); Spemann, Stuttgart 1925/48

Schumann, Robert: Gesammelte Schriften über Musik und Musiker, VMA, Wiesbaden

Stephan, Inge: Das Schicksal der begabten Frau. Im Schatten berühmter Männer, Kreuz Verlga, Stuttgart

Susskind, Pamela Gertrude: Clara Wieck Schumann as pianist and composer. Berkeley 1977

Vries, Claudia de: Die Pianistin Clara Wieck-Schumann. Zürich 1992

Weissweiler, Eva: Clara Schumann, eine Biographie, Hoffmann & Campe, Frankfurt 1990

Weissweiler, Eva: Clara und Robert Schumann, Briefwechsel. Kritische Gesamtausgabe, Band I und II, Roter Stern, Frankfurt 1984 und 1987

DISKOGRAPHIE

„Caprice à la Bolero" aus: „Pièces caractéristiques" op. 5. Nico Oberbanscheidt, Klavier. In: Junge Künstler stellen sich vor, Klavierklasse Ratko Delorko, Zeitklang-Verlag, Düsseldorf.

Drei gemischte Chöre nach Texten von E. Geibel. Heidelberger Madrigalchor, Ltg. Gerald Kegelmann. Bietigheim, Bayer Records

Drei Romanzen für Violine und Klavier op. 22 (mit Robert Schumann: Violinsonaten Nr. 1-3). Andrew Hardy, Violine; Konstanze Eickhorst, Klavier. London, Olympia

Drei Violinromanzen op. 22 (mit Bacewicz, Heller, Tailleferre). Helga Wähdel, Violine; Babara Heller, Klavier

Etüde As-dur / Toccatina aus „Soirées Musicales" op. 6, 1 (mit Szymanowska, Landowska, Chaminade, Backer-Grøndahl, Hofer). Christine Harnisch, Klavier. In: Konzertetüden und Tokkaten des 19. und 20. Jahrhunderts, Staufen, Aurophon

Klavierkonzert a-moll op. 7 (mit Brahms: Serenade D-dur op. 16) Susanne Launhardt, Klavier; Kammerorchester Merck, Ltg. Zdenek Simane. Bietigheim, Bayer Records

Klavierkonzert a-moll op. 7 / Klaviertrio g-moll op. 17 / Romanzen für Violine und Klavier op. 22. Veronica Jochum, Klavier; Joseph Silverstein, Violine; Colin Carr, Cello; Bamberger Symphoniker, Ltg. Joseph Siverstein. ProArte Intersound

Klavierkonzert a-moll op. 7 / Scherzo d-moll op. 10 / Scherzo c-moll op. 14 / Pièces fugitives op. 15 / Variationen über ein Thema von Robert Schumann op. 29. Michael Ponti, Klavier; Berliner Symphoniker, Ltg. Volker Schmidt-Gertenbach. Münster, Fono

Klavierkonzert a-moll op. 7 (mit Hensel, Tailleferre, Boulanger). Angela Cheng, Klavier; The Women's Philharmonic, Ltg. Jo Ann Falletta. München, Koch Classics

Klaviertrio g-moll op. 17 (mit Brahms: Klaviertrio). Trio Fontenay. Freiburg, Harmonia Mundi

Klaviertrio g-moll op. 17 (mit Hensel: Klaviertrio

d-moll). Clara-Wieck-Trio. Bietigheim, Bayer Records
Klaviertrio op. 17 g-moll (mit Hensel: Klaviertrio op. 11 d-moll). The Dartington Klaviertrio. London, Hyperion Records
Klavierwerke: Soirées musicales op. 6 / Scherzo op. 10 / Scherzo op. 14 / Pièces fugitives op. 15 / Variationen über ein Thema von Robert Schumann op. 20 / Romanze op. 21 / Romanze op. posth. Konstanze Eickhorst, Klavier. Osnabrück, cpo classic
„Liebst du um Schönheit" / „An einem lichten Morgen" für Gesang und Klavier. Yoshie Tanaka, Mezzosopran; Yatsuko Mitsui, Klavier. In: Frau als Komponistin, Wien, WienKultur / Pichler
11 Lieder für Singstimme und Klavier. Sieglinde Schneider, Sopran; Stewart Emerson, Klavier. Edita music, Bergheim
„Liebst du um Schönheit" / „Das ist ein Tag, der klingen mag" für Gesang und Klavier. Meta Bourgonjen, Alt; Ro van Hessen, Klavier. In: Honneur aux dames, Leeuwarden, Stichting Famke
Lieder op. 12 und 13 für Singstimme und Klavier (mit Hensel-Liedern). Jard van Nees, Mezzosopran; C. Lambour, Hammerflügel. Accademia, St. Gallen
Lieder op. 12, op. 13 und op. 23 für Singstimme und Klavier (mit Liedern von Hensel, Kinkel und Backer-Grondahl). Tuula Nienstedt, Alt; Uwe Wegner, Klavier. Hamburg, Musica Viva
Lieder und Klavierstücke op. 12, op. 13, op. 23 / Romanze op. 11 / Andante expressivo op. 15 / Scherzo op. 15. Udo Reinemann, Bariton; Christian Ivaldi, Klavier. Arion, France
Romanze op. 21, 1 (mit Hensel, Herzogenberg, Schweikert, Boulanger, Marbé, Dinescu, Bacewicz, Klavierwerke). Daniela Steinbach, Klavier. Diephloz, Pallas
Romanze op. 3 / Variationen op. 20 (mit R. Schumann: Impromptu op. 5 / Albumblätter op. 99; Brahms: Variationen über ein Thema von Robert Schumann op. 9). Veronica Jochum, Klavier. ProArte/Intersound
Rückert-Lieder op. 12 für Singstimme und Klavier. C. Ciesinsky, Sopran; Rudolph Palmer, Klavier. New York, Leonarda Productions
Rückert-Lieder op. 12 für Singstimme und Klavier (mit Liedern von Brahms, Mahler, Loewe, Schubert, Reger, Reutter). Thomas Pfeiffer, Bariton; Karl Michael Komma, Klavier. Bietigheim, Bayer Records
Sämtliche Lieder. Isabel Lippitz, Sopran; Deborah Richards, Klavier. Bietigheim, Bayer Records
Sieben Variationen über ein Thema von Robert Schumann op. 20 / Drei Romanzen op. 21 / Präludien und Fugen op. 16 / Vier Pièces fugitives op. 15. Angelika Nebel, Klavier. Viersen, Aulos
Soirée musicale op. 6 für Klavier / Variationen über ein Thema von Robert Schumann op. 20 / Scherzo d-moll op. 10 / Scherzo c-moll op. 14 / Pièces fugitives op. 15 / Romanze a-moll op. 21, 1 / Romanze h-moll. Konstanze Eickhorst, Klavier. Berlin, Aperto
Variationen über ein Thema von Robert Schumann op. 20. Franzpeter Goebels, Klavier. Kassel, Musicaphon
Variationen über ein Thema von Robert Schumann op. 20. Rosario Marciano, Klavier. In: Piano works by women composers, Münster, Fono
Complete works for piano. Jozef de Beenhouwer, Klavier. Den Haag, Partridge

Schweizer, Irène
(* 1941)

Neben Carla Bley ist sie die einzige international berühmte Jazz-Pianistin: Irene Schweizer, geboren am 2. Juni 1941 in Schaffhausen, Schweiz. In einem Beruf, der bislang nur Männern vorbehalten war, hat sie sich mit ungeheurer Kraft ihren Weg gebahnt, hat den free jazz entscheidend mitgeprägt und ist aus der europäischen Jazz-Szene nicht mehr wegzudenken. Mit 12 Jahren entdeckte sie in der elterlichen Gastwirtschaft Klavier und Schlagzeug und machte ihre ersten improvisatorischen Versuche. Mit 17 gab sie ihr Debüt bei einem Amateur-Jazz-Festival in Zürich (The Modern Jazz Preachers): sie spielte ohne Noten, ganz nach Gehör und hat dies bis heute getan. Anfang der 60er Jahre ging sie in eine Sprachschule und als au-pair-Mädchen nach London, traf dort im Jazzclub „Ronnie Scotts" auf Joe Harriott und nahm Klavierunterricht bei dem blinden Jazzmusiker Eddie Thompson. In den 60er Jahren – zurück in Zürich – suchte sie sich ihre Gruppe zusammen, den Bassisten Uli Trepte und den Schlagzeuger Mani Neumeier. Man spielte Hard Bop, Funk und Soul, nahm Anregungen von Paul Bley, Bill Evans und vor allem von Cecil Taylor auf. Der letztere wurde zum entscheidenden Vorbild für Irène Schweizer, die ihn jedoch niemals imitiert hat. Ende der 60er Jahre hieß ihr Trio Schweizer, Pierre Favre, Schlagzeug und Peter Kowald, Kontrabaß; es entstanden die Eigenproduktionen „Santana" und „Early Tapes" mit dem Schlagzeuger Mani Neumeier. Dazwischen spielte sie immer wieder mit dem Klarinettisten Rüdiger Carl und dem südafrikanischen Schlagzeuger Louis Moholo. Einflüsse des afrikanischen Jazz, seiner ungebrochenen Kraft, sind eindeutig in die perkussive Art der Technik von Irène Schweizer eingedrungen. Die dokümentiert sich im Zusammenspiel mit Dollar Brand und Abdullah Ibrahim und der Gruppe „Blue Notes", dann auch mit der Gruppe „Brotherhood of Breath".

Ihr Wunsch, auch mit hervorragenden Frauen zusammenzuspielen, blieb lange unerfüllt, bis sich in den 80er Jahren die ersten Solistinnen und Frauengruppen hevortaten. Irène Schweizer war Mitbegründerin der Feminist Improvising Group und der daraus entstandenen „European Improvising Group", sie spielte mit der Pianistin Marilyn Crispell und der Kontrabassistin Joelle Leandre sowie mit der Sängerin Maggie Nichols („Canaille"). Es gibt keine Stilart des Jazz, die Irène Schweizer nicht beherrscht, ob sie solistisch oder in der Gruppe auftritt. Allein vier Solo CD's spielte sie 1990 in der Alten Kirche Boswil ein, die ihren ganzen musikalischen Facettenreichtum zeigen. Im Jahre 1991 erhielt Irène Schweizer – eine der wenigen Frauen – den Kunstpreis der Stadt Zürich, in der sie seit vielen Jahren lebt und arbeitet.

KLAVIERMUSIK (IMPROVISATIONEN)

„Santana"
„Jubilation"
„European echoes"
„Hexensabbat"
„This is the free Jazz: Lovers / Dedication / For John Coltrane / What happened to the old sets, Clancy?"
„Wiebel Fetzer Live"
„Elephant of the bone" / „What's yours then?" / „Panacea for" / „Rüdiger's tune is called 0202 / FMP"
„Willem's fun fest"
„Glücksgau" / „Opus de Fokk" / „Masur" / „Scheidlung Extra" / „Goose pannée"
„Wilde Senoritas"
„Blues" / „Bambus und Bambus"
„Raum- und Zeitpfleger" / „Tink-dur" / „Lokale Beliebtheit" / „Für Julien Beck" / „Liebe, Jazz und Übermut" / „Pavane" / „Pierrot" / „Cadenze a rare" / „Les trois dames" / „Sonate brève échoppée" zahlreiche weitere Klavierwerke

BIBLIOGRAPHIE

Meyer, Thomas: Musik aus dem Augenblick, Irène Schweizer. In: Schweizer Komponistinnen der Gegenwart, Hug, Zürich 1985
Schaad, Isolde: Laudatio für Irène Schweizer, in „Jazzpodium", 1991
Porträt Irène Schweizer. Fabrikjazz / Intakt Records, Zürich 1991
Noglik, Bert: Improvisationen als Symbol des Lebensstils. Die erspielten Freiheiten der Pianistin Irène Schweizer. In: Neue Zeitschrift für Musik, Mainz 1992

DISKOGRAPHIE

„Brandy". Irène Schweizer Trio mit Irène Schweizer, Uli Trepte, Baß; Mani Neumeier, drums. GrammoClub, 1964
„Early Tapes". Irène Schweizer Trio mit Irène Schweizer, Uli Trepte, Baß; Mani Neumeier, drums. FMP, 1967
„Santana". Pierre Favre Trio. Pierre Favre, drums, Irène Schweizer, Klavier; Peter Kowald, Kontrabaß. PIP / FMP 1968
„Jazz meets India", Irène Schweizer und andere. Saba Records, Schweiz
Pierre Favre Quartett „This is the free Jazz", Wergo Schallplatten
Irène Schweizer: „Willems Fun Fest", Musica Helvetica, Schweiz 1973
Irène Schweizer: Hexensabbat. FMP, Schweiz
Irène Schweizer und Rüdiger Carl Quartett, FMP, Schweiz
Irène Schweizer und Trio Messer, FMP, Schweiz
Irène Schweizer: „Wilde Senoritas", FMP, Schweiz
„Wiebel Fetzer Live" mit John Tchicai, Saxophon; Anne Christiansen, Stimme Bazillus, Zürich
„Goose Pannée". Irène Schweizer, Klavier; Rüdiger Carl Quartet. Freie Musik Produktion FMP, Schweiz 1974
„Messer". Irène Schweizer Trio mit Rüdiger Carl, Klarinette und Louis Moholo, drums. FMP 1975
„Willi the Pig". Die Irène Schweizer Group mit John Tchicai, Irène Schweizer, Buschi, Niebergall und Makaya Nthsoko. Willisau Records 1975
„Hohe Ufer Konzerte". Irène Schweizer, Klavier. Hohe Ufer Record, 1977
„Western Culture" mit Tim Hodgkinson und Lindsay Cooper u.a., Interzone 1978
„The Very Centre of Middle Europe. Irène Schweizer,

Rüdiger Carl. Hat Hut Records 1978
„Die V-Mann Suite". Irène Schweizer und Rüdiger Carl. FMP 1981
Irène Schweizer - Louis Moholo. Irène Schweizer, Piano, Louis, Moholo drums. Intakt, Schweiz 1987
„COWWS" - zwei Quintette. Rüdiger Carl, Klarinette; Irène Schweizer, Klavier; Stephan Wittwer, Gitarre; Ph. Wachsmann, Violine; Jay Oliver, Baß. FMP 1987
„Canaille". International Womens Festival of Improvisation Music, Intakt 1988. Irène Schweizer, Klavier; Lindsay Cooper, Fagott; Maggie Nicols, Gesang; Joelle Léandre, Kontrabaß; Marylin Mazur, Schlagzeug, Intakt 1988
„The storming of the winter palace". Irène Schweizer, Klavier; George Lewis; Posaune; Joelle Léandre, Kontrabaß; Maggie Nicols, Gesang; Günter Sommer, drums. Intakt 1988
„Schweizersommer". Irène Schweizer, Klavier; Günter Sommer, drums. Intakt 1988
„Paris Quartet". Joelle Léandre, Kontrabaß; Irène Schweizer, Klavier; Yves Robert, Posaune; Daunik Lazro, Altsaxophon. Intakt 1989
Irène Schweizer - Andrew Cyrille, drums. Intakt 1989
Irène Schweizer - Solo. Vol. I. Irène Schweizer, Klavier. Intakt 1991
Irène Schweizer - Solo. Vol. II. Irène Schweizer, Klavier. Intakt 1991

Senfter, Johanna
(1879-1961)

„In Anbetracht der außerordentlichen kompositorischen Begabung Ihrer Frl. Tochter wäre es eine Sünde, die Begabung nicht voll und ganz zur Entwicklung zu bringen." So schrieb Max Reger 1908 an den Vater. Die Tochter, Johanna Senfter, geboren am 27. November 1879 in Oppenheim am Rhein, hatte bereits am Konservatorium in Frankfurt Komposition bei Knorr, Klavier bei Friedberg und Violine bei Rebner studiert. Max Reger nimmt sie als Privatschülerin an, läßt sie Analysen von Bach, Beethoven und Brahms machen, sowie unzählige Kontrapunktübungen. Sie erhält ein Jahr danach den Arthur-Nikisch-Preis für die beste Komposition des Jahres. Reger setzt sich für seine Schülerin lobend ein und bestärkt sie in ihrem Schaffen. Nach seinem Tod 1916 wird es stiller um die Komponistin, und sie scheint sich allmählich aus dem Konzertleben zurückzuziehen. Doch 1921 schon gründet sie den Musikverein Oppenheim und veranstaltet eigene Konzertreihen, in denen auch ihre eigenen Werke zu hören sind. Zwei Jahre danach gründet sie den Oppenheimer Bach-Verein, mit dem sie regelmäßig Bach-Kantaten aufführt. Ihr eigenes kompositorisches Schaffen ist reich; sie schrieb allein 134 Werke mit Opuszahlen, darunter etliche Sinfonien. Johanna Senfter starb am 11. August 1961 in Oppenheim.

ORGEL- / KLAVIERMUSIK
Passacaglia für zwei Klaviere op. 14
Acht Klavierstücke op. 29
Fantasie und Fuge für Orgel op. 30a
Sieben Choralvorspiele für Orgel op. 30b
Sonate für zwei Klaviere g-moll op. 39
Vier Klavierstücke op. 45
Drei Klavierstücke op. 59
Zehn Choralvorspiele für Orgel op. 70
Sechs Choralvorspiele für Orgel op. 73
Drei Stücke für Klavier op. 77, Wilhelmshaven, Heinrichshofen 1987
Drei Klavierstücke op. 83
„Tonstücke" für zwei Klaviere a-moll op. 109
Klavierstücke op. 113
„Veränderungen" für Klavier op. 118
Drei Stücke für Klavier op. 122
Klavierstücke op. 129
Sieben Walzer für Klavier zu vier Händen (o. O.)
Acht Passacaglien für Klavier (o. O.)
Sieben Fugen für Klavier (o. O.)

KAMMERMUSIK
Trio für Klavier, Geige und Kniegeige (Cello)
Sonate für Klarinette und Klavier A-dur
Zwei Sonaten für Geige allein
„Tonstück" für Flöte, Oboe, zwei Bratschen und Kniegeige
Sonate für Geige und Klavier F-dur
Romanze und Allegro für Geige und Klavier op. 3a
Andante und Scherzo für Kniegeige und Klavier op. 3 b
Streichquartett d-moll op. 4
Sonate für Geige und Klavier G-dur op. 6
Sonate für Klavier und Kniegeige A-dur op. 10
Quartett für Klavier, Geige, Bratsche und Kniegeige e-moll op. 11
Sechs kleine Stücke für Geige und Klavier op. 13
Trio für Klavier, Geige und Kniegeige op. 21
Drei alte Tänze für Kniegeige und Klavier op. 25
Sonate für Geige und Klavier A-dur op. 26
Streichquartett fis-moll op. 28
Streichquartett f-moll op. 46
Trio für Klavier, Geige und Kniegeige op. 47

Trio für Geige, Bratsche und Kniegeige op. 54
Kleines Duo für Geige und Bratsche op. 58
„Tonstücke für acht Bläser" op. 60
Sonate für Geige allein op. 61
„Veränderungen" für Streichquartett Des-dur op. 63
Streichquartett B-dur op. 64
Kleine Sonate für Geige und Orgel op. 75
Sechs Stücke für Bratsche und Orgel op. 76
Sonate für Kniegeige und Klavier Es-dur op. 79
Sonate für Geige und Klavier C-dur op. 80
Trio für Klavier, Geige und Kniegeige op. 87
Zehn alte Tänze für zwei Geigen op. 91
„Veränderungen" für Bratsche und Klavier op. 94
Trio für Geige, Bratsche und Klavier op. 96
Fünf Stücke für Geige und Klavier op. 100
Sonate für Bratsche und Klavier F-dur op. 101
Trio für Klarinette, Horn und Klavier op. 103
Zwei Stücke für Geige, Bratsche, Kniegeige und Harfe op. 111
Klavierquartett d-moll op. 112
Streichquartett e-moll op. 115
Kleines Duo für Geige und Bratsche op. 116
Klarinettenquintett op. 119
Duo für Klavier und Bratsche op. 127
Kleine Sonate für Geige und Klavier op. 133
Leichtes Trio für Klavier, Geige und Cello op. 134

ORCHESTERMUSIK

Konzert für Geige und Orchester e-moll op. 1
Suite für Orchester D-duur op. 2
Suite für Orchester c-moll op. 5
Variationen für Orchester op. 9
Erste Sinfonie op. 22
Zweite Sinfonie d-moll op. 27
Konzert für Geige und Orchester d-moll op. 35
Dritte Sinfonie A-dur op. 43
Vierte Sinfonie B-dur op. 50
Fünfte Sinfonie e-moll op. 67
Konzert für Geige und Orchester h-moll op. 71
Sechste Sinfonie Es-dur op. 74
Fünf kleine Tänze für Orchester und Tanz op. 81
Siebte Sinfonie f-moll op. 84
„Zwei Vortragsstücke" für Geige und kleines Orchester op. 85
„Tonstück" für großes Orchester op. 102
Konzert für Kniegeige (Cello) und Orchester h-moll op. 105
Achte Sinfonie Es-dur op. 107
Folge von heiteren Stücken für Orchester op. 130

VOKALMUSIK

Acht Lieder für Singstimme und Klavier op. 8a
Acht Lieder für Singstimme und Klavier op. 8b
Sechs Lieder für hohe Stimme und Klavier op. 15
„Abschied" für Bariton und Orchester op. 20
Drei Gesänge mit Orchester op. 24
Der 13. Psalm für Alt und Klavier op. 33
„Maria und der Schiffer" für hohen Baß und Orchester op. 34a
Drei Lieder für hohe Stimme und Klavier op. 42
Drei Gesänge für vier Solostimmen op. 49
„Maria vor dem Kreuze" für vier Solostimmen und Streichquartett op. 51
Vier Lieder für Alt und Klavier op. 53
Drei Gesänge für mittlere Stimme und Streichquartett op. 56 b
Sechs Lieder für hohe Stimme und Klavier op. 65
Drei Gesänge für Alt und Flöte, Klarinette, Fagott, Bratsche, Cello, Baß und Pauke op. 72
„Unsterblichkeit" für hohe Stimme und Orchester op. 78
Sechs Orchesterlieder für Alt und Orchester op. 82
Vier Gesänge für vier Solostimmen op. 86
Fünf Lieder für hohe Stimme und Klavier op. 88
Drei Lieder für hohe Stimme und Klavier op. 92
Drei Lieder für Alt und Klavier op. 97
„Trost" für hohe Frauenstimme, hohen Baß und Orchester op. 99
Drei Lieder für tiefe Frauenstimme und Klavier op. 106a
Drei Lieder für hohe Männerstimme und Klavier op. 106b
Sechs Lieder für Alt und Klavier op. 110
Gesänge von Hölderlin für Bariton und Orchester op. 120
Lieder von C. F. Meyer für Bariton und Klavier op. 124
Lieder für Sopran und Klavier op. 125
Lieder für Bariton und Klavier op. 128
Sechs Lieder für Sopran und Orchester op. 131

CHORMUSIK

Zwei Frauenchöre mit Orchester op. 16
„Die Nacht ist vorgerückt" für gemischten Chor und Orgel op. 18 a
„Kreuzfahrerlied" aus dem 13. Jahrhundert für Männerchor
„Gebet" (Text: Hebbel) für gemischten Chor und Orchester op. 19
„Weihnachtskantilene" (Text: Claudius) für gemischten Chor, Soli und Orchester op. 31
„Heilige Nächte" (Text: Lamby) für gemischten Chor und Orchester op. 36
„Ein Traum" für hohe Stimme, Orchester und Männerchor op. 55
„Das Licht scheint" für Chor, Orchester und Orgel op. 62
„Chor der Toten" für Chor und Orchester op. 114

DISKOGRAPHIE

Sonate für Cello und Klavier Es-dur op. 79 / Sonate für Klarinette und Klavier A-dur op. 57. Michael Garais, Cello; Reimar Ulrich, Klavier; Stephan Landgrebe, Klarinette. Nürnberg, Colosseum

„Vogelweide" / Mazurka / „Berceuse" / Drei Klavierstücke op. 77 / Drei Klavierstücke op. 83 / Zwei Klavierstücke op. 129. Monica Gutman, Klavier. Mainz, WERGO

Sergejewa, Tatjana Pawlowna (* 1951)

Schon in früher Kindheit zeigte sich bei der am 28. November 1951 in Kalinin, Rußland, geborenen Musikerin eine ausgesprochene Mehrfachbegabung. So studierte sie am Moskauer Konservatorium Klavier bei L. Roschtschina, Orgel bei Natalia Gurejewa sowie Komposition bei Alexander Nikolajew, dessen Assistentin sie bis 1981 wurde. Als Lehrerin war sie von 1975 bis 1988 am Moskauer Konservatorium in der Klavier- und Orgelklasse tätig. Zweimal gewann die Komponistin den Preis der Sowjetischen Jungen Komponisten (1977 und 1979); 1987 gewann sie den Preis des sowjetischen Komponistenverbandes. In ihrem noch nicht sehr umfangreichen Werkverzeichnis dominieren die Werke nach literarischen Vorbildern. Tatajana lebt und arbeitet in Moskau und gehört neben Elena Firsowa, Frangis Ali Sade und Jekaterina Tschemberdschi zu den führenden Komponistinnen der jüngeren Generation Rußlands.

KLAVIERMUSIK

Konzert Nr. 2 für Klavier und Orchester (Fassung für zwei Klaviere), Moskau, Sowjetischer Komponistenverband 1990

KAMMERMUSIK

Septett für Oboe, Streichquintett und Klavier (1980)
Sextett für Blechbläser und Klavier (1981)
Sonata für Posaune und Klavier (1983)
„Daphne", Trio für Saxophon, Viola/Cello und Orgel (1983)
Sonate für Cello und Klavier (1986)
Sonate für Cello und Orgel (1988)
„Ancient Songs" für Posaune und Orgel (1991)

Variationen über ein Thema von Tatjana Lwowna Tolstaja für Violine, Orgel, Altsaxophon, Trompete und zwei Posaunen (1991)
Variationen für Violine und Orgel (1991)
Serenade für Cello und Orgel / Klavier (1992)
Spanische Variationen für vier Celli (1994)

ORCHESTERMUSIK

Konzert für Klavier und Orchester Nr. 1 (1979)
Konzert für Kontrabaß und Streichorchester (1980)
Konzert für Klavier und Orchester Nr. 2 (1985), Moskau, Sowjetischer Komponistenverband 1990
Konzert für Posaune und Orchester (1986)
Sinfonie für Orgel solo und Orchester (1987)
Fantasie über Themen alter russischer Walzer für Klavier und Orchester (1988)
Concerto für Violine und Tasteninstrumente (1989)
Sinfonietta für Orchester (1993)

VOKALMUSIK

„Aphrodite und der Delphin", zwei Lieder nach Versen von J. Krjukowa für Gesang und Klavier (1980)
Arien nach Texten von N. Jelagin, V. Trediakowski für Mezzosopran und Kammerensemble (1981)
Arien nach Versen von Pissarew für Gesang und Orgel (1984)
Aria nach Texten von A. Sumarokow für Gesang und Orgel (1985)
„On the arrival of spring" (Altgriechische Lyrik) für Mezzosopran und Klavier (1990/91)
Vokalzyklus für Mezzosopran, vier Celli, Orgel und Pauke auf Verse von Tatjana Tscherednitschenko (1993)
Sämtliche Werke der Komponistin sind bei Sikorski, Hamburg, verlegt.

BIBLIOGRAPHIE

Tatjana Sergejewa. In: Heidelberger Komponistinnen-Festivals, Dokumentation, Heidelberg 1989
Stepanowa, I.: Avantgarde without Avantgarde. In: Sowjetische Musik, Moskau 1990
Romantschuk, I.: Developing traditions creatively. In: Muzike Rossii, Moskau 1991

DISKOGRAPHIE

Sonate für Cello und Klavier / Sonate für Cello und Orgel (mit Werken von Gubaidulina, Frangis Ali Sade). Raimund Korupp, Cello; Tatjana Sergejewa, Orgel. In: Russische Komponistinnen, Hamburg, Ambitus
Sonate für Cello und Klavier. Felicitas Stephan, Cello; Karin Groß, Klavier. Musicom

Shlonsky, Verdina
(1908-1990)

Die israelische Komponistin hat ihre Ausbildung an den besten Musikhochschulen ihrer Zeit gehabt: Berlin und Paris. Geboren wurde sie am 22. Januar 1908 in Krementschug, Ukraine, und begann bereits mit fünf Jahren zu improvisieren und zu komponieren. Ihr Musikstudium begann sie am Konservatorium von Dnieprpetrovsk und ging dann nach Berlin, um bei Artur Schnabel (Klavier) und Egon Petri (Theorie) zu studieren. 1932 kam Verdina Shlonsky nach Paris und nahm ein Kompositionsstudium bei Nadia Boulanger, Edgar Varèse, Max Deutsch und Darius Milhaud auf, das sie 1934 abschloß. Für ihre erste Komposition „Poème Hébraïque" für Stimme und Klavier erhielt sie 1931 den 'Prix musial de l'aide aux femmes de professions libérales'; der Text stammte – wie viele ihrer Liedtexte – von ihrem Bruder, dem Dichter Abraham Shlonsky. Im Zweiten Weltkrieg mußte die Komponistin Paris verlassen und ging nach London, was kompositorisch für sie eine Unterbrechung bedeutete. Nach dem Krieg ging sie nach Israel. Unter den zahlreichen Kompositionspreisen, mit denen sie in ihrem Leben ausgezeichnet wurde, befindet sich auch der ihr 1949 für ihr Streichquartett (1948) verliehene Bela Bartok Preis. Die Komponistin, die sich zeitweise auch in der Zwölftontechnik versuchte, nahm 1961 als Stipendiatin an den Internationalen Ferienkursen für Neue Musik in Darmstadt teil und hat nie den Kontakt zur europäischen Avantgarde und zu anderen Komponistinnen in Europa, die sich in den 70er und 80er Jahren organisierten, aufgegeben. Neben ihrer kompositorischen Arbeit widmete sie sich auch der Schriftstellerei und der Malerei. Im Hauptberuf lehrte Verdina Shlonsky an der Musikakademie von Tel Aviv. Dort starb sie am 20. Februar 1990 als eine der renommierten Komponistinnen ihres Landes.

KLAVIERMUSIK
Suite für Klavier
„Chaconne fantaisie"
Marsch für Klavier
Fantasie in zwölf Sätzen
Ballade Nr. 1, 2 und 3 für Klavier
Toccata für Klavier
Burleske für zwei Klaviere
„Youth Suite", New York, Mills Music
„South Suite" für Klavier, Berlin, Corona
„Still life" für Klavier (1932), Tel Aviv, Israel Music Institute 1977
„Five Sketches" (1949), Tel Aviv, Israel Music Institute
„Nature morte" für Klavier, Tel Aviv, Israel Music Institute
„Eleven musical postcards" für Klavier, Tel Aviv, Israel Music Publishers
„Pages from the diary", Tel Aviv, OR-TAV 1950
13 Miniaturen für Klavier, Tel Aviv, OR-TAV 1969
Introduction und Scherzo, Tel Aviv, Israel Music Institue (Introduction, in: Frauen komponieren, Mainz, Schott 1985)
„Reflections", Tel Aviv, Israel Music Institute 1969
„Mosaik", Köln, Gerig 1976

KAMMERMUSIK
Streichquartett, Tel Aviv, Israel Music Institute
„Hora" für Violine und Klavier, Paris, Salabert
Sonate für Violine und Klavier Nr. 1 und 2, Tel Aviv, OR-TAV
Zwei Violinsonaten (1951)
Divertimento, Bläserquintett (1954), Tel Aviv, Israel Music Institute
Zwei Stücke für Cello und Klavier (1967), Tel Aviv, Israel Music Institute
„Dialog" für Cello und Klavier (1970)
„Silhouettes" für Violine / Klarinette und Schlagzeug (1977)
Trio für Klarinette und Klavier (1984)

ORCHESTERMUSIK
„Euphony" für Kammerorchester
„Jeremie", symphonische Dichtung (1936)
Sinfonie für Orchester (1935), Tel Aviv, Israel Music Institute
Konzert für Klavier und Orchester (1942)
„Réflexion symphonique" für Orchester (1966)
Violinkonzert (1967)
Klavierkonzert Nr. 2 (1968)
Concertino für Klavier und Orchester (1970)
„Méditation" für Orchester (1971), Tel Aviv, Israel Music Publishers
„Movement of the air" (1979/83)

VOKALMUSIK
„Let's sing", Kinderlieder
Vier Lieder für Singstimme und Klavier (Text: A. Shlonsky) (1947)

Acht Lieder (Texte: R. Eliaz, S. Melzer, S. Shabazi, S. Shalom, A. Shlonsky) (1936-44), Tel Aviv, Merkaz Letarbut

„Images", sechs Lieder für Singstimme und Klavier (darunter: Poème hébraique, Text: Abraham Shlonsky) (1933), Paris, Salabert

Fünf Lieder (Text: Apollinaire) für Gesang und Klavier (1939)

„Al Mileth", fünf Lieder für Gesang und Klavier

Psalm 61 für Gesang und Klavier

„Gedi" (Text: A. Shlonsky) für Mezzo und Klavier (1954)

Drei Lieder für Singstimme und Klavier, Tel Aviv, Merkaz Letarbut

„Space and esprit" für Stimme, Fagott und Klavier (1961), Tel Aviv, Israel Music Institute

„5 Songs" (Text: Nelly Sachs) für Stimme und Orchester (1966), Tel Aviv, Israel Music Institute

„Glühende Rätsel", fünf Gesänge für Stimme und Kammerorchester (1967), Tel Aviv, Israel Music Institute

„Silhouette" für Stimme und Schlagwerk (1977)

„Oreah" (Text: A. Shlonsky) für Gesang und Klavier (1984)

CHORMUSIK

„Song of Galil" für Chor a cappella

„Song of sea" für Chor und Orchester

„Give me your hand" für Chor und Orchester

Psalm 51 für Chor a cappella

„Hodaja", Kantate für Chor und Orchester (1948/49), Tel Aviv, Israel Music Institute

BIBLIOGRAPHIE

„Shlonsky, Verdina: Ich lebe jetzt in Israel, spüre den Boden und beobachte von hier die ganze Welt", in: Annäherungen Bd. III, Furore, Kassel 1987

DISKOGRAPHIE

„Pastorale", aus: „Images" für Singstimme und Klavier. Meta Bourgonjen, Mezzosopran; Ro van Hessen, Klavier. Stichting Famke, Leeuwarden

Sikora, Elzbieta
(* 1944)

Für ihr a-cappella-Chorwerk „Guernica-Hommage à Pablo Picasso" wurde ihr 1982 beim Mannheimer GEDOK-Wettbewerb der 1. Preis verliehen. Ihre Kammeroper „Ariadne" bekam 1978 beim Weber-Wettbewerb in Dresden den 2. Preis. Elzbieta Sikora wurde am 20. Oktober 1944 in Lwow, Polen (heute: Ukraine), geboren. Von 1963 bis 1968 besucht sie die Musikschule in Warschau. Anschließend studierte sie bis 1970 Elektronische Musik bei Pierre Schaeffer und François Bayle (Groupe de Recherches Musicales) in Paris. Sie ging nach Warschau zurück und setzte dort ihre Kompositionsstudien bei Tadeusz Baird und Zbigniew Rudzinski fort. Während dieser Zeit gründete sie gemeinsam mit Krzystof Knittel und Wojciech Michniewski die Gruppe KEW, die in Polen, Österreich, Deutschland und Schweden auftrat. 1981 und 1983 ermöglichten ihr zwei Stipendien (das Französische Staatsstipendium und das der Kosciuszko Foundation) Studien bei Betsy Jolas, am IRCAM-Center in Paris und bei John Chowning in Stanford. 1989 erhielt sie einen Lehrauftrag für elektronische Musik am Konservatorium in Angoulême. Sie ist außerdem Mitarbeiterin bei den Französischen Rundfunkanstalten. Die Werke von Elzbieta Sikora wurden in zahlreichen Konzerten in europäischen Ländern und in den USA aufgeführt.

KLAVIERMUSIK

Präludium für Klavier (1979)

KAMMERMUSIK

„According to Pascal" für Trompete, Cello und Cembalo (1965)

„Interventions" für Tuba, zwei Schlagzeuger und Mimen (1969)

„Mimen" (1969)

Streichquartett (1975)

„Journey" Nr. 1 für Tuba (1977)

Zweites Streichquartett (1980), Wien, Ariadne-Musikgesellschaft

„Interludes" für Flöte und Harfe (1980)

„Sands" für Flöte und Schlagzeug (1980), Wien, Ariadne-Musikgesellschaft

„Journey" Nr. 3 für Flöte (1981)

„Piaski" für Flöte und Schlagzeug, Warschau, Agencia Autorska 1981

Solo für Violine (1983)

„Eine kleine Tagmusik" für sieben Instrumente (1983)

ORCHESTERMUSIK

„Cercles" für Orchester (1975)

Sinfonie Nr. 1 (1984)

„Rappel II" für Orchester (1988)

VOKALMUSIK

„Les chants réjouissants le cœur" für Sopran, Flöte und Cembalo (1983) (auch Version für Sopran und fünf Instrumente, 1973)
„Loreley" für Sopran und 10 Instrumente (1987)
„Chant de Salomon" für Sopran und Kammerensemble (1991)

CHORMUSIK

Nocturne für Chor und Orchester
„Guernica - Hommage à Pablo Picasso" für Chor a cappella (1975)
„The Creation of the World" für Vokalensemble und Kammerorchester (1976)
„Salve Regina" für Chor und Orgel (1981)

BÜHNENMUSIK

„Blow up" für Tonband, Ballett (1979)
„Waste land", Ballett (1982)
„Behind his double", Radio-Oper für Sopran, Bariton, vier Schauspieler, Streichquartett, Flöte, Schlagzeug und elektronische Geräusche (1983)
„Ariadne", Kammeroper, Krakau PWM 1986
„L'arrache cœur", Radio-Oper für Sopran, Tenor, Bariton, Baß, Schauspieler und Orchester (1986)
„La clef de verre", Ballett (1986)

ELEKTRONISCHE MUSIK

„First name" (1970)
„The vue from the window" (1971)
„Uncertainty of summer" für Tonband (1973)
„Journey" Nr. 1 für Kontrabaß und Tonband (1974)
„Journey" Nr. 2 (1976)
„In the night, face to heaven" (1978)
„Rhapsody for the death of Republic" (1979)
„Letters to M." (1980)
„The head of Orpheus" für Flöte und Tonband (1981)
„Janek Wisniewski" (1982)
„The head of Orpheus II" für Flöte und Tonband (1982)
„Stress" für Schlagzeug und Tonband (mit Marta Ptaszynska)
„5 years seasons" für Stimme und Tonband (1989)
„A peine le temps que dure une vision" für Sprecher und Tonband (1989)
„Géométries variables" (1991)
„On the Line" für Sopran und Tonband (1992)

DISKOGRAPHIE

„Ariadna", Oper. Eva Ignatowicz, Lidia Juranek, Warschauer Kammerorchester, Ltg. J. Kasprzyk. Muza Polskie Schallplatten

Sirmen-Lombardini, Maddalena Laura
(1745-1818)

Maddalena Laura Lombardini Sirmen wurde am 9. Dezember 1745 in Venedig geboren. Sie gehörte weder zum Adel noch in eine Musikerfamilie. Ihr Talent fiel früh auf, und bereits im Alter von sieben Jahren konnte sie in den Chor des 'Ospedale Mendicanti' aufgenommen werden. Es gab in Venedig vier dieser bekannten Mädchenpensionate, wie das 'Ospedale della Pietà', in dem Vivaldi unterrichtete. Maddalena Lombardini Sirmen wurde in den Fächern Violine, Cembalo, Komposition und Gesang ausgebildet. Schon mit vierzehn Jahren wurde ihr eine Lehrbefähigung zuerkannt. 1760, 1761 und 1764 durfte sie ihr Studium der Violine und Komposition bei dem Geigenvirtuosen und -pädagogen Giuseppe Tartini in Padua fortsetzen. Ihr Kompositionslehrer war Bertoni. Im Alter von 21 Jahren wollte Maddalena Lombardini ihr Pensionat verlassen, was nur durch eine Entscheidung zum Klosterleben oder durch Heirat möglich war. Ihr Lehrer Tartini suchte nach einem passenden Ehemann für sie, den sie schließlich selber fand: den Geiger und Kapellmeister Lodovico Sirmen heiratete sie 1767. 1768 ging das Ehepaar auf eine zweijährige, höchst erfolgreiche Konzerttournee – auch ihre eigenen Werke standen auf den Programmen. Ihre sechs Streichquartette wurden vermutlich 1769 in Paris bei Mme Bérault gedruckt, wo sie bei den „Concerts spirituels" mehrmals gastierten. 1770 folgte eine gemeinsame Tournee nach England. Ein Jahr später ging sie allein nach London und fand eine begeisterte Aufnahme. Für die damalige Musikszene, wo auch Cembalistinnen und Harfinistinnen neben ihren männlichen Kollegen agierten, war eine Geigerin noch eine absolute Rarität. In fünf Monaten gab sie in London zweiundzwanzig Konzerte. 1773 trat sie dort öfters auch als gefeierte Sängerin auf. Nach Aufenthalten in Turin (1774), Parma (1776) und Neapel (1777) lebte sie fünf Jahre lang in Dresden und sang an der Dresdener Hofoper.

1783 konzertierte sie in St. Petersburg und 1784 in Moskau. Ihr letzter Auftritt im Ausland war im Mai 1785 in Paris; sie spielte dort zwei ihrer Violinkonzerte. Dann kehrte sie nach Venedig zurück, wo sie die letzten 30 Jahre ihres Lebens verbrachte. Insgesamt 35 Instrumentalstücke gehören zu ihrem Werkverzeichnis, vermutlich alle in der Zeit des Ospedale entstanden. Verlagskataloge zeigen, daß ihre Kompositionen damals in Paris, London, Leipzig, Wien, Salzburg, Turin, St. Petersburg, Moskau, Amsterdam, Den Haag, Berlin, Brüssel sowie in Italien, Schweden und Finnland erhältlich und mehrmals verlegt waren. Kopien ihrer Manuskripte befinden sich heute in der British Library, in Genua, Bologna, Liège, Berlin, Münster und in Lund, Schweden. Ihre Violinkonzerte wurden später von Giordani für das Cembalo transponiert. Maddalena Laura Lombardini Sirmen starb am 15. Mai 1818 in Venedig.

KAMMERMUSIK

„Six trios à deux violons et violoncelle obligé" op. 1, Amsterdam 1770 / London, Welcker 1771

„Six concerts à violino principale, violino primo et secondo, alte et basse, hautbois et cornes de chasse ad libitum" op. 2, Amsterdam, Hummel 1772, 1773 / London, Napier 1772, 1773 (als op. 3) / daraus: Adagio, in: Kleine Sinfonieschule für Streichorchester, Berlin, Lienau 1941 / in: Recent Researches in the Music of the Classical Era, Vol. 38 (Hrsg./ Bearb. Jane L. Berdes), 1991

„Sei quartetti a violino I e II, viola e violoncello" op. 3, Paris, Berault 1769 / London, Napier

„Six sonates à deux violons" op. 4, Den Haag, Hummel 1770 / London 1773

„Six duetts for two violins", London, Napier 1773 (identisch mit op. 4)

„Sei duetti per due violini" op. 5, Paris, Venier

„Concerto a violino obligato in si b con orchestra"

„Terzetto in sol" für drei Violinen

„Terzetto in re" für drei Violinen

Sonata in A-dur für Violine und Cello obligato, Wien, 1776

Streichquartett in E-dur

Trio in B-moll für zwei Violinen, Cello obligato

BIBLIOGRAPHIE

Bouvet, C.: Une leçon de G. Tartini et une femme violoniste", Paris, Sénart 1915

Scott, Marion M.: Maddalena Lombardini, Madame Syrmen. In: Musik and Letters 14, 1933

Berdes, Jane L.: The Violin Concertos opp. 2 and 3, by Maddalena Laura Lombardini Sirmen. Maryland 1979

Belck, Monika: Entstehungsgeschichte der Violinkonzerte von Komponistinnen des 18. Jahrhunderts. Musikhochschule Freiburg 1986

Berdes, Jane L.: Preface to M. L. Lombardini Sirmen: Three Violin Concertos, RRMCE 1991

Petrobelli, P.: Tartini, le sue idee e il suo tempo, Lucca 1992

McVeigh, S.: Concert Life in London from Mozart to Haydn", Cambridge 1993

Baldauf-Berdes, Jane J. L.: Women Musicians of Venice: Musical Foundations, 1525-1855, Oxford 1993

Arnold, Elsie: Maddalena Laura Lombardini Sirmen, Vortragstext, Oxford 1994

Wasmer, Marc-Joachim: Maddalena Laura Lombardini Sirmen, in: „Cling/Klong", Bern Dezember 1995

DISKOGRAPHIE

Maddalena Lombardini Sirmen: The 6 String Quartets. Allegri String Quartet. London, CALA Records 1994

> „I ... can well assure our Sovereign Mistress that, for practised violin playing which goes to the heart, this girl is at the present moment absolutely without an equal."
>
> Tartini, in: Arnold Elsie: „Maddalena Laura Lombardini Sirmen", Oxford, 1994

Smyth, Dame Ethel Mary
(1858-1944)

Keine Komponistin hat sich im politischen und kulturellen Bereich so aktiv eingesetzt wie die Engländerin Dame Ethel Mary Smyth. Sie wurde am 23. April 1858 in Sidcup, Essex, als Tochter eines Offiziers und einer Anglo-Französin geboren. Sie erhielt mit neun Jahren ersten Klavierunterricht von einer deutschen Gouvernante, später kümmerte sich der Komponist Ewing um ihre musikalische Erziehung. Gegen den Willen des Vaters erkämpfte sie sich mit einem Hungerstreik das Musikstudium in Leipzig und wurde erste Kompositionsschülerin von Carl Reinecke. Theorie hörte sie bei S. Judassohn; 1878 wurde sie Privatschülerin von Heinrich v. Herzogenberg. In der Leipziger Zeit entstanden zahlreiche Klavierwerke, kontrapunktische Übungen, die schon damals ihr außergewöhnliches Talent zeigten. Ethel Smyth lernte zahlreiche Musikerpersönlichkeiten ihrer Zeit kennen (u.a. Arthur Nikisch, Clara Schumann, Edvard Grieg) und vor allem Johannes Brahms, zu dem sie ein distanziertes Verhältnis entwickelte. Auf einer Italienreise lernte sie den englischen Philosophen Henry Brewster kennen, der ihr lebenslanger Freund wurde und mehrere Libretti für sie schrieb. 1887/88 reiste sie erneut nach Leipzig und wurde Schülerin von Peter I. Tschaikowsky, 1890 kehrte sie nach England zurück und hatte ihren musikalischen Durchbruch mit ihrer Messe in D. Ihre erste Oper „Fantasio" wurde 1898 in Weimar aufgeführt; später verbrannte sie die Noten in einem Anflug von Selbstkritik. „Der Wald" wurde 1902 in Berlin uraufgeführt. Nach dem Tod ihres Freundes Brewster 1908 hatte sie mit ihrer nächsten Oper „The Wreckers" Erfolg und erregte das Interesse der englischen Frauenbewegung, der sie sich bald danach anschloß. Geblieben ist uns aus jener Zeit der „March of the Women", die „Marseillaise der Frauenbewegung". Zusammen mit Emmeline Pankhurst kam Ethel Smyth in ein Londoner Gefängnis; schon damals stellten sich erste Hörschäden bei ihr ein, die sich bis zu ihrem Lebensende zur Krankheit ausweiteten. 1910 erhielt sie den ersten von drei Ehrendoktorwürden, hier von der Durham Universität. Auf einer Genesungsreise in Ägypten komponierte sie 1913 die Oper „The Boatswain's Mate". Die Kriegsjahre 1914-18 verbrachte sie im französischen St. Briac und begann ihre autobiographieschen Schriften. Nach dem ersten Weltkrieg entstanden noch ihre Opern „Fête Galante" und „Entente Cordiale". Ihr letztes größeres, in London aufgeführtes Werk blieb das 1930 entstandene „The Prison" für Soli, Chor und Orchester (Text: Henry Brewster). 1939 widmete sie der von ihr angebeteten Freundin Virginia Woolf das Buch „As Time went on", 1922 verlieh ihr König Edward VII. den Adelstitel, es folgten zwei Doktorwürden der Universität Oxford und der St. Andrews Universität. Als man zu ihrem 75. Geburtstag 1934 ein eigenes Festival veranstaltete, war sie bereits fast taub. Ethel Smyth starb am 8. Mai 1944 in ihrem Haus in Woking, Surrey. Daß sie die englische Musik und vor allem das Musiktheater vor Benjamin Britten entscheidend beeinflußt hat, bleibt unbestritten.

ORGEL- / KLAVIERMUSIK

„On the cliffs of Cornwall", Fassung für Klavier, London, Novello
Fuge h-moll für Orgel
Kanon für Orgel über „O Gott, du frommer Gott"
Choralpräludium für Orgel „Schwing dich auf zu deinem Gott"
Fünf Choralpräludien für Orgel (1887)
„Prelude on a traditional Irish melody", New York, Boosey & Hawkes 1939
„Chorale Preludes for Organ", Pullman, Vivace Press 1994
Vier vierstimmige Tänze (1877)
Klaviersonate Nr. 1 C-dur (1877)
Vier Kanons für Klavier (1877)
Invention D-dur
Suite E-dur
Sarabande c-moll
Klaviersonate Nr. 2 fis-moll „Geistinger Sonate" (1877)
Klaviersonate Nr. 3 D-dur (1877)
„Aus der Jugendzeit E. v. H." e-moll (1878)
Variationen über ein eigenes Thema in Des-dur (1878)
Präludium und Fuge Fis-dur (1880)
Präludium C-dur (1880)
Fuge C-dur (1880)

KAMMERMUSIK

Variationen über „Bonny Sweet Robin" für Flöte, Oboe und Klavier, London, Oxford University Press 1928
Streichtrio (1880)
Fünf Streichquartette (1880)
Klaviertrio d-moll (1880, unvollendet)
Streichquintett h-moll, Leipzig, Peters 1884
Streichquintett op. 1 E-dur, Peters, Leipzig 1884
Sonate für Cello und Klavier op. 5 (1887)
Sonate für Violine und Klavier op. 7 (1887)
Zwei Trios für Violine, Oboe und Klavier, London, Curwen 1927
Streichquartett e-moll, Wien, Universal Edition 1914

ORCHESTERMUSIK

Sinfonie für kleines Orchester (1878-84)
Ouvertüre zu „Anthony and Cleopatra" (1889-90)
Serenade in D (1889-90)
„On the cliffs of Cornwall" (aus der Oper „The Wreckers", 1903-04), London, Novello 1909

Dame Ethel Smyth. Foto: Archiv

Ouvertüre zu „The Boatswain's mate" (1914), Wien, Universal Edition

Ouvertüre zu „The Wreckers", Wien, Universal Edition 1916

„Fête galante" (1923), Orchestersuite, Wien, Universal Edition

Konzert für Violine, Horn und Orchester, London, Curwen 1928

„Two interlinked French melodies" (aus der Oper „Entente cordiale", 1925), Oxford, University Press 1929

VOKALMUSIK

„Eight Songs" für Stimme und Klavier nach deutschen Texten (1879)

Lieder und Balladen op. 3 für Gesang und Klavier (1886)

Lieder op. 4 für Gesang und Klavier (1886)

„Four songs" für Gesang und Instrumentalbegleitung (1908)

„Three moods of the sea" (mit Orchesterbegleitung) (1913)

Drei Lieder: „Der Clown" / „Possession" / „On the road" für Mezzosopran / Bariton und Klavier, Wien, Universal Edition

„Gesetzt den Fall", aus „The Boatswain's mate", Wien, Universal Edition 1915

Ballade und Elegie, aus „The Wreckers", Wien, Universal Edition 1916

„Naht mir die Erinnerung", aus „The Boatswain's mate", Wien, Universal Edition 1922

CHORMUSIK

„Soul's joy" für Chor a cappella / „Dreamings" für Chor a cappella

„We watched her breathing thro'the night" (Text: T. Hood) für vierstimmigen gemischten Chor a cappella (1876)

Motetten für Frauenstimmen a cappella

Fünf geistliche Lieder (deutsche Volksweisen) für Chor a cappella (1879)

„The spirits of the forest" für gemischten Chor und Orchester, London, Schott

„The song of love" für Soli, Chor und Orchester op. 8 (1888)

„Mass in D" (1891), London, Novello 1893/1925 / New York, Da Capo Press 1980 (Klavierauszug)

„Hey Nonny No" für Chor und Orchester (1911), Leipzig, Breitkopf & Härtel

„Songs of sunrise" für Frauenchor a cappella (1911), Leipzig, Breitkopf & Härtel:
1. „Laggard dawn"
2. „1910" (auch mit Orchesterbegleitung)
3. „March of the women" (auch mit Orchesterbegleitung), Wiesbaden, Breitkopf & Härtel / Münster, fermate 1986

„Sleepless dreams" für Chor und Orchester, Wien, Universal Edition 1912

„A spring canticle" für Chor und Orchester, aus „Der Wald" (1926)

„The Prison" für Soli, Chor und Orchester (1930)

BÜHNENMUSIK

„Fantasio" (1892-94), London, Schott

„Der Wald" (1899-1901), London, Schott

„The Wreckers" (1903-04), Wien, Universal Edition 1916

„The Boatswain's mate" (1913-14), Wien, Universal Edition

„Fête galante" (1923), Wien, Universal Edition

„Entente cordiale" (1925), Wien, Universal Edition

EIGENE LITERARISCHE WERKE

„Impressions that remained", London / New York 1919 / 1944

„Streaks of life", London / New York 1921

„A three-legged tour in Greece", London 1927

„A final burning of boats", London / New York 1928

„Female piping in Eden", London, New York 1933

„As time went on", London / New York 1935

„Beecham and Pharao", London 1935

THE MARCH OF THE WOMEN

Dame Ethel Smyth: „March of the Women". Wiesbaden, Breitkopf & Härtel

„Maurice Baring" (1937)
„What happened next", London / New York 1940
„The memories of Ethel Smyth". Viking, Harmondsworth 1987
„One's own trumpet. Ethel Smyth and Virginia Woolf". London, Women's Press, 1984

BIBLIOGRAPHIE

Streatfield, R. A.: Musiciens Anglais contemporains, Paris 1913
Dale, Kathleen: Dame Ethel Smyth. In: Music and Letters, London 1944
Dale, Kathleen: Ethel Smyth's prentice work. In: Music and Letters, Oxford 1949
St. John, Christopher: Ethel Smyth, a biography, Longmans, Green & Co, London / New York / Toronto 1959
Rieger, Eva: Ethel Smyth. In: Troubadoura, München 1980
Collis, Louise: Impetuous heart. The story of Ethel Smyth. London, Kimber 1984
Brohm, Michaela: Leben und Werk der Musikdramatikerin Ethel Smyth, Gesamthochschule Essen 1986
Weck, U.: Neue Töne in Eden. Ethel Smyth - eine vergessene Komponistin. Manuskript des Senders Freies Berlin vom 30. 5. 1986
Brohm, Michaela / Nehemias, Anna: Sie nahm sich alles. In: Emma, Köln 1987
Bernstein, Jane A.: Shout, shout up with your song. Dame Ethel Smyth and the changing role of the British Woman Composer. In: Woman Making Music, Bowers/Tick. Chicago 1987
Rieger, Eva (Hrsg.): Smyth, Ethel, Ein Stürmischer Winter. Bärenreiter, Kassel 1988
Harries, M.: A pilgrim soul. The life and work of Ethel Smyth. London, Joseph 1989
Ethel Smyth, Notizen, Werkangaben zu „The Wreckers". In: Programmheft Theater Hagen, Spielzeit 1992 / 93
Saremba, M.: Elgar & Co. Eine Geschichte der britischen Musik in 12 Porträts. Zürich, Ed. Musik & Theater 1994
Frischknecht, Ruth: Ethel Smyth. Zum 50. Todestag der englischen Komponistin und Frauenrechtlerin. In: Cling / Klong, FMF Schweiz, Bern 1994
„The first 100 years of the Proms: Stormy Petrel". BBC Concerts Publication, London 1994
„Who was Ethel Smyth". In: BBC Music Magazine, London, 1994
Serbescu, Liana: Die Klaviermusik von Ethel Smyth. CD Booklet zu „Complete Piano works", Osnabrück / Georgsmarienhütte, cpo records, 1995

DISKOGRAPHIE

„The wreckers", Ouvertüre. Scottish National Orchestra, Ltg. Gibson. His Masters Voice, London
„The wreckers", Ouvertüre. Bradford Opera Group. London, Rare Recorded Editions
„Ethel Smyth, Impressions that Remain": Trio für Klavier, Violine und Cello d-moll / Violinsonate a-moll op. 7 / Cellosonate a-moll op. 5. Nicole Kraamwinkel, Violine; Tim Gill, Cello; Julian Rolton, Klavier. Meridian, London
Kammermusik und Lieder: Vier Lieder für Mezzo und Kammerensemble / Drei Lieder für Mezzo und Klavier / Doppelkonzert für Violine, Horn und Klavier. Melinda Paulsen, Gesang; Ulrike Siebler, Flöte; Renate Eggebrecht, Violine; Friedemann Kupsa, Cello; Angela Gassenhuber, Klavier. München, Troubadisc
Kammermusik: Violinsonate op. 7 / Streichquartett op. 1 / Cellosonate op. 5 / Streichquartett e-moll. Fanny Mendelssohn-Quartett, München. München, Troubadisc
Messe in D / „The March of the Women" / Auschnitte aus „The Boatswain's mate". The Plymouth Music Series; Soli, Chor und Orchester, Ltg. Philip Brunelle. London, Virgin Classics
„The wreckers", Oper in drei Akten. BBC Philharmonic Orchestra, Ltg. Odaline de la Martinez. England, Conifer Classics
Complete Piano Works. Liana Serbescu, Klavier. Georgsmarienhütte, cpo Records.

Snizkova-Skrhova, Jitka
(1924-1989)

Eine der zahlreichen Komponistinnen aus der Mitte dieses Jahrhunderts in der Tschechoslowakei ist Jitka Snizkova. Sie wurde am 14. September 1924 in Prag geboren. Ihr Vater, Professor an der Karlsuniversität in Prag, übernahm ihre erste musikalische Ausbildung und ließ ihr zuerst Privatunterricht erteilen. Von 1945-1948 besuchte die hochbegabte Musikerin das Prager Konservatorium und kam in die Klavierklasse zu Jan Herman. Komposition studierte sie bei dem Komponisten Alois Haba; ihre Examina absolvierte sie in Musikwissenschaft, Musikästhetik und Literatur. Ihre erste Anstellung erhielt Jitka Snizkova als Kompositions- und Theorielehrerin am Prager Konservatorium. Ihr Schwerpunkt war unter anderem die Erforschung mittelalterlicher Musik und tschechischer Polyphonie des 15. bis

17. Jahrhunderts. Bis Mitte der 80er Jahre unterrichtete Jitka Snizkova als Professorin am Prager Konservatorium. Als Komponistin hinterließ sie ein umfangreiches Œuvre, das von Kammermusik bis zu zahlreichen Vokalwerken reicht. Die Komponistin verstarb am 11. Mai 1989 in ihrer Heimatstadt Prag.

ORGEL- /KLAVIERMUSIK

Sonate für Klavier
„Ritmicon" für Klavier zu vier Händen
„Start" für Klavier zu vier Händen (1961)
„Signal-Duo" für zwei Klaviere (1962)
Concertino (1962)
„Medieval reminiscences" für Orgel (1969)
„Der Flughafen" für Klavier, Prag, Suprahon 1983

KAMMERMUSIK

Suite für Flöte und Cembalo
„Gothischer Traum", 20 Etüden für Harfe (1944)
Tanz-Kompositionen für Harfe (pentatonisch) (1944)
Sonate für Viola und Klavier (1947/63)
Streichquartett Nr. 1 (1948)
Streichquartett Nr. 2 (1953)
Trio für Flöte, Oboe und Harfe (1955)
Streichquartett Nr. 3 (1956)
Sonate für Flöte und Klavier (1957)
Sonatine für Flöte und Klavier (1957)
Sonate für Cello und Klavier (1958)
„Trio ritmico" für Violine, Cello und Klavier (1961)
„Trio inquietto" für Flöte, Oboe und Fagott (1962)
„Satiricon" für Flöte, Kontrabaß und Klavier (1967)
Streichquartett Nr. 4 (1967)
„Epithalamia" für Flöte (1970)
Inventions für Flöte und Oboe (1972)
„Pascua" für Oboe und Klavier (1974)
„Sonata pastoricia" für Violine und Klavier (1981)
„Die Glocke der Hoffnung" für Horn, Posaune und Klavier (1985)
„Forest Tune" (Waldgesang) für drei Posaunen (1989)
„Mosaik", Zyklus für Harfe

ORCHESTERMUSIK

Kleine Sinfonietta für Kammerorchester (1957)
„Interludia fantastica" für Flöte, Tambourin und Streicher (1958)
Zwei Ouvertüren für Kammerorchester (1959)
„Remembrance of Europe" für Kammerorchester (1983)
„Ludus paragensis propter Michaelem Haydn" (1987)

VOKALMUSIK

„Partisan songs" (1946)
„Lieder vom Krieg" (1946)
„Wedding songs" für Mezzosopran und Harfe (1950)
„Songs to the pictures of J. Capek" für Sopran und Klavier (1950)
„Arabesques" (Armenian folk poetry) für Alt und Klavier (1950)
„Portugiesische Sonette" für Sopran (1953)
„Rubaiyat" (Persische Poesie) für Altstimme (1953)
„Songs for a boy" (Text: J. Seifert) für Sopran, Violine und Klavier (1954)
„Children's songs" mit Flöte (1955)
„The song of songs" für Alt, Sprecher, Harfe und Kammerorchester (1960)
„Boats on the sea" für Kontratenor und Gitarre (1960)
„Brac, cycle" (Text: Vl. Narer, in tschechisch und kroatisch) für hohe Stimme (1963)
„Songs about B. Nemcova" für Sopran und Flöte (1963)
„Prague pictures for children" (Text: Jiri Hutina) für Singstimme und Klavier (1963)
„Swan song" (Text: Petr Bezruc) für Singstimme und Klavier (1963)
„Lullabies" (1964)
„Dante canzonas" für Alt, Flöte und Cello (1965)
„Songs of a woman" (Text: V. Rostocilova) (1967)
„Spring song" für Tenor (1970)
„Ariadne", dramatische Arie für Sopran und Sprecher (1971)
„Spring greetings", Zyklus von Melodramen (Text: J. Kutina) für Frauenstimme, Flöte und Klavier (1971)
„In Sheherazade's night" für Sopran, Cello, Klavier und Sprecher (1973)
„Traces of Saints" für Sopran/Alt (1982-84)
„Songs of Emmy Destinn" für Stimme, Viola, Klavier (1989)
weitere Lieder für Gesang und Klavier

CHORMUSIK

„Song" für Sopran, Frauenchor, Klarinette und Streichquartett (1949)
„Cantica latina" für Frauenchor (1956)
„Panegyricus" für gemischten Chor (1956)
„The magic wand" für Kinderchor und Viola (1963)
„To Albert Schweitzer" für gemischten Chor (1966)
„The bell" auf Friedenstexte für gemischten Chor (1967)
„The path" für Männerchor (1968)
„The home circle", Kantate für gemischten Chor (1969)
„Eternal woman", Kantate für Baß, Frauenchor und Klavier (1970)
„Gitanjali", Chöre nach Texten von Tagore für

gemischten Chor und Frauenchor (1970/73)
„Oratorium St. Vojtech" für Soli, gemischte Chöre und Orgel (1972)
Kantate für Solo, Männerstimmen und Sprecher (1972)
„In honorem Sancti Adalberti", Oratorium für Baß, Männerchor, Kinderchor und Orgel (1972)
„Triptych on one string" (Text: J. Vrochotova) (1972)
„Salve amice" (Ovid) für gemischten Chor (1973)
„Premyslovna" (Text: M. Vlcek) für Singstimme (1973)
„The flame of Hus", Kantate für gemischten Chor, Soli und Klavier (1974)
„Goetheanum", Aphorismen von J. W. v. Goethe (1974)
„Agnes regis filia" für gemichten Chor (1979)
„Who remebers Giovanni Punta" für vier Hörner, gemischten Chor (1986)
„Capek's Brief" für gemischten Chor (1989)
„Three songs for Amadeus" (Text: J. Hilcr) für Sopran und Klavier
„Musica polyfonica Bohemiae", Arrangements von Werken aus dem 16. und 17. Jahrhundert für Singstimmen

BÜHNENMUSIK
„The miner", Drama (1963)

BIBLIOGRAPHIE
Serych, A.: Confession of Jitka Snizkova. In: Opus musicum, 1984

Sommer, Silvia
(* 1944)

Mit 11 Jahren schrieb sie ihre ersten Kompositionen nieder; heute ist sie eine der anerkannten jungen Komponistinnen Österreichs. Geboren wurde Silvia Sommer am 9. April 1944 in Wein, und bereits mit neun Jahren wurde sie in die Klavierklasse von Marianne Lauds an der Wiener Musikakademie aufgenommen. 1970 legte sie ihr Klavierdiplom bei Joseph Dichler ab. Komposition studierte die junge Musikerin bei Alfred Uhl an der Wiener Musikhochschule. Nach 1970 arbeitete Sivia Sommer als Pianistin und Organistin, führte eigene und fremde Werke auf und gastierte nicht nur in Österreich, sondern auch in Lateinamerika. Noch in ihrer Studienzeit schrieb sie Bühnenmusiken für das „Experiment am Lichtenwert" und für das Ateliertheater am Naschmarkt in Wien. In ihrem Werkverzeichnis findet man Werke für alle Besetzungen vor; sie schrieb auch Unterhaltungsmusik und Musik zu Fernseh-Dokumentationen. Für ihre Kompositionen verlieh ihr das Land Niederösterreich 1982 den Kultur- und Förderungspreis. 1987 wurden fünf ihrer Werke bei den Venezolanischen Wochen in Wien aufgeführt. Silvia Sommer lebt und arbeitet in Wien.

KLAVIERMUSIK
Drei spanische Tänze für Klavier
„La vida de cada canto" für Klavier
Fünf israelische Tänze für Klavier (1975)

KAMMERMUSIK
Fünf Bilder für Violine und Klavier
„Dance of the roof" für Violine und Klavier
„Xenos" für Flöte und Klavier
„Dialog" für zwei Flöten
Trio für Flöte, Gitarre und Kontrabaß
Bläserquintett
„Music for six pipers" für sechs Blockflöten
„Yarma" für Oboe solo
„Recuerdos de ..." für Gitarre
„Der Traum eines jungen Elefanten, der im Zirkus auftreten wollte" für Cello solo
„Cancion para desear unas buenas noches" für zwei Gitarren
„Der kleine Vogel" für Flöte und Klavier
„Atardecer" für Flöte und Gitarre
„Para dos buenos amigos" für zwei Gitarren
„Alexias", Duo für Flöte und Oboe
„Caprice" für Flöte, Violine, Cello und Klavier (1971)
Sonatine für Flöte und Klavier, Wien, Doblinger 1987

ORCHESTERMUSIK
„Wiener Walzer" für Streicher, Xylophon und Klavier
„Kyriat Shmona" für großes Orchester und Englischhorn
„No sunshine today", Musik für Streicher
Kadenzen zum Flötenkonzert D-dur KV 314 von W. A. Mozart

VOKALMUSIK
„Regentröpfchen" für Sopran und Klavier
Drei Lieder für Mezzosopran, Flöte und Klavier
Drei Lieder für Sopran und Klavier (Hesse, Rilke, Storm)
„Der Riese von der Stadt" für Sopran und Klavier

CHORMUSIK
Vier Lieder für gemischten Chor a cappella
„Fragmente" für Klavier und Chorstimmen
„UNICEF-Song" für Kinderchor / Frauenchor und Instrumente

TV-MUSIK

Musik zur Fernseh-Dokumentation: „Adam – Evas Sohn?" (ORF)

BIBLIOGRAPHIE

Sommer, Silvia. In: Österreichische Komponisten der Gegenwart, Wien 1982

Sonntag, Brunhilde
(* 1936)

Die deutsche Komponistin und Musikwissenschaftlerin wurde am 27. September 1936 in Kassel geboren. Nach dem Abitur studierte sie zunächst Pädagogik. 1963 begann sie ein Kompositionsstudium an der Hochschule für Musik und Darstellende Kunst in Wien bei O. Siegl und G. v. Einem. Sie machte ihr Kompositionsexamen und wechselte zur Philipps-Universität Marburg, wo sie ihr musikwissenschaftliches Studium mit der Promotion zum Dr. phil. abschloß. Das Thema der Dissertation: „Untersuchungen zur Collagetechnik in der Musik des 20. Jahrhunderts". Von 1968-75 arbeitete sie als Pädagogische Mitarbeiterin an der J. Liebig-Universität Gießen. Anschließend wurde sie Wissenschaftliche Assistentin und 1978 Akademische Rätin an der Westf. Wilhelms-Universität Münster. Von 1981-1992 lehrte sie als Professorin für Musikwissenschaft und Komposition an der Mercator-Universität Duisburg; seit 1992 in der gleichen Funktion an der BUGH Wuppertal. Zu ihren wichtigsten Kompositionen zählt die Komponistin diejenigen Werke, die zur engagierten Musik gehören, wie z. B. „Aber ich sage Euch, liebet Eure Feinde", „Es ist ein Schnitter, heißt der Tod" (3. Streichquartett; „Für alle Kinder, die Opfer von Krieg und Gewalt wurden") oder „Jakob Littners Aufzeichnungen aus einem Erdloch" (Musik nach Worten von W. Koeppen). Brunhilde Sonntag lebt in Schloß Nordkirchen, Münsterland.

ORGEL- / KLAVIERMUSIK

„Vier Klavierstücke für H.", Kassel, Furore 1987
Fünf Miniaturen für Orgel (1984)
„Farbenkugel" für Orgel zu vier Händen und vier Füßen (1988)
„5. und 6. Klavierstück für H." (1994)

KAMMERMUSIK

1. Streichquartett (1984)
Deri Miniaturen für Oboe, Klarinette, Trompete, Posaune (1984)
„Stagnationen", Trio für Flöte, Horn und Cello (1986)
„Animus", 2. Streichquartett (1988)
„Wiegenlied für Stefan" für Gitarre solo (1988)
„Dialog" für Gitarrenduo (1988)
„Solo für Esther" für Cello solo (1991)
„Es ist ein Schnitter, heißt der Tod", 3. Streichquartett (Für alle Kinder, die Opfer von Krieg und Gewalt wurden) (1993)
„Die Möwe Jonathan", Musik für Streichquartett, Flöte, Oboe, Klarinette, Trompete und Klavier (1994)
„Jakob Littners Aufzeichnungen aus einem Erdloch", Musik nach Worten von W. Koeppen für Sprecher, Streichquartett, Flöte, Oboe, Trompete und Klavier (1994)
„Münchner Flötenduo" (1995)

VOKALMUSIK

„Flötenspiel", drei Lieder nach Gedichten von H. Hesse für Sopran, Blockflöte und Orgel (1984)
Fünf Lieder nach Gedichten von P. Celan und R. Ausländer für Sopran und Klavier, Kassel, Furore 1987
Drei Lieder nach Gedichten von U. Hahn für Sopran und Klavier (1988)
Fünf Lieder nach japanischen Gedichten für Sopran und Gitarre (1991)
Fünf Lieder nach Gedichten von Ch. Busta für Sopran und Gitarre (1991)
„Wie grau es auch regnet", vier Lieder nach Gedichten von G. Eich für Sopran, Flöte und Gitarre (1992)
„Irritationen", vier Lieder nach Gedichten von Eichendorff, Rilke, Hesse, E. Burkart für Sopran, Streichquartett, Flöte, Oboe, Gitarre und Klavier (1994) (auch in der Fassung für mittlere Stimme und Klavier, 1994)
„Es ist ein Weinen in der Welt", vier Lieder nach Gedichten von E. Lasker-Schüler für Sopran und Klavier (1994)
„Ein trauriger Tag", vier Lieder nach Gedichten eines polnischen Kindes für mittlere Stimme, Klarinette und Cello (1995)
„Aber ich sage Euch, liebet Eure Feinde", Komposition für den Frieden nach Texten von M. Luther King, J. Klepper, Ch. Morgenstern, L. Zenetti und A. Pereira für Chor, Sprecher und Orgel, Kassel, Furore 1987

BIBLIOGRAPHIE

Sonntag, Brunhilde: Komponieren - eine der schönsten Formen menschlicher Selbstverwirklichung. In: Annäherungen, Bd. 1, Kassel 1987

Sonntag, B.: Wer lebt schon vom Komponieren? In: Komponistinnen-Festival. Dokumentation, Heidelberg 1989

Müßgens, Sporbeck, Sonntag: „Animus", Streichquartett von Brunhilde Sonntag nach Holzobjekten zum Thema „Spannung" von Valeria Sass. In: Nach Frankreich zogen zwei Grenadier. Zeitgeschehen im Spiegel von Musik, LIT, Münster 1991

Sönstevold, Maj
(* 1917)

Die Komponistin gehört zu den ganz wenigen Musikerinnen, die ihre Ausbildung noch in reifem Alter fortsetzten. Als 43jährige ging sie mit ihrer ganzen Familie nach Wien, um bei Hanns Jelinek und Karl Schiske Klavier und Komposition zu studieren. Geboren wurde sie am 9. September 1917 in Soleftea in Schweden und studierte zu Beginn Klavier in Stockholm sowie Jazz und Improvisation bei Billy Mayerl in London. Im Krieg heiratete sie den norwegischen Komponisten Gunnar Sönstevold, und 1945 gingen sie gemeinsam nach Norwegen. Seitdem hat Maj Sönstevold als Lehrerin und Komponistin gearbeitet. 1966 – nachdem sie ihr Studium wieder aufgenommen hatte – erhielt sie in Wien ihr Diplom. 1971 wurde sie Kompositionslehrerin an der Osloer Universität, Musikabteilung, und lehrte gleichzeitig Jazz und Bühnenmusik. Als Allround-Begabung gab sie sogar Kurse für Ingenieure und Techniker des Norwegischen Rundfunks. 1974 gründete sie zusammen mit ihrem Mann das Gunnar Sönstevold Musikinstitut in Rakkestad, Ostnorwegen, das mittlerweile in öffentliche Hand übergegangen ist. Ihr Werkverzeichnis umfaßt sämtliche Besetzungen; vor allem auch ihre über 50 Bühnenwerke zeigen ihre musikalische Vielseitigkeit.

ORGEL- / KLAVIERMUSIK

„Sweet and swing" (1947)
„A-B-C jazz", Oslo, Edition Lyche 1954
Präludium und Fuge für Klavier im Jazz-Stil (1960)
Klaviersuite op. 1 (1962)
Thema mit Variationen op. 2 (1963)
Präludium und Fuge für Orgel (1963)
Sonate für Klavier op. 3 (1964)
Klavierstück im Schubert-Stil (1970)
„Elf polytonale Blues-Stücke" für Klavier (1978)
„Langt Borte" für Klavier (1980)
„Var det en vals" (1980)
„Thoughts of Latin America" (1983)

KAMMERMUSIK

„Drei spanische Aquarelle" für Flöte und Harfe
„Juleglede" für Celesta, Harfe, Cembalo, Fagott und Cello
„But it was my melody" für Kontrabaß und Klavier
Sehr kleine Stücke für Harfe (1964)
Thema mit Variationen für Diskant-Instrumente und Schlagzeug, Oslo, Norsk Musikforlag 1965
Neun Haiku op. 5 für Bratsche, Flöte, Harfe (1966)
Thema mit Variationen für Harfe, Fagott, Celesta und Cembalo (1968)
„Kom Hjartans Flöjd" für Flöte, Harfe und Sprecher (1982)
„Fire gjöglere" für Fagott solo (1983)
„Mjösglött" für Harfe (1985)

ORCHESTERMUSIK

„Sorlandsommer", Suite für Orchester (1956)
„Die wundersamen Träume des alten Majors", Suite für Orchester (1970)
„Balladen om Selma Bröter", Orchestersuite (1979)
Festival Ouvertüre für Pauken, Schlagzeug, Harfe, Cello und Streicher (1983)

VOKALMUSIK

„Selma Bröter", Ballade für Gesang und Klavier
„Min Kjärlighets vise" für Bariton und Orchester (1960)
„Sex par sko" für Sprecher und Orchester (1962)
Neun Haikus für Alt, Flöte und Harfe (1965)
„Stille" für acht Stimmen, Flöte, Klarinette, Viola, Cello, Klavier und Schlagzeug (1978)
„Et Proysenminne" für Sprecher, Gesang und Orchester
Rund 100 Volks- und Kinderlieder für Gesang und Klavier

CHORMUSIK

„Varvon", Ballade für zwei Männerchöre, Tenor und Orchester (1965)
„In Nasaret", Oratorium für Kinder (1980)
„Kjärlighetens Vei" für vierstimmigen gemischten Chor, Altflöte und Harfe (1982)

FILM- / BÜHNENMUSIK

„Der gestiefelte Kater" (1959), Ballettmusik
Rund 50 Kompositionen für die Bühne, Film, Radio und Fernsehen
Diverse Bühnenmusiken zu Stücken von H. Chr. Andersen

ELEKTRONISCHE MUSIK

„Insektlek" für Flöte, Harfe, Celesta und Insekten auf Tonband (1979)

DISKOGRAPHIE

Kleine Stücke für Harfe / Suite für Klavier / „Stille" für acht Stimmen / Klaviersonate. Elisabeth Sönstvold, Harfe; Anne Elise Riisnes, Klavier; Kammerensemble, Ltg. Ole V. Bang. Philips Norwegen

Neun Haikus für Alt, Flöte und Harfe. Else Nedburg, Alt; Per Oeien, Flöte; Elisabeth Sönstvold, Harfe. Philips Norwegen

„Den gamle majors forunderlige droemme" für Orchester. Orchester des Norwegischen Rundfunks, Ltg. O. Bergh. Philips Norwegen

„Three Spanish Aquarels". Norwegen, BIS Records

„Var det en vals". In: Norwegian Pianorama, Norwegen, NC Records

„Balladen om Selma Brøter. Philips Norwegen.

Sophie Elisabeth, Herzogin zu Braunschweig und Lüneburg
(1613-1676)

Vielleicht ist sie wirklich die erste deutsche Komponistin, von der wir Zeugnisse eines eigenen musikschöpferischen Schaffens haben. Sophie Elisabeth, Herzogin zu Braunschweig und Lüneburg, wurde am 20. August 1613 in Güstrow, Mecklenburg, geboren. Am Hofe ihres Vaters, des Herzogs Johann Albrecht von Mecklenburg-Güstrow, erhielt sie eine umfassende Ausbildung. Der Herzog pflegte ein musikalisches Hofleben besonderer Güte und holte sich oft hervorragende englische Solisten in die Hofkapelle. Im 30jährigen Krieg floh die Musikerin nach Kassel, 1635 heiratete sie Herzog August von Braunschweig-Lüneburg, den Gründer der berühmten Bibliothek in Wolfenbüttel. Der Herzogin wurde die Organisation der Hofkapelle übertragen; als musikalischen Berater hatte sie keinen Geringeren als Heinrich Schütz, der 30 Jahre lang mit Braunschweig und Wolfenbüttel verbunden blieb. Schütz wurde 1655 Kapellmeister, und er wurde gleichzeitig ihr Kompositionslehrer. Ihre Kompositionen, von denen zahlreiche Werke als „anonymous" vermerkt waren, sind vorwiegend geistliche Lieder, aber auch „Sinfonien" in kammermusikalischer Trio-Besetzung und kleine Festspiel-Musiken zu besonderen Anlässen am Hofe („Glückwünschende Freudensdarstellung...", 1652). Zwei Bände ihrer geistlichen Lieder wurden gedruckt; ihre Festspielmusiken wurden fast jährlich aufgeführt, und sie genoss einen exzellenten Ruf am Hofe. Es verging kein festlicher Anlaß, zu dem Sophie Elisabeth nicht mit einem musikalischen und literarischen Werk beitrug. Nach dem Tode des Herzogs (1666) verbrachte die Herzogin ihr Leben in Lüchow, wo sie am 12. Juli 1676 verstarb. Ihr Werk lebt dank der Schriften von F. Chrysander und der noch erhaltenen Dokumente über die Herzog August Bibliothek in Wolfenbüttel weiter.

KAMMERMUSIK

Sechs Sinfonien für zwei Violinen und Basso continuo (1647-55)

VOKALMUSIK

21 Lieder für eine Singstimme und Basso continuo (1633)

Drei geistliche Konzerte für Singstimme und Basso continuo / Baß-Instrument (1642-55)

45 Lieder und ein geistliches Konzert für eine Singstimme und Basso continuo (1647)

„Vinctum evangelicum" (Evangelischer Weinberg), 83 hymnische Melodien für Singstimme und Basso continuo, Wolfenbüttel 1651

„Glückwünschende Gedanken über den Geburtstag des Herren Augusten Herzogen zu Braunschweig und Lüneburg" für eine Singstimme und drei Instrumente, Wolfenbüttel 1653

„Christfürstliches Davids-Harpfen Spiel", 60 hymnische Melodien für eine Singstimme und Basso continuo, Nürnberg 1667 (daraus: 39 Lieder in Spahr: Classics in Germanic Literature and Philosophy, New York / London 1969)

BÜHNENMUSIK

„Neuerfundenes Freudenspiel genandt FriedensSieg" (J. G. Schottelius) für Solostimmen, Chor, Instrumente (1642), Wolfenbüttel 1648

„Die Geburth unsers Heylandes" (Schottelius) (1645), in Burkhard: Justus Georg Schottel, Fruchtbringender Lustgarten, München 1967

„Glückwünschende Freudendarstellung dem Herrn Augusten Hertzogen zu Brunschwig und Lüneburg" für vier Solostimmen, Chor, Streicher und Basso continuo (1652) in Roloff: Sophie Elisabeth, Herzogin zu Braunschweig und Lüneburg, Dichtungen und Spiele, Frankfurt 1980

BIBLIOGRAPHIE

Chrysander, F.: Geschichte der Braunschweig-Wolfenbüttelschen Capelle und Oper, Leipzig 1863

Saffe, F.: Wolfenbüttel in der Musikgeschichte, Wolfenbüttel 1929

Schneider, M.: Ein Braunschweiger Freudenspiel aus dem Jahre 1648. In: Musik und Bild, Festschrift 1938

Thiel, E. / Rohr, G.: Kataloge der Herzog August Bibliothek Wolfenbüttel, Frankfurt 1970

Bircher, M. / Bürger, T.: Alles mit Bedacht. Barockes Fürstenlob auf Herzog August. In: Wort, Bild und Musik, Wolfenbüttel 1979

Brauer, J. L.: Instruments in Sacred Vocal Music at Braunschweig-Wolfenbüttel, a study of changing tastes in the 17th century. Columbia Uni, New York, 1983

Smart, S.: Doppelte Freude der Musen: Court Festivities in Brunswick-Wolfenbüttel, Wiesbaden 1989

Busch, G.: Herzogin Sophie Elisabeth und die Musik. In: Chloe, 1992

Geck, K. W.: Sophie Elisabeth Herzogin zu Braunschweig und Lüneburg als Musikerin. Saarbrücken 1992

Sorg-Rose, Margarete
(* 1960)

Die Komponistin wurde am 11. April 1960 in Remscheid, Deutschland, geboren. Im Alter von fünf Jahren begann sie das Klavierspiel zu erlernen. Später sang sie in verschiedenen Chören, u.a. in der Kurrende und im Bachchor, Mainz. Mit 19 Jahren studierte sie an den Universitäten Mainz und Tübingen Musikwissenschaft, Griechisch, Latein und Theologie. Von 1983 bis 1987 setzte sie ihr Studium in Chorleitung, Klavier und Komposition bei Friedrich K. Wanek und Volker David Kirchner in Mainz fort. Von 1990 bis 1993 studierte sie Komposition in den Meisterklassen von Hans Werner Henze und Krzysztof Meyer an der Hochschule für Musik in Köln. 1992 erhielt sie einen Kompositionsauftrag der Villa-Musica-Stiftung Rheinland-Pfalz und 1993 den Johann-Wenzel-Stamitz-Förderpreis für Komposition. Neben ihren Studien und Kompositionsarbeiten nahm sie an verschiedenen Sommerkursen teil (Sergiu Celibidache, Petr Eben) arbeitete als Korrepetitorin des Bachchores in Mainz und als Regie-Assistentin beim ZDF in Mainz. Margarete Sorg-Rose veröffentlichte zahlreiche Publikationen zur Neuen Musik. Ihre Werke werden gedruckt und im In- und Ausland aufgeführt.

KLAVIERMUSIK

Vier Miniaturen für Klavier solo (1983)
„Bossa Nova" für zwei Klaviere (1993)

KAMMERMUSIK

Trio für Klarinette / Baßklarinette, Cello und Klavier (1985)
Trio für Klavier, Violine und Cello (1987)
„Dialysis" für Bariton-Saxophon / Fagott, Kontrabaß und Klavier (1990), Köln, Tonger 1994
Trio für Harfe, Violine und Viola (1993)
„Schwingungen" für Klavier, Violine und Cello, Köln, Tonger 1994

ORCHESTERMUSIK

„Kykloi" für Orchester (1987)
1. Sinfonie für großes Orchester (1993)
Orchesterfassung der Skácel-Lieder (1993)

VOKALMUSIK

Zwei Lieder (Text: Jan Skácel) für Sprecher, Stimme und Klavier (1985)
Vier Lieder (Text: Paul Verlaine) für Mezzo und Klavier (1985)
„Cantica Catulliana I" für Bariton und Klavier (1986)
„Cantica Catulliana II" (Kammerkantate) für Sopran, Bariton, Bariton-Saxophon, Cembalo und Schlagzeug (1986)
Zwei Lieder (Text: Margarete Sorg) für Sopran und Klavier (1989)
Zwei Lieder (Text: Eva Zeller) für Bariton und Klavier (1992)
Fünf Lieder (Text: Jan Skácel) für Bariton und Klavier (1992), München, Deutscher Tonkünstlerverband

BIBLIOGRAPHIE

Komponistinnen, Westfälische Wilhelms-Universität, Münster 1988

Sorg-Rose, Margarete: Positionen. Neustadt, Herrenhof Mussbach 1991

Sorg-Rose, Margarete: Kontrapunkt (Dokumentation), Darmstadt 1992

Sorg-Rose, Margarete, in: Leben und Arbeiten als Künstlerin in Rheinland-Pfalz (Ausstellungskatalog), Mainz 1993

Spiegel, Laurie
(* 1945)

Als Vertreterin der amerikanischen Avantgarde hat sie längst die traditionellen Besetzungen in ihrer musikalischen Arbeit verlassen. Sie schreibt vorwiegend elektronische Musik und arbeitet am Computer. Laurie Spiegel wurde am 20. September 1945 in Chicago, USA, geboren, studierte zu Beginn Sozialwissenschaften am Shimer College in Mount Carroll, Illinois und später auch Komposition bei Jacob Druckman an der Juilliard School of Music, New York, sowie am Brooklyn College der New Yorker Universität. Kompositionskurse bei H. Wiley Hitchcock und Richard Crawford folgten. Gleichzeitig absolvierte sie ein Philosophie-Studium an der Oxford Universität und lernte das Lauten- und Gitarrenspiel bei Oskar Ghiglia und John Duarte. Zwischen 1973 und 1984 arbeitete sie mit Computermusik in den Bell Telephone Laboratories unter Emmanuel Ghent, Max Mathews und Kenneth Knowlton. Als Kompositionslehrerin für elektronische Musik war sie später am Bucks County Community College in Pennsylvania tätig und leitete die Cooper Union for the Advancement of Science and Art in New York (1980-81). Laurie Spiegel gründete 1976 das New York University Computer Music Studio und lehrte dort 1982 und 1983. Sie schrieb zahlreiche Film- und Fernsehmusiken, erhielt etliche Preise und Stipendien, u.a. von Meet the Composer in 1975-77 und 1979-80 sowie von der New York Foundation for the Arts, 1991 und 1992. Zusammen mit ihrer amerikanischen Kollegin Beth Anderson war sie Co-Herausgeberin der Zeitschrift „The Ear"; sie verfaßte zahlreiche Artikel zum Thema Computermusik, Visual Arts und Software-Design.

CEMBALO- / KLAVIERMUSIK

„A History of Music in 1 Movement" für Klavier (1980) (auch Fassung für elektronisches Klavier)
„After the Mountains" für Klavier (1990)
„Three Movements" für Cembalo (1990)
„Returning East" für Cembalo (1990)

KAMMERMUSIK

„A Deploration" für Flöte und Vibraphon (1970)
„An earlier Time" für Gitarre (1972)
„A canon" für Kammerensemble und Computer / Tonband (1980)
„Phantoms" für Kammerensemble und Tonband (1980)
„A stream" für Mandoline (1984)
„Song without words" für Gitarre und Mandoline (1986)
Weitere Werke für Solo-Gitarre

ORCHESTERMUSIK

„Hearing Things" für Kammerorchester (1983)

ELEKTRONISCHE MUSIK

„A Tombeau" (1971)
„Harmonic Spheres" (1971)
„Mines" (1971)
„Orchestras" (1971)
„Sojourn" (1971)
„Raga" (1972)
„Return to zero" (1972)
„Sediment" (1972)
„2 Fanfares" (1973)
„Purification" (1973)
„Sunsets" (1973)
„Appalachian Grove" (1974)
„A Meditation" (1974)
„The Orient Express" (1974)
„Patchwork" (1974/76)
„Pentachrome" (1974)
„The unquestioned Answer" (1974)
„Water Music" (1974)
„Clockworks" (1975)
„Drums" (1975)
„The expanding Universe" (1975)
„A folk Study" (1976)
„Music for a Garden of Electronic Delights" (1976)
„Voyages" (1976)
„Concert for digital Synthesizer" (1977)
„Evolutions with Video Tape" (1977)
„Realization of Keplers Harmony of the Planets" (1977)
„5 short Visits to different Worlds" (1977)
„An Acceleration" (1978)
„Voices within" (1979)
„A Canon" (1980)
„2 Nocturnes" (1980)
„Phantoms" (1980)
„A Quadruple Canon" (1980)
„A harmonic Algorithm" (1981)
„A Cosmos" (1982)
„Progression" (1982)
„Harmonic rhythm" (1983)
„Immersion" (1983)
„3 modal Pieces" (1983)

„Over Time" (1984)
„All Star Video" (1985)
„Music Mouse Demonstrations Music" (1986)
„Passage" (1987)
„Finding Voice" (1988)
„3 Sonic Spaces" (1989)
„2 Archetypes" (1990)
„2 Intellectual Interludes" (1990)
„Riding the Storm" (1990)
„Sound Zones" (1990)

FILM- / VIDEOMUSIK

„Cathode Ray Theater" (19749
Studies for Philharmonia" (1974)
„War Mime" (1974)
„War Walls" (1974)
„Zierrot the Fool" (1974)
„Emma" (1975)
„Just a Day in the Life" (1975)
„Raster's Muse" (1975)
„Narcissicon" (1976)
„Guadalcanal Requiem" (1977)
„Zierrot in outer Space" (1978)
„The Avenue of the Just" (1979)
„The Phantom Wolf" (1980)
„Precious Metal Variations" (1983)
„Point" (1984)
„Dissipate Fantasies" (1986)
„Dryads" (1988)
„Continuous Transformations" (1990)
„Stacked Julia Set" (1990)

Auch Filme und Videos für kommerzielle Zwecke

BÜHNENMUSIK

„Music for Dance" (1975), Ballettmusik
„Waves" (1975), Ballettmusik
„East River" (1976), Ballettmusik
„Escalante" (1977), Ballettmusik
„Nomads" (1981), Ballettmusik
„Over Time" (1984), Ballettmusik
„Gravity's Joke" (1986), Ballettmusik
„Rain Pieces" (1985), Ballettmusik
„Signals" (1986), Ballettmusik
„The Library of Babel" (Text: P. Ahrens), Bühnenmusik (1972)
„White Devil" (Text: J. Webster), Bühnenmusik (1972)
„The Clinic" (Text: R. Goldman), Bühnenmusik (1973)
„The House of Bernarda Alba", Bühnenmusik (1973)
„The Devils", Bühnenmusik (1974)

BIBLIOGRAPHIE

Spiegel. Laurie: The unquestioned answer. In: Heresies, 1980
Spiegel, Laurie: Comments on Common Complaints, notes on feminists in Music. In: Ear Magazine East, 1981 und 1990
Spiegel, Laurie: Computers and Music. In: On Key, 1984
Spiegel, Laurie / Rockmore, Clara: Aber um Musik darauf zu machen. In: Neuland, Bergisch-Gladbach 1984
Lehrman, P.: Laurie Spiegel, esthetic engineer. In: Keyboard, 1986
Spiegel, Laurie: An open letter on women in computer music. In: ICMA Array, 1991
Spiegel, Laurie: Technofolk. In: Ear, 1991
Gagne, C.: Soundpieces 2, interviews with American composers. Metuchen, New Jersey 1993

DISKOGRAPHIE

„Drums" / „Voices within". Laurie Spiegel (Elektronik und Synthesizer). Capriccio Records
„Cavis Muris", Computer-Musik. Centaur Recods

Stoll, Marianne
(* 1911)

Sie ist Cembalistin, Organistin, Bratschistin, Flötistin, Chorleiterin, Dirigentin und Komponistin. Marianne Stoll, am 1. August 1911 in Stuttgart geboren, ist als Komponistin vor allem in Süddeutschland oft aufgeführt worden. Sie studierte in Stuttgart an der Musikhochschule Klavier bei Felix Petyrek und belegte auch das Fach Flöte. Da sie sich zur Kirchenmusik-Laufbahn entschlossen hatte, ging sie zu Hermann Keller (Stuttgart) und wechselte dann nach Leipzig zu Johann Nepomuk David und Günter Raphael. Sie kam mit der Zwölftonmusik in Berührung, die sie auch wiederholt in ihren Werken angewendet hat, ließ sich auch von der Distler- und Fortner-Tradition inspirieren, die als antiromantisch bekannt waren. Marianne Stoll, deren Werkverzeichnis vom Lied über die Chormusik bis zur Sinfonie reicht, hat die letzten Jahre in Tübingen verbracht, dort das Tübinger Senioren-Orchester gegründet, das sie jahrelang leitete und hat in unzähligen musikalischen Aktivitäten erfolgreich mitgewirkt. Die Stadt Tübingen ehrte die Komponistin zu ihrem 80. Geburtstag mit einem Chorkonzert. Marianne Stoll lebt und arbeitet in Tübingen.

CEMBALO- / ORGEL- / KLAVIERMUSIK
Suite für Klavier / Cembalo op. 3
Variationen über ein eigenes Thema für Klavier op. 5
Sonate Es-dur für Klavier op. 6
Orgeltoccata „Christ ist erstanden" op. 25
„In dich hab ich gehofft", Orgelpartita op. 29
Sonatine in drei Sätzen für Cembalo op. 36
Konzert für zwei Cembali op. 41
Partita für Orgel „Nun komm, der Heiden Heiland" op. 10

KAMMERMUSIK
Suite für zwei Flöten und Klavier op. 2
Quartett in a für Flöte, Violine, Viola und Cello op. 8
Sonatine in d für Flöte und Klavier op. 17 a
Sonate in G für Flöte und Klavier op. 17 b
Suite in a für zwei Flöten und ein Tasteninstrument op. 21
Trio in e in drei Sätzen für Flöte, Violine und Cello op. 22
Suite für Flöte allein op. 23
Sonate für Flöte und Klavier in drei Sätzen op. 24
„Ein Jäger aus Kurpfalz", Variationen für Blockflöten oder Blechbläserquartett op. 26
„In dich hab ich gehoffet", Partita für Blechbläser
Quartett in g für Klavier, Violine, Viola und Cello op. 34
Andante für Streichquartett op. 35
Suite für Gitarre und Cembalo op. 37
Suite für Englischhorn und Orgel op. 38
Trio für Klavier, Violine, Cello (Bearbeitung d. Konzertes für zwei Cembali) op. 44
Quartett für vier Celli op. 45
Variationen über „Lieb Nachtigall wach auf" für Flöte, Fagott und Klavier op. 46
Duo für Flöte und Fagott op. 47a
Trio für Flöte, Fagott und Klavier op. 47b

ORCHESTERMUSIK
Sinfonie in d für Streichorchester und Pauken op. 14
„Spielmusik" in G für Streicher in drei Sätzen op. 19
Konzert für Flöte, Streicher, Pauken und Triangel in a op. 28
„Ein Jäger aus Kurpfalz", 2. erw. Fassung, Orchestervariationen op. 31
„Tübinger Impressionen" für Orchester op. 32
„Meditationen" über drei Passionslieder für Flöte und Streicher op. 33
„Aufblühen, sich schliessen und absterben einer Nachtkerze" für Streicher op. 40
Sinfonie in drei Sätzen für Streicher, Pauken und Röhrenglocken op. 49

VOKALMUSIK
Vier Kanons für Sopran, Alt und Tasteninstrument op. 1
Drei Lieder für Sopran und Klavier (Hermann Hesse) op. 4
Kantate „Christum wir sollen loben schon" für Sopran, Alt, zwei Violinen oder Flöten und Orgel op. 7
Drei Lieder für Sopran und Klavier (Text: Anna Schieber) op. 9
Drei Lieder für Sopran und Klavier (Text: Ruth Schaumann) op. 12
„Wunderbarer Gandenthron", geistliches Konzert für zwei Soprane und Orgel op. 16
„Der Morgenstern ist aufgedrungen", Kantate für Sopran, Tenor, Oboe und Orgel op. 18a
Vier Lieder für Sopran und Klavier (Morgenstern, Rilke, Hesse) op. 20
„O Heiland, reiß die Himmel auf", Kantate für Sopran, Alt, Flöten, Trompete, Streicher und Orgel op. 30
„Mein Herz ist bereit", geistliches Konzert für Sopran, zwei Violinen und Orgel op. 39
Drei Lieder für Sopran und Klavier (Text: Chr. Wagner) op. 43
Zweite Liedfolge für Sopran und Klavier (Text: Chr. Wagner) op. 48

CHORMUSIK
Fünf Motetten für vierstimmigen gemischten Chor op. 11
Motette für fünfstimmigen Chor (Text: Rilke) op. 13
„Herr erhöre mein Gebet", Psalm 143 für zwei vierstimmige Chöre op. 15
„Wenn ich mit Menschen- und mit Engelszungen redete", Kantate für Tenor, vierstimmigen Chor und Streicher op. 15
„Schaffe in mir, Gott", Psalm 51 für fünfstimmigen Chor op. 15
„Ich singe dir mit Herz und Mund", Kantate für dreistimmigen Chor, Flöte, Violine und Cello op. 18b
„O Herr, mach mich zu einem Werkzeug", Kantate für Bariton, zwei Violinen, Cello, Orgel und Chor op. 42

Strozzi, Barbara
(1619 - nach 1664)

Barbara Strozzi ist die erste uns bekannte Musikerin, die als „Berufskomponistin" bezeichnet werden kann. Im 17. Jahrhundert haben nur wenige Komponistinnen so viele Werke veröffentlicht wie sie. Abgesehen davon, daß sie im Jahre 1619 in Venedig geboren und von dem renommierten italienischen Dichter Giulio Strozzi, der u.a. auch für Monteverdi Libretti schrieb, adoptiert wurde, weiß man über ihre Herkunft recht wenig.

Sie lebte im Hause Giulio Strozzis, das ein lebhafter Treffpunkt der intellektuellen und musikalischen Elite Venedigs war. Der Adoptivvater förderte ihr musikalisches Talent. Barbara Strozzi wurde zu einer hervorragenden Sängerin ausgebildet. Giulio Strozzi veranstaltete für sie Hauskonzerte, in denen sie seit ihrem 16. Lebensjahr sang. Als sie achtzehn wurde, verwandelte er 1637 seine privaten Veranstaltungen in eine Akademie unter dem Namen „Accademia degli unisoni", in der Kunstdebatten und Aufführungen stattfanden. Der Accademia standen die besten musikalischen Namen zur Verfügung, und sie eignete sich als gutes Forum für die junge Barbara Strozzi, die von Francesco Cavalli, dem Monteverdi-Schüler und berühmten Opernkomponisten, auch im Fach Komposition ausgebildet wurde. 1644 begann ihre Karriere als professionelle Komponistin, indem sie ihren 1. Band mit Madrigalen in Venedig veröffentlichte. Diesem folgten bis 1664 noch sieben in Venedig gedruckte Bände mit Arien, Kantaten und Motetten. Ihre erhaltenen Sammelbände enthalten rund 100 Vokalwerke. Nach ihrer letzten Veröffentlichung im Jahre 1664 gibt es keine Informationen mehr über sie. Es ist bislang nicht bekannt, wo und wann sie starb.

VOKALMUSIK

„Aure giacchà non posso", Kantate für Singstimme und Basso continuo

„Un amante doglioso", Kantate für Singstimmen und Basso continuo

„Rissolvetevi pensieri", Kantate für Singstimme und Basso continuo

„Il Primo libro de madrigali" op. 1 zu zwei, drei, vier und fünf Stimmen, Venedig, Vincenti 1644 / Kassel, Furore 1993

„Cantate, ariette, e duetti" op. 2, Venedig, Gardano 1651

„Cantate, ariette" zu ein, zwei und drei Stimmen op. 3, Venedig, Gardano 1654

"Sacri musicali affetti, libro I" op. 5 für Singstimmen und Begleitung, Venedig, Gardano 1655 / New York, Da Capo 1987

„Ariette a voce sola" für Singstimme und Begleitung op. 6, Venedig, Magni 1657

"Diporti di Euterpe", overo cantate e ariette a voce sola op. 7, Venedig, Magni 1659 (siehe Oper)

Arie op. 8 für Singstimme und Begleitung (u.a. Soccorete / Spesso per entro / Che si puo fare), Venedig, Magni / Gardano 1664 / Bologna, A.M.I.S. 1970

Gesamtausgabe der Kantaten: Hrsg.: E. Rosand. The Italian Cantate in the 17th Century, New York, London, Garland Press 1986

„Amor dormiglione" / „La crudele" / „Costume de grandi", in: „Arie italiene dal XIII al XVIII secolo", Mailand, Zerboni

Arie „Amor e bandito" aus „Arien und Kanzonetten des 17./18. Jahrhunderts", Kassel, Bärenreiter

„Chiamata a nuovi amori" in „Antiche gemme italiene", Mailand, Ricordi

„Non ti doler mio cor" für Sopran und Instrumente

„Moralità amorosa", Sonett für Singstimme und Basso continuo

„Quis dabit mihi", in: Sacra Corona, Venedig, Magni 1656 / Antwerpen, Héritiers P. Phalèse 1659

„Rissolvetevi pensieri" / „Chi brama in amore". In: Arie a voce sola di diversi auttori, Venedig, Vincenti 1656

„Lagrime Mie", aus: „Diporti di Euterpe" op. 7 für Sopran und Basso continuo, in: The Solo Songs 1580-1730, New York, Norton 1973

„Non c'e piu fede" / „Chiamata a nuovi amori" / „Soccorete, luci avare" / „Ariette a voce sola" op. 6, Bologna, Bongiovanni

„Spesso per entro al petto", Kopenhagen / Frankfurt, Hansen 1949

„Consiglio amoroso" für Sopran, Alt, Baß und Basso continuo, New York, Broude Bros. 1978

„Con la belle non ci vuol fretta" für Sopran, Alt, Tenor, Baß und Basso continuo, in: Nine Centuries of Music by Women, New York, Broude Brothers

„Ariette di Francesca Caccini e Barbara Strozzi", Rom, A. Bonaventura 1930

BÜHNENMUSIK

„Diporti d'Euterpe" op. 7, Venedig, Magni 1659

BIBLIOGRAPHIE

Meyer, Kathi: Der chorische Gesang der Frauen, Leipzig, Breitkopf & Härtel 1917

Rosand, Ellen: Barbara Strozzi, virtuosissima cantatrice, in: The composer's voice, American Music Society 1978

Chiti, Patricia Adkins: Barbara Strozzi. In: Donne in Musica, Rom, Bulzoni 1982

Rosand, Ellen: The Voice of Barbara Strozzi. In: Women Making Music: The Western art tradition 1150-1950. Hrsg. Jane Bowers und Judith Tick, Urbana, University of Illinois, 1987
Peacock, D. Jezic: Barbara Strozzi. In: Women Composers. New York, Feminist Press 1988
Roster, Danielle: Barbara Strozzi. In: Allein mit meiner Musik. Echternach, Phi 1995

DISKOGRAPHIE

„Non ti doler mio cor" / „Rissolvetevi pensieri". Teresa Berganza, Mezzosopran. DMM Claves
„L'Astratto" aus op. 8 / „Non pavento" aus op. 61 / „Lamento" aus op. 7 / „Lamento" aus op. 3 / „Luci belle" aus op. 8 / „Moralità amorosa". Judith Nelson, Sopran; W. Christie, C. Coin, J. Hutchinson (Instrumentalbegleitung). Harmonia Mundi, France
„Tradimento" / „Che si puo fare?". Carol Plantamura, Sopran; J. Hübscher, Laute; Beverly Lauridson, Viola da gamba. New York, Leonarda Productions
Einstimmige Madrigale. Glenda Simpson, Gesang; The Camerata of London. London, Hyperion
„Le tre grazie" / „Canto di bella bocca". The Consort of Musicke. In: Concerto delle donne. Köln, Harmonia Mundi / EMI
Lieder und Gesänge. Sephira Ensemble; Rosina Sonnenschmidt, Sopran. Bietigheim, Bayer Records
Barbara Strozzi und Alessandro Stradella: Arien und Kantaten. Isabelle Poulenard, Sopran; Marianne Muller, Gambe; Emer Buckley, Cembalo. ADDA
„Stupid cupid: Cantate & Ariette di Barbara Strozzi". Maria Jonas, Sopran; Stephan Rath, Chitarrone, Laute. Mülheim, Cantabile

Sutherland, Margaret (Ada)
(1897-1984)

Als erste Komponistin nimmt sie eine besondere Stellung in der noch jungen Musikgeschichte Australiens ein. Margaret Sutherland wurde am 20. November 1897 in Adelaide, Australien, geboren. Ihr Vater spielte Klavier, ihre Mutter war Sängerin, und sie wuchs in einer sehr kultivierten Umgebung auf. Ein Stipendium ermöglichte ihr 1913 ein Musikstudium bei Edward Goll (Klavier) und Fritz Hart (Komposition). 1915 setzte sie dieses am University-Conservatorium of Melbourne fort. 1922 begann Margaret Sutherland zu komponieren. Nach einem zweijährigen Studienaufenthalt in Europa (Wien, London) kehrte sie Ende 1925 nach Australien zurück und heiratete 1926. Dann folgte eine neunjährige Lehrtätigkeit am Konservatorium in Melbourne. 1930 verlegte erstmalig Lyre Bird Edition ihre Violinsonate. Margaret Sutherland gründete gemeinsam mit Tim und Roy White ein Ensemble, das sich einen legendären Ruf erwarb. Während des II. Weltkrieges organisierte sie wöchentlich Benefizkonzerte zu Gunsten des Roten Kreuzes. 1943 spielte sie bei der Gründung des Victorian Arts Centre eine bedeutende Rolle. Noch einmal ging Margaret Sutherland 1948 nach London wegen der Druckvorbereitungen ihres 'Concerto for String Orchestra", was jedoch später Boosey & Hawkes wegen ihres Geschlechtes ablehnte. Rund 20 ihrer Werke für Orchester und Kammerensembles wurden von der Australian Broadcasting Company aufgenommen. Sie erhielt in den späteren Jahren ihres Lebens zahlreiche Ehrungen und Auszeichnungen. Ihre Werke wurden vom Melbourne Symphony Orchestra unter der Leitung von John Hopkins aufgeführt und produziert. Die Komponistin starb am 12. August 1984 in Melbourne.

KLAVIERMUSIK

Burlesque für zwei Klaviere (1927)
„Two Chorale Preludes" für Klavier (1935), Sydney, Albert
„First Suite" für Klavier (1937), Sydney, Albert
„Dithyramb-Miniature Ballet Suite" für Klavier (1937), Sydney, Albert
„Miniature Sonate" für Klavier (1939), Sydney, Albert
„Six Profiles" für Klavier (1946)
Sonatina für Klavier (1956), Sydney, Albert
„Pavan für zwei Klaviere (1957), Sydney, Albert
„Canonical Piece" für zwei Klaviere (1957), Sydney, Albert
Sonata für Klavier (1966), Sydney, Albert
„Extension" für Klavier (1967)
„Chiaroscuro" I und II für Klavier (1968)
„Voices" I und II für Klavier (1968)

KAMMERMUSIK

Sonata für Violine und Klavier (1925), Melbourne, Lyre Bird 1930 / Sydney, Albert
Trio für Klarinette, Viola und Klavier (1934)
„Fantasy Sonatina" für Saxophon und Klavier (1935)
„House Quartet" für Klarinette, Viola, Frenchhorn und Klavier (1936)
„Rhapsody" für Violine und Klavier (1938)
Streichquartett Nr. 1 (1939)
Sonata für Cello / Saxophon und Klavier (1942)

„Ballad and Nocturne" für Violine und Klavier (1944)
Adagio and Allegro Giocoso für zwei Violinen und Klavier (1945)
Sonata für Klarinette / Viola und Klavier (1949)
Trio für Oboe und zwei Violinen (1951), Sydney, Albert
„Contrasts" für zwei Violinen (1953)
„Discussion", Streichquartett Nr. 2 (1954)
Quartet für Englischhorn und Streicher (1955)
„Six Bagatelles" für Violine und Viola (1956)
Sonatina für Oboe / Violine und Klavier (1957), Sydney, Albert
Divertimento für Streichtrio (1958)
„Little Suite" für Bläsertrio (1960)
„Fantasy" für Violine und Klavier (1960)
Streichquartett Nr. 3 (1967)
Quartett für Klarinette und Streicher (1967)

ORCHESTERMUSIK

„Pavan" für Orchester (1938)
„Prelude and Jig" für Streichorchester (1939)
„Suite on a Theme of Purcell" für Orchester (1939)
Concertino für Klavier und Orchester (1939)
Concerto für Streichorchester (1945)
„Rondel" für Orchester (1945)
Adagio für zwei Violinen und Orchester (1946)
„Threesome" für Jugendorchester (1947)
„Ballad-Overture" für Jugendorchester (1948)
„Bush Ballad" für Orchester (1950)
„The Haunted Hills" für Orchester (1950)
„Open Air Piece" für Orchester (1953)
Konzert für Violine und Orchester (1954)
Concerto Grosso für Orchester (1955)
„Outdoor Overture" für Orchester (1958)
„Three Temperaments" für Orchester (1958)
„Movement" für Orchester (1959)
Concertante für Oboe, Streichorchester und Schlagzeug (1961)
„Fantasy" für Violine und Orchester (1962)

VOKALMUSIK

„Songs for Children" (1929)
„Three Songs" (Text: Francis Thomson) für Singstimme, Violine und Klavier (1930)
„Five Songs" (Text: Shaw Neilson) (1936), Sydney, Albert
„The Orange Tree" (Text: Shaw Neilson) für Singstimme, Klarinette und Klavier (1938), Sydney, Albert
„Four Blake Songs" (1950)
„The World and the Child" (Text: Wright) für Mezzo, Klavier / Streichquartett (1960)
„Sequence of verse into Music" (Text: Casey) für Sprecher, Flöte, Viola und Horn (1964)
„Six Australian Songs" (Text: Wright) (1967), Sydney, Albert

CHORMUSIK

„The Passing" für vierstimmigen gemischten Chor und Orchester (1939)
„A Company of Carols" (Texte: Bassett, Casey, Dobson, Lindsay) für vierstimmigen gemischten Chor und Klavier (1966)

BÜHNENMUSIK

„The young Kabbarli" (Casey), Kammer-Oper in einem Akt (1965)

BIBLIOGRAPHIE

Moresby, I.: Australia Makes Music. London 1948
Garretty, J.: Three Australian Composers, University of Melbourne 1963
Covell, Roger: Australia's Music: Themes of a New Society, Melbourne 1967
McCredie, A.: A catalogue of 46 Australian Composers and selected works, Canberra 1969
Murdock, James: Australian Contemporary Composers, Melbourne, MacMillan 1972
Coles, H.: Margaret Sutherland. Australian Composer. Lip (Melbourne) 1978-79
Callaway, F. / Tunley, D. (Hrsg.): Australian Composers in the 20th Century, London 1979
Morgan, I.: An Analysis of Margaret Sutherland's Sonata for Clarinet and Piano. University of Melbourne 1986
LePage, Jane Weiner: Women Composers, Conductors and Musicians of the 20th Century, Band III, London, Scarecrow 1988
Sztar, Adele: Australian Women Composers, 16 mm Film ('45): Margaret Sutherland, Ester Rofe, Helen Gifford, Anne Boyd. Distr.: Educational Media Australia, Melbourne

DISKOGRAPHIE

„The young Kabbarli". New Opera of South Australia, Ltg. Patrick Thomas. EMI
„Dithyramb". Australian Youth Orchestra, Ltg. Sir Bernard Heinze. Philips
„The Haunted Hills". Melbourne Symphony Orchestra, Ltg. John Hopkins. Festival Disc, SFC
Concerto Grosso. Melbourne Symphony Orchestra, Ltg. John Hopkins; Sybil Copeland, Violine; John Glickman, Viola; Max Cooke, Cembalo. ABC 1958
„Three Temperaments". Melbourne Symphony Orchestra, Ltg. John Hopkins. ABC Records
Sonata for Clarinet and Piano. Jack Harrison, Klarinette; Stephen Dorman, Klavier. Festival Disc SFC
Trio. Jiri Tancibudek, Oboe; Sybil Copeland, Violine; John Glickman, Viola. Brolga Records
„Six Bagatelles". Sybil Copeland, Violine; John Glickman, Viola. W & G Records

> „My musical life has been a frustration of half-promises, then bad performances, followed by no more performances."
>
> Margaret Sutherland,
> in: Murdock, James: Australian's
> Contemporary Composers, Melbourne 1972

Swain, Freda Mary
(1902-1985)

Die englische Komponistin gehörte zu den letzten Schülerinnen des berühmten Kompositionslehrers am Royal College of Music in London, C. V. Stanford. Geboren wurde sie am 31. Oktober 1902 in Portsmouth, England. Ihr Klavierstudium absolvierte Freda Mary Swain am Royal College of Music bei Dora Matthay und Arthur Alexander, den sie später heiratete. Im Jahr 1924 wurde sie Professorin am Royal College of Music und schrieb ihre ersten wichtigen Kompositionen. Ihr Werk „The harp of Aengus" für Violine und Orchester wurde in der Queen's Hall 1925 aufgeführt. 1936 gründete sie die British Music Movement zur Promotion Neuer Musik im Lande. Nach dem Zweiten Weltkrieg rief die Komponistin die NEMO Konzertreihe ins Leben, die sich wiederum für die Aufführung Neuer Musik einsetzte. Mit ihrem Mann war sie eine Zeitlang in Kapstadt, Südafrika, hielt Vorträge und trat als Pianistin auf. Als Komponistin erhielt sie zahlreiche Preise, darunter den Sullivan Kompositionspreis, den Ellen Shaw Williams Preis für Klavier (1917), das Ada Lewis Stipendium für Klavier und das Portsmouth Whitcombe Stipendium für Komposition (1917). Ihr großes Werkverzeichnis umfaßt vorwiegend Klavier- und Kammermusik, aber auch zahlreiche Lieder für Gesang und Klavier nach Texten englischer Autoren. Die Komponistin verstarb am 29. Januar 1985 in Chinnor, England.

ORGEL- / KLAVIERMUSIK

„Melodies"
„The sea. sonata-poem" in f-moll
Sonatina für Orgel, London, Novello
„Merry thought" (1917)
„The croon of the sea" (1924)
„Chinese processions" (1924)
„Humoresque" (1924)
„The musical box" (1924)
„The deep ravine" (1925)
„Sonata saga" (1925-29)
„Cycle of Life", sieben Stücke (1928)
„Melancholy thistle" (1928)
„Caricatures" (1928)
„The blank wall" (1928)
„Dog daisy caricature suite" (1928)
„Grey landscape" (1929)
„Tetrad", Sonatina in vier Sätzen (1930)
„The greenawn" (1934)
„The mountain ash" (1935)
„"Two South African impressions" (1940)
„An English idyll" (1941)
„The desolate lake" (1941)
„Lazy waters" (1941)
Toccata in D (1941)
„Reflections at night, sound setting on poem by W. Hart-Smith (1941)
„The breezes" (1945)
„Spring mood" (1945)
Sonata Nr. 2 in fis-moll (1950)
„English pastoral" für Orgel (1950)
„Marionette on holiday" (1953)
„March with fanfare" (The Lions of England) (1953)
„Autumn landscape" (1953)
„Prelude and toccata with interlude" (1955)
Sonata Nr. 1, „The Skerries" (1956)
Sonata für ein oder zwei Hände (1956-57)
„Kalahari croon" (1958)
„Bluebottle" (1963)
„Three movements" (1963)
„Whirling wheels" für zwei Klaviere (1965)
„Six name pieces" (1965-66)
„Glory hallelujah" (1967)
„Three descriptive pieces" (1967)
„Flourish" für zwei Klaviere (1968)
„Perceptions" für zwei Klaviere (1968)
„Prelude, jubilation" (1973)
„Suite-quiddities" (1977)

KAMMERMUSIK

Klavierquartett
Ballade für Violine und Klavier
„Bobolink" für Blockflöte und Klavier
„Berceuse" für Violine und Klavier
„Danse barbare" für Violine und Cello
Duette für zwei Violinen
„Lamenta" für Violine und Klavier
„Three pleasant pieces" für Violine und Klavier
„Two rhapsodies" für Viola und Klavier
„The waving grass" für Klarinette und Klavier, British

& Continental Music
„Mauresque" für Violine und Klavier (1919)
Sonata in c-moll für Cello und Klavier (1922)
Streichquartett in e-moll Nr. 1 („The Norfolk") (1924-1935)
„The river" für Violine und Klavier (1925)
Sonata in h-moll für Violine und Klavier (1925)
„Love Song" für Violine und Klavier (1929)
„La pasadita" für Violine und Klavier (1930), Schott
„Summer rhapsody Nr. 1" für Klarinette / Violine und Klavier (1936)
„Satyr's dance" für Klarinette und Klavier / Altsaxophon und Klavier (1937), Bourne
„The sea" für Violine, Viola, Cello und Klavier (1938)
Klavierquintett (1938)
„Willow waltz" für Saxophon und Klavier (1940)
„The willow tree" für Klarinette / Klarinette und Klavier (1946)
Streichquartett in g-moll Nr. 2 (1950)
„Rhapsody" für Klarinette und Klavier (1950, 1960)
„Solemn salutation" für zwei Trompeten, zwei Hörner und Posaune (1951)
Suite für sechs Trompeten (1952)
„Fanfare" für drei Trompeten (1952)
„Highland Hill" für Violine und Klavier (1952)
„Derry down" für Klarinette und Klavier (1953)
„Heather hill" für Klarinette und Klavier (1953)
„Three movements" für Violine und Klavier (1955)
„Dance rhythms from an unknown country" für Viola, Flöte, Oboe, Klarinette und Klavier (1957)
„Fantasy, suite" für Oboe und Klavier (1957), Bourne Music
„Rhapsody Nr. 2" für Viola und Klavier (1958)
„Three fantasies" für Cello und Klavier (1959)
„Laburnum tree" für Klarinette und Klavier (1959), British & Continental Music
„Poem" für Violine und Klavier (1959)
„By the loch" für Cello und Klavier (1960)
„Lamentations" für zwei Celli und Klavier (1960)
„Papsy" für Oboe/Flöte und Klavier (1963), Chappell & Co.
„La vieille marquise" für Oboe/Violine und Klavier (1963)
„Les élégants" für Klarinette und Klavier (1963)
„Eight pipe tunes for Janet" für Klarinette und Klavier (1965)
„Shushan waltz" für Klarinette und Klavier (1965)
„Piece for open strings" für Violine und Klavier (1965), Schott
Terzett für Streicher (Violine, Viola, Cello) (1966)
„Festival Suite" für Horn, Trommel und Klavier (1967)
„Fanfare for a duchess" für drei Trompeten, drei Posaunen, Trommel / sechs Trompeten (1976)

„Fanfare for a queen" für Blechbläser (1977)
„Royal fanfare to precede a national anthem" für Blechbläser (1977)
„Fantasy, March" für Saxophon und Klavier (1983)

ORCHESTERMUSIK

„Marshland, tone poem" für Kammerorchester
„Walking and dream tide" für Streichorchester
„The harp of Aengus" (nach Yeats) für Violine und Orchester (1924)
„A pastoral fantasy" (1936-1937)
„The air mail concerto" für Klavier und Orchester (1939)
Concertino für Klarinette, Horn und Streicher (1948)
„Miniature suite" für Streichorchester (1952)
„The Lion of England", Marsch für Orchester und Trompete (1953)

VOKALMUSIK

„Six settings of Chinese poems" (Übers.: Arthur Waley) für Singstimme und Klavier(1921-23)
„The lovely lady" (Text: John Masefield) für Singstimme und Klavier (1922)
„Enigma" (aus dem Chinesischen von Yoni Noguchi) für Singstimme und Klavier (1922)
„She is my love" (Text: P. A. Graves) für Singstimme und Klavier(1924)
„The twilight shore" (Text: Robert Bridges) für Singstimme und Klavier (1924)
„Five settings of poems by Burns" für Singstimme und Klavier (1924-25)
„Seven settings from A. Shropshire lad" (Text: A. E. Housman) für Singstimme und Klavier (1927-28)
„13 settings of poems by A. E. Coppard" für Singstimme und Klavier (1928-1938)
„Two songs" (Text: A. E. Coppard) für Singstimme und Gitarre (1929-34)
„The travelling companion" (Text: Lord Alfred Douglas) für Singstimme und Klavier (1934)
„Sympathy" (Text: Emily Brontë) für Singstimme und Klavier (1934)
„Six Sonnets" (Text: Shakespeare) für Singstimme und Klavier (1934-46)
„Two settings of poems by L. A. Strong" für Singstimme und Klavier (1936)
„Two settings of poems by Gwen Grant" für Singstimme und Klavier (1942)
„Evening" (Text: Mark Tait) für Singstimme und Klavier (1942)
„In exile" (Text: David Gamble) für Singstimme und Klavier (1942)
„November" (Text: Sir Donald Ross) für Singstimme und Klavier (1942)
„The harvester's song" (Text: George Peel) für

Singstimme und Gitarre (1946)
„Two unaccompanied ballads" für Singstimme und Klavier(1946)
„Montanus" (Text: Thomas Lodge); Sonett für Singstimme und Klavier (1946)
„The bird of wilderness", Gesangszyklus (Text: Rabindranath Tagore) für Singstimme, Klavier und Violine (1961)
„Perihelion" für Singstimme ohne Worte und Streichorchester (1963)

CHORMUSIK
„The indwelling", Gesangszyklus (Texte: L. A. G. Strong, Ruth Pitter, Edward Fawett) für Bariton, Tenor, zwei Soprane, Kontratenor, gemischten Chor, zwei Violinen, Viola und Cello
„Sweet content" (Text: R. Greene) für Frauenchor
„In memoriam", Kantate
„Carol of the seasons" für Chor und Orchester
„Country love" für Frauenchor (1960)
„Bells of heaven" für Chor und Klavier (1964)
„The holly and the ivy" für gemischten Chor a cappella (1964)
„Unseen heralds" (Text: Swain) für Chor und Klavier / Singstimme und zwei Klaviere (1964)
„A Gaelic prayer" für Chor und Orgel (1965)
„Te Deum" für Chor und Orgel (1965)
„Jubilate" für Chor und Orgel (1966)
Psalm 121 für Chor und Orgel (1976)

BÜHNENMUSIK
„Ship ahoy", Ballett (unvollendet)
„The Shadowy Waters" (Yeats), Oper

BIBLIOGRAPHIE
Blom, E.: The younger English composers: Freda Swain. In: The monthly musical record, 1929
Francke, D.: Obituary. In: The Times, London 2/1985

Szajna-Lewandowska, Jadwiga
(1912-1994)

Mit mehr als 50 Bühnenwerken – überwiegend Märchenstoffe und Kinderballette – ist sie in ihrer Heimat Polen berühmt geworden. Geboren wurde Jadwiga Szajna-Lewandowska in Brody, Ukraine, am 22. Februar 1912. Ihr Musikstudium begann sie am Konservatorium in Lwow, Polen, und war Schülerin von Mieczyslaw Soltys (Klavier) und von Tadeusz Szeligowski (Komposition). Nach dem Zweiten Weltkrieg setzte sie ihr Kompositionsstudium bis 1956 an der Musikhochschule Wroclaw (früher: Breslau), bei Stefan B. Poradowski fort. Jadwiga Szajna-Lewandowska arbeitete als Musikpädagogin in Wroclaw, setzte aber auch ihre Kompositionstätigkeit fort. Sie erhielt für ihre kompositorischen Leistungen zahlreiche Auszeichnungen, so 1960 einen Preis für ihre Kantate „Regiment" und 1962 einen Preis für ihren Gesangszyklus „A cycle of songs". 1970 wurden ihre sechs Kinderlieder beim Gesamtpolnischen Kompositions-Wettbewerb preisgekrönt, und im selben Jahr gewann sie einen Preis beim GEDOK Komponistinnen-Wettbewerb in Mannheim mit ihrer „Ballett-Suite". Ihr kompositorischer Schwerpunkt liegt auf der Arbeit mit Kindern und Jugendlichen. Für ihr musikalisches Märchen „Die blaue Katze" wurde ihr 1974 und 1983 der polnische Staatspreis verliehen. Die Komponistin lebte bis zuletzt in Wroclaw, wo sie am 14. März 1994 verstarb.

KLAVIERMUSIK
Sonatina giacosa (1959)
Concertino für zwei Klaviere (1965)
Drei „legerezze" für Klavier (1965)
„Funérailles" für zwei Klaviere (1970)
10 Studien für zwei Klaviere (1975)

KAMMERMUSIK
Sonatina für Oboe und Klavier (1954)
Sonatina für Flöte und Klavier (1961)
Fünf Stücke für Klavierquintett (1978)
Sechs Stücke für Violine und Klavier für junge Musiker (1979)
„6 Triollet" für zwei Flöten und Klavier (1980)
Sonatina für Violine und Klavier
Miniatur für Violine und Klavier

ORCHESTERMUSIK
Concertino für Flöte und Streicher (1956)
Capriccio für Klarinette und Streicher (1960)
Vier Studien für Klavier und Streicher (1962)
Drei Fragmente für Klavier und Streicher (1968)
Ouvertüre für großes Sinfonie-Orchester
„Polnisches Capriccio" für Klavier und Streicher (1973)
„Funérailles" für Klavier, Streicher und Schlagzeug (1974)
„All'atlantico" für Orchester (1978)
„Der Mythos von Alexander" für großes Orchester und Singstimmen (1980)

VOKALMUSIK

Liederzyklus (Text: Tadeusz Zasadny) für Sopran und Kammerorchester (1961)

„Reime des Mr. Lear" (Text: Edward Lear, polnische Übers.: Andrzey Nowicki), zwei Lieder für Sprecher und Orchester (1968)

Sechs Kinderlieder (Text: Wladyslaw Broniewski) für Singstimme und Klavier (1970)

12 Poems (Text: Maria Jasnorzewska-Pawlikowska) für Sopran und Streichquartett (1972)

Poems (Text: Jaroslaw Iwaszkiewicz) für Sprechstimme und Klavier (1977)

CHORMUSIK

„A Regiment" (Text: Artur Miedzyrzecki), Kantate für gemischten Chor und kleines Orchester (1960)

„3 heitere Lieder" (Text: Ludwik Jerzy Kern) für zwei Frauenchöre, Streichquartett und Schlagzeug (1962)

„El Mole Rahmim" für gemischten Chor, Orchester und Sprecher (1964)

Zwei Persische Lieder (Text: Chosrovani, Hafiz) für Männerchor a cappella (1969)

BÜHNENMUSIK

„Pinocchio" (Text: Irena Turska nach Carlo Collodi), Kinderballett in drei Akten (1956)

„Der Harfist" (Text: Henryk Tomaszweski nach Edgar Allan Poe), Mimisches Drama (1962)

„Einführung in die Tuturlistan" (Text: Klara Kmito), Kinderballett in drei Akten (1966)

„Thais" (Text: Pawel Chynowski), Ballett in drei Akten (1970)

„Peau d'âne" (Text: Hanna Januszweska nach Charles Perrault), Musical für Kinder (1974)

„Die blaue Katze" (Text: T. Zasadny), Musikalisches Märchen für Sinfonie-Orchester, Chor, Sopran, Tenor, zwei Bässe und Ballett (1976)

„Der Zauber-Schneider", Historisches Märchenspiel für Kammerorchester, Chor, Sopran, Mezzosopran, Alt und Tenor und Ballett (1977)

„Das kleine rote Reiterkäppchen" (Text: Grimm), Ballett (1984)

Alle Werke erhältlich über: Ars Polonia, Warschau,

Szegy, Iris
(* 1956)

Iris Szegy wurde am 5. März 1956 in Presov, Slowakien, geboren. Sie studierte von 1971 bis 1976 Klavier bei Marta Reiterová und Komposition bei Jozef Podprocký am Konservatorium in Kosice. Bis 1981 setzte sie ihr Kompositionsstudium an der Musikakademie in Bratislava bei Andrej Ocenás fort. Von 1981 bis 1984 lehrte sie an der Kunstschule Bratislava Musiktheorie. Sie erhielt Stipendien für Budapest, Warschau und für die University of California in San Diego. Von 1992 bis 1993 war sie Resident Composer an der Akademie Schloß Solitude in Stuttgart. Anschließend produzierte sie eine Komposition für elektronische Musik im STEIM Studio in Amsterdam. Sie wurde Resident Composer an der Staatsoper Hamburg. Mehrfach wurde sie ausgezeichnet, u.a. bei dem Wettbewerb Junger Komponisten in Ostrava 1985 (1. Preis). Seit 1990 lebt Iris Szegy in ihrer Heimat als freischaffende Künstlerin.

ORGEL- / KLAVIERMUSIK

„Spring Sonata" für Orgel solo (1979-1984), Slovak Music Fund

„Let us go to Zoo", Klavierzyklus für Kinder (1984), Slovak Music Fund

„Perpetuum Mobile" (1993)

KAMMERMUSIK

„Hommage à Rodin" für Violine und Klavier (1982), Slovak Music Fund

„Poetic Studies" für Violine, Cello und Klavier (1984), Slovak Music Fund

„Vivat Summer", kleine Suite für Klarinette solo (1985), Slovak Music Fund

„Musica dolorosa", Streichquartett (1985), Slovak Music Fund

„Suite into Pocket" für Gitarre solo (1986), Slovak Music Fund

„Attempt at Fanfare" für Ensemble Brno Brass Band (1986)

„Minifanfare", Quintett für Blechbläser (1986), Slovak Music Fund

"Canto triste", Nocturne für Posaune / Cello und Klavier (1986), Slovak Music Fund

„Afforismi" für Flöte/Oboe, Klarinette und Fagott (1990), Slovak Music Fund

„Ciaccona" für Violine solo (1991)

„A Midsummer-Night's Mystery" für zwei Schlagzeuger (1992)

„Preludio e Danza" für Bassetthorn/Baßklarinette solo (1992), Köln, Tonger

ORCHESTERMUSIK

Concertino für Sinfonieorchester (1981)

Concerto für Cello und Sinfonieorchester (1989), Slovak Music Fund

VOKALMUSIK

„Simple and Difficult" (Text: M. Rúfus), drei Lieder für Mezzosopran und Klavier (1978)

„To you", vier Lieder für Sopran, Tenor, Flöte, Cello, Gitarre und Triangel (1983), Slovak Music Fund

„De Profundis" (Text: Michelangelo Buonarotti), vier Lieder für Singstimme und zwei Melodie-Instrumente (1990), Slovak Music Fund

„Ave Maria" für Sopran, Viola, Cello und Kontrabass (1992), Köln, Tonger

Psalm (Text: Paul Celan) für Sologesang (1993), Köln, Tonger

CHORMUSIK

„Ej, hoja, hoja" für Chor und Orchester (1977)

„Tatunu, Tatunu" für Chor und Orchester (1977)

„Jocose Songs from Saris" für Soli und Folk-Ensemble (1979)

„Have good luck" (Text: M. Rúfus), Kammerkantate für Soli, Kinderchor und Instrumentalensemble (1979)

„Draw me" für Kinderchor a cappella (1981)

„Professions", Liederzyklus für Frauenchor a cappella (1984), Slovak Music Fund

„Was it like that" für Kinderchor und Klavier / Streichquartett (1985), Slovak Music Fund

„HRA, ein Spiel" für Kinderchor a cappella (1985), Slovak Music Fund

„Psalm of a starving man" (Text: Jan Brocko) für gemischten Chor a cappella (1988), Slovak Music Fund

„Spring wreath" (Text: Ján Andel), drei kleine Lieder für einstimmigen Kinderchor, Klavier und Orff-Instrumente (1989)

„Three Shakespeare Songs" für gemischten Chor a cappella / Frauenchor a cappella (1990), Slovak Music Fund

„Jarny Vanek", drei kleine Lieder für einstimmigen Kinderchor, Klavier und Orff-Instrumente

ELEKTRONISCHE MUSIK

„In Between" für Oboe und Tonband (1993)

Szeto, Caroline
(* 1956)

Sie ist eine von rund 50 Komponistinnen, die Australien im 20. Jahrhundert aufweist: Caroline Szeto, geboren am 15. September 1956 in New South Wales, Australien. Ihr Musikstudium (Klavier und Komposition) absolvierte sie an der University of Sydney und am Trinity College of Music in London, wo sie 1982 ihr Diplom erwarb; 1984 machte sie ihr Kompositionsexamen. Als Komponistin war sie früh erfolgreich und erhielt den Ignaz Friedman Memorial Prize (1985), den Donald Peart Memorial Prize (1986), und im Jahre 1991 den ersten Preis für ein Orchesterwerk. Caroline Szeto wurde 1988 Assistentin bei Peter Sculthorpe an der Universität von Sydney und lehrte dort auch in der Musikabteilung. 1990 wurde sie Assistentin von Eric Gross in Sydney und kam 1994 als Mentorin für besonders begabte Studenten in die Schulabteilung der Regierung von New South Wales. Gleichzeitig erhielt sie ein Kompositionsstipendium der Performing Arts Board of the Australia Council. Ihr Werkverzeichnis umfaßt Kammer- und Orchestermusik sowie Musik für elektronische Instrumente. Caroline Szeto war Mitglied der Gruppe OHM, einem Ensemble für Live Elektronik und Computer Musik und trat in verschiedenen australischen Städten erfolgreich auf. Als Teilnehmerin der National Orchestral Composers School war sie von 1986 bis 1993 Gasthörerin und 1994 Hospitantin beim Tasmanian Symphony Orchestra. Die Komponistin lebt in Mosman, New South Wales.

KLAVIERMUSIK

„Piece for piano" (1983)

„Moon on night water" für Klavier (1990), in: Australian Piano Music, Sydney, Currency Press

„Yunny's Treat" für Klavier (1991), in: Australian Piano Miniatures, Red House Ed.

KAMMERMUSIK

„Three pieces for solo guitar" (1984), Sydney, Currency Press

„Study No. 1" für Tuba (1990), Sydney, Currency Press

„Study No. 2" für Tuba (1990), Sydney, Currency Press

„A game" für Violine (1992), in: Australian Violin Music, Sydney, Currency Press

Sextett für Flöte, Fagott, Xylophon, Pauken, Violine, Cello (1983)

„Piece for the Seymour Group" für Flöte, Klarinette in A, Violine, Cello, Klavier und Schlagzeug (1984)

Trio für Oboe, Klavier und Viola (1984)

Bläsertrio für Flöte, Klarinette in B und Fagott (1985)

„Beautiful Fresh Flower" für Flöte, Klarinette in B, Violine, Cello, Klavier und Schlagzeug (1985)

„Catalogue" für Streichquartett (1985)

„Images of Li Po" für Flöte, Klarinette in B, Schlagzeug, Klavier, Violine und Cello (1987)
„Little Dance" für Flöte, Klarinette in B, Klavier, Violine und Cello (1991)
„The Third Station of the Cross" für Klarinette in B, Kontrabaß und Schlagzeug (1993)
„Scattering Breeze" für Flöte und Gitarre (1994), in: Duos guitar plus one", Red House Ed.
„C. C. Thirty-Three" für Blechbläser, Holzbläser und Schlagzeug (1985)

ORCHESTERMUSIK

„On a Crest" für Sinfonieorchester (1986)
„Sheng" für Orchester (1986)
„Energy" für Sinfonieorchester (1990)
„ABC Fanfare" für großes Orchester (1992)
„Energy II" für Sinfonieorchester (1994)

VOKALMUSIK

„The sweet apple" für zwei Soprane, Mezzosopran, Tenor, Bariton, Baß-Bariton (1994)

CHORMUSIK

„Missa Brevis" für gemischten Chor a cappella (1987)

ELEKTRONISCHE MUSIK

„Reflections" für computer-generiertes Tonband (1988)
„Duet for Two DX 7's" für zwei Synthesizer (1989)
„Cross Phases" für vier Keyboards (1989)
„Lament of the Boobook" für computer-generierte Instrumente, zwei Keyboards und WXz wind controller (1991)
„In a Garden" für computer-generierte Instrumente (1992)

BIBLIOGRAPHIE

Zaimont, J. L.: Caroline Szeto. In: The Musical Woman, an international Perspective, vol. III, New York, Greenwood 1991
Baker, C.: Caroline's Career. In: Artforce, March 1994
Broadstock, B.: Caroline Szeto. In: Australian Composers born after 1950, 1995

DISKOGRAPHIE

„Yunny's Treat" für Klavier solo. Michael Kieran Harvey. Red House Editions, Australia

Szönyi, Erzsebét
(* 1924)

Zusammen mit ihrem Landsmann Zoltan Kodály entwickelte die Komponistin ein berühmtes musikalisches Lehrsystem, das in der gesamten Musikwelt große Beachtung fand. Erzsebét Szönyi, die ungarische Musikpädagogin und Komponistin, wurde am 25. April 1924 in Budapest geboren. Mit 13 Jahren begann sie bereits zu komponieren. Von 1942 bis 1947 besuchte sie die Franz-Liszt-Akademie in Budapest und studierte Komposition bei Janos Viski und Klavier bei Ernö Szegedi. Ein staatliches Stipendium aufgrund vielversprechender Leistungen ermöglichte ihr ein Studium in Paris bei Nadia Boulanger, Tony Aubin und Olivier Messiaen. Ihr Divertimento für Orchester Nr. 1 wurde 1948 preisgekrönt (Prix de Composition du Conservatoire Paris). Zurückgekehrt nach Budapest, erhielt Erzsebét Szönyi einen Lehrauftrag von der Franz-Liszt-Musikakademie und wurde 1960 zur Direktorin der Abteilung Schulmusik gewählt. Zwischen 1953 und 1965 verfaßte sie ihre Pionierarbeit „Methodik des Musikschreibens und -lesens", die – wie die Arbeiten Kodálys – zur Bekämpfung des Musik-Analphabetismus ihres Landes bahnbrechend wurde. 1959 erhielt Erzsebét Szönyi als erste Frau den Staatspreis für Musik und den Erkel-Preis für ihre kompositorischen Leistungen. Ihre Oper „Die Florentinische Tragödie" wurde 1960 im Staatstheater Meiningen, Thüringen, uraufgeführt. Auch als Organistin machte sich die Musikerin, die zahlreiche Werke für Orgel schuf, einen internationalen Namen. Erzsebét Szönyi lebt in Budapest.

ORGEL- / KLAVIERMUSIK

„Die widerspenstige Prinzessin", Budapest, Editio Musica EMB
Zwei Sonatinen (1944/46)
„Farben", Suite für Klavier (1946)
„Spiel" für zwei Klaviere (1946), Budapest, Editio Musica EMB
Fantasie und Fuge (1948)
Kleine Kammermusik für Klavier zu vier Händen, Budapest, Editio Musica EMB 1950
Sonata für Klavier (1953)
Sechs Stücke für Orgel, Budapest, Editio Musica EMB 1955 / Vallalat 1965
„Präambel" für Orgel, Budapest, Editio Musica EMB 1955
Introduktion, Passacaglia und Fuge, in: Ungarische Orgelmusik, Budapest, Editio Musica EMB 1965
Fünf Präludien für Klavier, Budapest, Editio Musica EMB 1966
Toccatina für Klavier, Budapest, Editio Musica EMB 1967

KAMMERMUSIK

„Ständchen und Morgenreigen", Budapest, Editio Musica EMB
Trio für Oboe, Klarinette und Fagott, Budapest, Editio Musica EMB / New York, Boosey & Hawkes
Triosonate für Violine, Cello und Klavier (1964), Budapest, Editio Musica EMB / Budapest, Vallalat / New York, Boosey & Hawkes
„Air" für Violine und Klavier, Budapest, Editio Musica EMB 1946
Fünf Volkslieder für Violine und Klavier (1948)
Trio für junge Leute für Violine, Cello und Klavier, Budapest, Editio Musica EMB 1952
„Spielend" für Cello und Klavier (1954), Budapest, Editio Musica EMB
Serenade und Tanz für Violine und Klavier (1954)
Duo für Violine und Viola, Budapest, Editio Musica EMB 1955
Melodie für Cello und Klavier (1958)
Präludium für Violine und Klavier (1958)
Sonatine für Violine und Klavier, Budapest, Editio Musica EMB 1963
Sonatine für Kinder für Violine und Klavier (1965), Budapest, Editio Musica EMB
Fünf alte Tänze für Oboe, Fagott und Klarinette, Budapest, Editio Musica EMB (1969)
20 ungarische Volkslieder für zwei Flöten und Gitarre (1978)
Fantasie für Harfe (1983)
„French suite" für Viola und Klavier (1983)

ORCHESTERMUSIK

„Piccola introduzione" für Streicher, New York, Boosey & Hawkes
Zwei Stücke für Orchester, New York, Boosey & Hawkes
„Parlando e giusto" für Orchester (1947)
Erstes Divertimento für Orchester, Budapest, Editio Musica EMB 1948
Zweites Divertimento für Orchester, Budapest, Editio Musica EMB / New York, Boosey & Hawkes
„Trio concertino" für Violine, Cello, Klavier und Streichorchester, New York, Boosey & Hawkes / Budapest, Editio Musica EMB 1964
„Musica festiva", Suite für Orchester (1965), Budapest, Editio Musica EMB
Concerto für Orgel und Orchester, Budapest, Editio Musica EMB 1966 / New York, Boosey & Hawkes
Präludium und Fuge für Orchester (1969), Budapest, Editio Musica EMB
Allegro für Orchester, New York, Boosey & Hawkes 1969
„Three ideas" für Orchester (1980)

VOKALMUSIK

Melodien für Sopran, Mezzosopran, Tenor und Bariton
Duette für Sopran und Mezzosopran (1958)
„Ode von Horaz" für Sopran / Tenor, zwei Klaviere und Schlagzeug (1965)

CHORMUSIK

„Finodis", Heldenlied über Eger für Chor und Orchester, Budapest, Editio Musica EMB
„Soldier's song" für gemischten Chor (1956), Budapest, Editio Musica EMB
„Canticum sponsae" für Chor (1956), Budapest, Editio Musica EMB
Oratorium für Kinder (1959), Budapest, Editio Musica EMB
„Jugend-Oratorium" (1960), Budapest, Editio Musica EMB
33 Chöre über ungarische Volkslieder für Kinderchor (1967)
„Lamento" für Frauenchor, Flöte, Violine und Cembalo (1967), Budapest, Editio Musica EMB
„Jozsef Attila", Kantate (1968), Budapest, Editio Musica EMB
„Anakreon" für Chor (1969), Budapest, Editio Musica EMB
Japanische Gesänge für Kinderchor (1970)
„Running to the meadow" für gemischten Chor (1970), Budapest, Editio Musica EMB
„Something has spoken to me in the night" für gemischten Chor (1972), Budapest, Editio Musica EMB
„Savaria" für gemischten Chor (1973), Budapest, Editio Musica EMB
„Radnoti-Kantate" (1975), Budapest, Editio Musica EMB
„A gay lament", Oratorium (1979), Budapest, Editio Musica EMB
„Ode to the present" für gemischten Chor (1979), Budapest, Editio Musica EMB
„Stabat mater" für gemischten Chor und Orgel (1982), Budapest, Editio Musica EMB
Motetten für Männerchor und Orgel (1983)
„Paysage" für gemischten Chor (1983), Budapest, Editio Musica EMB
Drei Madrigale für gemischten Chor (1985)

BÜHNENMUSIK

„Garden tale", Ballett für Kinder (1949)
„Pantomime", Ballett für Kinder (1949)
„Dalma", Oper in drei Akten (1952)
„The cricket and the ants", Ballett für Kinder (1953)
„Makrancos Kiralylany", Kinderoper in zwei Akten (1955)

„Florentiner Tragödie", Oper in einem Akt (1957)
Kinderoper in einem Akt (1974)
„Az igazmondo juhasz", Operette (1979)
„Break of transmission" (1980)
„Adashiba", Oper in einem Akt (1980)
„Elfrida", Oper in einem Akt (1985)
Diverse Bühnenmusiken

BIBLIOGRAPHIE

Szönyi, Erzsébet: The method of musical reading and writing, New York, Boosey & Hawkes, 1972
Szönyi, Erzsébet: Aspekte der Kodály-Methode, Frankfurt, Diesterweg 1973
Szönyi, Erzsébet: 20th century music teaching. Budapest, Editio Musica EMB

DISKOGRAPHIE

Konzert für Orgel und Orchester. G. Lehotka, Ungarisches Staatsorchester, Ltg. G. Nemeth. Hungaroton
„Piccola ouvertura". Orchester der Städtischen Musikschule Budapest, Ltg. M. Kutassy. Qualiton
Sechs Stücke für Orgel. S. Pecsi, Orgel. Mannheim, Da camera magna
Fünf preludes für Klavier / Triosonate / „Three ideas"/ „Radnoti Cantata". Radnoti Chor und Orchester, Budapest. Hungaroton

Szymanowska, Maria Agata
(1789-1831)

Die ehemalige Hofpianistin des russischen Zaren in St. Petersburg ist als Klaviervirtuosin in viele Länder Europas gereist. Sie wurde am 14. Dezember 1789 in Warschau, Polen, geboren und entstammte einer christianisierten jüdischen Familie. Ihr erstes Musikstudium absolvierte sie bei Antoni Lisowski (1798-1800) und Tomasz Gremm (1800-1804); weitere Studienjahre verbrachte sie bei Frantiszek Lessel und dem englischen Komponisten John Field, den sie in Moskau kennenlernte. Auch bei Luigi Cherubini begann sie in Paris ein Studium. Als Pianistin war sie so erfolgreich, daß sie ihre Ehe mit einem wohlhabenden polnischen Landbesitzer löste, um sich ganz ihrer musikalischen Karriere widmen zu können. Nach 1821 trifft man die Künstlerin in zahlreichen europäischen Metropolen als Pianistin an; der russische Zar berief sie 1822 zur Hofpianistin; daneben reiste sie durch Deutschland, Frankreich, England, Polen, Belgien und Holland.

Die meisten ihrer rund 120 Klavierstücke wurden gedruckt. 1828 ließ sich Maria Szymanowska in St. Petersburg nieder und widmete sich vorwiegend der Musikpädagogik. Sie starb jedoch bereits drei Jahre später an der Cholera. Ihr musikalisches und autobiographisches Vermächtnis ist ihr „Album", in dem sich zahlreicher Berühmtheiten ihrer Zeit, wie z. B. van Beethoven, Rossini, Meyerbeer, Clara und Robert Schumann, Chopin und Liszt eintrugen und in dem sie eigene Werke niederschrieb (s. Bibliographie).

KLAVIERMUSIK

Präludium
Thema und Variationen h-moll
Valse d-moll
„18 Danses de différent genre", Leipzig, Breitkopf & Härtel 1819
Mazurka für Klavier, Bryn Mawr, Hildegard Publishing 1993
„Caprice sur la romance de Joconde", Leipzig, Breitkopf & Härtel 1820
„Grande Valse" für Klavier zu vier Händen, Leipzig, Breitkopf & Härtel 1820
Sechs Märsche für Klavier, Leipzig, Breitkopf & Härtel 1820
„Polonaise sur l'air national de feu Prince Joseph Poniatowsky", Leipzig, Breitkopf & Härtel 1820
„Romance de Monsieur le Prince Alexandre Galizin", Leipzig, Breitkopf & Härtel 1820
Fantasie für Klavier, Leipzig, Breitkopf & Härtel 1820
„Quatre Valses" für Klavier zu drei Händen, Warschau, Sennewald 1822
„Cotillon ou valse figurée", Paris, Henry 1824
„Danse polonaise", Paris, Henry 1824 / Leipzig, Breitkopf & Härtel
Polonaise / Menuett / Nocturne „Le murmure" As-dur, Paris, Henry 1825 / in: Maria Szymanowska Album, Krakau, PWM 1953
24 Mazurkas, Leipzig, Breitkopf & Härtel 1826 / Bryn Mawr, Hildegard Publ. 1993
Nocturne B-dur, Petersburg 1852 / Krakau, PWM 1953 / in: Frauen komponieren, Schott, Mainz 1985 / in Historical anthology of music by women, Indianapolis 1987 / in: at the piano with women composers, Sherman Oaks, Alfred Publ. 1990
„Cinq études", in: Maria Szymanowska Album, Krakau, PWM 1953
„6 Menuets", Leipzig, Breitkopf & Härtel
20 Etüden und Präludien, Leipzig, Breitkopf & Härtel
Nocturne f-moll, Leipzig, Breitkopf & Härtel
Fünf Tänze für Klavier, Krakau, PWM

„4 Valses" für Klavier, Warschau, Letronne
„20 Exercices et Préludes" / „24 Mazurkas" / „Danse polonaise" / „18 Danses" / „6 Menuets" / Nocturne „La murmure" / Fantaisie, in: Album per pianoforte (Hrsg.: M. Szmyd-Domus), Krakau, PWM 1990

KAMMERMUSIK

„Fanfaren-Duett" für zwei Hörner oder Trompeten
Serenade für Cello und Klavier, Leipzig, Breitkopf & Härtel
„Thème varié" für Flöte, Violine und Klavier, Leipzig, Breitkopf & Härtel
Divertissement für Geige und Klavier, Leipzig, Breitkopf & Härtel

VOKALMUSIK

Historische Lieder (Text: J. U. Niemcewicz), Warschau 1822
Drei Lieder nach Texten von Konrad Wallenrod (1928)
„Alpuhara" (Text: W. Skarbek) für Gesang und Klavier
Ballade „Peine et Plaisir" (Text: W. Shakespeare) für Gesang und Klavier
„Romance à Josephien" / „Romance à la nuit" (Text: F. de Berni)
„Lied aus dem Turm" (Text: Skarbek) für Gesang und Klavier
weiter Lieder nach Texten von W. Skarbek

BIBLIOGRAPHIE

Mirscy: Maria Szymanowska, Album, Texte, Album-Eintragungen berühmter Persönlichkeitn und eigene Kompositionen in Faksimile, Krakau PWM 1953
Belsa, Igor: Maria Szymanowska, Biographie in russischer Sprache inklusive Briefe und Notenbeispiele, Moskau, Verlag der Wissenschaften, 1956
Iwanejko, M.: Maria Szymanowska, Krakau 1959
Davies, J.: Maria Szymanowska in „The Consort" 1966
Megget, J. M.: Keyboard Music by women composers: a catalogue and bibliography, Westport 1981
Reich, Nancy B.: Clara Schumann, the artist and the woman, New York 1985
Glickman, S.: Introduction to Maria Szymanowska, music for piano, Bryn Mawr 1990
Poniatowska, I.: Introduction to M. A. Szymanowska: 25 Mazurkas, Bryn Mawr 1993

DISKOGRAPHIE

Nocturne As-dur „Le murmure" / Nocturne B-dur. Rosario Marciano, Klavier. Fono Münster
Nocturne B-dur. M. Federova, Klavier. Melodia
Northampton, England
Ballade für Gesang und Klavier. Patricia Atkins Chiti; Gian Paolo Chiti. Edipan Schallplatten, Rom
„Peine et plaisir". Patricia Atkins Chiti; Gian Paolo Chiti. Edipan Schallplatten, Rom
Etude E-dur / Etude F-dur / Nocturne in B-dur. Nancy Fierro, Klavier. Avant Records, Hollywood

Tailleferre, Germaine
(1892-1983)

Zwar wird sie immer wieder als Mitglied der Groupe des Six genannt, doch fehlt ihr bis heute die wirkliche Gleichberechtigung neben der fünf französischen Komponisten. Germaine Tailleferre, geboren am 19. April 1892 in Parc Saint-Mur-des-Fossés bei Paris, begann 1904 ihr Studium am Pariser Konservatorium. Ihre Klassenkameraden waren Darius Milhaud und Arthur Honegger; bei Charles-Marie Widor machte sie ihr Theorie-Examen, bei Ravel studierte sie Orchestration. Schon früh gewann sie erste Preise im Fach Komposition. Die Kunstszene im Paris der 20er Jahre brachte die Begegnung mit Picasso und Modigliani; auch Germaine Tailleferre begann ein Kunststudium an der Académie Ranson. Als einzige Frau gehörte sie der 1920 gegründeten „Groupe des Six" an, in der sich George Auric, Louis Durey, Arthur Honegger, Darius Milhaud und Francis Poulenc gegen den

Germaine Tailleferre. Foto: Dokumentations-Bibliothek Walter Labhart, Schweiz

Impressionismus von Debussy und Ravel verbündet hatten („We had to escape from the danger of impressionism"). Die Komponistin lernte in Paris Arthur Rubinstein kennen, der ihre Klaviermusik spielte und auch außerhalb des Landes bekanntmachte. Sie selbst gab Musikunterricht, verfaßte Klavier-Transkriptionen von Strawinsky-Balletten, die gerade ihren Triumph in Paris feierten. 1925 ging sie in die USA; Alfred Cortot spielte dort ihr Klavierkonzert; sie wird mehr und mehr als Komponistin anerkannt. Sie heiratet einen berühmten amerikanischen Karikaturisten, kehrt 1946 jedoch nach Frankreich zurück. In den 50er Jahren entstehen viele neue Kompositionen: das Concerto für zwei Klaviere, die Harfensonate; ihr Ballette „Parisiana" hat u.a. bei den Edinburgh Festspielen Premiere (1954). Radio France bestellt bei der Komponistin kleine, einaktige Opern. 1970 lehrt Germaine Tailleferre Klavierbegleitung an der Schola Cantorum in Paris; der Verlag Lemoine veröffentlicht etliche ihrer Kammermusikwerke. Sie erhält mehrere wichtige Preise, u.a. den Grand Prix Musical der Académie des Beaux Arts (1973) und den Grand Prix der Stadt Paris (1978). In den 80er Jahren lehrt sie noch an der Ecole Alsacienne. Mit 91 Jahren stirbt Germaine Tailleferre am 7. November 1983, als letzte der Groupe des Six, in Paris.

ORGEL- / KLAVIERMUSIK
„Premières prouesses" für Klavier zu vier Händen (1912), Paris, Jobert
„Jeux de plein air" für zwei Klaviere, Paris, Durand 1919
„Fandango" (1920)
„Pastorale" in D, Paris, Eschig 1920
„Image" für Klavier zu vier Händen, London, Chester 1921
„Romance", Paris, Eschig 1924
Impromptu (ca. 1928), Paris, Jobert
„Pastorale" As- dur, Paris, Heugel 1928
„Sicilienne", Paris, Heugel 1928
Zwei Walzer für zwei Klaviere zu vier Händen (1928)
„Pastorale" in C, Paris, Heugel 1929
„Fleurs de France", acht Klavierstücke (1930), New York, Broude Brothers / Paris, Lemoine 1962
„Au pavillon d'Alsace", Paris, Eschig 1937
„Deux pièces", Paris, Lemoine 1963
„La forêt enchantée", 10 Klavierstücke (1951)
„Seule dans la forêt" für Klavier, Paris, Billaudot 1951
Partita, New York, Broude Brothers 1964
„Suite burlesque" für Klavier zu vier Händen, Paris, Lemoine 1980
Nocturne für Orgel, Wien, Universal Edition 1985
Sonatinen für Klavier, Paris, Lemoine 1994

KAMMERMUSIK
„Pastorale" für Flöte und Klavier, Philadelphia, Elkan-Vogel
„Pastorale" für Violine und Klavier, Philadelphia, Elkan-Vogel
„Images" für Streichquartett, Klavier, Flöte, Klarinette und Celesta, London, Chester 1921
Streichquartett, Paris, Durand 1921
Sonate Nr. 1 für Violine und Klavier, Paris, Durand 1923
Adagio aus dem Klavierkonzert für Violine und Klavier, Paris, Heugel 1924
Sonate Nr. 2 für Violine und Klavier, Paris, Durand 1951
Sonate für Harfe, Paris, Méridian 1957
Sonate für Klarinette solo, New York, Rongwen Music 1959
Partita „Hommage à Rameau" für zwei Klaviere und Schlagzeug (1964)
„Étonnement" für Oboe, Harfe, Klavier, Violine und Cello (1969)
„Amertume" für Flöte, Oboe, Klarinette, Horn, Harfe, zwei Violinen, Viola, Cello und Kontrabaß (1969)
„Jacasseries" für Flöte, Oboe, Klarinette, Harfe, Celesta, zwei Violinen, Viola, Cello und Kontrabaß (1969)
Partita, Bläsertrio (1970), Paris, Le Chant du Monde
„Forlane" für Flöte und Klavier (1972), Paris, Lemoine
Rondo für Oboe und Klavier, Paris, Lemoine 1973
„Arabesques" für Klarinette und Klavier, Paris, Lemoine 1973
Choral für Trompete und Klavier, Paris, Lemoine 1973
„Gaillarde" für Trompete und Klavier, Paris, Lemoine 1973
Sonatine für Violine und Klavier, Paris, Billaudot 1974
Choral und Pastorale, Bläserquintett (ca. 1979)
Klaviertrio, Paris, Lemoine 1980

ORCHESTERMUSIK
„Quadrille" für Orchester, Paris, Salabert
„Valse des dépêchés", Paris, Salabert
Partita für Streichorchester, Paris, Le Chant du Monde
„Jeux de plein air" für Orchester (1925)

Concerto in d-moll für Klavier und Orchester, Paris, Heugel 1925
Ballade für Klavier und Orchester, Chester, London 1925
Concertino für Harfe und Orchester, Paris, Heugel 1928
„Pavane, Nocturne, Finale" für Orcheter (1928)
„Pastorale Inca" (1931)
Ouvertüre für Orchester (1932), Paris, Heugel (unveröffentlicht)
Zweites Concerto für Klavier und Orchester (1951)
„Sarabande pour la guirlande de Campra" (1951), Paris, Salabert
Concertino für Flöte, Klavier und Kammerorchester (1952)
Partita für Flöte, Oboe, Klarinette und Streicher (1962)
Sinfonietta (1975)
Marche (1976)
Suite Divertimento (1977)

VOKALMUSIK

„Six chansons françaises" für Stimme und Orchester (auch Klavier), Paris, Heugel 1930
„Cantate de Narcisse" für Stimme und Orchester (1937), Paris
„Paris sentimental" (1951)
Zwei Concerti für Sopran und Orchester (1953)
„C'est facile à dire" für Stimme und Klavier (1955)
„Concerto des vaines paroles" für Bariton und Orchester (1956)
„Pancartes pour une porte d'entrée" (1959)

CHORMUSIK

„Concerto grosso" für gemischten Chor, zwei Klaviere, Saxophonquartett und Orchester, Bryn Mawr, Presser 1934

BÜHNENMUSIK

„Le marchand d'oiseaux", Ballett in einem Akt (1923), Paris, Heugel
„Le marin du Bolivar" (1937)
„Paris-Magie", Ballett in einem Akt (1949)
„Il était un petit navire", Operette (1948-50)
„Dolores", Operette (1950)
„Parfums", musikalische Komödie (1951)
„Le fou sensé" (1951)
„Le maître", Kammeroper (Ionesco) (1951), Paris, Billaudot
„La pauvre Eugénie" (1955), Paris, Billaudot
„Parisiana", Ballett (1955)
„La petite sirène", Oper in drei Akten (1958), Paris, Billaudot
„Mémoires d'une bergère", Opera buffa (1959)
„Les mariés de la Tour Eiffel" (zusammen mit der „Groupe des Six")
„Mon cousin de Cayenne", Komödie (1925)
„Sous le rempart d'Athènes" (Paul Claudel) (1927)
„Madame Quinze" (1935)
„La Cantate de Narcisse", Melodrama (1938)
Verschiedene Rundfunkproduktionen für das RTF

FILMMUSIK

„Bretagne" (1940)
„Caroline au pays natal" (1952)
„Les Dames aux chapeaux verts" (1973)
„Cher vieux Paris"
„Coïncidence" (mit Georges Auric)
„Les Grandes personnes" (1961)
„Homme, notre ami"
„Marche du Sud"
„La petite chose" (1939)
„Les plus beaux jours" (1957)
„Provincia, terre d'amour" (ca. 1937)
„Torrents" (mit Georges Auric) (1952)
„Terre d'amour et de liberté" (1936)
„Les deux timides" (1942)
„Les souliers" (1948)
„Le Jura" (1938)
„Ce siècle à 50 ans" (1950)
„Le roi de la création" (1952)
„Robinson" (1957)
„La rentrée de Foin" (1960)
„Anatole", TV-Produktion (1966)
„Impressions, soleil levant" (1970)

BIBLIOGRAPHIE

Milhaud, Darius: Notes sans musique, Paris 1949
Bertin, Pierre: Erik Satie et le Groupe des Six. In: Les Annales Conferencia, 1954
Poulenc, Francis: Entretiens avec Claude Rostand, Paris 1954
Bruyr, José: Germaine Tailleferre. In: Musica Disques, 1957
Chamfray, Claude: Germaine Tailleferre. In: Le Courier Musical de France, 1965
Lyon, Raymond: Visite à Germaine Tailleferre. In: Le Courier Musical de France, 1978
Chamfray, Claude: Hommage à Germaine Tailleferre. In: Le Courier Musical de France, 1979
Rubinstein, Arthur: My many years. New York, Knopf 1980
Longchamp, Jacques: André Jolivet et Germaine Tailleferre à l'opéra. In: Review of Concerto de la Le Monde, 1982
Mitgang, Laura: One of Les Six is still at work. In: New York Times, 1982
Labhart, Walter: Die Groupe des Six. In: Musicus / Niederlande, 1982

Labhart, Walter: Mehr als nur weiblicher Charme und Eleganz. Zum Tod der Pariser Komponistin Germaine Tailleferre. In: Musikhandel 1984

Mitgang, Laura: Germaine Tailleferre: Before, during and after Les Six. In: The Musical Woman. An international perspective, New York 1984

„Les mémoires de G. Tailleferre". In: Revue internationale de musique française - recherche - enseignement - information, Paris, 1986

Duhme-Hildebrand, Brigitta: Germaine Tailleferre, die Komponistin in der Groupe des Six, Universität Köln 1986

Shapiro, R.: Germaine Tailleferre, a bio-bibliography, Westport 1994

Roster, Danielle: Germaine Tailleferre. In: Allein mit meiner Musik, Echternach, Luxemburg, Ed. phi 1995

DISKOGRAPHIE

Ballade für Klavier und Orchester. Rosario Marciano, Klavier; Orchester von Radio Luxembourg, Ltg. L. de Froment. Fono Münster

Pastorale für Flöte und Klavier. Katherine Hoover, Flöte; Barbara Weintraub, Klavier. Leonarda Productions

Streichquartett. Vieuxtemps Quartett. Gemini Hall

Sonate für Violine und Klavier cis-moll. Macalester Trio. Chamber Works of Women Composers. Vox

Sonate für Violine und Klavier cis-moll. Arnold Steinhardt, Violine; Virginia Eskin, Klavier. Northeastern Records

„Tombeau de Couperin". Rosario Marciano, Klavier. Fono Münster

Concertino für Harfe und Orchester. N. Zabaleta, Orchestre National de l'ORTF Paris, Ltg. J. Martinon. Deutsche Grammophon

Sonate für Harfe. N. Zabaleta. Deutsche Grammophon

„Valse 1 et 2" für Klavier. Klavierduo Corre-Exerjan. Teldec

„Premières prouesses" für Klavier zu vier Händen. E. Exerjan, Ph. Corre. Paris, Pierre Verany

„Suite burlesque" für Klavier zu vier Händen. Duo Exerjan / Corre. Paris, Pierre Verany

„Fleurs de France" / Pastorale in D / „Sicilienne, Valse Lente" / „Jeux de plein air". Leigh Kaplan und Susan Pitts, Klavier. Palos Verdes, Cambria Records

„Forlane" für Flöte und Klavier (mit Boehm, Doppler, Massenet, Chaminade, Reichert). Hans Jörg Wegner, Flöte; Christiane Kroeker, Klavier. Wedemark, Thorofon

Kammermusik für Streicher: „Image" / Streichquartett/ „Arabesque" für Klavier / Violinsonaten 1 und 2 / „Forlane" / Klaviertrio. Fanny Mendelssohn Quartett, Angela Gassenhuber, Klavier. München, Troubadisc

Pastorale aus „Album des Six", in: Le Spleen de Paris. Schwaar, Klavier. Zürich, Jecklin

Klaviertrio (mit Schostakowitsch, Milhaud). Clementi-Trio Köln. Köln, Largo Records

Streichquartett. Quatuor de Paris. Adès, Paris

Klarinettensonate / „Arabesque". In: Werke für Klarinette von Tailleferre, Honegger, Milhaud, Poulenc. Grund; Popov. Galo / Disco Center Kassel

Sonate für Harfe. Maria Graf, Harfe. Philips Classics

Sonate für Harfe. Isabelle Moretti, Harfe. Harmonia Mundi France

„Valse des dépêchés" / „Quadrille" aus „Les Mariés de la Tour Eiffel". Orchestre National de Lille, Ltg. Casadesus. Harmonia Mundi, France

Konzert für Klavier und Orchester. Frank. Sinfonieorchester des Musiktheaters Moskau, Ltg. Hart Baker. Aurophon

Concertino für Harfe und Orchester (mit Clara Schumann, Klavierkonzert, Boulanger, Hensel). The Womens Philharmonic, Ltg. Joann Falletta. München, Koch Records

Ouvertüre für Orchester. Orchestre de la Société des Concerts du Conservatoire, Ltg. George Tzipine. Angel Records

Talma, Louise
(* 1906)

Bei zahlreichen Preisen und Ehrungen, die sie im Laufe ihrer langen musikalischen Karriere erhielt, war sie die erste Frau. Louise Talma, amerikanische Komponistin, wurde am 31. Oktober 1906 in Arcachon, Frankreich, geboren. Ihr Musikstudium begann sie in den USA, am Institute of Musical Art in New York. In den Sommermonaten ging sie zwischen 1926 und 1939 nach Paris an die Ecole Américaine zu Nadia Boulanger und Isidore Philipp. Ihre Examina absolvierte sie wiederum in New York (1931) und an der Columbia University (1933). Viele renommierte Preise und Stipendien erhielt sie: darunter das Stipendium der MacDowell Colony in New Hampshire (1943), zwei Guggenheim-Stipendien, den Juilliard Publication Award für ihre Toccata für Orchester (1946), den North American Prize für ihre erste Klaviersonate, den Prix d'Excellence de composition, Frankreich 1951, den Preis des National Endowment for the Arts, 1975, sowie den Senior Fulbright Research Prize. Sie war die erste Frau, welche die Sibelius-Medaille für Komposition der Harriet-Cohen-International-Stiftung erhielt und die erste Amerikanerin, bei der eine europäische Bühne eine abendfüllende Oper in Auftrag gab (Frankfurt 1962, „The Alcestiad"). Kaum eine Komponistin hat zudem eine Lehrtätigkeit so lange an einem einzigen Institut ausgeübt wie Louise Talma: sie lehrte 50 Jahre am Hunter College der Columbia University (1929-1979). 1967 beteiligte sie sich am GEDOK-Wettbewerb in Mannheim, wo sie den 2. Preis für ihre „Dialogues" für Klavier und Orchester erhielt. Louise Talma, die ein umfangreiches Werkverzeichnis von der Klaviermusik bis zum großen Orchesterstück aufzuweisen hat, verfaßte auch etliche Musiktheoriebücher, wie „Harmony for the College Student" (1966) und „Functional Harmony" (1970). Viele Werke sind auf Schallplatte eingespielt; zahlreiche Kompositionen sind bei C. Fischer, New York, verlegt.

KLAVIERMUSIK
„Four-handed fun" für Klavier zu vier Händen (1939)
Klaviersonate Nr. 1 (1943)
Klaviersonate Nr. 2 (1945)
„Soundshots, 20 short pieces" (1944-74)
„Alleluia in form of a toccata" (1945)
„Wedding piece" für Orgel (1946)
„Pastoral prelude" für Klavier (1949)
Bagatelle für Klavier (1950)
Sechs Etüden (1954)
Drei Bagatellen (1955)
Passacaglia und Fuge (1955-62)
„Textures" für Klavier (1977)
„Kaleidoscopic Variations" (1984)

KAMMERMUSIK
„Song and dance" für Violine und Klavier (1951)
Streichquartett (1954)
Violinsonate (1962)
„Summer sounds" für Klarinette, zwei Violinen, Viola, Cello (1969-73)
„Lament" für Cello uns Klavier (1980)
„The ambient air" für Flöte, Violine, Cello und Klavier (1983)
„Studies in Spacing" für Klarinette und Klavier (1982)
„Fanfare for Hunter College" für Trompeten, drei Posaunen (1983)
Sieben Episoden für Flöte, Viola und Klavier (1987)
„Conversations" für Flöte und Klavier (1987)

ORCHESTERMUSIK
Toccata für Orchester (1944)
„Dialogues" für Klavier und Orchester (1964)
„Full circle" für Kammerorchester (1985)

VOKALMUSIK
„One need not be a chamber" (Text: E. Dickinson) für Sopran und Klavier (1941)
„Carmina Mariana" für zwei Soprane, Klavier (1943) (auch für Frauenchor und kleines Orchester)
„Terre de France" für Sopran und Klavier (1945)
„Leap before you look" (Text: W. H. Auden) für Sopran und Klavier (1945)
„Pied beauty, spring and fall" (Text: Hopkins) für Sopran und Klavier (1946)
„2 Sonnets" (Text: Hopkins) für Bariton und Klavier (1946-50)
„Birthday Song" (Text: E. Spenser) für Tenor, Flöte, Viola (1960)
„All days of my life", Kantate für Tenor, Klarinette, Cello, Klavier und Schlagzeug (1965)
„The tolling bell" (Text: W. Shakespeare) für Bariton und Orchester (1969)
„Rain Song" (Text: J. Garrigue) für Sopran/Tenor und Klavier (1973)
„Have you heard", Divertimento in sieben Szenen für Sopran, Mezzo, Tenor, Instrumentalensemble (1980)
„Diadem", Gesangszyklus für Tenor und Instrumente (1980)
„Variations on 13 ways of looking at a blackbird" (Text: W. Stevens) für Sopran, Tenor, Flöte, Oboe, Violine und Klavier (1979)
„Wishing Well" für Sopran und Flöte (1986)
„Infanta Maria" (Text: Stevens) für Sopran und Klavier (1988)

CHORMUSIK
„In principio erat verbum" für gemischten Chor und Orgel (1939)
„The Divine Flame", Oratorium für Mezzo, Bariton, gemischten Chor und Orgel (1949)
„The Leaden Echo and the golden echo" (Text: Hopkins) für Sopran, Doppelchor, Klavier (1950)
„Lets touch the sky" (Text: Cummings) für gemischten Chor, Flöte, Oboe, Klarinette (1952)
„La corona", sieben Sonette für gemischten Chor a cappella (1955)
„A time to remember" für gemischten Chor und Orchester (1967)
„Voices of Peace" (Bibeltexte) für gemischten Chor und Streicher (1973)
„Celebration" für Frauenchor und Orchester (1977)

Psalm 134 für gemischten Chor a cappella (1978)
„Mass for the sundays of the year" (1984)
„Mass in English" für gemischten Chor a cappella (1984)
„A Wreath of blessings" für gemischten Chor a cappella (1985)
„Give thanks and praise" für Doppelchor und Klavier (1989)
„In Praise of a Virtuous Woman" für Frauenchor, Klavier (1990)
Psalm 115 für gemischten Chor (1992)

BÜHNENMUSIK

„The Alcestiad", Oper in drei Akten nach Thornton Wilder (1955-58)

BIBLIOGRAPHIE

Berges, R.: The German Scene, „Alcestiad" in Frankfurt. In: Musical Courier, 1962
Moor, P.: Louise Talmas „The Alcestiad". In: New York Times, 1962
„Thomson, V.: American Music since 1910, New York 1971
Ericson, R.: Celebrating Louise Talma. In: New York Times, 1977
Ammer, C.: Unsung, a history of women in music. Westport 1980
Teicher, S. C.: The solo works for piano of Louise Talma, Peabody, John Hopkins University 1983
Teicher, S.C.: Louise Talma, essentials of her style as seen through the piano works. In: The Musical Woman, an international perspective, Westport 1984
LePage, J. W.: Louise Talma. In: Women Composers, Conductors and Musicians of the 20th century. Scarecrow, London 1980

DISKOGRAPHIE

Toccata für Orchester. Imperial Orchestra of Tokyo, Ltg. William Strickland. Composers Recording
„La Corona" für Chor. Illinois Wesleyan University Chorus. Composers Recording
„Three Dialogues" für Klarinette und Klavier. Michael Weber, Klarinette; Beveridge Webster, Klavier. Composers Recording
„Let's touch the sky". The Gregg Smith Singers. New York, VOX
„Alleluia in form of a toccata". Nancy Fierro, Klavier. Los Angeles, Avant Records
„Alleluia in form of a toccata". Sahan Arzruni, New Jersey, Musical Heritage Society
„Six etudes for piano". Beveridge Webster, Klavier. New York, Desto Records
„America Sings". Gregg Smith Collection. New York, VOX

Tate, Phyllis (Margaret Duncan) (1911-1987)

Beinahe alle ihrer vor dem Zweiten Weltkrieg geschriebenen Werke vernichtete sie eigenhändig. Sie schrieb auch leichte Unterhaltungsmusik und Arrangements unter dem Pseudonym Max Morell oder auch Janos. Phyllis Tate wurde am 6. April 1911 in Gerrard's Cross, England, geboren. An der Royal Academy of Music in London studierte sie 1928 bis 1932 Komposition (Harry Farjeon), Klavier und Dirigat. Ihre Frühwerke – eine Operette, eine Sonate für Violine, ein Cellokonzert, ein Streichquartett, eine Sinfonie und verschiedene Songs – wurden an der Royal Academy und bei den MacNaghten-Lemare-Concerts aufgeführt. 1935 heiratete sie den Musikverleger Alan Frank. 1947 gelangte ihr Name mit der Aufführung ihrer Sonate für Klarinette und Cello im London Contemporary Music Centre an die Öffentlichkeit. Sie war Mitglied der Composer's Guild, der Barnet Choral Society, des Hampstead Music Clubs und des Vorstandes (1976-1981 als erste Frau) des Performing Right Society's Member's Fund. Phyllis Tate komponierte für fast alle Musikgattungen. Einige ihrer Werke waren Auftragsarbeiten der BBC und der Royal Academy of Music. In den späteren Jahren ihres Lebens jedoch komponierte sie vorwiegend für die Jugend. Sie starb am 29. Mai 1987 in London.

KLAVIERMUSIK

„London waits" für zwei Klaviere
Sonatine für zwei Klaviere
„Let's play duets", sechs Klavierduette für Kinder
„Lyric suite" für zwei Klaviere (1973)
„Exploration around a troubadour song" (1973)

KAMMERMUSIK

„A sad humoresque" für Gitarre solo
„Triptychon" für Violine und Klavier
Divertimento für Streichquartett
„Hampstead Heath", Rondo für Roundabouts, Schlagzeug, Klavier und Streicher
„Three pieces" für Klarinette solo
Streichquartett in F (1952)
Sonate für Klarinette und Cello (1949)
„Air and variations" für Violine, Klarinette und Klavier (1958)

„Apparitions" für Tenor, Harmonika, Streichquartett und Klavier (1968)
„Illustrations" für Blechbläser-Band (1969)
„Variegations" für Viola solo (1970)
„Sonatina pastorale" für Harmonika und Cembalo (1974)
„The rainbow and the cuckoo" für Oboe und Streichtrio (1974)
„A Seasonal Sequence" für Viola und Klavier (1977)
„Panorama" für Streicher (1977)
Prelude, Aria, Interlude, Finale für Klarinette und Klavier (1981)
„Seascape" für Gitarre solo

ORCHESTERMUSIK

„Song without words" für Solotrompete, Fagott und Kammerorchester
„St. James Park - a lakeside reverie", Konzert für Cello und Orchester (1933)
Symphonische Suite (1938)
„Valse lointaine" für kleines Orchester (1941)
„Prelude, Interlude und Postlude" für Kammerorchester (1942)
Konzert für Altsaxophon und Streicher (1944)
„New York" für Streichorchester (1977)
„Panorama" für Streichorchester (1977)

VOKALMUSIK

„Three Northumbrian Coastal Ballads" für Bariton und Instrumente (1969)
„Trois chansons tristes", französische Lieder, arrangiert für Stimme und Gitarre
„Two Ballads" für Mezzosopran und Gitarre (1974)
„A Victorian Garland" (Text: Matthew Arnold) für Sopran, Kontraalt, Horn und Klavier (1965)
„Scenes from Kipling" für Bariton und Klavier
„Drei gälische Balladen" für Sopran und Klavier
„The story of Lieutenant Cockatoo" für Stimme, Schlagzeug und Instrumentalensemble
"Songs of Sundry natures" für Bariton, Flöte, Klarinette, Fagott, Horn und Harfe (1945)
„Nocturne for four voices" (Text: Sidney Keyes), Kammerkantate für Sopran, Tenor, Bariton, Baß, Streichquartett, Kontrabaß, Baßklarinette und Celesta (1946)
„The lady of Shalott" (Text: Tennyson), Kantate für Tenor, Viola, Schlagzeug, zwei Klaviere und Celesta (1956)
„Apparitions", Ballade für Tenor, Harmonika, Streichquartett und Klavier (1968)
„Coastal Ballads" für Bariton und Instrumente (1969)
„Creatures" für Mezzosopran, Gitarre, Kontrabaß und Schlagzeug (1973)
„Songs of soundrie kindes" für Tenor und Laute (1975)
„Scenes from Tyneside" für Mezzosopran, Klarinette und Klavier (1978)
„The Ballad of Reading Goal" für Bariton, Orgel und Cello (1980)

CHORMUSIK

„All the world's a stage" für Chor und Orchester
„Street sounds" für tonlosen Chor, Klavier und Schlagzeug
Chorszene aus „The Bacchae" (Euripides) für gemischten Doppel-Chor und Orgel (1953)
„Witches and spells" für Chor (1959)
„Seven Linconshire folk songs" für Doppelchor, Schlagzeug, Celesta und Kontrabaß (1966)
„A secular requiem" für gemischte Stimmen, Orgel und Orchester (1967)
„To words by Joseph Beaumont" für Frauenchor und Klavier (1970)
„Serenade to Christmas" für Mezzosopran, gemischten Chor und Orchester (1972)
„St. Martha and the Dragon" für Sprecher, Soli, Chor und Orchester (1976)
„Compassion" für Chor und Orgel (oder Orchester) (1978)
„De Gospel train" für gemischten Chor
„Dry Bones" für gemischten Chor
„Engraved on the collar" (Text: Alexander Pope) für gemischten Chor (1976)
„Frère Jacques" für gemischten Chor, Kontrabaß, Schlagzeug und Klavier
„Peace on earth to men" für gemischten Chor
„The Shepherd Boy's Song" für gemischten Chor
„The Virgin and the Child" für gemischten Chor
„Wassail all over" für gemischten Chor, Pauke, Schlagzeug und Streicher
„The Frog" für Frauenchor
„Good-Nature to Animals" (Text: Christopher Smart) für Frauenchor
„How deep the snow" für Frauenchor
„Soldier" für Frauenchor
„Cielito Lindo" für zweistimmigen Chor
„Close to your mother" für zweistimmigen Chor
„The foolish boy" für zweistimmigen Chor
„Four negro spirituals" für zweistimmigen Chor
„Go to the market" für zweistimmigen Chor
„In Paris" für zweistimmigen Chor
„I'se the b'y" für zweistimmigen Chor
„Old MacDonald" für zweistimmigen Chor
„The Sailor" für zweistimmigen Chor

BÜHNENMUSIK

„The policeman's serenade", Operette (1932)
„The lodger", Oper (1960)
„Dark Pilgrimage", Fernsehoper (1963)
„The what d'ye call it" (1966)

„Twice in a blue moon", eine Fantasie-Operette (1969)
„A pride of lions", Musikalisches Märchen für Kinder (1971)
„The Story of Lieutenant Cockatoo" für Kinder

Alle Werke verlegt bei
Oxford University Press, London

BIBLIOGRAPHIE

Carner, M.: The Music of Phyllis Tate. In: Music and Letters, April 1954
Searle, H.: Phyllis Tate. In: The Musical Times, 1955
Kay, N.: Phyllis Tate. In: The Musical Times, 1975
Gardner, John: Phyllis Tate, Werkheft und Werkverzeichnis, Oxford University Press, London

DISKOGRAPHIE

Sonate für Klarinettte und Cello. Gervase de Peyer, William Pleeth. ARGO, Decca
„Youth sings, 7 Lincolnshire folk songs". West London Youth Choir, Choir of Ealing School, Ltg. J. Railton. ARGO, Decca
„Apparitions". Cardiff Festival Ensemble, Ltg. J. Railton. ARGO, Decca
„Nocturne for four voices", Gesang und Instrumentalensemble. Hurwitz String Quartet, Ltg. M. Carner. Decca
„Three gaelic ballades". Margaret Price, Sopran; James Lockwood, Klavier. ARGO, Decca
„Ballad of the Red Headed Man". Patricia Kern, Mezzo; Desmond Dupré, Gitarre. Jupiter
„The Virgin and the Child". Elizabethan Singers; Simon Preston, Orgel; Ltg. Louis Halsey. ARGO, Decca
"Street Sounds", Chor of Ealing Grammar School for Boys. His Master's Voice
Sonata for Clarinet and Cello. Georgina Dobrée, Klarinette, Jack Kirstein, Cello. Chantry
„Three Northumbrian Coastal Ballads". Owen Brannigan, Baß; Keith Swallow, Klavier. Solsgirth

Thieme, Kerstin
(* 1909)

Aus der „Leipziger Schule" kommend, Schülerin von Hermann Grabner und Wolfgang Fortner, ist Kerstin Thieme (geboren am 23. Juni 1909 als Karl Thieme in Nieder-Schlema im Erzgebirge) eine wichtige Vertreterin der zeitgenössischen Chormusik in Deutschland. Sie entstammt einer alten Hugenottenfamilie und studierte von 1919 bis 1935 in Leipzig Musikwissenschaft, Komposition, Psychologie und Soziologie. 1936 promovierte Thieme zum Dr. phil. Nach der Unterbrechung durch den Zweiten Weltkrieg fand sie in Nürnberg eine zweite Heimat und unterrichtete dort kurz an einer Oberrealschule, war im Musikjournalismus tätig und kam dann als Lehrerin an das Nürnberger Konservatorium. Von 1960 bis 1974 hatte sie einen Lehrstuhl für Musikerziehung an der in Nürnberg ansässigen Erlanger Friedrich-Alexander-Universität. Ihr kompositorisches Schaffen umfaßt vorwiegend Chor- und Orchestermusik, für das sie mehrfach ausgezeichnet wurde. Berühmte Dirigenten wie Hermann Abendroth oder W. Schuricht dirigierten ihre Orchesterwerke; die Leipziger Thomaner, der Dresdner Kreuzchor und andere Chöre brachten ihre Chormusik zur Aufführung. 1973 erhielt sie den Stuttgarter Stamitz-Preis. Der „Premio Città di Trieste" wurde ihr 1970, 1971 und 1974 für ihre Orchesterwerke „Varianti b-a-c-h", die „Mosaici" und das Violinkonzert „Omaggio a Tartini" verliehen. 1989 gewann Kerstin Thieme beim Internationalen Komponistinnen-Wettbewerb der Stadt Unna den ersten Preis mit ihrem Hymnus auf die Menschenrechte „Freiheit, mein Stern". Die jüngsten Werke sind vorwiegend sakrale Chorwerke, wie ihr 90. und 100. Psalm. Der Landesverband Bayerischer Tonkünstler widmete ihr einen eigenen Band „Komponisten in Bayern". Kerstin Thieme lebt und arbeitet in Nürnberg.

ORGEL- / KLAVIERMUSIK

Variationen für zwei Klaviere (1932)
Toccata für Orgel (1932)
„Vom Himmel hoch" für Orgel (1949), Kassel Bärenreiter
„Verleih uns Frieden" für Orgel (1966), Kassel Bärenreiter
„Tre invocazioni" für Orgel (1967), Kassel Bärenreiter
„Tre capriccetti amorosi" für Klavier (1972), Berlin, Astoria
„Divertimento II" für zwei Klaviere (1988)

KAMMERMUSIK

Serenade für Streicher (1938), Wolfenbüttel, GKV
„Der Vetter M.", Serenade für Holzbläser und Streicher (1939), Wolfenbüttel, GKV
Streichquartett (1958)
„Giorni del sole, Divertimento I" für Flöte und Klavier (1958)

ORCHESTERMUSIK

„Ommagio a Tartini", Konzert für Violine und Orchester (1974), Berlin, Astoria
„Erzbergische Suite" für großes Orchester (1932), Leipzig, Breitkopf & Härtel
Variationen über ein Thema von Hindemith (1934), Leipzig, Breitkopf & Härtel
„Ländliche Tänze" für kleines Orchester (1939), Berlin, Kistner & Siegel
Capriccio für großes Orchester (1946), Berlin, Simrock
„Suite burlesque" für Orchester (1947)
„Mascherata piccola" für Klavier und kleines Orchester (1958), Kassel Bärenreiter
„Rapsodia festiva" für Altsaxophon, Klavier und Orchester (1960), Berlin, Astoria
„Varianti b-a-c-h" (1970), Berlin, Astoria
„Mosaici" für Streicher (1971), Berlin, Astoria
„Sogni" für Streicher, Berlin, Astoria 1993

CHORMUSIK

„Hymnus des Glaubens" für Solo, gemischten Chor und Orchester (1936)
„Der Rutsch vorbei", fünf Madrigale für Bariton, Männerchor, Klavier und Schlagzeug (1937), Kassel, Bärenreiter
„Wer zuletzt lacht", fünf Madrigale für gemischten Chor (1947), Kassel, Bärenreiter
„Tröstliche Einkehr", fünf Motetten für gemischten Chor (1949), Kassel, Bärenreiter
„Das kleine Lalula", sieben Madrigale für gemischten Chor (1950), Kassel, Bärenreiter
„Tu der Völker Türen auf", Motette für gemischten Chor (1952), Kassel, Bärenreiter
„Licht muß wieder werden", drei Motetten für gemischten Chor (1952), Kassel, Bärenreiter
„Der Tagkreis", Oratorium für Soli, gemischten Chor, Kinderchor, Orgel und Orchester (1952), Kassel, Bärenreiter
„Ein Mensch geht", vier Madrigale für gemischten Chor (1954), Kassel, Bärenreiter
„Musica, du liebliche Kunst", Kantate für Soli, gemischten Chor, Frauenchor, Mitwirkende und kleines Orchester (1954), Kassel, Bärenreiter
„Fränkischer Sommer", drei Lieder für Frauenchor (1956), Köln, Tonger
„Was kost' die Welt", Kantate für Soli, gemischten Chor und kleines Orchester (1960), Kassel, Bärenreiter
„Spieglein an der Wand", vier Chansons für Sopran, Frauenchor, Klavier und Schlagzeug (1961), Kassel, Bärenreiter
„Stufen des Lebens", Oratorium für Soli, gemischten Chor, Kinderchor, Orgel und Orchester (1963)
„Psalm-Triptychon" für Soli, Chor und Orgel (1965), Kassel, Bärenreiter
Psalm 100 für Soli, Chor und Orchester (1985), Berlin, Astoria 1994
"Freiheit, mein Stern", Hymnus auf die Menschenrechte (1989), Berlin, Astoria
„Drei Anrufungen" für Frauenstimmen, Frankfurt, Ferrimontana 1989
„Daß Fried im Lande ist" für gemischten Chor (1990)
„Canticum Hoffnung", drei Motetten nach Nelly Sachs, Berlin, Astoria 1991
„Herz werde wach" für Frauenchor bis acht Stimmen (1992)
Psalm 90 für Soli, Chor und Orchester, Berlin, Astoria 1993

BIBLIOGRAPHIE

Escoffier, E.: Chorkomponisten der Gegenwart. In: Fränkische Sängerzeitung 1956
Rübben, H. J.: Das Komponistenporträt. In: Lied und Chor, 1964
Wörtmüller, W.: Für eine humane Moderne. Zum 65. Geburtstag von Kerstin Thieme. In: Gottesdienst und Kirche, 1974
Firnkees, Nico: Menschliches durch Musik schaffen. In: Annäherungen, Band III, Kassel, Furore 1987
Firnkees, Nico: Kerstin Thieme. In: Komponisten in Bayern, Tutzing, Schneider 1989
Firnkees, Nico: Die menschliche Komponente in der Musik. In: NMZ, Regensburg 1994

Tower, Joan
(* 1938)

Allein im Jahre 1988 haben neun verschiedene große amerikanische Orchester ihre Werke aufgeführt. Diese so etablierte Komponistin Joan Tower wurde am 6. September 1938 in New Rochelle, New York, geboren. Mit ihrer Familie (der Vater war Bergbau-Ingenieur) zog sie in Südamerika von Stadt zu Stadt, konnte kaum ihre musikalische Begabung ausbilden lassen und begann dann 1958 am Bennington College, USA, mit ihrem Studium, setzte es an der Columbia University fort und errang 1978 den Doctor of Music. Darius Milhaud, Otto Lüning und Chou Wen-Chung gehörten zu ihren Lehrern. 1969 gründete sie die Da Capo Chamber Players, spezialisiert auf zeitgenössische Musik, und ging als Pianistin mit diesem Ensemble auf Tournee. In 15 Jahren führte sie knapp 100 Werke zeitgenössischer Komponistinnen und Komponisten auf. Vieles davon ist durch Aufnahmen bei den Schallplattenfirmen Composers Recordings und Opus dokumentiert. Unter den vielen Ehrungen und Auszeichnungen seien drei Stipendien des National Endowment for the Arts, ein Guggenheim Fellowship, Aufträge der Koussevitzky Foundation und der Naumburg Foundation genannt. 1992/93 bestellte die Carnegie Hall zu ihrem 100jährigen Bestehen ein Orchesterwerk bei ihr. Von 1985 bis 1987 war sie Composer-in-residence beim St. Louis Symphony Orchestra und erhielt den Kennedy Center Friedheim Award (1988) sowie den Grawemeyer Preis im Jahre 1990. Seit 1972 lehrt sie Komposition und musikalische Analyse am Bard College; seit 1988 ist sie dort Professorin.

KLAVIERMUSIK

„Circles" für Klavier (1964)
Fantasie für Klavier (1966)
„Red garnet", Walzer für Klavier (1977), in: Waltzes by 25 contemporary composers, New York, Peters

KAMMERMUSIK

„Brimset" für Flöte und Schlagzeug, New York, American Composer's Edition
„Pillars" für zwei Klaviere und Schlagzeug (1961)
Quartett für Schlagzeuger (1963/69)
„Opa Eboni" für Oboe und Flöte (1967)
„Movements" für Flöte und Klavier (1968)
Präludium für Flöte, Oboe, Klarinette, Fagott oder Cello und Klavier (1970), New York, American Composers Alliance
Sechs Variationen für Cello solo (1971), New York, American Composer's Edition
„Hexacords" für Soloflöte (1972)
„Breakfast rhythms" für Klarinette und fünf Instrumente (1975)
„Black Topaz" für Soloklavier, Flöte, Klarinette in B, Trompete, Posaune, zwei Schlagzeuger 1976
„Platinum spirals" für Solovioline (1976)
„Amazon" für Flöte, Klarinette, Viola, Cello und Klavier (1977)
„Petroushskates" für Flöte, Klarinette, Violine, Cello, Klavier (1980)
„Wings" für Soloklarinette (1981)
„Fantasy - Harbor lights" für Klarinette und Klavier (1983)
„Snow dreams" für Flöte und Gitarre (1983)
„Snowdrops" für Flöte und Gitarre (1983)
„Noon dance" für Flöte, Klarinette, Violine, Cello, Klavier und Schlagzeug (1983)
„Clocks" für Sologitarre (1985)
„Fanfare for the uncommon woman" für vier Hörner, drei Trompeten, drei Posaunen, Tuba, Pauken und zwei Schlagzeuger (1986)
„Second Fanfare for the uncommon woman" für Blechbläser, Pauken und Schlagzeug (1989)
„Third Fanfare for the uncommon woman" für doppeltes Blechbläserquintett (1991)

ORCHESTERMUSIK

„Amazon II" für Orchester (1979)
„Sequoia" für Orchester (1981)
„Music for cello and orchestra" (1984)
„Island rhythmics" für Orchester (1984)
Klavierkonzert, Hommage an Beethoven (1985)
„Silver Ladders" für Orchester (1986)
Klavierkonzert (1988)
„Island Prelude" für Oboe, Streichorchester, Holzbläserquintett (1989)
Konzert für Orchester (1991)
Violinkonzert (1992)
„For the uncommon woman" (1993)

BÜHNENMUSIK

„Stepping Stones", Ballettmusik (1993)

(Fast alle Werke sind über Associates Music Publishers Schirmer, New York, erhältlich)

BIBLIOGRAPHIE

Joan Tower, in: „Minnesota Monthly", April 1973
Levin, G.: Joan Tower, Current Chronicle. In: Music Quarterly, 1974
Ammer, C.: Unsung, a history of women in American Music, Westport 1980
Joan Tower, in: „Musical America", September 1982
O'Brian, V.: Joan Tower, musician of the month. In: HIFI / Musical America, 1982
Koplewith, I.: Joan Tower. Building bridges for New Music in Symphony Magazine, 1983
Jepson, B.: For an uncommon woman. In: New York Times, 1994

DISKOGRAPHIE

„Amazon" / „Noon dance" / „Platinum spirals" / „Wings". Da Capo Chamber Players. Joe Smirnoff, Violine. New York, Composers Recordings
„Breakfast rhythms" / „Hexachords" für Flöte. Da Capo Chamber Players. New York, Composers Recordings
„Movements for flute and piano". Advance Recording FGR, New York
„Prelude for five players". Da Capo Chamber Players,

New York, Composers Recordings
„Hexachords". Patricia Spencer, Flöte, New York, Composers Recordings
„Red Garnet Waltz". Alan Feinberg, Klavier. Nonesuch Records
„Petroushskates". Da Capo Players. New York, Composers Recordings
„Sequoia". Saint Louis Symphony Orchestra, Ltg. Leonard Slatkin. Nonesuch Records
„Wings". Laura Flax, Klarinette. New York, Composers Recordings
Cellokonzert. Lynn Harrell, Cello; Saint Louis Symphony Orchestra, Ltg. Leonard Slatkin. Nonesuch Records
„Silver Ladders". Saint Louis Symphony Orchestra, Ltg. Leonard Slatkin, Nonesuch Records, USA
„Fanfare for the uncommon woman". Houston Symphony Orchestra, Ltg. Nicolaus Wyss

Ulehla, Ludmila
(* 1923)

Sie ist tschechischer Herkunft, und ihre Eltern waren in die USA ausgewandert. Dort wurde am 20. Mai 1923 Ludmila Ulehla in New York geboren. Nach eigenen Angaben begann sie bereits mit fünf Jahren, Musik aufzuschreiben; ihr Studium absolvierte sie zuerst an der Manhattan School of Music und schloß 1947 mit dem Master of Music ab. Ihr Kompositionslehrer war damals Vittorio Giannini. 1947 wurde Ludmila Ulehla selbst Lehrerin an der Manhattan School und war später für die Kompositionsklasse zuständig (1970-89). Sie lehrte gleichzeitig in der American Society of University Composers und war in verantwortlicher Position der National Association for American Composers and Conductors tätig (1967-74). Seit 1968 ist Ludmila Ulehla Professorin an der Hoff-Barthelsen Music School in Scarsdale. Als Komponistin erhielt sie zahlreiche Preise und Auszeichnungen, darunter den ASCAP Award und ein Stipendium der „Meet the Composer" Vereinigung.

KLAVIERMUSIK
Klaviersonate Nr. 1 (1951)
Sonate Nr. 2 (1956)
Variationen über ein Bach-Thema (1970)
„Diversions" für zwei oder vier Hände (1971)
„Harlequine" (1971)
„Five over twelve", Präludien über eine 12-Ton-Reihe (1976), New York, General Music Publ.
„Inspirations from Nature (1985)
„Diversions II" für Klavier zu vier Händen (1990)
„Songs without words", New York, General Music Publ.

KAMMERMUSIK
Musik mit slowakischen Themen, Klavierquintett (1938)
Streichquartett (1953)
Violinsonate Nr. 1 (1955)
Aria, Fuge und Tokkata für Streichquartett (1968)
Trio für Violine, Horn und Klavier (1969)
Divertimento für Flöte und Klavier (1972)
Duo für Horn und Cello (1972)
„Five around" für zwei Trompeten, Horn, Posaune und Tuba (1972)
„In memoriam" für Violine, Cello und Klavier (1972)
„American Scenes" für Flöte, Oboe/Klarinette und Fagott (1976)
„The China Closet" für Marimba-Quartett (1984)
„Lebewohl Variations" für Flöte, Oboe, Fagott und Cembalo (1986)
Violinsonate Nr. 2 (1988)
„Remembrances" I und II für Violine und Klavier (1989)
„6 Silhouettes" für Gitarre und Streichquartett (1991)
Fagott-Sonate (1992)

ORCHESTERMUSIK
„Glory and death" (1942)
Klavierkonzert (1947)
Cellokonzert (1948)
„Music for Minstrels" (1969)
„Michelangelo, a tone portrait" für Holzbläser, Blechbläser und Schlagzeug (1970) (orchestriert 1971)
„Temple at Abydos" für Solo-Posaune, Harfe, Holzbläser und Streicher (1981)
„Symphony in search of sources" (1990)
„Five over twelve", Orchesterfassung des Klavierwerkes, New York, General Music Publ.

VOKALMUSIK
„3 Sonnets from Shakespeare" für Stimme und Kammerorchester/Klavier (1960)
„Gargyoles" (Text: G. Corso) für Sopran, Fagott und Klavier (1970)
„Time is a cunning thief" (Text: J. Z. Shotwell) für Sopran/Tenor und Klavier (1973)
„Fountains, Castles and Gardens" (Text: P. Viereck) für Sopran, Klarinette und Cembalo/Klavier (1977)

CHORMUSIK

„Piovean di foco dilatate faldo" (Text: Dante) für vierstimmigen gemischten Chor und Cello solo (1973)
„The Great God Pan" (Text: E. B. Browning) für vierstimmigen gemischten Chor und Soloflöte (1979)

ELEKTRONISCHE MUSIK

„Elegy for a whale" für Flöten und Walrufe (auf Tonband)

BÜHNENMUSIK

„Sybil of the Revolution", Kammeroper in zwei Akten (Text: S. Schefflein) (1993)

BIBLIOGRAHPIE

„Contemporary Harmony": Romanticism through the twelve tone row, Free Press, New York 1966
Amram, D.: Ludmila Ulehla. In: Vibrations, New York, 1968

DISKOGRAPHIE

„Elegy for a whale". Katherine Hoover, Flöte; u.a. New York, Leonarda Productions

Usher, Julia
(* 1945)

Zusammen mit der walisischen Komponistin Enid Luff gründete sie den Musikverlag Primavera, London, der Werke von Komponistinnen herausgibt. Julia Usher, Komponistin, Flötistin und Pianistin, wurde am 21. Juli 1945 in Oxford, England, geboren und studierte Komposition bei Richard Orton in Cambridge; später an der York University bei Robert Sherlaw Johnson. Danach arbeitete sie als Musiktherapeutin, bis sie sich im Jahre 1980 mit der Verlagsgründung von Primavera für den Durchbruch der Werke von Komponistinnen einsetzte. Ihr Werkverzeichnis besteht vor allem aus Bühnenwerken und Multimedia-Stücken; ihre Kammermusik hat ebenfalls dramatische Akzente.

KLAVIERMUSIK

„Pentimento" für Klavier (1979)
„Marak" für Klavier (1989)

KAMMERMUSIK

„Byzantine Mosaics" für Flöte (1968)
„Encounter" für Klarinettenquintett (1973)
„Asolando" für Flöte (1975)
„A reed in the wind" für Oboe (1980)
„Subsequent darkness" für Klarinette und Klavier (1981)
„Aquarelles" für Flöte und Piccolo und Altflöte (1983)
„L'isole della laguna" für Blockflöte und Klavier (1984)
„The old man of the sea" für Horn und Klavier (1989)
„Mental maps and perceived distance" für Oboe, Klarinette, Trompete und Klavier (1990)
„Sacred conversations" für Flöte, Oboe, Klarinette, Trompete und Klavier (1994)

ORCHESTERMUSIK

„De revolutionibus" für Orchester (1975)
„The Bridge" für Orchester (1980)

VOKALMUSIK

„Ordonance Survey" für Tenor, Flöte, Klarinette, Viola und Cello (1978)
„Rites of transition" (Text: Usher) für SATB (1978)
„Sacred physic", Madrigal nach Shakespeare für Sopran, Blockflöte, Krummhorn, Cello, Viola da gamba und Cembalo (1979)
„Wellsprings" (Text: Usher und John Le Carré) für Tenor und Bläseroktett (1991)

CHORMUSIK

„Seasons End" (Text: R. Frost) für Chor, Orgel und Schlagzeug (1967)

BÜHNENMUSIK / MULTIMEDIA

„A dance for the sun rising", Tanzmesse für Chor, Violen, Harfe, Blechbläser, Streicher, Schauspieler und Tänzer (1976)
„Handbook", Musiktheater für Schauspieler, Rezitator, Baßklarinette, Saxophon, Trompete, Viola und Diaprojektion (1984)
„A grain of sand in Lambeth" für Chor, Orchester und Klangskulpturen von D. Shiel (1986)
„The Oxford Merman" für Schauspieler / Sänger, Flöte, Oboe, Klarinette, Horn, Cello, Klavier und Tänzer (1990)
„Unfinished business" für Trompete, Schlagzeug, Live Elektronik, Tänzer und Klangskulpturen (1991)
„Hope's perpetual breath" (Text: Lu Hsun) für Tenor, Flöte, Klarinette, Cello, Harfe, Schlagzeug und Tänzer (1993)

Alle Werke sind im Primavera Musikverlag, London, erschienen

BIBLIOGRAPHIE

Usher, Julia: The composer minds the shop. In: Composer, London 1984

East, J. M.: About the turning point. In: Composer, London 1986

Mosby, H.: Sound sculptures. In: Composer, London 1986

Fuller / LeFanu: Julia Usher. In: Reclaiming the Muse, contemporary music, London 1994

Ustwolskaja, Galina
(* 1919)

Galina Ustwolskaja, seit Beginn der 90er Jahre in vielen Aufführungen Europas im Gespräch, wurde am 17. Juli 1919 in Petrograd (später: Leningrad, heute: St. Petersburg) geboren. Sie war am Leningrader Konservatorium Schülerin von Dmitri Schostakowitsch, der sich mehrfach gegen den Widerstand seiner Kollegen für sie einsetzte und ihren Werken bereits damals eine große Akzeptanz prophezeite. Er legte großen Wert auf ihre Wertschätzung seiner eigenen Werke, die sie oft noch im Entstehungsprozeß sah. Neben Schostakowitsch waren ihre Lehrer Steinberg und Rimski-Korsakoff. 1947 wurde sie als Kompositionslehrerin an das Leningrader Konservatorium berufen, nachdem sie im Zweiten Weltkrieg in einem Militärhospital mithelfen mußte und ihre musikalische Laufbahn deutlich unterbrochen wurde. Für die westliche Musikszene war Galina Ustwolskaja bis Mitte der 80er Jahre eine gänzlich Unbekannte und kam erst nach 1989 ins Rampenlicht. Nach Aufführungen in Deutschland, Holland, Großbritannien und den USA ist sie neben Gubaidulina eine der meist aufgeführten russischen Komponistinnen. Bis 1977 war sie als Kompositionslehrerin am Leningrader Konservatorium angestellt; seitdem lebt sie als freischaffende Komponistin in ihrer Heimatstadt. Ein Teil ihrer Werke wird von der Paul-Sacher-Stiftung in Basel, Schweiz, betreut; der Hamburger Sikorski-Verlag hat ihre Werke unter Vertrag. In letzter Zeit sind auch etliche Einspielungen ihrer Werke auf Tonträgern erschienen.

KLAVIERMUSIK

Sonate Nr. 1 für Klavier (1947), Hamburg, Sikorski
Sonate Nr. 2 für Klavier (1949), Hamburg, Sikorski
Sonate Nr. 3 für Klavier (1952), Hamburg, Sikorski
12 Präludien für Klavier (1952), Hamburg, Sikorski
Sonate Nr. 4 für Klavier (1957), Hamburg, Sikorski
Sonatine für Klavier (1957), Hamburg, Sikorski
Sonate Nr. 5 für Klavier (1986), Hamburg, Sikorski
Sonate Nr. 6 für Klavier (1987), Hamburg, Sikorski
Sammelband „The piano works", Leningrad, Soviet Composers Publishers 1989

KAMMERMUSIK

Trio für Violine, Klarinette und Klavier (1949), Hamburg, Sikorski
Oktett für zwei Oboen, vier Violinen, Kesselpauke und Klavier (1950), Hamburg, Sikorski
Sonate für Violine und Klavier (1953), Hamburg, Sikorski
Großes Duett für Cello und Klavier (1959), Hamburg, Sikorski
Duett für Violine und Klavier (1964), Hamburg, Sikorski
Komposition Nr. 1 für Piccoloflöte, Tuba und Klavier „Dona nobis pacem" (1971), Hamburg, Sikorski
Komposition Nr. 2 für acht Kontrabässe, Schlagwerk (Holzwürfel) und Klavier „Dies irae" (1973), Hamburg, Sikorski
Komposition Nr. 3 für vier Flöten, vier Fagotte und Klavier „Benedictus qui venit" (1975), Hamburg, Sikorski
Sinfonie Nr. 4 „Das Gebet" für Alt, Trompete, Tam-Tam und Klavier (1987), Hamburg, Sikorski

ORCHESTERMUSIK

Konzert für Klavier und Orchester (1946), Hamburg, Sikorski
„Suite der jungen Pioniere" (1950), Hamburg, Sikorski
„Kindersuite" (1952), Hamburg, Sikorski
Sinfonie Nr. 1 für zwei Knabensoprane und Orchester (1955), Hamburg, Sikorski
„Sportsuite" (1958), Hamburg, Sikorski
„Lichter in der Steppe", symphonisches Gedicht (1958), Hamburg, Sikorski
„Die Heldentat", symphonisches Gedicht (1959)
Sinfonie Nr. 2 für Sprecher und Orchester „Die wahre ewige Seligkeit" (1979), Hamburg, Sikorski
Sinfonie Nr. 3 „Jesus Messiah, save us" für Sprecher und Orchester (1983), Hamburg, Sikorski
Sinfonie Nr. 5 „Amen" für männlichen Sprecher, Oboe, Trompete, Tuba, Schlagzeug und Violine (1989/90)

VOKALMUSIK

„Der Traum des Stenka Razin" für Baß und Orchester (1948)

CHORMUSIK

„Hail, youth" für Chor und Orchester (1950)
„Morgendämmerung über dem Vaterland" für Kinderchor und Orchester (1952)
„Der Mann vom hohen Berge" für Soli, Chor und Orchester (1952)
„Lobgesang" für Knabenchor, Klavier, Trompeten und Schlagzeug (1961), Hamburg, Sikorski

BIBLIOGRAPHIE

Andrejew, A.: Notes on Ustwolskaja's style. In: Music of Russia, Moskau 1982
Suslin, Victor: Galina Ustwolskaja. In: Komponistinnen-Festivals, Dokumentation, Heidelberg 1989
Sanin, A.: Ustwolskaja, the word is said. In: Sowjetische Musik, Moskau 1990
Suslin, Victor: Galina Ustwolskaja, Katalog Sikorski-Verlag, Hamburg 1990
Tischenko, B.: In the eternal search of truth. In: Muzika, Moskau 1990
Schroeder, Marianne: Gefördert, geliebt, gehaßt – verhindert. In: Cling/Klong, Bern 1994
Galina Ustwolskaja, in: Paul-Sacher-Stiftung, Basel: Mitteilungen 1995
Derks, Thea: Galina Ustwolskaja: „Sind sie mir nicht böse". In: Viva voce, Kassel 1995

DISKOGRAPHIE

„Kindersuite". Leningrader Philharmoniker, Ltg. E. Mrawinsky. Moskau/New York, Melodia Rec.
Konzert für Klavier und Orchester. P. Serebryakow, Klavier. Leningrader Philharmoniker. Moskau/New York, Melodia Records
„Lichter in der Steppe". Leningrader Sinfoniker. Moskau/New York, Melodia Records
Sonate Nr. 3 für Klavier. O. Malow, Klavier. Moskau/New York, Melodia Records
Grand Duet for Cello and Piano. Maya Beiser, Cello; Christopher Oldfather, Klavier (Gubaidulina: „In croce"). München, Koch/Schwann
Trio für Violine, Klarinette und Klavier / Sonate Nr. 5 für Klavier / Duett für Violine und Klavier. Reinberg de Leeuw, Klavier; Vera Beths, Violine; Harmen de Boer, Klarinette. Hat Hut / Schweiz, Lufthansa
12 Preludes for Piano / Grand Duet für Cello und Klavier / Composition No. 1 „Dona nobis pacem". Marianne Schroeder, Klavier; Rohan De Saram, Cello; Felix Renggli, Piccolo; David Le Clair, Tuba. Hat Hut / Schweiz, Lufthansa
Sinfonie Nr. 4 „Gebet" / Klaviersonate Nr. 5 / Grand Duet für Cello und Klavier / Trio. James Fulkerson und The Barton Workshop. ETCETERA Records
Präludien 1-12 für Klavier / Kompositionen Nr. 1, 2, 3. Schönberg Ensemble, Ltg. R. de Leeuw. Megadisc Records
Sämtliche Klaviersonaten. Reinbert de Leeuw, Klavier. Megadisc Records

Van de Vate, Nancy
(* 1930)

Sie gehört zu den Komponistinnen, die in vielen Ländern der Welt zu Hause sind: Hawaii, Indonesien, USA und Österreich gehören zu den Stationen ihres Lebens. Geboren wurde die Komponistin Nancy van de Vate am 30. Dezember 1930 in Plainfield, New Jersey, USA, und studierte an der Eastman School of Music sowie am Wellesley College Komposition. 1958 erhielt sie ihren Master of Music an der Universität von Mississippi. Ihren musikalischen Doktorgrad errang sie an der Florida State University (1968). Danach lehrte sie als Professorin an verschiedenen amerikanischen Universitäten und Colleges, darunter die Memphis State University und das Hawaii Loa College (1975) und gastierte als Pianistin und Bratschistin in den USA. Im Jahre 1975 gründete Nancy van de Vate mit anderen amerikanischen Komponistinnen die berühmte International League of Women Composers (heute International Alliance for Women Composers) und setzte sich seitdem aktiv für Aufführungen und die Belange ihrer Kolleginnen in den USA und Europa ein. Seit 1985 ist die Komponistin nach Wien, Österreich umgesiedelt und hat die österreichische Staatsbürgerschaft angenommen. Zusammen mit ihrem Mann gründete sie die Schallplatten-Firma Vienna Modern Masters, die Werke zeitgenössischer Komponistinnen und Komponisten produziert. Sie arbeitet eng mit polnischen Ensembles und Komponisten wie Lutoslawski und Penderecki zusammen. Auch musikalische Verarbeitungen brisanter politischer Themen wie Hiroshima oder der Reaktorunfall von Tschernobyl finden in ihrem verlegerischen und kompositorischen Werk ihren Niederschlag. Ihre Werke wurden vielfach preisgekrönt, u.a. vom National Endowment for the Arts, der Association of University Women, Meet the Composer. Stipendien ermöglichten ihr das Arbeiten in der Mac Dowell Künstlerkolonie, dem Brahms-Haus in Baden-Baden, in Boswil etc. Als Jurorin gehört sie zu Gremien internationaler Wettbewerbe in den USA, Polen und Österreich. Nancy van de Vate lebt und arbeitet in Wien.

Nancy van de Vate. Foto: Archiv

CEMBALO- / KLAVIERMUSIK

Neun Preludes für Klavier (1978), New York, North / South Editions
Sonate für Klavier (1978), Washington, Arsis Press
Fantasie für Cembalo (1982), New York, American Composers Edition
Sonate für Cembalo (1982), New York, American Composers Edition
Zweite Sonate für Klavier (1983), New York, North/ South Edition
„Contrasts" für zwei Klaviere (1984), New York, American Composers Edition
„Twelve Pieces for Piano on One to Twelve Notes" für Klavier (1986)

KAMMERMUSIK

„Short Suite" für Blechbläserquartett (1960), Bryn Mawr, Presser
Sonate für Viola und Klavier (1964), Tritone / Bryn Mawr, Presser
Holzbläserquartett (1964), New York, American Composers Edition
„Diversion" für Blechbläser (1964), New York, American Composers Edition
Sechs Etüden für Viola solo (1969), Washington, Arsis Press
Sechs Etüden für Violine solo (1969), New York, American Composers Edition
Streichquartett Nr. 1 (1969), New York, American Composers Edition
Sonate für Oboe und Klavier (1970), New York, American Composers Edition
Sonate für Klarinette und Klavier (1970), New York, American Composers Edition
„Three Sound Pieces" für Blechbläser und Schlagzeug (1973), New York, American Composers Edition
„Trio für Streicher" für Violine, Viola und Cello (1974), Washington, Arsis Press 1978
Suite für Violine solo (1975), Washington, Arsis Press
Suite für Viola solo (1975), New York, American Composers Edition
„Quintett 1975" für Flöte, Violine, Baß-Klarinette, Cello und Klavier (1975), New York, American Composers Edition
Musik für Viola, Schlagzeug und Klavier (1976), New York, American Composers Edition
Blechbläserquintett (1979), New York, American Composers Edition
Trio für Fagott, Schlagzeug und Klavier (1980), New York, American Composers Edition
Trio für Violine, Cello und Klavier (1983), New York, North / South Editions
„Music for MW2" für Flöte, Cello, Klavier zu vier Händen und Schlagzeug (1985)
„Distant worlds" für Violine und Klavier (1985)
„Teufelstanz" für sechs Schlagzeuger (1988)
„Seven Fantasy Pieces" für Violine und Klavier (1989)

ORCHESTERMUSIK

Adagio für Orchester (1957), Philadelphia, Edwin Fleisher
Variationen für Kammerorchester (1958), Philadelphia, Edwin Fleisher
Konzert für Klavier und Orchester (1968), New York, American Composers Edition
Konzertstück für Cello und kleines Orchester (1978), Philadelphia, Edwin Fleisher
„Dark Nebulae" für Orchester (1981), Philadelphia, Edwin Fleisher
„Journeys" für Orchester (1984) (auch Kurzfassung), Philadelphia, Edwin Fleisher
„Gema Jawa" (Echos von Java) für Orchester (1984), Philadelphia, Edwin Fleisher

„Distant Worlds" für Orchester (1985), New York, American Composers Edition
Konzert für Violine und Orchester (1986)
„Chernobyl" für Orchester (1987)
„Pura Besakih (Besakih Temple, Bali)" für Orchester (1987)
Krakauer Konzert für Schlagzeug und Orchester (1988)
Konzert für Viola und Orchester (1993)
Adagio und Rondo für Violine und Streichorchester (1994)

VOKALMUSIK

„Loneliness" (Text: Rainer Maria Rilke) für Sopran und Klavier (1960), New York, Waterloo Music
„Death is the Chilly Night" (Text: Heinrich Heine) für Sopran und Klavier (1960)
„Youthful Age" (Text: Anon. griechischer Autor, 6. Jh. v. Chr.) für Sopran und Klavier (1960), New York, American Composers Edition
„The Earth is so Lovely" (Text: Heinrich Heine) für Sopran und Klavier (1962) New York, American Composers Edition
„Cradlesong" (Text: Clemens Brentano) für Sopran und Klavier (1962), New York, American Composers Edition
„Two Songs for Medium or High Voice", New York, Waterloo Music 1966
„Four Somber Songs" (Texte: Georg Trakl, Edgar Allan Poe; William Blake, Paul Verlaine) für Sopran / Mezzosopran und Orchester / Klavier (1970), New York, American Composers Edition (Fassung für Orchester 1991)
„To the East and to the West" (Text: Walt Withman) für Sopran und Klavier (1972), New York, American Composers Edition
„Letter to a Friend's Loneliness" (Text: John Unterecker) für Mezzosopran und Streichquartett (1976), New York, American Composers Edition
„A night in the Royal Ontarion Museum" (Text: Margret Atwood) für Stimme und Tonband (1983), New York, American Composers Edition
„Songs for the Four Parts of the Night" (Texte: Owl Woman; Papago Indinaerin) für Sopran und Klavier (1986), New York, American Composers Edition
„Cocaine Lil" für Sopran und vier Schauspieler (1986)

CHORMUSIK

Psalm 121 für vierstimmigen gemischten Chor a cappella (1958)
„How Fare's the Night?" für dreistimmigen Frauenchor und Klavier (1959), Buffalo, Montgomery Music
„The Pond" (Text: Annette von Droste-Hülshoff) für vierstimmigen gemischten Chor a cappella (1970), New York, American Composers Edition
„Cantata for Women's Voices" (Texte: James Joce, Walt Whitman, Charles Baudelaire, anon. provençalische Gedichte aus dem 12. Jahrhundert) für vierstimmigen Frauenchor, Piccoloflöte, Flöte, Baß-Klarinette, Harfe, Celesta und zwei Schlagzeuger (1979), New York, American Composers Edition
„An American Essay" (Text: Walt Whitman) für vierstimmigen gemischten Chor, Klavier und Schlagzeug (1979), New York, American Composers Edition
„Katyn" für vierstimmigen gemischten Chor und Orchester (1989)
„Voices of Women" (Text: James Joyce, Walt Whitman, Charles Baudelaire) für Sopran, Mezzosopran, dreistimmigen Frauenchor und Orchester (1993)
„How Fare's the Night?", Fassung für Frauenchor, Violine und Streichorchester (1993), New York, American Composers Edition
„An American Essay" (Text: Walt Whitman), Fassung für Sopran, Chor und Orchester (1994)

BÜHNENMUSIK

„The Death ot the Hired Man" (Libretto nach dem Gedicht von Robert Frost) für Mezzosopran, Tenor und Klavier (1961)
„A Night in the Royal Ontario Museum" (Text: Margaret Atwood) für Sopran und Tonband (1983)
„Cocaine Lil", Konzertmusik oder musikalisches Theaterstück für Mezzosopran, vier bis acht Jazzsänger mit kleinen Schlagzeuginstrumenten (1986)
„In the Shadow of the Glen" (Libretto nach J. M. Synges Bühnenstück), Oper in einem Akt (1994)
„Nemo: Jenseits von Vulkania" (Libretto: Allen Cortes und Nancy van de Vate), Oper in vier Akten (1995)
„Im Westen nichts Neues" (Libretto nach Erich Maria Remarque), Oper in vier Akten (geplant 1997) (auch englische Fassung)

ELEKTRONISCHE MUSIK

„Invention No. 1" für Tonband (1972)
„Wind Chimes" für Tonband (1972)
„Satellite Music" für Tonband (1972)

BIBLIOGRAPHIE

Nancy van de Vate, in: Women Composers, Conductors and Musicians of 20th century, Scarecrow, London 1980
Nancy van de Vate, in: Contemporary Composers,

Chicago, London 1992
Burkhardt, Wilfried: Tschernobyl - Musik im Angesicht der Katastrophe. In: Musik und Bildung, 1992
Straughan, G.: The International League of Women Composers. In: ILWC, Journal 6/1995

DISKOGRAPHIE

Adagio und Rondo für Violine und Streichorchester (1994). Köslin Philharmonisches Orchester, Ltg. Szymon Kawalla. Wien, Vienna Modern Masters

Adagio für Orchester (1957), Wien, Vienna Modern Masters

„An American Essay" für vierstimmigen gemischten Chor, Sopran und Orchester (1979/94), Wien, Vienna Modern Masters

„Chernobyl" für großes Orchester (1987) (mit Werken von Penderecki). Polnisches Rundfunkorchester, Ltg. Szymon Kawalla. Wien, Vienna Modern Masters

"Cocaine Lil" für Mezzo und vier Jazz-Sänger mit kleinen Schlaginstrumenten (1986), (mit Werken von Eisler, Rühm, Schwehr). Ensemble Belcanto, Ltg. Dietburg Spohr. Aulos/Koch Schwann

Konzert für Klavier und Orchester (1968). Köslin Philharmonisches Orchester, Ltg. Szymon Kawalla. Wien, Vienna Modern Masters

Konzert Nr. 1 für Violine und Orchester (1986) (mit Werken von Penderecki). Polnisches Rundfunkorchester, Ltg. Szymon Kawalla. Wien, Vienna Modern Masters

Konzertstück für Cello und Orchester (1976). Polnisches Rundfunkorchester, Ltg. Szymon Kawalla. Wien, Vienna Modern Masters

„Dark Nebulae" für großes Orchester (1981). Polnisches Rundfunkorchester, Ltg. Szymon Kawalla. Wien, Vienna Modern Masters

„Distant Worlds" für großes Orchester (1985). Polnisches Rundfunkorchester, Ltg. Szymon Kawalla. Wien, Vienna Modern Masters

„Four Somber Songs" für Mezzo und Orchester (1970) (mit Werken von Fleischer, Tanner, Schaffer). Sulie Girardi, Mezzo; Slovakisches Rundfunkorchester, Ltg. Szymon Kawalla. Wien, Vienna Modern Masters

„Gema Jawa" für Streichorchester (1984). Slovakisches Rundfunkorchester, Ltg. Szymon Kawalla. In: Nancy van de Vate, Vol. II, Wien, Vienna Modern Masters

„Gema Jawa" für Streichorchester (1984) (mit Werken von Elgar, Purcell, Wagner, Albinoni). The Louisiana Sinfonietta, Dinos Constantinides

„How Fare's the Night?" für dreistimmigen Frauenchor, Violine solo und Streichorchester (1959/93). Köslin Philharmonisches Orchester, Ltg. Szymon Kawalla; Chorus Soranus, Ltg. Knud Vad. Wien, Vienna Modern Masters

„Journeys" für großes Orchester (1984). Polnisches Rundfunkorchester, Ltg. Szymon Kawalla. Wien, Vienna Modern Masters

„Journeys" für großes Orchester (1984) (mit Werken von Gardner, Larsen, Richter, Hoover, Mamlok, Jane Brockman). Bournemouth Sinfonietta, Ltg. Carolann Martin. In: Orchestral Works by American Women, New York, Leonarda Prod.

„Katyn" für vierstimmigen gemischten Chor und Orchester (1989) (mit Werken von Schoenberg und Penderecki). Polnisches Rundfunkorchester, Ltg. Szymon Kawalla. Wien, Vienna Modern Masters

„Krakauer Konzert" für Schlagzeug und Orchester (1988) (mit Werken von Schoenberg und Penderecki). Polnisches Rundfunkorchester, Ltg. Szymon Kawalla. Wien, Vienna Modern Masters

„Letter to a Friend's Loneliness" für Sopran und Sreichquartett (1976). Sulie Girardi, Mezzo; philharmonisches Streichquartett. Bohuslav Martinu In: Nancy van de Vate, Vol. III, Wien, Vienna Modern Masters

Musik für Viola, Schlagzeug und Klavier (1976). Maxine-Karen Johnson, Viola; Wiliam Wiley, Schlagzeug; Evelyn Zuckermann, Klavier. In: Nancy van de Vate, Vol. I, Wien, Vienna Modern Masters

Neun Preludes für Klavier (1978). Rosemary Platt, Klavier. In: Nancy van de Vate, Vol. I, Wien, Vienna Modern Masters

Neun Preludes für Klavier (1978) (mit Werken von Strunk, Lifchitz). Max Lifchitz, Klavier. New York, Opus One

„Pura Besakih" für großes Orchester (1987) (mit Werken von Sukegawa, Loeb, Handel). Slovakisches Rundfunkorchester, Ltg. Szymon Kawalla; u.a. Wien, Vienna Modern Masters

Zweite Sonate für Klavier (1983). Nakiko Nirashima, Klavier. In: Nancy van de Vate, Vol III. Wien, Vienna Modern Masters

Sechs Etüden für Viola solo (1969). Michael Davis, Viola. In: Nancy van de Vate, Vol. II, Wien, Vienna Modern Masters

Sonata für Klavier (1978). Ruth Spindler, Klavier. In: Nancy van de Vate, Vol. II, Wien, Vienna Modern Masters

Sonata für Viola und Klavier (1964). Michael Davis, Viola; Rosemary Platt, Klavier. In: Nancy van de Vate, Vol. I, Wien, Vienna Modern Masters

„Songs for the Four Parts of the Night" für Mezzo und Klavier (1983) (mit Werken von Rogers, Crawford Seeger, Gideon, Price, Klotzmen). Lucille Fields,

Sopran; Harriet Wingreen, Klavier. In: Lucille Fields sings Songs by American Women Composers, USA, Cambria Records
Streichquartett Nr. 1 (1969). Ridge Quartett. In: Nancy van de Vate, Vol. I, Wien, Vienna Modern Masters
Suite für Violine solo (1975). Michael Davis, Violine. In: Nancy van de Vate, Vol. III, Wien, Vienna Modern Masters
„The Pond" für vierstimmigen gemischten Chor a cappella (1970). Chorus Soranus, Ltg. Knud Vad. Wien, Vienna Modern Masters
„Three Sound Pieces" für Blechbläser und Schlagzeug (1973). Blechbläser- und Schlagewerkensemble des Bohuslav-Martinu-Philharmonischen-Orchesters, Ltg. Milos Maschek. In: Nancy van de Vate, Vol. II, Wien, Vienna Modern Masters
Trio für Streicher (1974). Bohuslav-Martinu-Streichtrio. In: Nancy van de Vate, Vol. III, Wien, Vienna Modern Masters
Trio für Violine, Cello und Klavier (1983). Janusz Mirynski, Violine; Zdzislaw Lapinski, Cello; Marek Mtielski, Klavier. In: Nancy van de Vate, Vol. I, Wien, Vienna Modern Masters
„12 Pieces for Piano on One to Twelve Notes" (1986). Ruth Spindler, Klavier. In: Nancy van de Vate, Vol. II, Wien, Vienna Modern Masters
Variationen für Kammerorchester (1958). Philharmonisches Orchester, Köslin Ltg. Szymon Kawalla. In: Nancy van de Vate, Vol. III, Wien, Vienna Modern Masters
Violakonzert (1993) (mit Werken von Nusa, Weiss, Penderecki, Perron). Polnisches Rundfunk, Ltg. José Maria Florêncio; u.a. Wien, Vienna Modern Masters
„Voices of Women" für dreistimmigen Frauenchor, Sopran und Mezzo und Orchester (1979/93) (mit Werken von Yu, Fortner, Scott, Nakamura). Philharmonisches Orchester, Köslin Ltg. Szymon Kawalla. Wien, Vienna Modern Masters

Vellère, Lucie
(1896-1966)

Beim Kompositionswettbewerb der American Section of the International Council of Women 1957 erhielt ihr „Air de Syrinx", von 204 eingesandten Kompositionen der 183 Teilnehmerinnen aus 32 Ländern den 1. Preis. Lucie Vellère, deren musikalische Ausbildung nur auf Privatunterricht basierte, wurde am 23. Dezember 1896 in Brüssel geboren. Bereits mit sechs Jahren erhielt sie Klavierunterricht von ihrem Vater. Später erlernte sie das Violinspiel bei Emil Chaumont, Harmonielehre bei Paul Miry und bei Joseph Jongen Komposition. Mit 20 Jahren begann sie zu komponieren; schon die ersten ihrer Kompositionen wurden bei ihren Lehrern hoch gelobt. Beim Staatlichen Kompositionswettbewerb in Belgien gewann sie 1935 für ihre Vokalmusik „O blanche fleur" (Text: van Lerberghe) den 1. Preis. 1957 bekam sie für ihre „Petite Symphonie" für Streicher den Preis der Provinz Brabant. Lucie Vellère starb am 12. Oktober 1966 in Brüssel. Sie hinterließ mehr als 100 Werke.

KLAVIERMUSIK
„Promenade au bord", Brüssel, Maurer
„Feuillets épars", 10 Klavierstücke, Brüssel, CeBeDem
„Trois tanagras" für Klavier (1918), Brüssel, L'Art Belge
„Figurines", vier Stücke für Klavier (1920)
„Deux danses" für Klavier (1930)
„Promenade au bord du lac", sechs Klavierstücke (1950)
„Préludes pour la jeunesse", 12 Klavierstücke (1950), Brüssel, Maurer
Divertissement (1953)
Capriccio (1959)
„Pétales sur le cendre", Brüssel, Maurer 1959
„Parfums d'orient", Brüssel, Maurer 1959
Sonatine für Klavier (1960)
„Deuxième sonatine" (1965), Brüssel, Maurer 1968

KAMMERMUSIK
„Chanson nocturne" für Violine und Klavier (1917/20)
Erstes Streichquartett (1937)
Zweites Streichquartett (1942)
Trio für Violine, Cello und Klavier (1947)
„Prélude et scherzo" für Streichtrio (1949)
Drittes Streichquartett (1951), Brüssel, Steenberghe
Sonate für Violine und Klavier (1952), Brüssel, CeBeDem
Nocturne für Cello und Klavier (1954), Brüssel, Steenberghe
„Arlequinade" für Trompete und Klavier (1959), Brüssel, Maurer
„Serenité" für Klarinette und Klavier (1959), Brüssel, Maurer
„Intermède" für Flöte und Klavier (1960), Brüssel, Maurer
„Dialogue" für Oboe und Klavier (1960), Brüssel, Maurer

„Bagatelles" für Bläsertrio (1960), Brüssel, Maurer
„Soliloque" für Violine solo (1961), Brüssel, Steenberghe
Sonate für Violine und Viola (1961)
Prélude für Horn, Oboe, Klarinette und Fagott (1961), Brüssel, Maurer
Divertissement für Violine und Klavier (1962), Brüssel CeBeDem
Viertes Streichquartett (1962)
Quartett für vier Klarinetten (1963), Brüssel, Maurer
„Pirouettes" für zwei Violinen (1964), Brüssel, CeBeDem
Quartett für Flöte, Oboe, Klarinette und Fagott (1964), Brüssel, Maurer
„Deux essais" für Trompete, Horn und Posaune (1965), Brüssel, Maurer

ORCHESTERMUSIK

„Nuits", Suite für Streicher (1946)
„Petite symphonie" für Streicher (1956)
Fantaisie für Violine und Orchester (1958)
„La route ascendante" für Kammerorchester (1962), Brüssel, CeBeDem
„Epitaph pour un ami" für Orchester mit Viola solo (1964), Brüssel, CeBeDem

VOKALMUSIK

„Désespoir" für Gesang und Streichquartett
„Harmonie lunaire" (Text: Paul Fort) für Gesang und Klavier (1917), Brüssel, L'Art Belge / Bosworth
„La Ronde" (Text: Paul Fort) für Gesang und Klavier (1917), Brüssel, L'Art Belge / Bosworth
„La Mort des voiles" (Text: Paul Fort) für Gesang und Klavier (1917)
„Toi et moi" (Text: Paul Gérardy), fünf Stücke für Gesang und Klavier
„Berceuse" (Text: Francis Carco) für Gesang und Klavier (1930)
„Faune" (Text: Marlow) für Gesang und Klavier (1933)
„O blanche fleur" (Text: Ch. van Lerberghe) für Gesang und Klavier (1934), Brüssel, Steenberghe
„Trois petits poèmes" (Text: Marie Brunfaut) für Gesang und Klavier (1936), Brüssel, Steenberghe / Cranz
„Vous m'avez dit tel soir" (Text: Ch. van Lerberghe) für Gesang und Klavier oder Streichorchester (1940)
„Entre les biches et les daims" (Text: Ch. van Lerberghe) für Gesang und Klavier (1948)
„Croquis" (Text: Maurice Carème), sechs Stücke für Gesang und Klavier (1948), Brüssel, Brogniaux
„Les cloches" (Text: G. Apollinaire) für Gesang und Klavier (1949)
„Les chants de l'ombre" (Text: Marie Maurel), vier Stücke für Mezzo und Streichtrio (1964)
„Vieille Chanson du Xme siècle" für Gesang, Streichquartett/Streichorchester

CHORMUSIK

„Berceuse" für Stimmen und Streicher (1930)
„Ophélie" (Text: Marsalleau) für Frauenchor und Kammerorchester (1941)
„Petites histoires", sechs Stücke für Kinderchor (1948)
„Ce fut un trouvère qui chanta et une dame qui en mourut" (Text: Gérardy) für vierstimmigen Chor und Orchester (1949)
„Air de Syrinx" (Text: Paul Claudel) für vierstimmigen Frauenchor (1956), Brüssel, Maurer
„Deux poèmes" (Text: Ch. van Lerbeghe) für vierstimmigen Chor (1957)
„Trois poèmes d'Apollinaire" für dreistimmigen Chor (1957), Brüssel, CeBeDem
„Chansons enfantines", fünf Stücke für zwei bis drei Stimmen und Klavier (1958), Brüssel, Maurer 1960
„Procession nocturne" (Text: J. Aderca) für Gesangsquartett oder vierstimmigen Chor (1959)
„Pastels" für Sopran, Mezzosopran und Bariton / Chor (1959)
„Mon âme, elle est là-bas" (Text: E. Verhaeren) für vierstimmigen Chor (1959)
„Six Chansonettes" für Kinderchor und Klavier (1964), Brüssel, Maurer 1964
„La belle chanson que voilà" (Text: Ph. Delaby) für Frauenchor (1965)

BÜHNENMUSIK

„Puck, compositeur" (Text: Odette Robert), Musical für Sprecher, Holzbläserquartett und Klavier

BIBLIOGRAPHIE

Lucie Vellère 1896-1966, Kurzbiographie und Werkverzeichnis

DISKOGRAPHIE

Lucie Vellère, Quatuor à Cordes No. 3, in: „Vive la différence". String Quartets by 5 women from 3 Continents (mit Werken von Sarah Aderholdt, Ruth Schonthal, Amy Beach, Priaulx Rainier). Crescent String Quartet / Alard String Quartet. New York, Leonarda Prod.

Vercoe, Elizabeth Walton
(* 1941)

Sie organisierte eines der ersten Festivals für Musik von Komponistinnen in den USA, das Women's Music Festival 1985 in Boston. Elizabeth Walton Vercoe, amerikanische Komponistin und Schriftstellerin, wurde am 23. April 1941 in Washington geboren. Sie studierte Komposition an der University of Michigan und an der Boston University, wo sie ihren Doctor of Musical Arts erhielt. Zu ihren Lehrern zählten Leslie Bassett und Gardner Read. Ab 1969 unterrichtete sie am Westminster Choir College in Princeton und am Framingham State College. Sie war Stipendiatin im Charles Ives Center (1984 und 1992), in der McDowell Colony und in der Cité Internationale des Arts in Paris (1983-85). Weitere Stipendien der Artists Foundation und des National Endowment for the Arts folgten. 1985 wurde sie Direktorin des Women Music Festival in Boston und später Vorstandsmitglied der International League of Women Composers (1980-1987) sowie der Artists Foundation. Neben ihrer kompositorischen Tätigkeit ist Elizabeth Vercoe auch schriftstellerisch tätig und schreibt vorwiegend über Musik von Komponistinnen. 1993 nahm sie an einem Musikfestival in St. Petersburg, Rußland, teil sowie am Festival „Congress on Women in Music" in Fairbanks, Alaska. Seit 1994 gehört sie zum Executive Committee der Society of Composers in den USA. Sie lebt und arbeitet in Carlisle, USA.

KLAVIERMUSIK
„Three studies" (1973), Washington, Arsis Press
„Fantasy" für Klavier, Washington, Arsis Press

KAMMERMUSIK
„Pasticcio, pattern and imagery from Paul Klee" für Cello und Klavier (1965)
„Balance", Duo für Violine und Cello, Washington, Arsis Press 1978
„Sonaria" für Cello (1980)
„Fantavia" für Flöte und Schlagzeug (1982)
„Parodia" für Harfe (1983)
„Despite our differences" für Violine, Cello und Klavier (1984)
„A la fin - tout seul" für Mandoline und Klavier (ad lib.) (1985), Virginia, Plucked String Editions
„Elegy" für Viola und Klavier (1989)
„Holman Suite" für Cello und Klavier (1991)
„Four Humors" für Klarinette und Klavier (1992)
„Brief Encounters" für Streichquartett (1995)

ORCHESTERMUSIK
Konzert für Violine und Orchester (1976)
„Despite our differences" für Klavier und Kammerorchester (1988)
„Changes - a little music for Mozart" für Kammerorchester (1991)

VOKALMUSIK
„Herstory I", Gesangszyklus für Sopran, Vibraphon und Klavier (1975)
„Herstory II", 13 Japanese lyrics für Sopran, Klavier und Schlagzeug (1981), Washington, Arsis Press
„Irreveries from Sappho" für Sopran und Klavier (1981)
„Herstory III, Jehanne de Storm" (Text: Ingeborg Bachmann) für Mezzosopran, Klarinette und Klavier (1989)
„A dangerous man" für Bariton und Klavier (1990)
„Varieties of Amorous Experience" (1994)

CHORMUSIK
„Irreveries from Sappho" für Frauenchor und Klavier (1981)
„Blow the trumpet" für Chor, Trompete und Orgel (1991)
„God be in my head" für Chor und Klavier/Orgel (1994), Washington, Arsis Press

DISKOGRAPHIE
Fantasy für Klavier. Rosemary Platt, Klavier. Ohio, Coronet Records
„Herstory II". Elsa Charlson, Sopran; R. Hodgkinson, Klavier; Dean Anderson, Schlagzeug. Boston, Northeastern Records
„Irreveries from Sappho". Sharon Mabry, Sopran; Rosemary Platt, Klavier. Ohio, Coronet Records
„Herstory III". Sharon Mabry, Mezzo / Sopran; Rosemary Platt, Klavier. Owl Records
„Fantavia" für Flöte und Schlagzeug. Eleanor Armstrong, Flöte; Dan Armstrong, Schlagzeug. Centaur Records

Viardot-Garcia, Pauline Michelle Ferdinande
(1821-1910)

Sie war eine international anerkannte, schillernde Persönlichkeit in der Musikszene des 19. Jahrhunderts und das Vorbild zur weiblichen Hauptfigur in George Sands Roman „Consuleo". Am 18. Juli 1821 in Paris geboren, war Pauline Garcia für die Musik prädestiniert. Ihr Vater, der berühmte spanische Operntenor Manuel del Popolo Vicente Garcia und ihre Mutter, die Schauspielerin und Sängerin Joaquina Sitches, förderten ihre musikalische Ausbildung. Ihre ältere Schwester Maria Felicia Malibran wurde eine berühmte Sängerin und Komponistin (s. Malibran), ihr Bruder Manuel Garcia ein sehr bekannter Gesangslehrer des 19. Jahrhunderts. Die Familie Garcia ging 1824 nach London, 1825 nach New York und kehrte, nach einem Aufenthalt in Mexico von 1826 bis 1827, nach Paris zurück.

Pauline Garcia wurde von ihrem Vater als Sängerin ausgebildet. Außerdem lernte sie Klavier bei M. Vega in New York. Ihren Klavierunterricht setzte sie in folgenden Jahren bei Meysenburg und von 1836 bis 1838 bei dem jungen Franz Liszt fort. Nach dem Tod ihres Vaters 1832 erhielt Pauline Garcia Harmonie- und Kontrapunktunterricht bei Anton Reicha, 1837 feierte sie ihr erfolgreiches Debüt als Sängerin in Brüssel. Dem folgte eine Deutschland-Tournee, auf der sie u.a. Clara Schumann kennenlernte. Die zwei Musikerinnen blieben lebenslang in enger Freundschaft verbunden. In demselben Jahr (1838) debütierte sie in Paris und 1839 in London. Ihre internationale Karriere als Sängerin führte sie mehrmals nach England, Deutschland und Rußland. 1840 heiratete sie Louis Viardot, den Direktor des Théâtre Italien in Paris. Drei Töchter und ein Sohn gingen aus dieser Ehe hervor; alle Kinder wurden ebenfalls Musiker. Im Hause der Viardots verkehrten u.a. George Sand, Delacroix, de Musset, Doré, Scheffer und der russische Dichter Iwan Turgenjew, mit dem Pauline Viardot-Garcia dreißig Jahre lang befreundet war und seine Gedichte vertonte. In Nohant, dem Landsitz von George Sand, musizierte sie mit Frédéric Chopin; sie veranstalteten auch gemeinsame Konzerte, wie 1842 in Paris und 1848 in London. Von 1863 bis 1870 lebte die Musikerin in Baden-Baden und wirkte dort auch als Gesangspädagogin. In den späteren Jahren zog sie sich ganz vom öffentlichen Konzertleben zurück und lehrte Gesang am Pariser Konservatorium. Dennoch veranstaltete sie bis ins hohe Alter weiterhin Hauskonzerte. Musiker wie Berlioz und Chopin, Schriftsteller wie Charles Dickens und Gustave Flaubert bewunderten ihre Musikalität und ihren Gesang, Schumann, Mendelssohn, Massenet, Gounod widmeten ihr eigene Werke oder komponierten für ihre Stimme: Meyerbeer („Le Prophète"), Saint-Saëns („Samson et Dalila") und Brahms (Alt-Rhapsodie).

Neben ihrer sängerischen Karriere widmete sich Pauline Viardot-Garcia immer wieder dem Komponieren und hinterließ mehrere Opern, Operetten, sowie zahlreiche Lieder und Klaviermusik, die fast alle zu ihren Lebzeiten im Druck erschienen sind. Die Künstlerin starb am 18. Mai 1910 in Paris.

KLAVIERMUSIK

Gavotte für Klavier (1885)
Serenade für Klavier, Paris, Heugel 1885
Polonaise für Klavier zu vier Händen, Paris, Gérard 1874
„Album russe", 12 Klavierstücke, Leipzig, Breitkopf & Härtel
„Album russe", 12 Romanzen für Kinder, Paris, Troupenas
„Deux airs de ballet", Paris, Miran
Mazurka für Klavier, Paris, Miran
„Suite arménienne" für Klavier zu vier Händen, Paris, Miran
„Défilé bohémien" für Klavier zu vier Händen, Paris, Miran

KAMMERMUSIK

Sechs Stücke für Violine und Klavier, Paris, Gérard
„Arie de Xerxes" für Violine/Cello und Klavier
Sonatine für Violine und Klavier, Paris, Hamelle / Pullman, Hildegard Publ. 1994

VOKALMUSIK

Lieder nach Texten von Turgenjew
Lieder nach Texten von Puschkin
Walzer von Schubert für zwei Stimmen und Klavier, Schirmer
„Six airs italiens du 18ème siècle
„Die Sterne" für Stimme, Klavier und Cello, Leipzig, Breitkopf & Härtel
12 Gedichte für Singstimme und Klavier, Leipzig, Breitkopf & Härtel
Chopin-Mazurken, Fassung für Stimme und Klavier, Leipzig, Geissler / Paris, Gérard / Leipzig, Breitkopf & Härtel
Vier Lieder, Berlin, Bote & Bock 1880

„Rätsel" für Stimme und Klavier, Berlin, Ries & Erler
„Six Chansons du 15ème siècle", Paris, Heugel 1886
„Poésies toscanes" für Stimme und Klavier, Paris, Gérard 1881
„Hungrian dances" von Brahms, Duett für Stimmen und Klavier, Paris, Hamelle
„L'enfant de la Montagne" / „Evocation" / Mazurka „Aime-moi" / Mazurka „L'oiselet" / „Les Bohémiennes" für Stimme und Klavier. In: Una voce poco fa.., Patricia Adkins Chiti, Rom, Garamond 1992
Lieder für Singstimme und Klavier, darunter:
„Le rêve de Jesus", Paris, Durand 1890
„In der Frühe", Berlin, Ries & Erler
„Die Klagende", Berlin, Schlesinger
„Attraits", Paris, Enoch
„Lamento", Paris, Enoch
„Mignonne", Paris, Enoch
„Chanson de mer", Paris, Enoch
„Chanson de la pluie", Paris, Enoch
„Bonjour mon cœur", Paris, Enoch
„Désespoir", Paris, Enoch
„Au jardin de mon père", Paris, Fromont
„A la fontaine", Paris, Heugel
„Ressemblance", Paris, Durand
„Toréador", Paris, Miran
„Dites, que faut-il faire?"
„Flüstern, atemloses Lauschen"
12 Lieder für Gesang und Klavier (Texte: Pushkin, Turgenjew), Pullmann, Hildegard Publ. 1994
Weitere Lieder für Gesang und Klavier

CHORMUSIK

„Chœur bohémien" für Soli und Frauenstimmen, Paris, Enoch
„Chœur des elfes" für Soli und drei Frauenstimmen, Paris, Enoch
„Ave Maria" für Chor, Paris, Enoch
„La jeune République" für eine Stimme und Chor

BÜHNENMUSIK

„Trop de femmes" (Text: Turgenjew), Operette (1867)
„L'ogre", Operette (1868)
„Le dernier sorcier", Operette (1869)
„Conte des fées", Operette (1874)
„Cendrillon", Oper (1904)

BIBLIOGRAPHIE

Sand, George: Le Théâtre Italien et Mlle Pauline Garcia. In: Revue des deux mondes, 1840
Liszt, Franz: Pauline Viardot-Garcia. In: NZM, 1859
La Mara: Musikalische Studienköpfe, Band V, Leipzig, Breitkopf & Härtel, 1882
Torrigi, L. H. P.: Viardot Garcia, sa biographie, ses compositions, son enseignement. Genève 1901
Kaminski, C. H.: Lettres à Mlle Viardot d'Ivan Turgenev, Paris 1907
Héritte Viardot de la Tour: Memories and Adventures. Paris 1913, London 1922
Schuman, Eugénie: Erinnerungen. Stuttgart, Engelhorn 1925
Fitzlyon, A.: The price of genius. A Biography of Pauline Viardot, London, Calder 1964
Association des Amis d'Ivan Turgenev, Pauline Viardot et Maria Malibran: Cahier Iwan Turgenjew, Pauline Viardot, Maria Malibran, Paris 1977
Viardot, P. J.: Les jeudis de Pauline Viardot. In: Revue intern. de musique française 1982
Chiti Adkins, Patricia: Donne in Musica, Rom, Bulzoni 1982
Dulong, Gustave: Pauline Viardot. Tragédienne lyrique, Paris 1987
Peacock Jezic, Diane: Women Composers. New York 1988
Citron, P. (Hrsg.): Hector Berlioz: Correspondance générale, Paris 1989
Fischer-Dieskau, D.: Wenn Musik der Liebe Nahrung ist. Stuttgart 1990
Chiti Adkins, Patricia: Una voce poco fa...Rom, Garamond 1992
Roster, Danielle: Pauline Viardot-Garcia. In: Clarino, Februar 1992
Ard, J.: The Songs of Pauline Viardot. Juilliard School 1993
Roster, Danielle: Allein mit meiner Musik. Echternach, Editions phi 1995

DISKOGRAPHIE

„Dites, que faut-il faire?" / „Flüstern, atemloses Lauschen" / „Die Sterne" / „Ich starrte und stand unbeweglich". Mertine Johns, Mezzosopran; R. Rundle, Klavier. Gemini Hall
Pushkin-Lieder: „Des Nachts" / „Das Vöglein" / „Die Beschwörung". J. Ostendorff, Baß; R. Palmer, Klavier. Leonarda Productions, New York
„Potessi diventare" / „Moriro" / „Chanson de l'infante" / „Evocation" / „Mazurka L'oiselet". In: „Una voce poco fa", Komponistinnen der Primadonnen-Ära. Patricia Adkins Chiti, Mezzo; Paolo Chiti, Klavier. Italien, Kicco Records
Songs: „Madrid" / „Sérénade" / „Havanaise" / „Bonjour mon cœur" / „Grands oiseaux" / „La petite chevrière" / „L'enfant et la mère" / „Désepoir" / „Adieu les beaux jours" / „Scène d'Hemione" / „Seize ans" / „La danse" / „L'oiselet" / „Aime-moi" / „La Calandrina" / „L'espoir". Karin Ott, Sopran; Christoph Keller, Klavier. Georgsmarienhütte, cpo Records

> *„Die Viardot hat mir die spanischen Lieder, die sie letztes Jahr komponierte, vorgesungen ....ich liebe sie sehr und zweifle, ob man etwas Perfekteres in diesem Genre hören oder träumen kann."*
>
> Frédéric Chopin,
> in: Danielle Roster „Allein mit meiner Musik", Echternach, Phi 1995

Vieu, Jane (Jeanne Elisabeth Marie) (Pseudonym: Pierre Valett) (1871-1955)

Sie schrieb Bühnenwerke, zahlreiche große Orchesterwerke, Kammermusik, Klaviermusik und Lieder; ein Großteil ihrer Werke wurde bei Enoch und Ricordi, Paris, verlegt, und doch ist uns bis heute nur wenig über ihr Leben bekannt. Jane Vieu, geboren im Jahre 1871 in Paris, war als Komponistin sehr erfolgreich. Ihre Operette „Arlette" wurde sogar im Théâtre Royal in Brüssel uraufgeführt (1904); ihre Klavierübungen „Dix leçons de solfège" wurden im Pariser Konservatorium als Unterrichtsliteratur verwendet und sind dem Komponisten und Freund der Boulanger-Familie, Gabriel Fauré, gewidmet. Jane Vieu, wie sie sich nannte, schrieb über 100 Werke. Ein Maurice Vieu – sehr wahrscheinlich ihr Mann – veröffentlichte viele ihrer Werke im Verlag Maurice und Jane Vieu, Paris. Eines ihrer Pseudonyme war Pierre Valette, was darauf schließen läßt, daß sie sich über mangelnde Akzeptanz ihrer Werke aus der Feder einer Komponistin gänzlich im klaren war. Sie lebte in der gleichen Zeit in Paris wie Lili und Nadia Boulanger, doch scheinen sich ihre Wege kaum musikalisch gekreuzt zu haben. Die Komponistin verstarb am 8. April 1955 in Paris.

KLAVIERMUSIK

„Images en musique", 10 einfache Stücke für Klavier zu vier Händen, Paris, Vieu
„Andalouse", Habanera, Paris, Enoch
„Andalouse, mélodie imitative", Paris, Enoch
Caprice, Paris, Enoch
„Défilé du cortège de la raison", Paris, Enoch
„Ensorceleuse", valse, Paris, Hachette
„Leçon de danse", Menuett, Paris, Vieu
„Libellules", Scherzo, Paris, Enoch
„Magicienne", air de ballet, Paris, Enoch
„Menuet du lys" Paris, Enoch
„Menuet de la princesse", Paris, Enoch
„Menuet royal", Paris, Vieu
„Minuetto", Paris, Ricordi
„Nocturne en la bemol", Paris, Ricordi
„Pompadour", Paris, Enoch
„Sieste, souvenir de Séville", Paris, Enoch
„Suite espagnole", Paris, Enoch
„Tendrement, valse", Paris, Hachette

KAMMERMUSIK

„Minuetto" für Streichquartett und Klavier, Paris, Ricordi
„Amoroso intermezzo" für Violine und Klavier (auch Mandoline und Klavier), Paris, Enoch
„Au coin de feu" für Violine und Klavier (auch für Chor), Paris, Hachette
„Castillante", Konzertwalzer für Mandoline und Klavier (auch nur Klavier), Paris, Enoch
„Lever de l'aurore", air de ballet für Violine und Klavier, Paris, Vieu
„Marche des alguazils" für Mandoline und Klavier, Paris, Enoch
„Seduction, valse chantée" für Violine und Klavier (auch nur Klavier), Paris, Ricordi
„Sérénade d'aldin", langsamer Walzer für Violine und Klavier (auch nur Klavier), Paris, Ricordi
„Vaines tendresses" für Cello und Klavier, Paris, Ricordi
„Valse des rousses" für Violine und Klavier (auch nur Klavier), Paris, Ricordi

ORCHESTERMUSIK

„Colombine", air de ballet für Klavier und Orchester, Paris, Enoch
„Griserie de caresse", valse chantée für Klavier und Orchester / auch für Stimme / Klavier solo, Paris, Ricordi
„Ivresse et parfums", Walzer für Klavier und Orchester (auch nur Klavier), Paris, Enoch
„Marquise Bergers, chanson Louis XV" für Klavier und Orchester (auch nur Klavier), Paris, Ricordi
„Morceaux détachées: Le tableau" für Klavier und Orchester
„Contredanse" für Klavier und Orchester
„Nymphes et papillons" für Klavier und Orchester, Paris, Enoch
„Tarantelle" für Klavier und Orchester (auch Klavier solo / Harfe), Paris, Ricordi

„Valse des merveilleuses", Auszug aus „Divertissement des merveilleuses" für Orchester (auch für Klavier solo)

VOKALMUSIK

„Ange de rêve", Duo, Paris, Ricordi
„Au bord du grand chemin", für Sopran/Tenor
Lieder für Singstimme und Klavier, darunter:
„Après le bal", Paris, Hachette
„Avril chante", Paris, Ricordi
„Les deux baises, rondenas espagnoles", Paris, Enoch
Barcarolle, Paris, Ricordi
„Carillons blancs", Paris, Enoch
„Celle qui passe", Paris, Enoch
„Celle qu'on rêve", Paris, Ricordi
„Chanson brève", Paris, Enoch
„Chanson d'automne", Paris, Ricordi
„Chanson de la bergère", Paris, Heugel
„Chanson douce", Paris, Gross
„Chanson du matin", Paris, Ricordi
„Chanson du soir", Paris, Hachette
„Vers le rêve", Paris, Enoch
„Chanson fleurie, chanson Louis XV", Paris, Ricordi
„Chant de berger", Paris, Hachette
„Chansons les roses", Paris, Schott Söhne
„Charite", Paris, Enoch
„Chevalier printemps", valse chantée, Paris, Vieu

BÜHNENMUSIK

„Aladin, féerie chantée", 15 Szenen, Paris, Enoch
„La Belle au Bois dormant", féerie illustrée für Violine und Klavier (auch Klavier solo), Paris, Enoch
„Madame Tallien" (Libretto: Theresia Cabarus), historisches Stück in fünf Akten und acht Szenen
„Arlette", Operette
„Piège d'Amour", Operette
„Au Bal de Flore", Ballett-Pantomime für Klavier und Orchester / auch für andere Instrumente

Vito-Delvaux, Berthe di
(* 1915)

Auch sie ist eine der Komponistinnen, die den berühmten Rom-Preis gewonnen haben (ebenso wie ihre belgische Kollegin Jacqueline Fontyn). Berthe di Vito-Delvaux wurde am 17. Mai 1915 in Liège, Belgien geboren und kam aus einer Organisten-Familie. Ihr Musikstudium begann sie am Königlichen Konservatorium in Liège, wo sie Klavier, Kontrapunkt, Harmonielehre und Fuge belegte, ihr Examen mit Auszeichnung machte sowie einen ersten Kompositionspreis gewann. Dann wechselte sie zum Konservatorium nach Brüssel und kam zu Leon Jongen. Im Jahre 1943 gewann sie mit ihrer Kantate „La navigation d'Ulysse" für Soli, Chor und Orchester den Rompreis. Zwanzig Jahre danach erhielt sie den Prix Modeste Gretry sowie einige Stipendien des Belgischen Kultusministeriums. Die Association des Arts (Frankreich) verlieh ihr zwei Goldmedaillen, und schließlich gewann sie den ersten Kompositionspreis im Wettbewerb der „Mélodies Les Arts en Europe" (1965) und den Prix du Salon für ihre Sonatinen. Sie gehört zu den wenigen belgischen Komponistinnen, die über die Landesgrenzen hinaus bekannt sind. Ihr Werkverzeichnis ist sehr umfangreich: rund 20 große Orchesterwerke, Kammermusik, eine Vielzahl an Liedern und Chorstücken sowie Bühnenmusik. Ihre Verlage sind CeBeDeM, Schott, Tyssen und Brogneaux, Brüssel.

KLAVIERMUSIK

Sonata op. 7 (1939)
Burlesque op. 18 (1941)
„Trois pièces" op. 17: En voyage; Pochade; Tambour (1941)
Sonata op. 60 (1953)
„Variations sur la chanson populaire 'Le long de la route de Hasselt'" (1954)
„Entrata et rondo" op. 64 (1954)
„Fantaisie sur un air populaire" op. 69; „Zeg kwezelken wilde dij danson" für Klavier zu vier Händen (1954)
Suite op. 63 (1954)
„Trois mouvements" op. 99 für zwei Klaviere (1964)
Variationen op. 96 (1965)
Sonatine Nr. 1 op. 102 (1965)
Sonatine Nr. 2 in F-dur op. 108 (1966)
Sonatine Nr. 3 in F-dur op. 110 (1966)
„Danse du faune et bacchanale" op. 119 (1968)
„Festi dei bimbi" op. 119, Stücke für Anfänger (1968)
„Solfège à deux clés" op. 118 (1968)
Toccatina op. 129 Nr. 1 (1971)

KAMMERMUSIK

„Prélude et finale" für Fagott und Klavier (1941)
Suite op. 14 für Klarinette und Klavier (1941)
Suite op. 15 für Fagott und Klavier (1941)
Suite op. 16 für Violine (1941)
„Jeux d'enfants" op. 19 für Saxophonquartett (1942)
Suite op. 23 für Saxophonquartett (1943)
Divertissement op. 26 für Klarinette und Klavier (1943)

Suite op. 35 für Streichquartett (1947)
Trio op. 44 für Oboe, Klarinette und Fagott (1949)
Trio serenade op. 43b für Violine, Cello und Klavier (1949)
Concertino op. 50 für Posaune und Klavier (1952)
„Eclogue" op. 51 für Flöte und Klavier (1952)
„Suite pour quintette" op. 59 für Streichquartett und Klavier (1953)
Sonatine op. 61 für Klarinette und Klavier (1953)
Suite op. 62 für Streichquartett und Flöte (1954)
Adagio op. 68 für Cello und Klavier (1954)
Sonatina op. 76 für Violine und Klavier (1957)
Sonate op. 81 für Violine und Klavier (1959)
„Entrata e rondo" op. 90 für Violine und Klavier (1963)
Quintett op. 101 für Holzbläser (1965)
Holzbläserquintett op. 112 (1966)
„Trevoga" (Angst) op. 128, Konzertstück für Oboe und Klavier (1971)
„Histoires pour guitare" op. 139 (1979), Schott
„Sons d'Ovifat" für vier Trompeten, vier Posaunen, Tuba und Violinen (1981)
„Les feux de la nuit" für Schlagzeug und Klavier (1981)

ORCHESTERMUSIK

Scherzo op. 8 (1939)
„Xenia-Ouvertüre" op. 9 (1939)
„Images d'Espagne" op. 13 (1941)
Fünf Stücke op. 27 für Flöte und Orchester (1943)
„Improvisation et finale" op. 30 für Klavier und Orchester (1946)
„Folletti" op. 33 (1946)
„Ouverture dramatique" op. 32 (1946)
Capriccio op. 43a für Violine und Kammerorchester (1949)
„Fantaisie sur un air populaire" op. 47 (1951)
„Trois airs à danser" op. 48 für Kammerorchester (für Klavier op. 49) (1951)
„La Malibran" op. 56, Suite (1952)
„Eclogue" op. 52 für Flöte und Kammerorchester (1952)
„Variations sur la chanson flamande" op. 78 („Te Hasselt lang de baan") für Streichorchester (1957)
„Concerto de Noël" op. 91 für Violine und Orchester (1963)
Concerto Nr. 1 op. 93 (1963)
„Polichinelle mélodie" op. 104 für Orchester/Klavier (1965)
Barcarolle op. 97 für Flöte und Streichorchester (1965)
Concerto Nr. 2 für Horn und Streichorchester (1965)
„Esquisse mythologique" op. 114 für kleines Orchester/Klavier (1966)
„Concerto pour piano" op. 120 (1969)
„Neilovim" (unfaßbar) op. 123 für Trompete und Orchester (1970)
„Variations sur un vieux cramignon" op. 132

VOKALMUSIK

„Six mélodies" für Gesang und Klavier op. 1 und op. 2 (1938)
„Il était une fois" für zwei Frauenstimmen op. 4 (1938)
„Tovle Mozan" op. 5 für Stimme und Klavier (1939)
„Les étoiles" op. 21 für Gesang und Klavier (1943)
„Extases" op. 25, sechs Liebeslieder (Text: N. de Sart) (1943)
Andante und Scherzo op. 28 für Alt und Klavier (1943)
„Chanson médiéval" op. 39 (1949)
„Pluie dans la nuit" op. 40 (1949)
„Source enchantée" op. 41 (1949)
„Silence" für Gesang und Klavier op. 42 (1949)
„L'amour vainqueur" op. 46 (1951)
„Chanson d'ami" op. 54 (1952)
„Solitude" op. 57 (Text: Voillier) (1952)
„Instant" op. 58 (1952)
„Deux chansons tristes" op. 64 (1952)
„Souvenir" op. 53 für Gesang und Klavier (1953)
Sonate op. 60 für Alt und Klavier (1953)
„Trois satires" op. 65 (Text: F. Bodson) (1954)
„Vœux à l'aimée" op. 84 (1959)
„Nuage gris, nuage bleu" op. 80 (1959)
„Rupture" op. 89 (Text: B. Boisée) (1961)
„Nostalgia" op. 11 (Text: Carème) (1966)
„Solitude" op. 127 (Text: R. Bonvosini) (1971)
„Vocalise" op. 124 für hohe Stimme und Klavier (1971)
Melodies op. 131 (1972)
„Quinze chansons enfantines" op. 130 (1972)

CHORMUSIK

„Elle gardait" op. 3 für zwei Frauenstimmen (Text: G. Vicaire) (1938)
„Il était une fois" op. 4 (Text: J. Adalbert) für zwei Frauenstimmen (1938)
„Héro et Léandre" (Text: Felix Bodson) op. 11, Kantate (1940)
„L'enfant prodigue" op. 10, Kantate (Text: Liebrecht) (1940)
„Psaume" op. 12 für Soli, Chor und großes Orchester (1941)
„La navigation d'Ulysse" op. 20, Kantate für Soli, Chor und Orchester (1943)
„Chanson" op. 28 Nr. 2 (Text: Bilitis von P. Louÿs) für zwei Frauenstimmen (1943)
„Hymne au travail" op. 31 für Männerstimmen a

cappella (1946)
„Les sapins chantent" op. 36 für Blockflöte, Chor und Orchester (1948)
„La légende de la flûte magique" op. 38 für Erzähler, Kinderchor, Flöte und Kammerorchester (1949)
„Petite chanson d'automne" op. 53 für gemischten Chor (1952)
„Demain" op. 75 für Frauenstimmen (1956)
„Vieille chanson" op. 88 für Männerchor a cappella (1961)
„La chamelle à marier" op. 103, Melodie für Singstimme und Klavier (1965)
„La lanterne magique" op. 107 für gemischten Chor a cappella (1965)
„Le critique" op. 116 (Text: Paul Valery) für Singstimme und Frauenchor (1968)
„Noël" op. 121 für Frauenchor (1968-69)
„Sur la route de Cricquebœuf" op. 126 für gemischten Chor (1971)
„Gethsemani" op. 133, Oratorium (Text: S. Berthe) für Tenor, Chor und Orchester (1973)
„Pommier" op. 126 für Männerchor (1976)
„Quatre chœurs" für Chor a cappella (1979)
„Messe des Disciples" für Männerchor (1979), Brüssel, CeBeDem
„Salve Regina" für vier Kinderstimmen und Orgel (1981)

BÜHNENMUSIK

„Amours païennes" op. 24, Ballett (N. de Sart) für Soli, Chor und Orchester (1943)
„La Malibran" op. 29 (N. de Sart) (1946)
„L'Amant Timide" op. 34, Theatermusik (Tirso de Molina, bearbeitet von F. Maret) für Orchester (1949)
„Les Amants de Sestos" op. 37, Tragödie in drei Szenen (Text: F. Bodson) (1949)
„Abigail", op. 45, Oper in vier Akten (Jean de Sart)
„La Leçon" op. 55, komische Oper in einem Akt für Kinder (1952)
„L'Ambitieux puni" op. 72, Ballett in einem Akt (1955)
„Le prisonnier" op. 71, Ballett in einem Akt (1955)
„Nouvel acte Abigail" op. 74, Oper (1956)
„Le semeur du mal" op. 77, Ballett in zwei Akten für Chor (1957)
„Sous le chapiteau" op. 83, 12 Zirkusszenen (1957)
„Un jour de vacances" op. 73, Ballett in einem Akt (1957)
„Spoutnik" op. 82 (Text: C. Morraye), Oper (1959)
„Pourquoi?" op. 85, Ballett in zwei Akten und vier Bildern (A. Bordaloue)
„Magda, l'ange dans les ténèbres" op. 87, Opernballett in vier Akten (J. de Sart) (1961)

„La Palette", Triptychon op. 95 (N. Eermans), Oper (1964)
„Et les cancans..." op. 113, Ballett für Holzbläserquintett (1966)
„Maribel" op. 115, komische Oper in vier Akten (Nestor Eermans) (1967)
„Monsieur Gretry", Oper in vier Akten (1979)

Vorlowa, Slava
(Johnowa, Miroslawa)
(1894-1973)

Die tschechische Komponistin Slava Vorlowa wurde am 15. März 1894 in Nachod, Tschechoslowakei, geboren. Sie begann mit ihrem Studium am Wiener Konservatorium und nahm Privatstunden bei Vitezslav Novak (Komposition) und Vaclav Stephan (Klavier). Ihr Staatsexamen absolvierte sie 1918, war als Komponistin jedoch in jener Zeit nicht produktiv. Erst nach 1933 begann sie ernsthaft zu komponieren, und es entstand ihr Streichquartett op. 1. Danach studierte sie bei Frantisek Maxian (Klavier) und Jaroslav Ridky (Komposition) am Prager Konservatorium und schloß die Meisterklasse 1948 ab. Ihr Examensstück war ihre große Sinfonie des gleichen Jahres. Nach dem tragischen Tod ihres Mannes, der beim Aufstand der Prager am Tag der deutschen Kapitulation (8. Mai 1945) von der SS erschossen wurde, widmete sie sich ganz dem Komponieren. Sie wurde Mitglied des Tschechischen Komponistenverbandes; ihre Kantate „Kleines Land" wurde 1946 preisgekrönt, und für ihren „Rundfunk-Ruf" erhielt sie 1948 einen Preis des tschechischen Informations-Ministeriums. Viele der von ihr vertonten Lieder sind auf eigene Texte verfaßt. Mit großem Erfolg wurden ihre „Tschechischen Tänze für Orchester" (1953) und die „8 Bilder" für Orchester in Prag aufgeführt. Auch in der ehemaligen DDR kamen einige ihrer Werke durch die erfolgreichen Bemühungen von Karl Fritz Bernhard (Suhl / Thüringen) zur Aufführung. Zwischen 1950 und 1960 entstanden ihre bekanntesten Bühnenwerke auf Libretti von V. H. Roklan. Slava Vorlowa starb als eine der populärsten tschechischen Komponistinnen am 24. August 1973 in Prag. Der Tschechische Musikfonds, Prag, verfügt über alle ihre Werke, von denen einige auch bei Supraphon und Panton veröffentlicht wurden.

KLAVIERMUSIK

Farbige Noten op. 9 (1944)
„Charaden" für zwei Klaviere op. 32 (1953)
„Fröhliche Intervalle" für Klavier vierhändig op. 54 (1961)

KAMMERMUSIK

Streichquartett op. 5 (1939)
Nonett F-dur op. 10 (1944)
Fünf Bagatellen für Cello und Klavier op. 15 (1947)
„Melancholisches Wiegenlied und Tanz" für Violine und Klavier op. 16 (1947)
„Melodische Variationen" für Streichquartett op. 22 (1950)
„Fantasie über ein tschechisches Volkslied" für Bratsche solo op. 33 (1953)
„Pantomimes" für Harfe op. 47 (1959)
Miniaturen für Baßklarinette und Klavier op. 55 (1962)
Serenade für Oboe und Harfe op. 57 (1962)
Miniaturen für Baßklarinette oder Fagott und Klavier op. 58 (1962)
„Dessins tetraharpes" für vier Harfen op. 60 (1963)
„Sonata lirica da tre" für Violine, Bratsche und Gitarre op. 62 (1964)
„Drôleries basclarinettiques" für Baßklarinette op. 63 (1964)
„Il Fauno danzante" für Baßklarinete solo op. 66 (1965)
Variationen über ein Thema von Händel für Baßklarinette und Klavier op. 68 (1965)
„6 pro 5" für Blechbläserquintett op. 71 (1967)
„Colloquii" op. 82 für vier Flöten (1969)
„Efemeridy" op. 83 für Zimbel (1969)
„Imanence" op. 88 für Flöte, Baßklarinette, Klavier und Schlagzeug (1971)
Werke für den Musikunterricht

ORCHESTERMUSIK

Fantasie für Cello und Orchester op. 6 (1940)
Sinfonie für großes Orchester op. 18 (1948)
„Bozena Nemcova", Suite in acht Bildern op. 24 (1951)
„Pastoralkonzert" für Oboe und Orchester op. 28 (1952)
Konzert für Trompete und Orchester op. 31 (1953)
Drei tschechische Tänze op. 29 (1953)
„Memento", Sinfonie op. 43 (1957)
„Tänze aus Doudleby" op. 38 (1954)
Slowakisches Konzert für Bratsche und Orchester op. 53 (1954)
Konzert für Klarinette und Orchester op. 41 (1957)
„Thüringer Tänze" op. 44 (1957)
Konzert für Flöte und Orchester op. 48 (1959)
„Die Försterfrau", melodramatisches Triptychon op. 38 (1960)
„Kybernetische Studien" op. 56 (1962)
Konzert für Baßklarinette und Streicher op. 50 (1961)
Doppelkonzert für Oboe und Harfe mit Orchester op. 59 (1963)
„Dedikation" für Orchester op. 64 (1965)
„Bhukhar" (Fiebervögel) op. 67 (1965)
Kammerkonzert für Kontrabaß und Streicher op. 74 (1968)
„Korrelationen" für Baßklarinette, Klavier und Streicher op. 75 (1968)
„Polarisation" für Orchester op. 84 (1970)
„Emergence" op. 92 für Violine und Orchester (1973)

VOKALMUSIK

„Von der Liebe" (eigene Texte), Lieder für mittlere Stimme und Klavier op. 17 (1947)
„Wehmut" (Text: Olga Scheinpflugova), Liederzyklus für mittlere Stimme und Klavier op. 13 (1948)
„Tango cantabile" op. 23 für Stimme und Orchester (1951)
Zigeunerlieder (Volkspoesie) für Bariton und Klavier op. 53 (1961)
„Ungekämmte Gedanken" für Bariton und Klavier op. 70 (1967)
„Der Ring der Madonna aus Trebon" für Tenor und Klavier op. 72 (1967)
„Prospects" op. 90 für Stimmen und Orchester (1971)

CHORMUSIK

„Das kleine Land" (eigene Texte), Kantate für gemischten Chor und Orchester op. 7 (1942)
„Weiße Wolken" (eigene Texte), für Frauenchöre mit Orchester op. 8 (1943)
„Äsop", für Frauenchöre a cappella op. 12 (1945)
„Gondwanas Gesänge" (Text: V. H. Roklan), sinfonisches Epos für Soli, gemischten Chor und Orchester op. 19 (1949)
„The dear little moon" für Frauenchor mit Klavier op. 39 (1955)
„The Gift of Song" für Frauenchor a cappella op. 40 (1956)
„Wir Menschen des 20. Jahrhunderts" (Text: V. H. Roklan), sinfonische Ode für Kinderchor und gemischten Chor mit Orchester op. 46 (1960)
„Magellan des Weltalls" (Text: V. H. Roklan), Oratorium für Soli, Kinderchor, gemischten Chor und Orchester op. 49 (1960)
„Weißes Requiem" für vierstimmigen gemischten Chor op. 80 (1961)

BÜHNENMUSIK

„Das goldene Vöglein", Märchenoper in sechs Bildern op. 27 (1950)
„Rosmarinchen", volkstümliches Singspiel in vier Akten op. 30 (1953)
„Nachoder Kassation", historisches Singspiel in vier Akten op. 37 (1955)
„Model kinetic", Ballettmusik op. 69 (1968)

BIBLIOGRAPHIE

Pensdorfowa, E.: In memory of a brave woman, Slava Vorlowa. In: Mitteilungen des Tschechischen Musikfonds, Prag 1973
Roklan, V. H.: Konfese Slava Vorlowa. In: Opus musicum, 1973
Serycj, A.: Slava Vorlova, Prag 1995

Waring, Kate
(* 1953)

Seit acht Jahren organisiert sie im Auftrag der Amerikanischen Botschaft die American Music Week in rheinischen Metropolen. Kate Waring, geboren am 22. April 1953 in Alexandria, Lousiana, USA. Sie begann ihre musikalische Ausbildung bei Everett Timm an der Louisiana State University mit einem Flötenstudium, belegte dann Komposition bei Dinos Constantinides, machte 1977 ihr Examen und lehrte dann an der Memphis State University in Tennessee. Im Jahre 1978 ging sie nach Europa, lebt seit 1981 in Deutschland und promovierte 1984 an der Pariser Sorbonne. Ihre Lehrer waren dort Iannis Xenakis, Michel Guiomar und M. Christol. Seit 1987 führt sie – vor allem in Bonn – die Amerikanischen Musikwochen durch und hat sich dafür mit unendlicher Geduld ein Stammpublikum geschaffen. Sie stellte ein eigenes Festival-Ensemble zusammen, das unter ihrer Leitung arbeitet. 1995 berief die Stadt Unna, Westfalen, sie zur künstlerischen Leiterin des Internationalen Komponistinnen-Wettbewerbs, der alle zwei Jahre durchgeführt wird. Ihre eigene Tätigkeit als Komponistin hat sie nie neben der organisatorischen Arbeit zurückgestellt. Ihr vielfältiges Werkverzeichnis umfaßt vor allem Kammermusik in den verschiedensten Besetzungen – darunter zahlreiche Auftragswerke – aber auch ein vielbeachtetes Oratorium nach Texten nordamerikanischer Indianer, das 1993 in Bonn uraufgeführt wurde. Ihr Musical „ABC America Before Columbus" spiegelte ihre persönliche Aufarbeitung im Kolumbus-Jahr 1992 wider. Kate Waring lebt und arbeitet in Königswinter am Rhein.

CEMBALO- / KLAVIERMUSIK

Orgelstück (1974)
„Fanfares, Gigues et Montres" für Klavier (1979)
„Acteon", Ballett, Transkription für zwei Klaviere (1983)
Drei Stücke für Cembalo (1985)
„Tocatto Mandrake" für Klavier solo (1989)
„Tocatto Belladonna" für Klavier solo (1990)
„The witch of En-Dor" für Orgel solo (1993)

KAMMERMUSIK

Trio für Flöte, Cello und Klavier (1974)
„Coocoo's Cadenza" für Flöte allein (1975)
„Quodlibet" für Flöte, Violine und Klavier (1975)
Streichtrio (1975)
„Concoction" für Flöte, Horn, Violine, Cello und Harfe (1975)
„2 x 6 = 12" für zwei Gitarren (1976)
Sonate für Cello solo (1976)
Erste Sonatine für Klarinette und Klavier (1976) (auch für Flöte und Klavier)
„Coryza" für Oboe, Englischhorn und Fagott (1976)
Sonate für Violine, Cello und Klavier (1976)
„Pièce Elastique" für drei bis neun Instrumente (1976)
„Melodies begotten and dismembered" für zwei Flöten, zwei Posaunen, Streichquartett und Schlagzeug (1977)
Konzertstück für Cello und Holzbläserquintett (1977)
„Antiphontasia" für Klarinette, Fagott, Trompete, Cello, (akustische) Gitarre, E-Gitarre, Schlagzeug, Celesta und Orgel (1977)
„Elegy" für Holzbläserquintett (1978)
Variationen für zwei Violinen (1978)
„Alapana" für Flöte, Cello und Klavier (1978)
„Psalmance" für Alflöte, Sopransaxophon, Gitarre und Schlagzeug (1978)
Scherzo für Flöte, Horn und Kontrabaß (1978)
„Canon" für zwei Flöten (1978)
„Labyrinthes" für Klarinette und Fagott (1979)
„Ballade" für Orff-Instrumente (1981)
Variationen für Flöte und Cembalo (1984)
„Ulterior Motives", Transkription für Saxophonquartett, Blechbläserquartett und Streicher (1984)
„Elegie, in memoriam Alfred Loewenguth" für Streichquartett (1984)
„Oceania" für Flöte, Viola, Harfe oder Klavier (1984)
„Tannenbaum Variationen" für Flöte (1984)

„Plainte" für Altsaxophon, Klavier oder Orgel (1985)
„Tristesse du Roi" für Altflöte, Sopran-Saxophon, Gitarre. Schlagzeug (1985)
„Assemblages II" für Flöte, Klarinette, Oboe, Trompete, Posaune, Violine, Cello, Schlagzeug (1985)
„Variations on a well-known theme" für Harfe und Cembalo (1986)
Fünf Miniaturen „Flora" für Flöte und Harfe (1987)
„On a snowy day" für Gitarre solo (1987)
Variationen für Violine und Klavier (1989)
„From the diary of Columbus" für Hornquartett (1992)
„The Labyrinth of Daedalus" für Oboe und Klavier (auch für Sopran-Saxophon und Klavier) (1992)
„The four Seasons" für Streichquartett (1993)
Stück für Cello und Klavier (1994)

ORCHESTERMUSIK

„Piece of Lavender" für großes Orchester (1975)
„Acteon", Ballett in drei Akten für großes Orchester (1982)
„Ulterior Motives" für zwei antiphone Saxophonquartette und Streichorchester (1984) (auch für Saxophonquartett, Blechbläserquartett und Streichorchester)
„Chant BACHique" für Saxophonquartett, Streichorchester (1985)

VOKALMUSIK

„A minor bird" (Text: R. Frost) für Sopran und Flöte (1976)
„Assemblage I" für Sopran, Flöte, Posaune, Schlagzeug, Klavier (1977)
„The Longfellow Songs" (Text: W. Wadsworth Longfellow) für Baß und Klavier (1981)
„Vocalise" für Sopran, Streichorchester (1984)
„Le Sylphe" für Sopran, Flöte, Cello und Klavier (1986)
„Entrance to the Earth" für Bariton, Klavier/ Schlagzeug (1986)
„Worte sind niemals nur Worte" (Text: H. J. Dotterweich) für Sopran und Klavier (1989)
„Cover the Earth" für Sprecher, hohe Stimme, Alt-Flöte, Schlagzeug (1990)
„Salzburger Synchronism" für Rapper mit Instrument und Tonband (1992)
„Remember the earth whose skin you are", Oratorio of the 'Native American' für drei Frauenstimmen, Flöte, Klarinette, Violine, Viola, Cello, Kontrabaß, Schlagzeug (1993)
„Entrance to the earth" für Mezzo, Flöte, Klarinette, Klavier / Schlagzeug (1994)

CHORMUSIK

Psalm 117 für vierstimmigen gemischten Chor und zwei Trompeten (1977)
„A Skat Choral" für vierstimmigen gemischten Chor (1983)

BÜHNENMUSIK

„Rapunzel" (Libretto: R. Gollnick), Kammeroper nach den Gebrüdern Grimm (1987-88)
„A-B-C, America before Columbus", Musical (1991-92)

BIBLIOGRAPHIE

Fontani, Robert: Musik für Herz und Seele. Kate Waring, eine Amerikanerin am Rhein. In: Fermate, Köln 1995

DISKOGRAPHIE

„Alapana" für Flöte, Cello und Klavier (mit Louise Farrenc, Lili Boulanger, M. de Manziarly, S. Gubaidulina: Flötenmusik). Meininger Trio. Bietigheim, Bayer Records

Warren, Elinor Remick (1900-1991)

Wenige aus dem Kreis der amerikanischen Komponistinnen dieses Jahrhunderts (außer Amy Mercy Beach) haben mehr Vokalmusik geschrieben als Elinor Remick Warren. Allein rund 90 Lieder aus ihrem reichen Schaffen sind veröffentlicht; zahlreiche davon sind auf Schallplatten eingespielt. Die Komponistin wurde am 23. Februar 1900 in Los Angeles geboren. Am Mills College begann sie ihr Musikstudium, ging dann nach New York und kam zu Frank LaForge und Clarence Dickinson, bei Leopold Godowsky und Arnold Schoenberg war sie in Los Angeles in der Meisterklasse und verließ dann die USA, um Privatunterricht bei Nadia Boulanger in Paris zu nehmen (1959). Seit den 20er Jahren sind ihre Lieder vielfach gefragt und gedruckt. Bekannte Musiker wie Florence Easton, Lawrence Tibbett, Lucrezia Bori oder Margarete Matzenauer haben sie aufgeführt. Jedoch war Elinor Remick Warren nicht nur Lied-Komponistin; ihre pianistische Ausbildung erlaubte ihr, auch eigene Klavierwerke aufzuführen, und sie trat mit bekannten amerikanischen Orchestern, wie dem Hollywood Bowl Orchestra oder dem Los Angeles Philharmonic Orchestra auf. Als Komponistin erhielt sie zahlreiche Preise und Ehrungen, darunter mehrere ASCAP Awards, den Ehrendoktortitel des Occidental College in Los Angeles; 1955 wurde sie „Woman of the Year". Beim ersten Los Angeles Music Festival wurde sie zusammen mit Igor Strawinsky und Walter Piston als Komponistin ausgezeichnet; 1961 gewann Elinor Remick Warren beim Komponistinnen-Wettbewerb der GEDOK in Mannheim den 1. Preis („Abram in Egypt"), 1976 erhielt sie das NEA Stipendium (National Endowment for the Arts). Berühmte Dirigenten wie Pierre Monteux, John Barbirolli oder Wilfried Pelletier brachten ihre Orchesterwerke zur Aufführung. Die Komponistin starb am 27. April 1991 in ihrer Heimatstadt Los Angeles.

ORGEL- / KLAVIERMUSIK
„Frolic of the Elves" (1924)
„The Fountain" (1933)
„Poem" (1946)
„Sea rhapsody" (1946)
„Dark hills" (1947)
Thema für Carillon (Orgel-Glockenspiel) (1958)
„Processional March" für Orgel (1967)
„The Lake at evening" (1988)

KAMMERMUSIK
Quintett für Holzbläser (1936)
Poem für Viola und Klavier (1948)

ORCHESTERMUSIK
Scherzo für Orchester (1938) (auch Fassung für Klavier)
„The Fountain" für Orchester (auch für Klavier) (1938)
Intermezzo für Orchester (1939)
„The Crystal Lake" für Orchester (1946)
„Along the Western Shore", drei Skizzen für Orchester (1954)
„Theme for the Hollywood Bowl" (1959)
„Symphony in 1 movement" (1970)
Suite für Orchester, New York, Fischer

VOKALMUSIK
Zahlreiche Lieder für Singstimme und Klavier, darunter:
„A song of June" (Text: B. Charman) (1918)
„The heart of the rose" (Text: A. Noyes) (1922)
„White horses of the Sea" (Text: H. Henry) (1923)
„I have seen dawn" (Text: J. Masefield) (1924)
„Dreams" (Text: B. Fenner) (1927)
„Lady Lo Fu" (Text: Wood) für Stimme, Flöte, Klarinette und Klavier (1927)
„Silent Noon" (Text: Rossetti) (1928)
„By a fireside" (Text: T. Jones) (1934)
„Sweetgrass range" (Text: Piper) (1934)
„Wander shoes" (Text: Crew) (1936)
„Snow towards evening" (Text: M. Cane) (1937)
„The nights remember" (Text. H. Vinal) (1937)
„Christmas have forgotten" für Stimme, Flöte, Klarinette und Klavier (1940)
„King Arthur's Farewell" für Bariton, Klavier oder Orchester (1941)
„Heather" (Text: Wilkinson) (1943)
„We two" (Text: Walt Whitman) (1946)
„Singing earth" (Text: C. Sandburg) für Sopran und Klavier/Orchester (1950)
„Sonnets" (Text: E. St. Millay) für Sopran und Streicher (1954)
„For you with love" (Text. L. Untermeyer) (1967)
„Selected Songs" (collection), New York, Carl Fischer

CHORMUSIK
„The harp weaver" für Frauenchor und Orchester/Harfe/Klavier (1932)
„Merry go round" für Frauenchor und Klavier (1934)
„The fountain" für Frauenchor und Klavier (1937)
„The legend of King Arthur" für Tenor, Bariton, Chor, Orchester (1939)
„The Sleeping Beauty" für Sopran, Bariton, Baß-Bariton, Chor und Orchester (1941)
„To my native land" für Chor und Orchester (1942)
„Transcontinental" (Text: Sullivan) für Bariton, Chor und Orchester (1958)
„Abram in Egypt" für Bariton, Chor und Orchester (1959)
„The night will never stay" (Text: E. Farjeon) für Frauenchor und Klavier (1964)
„Requiem" für Sopran, Chor und Orchester (1965)
„A joyful song of praise" für Chor und Orgel (1966)
„My heart is ready" für Chor und Orgel (1967)
„Hymn of the City" (Text: Bryant) für Chor, Orgel/Orchester (1970)
„Night rider" (Text: Stevenson) für Chor und Klavier (1975)
„Good morning, America" (Text. C. Sandburg) für Sprecher, Chor und Orchester (1976)
„Songs for young voices" für Frauenchor und Klavier (1976)
„White iris" (Text: Carman) für Frauenchor und Klavier (1979)
„Praises and prayers" für Orgel, Chor und Blechbläser (1981)
„Not welcome, summer" für Chor, Kammerorchester/Klavier (1984)
„On the echoing green" (Text: W. Blake) für Chor und Kammerorchester/Klavier (1985)

BIBLIOGRAPHIE

Goodland, E.: Composer Elinor Remick Warren brings musical honors to the city of her birth. In: Los Angeles Times, 1953

Ammer, C.: Unsung, a history of women in American music. Westport 1980

LePage, J. W.: Women Composers, Conductors and Musicians of the 20th Century. Scarecrow, London 1983

Finger, S. P.: Women Composers in Los Angeles. Uni California, Los Angeles 1986

Bortin, V.: Elinor Remick Warren, her life and her music. Metuchen, New Jersey 1987 / in: ILWC Journal 1992

Bortin, V.: Bio-bibliography in music. Elinor Remick Warren. Westport 1992

DISKOGRAPHIE

„Abram in Egypt". Roger Wagner Chorale, London Philharmonic Orchestra; R. Lewis, Bariton / Suite für Orchester. Oslo Philharmonic Orchestra, Ltg. William Strickland. New York, Composers Recording

„Anne Perrillo sings songs by Elinor Warren and others". Plymouth Records

„Art songs by Elinor Remick Warren". Marie Gibson, Sopran; Elinor Remick Warren, Klavier; Catherine Smith, Flöte. Lomita, Cambria Records

„Singing Earth". Thomas Hampson, Bariton; Polnisches Radio-Orchester; Chor Krakau, Ltg. B. Ferden. Lomita, Cambria Records

„Requiem". M. Sandel, Mezzosopran; R. Ciesla, Bariton; Polnisches Radio-Orchester; Chor Krakau, Ltg. S. Kawalla. Lomita, Cambria Records

Weir, Judith
(* 1954)

Die Komponistin hat - wie auch ihre große Vorgängerin Ethel Smyth und die schottische Zeitgenossin Thea Musgrave - mit Erfog das Vorurteil beseitigt, daß Frauen keine dramatischen Stoffe verarbeiten können. Judith Weirs bekannteste Kompositionen sind Opern und Bühnenwerke, wovon die meisten Auftragswerke sind. Geboren wurde Judith Weir am 11. Mai 1954 in Cambridge, England. Ihr Musikstudium begann sie schon in der Schulzeit als Kompositionsschülerin von John Tavener. Am Massachusetts Institute of Technology, USA, wurde sie danach von Barry Vercoe in den Bereich der Computermusik eingeführt. Schließlich studierte sie Komposition am Kings College bei Robin Holloway (1973-76). Aus der Zeit stammt ihr erstes größeres Orchesterwerk „Where the shining trumpets blow", das auch aufgeführt wurde. 1975 erhielt Judith Weir einen Preis der Koussevitzky Foundation, der ihr das Studium bei Gunther Schuller und Olivier Messiaen in Tanglewood erlaubte. Nach ihrem Studium ging sie als Dozentin an die Glasgow University und lehrte dort von 1979 bis 1982; später auch am Trinity College in Cambridge. Als Composer in residence kehrte sie nach Glasgow zurück, wo sie an der Scottish Academy of Music unterrichtete. Seit 1992 lebt Judith Weir in London. Ihre Werkliste ist beachtlich, und große Theater ihres Landes bringen ihre Opern auf die Bühne. 1995 war sie als einzige weibliche Tonschöpferin an der großen Requiem-Gesamt-Komposition von 16 zeitgenössischen Komponisten beteiligt, die im Auftrag des deutschen Dirigenten Helmuth Rilling und der Bach-Akademie Stuttgart zum 50. Jahrestag des Kriegsendes ein Chorwerk ablieferten (Uraufführung: Stuttgart, 1995).

ORGEL- / KLAVIERMUSIK

„An mein Klavier" (1980), London, Novello

„Wild mossy mountains" für Orgel (1982), London, Novello

„The art of touching the keyboard" für Klavier (1983), London, Novello

„Ettrick Banks" für Orgel (1985), London, Novello

„Michael's Strathspey" für Klavier/Orgel (1985)

„Ardnamurchan Point" für zwei Klaviere (1990)

„Roll off the Ragged Rocks on Sin" für Klavier (1992)

KAMMERMUSIK

„Harmony and invention" für Harfe

„Out of the air" für Holzbläserquintett (1975), London, Novello

„Several Concertos" für Flöte, Viola, Piccoloflöte, Cello und Klavier (1980), London, Novello

„Music for 247 strings" für Violine und Klavier (1981), London, Novello

„Spij dobrze" (Pleasant Dreams) für Kontrabaß und Tonband (1983), London, Novello

„Sketches from a bagpipers album" für B-Klarinette und Klavier (1984), London, Novello

„A Serbian Cabaret" für Klavierquartett (1984)

„The bagpipers string trio" für Violine, Viola und Cello (1985), London, Novello
„Airs from another planet" für sechs Spieler (1986), London, Novello
„Gentle violence" für Piccoloflöte und Gitarre (1987), London, Novello
„Sederunt principes" für Kammerensemble (1987), London, Chester
„Mountain airs" für Flöte, Oboe, Klarinette (1988), London, Chester
„Distance and enchantment" für Violine, Viola, Cello und Klavier (1989), London, Chester
Streichquartett (1990), London, Chester
„I broke off a golden branch" für Violine, Viola, Cello, Kontrabaß, Klavier (1991)
„El rey de Francia" für Violine, Viola, Cello und Klavier (1993)

ORCHESTERMUSIK

„Where the shining trumpets blow" für Orchester (1973)
„Isti mirant stella" für Orchester (1981), London, Novello
Ballade für Bariton und Streicher (1981), London, Novello
„The ride over the lake Constance" (1984), London, Novello
Variationen über „Sumer is icumen in" für Orchester (1987), London, Novello
„Heroische Bogenstriche" für Orchester (1992)
„Music Untangled" (1992)

VOKALMUSIK

„Blackbird song" für Bariton, Flöte, Oboe, Violine und Cello (1977), London, Novello
„Hans the Hedgehog" für Sprecher, zwei Oboen, Fagott und Cembalo (1978), London, Novello
„Scotch minstrelsy" für Sopran/Tenor und Klavier (1982), London, Novello
„The consolation of scholarship" für Sopran und neun Spieler (1985), London, Novello
„Lovers, Learners and Libations, Scenes from 13th Century French Life" für Mezzo, Tenor, Bariton, Blockflöte, Viole und Harfe (1987), London, Chester
„Songs from the exotic" für Mezzosopran und Klavier (1987)
„A Spanish Liederbooklet" für Sopran und Klavier (1988), London, Chester
„Don't let that horse" für Sopran und Horn (1990)
„Ox mountain was covered by trees" für Sopran, Contratenor und Bariton (1990)
„On buying a horse" für mitttlere Stimme und Klavier (1991)
„The Alps" (Text: E. Dickinson) für Sopran, Klarinette und Viola (1992)
„Broken branches" für Sopran, Klavier und Kontrabaß (1992)
„The Romance of Count Arnaldos" für Sopran, zwei Klarinetten, Viola, Cello, Kontrabaß, London, Chester

CHORMUSIK

„Ascending into heaven" für Sopran, Alt, Tenor, Baß und Orgel (1983), London, Novello
„Illuminaire, Jerusalem" für Sopran, Alt; Tenor, Baß und Orgel (1985), London, Novello
„Missa del Cid" für SAAATTTBBB (1988), London, Chester

BÜHNENMUSIK

„Hans the Hedgehog" nach den Gebrüdern Grimm, Bühnenmusik (1978)
„King Harald's saga" (Snorri Sturluson), Mini-Oper in drei Aufzügen und Epilog (1979), London, Novello
„Thread" (Weir) für Sprecher und acht Spieler (1981)
„The black spider", Oper in drei Akten (1984), London, Novello
„The consolation of scholarship", Musikdrama (1985)
„A night at the Chinese opera", Oper in drei Akten (1987), London, Novello
„Heaven Ablaze in his breast", Opern-Ballett nach E. T. A. Hoffmann (1989), London, Chester
„Scipio's Dream" nach P. Metastasio (1989)
„Combattimento II" nach T. Tasso (1992)
„The gift of the Gorgon", Bühnenmusik (1992)
„The small moments in life", Happening mit M. Duncan (1992)
„The Skriker", Bühnenmusik nach C. Churchill (1993)
„The Vanishing Bridgegroom", Oper in drei Akten nach schottischen Märchen (1990)
„Blond Egbert", Oper in zwei Akten nach J. L. Tieck (1994), London, Chester

BIBLIOGRAPHIE

Weir, Judith: A Note on a Chinese Opera. In: Musical Times, 1987
Chester Music brochure: An interview with Judith Weir, London 1988
Kenyon, N.: An eye for music. In: The Observer, 1988
Judith Weir, in: Sunday Times: London 1990
Wright, D.: Weir to Now. In: Musical Times, 1993
Jay, C.: The vocal music of Judith Weir. University of Oxford, 1993
English National Opera: Blond Egbert, Programm zur Oper, London 1994
Driver, P.: The Ring of Wagner (Judith Weir's Blond Egbert), London, Sunday Times 1994
Porter, A.: Knight bold, green, and lost in a dream (Judith Weir's Blond Egbert). In: The Observer, 1994

DISKOGRAPHIE

„Blond Egbert", Oper in zwei Akten. Mitschnitt der Uraufführung der English National Opera London, 1994. Nerys Jones, Anne-Marie Owens, Christopher Ventris, Nicolas Folwell, Chor und Orchester der English National Opera, Ltg. Sian Edwards. London, Collins Classics 1994

White, Maude Valerie
(1855-1937)

Zu den englischen Liedkomponistinnen, deren Vokalwerke häufig gesungen werden, gehört Valerie Maude White. Sie wurde am 23. Juni 1855 in Dieppe, Frankreich, geboren. Ihr erstes Musikstudium (Harmonielehre und Komposition) absolvierte sie bei W. S. Rockstro in Torquay und bei Oliver May in London. Von 1876 bis 1879 war sie Studentin der Royal Academy of Music und studierte bei G. A. MacFarren. Als erste Frau erhielt sie 1879 das Mendelssohn Stipendium, mußte es aber aus gesundheitlichen Gründen ablehnen. 1881 ging sie nach Süd-Amerika, kehrte dann nach London zurück, um weiter bei MacFarren und F. Davenport zu studieren. Im Jahre 1883 verließ sie London und ging nach Wien, um bei Robert Fuchs weiterzustudieren. Nach ihrem Examen reiste sie durch viele Länder Europas und komponierte vorwiegend Lieder für Gesang und Klavier, von denen sie mehr als 200 schrieb. Zahlreiche Werke wurden bei renommierten Verlagen wie Boosey & Hawkes oder Ricordi gedruckt. Neben ihrer Kompositionstätigkeit widmete sie sich dem Sprachstudium und übersetzte zahlreiche Texte und Bücher ins Englische. Auch ihre Autobiographien („Friends and Memories", London 1914, und „My Indian Summer", London 1932) zeigen ein lebendiges Geschichtsbild ihrer Zeit und erinnern an die autobiographischen Werke von Ethel Smyth (s. Ethel Smyth). Valerie Maude White, als Schöpferin spätromantischer Lieder in die englische Musikgeschichte eingegangen, starb am 2. November 1937 in London.

KLAVIERMUSIK

Rondo scherzando für Klavier, London 1879
„8 South American Airs" für Klavier-Duett, London 1882
Scherzetto für Klavier-Duett, London 1883
„4 Sketches" für Klavier, London 1886
„Danse fantastique", Mailand 1888
„Pictures from abroad" für Klavier, London, Ashdown 1892
Barcarolle für Klavier, London 1893
„Waltz and Gavotte, little picture of School Life" für Klavier, London 1899
Allegro giocoso, London, Lukas

KAMMERMUSIK

„Naissance d'amour" für Cello und Klavier, London 1893
Werke für Violine und Klavier
Werke für Cello und Klavier

VOKALMUSIK

Rund 200 Lieder, darunter:
„16 German Songs" nach Texten von Heinrich Heine, J. W. von Goethe, F. Bodenstedt, K. Siebel, J. Sturm, J. Kerner, E. Tegner für Gesang und Klavier, London 1885
Sechs Volkslieder nach deutschen Texten für Gesang und Klavier, London 1893
„3 chansons tziganes" nach russischen Texten für Gesang und Klavier, London 1913
„Du bist wie eine Blume" (Text: Heinrich Heine) für Stimme und Klavier (auch Fassung für fünf Stimmen)
„4 Songs from Tennyson's 'In memoriam'" für Gesang und Klavier, London 1885
Einzellieder für Singstimme und Klavier, darunter:
„Canzone di Taormina"
„Crabbed age and youth"
„A faithful heart", London, Boosey & Hawkes
„A farewell song", London, Ricordi
„How do I love thee" / „In memoriam" / „John Anderson" / „King Charles" / „Ophelia's Song" / „Risposta" / „Romanza" / „The bonny curl" / „Absent yet present" /„A song of the Sahara", London, Ricordi
„To Althea from prison" / „To Mary" / „Prière"/ „Among the roses" etc.

CHORMUSIK

Messe für gemischten Chor
„Du bist wie eine Blume" (Text: Heinrich Heine) für fünf Stimmen und Klavier
„Agnus Dei" für gemischten Chor und Orchester (1879)
„Lead kindly light" für Chor
„Ave Maria" für gemischten Chor

BÜHNENMUSIK

„Figlia della dora", Oper (1886)
„The Enchanted Heart", Ballett (1913)
„The captured butterfly", Ballett

„Smaranda", Oper
„Jocelyn", Oper
Verschiedene Bühnenmusiken

DISKOGRAPHIE

„The throstle" aus „Tennysons Songs" (1885) für Gesang und Klavier. Susanne Metzer, Mezzosopran; Kimberly Schmidt, Klavier. In: Women at an exposition (Chicago 1893). München, Koch Records

Whitehead, Gillian
(* 1941)

Von maorischen Vorfahren abstammend und in einer idyllischen Landschaft Neuseelands (Whangarei) aufwachsend, begann sie sehr früh zu komponieren. Gillian Whitehead wurde am 23. April 1941 in Hamilton in eine musikalische Familie hineingeboren. Die Mutter war Pianistin, der Vater Musiklehrer. Von 1959 bis 1962 studiert Gillian Whitehead bei Ronald Tremain an der University of Auckland. Bis 1964 setzt sie ihr Musikstudium an der Victoria University in Wellington fort. Anschließend studiert sie bis 1966 weiter Komposition bei Peter Sculthorpe an der University of Sydney. Gleichzeitig nimmt sie an einem Fernstudium über musikalische Analyse und Komposition bei Peter Maxwell Davies in Adelaide teil. 1967 geht Gillian Whitehead nach England und studiert dort weiter. 1991 erhält ihr Streichquartett den 1. Preis beim Kammermusik-Wettbewerb in Neuseeland. Von 1978 bis 1980 ist sie die erste Composer-in-Residence des Northern Arts in Newcastle. 1979 erhält sie den Preis der Performance Rights Association für ihr Werk „Tristan and Iseult". Weiter ist sie u.a. Preisträgerin des Queen Elizabeth II Arts Council und des Vaughan Williams Trust. Neben ihrer kompositorischen Arbeit lehrt Gillian Whitehead seit 1981 am Sydney Conservatory of Music Komposition.

KLAVIERMUSIK

„Fantasia on three notes" für Klavier solo (1966), Wai-te-ata Press
„La cadenza sia corta" für Klavier (1974), Wellington, Price Milburn 1977
„Voices of tane", sieben Klavierstücke für Kinder (1976), Wellington, Price Milburn 1977
„Tamatea Tutahi" für Klavier (1980)
„Lullaby for Matthew" (1981)
Fünf Bagatellen für Klavier (1986)

KAMMERMUSIK

Aria, sieben Stücke für Cello solo (1969)
„Te Ahua, Te Atarangi", Streichquartett (1970)
Klaviertrio (1972)
„Music for Christmas" für Flöte, Klarintte, Violine, Cello, Kontrabaß, Gitarre, Klavier/Cembalo und Marimba (1972)
Trio für Cembalo, Violine und Cello (1974)
„Moonstone" für Viola und Klavier (1976)
„Ricercare" für Viola solo (1976)
„The children of Rangi" für Flöte, Oboe, Klarinette in B, Klarintte, Fagott, Horn, Trompete, Posaune, Klavier, Schlagzeug, zwei Violinen, Viola; Cello und Kontrabaß (1977)
„At night the garden was full of voices" für vier Blockflöten (1977), Wellington, Milburn
„For Timothy", Prélude und zwei Stücke für Gitarre (1977)
„One" für zwei Flöten, Oboe, Klarinette in B, Fagott, Trompete, Violine, Viola, Cello und Kontrabaß (1979)
„Okuru" für Violine und Klavier (1979)
„Antiphons" für Bläserensemble (drei Trompeten, zwei Hörner, drei Posaunen und Tuba) (1980)
„Ahotu" für Flöte, Posaune, Cello, Schlagzeug, zwei Klaviere/Celesta/Cembalo (1984)
„Manutaki" für Flöte, Klarinette, Violine, Viola, Cello und Klavier (1985)
„Windstreams" für Schlagzeug (1985)
„Solo" für Schlagzeug (1985)
„Napier's Bones" für 24 Schlagzeuger und Jazz-Klavierimprovisation (1989)
„Angels Born", Streichquartett (1990)
„Moon, Tides and Shoreline", Streichquartett (1990)
Toccata für Harfe solo (1991)

ORCHESTERMUSIK

„Punctus Solis" für Orchester und vier Sprecher (1971)
„Te Tangi a apakura" für Streichorchester (1975)
Sinfonia für Orchester (1976)
„Tirea" für Oboe, Violine, Cello, Cembalo und Streichorchester (1978)
„Hoata" für Kammerorchester (1979)
„Resurgences" für Orchester (1989)

VOKALMUSIK

„Pakuru" für Flöte, Klarinette, Viola, Cello, Harfen, Schlagzeug und Sopran (1967)
„Whakatau-ki" für Männerstimme und Kammer-

ensemble (1970)
„Three Songs" für Sopran, Bläser, Gitarre und Kontrabaß (1972)
„Marduk" für Sopran und Kammerensemble (1973)
„Riddles 3" für Sopran, Flöte, Gitarre, Marimba und Cembalo (1974)
„Wulf" für Flöte, Klarinette, Violine, Cello, Klavier, Schlagzeug und Frauensprechstimme (1976)
„Riddles 2", auf fünf Gedichte von Bill Manhire für Sopran und Klavier (1977)
„Bright Forms Return" (Text: Kathleen Raine) für Mezzosopran und Streichquartett (1980)
„Hotspur" (Text: Fleur Adcock) für Sopran und Instrumentensemble (1980)
„Pao" (Maori-Gedichte) für Sopran, Klarinette und Klavier (1981)
„Eleanor of Aquitaine" für Mezzosopran und Instrumentenensemble (1982)
„Out of this Nettle, Danger" (Text: Kath. Mansfield) für Mezzosopran und Instrumentalensemble (1983)
„These Isles your dream" (Text: Raine) für Mezzosopran, Viola und Klavier (1983)
„Awa Herea" für Sopran und Klavier (1993)

CHORMUSIK

Missa brevis für vierstimmigen gemischten Chor a cappella (1963)
„Qui natus est" für vierstimmigen gemischten Chor (1966), Wellington, Price Milburn
„Riddles 1", auf 3 Gedichte von Bill Manhire für Frauenchor und Harfe (1973)
„5 Songs of Hildegard von Bingen" für vierstimmigen gemischten Chor a cappella (1976)
„The inner Harbour" (Text: F. Adcock) für vierstimmigen gemischten Chor, Kammerorchester und Schlagzeug (1979)
„Low Tide" (Text: Cilla McQueen) für großen vierstimmigen gemischten Chor, Mezzosopran, drei Trompeten, zwei Posaunen und Pauke (1982)
„The Virgin and the Nightingale", auf fünf Gedichte von Adcock für Sopran, Mezzosopran, Kontraalt, Tenor, Bariton/Baß, Chor/Sextett (1986)
„Moments" für vierstimmigen gemischten Chor a cappella (1993)

BÜHNENMUSIK

„Tristan and Iseult", Kammeroper (Libretto: Malcolm Crowthers, Michael Hill) (1975)
„The Tinker's Curse" (Text: J. Aiken), Kinderoper (1979)
Requiem für Tänzer, Mezzosopran und Orgel (1981)
„The King of the other Country" (Text: Fleur Adcock), Kammeroper (1984)
„The Pirate Moon" (Text: Anna Maria dell'Oso), Kammeroper (1986)
„Bride of Fortune" (Text: A. M. dell'Oso), Kammeroper in drei Akten (1988)
„Angel's Born at the Speed of Light" (Text: Cilla McQueen), Choreographie B. Judge (1992)

BIBLIOGRAPHIE

Southgate, W.: Tristan and Iseult. In: Islands, 1978
LePage, J. W.: Gillean Whitehead. In: Women Composers, Conductors and Musicians of the 20th Century. Scarecrow, London 1988
Kerr, E.: Gillian Whitehead talks to Music in New Zealand. In: Music in New Zealand, 1989
Thomson, J. M.: Biographical Dictionnary of New Zealand Composers. Wellington 1990

DISKOGRAPHIE

„Fantasia on three notes". Tessa Birnie, Klavier. KIWI / Pacific Records / New Zealand
„La Cadenza Sia Corta". Bruce Greenfield, Klavier. KIWI / Pacific Records / New Zealand
Missa Brevis. Doriah Singers. KIWI / Pacific Records, New Zealand
„Whakatau-ki" für Stimme und Instrumentalensemble. Leslie Fyson und Ensemble, Ltg. William Southgate. Price Milburn Records
„Qui natus est", University of Auckland Choir. KIWI/ Pacific Records, New Zealand
Weitere Tonaufnahmen über: Helen Lewis, Woollahra 2025, Australia

Wieniawska, Irene Regine (Pseudonym: Poldowski) (1880-1932)

Lange Jahre dauerte es, bis die Musikwissenschaft herausfand, daß sich hinter dem Pseudonym Poldowski eine Frau verbarg: Irene Regine Wieniawska. Sie wurde am 16. Mai 1880 in Brüssel geboren und war die Tochter des berühmten polnischen Geigers und Komponisten Henryk Wieniawski und Isabelle Hampton, der Nichte des Komponisten George A. Osborne. Die Musikerin begann ihre Laufbahn als Studentin des Brüsseler Konservatoriums bei F. A. Gevaert (Komposition) und Stork (Klavier). In London setzte sie ihr Studium fort bei Percy Pitt und Michael Hambourg und in Paris bei André Gédalge. Dann wechselte sie an die Pariser Schola Cantorum und kam zu Vincent d'Indy in die Komponistenklasse. Nach ihrem Studium heiratete die Komponistin einen englischen

Adeligen und lebte fortan in London, wo die meisten ihrer Kammermusikwerke vom Chester-Verlag herausgegeben wurden. Ihr großes Orchesterwerk „Nocturnes" hatte seine Uraufführung in der Queen's Hall in einem Promenadenkonzert des Jahres 1912. Die Komponistin, deren Lieder auf französische und englische Gedichte (vor allem Verlaine-Vertonungen) zu den interessantesten Kompositionen ihrer Zeit gehören, starb am 28. Januar 1932 in ihrer zweiten Heimat London.

KLAVIERMUSIK

„Wembley" für Klavier (1928)
Sonatine für Klavier (1928)
Etüde für Klavier (1928)
„L'heure exquise" für Klavier
„Caledonian Market", Suite für Klavier (1923)
„The hall of machinery" für Klavier

KAMMERMUSIK

Sonate d-moll für Violine und Klavier
Tango für Violine und Klavier
„Berceuse für ein sterbendes Kind" für Violine und Klavier
„Suite miniature de chansons à danser" für Holzbläser, zwei Flöten, Oboe d'amore, Horn, Englischhorn, Klarinette und Baßklarinette

ORCHESTERMUSIK

„Pat Melone's wake" für Klavier und Orchester
Nocturne, symphonische Dichtung für Orchester
„Tenements", symphonische Dichtung für Orchester

VOKALMUSIK

Zwei Lieder für Gesang und Klavier auf Blake-Texte
Sechs Lieder für Gesang und Klavier auf französische Texte
„Cortège" für Gesang und Klavier, Paris, Roeder
„Trois mélodies" für Gesang und Klavier, Paris, Durand 1911
21 Lieder für Gesang und Klavier, darunter:
„L'heure exquise" für Gesang und Klavier
„Dansons la gigue" für Gesang und Klavier
„Impression fausse" (Text: Verlaine) für Mezzosopran und Klavier
„Soir" für Singstimme und Klavier, Oboe d'amore (1920)
„Narcisse" für Singstimme und Streichquartett (1927)

BÜHNENMUSIK

„Laugther", Operette

– Die nicht gekennzeichneten Werke wurden bei Chester, London, verlegt –

BIBLIOGRAPHIE

Miniature Essay, Biographie, Chester, London 1924
Brand, M. F.: Poldowski - her life and her song settings of French and English poetry, Oregon 1979

DISKOGRAPHIE

„Impression fausse". Mertine Johns, Mezzosopran; R. Rundle, Klavier. New York, Gemini Hall
Tango für Violine und Klavier. London, RCA

Wilhelmine Friederike Sophie von Bayreuth
(1709-1758)

Daß Bayreuth (Deutschland) Mitte des 18. Jahrhunderts zu einem kulturellen Mittelpunkt Europas wurde, ist fast ausschließlich ihr Verdienst. Wilhelmine, die ältere Tochter des Königs Friedrich Wilhelm I. von Preußen und der Prinzessin von Hannover, Sophie Dorothea, wurde am 3. Juli 1709 in Berlin geboren; sie war die Lieblingsschwester von Friedrich dem Großen und wurde streng nach den vergnügungsarmen, protestantischen Grundsätzen des Vaters erzogen. Im Gegensatz zu ihrem Bruder erhielt sie jedoch Musikunterricht (Gesang und Lautenspiel), und bereits mit 17 Jahren unterhielt Wilhelmine die Mutter mit Tanz und Klavierspiel. Nach dem mißglückten Fluchtversuch ihres Bruders aus der väterlichen Sphäre wurde auch Wilhelmine monatelang eingesperrt. Gegen ihren Willen erzwang der Vater ihre Heirat mit dem Erbprinzen von Bayreuth (1731). Sie fing in ihrem neuen Wirkungskreis sofort an, das musikalische Leben am Hof zu reorganisieren. Wilhelmine inszenierte musikalische Festlichkeiten und widmete sich dem Neubau der fürstlichen Oper; das prachtvolle Gebäude wurde 1748 fertiggestellt. 1733 holte Wilhelmine den Kappellmeister Johann Pfeiffer an ihren Hof; er wurde ihr Kompositionslehrer. 1740 schrieb sie die einzige uns überlieferte Oper „Argenore", die bis in die 50er Jahre dieses Jahrhunderts als verschollen galt (Libretto: Giovanni Andrea Galletti) und die stark autobiographische Züge trägt. Am Hof selbst hatte sie die besten Musiker ihrer Zeit versammelt: Franz Benda, Carl Heinrich und Johann Gottlieb Graun, Johann Joachim Quantz, Johann

Adolf Hasse und auch Carl Philipp Emanuel Bach. 1754 ließ sie die Oper „Il trionfo della fedelta" der Maria Antonia Walpurgis (s. Maria Antonia Walpurgis) am Hofe aufführen; 1775 holte sie Anna Bon di Venezia (s. Anna Bon di Venezia) nach Bayreuth. Die umfassend gebildete Markgräfin beschäftigte sich auch mit philosophischen Fragen, malte und dichtete. Sie schrieb noch am Libretto einer Oper „Semiramis" (nach Voltaire) und die Libretti zu den Opern „L'huomo" und „Amalthea". Ihr Cembalokonzert gehört heute noch zu den populärsten Barockmusik-Stücken in dieser Besetzung. Die Markgräfin starb am 14. Oktober 1758 in Bayreuth. Mit ihr war die Blütezeit des markgräflichen Opernhauses zu Ende.

> „Wir haben verschiedene Körper, aber nur eine Seele".
>
> Friedrich der Große über seine Schwester kurz vor ihrem Tod (1758)

ORCHESTERMUSIK

Konzert g-moll für Cembalo, rekonstruiert von W. Spilling für Cembalo, Flöte und Streichorchester. München, Leuckhart 1959 / Gräfelfing, Thomi-Berg

BÜHNENMUSIK

„Argenore", Trauerspiel, vorgestellt bey dem höchst erfreulichen Geburtstagsfest des durchlauchtigsten Fürsten und Herrn Friedrichs, Markgarafens zu Brandenburg in Preussen ..., Bayreuth 1740. Faksimile der kompletten Partitur in: Bauer, Hans-Joachim: Rokoko-Oper in Bayreuth: Argenore der Markgräfin Wilhelmine, Bayreuth, Laaber 1883
„Semiramis" in französischer Sprache (nach Voltaire), Libretto 1750
„L'huomo" (1754), Libretto
„Amalthea" (1756), Libretto

BIBLIOGRAPHIE

Memoiren der Königlichen Preussischen Prinzessin Friederike Sophie Wilhelmine Markgräfin von Bayreuth, Leipzig, Barsdorf 1899
Memoiren der Markgräfin Wilhelmine von Bayreuth, Schwester Friedrichs des Großen, Leipzig, Seume 1927
Thiel, H.: Wilhelmine von Bayreuth, Lieblingsschwester Friedrichs des Großen, Bayreuth, Ellwanger 1967
Walter, J.: Wilhelmine von Bayreuth, München, Nymphenburger 1981
Bauer, H. J.: Rokoko-Oper in Bayreuth, Bayreuth, Laaber 1983
Wilhelmine von Bayreuth. Eine preußische Königstochter, Frankfurt, Insel 1910 und 1990
Roster, Danielle: Wilhelmine von Bayreuth. In: Allein mit meiner Musik, Echternach, Phi, 1995

DISKOGRAPHIE

Cembalokonzert g-moll / Arien aus der Oper „Argenore". Lukas-Consort, Ltg. Viktor Lukas. Concerto Bayreuth

Wilkins, Caroline
(* 1953)

In drei Ländern hat sie ihre musikalische Ausbildung gehabt: in England, in Australien und in Deutschland. Caroline Wilkins, geboren 1953 in England, ist als Komponistin überall zu Hause. Sie begann ihre musikalische Laufbahn am Royal College of Music in London und studierte Musikwissenschaft und Klavier (Yu Chunyee). 1975 schloß sie mit dem Examen ab. Es folgte ein Studium der Eurythmie bei Elizabeth Vanderspar (1971-75), wobei sie Zusammenhänge zwischen Bewegung, Stimme und Musik erkundete; erste audio-visuelle Ansätze ihrer späteren Musik entstanden hier. Nach dem Eurythmie-Studium unterrichtete sie dieses Fach am Lehrerseminar in Kensington, London, und trat als Pianistin mit Ensembles Neuer Musik auf. Ihre erste Theaterproduktion machte Caroline Wilkins am Cockpit Theatre in London (1980) und wurde musikalische Beraterin in einem Theaterprojekt für junge Leute. Zusammen mit dem European Theatre of War tourte sie durch Großbritannien; danach arbeitete sie mit Dave Rappaport, Helen East, Robert Stredder und Mitgliedern der Cunning Stunts Theatergruppe zusammen. Im Jahre 1981 wanderte Caroline Wilkins nach Australien aus und ließ sich in Sydney nieder, war Gründungsmitglied des Ensembles The Weill Bunch, das vorwiegend Kabarettstücke aufführte und begann, mit mechanischen Instrumenten zu arbeiten. Sie lehrte als Gastdozentin am Sydney

Conservatory und arbeitete mit verschiedenen Theatergruppen zusammen. 1987 fand die Uraufführung ihres Werkes „Arien für 3 Sänger und Phonograph" statt. Ebenfalls 1987 bekam sie vom Australian Council den Kompositionsauftrag für ein Tanztheaterstück sowie ein Stipendium für ein Studium bei Maurizio Kagel in Köln. Im selben Jahr verließ sie Australien und lebt seither im Rheinland. Die Komponistin kann zahlreiche Aufführungen und Rundfunksendungen in Deutschhland, Australien, Holland, Norwegen usw. aufweisen; 1990 nahm sie an den Darmstädter Ferienkursen teil, 1991 wurden ihre Werke beim Rheinischen Musikfest in Köln aufgeführt, 1992 erhielt sie ein Stipendium für die Akademie Schloß Solitude in Stuttgart. Im gleichen Jahr errang sie den 1. Preis beim Kompositionswettbewerb des Frauenmusik-Forums in Bern, Schweiz.

ORGEL- / KLAVIERMUSIK
„Two pieces" für Klavier (1989)
„ppppp". Piece for player and piano-player (1990)
„Camera aeolia" für Orgel (1992)

KAMMERMUSIK
„Piece for old accordion" (1985)
„Physarmonia" für zwei Akkordeons (1985)
„Fusa for solo accordion/Bandoneon" (1989)
„Automatophone" für Instrumentalensemble (1991)
„The bird-organ is made of wood" für Flöte, Horn, Posaune, Harfe, Violine, Viola, Cello, Kontrabaß und Schlagzeug (1991)
„Vent" für Klarinette, Baßklarinette und Akkordeon (1992)

VOKALMUSIK
„Bels Dous Amics" für acht Frauenstimmen (1986)
„Loquela" für drei Frauenstimmen (1990)
„Pas" (Text: S. Hüttenbrink) für eine Sängerin (1993)
„Carte du Tendre", drei Gesänge für Sopran und Klavier (Text: Ch. Baudelaire) 1993
„For these my friends and yours" für vier Männerstimmen (1993/94)

MUSIK FÜR MECHANISCHE INSTRUMENTE / EXPERIMENTELLE MUSIK
„Music for mechanical instruments: Clock piece / Music box piece / piece for several mechanical instruments" (1986)
„Piece for accordion and phonograph" (1986)
„Arias for phonograph and singers" für Mezzo, Tenor und Bariton (1989)
„Dialogue of mechanical pianos" (1987)
„Reliable spirit for voice, mechanical instruments, harmonium" (1988)
„Piece for accordion and screens" (spanische Wände), Performance (1988)
„Piece for 17 tones - computer synthesizer" (1990), Köln, Thürmchen-Verlag
„Piece for player piano and piano player" (1990)
„Sprechmaschinen" für Posaune, Tonband und Video (1993)
„Theatri machinarum" (WDR) 1994

Partituren erhältlich über: Australian Music Centre, Sydney

BIBLIOGRAPHIE
Wilkins, Caroline: The Doll – Music Theatre Workshop. Sydney, NMA Publ. 1986
Caroline Wilkins in „22 Contemporary Australian Composers, Melbourne, NMA Publ. 1988
„Auf der Suche nach dem Eigenen. Anmerkungen zur Neuen Musik in Australien", in „Musikhandel", Bonn 1989
Wilkins, Caroline: Some observations on Australian experimental music in the 1980's. In: NMA Publ. Melbourne, 1989
„Instrumentum Magnum" in Contemporary Music Review, London 1995

DISKOGRAPHIE
„Physarmonica" für zwei Klaviere. Melbourne, NMA Records
„Piece for mechanical instruments". Melbourne, NMA Records
Arias for phonograph & singers. A. Teroriero, Chr. Bogg, Ian Cousins, Mixed Doubles. Melbourne, NMA Records
„Loquela", Zyklus für acht Frauenstimmen. Belcanto Ensemble Frankfurt. Melbourne, NMA Records
„Piece for accordion and screens". Melbourne, NMA Records

Williams, Grace Mary
(1906-1977)

Wer in den 40er und 50er Jahren den englischen Sender BBC einschaltete, hat unweigerlich Musiksendungen von Grace Williams gehört. Sie war im Schulfunk des Senders tätig; gleichzeitig hat sie sich als Komponistin von hervorragender Chormusik einen Namen gemacht. Grace Mary Williams, geboren am 19. Februar 1906 in Barry (Wales), Großbritannien, begann ihr Musikstudium an der Cardiff University ihres Landes und examinierte im Jahre 1926. Ihr Kompositionsstudium begann sie bei Ralph Vaughan Williams und Gordon Jacob am Royal College of Music in London. Bekannte Komponistinnen wie Imogen Holst oder Elizabeth Maconchy waren ihre Kommilitonen. 1930 ging sie mit einem Reisestipendium ausgestattet nach Wien, um bei Egon Wellesz weiter zu studieren. Nach ihrer Rückkehr nach England war sie Dozentin am Camden College und am Southern College of Education. Benjamin Britten, der ihr eine Assistentenstelle anbot, war mit ihr befreundet. In Wales ging Grace Mary Williams nach dem Zweiten Weltkrieg zum Sender BBC, der gleichzeitig einige Kompositionen bei ihr in Auftrag gab. Aufführungen hatte sie bei den Festivals von Llandaff, Cardiff und Swansea. Als Auszeichnungen erhielt sie u.a. den John Edwards Memorial Award. Sie war Vizepräsidentin der Walisischen Komponistenunion und hat sich zeitlebens für die Musik ihres Landes erfolgreich eingesetzt. Grace Mary Williams starb am 10. Februar 1977 in Barry.

KLAVIERMUSIK
Polnische Polkas (1945)
Drei Nocturnes für Klavier (1950)

ORCHESTERMUSIK
„Concert overture Hen Walia" (1930)
„Elegy" für Streichorchester (1936, überarbeitet 1940)
„Fantasie on Welsh nursery rhymes" (1940)
Sinfonia concertante für Klavier und Orchester (1941)
Sinfonie Nr. 1, „Symphonic Impressions" (1943)
„Owen Glendower", symphonische Impressionen nach Shakespeare's „Henry IV", 1. Teil (1943)
„Sea sketches" für Streichorchester (1944)
Violinkonzert (1950)
„The Dark Island", Suite für Streichorchester (1950)
„Penillion", Suite (1955)
Sinfonie Nr. 2 (1956)
„Processional" (1962)
„Castell Caernarton" (1962)
Trompetenkonzert (1963)
„Carillons" für Oboe und Orchester (1965)
„Ballads" (1968)

VOKALMUSIK
Arrangements von Volksliedern, inkl. „6 Welsh oxen songs" (1937)
„The song of Mary" für Sopran und Kammerensemble (1939)
„The marry minstrel" (nach Grimm) für Erzähler und Orchester (1949)
„6 poems of Gerard Manley Hopkins" für Alt und Streichsextett (1959)
„All seasons shall be sweet", Choralsuite für Sopran und Orchester (1959)
„Three songs of sleep" für Sopran, Altflöte und Harfe (1959)
„Four medieval Welsh poems" für Kontratenor, Harfe und Cembalo (1962)
„The ballad of the trail of Sodom" (Text: V. Watkins) für Sopran, Tenor und Trompete (1965)
„The billows of the sea", Gesangszyklus (1969)
„Fairest of stars" für Sopran und Orchester (1973)
„In convertando", Lied für Sopran und Kammerensemble
„Songs" auf Texte von Byron, Lawrence, Herrick
„Super plumina", Lied für Sopran und Kammerensemble

CHORMUSIK
„Mariner's song" (Text: Beddoes) für Chor und Orchester
„Hymn of praise" (Gogonedawg Arglwydd), Transkriptionen aus dem „Black Book of Carmarthen" aus dem 12 Jahrh. für Chor und Orchester (1939)
„The dancers", Choralsuite (Texte: Hillaire Belloc, u.a.) für Sopran, Frauenchor und Streicher (1951)
„Benedicite" für Jugendchor und Orchester (1964)
„Missa Cambrensis" für Soli, Chor und Orchester (1971)
„The Highland and the Lowlands" für Männerchor und Klavier (1972)
„Ave Maria Stella" für Chor uns Orchester (1973)
„Harp song of the Dane women" (Text: Kipling) für Chor und Orchester (1975)
Mariner's Song für vierstimmigen gemischten Chor, zwei Hörner und Harfe (1975)

BÜHNENMUSIK
„Blue Star", Bühnenmusik (1949)
„David", Bühnenmusik (1951)
„The Parlour", Oper in einem Akt nach Guy de Maupassant (1961)

BIBLIOGRAPHIE
Thomas, A. F. L.: Grace Williams. In: Musical Times, 1956
Thomas, A. F. L.: The Music of Grace Williams. In:

AngloWelsh Review, 1965
Williams, G. / Rees, A. J. H.: Views and Revisions. In: Welsh Music, 1976
Davies, E.: Grace Williams and the piano. In: Welsh Music, 1980
Boyd, M.: Benjamin Britten and Grace Williams: chronicle of a friendship. In: Welsh Music, 1980/81
Williams, Grace: A self portrait. In: Welsh Music, 1987
Davies, E.: A pianist note on Grace Williams Sinfonia Concertante. In: Welsh Music, 1989
Mitchel and Reed: Letters from a life - selected letters and diaries of Benjamin Britten, London 1991

DISKOGRAPHIE

„Carillons" für Oboe und Orchester / Trompetenkonzert / „Fantasie on Welsh nursery rhymes" / „Fairest of Stars". Oriel Records

„Penillion" für Orchester. Radio Philharmonic Orchestra. Oriel Records

Sinfonie Nr. 2 / „Ballads" für Orchester. The BBC Welsh Symphony Orchestra, Ltg. Vernon Handley. BBC Artium Records

Choral Suite / „Harp song of the Dane women" / „Ave Maria Stella" / „Six Gerard Manley Hopkins poems". E. Harrhy, Sopran; Helen Watts, Alt; Caryl Thomas, Harfe. City of London Sinfonia String Sextett. Lomita, Cambria Records

Williams, Mary Lou
(1910-1981)

Sie hat über 350 Jazz-Kompositionen geschrieben, und viele berühmte Kollegen spielten ihre Arrangements. Mary Lou Williams, die große schwarze amerikanische Pianistin und Komponistin, wurde am 8. Mai 1910 als Mary Elfrieda Scruggs in Atlanta, Georgia, USA, geboren. Das früh schon seine musikalische Begabung zeigende Kind war bereits in jungen Jahren häufig unterwegs, spielte Klavier, schrieb Arrangements, kannte sich in den Blues- und Jump-Rhythmen ihrer Zeit aus. Von 1929 bis 1940 spielte sie als Pianistin der Andy Kirk Band mit. Schon damals schrieb Mary Lou Williams Arrangements für Benny Goodman, Louis Armstrong, Duke Ellington, Bob Crosby, Dizzy Gillespie und andere. Auch in der Bebop-Phase war sie tonangebend und arbeitete mit Thelonius Monk und Bud Powell zusammen. 1946 führte man ihre Zodiac Suite in der Carnegie Hall auf. In den 50er Jahren zog sie sich von der Musikszene zurück, um sich ganz karitativen Aufgaben zu widmen. Das Newport Jazz Festival (1957) holte sie jedoch erfolgreich wieder zurück. Später war sie als Dozentin an der University of Massachusetts und an der Duke University (1975-1981) tätig, eröffnete einen eigenen Verlag und gründete die Mary Records, einen Plattenverlag, der vorwiegend schwarze Musiker unterstützte. In ihrer Musik verband sie erfolgreich Einflüsse des klassischen Jazz, der Spirituals und Gospels, Blues und Boogie-Woogie. Nach ihrem Übertritt zum katholischen Glauben gab der Vatikan bei ihr eine Messe in Auftrag (Mary Lou's Mass), die 1971 weltweit gesungen wurde. Mary Lou Williams erhielt zahlreiche Ehrungen und Titel, darunter etliche Doktorgrade amerikanischer Universitäten. Sie starb am 28. Mai 1981 in Durham.

KLAVIERMUSIK

„Five Piano solos" (1941)
„Six original Boogie Woogie piano solos" (1944)
„Nitelife", in: „Black Women Composers – a century of piano music" (1893-1990), Bryn Mawr, Hildegard Publ. 1992
Zahlreiche weitere Jazz-Kompositionen und -Arrangements

JAZZMUSIK

„Cloudy", Arrangement (1929)
„Corky Stomp", Arrangement (1929)
„Froggy bottom", Arrangement (1929)
„Messa Stomp", Arrangement (1929)
„Roll Em", Arrangement (1937)
„In the land of Oo-bla-dee", Bebop (1944)
„Zodiac Suite" für Jazz-Trio (1945)
„Trumpets No End", Arrangement 1946
„Waltz Boogie" (1946)
„A fungus Amungus" (1963)
„Blues for Peter" (1965)
„Medi I" für Klavier, Kontrabaß und Schlagzeug (1974)
„Medi II" für zwei Klaviere, Kontrabaß und Schlagzeug (1974)
„Play it Momma" für Klavier, Kontrabaß und Schlagzeug (1974)
„Praise the Lord" für Klavier, Kontrabaß und Schlagzeug (1974)

CHORMUSIK

„St. Martin de Porres", Hymn in honor of St. Martin Porres für SATTBB und Klavier (1962) (auch Version für Gesang und Jazz-Trio, 1965)
Messe für Chor und Klavier (1963)

„The Devil" für Chor und Klavier (1963)
„Mary Lou's Mass", Music for peace (1969) (auch mit Choreographie von A. Ailey) (1971)

BIBLIOGRAPHIE

Williams, M. Lou: My friends the kings of Jazz. In: Melody Maker, 1954

Jones: Mary Lou Williams - a life story. In: Melody Maker, 1954

Mary Lou Williams: Jazz Women – a feminist perspective, 1977

Handy, D.A.: Conversation with Mary Lou Williams, first lady of the Jazz keyboard. In: BPiM, 1980

Placksin: American Women in Jazz, New York, 1982 (in deutscher Sprache: Hannibal, Wien 1989)

McManus, J.: Women Jazz Composers and Arrangers. In: The Musical Woman, an international perspective, Westport 1984

McDonough, J.: Mary Lou Williams. In: Down Beat, 1990

Budds, M. J.: African-American Women in Blues and Jazz. In: Women and Music - a history. Bloomington 1991

Walker-Hill, H.: Piano Music by black women composers, a catalogue of solo and ensemble works. New York, 1992

DISKOGRAPHIE

Mary Lou Williams. First Lady of the Piano. Vogue, Frankreich und weitere Einspielungen im Label „Mary Records"

Woll, Erna
(* 1917)

Sie ist neben Felicitas Kukuck die produktivste Komponistin der deutschen Sakralmusik: Erna Woll, Komponistin und Musikpädagogin, wurde am 23. März 1917 in St. Ingbert, Saar, geboren. Von 1936 bis 1938 studierte sie Kirchenmusik am Evangelischen Kirchenmusik-Institut Heidelberg bei Haag, Poppen und Fortner. 1940 besuchte sie die Musikhochschule in München und bestand dort 1944 ihr Staatsexamen als Schulmusikerin; J. Haas und G. Geierhaas waren ihre Kompositionslehrer. Von 1946 bis 1948 setzte sie ihre Musikstudien an der Musikhochschule in Köln bei Zimmermann (Orgel) und Lemacher (Komposition) fort. Gleichzeitig belegte sie die Fächer Musikwissenschaft und Germanistik an den Universitäten München, Würzburg und Heidelberg. Von 1937 bis 1948 arbeitete Erna Woll als Organistin, Kantorin und Chorleiterin in Heidelberg, Rheinfelden, Speyer, München und Köln. Anschließend lehrte sie am Musischen Gymnasium Weißenborn und an der Pädagogischen Hochschule in Augsburg. 1968 wurde sie zur Honorarprofessorin der Universität Augsburg ernannt. Aus Gesundheitsgründen ließ sie sich 1972 in den Ruhestand versetzen. Seit 1950 schreibt sie vorwiegend geistliche und weltliche Chormusik. Ab 1968 veröffentlichte sie Bücher und Aufsätze über programmiertes Musiklernen. Für ihre Kompositionen erhielt Erna Woll neben anderen Auszeichnungen den Valentin-Becker-Preis, den Preis des Deutschen Allgemeinen Sängerbundes und den Preis des Neuen Kirchenliedes. Alle ihrer Werke sind gedruckt worden. Erna Woll lebt in Augsburg.

ORGELMUSIK

„Augsburger Orgelheft IV", Orgelmusik zum gottesdienstlichen Gebrauch in der Fasten- und Osterzeit, Augsburg, Böhm

Fünf Meditationen für Orgel, Leutkirchen, Pro Organo 1991

„Spurensuche", Skizzen für Klavier/Orgel/Cembalo (1991), Köln, Tonger (1992)

„Nachsinnen" auf Flöte und Orgel (1991), Augsburg, Böhm 1992

„Klangspuren" auf der Orgel mit Cantus-Texten, Augsburg, Böhm 1992

VOKALMUSIK

„Lieder der Liebe" für Mezzosopran und Tasteninstrument (1945), Köln, Tonger 1962

„Kinder fragen nach Maria", neue Marienlieder für Singstimme oder Instrumente und Klavier, München, Strube 1988

„Sola gratia", Zyklus für Bariton und kleines Orchester, München, Strube 1988

„Da ist wieder Flügelschlag", Liederzyklus für mittlere Stimme und Tasteninstrumente, Köln, Tonger 1989

„Und Maria", Zyklus für mittlere Stimme und Orgel (Text: Kurt Marti), München, Strube 1992

CHORMUSIK

„Erde, schönster Stern" für Frauenchor, Wolfenbüttel, Möseler

„Komm süßer Gast, o Musica" für gemischten Chor a cappella, Köln Tonger

Vier Motetten, Heidelberg, Süddeutscher Musikverlag

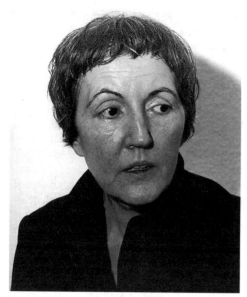

Erna Woll. Foto: Archiv

„Im Schatten deiner Flügel" / „Alle Zeit ist Gottes Zeit" für Solostimme und Chor, Boppard, Fidula
Messe in E für Frauenchor, Wolfenbüttel, Möseler 1956
„Und alles preist dich", Kantate für gemischte Stimmen, Streicher und Flöten, Wolfenbüttel, Möseler 1957
„Mohn, roter Mohn", Kantate für Frauenchor, Streichquartett und Flöten, Wolfenbüttel, Möseler
„Es kommt der Herr der Herrlichkeit" für Frauenchor, Blockflöten, Violinen und Cello, Wiesbaden, Erdmann 1958
„Maria im Advent", Kantate für Frauenchor und Instrumente, Wolfenbüttel, Möseler 1958
„Der Gänsehirt", drei Kanon-Kantaten für Stimme und Instrumente, Frankfurt, Schwan 1958
Lateinische Choralmesse für drei gemischte Stimmen und Orgel, Augsburg, Böhm & Sohn 1959
„Missa in nativitata" für gemischte Stimmen und Orgel, Augsburg, Böhm & Sohn 1960
„Laßt den Stern mich finden", Motettenzyklus für Frauenchor, Wolfenbüttel, Möseler 1960
„Zauber und Segen", Motettenzyklus für gemischte Stimmen, Wolfenbüttel, Möseler 1961
Messe für Kinder und Chor und Instrumente, Boppard, Fidula 1963
Deutsche Psalmen für gemischte Stimmen und Orgel, Freiburg, Christophorus 1963
„Zeit, o Verkündigung" Chorzyklus für gemischte Stimmen, Köln, Tonger 1963
„Die Apfelkantate", Düsseldorf, Schwann 1963
„Komm, Herr Jesu", Kantate für gemischte Stimmen, Bariton, Instrumente und Orgel, Hamburg, Sikorski 1965
„Wir loben dich", deutsche Ordinariums-Messe für Chor und Gemeinde, Freiburg, Christophorus 1966
„Kantate zur Heiligen Nacht" für gemischte Stimmen und Instrumente/Orgel, Stuttgart, Hänssler 1966
„Deutsches Requiem zum Gründonnerstag", Münster, Orbis 1966
„Deutsche Mitternachtsmesse zur Weihnacht" für gemischte Stimmen, Gemeindegesang, Orgel und Instrumente, Trier, Paulinus 1967
Requiem, deutsche Totenmesse für Frauenchor und Orgel, München, Uni-Druck 1967
„Eer aan God", holländische Messe für gemischte Stimmen, Chor, Gemeindegesang und Orgel, Amsterdam, Annie Bank 1967
„Alle Zeit ist Gottes Zeit", neue geistliche Lieder für gemischte Stimmen und Instrumente, Boppard, Fidula 1968
„Der Herr ist nah", Chor a cappella, Dülmen, Laumann 1969
Deutsches Weihnachtsevangelium für gemischte Stimmen und Orgel, Dülmen, Laumann 1970
„O Gott, wir suchen dich", Messe für junge Menschen für Gemeindegesang, Orgel, Instrumente und Chor ad libitum, Dülmen, Laumann 1970
„Tröstet die Finsternis" für gemischten Chor a cappella, Heidelberg, Süddeutscher Musikverlag 1972
„O faltet die Flügel" für gemischten Chor a cappella, Heidelberg, Süddeutscher Musikverlag 1972
„Lieder vom neuen Leben" (L. Zenetti) für Vorsänger, Chor, Orgel und Instrumente, Boppard, Fidula 1973
„Eine kleine Spanne Zeit" für zwei Frauenchöre, Köln, Tonger 1975
„Wer die Unendlichkeit liebt", Chorzyklus für gemischten Chor a cappella, Heidelberg, Süddeutscher Musikverlag 1976
„Ich bleibe der Verratene", Motette für gemischten Chor a cappella, Heidelberg, Süddeutscher Musikverlag 1976
„Ballade vom Clown" für drei gleiche Stimmen (Frauenchor), Wolfenbüttel, Möseler 1976
„Aus Ton gemacht", 20 Kinderlieder, Wolfenbüttel, Möseler1976
„Bausteine für den Gottesdienst" für Gemeindegesang, Chor und Orgel, Stuttgart, Hänssler 1977
„Eine Grenze haben sie gezogen" für vierstimmigen Chor, Wolfenbüttel, Möseler
„Requiem für Lebende" für gemischten Chor, Piccoloflöte, Oboe, Kontrabaß und Schlagzeug,

Wolfenbüttel, Möseler 1977
„Dies soll euch zum Zeichen sein", neue Weihnachtslieder für zwei gemischte Stimmen und Instrumente, Wolfenbüttel, Möseler 1979
„Psalm Triptychon" für gemischten Chor, Solo und Orgel, Heidelberg, Süddeutscher Musikverlag 1980
„Ich glaube, daß mich Gott geschaffen hat" für Gemeindegesang, Chor, Streicher, Instrumente und Tenor Solo, Wolfenbüttel, Möseler 1983
„Engelballade" für gemischte Stimmen, Wolfenbüttel, Möseler 1984
„Singen von Gott und seiner Welt", 70 neue Lieder, ein oder mehrstimmig mit Instrumenten, Donauwörth, Auer 1984
„Engelballade" für gemischten Stimmen, Wolfenbüttel, Möseler 1985
„Sing immer sing", Chorlieder für Frauenstimmen, Kassel, Furore 1987
„Zauberwünsche", Chorlieder für Männerstimmen, Kassel, Furore 1987
„Wohin ich immer reise", Chorzyklus für gemischte Stimmen, Kassel, Furore 1987
„Hab ein einzig Leben nur". Chorzyklus für gemischten Stimmen, Kassel, Furore 1987
„Frauen und Jesus". Biblische Skizzen für gemischte Stimmen. München, Strube 1990
„Den Vielgeliebten, den Niegelieben". Chorheft für Frauen. München, Strube 1991
„Lieder zur Zeit und Unzeit", 34 aktuelle Chorstücke für zwei bis sechs gleiche oder gemischte Stimmen. Locarno, Noetzel 1991
„Nun ist vorbei die finstre Nacht", Kantate für gleiche oder gemischte Stimmen, zwei Violinen, Cello, Flöte, München, Strube 1991
„Wie man singt und sagt", Chor-Rondelle für gleiche Stimmen, Kassel, Furore 1991
Auch ich bin gut, nämlich dir", Aphorismen für Frauenchor, München, Strube 1991

BIBLIOGRAPHIE

„Eine Frau, die Musik komponiert", in: Frau im Leben", Augsburg 11/1967
Woll, Erna: Hochprogrammiertes Musiklernen. Beiträge zur Schulmusik, Wolfenbüttel, Möseler 1970
Woll, Erna: Einführung in das Notenhören. Diesterweg, Frankfurt 1972
Woll, Erna: Praxis der programmierten Unterweisung im Musikunterricht. Diesterweg, Frankfurt 1972
„Sechzig Jahre und sehr weise", in: „Augsburger Allgemeine", Augsburg 4/1977
Woll, Erna: Singen von Gott und seiner Welt. Auer, Donauwörth 1984
Komponistinnen in Bayern, Band 12: Erna Woll, Tutzingen, Hans Schneider 1987

DISKOGRAPHIE

Messe für Kinder, Boppard, Fidulafon 1949
„Wir loben dich", deutsche Ordinariumsmesse. Freiburg, Christophorus
„Alle Zeit ist Gottes Zeit". The Church Singers, K. Berg. Boppard, Fidulafon
„Bibellieder für Kinder". Evangelische Singschule, Pforzheim, R. Schweizer. Fidulafon
„Dasein für einander". Vokal- und Instrumentalensemble, The Church Singers, K. Berg. Fidulafon
„Gott, wir suchen dich". The Church Singers, K. Berg. Laumann, Dülmen
„Es begab sich aber", Gesänge für Weihnachten. Kammerchor der Pädagogischen Hochschule, Köln, G. Speer. Laumann, Dülmen
„Feier des Advent". The Church Singers, K. Berg. Fidulafon
„Feier der Weihnacht". The Church Singers, K. Berg. Fidulafon
„Lieder vom neuen Leben". The Church Singers, K. Berg. Fidulafon
Vier Motetten (mit Werken von Gertrud von le Fort). Niederrheinischer Kammerchor, H. J. Roth. Verlag Maria Laach
„Süßes Saitenspiel" / Triptychon. Kammerchor der Volkshochschule Dülken, H. J. Roth. Camarata
Acht Weihnachtslieder. Wolfenbüttel, Möseler
„Augsburger Kyrie", in: Musik in Augsburg, Böhm, Augsburg
Sechs Spiel- und Tanzlieder, Laumann, Dülmen

Wurm, Mary J. A.
(1860-1938)

Acht Jahre lang – von 1907 bis 1915 – sammelte sie Lebensläufe und Werkverzeichnisse von Komponistinnen aus sieben Jahrhunderten. Entstehen sollte das erste „Quellenlexikon der Tonsetzerinnen und Musikschriftstellerinnen". Die Autorin, Mary Wurm, geboren am 18. Mai 1860 in Southampton, England, ist nie zur Herausgabe dieses so unendlich wichtigen Buches gekommen. Die Gründe sind bis heute unbekannt. Sie, die Musikschriftstellerin, Pianistin und Komponistin, studierte am Stuttgarter Konservatorium Klavier, wurde dann Schülerin von Clara Schumann, Joachim Raff, Franklin Taylor und Josef Wieniawski. In London war sie Kompositionsschülerin von Arthur Sullivan, C. V. Stanford und Frederick Bridge. Dreimal hintereinander gewann sie den Mendelssohn-Preis und kam damit nach Leipzig zu

Carl Reinecke (1886). Dort gründete sie ihr erstes Frauenorchester, das jedoch bald auseinanderging. Als Pianistin wissen wir von Auftritten in deutschen Städten (Leipzig, Berlin, Meiningen, etc.). In Hannover und Berlin war sie als Musiklehrerin tätig, in Berlin gründete sie 1898 wieder ein Frauenorchester (wie es später Elisabeth Kuyper in Berlin tat), war Dirigentin des Orchesters und ging mit diesem auch auf Tournee. In späteren Jahren zog Mary Wurm nach München, wo sie am 21. Januar 1938 verstarb. Ihr Kompositionsverzeichnis umfaßt rund 100 Werke, darunter Vokal-, Kammer- und Orchestermusik, von denen nur wenige Titel gedruckt wurden. Ihre Oper „Die Mitschuldigen" wurde offensichtlich am Leipziger Stadttheater 1921 aufgeführt, und ihre japanische Kinder-Operette erfuhr in Lübeck am Stadttheater eine Aufführung (1890). „Es wäre höchst bedauerlich, wenn es Ihnen nicht möglich wäre, Ihr Quellenlexikon der Tonsetzerinnen und Musikschriftstellerinnen im Drucke erscheinen zu lassen", schrieb Dr. Wilhelm Altmann, Direktor der Musiksammlung der (damals) Königlichen Bibliothek Berlin (heute Staatsbibliothek) im geplanten Vorwort zur Herausgabe dieses großangelegten Bandes, der nie erschien. Es hinderte ihn jedoch nicht, in seinem Standardwerk, dem „Tonkünstler-Lexikon" (Ausgabe 1941), zahlreiche ihrer Daten über Komponistinnen aufzunehmen.

KLAVIERMUSIK

„Empire Waltz", Leipzig, Steingräber 1887
„Lullaby" op. 7 für Klavier, Leipzig, Steingräber 1887
Suite op. 8 (1887)
Zwei kleine Fantasien über Weihnachtslieder, Leipzig, Steingräber
Maien-Walzer, Hannover, Nagel
Barcarolle op. 22 (1892)
Sylphe Danse op. 23, London, Ashdown (1892)
Tanzweisen für Klavier zu vier Händen op. 28 (1892)
„Valse de concert" op. 27 (1893)
Kleine Stücke im Jugendstil op. 30, Leipzig, Steingräber
Klaviersuite. op. 49 (1894)
„Fairy Music" op. 44 (1894)
Rosen-Walzer, Leipzig, Steingräber 1906
Zwei Sonatinen alten Stils, Leipzig, Steingräber 1907
Etüden op. 42,1 und 42,2, Leipzig, Steingräber 1906
Vier Morceaux für Klavier op. 47, Leipzig, Forberg 1908

Mary Wurm und ihr Frauenorchester. Foto: Archiv

Sonate für Klavier (o. O.)
Serenata für Klavier op. 50, Leipzig, Steingräber 1909
Pianoforte-Studien für die linke Hand op. 51
Sexten-Etüden in Walzerform op. 52, Leipzig, Forberg 1914
Suite für Klavier op. 61, London, Lengnick 1925

KAMMERMUSIK
„Lullaby" für Violine und Klavier / Cello und Klavier (1887)
Streichquartett B-dur op. 40 (1894)
„Estera Gavotte" für Violine und Klavier (1898)
Sonate für Cello und Klavier
Sonate für Violine und Klavier op. 17

ORCHESTERMUSIK
„Meteor-Walzer" für Streichorchester (auch Klavierfassung) (1887)
„Clotilde Kleeberg Gavotte" für Streichorchester/Klavier (1889)
„Estera Gavotte" für Streichorchester/Klavier (1898)
Konzert-Ouvertüre für Orchester
„Dalila's Traum" für Streichorchester
Klavierkonzert in h-moll
Serenade für Cello und Orchester

VOKALMUSIK
„O let me bathe my heart" für Gesang und Klavier (1888)
Fünf Trios für drei Frauenstimmen (1890)
„About the sweet bag of a bee" für vier Frauenstimmen und Klavier (1892)
„Einst thät ein Lied erklingen" op. 33, 1 für vier Frauenstimmen und Klavier (1892)
„Gute Nacht" für vier Frauenstimmen und Klavier (1893)
„Wo nur dem Leben Lust erblüht" für vier Frauenstimmen und Klavier (1893)
„One by one" für Männerstimmen op. 45 für vier Frauenstimmen und Klavier (1894)
„The Scots Guards Band is playing" für Gesang und Klavier (1894)
Neun Lieder für Gesang und Klavier op. 25
Drei Lieder für Gesang und Klavier op. 55
„Hope", Trio für Frauenstimmen, London, Novello
„Freudenlied" op. 70 für zwei Singstimmen und Orgel. München, Zachow 1932

CHORMUSIK
„Mag auch heiss das Scheiden brennen" für Soli, Frauenchor und Streicher oder Klavier op. 39

BÜHNENMUSIK
„Prinzessin Lisa's Fee", Japanische Kinderoperette (1890)
„Die Mitschuldigen", Oper in einem Akt nach J. W. von Goethe (ca. 1921)

Yamashita, Toyoko
(* 1942)

Die japanische Komponistin und Pianistin ist seit Jahren Initiatorin und Schirmherrin des Internationalen Gitarrenfestivals und -wettbewerbs in Berlin. Geboren wurde Toyoko Yamashita am 3. Oktober 1942 in Tokio und besuchte dort von 1958 bis 1962 die Staatliche Universität der Künste. Anschließend ging sie nach Deutschland und studierte Klavier an der Stuttgarter Musikhochschule bei Hubert Giesen. 1967 zog sie nach Berlin und wurde Schülerin von Helmut Roloff. Anfang der 60er Jahre konzertierte Toyoko Yamashita mit der Cellistin Barbara Brauckmann und seit 1972 mit der Pianistin Mio Takahashi (Das Berliner Klavier-Duo). 1975 errang das Duo einen Preis beim Internationalen Bordeaux-Festival; es folgten Tourneen in Deutschland, Belgien, Frankreich, Griechenland, Italien, der Schweiz, Österreich und in Japan. Auch Masumi Fukuchi, Cembalo, ist eine Duo-Partnerin, mit der sie seit langem zusammenarbeitet. Seit 1970 ist Toyoko Yamashita Leiterin des Japanischen Musikvereins in Berlin und seit 1983 Leiterin des Berliner Internationalen Gitarrenfestivals. Ihr Werkverzeichnis umfaßt nicht nur Gitarren-Kompositionen, sondern auch Klavier- und Vokalmusik. Ihre Werke werden von international bekannten Gitarristen aufgeführt und gehören zu den bekanntesten Werken zeitgenössischer Musik für dieses Instrument. Toyoko Yamashita lebt und arbeitet in Berlin.

KLAVIERMUSIK
„Für Cherif" für Klavier zu vier Händen (1978)
„Piano no tameni" für Klavier (1979)
„Danses fantastiques" für Klavier zu vier Händen (1980)
Zyklus „Le paradis des enfants" für Klavier (1981)
Aus dem Märchen „Kosmos" für Klavier zu vier Händen
Sechs Miniaturen für Klavier zu vier Händen (1989)
„Les Jeux" für Klavier (1989)
Sechs kleine Lieder für Klavier (1989)
Aus dem Märchenbuch „Mondhase" (1989)
Aus dem Märchenbuch „Mondhase II" (1990)
Sechs kleine Lieder für Klavier zu vier Händen (1991)

Aus dem Märchenbuch „Hepaihoi" für Klavier zu vier
Händen (1991)
Aus dem Kindermärchen „Bibi" (1992)
„An Harumi" für Klavier (1994)
12 Tierkreiszeichen (1994)
Fünf kleine Klavierstücke (1995)

KAMMERMUSIK

„Mosaik" für Cello und Klavier (1979)
„Douina" für Cello (1980)
Kleine Märchen für Gitarre (1982)
„Nay" für Flöte solo (1982)
Kleine Stücke nach altjapanischen Volksliedern (1983)
„Wa" für Cello und Klavier (1983)
„Ameisenmarsch" für drei Gitarren (1984)
Sonate für Gitarre und Klavier (1984)
„Cancion y danza clasica" für Gitarre und Klavier (1985)
Zyklus „Le paradis des enfants" (1985)
„6 Miniaturen für Gitarre (1986)
Sonate für Gitarre (1986)
„Ameisenmarsch" für vier Gitarren (1986)
Aus dem Märchenbuch „Kosmos" für Gitarre und
Klavier (1986)
Sechs Miniaturen für zwei Celli (1987)
„4 kleine Skizzen" für Flöte solo (1988)
Sechs kleine Lieder für drei Gitarren (1989)
„Hexe Papaya" für Violine (1989)
Sechs Miniaturen für drei Gitarren (1989)
Fünf Stücke für drei Gitarren (1989)
„Hexe Papaya" für Violine solo (1989)
„Hexe Papaya" für Viola und Gitarre (1990)
„Prana" für Cello solo (1990)
„4 Images" für Flöte solo (1991)
Duo -„4 Wüstenbilder"- für Gitarre und Klavier (1992)
Aus dem Kindermärchen „Tarik" (1992)
Aus dem Kindermärchen „Bibi" für zwei Gitarren
(1992)
Kleine Märchen für zwei Gitarren (1992)
Drei Stücke für Flöte und orientalische Schlaginstrumente (1992)
„Stimmungsbilder" für Flöte solo (1992)
Aus dem Kindermärchen „Bibi" für drei Gitarren (1994)
Aus dem Kindermärchen „Bibi" für Flöte und Gitarre
(1994)
12 Sternbilder für Violine solo (1994)
Sechs Miniaturen für Violine, Gitarre und Kontrabaß
(1994)
Sechs Kleine Lieder für Violine, Gitarre und
Kontrabaß (1994)
Sechs Miniaturen für Violine, Gitarre und Kontrabaß
(1995)
12 Sternbilder für Flöte solo (1995)
„Album" für Flöte solo (1995)
„Un jour de Ballo", fünf kleine Stücke für Flöte (1995)

ORCHESTERMUSIK

„Ameisenmarsch" für Gitarren-Chor (1986)
Fünf Tänze für Zupforchester (Gitarren, Mandolinen)
(1988)
„Karawane" für Zupforchester (Gitarren, Mandolinen)
(1993)

VOKALMUSIK

„Umkehr" für Sopran, zwei Gitarren und Schlagzeug
(1982/1994)
„Das goldene und das silberne Glöckchen" für
Sopran, Flöte und Gitarre (1983)
„Erinnerung" für Sopran und Gitarre (1985)
Aus dem Märchenbuch „Hepaiho" für Mezzo und
Cello (1987)
„3 afrikanische Lieder" für Stimme, Gitarre und
orientalische Schlaginstrumente (1993)
„Skamba" für Mezzo, Gitarre und Schlaginstrumente
(1994)
Duett „Pia und Bizo", acht Lieder für Sopran, Mezzo
und ½ Gitarren (1994)
Sechs kleine Lieder für Mezzo, Gitarre und Schlaginstrumente (1995)
„12 Sternbilder" für Stimme und Gitarre (1995)

Zechlin, Ruth
(* 1926)

Viele Jahre war sie die einzige deutsche Komponistin, die an einer deutschen Hochschule einen Lehrstuhl für Komposition innehatte. Ruth Zechlin, geboren am 22. Juni 1926 in Großhartmannsdorf bei Freiburg, Sachsen, ist die bekannteste Komponistin der ehemaligen DDR. Auch als Cembalistin und Pianistin ist sie oft zu hören. Ihr Werkverzeichnis umfaßt mittlerweile fast 200 Werke, von der Klaviermusik bis zur Filmmusik. Die Musikerin begann ihre Laufbahn an der Leipziger Musikhochschule bei A. Rhoden, R. Fischer (Klavier), Karl Straube und Günther Ramin (Orgel) und Johann Nepomuk David (Komposition). Ihre ersten Kompositionen stammen aus dem Jahr 1946. 1950 wurde sie Dozentin für Tonsatz an der Hochschule für Musik „Hanns Eisler" im damaligen Ost-Berlin; 1969 ernannte man sie zur Professorin, ein Amt, das sie bis 1986 innehatte. Ruth Zechlin ist Mitglied der Akademie der Künste der DDR gewesen, wurde auch Vize-Präsidentin der Einrichtung. 1965 wurde ihr der Kunstpreis der DDR verliehen, 1968 der Hanns-Eisler-Preis und 1975 der Nationalpreis der DDR. Als Komponistin, die auch die Meisterklassen ihrer Hochschule betreute, hat sie nur wenige Komponistinnen hervorgebracht. Im Mittelpunkt ihrer Musik steht – nach eigenen Worten – der Komponist J. S. Bach, dem sie mehrere Werke widmete: „Hommage à Bach" (1985) oder „Musik zu Bach" (1983). Nach ihrer Pensionierung ging Ruth Zechlin nach Bad Griesbach bei Passau, wo sie heute lebt.

CEMBALO- / ORGEL- / KLAVIERMUSIK
Studie für Klavier
Suite für Klavier, Leipzig, Peters 1953
Sonatinen für Klavier (1955), Leipzig, Peters
Musik für Cembalo (1957)
Kleine Klaviermusik (1959), Leipzig/Wiesbaden, Breitkopf & Härtel
Tokkata und Passacaglia für Cembalo/Klavier (1962)
Vier Inventionen für Klavier/Cembalo (1968)
Fünf Visionen für Orgel (1969)
Kontrapunkt für Cembalo/Klavier, Leipzig/Wiesbaden, Breitkopf & Härtel
„Epitaph" für Cembalo (1973), Leipzig, Deutscher Verlag für Musik
„Konstellationen für Klavier und Cembalo (1974)
Sinfonia für Klavier (1974)
„Orpheus" für Orgel, Leipzig, Deutscher Verlag für Musik 1975
„Spektrum", Leipzig/Wiesbaden, Breitkopf & Härtel
„Wandlungen" für Orgel, Leipzig/Wiesbaden, Breitkopf & Härtel
„Stücke für Palucca" für Klavier solo (1976)
„Evolution" für Orgel, Leipzig/Wiesbaden, Breitkopf & Härtel
„Genesis" für Orgel, Leipzig/Wiesbaden, Breitkopf & Härtel
„Impulse - Trauma oder Wirklichkeit" für Orgel, Leipzig, Deutscher Verlag für Musik 1986
„Hommage à Bettina von Arnim" für Cembalo, Berlin, Verlag Neue Musik 1986
Fantasie, Interludium und Fuge für Spinett (1986)
„Im Salon der Rahel Levin" für Cembalo (1986)
„Miniatur" für Klavier (1989)
„3 Miniaturen" für Klavier (1989)
„Vierte Miniatur" für Klavier (1990)
„Geistliches Triptychon" für Orgel (1993)

KAMMERMUSIK
„Dessau-Adaption" für Streichquartett
„Hommage à PHL" für Streichquintett und Schlagzeug, Leipzig/Wiesbaden, Breitkopf & Härtel
Sonatina für Flöte und Klavier (1955), Leipzig, Peters
Trio für Oboe, Viola und Cello (1957), Leipzig, Peters
1. Streichquartett (1959), Leipzig/Wiesbaden, Breitkopf & Härtel
2. Streichquartett (1965), Leipzig/Wiesbaden, Breitkopf & Härtel
„Amor und Psyche" für Cembalo und Instrumente (1966)
Drei leichte Stücke für Violine und Klavier (1967), Leipzig, Hofmeister
Kammermusik für Klavier und 10 Soloinstrumente (1967), Leipzig/Wiesbaden, Breitkopf & Härtel
Scherzo für Violine und Klavier (1968), Leipzig, Peters
3. Streichquartett (1970), Leipzig/Wiesbaden, Breitkopf & Härtel
4. Streichquartett (1971), Leipzig/Wiesbaden, Breitkopf & Härtel
5. Streichquartett (1971), Leipzig/Wiesbaden, Breitkopf & Härtel
„Dynamische Studie" für Kammerensemble (1971)
„Stationen", Kammermusik für Bläserquintett und Tasteninstrument (1972)
„Exerzitien" für Flöte und Cembalo (1973)
Kammermusik zu Kleists „Marquise von O." für Oboe, Cello und Schlagzeug (1974)
„Dionysos und Apollo" für Flöte, Streicher und Schlagwerk (1976), Leipzig, Peters
6. Streichquartett (1977), Berlin, Verlag Neue Musik
„Harfentrio" für Flöte, Viola und Harfe (1978)
„5 Mobiles" für Harfe (1978)
„Aktionen" für vier Solostreicher (1979)
„Beschwörungen" für Schlagwerk solo (1980)
„Studie" für Oboe (1981)
„Da capo" für Violine solo (1982)
„Katharsis" für Oboe, Cello, Schlagwerk, Leipzig, Deutscher Verlag für Musik 1984
„Prager Vision" für Orgel und Instrumente (1984), Leipzig, Peters
„Erwartungen" für Flöte und Fagott (1984), Leipzig, Peters
„Konstellationen" für 10 Blechbläser (1985), Leipzig, Peters
„Con espressione" für Viola, Cello und Kontrabaß (1986) (für Kammerensemble, Leipzig, Peters)
„Konfrontationen" für Kammerensemble (1986), Leipzig, Peters
„Spiel für drei" für Violine, Cello und Klavier (1986)
„Synthese" für Orgel und Schlagwerk (1986)
10 Kanons für Neujahr (1986), Leipzig, Peters
„Spiegelungen" für Kammerensemble (1987)
„7 Versuche und 1 Ergebnis" für Saxophonquartett (1988), Berlin, Ries & Erler
„Linien II" für Cembalo und Instrumente (1988), Leipzig, Peters

„Bewegungen" für Posaunenquintett (1990)
„Verwandlungen" für Klavier, kleine Trommel und Triangel für Kinder (1991)
„Szenische Kammermusik" nach Heiner Müllers „Hamletmaschine" für fünf Instrumente, Leipzig, Neue Musik 1991

ORCHESTERMUSIK

„Musik für Orchester I" (1957), Leipzig, Peters
Variationen über das Solidaritätslied für Orchester (1960), Berlin, Verlag Neue Musik
Musik für kleines Orchester (1961)
Violinkonzert (1963), Leipzig/Wiesbaden, Breitkopf & Härtel
Suite für Streichorchester (1963)
1. Sinfonie (1965), Leipzig/Wiesbaden, Breitkopf & Härtel
2. Sinfonie (1966), Leipzig, Peters
„Rosa Luxemburg", Suite für Streichorchester (1967)
Kammersinfonie I (1967), Leipzig, Peters
„Polyphone Meditation" für Streichorchester (1968), Leipzig, Peters
„Concertino" für Oboe und Kammerorchester (1969), Leipzig/Wiesbaden, Breitkopf & Härtel
Thema mit fünf Veränderungen für großes Orchester (1969), Leipzig, Peters
3. Sinfonie (1971), Leipzig, Peters
„Emotionen" für Orchester (1971), Berlin, Verlag Neue Musik
Kammersinfonie II (1973)
Klavierkonzert (1974), Leipzig, Peters
Orgelkonzert (1974), Leipzig, Peters
„Farbspiele", Orchestermusik für Paul Dessau (1977), Leipzig, Peters
„Vita Nova" für Orchester (1978)
„Briefe" für Orchester (1979), Leipzig, Peters
„Situationen" für Orchester (1980), Leipzig, Peters
„Prager Orgelkonzert" (1980), Leipzig, Peters
Musik für Orchester (1980), Leipzig, Peters
„Metamorphosen" für Orchester (1982), Leipzig, Peters
„Reflexionen" für Streichorchester, Leipzig, Peters 1983
„Musik zu Bach" für Orchester, Leipzig, Peters 1985
„Linien" für Cembalo und Orchester (1986), Leipzig, Peters
„Träume" für Orchester (1987), Leipzig, Peters
„Kristallisation" für Orchester (1987)
„Hommage à György Kurtag" für Orchester (1990)
Violinkonzert (1990), Wiesbaden, Breitkopf & Härtel
„Stufen" für Orchester (1994)

VOKALMUSIK

„Claudius-Lieder" für Gesang und Klavier (1957)
„3 Lieder nach Hafis" für Gesang und Klavier (1959)
„3 altenglische Lieder" für Gesang und Klavier (1959)
Acht Kinderlieder (1959)
„Trage die Flamme voran", für Gesang und Klavier (1959)
Sieben Borchert-Lieder (1964)
„Geschirmt sind die Liebenden" (Text: Nelly Sachs) für Alt und Klavier (1966)
„Keunergeschichten" (Text: Bertold Brecht) für Sprecher und Kammerensemble (1966)
„Laß deine Liebe ängstlich sein" (1967) für Gesang und Klavier
„Ein Traum" (Text: Rudolf Leonhard) für Gesang und Klavier (1968)
„Schatten, Rosen, Schatten" (Text: J. Bachmann) für Alt und Klavier (1968), Leipzig/Wiesbaden, Breitkopf & Härtel
„Drei Liebeslieder" aus „Carmina" für Sopran/Tenor und Klavier (1968), Leipzig/Wiesbaden, Breitkopf & Härtel
„Seit wir beieinander sind" (Text: F. Deicke) für Gesang und Klavier (1969)
„Canzoni alla notte" für Bariton und Orchester, Leipzig, Peters 1976
„Weiße Gedichte" (Text: Günter Kunert) für Stimme und Begleitung (1977)
„Verkündigung" (Text: R. Schwachhofer) für Bariton und Cello (1981)
Zwei Lieder nach Claudia Paris für Mezzo und Klavier (1982)
Vier Lieder nach Claudia Paris für mittlere Stimme und sechs Instrumente (1983)
„Lieb, wie süß und bitter" (Text: Lechner) für Gesang und Orchester (1983)
Drei Shakespeare Songs für Countertenor und Cembalo (1985)
„Musik zu Ingeborg Bachmanns Brief" in zwei Fassungen für Violine, Oboe, Posaune und Vorleserin (1985)
„Ein Lied der Liebe" (Text: Lasker-Schüler) für Alt (1986)
„Prometheus" (Text: Franz Kafka) für Sprecher, Klavier und Schlagwerk (1986), Leipzig, Peters
Monolog aus „Romeo und Julia" für Countertenor und Kammerensemble (1987)
„Varianten zu Michelangelo" für Alt/Mezzosopran und Cello (1987)
Drei Ernst-Bloch-Texte für tiefe Stimme und Klavier (1989)
„Das A und O" für Altstimme (1990)
Frühe Kafka-Texte für mittlere Stimme und Instrumente (1990)

„Varianten" zu Heiner Müllers „Der glücklose Engel"
für Sprecher und Kammerensemble (1991)
„Kanonische Umgebungen" zu Heiner Müllers „Der glücklose Engel" II für Sprecher und sechs Streicher (1992)

CHORMUSIK

„Lidice-Kantate" für Bariton, Chor und Kammerorchester (1958), Berlin, Verlag Neue Musik
Oratorium „Wenn der Wacholder wieder blüht" (1960)
Fünf Brecht-Gesänge für Kammerchor (1960)
„Das Hohelied" für gemischten Chor (1964)
„Apparition" für vierstimmigen Frauenchor und Soloflöte (1965)
„Aphorismen für die Liebe" für gemischten Chor a cappella (1970), Leipzig, Deutscher Verlag fürMusik
„Gedanken der Liebe für Chor und Orchester (1970), Leipzig, Peters (auch Fassung für Chor a cappella)
„Alles geben die Götter" (Text: J. W. v. Goethe) (1971)
„Der Sieg von Guernica" (Text: Paul Eluard / St. Hermlin) für vier Stimmen (1975), Leipzig, Deutscher Verlag für Musik
„Ave Maria" für vier- bis zwölfstimmigen Chor a capella (1981)
„Angelus Silesius Sprüche" für gemischten Chor a cappella (1983)
„Hommage à Bach" für Chor a cappella (1985)
„Der Zauberlehrling" (Text: J. W. v. Goethe) für Bariton und vier- bis zwölfstimmigen Chor (1981)

BÜHNENMUSIK

„Mysterium buffo" (Wladimir Majakowski / H. Baierl), Schauspielmusik (1967)
„Reineke Fuchs", Oper für Schauspieler (1967), Leipzig, Deutscher Verlag für Musik
„Egmont", Schauspielmusik (für das Fernsehen) (1974)
„La Vita", Ballettmusik für Orchester (1983), Leipzig, Peters
„Die Salamandrin und die Reise" (Heiner Müller), Kammeroper für drei Solisten, 12 Chorsänger und 16 Instrumentalisten (1992), Leipzig, Neue Musik

RADIOMUSIK

„Reineke Fuchs", Funk- / Singspiel für Soli, Chor und kleines Orchester (1962)
Hörspiel: „7 Gespräche" (1965)
„Scardanelli", Hörspielmusik (1970)
Hörspielmusik: „Van Gogh" (1973)

BIBLIOGRAPHIE

Markowski, Liesel: Werkstattgespräch mit Ruth Zechlin. In: Musik und Gesellschaft, Berlin 1972
Stürzbecher, U.: Ruth Zechlin. In: Komponistinnen in der DDR, Hildesheim 1979
Altmann, G.: Ruth Zechlin, ein Komponistenporträt. In: Musik und Schule, 1981
Zechlin, Ruth: Über meine Arbeit als Komponistin. In: Venus Weltklang, Musikfrauen-Frauenmusik, Elefantenpress, Berlin 1983
Allihn, Ingeborg: Polyphonie des Schaffens - über Ruth Zechlin. In: Neuland, Bd. 4, 1984 / in: Komponistinnen in Berlin, Hrsg.: Musikfrauen e.V., Berlin 1987
Sonntag, B.: Gedankenaustausch mit Ruth Zechlin. Briefwechsel im Herbst 1984. In: Zeitschrift für Musikpädagogik 1985
Mainka H. und J.: Ruth Zechlin - Situationen, Reflexionen, Gespräche, Erfahrungen, Gedanken. Leipzig 1986
Schröder-Nauenburg, B.: Ungewöhnliches Ausdrucksbedürfnis. In: Komponistinnen-Festivals, Dokumentation, Heidelberg 1989
Wengenroth, Kerstin: Aspekte des Weiblichen in der Musik - Ruth Zechlin, Dortmund 1991
Philipp, Beate: Kühn und unkonventionell - Ruth Zechlin. In: Komponistinnen der Neuen Musik, Kassel, Furore 1993

DISKOGRAPHIE

Trio für Oboe, Viola und Cello (mit Wagner-Regeny: Streichquartett). Berlin, Eterna
„Lidice-Kantate" (mit Dessau: „Sinfonischer Trauermarsch" / Dieckmann: „Buchenwaldpoem"). Berlin, Eterna
„Wenn der Wacholder wieder blüht", Oratorium von der Freiheit. Berlin, Eterna
Kammersinfonie (mit Fritz Geissler: Sinfonie Nr. 5). Berlin, NOVA
Streichquartett Nr. 4 (mit G. Wohlgemut: Streichquartett / G. Kochan: Fünf Sätze für Streichquartett). Berlin, NOVA
„Begegnungen" / „Spektrum" / „Pour la flûte" / „Epitaph" / Streichquartett Nr. 6. In: Ruth Zechlin, ein Komponistinnenporträt. Berlin, NOVA
„Der Sieg von Guernica". Berlin, NOVA
Musik für Orchester „Situationen" für Orchester / „Reflexionen". Orchester der Komischen Oper Berlin, Ltg. J. Willert, Dresdner Kammerorchester, Ltg. M. Scherzer. Berlin, NOVA
„Musik zu Bach". Orchester der Komischen Oper Berlin, Ltg. R. Reuter. Berlin, NOVA
„Metamorphosen" / „Wider den Schlaf der Vernunft" /

„Reflexionen" / „Pour la flûte" / „7 Versuche und 1 Ergebnis" / „Das A und des O". Orchester der Komischen Oper Berlin und Solistenensemble, Ruth Zechlin, Orgel. Mainz, WERGO

Zieritz, Grete von
(* 1899)

Komponieren als ein Plädoyer für Völkerverständigung und Frieden: Fünf den Zigeunern gewidmete Kompositionen, eine achtstimmige Chormusik, „Kosmische Wanderungen", in der es um die vom Atomzeitalter zerstörte Natur geht, und ein mit 86 Jahren geschriebenes Nonett nach zehn Bildern des Malers Christoph Niess, „Kassandra-Rufe", sind das Fazit ihres Schaffens. Grete von Zieritz, die das Berliner Musikleben seit mehr als sieben Jahrzehnten bereichert, wurde am 10. März 1899 in Wien geboren. Ihr Vater, ein k.u.k Offizier, und ihre Mutter, Berufsmalerin in der dritten Generation, förderten ihr musikalisches Talent. Mit fünf Jahren erhält sie Klavierunterricht und beginnt bereits mit ersten Improvisationen. Ihre erste im Alter von 13 Jahren geschriebene Komposition, eine Romanze für Violine und Klavier, gefällt dem Direktor der Schule der Steiermärkischen Musikvereine in Graz so sehr, daß sie 1912 dort beginnt, bei Hugo Kroemer Klavier und bei Roderich Mojsisovics Komposition zu studieren. Ihre künstlerische Reifeprüfung legt Grete von Zieritz im Jahre 1917 mit Auszeichnung in allen Fächern ab. Im Herbst 1917 reist sie nach Berlin, um bei Martin Krause, dem Liszt-Schüler und Lehrer von Claudio Arrau und Edwin Fischer, ihrem Klavierspiel den letzten Schliff zu verleihen. Berlin fasziniert sie. Es folgt ein Klavierstudium bei Rudolph Maria Breithaupt. Von 1919 bis 1921 wirkt sie als Dozentin für Klavier am Sternschen Konservatorium in Berlin. Ihre „Japanischen Lieder" für Sopran und Kammerorchester werden 1921 in der Berliner Singakademie uraufgeführt und erfahren eine große Resonanz. Nach einer kurzen Ehe widmet sie sich nur noch der Musik. Von 1926 bis 1931 folgen weitere Kompositionsstudien bei Franz Schreker. Grete von Zieritz, die 1939 am „Internationalen Musikfest" in Frankfurt als einzige Frau unter Komponisten aus 18 Nationen teilnahm, wurde während ihrer Laufbahn vielfach ausgezeichnet. Zum Beispiel mit dem Mendelssohn-Staatspreis (1928) und dem Schubert-Stipendium der Columbia Phonograph Company in New York (1928). Außerdem wurden ihr der Professorentitel durch den österreichischen Bundespräsidenten (1958), das österreichische Ehrenkreuz für Wissenschaft und Kunst 1. Klasse (1978) sowie das Verdienstkreuz am Bande der Bundesrepublik Deutschland (1979) verliehen. Grete von Zieritz lebt in Berlin.

Grete von Zieritz: „Japanische Lieder für eine Singstimme und Klavier". Berlin, Ries & Erler

ORGEL- / KLAVIERMUSIK
„Wiegenlied", drei Klavierstücke (1915)
Fünf kurze Skizzen für Klavier (1919)
Zwei Fugen für Klavier (1921), Berlin, Reis & Erler
Doppelfuge für Klavier (1924)
Präludium und Fuge für Klavier (1924), Berlin, Ries & Erler
Suite für Klavier (1926)
Erste Klaviersonate (1928)
„6 Dämonentänze" (1948)
Vier Klavierstücke (1959)
Fünf Klavierstücke (1963)
Orgelkonzert für Orgel solo (1977)
Präludium und Fuge, Orgelfassung (1977), Berlin, Ries & Erler

KAMMERMUSIK

Romanze für Violine und Klavier (1912)
Serenade für Flöte, Oboe, Klarinette, Fagott und Horn, Berlin, Astoria
Streichquartett (1916)
„Kleine Abendmusik" für Streicher (1916)
„Phantasie-Sonate" für Violine und Klavier (1917)
Fantasie für Violine und Klavier (1921)
Zwei Stücke für Streichquartett (1926)
„Bokelberger Suite" für Flöte und Klavier (1933), Berlin, Ries & Erler
„Bilder vom Jahrmarkt" für Flöte und Klavier (1936), Berlin, Ries & Erler
Suite für Flöte, Oboe, Klarinette, Fagott und Klavier (1937)
Sonate für Bratsche und Klavier (1939)
„Das Gifhorner Konzert" für Flöte, Harfe und Streicher (1940)
„Serenata" für Holzbläser, Harfe, Schlagzeug und Streicher (1949)
„Le violon de la mort, danses macabres" für Violine und Klavier (1952), Berlin, Ries & Erler (auch mit Orchester)
Suite für Altflöte in G und Klavier (1952)
Trio für Klarinette, Horn und Klavier (1955)
„Verurteilter Zigeuner", Szene für Violine und Klavier (1956), Berlin, Astoria
Musik für Klarinette und Klavier (1957), Frankfurt, Zimmermann
„Die Jagd", Konzertstück für Klarinette, Horn und Klavier (1957)
Tanzsuite für Gitarre (oder Cembalo), Klarinette, Fagott und Schlagzeug (1958)
Quintett für Trompete, Tenor-Posaune, zwei Klarinetten und Schlagzeug (1959), Berlin, Ries & Erler / Astoria
Divertimento für 12 Solisten oder Kammerorchester (1962), Berlin, Astoria 1980
„Ligaea, die Sirene" für Violine und Klavier, Berlin, Astoria 1964
„Le violon de la mort" für Bratsche und Cembalo / Klavier (1964)
Serenade für Flöte, Oboe, Klarinette, Fagott und Horn (1965), Berlin, Astoria
„Autobiographie" für Violine solo (1965), Berlin, Astoria
Sextett für Fagott und Streichquintett (1965), Berlin, Astoria
„Triptychon" für einen Flötenspieler (1968), Berlin, Astoria
„Kaleidoskop", Duo für Violine und Viola (1969)
„5 Aphorismen" für Violine und Cello (1971), Berlin, Ries & Erler
Trio für Oboe, Klarinette und Fagott (1971), Berlin, Ries & Erler
„Le roi a fait battre tambour", Monodrama für Oboe d'amore (1973), Berlin, Ries & Erler
Quintett für Klarinette, Violine, Bratsche, Cello und Schlagzeug (1973), Berlin, Astoria
„Cascade" für Solotrompete in B (1975)
Suite für Solobratsche (1976), Berlin, Astoria
Arabeske und Aria für Englischhorn und Klavier (1976)
„Josefas Garten", Suite für Flöte, Fagott und Orgel (1977)
„Kapriolen" für Oboe, Klarinette und Fagott (1977), Berlin, Ries & Erler 1978
„Danza" für drei Gitarren (1979)
„Ildico und Attila", Szene für Violine und fünfsaitigen Kontrabaß (1979), Berlin, Ries & Erler 1991
„Une humoresque diabolique" für viersaitigen Kontrabaß (1980), Berlin, Ries & Erler
Concertino für Klarinette, Horn, Fagott und Streichquartett (1982), Berlin, Ries & Erler
Folkloristische Fantasie für Violine und Klavier (1982)
„Der Waldspaziergang", Szene für Klarinette solo (1983)
„Poème dramatique" für Solovioline (1985)
„Kassandra-Rufe" (nach zehn Bildern von Christoph Niess) für Instrumentenensemble (1986), Worpswede, Worpsweder Verlag 1986
„Ein Mensch erinnert sich", Szene für Klarinette solo (1991)
„Zigeunerromanze" für Solovioline (1984)

ORCHESTERMUSIK

„Gebet" für kleines Orchester (1916)
Tripelfuge für Streichorchester (1926)
Symphonische Musik für großes Orchester und Soloklavier (1928)
„Passion im Urwald", sechs Gesänge auf eigene Texte für Sopran und Orchester (1930)
„Intermezzo diabolico" für großes Orchester (1932)
„Vogellieder", fünf Gesänge (Texte: Eleonora Kalkowska, Grete v. Zieritz) für Koloratursopran, Soloflöte und Orchester (1933)
„Bilder vom Jahrmarkt" (1937), Fassung für Flöte und Orchester, Berlin, Ries & Erler
„Musik der Pferde", Orchestersuite (1937)
„Hymnus der Erde" (Text: Ina Seidel), sechs Gesänge für Sopran und Orchester (1937)
„Das Gifhorner Konzert" für Flöte, Harfe und Streicher (1940)
„Hymne" (Text: Novalis) für Bariton und großes Orchester (1943)
„Serenata" für vier Holzbäser, Harfe, Schlagzeug und Streichorchester (1949)

Tripelkonzert für Flöte, Klarinette, Fagott und großes Orchester (1950), Berlin, Astoria
„Die Zigeunerin Agriffina", sechs Gesänge für Sopran und Orchester (1956)
„Le violon de la mort, danses macabres", Duo concertante für Violine, Klavier und Orchester (1957), Berlin, Ries & Erler
Divertimento für 12 Solisten oder Kammerorchester (1962), Berlin, Astoria
„Sizilianische Rhapsodie" für Solovioline und Orchester (auch Ballett) (1965), Berlin, Astoria
Konzert für einen Flötenspieler (auf vier verschiedenen Flöten) und Orchester (1970)
„Fanfare" für Orchester (1970)
10 Japanische Lieder für Sopran und Kammerorchester (1972), Berlin, Ries & Erler
Konzert für zwei Trompeten in B und Orchester (1975)
„Zigeunerkonzert" für Solovioline und Orchester (1982)

VOKALMUSIK

10 Japanische Lieder für Sopran und Klavier (1919), Berlin, Ries & Erler
Drei Lieder für Tenor und Klavier (1921)
Neun Lieder des Hafis für Bariton undKlavier (1924), Berlin, Ries & Erler
„Muse von Kerkya", Gesänge für hochdramatischen Sopran und Klavier (1924)
Vier geistliche Lieder für Bariton, Flöte und Klavier (1926)
Kinderlied (aus „Des Knaben Wunderhorn") für Sopran und Klavier
„Amore" (auf eigene Texte), sechs Gesänge für Alt und Klavier (1927)
Vier Lieder (Text: Agnes Miegel) für Sopran und Klavier (1930)
„Fiebergeschichte" (Text: Hamsun), sechs Lieder für Alt und Klavier (1933)
Sechs Gesänge (Text: George) für Bariton und Streichquartett (1935)
Fünf Gesänge (Text: Nietzsche) für vier Singstimmen und Klavier (1935)
Sechs Kinderlieder für Sopran und Klavier (1935-38)
„Das ewige Du" (Text: Below), acht Gesänge für Alt und Klavier (1938)
„Nachtwachen der Liebe" (Text: Schütz), drei Gesänge für Bariton und Klavier (1941)
Fünf Sonette der Louize Labé für Sopran und Klavier (1942)
Fünf Lieder (Texte: Rilke; Hesse) für Tenor und Klavier (1943)
Acht arabische Gesänge für Bariton und Klavier (1941-44)
Sechs Balladen (Text: Schütz) für Bariton und Klavier (1946)
Drei Gesänge (Text: Blücher von Wahlstatt) für Bariton, Cello und Klavier (1946)
„Das goldene Herz" (Text: Decarlie), vier Gesänge für Koloratursopran und Klavier (1947)
„Der letzte Weg", acht Gesänge für Alt und Klavier (1950)
„Stimmen im Walde" für Koloratursopran und Flöte (1954)
Zigeunermusik für Sopran, Flöte, Violine und Klavier (1955)
„Zlatorog", Monodram für Bariton, Klarinette, Horn und Klavier (1959)
Quartett für Sopran, Oboe, Klarinette und Harfe (1972), Berlin, Astoria
„Lieder zum Mond", (Text: Christine Lavant) für Koloratursopran, Flöte, Oboe, Klarinette und Fagott (1974), Berlin, Astoria
„Berliner Psalm" (Text: Waldburg Friedenberg) für dramatische Singstimme, Klarinette und Klavier (1974), Berlin, Astoria
Drei Lobgesänge polnischer Dichter für Mezzosopran und Klavier (1979)

CHORMUSIK

„Berghora", Ouvertüre für großes Orchester, Orgel und Frauenchor auf eigene Texte (1917)
Der 60. Psalm für Bariton solo, gemischten Chor und großes Orchester (1929)
„Dem Sonnengott" (Text: Hölderlin) für vierstimmigen Frauenchor a cappella (1940)
„Berglied" für gemischten Chor a cappella (1962), Wien, Krem
Fünf portugiesisch-spanische Gesänge für achtstimmigen gemischten Chor a cappella (1966), Berlin, Astoria
Sieben Gesänge (moderne Schwarze Lyrik) für achtstimmigen gemischten Chor a cappella (1966), Berlin, Astoria
„4 Alt-Aztekische Gesänge" für achtstimmigen gemischten Chor a cappella und Sprecher (1966), Berlin, Astoria
„Kosmische Wanderung" (1968), sieben Chöre für gemischten Chor a cappella mit Pauken und Schlagwerk, Berlin, Astoria
Drei Chöre (Text: Fontane) für vierstimmigen Männerchor a cappella (1973), Berlin, Astoria
„Der Sonnengesang von Amarna" für Männerchor und Klavier (1976)

BIBLIOGRAPHIE

Stürzbecher, Ursula: Werkstattgespräche mit Komponisten, Gerig, Köln 1971

Nellissen, Monika: Emanzipation auf Raten?. In: Fono-Forum, Bielefeld 1979

Hochschule der Künste Berlin: Komponierende Frauen im Dritten Reich, Berlin 1983

Grete von Zieritz, in: Komponistinnen in Berlin, Berlin 1987

Aigner, Rita: Grete von Zieritz. Leben und Werk, Universität Wien, 1991 / Berlin, Ries & Erler 1991

Nies, Christel: Komponistinnen und ihr Werk. Köln 1992

Philipp, Beate Sabine: Grete v. Zieritz und der Schreker-Kreis. Die Kunst des unbedingten Ausdrucks, Wilhelmshaven: Noetzel, Heinrichshofen-Bücher 1993

DISKOGRAPHIE

Suite für Solobratsche. Claude Lelong, Viola. EMI Electrola / Marus

Zigeunerkonzert für Violine und Orchester. Marianne Boettcher, Violine, Philharmonica Pomorska, Ltg. T. Bugaj. Teldec

Concertino (mit A. Reicha, B. Martinu). Stud. Folkwang-Hochschule Essen. Essen, Goldschmidt

> „Es ist so, daß ich ein dramatischer Mensch bin und eigentlich wäre die Erfüllung meines Lebens als Komponist gewesen, wenn ich hätte Ballette und Opern schreiben können. Aber diesbezügliche Aufträge hab ich nicht erhalten."
>
> Grete v. Zieritz, in: „Annäherungen an eine Komponistin" von Ursula Weck, SFB 1988

Zimmermann, Margit
(* 1927)

Im Alter von 42 Jahren machte sie nochmals Ernst mit dem Kompositionsstudium und fuhr viele Jahre lang fast täglich von Bern nach Mailand zum Konservatorium „Giuseppe Verdi". Komponieren als Besessenheit: Das hat schon immer das Leben der Schweizer Komponistin Margit Zimmermann ausgemacht. Sie wurde am 7. August 1927 in Bern geboren und studierte dort zum Beginn ihrer musikalischen Laufbahn Klavier bei Jeanne Bovet und Komposition bei Walter Furrer. Dann ging sie nach Paris, um bei Arthur Honegger Komposition zu belegen; am Konservatorium in Lausanne wurde sie Schülerin von Denise Bidal und Alfred Cortot (Klavier) und vervollkommnete sich als Dirigentin bei Igor Markevitch in Monte Carlo und bei Hans Swarowski in Ossiach, Österreich. Ihr Kompositionsdiplom in Mailand errang sie im Jahre 1978. 1973 übernahm sie die Leitung des Orchesters der Musikpädagogischen Vereinigung Bern. Dort arbeitete Margit Zimmermann auch als Musikpädagogin und Komponistin. Sie erhielt für ihre Werke mehrere Preise und Auszeichnungen, u.a. von der Interessengemeinschaft Schweizer Frauen-Musik, von der Stiftung SUISA, den 2. Preis des Internationalen Komponistinnen-Wettbewerbes in Unna, Westfalen, 1987 und den Komponistinnen-Preis der Stadt Kassel im selben Jahr. 1989 wurde sie von der Japan International League of Artists in Tokio geehrt. Die Komponistin lebt und arbeitet in ihrer Heimatstadt Bern.

KLAVIERMUSIK

„Blanc et noir", 10 Etüden für Klavier
Sonate für Klavier op. 27
Etüden für Klavier op. 36 (1984)
„Cloccachorda" op. 40 (1986)
„Aus dem Tagebuch einer Prinzessin" op. 44 (1986)
„Piano time" op. 46 (1987)
„Quadriga" op. 51 (1987)
Sonate für Klavier (1987)

KAMMERMUSIK

Streichquartett Nr. 1 op. 7 (1979)
„Musica per violoncello e pianoforte" op. 8 (1980)
„Per sei" op. 9 für Flöte, Violine, Viola, Kontrabaß, Pauke und Klavier (1980)
„Black-Box" op. 10 für Oboe, Klarinette, Horn und Fagott (1982)
Streichquartett Nr. 2 op. 11 (1980)
Streichquartett Nr. 3 op. 16 „Il gioco" (1981)
„Musica per nove archi" op. 17 (1977)
„Suoni" op. 20 für Viola und Klavier (1978)
„Duetto per violoncello e chitarra" op. 26 (1982)
Fantasia für Flöte und Gitarre op. 29 (1984)
„Pezzi brevi" op. 30 für Gitarrre (1984)
„Visione" op. 32 für Gitarre und Klavier (1985)
Sonate für Violine solo op. 33 (1985)
„Dialog" für Flöte und Klavier o.O. (1985)
Sonate für Klarinette op. 35 (1986)
„Illusione" für Cello solo op. 42 (1986)

„Orphische Tänze" op. 43 für Flöte, Klarinette, Bratsche, Cello und Klavier (1986)
„Black Box" für Klarinette op. 47 (1988)
„Triptychon" für Posaune und Orgel op. 58 (1989)
Serenade für Flöte und Klavier op. 62 (1992)
„Fascination" op. 64 für Posaune (1992)
Suite op. 66 für Flöte und Klavier (1992)

ORCHESTERMUSIK

„Introduzione e allegro"op. 12 für großes Orchester (1979)
„Gasel", sinfonisches Ballett für großes Orchester (1981)
„Jason und Medea", Ballett für großes Orchester (1982)
„Transcendency" op. 55, 12 symphonische Episoden (1989)
„Pianorama" op. 59, Konzert für Klavier und Streichorchester (1990)
„Seidenstraße" op. 63, Sinfonie (1992)

VOKALMUSIK

Drei Lieder op. 5 für hohe Stimme und Klavier (1978)
„Der Politiker" op. 6 für Sprechstimme, Kontrabaß und Klavier (1979)
Capriccio op. 19 für hohe Stimme und Klavier (1982)
„Pensieri" op. 31 für Tenor, Gitarre und Flöte
„Spiegelungen des Tages" op. 34 für Tenorstimmen und Instrumentalensemble
„PLIS" op. 37 für Tenorstimme und Instrumentalensemble (1985)
„Gehen" / „Sucht" / „Morgen" op. 45 für Altstimme, Cello und Klavier (1986)
„Die gestundete Zeit" (Text: Bachmann) op. 52 für Tenorstimme und Instrumentalensemble (1987)
„Alle 7 Jahre" op. 56 (Text: M. Kaleko) für Mezzo und Klavier (1989)

CHORMUSIK

„Panta rhei" op. 39 für Solovioline, Sopran, Frauenchor und Orgel (1987)
„Spuren innerer Kreise" op. 53 (Text: Noël Bach) für 16 Stimmen (1988)
„Wo sich berühren Raum und Zeit" op. 60 (Text: M. Kaleko) für neun Frauenstimmen (1990)
„In urbis honorem" op. 61 (Text: G. Schaeffner) für vierstimmigen gemischten Chor und Orchester (1991)

BÜHNENMUSIK

„Gasel" op. 25, sinfonisches Ballett (1981)
„Jason und Medea" op. 28, Ballett (1982)

BIBLIOGRAPHIE

„Schweizer Komponistinnen der Gegenwart, Hug, Zürich 1985
Schaerer, Heidi: Aus dem Tagebuch einer Prinzessin. In: Brückenbauer, Zürich 1987
Margit Zimmermann, in: Cling/Klong, Zeitschrift des FMF, Bern 1995

DISKOGRAPHIE

„Orphische Tänze" op. 43 / Quintett für Flöte, Klarinette, Bratsche, Cello und Klavier. Schweizer Kammersolisten, Schweizer Frauenmusik, Zürich
„Pensieri" op. 31 / „Drei Sonette von Petrarca". Noël Bach, Tenor; David Aguilar, Flöte; Michael Erni, Gitarre. Schweizer Frauen Musik, Zürich
„Quadriga" op. 51 / Sonate für Klavier / „Piano Time" op. 46. Hanni Schmid-Wyss, Klavier. Schweizer Frauen Musik, Zürich
„Quartetto d'Archi" op. 7. Livschitz-Quartett. Schweizer Frauen Musik, Zürich
„Triptychon" für Posaune und Orgel. Pia Bucher, Posaune. Marcophon Schallplatten

Zwillich, Ellen Taaffe
(* 1939)

Sie war die erste Frau, die für eine Komposition den Pulitzer-Preis erhielt (1. Sinfonie, 1982/83): Ellen Taaffe Zwillich, geboren am 30. April 1939 in Miami, Florida. Sie gehört zu den herausragenden Komponistinnen der USA aus der zweiten Hälfte dieses Jahrhunderts. Ihr Musikstudium begann Ellen Taaffe Zwillich an der Florida State University (Klavier und Violine) und ging danach nach New York, um bei Richard Burgin und Ivan Galamian (Violine) weiterzulernen. Ihr erstes Engagement hatte sie als Geigerin in dem legendären American Symphony Orchestra unter Leopold Stokowski (1965-72). 1974 verlieh man ihr den Elizabeth Sprague Coolidge Chamber Music Prize für ihre ersten Kompositionen. Die Musikerin besuchte die Juilliard-School of Music und war dort die erste Frau, die im Fach Komposition einen Doktortitel erhielt. Nach dem Erfolg ihres Streichquartettes von 1974 und der ersten Orchesterwerke, wendet sie sich verstärkt den großen Instrumentalkonzerten zu und erhält vermehrt Aufträge von berühmten Ensembles und Orchestern, wie dem Pittsburgh Symphony Orchestra, dem American Symphony Orchestra, dem National Museum of Women in the Arts oder dem New York City Ballett. Ihre erste Sinfonie, für die sie 1983 den begehrten Pulitzer erhalten hatte, öffnete ihr alle Türen. Heute lebt sie als freischaffende Komponistin in New York. Ihre Werke werden in den USA und in vielen anderen Ländern aufgeführt. Ellen Taafe Zwillich: „Writing music is like living and breathing, I can't imagine life without it".

CEMBALO- / ORGELMUSIK

„Fantasy" für Cembalo (1983)
Präludium für Orgel (1987)

KAMMERMUSIK

Sonate für Violine und Klavier (1974), Bryn Mawr,Merion/Presser
Impromptu für Harfe (1974)
Streichquartett (1974), Newton Centre, Margun
„Clarino quartet" für Piccoloflöte, zwei Trompeten und Kontrabaß-Posaune (1977), Newton Centre, Margun
Streichtrio (1982), Bryn Mawr,Merion/Presser
„Intrada" für Flöte, Klarinette, Violine, Cello und Klavier (1983), Newton Centre, Margun
Divertimento für Flöte, Klarinette, Violine und Cello (1983)
„Doppel-Streichquartett" (1984), Bryn Mawr, Merion/Presser
Trio für Violine, Cello und Klavier (1987)
„Ceremonies" für Blechbläser (1988)
Quintett für Klarinette und Streicher (1990)

ORCHESTERMUSIK

„Symposium" für Orchester (1973), Bryn Mawr, Merion/Presser
Kammersinfonie (1979), Bryn Mawr,Merion/Presser
Sinfonie Nr. 1 (1982)
Prolog und Variationen für Streichorchester (1983), Bryn Mawr, Merion/Presser
„Celebration" für Orchester (1984), Bryn Mawr, Merion/Presser
Sinfonie Nr. 2 (1985), Bryn Mawr, Merion/Presser
Concerto grosso (1985)
Klavierkonzert (1986), Bryn Mawr, Merion/Presser
„Images" für zwei Klaviere und Orchester (1986), Bryn Mawr, Merion/Presser
„Tanzspiel", Ballettmusik für Orchester (1987), Bryn Mawr, Merion/Presser
Konzert für Posaune und Orcheseter (1988)
„Symbolon" für Orchester (1988)
Konzert für Baßposaune, Pauken, Zymbal und Streicher (1989)
Konzert für Flöte und Orchester (1989)
Konzert für Oboe und Orchester (1990)
Konzert für Violine, Cello und Orchester (1991)
Konzert für Fagott und Orchester (1992)
Sinfonie Nr. 3 (1992)
Konzert für Horn und Streicher (1993)
Fantasy für Orchester (1993)
Romance für Violine und Kammerorchester (1993)
Konzert für Trompete und Orchester (1994)

VOKALMUSIK

„Elisabeth" für Gesang und Klavier
„Einsame Nacht" (Text: Hesse), Gesangszyklus für Baß und Klavier (1971), Bryn Mawr, Merion/Presser
„Im Nebel" (Text: Hesse) für Kontraalt und Klavier (1972)
„Trompeten" für Sopran und Klavier (1974)
„Emlekezet", drei ungarische Lieder für Gesang und Klavier (1978)
„Passages" für Sopran und Kammerensemble(1981) (Orchesterfassung, 1982)

CHORMUSIK

„Thanksgiving songs" für gemischten Chor und Klavier (1986)
„Immigrant Voices" für gemischten Chor, Blechbläser, Pauke und Streicher (1991)

BIBLIOGRAPHIE

Terry, K.: Ellen Taaffe Zwillich, The many worlds of music. New York 1983
LePage, J. W.: Ellen Taafe Zwillich. In: Women Composers, Conductors and Musicians of the 20th Century. Scarecrow, London 1983
Page, T.: The Music of Ellen Zwillich. In: New York Times Magazine, New York 1985
Peacock, J. D.: Ellen Taaffe Zwillich. In: Women Composers - the lost tradition. New York, Feminist Press 1988

DISKOGRAPHIE

„Einsame Nacht", Gesangszyklus. J. Ostendorff, Baß; Shirley Seguin, Klavier, New York, Leonarda Productions
Sinfonie Nr. 1 / „Celebration" / Prolog und Variationen. Indianapolis Symphony Orchestra, Ltg. J. Nelson. New York, New World Records
„Passages" / Streichtrio. Janice Felty, Mezzosopran; The Boston Musica Viva Ensemble, Ltg. R. Pittman. Boston, Northeastern Records
Streichtrio. Nancy Cirillo, Violine, Katherine Murdock, Viola; R. Thomas, Cello. Boston, Northeastern Records
Prolog und Variationen für Streichorchester. New World Records
Kammersinfonie. Cambridge Records
„Sonata in three movements" für Violine und Klavier. New York, Composers Recordings
Sinfonie Nr. 3 / Konzert für Oboe und Orchester / Concerto grosso. The Louiseville Orchestra, Ltg. James Sedares. München, Koch International

Jaqueline Fontyn. "Zones" für Flöte, Klarinette, Violoncello, Schlagzeug und Klavier. Leuven, POM 1980

Alphabetisches Verzeichnis

A

Abejo, M. Rosalina (1922-1992). Philippinen
Adajewskaja, Ella (1846-1926), Rußland/ Deutschland
D'Agnesi Pinottini, Maria Teresa (1720-1795). Italien
Aleotti, Raffaela / Vittoria (1570-1646), Italien
Alexander, Leni (* 1924), Deutschland/Chile
Alexandra, Liana (* 1947), Rumänien
Ali-Zadeh, Frangis (* 1947), Aserbaidschan
Allen, Shatin Judith (* 1949), USA
Alotin, Yardena (1930-1994) Israel
Alvear, Maria de (* 1960), Spanien/ Deutschland
Alves de Sousa, Berta Candida (* 1906), Portugal
Amalie, Prinzessin von Sachsen (1794-1870), Deutschland
Anderson, Beth (* 1950), USA
Anderson, Laurie (* 1947), USA
Anderson, Ruth (* 1928), USA
Andrée, Elfrida (1841-1929), Schweden
Anna Amalie, Herzogin von Sachsen-Weimar (1739-1807), Deutschland
Anna-Amalie, Prinzessin von Preußen (1723-1787), Deutschland
Ansink, Caroline (* 1959), Niederlande
Archer, Violet (* 1913), Kanada
Arrieu, Claude (1903-1990), Frankreich

B

Bacewicz, Grazyna (1909-1969), Polen
Bach, Maria (1896-1978), Österreich
Backer-Grøndahl, Agathe (1847-1907), Norwegen
Backes, Lotte (1907-1990), Deutschland
Ballou, Esther Williamson (1915-1973), USA
Bandara, Linda (1881-1960), Brasilien/ Österreich
Barberis, Mansi (1899.1986), Rumänien
Barnett, Carol Edith (* 1949), USA
Barraine, Elsa (* 1910), Frankreich
Barthel, Ursula (1913-1977), Deutschland
Barthélemon, Cecilia M. (1770-1846), Großbritannien
Bauckholt, Carola (* 1959), Deutschland
Bauer, Marion E. (1887-1955), USA
Bauld, Alison (* 1944), Australien
Baumgarten, Chris (* 1910), Deutschland
Beach, Amy Marcy (1867-1944), USA
Beath, Betty (* 1932), Australien
Beecroft, Norma M. (* 1934), Kanada
Beekhuis, Hanna (1889-1980), Niederlande
Bembo, Antonia (1643-1715), Italien
Berberian, Cathy (1925-1983), USA
Bertin, Louise A. (1805-1883), Frankreich
Bidart, Lycia de Biase (* 1910), Brasilien
Bingen, Hildegard von (1098-1179), Deutschland
Birnstein, Renate (* 1946), Deutschland
Bley, Carla (* 1938), USA
Bodenstein-Hoyme, Ruth (* 1924), Deutschland
Bofill, Anna (* 1944), Spanien
Boleyn, Ann (1507-1536), Großbritannien
Bolz, Harriet (1909-1995), USA
Bon, Anna di Venezia (ca. 1738-1767), Italien
Bond, Victoria (* 1945), USA
Bosmans, Henriette H. (1895-1952), Niederlande
Boulanger, Lili (1893-1918), Frankreich
Boulanger, Nadia (1887-1979), Frankreich
Britain, Radie (1903-1994), USA
Bronsart, Ingeborg von (1840-1913), Deutschland
Bruzdowicz-Tittel, Joanna (* 1943), Polen/ Frankreich
Buchanan, Dorothy (* 1945), Neuseeland
Buczek, Barbara (1940-1993), Polen

C

Caccini, Francesca (1581-1640), Italien
Calame, Geneviève (1946-1993), Schweiz
Campagne, Conny (* 1922), Niederlande
Canal, Marguerite (1890-1978), Frankreich
Candeille, Amélie J. (1767-1834), Frankreich
Capuis, Matilde (* 1913), Italien
Cârneci, Carmen Maria (* 1957), Rumänien
Carr-Boyd, Ann (* 1946), Australien

Carreño, Maria Teresa (1853-1917), Venezuela
Carvalho, Dinorá (1904-1980), Brasilien
Casulana de Mezarii, Maddalena (1540-1584), Italien
Chaminade, Cécile L. S. (1857-1944), Frankreich
Chance, Nancy Laird (* 1931), USA
Clarke, Rebecca (1886-1979), Großbritannien/ USA
Coates, Gloria (* 1938), USA/Deutschland
Colbran, Isabella (1785-1845), Spanien
Crawford Seeger, Ruth (1901-1953), USA
Cusenza, Maria Giacchino (1899-1979), Italien

D

Danzi, Maria Margarete (1768-1800), Deutschland
Davies, Eiluned (* 1913), Großbritannien
Degenhardt, Annette (* 1965), Deutschland
Demessieux, Jeanne (1921-1968), Frankreich
Desportes, Yvonne (1907-1993), Frankreich
Dia, Beatrice de (1160-1212), Frankreich
Dianda, Hilda (* 1925), Argentinien
Diemer, Emma Lou (* 1927), USA
Dinescu, Violeta (* 1953), Rumänien / Deutschland
Dlugoszweski, Lucia (* 1934), Polen / USA
Donceanu, Felicia (* 1931), Rumänien
Dring, Madeleine (1923-1977), Großbritannien
Droste-Hülshoff, Annette Freiin von (1797-1848), Deutschland
Dziewulska, Maria Amelia (* 1909), Polen

E

Eckhardt-Grammatté, Sophie Carmen (1899-1974), Kanada
Eiríksdóttir, Karólína (* 1951), Island
Erding, Susanne (* 1955), Deutschland
Ernst, Siegrid (* 1929), Deutschland

F

Falcinelli, Rolande (* 1920), Frankreich
Faltis, Evelyn (1890-1937), Deutschland

Farrell, Eibhlis (* 1953), Irland
Farrenc, Louise (1804-1875), Frankreich
Fine, Vivian (* 1913), USA
Finzi, Graziane (* 1945), Frankreich
Firsowa, Elena (* 1950), Rußland
Fleischer, Tsippi (* 1946), Israel
Fontyn, Jacqueline (* 1930), Belgien
Fowler, Jennifer Joan (* 1939), Australien
Fox, Erica (* 1936), Österreich
Fromm-Michaels, Ilse (1888-1986), Deutschland
Fronmüller, Frida (1901-1992), Deutschland
Fuglsang-Visconti, Ilse (1895-1989), Deutschland/ Dänemark
Fujiie, Keiko (* 1963), Japan

G

Gail, Edmée Sophie (1775-1819), Frankreich
Gardner, Kay (* 1941), USA
Garscia, Janina (* 1920), Polen
Garuta, Lucia Yanovna (1902-1977), Lettland
Gary, Marianne (* 1903), Österreich
Gentile, Ada (* 1947), Italien
Gideon, Miriam (* 1906), USA
Gipps, Ruth (* 1921), Großbritannien
Giuranna, Barbara (* 1899), Italien
Glanville-Hicks, Peggy (1912-1990), Australien
Goebels, Gisela (1903-1989), Deutschland
Görsch, Ursula (* 1932), Deutschland
Gotkowski, Ida (* 1933), Frankreich
Gould, Elisabeth Davies (* 1904), USA
Grandval, Marie Felicie (1830-1907), Frankreich
Grigsby, Beverly (* 1928), USA
Gubaidulina, Sofia (* 1931), Rußland/ Deutschland
Gubitosi, Emilia (1887-1972), Italien
Guraieb, Kuri Rosa (* 1931), Mexiko

H

Hall, Pauline M. (1890-1969), Norwegen
Hays, Sorrel Doris (* 1941), USA
Heller, Barbara (* 1936), Deutschland
Hensel-Mendelssohn, Fanny Caecilie (1805-1847), Deutschland

Heritte-Viardot, Louise Pauline Marie (1841-1918), Frankreich/ Deutschland
Holmès, Augusta Marie Anne (1847-1903), Frankreich
Holst, Imogen Clare (1907-1984), Großbritannien
Hölszky, Adriana (* 1953), Deutschland
Hoover, Catherine (* 1937), USA
Howe, Mary (1882-1964), USA

J

Jacquet de la Guerre, Claude Elisabeth (1664-1729), Frankreich
Janárceková, Viera (* 1941), Tschechoslowakei / Deutschland
Janotha, Natalie (1856-1932), Polen
Jolas, Betsy (* 1926), Frankreich

K

Kalisch-Triacca, Christina (1887-1969), Deutschland
Kaprálová, Vitezslava (1915-1940) Tschechoslowakei
Kazandjian-Pearson, Sirvart H. (* 1944), Äthiopien
Keetmann, Gunild (1904-1990), Deutschland
Kern, Frida (1891-1988), Österreich
Kerr, Louise (1892-1977), USA
Kinkel, Johanna (1810-1858), Deutschland
Klinkova, Jivka (* 1924), Bulgarien
Koblenz, Babette (* 1956), Deutschland
Kolb, Barbara (* 1939), USA
Koptagel, Yüksel (* 1931), Türkei / Deutschland
Kralik, Mathilde von Meyerswalden (1857-1944), Österreich
Kubisch, Christina (* 1948), Deutschland
Kubo, Mayako (* 1947), Japan
Kukuck, Felicitas (* 1914), Deutschland
Kuyper, Elisabeth Johanna L. (1877-1953), Niederlande

L

La Barbara, Joan (* 1947), USA
Landowska, Wanda (1879-1959), Polen
Lang Zaimont, Judith (* 1945), USA
Lang, Josephine Caroline (1815-1880), Deutschland
Lang-Beck, Ivana (1912-1983), Jugoslawien
Latz, Inge (1929-1994), Deutschland
Léandre, Joelle (* 1951), Frankreich
LeBaron, Anne (* 1953), USA
LeBeau, Luise Adolpha (1850-1927), Deutschland
Lebrun, Franziska (1756-1791), Deutschland
LeFanu, Nicola (* 1947), Großbritannien
Lehmann, Elizabeth (Liza) (1862-1918), Großbritannien
Lejet, Edith (* 1941), Frankreich
León, Tania (* 1944), Kuba/USA
Leonarda, Isabella (1620-1704), Italien
Liebmann, Helene (1796-1819), Deutschland
Lili'oukalani, Königin von Hawaii (1837-1917), Hawaii
Lockwood, Annea (* 1939), Neuseeland
Lomon, Ruth (* 1930), Kanada
Lotti, Silvana di (* 1952), Italien
Loudova, Ivana (* 1941), Tschechoslowakei
Luff, Enid (* 1935), Großbritannien
Lutyens, Elisabeth (1906-1983), Großbritannien

M

Maconchy, Elizabeth (1907-1994), Großbritannien
Mahler-Werfel, Alma Maria (1879-1964), Österreich/ USA
Makarowa, Nina (* 1908), Rußland
Malibran, Maria Felicia (1808-1836), Spanien / Frankreich
Mamlok, Ursula (* 1928), USA
Manziarly, Marcelle de (1899-1989), Frankreich
Marbé, Myriam (* 1931), Rumänien
Marez Oyens, Tera de (* 1932), Niederlande
Maria Antonia Walpurgis, Kurfürstin von Sachsen (1724-1780), Deutschland
Marini, Giovanna (* 1937), Italien
Martinez, Maria Anna (1744-1812), Österreich

Matuszczak, Bernadetta (* 1937), Polen
Mayer, Emilie (1821-1883), Deutschland
Mikusch, Margarete (1884-1968), Deutschland
Monk, Meredith (* 1942), USA
Monnot, Marguerite (1903-1961), Frankreich
Montgeroult, Hélène (1764-1836), Frankreich
Montijn, Aleida (1908-1989), Deutschland
Moszumanska Nazar, Krystyna (* 1924), Polen
Moyseowicz, Gabriela (* 1944), Polen/ Deutschland
Müller-Hermann, Johanna (1878-1941), Österreich
Musgrave, Thea (* 1928), Großbritannien

N

Nikolajewa, Tatjana (1924-1993), Rußland
Nikolskaja, L. Borisovna (* 1909), Rußland
Nova Sondag, Jacqueline (1935-1975), Kolumbien

O

Odagescu-Tutuianu, Irina (* 1937), Rumänien
O'Leary, Jane (* 1946), Irland
Olive, Vivienne (* 1950), Großbritannien
Oliveros, Pauline (* 1932), USA
Osiander, Irene (1903-1980), Dänemark
Ozaita Marques, Maria Luisa (* 1939), Spanien

P

Pachmutowa, Alexandra (* 1929), Rußland
Pagh-Paan, Younghi (* 1945), Korea/ Deutschland
Paradis, Maria Theresia (1759-1824), Österreich
Pejacevic, Dora (1885-1923), Jugoslawien
Pentland, Barbara (* 1912), Kanada
Petra Basacopol, Carmen (* 1926), Rumänien
Petrova, Elena (* 1929), Tschechoslowakei
Peyrot, Fernande (1888-1978), Schweiz
Pfeiffer, Irena (* 1912), Polen
Philiba, Nicole (* 1937), Frankreich
Pierce, Alexandra (* 1934), USA
Pizer Hayden, Elizabeth (* 1954), USA
Prawossudowitsch, Natalie M. (1899-1988), Rußland/Italien
Price, Florence B. (1888-1953), USA
Procaccini, Teresa (* 1934), Italien
Ptaszynska, Marta (* 1943), Polen
Puig-Roget, Henriette (* 1910), Frankreich

R

Rainier, Priaulx (1903-1986), Südafrika/ Großbritannien
Ran, Shulamit (* 1949), Israel
Reichardt, Louise (1779-1986), Deutschland
Reiff-Sertorius, Lily (1866-1958), Deutschland/ Schweiz
Rennès, Catharina van (1858-1940), Niederlande
Respighi, Elsa (* 1894), Italien
Reverdy, Michèle (* 1943), Frankreich
Richer, Jeannine (* 1924), Frankreich
Richter, Marga (* 1926), USA
Robert, Lucie (* 1936), Frankreich
Rochat-Aeschlimann, Andrée (* 1900), Schweiz
Roe, Betty (* 1930), Großbritannien
Roesgen-Champion, M. S. (1894-1976), Schweiz
Roger, Denise (* 1924), Frankreich
Rohnstock, Sofie (1875-1964), Deutschland
Rossi, Camilla de (18. Jahrh.), Italien
Rotaru, Doina M. (* 1951), Rumänien
Rubin, Anna (* 1946), USA
Ruff-Stoehr, Herta Maria Klara (1904-1991), Deutschland

S

Saariaho, Kaija (* 1952), Finnland
Samter, Alice (* 1908), Deutschland
Scheidel Austin, Elizabeth (* 1938), USA
Scherchen-Hsiao, Tona (* 1938), Schweiz
Schick, Philippine (1893-1970), Deutschland
Schlünz, Annette (* 1964), Deutschland
Schmidt, Mia (* 1952), Deutschland
Schonthal, Ruth (* 1924), USA
Schorr-Weiler, Eva (* 1927), Deutschland
Schröter, Corona (1751-1802), Deutschland
Schumann Wieck, Clara (1819-1896), Deutschland

Schweizer, Irène (* 1941), Schweiz
Senfter, Johanna (1879-1961), Deutschland
Sergejewa, Tatjana Pawlowna (* 1951), Rußland
Shlonsky, Verdina (1908-1990), Israel
Sikora, Elzbieta (* 1944), Polen
Sirmen-Lombardini, Maddalena (1735-1800), Italien
Smyth, Ethel (Dame) (1858-1944), Großbritannien
Snizkova-Skrhova, Jitka (1924-1989), Tschechoslowakei
Sommer, Sylvia (* 1944), Österreich
Sonntag, Brunhilde (* 1936), Deutschland
Sönstevold, Maj (* 1917), Norwegen
Sophie Elisabeth, Herzogin v. Braunschweig (1613-1676), Deutschland
Sorg-Rose, Margarete (* 1960), Deutschland
Spiegel, Laurie (* 1945), USA
Stoll, Marianne (* 1911), Deutschland
Strozzi, Barbara (1619-1664), Italien
Sutherland, Margaret (1897-1984), Australien
Swain, Freda (1902-1985), Großbritannien
Szajna-Lewandowska, Jadwiga (* 1912), Polen
Szegy, Iris (* 1956), Tschechoslowakei
Szeto, Caroline (* 1956), Australien
Szönyi, Erzsebét (* 1924), Ungarn
Szymanowska, Maria A. (1789-1831), Polen

T

Tailleferre, Germaine (1892-1983), Frankreich
Talma, Louise (* 1906), USA
Tate, Phyllis (1911-1987), Großbritannien
Thieme, Kerstin (* 1909), Deutschland
Tower, Joan (* 1938), USA

U

Ulehla, Ludmilla (* 1923), USA
Usher, Julia (* 1945), Großbritannien
Ustwolskaja, Galina (* 1919), Rußland

V

Van de Vate, Nancy (* 1930), Österreich
Vellère, Lucie (1896-1966), Belgien

Vercoe, Elizabeth Walton (* 1941), USA
Viardot-Garcia, Pauline M. F. (1821-1910), Frankreich
Vieu, Jane (1871-1955), Frankreich
Vito-Delvaux, Berthe (* 1915), Belgien
Vorlowa, Slava J. M. (1894-1973), Tschechoslowakei

W

Waring, Kate (* 1953), USA/Deutschland
Warren Remick, Elinor (1900-1991), USA
Weir, Judith (* 1954), Großbritannien
White, Maude Valerie (1855-1937), Großbritannien
Whitehead, Gillean (* 1941), Neuseeland
Wienieawska, Irene R. (1880-1932), Polen
Wilhelmine Friederike Sophie von Bayreuth (1709-1758), Deutschland
Wilkins, Caroline (* 1953), Großbritannien
Williams, Grace Mary (1906-1977), Großbritannien
Williams, Mary Lou (1910-1981), USA
Woll, Erna (* 1917), Deutschland
Wurm, Mary (1860-1938), Großbritannien

Y

Yamashita, Toyoko (* 1942), Japan

Z

Zechlin, Ruth (* 1926), Deutschland
Zieritz, Grete von (* 1899), Österreich/Deutschland
Zimmermann, Margit (* 1927), Schweiz
Zwillich Taaffe, Ellen (* 1939), USA

Verzeichnis nach Ländern

Äthiopien
Kazandjian-Pearson, Sirvart

Argentinien
Dianda, Hilda

Aserbajdschan
Ali-Zadeh, Frangis

Australien
Bauld, Alison
Beath, Betty
Carr-Boyd, Ann
Fowler, Jennifer
Glanville-Hicks, Peggy
Sutherland, Margaret
Szeto, Caroline

Belgien
Fontyn, Jacqueline
Vellère, Lucie
Vito-Delvaux, Berthe

Brasilien
Bandara, Linda
Bidart, Lycia
Carvalho, Dinorá

Bulgarien
Klinkova, Jivka

Chile
Alexander, Leni

Dänemark
Fuglsang-Visconti, Ilse
Osiander, Irene

Deutschland
Alexander, Leni
Alvear, Maria de
Amalie, Prinzessin von Sachsen
Anna Amalie, Herzogin von Sachsen-Weimar
Anna-Amalie, Prinzessin von Preußen
Backes, Lotte
Barthel, Ursula
Bauckholt, Carola
Baumgarten, Chris
Bingen, Hildegard von
Birnstein, Renate
Bodenstein-Hoyme, Ruth
Bronsart, Ingeborg
Coates, Gloria
Danzi, Margarete Maria
Degenhardt, Annette
Droste-Hülshoff, Annette Freiin von
Erding, Susanne
Ernst, Siegrid
Faltis, Evelyn
Fromm-Michaels, Ilse
Fronmüller, Frida
Fuglsang-Visconti, Ilse
Goebels, Gisela
Görsch, Ursula
Heller, Barbara
Hensel-Mendelssohn, Fanny Caecilie
Hölszky, Adriana
Kalisch-Triacca, Christina
Keetmann, Gunild
Kinkel, Johanna
Koblenz, Babette
Kubisch, Christina
Kukuck, Felicitas
Lang, Josephine
Latz, Inge
LeBeau, Luise Adolpha
Lebrun, Franziska
Maria Antonia Walpurgis, Kurfürstin von
   Sachsen
Mayer, Emilie
Mikusch, Margarete
Montijn, Aleida
Moyseowicz, Gabriela
Reichardt, Louise
Reiff-Sertorius, Lily
Rohnstock, Sofie
Ruff-Stoehr, Herta
Samter, Alice

Schick, Philippine
Schlünz, Annette
Schmidt, Mia
Schorr-Weiler, Eva
Schröter, Corona
Schumann Wieck, Clara
Senfter, Johanna
Sonntag, Brunhilde
Sophie Elisabeth, Herzogin v. Braunschweig
Sorg-Rose, Margarete
Stoll, Marianne
Thieme, Kerstin
Waring, Kate
Wilhelmine Friederike Sophie von Bayreuth
Woll, Erna
Zechlin, Ruth
Zieritz, Grete von

Finnland

Saariaho, Kaija

Frankreich

Arrieu, Claude
Barraine, Elsa
Bertin, Louise
Boulanger, Lili
Boulanger, Nadia
Canal, Marguerite
Candeille, Amelie J.
Chaminade, Cécile L. S.
Demessieux, Jeanne
Desportes, Yvonne
Dia, Beatrice de
Falcinelli, Rolande
Farrenc, Louise
Finzi, Graziane
Gail, Edmée Sophie
Gotkowski, Ida
Grandval, Felicie
Heritte-Viardot, Louise Pauline M.
Holmès, Augusta
Jacquet de la Guerre, Claude Elisabeth
Jolas, Betsy
Léandre, Joelle
Lejet, Edith
Malibran, Maria Felicia

Manziarly, Marcelle de
Monnot, Marguerite
Montgeroult, Helene
Philiba, Nicole
Puig-Roget, Henriette
Reverdy, Michèle
Richer, Jeannine
Robert, Lucie
Tailleferre, Germaine
Viardot-Garcia, Pauline M. F.
Vieu, Jane

Großbritannien

Barthélemon, Cecilia M.
Boleyn, Ann
Clarke, Rebecca
Davies, Eiluned
Dring, Madeleine
Fox, Erica
Gipps, Ruth
Holst, Imogen
LeFanu, Nicola
Lehmann, Elizabeth
Luff, Enid
Lutyeus, Elisabeth
Maconchy, Elizabeth
Musgrave, Thea
Olive, Vivienne
Rainier, Priaulx
Roe, Betty
Smyth, Dame Ethel Mary
Swain, Freda
Tate, Phyllis
Usher, Julia
Weir, Judith
White, Maude Valerie
Wilkins, Caroline
Williams, Grace Mary
Wurm, Mary

Hawaii

Lili'oukalani, Königin von Hawaii

Irland

Farrell, Eibhlis
O'Leary, Jane

Island

Eiríksdóttir, Karólína

Israel

Alotin, Yardena
Fleischer, Tsippi
Ran, Shulamit
Shlonsky, Verdina

Italien

Aleotti, Raffaela / Vittoria
Bembo, Antonia
Bon, Anna di Venezia
Caccini, Francesca
Capuis, Matilde
Casulana de Mezarii, Maddalena
Cusenza, Maria Giacchino
D'Agnesi Pinottini, Maria Teresa
Gentile, Ada
Giuranna, Barbara
Gubitosi, Emilia
Leonarda, Isabella
Marini, Giovanna
Prawossudowitsch, Natalie M.
Procaccini, Teresa
Respighi, Elsa
Rossi, Camilla de
Sirmen Lombardini, Maddalena
Strozzi, Barbara

Japan

Fujiie, Keiko
Kubo, Mayako
Yamashita, Toyoko

Jugoslawien

Lang-Beck, Ivana
Pejacevic, Dora

Kanada

Archer, Violet
Beecroft, Norma
Eckhardt-Grammatté, Sophie Carmen
Lomon, Ruth
Pentland, Barbara

Kolumbien

Nova Sondag, Jacqueline

Korea

Pagh-Paan, Younghi

Lettland

Garuta, Lucia Yanovna

Mexiko

Guraieb, Kuri Rosa

Neuseeland

Buchanan, Dorothy
Lockwood, Annea
Whitehead, Gillean

Niederlande

Ansink, Caroline
Beekhuis, Hanna
Bosmans, Henriette H.
Campagne, Conny
Kuyper, Elisabeth J. L.
Marez Oyens, Tera de
Rennes, Catharina van

Norwegen

Backer-Grøndahl, Agathe
Hall, Pauline M.
Sönstevold, Maj

Österreich

Bach, Maria
Bandara, Linda
Gary, Marianne
Kern, Frida
Kralik, Mathilde von Meyerswalden
Mahler Werfel, Alma Maria
Martinez, Maria Anna
Müller-Hermann, Johanna
Paradis, Maria Theresia
Sommer, Sylvia
Van de Vate, Nancy
Zieritz, Grete von

Philippinen

Abejo, M. Rosalina

Polen

Bacewicz, Grazyna
Bruzdowicz-Tittel, Joanna
Buczek, Barbara
Dziewulska, Maria A.
Garscia, Janina
Janotha, Natalie
Landowska, Wanda
Matuszczak, Bernadetta
Moszumanska Nazar, Krystyna
Moyseowicz, Gabriela
Pfeiffer, Irena
Ptaszynska, Marta
Sikora, Elzbieta
Szajna-Lewandowska, Jadwiga
Szymanowska, Maria A.
Wienieawska, Irene R.

Portugal

Alves de Sousa, Berta

Rumänien

Alexandra, Liana
Barberis, Mansi
Cârneci, Carmen Maria
Dinescu, Violeta
Donceanu, Felicia
Marbé, Myriam
Odagescu Tutuianu, Irina
Petra Basacopol, Carmen
Rotaru, Doina M.

Russland

Adaiewskaja, Ella
Firsowa, Elena
Gubaidulina, Sofia
Makarowa, Nina
Nikolajewa, Tatjana
Nikolskaja, L. Borisovna
Pachmutowa, Alexandra
Prawossudowitsch, Natalie M.
Sergejewa, Tatjana Pawlowna
Ustwolskaja, Galina

Schweden

Andrée, Elfrida

Schweiz

Calame, Geneviève
Peyrot, Fernande
Reiff-Sertorius, Lily
Rochat-Aeschlimann, Andrée
Roesgen Champion, M. S.
Scherchen Shiao, Tona
Schweizer, Irène
Zimmermann, Margit

Spanien

Alvear, Maria de
Bofill, Anna
Colbran, Isabella
Malibran, Maria Felicia
Ozaita, Maria Luisa

Tschechoslowakai

Janárceková, Viera
Kaprálová, Vitezslava
Loudova, Ivana
Petrova, Elena
Snizkova-Skrhova, Jitka
Szegyi, Iris
Vorlowa, Slava J. M.

Türkei

Koptagel, Yüksel

Ungarn

Szönyi, Erzsebet

USA

Allen, Shatin Judith
Anderson, Beth
Anderson, Laurie
Anderson, Ruth
Ballou, Esther Williamson
Barnett, Carol Edith
Bauer, Marion E.
Beach, Amy Marcy
Berberian, Cathy

Bley, Carla
Bolz, Harriet
Bond, Victoria
Britain, Radie
Chance, Nancy Laird
Crawford Seeger, Ruth
Diemer, Emma Lou
Dlugoszweski, Lucia
Fine, Vivian
Gardner, Kay
Gideon, Miriam
Gould, Elisabeth
Grigsby, Beverly
Hays, Sorrel Doris
Hoover, Catherine
Howe, Mary
Kerr, Louise
Kolb, Barbara
La Barbara, Joan
Lang Zaimont, Judith
LeBaron, Anne
Mamlok, Ursula

Monk, Meredith
Oliveros, Pauline
Pierce, Alexandra
Pizer Hayden, Elizabeth
Price, Florence B.
Richter, Marga
Rubin, Anna
Scheidel Austin, Elizabeth
Schonthal, Ruth
Spiegel, Laurie
Talma, Louise
Tower, Joan
Ulehla, Ludmilla
Vercoe, Elizabeth Walton
Waring, Kate
Warren Remick, Elinor
Williams, Mary Lou
Zwillich Taaffe, Ellen

Venezuela

Carreño, Maria Teresa

Bibliographie

Verzeichnis der verwendeten Literatur mit Ausnahme sämtlicher Biographien, Examensarbeiten, Dissertationen und Essays (diese Liste kann beim Verlag angefragt werden):

Ammer, Christine: Unsung. A History of Women in American Music. New York, Greenwood Press, 1980.
Anderson, E. R.: Contemporary American Composers – a biographical Dictionary. Boston 1982.
Bachmann, Donna G.: Woman artists. An historical, contemporary and feminist bibliography. Metuchen, Scarecrow 1978.
Bernhardt, Karl-Fritz: Komponistinnen-Kartei und -Korrespondenz, Altenburg/Suhl (Thüringen) 1940-1970; unveröffentlicht.
Block, Adrienne Fried: Women in American Music. A bibliography of music and literature. London, Greenwood 1979.
Blume, F. (Hrsg.): Musik in Geschichte und Gegenwart, MGG Kassel/Basel 1949-68, Ergänzungsband 1979/1986.
Bowers, Jane / Tick, Judith: Women making music. The Western Art tradition 1150-1950. London, Macmillan 1986.
Brand, Bettina: Klangporträts der Komponistinnen Marbé, Hölszky, Saariaho, Kubisch, Firsowa. Berlin/Kassel 1991-94
Brand, Bettina: Komponistinnen in Berlin. Berliner Musikfrauen, Berlin 1987.
Briscoe, James R.: Historical anthology of music by women, Bloomington, Indiana 1986.
Burney, Charles: A general history of music from the earliest ages to the present, London 1959.
Burney, Charles: The present state of music in Germany, the Netherlands, and United Provinces, London 1959.

Chiti, Patricia Adkins: Almanacco delle virtuose. Novara, De Agostini, 1991.
Chiti, Patricia Adkins: Donne in musica. Rom, Bulzoni 1982, Neuauflage 1995.
Chiti, Patricia Adkins: Mujeres en la musica. Madrid, Alianza 1995.
Chiti, Patricia Adkins: Una voce poco fa. Ovvero le musiche delle primedonne rossiniane. Rom, Garamond 1992.
Cohen, Aaron I.: International discogaphy of women composers. Westport, Greenwood 1984.
Cohen, Aaron I.: International encyclopedia of women composers, New York/London, Bowker 1981.
Cohen, Aaron I.: International encyclopedia of women composers, rev. und erw. Auflage. London, Books & Music 1987.
Degenhardt, Gertrude: Musikfrauen – Women in Music. Bilder – Imagines. Mainz, Edition GD 1990.
Drinker, Sophie: Die Frau in der Musik. Music and women. Eine soziologische Studie. Zürich, Atlantis 1955. Auszug der englischen Originalfassung „Music and women". The story of women in their relation to music. New York, Coward-MacCann 1948.
Ebel, Otto: Femmes compositeurs de musique. Dictionnaire biographique. Paris, Rosier 1910.
Eitner, R.: Biographisch-bibliographisches Quellen-Lexikon, Leipzig 1959/60.
Eitner, R.: Encyclopedia of Music in Canada, Toronto 1990.
Fay, Amy: Music Study in Germany. The classic memoir of the romantic era. New York, Dover 1965.
Fenelon, Fania: Das Mädchenorchester in Auschwitz. Frankfurt, Röderberg 1980.
Ferris, George Titus: Great singers Band I und Band II (von Faustina Bordini, Henrietta Sontag über Malibran bis Materna), New York/Appleton 1881/85.
Fétis, F. J.: Biographie universale des musiciens, Bruxelles 1860/65 und 1878/80.
Franco-Lao, Meri: Hexenmusik. Musica strega. Zur Erforschung der weiblichen Dimension

in der Musik. München, Frauenoffensive 1979.

Frauenmusik-Forum Schweiz: Schweizer Komponistinnen der Gegenwart. Zürich, Hug 1985.

Friedel, Claudia: Komponierende Frauen im 3. Reich. Versuch einer Rekonstruktion von Lebensrealität und herrschendem Frauenbild. Oldenburg 1992.

Frische, Birgit: Und sie komponier(t)en doch. Frau und Musik. Modelle für den Musikunterricht der Sekundarstufe II. Bielefeld 1991.

Fuller / LeFanu: Reclaiming the Muse – Contemporary Review, London 1994.

Fuller, Sopie: The Pandora Guide to Women Composers. Britain and the United States 1629 - present. London, Harper/Collins 1994.

Gates, Eugene M.: The woman composer question: Four case studies from the romantic era (Hensel, Schumann, Smyth, Beach). Toronto 1992.

Grove, G.: A Dictionary of Music and Musicians. London 1878-90 / 1904-10 / 1927-28 (1954/1961).

Gruber, Clemens M.: Nicht nur Mozarts Rivalinnen. Leben und Schaffen der 22 österreichischen Opernkomponistinnen. Wien, Neff 1990.

Grün, Rita von der: Venus Weltklang. Musikfrauen / Frauenmusik. Berlin, Elefantenpress 1983.

Handy, D. A.: Black women in American bands and orchestras. London, Scarecrow 1981.

Hessen, Ro van / Metzelaer, Helen: Vrouw en muziek. Informatiegids über holländische Komponistinnen. Amsterdam 1986.

Hitchcock, H. W. / Sadie S.: The New Grove Dictionary of American Music. New York 1986.

Hoffmann, Freia / Eber, Franziska: Bücherverzeichnis Frau und Musik 1800 bis 1994. Oldenburg 1995.

Hoffmann, Freia: Instrument und Körper. Frankfurt, Insel 1990.

Hoffmann, Freia: Von der Spielfrau zur Performance-Künstlerin. Kassel, Furore 1992.

Höft, Brigitte: Komponistinnen. Schriften / Noten / Tonträger. Ein Führer durch die Sondersammlung der Stadtbücherei Mannheim. Mannheim 1989.

Johnson, Rose-Marie: Violin Music by women composers. A bio-bibliography guide. Westport, Greenwood 1989.

Krille, Annemarie: Beiträge zur Geschichte der Musikerziehung und Musikausübung der deutschen Frau 1750-1820, Berlin 1938.

Kuck, Hilkea: Komponistinnen. Ein Auswahlverzeichnis. Stadtbibliothek Hannover 1989.

Laurence, Anya: Women of notes. 1000 women composers born before 1900. New York, Rosen 1978.

LePage, Jane Weiner: Women composers, conductors and musicians of the 20th century. London Scarecrow 1980, 1983 und 1988.

Mara, La: Die Frauen im Tonleben der Gegenwart. Leipzig, Breitkopf & Härtel 1902.

Matthei, Renate: Komponistinnen in Japan und Deutschland. Eine Dokumentation. Kassel, Furore 1991.

McClary, Susan: Feminine endings. Music, gender and sexuality. Minnesota 1991.

Metzelaer, Helen: Zes vrouwelijke componisten. Vrouw en muziek, Walburg 1991.

Morsch, Anna: Deutschlands Tonkünstlerinnen. Biographische Skizzen aus der Gegenwart. Berlin, Steinitz 1894.

Music and letters: London, 1920 ff.

Neuenschwander, Leni: Die Frau in der Musik. Die Internationalen Wettbewerbe für Komponistinnen 1950-1989. Eine Dokumentation. Speyer, Zechner 1989.

Neuls-Bates, Carol: Women in music. An anthology of source readings from the middle ages to the present. New York/London, Harper & Row 1982.

Nies, Christel: Komponistinnen und ihr Werk, Band I, Köln 1991.

Nies, Christel: Komponistinnen und ihr Werk, Band II, Kassel 1995.

Olivier, Antje / Braun, Sevgi: Komponistinnen aus 800 Jahren. Unna, Sequentia-Verlag

Olivier, Antje / Weingartz-Perschel, Karin: Komponistinnen von A-Z. Düsseldorf, Tokkata 1988.

Olivier, Antje: Frauen als Komponisten. Eine Bestandsaufnahme. Düsseldorf 1985.

Olivier, Antje: Frauen als Komponistinnen. Eine Bestandsaufnahme. Archiv des Internationalen Arbeitskreises Frau und Musik, Düsseldorf 1987.

Olivier, Antje: Komponistinnen. Eine Bestandsaufnahme. Die Sammlung des Europäischen Frauenmusikarchives, Düsseldorf, Tokkata 1990; zweite erweiterte Auflage Bestandskatalog 1994, Wuppertal/ Unna 1994

Oster, Martina: Archivbestand Noten 1990. Archiv Frau und Musik Kassel, 1990.

Oster, Martina: Archivbestand Noten 1994. Archiv Frau und Musik Kassel, 1994.

Ostleitner, E. / Simek, U.: Ist die Musik männlich? Die Darstellung der Frau in den österreichischen Lehrbüchern für Musikerziehung. Wien 1991.

Peacock, Jezic Diane: Women Composers. The lost tradition found. New York, The Feminist Press 1988.

Philipp, Beate: Komponistinnen der Neuen Musik, Kassel, Furore 1994.

Pieiller, Evelyne: Musique maestra. Le surprenant mais néanmoins véridique récit de l'histoire des femmes dans la musique du XVIIIe au XIXe siècle, Paris, Blume 1992.

Pool, Jeannie: Women composers of classical music. A research guide. Boston, Hall 1982.

Pool, Jeannie: Women in music history. A research guide. New York 1977.

Rasponi, Lanfranco: The last prima donnas. New York, Konpf 1982.

Regler-Bellinger, B.: Kleines Lexikon der Komponistinnen in Kalender „Wir Frauen", Düsseldorf 1985.

Rieger, Eva: Frau und Musik. Die Frau in der Gesellschaft. Frühe Texte, Frankfurt, Fischer 1980 und Kassel, Furore 1990.

Rieger, Eva: Frau, Musik und Männerschaft. Berlin, Ullstein 1981 und Kassel, Furore 1988.

Rieger, Eva: Sopran contra Baß. Die Komponistin im Musikverlag. Lieferbare Noten. Kassel, Furore 1989.

Rogal, Samuel J.: Sisters of sacred song. A selected listing of women hymnodists in Great Britain and America. Garland 1980.

Roster, Danielle: Allein mit meiner Musik. Komponistinnen in der europäischen Musikgeschichte. Echternach, PHI 1995.

Sadie, J. A. / Samuel. R.: The New Grove Dictionary of Women Composers. London. Macmillan 1994.

Sadie, S.: The New Grove Dictionary of Music and Musicians, London 1980.

Sartori, C: Bibliografia della musica strumentale italiana stampata in Italia fino al 1700. Florent 1952-68.

Schaeder, Catherine: Contribution of women. (Antonia Brico, Beverly Sills, Leontyne Price, Ruth Crawford-Seeger, Dylana Jenson). Minneapolis 1985.

Schmidl, Carlo: Dizionario universale dei musicisti. Milano 1887-90 / 1928-29, suppl. 1938.

Schmidt, Siegrun: Komponistinnen. Verzeichnis lieferbarer Noten. Aarau 1983.

Schmitt, Luitgard: Komponistinnen. Ein Auswahlverzeichnis der Münchener Musikbibliothek. München 1991.

Silva, da Baroncelli, N. C.: Mulheres compositoras. Elenco e repertorio. Sao Paulo 1987.

Skowronski, JoAnn: Women in American music. A bibliography, London, Scarecrow 1978.

Smith, Frances: Directory of American women compsers. Chicago 1970.

Solie, Ruth: Musicology and difference. Gende and sexuality in music scholarship. Los Angeles/London 1993.

Sonntag, Brunhilde: Annäherungen, Bände 1 bis 5. Berichte, Interviews und Selbstdarstellungen von Komponistinnen. Kassel, Furore 1986-89.

Stern, Susan: Women composers. A handbook. London, Scarecrow / Bailey and Swingen

1978.
Stieger, Fritz: Opern-Lexikon. Tutzing, Schneider 1975-83.
Tick, Judith: American woman composers before 1870. Michigan/New York 1979.
Upton, George Putnam: Women in music. An essay. A list of the prominent female composers during the past three centuries and a list of the dedications made to women. Boston 1880/1909.
Vogel, E.: Bibliothek der gedruckten weltlichen Vokalmusik Italiens aus den Jahren 1500 bis 1700. Hildesheim 1962.
Weissweiler, Eva: Frau und Musik. Ein Festival. Gesamtprogramm, Köln 1980.
Weissweiler, Eva: Komponistinnen aus 500 Jahren. Eine Kultur- und Wirkungsgeschichte in Biographien und Werkbeispielen. Frankfurt, Fischer 1981.
Zaimont, Judith Lang: Contemporary concert music by women. A directory of the composers and their works. London, Greenwood 1981.
Zaimont, Judith Lang: The musical woman. An international perspective 1983, 1984, 1985. London, Westport/Greenwood 1987.

Die Autorinnen

Olivier, Antje

Nach einem Sprachstudium und Auslandsaufenthalt Tätigkeit in Industrie und Wirtschaft. Zeitungs-Volontariat; Redakteurin und Musikjournalistin für Tages- und Wochenzeitungen. 1981 Übernahme des Archivs des Internationalen Arbeitskreises Frau und Musik; 1988 Gründung des Europäischen Frauenmusikarchivs Düsseldorf; seit 1992 Leiterin der Internationalen Komponistinnen-Bibliothek Unna (und Europäisches Frauenmusikarchiv). Zahlreiche Publikationen zum Thema „Frau und Musik": „Komponistinnen von A-Z"; „Komponistinnen – eine Bestandsaufnahme", 1990 und 1994, „Komponistinnen aus 800 Jahren", 1996. In Vorbereitung eine Biographie über Fanny Hensel-Mendelssohn. 1987 Gründung des Tokkata-Verlags, des Frauenmusik-Vertriebs und der Edition Donna; Herausgabe von Tonträgern, Noten, Büchern zum Thema Komponistinnen. 1994 Gründerin des ersten französischen Frauenmusikarchives in Prades. 1997 u.a.Herausgabe von Briefen an Nadia Boulanger. Lebt und arbeitet in Wuppertal / Unna und in Südfrankreich.

Braun, Sevgi

Studium der Wirtschaftswissenschaften in Ankara. Violinunterricht seit dem 10. Lebensjahr. Lebt seit 1969 in Deutschland, hat einen Sohn. Seit 1981 in der Beratung ausländischer Studenten an NRW-Hochschulen tätig. Seit 10 Jahren Ensemblemitglied im Wuppertaler Kammerorchester. Seit 1990 ehrenamtliche Mitarbeit im Europäischen Frauenmusikarchiv Düsseldorf und Unna. Redaktionelle Mitarbeit an der Publikation „Komponistinnen – eine Bestandsaufnahme" (1990, Hrsg. A. Olivier).

Internationale Adressen

Archiv Frau und Musik (Ltg.: Teresa Blaszke). Naumburger Str. 40, 34127 Kassel Tel. 0561/8900061

Archives européennes des compositions et interprétations féminines (resp.: Antje Olivier), 23 allée de la pépinière, 66500 Prades, Frankreich.

Archivio Musica, Libreria delle Donne, Via Fiesolana 2b, 50122 Firenze, Italien.

Asociacion Mujeres en la Musica, Almagro 28, desp. 2/5, 28010 Madrid, Spanien.

Associazione Musicale Louise Farrenc, Via E.Torelli Viollier 109, 00157 Roma, Italien

Clara Schumann Frauenorchester, Elke Mascha Blankenburg, Brabanter Str. 6, 50674 Köln.

Donne in musica, Patricia Adkins Chiti, Via Proba Petronia 82, 00136 Roma, Italien.

Euterpe – Kvinnor I Musik. Dr. Margaret Myers, Styrmansgatan 30 III, 41458 Göteborg, Schweden.

Fondation Internationale Nadia et Lili Boulanger, 11, rue de Saint-Simon, 75007 Paris, Frankreich.

„FRAMAMU" Zürich, Akazienstraße 2, 8008 Zürich, Schweiz.

Frauen machen Musik e. V., Heidestraße 62, 60385 Frankfurt.

Frauen-Dokumentationszentrum Thers Bodé, Kontaktstelle Frau und Musik, 66 rue de Hollerich, 1740 Luxembourg, Luxembourg.

Frauenbibliothek und Dokumentationszentrum Frauenforschung, Kaiserstraße 8, 66111 Saarbrücken.

Frauenmusik-Forum Schweiz FMF. Lislot Frei, Jägerwerg 4, 3014 Bern, Schweiz.

Frauenmusikzentrum, Archiv „Frauen in der Popularmusik", Große Brunnenstraße 63a, 22763 Hamburg.

Frauentöne. Musik-Schriftenreihe, Herausgeber: Elena Ostleitner, Ursula Simek. Postfach 156, 1015 Wien, Österreich.

Furore-Verlag Renate Matthei, Naumburger Str. 40, 34127 Kassel, Tel. 0561/897352

International Alliance for Women in Music, Department of Music, George Washington University, 20052 Washington DC, USA.

International Alliance for Women in Music, Membership Director, School of Music, University of Oklahoma, 73019 Norman, Oklahoma, USA.

Internationale Komponistinnen-Bibliothek, Europäisches Frauenmusikarchiv e. V., Nicolaistraße 2, 59423 Unna, Tel. 02303/23111, Fax 02303/238091

Komponistinnen-Festival „Vom Schweigen befreit", Christel Nies, Sängerweg 3, 34125 Kassel.

Kultur-Kooperative Ruhr: „rocksie", Ruhrallee 86, 44139 Dortmund.

Kulturinstitut „Komponistinnen", Theater-Str. 11, 69117 Heidelberg.

Kvinder I Musik, Tove Krag. Det Kongelige Danske Musikkonservatorrium, Niels Brocksgade 1, 1574 Kopenhagen, Dänemark.

Musica Femina München e.V., Breisacherstraße 12, 81667 München.

Musikfrauen Berlin e.V., Bettina Brand, Pestalozzistr. 73, 10727 Berlin.

Stichting Vrouw en Muziek. Swammerdamstraat 38, 1091 RV Amsterdam, Niederlande.

Tokkata-Verlag für Frauenforschung / Frauenmusikvertrieb / Edition Donna. Nicolaistraße 2, 59423 Unna, Tel. 02303/23111, Fax 02303/238091

Vienna Modern Masters, Margaretenstraße 125/15, 1050 Wien, Österreich.

Women's Music Library. Miriam Zach. P.O. Box 5566, 32602-5566 Gainsville, Florida, USA.

Women in Music. Battersea Arts Centre, Lavender Hill, London SW11 5FT, Großbritannien.

Women in Music. Jane O'Leary. 1, Avondale Road, Highfield Park, Galway, Irland.

Fanny Hensel
1805–1847

Kammermusik
Lieder
Chormusik

Clara Schumann
1819–1896

Klavierkonzerte
Chormusik
Lieder
Klavierwerke

KOMPONISTINNEN

Adriana Hölszky
* 1953

Musiktheater
Orchesterwerke
Chormusik
Kammermusik

Isabel Mundry
* 1963

Orchestermusik
Ensemblewerke
Kammermusik

Detaillierte Werkverzeichnisse auf Anfrage.
Fotos Hölszky, Mundry: Michael C. Hughes, Berlin

BREITKOPF HÄRTEL

AUSWAHL

KAMMERMUSIK VON RUSSISCHEN KOMPONISTINNEN

FRANGIS ALI-SADE (*1947)
- Habil-sajahy für Violoncello und präpariertes Klavier *Druckausgabe: Sikorski 1856*
- Drei Aquarelle für Sopran, Flöte und präpariertes Klavier
- Mugam-sajahy (Im Mugam-Stil) für Streichquartett
- Crossing I für Klarinette und Vibraphon (Celesta)
- Crossing II für Kammerensemble
- Dilogie I für Streichquartett
- Dilogie II für Bläserquintett und Streichquartett

JELENA FIRSSOWA (*1950)
- "Vigilia" für Violine und Klavier op. 57
- Sonate für Violoncello und Klavier op. 5
- Frühlingssonate für Flöte und Klavier op. 27
- "Resonanzen" für Flöte und Gitarre (oder Harfe) op. 59
- "Mad vision". Klaviertrio op. 68
- Verdehr-Terzett für Violine, Klarinette und Klavier op. 45
- "Misterioso". Streichquartett Nr. 3 in memoriam Igor Strawinsky op. 24 *Druckausgabe: Sikorski 895*
- "Amoroso". Streichquartett Nr. 4 op. 40 *Druckausgabe: Sikorski 832*
- "Far away" für Saxophonquartett op. 48 *Druckausgabe: Sikorski 834*
- Zwei Shakespeare-Sonette für Gesang und Orgel op. 25
- "Meditation im japanischen Garten" für Flöte, Viola und Klavier op. 54
- Scherzo für Flöte, Oboe, Klarinette, Fagott und Klavier op. 1
- "Untiefe" für Mezzosopran, Flöte und Schlagzeug nach Versen von Ossip Mandelstam op. 50
- "Die Muschel" für Sopran, Klarinette, Viola, Violoncello und Kontrabaß nach Versen von Ossip Mandelstam op. 49
- "Odyssee" für 7 Spieler (Flöte, Horn, Harfe, Schlagzeug, Violine, Viola, Violoncello) op. 44

SOFIA GUBAIDULINA (*1931)
- "De profundis" für Bajan solo
- "Freue dich!".
- Sonate für Violine und Violoncello *Druckausgabe: Sikorski 1872*
- "Der Seiltänzer" für Violine und Klavier
- "In croce" für Violoncello und Orgel *Druckausgabe: Sikorski 1829*
- "Detto I". Sonate für Orgel und Schlagzeug *Druckausgabe: Sikorski 1868*
- "Pantomime" für Kontrabaß und Klavier / Sonate für Kontrabaß und Klavier *Druckausgabe: Sikorski 1895*
- "Tatarischer Tanz" für Bajan und zwei Kontrabässe
- "Punkte, Linien und Zickzack" für Baßklarinette und Klavier *Druckausgabe: Sikorski 1870*
- Duo-Sonate für 2 Fagotte
- "Klänge des Waldes" für Flöte und Klavier / Allegro rustico für Flöte und Klavier *Druckausgabe: Sikorski 814*
- Quartett für vier Flöten *Druckausgabe: Sikorski 1918*
- Streichtrio
- Streichquartette Nr. 1-4
- Quattro für 2 Trompeten und 2 Posaunen
- "Silenzio" für Bajan, Violine und Violoncello
- "Quasi Hoquetus" für Viola, Fagott und Klavier *Druckausgabe: Sikorski 1845*
- "Garten von Freuden und Traurigkeiten" für Flöte, Harfe und Viola (Sprecher ad lib.) *Druckausgabe: Sikorski 845*
- "In Erwartung" für Saxophonquartett und 6 Schlagzeuger
- Meditation über "Vor deinen Thron tret ich hiermit" für Cembalo, 2 Violinen, Viola, Violoncello und Kontrabaß

KATIA TCHEMBERDJI (*1960)
- "Haiku". Sechs Stücke für Klavier
- Trauermarsch für Klavier
- Sieben Präludien für Klavier
- "Heidelberg-Trio" für Klarinette, Violine und Klavier
- Streichquartett "Memories of Finland"
- "In memoriam" für Violine, Violoncello, Horn, Klavier und Sprecher nach Anna Achmatowa

INTERNATIONALE MUSIKVERLAGE HANS SIKORSKI
D - 20139 Hamburg, Tel.: 040 / 41 41 00 - 0, Fax: 040 / 41 41 00 - 41

KOMPONISTINNEN UND IHR WERK

NEU

UNERHÖRTES ENTDECKEN

Komponistinnen und ihr Werk II

Herausgegeben von Christel Nies
203 Seiten, kartoniert
ISBN 3-7618-1214-0
DM 29,80

Richard Strauss' Diktum »Komponieren ist Männersache« wird in diesem Buch faktenreich und unterhaltsam ad absurdum geführt:

○ Essayistische Beiträge prominenter Musikwissenschaftler reflektieren über »Weibs-Bilder in Wagners Ring«, das Leben berühmter Komponistinnen, Nonnen und Kurtisanen im 17. Jahrhundert oder über die Schwierigkeiten einer weiblichen Musikgeschichtsschreibung.

○ 11 zeitgenössische Komponistinnen geben in Interviews Auskunft über ihre Arbeit und Einblicke in ihre Werkstatt.

○ Zu über 40 Komponistinnen findet man in einem Nachschlageteil biographische Portraits, komplette Werkverzeichnisse und eine Bibliographie.

Fakten statt Fiktionen: Eine unorthodoxe Aufarbeitung der »anderen Seite« der Musikgeschichte. Mit wichtigem Daten- und Quellenmaterial!

Bärenreiter